제 4 판

조직심리학 및 조직행동

Steve M. Jex, Thomas W. Britt, Cynthia A. Thompson 지음

김가원, 박지영, 이선희, 이승미, 정예슬 옮김

Σ 시그마프레스

조직심리학 및 조직행동, 제4판

발행일 | 2025년 3월 5일 1쇄 발행

지은이 | Steve M. Jex, Thomas W. Britt, Cynthia A. Thompson
옮긴이 | 김가원, 박지영, 이선희, 이승미, 정예슬
발행인 | 강학경
발행처 | (주)시그마프레스
디자인 | 김은경, 우주연
편　집 | 문승연, 김은실, 이지선, 윤원진
마케팅 | 문정현, 송치헌, 김성옥, 최성복

등록번호 | 제10-2642호
주소 | 서울특별시 영등포구 양평로 22길 21 선유도코오롱디지털타워 A401~402호
전자우편 | sigma@spress.co.kr
홈페이지 | http://www.sigmapress.co.kr
전화 | (02)323-4845, (02)2062-5184~8
팩스 | (02)323-4197

ISBN | 979-11-6226-497-3

Organizational Psychology and Organizational Behavior:
Evidence-based Lessons for Creating Sustainable Organizations, 4th Edition

* 책값은 책 뒤표지에 있습니다.

저자 서문

조직은 복잡한 사회적 시스템이다. 이 시스템은 잘 운영되기도 하지만, 때로는 참담하게 실패하기도 한다. 조직심리학과 조직행동학 분야는 조직 내 사회적 과정에 대한 이해를 높이고자 노력하는 학문이다. 이 두 분야의 연구자와 실무자들은 이러한 통찰을 통해 조직의 효과성을 향상하려고 노력하는데, 이는 조직뿐만 아니라 그 조직의 구성원들과 그들이 속한 지역 사회에도 이득이 된다.

이 책의 기획 목적은 학생들에게 조직심리학 그리고 조직심리학과 밀접하게 관련된 조직행동학 분야의 과학과 실무에 대한 깊이 있는 개요를 제공하는 것이다. 앞선 세 판은 대학원과 학부 조직심리학 과정의 주교과서로 사용되도록 쓰였지만, 동시에 조직행동학 학부와 대학원 과정에서도 사용될 수 있기를 희망했었다. 그러나 예상했던 것처럼 조직심리학 과정에서는 자주 사용된 반면, 조직행동학 교과서로는 많이 사용되지 않았다. 그래서 이번 제4판의 목표 중 하나는 이 책이 조직행동학을 가르치는 동료들에게도 매력적으로 다가가는 동시에, 2002년에 초판이 출간된 이후 많은 독자가 좋아했던 이 책의 본래의 특징들을 유지하는 것이다.

우리는 이 책이 주로 대학원 또는 학부 고학년 과정에서 사용된다는 점을 고려하여 모든 장에서 견고한 연구 기반을 제공하기 위해 많은 노력을 기울였다. 2014년 제3판 출간 이후 조직에 관한 많은 연구가 수행되었고, 우리는 이러한 새로운 연구를 공유하기 위해 인용을 업데이트하고 새로운 이론과 연구 영역을 강조하기 위해 애썼다. 이번 제4판에서는 이론과 연구의 실무적 시사점을 더 많이 포함했다. 이는 이 책이 더 많은 독자에게 매력적으로 다가가게 하려는 목적도 있지만, 동시에 조직심리학과 조직행동학의 이론과 연구가 조직에 실질적인 가치를 제공한다는 것을 진심으로 믿기 때문이기도 하다.

제4판의 새로운 내용

이번 제4판에서 가장 눈에 띄는 변화는 제목을 **조직심리학 : 과학자-실무자 접근**에서 **조직심리학 및 조직행동 : 지속 가능한 조직을 만들기 위한 증거 기반 교훈**으로 바꾼 것이다. 이 새 제목의 첫 부분에 관해 먼저 설명하고, 이어서 두 번째 부분에 관해 이야기하려 한다. 조직심리학과 조직행동학 분야가 매우 밀접하게 연관되고, 이 책에서 인용한 연구 중 상당 부분이 조직행동학을 전공한 연구자들에 의해 수행되었다. 따라서 우리 저자들은 이 두 학문 분야를 모두 제목에 포함하는 것이 합리적이라고 판단했다. 또한 우리는 조직 연구와 조직 연구자(이 책에서는 **조직심리학** 또는 **조직행동학 연구자** 대신 조직 연구자라는 용어를 사용한다)의 주된 목표가 동료 평가를 거친 엄격한 연구에 기반한 증거를 활용하여 조직 효과성을 증진하고 동시에 직원 웰빙을 향상하는 데 있다고 믿는다. 이 책의 새로운 제목의 두 번째 부분이 바로 이런 믿음을 반영한다. 또한 우리는 지속 가능한 조직이라는 용어가 이러한 두 목표의 상호 연관성을 잘 담고 있다고 생각했고, 이 두 목표가 양립 가능한 목표임을 보여주고자 했다. 우리 제목에 '지속 가능'이라는 용어를 포함한 또 다른 이유는 최근 몇 년간 많은 조직이 환경 위기에 대처하기 위한 노력을 기울이고 있으며, 이러한 노력이 수익 창출 목표와 양립할 수 있음을 발견했기 때문이다.

이전 판들과 마찬가지로, 우리는 조직 연구의 기본이라고 생각하는 주제를 다루는 것과 조직 연구의 중요한 변화와 최신 동향을 반영하는 것 사이에서 균형을 맞추려고 노력했다. 이를 위해 이번 판에서는 완전히 새로운 두 개의 장을 도입했다. 첫 번째는 '다양성, 형평성, 포용성'이라고 이름을 붙였다(제4장). 대다수 독자가 알다시피, 지난 20년간 많은 조직의 인구학적 구성에 큰 변화가 있었고, 이 장에서는 이러한 인구학적 변화가 어떤 의미를 갖는지 살펴보았다. 다른 새로운 장은 '온난화되는 세상에서 지속 가능한 조직 만들기'(제14장)이다. 앞서 언급한 것처럼, 점점 더 많은 조직이 환경적으로 지속 가능한 정책을 도입하고 있으며, 이를 통해 오늘날 우리가 직면한 긴급한 환경 문제들에 대한 해결에 중요한 진전을 이루고 있다. 이번 판의 새로운 공동 저자인 Cynthia Thompson이 이 두 장을 집필했으며, 그 내용은 매우 훌륭하다!

새로운 장을 추가하는 것 외에도, 책의 구조에 작지만 중요한 몇 가지 변화를 주었다. 예를 들어 제2장은 연구 방법에만 집중하고, 통계 분석 관련 내용은 부록 A로 이동했다. 이는 이 책으로 수업하는 많은 강의자가 통계 부분을 수업에서 다루지 않는다는 점을 고려했기 때문이다. 또한 제3장의 제목을 '채용과 사회화'에서 '모집, 유인, 사회화와 인재 유지'로 변경했다. 이는 채용 과정에 여러 하위 요소가 존재한다는 인식과 아울러, 최근 노동 시장의 변화에 따라 '유지'에 대한 내용을 별도로 다루어야 할 필요성을 느꼈기 때문이다.

제5장의 제목도 '일과 개인 생활의 경계'에서 '일과 개인 생활의 경계 관리 : 개인과 조직의 전략'으로 변경했다. 이는 일과 개인 생활의 균형에서 개인의 역할도 중요하지만, 관리자의 행동과 조직의 정책 또한 동등하게, 혹은 더 중요한 역할을 할 수 있음을 반영한 것이다. 마지막으로, 제7장 제목을 '직업 스트레스와 근로자 건강'에서 '근로자의 건강, 안전, 웰빙'으로 바꾸었다. 이는 최근 단순히 스트레스 요인을 감소시키는 것을 넘어 근로자의 건강과 웰빙 향상을 강조하는 경향을 반영한 것이다.

이번 판에서는 일부 장의 제목을 변경하는 것 외에도 일부 장을 통합하였다. 예를 들어 생산적 직무 행동과 반생산적 행동에 관한 장을 조직에서의 생산적 행동 및 반생산적 행동(제6장)으로 통합했고, 직무 동기도 제9장 하나로 구성했다. 이런 결정은 책의 분량을 조절하기 위한 목적도 있지만, 이번 판에 새로운 주제를 추가하기 위한 것이기도 하다. 이전 세 판과 마찬가지로, 우리는 비교문화 이슈를 별도의 장을 두지 않고, 각 장에 비교문화적 연구 결과를 포함하려는 의식적 노력을 기울였다. 이는 조직이 점점 더 세계화되고 있는 만큼, 우리의 지식 기반이 미국 밖에서도 얼마나 잘 일반화되는지를 살펴보는 것이 중요하기 때문이다.

내용 측면에서의 주요 변화는 각 장의 핵심 내용을 업데이트한 것이다. 제3판이 출간된 이후 조직 연구에서 많은 새로운 개념적 · 이론적 발전이 있었고, 상당한 양의 새로운 연구가 진행되었다. 우리는 이러한 새로운 발전을 반영하기 위해 노력하였으며, 중요한 새로운 연구 결과를 요약하고, 이 결과가 조직 효과성 향상에 어떻게 기여할 수 있는지 소개하였다. 또한 이번 판에서도 저명한 연구자와 그들이 특정 주제에 관심을 가지게 된 계기를 소개하는 '연구자 소개' 코너를 유지했다. 이 코너는 제2판에서 시작했는데, 이는 학생들의 흥미를 끌고, 더욱 중요하게, 본문에서 인용된 저자들의 '인간적인 모습'을 보여줄 수 있다고 판단했기 때문이다. 제3판에서도 이 코너에 관한 긍정적인 피드백을 많이 받았기 때문에 제4판에서도 계속 유지하되, 소개한 인물은 대부분 새롭게 교체했다. 또한 이번 판은 장마다 '실무자 소개'라는 비슷한 코너를 추가했다. 여기에서는 실무자들이 해당 장의 주제와 관련된 자신의 일을 설명한다. '연구자 소개'와 마찬가지로 실무자들에게도 교육 배경, 직업, 그리고 각자 원하는 내용을 자유롭게 설명할 수 있게 했다.

마지막으로, 제4판에서는 장마다 '관리자를 위한 시사점'과 '과학 번역하기'라는 새로운 코너를 추가했다. '관리자를 위한 시사점'은 특정 이론이나 연구 결과가 실무적으로 어떤 의미를 가지는지 논의하고, '과학 번역하기'는 특정 연구를 선정해 이를 비전문적인 용어로 설명하였다. 이렇게 새롭게 추가된 코너의 목적은 조직 이론과 연구의 실질적인 가치를 강조하는 것이다.

코로나19에 대하여

다행히 이제 코로나19 팬데믹 기간 중 시행되었던 제한 조치의 대부분이 풀렸지만, 팬데믹은 직장에 엄청난 변화를 가져왔다. 원격 근무는 많은 직업과 직장에서 일상적 요소로 자리 잡았다. 또한 팬데믹 동안 많은 근로자가 직장을 떠난 뒤 다시 돌아오지 않았고, 어떤 이들은 직장에 남았지만 최소한의 수준으로만 일하기로 결정하기도 했다(일명 '조용한 퇴사').

이러한 팬데믹의 영향들을 고려해, 우리는 이 책 전반에 걸쳐 관련 내용을 언급하였다. 그러나 이를 지나치게 강조하지는 않았다. 우리는 단지 코로나19가 일터에 막대한 영향을 미쳤기 때문에 조직 내 행동을 다루는 교과서에서는 이를 어느 정도는 포함해야 한다고 판단했다.

이 책의 차별점 유지

이상에서 언급한 다양한 변경 사항에도 불구하고, 우리는 이전 판의 특징 중 이 책의 차별점이라고 생각하는 것들을 유지하려 노력했다. 예를 들면 비록 통계적 내용은 부록으로 이동했지만, 연구 방법론을 독립된 장으로 유지했다. 제1판 출간 이후 연구 방법론 분야에서 더욱더 많은 발전이 계속되고 있어 이 장을 포함한 결정이 옳았음을 다시 한번 확인할 수 있었다.

제4판에서도 전통적으로 조직심리학이나 조직행동학 분야에서 다루지 않는 채용, 직무 수행, 보상과 같은 주제를 계속 포함하였다. 이런 주제들은 보통 산업심리학이나 인적자원관리 교과서에서 다루어지지만, 우리는 이런 주제들이 조직 내 직원들의 행동에 영향을 미치는 것이 분명하다고 판단하여 이 책에 포함했다. 예를 들어 보상 시스템에 대한 언급 없이 직원의 동기를 설명하기 어렵다. 마찬가지로, 모집 과정 없이 직원의 사회화 과정이 존재할 수 없다.

마지막으로, 제4판에서 유지한 차별점은 이 책 곳곳에 '참고' 글상자를 제시한 것이다. 참고의 내용은 대부분 업데이트되거나 완전히 바뀌었지만, 학생들이 각 장의 내용을 깊이 생각하고 토론하도록 독려하고자 했던 의도는 변하지 않았다. 우리 저자들은 학생들이 교과서를 의무로 읽는 것이 아니라, 그 내용에 적극적으로 관심을 가질 때 훨씬 많은 것을 배운다고 굳게 믿는다. '참고'에는 시사적 이슈와 관련되거나, 해당 장의 내용을 더 깊이 있게 설명하거나, 의견을 제시하는 내용을 담았다. 그중 일부는 저자들에 대해 조금 더 알 수 있게 돕는 내용을 포함했다.

차례

제1장 조직심리학의 소개

제2장 경영 의사결정의 기초가 되는 연구 설계

제3장 모집, 유인, 사회화와 인재 유지

제4장 다양성·형평성·포용성(DEI)

제5장 일과 개인 생활의 경계 관리 : 개인과 조직의 전략

제6장 조직에서의 생산적 행동 및 반생산적 행동

제7장 근로자의 건강, 안전, 웰빙

제8장 일과 조직에 대한 신념, 태도, 지각

제 9 장 동기 이론

제 10 장 리더십과 영향력 과정

제 11 장 조직 내 팀 역동과 과정

제 12 장 조직 문화와 풍토

제 13 장 조직의 변화와 개발

제 14 장 온난화되는 세상에서 지속 가능한 조직 만들기

제1장

조직심리학의 소개

Organizational Psychology and Organizational Behavior: Evidence-based Lessons for Creating Sustainable Organizations, Fourth Edition. Steve M. Jex, Thomas W. Britt, and Cynthia A. Thompson.

Companion website : www.wiley.com/go/organizationalpsychology4e

공식 조직 내 구성원으로 일하는 개인의 행동은 우리 삶의 다양한 측면에 막대한 영향을 미친다. 우리가 먹는 음식, 운전하는 차, 사는 집은 모두 조직에 소속된 개인들이 서로 협력해서 만들낸 결과물이다. 사실, 공식 조직에 속한 개인들의 행동이 미치는 영향력은 너무나 광범위해서 대부분 당연한 것으로 간주되고, 매우 극단적인 결과가 발생했을 때나 사람들의 관심을 끄는 것이 일반적이다. 예를 들면 많은 사람이 코로나19(COVID-19) 백신이 정부와 제약회사의 긴밀한 협조 아래 짧은 시간에 개발되고 검증된 것에 감탄했지만, 코로나19로 인한 공급망 문제로 물가가 올라가고 제품 품귀 현상이 발생하자 이에 대한 강한 비판을 쏟아냈다. 하지만 대부분의 경우 공식 조직에서 일하는 개인 행동이 미치는 영향력은 눈에 띄지 않는다.

조직심리학과 조직행동학은 서로 매우 유사한 학문인데, 둘 다 조직에서 일하는 개인의 행동을 보다 잘 이해하기 위해 과학적 방법을 이용한다. 이러한 지식은 조직을 보다 효과적으로 만들며, 근로자의 건강과 웰빙을 향상하기 위해 활용된다. 효과적인 조직은 그렇지 않은 조직에 비해 생산성이 높고, 고객에게 더 높은 수준의 서비스를 제공하며, 재정적으로도 더 성공적인 경우가 많다. 민간 조직의 경우 재정적 성공은 직원에게 더 높은 임금과 직업 안정성을, 투자자에게는 더 높은 배당 이익을 제공할 수 있다. 경찰서, 지방 정부, 공립대학과 같은 공공 조직의 성공은 더 높은 수준의 서비스와 납세자의 비용 절감을 의미한다.

또한 높은 조직 효과성과 그에 따른 조직의 성공은 많은 간접적 이익을 낳는다. 성공적인 조직은 고용 기회를 제공하며, 이런 기회는 지역과 국가 전체의 경제적 복지를 증진한다. 조직 효과성이 높아지면 소비자도 혜택을 받을 수 있는데, 잘 관리되고 효율적인 조직은 그렇지 못한 경쟁 조직에 비해 낮은 비용으로 제품을 생산하고 서비스를 제공할 수 있으며, 이러한 비용 절감은 종종 가격을 낮추는 효과로 이어지기 때문이다.

직원 건강과 웰빙 향상의 효과는 조직의 효과성만큼 정량화하기는 어렵지만 그에 못지 않은 중요성을 가진다. 건강하고, 일에 만족하며, 직장에서 보람을 느끼는 근로자는 더 생산적일 가능성이 높고, 더 나은 부모, 배우자, 지역사회 구성원이 될 가능성도 크다. 조직심리학과 조직행동학은 과학적 연구와 증거 기반 개입의 적용을 통해 조직 효과성과 직원의 건강 및 웰빙을 향상하고자 한다.

조직심리학이란?

이 책은 조직심리학과 조직행동학의 과학 및 실용적 측면을 포괄적으로 다룬다. 이 절에서는 먼저 조직심리학에 초점을 맞추고, 다음 절에서는 조직행동학을 다룰 것이다. **조직심리학**(organizational psychology)은 공식적인 조직 장면에서 행해지는 개인과 집단의 행동을 과학적으로 연구하는 학문으로 정의된다. Katz와 Kahn은 그들의 고전적 저서인 **조직의 사회심리학**(*The Social Psychology of Organizations*)(1978)에서 조직을 정의하는 핵심 특성은 '패턴화된' 인간의 행동이라고 기술하였다. 행동이 패턴화되었다는 것은 행동에 어떤 구조가 부여되었다는 것을 의미한다. 조직에서의 구조는 일반적으로 공식적인 직무기술서나 조직의 정책에 기반한다. 대부분의 조직은 또한 직원들이 준수하기를 바라는 가치를 가지고 있다. 즉 사람들이 다른 사람의 행동을 고려하지 않고 그저 '자기 할 일'만 해서는 조직이 존재할 수 없다.

Katz와 Kahn(1978)의 주장처럼 패턴화된 행동을 조직의 핵심 특성이라고 생각하면, 세상에 수많은 조직이 존재한다는 것을 쉽게 알 수 있다. 매달 한 번씩 음악 콘서트에 가는 10명의 친구 모임이나 대규모 다국적 기업 모두 이 정의에 부합한다. 따라서 조직심리학 분야를 좀 더 정확하게 정의하기 위해서는 **공식**(formal) 조직과 **비공식**(informal) 조직을 구별할 필요가 있다. 공식 조직은 명시적으로 제시된 목적을 달성하기 위해 존재하며, 이러한 조직의 목적은 종종 문서로 작성되어 있다. 또한 공식 조직은 일반적으로 시간이 흘러도 어느 정도의 영속성을 가진다. 즉 조직은 대체로 조직의 창립자보다 오래 생존한다. 기업은 물론, 많은 비영리 조직과 정부 조직들은 이러한 공식 조직의 정의적 특성을 가진다.

반면, 비공식 조직은 공식 조직에 비해 목적이 덜 명확하다. 앞서 언급한 콘서트 모임의 예를 들면 이들은 분명 음악을 즐기고 아마도 서로 함께 하는 것을 좋아하기 때문에 같이 시간을 보낼 것이다. 그러나 이런 이유를 공식적인 문서에 써 놓았거나 분명하게 이야기한 적은 없을 것이다. 또한 이 구성원 중 절반 이상이 다른 도시로 이사하거나 콘서트 가는 것에 흥미를 잃는다면 이 모임은 유지되지 않을 가능성이 높다.

조직심리학은 **공식** 조직을 연구하는 학문이지만, 조직심리학자가 관심을 갖는 공식 조직이 기업이나 영리 조직만 포함하지는 않는다(심리학의 다른 분야를 공부하는 동료들이 흔히 하는 오해 중 하나이다). 이 책에서 소개할 많은 연구가 기업뿐만 아니라 정부 조직, 대학, 비영리적 사회서비스 기관들을 대상으로 수행되었다. 어떤 경우에는 사람들 간에 대면 상호작용이 전혀 없는 '가상' 조직을 연구하기도 한다(Shin, 2004).

또 하나 언급할 점은 조직심리학이 공식 조직에 초점을 둔다고 해서 비공식 조직 과정(processes)에 대한 연구를 배제하지는 않는다는 것이다. 조직심리학자는 때때로 비공식 집단이나 비공식 조직을 연구하기도 한다. 예를 들어 공식 조직 내에도 비공식적인 친구 관계가 존재하며, 이러한 관계가 직원들에게 중요한 영향을 미치는 것으로 밝혀졌다(Nielson et al., 2000). 같은 맥락에서, 비공식 집단 및 조직에서 발생하는 과정이 공식 조직에서 발생하는 과정을 연구하는 데 유용한 통찰을 제공해 줄 수 있다. 예를 들어 교내 배구부와 같은 비공식 집단에서의 위계 형성 과정이 공식 조직에서의 리더 출현 현상을 이해하는 데 도움을 줄 수 있다. 다시 말해 인간 행동에 관한 법칙은 행동이 발생하는 맥락과 상관없이 적용될 수 있다.

앞에 소개한 조직심리학의 정의에 대해 또 하나 분명히 할 점은 심리학이라는 용어 자체이다. 조직심리학은 심리학이라는 보다 큰 학문의 하위분야이기 때문이다. 심리학은 개인의 행동과 정신 과정을 과학적으로 연구하는 학문이다(Sanderson & Huffman, 2019). 이러한 심리학의 정의와 관련하여 두 가지 중요한 점이 있다. 첫째, 다른 심리학자들과 마찬가지로 조직심리학자는 과학적 연구 방법을 사용한다. 이는 조직심리학자가 조직에서 발생하는 과정을 연구하고 조직 문제를 해결하기 위해 체계적이며 자료에 기반한 접근 방법을 사용한다는 것을 의미한다. 조직심리학자가 사용하는 '자료'는 설문 응답, 면담, 현장 관찰, 때로는 조직의 기록 등 다양한 형태로 나타날 수 있다.

심리학의 정의 중 또 다른 중요한 점은 심리학은 개인의 행동에 초점을 맞춘다는 것이다. 이 책의 상당한 부분이 집단과 조직 수준의 과정을 다룬다는 점에서 이 말이 다소 이상하게 들릴 수 있다. 이 정의가 의미하는 것은 관심 대상이 어떤 수준에서 발생하느냐와 관계없이, 심리학자는 개인의 행동을 그 과정의 중심으로 본다는 것이다(Porras & Robertson, 1992). 즉 조직심리학자는 집단 및 조직 수준 변인들의 효과를 이해하기 위해 이 변인들이 개인 행동에 어떤 영향을 미치고, 반대로 개인 행동이 이 변인들에 어떤 영향을 미치는지에 관심을 둔다. 집단과 조직은 행동하지 않는다. 사람만이 행동한다. 개인의 행동에 초점을 맞춘다는 점에서 조직심리학은 사회학, 경제학, 정치학 등의 다른 사회과학 분야와 구별된다. 이들 학문은 조직 과정을 설명하고자 하지만, 상대적으로 개인 행동에 대한 관심은 덜하다.

조직심리학의 맥락

조직심리학은 그 자체로 공식적인 학문 분야로 간주되지만, 동시에 산업 및 조직심리학(Industrial and Organizational Psychology, I/O Psychology)(I/O 심리학)이라는 더 넓은 학문 분야의 일부이기도 하다. 산업 및 조직심리학은 심리학의 방법과 원리를 일터에 적용하는 학문이라고 정의된다(Spector, 2021). 〈그림 1.1〉은 산업심리학과 조직심리학 분야에서 관심을 갖는 주제를 비교해서 보여준다. 산업심리학 주제들은 주로 조직 내 인적자원관리와 관련이 있고, 조직심리학 주제들은 조직 장면에서의 인간 행동을 이해하고 예측하는 것과 관련된다.

산업심리학과 조직심리학의 이러한 구분을 고려할 때, 자신의 관심사에 따라 서로 다른 '진영'으로 나누려는 유혹이 생길 수 있다. 그러나 이같은 '산업심리학'과 '조직심리학'의 구분이 두 분야의 연구 주제들이 서로 밀접하게 관련된다는 사실을 간과하게 만들 수 있다. 예를 들어 큰 호텔 체인이 객실 관리직 직원의 건강과 안전을 개선하려 한다고 가정해보자. 이를 위해 이 조직은 직원들이 직면하는 주

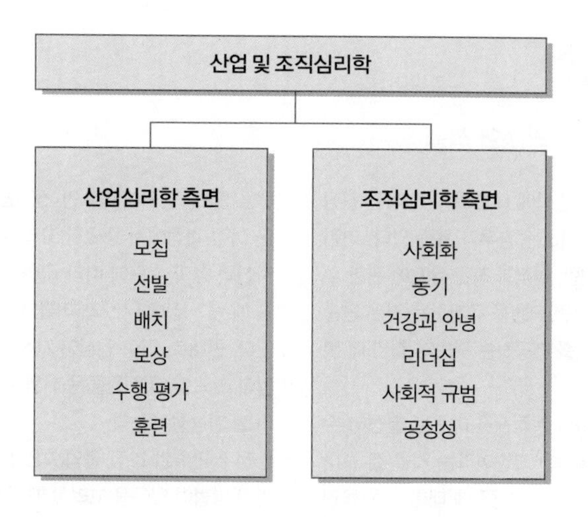

그림 1.1 산업심리학 및 조직심리학의 주요 주제

요 건강 및 안전 위험 요인을 파악하기 위한 연구를 수행하고, 이 연구를 바탕으로 위험 요인 감소를 위한 개입 방안을 개발할 수 있다. 직원 건강과 안전은 '조직심리학'의 주제이기 때문에(제7장 참조), 이 상황에서 '산업심리학'은 거의 관련이 없는 것처럼 보일 수 있다. 그러나 조금만 더 생각해보면 산업심리학의 주제와도 관련이 높다는 것을 알 수 있다. 예를 들어 호텔 객실 관리원은 호텔업계에서 가장 낮은 임금을 받는 근로자 중 하나라는 것이 잘 알려져 있다(Douglass et al., 2020). 따라서 이 조직이 건강 및 안전 위험 요인 감소를 위해 필요한 조치를 취하더라도, 이 직원들은 적절한 건강 관리를 받을 경제적 여유가 없을 수 있다. 또한 건강 및 안전 위험 요인 감소 과정의 핵심 중 하나는 관리자들을 교육해서 위험 요인을 인지하고 직원에게 이를 보고하도록 권장하는 것이다(Sinclair et al., 2020). 따라서 직원의 건강 및 안전 향상을 위해서는 건강하고 안전한 작업환경을 설계하는 것도 중요하지만, 적절한 임금 지불과 관리자에 대한 충분한 훈련 제공도 중요하다. 그런데 임금 책정과 훈련은 산업심리학의 주요 주제이다.

마찬가지로 '산업심리학'적 주제에 '조직심리학'이 어떻게 관련되는지도 생각해볼 수 있다. 한 장기 요양시설에서 간호직 근로자의 근속률을 높이고 싶다고 가정해보자. 다행히 산업심리학에서는 직원 이직 예측에 관한 많은 연구가 이루어졌으며, 이 조직은 이러한 연구 결과를 바탕으로 근속률 향상을 위한 개입 방법을 설계할 수 있다(예 : Griffeth et al., 2000). 그렇다면 '조직심리학'적 문제들은 무시해도 될까? 절대 그렇지 않다. 비록 직원 근속률이 고용 전에 측정할 수 있는 지원자 특성(예 : 이전 고용 기록)에 의해 영향을 받을 수 있지만, 직장의 조건도 당연히 직원 근속률에 영향을 미친다(Steiner et al., 2020). 따라서 이 조직에서 간호사 선발 시 조직에 남아 있을 가능성이 가장 높은 사람을 뽑거

관리자를 위한 시사점 1.1

돈이 전부가 아니다 – 급여와 직원 유지

누군가 이직을 하면 급여 인상에 대한 욕구가 이런 결정의 주원인일 것이라고 생각하는 경우가 종종 있다. 이런 생각이 맞는 경우도 있지만, 이직과 직원 유지에 관한 수십 년의 연구 결과에 따르면 직원을 유지하는 것은 단순히 높은 급여와 좋은 복지를 제공하는 것보다 훨씬 더 복잡한 과정이다.

수십년 간의 연구 결과들은 직장을 바꾸는 결정이 수많은 사항이 고려되는 복잡한 과정이라는 것을 잘 보여준다. 예를 들어 직무 불만족과 고용주에 대한 낮은 몰입이 이직 결정의 중요한 선행 요인으로 알려져 있다. 하지만 동시에, 다른 고용 기회가 있을 때 이직을 더 많이 고려하는 것을 보면 사람들이 이직에 매우 실용적으로 접근하는 것을 알 수 있다.

그렇다면 급여는 이직과 직원 유지 과정에서 어떤 역할을 할까? 연구에 따르면, **성과급**(contingent reward)은 이직 과정에서 중요한 고려사항이다. 이는 직원들이 자신의 성과 수준에 따라 급여 인상이 이루어진다고 느낄 때 현 직장에 더 오래 머물 가능성이 높다는 것을 의미한다. 반대로, 급여 인상이 자신의 성과와 연결되어 있지 않다고 느낄 때 직원들은 이를 실현해 줄 고용주를 찾으려 할 가능성이 높다.

직무 만족과 조직 몰입(제8장 참조)을 증가시키는 다양한 방법이 있음을 고려할 때, 위 연구 결과들은 조직이 직원 유지를 위해 할 수 있는 다양한 방법이 있음을 시사한다. 또한 직원을 보상하는 방법과 우수한 성과를 인정하는 것이 직원 유지에 중요하다는 것을 알 수 있다.

출처 : Griffeth et al.(2000).

나 경쟁력 있고 공정한 보상 시스템을 설계하더라도 여전히 그 조직의 사회적 환경은 이직에 영향을 주는 핵심 요인이다('관리자를 위한 시사점 1.1' 참조). 스트레스, 특히 대인관계에서의 부당한 대우로 인한 스트레스는 조직심리학의 주요 주제 중 하나이다.

조직행동학이란 무엇인가?

앞에서 조직심리학을 정의하고, 그것이 산업 및 조직심리학이라는 더 넓은 분야 내에서 어떤 위치를 차지하고 있는지 살펴보았다. 이 절에서는 조직행동학을 알아본다. Uhl-Bien 등(2020)은 조직행동학을 "조직 내 인간 행동을 연구하는 학문으로 팀, 대인 간 과정, 조직 구조에 초점을 둔다"(p. 2)고 정의한다. 이 정의만을 기준으로 보면, 조직행동학은 조직심리학과 거의 차이가 없다. 그러나 Uhl-Bien 등은 또한 "조직행동학은 행동과학(즉 심리학, 사회학, 인류학)과 경제학, 정치학 등의 다른 사회과학과 강한 연계성을 가지는 학제 간 연구 분야"(p. 2)라고 덧붙인다. 이는 조직심리학과 조직행동학 간의 의미 있는 차이점을 암시한다. 조직심리학이 심리학의 이론과 방법론과 강하게 연계되어 있는 반면, 조직행동학은 이론적으로 보다 더 다양한 접근을 취한다. 이러한 차이점을 고려할 때, 논리적으로 이러한 차이가 중요한가라는 질문을 할 수 있다. 결론부터 말하면, 답은 '그렇다, 중요하다'이다. 앞서 논의한 바와 같이, 조직심리학은 심리학이라는 더 넓은 분야에 뿌리를 두고 있으며, 이는 조직심리학의 교육뿐만 아니라 조직을 연구하는 데 사용하는 이론과 방법론에도 제약을 둔다. 대부분의 조직심리학 교육은 심리학과에서 이루어지며, 조직심리학 연구를 이끄는 이론들은 대부분 심리학에서 나온다. 반면, 조직행동학 교육은 주로 경영학과에서 이루어지며, 경영학과는 보통 경영대학 내에 위치한다. 또한 조직행동학은 특정 학문 분야에 대한 연계성이 덜 강하기 때문에 조직행동학 연구를 이끄는 이론들은 다양한 학문에 기반하는 경향이 있다.

두 분야의 이러한 차이에도 불구하고, 시간이 지남에 따라 이러한 차이점은 점점 희미해질 가능성이 크다. 예를 들어 두 분야에서 훈련받은 연구자들은 같은 학회에 가입하고, 같은 학술지에 논문을 게재하며, 산업 및 조직심리학에서 훈련받은 많은 우수한 학자들이 급여 조건이 더 매력적인 경영대학을 직장으로 선택하고 있다(Aguinis et al., 2014).

조직행동학의 맥락

조직심리학이 산업 및 조직심리학, 그리고 심리학이라는 더 큰 분야에 속해 있듯이 조직행동학도 더 넓은 맥락 내에 존재한다. 그러나 조직심리학에 비해 조직행동학이 정확히 어떤 맥락 내에 있는지는 다소 불분명하다. 앞서 언급했듯이 대부분의 조직행동학 박사과정은 경영학과 내에 위치하며, 이 학과는 경영대학 내에 있다. 이를 고려할 때 조직행동학을 경영학의 하위분야로 간주하는 것이 타당해 보인다. 경영학과에서 가르치는 하위분야는 다양하지만, 대부분의 학과는 조직행동학 외에도 **인적자원관리**(Human Resource Management), **전략경영**(Strategic Management), **기업가정신**(Entrepreneurship) 등을 포함한다. 아래에서 각 하위분야를 정의하고, 조직행동학과 어떻게 연관되는지 보여준다.

인적자원관리 분야는 산업 및 조직심리학의 산업심리 분야와 동일하다. 즉 선발, 훈련과 개발, 성과평가, 보상 및 복리후생, 노사 관계, 다양성 · 형평성 · 포용성 관리, 일-삶(work-life) 프로그램 관리와 같은 인적자원 기능에 중점을 둔다. 미묘하지만 유일한 차이점은 인적자원관리 프로그램, 특히 석사과정은 미래의 조직연구자보다는 미래의 인적자원관리자 양성에 중점을 둔다는 것이다. 그러나 일부 인적자원관리 박사과정은 산업 및 조직심리학 박사과정과 마찬가지로 미래의 연구자와 학자 양성에 중점을 둔다. 인적자원관리와 조직행동학 간 관계에 대해서는 산업 및 조직심리학의 산업 및 조직 분야를 논의할 때 제공된 예시가 그대로 적용된다. 단, '산업심리학'을 '인적자원관리'로, '조직심리학'를 '조직행동학'으로 바꾸면 된다.

전략경영은 경영학의 하위분야로, 기업 수준의 성과에 영향을 미치는 경영 및 조직적 결정 요인을 이해하는 데 중점을 둔다. 전략경영학자는 조직 리더의 전략적 의사결정을 연구하고, 이러한 결정이 조직의 효과성과 상장된 조직의 경우에는 주주 가치를 어떻게 증대하는지에 대한 연구를 하기도 한다. 전략적 의사결정의 일반적인 예로는 조직 인수를 통한 새로운 시장 진출 여부 결정, 친환경 기업으로의 전환을 통한 조직의 전략적 확대 결정, 시너지 효과 및 규모의 경제 창출을 위한 합병 결정 등이 있다.

조직행동학과 전략경영은 서로 관련이 있다. 조직 인수 시 서로 다른 두 조직 문화를 통합하는 것과 관련된 복잡한 문제가 자주 발생한다. 따라서 인수 결정 전 조직 문화 통합에 대한 고려가 있어야 하고, 인수 후에도 이에 대한 관리가 필요하다. 반대로 조직의 전략적 결정 자체가 조직 내 사회적 환경에 영향을 미칠 수 있다. 예를 들어 경쟁 우위를 위해 고객 중심적 전략을 선택한 조직은 성과 지향적이고 경쟁적인 조직과는 크게 다른 사회적 환경을 가질 것이다. 결론적으로, 전략은 행동에 영향을 미치고 행동은 전략에 영향을 미친다.

기업가정신은 경영학의 또 다른 하위분야로서, 사람들이 아이디어를 새로운 사업으로 전환하는 과정, 즉 기업 활동의 역학에 중점을 둔다. 창업 기업의 약 절반이 5년 내 실패한다는 점을 고려할 때(U.S. Small Business Administration, 2021), 새로운 벤처 개발을 촉진하는 요인, 다양한 벤처에 가장 효과적인 비즈니스 모형, 흔히 경험하는 함정과 이를 극복하는 방법 등을 이해하는 것이 중요하다. 이 과정을 더 잘 이해함으로써 기업가들은 새로운 벤처 성공에 도움이 되는 전략에 대한 지식을 얻을 수 있다.

창업을 위해서는 자본 조달이나 물리적 공간 확보 등 많은 요인을 고려해야 하지만, 기업가의 행동, 태도, 성격 특성 역시 중요하다. 따라서 조직행동학과 기업가정신은 분명히 관련된다. 예를 들어 조직행동 연구자들은 창의적 과정을 광범위하게 연구해왔으며(제14장 참조), 이러한 연구 결과는 기업 활동에 대한 이해를 높이는 데 기여해왔다. 또한 새로운 벤처기업 개발이 기업가의 건강과 웰빙에 미치는 영향(Williamson et al., 2021)과 고용 상태(예 : 자영업)가 스트레스와 일-가정 갈등 경험에 미치는 영향(Prottas & Thompson, 2006)에 대한 연구도 이루어졌다. 이러한 연구들은 창업 벤처뿐만 아니라 공공 및 민간 조직 등 모든 종류의 고용 상황에서 일반적인 근로자의 건강과 웰빙을 이해하는 데 도움이 된다.

이상의 조직심리학과 조직행동학에 대한 논의에서 알 수 있듯이, 이 두 분야는 서로 겹치는 부분이 상당하다. 이러한 중복성을 고려할 때, 이 책에서는 두 분야에서 훈련받은 사람들을 조직심리학자나 조직행동 전문가라고 부르기보다는 '조직연구자'라고 통칭하고자 한다. 다만, 필요할 때는 두 분야를 따로 언급하는 경우도 있을 것이다.

과학자-실무자 접근

조직심리학과 조직행동학은 과학이다. 따라서 이 책의 내용 중 많은 부분이 행동에 대한 과학적 연구를 기반으로 한다. 그러나 두 분야는 또한 과학적 지식을 활용하여 개인 근로자, 업무 집단, 조직 전체의 효과성을 향상하는 데도 관심이 있다. **과학자-실무자 모형**(scientist-practitioner model)은 과학적 지식의 생산과 그 지식의 실제적인 적용 간의 역동적인 상호작용에 주목한다. 일반적인 수준에서 과학자-실무자 모형은 과학과 실천이 독립적인 것이 아니라 사실상 서로 '의존'하는 관계라고 주장한다.

과학자-실무자 모형이 어떻게 작동하는지 살펴보기 위해 고객서비스 수준을 향상하고자 하는 은행 지점장의 예를 들어보자. 다행히 이 지점장은 고객서비스에 관한 많은 과학적 연구 결과의 도움을 받을 수 있다(예 : Schneider et al., 1998). 반대로, 조직의 실질적인 문제에서 조직 현상에 대한 과학적 연구가 시작되는 경우도 종종 있다. 예를 들어 2020년부터 코로나19 팬데믹으로 인해 원격 근무의 영향을 살피는 연구가 크게 증가했다(Karl et al., 2021). 이러한 연구는 순수한 과학적 관점에서도 유용하지만 실무적 목적으로도 매우 중요하다. 많은 조직에서 원격 근무가 영구적으로 자리 잡을 수 있기 때문에, 관리자들은 이러한 근무 방식을 성공적으로 운영하는 방법을 이해해야 한다('과학 번역하기 1.1' 참조).

과학자-실무자 모형은 산업 및 조직심리학과 경영학 분야 전반에서 매우 중요한 위치를 차지하고 있으며, 이들 대학원 교육과정 대부분이 과학자-실무자 모형을 기본 철학으로 삼는다. 과학자-실무자 모형에 기반을 둔 대학원 교육과정은 무엇보다도 과학적 연구에 필요한 기술을 학습하는 것을 강조한다. 이것이 바로 거의 모든 산업 및 조직심리학과 조직행동학 대학원 과정에서 통계, 연구 방법론, 심리측정 교육을 필수로 요구하는 이유이다. 대학원 교육에 대한 과학자-실무자 모형의 또 다른 중요한 영향은 학생들에게 인턴십, 실습과목, 기타 현장 경험을 통하여 배운 것을 '실제' 장면에 적용할 수 있는 기회를 제공하는 것이다('참고 1.1' 참조).

과학자-실무자 모형의 영향은 조직심리학과 조직행동학 교육을 받은 사람들의 직무환경이나 활동에서도 잘 드러난다. 조직심리학과 조직행동학 교육을 받은 많은 사람이 대학의 교수직을 맡고 있는데, 보통은 심리학과나 경영학과에 근무한다. 이들의 주요 직무는 교육, 과학적 연구, 소속 학과와 대학 및 학계에 대한 봉사이다. 이들은 또한 자신의 연구 역량을 활용하여 조직의 다양한 실제적 문제 해결을 돕기도 한다. '참고 1.2'에 제시한 바와 같이, 이 책의 저자 역시 과학과 현장 실무를 아우르는 경력을 가지고 있다.

조직심리학과 조직행동학 분야에서 학문적 커리어와 비학문적 커리어를 원하는 사람들을 교육하는 것에는 큰 차이가 없다. 과학자-실무자 모형과 일관되게, 산업 및 조직심리학 그리고 조직행동학의 대학원생들은 일반적으로 특정 주제 영역(예 : 동기, 리더십, 직원 사회화, 조직 문화 등)뿐만 아니

과학 번역하기 1.1

온라인 회의를 더 효과적으로 만들기

다행히 코로나19 팬데믹의 영향은 이제 대부분 지나갔지만, 많은 직장에서 영구적으로 자리 잡은 것 중 하나가 온라인 회의이다. 팬데믹 초기에 원격 근무로 전환했던 많은 조직이 아직 대면 근무로 돌아가지 않았고, 대부분의 업무 방식이 정상화된 경우에도 온라인 회의의 편리함에 익숙해진 경우가 많다.

테네시대학교(채터누가)와 린든우드대학교(미주리)의 연구자들은 링크드인(LinkedIn)에 게시된 온라인 회의에 대한 549개의 댓글을 분석하여 근로자들이 온라인 회의에 대해 좋아하는 것과 싫어하는 것을 살펴보는 연구를 수행했다. 연구자들은 댓글에 대한 질적 분석을 바탕으로 화상 회의를 개선할 수 있는 여섯 가지 주제를 찾아냈다.

1. **카메라 켜기와 끄기** : 많은 사람이 회의 시 카메라를 끄고 있는 사람들에 대한 불만을 표현했다. 이는 카메라 사용 여부를 미리 명확히 해야 할 필요성을 시사한다.
2. **회의 관리 문제** : 회의 관리 문제에는 회의 목적의 부족, 지각, 너무 많은 회의, 연속적 회의 등과 같은 문제를 포함했다. 이 문제들은 화상 회의의 사용이 증가하면서 부각되기는 했지만, 사실 회의가 온라인인지 대면인지에 관계없이 항상 존재하는 문제들이다. 회의 관리를 잘하는 것은 형식에 관계없이 중요하다.
3. **카메라 문제** : 카메라 문제와 관련된 댓글들은 카메라의 기술적 문제뿐만 아니라 잘못된 위치나 조명 등의 문제를 언급하였다. 많은 조직이 화상 회의가 광범위하게 도입되었던 초기에 화상 회의에 대한 교육을 제공하긴 했지만, 지속적인 교육이 여전히 필요함을 시사한다.
4. **회의 중 식사** : 많은 참가자가 회의 중 카메라 앞에서 식사를 하거나 카메라를 끄고 식사하는 동료들에 대한 짜증과 불쾌감을 표현했다. 사실, 회의가 연속적으로 잡히면 식사할 시간이 없을 수 있다. 따라서 식사에 대한 기본 규칙을 정하거나 식사 시간에 회의를 잡지 않는 것이 좋다.
5. **마이크 문제** : 사람들은 음소거를 안 해서 원치 않는 소음으로 회의를 방해하는 동료들에 대해 불만을 제기했다. 이러한 문제는 회의 시작 전에 음소거 규칙을 명확히 하고, 자신의 마이크가 제대로 작동하는지 확인함으로써 피할 수 있다.
6. **재택근무 문제** : 집에서 화상 회의에 참여하면서 생긴 보너스 중 하나는 동료의 개인적 삶을 엿볼 수 있다는 것이다. 그러나 많은 사람이 가족이나 애완동물의 소음 때문에 회의가 산만해질 수 있다고 보고했다. 특히 한 공간에서 여러 사람이 가상으로 근무하는 경우 이러한 문제가 더 복잡해질 수 있다. 따라서 재택근무하는 회의 참가자들에게 소음과 기타 방해 요소가 없는 공간을 찾도록 권장해야 한다.

추가적으로 화상 회의의 긍정적인 측면도 언급할 필요가 있다. 예를 들어 일정 잡기가 더 수월하고, 더 다양한 참가자를 초대할 수 있으며, 참가자가 참석하지 못할 경우 회의를 녹화하여 나중에 시청할 수 있다. 하지만 이 연구의 결과는 화상 회의가 대면 회의와 완전히 동등해지기까지 아직 갈 길이 멀다는 것을 보여준다. 다행히 관리자들이 화상 회의를 보다 효과적으로 만들기 위해 할 수 있는 몇 가지 간단한 방법이 존재한다.

출처 : Karl et al.(2021).

라, 연구 방법론, 통계, 심리측정과 같은 과목들을 이수한다. 또한 모든 학생은 원하는 진로와 관계없이 연구를 수행하고 실무적인 경험을 쌓게 된다.

그러나 실무적인 직업을 원하는 사람에게는 별로 중요하지 않지만, 나중에 학자가 되길 원하는 대

참고 1.1

과학자-실무자 육성 : 실무 경험의 역할

대부분의 산업 및 조직심리학 그리고 조직행동학 대학원은 교육과정에 실무 경험을 포함한다. 그 방법은 다양한데, 예를 들어 많은 대학원에서는 학생들에게 기업이나 컨설팅 회사의 공식적인 인턴십 프로그램에 참여하도록 권장한다. 일반적으로 인턴십은 6개월에서 1년이 걸리며, 학생들은 경험이 많은 실무자의 관리하에 일한다. 이 외에 학생들이 실무 경험을 할 수 있는 덜 공식적인 방법에는 수업 프로젝트, 교수의 연구 또는 컨설팅 프로젝트 참여, 현장기반 실습과목 수강 등이 있다.

학생들이 현장 경험에 참여함으로써 얻는 주된 혜택은 수업에서 배운 것을 실제 조직 현장에 적용할 수 있는 기회를 가진다는 것이다. 또한 학생들이 '현실 세계'가 어떻게 돌아가는지를 더 잘 이해할 수 있게 된다는 것도 간접적인 혜택이다. 예를 들어 현장 프로젝트에 참여한 대학원생들은 조직이 얼마나 빨리 일을 처리하기를 원하며, 조직에서 '고객'과 좋은 인간관계를 쌓는 게 얼마나 중요한지를 알고 놀라는 경우가 있다. 또한 많은 학생들은 그들이 배운 방법론과 통계가 현장 프로젝트에서 매우 유용하다는 것을 알고 놀라기도 한다.

대학원 과정에 실무 경험을 포함하는 것의 장점도 많지만 문제점도 있다. 박사과정 중에 인턴십을 갔다가 결국은 박사학위를 끝내지 못하는 경우가 있다. 또한 인턴십에서 충분한 관리감독이 이루어지지 않거나, 조직이 대학원생에게 배당하는 프로젝트가 의미 없는 것일 수도 있다. 이러한 잠재적 문제점에도 불구하고, 꼼꼼하게 관리감독되는 실무 경험은 일반적으로 대학원 과정에서 소중한 부분이며, 과학자-실무자 모형을 학생들에게 교육할 수 있는 좋은 방법이기도 하다.

학원생은 대학원 과정에서 반드시 경험해야 하는 것들이 있다. 예를 들어 대학원 과정 초기부터 학위를 받을 때까지 연구에 지속적으로 참여하는 것이 중요하다. 이러한 노력은 논문 또는 저서의 저자, 학술대회 발표 가능성을 높여 주며, 이는 경쟁적인 취업 시장에서 큰 도움이 된다. 또한 연구에 참여하면 교수와 긴밀한 협력 관계를 발전시킬 수 있고, 이러한 관계는 연구 수행 방법을 배우는 데 결정적 역할을 한다.

학자가 되려는 대학원생에게는 강의 경험 또한 매우 중요하다. 대학의 종류에 따라 강의 경험을 중시하는 정도는 다르지만, 어느 대학이든 강의는 중요한 부분이며, 모든 대학은 좋은 강의자를 찾는다. 따라서 충분한 강의 경험이 있는 대학원생은 그렇지 않은 대학원생보다 교수직에 대한 준비가 더 잘 되어 있다고 할 수 있다. 또한 교수 취업 시장의 최근 경향(Woolston, 2021)을 고려할 때, 박사학위를 막 취득한 사람은 연구 중심의 대규모 대학교보다는 교육에 더 중점을 두는 작은 대학에 취직할 가능성이 높다.

대학 이외에 조직심리학과 조직행동학에서 훈련을 받는 사람들이 일반적으로 취업하는 직장으로는 기업, 컨설팅 회사, 비영리 연구소, 정부 기관, 연구기관, 마케팅 조사회사 등이 있다. 비록 실제 직무는 상황에 따라 크게 다르지만, 대학 외의 직장에 취업하는 많은 사람은 조직 변화 및 조직 개발 활동 또는 직무만족과 직무열의 조사 등의 조직 평가와 관련된 일을 한다. 구체적인 직무 활동으로는 직

참고 1.2

저자들의 경력에서의 과학과 실무

Steve Jex : 내 경력을 돌아보면 과학과 실무의 주제가 명백히 드러난다. 나는 1988년에 산업 및 조직심리학 박사학위를 받은 이래 직무 스트레스 분야에서 활발한 연구와 학술 활동을 이어왔다. 따라서 내가 하는 일의 대부분은 과학적 연구와 학문적 활동을 중심으로 이루어진다. 그러나 그 외에도 나는 조직의 실제적인 문제를 해결하기 위한 여러 프로젝트를 수행했다. 볼링그린주립대학교에서 교수로 재직할 당시, 나는 오하이오주 근로자 재해 보상청(Ohio Bureau of Worker's Compensation)의 지원을 받아 오하이오의 장기 요양 시설에서 근무하는 간호보조원의 재해 감소를 위한 프로젝트에 참여했다. 2017년에 센트럴플로리다대학교로 옮긴 이후, 나는 국립산업안전보건연구소(National Institute for Occupational Safety, NIOSH)의 지원을 받아 고객접대업무 근로자의 건강과 안전 향상을 위한 개입 방안을 개발하고 평가하는 프로젝트에 참여하였다. 이러한 대규모 프로젝트 외에도, 지난 33년 동안 나는 다양한 조직과 함께 여러 소규모 응용 연구 프로젝트를 수행하고, 때때로 교육 프로그램을 개발하였다.

이와 같이 조직심리학을 실제 조직에 적용하는 프로젝트를 수행하면서 내가 배운 것은 무엇이었을까? 가장 중요한 것은 현장에서 실무 업무를 전업으로 하는 분들에 대한 엄청난 존경심을 가지게 된 것인 것 같다. 앞에서 말한 바와 같이, 내 주 직업은 연구자 및 저자지만, 지난 수년간 수행한 응용 연구를 통해 연구 결과를 조직 장면에 적용하는 것은 매우 다양한 역량을 요구하는 정말 어려운 일임을 확신하게 되었다. 나는 또한 좋은 과학은 실용적인 가치를 가진다는 것을 배웠다. 즉 조직에서 과학적으로 엄격한 방법으로 프로젝트를 수행하면 그렇지 않을 때보다 훨씬 더 유용한 정보를 얻을 가능성이 높다. 나는 조직의 관리자들도 이러한 과학의 중요성을 인식하게 되었다고 생각한다. 나는 고객접대산업의 기업들과 일하면서 올랜도의 몇몇 대형 호텔 관리자로부터 엄청난 지원을 받았는데, 이것이 가능했던 가장 큰 이유는 이들이 과학 기반 해결책의 장점을 인식하게 되었기 때문이라고 생각한다.

Thomas Britt : 나는 경력이 쌓일수록 과학자-실무자 모형의 중요성을 더 깨닫게 되는 것 같다. 나는 1994년 사회심리학 박사학위를 받고 곧바로 미 육군에서 심리학 연구원으로 일하게 되었다. 직장에 들어가자마자 육군이 내 박사학위 주제(애인의 정체성 조절)에는 별 관심이 없고, 대신 스트레스가 높은 군사작전을 수행하는 병사의 수행 동기를 높이는 방법에 관심이 크다는 것을 알게 되었다. 따라서 나는 내 자신과 학회지 심사자들의 엄격한 과학적 기준을 충족하는 '현장에서의' 응용 연구를 하려고 노력했다. 결국 나는 육군에서 연구를 수행하면서 대단한 경험을 하였다. 나는 병사들의 '전사'와 '평화유지군'으로서의 정체성이 작전에서 동기와 건강에 미치는 영향, 직무열의의 군사작전 스트레스 완화 효과, 그리고 성공적인 고난이도 군사작전 성공 경험이 스스로에 대한 대한 확신과 삶에 대한 감사 수준 증가에 미치는 영향 등에 대한 연구를 수행하였다.

내 자신도 이런 연구 결과의 중요성을 군 지도부에 설명하고, 연구의 적용적 시사점을 생각하는 것을 즐겼다는 것이 놀랍기도 하다. 나는 군 지도부들이 견고한 연구 설계를 이용하여 수집한 자료를 바탕으로 권고안을 제안했을 때 더 진지하게 받아들인다는 것을 알게 되었다. 또한 현장의 리더들도 좋은 이론이 연구 결과 의미 해석에 유용하다는 것을 이해하였다. Steve와 마찬가지로, 나 역시 리더들이 구성원의 안녕과 수행에 대한 과학적 연구의 시사점을 이해하는 데 필요한 시간과 관심을 기꺼이 할애하는 것에 깊은 인상을 받았다. 나는 군인과 응급의료 임상의를 대상으로 높은 업무 스트레스로부터의 회복력에 대한 연구를 수행하고 있는데, 이런 연구를 통해 과학자-실무자 모형의 중요성을 더욱 깊이 깨닫고 있다.

Cynthia Thompson : 내가 처음 연구에 참여한 것은 플로리다주립대학교의 학부 시절이었다. 내 멘토였던 Mike Flanagan은 학부생 대상의 실험실 실험 설계를 수행하면서 나를 지도했다. 우리는 과업 상호 의존성(집합적, 순차적, 상호적), 역할 모호성, 그리고 우리가 '직무 개념 적합성'이라고 부른 것 간의 관계를 연구하였다. 이 연구의 목적은 Kahn 등(1964)이 수행한 스트레스에 관한 고전적 현장 연구의 결과를 검증하는 것이었다. 학부생 대상의 실험은 대체로 일반화 가능성의 부족에 대한 우려 때문에 기피되지만, 잘 설계된 실험은 우리가 이해하려는 현상에 대한 중요한 정보를 제공할 수 있다. 나는 이 실험실 실험 연구를 통해 내가 관심 있는 현상을 완전히 이해하기 위해서는 다양한 연구 전략이 중요하다는 것을 깨닫게 되었다. 나는 대학원 시절부터 일-가정 스트레스와 역할 간 갈등을 과학적으로 연구하기 위해 대규모 표본과 다중 출처 자료를 사용하는 조사연구를 수행하기 시작했다. 이 책의 공저자인 Tom Britt이 2008년 샌프란시스코에서 열린 23차 산업 및 조직심리학 학회에서 견고한 연구설계에 관한 심포지엄 발표자로 나를 초대했는데, 이는 내게 영광스러운 경험이었다.

나는 학자로서의 경력 대부분을 조직 내 일-가정 문화 연구에 집중해왔는데, 그 첫 시작은 1999년에 Laura Beauvais와 Karen Lyness와 공저한 논문이었다. 이 논문에서 우리는 '일-가정 문화'라는 개념을 정의하고 이 개념을 측정하기 위한 척도를 개발했다. 이 척도는 전 세계 연구자, 그리고 직원의 일-가정 균형과 웰빙을 지원하는 조직 문화를 측정하려는 실무자와 컨설턴트들이 사용하고 있다. 내가 이러한 연구를 하는 근본적인 동기는 직원의 웰빙을 깊이 있게 이해하고, 조직이 직원 웰빙에 긍정적인 영향을 미칠 수 있는 방법을 찾는 것이었다. 나는 경력의 많은 부분에서 과학자-실무자 모형의 '과학자' 측면에 집중해 왔지만, 현장의 컨설턴트와 인적자원 실무자들이 직원의 웰빙에 중요한 개념을 경험적으로 개발한 척도를 인정하고 사용하는 것을 보는 것은 만족스러운 일이다. 내 연구가 실무자 저널에 언급되고, 일-가정 스트레스에 대한 조직 자문을 요청받는 것도 보람 있는 일이다. 예를 들어 한 컨설팅에서는 직원의 웰빙 향상과 이직률 감소에 도움을 주기 위한 행동 계획을 개발하기 위해 직원 웰빙에 관한 연구 문헌을 깊이 있게 살펴보았다. 또 다른 컨설팅 경험으로는 시립 신용 조합을 위한 리더십 개발 프로그램 개발, 금융 서비스 회사의 일-가정 실천 벤치마킹 연구, 대형 금융 회사의 정보 시스템 경영진을 위한 360° 피드백 도구 개발 등이 있다. Steve와 Tom처럼, 나는 조직과 직원 모두에게 실질적인 가치를 지닌 의미 있는 연구를 할 수 있는 기회를 사랑한다.

원 의견 조사 프로그램의 개발 및 시행, 팀 개발 활동의 설계 및 시행 지원, 최고경영진의 전략 계획 프로세스 수립 지원 등이 있다(조직심리학 및 조직행동학에서의 경력에 대해서는 '참고 1.3' 참조).

대학 외 직장에서 일하는 조직심리학자들의 또 다른 주요 활동은 **연구**(research)이다. 특히 비영리 연구소, 정부 연구소, 기업 연구소의 경우는 특히 그렇다. 연구소들의 특성이 다양하기 때문에 실제 수행하는 연구의 정확한 특성을 꼭 집어 말하기는 어렵다. 그러나 대부분은 조직 또는 사회 전체에 실질적인 이익을 줄 수 있는 과학적 연구를 수행한다. 예를 들어 이 책의 두 저자(Steve Jex와 Thomas Britt) 모두 미 육군을 도와 군인들의 스트레스 적응에 대한 연구를 수행하였다(예 : Britt et al., 2017; Jex et al., 2001). 또 다른 저자인 Cynthia Thompson은 대규모 컨설팅 회사 직원들의 웰빙 향상을 위한 전략 개발을 도왔다. 이 장의 '실무자 소개'에서는 최근 박사학위를 받고 높은 수준의 연구 역량을 요구하는 포춘 500대 기업에서 일하고 있는 Wheeler H. Nakahara 박사를 소개한다.

대학 외 커리어를 준비하기 위해서는 대학 교수를 희망하는 대학원생과 거의 비슷한 교육을 받아야 한다. 여기에는 연구 방법, 통계, 심리측정 및 다양한 전문적 주제가 포함된다. 하지만 대학 교수가

참고 1.3

조직심리학과 조직행동학의 커리어

조직심리학과 조직행동학 분야가 이룬 의미 있는 과학적 성과도 중요하지만, 두 분야에서 어떤 직업적 커리어를 선택할지를 생각하는 것도 중요한 문제이다. 이 두 분야의 유사성을 고려할 때, 이 분야에서 교육받은 사람들이 가질 수 있는 직업도 꽤 유사하다.

우선 대학 교수가 되는 것이 가능한데, 여기에도 상당히 다양한 선택지가 존재한다. 일반적으로 가장 선호되는 직장은 큰 규모의 연구 중심 대학이다. 이런 대학들은 조직심리학과 조직행동학 박사과정이 둘 다 있고, 일반적으로 급여가 높으며, 강의 부담이 적고, 매우 생산적인 동료들과 협력할 기회를 제공한다. 그런데 이런 연구 중심 대학들은 종신교수 및 승진을 위한 기준이 매우 높고, 일반적으로 최상위 저널에 논문을 게재하거나 연구비를 많이 확보하기를 요구한다. 대규모 연구 중심 대학을 선호하지 않는 사람들은 석사 프로그램만 있는 중형 대학부터 소규모의 학부 중심 대학 등 다양한 다른 유형의 대학을 고려할 수 있다. 이런 대학들은 대부분 연구 중심 대학보다 급여가 낮고 강의 부담이 크지만, 연구업적에 대한 요구가 덜하다.

대학 교수로서의 경력을 원치 않는 사람도 다양한 선택지가 있다. 일반적으로 대학 외에 조직심리학과 조직행동학 전공자들은 기업, 컨설팅 회사, 정부 기관, 연구소에 취직한다. 기업과 컨설팅 회사에 고용된 사람들은 대부분 과학 기반 실무에 중점을 두며 직원 선발, 교육 프로그램 설계 및 평가, 성과 평가 시스템 개발, 조직 변화 및 개발, 조직 문화 평가 등의 업무를 수행한다. 정부 기관과 연구소에 고용된 사람도 비슷한 업무를 하기도 하지만, 종종 연구 활동에 더 중점을 두는 경향이 있다. 물론 어떤 사람은 특정 조직에 취업하는 것보다는 개별적으로 일하는 독립 컨설턴트가 되기도 한다.

이 다양한 선택지 중 어떻게 내게 맞는 커리어를 선택할까? 이 질문에 대한 쉬운 답은 없다. 그러나 커리어 선택은 중요하게 여기는 가치가 무엇인가에 달려 있다. 학문적 커리어를 추구하는 사람들은 일반적으로 지적 자유, 시간에 대한 자율성, 다른 사람들을 멘토링할 수 있는 기회를 중요하게 생각한다. 반면에 비학문적 경력을 추구하는 사람들은 연구가 실제 조직에 적용되는 것을 보는 것을 가치있게 여기고, 실무자 역할에서 오는 다양성을 즐기며, 높은 보수를 중시한다.

출처 : http://siop/org/career-center/job-search

아닌 직업을 준비하는 대학원생은 대학원 과정 동안 실무 경험을 쌓는 것이 필요하다. 이러한 경험은 대개 교수의 컨설팅 프로젝트를 돕거나 공식적인 인턴십 프로그램을 통해 얻을 수 있다('참고 1.4' 참조). 실무 경험을 쌓는 것은 취업 시 좋은 자격을 갖게 해줄 뿐 아니라, 대학원 수업에서 배운 내용을 적용해볼 수 있는 소중한 기회를 제공한다.

그렇다면 학생들은 자신이 원하는 커리어가 무엇인지를 어떻게 결정할까? 박사과정 학생들은 실력도 좋고 동기도 매우 높기 때문에, 대부분은 두 가지 커리어 중 자기가 원하는 것을 선택할 수 있고, 궁극적인 결정은 결국 본인이 무엇을 더 좋아하고 중요하게 생각하는지에 달려 있다. 저자들의 경험에 따르면, 강의하는 것을 좋아하고 연구 관심사가 명확한 학생들은 대학 교수직을 선호한다. 또한 대학 교수는 구조화된 틀에 얽매이기보다는 시간에 대한 자율성과 통제권을 많이 원하는 사람에게 적합하다.

실무자 소개

WHEELER H. NAKAHARA 박사

나는 대학에 들어와서 처음에는 임상심리학자나 정신과 의사가 되고 싶다고 생각했는데, 이는 다른 사람들의 삶을 향상하려는 열정이 있었기 때문이다. 그러나 수업과 약간의 직장 경험을 통해 이런 커리어가 나에게 적합하지 않다는 것을 깨달았다. 그럼에도 불구하고, 나는 여전히 사람들의 삶을 향상하는 것을 핵심 가치로 삼는 커리어를 갖고 싶었다. 많은 산업 및 조직심리학 전문가처럼 나도 학부 시절에 산업 및 조직심리학을 우연히 접했다. 심리학 전공 3학년생으로 다가오는 졸업을 생각하며 커리어에 대한 고민을 하고 있었는데, 다행히도 텍사스 A&M대학교의 산업 및 조직심리학 연구실에서 연구 조교로 일할 기회를 얻게 되었다.

나는 학부생 연구 조교로서 전혀 새로운 심리학의 세계에 노출되었다. 우리는 삶의 대부분을 직장에서 보내기 때문에 누구나 잘못된 업무 관행, 동료 및 상사와의 부정적인 상호작용, 웰빙, 태도, 행동에 영향을 미치는 조직 문화를 떠올릴 수 있다. 나는 나를 멘토링해 준 대학원생들과 교수님들 덕분에 이러한 주제를 비롯한 많은 것들에 대해 배울 수 있었다. 4학년 때 학회에 참석하면서 더 많은 경험을 쌓았다. 이러한 기회를 통해 나는 산업 및 조직심리학 커리어를 쌓고 싶다는 것을 확신하게 되었고, 궁극적으로 센트럴플로리다대학교의 박사과정에 지원해서 합격했다. 나는 조직심리학과 관련된 이론에 대한 깊이 있는 지식을 배우는 것과 이 분야에 기여할 수 있는 기회를 매우 즐겼다. 결국 많은 대학원생들처럼 나는 학문적 경력을 추구할지, 실무자로서의 역할을 선택할지에 대한 결정을 해야 했다. 두 경로 모두 근로자의 직장 경험을 개선할 수 있지만, 나는 대학원에서 컨설팅 프로젝트를 통해 강력한 이론과 연구 배경을 실제 문제에 적용할 때 가장 큰 만족감을 느꼈다.

대학원을 마칠 무렵, 나는 프록터앤드갬블(Procter & Gamble, P&G)의 컨설팅 공모전에 지원했고, 이는 HR 분석을 담당하는 인턴십 기회로 이어졌다. 나는 인턴 초기부터 영향력 있는 업무를 맡게 되었다. 내가 속한 팀은 회사의 연간 설문 조사를 배포하고 분석하며, 분석 결과를 조직 리더들에게 발표하는 업무를 수행하였다. 인턴십 이후 나는 이 역할을 계속 수행하고 있으며, 현재는 형평성 및 포용성 팀과 협력하여 설문 결과를 바탕으로 P&G가 포용적인 업무환경을 조성할 수 있도록 돕고 있다. 또한 나는 HR 분석가로서 직원들의 직장 경험에 대한 내부 연구 프로젝트를 수행하는 역할을 맡고 있다.

산업 및 조직심리학 전문가로서의 교육과 훈련이 어떻게 현재의 내 커리어를 이끌었는지를 생각해보면, 연구설계와 이론을 잘 아는 것이 중요

(계속)

했다고 말할 수 있다. 그런데 내가 연구설계와 이론을 잘 알 수 있었던 것은 모두 산업 및 조직심리학이 경험적 의사결정을 중시하기 때문이다(지금쯤이면 과학자-실무자 모형에 대해 읽어보았을 것이다). 연구에서 이론적 결론을 도출하기 위해서는 공정한 시각으로 연구 결과를 바라보고 자료와 연구설계의 질을 평가하는 것이 중요하다. 실제 현장에서도 주어진 분석 결과에서 정말로 추론해 낼 수 있는 것이 무엇이고, 이것이 실무적 의사결정에 어떤 시사점을 주는지를 정확히 이해하는 것이 중요하다.

내가 산업 및 조직심리학 커리어를 추구하게 된 동기를 다시 돌아보면, 나는 항상 다른 사람들의 삶을 향상하는 것을 목표로 하였다. 지금까지의 나의 멘토들은 산업 및 조직심리학이 직원을 우선시하여 조직을 개선하는 데 최고의 가치를 둔다는 점을 강조해 왔다. 이것이 바로 나에게 일에 대한 동기를 부여하고 업무 방향을 제시하는 가치이다. 요약하면, 비록 아직 얼마 안 되는 커리어지만, 대학원에서 배운 기술적인 능력들과 산업 및 조직심리학의 근본적인 가치와 철학을 마음속 깊이 담고 있는 것이 산업 및 조직심리학 실무자로서의 나의 커리어에 매우 중요한 역할을 해왔다고 할 수 있다.

Wheeler H. Nakahara 박사는 P&G의 선임 관리자이며 분석 리더이다. 그는 다양성, 형평성, 포용성 및 기타 내부 연구 프로젝트와 관련된 분석을 담당하며, P&G의 대규모 직원 설문 조사를 돕고 있다. 그는 2023년에 센트럴플로리다대학교에서 산업 및 조직심리학 박사 학위를 받았다.

반대로, 조직 장면에서 일하면서 조직 연구가 의미 있게 적용되는 것을 보는 것을 즐기는 사람들은 주로 비학문적인 직장을 선호한다. 또한 실무적 커리어는 상대적으로 구조화된 업무환경을 원하는 사람들에게 적합하다. 왜냐하면 응용 장면에서는 일반적으로 스스로가 무슨 일을 할지를 결정하기보다는 고객의 요구, 정부의 연구비 지원, 최고경영진의 선호 등 외적인 요인에 의해 결정되기 때문이다. 여기서 거의 다루지 않았지만, 취업 시장의 현실은 커리어 결정에서 또 다른 주요 요인이다('참고 1.5' 참조).

조직심리학과 조직행동학에서의 역사적 영향

다른 많은 과학적 학문 분야와 비교할 때, 조직심리학과 조직행동학은 이제 막 100년이 넘은 매우 짧은 역사를 가지고 있다. 산업 및 조직심리학의 역사는 다른 곳에서 이미 많이 다루어왔고(Dipboye, 2018; Koppes, 1997; Vinchur & Koppes, 2011), 그중 많은 부분이 조직행동학에도 적용된다. 따라서 이 책에서는 두 분야의 역사적 기원을 따로 구분하여 다루지는 않았다. 또한 이 책에서는 이 두 분야의

참고 1.4

실무 경험을 얻는 방법 : 대학 기반 응용 연구 및 컨설팅 회사

조직심리학과 조직행동학 분야의 대학원생이 실무 경험을 얻을 수 있는 다양한 경로가 존재하지만, 지난 30년간 두 분야에서 공통적으로 나타난 경향 중 하나는 대학 기반의 응용 연구와 컨설팅 회사를 설립하는 것이다.

이러한 회사의 기본 모형은 대개 교수의 감독 아래 대학원생들로 구성된 팀이 조직을 대상으로 응용 연구 및 컨설팅 프로젝트를 수행하며, 조직은 이에 대해 일정 비용을 지불하는 방식이다. 조직심리학 대학원이 소속된 심리학과 내의 대학 기반 응용 연구 및 컨설팅 회사의 좋은 예로 볼링그린주립대학교의 심리학 연구 및 응용 연구소(Institute for Psychological Research and Application, IPRA)와 애크런대학교의 조직연구센터(Center for Organizational Research, COR)가 있다.

조직행동학 대학원을 운영하는 많은 경영대학들도 대학원생에게 실무 경험을 쌓을 기회를 제공하기 위한 센터와 연구소를 만들었다. 그런데 이러한 센터 및 연구소는 경영학과 내에 있지 않고 경영대학 수준에서 운영되는 경우가 많다. 경영대학에 위치한 잘 확립된 대학 기반 응용 연구 및 컨설팅 회사의 두 가지 예로는 앨라배마대학교 컬버하우스 경영대학의 인적자원연구소(Human Resources Institute)와 미시간대학교 로스 경영대학의 세이저 리더십 센터(Sager Leadership Center)가 있다.

대학 기반의 응용 연구 및 컨설팅 회사는 대학원생에게 수업에서 배운 지식을 조직환경에 적용할 기회를 제공한다는 장점이 있다. 또한 이런 회사들은 큰 컨설팅 회사에 비해 훨씬 합리적인 비용으로 조직에게 서비스를 제공할 수 있다.

이러한 이점에도 불구하고, 대학 기반의 응용 연구 및 컨설팅 회사를 운영하는 것은 도전적인 일일 수 있다. 대학들, 특히 대규모 정부 보조금을 받는 대학들은 컨설팅에서 사용하는 용역계약에 익숙하지 않은 경우가 많다. 또한 일부 대학원은 컨설팅 프로젝트를 이끌 교수진을 찾는 것이 어려울 수 있으며, 교수가 이러한 프로젝트를 이끌 경우 그들의 시간을 어떻게 보상할 것인가에 대한 딜레마가 발생할 수 있다. 이러한 어려움에도 불구하고 대학 기반의 응용 연구 및 컨설팅 회사는 여전히 산업 및 조직심리학과 조직행동학의 많은 실무자 교육에 중요한 부분을 차지한다.

역사를 전체적으로 설명하기보다는 두 분야의 형성에 공통적으로 영향을 준 인물들과 역사적 사건을 간단히 요약하였다[두 분야 역사에 대한 포괄적 이해를 위해서는 Dipboye(2018)를 참조하라].

역사적 출발

Katzell과 Austin(1992)이 지적했듯이, 조직 장면에서의 개인 행동에 대한 관심은 고대에서부터 존재했던 것이 분명하다. "조직 분야에서 기록이 남아 있는 최초의 컨설턴트는 미디안 지역(아라비아 서북부)의 제사장이었던 이드로였는데, 그는 자신의 사위인 모세에게 고대 이스라엘인들을 어떻게 조직하고 관리할지에 대한 자문을 제공했다(출애굽기, 18)"(p. 803). 그러나 조직 내 개인 행동을 연구하고 개입하려는 공식적인 시도는 훨씬 더 최근의 일이다.

대부분의 산업 및 조직심리학 발전에 관한 역사적 설명에 따르면, 산업심리학이 조직심리학과 조직행동학보다 훨씬 빠르게 발전하였다. 산업 및 조직심리학은 20세기 초반 미국에서 활동한 Hugo

참고 1.5

포스트 코로나19 시대의 취업 시장 현실

많은 독자들이 너무나도 잘 알고 있듯이, 코로나19 팬데믹으로 인한 경기침체로 미국 및 여러 국가에서 실업률이 높아졌고, 이러한 추세는 조직심리학과 조직행동학 분야에도 영향을 미쳤다. 이제 전반적인 취업 시장은 코로나19 시기에 비해 어느 정도 회복되었지만, 조직심리학과 조직행동학 분야에서 훈련된 사람들을 위한 학문적·비학문적 취업 시장은 여전히 영향을 받고 있다. 전반적으로, 학계가 더 큰 타격을 받았는데, 대학은 비용 절감 압박을 받고 있으며, 고등 교육의 접근성을 위해 등록금을 적정 수준으로 유지해야 한다는 부담도 있다. 또한, 인구학적 변화로 인해 많은 대학에서 등록 학생 수가 감소하고 있다.

그렇다면 현재의 코로나19 이후의 취업 시장 현실은 대학원생들의 커리어 선택에 어떤 영향을 미칠까? 우선, 우리가 아직까지 본 적도 없고, 솔직히 앞으로도 보지 않을 것이라고 생각하는 것은 대학원생들이 단지 취업시장의 상황 때문에 특정 진로를 완전히 포기하는 일이다. 특정 커리어를 강하게 원하는 대학원생들은 이러한 단기적인 취업 시장 변동에 관계없이 계속해서 그 커리어를 위해 노력할 것이다. 어떤 상황에서도 열심히 노력하고 훌륭한 자격을 쌓은 학생들에 대한 수요가 존재하며, 이들은 선택권을 가진다.

최근 몇 년 동안 우리가 본 경험에 따르면, 많은 대학원생들이 취업 준비시 약간의 '위험 회피' 전략을 채택하는 것 같다. 예를 들어 학문적 커리어를 추구하는 대학원생이 교수 구직 활동이 성공하지 못할 경우를 대비해 인턴십을 하거나 다른 실무 경험을 쌓기도 한다. 반대로, 비학문적 경력을 추구하는 학생들도 교수직에 지원할 경우를 대비해 논문을 내거나 강의 경험을 쌓으려 할 수 있다. 우리의 의견으로는 이러한 보다 유연한 접근 방식이 매우 타당하며, 현재의 취업 시장에서는 사실상 필수적이라고 생각한다.

출처 : Woolston(2021).

Münsterberg, Walter Dill Scott, Walter Bingham 등 선구자들의 활동에서 그 시작점을 찾을 수 있다(Dipboye, 2018; Vinchur & Koppes, 2011). 유럽에서도 이와 비슷한 시기에 일터에 심리학을 적용하려는 시도가 시작되었다.

미국에서 수행된 대부분의 연구는 기술 습득, 직원 선발과 같은 주제를 다루었고, 조직심리학적 주제에 대한 관심은 거의 없었다. 그러나 20세기 초반 다른 나라들의 상황은 달랐다. 예를 들어 영국 최초의 산업심리학자 중 한 명이라고 알려진 H. M. Vernon은 작업장에서의 피로, 사고, 장시간 노동의 영향, 작업자 효율성 등의 주제를 연구하였다. 근로자의 피로는 호주의 심리학자들, 그중에서도 Bernard Muscion의 관심 대상이기도 했다. 이런 주제들 대부분은 오늘날 조직심리학 분야로 간주되고 있으며, 사실상 최근 새롭게 떠오르는 직업건강심리학(Occupational Health Psychology, OHP)의 주제들이기도 하다(제7장 참조). 〈표 1.1〉은 20세기부터 21세기까지 조직심리학 및 조직행동학의 발전에 영향을 준 주요 사건들을 연도별로 요약한 것이다.

놀랍게도 조직 내 개인 행동에 대한 연구의 시작은 몇몇 비심리학자에 의해 크게 영향을 받았다. 그중에서 가장 잘 알려진 사람이 과학적 관리(scientific management; Taylor, 1911)의 원칙을 개발한 프레

표 1.1 20세기 조직심리학 분야에서 주요한 역사적 영향들의 연대기적 요약

1990년 초기	과학적 관리(테일러)의 발전과 성장, 조직구조에 대한 과학적 연구의 시작(베버)
1920~1930년대	호손 연구, 노동조합의 성장, Kurt Lewin의 미국 이민
1940~1950년대	제2차 세계대전, Vitele의 산업에서의 동기와 사기(*Motivation and Morale in Industry*) 발간, '인간관계학'적 견해 발전, 레빈의 지역시회 관계 위원회를 위한 '실행연구(action research)' 수행 및 MIT 집단역동 연구센터 설립
1960~1970년대	미국의 베트남 전쟁 참전, 미국심리학회의 제14분과를 '산업 및 조직심리학'으로 개명, 조직심리학의 '다수준' 접근, 스트레스 · 일-가족 갈등 · 은퇴와 같은 비전통적인 주제에 대한 관심 증가
1980~1990년대	경제의 세계화 가속화, 노동인구의 변화, 비정규직 종업원에 대한 의존 증가, '직업'의 개념에 대한 재정의
2000~2010년	통신기술의 발전, 세계화, 노동 유연화, '일'과 '개인생활'의 경계 불명확
2010~2016년	급속한 노령화에 따른 은퇴에 대한 관심 증가, 전 세계적인 인종 다양화, 9/11 사태 이후 비상 대처에 대한 새로운 관심, 통신기술의 지속적 발전, 2008년 경제불황 이후 실업과 직업 불안정 연구 재부상, 가속화하는 세계화, 기후 변화에 대한 우려
2016년~현재	트럼프 대통령, 세계적인 코로나19 팬데믹, 조지 플로이드의 죽음이 촉발한 인종 불평등과 사회 정의에 대한 관심, 원격 근무와 화상 회의 사용 증가, 바이든 대통령

더릭 윈슬로 테일러(Frederick Winslow Taylor)이다. 비록 많은 사람이 과학적 관리라는 말에서 시간-동작 연구나 성과급 보상과 같은 이미지를 떠올리겠지만, 사실 과학적 관리는 이보다 훨씬 더 광범위한 의미이다. 과학적 관리는 경영철학이라고 할 수 있고, 그러한 철학이 밖으로 드러난 것 중 가장 눈에 띄는 게 효율성과 성과급 보상인 셈이다. 이러한 과학적 관리의 겉모습을 넘어서면 그 아래에 존재하는 세 가지 근본 원칙이 나타난다. (1) 작업을 수행하는 사람과 작업을 설계하는 사람은 분리되어야 한다. (2) 작업자들은 합리적인 존재이며, 그들에게 재정적 보상을 제공하면 더 열심히 일할 것이다. (3) 작업장의 문제는 경험적 연구의 주제가 될 수 있으며, 실제로 그래야 한다.

이러한 과학적 관리의 근본 원칙들을 살펴보면, 우선 첫 번째 원칙은 명백히 오늘날의 조직심리학 및 조직행동학적 관점과는 다르다는 것을 알 수 있다. 사실 두 분야 모두 직무 설계에 영향을 주는 의사결정 과정에 근로자를 참여시키는 것을 강력히 권장하고 있다(예 : Hackman & Oldham, 1980). 종업원이 재정적 보상에 반응할 것이라는 두 번째 원칙은 오랜 세월 동안 상당히 지지를 받아 왔다(Jenkins et al., 1998; Locke, 1982). 그러나 학자들은 과학적 관리의 원칙과는 달리 재정적 보상이 극단적으로 지루하고 반복적인 직무를 완전히 보상할 수는 없다고 생각한다. 세 번째 원칙인 경험적 연

참고 1.6

프레데릭 윈슬로 테일러 : 과학적 관리의 아버지

프레데릭 윈슬로 테일러는 1856년 펜실베이니아주 필라델피아 외곽인 저먼타운에서 태어났다. 부유한 부모를 둔 테일러는 어린 시절 대부분을 유럽 여행으로 보냈다. 그의 인생의 가장 큰 전환점은 18세에 하버드대학교 진학 대신 필라델피아에 있던 펌프 제조 회사(Enterprise Hydraulic Works)의 견습생으로 들어간 것이다. 그는 여기서 2년간 일한 후 미드베일 스틸(Midvale Steel)로 직장을 옮겼다. 그는 새로운 직장에서 성공을 거듭하여, 24세에 관리직급으로 승진하였다. 이 시기에 테일러는 작업 방법 및 절차에 관심을 가지게 되었고, 이러한 관심은 이후 그 유명한 선철(pig iron) 실험으로 이어져, 결국 과학적 관리라는 개념을 개발하는 계기가 되었다.

20세기 초반에 과학적 관리 기법의 영향력은 대단히 컸다. 대부분의 제조업이 과학적 관리 원칙에 따라 설계되었고, 일부 사무직에도 이러한 원칙이 적용되었다. 테일러는 과학적 관리 때문에 엄청난 직업적 성공을 이루었지만, 동시에 악명에 시달리기도 했다. 테일러는 이후 미드베일을 떠나 여러 회사에서 일하다가, 결국은 자기 사업을 차려 최초의 경영 컨설턴트 중의 한 명이 되었다. 많은 조직이 테일러의 도움을 받아 과학적 관리 원칙을 적용하였다.

이러한 성공에도 불구하고, 테일러의 말년은 행복하지 못했다. 그의 아내인 루이스(Louise)는 만성 질환을 앓았고, 테일러 자신도 오랫동안 병에 시달렸다. 무엇보다 과학적 관리 방법이 노동자들에게 비인간적이라는 이유로 많은 비판에 시달렸다. 실제로 이러한 논란이 너무 심각해져서 1912년에는 과학적 관리가 사람들에게 미치는 영향을 조사하는 의회 위원회에 나가 증언을 해야만 했다. 이러한 논란은 테일러에게 정신적 · 신체적 상처를 주었고, 결국 1915년에 59세의 나이로 세상을 떠났다.

테일러의 과학적 관리 원칙을 둘러싼 논란에도 불구하고, 그 영향력을 부인할 수는 없다. 테일러의 영향력은 그가 주장한 원칙보다는 이러한 원칙을 개발하기 위해 사용한 과학적 방법에 있다. 일과 관련된 문제를 경험적 자료를 바탕으로 해결하려 했던 테일러의 방법은 현대 조직심리학 및 조직행동학의 중요한 일부분이 되었다.

출처 : Kanigel(1997).

구에 대해서는 조직심리학과 조직행동학 모두에서 전적인 지지를 받고 있으며, 이 두 분야와 과학적 관리를 연결하는 역할을 하고 있다. 테일러는 생산 프로세스 연구에 과학적 방법론을 적용함으로써 시대를 앞섰으며, 그를 이 분야의 선구자라고 생각하는 사람도 있다(테일러 연구의 대부분은 금속판 절단에 관한 것이었다). 하지만, Dipboye(2018)에 따르면, 체계적인 자료 수집을 했다고 테일러의 접근을 과학으로 간주하기는 어렵다는 것을 이해하는 것이 중요하다. 테일러의 연구는 이론에 근거한 것이 아니었기 때문이다. 한편, 과학적 관리의 폭넓은 영향에도 불구하고, 테일러의 여러 아이디어는 상당한 논란을 불러일으켰다('참고 1.6' 참조).

조직심리학과 조직행동학의 초기 발전에 중요한 기여를 한 다른 비심리학자들로는 막스 베버(Max Weber), 프리드리히 엥겔스(Friedrich Engels), 칼 마르크스(Karl Marx)가 있다. 베버는 법학과 역사학을 공부했지만, 그의 주된 업적은 조직설계 분야와 관련된다. 베버는 '관료제(bureaucracy)'라는 조직원칙을 개발한 것으로 가장 잘 알려져 있다. 관료조직의 기본 개념은 직원들이 자신이 무엇을 해야 할지를 정확히 알고, 권한의 계통이 명확히 규정되어 있어야 한다는 것이다. 관료제의 또 다른 주요 원칙은 승진과 보상이 인척 관계나 사회적 계급이 아니라 본인의 능력에 기반해야 한다는 것이다.

독일 출신인 프리드리히 엥겔스는 1845년 **영국 노동자 계급의 현황**(The Condition of the Working Class in England)이라는 책을 출간하였다. 이 책에서 엥겔스는 많은 노동자가 겪고 있던 정신적 · 신체적 건강 문제를 상세히 다루었다. 엥겔스는 이러한 문제의 원인이 작업장의 물리적 조건뿐 아니라 직무설계 및 작업장의 사회적 조건에도 기인한다고 믿었다. 이 두 주제 모두 오늘날 많은 조직심리학과 조직행동학 학자들의 관심을 받고 있다(Barling & Griffiths, 2011).

칼 마르크스는 대부분의 독자에게 1867년 출간된 **자본론**(Das Kapital)의 저자로 알려져 있다. 이 책에서 그는 산업 자본주의가 어떻게 노동자를 착취하고, 이러한 체계하에서 노동자들이 어떻게 소외되는지를 설명하였다. 비록 마르크스는 일반적으로 **사회주의**(socialism) 정치사상과 연계되지만, 그는 경영자보다 종업원의 요구를 강조했다는 점에서 조직심리학과 조직행동학의 발전에 큰 영향을 미쳤다. 그렇다고 조직심리학이 '반자본주의' 또는 '반경영'이라는 의미는 아니다. 우리가 이 책에서 마르크스를 소개하는 것은 조직심리학과 조직행동학의 상당 부분이 '근로자 중심'이며, 이들을 단순히 생산의 수단으로 보지 않는다는 점을 강조하기 위해서이다. 사실, 조직심리학과 조직행동학은 이러한 견해에 대한 **반작용**으로 발전했다.

분야의 기반 조성

테일러, 베버, 엥겔스, 마르크스 등의 영향에도 불구하고 20세기 초반의 '산업'심리학은 앞에서 말한 산업심리학적 주제에 초점을 두었다. 이러한 흐름을 변화시킨 것이 바로 조직심리학과 조직행동학의 시작이 된 호손 연구(Hawthorne study)이다. 호손 연구는 1927년부터 1932년까지 서부전력회사(Western Electric Company)와 하버드대학교 연구자들이 공동으로 진행하였다(Mayo, 1933; Whitehead, 1935, 1938). 이 연구의 원래 목적은 조명, 임금, 휴식 시간과 같은 환경적 요인이 종업원의 생산성에 미치는 효과를 알아보는 것이었다. 호손 연구가 시작된 1920년대 초반에 과학적 관리가 주요 관리 철학이었다는 점을 고려하면, 이런 주제들이 다루어졌다는 것은 놀라운 일이 아니다.

호손 연구가 이렇게나 중요해진 이유는 이 연구에서 나온 예상치 못한 결과 때문이다. 이 중 가장 잘 알려진 것은 조명 효과에 대한 실험 결과이다. 구체적으로, 호손 연구자들은 조명의 밝기 수준 변화와 관계없이 생산성이 증가한다는 것을 발견하였는데, 이 결과는 이후 **호손 효과**(Hawthorne effect)의 기초가 되었다. 호손 효과는 사람들이 작업환경에 새로운 변화가 도입되면 그 변화가 어떤 것인지와 관계없이 긍정적으로 반응하는 효과를 말한다. 현대 조직에서도 사소한 변화가 직무에 도입될 때 호손 효과가 일어날 수 있다. 그러나 이러한 변화에 대한 초기의 긍정적 반응은 오래가지 못하고 사라진다.

호손 연구는 단순히 방법론적 효과를 보여준 것 이상의 의미를 가진다. 예를 들어 후속 연구에서 호손 연구자들은 작업 집단이 생산 규범을 만들고, 이를 강력하게 집행한다는 것을 발견하였다. 또한 직원들이 리더십 유형에 따라 다르게 반응한다는 사실도 발견하였다. 이런 결과보다 덜 알려진 사실은 호손 연구가 종업원 상담 프로그램을 제공했던 최초의 시도 중 하나였다는 점이다(Highhouse, 1999). 이러한 시도는 직원 복지 향상을 위한 오늘날의 수많은 개입의 시초가 되었다(Tetrick & Winslow, 2015 참조).

호손 연구의 전반적인 시사점은 **사회적 요인이 조직 장면에서의 행동에 영향을 미친다**는 것이다. 이러한 아이디어는 이후 조직심리학과 조직행동학을 탄생시킨 원동력으로 작용하였다. 오늘날에는 이러한 주장이 너무나 당연하게 여겨지지만, 역사적 맥락에서 보면 매우 새롭고 중요한 발견이었다. 호손 연구자들이 발표한 구체적 결론이나 이 연구의 방법론적 문제(예 : Bramel & Friend, 1981; Carey, 1967)에만 초점을 맞춘다면, 이 역사적인 연구의 더 큰 의미를 놓칠 수 있다.

노동조합 운동은 호손 연구와 같은 시기에 조직심리학에 영향을 준 또 다른 중요한 역사적 흐름이다. 전통적으로 노조는 산업 및 조직심리학을 경계의 대상으로 여겼다. 하지만 노조 운동의 초기 리더 중 일부(특히 Samuel Gompers)는 초기 산업심리학을 지지했다(Zickar & Gibby, 2020). 1930년대 미국 노동조합 운동은 오늘날 당연하게 여겨지는 여러 문제를 조직이 처음으로 고민하게 만들었다는 점에서 중요한 의미가 있다. 예를 들어 참여적 의사결정, 직장 민주주의, 직장생활의 질, 조직-직원 간의 심리적 계약 등 조직심리학 및 조직행동학의 관심 주제가 어느 정도는 이러한 노동운동에 뿌리를 두고 있다. 노조가 있는 조직에서는 단체협상을 통해 이런 문제들을 다루었고, 노조가 없는 조직 역시 종업원들이 노조를 만들까 봐 이런 문제들을 다룰 수밖에 없었다.

1930년대 노조 성장기에 조직심리학 분야의 발전에 영향을 미친 또 다른 주요 사건은 쿠르트 레빈(Kurt Lewin)이 나치 독일을 떠나 미국 아이오와대학교 아동복지연구소에 자리를 잡은 것이다. 레빈은 미국으로 이민 온 당시에 이미 저명한 사회심리학자로서 다양한 연구 분야에 관심이 있었고, 이 중 상당수는 그 당시 막 시작된 조직심리학과 조직행동학 분야와 관련된 것이었다. 예를 들어 레빈의 아이디어는 집단 역학, 동기, 리더십 등에 큰 영향을 미쳤다. 아마도 레빈의 가장 큰 공헌은 과학적 연구를 이용하여 조직과 지역사회 현장에서 발생하는 실질적인 문제를 해결하고자 노력했다는 점일 것이다. 레빈이 제안한 **실행연구**(action research)란 조직과 연구자가 서로 협동하여 연구를 진행하고, 이를 통해 문제를 해결하는 것이다. 실행연구는 과학자-실무자 모형의 뿌리라고 할 수 있으며, 레빈이 이 분야에 남긴 가장 큰 업적으로 평가된다('참고 1.7' 참조).

이 시기의 또 다른 중요한 발전사는 조직심리학과 조직행동학을 대표하는 전문 조직이 창립된 것이다. 미국경영학회(Academy of Management, AOM)는 조직행동학 분야의 주요 전문 조직이며, 현재는 많은 조직심리학자들도 가입하고 있다. 미국경영학회는 1936년에 미시간대학교의 Charles L.

참고 1.7

Kurt Lewin : 실천적 이론가

Kurt Lewin은 1890년 당시 포젠이라는 프러시아 영토(지금의 폴란드)의 모길노라는 마을에서 태어났다. Lewin의 아버지는 잡화점과 작은 농장을 소유하고 있어, 그의 집은 부자는 아니었지만 풍족한 편이었다. Lewin의 가족은 더 나은 교육 기회를 찾아 1905년에 베를린으로 이사하였다. Lewin은 1909년에 의학을 공부하기 위해 프라이베르크대학교에 입학했지만, 해부학에 대한 혐오감 때문에 의사의 꿈을 버리고 생물학으로 관심 분야를 바꾸었다. 따라서 뮌헨대학교로 전학했다가 다시 베를린대학교로 옮기게 되었고, 거기서 1916년 박사학위를 받았다. 그는 제1차 세계대전에 참전하여 군 복무를 마친 후 교수직을 시작하였다.

그는 베를린에서 매우 많은 성과를 냈고, 그의 연구는 상당한 영향력을 가지게 되었다. 이 시기에 Lewin은 심리학을 농업 노동, 생산 효율성, 직무 설계와 같은 응용 문제에 적용하는 것에 관심을 갖기 시작했다. Lewin은 과학적 관리, 특히 과학적 관리가 작업자에게 미치는 영향에 관심이 많았다. 1933년, 나치당이 세력을 얻기 시작하자 Lewin은 가족과 함께 독일을 떠났다. 그는 미국에 도착하여 처음에 코넬대학교에 잠시 머물렀다가, 아이오와대학교 아동복지연구소로 자리를 옮겼다. 그는 아이오와대학교에 머무르는 동안 아동 발달, 사회적 분위기의 영향, 리더십 등 다양한 주제에 대해 영향력 있는 연구를 수행하였다. 아이오와대학교를 떠난 후에는 미국유대인총회(American Jewish Congress)가 설립한 지역사회관계위원회에 깊이 관여하였다. 이 기간 중에 Lewin은 인종 편견, 갱 폭력, 통합형 공동주택 등 지역사회 문제를 이해하기 위한 다수의 '실행연구' 프로젝트를 수행하였다. 특히 Lewin은 이 시기에 MIT에 집단역학연구소(Research Center for Group Dynamics)를 설립하고, 1947년 56세의 나이로 세상을 떠날 때까지 이 연구소에서 활동을 계속하였다.

돌이켜보면 Kurt Lewin만큼 조직심리학 분야에 큰 영향을 미친 사람은 없다. 그의 아이디어는 지금까지도 종업원의 동기, 리더십, 집단 역학, 조직 개발 등 다양한 연구 분야에 영향을 미치고 있다. 그러나 무엇보다도 Lewin의 가장 영원한 유산은 이론과 실천을 혁신적으로 융합한 그의 방식이다.

출처 : Marrow(1969).

Jamison 교수와 시카고대학교의 William N. Mitchell 교수가 설립했다(Academy of Management, 연도는 없음). AOM의 주 설립 목적은 경영학 분야의 학술적 연구를 증진하는 것이었는데, 결과적으로 미국경영학회는 실무자보다는 학술 연구자 중심의 조직으로 발전했다. 오늘날에도 미국경영학회는 실무자보다는 학계 인사들의 영향력이 훨씬 더 크다. 1936년은 미국응용심리학회(American Association of Applied Psychology, AAAP)가 설립된 해이기도 하다(Koppes, 1997). 1936년 이전에는 모학회인 미국심리학회(American Psychological Association, APA)가 모든 심리학자의 이익을 대변하였는데, 산업심리학 분야의 발전에 중요한 역할을 한 많은 심리학자가 미국심리학회의 주요 구성원이기도 했다. 그러나 응용심리학자들(산업, 임상 등) 사이에서 미국심리학회에 대한 불만이 커지면서 미국응용심리학회가 설립되었다. 이후 미국응용심리학회는 미국심리학회와 재결합하여 제14분과가 되었으며, 이는 지금의 산업 및 조직심리학회(Society for Industrial and Organizational Psychology, SIOP)의 전신이 되었다. 흥미롭게도, 적어도 우리가 알기에는 산업 및 조직심리학회의 모학회 조직들과 미국경영학회 간에 의미있는 상호작용이 있었다는 증거는 없는데, 오늘날 이 두 조직은 많은 공통 회원을 가지고 있다.

성장의 시기

제2차 세계대전은 조직심리학과 조직행동학의 발전에 엄청난 영향을 주었다. 예를 들어 제2차 세계대전 동안 남성들이 군 복무를 위해 떠난 공장의 빈자리를 여성이 채워 전쟁의 생산 수요를 충당해야 했다. 또한 전쟁이 끝난 직후인 1948년, 트루먼 미 대통령은 군대 내 인종 통합을 위한 노력을 추진하기로 결정하였다. 두 사건 모두 직장 내 다양성을 이해하려는 최초의 시도라는 점에서 크나큰 중요성을 가진다. 조직 내 다양성 문제는 최근 몇 년간 연구자들의 많은 관심을 받고 있으며, 사회적인 논쟁과 불안을 일으키는 주제이기도 하다(제4장 참조). 제2차 세계대전은 직원 사기와 리더십 유형에 대한 주요 연구가 시작되는 계기가 되기도 했다. 대부분의 할리우드 영화는 제2차 세계대전을 꽤 멋지게 그리고 있지만, 실제로 미군은 사기가 낮았고 심지어 탈영 문제도 있었다. 따라서 병사의 사기와 리더의 영향력은 당시 현실적으로 매우 중요한 주제였다.

조직심리학과 조직행동학의 발전에 기여한 또 다른 중요 사건으로 Morris Viteles(1953)의 **산업 현장에서 동기와 사기**(Motivation and Morale in Industry)라는 책의 출간을 들 수 있다. 이 책의 중요성은 1932년에 발간된 그의 저서 **산업심리학**(Industrial Psychology)과 비교할 때 더욱 명확히 드러난다. 그의 1932년 저서에는 조직 분야에 대해 거의 다루지 않았는데, 그 당시에는 이 주제에 대해 다룰 내용이 없었기 때문이다. 따라서 1953년에 출판된 그의 저서에서 드디어 조직심리학(그리고 조직행동학)이 등장했으며, 산업심리학이라는 학문 분야에서 조직심리학적 주제가 중요한 역할을 한다는 점을 보여 준 확실한 계기가 되었다.

인간관계 학파(human relations perspective)가 조직심리학과 조직행동학 분야에 등장한 것도 제2차 세계대전 이후이다. 인간관계 학파의 연구자들(예 : McGregor, 1960)은 대부분 경영대학에서 활동했으며, 조직의 전통적인 관리 방식이 직원들이 창의적으로 일하고 성취감을 느끼는 것을 방해했다고 주장하였다. 예를 들어 이 시기에 Frederick Herzberg는 직무 설계, 직무 충실(job enrichment), 리더십, 직무 만족 등에 대한 연구를 수행하였다. 1960년대 초에 이르면서 조직심리학은 확실히 산업심리학과 동등한 수준으로 성장하게 되었으며(Jeanneret, 1991), 조직행동학은 경영대학에서 관리자 교육의 일부로 자리 잡았다.

같은 시기에 스웨덴, 노르웨이, 핀란드, 덴마크와 같은 북유럽 국가들에서는 직원 건강 및 웰빙에 대한 연구가 활발했다(Barling & Griffiths, 2011). 이 중 주목할 만한 연구자로는 작업 집단의 권한부여를 연구한 노르웨이의 Einar Thorsrud와 스톡홀름의 카롤린스카연구소에서 직장 스트레스의 신체적 영향을 연구한 Lennart Levi를 들 수 있다. 미국과 달리 북유럽에서는 산업심리학이 크게 발전하지 않았는데, 이는 강력한 노동조합과 다른 문화적 요인들 때문이다. 직원의 건강과 웰빙의 중요성을 강조했던 이러한 연구들은 오늘날 직업건강심리학(자세한 내용은 제7장 참조)의 기반이 되었으며, 그 관심은 오늘날까지 이어지고 있다. 직업건강심리학은 조직심리학과 조직행동학의 이론과 연구에 크게 의존하고 있다.

1960년대와 1970년대 초의 조직심리학 발전에 영향을 준 또 다른 사회적 요인은 미국의 베트남 전쟁 참전이다. 베트남 전쟁은 미국과 다른 여러 국가에서 상당한 문화적 변화를 일으켰다. 예를 들어 이 시기의 젊은 세대들은 기존의 사회적 규범과 학교, 정부, 사법 체계 등 전통적인 사회적 기관의 지혜에 대해 의문을 갖기 시작했다. 사실 많은 사람이 미국 정부가 베트남 전쟁에 관한 중요한 진실을 숨기고 있다고 의심하였고, 역사가들의 후속 기록들은 이러한 의심이 상당 부분 정당했음을 보여주었다(예 : Small, 1999). 또한 당시 사람들은 다양한 방법(예 : 헤어스타일, 옷, 말투)으로 자기를 표현할 수 있는 자유를 더 많이 보장해 줘야 한다고 생각하기 시작했다.

이러한 1960년대의 문화적 변화는 조직의 입장에서도 상당한 의미를 지닌다. 우선, 사람들이 권위를 맹목적으로 따르는 경우가 점점 드물어졌다. 따라서 조직은 단순한 금전적 보상이나 처벌의 위협 외에 직원들에 대한 동기 부여 방안을 찾아야 했다. 또한 직원들이 일이 아닌 자신의 삶에서 만족감을 찾으려는 경향이 일반화됨에 따라, 전적으로 일에만 집중하는 직원을 찾는 것이 점점 더 어려워지기 시작했다.

성숙과 확장

1970년대 초에서 1980년대로 접어들면서 조직심리학과 조직행동학은 학문 분야로서 성숙하기 시작했다. 예를 들어 1970년대 초 미국심리학회(APA)의 제14분과 명칭이 공식적으로 '산업심리학'에서 '산업 및 조직심리학'으로 변경되었다. 또한 이 시기 조직행동학은 미국경영학회(AOM) 내에서 가장 큰 분과 중 하나가 되었으며, 오늘날까지도 그렇다.

이 시기는 조직심리학과 조직행동학 연구자들이 이론과 연구 모두에서 중요한 새로운 지평을 연 때이기도 하다. 예를 들어 Salancik와 Pfeffer(1978)는 직무 만족 및 직무 설계 분야의 전통적인 욕구 기반 이론들에 대한 대안으로 사회적 정보 처리(Social Information Processing, SIP) 이론을 제안하였다. 거의 비슷한 시기에 두 분야는 성격과 성향이 직무 태도(Staw & Ross, 1985), 직무 스트레스 지각(Watson & Clark, 1984), 직무 수행(Barrick & Mount, 1991)과 같은 조직 관련 구성개념에 영향을 준다는 것을 '재발견'하기 시작했다. 이러한 성향적 관점에 대한 비판자들도 분명 존재했지만(예 : Davis-Blake & Pfeffer, 1989), 두 분야는 상황적 효과만이 전부가 아니라는 사실을 분명히 수용했다.

이 시기의 또 다른 중요한 발전은 조직에서의 개인 행동이 집단과 조직 수준의 요인에 의해 영향을 받는다는 것을 인식하게 된 것이다(예 : James & Jones, 1974; Rousseau, 1985). 이러한 '다수준 접근'에 대한 관심은 오늘날에도 계속되고 있으며, 조직심리학의 이론 개발과 통계적 방법론 활용에 중요한 시사점을 주었다(예 : Dansereau et al., 1984; James et al., 1984). 같은 시기에 조직심리학자와 조직행동학자는 소위 '비전통적'이라고 하는 주제들에 관심을 갖기 시작했다. 예를 들어 일-가정 문제(예 : Greenhaus & Beutell, 1985), 직무 관련 스트레스와 건강(Beehr & Newman, 1978), 퇴직(Beehr, 1986), 고객서비스(Schneider & Bowen, 1985) 등에 대한 문헌 발표가 증가하기 시작했다. 이러한 경향은 기존에 관리적 측면에서 집중되었던 두 분야 연구자들의 관심이 다양한 측면으로 확장되었다는 것을 보여준다는 점에서 중요하다.

1980년대 후반에서 2000년까지의 여러 역사적 움직임이 조직심리학과 조직행동학 분야에 영향을 미쳤다. 세계적으로 보면, 이 시기의 가장 중요한 사건은 소련의 해체와 그에 따른 많은 공산주의 정권의 몰락이었다. 이 시기 민주주의를 도입한 국가들 상당수는 동시에 자유시장경제를 확립하기 위해 노력했는데, 이러한 움직임은 두 분야에도 중요한 시사점이 있다. 이 국가들은 국영기업 체계와 자유시장경제는 직원을 관리하고 동기를 부여하는 방법에서 큰 차이가 있음을 알게 되었다(Frese et al., 1996; Puffer, 1999; Stroh & Dennis, 1994). 조직심리학과 조직행동학의 학문과 적용은 이 국가들이 이러한 복잡한 경제적 전환을 이루는 데 도움을 주었다.

이 시기에 미국을 비롯하여 전 세계적으로 나타나는 또 다른 중요한 경향은 노동력의 인구학적 구성의 변화다. 이 시기에 전 세계적으로 인종의 다양성이 증가하였으며, 급속한 고령화가 진행되었다. 이에 따라 다양성, 형평성, 포용성에 대한 연구와 조직의 노력에 대한 관심이 증가하였다(제4장 참조). 인구학적 변화의 또 다른 시사점은 퇴직 과정(예 : Jex & Grosch, 2013; Wang & Shultz, 2010)에 대한 조직연구자들의 관심이 커지기 시작했다는 것이다. 이런 연구에서 얻은 지식을 바탕으로 조직심리학과 조직행동학은 조직이 직원의 퇴직 과정을 지원할 수 있도록 도울 수 있다. 또한 인구학적 다양성의 증가로 조직연구자들이 문화적 차이가 사회화, 의사소통, 동기 부여와 같은 조직적 과정에 미치는 영향에 더 많은 관심을 기울이게 되었다(Erez, 2011).

이 시기에 분명해진 세 번째 경향은 정규직 직무가 줄고 임시직이나 프로젝트로 진행되는 일들이 많아졌다는 것이다. 어떤 사람은 이를 '탈직무화(dejobbing)'라고도 하고(Bridges, 1994), 다른 용어로는 임시직, 계약직, 비정규직, 긱 워크(gig work)라는 용어를 쓰기도 하며, 유럽에서는 '포트폴리오 직무'라고도 한다(Gallagher, 2005). 이러한 동향은 조직심리학과 조직행동학에 많은 흥미로운 질문을 제기한다. 가장 근본적인 수준에서, 이러한 추세는 조직과 직원 간의 '심리적 계약'에 영향을 미친다. 조직은 직원들에게 무엇을 해줘야 하는가? 또한 직원은 자기가 일하는 조직에 무엇을 해줘야 하는가? 과거에는 이러한 질문에 대한 답이 꽤 간단했지만, 이제는 점점 복잡해지고 있다. 이러한 질문은 변화하는 일의 본질에 대한 매우 혁신적인 연구를 이끌어냈고, 이 연구 분야는 계속해서 번창하고 있다.

이 장의 '연구자 소개'에서는 변화하는 일의 본질에 대해 많은 연구를 수행한 Mindy K. Shoss 박사를 조명한다.

새로운 천년의 시작

일부 독자들은 2000년대를 시작하며 컴퓨터 시스템이 새로운 날짜에 적응할 수 있을지 걱정했던 일을 기억할 수 있다(예 : Y2K 문제). 그러나 이 시기의 가장 중요한 순간은 2001년 9월 11일 아침에 일어났다. 납치된 민간 항공기가 뉴욕시의 세계무역센터와 워싱턴 DC 외곽의 펜타곤에 충돌한 것이다. 9/11 테러는 역사상 가장 심각한 테러 중 하나였고, 미국 본토에서 발생한 테러 공격 중 단연코 최악이었다. 이전 세대에게 케네디 대통령의 암살, 최초의 달 착륙, 진주만 공격이 그러했듯이, 9/11은 미국의 현 세대를 특징짓는 대표적 사건일 것이다.

9/11은 조직심리학과 조직행동학에서 어떤 의미를 가질까? 이 사건의 막대한 규모를 고려할 때 이 질문에 대한 확실한 답을 하기는 어렵다. 많은 조직에서 가장 직접적인 영향을 받은 것은 비상 대책 분야일 것이다. 9/11은 많은 조직들로 하여금 비상 대비 계획의 필요성을 인식하게 만들었다. 세계무역센터 내의 많은 조직이 비상 대책을 가지고 있지 않았다면 9/11의 사상자는 훨씬 더 많았을 것이다.

미국에 큰 영향을 미친 동시에 조직 연구에도 간접적으로 영향을 끼친 또 다른 사건은 버락 오바마가 2008년 11월 아프리카계 미국인으로는 처음으로 대통령에 선출된 것이다. 오바마 대통령은 2012년 11월에 다시 한 번 엄청난 표 차로 대통령에 재선되었다. 오바마의 당선과 재선은 인종과 관계없이 누구나 조직의 최고 자리에 앉을 수 있다는 점을 알려주었다. 어떤 의미에서 이는 앞에서 언급한 다양성의 증가 추세에 따른 자연스러운 진행 과정인 셈이다.

이 시기에 일어난 또 다른 중요 사건은 2008년부터 2010년까지 지속된 세계금융위기이다(Dipboye, 2018). 이 사건은 금융 시장 가치의 급락과 대규모 실업을 초래했다. 세계금융위기는 비우량 주택담보대출 산업의 붕괴 때문에 발생했다고 알려졌지만, 그 외에도 느슨한 은행 규제와 월스트리트의 위험한 투자 행동 등 여러 원인이 얽혀 있다. 세계금융위기는 조직심리학과 조직행동학 분야에 큰 영향을 미쳤다. 예를 들면 실업의 영향에 대한 관심이 다시 커졌고(Paul & Moser, 2009), 직무 불안정성 연구가 증가했다(Cheng & Chan, 2008). 더 근본적인 수준에서, 경제 불황은 사람들로 하여금 조직과 개별 직원 간의 계약에 대해 다시 생각하게 만들었다. 또한 세계금융위기의 원인으로 인해 조직 내 윤리에 대한 연구도 증가하였다.

세계금융위기의 또 다른 결과는 미 연방정부가 민간부문 조직에 전례 없는 수준의 개입을 하게 된 것이다(Walsh, 2009). 이를 긍정적으로 보느냐 부정적으로 보느냐는 당연히 어느 정도 개인의 정치적 견해에 달려 있지만, 조직은 조직의 일 처리와 직원들을 대하는 방식에 대해 더 큰 책임을 지게 되었다. 이는 조직 내 형평성과 공정성에 대한 인식을 높이고, 직원 복지를 더욱 강조하는 결과를 가져왔

연구자 소개

MINDY K. SHOSS 박사

우리 분야의 많은 사람들과 마찬가지로, 나의 산업 및 조직심리학으로의 여정은 직선적이지 않았다. 나는 세인트루이스에 있는 워싱턴대학교에서 경제학 전공으로 학부 생활을 시작했다. 그곳에서 나는 노벨상 수상자인 Douglass North와 Lee Benham 박사를 포함한 전설적인 경제학자들에게 수업을 들을 수 있었다. 학부 시절 그리고 런던정치경제대학교에서의 유학 시절 나의 주 관심은 개발 경제학, 즉 왜 어떤 나라는 부유하고 어떤 나라는 가난한가에 있었다. 나는 개발 경제학의 많은 설명이 심리학, 특히, 직무 동기, 교육 동기, 그리고 사업 동기 형성 방식에 근거하고 있다는 점이 인상 깊었다. 이러한 생각이 나를 심리학과로 이끌었고, 거기서 Michael Strube, Len Green, Carol Woods 박사와 같은 뛰어난 학자들에게 지도받을 기회를 얻었다. Strube 박사는 나를 그의 사회 및 성격 심리학 연구실의 연구 조교로 받아들였고, 학부 졸업 논문을 지도해주었다. 학부 졸업 논문은 성격 검사에서 거짓 응답을 탐지하는 것에 관한 것이었다. 그후, 심리학, 경제학, 응용통계학(내 부전공)에 대한 나의 관심과 많은 인터넷 검색을 바탕으로 휴스턴대학교에서 산업 및 조직심리학 박사과정에 입학하였다. 그곳에서 Alan Witt와 Lisa Penney 박사는 내게 (1) 사회의 현재 이슈와 관련이 있고, (2) 해당 분야의 기본 가정에 도전하는 연구를 하라고 격려했다.

내가 대학원에 입학할 때 세계금융위기가 시작됐다. 세계금융위기는 일, 웰빙, 경제, 사회가 복잡하게 연계된다는 것을 잘 보여주었다. 이 사건을 계기로 나는 근로자 웰빙, 직무 불안정성, 근로자 적응성의 관점에서 변화하는 일의 본질을 이해하고자 하는 관심이 생겼다. 나의 초기 연구 중 하나는 주(state) 수준에서 실업률과 폭력 및 질병으로 인한 직장 결근율 간의 관계를 살펴본 것이다(Shoss & Penney, 2012). 이 연구는 실업률이 증가할 때 질병 및 폭력으로 인한 결근율도 증가하지만, 이러한 효과는 1~2년 후에 나타난다는 것을 보여주었다. 후속 연구에서 동료들과 나는 근로자 웰빙과 몰입 등의 바람직한 결과를 낳기 위해서는 직무 안정성과 직무 만족 중 하나가 아니라 동시에 둘 다가 갖춰져야 한다는 것을 발견하였다(Shoss et al., 2020). 이는 좋은 직무란 만족스러운 동시에 안정적이어야 한다는 것을 시사한다. 나는 학생, 동료들과 함께 변화하는 일의 본질과 관련된 다양한 주제, 예를 들어 사람들이 일터에서 AI/로봇에 적응하는 방식, 열악한 작업환경이 비정규직 근로자에게 미치는 부정적 영향, 사람들이 자신들의 일에서 예상하는 변화가 가지는 효과 등을 연구해왔다.

변화하는 일의 특성은 흥미로운 연구 주제이

며, 동시에 조직의 실무적 의사결정과 정부의 정책 방향을 제시하기 위해서도 필수적으로 연구가 필요한 분야이다. 나는 사람들이 점점 더 커져가는 일의 불확실성과 불안정성을 어떻게 경험하고 대처하는지를 계속해서 연구할 것이다. 또한 긍정적인 근로자 웰빙을 촉진하기 위해 기술을 어떻게 설계하고 활용해야 할지를 이해하는 연구도 계획하고 있다. 마지막으로, 학부 시절에 관심을 가졌던 경제와 일의 미래와 관련된 거시적 사건들에 대한 심리적 이해에도 관심을 가지고 있다.

Mindy K. Shoss 박사는 센트럴플로리다대학교의 심리학 교수이다. 그녀는 작업 스트레스, 반생산적 직무행동, 직무 불안정성, 적응 등의 주제에 대한 연구를 수행한다. 그녀는 산업 및 조직심리학협회와 Global Labour Organization의 펠로우이며, 호주 멜버른에 있는 호주가톨릭대학교에서 명예교수직을 맡고 있다. 그녀는 2011년 휴스턴대학교에서 산업 및 조직심리학 박사 학위를 받았다.

출처 : Shoss & Penney(2012), Shoss et al.(2020).

다. 그러나 동시에, 더 많은 정부 규제와 명령을 준수하기 위해서는 많은 시간과 조직의 자원이 드는 것도 사실이다.

이 시기에 조직 현장과 조직심리학 및 조직행동학 연구에 막대한 영향을 준 또 다른 동향은 통신기술의 급속한 발전이다. 기술 변화는 오랜 시간 동안 조직에 영향을 미쳐 왔지만, 2000년대 초반의 기술 발전 속도는 이전과 비교할 수 없는 수준이었다. 이제는 휴대전화로 이메일과 인터넷 접속이 가능하게 되었다. 이러한 기술 발전은 개인 생산성에 긍정적 영향을 미쳤으며(Park & Jex, 2011), 보다 유연한 근무방식을 가능하게 만들었다. 하지만 이러한 혜택에는 대가가 따르는데, 예를 들어 한 연구는 휴대용 무선 기술(예 : 스마트폰)이 직무 자율성을 향상했음에도 불구하고 비근무 시간 동안의 업무와의 지속적인 연결이 직원들에게 스트레스를 유발하는 '첨단기술의 족쇄'를 만들었다고 밝혔다(Richardson & Thompson, 2013). 일과 삶의 다른 영역 간 경계가 거의 사라지면서 하루 24시간 일할 수 있는 세상이 되었다. 이러한 변화로 인해 일로부터의 분리(Ten Brummelhuis & Bakker, 2012)와 일로부터 회복(Sonnentag & Fritz, 2007) 관련 연구가 증가하였다.

이 시기에 조직에 영향을 끼친 마지막 두 가지 동향은 세계화와 기후 변화이다. 대부분의 산업에서 경쟁회사가 증가하였으며, 이 경쟁상대들은 전 세계에 퍼져 있다. 또한 많은 대기업이 전 세계에 지사나 자회사를 두고 있다. 이처럼 전 세계적인 경쟁이 증가하면서, 조직들은 소비자에게 더 헌신적인 제품과 서비스를 제공해야만 되게 되었다. 세계화는 또한 조직 연구의 많은 이론과 연구 결과가 '특정 문화에 제한적'이며, 우리가 가정한 것처럼 널리 적용되지 않을 수 있음을 인식하게 만들었다. 그러나 문화 간의 차이보다는 유사성이 더 크다는 주장도 있다(Dipboye, 2018). 실무적 측면에서, 여러 나라에서 활동하는 조직들은 자신과 매우 다른 문화에서 일하는 직원들이 겪는 어려움을 인식하게 되었고, 결과적으로 해외파견에 대한 연구가 상당수 수행되었다(예 : Takeuchi et al., 2005, 2008; Wang & Takeuchi, 2007).

Dipboye(2018)에 따르면, 미국과 다른 국가의 화석 연료 사용 증가가 초래한 기후 변화는 개인과 조직 모두에게 막대한 어려움을 주고 있다. 기후 변화의 영향은 잠재적으로 치명적이며, 종의 멸종, 자연 자원 고갈, 해안 지역 홍수, 심지어 전쟁과 같은 심각한 결과로 이어질 수 있다. 많은 조직과 조직연구자들은 기후 변화의 중요성을 인식하고, 직장에서 친환경적인 실천을 증대하기 위한 노력을 시작했다(예 : Aguinis & Glavas, 2013; Henderson et al., 2020). 기후 변화의 중요성을 인식하여, 이번 판에서는 조직의 지속 가능성에 관한 장을 포함했다(제14장).

최근 동향과 미래

2016년 11월 8일 아침, 많은 미국인은 도널드 트럼프가 힐러리 클린턴을 꺾고 미국의 45대 대통령이 되었다는 소식에 충격을 받았다. 부동산과 도박 산업으로 억만장자가 된 논란의 인물 트럼프는 단 한 번의 공직 경험도 없었고, 워싱턴의 전문 정치인과 오래된 관료를 '청산'하겠다는 약속을 내세우며 출마했다. 트럼프에 대해 긍정적이든 부정적이든 강한 감정을 가진 독자들이 많겠지만, 누구도 그의 당선이 역사적으로 중요한 의미를 갖는다는 것은 부인할 수 없다. 트럼프는 대통령 선거 운동 본부와 러시아 정보부와의 공모 여부에 대한 2년간의 조사와 임기 중 두 차례의 탄핵 청문회 등 여러 논란에 휩싸였으나, 동시에 낮은 실업률과 금융 시장 호황 등 긍정적인 경제 성과를 누렸다(Stockman, 2020).

그러나 2020년 초, 미국과 전 세계에 코로나19 바이러스가 급속히 확산하면서 모든 것이 바뀌었다. 코로나19 팬데믹으로 많은 사업장이 문을 닫게 되었고, 많은 직원이 원격으로 일하게 되었다. 조직심리학과 조직행동학 분야에서는 이러한 근무 조건의 변화로 인해 원격근무에 대한 많은 연구가 이루어졌고, 더 일반적으로 일과 일 외의 생활 간 경계를 관리하는 방법에 대한 연구가 수행되었다(예 : Shockley et al., 2021).

또 다른 최근의 주요 사건은 2020년 5월 25일 미니애폴리스에서 경찰관 데릭 쇼빈(Derek Chauvin)에게 조지 플로이드(George Floyd)가 살해된 것이다. 플로이드의 죽음은 대규모 시위를 촉발했고, 이들은 대부분 평화로웠지만 일부 시위는 대규모 재산 파괴로 이어졌다. 가장 중요한 것은, 이러한 시위가 많은 사람들로 하여금 인종 불평등을 직면하게 만들었고, 이는 일터에도 영향을 주었다. 많은 고용주가 채용 과정을 재평가하고, 보다 일반적으로는 조직 문화에 인종 편견적 요소가 있는지를 살펴보게 되었다.

2020년 11월 3일, 조 바이든은 역사상 가장 논란이 많은 선거 중 하나에서 도널드 트럼프를 꺾고 승리했다. 트럼프와 그의 지지자들은 경쟁이 심했던 일부 주에서의 투표 절차 문제 때문에 바이든이 승리한 것이라고 주장했으며, 트럼프의 법무장관인 윌리엄 바를 포함한 트럼프 행정부 직원들이 이러한 주장이 사실이 아니라고 확인했음에도 그는 자신의 입장을 고수했다. 바이든은 취임하자마자 이전 행정부의 행정 명령을 뒤집고 파리 기후 협정에 재가입함으로써 많은 미국인의 지지를 받았다.

그럼에도 불구하고, 바이든의 승리 역시 논란의 대상이 되었다. 그는 대통령 취임 당시 78세로 역사상 가장 고령의 초선 대통령이었는데, 이는 대선 운동 때부터 논란이 되었다. 따라서 바이든의 당선이 일터에서의 연령 문제, 특히 연령 관련 변화(예 : Salthouse, 2004)가 업무 수행 능력에 영향을 미치는지에 대한 관심을 불러일으킨 것은 분명하다. 만약 바이든이 두 번째 임기에 당선된다면(이 글을 쓰는 시점에서 현실적인 가능성), 그는 대통령 임기 말에는 86세가 될 것이다.

이러한 최근의 역사적 사건과 동향을 고려할 때, 현재와 가까운 미래의 세계는 매우 복잡하고 빠르게 변화할 것이다. 또한 일과 일 외의 삶의 영역 간 경계가 그 어느 때보다 더욱 불분명해졌다. 이 모든 것이 압도적으로 보일 수 있지만 조직심리학과 조직행동학 분야에 있어 진정으로 획기적인 연구와 실질적인 적용의 가능성을 열어준다는 점에서 흥미로운 전망이기도 하다. 사실상 지금이 과학과 실무에 참여하기에 역사적으로 가장 흥미진진한 시기 중 하나일 수 있다.

각 장의 순서

이전 판과 마찬가지로, 우리는 교과서가 학생에게 여행 안내서의 역할을 해야 한다고 생각한다. 학생과 강사로서의 경험을 바탕으로 할 때, 논리적인 순서에 따르는 것이 최선의 안내서가 될 것이라고 믿고, 이러한 믿음을 바탕으로 이 책의 각 장의 순서를 결정했지만, 이전 판과는 다소 다른 점이 있다.

처음 두 장은 조직심리학과 조직행동학 분야에 대한 소개와 방법론적 기초를 다룬다. 일부 학생은(심지어는 일부 강사도) 연구 방법론에 하나의 장을 할애하는 것이 일반적이지 않다고 생각할 수 있다. 우리가 이 장을 포함한 것은 세 가지 이유 때문이다. 첫째, 이 책에서 다루는 많은 개념과 연구 결과를 이해하기 위해서는 기본적인 연구 방법론에 대한 최소한의 이해가 필수적이다. 둘째, 연구 방법에 대한 지식은 일반 신문, 잡지, 블로그에서 발표된 연구 결과에 대한 보다 나은 소비자가 될 수 있게 해준다. 셋째, 연구 방법론은 조직심리학과 조직행동학의 독립적인 연구 분야 중 하나이다. 그러나 이전 판과 달리 우리는 제2장에서 연구설계만 다루고, 통계 분석에 대한 내용은 부록(부록 A)에 제시하였다.

그다음 7개 장은 조직 장면에서의 개인 행동에 초점을 둔다. 조직심리학과 조직행동학의 정의를 고려할 때, 이 내용은 이 책의 핵심이라고 할 수 있다. 자세히 살펴보면 각 장이 순차적으로 배열된 것을 알 수 있다. 개인은 처음에 조직에 채용되어 사회화되며, 특히 최근에는 조직이 직원 유지를 위해 다양한 전략을 사용하고 있다(제3장). 세계가 점점 더 인구학적으로 다양해지고 있으며, 조직은 이러한 증가하는 다양성의 긍정적 측면을 이해하고 그 가치를 부여해야 한다는 점 또한 명백하다. 따라서 제4장(이번 판에서 새롭게 추가됨)은 다양성, 형평성, 포용성에 초점을 맞추었다. 조직의 일원이 되면, 직원들은 직원으로서 역할과 삶의 다른 측면들의 요구를 균형 있게 조정해야 하며(제5장), 궁극적으로는 그 조직의 생산적인 구성원이 되지만, 어떤 경우는 역기능적이거나 생산성을 저해하는 행동을 하기도 한다(제6장).

오늘날 많은 직업의 특성을 고려할 때, 일은 직원의 건강과 웰빙에 긍정적 영향과 부정적 영향을 모두 미칠 수 있다(제7장). 이런 맥락에서, 일은 직원에게 만족감과 몰입감을 불러일으킬 수 있다(제8장). 제9장은 조직이 직원 행동에 영향을 미치기 위해 사용하는 메커니즘에 중점을 두고, 조직심리학과 조직행동학의 주요 동기 이론뿐만 아니라 조직이 이런 이론을 활용하여 직원 행동에 영향을 미치는 다양한 방법을 다루었다.

제10장과 제11장은 조직 내 팀 연구에 초점을 둔다. 대부분의 조직은 상호의존적인 작업팀으로 구성되기 때문에, 팀은 매우 중요한 분석 수준이 되었다. 제10장은 팀과 조직에서 발생하는 가장 중요한 프로세스 중 하나인 리더십에 대해 알아보고, 권력과 영향력 과정에 대해서도 다루었다. 권력과 영향력 과정은 리더십의 핵심이기도 하지만, 다른 많은 조직 내 행동에도 영향을 미친다. 제11장에서는 리더십을 넘어 조직 내 팀들의 효과성에 영향을 미치는 다양한 요인을 다루었다.

마지막 세 장에서는 팀에서 조직으로 초점을 옮겨 '거시적' 주제를 다룬다. 제12장에서는 조직 문화와 조직풍토 개념을 알아보고, 제13장에서는 조직이 행동과학의 지식을 활용하여 계획적인 변화를 시도하는 다양한 기법을 소개한다. 제14장은 이번 판에 새롭게 추가된 장으로, 지속 가능한 조직을 다룬다. 대부분의 독자가 알다시피, 기후 변화와 환경 지속가능성은 사회에서 중요한 주제가 되었으며, 이러한 이슈들은 당연히 조직 생활에도 영향을 미친다.

독자들은 위에서 국제적 또는 비교문화적 주제를 다루는 장이 별도로 없다는 것을 알아챘을 것이다. 이 책은 각 장에서 다루는 다양한 주제적 맥락에서 비교문화적 측면을 다루고 있다. 저자들은 특정 주제의 맥락에서 비교문화적인 연구 결과를 다루는 게 이해하는 데 가장 도움이 된다고 생각했기 때문에 의도적으로 이렇게 구성하였다.

요약

조직심리학과 조직행동학은 모두 공식 조직에서 개인과 집단의 행동을 과학적으로 연구하는 학문이다. 이 두 분야는 그 자체로도 독자적인 학문 분야지만, 조직심리학은 더 넓은 분야인 산업 및 조직심리학의 일부이고, 조직행동학은 경영학의 일부이다. 두 분야는 과학적 방법을 사용하여 조직 내에서의 행동을 연구하고, 이러한 지식을 이용하여 조직의 실제 문제를 해결한다. 이것이 바로 대부분의 조직심리학 및 조직행동학 대학원 과정의 기본이 되는 과학자-실무자 모형의 핵심이다. 따라서 조직심리학과 조직행동학 교육을 받은 사람들은 학계와 비학계 장면 모두에서 고용되고 있다. 역사적으로 조직심리학은 대부분의 나라(북유럽 국가 제외)에서 산업심리학 분야보다 발전이 늦었다. 일반적으로 호손 연구를 조직심리학과 조직행동학의 역사적 시작이라고 여긴다. 하지만 전 세계의 많은 사건과 사람들이 오랜 시간 동안 이 분야를 형성하는 데 기여했고, 앞으로도 그러할 것이다. 두 분야의 역사에서 일관된 흐름은 조직, 구성원, 사회의 발전을 위해 과학과 실무가 역동적으로 상호작용해 왔다는 점이다.

더 읽을거리

Aguinis, H., & Glavas, A. (2013). What corporate environmental sustainability can do for industrial-organizational psychology. In A. H. Huffman and S. R. Klein (Eds.), *Green organizations: Driving change with I/O psychology* (pp. 379-392). New York, NY: Routledge.

Vosburg, R. M. (2022). Closing the scientist-practitioner gap: Research must answer the "SO WHAT question. *Human Research Management Review, 32*, 1-11.

Zickar, M. J. & Gibby, R. E. (2020). Four persistent themes throughout the history of I/O psychology in the United States. In L. L. Koppes (Ed.), *Historical perspectives in industrial and organizational psychology* (2nd ed., pp. 42-62). Mahwah, NJ: Erlbaum.

참고문헌

Academy of Management(n.d.). *The History of the Academy of Management.* Retrieved from http://aom.org/about-aom/history

Aguinis, H., & Glavas, A. (2013). What corporate environmental sustainability can do for industrial-organizational psychology. In A. H. Huffman and S. R. Klein (Eds.), *Green organizations: Driving change with I/O psychology* (pp. 379-392). New York, NY: Routledge.

Aguinis, H., Bradley, K. J., & Brodersen, A. (2014). Industrial-organizational psychologists in business schools: Brain drain or eye opener?*Industrial and Organizational Psychology, 7*(3), 284-303.

Barling, J., & Griffiths, A. (2011). A history of occupational health psychology. In J. C. Quick & L. E. Tetrick (Eds.), *Handbook of occupational health psychology* (2nd ed., pp. 21-34). Washington, DC: American Psychological Association.

Barrick, M. R., & Mount, M. K. (1991). The big five personality dimensions and job performance: A meta-analysis. *Personnel Psychology*, 44, 1-26.

Beehr, T. A. (1986). The process of retirement: A review and recommendations for future investigation. *Personnel Psychology, 39*, 31-55.

Beehr, T. A., & Newman, J. E. (1978). Job stress, employee health, and organizational effectiveness: A facet analysis, model, and literature review. *Personnel Psychology, 31*, 665–699.

Bridges, W. (1994). Jobshift: How to prosper in a workplace without jobs. Reading, MA: Addison-Wesley.

Bramel, D., & Friend, R. (1981). Hawthorne, the myth of the docile worker, and class bias in psychology. *American Psychologist, 36*, 867–878.

Britt, T. W., Adler, A. B., Sawhney, G., & Bliese, P. D. (2017). Coping strategies as moderators of the association between combat exposure and posttraumatic stress disorder symptoms. *Journal of Traumatic Stress, 30*(5), 491–501. doi:10.1002/jts.22221

Carey, A. (1967, June). The Hawthorne studies: A radical criticism. *American Sociological Review*, 403–417.

Cheng, G. H. L., & Chan, D. K. S. (2008). Who suffers more from job insecurity? A meta-analytic review. *Applied Psychology: An International Review, 57*, 272–303.

Dansereau, F., Alutto, J. A., & Yammarino, F. J. (1984). *Theory testing in organizational behavior: The variant approach*. Englewood Cliffs, NJ: Prentice-Hall.

Davis-Blake, A., & Pfeffer, J. (1989). Just a mirage: The search for dispositional effects in organizational research. *Academy of Management Review, 14*, 385–400.

Dipboye, R. L. (2018). A history of I/O Psychology. In R. L. Dipboye (Ed.), *The Emerald Review of Industrial and Organizational Psychology* (pp. 1–49). Bingley, UK: Emerald Publishing. doi:10.1108/978-178743-785-220181004

Douglass, J., Williamson, D., & Harris, C. (2020). Dirty deeds, done dirt cheap: Creating 'hospitable wages' through the living wage movement. *Hospitality & Society, 10*(1), 3–22. doi:10.1386/hosp_00010_1

Erez, M. (2011). Cross-cultural and global issues in organizational psychology. In S. Zedeck (Ed.), *APA handbook of industrial and organizational psychology: Vol. 3. Maintaining, expanding, and contracting the organization* (pp. 807–854). Washington, DC: American Psychological Association.

Frese, M., Kring, W., Soose, A., & Zempel, J. (1996). Personal initiative at work: Differences between East and West Germany. *Academy of Management Journal, 39*, 37–63.

Gallagher, D. G. (2005). Part-time and contingent employment. In J. Barling, E. K. Kelloway, & M. R. Frone (Eds.), *Handbook of work stress* (pp. 517–541). Thousand Oaks, CA: Sage.

Greenhaus, J. H., & Beutell, N. J. (1985). Sources of conflict between work and family roles. *Academy of Management Review, 10*(1), 76–88.

Griffeth, R. W., Hom, P. W., & Gaertner, S. (2000), A meta-analysis of the antecedents and correlates of employee turnover: Update, moderator tests, and research implications for the next millennium. *Journal of Management, 26*(3), 463–488.

Hackman, J. R., & Oldham, G. R. (1980). *Work redesign*. Reading, MA: Addison-Wesley.

Henderson, R. M., Reinert, S., & Oseguera, M. (2020). *Climate change in 2020: Implications for Business*. Harvard Business School Note 320-870.

Highhouse, S. E. (1999). The brief history of personnel counseling in industrial-organizational psychology. *Journal of Vocational Behavior, 55*, 318–336.

James, L. R., Demaree, R. G., & Wolf, G. (1984). Estimating within-group interrater reliability with and without response bias. *Journal of Applied Psychology, 69*, 85–98.

James, L. R., & Jones, A. P. (1974). Organizational climate: A review of theory and research. *Psychological Bulletin*, 81, 1096–1112.

Jeanneret, P. R. (1991). Growth trends in I/O psychology. *Industrial–Organizational Psychologist, 29*, 47–52.

Jenkins, G. D. Jr., Mitra, A., Gupta, N., & Shaw, J. D. (1998). Are financial incentives related to performance? A meta-analytic review of empirical research. *Journal of Applied Psychology, 83*, 777–787.

Jex, S. M., & Grosch, J. (2013). Retirement decision making. In M. Wang (Ed.), *Oxford handbook of retirement* (pp. 267–279). New York, NY: Oxford University Press.

Jex, S. M., Bliese, P. D., Buzzell, S., & Primeau, J. (2001). The impact of self-efficacy on stressor-strain relations: Coping style as an explanatory mechanism. *Journal of Applied Psychology, 86*, 401–409.

Kahn, R. L., Wolfe, D. M., Quinn, R. P., Snoek, J. D., & Rosenthal, R. A. (1964). *Organizational stress: Studies in role conflict and ambiguity*. New York, NY: Wiley.

Kanigel, R. (1997). *The one best way: Frederick Winslow Taylor and the enigma of efficiency*. New York, NY: Viking.

Karl, K. A., Peluchette, J. V., & Aghakhani, N. (2021). Virtual meetings during the COVID-19 pandemic: The good, bad, and the ugly. *Small Group Research, 53*(3), 1–23. doi:10.1177/10464964211015286

Katz, D., & Kahn, R. L. (1978). *The social psychology of organizations* (2nd ed.). New York, NY: Wiley.

Katzell, R. A., & Austin, J. T. (1992). From then to now: The development of industrial organizational psychology in the United States. *Journal of Applied Psychology, 77*, 803–835.

Koppes, L. L. (1997). American female pioneers of industrial and organizational psychology during the early years. *Journal of Applied Psychology, 4*(82), 500–515.

Locke, E. A. (1982). The ideas of Frederick W. Taylor: An evaluation. *Academy of Management Review, 7*, 14–24.

Marrow, A. J. (1969). *The practical theorist: The life and work of Kurt Lewin*. New York, NY: Basic Books.

Mayo, E. (1933). *The human problems of an industrial civilization*. New York, NY: Macmillan.

McGregor, D. (1960). *The human side of enterprise*. New York, NY: McGraw-Hill.

Nielson, I. K., Jex, S. M., & Adams, G. A. (2000). Development and validation of scores on a two-dimensional workplace friendship scale. *Educational and Psychological Measurement, 60*, 628–643.

Park, Y., & Jex, S. M. (2011). Work and home boundary management using communication and information technology. *International Journal of Stress Management, 18*, 133–152.

Paul, K., & Moser, K. (2009). Unemployment impairs mental health: Meta analyses. *Journal of Vocational Behavior, 74*, 264–282.

Porras, J. I., & Robertson, P. J. (1992). Organizational development: Theory, practice, and research. In M. D. Dunnette & L. M. Hough (Eds.), *The handbook of industrial and organizational psychology* (Vol. 3, pp. 719–822). Palo Alto, CA: Consulting Psychologists Press.

Prottas, D. J., & Thompson, C. A. (2006). Stress, satisfaction, and the work-family interface: A comparison of self-employed business owners, independents, and organizational employees. *Journal of Occupational Health Psychology, 11*, 365–378.

Puffer, S. M. (1999). Global statesman: Mikhail Gorbachev on globalization. *Academy of Management Executive, 13*, 8–14.

Richardson, K. M., & Thompson, C. A. (2013). High tech tethers and work-family conflict: A conservation of resources approach. *Engineering Management Research, 1*, 2012.

Rousseau, D. (1985). Issues of level in organizational research: Multi-level and cross level perspectives. In L. L. Cummings & B. M. Staw (Eds.), *Research in organizational behavior* (Vol. 7, pp. 1–38). Greenwich, CT: JAI Press.

Salancik, G. R., & Pfeffer, J. (1978). A social information processing approach to job attitudes and task design. *Administrative Science Quarterly, 23*, 224–253.

Salthouse, T. A. (2004). What and when of cognitive aging. *Current Directions in Psychological Science, 13*(4), 140–144.

Sanderson, C. A., & Huffman, K. (2019). *Real world psychology* (3rd ed.). Hoboken, NJ: Wiley.

Schneider, B., & Bowen, D. E. (1985). Employee and customer perceptions of service in banks: Replication and extension. *Journal of Applied Psychology, 70*, 423–433.

Schneider, B., White, S. S., & Paul, M. C. (1998). Linking service climate and perceptions of service quality: Test of a causal model. *Journal of Applied Psychology, 83*, 150–163.

Shin, Y. (2004). A person-environment fit model for virtual organizations. *Journal of Management, 30*, 725–743.

Shockley, K. M., Clark, M. A., Dodd, H., & King, E. (2021). Work-family strategies during COVID-19: Examining gender dynamics among dual-earner couples with young children. *Journal of Applied Psychology, 106*(1), 15–28. doi:10.1037/ap10000857

Shoss, M. K., & Penney, L. (2012). The economy and absenteeism: A macro-level study. *Journal of Applied Psychology, 97*, 881– 889. doi:10.1037/a0026953

Shoss, M. K., Brummel, B., Probst, T., & Jiang, L. (2020). The joint importance of secure and satisfying work: Insights from three studies. *Journal of Business and Psychology, 35*, 297–316. doi:10.1007/ s10869-019-09627-w

Sinclair, R. R., Allen, T., Barber, L., Bergman, M., Britt, T., Butler, A., Ford, M., Hammer, L., Kath, L., Probst, T., & Yuan, Z. (2020). Occupational Health Science in the time of COVID-19: Now more than ever. *Occupational Health Science, 4*(1), 1–22. doi:10.1007/ s41542-020-00064-3

Small, M. (1999). *The presidency of Richard Nixon*. Lawrence: University of Kansas Press.

Sonnentag, S., & Fritz, C. (2007). The recovery experience questionnaire: Development and validation of a measure for assessing recuperation and unwinding from work. *Journal of Occupational Health Psychology, 12*, 204–221.

Spector, P. E. (2021). *Industrial and organizational psychology: Research and practice* (8th ed.). Hoboken, NJ: Wiley.

Staw, B. M., & Ross, J. (1985). Stability in the midst of change: A dispositional approach to job attitudes. *Journal of Applied Psychology, 70*, 469–480.

Steiner, S., Cropley, M., Simonds, L., & Heron, R. (2020). Reasons for saying with your employer: Identifying the key organizational predictors of employee retention within a global energy business. *Journal of Occupational and Environmental Medicine, 62*(4), 289–295. doi:10.1097/ JOM.0000000000000182

Stockman, F. (2020, September 11). A fact-checked list of Trump accomplishments: It's been circulating on social media for months. *New York Times*. Retrieved from http://nytimes.com/2020/09/11/opinion/ fact-check-trump.html

Stroh, L. K., & Dennis, L. E. (1994). An interview with Madame Nguyen Minh Hoa: Vietnam's move to a market economy and the impact on women in the workplace. *Industrial– Organizational Psychologist, 31*, 37–42.

Takeuchi, R., Wang, M., & Marinova, S. V. (2005). Antecedents and consequences of psychological workplace strain during expatriation: A cross-sectional and longitudinal investigation. *Personnel Psychology, 58*, 925–948.

Takeuchi, R., Shay, J. P., & Li, J. (2008). Does decision autonomy increase expatriate mangers' adjustment? An empirical test. *Academy of Management Journal, 51*(1), 45–60.

Taylor, F. W. (1911). *Principles of scientific management*. New York, NY: Harper.

Ten Brummelhuis, L. L., & Bakker, A. B. (2012). Staying engaged during the week: The effect of off-job activities on next day work engagement. *Journal of Occupational Health Psychology, 17*, 445–455.

Tetrick, L. E., & Winslow, C. J. (2015). Workplace stress management interventions and health promotion. *Annual Review of Organizational Psychology and Organizational Behavior, 2*(1), 583–603. doi: https://doi. org/10.1146/ annurev-orgpsych-03241411134.

U.S. Small Business Administration (2021, December). *Office of Advocacy: Frequently Asked Questions Small Businesses*. Retrieved from http://advocacy.sba.gov/2021/11/03/ frequently-asked-questions-about-smallbusiness-2021/

Uhl-Bien, M., Piccolo, R., & Schermerhorn, J.R. (2020). *Organizational behavior* (2nd ed.). Hoboken, NJ: Wiley.

Vinchur, A. J., & Koppes, L. L. (2011). A historical survey of research and practice in industrial and organizational psychology. In S. Zedeck (Ed.), *APA handbook of organizational and industrial psychology: Vol. 1. Building and developing the organization* (pp. 3–36). Washington, DC: American Psychological Association.

Walsh, K. T. (2009, March 19). Under President Obama big government is back: From the stimulus to the bank bailout, the policies alter the political and social landscape. *U.S. News and World Report.*

Wang, M., & Shultz, K. S. (2010). Employee retirement: A review and recommendations for future investigation. *Journal of Management, 36*, 172–206.

Wang, M., & Takeuchi, R. (2007). The role of goal orientation during expatriation: A cross-sectional and longitudinal investigation. *Journal of Applied Psychology, 92(5)*, 1437–1445. doi:10.1037/0021-9010.92.5.1437

Watson, D., & Clark, L. (1984). Negative affectivity: The disposition to experience aversive emotional states. *Psychological Bulletin, 96*, 465–490.

Whitehead, T. N. (1935). Social relationships in the factory: A study of an industrial group. *Human Factors, 9*, 381–394.

Whitehead, T. N. (1938). *The industrial worker.* Cambridge, MA: Harvard University Press.

Williamson, A. J., Gish, J. J., & Stephan, U. (2021). Let's focus on solutions to entrepreneurial ill-being! Recovery interventions to enhance entrepreneurial wellbeing. *Entrepreneurship Theory and Practice, 45*(6), 1307–1338. doi:10.1177/10422587211006431

Woolston, C. (2021). Job losses and falling salaries batter U.S. academic: Survey reveals a disquieting picture of institutions under financial stress. *Nature*, April 30. http:// nature.com/articles/d41586-021-01183-9. doi:10.1078/d41586-021-01183-9

Zickar, M. J. & Gibby, R. E. (2020). Four persistent themes throughout the history of I/O psychology in the United States. In L. L. Koppes (Ed.), *Historical perspectives in industrial and organizational psychology* (2nd ed., pp. 42–62). Mahwah, NJ: Erlbaum.

Vinchur, A. J., & Koppes, L. L. (2011). A historical survey of research and practice in industrial and organizational psychology. In S. Zedeck (Ed.), *APA handbook of industrial and organizational psychology: Vol. 1. Building and developing the organization* (pp. 3–36). Washington, DC: American Psychological Association.

Walsh, [illegible] (2009, March 19). Under pressure: Obama [illegible] bonuses [illegible]. From the [illegible] to the bank [illegible] the policies alter the political and social landscape. *The New York Times*, [illegible].

Wang, M., & Shultz, K. S. (2010). Employee retirement: A review and recommendations for future investigation. *Journal of Management, 36*, 172–206.

Wang, M., & Takeuchi, R. (2007). The role of goal orientation during expatriation: A cross-sectional and longitudinal investigation. *Journal of Applied Psychology, 92*(5), 1437. https://doi.org/10.1037/0021-9010.92.5.1437

Watson, D., & Clark, L. A. (1984). Negative affectivity: The disposition to experience aversive emotional states. *Psychological Bulletin, 96*, 465–490.

Whitehead, T. N. (1935). Social relationships in the factory: A study of an industrial group. *The Human Factor, 9*, 381–394.

Whitehead, T. N. (1938). *The industrial worker*. Cambridge, MA: Harvard University Press.

Williamson, A., [illegible], & Bergman, H. (2021). [illegible] occupational [illegible] intervention to enhance employee wellbeing. *[illegible]*, 1367–1388. doi:[illegible]

Woolsey, C. (2021). Job losses and falling salaries batter U.S. workers [illegible] under financial stress. *Nature*, April 20. https://www.nature.com/articles/d41586-021-01183-z doi:10.1038/d41586-021-01183-9

Zickar, M. J., & Gibby, R. E. (2006). Four persistent themes throughout the history of I-O psychology in the United States. In L. L. Koppes (Ed.), *Historical perspectives in industrial and organizational psychology* (pp. 61–80). Mahwah, NJ: Erlbaum.

제2장

경영 의사결정의 기초가 되는 연구 설계

Organizational Psychology and Organizational Behavior: Evidence-based Lessons for Creating Sustainable Organizations,
Fourth Edition. Steve M. Jex, Thomas W. Britt, and Cynthia A. Thompson.

Companion website : www.wiley.com/go/organizationalpsychology4e

조직 연구자들은 조직행동과 관련한 다양한 질문에 답하기 위해 과학적인 연구를 설계하곤 한다. 어떤 경우에는 이론을 검증하기 위한 연구를 설계하기도 하고 또 다른 경우에는 리더 훈련 프로그램의 효과 평가와 같이 현장에서 응용하기 위한 연구를 설계하기도 한다. 어떤 연구든지 이를 수행하기 위해서는 다양한 통계 분석과 더불어 연구 방법론을 활용해야 한다. 이번 장에서 다루겠지만, 단순한 행동 관찰에서부터 매우 정교한 설계에 이르기까지 다양한 연구 방법이 존재한다. 그에 따라 통계 방법도 단순한 기술 측정치에서 전체 이론적 모델에 대한 검증 및 최신의 정교화된 데이터 과학 방법에 이르기까지 다양하다.

연구 설계와 통계 분석은 조직의 효율성 향상을 위해 노력하는 실무자에게도 중요하다. 예를 들어 조직 연구자는 주요 의사결정자에게 종업원의 태도나 의견에 관한 정보를 제공하기 위해 체계적인 연구 설계를 사용한다. 또한 연구 설계와 통계 분석은 조직 효과성이나 종업원의 웰빙 향상을 위해 설계된 특정한 개입을 평가하기 위해 사용될 수도 있다. 예를 들어 어떤 관리자가 조직 내 한 지점의 병가를 감소시키는 프로그램이 효과적이었는지 알고 싶어 할 수 있다. 이 결과에 따라 이 프로그램을 전체 조직에 확대 적용할지 정할 수 있을 것이다. 이와 같은 결정이 '직감'에 따라 이루어질 수도 있다. 하지만 체계적인 데이터 기반 접근 방식을 이용하면 질적으로 더 나은 결정이 가능하며 조직 내 구성원들의 의사결정 수용도도 높일 수 있다(Oswald et al., 2020).

연구 설계와 통계 분석은 이론과 실무를 촉진하는 조직 연구를 수행하는 역할을 하지만, 자체적으로 하나의 독립된 연구 분야로도 발전해 왔다. 어떤 조직 연구자들은 직무 만족, 동기, 조직 변화와 같은 주제를 연구하지만, 어떤 조직 연구자들은 방법론적, 통계적 문제에 주목하기도 한다. 예를 들어 자기보고 측정치의 타당도를 연구하거나(Spector & Eatough, 2013), 조직 내 다수준에서 수집된 자료 분석과 관련된 문제를 연구하거나(Bliese et al., 2007), 통계적 방법의 기술적인 측면을 다루는 조직 연구자들도 있다(Landis et al., 2009).

이 장에서는 조직 연구자가 자료를 수집하기 위해 사용하는 방법을 소개한다. 연구 방법론만 강의하기를 원하는 강사들을 위해서 자료를 분석하는 통계적 기법들은 별도로 부록에 포함하였다. 이러한 연구 방법과 통계 기법은 관리자가 더 나은 결정을 할 수 있도록 도울 것이며, 이러한 결정은 더 효과적인 조직을 만드는 데 기여할 수 있다. 이 장에서는 자료 수집의 가장 통상적인 방법들을 설명할 예정이며, 가장 간단한 방법부터 시작해서 가장 복잡한 방법들을 설명할 것이다. 마지막에는 연구 방법론과 관련된 몇 가지 특별한 주제를 소개할 것이다. 이 장과 관련한 부록의 목표는 지나치게 기술적인 내용을 다루기보다는 이후의 장들에서 나오는 다양한 연구 결과를 제대로 이해하는 데 도움이 될 방법론적 · 통계적 배경 지식을 충분히 제공하는 데 목적이 있다. 연구 설계와 통계 방법에 대한 견고한 지식은 학생들이 하버드 비즈니스 리뷰(Harvard Business Review)와 MIT/슬론 매니지먼트 리뷰(MIT/Sloan Management Review)와 같은 실무자 저널뿐 아니라 신문, 블로그에 소개된 연구 보고서를 이해하고 비판적으로 평가하는 데 도움이 될 것이다.

자료 수집 방법

조직 연구자들은 지금까지 수천 개가 넘는 연구 질문을 탐색해 왔고, 지금도 이를 지속하고 있다. 마찬가지로 조직의 리더들은 의사결정을 내리기 위해 실제적인 자료를 필요로 하는 경우가 많다. 다음의 예를 생각해보자. 일에서 자율성을 더 많이 느낄수록 자신의 일에 더 만족할까? 일과 가정에서 느끼는 책임 간 갈등이 많을수록 건강이 나빠지는가? 직무 수행 수준은 시간이 지남에 따라 일관적인가? 이 세 가지 질문은 연구자와 관리자 모두와 관련이 있다는 점을 주목할 필요가 있으며, 이러한 질문들에 체계적이고 정밀한 방식으로 대답하기 위해서는 관련 자료를 수집할 필요가 있다. 이 절에서는 가장 자주 사용하는 네 가지 자료 수집 방법인 관찰법, 설문 연구, 실험법, 유사 실험법을 살펴보겠다.

관찰법

관찰법은 조직 내 행동을 연구하기 위해 사용할 수 있는 다양한 전략을 포괄한다(Bouchard, 1976). 이러한 전략들 중 가장 기본적인 것은 **단순 관찰**(simple observation)이며 이 방법은 행동 관찰과 관찰을 체계적으로 기록하는 것을 필요로 한다. 단순 관찰은 때로 **민족지학**(ethnography)이라고도 한다. 예를 들어 어떤 사람이 기업 이사회의 의사결정 과정을 연구하고자 한다면, 분기별 회의 기간 동안 참석자들을 관찰하고 관련된 관찰을 기록할 수 있을 것이다. 이러한 관찰을 통해 이사회 의장이 다른 이사회 구성원들보다 의사결정에 더 많은 영향을 미친다거나, 젊은 구성원들이 조금 더 경험이 많은 구성원들보다 결정에 덜 영향을 미친다는 것을 알 수 있을 것이다. 관찰 연구는 한때 조직 연구에서 상당히 흔했지만, 오늘날에는 다소 보편적이진 않다(Zickar & Carter, 2010 참조).

단순 관찰의 가장 큰 장점은 자연스러운 맥락에서 행동을 포착할 수 있다는 점이다. 이것은 연구자로 하여금 **반응성**(reactivity) 문제, 즉 측정하는 과정 자체가 관심을 두고 있는 현상을 변화시키는 문제를 최소화할 수 있도록 해 준다. 물론 이것은 단지 '잠재적인' 장점일 뿐인데, 왜냐하면 관찰자의 존재가 연구 참가자들이 일상적인 행동과는 다르게 행동하게 만들 수도 있기 때문이다. 이를 해결하는 한 가지 방안은 연구 참가자들이 연구자가 있을 경우에도 평소처럼 자연스럽게 행동할 만큼 연구 참가자들과 충분한 라포(rapport)를 형성하는 것이다. 또 다른 방안은 눈에 띄지 않게 행동을 관찰하는 것이다. 예를 들어 서비스 종업원이 고객에게 어떤 정서를 내보이는지에 관심이 있다면, 카페에 앉아서 고객의 주문을 어떻게 받는지를 관찰할 수 있을 것이다. 많은 소매점과 레스토랑에서 이 기법을 사용하는데, 이들은 '미스터리 쇼퍼(mystery shopper)'나 '미스터리 다이너(mystery diner)'를 보내 고객 서비스의 질을 측정한다. 하지만 이러한 방식의 행동 관찰은 연구 참가자들에게 연구에 대해 충분히 설명하고 연구 참여에 대한 사전 동의를 받을 기회를 제공하지 않기 때문에 윤리적 문제를 야기할 수도 있다.

잠재적인 장점에도 불구하고, 단순 관찰의 가장 큰 단점은 노동 강도가 높은 활동이라는 점이다. 즉 행동을 관찰하고 기록하는 데는 연구자의 많은 시간과 노력이 필요하다. 또한 관찰이 이루어지고 나서도 그것의 의미를 파악하는 데 매우 많은 시간이 소요될 수 있다. 다행히 지금은 관찰법으로 수집된 양적 자료를 분석할 수 있는 정교화된 방법들이 있고 이러한 방법들은 부록에 설명하였다. 그럼에도 불구하고 대부분의 관찰 자료를 수집하는 것은 노동 집약적인 활동이고, 양적 자료보다 질적 자료를 해석하는 것은 더 어려운 편이다. 또 다른 잠재적인 단점은 관찰은 종종 주관적이며, 관찰자의 편향(bias) 또는 연구 중인 현상에 대해 이미 가지고 있는 아이디어 등에 의해 영향을 받을 수 있다는 점이다. 하지만 단순 관찰은 상당히 유용하며, 연구 프로그램의 초기 단계나 조직이 주어진 문제에 대한 원인을 정확히 모를 경우 특히 그러하다. 또한 많은 경우 관리자가 복잡한 통계 자료보다 관찰 연구로부터 생성된 정보가 더 이해하기 편하다고 느끼며, 이러한 이유로 관찰 연구는 조직 개입에 더 쉽게 이용되기도 한다.

몇 가지 경우에 상당히 유용한 단순 관찰의 유형은 **참여 관찰**(participant observation)이다. 참여 관찰은 본질적으로 단순 관찰과 동일하지만, 관찰자가 연구하고 있는 사건에 직접 참여한다는 점에서 다르다. 앞서 이사회에 대한 연구 예시에서, 연구자 자신이 이사회의 한 구성원이라면 연구자는 참여 관찰자가 된다. 참여 관찰은 특정한 사건의 참가자가 됨으로써 다른 방식으로는 제공될 수 없는 정보를 얻을 수 있을 때 특히 유용하다. 참여 관찰법을 사용한 고전적인 사례는 경찰 학교에서 훈련을 마치고 정규 경찰 업무에 배치된 신입 경찰관에 대한 Van Maanen(1975)의 연구이다. 이 연구를 수행하기 위해 Van Maanen은 신입생으로 경찰 학교의 훈련 프로그램에 참여하였고 자신이 연구하는 사건의 참가자가 되었다. 이를 통해 그는 분명 다른 방법으로는 얻을 수 없었던 정보를 수집할 수 있게 되었다.

이러한 잠재적인 장점에도 불구하고 참여 관찰 방법에는 주요한 단점이 있다. 연구자가 참여자의 역할을 함으로써 연구 중인 현상을 변화시킬 수도 있다는 점이다. 관찰법의 일반적인 장점이 반응성의 위험을 감소시킨다는 점이라는 것을 고려하면 이는 약간 아이러니한 것이다. 또한 참여자가 됨으로써 연구자는 객관성을 잃을 수도 있다. 앞서 언급했듯이 모든 관찰은 왜곡의 가능성이 있지만, 참여자의 역할을 취하게 되면 이러한 문제를 배가시킬 수도 있다. Van Maanen(1975)의 연구에서는 자신의 관찰을 보완하는 방식으로 다른 신입 경찰관들로부터 얻은 설문 조사 자료를 함께 사용하여 이런 문제에 대처하였다. 또한 이러한 연구에서는 연구 참가자들에게 연구에 대한 동의서를 제공할 기회를 주지 않기 때문에, 연구자가 연구 중인 사건에 참여하는 것은 윤리적 문제를 야기할 수 있다는 점도 기억할 필요가 있다('참고 2.1' 참조).

참고 2.1

참여 관찰에서의 윤리

참여 관찰은 사회학과 인류학에서 매우 많이 사용되었지만, 조직 연구에서는 훨씬 덜 사용되었다. 주목할 만한 참여 관찰 연구 예시들이 있으나(예 : Van Maanen의 신입 경찰 훈련 연구), 최근 조직 연구에서 참여 관찰을 사용하는 빈도는 낮은 편이다.

참여 관찰이 거의 사용되지 않는 명확한 이유 중 하나는 비실용적이거나 심지어 위험할 수 있기 때문이다. 예를 들어 수술 팀을 연구한다고 해서 실제로 수술 과정에 참여한다고 상상해보라! 참여 관찰은 특히 조직 연구에서는 심각한 윤리적 문제를 제기하기도 한다.

이 장에서 나중에 논의될 두 가지 주요 윤리 원칙은 **사전 동의**(informed consent)와 **자발적 참여와 철회**(voluntary participation and withdrawal)이다. 사전 동의부터 살펴보자. 대부분의 참여 연구에서 연구 참여자와 연구에 영향을 받는 다른 사람들로부터 사전 동의를 받는 것은 어렵거나 매우 비현실적이다. 또한 참여 관찰 연구의 참여자들이 연구 참여를 원하지 않는다고 해서 철회를 하는 것도 비현실적이다. 예를 들어 Van Maanen의 신입 경찰 연구에서 연구자는 연구가 진행된 경찰서로부터 허가를 받았지만, 연구가 진행된 지역의 다른 구성원들로부터는 허락을 받지 않았다. 또 모집된 신입 경찰들도 연구 참여를 하고 싶지 않아도 철회할 수 있다고 느끼지 않았을 가능성이 크다.

참여 관찰이 야기하는 잠재적인 윤리적 문제를 고려해서, 조직 연구자들은 이 방법을 완전히 버려야 하는가? 반드시 그럴 필요는 없다. 참여 관찰 연구는 다른 방법으로는 알 수 없는 조직의 과정과 직업의 하위문화에 대한 독특한 통찰을 제공할 수 있다. 비록 드물지만, 윤리적 원칙을 위반하지 않고 참여 관찰을 사용할 수 있는 경우도 있을 수 있다. 예를 들어 임시 고용에서 발생하는 스트레스 요인에 관심이 있는 조직 연구자는 임시 노동자로 일주일 동안 일할 수 있도록 요청할 수 있다. 이러한 유형의 연구는 연구 윤리를 위반하지 않을 가능성이 크고 임시 노동의 역동성에 대한 소중한 통찰을 제공할 가능성이 있다.

출처 : Van Maanen(1975), Roulet et al.(2017).

기록 자료

조직 내 행동 연구에 두 번째로 자주 쓰이는 방법은 기록 자료(archival data)를 이용하는 것이다. 기록 자료란 현재 진행 중인 연구와는 관련이 없는 다른 목적으로 축적된 다양한 형태의 자료나 기록 등을 뜻한다(Barnes et al., 2018). 기록 자료를 구할 수 있는 출처가 매우 많기 때문에 조직 연구자들은 다른 관찰법에 비해 기록 자료를 훨씬 빈번하게 사용한다. 조직은 직무 수행, 결근, 이직, 사고 등 종업원들의 다양한 행동을 기록하고 있다. 게다가 많은 나라의 정부가 조직 내 행동 연구와 관련될 수 있는 다양한 데이터베이스를 관리하고 있다.

예를 들어 미국 노동부에서는 다양한 직업의 작업 조건에 대한 정보를 포함하고 있는 직업명 사전(Dictionary of Occupational Titles, DOT)을 제작했다. DOT는 최근에는 직업정보망(Occupational Information Network, O*NET)이라는 조금 더 확장된 데이터베이스로 보완되었다. O*NET은 DOT를 개선한 것으로 최신 직업들을 추가하였고, 직업이 기술되는 차원을 조금 더 광범위하게 변경하였다. 많은 연구자가 자기보고 설문을 보완하거나 대체하는 기록 자료의 한 종류로 O*NET을 사용하고 있으며(예 : Li et al., 2019; Liu et al., 2005), 연구자들의 사용은 앞으로도 더 증가할 것 같다.

점차 사용이 증가하고 있는 또 다른 형태의 기록 자료는 공개적으로 이용 가능한 자료들이다. DOT나 O*NET과 같은 자료도 있지만, 대부분의 공개된 자료들은 구체적인 연구 질문에 답하는 데 도움이 되는 자료들이다. 예를 들어 은퇴 후 적응을 연구하는 연구자들(예 : Wang, 2007)은 미시간대학교 사회조사연구소[Institute for Social Research(ISR); Juster & Suseman, 1995]에서 오랜 기간 수행한 **건강 및 은퇴 연구**(Health and Retirement Study)라는 공개된 자료를 활용해 왔다. 또한 연구자들은 시카고대학교 국립의견연구센터(National Opinion Research Center, NORC)에서 오랜 기간 수행한 **일반 사회 조사**[General Social Survey(GSS); Davis & Smith, 1998] 자료를 사용하여 수많은 일과 관련된 주제(예 : 직장에서의 공격성; Sliter et al., 2013)를 연구해 왔다. 미국 직장인의 직무 태도, 건강 및 웰빙을 연구하는 학자들에게(예 : Bond, 2002) 유용한 또 다른 자료로는 **변화하는 노동력에 대한 국가 연구**(The National Study of the Changing Workforce, NSCW)가 있다. 이 자료는 1977년 미국 노동부가 후원한 고용의 질(Quality of Employment) 조사에서 시작되었고, 1992년부터 2016년까지는 가족 및 일 연구소(Families and Work Institute)를 통해 이어졌다.

이러한 자주 사용되는 기록 자료뿐만 아니라, 조직 연구자들은 조직의 프로세스를 연구하기 위해 흔하지 않은 자료를 사용하기도 한다. 스포츠 통계는 광범위하게 이용 가능하며, 간접적이기는 하지만 조직 프로세스를 조사하는 데 사용할 수 있다. 예를 들어 조직 연구자들은 동기 분야의 형평 이론(equity theory)을 연구하기 위해 프로야구 선수들의 성과 자료를 사용했으며(Lord & Hohenfeld, 1979), 해당 연구는 사람들이 투입 대비 사회적 교환으로 받는 결과물의 공정성에 대한 것이었다(제9장 참조). 이후, 프로 하키 선수들의 기록 자료가 리더십 연구에 사용된 적이 있다(Day et al., 2004). 최근에는 트위터나 인스타그램과 같은 소셜 미디어의 인기로 연구자들은 조직 현상을 연구할 수 있는 방대한 자료를 소셜 미디어를 통해 수집할 수 있게 되었다. 예를 들어 코로나19 팬데믹으로 인해 재택근무를 하는 동안 느끼는 정서를 소셜 미디어 자료로 연구하기도 한다(예 : Min et al., 2021).

기록 자료는 조직 연구자에게 몇 가지 장점을 제공한다(Barnes et al., 2018). 첫째, 많은 기록 자료 데이터베이스는 공개되어 있어서 손쉽게 인터넷을 통해 접근 가능하다. 둘째, 기록 자료에는 반응성이 없다. 일반적으로 연구자의 목적을 위해 수집된 것이 아니므로 연구자에게 잘 보이기 위해서 혹은 반대 방향이든 의도적으로 반응이 왜곡될 가능성이 낮다. 그 결과, 기록 자료의 사용은 덜 편향적이고 연구의 타당성을 높일 수 있다.

기록 자료의 세 번째 장점은 연구의 투명성을 잠재적으로 높일 수 있다는 것이다. 최근 몇 년간 연구자들이 자신의 연구 결과의 정확성을 검증할 수 있도록 자료를 공개하라는 요구가 증가하고 있다(Simonsohn, 2013). 실제로, 일부 학술지에는 연구자들에게 원자료와 통계 분석의 결과를 공유하도록 요구하고 있다. 공개된 자료와 같은 기록 자료의 사용은 연구 결과가 더 철저하게 검토될 가능성을 높이며, 궁극적으로 연구 결과에 대한 공중의 신뢰를 높이는 방안이 될 수 있다.

마지막으로, 기록 자료가 행동을 측정하기 위해 사용될 경우, 연구를 통해서 직접 수집된 자료보다 왜곡의 가능성이 낮다. 예를 들어 Wagner 등(2012)의 연구에서 서머타임으로 인한 수면 부족과 사이버 태만의 관계를 조사하기 위해 서머타임 시간 변경 다음 날 종업원들이 구글에서 오락 관련 웹을 검색한 빈도를 측정하였다. 시간 변경 다음 날은 평일이었기 때문에 연구자들은 근무 시간 중에 이러한 웹 검색을 하는 것은 일종의 시간 낭비(time theft)와 같은 사이버 태만을 보여준다고 가정하였다. 만약 이 연구자들이 응답자들에게 근무시간 중 웹 검색을 했는지를 보고하도록 했다면 이 행동의 빈도는 아마도 훨씬 낮게 보고되었을 것이다.

이러한 장점에도 불구하고 기록 자료를 사용하는 데는 잠재적인 단점도 있다. 한 가지는 기록 자료는 연구자가 관심 있어 하는 현상에 대한 간접적인 측정값만 포함하고 있다는 것이다. 예로 들었던 Wanger 등(2012)의 연구에서 오락 관련 웹 검색의 빈도는 단순히 사람들이 서머타임으로 인한 시간의 변화로 피로를 느껴 퇴근 후 집에 있는 시간이 많았다는 것을 뜻할 수도 있다. 게다가 O*NET과 같은 데이터베이스를 사용하는 경우, 직업 수준의 정보가 포함되어 있기 때문에 동일한 직업군이지만 전혀 다른 일을 하거나 매우 다른 조건에서 일하는 사람들 사이에 존재할 수 있는 개인 차이가 파악되지 않을 수 있다. 예를 들어 동일한 간호사라는 직업이라도 지방 의료센터에서 근무하는 간호사는 대도시의 큰 종합병원에서 근무하는 간호사와 다른 임무를 수행할 수도 있다.

이러한 쟁점은 연구자가 조직 프로세스를 연구하기 위하여 스포츠 통계를 사용할 때 더 큰 문제가 될 수 있다. 예를 들어 Lord와 Hohenfeld(1979)는 계약 중재 연도 혹은 자유 계약 시장에 나가기 전 한 해 동안의 자유 계약 야구 선수들의 성과를 조사하였다. 이번 시즌 선수들의 성과와 새로운 계약 첫해의 성과 자료를 기반으로, 선수들이 자신의 능력 대비 연봉을 제대로 받지 못한다는 과소지급의 느낌을 어떻게 해소하는지를 추론하였다. 그러나 연구자들은 선수들에게 과소지급되었다고 느끼는지 또는 과소지급의 느낌을 어떻게 해소할 계획이었는지를 직접 물어보지는 않았다.

기록 자료 사용의 또 다른 잠재적인 문제는 정확성이다. 조직마다 기록을 정확하게 남기는 관행에 있어 상당한 차이가 있다. 조직이 기록을 왜곡할 만한 유인이 있을 경우에는 더욱 그러하다. 예를 들어 부정적인 평판이나 보험료의 인상을 피하기 위해 사고, 질병, 부정적인 사건에 대한 기록을 축소 보고할지도 모른다(Probst et al., 2008). 기록 자료가 정부 기관이나 유명한 학술 연구 기관에서 수집된 것이라면 정확성은 다소 덜 문제가 될 것이다. 그럼에도 불구하고 기록 자료를 사용할 때는 항상 정보의 정확성을 뒷받침해 줄 만한 증거가 있는지 알아보는 것이 좋다.

기록 자료의 마지막 쟁점이자 다른 조사에서 얻은 자료들을 사용할 때 고려할 사항은 주요 변인의 측정이다. 연구자들은 GSS나 건강, 은퇴 연구와 같이 대규모 조사 연구를 수행할 때 측정변인의 수를 늘리기 위해 한두 문항의 매우 짧은 측정 문항을 사용한다. 조사를 처음 수행하는 맥락에서는 이러한 측정치도 도움이 될 수 있지만 이차 분석을 수행할 때는 종종 문제가 될 수 있다. 왜냐하면 단축형 측정치는 연구자가 측정하고자 하는 변인의 부실한 지표가 될 수 있기 때문이다. 물론 어떤 단축형 측정치는 동일한 개념을 측정하는 긴 척도와 높은 상관을 보이며(Wanous et al., 1997 참조), 조직 연구에서 단일 항목 측정치도 많이 사용되기도 한다(Matthews et al., 2022 참조). 그럼에도 불구하고 기록 자료에 사용된 측정치를 사용할 때 타당도의 근거를 찾는 것은 항상 필요하다.

설문 연구

설문 연구는 지금까지 조직 연구에서 자료 수집 방법으로 가장 널리 사용되고 있는 방법이다(Cortina et al., 2017; Scandura & Williams, 2000). 설문 연구는 연구 참가자들에게 글, 온라인, 말을 통해 자신들의 지각, 태도, 행동을 보고하도록 요청한다. 대부분의 독자들은 아마도 지금까지 여러 번 이런 형태의 설문 조사에 참가해 보았을 것이다. 설문 연구 방법은 자주 사용되기 때문에 다른 연구 방법보다 조금 더 자세히 다루고자 한다.

설문 연구 프로젝트를 수행하는 전반적인 단계를 설명하기 전에, 설문 연구의 목적이 무엇인지 고려해보는 것이 필요하다. 어떤 경우에 설문 연구는 단순히 기술적인(descriptive) 정보만을 얻기 위해 설계된다. 예를 들어 어떤 조직 내 최고경영팀은 종업원들의 현재 직무 만족 수준을 알고 싶어 할 수도 있고, 어떤 정부 기관은 성인 근로자들의 소득 수준을 평가하고자 하며, 또 어떤 조사 기관은 근로자의 알코올중독 수준을 파악하고자 할 수도 있다. 이러한 유형의 연구 조사를 간혹 **실태 조사**(prevalence study)라고도 하며, 조직 상황에서 이러한 유형은 꽤 흔한 편이다('관리자를 위한 시사점 2.1' 참조).

실태 조사는 조금 더 이론에 맞는 조사를 수행하는 조직 연구자들에게도 중요하다. 예를 들어 Schat 등(2006)은 미국 내 직장 폭력과 공격성에 관한 실태 조사를 실시하였다. 해당 연구에 따르면 응답자의 6%만이 지난 1년 동안 직장에서 신체적 폭력을 경험했지만, 같은 기간 동안 41%가 심리적 공격을 경험했다고 응답했다. 이후 Dhanani 등(2021)의 연구에서 심리적 공격이 신체적 폭력보다 훨씬 만연하다는 것을 밝혔다. 이러한 결과는 신체적 폭력을 예방하는 것도 물론 중요하지만 조직 연구자들이 심리적 공격을 이해하고 예방하는 것이 필요함을 시사한다.

설문 연구는 변인들 사이의 관계에 대한 가설을 검증하기 위해 수행되기도 한다. 예를 들어 한 연구자가 종업원들이 자신의 직무에서 높은 수준의 자율성을 지각하면 더 높은 수준의 직무 열의를 느끼는지 파악하고자 한다. 이러한 경우 이 연구자는 자율성이나 직무 열의 수준보다는 두 변인의 관계에 더 관심이 있다. 이러한 종류의 조사가 학계에 출간된 문헌의 상당수를 차지하지만, 실태 조사 역시 가치가 있으며 실태 조사는 조직 상황에서 수행되는 응용 연구에서는 훨씬 더 흔하게 사용된다.

관리자를 위한 시사점 2.1

조직 연구에서 실태 추정의 실용적 가치

이 장에서 이야기한 것처럼, 특정 변인이 발생하는 빈도를 아는 것만으로도 조직 연구자에게 큰 도움이 될 수 있다. 예를 들어 직업 스트레스 연구자는 역할 갈등이 얼마나 자주 발생하는지 알고 싶을 수 있으며, 리더십 연구자는 리더가 얼마나 자주 부하 직원들의 성과 향상을 격려하는지 알고 싶을 수 있다. 이러한 추정치는 해당 변인들의 특성을 이해하는 데 도움이 되며, 어떤 변인들을 더 연구해야 하고 덜 연구해야 하는지를 알 수 있는 방향판이 될 수 있다.

조직의 관리자들 또한 실태 추정을 통해 많은 이점을 얻을 수 있다. 예를 들어 반생산적 작업 활동(counterproductive work behavior, CWB)의 실태를 생각해보라. 제6장에서 논의하겠지만, CWB는 조직의 목표에 반하는 행동을 나타내며 때로는 상당히 파괴적인 결과를 야기할 수 있다. CWB의 일반적인 예로는 시간 낭비, 도둑질, 장비 파손, 타인에게 무례한 행동이 있다. 조직은 이러한 행동이 나타나는지, 얼마나 자주 나타나는지를 알아야만 이를 예방할 수 있다.

실태를 이해하면 한 조직의 추정치를 같은 지역 및 산업의 다른 조직과 비교할 때도 도움이 된다. 예를 들어 같은 산업 내 경쟁 조직보다 직원의 직무 만족이 낮다는 사실을 알게 되면, 관리자들은 궁극적으로 만족을 높이고 직원을 유지시킬 방안을 강구할 수 있다(제3장 참조). 게다가 급여와 복리후생의 추세를 아는 것은 최고의 직원을 채용하고 유지하는 데 매우 중요하다.

요약하자면, 빈도나 평균과 관련된 실태 추정은 조직 연구자들에게 소중한 정보이며, 관리자들에게는 더 소중한 정보이다. 달리 말하면, 유용하기 위해서 통계가 복잡할 필요가 없다. 사실, 때로는 더 단순한 것이 유용할 때도 있다.

설문 연구의 단계 : 〈그림 2.1〉과 같이 설문 연구를 수행하는 몇 가지 절차가 있다. 이 절에서는 각각의 단계를 기술하고 설문 자료 수집 시 연구자들이 내려야 하는 다양한 의사결정과 절충안을 단계별로 설명하였다.

설문 연구 프로젝트의 첫 단계는 측정하고자 하는 변인들을 확인하는 것이다. 이론에 기반한 설문 연구 프로젝트의 경우, 변인들은 관심 있는 연구 질문과 직접적으로 관련될 것이다. 한 연구자가 직무에서 대인관계 갈등과 작업자의 직무 만족 간 관계를 연구하고자 한다면 이 두 변인이 분명하게 측정되어야 한다. 응용 연구인 경우 측정되는 변인의 선택은 고위 경영진의 관심사가 반영되기도 하며, 어떤 경우에는 조직 내 여러 직급의 조직 구성원들의 생각이 반영되기도 한다. 이러한 유형의 조사에서 무엇을 측정할 것인지는 최고경영자나 일반 종업원들로 구성된 **포커스 그룹**(focus group)을 통해 결정되기도 한다. 포커스 그룹은 연구 프로젝트의 예비 단계에서 아이디어를 생성하기 위해 종종 사용되는 질적 자료 수집 방법이다. 예를 들어 설문 조사에서 무엇을 측정할지를 결정하기 위해 연구자는 조직의 최고경영진과 함께 포커스 그룹을 운영할 수 있다. 연구자는 포커스 그룹 시간에 “이 조직에서 종업원들의 가장 큰 관심사는 무엇입니까?”와 같은 질문을 던질 수 있다. 이런 질문에 이어서 개방형 토론이 이루어지는데, 연구자는 그 토론에서 제기되는 주요 문제들을 정리할 수 있다.

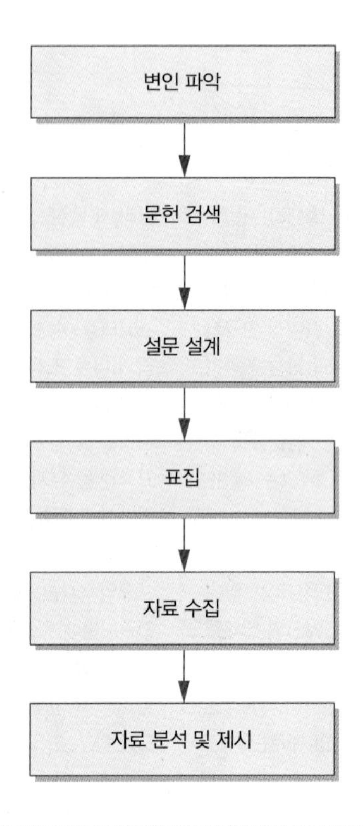

그림 2.1 설문 연구 프로젝트 수행의 단계

연구자가 어떤 변인을 측정할 것인지를 결정하였다면, 다음 단계는 변인과 관련된 문헌들을 광범위하게 살펴보는 것이다. 이것은 변인을 측정할 수 있는 적절한 방법이 이미 존재하는지를 확인하기 위해서이다. 조직 연구자들이 많은 관심을 가진 변인들의 경우, 대개 몇 가지 적절한 사용할 수 있는 측정 도구가 존재한다. 이미 개발된 도구를 사용하면 새로 측정 도구를 개발할 필요가 없기 때문에 연구자가 상당한 시간을 절약할 수 있다('참고 2.2' 참조). 이론 기반의 연구들은 이미 개발된 측정 도구를 주로 사용하는 반면, 종업원 의견 조사와 같은 현장의 응용 프로젝트에서는 개발된 측정 도구를 사용하기가 어려운 경우가 있다. 왜냐하면 종업원 의견 조사에서 측정하고자 하는 변인이 조직마다 각자 다를 수 있기 때문이다. 필자의 경험에 의하면, 대개 조직은 정보의 관련성을 높이기 위해 설문 문항을 맞춤형으로 만들기를 원하는 경우가 많다. 반면, 개발된 기존 설문 측정 도구를 사용하면 종업원들의 반응을 규준(normative) 자료와 비교할 수 있다는 장점이 있다(예 : Spector & Jex, 1998). 예를 들어 동일 산업 내에서 혹은 동일한 지역 안의 다른 회사 종업원들과 비교해서 우리 조직 종업원들의 만족도가 어느 정도인지 알고 싶을 수 있다.

참고 2.2

공개적으로 사용 가능한 측정 도구

조직 연구자들이 설문 방법론을 사용할 때 가장 많은 시간이 소요되는 작업 중 하나는 설문 측정 도구를 개발하는 것이다. 이는 연구자가 연구 결과를 최상위 학술 저널에 게재하려는 목표를 가지고 있든, 조직의 최고경영자에게 보고하려는 목표를 갖고 있든 관계없다.

다행히 조직 연구자들은 신뢰할 수 있고 타당하게 측정할 수 있는 공개 자료를 많이 사용할 수 있다. 예를 들어 많은 학술 저널에서 연구자들에게 연구에서 사용한 변인의 측정 도구를 포함하도록 요구하고 있으며, 많은 경우 저널 출판사로부터 허가를 받으면 다른 연구자들이 이를 사용할 수 있다.

최근 들어 조직 연구자들이 측정 도구를 더 쉽게 찾을 수 있도록 도와주는 여러 가지 시도가 진행되고 있다. 예를 들어 경영학회(Academy of Management)의 연구 방법론 분과에서는 연구자들이 쉽게 사용할 있는 온라인 측정 도구를 모은 'Measure Chest'(http://rmdiv.org/?page_id=104)를 만들었다.

개별 연구자들도 이 같은 노력에 동참하며 자신이 만든 측정 도구뿐 아니라 공개된 다른 측정 도구를 한곳에 모아 접근성을 높이려는 노력을 하고 있다. 예를 들어 Paul Spector는 자신의 웹사이트 'Assessment Archive' 섹션에 다양한 측정 도구 목록을 수집해서 공유하고 있다(https://paulspector.com/assessments/assessment-archive/). 대부분의 측정 도구는 주로 직업 건강 및 웰빙과 관련된 내용이지만, 목록은 매우 광범위하다. Spector는 앞서 언급한 Measure Chest와 같은 척도를 포함하고 있는 다양한 온라인 저장소 목록도 수집해 놓았다(https://paulspector.com/assessments/instrument-resources/).

이러한 온라인 자원이 있다는 것을 고려하면, 조직 연구자들이 측정하고자 하는 대부분 변인의 측정 도구는 어디엔가 이미 존재할 가능성이 크다. 그럼에도 불구하고, 특정 조직에 국한된 구체적인 문제에 대한 태도나 매우 새로운 변인을 측정해야 하는 경우 자체 제작한 측정 도구를 개발할 필요가 있다. 하지만, 대부분의 경우 조직 연구자들의 약간의 탐색과 동료 연구자들의 도움, 그리고 약간의 인터넷 검색을 한다면 이미 존재하는 측정 도구를 활용할 수 있다.

연구자가 측정할 변인을 정하고 적합한 측정 도구를 확인하고 나면, 다음 단계는 설문지(questionnaire) 혹은 조사 도구(survey instrument)를 설계하는 단계이다. 이 단계는 설문지의 질이 생성되는 자료의 질에 크게 영향을 미칠 수 있다는 측면에서 매우 중요하다. 질적으로 우수한 조사 도구를 설계하는 것은 많은 시간을 요하며, 힘이 드는 과정이다. 다행히 설문지 설계 과정에서 참고할 수 있는 좋은 정보들이 있다(예 : Dillman, 2011). 설문지를 개발하는 데 있어 지켜야 할 한 가지 일반적인 원칙은 응답자가 작성하기 쉬워야 한다는 것이다. 즉 지시문이 이해하기 쉬워야 하고, 반응 범주가 잘 정의되어 있어야 하며, 문항이 명확하게 기술되어야 한다. 점점 더 많은 연구자들이 인터넷을 기반으로 자료를 수집하고 있는 것은 이러한 이유 때문일 것이다. 응답자들은 인터넷에 기반한 조사에 응할 때 적절한 반응 범주에 클릭만 하면 되고, 다 끝나면 간단히 전송 버튼만 누르면 된다. 인터넷 기반 자료 수집의 잠재적인 단점은 연구자들이 설문 도구에 응답하는 사람들에 대한 통제가 거의 불가능하다는 것이다. 또한 인터넷을 통해 모은 표본들은 교육 수준이 높은 등 다른 방법을 통해 모은 표본들과는 체계적으로 다를 수도 있다. 하지만, 경험적 연구에 의하면 온라인 자료 수집 방식이 설문 결과에 중요한 영향을 미친다는 결과는 아직 없다('참고 2.3' 참조).

설문 조사 형태와 관계없이 최근 주목받고 있는 중요한 쟁점은 설문 응답자들의 부주의 응답을 막는 방법에 관한 것이다(Bowling et al., 2021). 경험적 연구들에 따르면, 부주의 응답은 빈번하게 일어나며 설문 자료의 질에 부정적인 영향을 미칠 수 있기 때문에 대부분의 연구자들은 이를 예방하기 위한 조치를 취한다. 가장 흔한 전략은 '나는 시간과 공간을 넘어 이동할 수 있다'와 같은 **주의 확인**(attention check) 문항을 설문 항목에 포함하는 것이다. 만약 해당 질문에 설문 응답자가 매우 동의한다고 응답한다면 그 사람은 질문을 신중하게 읽지 않은 것이라고 가정하는 것이 합리적이다(Huang et al., 2015).

일부 연구자들은 설문 조사의 각 페이지를 완료하는 데 걸리는 시간을 추적하기도 한다. 만약 응답자가 한 페이지를 일관되게 매우 짧은 시간 안에 완료한다면 그 사람은 문항들을 주의 깊게 읽지 않았을 가능성이 높다. 부주의 응답에 대한 연구는 상대적으로 새로운 분야지만, 조직 연구자들에게 실제적인 가치를 제공하는 매우 흥미로운 연구 결과들을 이미 도출하고 있다. 이 새로운 분야의 선두 주자인 Nathan A. Bowling 박사가 이번 장 '연구자 소개'의 주인공이다.

설문지 설계 과정에서 또 다른 중요한 단계는 동료에게 설문지를 한번 검토해 달라고 부탁하는 것을 비롯한 몇 가지 형태의 예비 검사(pilot testing)를 실시하는 것이다. 철저한 예비 검사를 통해 불분명한 지시문, 제대로 표현되지 않은 문항, 심지어 오타까지도 검토할 수 있다. 조직 내 구성원들을 대상으로 하는 조사라면 특히 이때 수집해야 하는 중요한 정보 중 하나는 설문을 응답하는 데 걸리는 시간이다. 왜냐하면 일반적으로 조직은 설문 조사가 종업원들의 시간을 얼마나 빼앗는지 알고 싶어 하기 때문이다.

설문지를 설계하고 예비 검사를 한 다음 단계는 구체적인 설문 대상자들을 선정하는 것이다. 한 조직 내에서 설문이 이루어질 경우, 단순히 모든 종업원을 대상으로 조사를 할 수도 있고, 어떤 경우에는 범위를 좁혀 일부 종업원만을 대상으로 조사할 수도 있다. 예를 들어 만약 연구자가 종업원들의 고객 서비스 행동에 관심이 있다면, 적어도 고객을 직접 대하는 종업원들로 설문 대상을 한정해야 할 것이다. 또, 한 연구자가 은퇴와 관련된 결정에 영향을 미치는 요인에 관심이 있다면, 표본을 55세 이상으로 제한하는 것이 적절할 것이다.

연구자가 특정 유형의 종업원을 대상으로 하지 않는 경우라도, 5만 명의 종업원을 둔 다국적 기업과 같이 잠재적인 응답자의 수가 너무 많은 경우 모두 다 설문 대상자에 포함하는 것은 실용적이지 않을 수 있다. 그래서 **확률 표집법**(probability sampling)을 사용하게 된다. 확률 표집법은 연구자가 일정한 오차 범위 내에서 결과를 보다 더 큰 집단이나 모집단으로 일반화하기 위하여 모집단에서 표본

참고 2.3

온라인 자료 수집

지난 30여 년 동안 온라인 조사가 표본에의 접근성, 자료 입력의 용이성, 자료 수집 시간 감소와 같은 장점들로 인해 점차 인기 있는 자료 수집 방법이 되었다. 게다가 코로나19 팬데믹의 정점에서는 조직 연구자들이 사용할 수 있는 유일한 자료 수집 방법이기도 했다. 온라인 자료 수집은 연구자가 설문 참여를 독려하는 메일을 참가자에게 직접 발송하는 방식으로 진행되지만 다른 방식도 인기를 끌고 있다. 인기를 끄는 방법 중 하나는 정기적으로 연구 참가자를 모집하고 유지하는 웹사이트를 활용하여 데이터를 사용하는 것이고 가장 대표적인 것은 아마존 Mechanical Turk와 Prolific이다.

아마존의 Mechanical Turk(MTurk)는 Requester라 하는 개인이나 조직이 컴퓨터가 할 수 없는 과업을 사람들이 협력해서 할 수 있도록 도와주는 서비스이다. Requester가 *HITs*(Human Intelligence Tasks)라고 하는 과업을 게시하면 Worker라 하는 MTurk 계정을 가진 개인들이 게시된 과업을 찾으며 Requester가 미리 정한 금전적인 보상을 받고 그 과업을 완수할 수 있다. Requester는 HIT에 참여하기 전에 특정한 자격 요건을 제시하여 참여자들(workers)을 선별할 수 있으며, 또한 그들의 응답을 수용 또는 거부할 수 있는 권한을 가진다. 이러한 수용과 거부의 기록은 MTurk에서 worker의 명성에 반영된다. Prolific 역시 MTurk와 상당히 유사한 방식으로 운영되며 참가자들을 모으고 보상을 주는 방식만 약간 다르다.

MTurk, Prolific 같은 웹사이트에서 수집된 자료는 전통적인 방식으로 수행되는 조사의 표본과는 응답의 질적인 측면에서나 인구통계학적 측면에서 다를 수 있다는 비판이 있었다. 하지만, MTurk와 Prolific의 자료의 질에 대한 연구들이 진행되었고, 결과는 긍정적이다. Burmeister 등(2011)은 MTurk의 참여자들은 전형적인 미국 대학생 표본보다 인구통계학적으로 훨씬 더 다양하며, 현실적인 참가비는 자료의 질에 영향을 미치지 않고, 자료들이 적어도 전통적인 방법으로 수집된 것들만큼이나 신뢰할 만하다는 것을 밝혔다. 또한 그들의 연구 결과에 따르면, 참여에 대한 현실적인 보상 비율과 과업의 길이가 참여 여부에 영향을 미쳤지만, 그럼에도 여전히 신속하고 저렴하게 필요한 참여자들을 모을 수 있다. 이러한 결과는 자료 수집을 위해 온라인으로 참여자를 모으고 웹사이트를 사용하는 것이 앞으로도 유망할 것임을 보여준다. 최근 수행된 연구들 역시 MTurk와 Prolific을 통해 수집한 표본들이 전통적인 방식으로 수집한 표본과 매우 다르지는 않다는 결론을 지지한다(Keith et al., 2022).

온라인 자료 수집 플랫폼을 사용하는 데 있어서 공통적인 문제점 중 하나는 설문이 실제 참가자에 의해 진행되고 BOTS나 인터넷 로봇에 의해 진행되지 않는다는 것을 확실히 해야 한다는 것이다. BOTS에 대한 심도 있는 논의는 이 책(그리고 연구자의 역량) 밖의 범위에 있는 내용이지만, 그것은 연구자들에게 재정적 손실을 입히고 자료의 질에 큰 영향을 미칠 수 있다. 다행히, 주의 확인 문항과 같이 BOTS의 존재를 탐지할 수 있는 방법들이 있다. 분명히 설문 연구자들은 이 문제를 경계할 필요가 있다.

출처 : Burmeister et al. (2011), Keith et al. (2022).

을 표집하는 방법이다(Fowler, 2013). 확률 표집법의 가장 기본적인 형태는 단순 무선 표집법(simple random sampling)이다. 이 방법은 모집단의 모든 구성원이 표본에 포함될 가능성이 있을 뿐만 아니라, 모두 동일한 확률을 가진다는 전제를 기본으로 한다. 예를 들어 연구자는 조직 내 설문에 참여 가능한 현재의 종업원 명부에서 무선적으로 200명을 선택할 수 있다.

연구자 소개

NATHAN A. BOWLING 박사

연구 방법론은 재미있는 주제라고 생각하지 않을 수 있다. 나 역시 2000년에 센트럴미시간대학교에서 대학원 공부를 시작했을 때 그렇게 생각하지 않았다. 지난 몇 년간 가르친 많은 학생들처럼 나 역시 연구 방법론은 본질적으로 지루한 주제라고 생각했다. 나는 방법론 수업은 중요하지만 필요악이라고 생각했다. 내가 고통을 겪으며 참아내야 할 무엇이라고 생각했다. 나는 조직심리학, 직무 스트레스, 직무 태도와 같은 내용 중심의 수업이 훨씬 흥미로웠다.

하지만, 대학원 시절 방법론적 문제를 생각하고 연구하는 것이 재미있을 수 있다는 것을 발견했다. 나의 최근 연구 관심사는 하나의 방법론적 주제인 부주의한 응답(careless responding)이다. 부주의한 응답은 연구 참여자들이 설문에 응답할 때 거의 노력을 기울이지 않는 경우 발생한다. 예를 들면 부주의한 응답자들은 질문지의 지시 사항, 문항의 내용, 응답의 형식을 제대로 읽지 않거나 신중하게 생각하지 않는다. 부주의한 응답의 존재로 인해 타당한 연구 결과를 도출하는 데 실패할 수 있기 때문에 학문 분야의 연구자나 조직 실무자 모두에게 문제가 된다. 안타깝게도 아주 적은 수의 부주의한 응답만으로도 잘못된 결과가 도출되기도 한다.

나는 동료들과 10년 넘게 부주의한 응답의 평가, 원인, 예방 방법 및 영향에 대한 연구를 진행해왔다. 연구 결과, 설문 문항에 응답하는 데 소요되는 시간을 부주의한 응답을 평가하는 데 사용할 수 있다는 것을 발견했다. 또, 원격 자료 수집 대신 서면으로 자료를 수집하거나 신중하게 응답하라는 경고가 있는 것이 부주의한 응답을 예방할 수 있다는 것을 확인했다. 일부 사람들은 부주의하게 응답하는 경향이 있기도 하며, 특정 조건에서는 부주의한 응답이 측정을 통해 관찰된 관계를 인위적으로 과장시킬 수 있다는 사실도 확인했다. 과학적으로 많은 진전이 있었지만 여전히 부주의한 응답에 대해서 배워야 할 것이 많이 남아 있다!

그렇다면 부주의한 응답이 이렇게 흥미로운 것은 무엇 때문인가? 첫 번째, 다양한 하위 영역과 관계된 주제를 공부하는 것은 매우 흥미롭다. 사실 부주의한 응답은 참가자를 필요로 하는 대부분의 영역과 관계된다. 부주의한 응답 연구는 직무 스트레스, 직무 태도, 리더십, 팀과 같은 조직심리의 다양한 영역과 임상심리, 사회학, 정치외교학 같은 다른 과학 영역을 향상하는 데 사용될 수 있다. 내가 한 연구가 다양한 분야의 연구와 실무에 유용한 정보를 제공할 수 있다는 것은 매우 기쁜 일이다. 두 번째 흥미로운 점은 이 연구는 즉각적인 유용한 실무적 시사점을 제공할 수 있다는 것이다. 부주의한 응답의 측정 방법에 대한 연구를 예로 들면, 부주의한 응답 측정 방법은 다른 연구자들이 바로 사용 가능한 도구가 된다. 연구를 통해 즉각적인 기여를 할 수 있다는 것은 보람 있는 일이다. 마지막으로 부주의한 응답에 내재된 도전적인 과제들이 이 연구 주제를 흥미롭게 만든다. 많은 조직심리의 연구 주제들과 달리 부주의한 응답은 참가자들의 자기보고를 통해서는 효과적으로 측정될 수 없다. 결국, 자주 부주의한 응답을 하는 참가자들은 부주의한 응답을 측정하는 자기보고식 도구에 주의 깊게 응답하지 않을 가능성이 높다. 따라서 부주의한 응답을 효과적으로 측정하려면 어느 정도 창의성이 필요하다. 예를 들면 참가자들이 방금 완료한 설문의 내용을 인식할 수 있는 능력을 객관식 문제로 평가하는 등의 방식을 사용할 수 있다.

부주의한 응답 연구의 접근성을 높이기 위해 동료들과 무료 웹페이지인 responseeffort.com을 만들었다. 여기에는 연구자와 실무자를 위한 부주의한 응답 관리에 대한 정보가 포함되어 있다. 웹페이지에는 교육 비디오, 예시 자료, 관련 측정 도구 사본 등이 포함되어 있다. 이 분야가 계속 발전함에 따라 부주의한 응답을 다루는 최근 좋은 사례를 반영해서 웹페이지를 계속 업데이트하게 될 것이다.

Nathan A. Bowling 박사는 센트럴플로리다대학교의 부교수이다. 그는 연구 참가자의 부주의, 직무 스트레스, 반생산적 작업행동에 대해 연구하고 있다. 그는 산업 및 조직심리학회(Society for Industrial and Organizational Psychology) 및 심리학회(Association for Psychological Science)의 회원이다. 2005년에 센트럴미시간대학교에서 산업 및 조직심리학 박사 학위를 받았다.

종종 사용되는 확률 표집법의 또 다른 형태는 **층화 무선 표집법**(stratified random sampling)이다. 이 방법은 기본적으로 구분 가능한 집단이나 '층(strata)' 내에서 단순 무선 추출을 적용하는 것이다. 층화 무선 표집법은 종종 추정의 정확성을 높이기 위해 사용된다(Fowler, 2013). 즉 추정이 층 내에서 이루어지고 다시 합쳐진다면, 전체 모집단에서 단순히 무선 표집을 하는 것보다 더 정확할 수 있다. 또한 층화 무선 표집법은 표본의 대표성(representativeness)을 증가시키기 위해 사용될 수 있다. 예를 들어 만약 한 조직 내 동일한 비율의 다섯 종류 종업원 집단이 있다면, 추출된 표본도 이런 특징을 잘 반영하게 하기 위해 비례적(proportional) 층화 무선 추출이 적용될 수 있다.

확률 표집법의 세 번째 형태는 특별한 경우에 사용될 수 있는 **군집 표집**(cluster sampling)이다. 앞서 살펴본 두 가지 표집법과 구분되는 점은 표집의 단위가 더 이상 개인이 아니라 더 큰 단위 혹은 '군집'이라는 것이다. 군집 표집법이 사용된 사례로는 몇 해 전에 필자 중 한 명(Steve M. Jex)이 미국 육군 모집 사령부(U.S. Army Recruiting Command)에서 수행한 연구 프로젝트가 있다. 이 조직은 지리적으로 매우 분산되어 있고 다양한 수준(여단, 대대, 중대, 기지)으로 구성되어 있었다. 프로젝트의 초기 단계에서 여단, 대대, 중대 수준에서 약 50명씩 일대일 대면 면접을 하기로 결정하였다. 하지만 이러한 세 수준에서 개인들을 무선적으로 선별하기보다는 우선 각 여단 내에서 두 대대를 무선적으로 선정하는 것으로 결정하였다. 각 대대에서 2명씩 추출하여 인터뷰를 하였다. 이후, 각 대대에서 가장 인접한 중대의 2명을 인터뷰하는 것으로 결정하였다.

군집 표집은 면대면 인터뷰를 통해 자료가 수집될 때 소요되는 시간과 비용을 절감할 수 있다. 앞서 언급한 프로젝트에서, 만약 군집 표집 대신 단순 무선 표집을 사용했다고 상상해보자. 인터뷰를 위해 선택된 50명은 지리적으로 매우 분산되어 있기에 각각의 인터뷰를 다 마치려면 매우 오랜 기간 이동했어야 할 것이다. 최근 줌이나 웹엑스 같은 비디오 회의 플랫폼의 사용과 사용 가능성을 고려했을 때 예전보다는 덜 수고로울지도 모른다. 그럼에도 불구하고 여전히 직접 만나서 인터뷰를 진행해야 하는 경우가 있으며 이 경우 군집 표집이 적합할 수 있다. 물론, 군집 표집을 사용할 때의 위험 요소는 단순 무선 표집법보다 표본의 대표성이 떨어질 수 있다는 것이다. 하지만 어떤 경우에는 비용과 이동 시간의 감소를 위해 대표성이 다소 떨어지는 위험은 감수할 만하다.

연구자가 설문 대상자를 결정했으면, 다음 단계는 자료를 수집하는 것이다. 설문 자료를 수집하는 데는 여러 가지 방법이 있고, 각각 장단점이 있다. 조직 내 서면 설문 조사에서 자료를 수집하는 이상적인 방법은 특정 장소에 종업원들을 불러 모아 설문지를 완성하게 하고, 끝나면 바로 연구자에게 제출하는 것이다. 이러한 방법은 양호한 응답률을 얻을 가능성이 높이기 때문에 이상적이다. 낮은 응답률은 조사 결과가 표적 집단을 제대로 대표하는지에 대한 의문을 제기하므로 바람직하지 않다. 대면 자료 수집의 또 다른 장점은 설문 참가자의 부주의한 응답을 줄일 수 있다는 것이다(Bowling et al., 2021).

이러한 장점에도 불구하고 종업원들을 한곳에 불러 자료를 수집하는 것은 참여자들의 일정을 조율하는 것이 실용적이지 않고, 비밀 보장에 대한 우려 때문에 권장하지 않는다. 이런 경우 사용할 수 있는 방법은 종업원의 집으로 설문지를 우편 발송하거나, 인터넷이나 사내 시스템인 인트라넷을 통해 설문 조사를 하는 것이다. 이러한 방법은 특정 장소에 불러 모아서 자료를 수집하는 방법에 비해서는 덜 바람직하지만, 실제로 연구자들이 많이 사용하는 방법이며, 양호한 응답률을 얻을 수 있다(예 : Dillman, 2011). 설문 자료 수집 방법과는 무관하게 돈이나 상품권과 같은 인센티브를 사용하는 것은 응답률에 긍정적인 영향을 미친다는 증거가 있다('과학 번역하기 2.1' 참조). 낮은 응답률은 설문 결과를 잠재적으로 왜곡할 수 있기 때문에 인센티브와 같은 요소들을 중요하게 고려할 필요가 있다.

설문 연구 프로젝트의 마지막 단계는 자료를 분석하고 결과를 제시하는 것이다. 설문 자료의 분석과 결과 제시는 연구 목적에 맞게 결정되어야 한다. 대개 조직이 설문 조사 프로젝트에 착수하는 경우 자료를 기술하는 것이 목적인데 자료의 기술을 위한 분석은 상대적으로 단순하면서도 방향이 명확하며 평균, 범위, 백분율과 같은 기술 통계치로도 충분하다. 이런 경우 자료 해석이 쉽기 때문에 자료를 그래프, 파이 차트와 같이 시각적으로 제시하는 것이 주요 문제이다. 자료를 정교하게 시각화하는

과학 번역하기 2.1

설문 연구에서 인센티브의 영향

설문 연구에서 현금이나 기프트 카드와 같은 인센티브를 사용하는 것이 응답률을 높인다고 믿어 왔고, 몇몇 실증 연구가 이러한 결론을 지지하고 있다. 예를 들어 Göritz(2004)는 설문 조사 응답에서 인센티브 효과를 메타분석을 통해 확인하였다. 결과에 따르면, 인센티브는 웹 설문에 참여하려는 동기가 되며, 인센티브가 제시되면 중도 탈락률이 낮아졌다. 해당 연구 결과, 중도 탈락한 사람들의 영향력을 제외하고도 인센티브로 주어지는 상품의 가치와 인센티브 효과 간에 유의한 정적 상관이 있었다.

Göritz(2004)는 인센티브의 유형과 인센티브 금액 간 관계도 살펴보았다. 결과에 의하면, 인센티브 유형과 금액은 응답의 양에는 아주 작거나 아무런 영향을 미치지 않았고, 응답의 질에는 아무런 영향을 미치지 않았다. 또한 기대 가치가 높거나 보상을 담보하는 인센티브(예 : 경품 추첨보다는 현금과 같은 보상 포인트)가 패널 참가자들에게 더 매력적이라는 것을 밝혔다. 더불어 패널에 자발적으로 참여한 사람들과 그렇지 않은 사람들 모두 동일하게 인센티브의 영향을 받는 것도 확인했다.

불행히도, 연구자들은 제공할 물질적인 인센티브가 없지만 높은 응답률을 원하는 경우도 있을 것이다. Pederson과 Nielsen(2016)은 인센티브의 영향력을 비교해보았는데, 한 집단에는 설문 참여가 새로운 지식을 습득하게 할 것이라고(이타적 소구) 문자를 보냈고, 다른 집단에는 온라인 설문을 위해 특별히 선택된 그룹이라고(이기적 소구) 문자로 설명하였다. 현금 경품 추첨을 제공하는 인센티브 조건과 이기적 소구의 집단 간 응답률 차이는 20%와 22%로 다르지 않았다. 이것은 인센티브가 항상 필요한 것은 아니라는 것을 보여주는 결과를 보여준다.

이 연구는 덴마크에서 진행되었기 때문에 문화적 요인이 연구 결과에 영향을 미쳤을 수 있다. 또한 이 연구자들은 설문 참여에 대한 시간을 직접적으로 보상하는 조건을 포함하지도 않았다. 그럼에도 불구하고 자원이 부족할 때도 설문 연구자들은 응답률을 적어도 조금은 높일 수 있는 방법을 찾을 수 있다.

출처 : Göritz(2004), Pederson & Nielsen(2016).

태블로(Tableau) 같은 프로그램을 통해서 자료를 효과적으로 제시할 수 있다. 이 장의 '실무자 소개'에는 설문 연구 결과를 고객들에게 효과적으로 전달하고자 노력하는 응용 조직 학자인 Thaddeus Rada-Bayne 박사에 대한 내용이 담겨 있다.

설문 자료가 이론에 기반을 둔 가설을 검증하기 위한 것이라면, 변인 간의 가설로 설정된 관계를 검증하기 위한 분석이 실시되어야 한다. 가설 검증을 위한 통계 분석의 자세한 내용은 부록에 있다. 그러나 설문 자료는 전형적으로 변인들 사이의 공변관계(covariation), 즉 한 변인에서의 변화가 다른 변인에서의 변화와 연관되는지를 평가하는 데 가장 적절하다는 점에 주목할 필요가 있다. 한 변인이 다른 변인의 변화 원인인지를 파악하는 것은 한 시점에서 측정한 설문 조사 자료만으로는 평가하기 어려운데 왜냐하면 이것은 **횡단적**(cross-sectional)이기 때문이다.

설문 자료를 사용하여 인과 관계를 조금 더 확실하게 평가하기 위해서는 **종단**(longitudinal) 설계를 해야 한다. 예를 들면 한 시점에서 종업원의 직무 태도를 측정한 뒤에 6개월 후, 1년 후, 18개월 후의

실무자 소개

THADDEUS RADA-BAYNE 박사

지금까지 내 경력은 다양성과 전환으로 가득 차 있다. 예를 들어 볼링그린주립대학교(BGSU)의 산업 및 조직심리 프로그램 박사 과정생일 때 나는 소규모 인문대학에서 교수로 경력을 시작하는 것을 기대했다. 하지만, 몇 년간 교수 생활을 하고 나서 직무 안정성과 이동성에 대한 우려로 실무자로 전환하기로 결정하였다. 초기 경력에서 내 연구 관심사는 선발과 평가였으며 BGSU의 심리학응용연구소에서 수행한 몇몇 프로젝트도 이와 관련된 것이었다. 경력을 쌓아 가면서 조직 구성원의 일상 업무와 관련된 주제들, 예를 들어 스트레스, 웰빙, 열의와 같은 주제에 대한 프로젝트를 하게 되었다. 이 경력의 여정을 즐기면서 경력의 변화를 통해 배운 것을 활용하고 지식과 경험을 계속 성장시켜 왔다.

현재는 Culture Amp(CA)의 피플 사이언스(People Science) 팀에서 일하고 있다. Culture Amp는 직장인 경험에 대한 플랫폼으로서 고객들에게 종업원 대상 설문 조사를 진행하고, 성과 평가를 시행하며, 종업원의 장기적인 개발 목표 및 계획을 수립하는 데 도움이 되는 도구를 제공한다. CA의 피플 사이언티스트들은 다양한 배경을 가지고 있지만, 산업 및 조직심리학 출신이 가장 많다. 피플 사이언티스트들은 CA에서 다양한 역할을 수행하며, 제품 팀과 협력하고 CA 내부 직원들의 인사 관련 업무를 지원하기도 한다. 나는 현재 고객 팀에서 일하고 있으며 CA 플랫폼을 구매한 조직들을 지원하는 역할을 한다.

나의 주요 업무는 조직의 리더들이 해당 플랫폼을 효과적으로 활용하여 설문 설계와 결과 해석을 통해서 인사 전략을 수행하게 하는 것이다. 조직에서 직원들의 열의, 포용성, 웰빙을 측정하는 설문을 진행하고자 할 때 나는 HR 리더들을 만나서 그들이 묻고자 하는 질문에 대한 계획을 세우고 전반적인 설문 전략을 논의한다. 또한 중복 문항이나 측정에 문제가 있는 문항, 유사한 설문을 진행한 다른 조직들에서 발견된 추세에 대해서도 논의한다. 설문 자료가 수집되고 나면 고객을 다시 만나 결과를 검토하고 강점과 기회 영역을 설명하며, 점수를 개선하기 위해 취할 수 있는 조치에 대해서 논의한다. 이러한 주요 업무 외에도 예비 고객을 만나 제품 데모를 하는 것에 참석하여 판매 과정을 지원하고 CA 제품의 설계와 그것을 활용하는 방법에 과학을 어떻게 활용하는지 설명한다. 또 마스터클래스를 만들거나 웨비나, 패널 토론 등에 참여하여 새로운 교육 자료를 개발하는 것을 돕는다. 이러한 대외적 행사들은 새로운 것을 배우고 인사 분야의 다른 동료들과 교류하며 CA의 인지도를 높일 기회를 제공하기 때문에 중요하다.

고객들이 겪는 가장 흔한 두 가지 문제는 자료

를 이해하고 이를 바탕으로 실행하는 것이다. 고객들은 수백 혹은 수천 명의 직원들의 설문 응답을 받는 경우가 많아 전체적인 경향성뿐만 아니라 구체적인 지역적, 구조적, 인구통계학적 차이를 분석해야 하는 경우가 많다. 고객과 결과를 논의할 때, 광범위한 결과들에 대한 맥락을 제공하며(즉 다른 CA 고객들의 직원과 그들의 직원들을 비교하며), 심리학에 뿌리를 둔 관점을 공유하고, 직원들의 경험을 바탕으로 강점과 기회 영역을 설명한다. CA의 도구는 그룹 간 비교를 손쉽게 하여 이직 가능성이 높은 사람이나 동기가 향상될 수 있는 사람들 등에 대한 논의를 촉진하는 데 도움이 된다.

결과를 실행시키는 측면에서, 고객들과 협력할 때 나의 목표는 그들이 장기적으로 전체 직원의 열의를 향상시키기 위해 결과를 활용하는 방법을 내부적으로 고민하고 논의하는 것을 돕는 것이다. 고객들과 아이디어를 공유하고 제안하며 아이디어를 실행할 수 있도록 돕는다. 자료와 조직의 상황에 맞으며 연구에 근거한 최선의 예시, 직접적인 경험, 다른 조직과 일하면서 얻은 집단 지혜를 바탕으로 아이디어를 제안한다.

피플 사이언티스트로서 내가 하고 있는 일은 대학원 과정에서 내가 기대한 것과는 다르다. 동시에 이 역할은 교육과 훈련, 자료 분석, 토론 촉진, 문제 해결이 잘 조화를 이루는 일이다. 나의 경력에서 얻은 것이 있다면, 당신의 여정이 당신을 어디로 이끄는지 열린 마음을 가지는 것이 가치 있다는 것이고, 당신이 가진 다양한 경험과 역할 사이의 연결을 찾는 것이 중요하다는 것이다.

Thaddeus Rada-Bayne 박사는 Culture Amp의 시니어 피플 사이언티스트이다. 그는 조직의 리더들이 Culture Amp 플랫폼을 활용하여 조직의 효율성을 높이고 직원들의 웰빙을 향상하는 데 도움을 주는 일을 하고 있다. Culture Amp에서 일하기 전에는 Ferguson Partners에서 설문 조사 그룹의 부사장을 역임했다. 그는 2016년에 볼링그린주립대학교에서 산업 및 조직심리학 박사 학위를 받았다.

세 시점에서 직무 수행을 측정하는 것이다. 횡단 설계와 비교하여, 종단 연구는 적어도 인과 관계를 파악할 수 있도록 하는 시간 기반을 제공한다. 이 예시에서 직무 태도는 직무 수행보다 앞서 측정되었으므로, 직무 태도가 직무 수행에 인과적인 영향을 미쳤을 가능성이 있다. 하지만 긍정적인 리더십이 긍정적인 직무 태도와 추후 더 나은 직무 수행을 가져오는 것처럼 제3의 변인이 영향을 미쳤을 수도 있다. 또한 직무 수행이 세 시점에서 측정되었기 때문에 이 연구는 직무 태도가 직무 수행에 미치는 과정에 대해 더 많은 통찰을 줄 수 있다. 예를 들어 직무 태도가 직무 수행에 처음(예 : 6개월 후)에는 영향을 줄 수 있지만, 1년 이후에는 이 영향이 점차 사라질 수 있다.

또 다른 예로, Su 등(2022)은 조직 구성원이 무례함을 선동하는 것과 무례함 경험의 상호적인 관계를 종단 설계를 통해서 확인하였다. 이 연구에서는 4개월에 걸쳐 총 4번 두 변인을 측정하였다. 해당 연구 결과에 따르면, 예상한 대로 무례함의 경험에 있어서 정적인 변화를 보고한 사람들은 무례함을 선동하는 수준에 있어서도 정적인 변화를 보고했다. 또한 이 연구자들은 부정 정서의 증가가 이 관계를 설명한다는 것을 밝혔다. 이 연구에서 다루어진 연구 질문은 횡단 연구 설계로는 해결될 수 없다는 것을 유념해야 한다.

인과 추론이 가능한 설문 자료를 얻는 또 다른 방법은 경험 표집법[Experience Sampling Methodology(ESM); Fisher & To, 2012]을 사용하는 것이다. 전형적인 ESM 연구에서는 특정한 1주 혹은 2주와 같은 시간 틀 안에서 매주, 매일, 혹은 하루 안에서 여러 번과 같이 여러 시점에 자료를 수집한다. 예를 들어 Fritz와 Sonnentag(2005)은 사람들이 업무 요구로부터 회복하기 위해 업무 후 시간 동안의 회복 경험을 조사하기 위해 ESM을 사용하였다. 그들은 주말에 중요한 사람들과 시간을 보내는 것과 같이 일과 관련 없는 활동이 사람들을 일로부터 일시적으로 분리되도록 하며 가장 큰 회복을 가져다준다는 것을 발견했다. 또한 주말 동안 배우자와의 갈등이나 집안일을 많이 해야 하는 상황과 같은 비업무 스트레스의 경험은 다음 주의 과업 수행 수준과 부적인 관계가 있다는 것도 밝혔다.

한 최근 연구(French & Allen, 2020)에서는 일-가정 갈등과 관련된 에피소드가 기분 및 피로감과 같은 심리적 안녕감, 심박수 및 혈압과 같은 생리적 안녕감과 어떻게 관계되는지를 조사하기 위해 ESM을 사용하였다. 해당 연구의 방법론은 참가자들에게 3일 동안 하루에 여러 번 문자를 보내서 지난 2시간 동안 일어난 일-가정 갈등 사건에 짧은 체크리스트를 통해 응답하고, 해당 사건에 대한 느낌을 보고하도록 하였다. 이러한 유형의 연구로 인과적 추론을 할 수 없다는 한계를 완전히 극복할 수는 없지만, 사건이 전개되는 과정을 더 잘 이해하게 될 수 있다(Shen & Shockley, 2021).

ESM의 가장 큰 장점은 제한된 시간 동안 반복적으로 자료가 수집되기에 응답자들의 과거에 대한 기억에 의존하지 않는다는 것이다. 또한 비교적 짧은 기간 동안 개인 내(within-person) 변화를 측정할 수 있다는 것도 장점이다. 그러나 단점도 있다. 가장 큰 단점은 참가자들이 자료 수십의 요구 조건을 분명히 따르도록 하는 데 있다. ESM을 사용하는 경우 횡단 연구보다 참가자들에게 통상적으로 더 많은 금전적인 인센티브를 제공한다. 또한 상당수 자동화된 방법을 쓰긴 하지만 연구자들이 이메일, 문자, 전화 등을 통해 참가자들에게 응답을 상기시키는 행동을 더 많이 해야 하는 것도 단점 중 하나이다.

ESM의 또 다른 주요한 단점은 일반적으로 극복하기 힘든 **반응성**(reactivity)의 가능성이다. 관찰 연구에서 이야기한 반응성을 기억해보라. 특정한 방법론이 반응적이라는 것은 방법 자체가 관심 있는 연구 현상을 변화시킬 수 있다는 것을 의미한다. ESM 연구의 경우 여러 시점에서 측정이 이루어진다는 점에서 반응성이 크게 나타날 수 있다. 예를 들어 한 연구자가 직장에서 겪는 대인관계 갈등이 수면의 질에 미치는 영향에 관심이 있다고 해보자. ESM 설계를 적용하면, 2주 동안 하루 근무시간이 종료될 때 직장에서의 대인관계 갈등에 대한 종업원의 지각을 측정하고, 다음 날 아침에 수면의 질에 대한 지각을 측정할 수 있다. 이러한 설계에서 참가자들은 두 변인을 매일 측정해야 하고 그 경우 해당 변인에 주의를 쏟게 되기 때문에 반응성이 나타날 수 있다. 이것이 변화를 일으키는 요인이 될 수 있다. 갈등과 같은 상황의 경우, 응답자들은 연구에 참여하지 않았다면 인식하지 못했을 갈등도 이제는 예민하게 인식하게 될지도 모른다. 수면의 질을 매일 보고하게 되면서 수면의 질에 대한 인식 수준도 높아지고, 이것이 수면의 질을 잠재적으로 향상시키거나 불면증을 일으키는 요인이 될지도 모른다. 이러한 잠재적인 단점에도 불구하고 ESM 연구는 상당히 유용하고 조직 연구에서 지속적으로 빈번하게 사용될 것이다. 이러한 사용의 증가에 따라 ESM 연구를 설계하고 수행하는 데 도움이 되는 많은 유용한 자료들도 존재한다(Beal, 2015; Gabriel et al., 2019 참조).

실험법

조직 연구에서 사용되는 또 다른 자료 수집 방법은 **실험법**(experimentation)이다. 실험은 상황을 높은 수준에서 통제하기 때문에 인과 관계에 대한 가설을 평가하는 데 가장 적합한 방법이다. 또한 인과 관계를 찾아내고, 그것을 설명하는 것이 과학의 주요한 특징이므로 이러한 측면은 매우 중요하다. 따라서 실험법은 조직 연구자들에게 매우 가치 있는 도구이며, 실무자들에게도 교육 프로그램 평가와 같은 상황에 쓰일 수 있다. 실험은 연구를 위해 특별히 설계된 실험실에서 진행될 수도 있고 학교, 사무실, 병원과 같이 다른 목적으로 설계된 현장에서 수행될 수도 있다. 또한 실험실과 현장을 결합한 환경에서 연구를 수행하는 것도 가능하다. 예를 들어 Spector(1975)는 좌절이 다양한 종류의 비생산적 작업 활동에 미치는 영향을 파악하기 위해 가상 조직을 만들었다. **실험**은 일반적인 용어이므로, 학생들에게 '순수(true)' 실험이 무엇을 지칭하는지 명확하지 않을 수도 있다. Shadish 등(2002)에 따르면, 순수 실험은 다른 방법과 세 가지 측면에서 다르다. 즉 (1) 독립변인의 조작과 종속변인의 측정, (2) 실험 처치 조건들에 무선 할당, (3) 실험자에 의한 최대한의 통제이다. 세 가지 특징 각각에 대하여 검토해보자.

독립변인(independent variable)이라는 용어는 다른 변인에게 어떤 효과를 가지는 것으로 제안된 변인을 나타낼 때 사용되며, 대개 연구자의 주된 관심사이다. 독립변인을 '조작(manipulation)'한다는 것은 연구 참가자들이 이 변인의 각기 다른 수준을 경험한다는 것을 의미한다. 예를 들어 만약 연구자가 수행에 대한 피드백의 영향에 관심이 있다면 독립변인은 피드백이 될 것이다. 피드백 조작은 첫 번째 집단에게는 과업을 수행한 후에 피드백을 제공하지만, 두 번째 집단에게는 피드백을 제공하지 않음으로써 이 변인을 조작할 수 있다. 피드백의 수준을 높음, 중간, 낮음의 수준으로 조작해서 연구하는 것도 가능하다.

종속변인(dependent variable)은 조작된 독립변인에 영향을 받도록 가설로 설정된 변인을 지칭할 때 쓰는 용어이다. 종속변인의 측정은 독립변인에 의해 영향을 받을 수 있는 연구 참가자들의 행동이나 태도를 체계적으로 기록하는 것이다. 구체적으로 어떤 종속변인을 측정할 것인지는 대개 이전 연구를 따르거나 이미 검증된 방법을 사용한다. 예를 들어 조직 연구에서 태도와 관련된 종속변인은 자기보고형 설문을 통해 측정하는 것이 일반적이다. 그러나 사용된 종속 측정치는 단순히 그 개념의 **조작적 정의**(operational definition)일 뿐이라는 것을 명심해야 한다. 예를 들어 직무 만족은 한 개인이 자신의 직무 상황에 대해 긍정적이거나 부정적인 느낌을 갖는지 여부를 나타내는 것이다. 만약 5개 문항으로 구성된 척도를 사용하여 직무 만족을 평가한다면, 이 측정치는 실제로 이 개념적 정의를 나타내기 위해 사용된 것이다. 달리 말하면, 직무 만족이라는 구성 개념은 단순한 직무 만족 측정치에 대한 한 개인의 점수 이상을 뜻한다.

실험법을 정의하는 두 번째 특징은 **무선 할당**(random assignment)이다. 이것은 연구 참가자들을 독립변인 혹은 **처치 조건**(treatment conditions)의 각기 다른 수준하에 있는 여러 집단에 무선적 혹은 비체계적 방식으로 할당하는 것을 의미한다. 연구 참가자들을 무선적으로 할당하는 것은 매우 쉬운 일인데, 예를 들어 동전 던지기와 같은 방법을 통해서도 가능하다. 무선 할당을 하는 논리는 매우 간단하다. 만약 연구 참가자들이 무선적으로 할당된다면, 서로 다른 처치 집단들은 독립변인을 제외하고는 모든 조건이 유사하게 될 것이다. 이것은 처치 조건들 사이에서 종속변인의 차이는 전적으로 독립변인의 영향력임을 알게 해준다.

실험을 정의하는 세 번째 특징은 **최대한의 통제**(maximum control)인데, 이것은 독립변인의 조작과 종속변인의 측정이 통제된 조건하에서 이루어지는 것을 의미한다. 연구자는 독립변인을 제외한 다른 변인들이 모두 일정하게 유지될 수 있도록 노력해야 한다. 무선 할당과 같이 처치 집단들 사이의 차이는 오로지 독립변인의 영향임을 확신하기 위해서이다. 실험실에서 실험을 하면 대개 연구자들은 이상적인 수준의 통제를 할 수 있게 된다. 현장에서 실험을 하는 것은 불가능하지는 않지만 매우 어려운 일이다(Eden, 2017). 예를 들어 Shockley 등(2021)은 종업원 1,408명을 대상으로 가상 줌 미팅에서 카메라의 수준이 피로와 회의 성과에 미치는 영향을 알아보기 위해 현장 실험을 진행했다. 이 연구사들은 직원 중 절반은 카메라를 켜고 회의하는 조건, 나머지 절반은 카메라 꺼짐 조건에 참가자들을 무선할당하였다. 4주간의 경험 표집 자료를 바탕으로 카메라 켜짐 조건에 있는 사람들이 더 많은 피로를 느꼈으며, 이러한 효과는 여성과 신입 사원에게 더 강하게 나타난다는 것을 확인했다. 또, 피로가 증가할수록 다음 날 회의 성과가 저하된다는 것을 밝혔다.

실험을 평가하는 주요한 기준은 **내적 타당도**(internal validity)이다. 내적 타당도는 종속변인에서 관찰된 변화가 독립변인의 조작에 기인한 것이며 다른 요인들의 영향이 아니라는 것을 확신할 수 있는 정도를 나타낸다. 순수 실험의 두 가지 정의적 특성인 무선 할당과 최대한의 통제가 담보되도록 실험이 적절하게 진행된다면, 실험법을 통한 자료 수집은 통상 높은 내적 타당도를 보인다.

실험을 평가하는 또 다른 주요한 기준은 **외적 타당도**(external validity)이다. 이것은 실험의 결과가 다른 상황, 모집단, 다른 시간대에도 일반화될 수 있는지 정도를 나타낸다. 이것은 중요한 쟁점으로 이 장 뒷부분에서 더 구체적으로 논의하였다. 그러나 실험이 대학생들을 대상으로 대학 실험실에서 주로 이루어지기에, 내적 타당도가 높은 순수 실험이라고 하더라도 외적 타당도는 다소 부족할 것이라고 추정하지만 항상 그런 것은 아니라는 점을 우선 언급하고자 한다. 반대로, 현장에서 조직의 실제 종업원들을 대상으로 실험을 진행했다는 이유만으로 실험실 연구보다 그 결과가 더 일반화될 수 있다는 것을 의미하지도 않는다. 실험실이나 현장 모두 실험 연구의 외적 타당도는 더 큰 연구 질문이나 연구자의 목적을 고려해서 평가되어야 한다.

유사 실험법

Shadish 등(2002)에 따르면, 유사 실험(quasi-experiment)은 앞서 기술한 순수 실험의 주요한 특징 중 한두 가지가 없는 것을 제외하고는 거의 유사하다. 조직 장면에서 연구자가 관심을 갖는 독립변인은 조직의 통제하에 있거나 자연적으로 발생하는 사건들일 수 있으므로 대개는 조작이 불가능할 수 있다. 조직의 통제하에 있는 독립변인의 예로는 훈련 프로그램, 보상 전략 및 직무 재설계를 들 수 있다. 자연적으로 발생하는 사건 중 독립변인으로 사용할 수 있는 것은 컴퓨터의 갑작스러운 꺼짐, 고객 요구 증가, 코로나19 팬데믹, 정부 규제의 변화 또는 합병 등이 있다. 이 모든 경우에서 연구자는 어떤 참가자를 어떤 조건에 할당할지 '조작'하거나 결정할 수가 없다.

유사 실험 설계가 조직 상황에서 많이 쓰이는 또 다른 이유는 일반적으로 연구 참가자들을 처치 조건에 무선적으로 할당할 수 없기 때문이다. 종업원들의 교육 프로그램 참여는 무선적이지 않은 할당의 좋은 예다. 종업원들은 대개 자발적으로 혹은 파악된 교육 요구로 인해 교육 프로그램에 참가한다(Goldstein & Ford, 2002). 만약 연구자가 교육 프로그램 참가자들과 비참가자들을 비교하고자 한다면, 이 두 집단은 이미 다양한 측면에서 차이가 있다. 예를 들어 교육 프로그램에 참여하지 않은 종업원들은 교육 프로그램에 참여한 사람들보다 수행 수준이 높거나 더 경력이 많을 수 있다.

유사 실험법이 가지는 이런 제약점들을 고려하면, 어떻게 연구자들은 독립변인이 종속변인에 인과적인 영향을 미친다는 것을 증명할 수 있을까? 한 가지 방법은 독립변인과 종속변인 간의 관계를 애매하게 만드는 변인들을 측정하고 통계적으로 통제하는 것이다. 예를 들어 만약 독립변인의 한 수준에 할당된 종업원 집단의 평균 연령이 다른 수준의 집단에 비해 높다면, 집단 간 비교를 할 때 연령을 측정하여 통계적으로 통제하면 된다. 이런 경우, 연령을 **공변인**(covariate)으로 사용할 수 있다.

통계적인 통제 이외에도, 유사 실험법에서 처치 집단 간의 차이가 발견되면 연구자는 독립변인의 영향 이외의 다른 대안적 설명을 체계적으로 확인하고 배제해야 한다. Shadish 등(2002)에 따르면, 유사 실험 설계에서는 처치 집단과 통제 집단 간의 차이를 설명할 수 있는 독립변인 이외의 다양한 설명이 존재한다. 이러한 요인들은 연구의 내적 타당도를 위협한다. 예를 들어 처치 집단에 역사적인 사건이 일어나서 처치 효과로 오인될 수도 있으며 어떤 처치가 없어도 참가자들이 변화할 수도 있다. 또한, 서로 다른 처치 그룹의 참가자들이 연구 시작 전부터 차이를 보일 수 있으며 한 처치 그룹의 참가자들이 다른 처치 그룹에 비해서 더 많은 중도 탈락률을 보일 수 있다. 유사 실험의 내적 타당도에 영향을 미치는 네 가지 일반적인 위협을 〈표 2.1〉에 요약해 놓았고 더 많은 내적 타당도 위협 요인은 Shadish 등(2002)의 논문을 참조하라.

유사 실험을 수행하는 연구자는 자신의 발견이 다른 대안적인 요인들에 기인한 것인지를 명확하게 알 수 없지만, 다만 서로 다른 대안적인 설명의 **개연성**(plausibility)을 가늠하는 것은 가능하다. 예를 들어 한 호텔은 프런트 직원의 직무를 재설계하였고, 다른 호텔은 그렇게 하지 않았다고 가정해보자. 3개월 후 연구자는 직무를 재설계한 호텔은 직무 재설계를 하지 않은 호텔에 비해서 고객 만족도가 매우 상승했다는 것을 확인했다. 직무 재설계가 고객 만족도 증가의 원인일 것으로 추측할 수 있지만, 이것이 순수 실험이 아니기 때문에 직무 재설계 이외의 다른 가능한 설명도 있을 수 있다.

이런 대안적 설명을 배제하기 위해 연구자는 우선 고객 만족도의 차이를 만들 수 있는 두 호텔 직원들 사이에 이미 존재하는 차이점을 비교해볼 수 있다. 만약 이 두 호텔의 직원들이 근속 기간과 전반적인 직무 수행이 유사하다면, 이 두 가지는 대안적인 설명이 되지 못할 것이다. 또한 연구자는 두 호텔을 자주 방문하는 고객들의 특성에 대한 정보를 수집할 수도 있다. 만약 두 호텔을 방문하는 고객들이 지리적으로도 비슷하고, 소득 수준도 비슷하고, 여행의 목적(예 : 사업 vs. 휴가)도 유사하다면 이 역시 고객 서비스의 차이를 설명하는 대안적인 설명으로 배제되어야 한다. 연구자는 자신의 발견에 대한 대안적 설명들을 확인하고 배제하기 위하여 탐정과 같은 역할을 해야 한다. 가능한 대안적 설명을 모두 확인하는 것은 불가능하므로, 연구자는 대개 가장 개연성이 높은 요인을 배제하는 데 초점을 둔다.

표 2.1 유사 실험에서의 내적 타당도를 위협하는 네 가지 요인

위협	정의	예시
역사	관찰된 효과에 영향을 줄 수 있는 처치와 함께 동시에 일어난 사건	직무 재설계 개입을 평가하는 과정에 큰 폭의 임금 상승이 결정된다.
성숙	처치 효과로 오인될 수 있는 참여자들의 자연스러운 변화	멘토링 프로그램에 참여한 사람들의 업무 수행이 올라가는 반면, 비참가자들은 스스로 학습하고 있는 것처럼 보인다.
선택	다른 처치 그룹 간 참여자들 사이의 체계적인 차이	회사가 지원하는 건강 프로그램에 참여한 사람이 그렇지 않은 사람보다 더 건강하다.
축소	처치 조건에서 참여자의 손실이 처치 효과로 오인될 수 있는 것	회사가 지원하는 금연 프로그램이 효과적인 것처럼 보이는데 그 이유는 금연에 실패한 사람들은 프로그램을 중도 포기하고 떠났기 때문이다.

출처 : Shadish et al.(2002).

컴퓨터 시뮬레이션/컴퓨터 모델링

최근 몇 년 사이에 상당한 주목을 끈 자료 수집의 두 가지 방법은 컴퓨터 시뮬레이션과 컴퓨터 모델링이다. 컴퓨터 시뮬레이션은 **몬테 카를로 연구**(Monte Carlo studies)라고도 하며 통계 지향적인 연구에서 자주 사용된다. 예를 들어 통계적 가정들이 위배되면 검증력에 어떤 영향을 미치는지 시뮬레이션을 해보는 것이다(예 : Aguinis & Stone-Romero, 1997). 즉 통계적 가정들을 다양하게 변화시킨 시뮬레이션 자료를 만들어서 가정의 위배 정도가 미치는 영향을 관찰하는 것이다.

컴퓨터 모델링(computational modeling)은 일반적인 용어로서, 컴퓨터 모델링의 영역을 다 다루는 것은 이 책의 범위를 넘어서며, 컴퓨터 모델링은 인간 행동의 특정한 측면에 대한 수학적 모델을 개발하는 것과 관련된다(Ilgen & Hulin, 2000). 의사결정이나 도움 행동과 같은 어떤 행동 과정들은 상당히 체계적으로 변화하기에 그것을 묘사하는 수학적 모델을 만들 수가 있다. 전형적인 컴퓨터 모델링 연구들에서는 어떤 현상의 수학적 모델을 만들 뿐만 아니라, 실제로 자료를 수집하여 인간의 실제 행동이 모델에 부합하는지를 검증한다. 한 가지 예로서, Vancouver 등(2005)은 목표 난이도 효과와 관련된 컴퓨터 계산 모델을 개발하였고, 이 모델이 대학 학부생들의 모의 일정 관리와 관련된 수행을 매우 정확하게 예측한다는 것을 발견하였다.

최근 Dishop(2020)은 컴퓨터 모델링을 사용하여 직원들이 조직시민행동의 횟수를 예측하는 요인을 검증했다(제6장 참조). 모의 데이터를 기반으로 조직시민행동의 빈도는 직원의 성격 특질과 같은 요인뿐 아니라 그러한 행동에 참여할 수 있는 기회(예 : 도움 요청)에 의해 강하게 영향을 받는다는 것을 발견했다. 이는 일부 직원들은 단순히 더 많은 기회가 있기 때문에 일터에서 좋은 인상을 줄 수 있게 된다는 것을 시사한다. 컴퓨터 하드웨어뿐만 아니라 수학적 모델링이 점점 더 정교해짐에 따라 앞으로 시뮬레이션과 컴퓨터 모델링이 조직 연구자들에 의해 점차 더 많이 사용될 것이다.

자료 수집 방법의 선택

다양한 자료 수집 방법에 대해 파악하고 나면, 다음 질문은 이러한 방법들 중 어떤 방법을 선택할지에 관한 것이다. 불행하게도 이러한 선택을 도와줄 구체적인 공식은 존재하지 않는다. 가장 좋은 방안은 각 방법의 장단점을 충분히 비교해보는 것이다. 〈그림 2.2〉에서 보듯이, 관찰법의 가장 큰 장점은 연구자에게 자연스러운 상황에서 행동을 연구할 수 있는 기회를 제공한다는 것이다. 다만, 관찰법은 대체로 매우 많은 노동을 요한다는 단점이 있다.

기록 자료는 자기보고식 측정이 가지는 잠재적 문제점을 극복하도록 해준다. 또한 기록 자료는 제법 광범위하게 이용할 수 있다는 장점도 있다. 그러나 기록 자료의 주요한 단점은 초기에 자료가 수집

될 때 아무런 통제를 가할 수 없다는 점이다. 그러므로 자료를 적절하게 수집하였고, 상당히 정확하다는 확신이 있을 때만 사용해야 할 것이다.

설문 조사는 비교적 적은 비용으로 많은 사람들로부터 자료를 얻을 수 있다는 장점이 있다. 그러나 조사 자료는 대체로 인과 관계에 대한 추론이 어려우며, 특히 횡단 설계 자료인 경우에는 더욱 그러하다. 실험법은 인과 관계를 평가하는 가장 좋은 방법이다. 그러나 어떤 경우에는 실험 결과의 일반화가 의문시될 수도 있다. 유사 실험은 많은 경우 자연스러운 상황에서 인과 관계를 평가할 수 있는 방법이 된다. 그러나 유사 실험은 연구자가 실제 현장을 통제할 수 없는 경우가 많기에 실험을 하기가 어려울 수 있다.

마지막으로, 컴퓨터 시뮬레이션과 컴퓨터 모델링은 실제 연구 참여자들로부터 자료를 수집하지 않아도 된다는 것이 장점이지만, 적용할 만한 연구 주제 범위가 다소 제한적이고, 통계와 수학에 대한 상당한 훈련을 받아야만 사용할 수 있다.

〈그림 2.2〉에 요약된 장단점과 더불어 어떤 자료 수집 방법을 선택할지는 대개 연구자의 목적에 달려 있다. 만약 인과 관계를 밝히는 것이 가장 중요한 목적이라면 실험이나 현장 실험을 선택해야 할 것이다. 반면에 자연스러운 상황에서 행동을 포착하는 것이 주요 관심사라면, 관찰이나 유사 실험이 더 적절할 것이다. 어떤 연구든 가장 이상적인 방법은 복수의 자료 수집 방법을 사용하는 것이다('참고 2.4' 참조).

자료 수집의 주요 이슈

지금까지 일반적인 자료 수집 방법에 대해 알아보았으니, 이제 이러한 방법을 사용할 때 조직 연구자들이 대면하게 되는 중요한 이슈를 살펴보자. 여기에서는 자기보고식 측정치의 타당도, 실험을 통해 발견한 결과를 현장에 일반화하는 문제, 다양한 문화에서 연구를 실행하는 것을 다루고자 한다.

자기보고식 측정치의 타당도

자기보고식 측정치(self-report measures)는 조직 연구에서 매우 빈번하게 사용된다. 예를 들면 직원들에게 자신의 직무를 얼마나 좋아하는지, 자신의 일에서 얼마나 다양성을 지각하는지, 고용된 조직에 얼마나 헌신적인지, 자신의 직무에 대해 얼마나 불안을 느끼는지 보고하도록 하는 것이다. 자기보고가 너무 자주 사용되기 때문에 우리는 그런 측정치를 사용하기 위한 기본 가정이나 그것의 타당성에 대해 종종 깊이 생각하지 않는다. 이러한 이슈를 이 절에서 다루었다.

Spector와 Eatough(2013)에 따르면 자기보고식 측정은 두 가지 암묵적인 가정에 근거한다. 첫째, 자

관찰법

장점
- 자연스러운 맥락에서 행동이 포착된다.
- '반응성'의 문제를 피할 수 있다.
- 특정 형태의 관찰 자료는 쉽게 구할 수 있다.

단점
- 매우 노동 집약적이다.
- 관찰이 편향에 영향을 받을 수 있다.
- 특정 형태의 관찰 자료는 행동을 간접적으로만 측정한다.

기록 자료

장점
- 구하기 쉽다.
- 반응성의 문제가 없다.

단점
- 행동을 간접적으로 측정한다.
- 항상 정확한 것은 아니다.

설문 연구

장점
- 상대적으로 적은 비용으로 많은 수의 참여자 자료를 수집할 수 있다.
- 일반적으로 매우 강력한 통계 방법을 통해 설문 자료를 분석할 수 있다.

단점
- 설문 자료로 인과적 추론을 하는 것은 어렵다.
- 특정 형태의 설문 자료는 응답률이 낮다.
- 설문 설계는 어렵고 시간을 요하는 과정이다.

연구실 실험

장점
- 인과 관계를 파악하는 최고의 방법이다.
- 특정 변인의 영향을 따로 검증할 수 있는 최고의 방법이다.
- 설문 연구보다 참가자들의 순응을 얻기가 쉽다.

단점
- 결과를 일반화하는 것이 의심스러울 수 있다.
- 하나의 변인을 단독으로 검증한다는 것은 비현실적이다.
- 참가자들이 실험 상황을 심각하게 생각하지 않을 수 있다.

현장 실험

장점
- 실험실 연구보다 일반화 가능성이 크다.
- 인과 관계를 파악하는 최고의 방법이다.

단점
- 현장의 협력을 이끌어내는 것이 어렵다.
- 연구 결과가 특정한 산업 및 조직에만 일반화될 수 있다.
- 독립변인에 영향을 주는 모든 변인을 통제하는 것이 어렵다.

유사 실험

장점
- 자연적인 상황에서 인과 관계를 확인할 수 있다.
- 조직 개입의 영향력을 확인할 수 있는 탁월한 방법이다.

단점
- 조직이 실험을 진행하는 것을 꺼릴 수 있다.
- 연구자가 통제할 수 있는 것이 제한적이다.

컴퓨터 시뮬레이션과 컴퓨터 모델링

장점
- 실제적인 참가자로부터 자료를 수집할 필요가 없는 경우가 종종 있다.

단점
- 적용할 수 있는 주제의 범위가 작다.
- 통계와 수학에 있어서 고급 훈련을 받은 연구자만 수행이 가능하다.

그림 2.2 자료 수집 방법의 주요 장점과 단점 요약

참고 2.4

여러 자료 수집 방법을 동시에 사용한 사례

불행히도, 조직 연구의 상당 부분은 **단일 조작 편파**(mono-operation bias)라는 문제가 있다. 이것은 모든 변인이 단 하나의 자료 수집 방법을 사용하여 측정되는 연구에서 나타난다. 꼭 그렇지는 않지만 이러한 단일 자료 수집 형태의 흔한 예는 자기보고식 설문지에만 의존하는 경우이다. 또한 만약 모든 변인이 단순히 관찰법만 사용하여 측정되었다면 이 또한 편파의 영향을 받을 것이다.

단 하나의 자료 수집 방법을 통해서 모든 변인을 측정하는 것이 왜 문제인가? 한 가지 명백한 이유는, 동일한 방법을 공유하기 때문에(예 : 동일 방법 편파) 변인들 간의 관계가 과장될 수 있다는 것이다. 이 문제를 바라보는 또 다른 방법은 하나의 연구에서 다양한 형태의 자료 수집 방법을 사용하면 어떤 영향이 있는지를 생각해보는 것이다. 어떤 연구자가 기술 다양성에 대한 인식이 직무 권태와 정적 관계가 있는지에 관심이 있다고 하자. 더 나아가 기술 다양성은 종업원에 의한 자기보고식 측정과 직무 분석 전문가의 평가에 의해 수집되었다. 직무 권태는 자기보고식 측정을 통해 측정되고 동료의 관찰을 통해 측정되었다고 하자(예 : 권태와 관련된 행동적 신호를 보이는가?).

이러한 자료들이 수집된 후, 우리는 자기보고로 측정한 기술 다양성 측정치와 자기보고로 측정한 직무 권태는 부적 관계가 있다는 것을 발견할지도 모른다. 즉 기술 다양성 수준이 높다고 느끼는 직원은 직무 권태를 덜 느낄 수 있다. 하지만, 다른 방식으로 측정한 기술 다양성이 자기보고식 직무 권태와 관계가 있다면 어떻게 하겠는가? 자기보고식으로 측정한 기술 다양성과 관찰로 측정한 직무 권태가 정적 관계를 보인다면 어떻게 하겠는가? 만약 이 두 가지 결과가 모두 발생한다면, 기술 다양성은 직무 권태와 부적 관계를 가진다는 결론을 내리는 것이 맞을 것이다. 즉 다양한 자료 수집 방법을 쓰는 이점은 다양한 방식으로 변인 간의 관계를 알아볼 수 있다는 것이다.

기보고식 측정에서 연구자가 얻으려는 정보를 응답자가 이미 알고 있다고 가정한다. 조직 내 조사에서 사용되는 많은 질문은 주관적이어서, 응답자들이 이러한 정보를 알고 있다는 가정은 상당히 합리적이다. 예를 들어 대부분의 사람들은 자신의 직무를 얼마나 좋아하는지 알고 있다. 그러나 질문 사항에 대해 잘 모를 경우에는 자기보고식 측정치의 타당도에 문제가 제기된다. 예를 들어 필자 중 한 명은 교수들의 직무 관련 활동을 매년 조사하는 대학에서 일한 적이 있다. 교수들은 전형적인 한 주 동안 강의 준비, 수업, 연구, 대학 봉사 등에 얼마나 많은 시간을 소비하는지에 대해 응답하게 되어 있었다. 이러한 종류의 정보를 제공하는 것은 쉽지 않은데, 대부분의 교수들은 하루 동안 시간을 어디에 사용하는지 상세하게 기록하지 않기 때문이다. 또한 시간 사용이 매주 상당히 다를 수 있기 때문에 '전형적인' 한 주가 무엇인지 정하기도 어렵다.

자기보고식 측정의 두 번째 가정은 응답자들이 솔직하게 응답할 것이라고 보는 것이다. 약물 사용이나 범죄행동과 같은 특정 형태의 행동에 관심 있는 연구자들과 비교하면, 조직 연구자들은 이런 측면에서는 상대적으로 운이 좋은 편이다. 조직 내 설문 조사에서 사용되는 대다수 문항은 그렇게 민감하거나 개인 정보를 포함하는 것이 아니기 때문에, 자신의 응답이 기밀로 유지될 것이라고 믿는 한 종업원들은 대체로 질문 문항에 진실하게 반응할 것이다. 그러나 실제 조직 현장에서 설문이 편안하다고 느끼는 정도는 종업원마다 상당히 다르다. 예를 들어 조직 연구자들이 결근, 이직 의도 또는 절도, 방해 행위, 성추행과 같은 다양한 형태의 반생산적 행동들을 측정하기 위해 자기보고를 사용할 경우, 종업원들은 솔직하게 반응하지 않을 수 있다. 이런 경우, 사실상 연구자가 할 수 있는 일은 종업원을 안심시키고 비밀 유지의 약속을 확실하게 하는 것뿐이다. 종업원이 완성된 설문지를 연구자에게 바로 보낼 수 있도록 환송용 우표가 붙은 봉투를 주거나, 설문지에 응답할 수 있는 외부 링크를 제공하거나, 설문 도구 자체에 신상 정보는 전혀 들어가지 않도록 확실하게 하는 방안들이 있다.

자기보고 사용을 둘러싼 가장 큰 논쟁을 유발한 상황은 직무 조건이나 조직 상황을 측정하기 위해 이것을 사용할 때다. 예를 들어 한 연구자가 직장인들에게 직무에서의 시간 압박 수준에 대해 질문할 수 있다. Spector와 Eatough(2013)에 따르면, 자기보고는 직무 분석가나 직무에 대해 잘 아는 사람들의 평정과 같은 작업환경에 대한 더 객관적인 측정치와 별로 상관 관계가 높지 않다(예 : Liu et al., 2005; Spector et al., 1988; Spector & Jex, 1991). 또한 자기보고식 측정치가 다른 자기보고식으로 측정된 다른 변인들과 상관이 있을 때에도 문제가 될 수 있다. 이런 경우, 변인들 간의 상관 관계는 **동일 방법 변량**(common method variance : 이 용어는 꽤 자주 사용되지만 명확하게 정의된 경우는 드물다)으로 인해 과장될 가능성이 있다.

동일 방법 변량은 두 변인 간 공유되는 측정 편향의 원천을 나타내며, 이는 사용된 방법과 직접적으로 관련될 수 있다(Podsakoff et al., 2003). 예를 들어 한 연구자가 자기보고를 통해 동기와 수행과 같은 두 변인을 측정하고 있다고 하자. 게다가 이 두 측정치의 응답은 **사회적 바람직성 반응**(social desirability responding; Crowne & Marlowe, 1964; Paulhus, 1984)에 의해 영향을 받을 수 있다. 사회적 바람직성 반응이란 응답자가 자신이 동기가 높고 수행을 잘하는 호의적인 사람처럼 보이는 응답을 하는 것을 뜻한다. 만약 두 변인의 응답이 사회적 바람직성에 영향을 받는다면, 측정 편향의 원천을 공유하게 되고 두 변인 간 개념적 관계가 거의 없을 때에도 상관 관계를 초래할 수 있다. 이러한 측정치들이 개념적으로 연관되어 있는 경우에는 동일 방법 변량은 두 변인 간 관계의 크기를 더 부풀리게 할 수 있다.

동일 방법 변량에 대해 연구자들이 주의를 기울여야 하는가? 문헌에서는 대체로 '그렇다'고 보고 있다(예 : Podsakoff et al., 2003). 그러나 변인 간의 관계에 대한 동일 방법 편파의 효과를 증명하는 경험적 연구들은 혼재된 결과를 보고하고 있다. 예를 들어 Spector(1987)는 직무 특성과 직무 만족의 측정에 있어 동일 방법 변량이 어느 정도 영향을 미치는지를 경험적으로 조사하였다. 여러 자료의 분석에 기반하여 그는 동일 방법 변량이 상관 관계를 부풀린다는 강력한 증거는 없다고 결론지었다.

Spector(1987)의 연구 이후 이 연구 결과를 반복 검증하려는 후속 연구들이 진행되었고, 이 연구들에서는 보다 정교한 통계 기법을 적용하였다(예 : Bagozzi & Yi, 1990; Podsakoff et al., 2003; Williams & Anderson, 1994; Williams et al., 1989). 이 연구들에서 얻은 발견을 자세히 논의하는 것은 이 절의 범위를 벗어나지만, 전반적인 결론은 Spector가 훨씬 단순한 통계적 절차로 추정했던 것보다 동일 방법 변량에 의한 효과가 더 크다는 것이다.

동일 방법 변량의 영향을 경험적으로 측정하는 가장 직접적인 방법은 동일한 방법을 사용한 상관 관계와 그렇지 않은 상관 관계를 비교하는 것이다. Crampton과 Wagner(1994)는 단일 방법과 여러 방법을 사용한 연구의 42,934개의 상관 관계를 요약하는 메타분석(meta-analysis)을 실시하였다. 전반적으로, 그들의 연구에서 자기보고를 통해 측정된 변인 간의 상관 관계가 여러 방법을 기반으로 한 상관 관계보다 현저히 크지 않다는 것을 발견했다. 그러나 몇몇 경우에서, 모두 자기보고식으로 측정한 변인의 상관 관계는 여러 방법을 사용한 변인보다 상관 관계가 상당히 큰 것을 확인했다. 이것은 동일 방법 변량의 효과가 실재한다는 것을 나타내지만, 이러한 효과의 크기는 측정된 변인의 특성에 따라 상당히 다양할 수 있음을 보여준다. 보다 최근에 Bozionelos와 Simmering(2022)은 동일 방법 효과에 대한 포괄적 문헌 고찰 연구를 진행했고, Crampton과 Wagner의 연구 결과와 비슷하게, 동일 방법 편향은 문제지만, 문제가 때때로 과장되었다고 언급했다.

자기보고 측정치의 타당도에 대해 내릴 수 있는 가장 명확한 결론은 자기보고 측정치의 타당도는 연구 질문이 무엇이며 어떤 변인으로 측정하는지에 전적으로 달려 있다는 것이다(Spector & Eatough, 2013). 예를 들어 누군가가 직장인이 자신의 직무에 대해 갖는 느낌에 관심이 있다면 자기보고식 측정은 매우 적절할 것이다. 반면, 직장인의 직무 자율성 수준, 의사결정의 재량권 수준, 혹은 업무 부하를 측정하는 데 관심이 있다면, 자기보고식 측정치에 직무 분석 평가나 조직의 공식적인 기록과 같은 측정치를 보완해야 할 것이다(예 : Glick et al., 1986; Andreassi & Thompson, 2007 연구에 자기보고식 측정치와 객관적인 지표를 사용해서 직무 자율성을 측정한 사례가 포함되어 있다).

실험실 연구 결과를 조직 상황에 일반화하기

심리학에 대한 흔한 비판은 심리학이 대개 흰쥐와 대학생의 행동을 다루는 실험실 연구에 기반한 학문이라는 것이다(물론 대부분의 사람들은 차이를 알 수 있다고 생각한다!). 조직 연구는 신경심리학이나 인지심리학과 같은 다른 심리학 영역과 비교하면 실험실 연구가 아주 많지는 않다. 그럼에도 불구하고 실험실 연구는 여전히 산업 및 조직심리학 혹은 조직행동학 전반에 기여하고 있다(Highhouse, 2008; Scandura & Williams, 2000). 이 절에서는 실험실 연구에서 얻은 결과를 실제 조직 상황에 일반화할 수 있는지를 살펴보겠다.

실험실 연구 결과를 실제 현장에 일반화하는 것이 어렵다고 주장하는 가장 강력한 근거는 실험실 상황은 현실성이 부족하다는 것이다. 대학 실험실은 실제 조직이 아니므로, 실험실 장면은 소위 **일상적 현실성**(mundane realism)이 부족하다. 그럼에도 현실성은 연구 참여자의 시각에서 고려되어야 한다. 일상적 현실성이 부족한 상황에서도 연구 참여자들로 하여금 현실에서와 같이 동일한 반응을 하도록 변인을 조작할 수도 있다. 예를 들어 실험을 위해 특별히 고안된 상황에서도 참여자들에게 수행을 잘하도록 압박감을 느끼게 하거나, 집단 규범에 순응하도록 만들 수 있다. 이런 경우 연구 참여자들이 지각하는 **실험적 현실성**(experimental realism) 수준이 높은 셈이다. 동조, 권위에의 복종, 방관자 개입에 대한 고전적인 실험 연구들(예 : Asch, 1951; Latane & Darley, 1968; Milgram, 1974)은 일상적 현실성은 부족하였지만, 매우 높은 수준의 실험적 현실성을 보였다. 조직 장면에서도 이와 동일한 현상들이 발생하기 때문에 인위적으로 실험실 장면을 정교하게 잘 설계하여 연구하는 것이 가능하다(Highhouse, 2008).

실험실 연구가 일반화되지 못한다고 주장하는 또 다른 이유는 실험실 연구의 참여자들은 종종 대학생이기 때문이다. 이 비판에 따르면 대학생은 일반 모집단과 다르기 때문에 연구 결과가 일반화될 수 없다. 이러한 비판은 대학생은 일반 모집단보다 교육 수준이 높고, 더 소득이 많은 가정 출신이라는 측면에서 근거가 있다(Sears, 1986). 그러나 많은 조직 문제에 관한 연구에서 대학생을 참가자로 활용하는 것이 일반화 가능성을 그렇게 많이 손상하지는 않는다. 이들은 상당수 미래에 사무직에 종사할 후보군들이다. 반면, 만약 블루 칼라나 육체 노동이 요구되는 직무에 종사하는 사람들에게 일반화하는 것이 목표라면, 대학생들은 아마도 적절치 않은 연구 표본이 될 것이다.

실험실에서 진행된 실험의 일반화 가능성을 지지하는 주장들에도 불구하고, 실험실과 현장 상황 간에는 분명히 중요한 차이점이 있다. 특히 실험실 장면에서의 높은 수준의 실험 통제는 연구자들에게 특정 변인의 영향을 분명하게 파악할 수 있도록 하며, 많은 조직 현상의 심리적인 과정을 이해할 수 있는 기회를 제공한다. 그러나 현장 상황에서 직장인들은 너무나 많은 것에 의해 동시에 영향을 받기 때문에, 단일 변인 혹은 여러 개의 변인의 영향이 쉽게 희석될 수 있다. 예를 들어 한 연구자가 스트레스가 많은 작업 환경과 조직 몰입의 관계에 관심이 있다고 생각해 보자. 분명히 스트레스가 많은 작업환경은 몰입에 영향을 줄 수 있지만, 몰입은 조직 정책, 개인의 성격, 심지어 외부의 노동 시장과 같은 수많은 요인에 의해 영향을 받을 수 있다.

또 하나 고려되어야 할 중요한 차이점은 실험실 상황에서 완료하는 과업들은 짧은 시간에 끝난다는 것이다(Runkel & McGrath, 1972). 결과적으로, 실험실 연구의 참가자들은 실험실에서 매우 적은 시간을 투자하며, 타인들과 의미있는 사회적 유대를 맺을 이유가 거의 없다. 반면, 조직 내 구성원들은 일상적으로 자신의 직무에 상당히 많은 시간을 투자하며, 종종 타인들(직장 동료, 고객 등; Nielson et al., 2000)과 중요한 사회적 유대 관계를 만들어 간다. 실험실 연구 참가자들과 실제 직장인 간의 이러한 차이점은 같은 상황에서도 매우 다른 반응을 이끌어낼 수 있다. 예를 들어 피험자가 실험 협조자로부터 무례함을 경험할 때와 실제 조직 장면에서 동료로부터 무례함을 경험할 때 반응에서의 잠재적인 차이를 생각해보라.

마지막으로, 실험실과 현장 상황은 연구 참가자들이 수행하는 과제의 특성에서 중요한 차이가 있다. 실험실 연구는 단기간에 이루어지기 때문에 실제 조직에서 종업원들이 수행하는 과업의 복잡성 수준을 맞추기 매우 어렵다. 그래서 많은 실험실 연구에서는 참여자들에게 조립식 장난감 맞추기, 철자 바꾸기, 퍼즐 맞추기와 같은 상대적으로 단순한 과제를 수행하도록 한다. 실험실 연구의 찬반 양론을 검토하고서도 여전히 실험실 연구 결과를 조직과 같은 현장 상황에 일반화할 수 있는지에 대한 질문은 남아 있다. 이러한 질문은 그간 광범위하게 논의되었음에도 불구하고(예 : Berkowitz & Donnerstein, 1982; Dipboye & Flanagan, 1979) 명확한 해답은 아직 없다. 이 문제에 대한 가장 포괄적인 분석은 실험실에서 현장으로의 일반화(Generalizing from Laboratory to Field Settings)(Locke, 1986)라는 책에 담겨 있다. 그 책으로부터 얻을 수 있는 일반적인 결론은 잘 설계된 실험실 연구는 현장 상황에 대체로 일반화할 수 있다는 것이다. 잘 설계된 실험실 연구란 참가자들이 과제를 수행하는 데 매우 몰입하며, 관심 있는 변인(들)이 잘 모사된(simulated) 경우를 말한다. 보다 최근에 다른 연구자들도 본질적으로 비슷한 결론에 이르렀다(예 : Highhouse, 2008).

물론 모든 발견이 일반화될 수 있다거나 전혀 안 된다는 식으로 결론을 내리지 않도록 주의해야 한다. 예를 들어 Clarke과 Arnold(2022)는 성 및 성 정체성 편견에 대한 모의 채용 연구에서 대학생과 경력자 간 채용에 일정한 차이가 있다는 것을 확인했다. 이는 특정 형태의 조직 의사결정에 있어서는 연구자들이 학생 표본을 통해 얻은 결과를 일반화할 때 주의를 기울여야 한다는 것을 시사한다. 그러나 현장 실험이 실험실 실험보다 반드시 더 일반화 가능성이 높다고 할 수도 없다. 현장 표본을 얻는 것이 어렵다는 것을 고려하면('참고 2.5' 참조), 실험실 연구는 때로는 연구자의 최선의 선택이 되기도 한다.

Dipboye와 Flanagan(1979)이 결론지은 것처럼, 대학교 2학년생의 심리를 연구한 것이라면 현장의 관리자 및 전문직 종사자의 심리를 연구한 것일 수 있다. 몇 년 후, Bergman과 Jean(2016)은 여전히 우리 분야의 연구가 급여를 받는 관리자와 전문직 종사자를 과도하게 대표하고 있다고 한탄하며, 이는 연구 결과의 일반화 가능성을 제한한다고 지적했다. 궁극적으로 조직환경에서 자료를 수집하는 것이 어려움에도 불구하고 실험실과 현장 상황에서 결과를 반복 검증하는 것이 최선의 방법이다.

서로 다른 문화권에서의 연구

세계화가 가속화됨에 따라, 조직 연구자들이 비교문화 간 쟁점을 연구하거나 문화 간 연구 결과를 비교하는 경우가 늘어나고 있다(예 : Chen et al., 2019). 문화 간 연구가 지니는 가치에도 불구하고, 이러한 연구에서 자료를 수집하는 것은 꽤 어려운 일이다. 예를 들어 설문 문항을 한 언어에서 다른 언어로 번역해야 한다. 이것은 단순해 보이지만 실제로는 그렇지 않다. 자기보고식 문항을 다른 언어로 번역할 때 일반적으로 사용하는 절차를 역번역(back translation)(Brislin, 1980)이라고 한다. 이 절차에 따르면 측정 문항을 한 언어에서 다른 언어로 번역한 후(예 : 영어에서 중국어로), 다시 원래의 언어로 번역한다. 연구자는 다른 언어로 번역된 후에도 이 문항들이 원래의 의미를 유지하고 있는지 평가해야

참고 2.5

현장 표본과 일반화 가능성

실험실에서 진행되었든 현장에서 진행되었든 대부분 조직 연구의 목표는 **일반화 가능성**(generalizability)에 있다. 즉 연구자들은 특정 연구에서 얻은 결과를 사용하여 다양한 조직환경의 조직 구성원이나 절차에 대한 더욱 일반적인 진술을 하고 싶어 한다. 실제 조직과 다른 실험실 환경에서 연구를 수행하면 일반화 가능성이 감소하는 것처럼 보이지만, 이 장에서 논의한 것처럼, 잘 설계된 실험실 연구에서 참여자가 연구를 진지하게 받아들인다면 일반화 가능성이 감소하지 않는다. 반대로, 실제 조직 환경에서 수행된 연구의 결과는 일반화 가능성이 더 높을 것 같아 보인다. 그러나 조직과 직원의 종류 역시 방대한 차이가 있기 때문에 조직 표본을 기반으로 한 연구가 반드시 더 일반화할 수 있다고 생각하는 것이 현실적일까? 사실, 오히려 일반화 가능성이 더 낮을지도 모른다.

또한 일반화 가능성이 목표가 아닌 경우도 존재한다. 대부분 응용 연구 프로젝트에서 조직은 연구 결과가 자기 회사에 미치는 영향에만 관심이 있다. 예를 들어 만약 마이크로소프트가 소프트웨어 엔지니어들의 이직을 예측하는 변인을 조사하는 연구 프로젝트를 수행했다면, 그들은 제약 산업의 소프트웨어 엔지니어들에게도 해당 결과가 적용될지에 대해 큰 관심을 두지 않을 것이다. 물론 이직에 관한 더 광범위한 학술 문헌이 예측변인을 선택하는 데 유용한 지침을 제공할 가능성은 있지만, 일반적으로 특정 질문에 대한 답을 구하기 위해 연구를 수행하는 조직은 연구 결과의 더 광범위한 함의에 대해 신경 쓰지 않는다.

물론, 응용 연구가 높은 일반화 가능성을 지닌 통찰을 제공하는 드문 경우도 있을 수 있다. 예를 들어 팀 의사결정에 대해 알고 있는 많은 부분은 군대에서 수행된 응용 연구에서 비롯되었다(Collyer & Malecki, 1998). 이 연구는 군사 작전 중 의사결정 오류를 막기 위해 설계되었지만, 그 연구 결과는 다른 많은 환경(예 : 수술 팀, 경영진 팀 등)에서 팀 성과를 향상하는 데 사용되어 높은 일반화 가능성을 보여주었다.

출처 : Collyer & Malecki (1998).

한다.

두 번째로 중요한 방법론적 문제는 **측정 동일성**(measurement equivalence)을 고려하는 것이다. 하나의 문화적 맥락과 다른 문화에서 측정 차원이 동일하다면 측정 동일성이 확보될 수 있다. 예를 들어 연구자가 중국에서 연구를 수행하고 있는데, 영어권 국가에서 사용하는 급여, 업무 내용, 상사라는 세 가지 측면으로 구성된 직무 만족 척도를 사용한다고 가정해보자. 중국에서 진행된 이 연구를 통해 도출된 결론을 확신하기 위해서는 번역된 측정 도구가 직무 만족의 세 가지 측면을 측정한다는 것을 확인하는 것이 중요하다. 만약 그렇지 않다면, 중국의 연구 참여자들은 영어권 국가의 참여자들과 항목을 다르게 해석하고 있음을 시사한다. 이러한 차이는 문항 번역의 차이일 수도 있고, 각기 다른 나라에서 직무 만족에 대해 생각하는 방식의 차이 때문일 수도 있다.

문화 간 연구를 수행할 때 연구자들이 고려해야 할 또 다른 문제는 표본 추출이다. 연구자들은 한 문화의 직장인과 다른 문화의 직장인을 비교하고자 하기 때문에, 문화 이외의 다른 모든 측면에서는 유사한 표본을 확보하는 것이 중요하다(Arvey et al., 1991). 이를 달성하는 이상적인 방법은 같은 조직에 있는 다른 문화권에서 일하는 직원을 대상으로 연구하는 것일 것이다(예 : De La Rosa, 2006). 만약 이것이 힘들다면, 연구자는 일반적으로 다른 문화권에 있지만 동일한 산업에 종사하며 비슷한 수준의 업무 경험을 지닌 표본을 선택하는 것이 바람직할 것이다.

문화 간 연구를 수행하는 연구자들은 특정 문화에 특화된 요인들이 자료 수집에 부정적인 영향을 미칠 수 있다는 것을 인지해야 한다. 예를 들어 집단주의 문화에서 수행을 자기평가로 측정한 연구자는 집단주의 문화에서는 자기 스스로를 높게 평가하는 것이 부적절하다고 여길 수 있다는 것을 알아야 한다(Fahr et al., 1991). 또한, 직급이 높은 사람들을 평가하는 데 있어서 연구 참여자들이 편안함을 느끼는 정도가 문화마다 상당한 차이가 있을 수 있다(Hofstede, 1980). 이 책의 몇 장에서 비교문화 연구들이 소개될 예정이며 독자들은 이러한 차이를 염두에 두어야 한다.

자료 수집 윤리

사람 참여자를 대상으로 하는 모든 연구는 연구 참여에 따른 어떠한 피해도 경험하지 않도록 핵심 원칙을 준수해야 한다. 모든 형태의 연구에 일관되게 적용되는 세 가지 주요 원칙은 **사전 동의**(informed consent), **자발적 참여**(voluntary participation), **비밀보장**(confidentiality)이다. 사전 동의의 원칙은 잠재적 참여자들에게 연구 참여 여부를 결정하기 전에 필요한 정보가 사전에 충분히 제공되어야 한다는 것을 의미한다. 사전 동의에 포함되는 전형적인 정보는 연구 참여 시 요구되는 시간, 참여와 관련된 요구 조건들, 참여로 인한 불편함이나 위험에 대한 정보들이다.

자발적 참여의 원칙은 연구에 참여하도록 하는 데 어떠한 강압도 있어서는 안 되며, 참여자는 아무런 불이익 없이 연구 중에 언제라도 그만둘 수 있어야 함을 의미한다. 마지막으로 비밀보장의 원칙은 연구 참여자가 제공하는 모든 정보는 참여자 신상이 드러나지 않는 방식으로 저장, 보관되어야 함을 의미한다. 자료가 익명으로 수집되는 대규모 조사의 경우에는 이 원칙을 지키는 것이 그리 어렵지 않다. 그러나 설문 응답을 수행 점수와 일치시켜야 하는 경우와 같이 특정 이유가 있을 경우에는 추가적인 조치가 이루어져야 한다. 연구 참여자에 대한 윤리적 대우를 담보하기 위해 대학이나 병원, 연구소와 같은 기타 기관들은 수행하려는 연구를 사전에 심사하는 연구 심의 위원회(Institutional Review Boards, IRBs)를 운영한다.

조직에서 이루어지는 연구도 다른 장면에서 이루어지는 연구들과 동일한 원칙이 적용된다. 따라서 대학의 연구자들이 조직 장면에서의 연구를 수행할 때 사전에 IRB 심사를 받는 것이 일반적이다. 그러나 참여자의 윤리적 대우 측면에서 조직 연구는 일반적인 연구들과는 다른 독특한 이슈들이 있다. 예를 들어 만약 고용주가 강하게 시행하려는 연구 프로젝트에 종업원들이 참여하도록 요청하는 경우,

이것을 자발적이라고 할 수 있을까? 만약 종업원이 참여하지 않으려 할 때 아무런 불이익이 없을 것이라고 자신할 수 있을까? 고용주에게 알려지지 않기를 원하는 질문(예 : 이직 탐색 활동, 이탈 행동)에 대한 종업원들의 응답이 비밀로 유지될 것이라고 확실히 믿을 수 있을까?

사실 이러한 질문에 쉽게 답하기 어렵다. 연구자들이 이러한 쟁점들에 대응하는 한 가지 방법은 연구를 수행하기 전 조직의 리더들과 이것에 대해 논의하는 것이다. 그렇게 함으로써 연구자는 문제가 발생하기 전에 예방하거나 적어도 문제를 완화할 수 있으며, 연구 참여자들이 가능한 한 가장 윤리적인 방식으로 대우받도록 담보할 수 있다.

요약

이 장에서는 조직 연구의 방법론적인 기초를 알아보았다. 앞서 살펴보았듯이, 조직 연구자들은 조직 행동에 대한 자료를 수집하기 위해 여러 가지 방법을 활용하고 있다. 단순 관찰에서부터 매우 복잡한 유사 실험까지 자료 수집 방법은 매우 다양하다. 수학적 모델을 만들거나 시뮬레이션을 통해서 행동을 모델화하는 것도 가능하다. 그러나 가장 빈번하게 사용되는 기법은 설문 연구이다.

조직에서 자료 수집 시 여러 가지 중요한 문제가 고려되어야 한다. 예를 들어 연구자는 자기보고 측정치의 한계, 그리고 여러 연구 장면에 걸쳐 연구 결과를 일반화하는 것의 한계 등을 인식하고 있어야 한다. 비교문화 연구를 시도할 때는 언어 및 표집과 관련된 문제에 주의를 기울여야 한다. 조금 더 현실적인 문제는 연구 자료를 수집하기 위해 조직에 접근하는 그 자체이다. 마지막으로 연구 참여자가 윤리적으로 대우받도록 특별히 주의를 기울여야 한다.

부록 A : 조직 연구에서의 자료 분석

일단 자료를 수집했으면, 연구자는 자신의 가설 지지 여부를 평가하기 위해 혹은 조직의 리더가 관심 있는 연구 문제를 밝히기 위해 자료를 분석해야 한다. 다행히 조직 연구자들이 자료에서 의미를 파악하도록 도와주는 많은 통계적 방법이 있다. 통계적 방법론에 대한 포괄적인 검토는 이 장의 범위를 벗어나므로, 이 절에서는 자료를 분석하는 데 가장 많이 사용되는 통계적 방법을 살펴보겠다.

기술 통계

수치화된 자료를 수집한 후 연구자가 가장 먼저 해야 할 것은 자료의 전반적인 경향에 대한 감을 잡는 것이다. 예를 들어 만약 조직 내 직무 만족에 대한 자료를 수집하였다면 다음과 같은 두 가지 관련 질문이 제기된다. (1) 조직에서 직무 만족의 전반적인 수준은 어떠한가? (2) 구성원들 간의 직무 만족 수준은 유사한가, 아니면 매우 다양한가? 첫 번째 질문에 답하기 위해 **중심 경향성**(central tendency)을 나타내는 기술 통계치를 사용할 수 있다. 중심 경향성을 나타내는 측정값 중 가장 흔하게 사용되는 것은 평균(mean), 중앙값(median), 최빈값(mode)이다. 중앙값은 점수를 나열해서 반으로 나눈 점수의 정중앙을 나타내는 값을 말한다. 평균과 달리 중앙값은 극단적으로 높거나 낮은 점수에 의해 영향을 받지 않는다. 그렇기 때문에 중앙값은 극단적인 점수를 포함하는 분포의 경우 평균을 보완해 주는 데 매우 유용하다. 예를 들어 대기업 연봉 수준의 경우, 임원들은 아주 극단적으로 높은 연봉을 받을 수도 있다. 최빈값은 단순히 가장 빈번하게 발생한 값을 나타내며, 다른 응답에 비해 특정 값이 아주 극적으로 선호되는 경우를 제외하고는 그리 유용하지 않다.

중심 경향성 측정치는 상대적으로 단순하기 때문에 조직 내 연구 프로젝트를 수행하는 조직 연구자들에게만 중요한 것처럼 종종 여겨진다. 하지만, 이론 기반의 연구를 진행하는 사람들에게도 이 통계치들은 중요하다. 조직 연구의 많은 분야에서 놀랍게도 현상의 발생 빈도(prevalence)에 대해서는 잘 알려져 있지 않다(Jex, 2014). 빈도를 추정하는 것은 연구와 개입 노력의 방향을 설정하는 데 최소한의 근거를 제공하기 때문에 중요하다.

연구자들은 또한 응답자들의 반응이 상대적으로 비슷한 형태인지 아니면 변산성이 큰지에 대해서도 알기 원할 것이다. 가장 기본적인 변산성 측정치는 범위(range)이며, 범위는 특정 변인의 최고 점수와 최저 점수의 차이를 뜻한다. 이것은 한 변인의 가능한 범위를 관찰된 범위와 비교하는 데도 유용하다. 예를 들어 한 변인이 10~50까지의 범위를 가지도록 설계된 측정치에서 관찰된 범위는 38~50까지라면 이것은 범위 제한(range restriction)의 가능성을 시사한다. 범위 제한은 관대한 평가자와 같이 측정 과정에서의 오류 때문일 수도 있으나, 조직에서 일어나는 타당화된 과정을 반영하는 것일 수도 있다. 즉 조직과 잘 맞지 않는 사람은 보통 조직을 떠나기 때문에 이러한 현상이 나타날 수도 있다.

변산성을 보여주는 더 보편적으로 사용되는 측정치는 **분산**(variance)과 **표준편차**(standard deviation)이다. 분산은 평균값의 주변에 점수들이 흩어져 있는 변산성을 나타낸다. 분산을 계산하려면 분포된 각 점수에서 평균을 빼고, 그 값을 제곱하여 모두 더한 후, 점수의 총 개수로 나누면 된다. 표준편차는 단순하게 분산의 제곱근이다. 분산과 표준편차를 계산하는 법을 생각해보면, 값이 클수록 점수가 평균에서 더 멀리 떨어져 있음을 나타낸다. 쉬운 말로, 값이 크면 표본 내 '의견 차이'가 크다는 것을 의미한다. 직무 만족을 계속 예를 들어 설명하자면, 조직 내 직무 만족의 변산성이 크다는 것을 리더가 알게 되면 왜 어떤 사람의 직무 만족은 매우 높고, 왜 어떤 사람은 매우 낮게 되었는지 알고자 할 것이다.

자료 분석에서 사용되는 마지막 유형의 기술 측정치는 **신뢰도**(reliability)이다. 신뢰도는 변인들이 오차 없이 측정된 정도로 정의된다(Zickar, 2020). 그러나 오차라는 것은 한 측정치가 사용되는 특정 맥락에 따라 다르다. 조직 연구에서 전형적으로 사용되는 다중 문항 측정치(multi-item measures)의 경우, **내적 일치 신뢰도**(internal consistency reliability)를 평가할 필요가 있다. 내적 일치 신뢰도의 측정값은 한 척도의 모든 문항이 동일한 속성을 측정하는 정도에 대해 추정할 수 있게 해 준다. 예를 들어 직무 만족을 5개의 문항으로 측정한다고 가정해보자. 만약 내적 일치 신뢰도가 높게 나왔다면, 이것은 다섯 문항 모두 동일한 것을 측정하고 있음을 나타낸다. 척도 문항들을 단순히 양분하여 이들 간의 상관을 보는 것보다 단순한 방법이 있기는 하지만, 내적 일치 신뢰도를 평가하는 데 가장 많이 사용되는 수치는 **알파 계수**(coefficient alpha)이다(Zickar, 2020).

다른 경우에는, 연구자들은 다른 신뢰도 측정치를 제공해야 한다. 예를 들어 만약 한 변인을 여러 시점에서 평가하려고 한다면, 변인의 측정이 측정 시점에 따라 무선적인 변동에 의해 크게 영향을 받지 않았음을 보여주는 것이 중요하다. 이러한 경우 적절한 신뢰도 측정치의 유형은 **검사-재검사 신뢰도**(test-retest reliability)이며, 이는 두 시점에서 동일한 값을 측정하고 측정치 간 상관을 계산하는 것이다.

신뢰도 평가의 다른 유형은 **평가자 간 신뢰도**(inter-rater reliability)이며, 다중의 평가자가 한 개인(예 : 수행) 및 환경(예 : 직무 특성)의 속성을 평가할 때 사용된다. 평가자 간 신뢰도를 측정하는 방법에는 여러 가지가 있지만 기본적으로 여러 명의 평가자가 매긴 점수가 유사한 순위로 나타나는지를 알아보는 것이다. 또한 평가자 간에 평정의 절댓값에 대해 서로 일치하는지를 평가할 수도 있다.

왜 연구자들은 신뢰도를 고려해야 하는가? 이 질문에 대한 대답은 측정 오차(measurement error)의 본질과 관계가 있다. 정의상 측정 오차는 가설적인 구성 개념이 아니라 측정에 영향을 미치는 원천을 나타낸다. **항상**(constant) 오차는 응답자들이 사회적으로 바람직한 방향으로 반응하는 것과 같이 모든 문항에 대해 특정한 방식으로 응답하는 경향성일 수 있다. **무선**(random) 오차는 응답자들이 사실은 '전혀 그렇지 않다'에 체크하려고 했는데 잘못하여 '매우 그렇다'에 체크하는 것과 같이 순간적인 방심으로 나타날 수 있다. 신뢰도 추정치는 측정이 무선 오차로부터 상대적으로 자유로운지만을 평가한다. 즉 측정이 매우 신뢰성 있을 수 있지만, 여전히 상당한 항상 오차를 포함할 수 있다. 그러나 측정이 신뢰성이 없다는 것은 무선적인 측정 오차가 상당하다는 것을 의미한다. 정의상 무선 오차는 다른 변인들과는 관련이 없기 때문에 문제가 된다. 그러므로 신뢰도는 한 측정치와 다른 변인들 간 관계의 크기에 대한 **상한선**(upper bound)을 결정한다.

평균 차이 검증

기술 통계치를 평가한 후, 연구자는 분포상의 주요한 문제가 없고 모든 변인이 최소한의 오차만으로 측정되었다고 결론 내릴 수 있어야 한다. 실제로 그런 경우라면, 다음 단계는 가설 검증을 위해 다양한 형태의 분석을 수행하는 것이다. 가설에는 다양한 유형이 있지만, 기본적으로 변인들 간 관계를 보는 것이다. 가장 일반적인 가설 형태는 다른 변인의 함수로서 특정 변인의 평균에 차이가 존재하는지 검증하는 것이다. 예를 들어 한 연구자는 관리자가 비관리직 직원보다 직무 몰입 수준이 높다고 가정하거나, 훈련 프로그램에 참여한 팀이 참여하지 않은 팀보다 수행이 높을 것이라고 가설을 세울 수 있다. 이 절에서는 평균 차이에 대한 가장 보편적인 두 가지 통계적 검증에 대해 다룰 것이다.

이러한 통계적 검증을 설명하기 전에, 통계적 유의도(statistical significance) 검증의 논리에 대해 간략하게 살펴보는 것이 필요하다. 어떤 통계적 검증이 사용되든 간에 통계적 유의도 검증은 본질적으로 우연적인 결과로부터 우연적이지 않은 결과를 구분하는 규칙을 세우는 것이다. 모든 통계적 유의도 검증은 변인들 간 어떠한 효과나 관계도 없다는 것을 의미하는 **영가설**(null hypothesis)이라는 가정에서 시작된다. 영가설이 사실이라면, 다양한 연구 결과가 단순히 우연이나 확률 법칙에 의해 발생한 것이라고 볼 수 있다. 그러므로 주어진 결과가 우연히 발생한 것인지 합당한 과학적 발견인지를 판단하기 위한 결정의 규칙이 연구자들에게는 필요하다. 우연을 비우연과 구분하기 위해 행동 과학에서 오랜 기간 채택해 온 가장 자주 사용되는 기준은 5%이다. 영가설이 사실이라고 가정했을 때, 연구 결과가 우연에 의해 발생할 확률이 5% 이하라면 연구자는 그것이 일반적으로 합법적인 과학적 발견이라고 결론을 내리고, 영가설을 기각한다. 따라서 특정한 발견이 ".05 수준에서 유의하다"고 진술하는 것은 그 연구자는 관찰된 발견이 우연히 발생할 가능성은 매우 작다고 말하고 있는 것이다. 하지만, 최근 연구자들은 전통적인 유의도 검증의 이분법적 특성에 대해 의문을 제기하고 다른 방식을 옹호하기도 한다. 예를 들어 t, F, r과 같은 통계치와 함께 신뢰 구간을 제시하는 것을 제안하기도 한다(유의도 검증의 대안에 대한 논의는 Orlitzky, 2012 참조). 하지만 이 방법은 전통적인 유의도 검증을 완전히 대체하지 못했고 적어도 가까운 미래에는 대체될 가능성이 낮을 것 같다.

평균 차이를 검증할 때 가장 단순한 시나리오는 두 집단 간의 차이를 검증하는 것이다. 예를 들어 한 연구자가 훈련과 개발 프로그램에 참여한 사람과 참여하지 않은 사람들의 평균 연령에 차이가 있는지를 검증하고자 하는 상황에서 가장 적절한 통계는 **t-검증**(t-test)일 것이다. t 통계치의 크기는 비교되는 두 집단 내 변산성 정도와 비교한 평균들 간의 절대적인 차이에 달려 있다. 그래서 두 평균 간의 절대적인 차이가 매우 크다고 할지라도, 두 집단 내의 변산성이 크면 t값은 상대적으로 작을 수도 있고, 결국 연구자는 두 집단 간의 의미 있는 차이가 존재하지 않는다고 결론 내릴 수도 있다.

조직 연구에서는 2개 이상 집단의 평균들을 비교해야 하는 경우가 있다. 예를 들어 한 연구자가 고객 서비스 훈련을 받은 은행 지점, 급여 인상을 받은 지점, 아무 개입도 받지 않은 지점과 같이 3개의 은행 지점을 비교할 수 있다. 이런 경우에 사용할 수 있는 통계적 절차는 **분산분석**(analysis of variance)이다. 분산분석의 일반적인 목표는 집단 간 분산과 집단 내 분산을 비교하여 평가하는 것이다. 분산분석을 하기 위해서는 여러 개의 서로 다른 분산 추정값(variance estimate)이나 **평균제곱**(mean-square)을 계산해야 한다. 집단 간 분산과 집단 내 분산을 추정하기 위하여 이것들을 사용한다.

분산분석에서 사용되는 실제적인 통계적 검증은 **F-검증**(F-test)이며, 이는 집단 내 분산에 대한 집단 간 분산의 비율을 뜻한다. F가 통계적으로 유의한 값이 나오면 이는 집단 내 분산에 대한 집단 간 분산의 비율이 우연에 의해 발생할 가능성이 매우 낮다는 것을 의미한다. 영가설에 대해 F가 통계적으로 유의미하게 나오면, 이것은 t-검증과 동일한 기본 논리가 적용된다는 것을 기억하라. 만약 분산분석에서 통계적으로 유의한 F가 나온다면, 이것은 여러 집단의 평균에 차이가 있음을 나타내는 것이다. 이 경우 구체적으로 어느 집단이 어느 집단과 유의하게 다른지는 알려주지 않는데, 이것을 파악하기 위해서는 집단 평균의 쌍들을 만들어서 둘 사이에 차이가 있는지를 추후 분석하는 방법을 사용해야 한다. 앞서 언급한 예시에서 F-검증을 통해 은행 지점 간 고객 만족도의 차이 여부를 알 수 있다. 사후 비교에서는 세 그룹 중 어떤 그룹에서 차이가 있는지를 확인할 필요가 있다. 즉 고객 서비스 교육을 받은 집단이 급여 인상을 받은 집단이나 어떠한 개입도 받지 않은 집단에 비해서 고객 만족도가 높은지 확인해야 한다.

분산분석의 기본 논리를 이해하고 나면 이 통계적 절차는 다양한 방법으로 응용될 수 있다. 예를 들어 분산분석의 여러 가지 다른 형태는 (1) 여러 독립변인의 효과, (2) 종속변인의 반복 측정값, (3) 여러 종속변인의 효과를 평가하는 데 사용될 수 있다. 분산분석의 세부적인 절차에 관심이 있는 독자들은 Montgomery(2012)의 책을 참고하면 된다.

상관 및 회귀 분석

조직 연구에서 횡단적인 설문 조사가 널리 사용되면서 관심 있는 변인들 사이의 공분산(covariation)을 평가함으로써 가설이 검증되는 경우가 많다. 공분산의 통계적인 지표로 가장 일반적으로 사용되는 것은 피어슨의 적률 상관계수(Pearson product-moment correlation coefficient)이다. 상관계수는 +1.00에서 −1.00까지의 값을 갖는데, 대개는 이 두 값 사이에 위치한다. 상관계수의 절댓값이 클수록 공분산의 정도도 더 크다. 공분산의 정도를 파악하기 위해서는 두 변인 간의 공유된 분산을 구해야 하는데, 이는 상관계수를 제곱함으로써 얻을 수 있다. 예를 들어 두 변인 간의 상관이 .30이라면 두 변인은 변량의 9%[$(.30)^2$]를 공유하는 것이다. 상관이 양(+)의 값을 가진다면, 두 변인이 같은 방향으로 공변한다는 것을 의미한다. 직무 만족이 직무 몰입과 정적으로 상관이 있다면 직무에 만족하는 작업자가 직무에 몰입하는 경향이 있다는 것을 의미한다. 반대로 음(−)의 값을 가지면, 두 변인이 반대 방향으로 공변한다는 것을 나타낸다. 일-가정 갈등이 직무 만족과 부적 관계를 가진다면, 일-가정 갈등을 많이 경험하는 직원들은 낮은 직무 만족을 경험하는 경향이 있다.

상관계수는 조직 연구에서 많은 가설을 검증하는 데 유용하지만, 불행하게도 인과 관계에 대해서는 매우 제한된 정보만을 제공해 준다. 예를 들어 직무 만족과 직무 자율성 간의 정적 상관이 발견되었다면, 이것은 높은 직무 자율성으로 인해 종업원이 자신의 직무에 더 만족하게 되었다는 것을 의미할 수 있다. 반면, 이것을 높은 수준의 직무 만족으로 인해 종업원이 자신의 직무에서 높은 수준의 자율성을 지각하게 된 것이라고도 볼 수 있다. 또한 제3의 변인의 영향으로 인해 두 변인 간 상관이 존재할 가능성도 있다. 예를 들어 높은 임금을 받는 직원이 더 직무에 만족하고, 직무에서 높은 자율성을 지각하는 경향이 있을 수 있다. 이러한 경우는 제3의 변인으로 인한 허위(spurious) 상관이다.

또한 상관 분석은 한 번에 두 변인만 조사될 수 있다는 면에서 제약이 있다. 많은 경우, 연구자들은 여러 변인이 다른 한 변인과 관련되는 정도에 관심을 가진다. 예를 들어 한 연구자는 동료와의 갈등, 근무 시간, 연령, 직무 요구 모두가 직원의 건강과 관련되는 정도에 관심이 있을 수 있다. 이 경우, 네 변인 각각 건강과 어떤 상관을 보이는지 개별적으로 검토할 수 있다. 아쉽게도 이런 분석에서는 변인들의 전체 집합이 직무 만족과 관련되는 정도를 알 수는 없다.

변인들의 전체 집합(예측변인, predictors)과 다른 변인(준거, criterion)의 관계를 평가하기 위해 사용되는 통계적 절차를 **다중 선형 회귀 분석**(multiple linear regression) 혹은 간단히 다중 회귀 분석이라고 한다. 다중 회귀는 예측변인과 준거변인 간의 공분산 정도에 대한 양적인 추정치를 제공해주기 때문에 유용하다. 이것은 상관 계수와 유사한 다중 *R* 통계치에 의해 평가된다. 그러나 대부분 연구자들은 예측변인들의 전체 집합에 의해 설명이 가능한 준거변인 분산의 양에 대한 측정값인 다중 *R* 제곱 값을 보고한다.

다중 회귀 분석은 준거변인을 설명하는 예측변인 각각의 상대적인 영향력을 평가할 수 있기 때문에 유용하다. 예측변인들의 집합이 준거변인을 추정하는 데 사용될 때, 준거는 예측변인 집합의 선형 함수(linear function)로서 추정된다. 이 공식의 일반적인 형태는 다음과 같다.

$$Y = A + B_1X_1 + B_2X_2 + \cdots B_kX_k$$

이 공식에서 *Y*는 예측되는 준거변인이고, *X*는 예측변인을 나타내며, A는 상수이고, 각각의 B값은 각 예측변인의 가중값 혹은 준거변인을 예측하는 데 기여하는 정도를 나타낸다. 예를 들어 조직 연구자들은 직원의 이직을 예측하고 싶을 수 있고 위의 식에서 이직은 *Y*에 해당한다. 연구자는 직무 만족, 조직 몰입, 조직 내 근무 연한 등과 같은 예측변인을 선택했을 수 있다. 각 예측변인의 중요성이 할당된 가중값에 의해 측정될 수 있다.

상관 관계와는 대조적으로, 이러한 통계적 가중값의 장점은 준거와 각 예측변인들과의 관계를 계산하는 데 있어 다른 예측변인들과의 상호상관(intercorrelation)을 고려한다는 데 있다. 그래서 다중 회귀에서의 B값은 준거변인의 예측에 있어 특정 예측변인만의 고유한 기여를 나타낸다. 이 방정식에도 일정 수준의 측정 오류가 포함되어 있음을 뜻하는 오류항이 포함되어 있다는 것을 주의해야 한다.

경로 분석 및 구조 방정식 모형

회귀 분석의 주요한 한계 중 하나는 한 번에 하나의 변인만 예측할 수 있다는 것이다. 하지만 연구자들은 다양한 여러 변인이 다양한 집합의 변인과 어떻게 관련되는지에 대한 예측을 동시에 하고 싶어 하는 경우가 종종 있다. 실제로 이것은 **경로 분석**(path analysis)이나 **구조 방정식 모형**(structural equation modeling, SEM)을 사용해서 알 수 있다. 경로 분석의 경우, 인과 모형을 구성하는 변인들은 실제 측정된 변인들이다. 단순한 형태의 경로 모형이 〈그림 A.1〉에 제시되어 있다. 이 모델은 높은 수준의 인지능력과 직무 경험이 직무 지식을 향상시키고 이것이 수행을 향상시킨다고 제안하고 있다.

구조 방정식 모형은 인과 모형을 구성하는 변인들이 측정된 변인이 아니고 **잠재**(latent) 변인이라는 점을 제외하고는 경로 분석과 상당히 유사하다. 잠재변인은 측정된 변인들 사이의 상호 관계를 일으킨다고 가정되는 가설적 변인이다. 예를 들어 인지능력은 인지능력 검사 점수와 구조화된 면접 점수 사이의 높은 상호 상관을 이끌어내는 잠재변인이다. 구조 방정식 모델의 한 예가 〈그림 A.2〉에 제시되어 있다. 원은 잠재변인을 나타내고, 네모 상자는 측정변인을 나타낸다. 이 예시에서는 인지능력의 검사와 구조화된 면접 점수는 잠재변인인 인지능력에 대한 지표(indicator)로서 사용된다. 이것은 본질적으로 〈그림 A.1〉과 동일하다는 것에 유의하라. 다만, 제안된 관계들이 측정변인 간의 관계가 아닌 잠재변인 간 관계라는 점에서만 차이가 있다.

연구 모형이 제안되고 나면, 연구자는 모형이 실제 자료와 '적합(fit)'한지 평가해야 한다. 사실상 모형의 적합도에 대한 지표는 많지만(Hu & Bentler, 1995), 이러한 모든 지표의 기본 논리는 매우 유사하다. 하나의 모형이 제안되었다는 것은 연구자가 관심 있는 변인들 사이의 공분산에 대한 특정한 제한(restrictions)을 가했다는 것을 의미한다. 이러한 제한을 기반으로 하여, 인과 모형의 변인들 사이의 관계에 대한 예측된 공분산 매트릭스(expected covariance matrix)를 계산할 수 있다. 이제 예측된 공분산 매트릭스는 모델 변인들 사이의 실제 공분산과 비교된다. 모형이 '자료에 잘 적합하다'는 것은 변인들 간의 실제 공분산이 모델에 기반하여 예측한 공분산과 매우 일치한다는 것을 의미한다.

다른 통계적 기법처럼 경로 모형과 구조 방정식 모형도 매우 유용하지만 둘 다 잘못 사용될 수도 있다. 만약 적절하게 사용된다면 조직 연구자들의 사용할 수 있는 유용한 통계 기법 중 하나가 될 것이

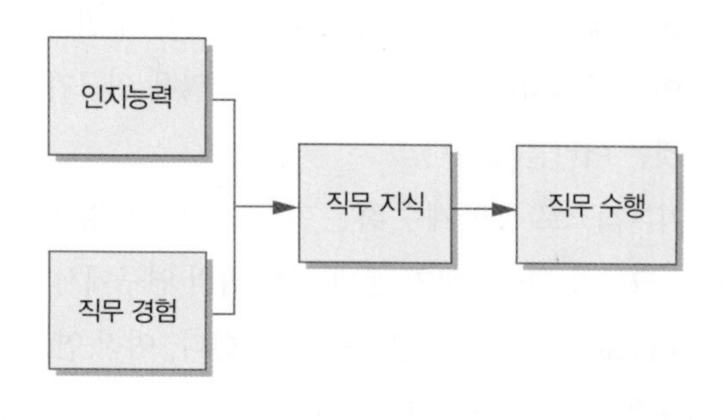

그림 A.1 단순 경로 모형

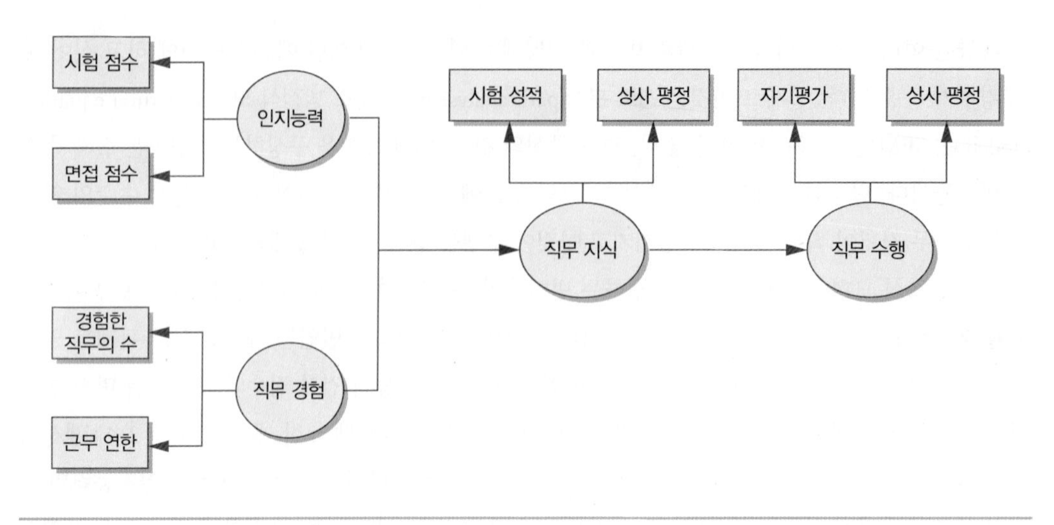

그림 A.2 대표적인 구조 방정식 모형

다. 일반적으로 검증하려는 모델이 강력한 이론적 근거가 있고, 꽤 큰 규모의 표본을 가지고 있으며, 연구 설계상 인과 관계 추론이 가능할 때(예 : 종단적 설계) 이 모형들은 매우 강력할 것이다. 연구자가 인과 모형에 포함된 변인들 사이의 복잡한 상호 관계를 제안할 만한 통찰력을 가지고 있을 때 사용하는 것이 좋을 것이다. 그러므로 이론에 기반한 연구 프로그램의 초기 단계에서는 경로 분석이나 구조 방정식 모형을 사용하는 것이 적절하지 않은 때가 많다.

메타분석

조직 연구에서 점점 더 많이 사용되고 있는 통계 분석의 마지막 형태는 **메타분석**(meta-analysis)이다. 메타분석은 연구 결과의 양적인 요약으로 대개 연구가 상당히 많이 진행된 연구 분야에서 사용된다(Rosenthal, 1991). 예를 들어 최근 임파워링 리더십에 대한 조직 구성원의 반응(Kim et al., 2018), 성격과 직원 열의의 관계(Young et al., 2018), 근무시간이 가족 향상과 가족 갈등에 미치는 영향(Pak et al., 2022)에 대한 메타분석이 진행되었다. 세 주제 모두 너무 많은 연구가 진행되어 연구의 결과들을 질적으로 정확히 요약하는 것은 어려울 것이다.

통계적으로 메타분석은 기본적으로 상관 계수 혹은 기타 통계적 검정에서 도출된 효과 크기를 평균화하는 것이다. 이러한 효과 크기를 평균화하기 전에 대개 여러 연구에서 결과의 차이를 가져오는 요인들, 즉 수많은 **통계적 산물**(statistical artifacts)을 통제해야 한다. 여러 연구 결과에서 가장 큰 차이를 초래하는 통계적 산물은 표본의 크기이다. 상관을 평균화할 때 표본 크기가 큰 연구들은 크기가 작은 연구보다 좀 더 가중치를 두어야 할 필요가 있다. 메타분석에서 통제하는 또 다른 일반적인 통계적 산물은 측정 비신뢰도(unreliability)이다. 이 장의 앞부분에서 신뢰도는 오차 없이 변인들이 측정된 정도로 정의되었다. 측정 절차가 신뢰성이 없다는 것은 상당한 오차를 포함한다는 의미이다. 이것은 한 변인이 다른 변인과 상관되는 정도의 상한선을 정하기 때문에 중요하다. 비신뢰도를 통제한다는 것은 모든 변인을 측정 오차의 측면에서 공평하게 만드는 것을 의미한다.

메타분석에서 통제하는 또 다른 통계적 산물은 **범위 제한**(range restriction)이다. 앞서 기술 통계치에서 언급한 것처럼 변인 간 상관은 그것이 측정되는 값의 전체 범위를 포괄하지 않기 때문에 축소될 수도 있다. 이것은 다양한 요인으로 인해 발생할 수 있지만(예 : Johns, 1991), 항상 상관관계의 크기를 제한한다. 따라서 범위 제한을 통제할 때, 두 변인이 아무런 범위 제한의 문제 없이 측정되었다면 가질 수 있는 상관관계를 추정하는 것이다.

관련된 모든 통계적 산물을 통제했으면, 메타분석에서는 주로 두 가지 중요한 통계치를 계산한다. 대부분의 연구자들은 두 변인 간 강도를 나타내는 전반적인 효과 크기를 추정한다. 이 추정치는 주요한 통계적 산물의 효과를 통제한 후의 효과 크기이며, 두 변인 간의 '진정한' 관계에 대한 좋은 추정치이다. 메타분석에서 전형적으로 계산하는 두 번째 통계치는 주요한 통계적 산물을 통제한 후에도 남은 효과 크기에서의 변동량이다. 보통 주요한 통계적 산물들을 통제한 후에는 연구 결과 간 변동량이 상대적으로 적게 남아 있다. 그러나 여전히 상당한 양의 변산이 남아 있다면, 통계적 산물 이외의 다른 요인들이 여러 연구에서의 결과 차이에 기여한 것이다. 이러한 요인을 **조절변인**(moderator variable)이라고 한다. 메타분석에서 조사하는 매우 전형적인 조절변인은 연구 설계 형태(실험실 연구 대 현장연구), 연구 표본의 특징(직장인 대 대학생), 주요 변인의 구체적인 측정 도구(잘 확립된 측정 도구 대 하나의 연구를 위해 개발된 측정 도구) 등이다. 이 책의 여러 장에서 다양한 조직 연구 영역의 연구 결과를 요약해 주는 메타분석 결과를 제시할 것이다.

통계 분석에서의 주요 문제

이제 독자들은 조직 연구에서 사용하는 전형적인 통계 방법에 대한 기초를 갖게 되었다. 통계 방법론은 연구 질문에 대한 해답을 찾기 위한 도구로서 사용되지만, 방법론은 그 자체로도 왕성하게 연구되는 분야이다. 사실 많은 조직 연구자가 통계적이고 방법론적인 문제에 관심을 갖고 있으며, 그 결과 여러 문제가 제기되면서 탐구와 논쟁의 주제가 되어 왔다. 이 절에서는 조직 연구에서 통계 방법론을 사용하는 것과 관련된 여섯 가지 주요한 최근 쟁점을 간략히 살펴본다.

조직 연구에서의 통계적 검증력

통계적 검증력(statistical power)은 의미 있는 처치 효과를 탐지할 수 있는 통계적 검증의 민감도를 의미한다. 비유하자면, 여러 검정에서의 통계적 검증력 차이를 현미경 유형에 따른 차이와 동일한 방식으로 생각해볼 수 있다. 장난감 가게에서 구입한 값싼 현미경은 약간 확대해서 보는 것은 가능하지만 바이러스와 같이 극단적으로 작은 물체는 탐지할 수 없다. 반대로 값비싼 전자 현미경은 매우 작은 입자까지도 탐지할 수 있을 정도로 훨씬 더 크게 확대해 준다.

여러 요인이 통계적 검증력에 기여한다(Cohen, 1992). 그중 하나가 표본 크기이다. 다른 모든 것이 동일하다면 표본 크기가 클수록 통계적 검증력의 수준은 더 높아진다. 이것은 조사 연구자들이 참여자들의 무응답에 대해 우려하고, 실험실 연구자가 피험자가 나타나지 않을 것에 대해 걱정하는 이유이기도 하다. 검증력에 영향을 미치는 두 번째 요인은 **효과 크기**(effect size) 혹은 연구자가 탐지하고자 하는 효과의 상대적인 강도이다. 두 변인 간 관계의 정확한 강도를 어떻게 알 수 있을까? 대개 이것은 사전 이론과 경험적 발견들의 조합에 기초하지만, 경험적 연구가 별로 없는 신생 분야의 경우에는 전적으로 연구자의 추정에 따른다. 효과 크기를 설명할 수 있는 여러 방식이 있지만, 상관관계의 크기에 근거하여 설명하는 것이 가장 쉬운 방법이다. 일반적으로, 두 변인 간 진정한 상관이 작을수록 효과 크기를 탐지하기는 더욱 어려워진다. 따라서 작은 효과 크기를 가질수록 탐지를 잘하기 위해서는 더욱 강력한 '현미경'이 요구된다.

통계적 검증력에 영향을 미치는 세 번째 요인은 통계적 유의도 검증에서 선택된 **알파 수준**(alpha level)이다. 알파 수준은 우연에 의한 발견과 우연이 아닌 발견을 구분하는 절단선을 나타낸다. 앞서 통계적 유의도 검증에 대한 설명에서 행동 과학에서는 5%가 일반적으로 통용되는 규칙이라고 하였다. 알파 수준을 매우 낮게 잡은 이유는 **1종 오류**(Type I error)를 범할 가능성, 즉 새로운 과학적 발견을 포착해 냈다고 잘못 결론을 내리는 오류 가능성을 줄이기 위한 것이다. 조직 장면에서 1종 오류를 범한 예로, 훈련 프로그램이 효과가 없음에도 불구하고 직원들의 수행에 긍정적인 효과를 미친다고 잘못된 결론을 내리는 경우가 있다. 반대로, **2종 오류**(Type II error)는 명백한 효과가 존재함에도 불구하고 그것을 탐지하는 데 실패하는 경우이다. 앞의 예시에서 유용한 훈련 프로그램이 직원들의 수행에 아무런 효과가 없다고 잘못된 결론을 내리는 경우가 있다('참고 A.1' 참조).

알파 수준을 더 엄격하게 하면(예 : 5% 이하로 설정) 1종 오류의 가능성은 감소시킬 수 있지만, 검증력을 감소시킴으로써 2종 오류의 확률은 더 증가한다. 반대로 알파 수준을 좀 느슨하게 하면(예 : 10%) 검증력은 증가하지만, 1종 오류를 범할 확률은 더 커진다.

검증력에 영향을 미치는 마지막 요인은 측정 오차이다. 구체적으로 측정 오차가 많은 측정치를 사용할수록 검증력은 떨어진다. 앞서 언급했듯이 이것은 측정 오차의 비체계적(unsystematic) 특성에 기

참고 A.1

1종 오류 대 2종 오류 : 무엇이 더 안 좋은가?

전형적으로 알파 수준은 .05, 일부 경우에는 .01로 설정된다는 점에서 볼 때, 1종 오류를 범하는 것은 좋지 않은 일이라고 간주된다. 1종 오류가 발생한다는 것은 연구자가 어떤 발견이 과학적으로 유의하지 않을 때도 과학적으로 유의하다고 결론 내리는 것을 말한다. 왜 이것이 나쁜 것인가? 과학적 관점에서 보면 1종 오류는 연구자를 막힌 길로 유도하고, 궁극적으로는 잘못된 이론을 도출하도록 하기 때문에 바람직하지 않다. 실제 현장의 관점에서 보면 1종 오류는 조직으로 하여금 효과가 없는 훈련 프로그램에 많은 돈을 허비하게 만들 수 있다. 1종 오류의 이러한 부정적 효과를 고려하여, 그러한 가능성을 최소화하길 원하기 때문에 알파 수준을 매우 낮게 설정하는 것이다.

불행하게도 1종 오류의 가능성을 최소화하면 2종 오류의 가능성은 증가한다. 2종 오류는 연구자가 명백한 과학적 효과를 드러내는 데 실패할 때 발생한다. 1종 오류보다는 2종 오류를 범하는 것이 더 나은 것일까? 이것은 전적으로 상황에 달려 있다. 예를 들어 한 연구자가 코로나19 바이러스를 완전히 박멸할 가능성이 있는 약을 실험하고 있다고 생각해보자.

만약 이 연구자가 약물이 효과가 있다고 잘못된 결론을 내린다면(즉 1종 오류를 범한다면), 이것은 분명히 잘못이다. 그러나 2종 오류를 범하는 것의 의미에 대해서도 생각해보자. 만약 약물이 효과가 있음에도 불구하고 연구자가 이것을 발견하지 못했다면, 인류의 고통을 감소시킬 아주 위대한 발견의 기회를 놓친 꼴이 된다.

궁극적으로, 연구자는 1종 오류와 2종 오류의 위험 간 균형을 맞춘 연구를 설계해야 한다. 1종 오류의 위험을 최소화하기 위해 알파 수준을 충분히 낮추고 적절한 통계적 기법을 적용해야 한다. 반면, 2종 오류는 충분한 표본 크기를 확보하고 신뢰할 수 있는 측정값을 사용함으로써 최소화할 수 있다.

인한다.

통계적 검증력의 결정 요인에 대해 살펴보았으므로, 이제 조직 연구에서의 통계적 검증력 수준을 생각해보자. Mone 등(1996)은 1992년부터 1994년 사이에 수행된 210개의 조직 연구에서 이루어진 26,471개의 통계 검증을 대상으로 검증력 수준에 대한 메타분석을 실시하였다. 또한 이들은 연구에 앞서 연구자들을 대상으로 검증력의 평가와 관련된 일반적인 관행에 대해서도 조사하였다.

메타분석을 통해 의미 있는 결과를 얻었지만, 다소 난감한 결과도 있었다. 즉 수용 가능한 통계적 검증력 수준을 80%로 고려할 때(즉 실제 존재하는 효과를 탐지할 수 있는 가능성이 80%; Cohen, 1992), 그들은 모든 효과 크기에 있어 수용 가능한 검증력 수준을 달성한 경우는 단지 50%에 불과함을 발견했다. 이것은 메타분석에 포함된 많은 연구가 검증력이 부족하다는 것을 뜻한다.

낮은 통계적 검증력은 연구자가 작은 효과 크기를 탐지하려고 할 때 특히 문제가 된다. Mone 등(1996)이 작은 효과 크기에 대한 통계적 검증력의 수준을 계산했을 때, 수용 가능한 수준의 검증력을 달성한 연구의 비율은 단 10%에 불과하였다. 즉 작은 효과를 탐지하려고 시도한 거의 대다수의 연구가 낮은 검증력에 머물렀다는 것이다.

저자들을 대상으로 한 설문 결과에서도 의미 있는 결과가 나왔다. 아마 가장 중요한 발견은 조사에 참여한 저자 중 64%는 연구를 실시하기 전 어떤 유형의 검증력 분석도 하지 않는다고 보고한 점일 것이다. 사전 검증력 분석을 하지 않는 가장 흔한 이유는 현장 연구에서는 표본 크기를 거의 통제할 수 없거나 전혀 하지 못하기 때문일 것이다. 즉 검증력 분석을 통해 보다 큰 표본이 바람직하다는 것을 알 수 있어도 표본 크기를 늘릴 수 없는 경우가 많다. 또한 일부 예외가 있지만(예 : Campion, 1993), 저자들은 학술 저널들이 심사 과정에서 검증력 분석을 강하게 요구하지 않는다고 설명하였다. 학술 저널이 중요한 '검열 통로'의 기능을 한다는 점에서 이것은 안타까운 일이며, 저널에서 검증력 분석을 강조하는 것이 이 문제에 대한 연구자들의 인식을 높이는 데 도움이 될 것이다. 지금도 아마 조직 연구 분야에서의 많은 의미 있는 효과들이 낮은 통계적 검증력 때문에 탐지되지 못하고 사라지고 있을 것이다.

흥미롭게도, 검증력 분석과 관련하여 연구자의 관행을 보고한 자료에 따르면, Mone 등(1996)의 연구 이후 상황이 다소 개선된 것으로 나타났지만 여전히 문제는 남아 있다. 예를 들어 Collins와 Watt(2021)는 214명의 심리학 연구자들을 대상으로 설문 조사를 실시한 결과, 71%가 사전 검증력 분석을 진행했다고 보고했으며, 이 결과는 고무적이다. 하지만 불행히도 이 연구에 포함된 많은 응답자들은 통계적 검증력이 무엇인지 정확히 정의하지 못했는데, 이는 분명히 안타까운 일이다. 게다가 많은 연구자들이 다층 데이터 수집, 경험 표집법과 같이 복잡한 연구 설계에서 통계적 검증력 추정치를 산출하는 데 어려움을 겪고 있다. 통계적 검증력에 대한 더 많은 교육이 필요하다는 것은 분명하다.

조절변인의 탐지

메타분석에 대한 절에서 조절변인은 두 변인 사이의 관계를 변화시킬 수 있다고 설명하였다(James & Brett, 1984). 더 구체적으로 두 변인 사이의 관계는 조절변인의 여러 수준에 따라 달라질 수 있다. 조직 연구의 많은 이론적인 모델이 조절변인을 포함하고 있기에, 조절관계가 존재하는지를 평가하기 위해 사용되는 통계적 절차를 이해하는 것이 중요하다.

조절효과를 검증하는 여러 가지 방법이 있으며(예 : James & Brett, 1984 참조), 자료 수집 방법에 따라 조절효과 검증 방법이 달라진다. 조절효과를 탐지하는 가장 보편적인 절차는 다중 회귀 분석을 사용하는 것이다(J. Cohen & Cohen, 1983). **교차곱 회귀 분석**(cross-product regression)으로 알려진 이 절차에서는 먼저 독립변인이 회귀 방정식에 투입된다. 다음 단계에서 조절변인이 투입되고, 마지막 단계에서 독립변인과 조절변인의 교차항이 투입된다. 교차항은 각 응답자별로 독립변인과 조절변인을 곱해서 만들어진다. 만약 교차항에 의해 설명되는 분산이 통계적으로 유의하다면, 조절관계가 존재하는 것이다. 이것은 독립변인과 종속변인 간의 관계가 조절변인에 따라 달라진다는 것을 의미한다.

조절효과는 조절변인의 높은 수준(평균에서 1표준편차 이상)과 낮은 수준(평균에서 1표준편차 이

하)에서 두 변인 간의 관계를 시각적인 그림으로 나타냄으로써 쉽게 파악할 수 있다. 〈그림 A.3〉을 보면 알 수 있다. 이 경우 자기효능감은 근무시간과 심리적 긴장의 관계를 조절한다. 자기효능감이 낮으면 근무시간과 심리적 긴장 간에 정적인 관계가 있음을 알 수 있다. 반대로 자기효능감이 높으면 두 변인 사이에는 근본적으로 아무런 관계가 없다. 추가로, 최근에는 **단순 기울기 검증**(simple slope test)을 하는 것이 일반적인 관행이 되었는데, 이것은 조절변인이 높은 집단과 낮은 집단 간 관계 강도에 있어 차이가 나는지 검증하는 것이다(Dawson, 2014).

조절변인을 탐지해 내는 절차는 다소 간단하지만, 낮은 통계적 검증력 때문에 조절변인을 실제로 포착해 내는 것은 쉽지 않다. 대개 조절효과가 매우 작은데, 이는 조절효과에 의해 설명되는 변량은 독립변인과 조절변인에 의해 먼저 설명되고 남은 분산이 고려되기 때문이다. 또한 독립변인과 조절변인이 높은 상관이 있을 때, 이분변인(예 : 블루 칼라 대 화이트 칼라)에서 비율이 50 대 50에서 상당히 벗어나 있을 때 검증력이 또 감소된다(Aguinis & Stone-Romero, 1997). 예를 들어 한 연구자가 근무시간과 직무 만족의 관계가 화이트 칼라보다 블루 칼라 직종에서 크다고 가정했지만, 연구 참여자의 20%만이 블루 칼라 직군의 작업자라면 검증력은 매우 낮을 것이다.

조절변인에 대한 검증력을 높이기 위한 방법은 없는가? 통계적 검증력에 대한 앞에서의 논의를 고려하면, 조절변인의 효과를 검증하고자 하는 연구자는 가급적 표본 크기를 크게 하고, 매우 신뢰할 수 있는 측정치를 사용해야 한다. 검증력을 증가시킬 수 있지만 다소 논쟁의 여지가 있는 방법은 일반적으로 적용되는 .05 수준 이상으로 알파 수준을 높이는 것이다. 알파 수준은 우연에 의한 발견과 우

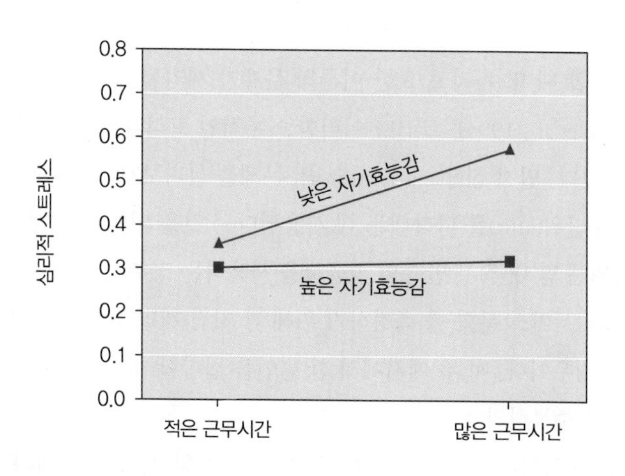

그림 A.3 조절효과를 그림으로 나타내기

출처 : Jex, S. M., et al.(1999)/American Psychological Association.

연에 의하지 않은 발견을 구분하기 위한 연구자들의 결정 규칙임을 회상해보라. 예를 들어 덜 엄격한 .10의 알파 수준을 적용한다면, 이것은 우연에 의해 발생할 확률이 10% 이하인 결과를 명백한 처치 효과가 있는 것으로 간주한다는 의미이다.

조절변인 검증에서의 낮은 검증력을 고려하면, 덜 엄격한 알파 수준을 적용하는 것이 논리적인 것으로 보인다. 조절변인 검증에서 .10의 알파 수준을 적용하는 연구자를 찾기가 아주 어렵지는 않지만(예 : Jex & Elacqua, 1999), 실제로 그러한 관행이 많이 사용되지는 않는다. 이것은 .05 수준이 우리의 생각에 너무 깊게 박혀 있기 때문이다. 대부분의 학생은 .05 이상의 알파 수준은 '속임수'라고 교육을 받아서 유의 수준을 높이는 것을 매우 꺼린다.

조절효과의 탐지와 관련된 통계적인 고찰에 앞서 조절변인을 찾기 전에 먼저 견고한 이론적 근거를 확립하려는 자세가 항상 중요하다. 종종 직관적으로는 매우 그럴듯한 조절변인들이라도 이론적으로는 정당화되지 않을 수 있다. 통계적인 방법론이 절대로 허술한 이론 개발을 보완해 주지는 않는다(Murphy & Russell, 2017).

집합과 분석 수준

조직의 생태를 고려하면 조직 연구의 다양한 변인은 다수준에서 설명되어야 한다. 즉 연구자들은 개인 수준에서뿐만 아니라 팀, 심지어는 조직 수준에서 개념화된 변인들의 영향에 대하여 점점 더 관심을 갖게 되었다. 앞서 기술한 일기 연구(diary study)도 사람과 상황이라는 서로 다른 두 수준에서 자료가 수집되기에 다수준 연구 범주에 들어간다. 또한 연구자들은 서로 다른 분석 변인들이 서로 어떻게 영향을 미치는지에 대해서도 관심을 보이고 있다. 이러한 연구 유형을 **교차 수준 분석**(cross-level analysis)이라고 한다.

분명 다수준 분석을 할 때 몇 가지 중요한 이론적 문제가 제기될 수 있다(예 : Bliese & Jex, 2002; Chan, 1998; K. J. Klein et al., 1994). 그러나 이러한 이론적인 고려와 더불어 방법론적이고 통계적인 사항들도 고려되어야 한다. 먼저 **집합**(aggregation)의 문제를 살펴보자. 우리가 자료를 집합한다는 것은 하나의 값이 집합의 단위(unit)를 나타내는 데 사용된다는 것을 의미한다. 예를 들어 '팀 수준의 직무 만족'을 나타내기 위해 팀 내 직무 만족의 평균값을 사용하는 경우이다. 또 다른 예는 대형 은행 지점 내 '지점 수준의 고객 서비스 문화'를 측정하기 위해 각 지점 개별 직원이 보고한 고객 서비스 문화의 측정치를 집합하는 경우이다. 이 두 예시에서 한 변인을 집합할 때, 집합의 단위 내에 있는 모든 개인차는 억제된다는 점에 주목하라.

언제 개인의 반응들을 집합하는 것이 적절한가? 연구자는 일반적으로 3개의 서로 다른 수준에서 집합을 정당화할 수 있어야 한다. 첫째, 이론적인 정당성이 있어야 한다. 즉 집합을 통해 만들어 낸 변인이 이론적으로 의미가 있는 것이어야 한다. 앞의 예에서 연구자는 한 작업팀 내의 직무 만족 평균값이 이론적으로 의미 있는 변인이라는 것을 분명히 해야 할 것이다. 사실 집합적 수준의 직무 만족은 팀의 전반적인 '사기(morale)' 수준으로 볼 수도 있을 것이다.

집합이 이론적으로 정당화될 수 있다면, 연구자는 집합에 대한 방법론적인 정당성도 제시해야 한다. 연구자가 직면하는 가장 기본적인 방법론적 질문은 집합의 단위를 선택하는 것과 관련이 있다. 작업팀 내에서 빈번하게 상호작용하는 5명의 구성원 반응을 집합하는 것(즉 평균 내는 것)에 대해서는 아마 대부분의 연구자들이 수용할 것이다. 그러나 조직 내 한 부문에 속하는 직원 100명의 반응을 집합하는 것에 대해서는 동의하지 않을 가능성이 더 크다. 불행하게도 집합의 적절한 단위가 무엇인지에 대한 확고하면서도 간단한 규칙은 존재하지 않는다. 결국은 측정하고자 하는 변인에 달려 있다(Bliese & Jex, 2002).

두 번째 방법론적인 문제는 변인들의 측정과 관련이 있다. 많은 경우 개인들의 반응은 집합되는데, 왜냐하면 문항들이 집합의 단위에 대한 반응자의 지각(perception)과 관련된 질문들이기 때문이다. 예를 들어 한 연구자가 조직 분위기를 측정하고자 한다면(James & Jones, 1974), 문항은 응답하는 개인에 대한 질문이 아니라 조직에 대한 질문이어야 한다. 그래서 연구자는 문항이 적절하게 표현되기 위해 자료를 수집하기 전에 어느 수준에서 집합할지에 대한 결정을 내려야 한다. 그렇지만 개인 수준에서의 특정 변인의 의미가 집합 수준에서는 상당히 다를 수도 있다는 것을 명심해야 한다. 그래서 개인 수준과 집합 수준의 변인들 간 관계를 주의 깊게 고려해야 한다(Chan, 1998).

집합하는 것이 이론적으로나 방법론적으로 정당화되었다고 추정할 수 있으면, 통계적으로도 정당화될 수 있도록 준비가 되어야 한다. 대부분 개인적인 반응들을 통합하는 경우는 연구자가 집합 단위에서의 속성을 측정하기 위해서이다. 예를 들어 연구자가 집단 내 응집력 수준이나 조직 내 신뢰 수준을 측정하기를 원할 수 있다. 집합 단위 내 반응의 일치 정도에 대한 통계적인 증거를 제시해야 하는 것도 연구자의 의무이다. 만약 집단 내 구성원들의 집단 내 응집성 수준이 일치하지 않는다면, 그들의 반응을 집합하여 평균을 산출하는 것은 적절하지 않다. 이런 평가자 간(inter-rater) 일치도를 측정하는 여러 가지 방법이 있지만, 가장 빈번하게 사용되는 방법은 r_{wg} 통계치이다(James et al., 1984). 이것은 집단 내 분산이 응답자들이 무선적으로 반응할 때 기대되는 것보다 상당히 작은지를 보는 것이다.

다수준 문제를 다루는 연구자들이 직면하는 또 다른 중요한 문제는 통계 분석이다. 어떤 연구에서든지, 어떤 통계 분석을 선택할지는 전적으로 연구 문제에 달려 있다. 어떤 경우에 다수준 자료를 분석해야 하는지는 상대적으로 간단하다. 예를 들어 연구자가 집단 응집성과 집단수행 간의 관계에 관심이 있다면, 집합 수준(aggregate-level)에서 측정한 이 두 변인의 상관관계를 조사하는 것이 적절할 것이다. 물론 이러한 접근의 유일한 단점은 그것이 표본 크기를 매우 감소시켜 검증력을 떨어뜨린다는 데 있다.

동일한 분석에서 다수준 변인들 간의 관계를 검증하고자 할 때는 다수준 자료의 분석이 더 복잡해진다. 예를 들어 한 연구자는 개인 수준 대 집단 수준의 상대적인 기여도를 추정하는 데 관심이 있을 수 있다. 또 다른 경우, 연구자는 팀 수준 혹은 집단 수준의 변인이 개인 수준의 변인의 관계에 미치는 영향을 조사하는 것에 관심이 있을 수 있다. 또 다른 경우에 연구자들은 소수의 연구 참여자를 대상으로 여러 시점에 걸쳐 측정된 행동을 연구할 수도 있는데(예 : 일기 연구), 이러한 자료도 개인이 시간 주기 혹은 측정 횟수 안에 내포되어(nested) 있기 때문에 역시 다수준이다. 내포되어 있다는 것은 하나의 변인이 다른 변인 안에 포함되어 있다는 것을 뜻한다. 예를 들어 직원 설문 자료가 5개 조직에서 수집되었다면, 이 자료는 5개 조직 안에 내포되어 있다. 다행히 다수준 자료 분석을 가능하게 하는 통계적 절차들이 있다.

교차 수준에서의 관계를 조사하기 위해 점점 인기를 얻고 있는 통계 기법은 **무선 계수 모델**(random coefficient modeling)이다(Bliese & Jex, 2002; Byrk & Raudenbush, 1992). 예를 들어 개인 수준 변인들 간 관계의 크기(회귀 계수로 나타남)가 어떤 집합 수준 변인의 함수로서 달라지는지를 검증하기 위해 무선 계수 모델을 사용할 수 있다. 이러한 기법은 모두 유용하지만, 매우 복잡하고 특별한 컴퓨터 소프트웨어를 필요로 한다. 그러나 적절하게 사용된다면 다수준 자료의 복잡성을 해결하는 데 도움을 줄 수 있다.

질적 자료의 통계 분석

수년 동안 조직 연구자들은 질적 자료 수집을 꺼려왔는데 이는 그럴 만한 이유가 있다. 질적 연구 방법은 대량의 자료를 생성하지만 이 절에서 설명한 통계 방법에는 적합하지 않은 것처럼 보이기 때문이다. 그러나 최근 몇 년 동안 많은 연구자들은 **텍스트 마이닝**(Text Mining)과 같은 정교한 방법을 사용하여 질적 자료를 분석하기 시작하면서 상황이 변화하고 있다. 이와 동시에 NVivo와 같은 정교한 소프트웨어 프로그램이 개발되어 연구자들이 다양한 형태의 질적 분석을 훨씬 쉽게 수행할 수 있게 되었다(Pratt & Bonaccio, 2016 참조).

Kobayashi 등(2018)은 텍스트 마이닝을 “자유로운 형식의 자료나 비정형 자료에서 흥미롭고 비범한 발견을 찾아내고 추출하는 것”이라고 정의한다(Karo & Poteet, 2007, p.1). 비정형 자료의 일반적인 예시로는 직원 설문 조사에서 작성된 의견, 조직의 제품 및 서비스에 대한 고객의 후기, 연례 보고서, 주주에게 보내는 편지와 같은 조직의 문서나 조직의 CEO에 대한 미디어 보도와 같은 외부 문서가 포함된다.

텍스트 마이닝의 모든 내용을 다루는 것은 이 장의 범위를 넘어서지만(흥미가 있는 독자들은 Kobayashi et al. 2018과 Pandey & Pandey, 2019 참조), 텍스트 마이닝의 기본 논리는 꽤 간단하다. 텍스트 자료는 수치화된 형식으로 전환될 수 있고 전환이 일어나면 자료로부터 의미를 추출하는 다양한 분석이 진행된다. 예를 들어 텍스트 마이닝을 통해 조직의 연례 보고서를 분석하여 조직이 혁신, 환경적 지속 가능성을 강조하는 수준을 비교할 수 있을 것이다. 특정 키워드나 문구들이 각 차원의 지표로 지정될 수 있을 것이다. 예를 들어 혁신에 중점을 두는 조직은 '창의적'과 '혁신하다'와 같은 용어를 사용할 가능성이 높다. 지속 가능성에 초점을 둔 조직이라면 '탄소 발자국'이나 '넷제로(net zero) 배출'과 같은 용어를 더 많이 사용할 것이다. 조직이 혁신 또는 환경적 지속 가능성에 중점을 두는 것이 확인되면 이러한 정보는 조직의 수익성, 신제품 개발, 조직의 명성 등을 예측하는 데 사용될 것이다.

조직 연구에서 머신 러닝의 사용

이전 절에서 다중 회귀 분석이 2개 이상의 변인을 사용하여 예측하는 준거변인을 예측하는 형태의 예측 방법이라고 설명했다. 최근 몇 년 동안 데이터 과학자들은 더 많은 자료가 활용 가능해짐에 따라 예측 방정식을 적응시키고 혹은 학습하는 훨씬 더 정교한 형태의 예측 방법을 개발하였다. 이러한 기술들을 통칭하여 **머신 러닝**(Machine Learning)이라고 하며 다양한 조직 연구에서 머신 러닝의 사용이 빈번해지고 있다(예 : Min et al., 2021).

역사적 자료가 모이고 이 자료가 특정 결과에 집중된 자료라면 연구자들은 **지도 학습**(supervised machine learning)이라고 하는 방식을 적용한다. 예를 들어 신용 카드 사기와 관련한 다양한 자료가 수집되었다고 생각해보자. 지도 학습 알고리즘은 어떤 유형의 청구가 사기일 가능성이 있는지를 예측하는 점점 더 정확한 모델을 개발하는 데 사용될 수 있다.

하지만 또 어떤 경우에는 상당한 양의 자료가 존재하지만 특정 결과물에 집중된 것이 아닐 수 있다. 즉, 그냥 자료가 거기 있는 것이다. 예를 들어 조직은 고객의 소비 패턴에 대한 방대한 양의 자료를 가지고 있을 수 있지만 특정 결과를 예측하는 데 이를 사용하지 않을 수 있다. 이런 경우, 연구자들은 **비지도 학습**(unsupervised machine leaning)이라고 하는 방법을 사용한다. 어떤 조직은 고객과 직원을 분할하는 변인을 찾기 위해 학습 알고리즘을 만들 수 있다. 이것은 지도 학습보다 훨씬 더 탐색적인 접근이지만 연구자들이 단순히 자료를 이해하려고 할 때 매우 유용한 방법일 수 있다.

머신 러닝은 조직 연구에서 상대적으로 새로운 분야지만 이론에 기반해 훨씬 더 제한적인 추정을 하는 전통적인 회귀 모형의 대안으로서 많은 잠재력을 가지고 있는 것은 분명하다. 조직이 이용할 수 있는 데이터가 방대함에 따라 머신 러닝과 같은 방법들의 실현 가능성이 높아지고 있다. 이러한 경향에 대해서는 다음 절에서 더 구체적으로 논의하겠다.

조직 의사결정을 위한 연구에서 빅데이터 사용

전통적으로 학계에서 조직 연구를 할 때 가장 큰 어려움 중 하나는 데이터가 부족하다는 것이었다. 하지만 최근 상황이 급진적으로 변했으며 이전보다 더 많은 자료가 존재한다. 기록 자료와 같은 자료는 이전 절에서 논의하였고 이 외에도 많은 자료가 있다. 많은 조직이 상품과 서비스에 대한 고객의 태도

뿐 아니라 조직 구성원의 태도와 의견을 지속적으로 측정한다. 호텔 산업을 예로 들면, 호텔은 프런트 데스크의 경험에 대한 고객 서비스의 인식 수준을 평가하고 이를 특정 호텔 혹은 프런트데스트 직원과 연계한다. 메이저 리그 야구와 같은 프로 스포츠 조직들은 방대한 성과 관련 자료를 수집하며 이는 빅데이터 사용의 선두 주자이다(Lewis, 2004). 많은 조직이 그 선례를 따르고 있으며 빅데이터는 이제 많은 산업에서 광범위하게 적용되어 의사결정을 돕고 있다(Oswald et al., 2020).

조직이 수집하는 덜 불분명한 형태의 자료들도 존재하고 어떤 경우에는 종업원들이 알지 못하는 사이에 수집되는 자료도 있다. 예를 들어 사원 아이디 배지는 일터에서 종업원들의 움직임을 추적하는 데 사용될 수도 있고, 컴퓨터 모니터링 소프트웨어가 동료 직원들에게 보내는 이메일의 정서적인 톤을 측정할 수도 있다. 웨어러블 기술의 급격한 발전으로 직원들의 생리적 상태와 주요 웰빙 변인들의 관계를 측정하는 것도 가능하다(Eatough et al., 2016).

'빅데이터'라는 용어는 종종 조직 밖의 단체(예 : 정부 기관, 소셜 미디어 회사; Oswald et al., 2020)와 조직에 의해 수집된 다양한 형태의 자료를 일컫는다. 모든 자료를 바탕으로 조직 연구자들은 주요한 질문에 답을 어떻게 찾을 수 있을까? 조직은 더 나은 결정을 하는 데 이를 어떻게 활용할 수 있을까? 연구자와 실무자들에게 빅데이터와 관련하여 주요한 사항 중 하나는 단순히 **자료 관리**(data management)이다. 극단적으로 많은 양의 자료들은 보통 정리되어 있지 않다. 이런 종류의 자료들은 손실된 자료값이 많으며, 수치화된 형식으로 되어 있지 않은 경우도 많다. 자료 관리에 있어 또 다른 어려운 점은 다양한 데이터를 조율하고 합치는 것이다. 한 조직 내 여러 위치와 지점에서 근무하는 특정 조직 구성원을 고객 서비스 평가와 연계하는 것은 어려운 일이다.

연구자와 특히 실무자에게 또 다른 어려움은 빅데이터 분석을 통한 결과를 어떻게 제시하는가 하는 것이다. 일반적으로 연구자에게는 변인들의 분포를 획인하여 자료를 보여주는 것이 분석 과정에서 중요한 단계이다. 이런 과정을 통해 연구자들은 어떤 분석 방법이 적합한지 결정하게 된다. 예를 들어 어떤 데이터가 크게 왜곡되어 있거나 변동성이 부족할 때는 다른 분석 방법을 사용할 필요가 있다. 만약 조직의 의사결정권자들이 빅데이터의 잠재력을 최대한 활용하고자 하고 조직 연구자의 자료 제시를 도울 수 있는 많은 자원이 있다면 실무자들에게 빅데이터 자료를 보여주는 것은 매우 중요한 단계이다(Howland & Wise, 2018 참조).

마지막 도전 과제는 주로 학계에 기반을 둔 조직 연구자에게 해당하는 내용으로, 빅데이터는 연구자들이 연역적 방식으로 연구를 수행하는 것에서 벗어나도록 한다는 것이다. 행동 과학 및 경영 분야의 연구자들은 오랜 기간 동안 연역적 접근을 옹호해 왔다. 즉 가설을 제시하고 그 가설을 검증하는 변인을 택하는 방법을 뜻한다. 그러나 빅데이터는 특정 가설을 염두에 두고 수집된 것이 아니라는 것을 감안하면 이를 활용하기 위해서는 귀납적이거나 탐색적인 연구가 필요하다. 귀납적 조직 연구를 옹호하는 학자들도 있었지만(Spector et al, 2014) 빅데이터의 가용성은 이러한 접근을 더욱 가능하게 할 것이다.

빅데이터의 상당한 잠재력에도 불구하고 빅데이터 사용과 관련해 몇 가지 유의점이 있다. 이 절에서는 두 가지 문제를 강조한다. Oswald 등(2020)이 적절하게 지적했듯이, 빅데이터 기반 분석은 자료의 질 자체가 좋아야 한다(예 : "쓰레기를 넣으면 쓰레기가 나온다"). 빅데이터 사용자들은 자료의 질에 주의해야 하며 가능하다면 빅데이터 측정의 타당도를 확립해야 한다. 물론 이는 표본 크기에 관계없이 적용되는 이야기이다. 하지만 빅데이터를 사용하려는 사람들은 때로는 많은 양의 데이터가 낮은 데이터 질을 보완한다고 잘못 가정하기도 한다.

또한 빅데이터는 때때로 윤리적 문제를 야기할 수 있다. 앞서 언급한 것처럼 몇몇 조직은 조직 내 건물에서 직원들의 움직임을 추적한다. 이러한 자료는 분명히 가치 있을 수 있지만 많은 직원이 이를 사생활 침해라고 인식할 것이다. 더 나아가 조직이 이러한 자료를 연구 목적으로 사용할 경우 직원들로부터 사전 동의를 받거나 연구에서 제외될 기회가 주어지지 않았을 가능성이 높다. 따라서 이 경우 연구 윤리의 두 가지 주요한 원칙이 위반될 것이다.

조직 연구에서 인간 중심 통계 방법

최근 조직 연구의 움직임 중 하나는 변인 간 관계를 설명하는 것에 반대하며 개인의 군집을 분류하는 연구를 하는 것이다. 이러한 연구 질문을 다루는 통계 방식을 집합적으로 '인간 중심 분석(Person-Centered Analyses)'(Woo et al., 2018)이라고 한다. 인간 중심 분석이라는 방식에 몇 가지 통계 분석 방법이 있지만 가장 많이 사용되는 두 가지를 다루고자 한다.

군집 분석(cluster analysis) 혹은 **잠재 프로파일 분석**(latent profile analysis)에서는 변인들의 몇 가지 조합을 바탕으로 개인이 속하는 변별되는 그룹을 찾고자 한다. 예를 들어 한 연구자가 직무 만족, 조직 몰입, 직무 성과를 바탕으로 작업자들의 특정 형태의 군집을 알고자 할 수도 있다. 한 그룹의 작업자는 3개의 변인 수준이 모두 높을 수 있고, 두 번째 그룹은 직무 만족과 직무 성과는 높지만 조직 몰입이 낮을 수 있고, 마지막 세 번째 그룹은 직무 만족과 조직 몰입은 높지만 직무 성과가 낮을 수 있다. 이러한 통계 분석 방법은 조직 연구에서 점점 더 많이 사용되고 있다(Woo et al., 2018).

고유한 군집을 식별하는 것 외에도 잠재 프로파일 분석을 통해 연구자는 특정 군집을 기반으로 예측하는 것이 가능하다. 위에서 설명한 예시에서 연구자는 3개 군집 간 이직률의 차이를 예측할 수 있을 것이다. 첫 번째 군집의 직원들은 이직할 가능성이 가장 낮으며 조직의 관점에서는 바람직한 상황이다. 두 번째 군집의 직원들은 조직 몰입 수준이 낮았으나 우수한 성과를 내고 있기 때문에 문제 상황으로 보여진다. 세 번째 군집에 속한 직원들은 두 번째 군집에 속한 직원보다는 이직 가능성이 낮지만 성과가 낮기 때문에 이 또한 문제가 될 수 있다.

인간 중심 분석의 또 다른 목적은 관심 변수의 고유한 변화 궤적 또는 변화 속도를 식별하는 것이다. 이를 측정하기 위해 **잠재 계층 성장 분석**(latent class growth analysis)이라는 통계 기법이 자주 사용된다. 이 분석은 표본 내 개인의 고유한 성장 궤적을 추정할 수 있게 하며, 이후 궤적의 유사성에 따라 개인을 그룹으로 분류하는 것을 가능하게 한다. 이러한 방법과 이 방법의 변형된 형태의 방법들은 직무 성과 패턴을 모델링하는 데 사용된 바 있다(제6장 참조). 그러나 이 방법들은 어떤 변인의 시간에 따른 변화를 모델링할 때도 활용할 수 있다. 예를 들어 한 연구자는 경력 전반에 걸쳐 나타나는 직원들 안녕감의 고유한 패턴을 조사할 수 있다. 이러한 분석을 통해 어떤 사람들은 경력 전반에 걸쳐 높은 안녕감을 경험하고, 어떤 사람들은 높은 안녕감에서 출발해서 점진적인 안녕감의 하락을 경험하며, 또 어떤 사람들은 낮은 안녕감에서 출발해서 점진적인 안녕감의 증가를 경험한다는 것을 찾을 수 있다. 이러한 패턴들은 직업적 특성과 연관될 수도 있으며, 심지어 개인의 특질과 관계될 수도 있다.

부록 요약

이 부록에는 자료가 수집된 후 자료 분석에 사용되는 다양한 통계적 방법에 대한 내용이 포함되어 있다. 단순한 기술 통계치부터 조금 더 복잡한 상관 및 회귀 분석, 그리고 경로 분석 및 SEM까지 포함되어 있다. 통계 방법의 선택은 연구자가 찾고자 하는 질문의 특성에 따라 달라져야 한다.

통계 분석 시 몇 가지 중요한 사항이 고려되어야 한다. 연구자는 통계적 검증력의 중요성을 인식하고 가능한 검증력을 최대화하려고 노력해야 하며, 특히 조절변인을 찾으려고 할 때 더 이런 노력을 기울여야 한다. 조직 연구에서 다층 자료를 탐구하는 것은 점점 더 인기를 얻고 있다. 다층 자료를 분석하는 연구자들은 집합의 타당성을 순비해야 하며 관심있는 문제를 가장 잘 나타낼 수 있는 분석 방법을 선택해야 한다.

최근 몇 년간 조직 연구자들은 질적 자료를 분석할 수 있는 매우 강력한 방법들을 사용하기 시작했으며 데이터 과학에서 차용한 방법들을 사용하여 더 정확하고 견고한 예측 모델을 개발하고 있다. 조직 연구자들은 또한 이전보다 더 많은 형태의 다양한 자료에 접근할 수 있으며 이러한 자료를 창의적으로 활용하여 조직에 대한 이해를 높이고 조직 의사결정을 돕고 있다. 마지막으로, 조직 연구자들은 작업자들의 의미 있는 군집을 이해하고 다양한 그룹 혹은 군집이 시간에 따라 어떻게 변화하는지 예측하기 위해 '인간 중심'의 통계 접근 방식을 더욱 활용하고 있다.

더 읽을거리

Barnes, C. M., Dang, C. T., Leavitt, K., Guarana, C. L. & Uhlmann, E. L. (2018). Archival data in micro-organizational research: A toolkit for moving to a broader set of topics. *Journal of Management, 44*(4), 1453–1478.

doi:10.1177/0149206315604188

Bowling, N. A., Gibson, A. M., Houpt, J. W., & Brower, C. K. (2021). Will the questions ever end? Person-level increases in careless responding during questionnaire completion. *Organizational Research Methods, 24*(4), 718-738. doi:10.1177/1094428120947794

Eden, D. (2017). Field experiments in organizations. *Annual Review of Organizational Psychology and Organizational Behavior, 4*, 91-122.doi:10.1146/annurev-orgpsyh-041015062400

Gabriel, A. S., Podsakoff, N. P., Beal, D. J., Scott, B. A., Sonnentag, S., Trougakos, J. P., & Butts, M. M. (2019). Experience sampling methods: A discussion of critical trends and considerations for scholarly advancement. *Organizational Research Methods, 22*(4), 969-1006.doi:10.1177/1094428118802626

Oswald, F. L., Behrend, T. S., Putka, D. J., & Sinar, E. (2020). Big Data in industrial-organizational psychology and human resource management: Forward progress for organizational research and practice. *Annual Review of Organizational Psychology and Organizational Behavior, 7*, 505-533. doi:10.1146/annurev-orgpsych-03211710455

Pandey, S., & Pandey, S. K. (2019). Applying natural language processing capabilities in computerized textual analysis to measure organizational culture. *Organizational Research Methods, 22*(3), 765-797. doi:10.1177/1094428117745648

Woo, S. E., Jebb, A. T., Tay, L., & Parrigon, S. (2018). Putting the "Person in the center: Review and synthesis of person-centered approaches and methods in organizational science. *Organizational Research Methods, 21*(4), 814-845. doi:10.1177/1094428117752467

Yarkoni, T., & Westphal, J. (2017). Choosing precision over explanation in psychology: Lessons from machine learning. *Perspectives on Psychological Science, 12*(6), 1100-1122. doi:10.1177/1745691617693393

참고문헌

Aguinis, H., & Stone-Romero, E. F. (1997). Methodological artifacts in moderated multiple regression and their effects on statistical power. *Journal of Applied Psychology, 82*, 192-206.

Andreassi, J. K., & Thompson, C. A. (2007). Dispositional and situational sources of control: Relative impact on work-family conflict and positive spillover. *Journal of Managerial Psychology, 22*(8), 722-740.

Arvey, R. D., Bhagat, R. S., & Salas, E. (1991). Cross-cultural and cross-national issues in personnel and human resources management: Where do we go from here? In G. R. Ferris & K. M. Rowland (Eds.), *Research in personnel and human resources management* (Vol. 9, pp. 367-407). Greenwich, CT: JAI Press.

Asch, S. E. (1951). Effects of group pressure upon the modification and distortion of judgment. In H. Guetzkow (Ed.), *Groups, leadership, and men* (pp. 76-92). Pittsburgh, PA: Carnegie Press.

Bagozzi, R. P., & Yi, Y. (1990). Assessing method variance in multitrait-multimethod matrices: The case of self-reported affect and perceptions at work. *Journal of Applied Psychology, 75*, 547-560.

Barnes, C. M., Dang, C. T., Leavitt, K., Guarana, C. L. & Uhlmann, E. L. (2018). Archival data in micro-organizational research: A toolkit for moving to a broader set of topics. *Journal of Management, 44*(4), 1453-1478. doi:10.1177/0149206315604188

Beal, D. J. (2015). ESM 2.0: State of the and future potential of experience sampling methods in organizational research. *Annual Review of Organizational Psychology and Organizational Behavior, 2*, 383-407. doi:10.1146/annurevorgpsych-032414-111335

Bergman, M. E., & Jean, V. A. (2016). Where have all the "workers gone? A critical analysis of the unrepresentativeness of our samples relative to the labor market in the industrial-organizational psychology literature. *Industrial and Organizational Psychology: Perspectives on Science and Practice, 9*, 84–113.

Berkowitz, L., & Donnerstein, E. (1982). External validity is more than skin deep. *American Psychologist, 37*, 245–257.

Bliese, P. D., & Jex, S. M. (2002). Incorporating a multilevel perspective into occupational stress research: Theoretical, methodological, and practical implications. *Journal of Occupational Health Psychology, 7*(3), 265–276.

Bliese, P. D., Chan, D., & Ployhart, R. E. (2007). Multilevel methods: Future directions in measurement, longitudinal analysis, and nonnormal outcomes. *Organizational Research Methods, 10*, 551–563.

Bond, J. T. (2002). *Highlights of the national study of the changing workforce*. Families and Work Institute.

Bouchard, T. D. Jr. (1976). Field research methods: Interviewing, questionnaires, participant observation, systematic observation, unobtrusive measures. In M. D. Dunnette (Ed.), *Handbook of industrial and organizational psychology* (pp. 363–413). Chicago, IL: Rand McNally.

Bowling, N. A., Gibson, A. M., Houpt, J. W., & Brower, C. K. (2021). Will the questions ever end? Person-level increases in careless responding during questionnaire completion. *Organizational Research Methods, 24(4)*, 718–738. doi:10.1177/1094428120947794

Bozionelos, N., & Simmering, M. J. (2022). Methodological threat or myth? Evaluating the current state of evidence on common method variance in human resource management research. Human Resource Management Journal, 32, 194–215. doi:10.1111/1748.8583.12398

Brislin, R. W. (1980). Cross-cultural research methods: Strategies, problems, applications. In I. Altman & J. F. Wohlwill (Eds.), *Environment and culture* (pp. 47–82). New York, NY: Springer. doi:10.1007/ 978-1-4899-0451-5_3

Burmeister, M. Kwang, T., & Gosling, S. D. (2011). Amazon's Mechanical Turk: A new source of inexpensive, yet high quality data? *Perspectives in Psychological Science, 6*, 3–5. doi:10.117/1745691610393980

Byrk, A., & Raudenbush, S. (1992). *Hierarchical linear models: Applications and data analysis methods*. Newbury Park, CA: Sage.

Campion, M. A. (1993). Editorial. Article review checklist: A criterion checklist for reviewing research articles in applied psychology. *Personnel Psychology, 46*, 705–718.

Chan, D. (1998). Functional relations among constructs in the same content domain at different levels of analysis: A typology of composition models. *Journal of Applied Psychology, 83*, 234–246.

Chen, Y., Wang, Z., Peng, Y., Geimer, J., Sharp, O., & Jex, S. M. (2019). The multidimensionality of workplace incivility: Crosscultural evidence. *International Journal of Stress Management, 26*(4), 356–366. doi: 10.1037/str0000116

Clarke, H. M., & Arnold, K. A. (2022, May). Are undergraduate students good proxies for HRM professionals? A comparison of responses in a hiring decision study. In *Evidencebased HRM: A global forum for empirical scholarship* (Vol. 10, No. 2, pp. 221–239). Leeds, England: Emerald Publishing Limited. doi: https://doi. org/10.1108/EBHRM-05-2021-0091.

Cohen, J. (1992). A power primer. *Psychological Bulletin, 112*, 155–159.

Cohen, J., & Cohen, P. (1983). *Applied mul tiple regression/correlation for the behavioral sciences*. Hillsdale, NJ: Erlbaum.

Collins, E., & Watt, R. (2021). Using and understanding power in psychological research: A survey study. *Collabra: Psychology, 7*(1), 1–13. doi:10.1525/collabra.28250

Collyer, S. C., & Malecki, G. S. (1998). Tactical decision making under stress: History and overview. In J. A. Cannon-Bowers & E. Salas (Eds.), *Making decisions under stress: Implications for individual and team training* (pp. 3–15). American Psychological Association. doi: 10.1037/10278-016

Cortina, J. M., Aguinis, H., & DeShon, R. P. (2017). Twilight of dawn or evening? A century of research methods in the *Journal of Applied Psychology*. Journal of Applied Psychology, 102(3), 274–290. doi:10.1037/ap10000163

Crampton, S. M., & Wagner, J. A. (1994). Percept-percept inflation in micro organizational research: An investigation of prevalence and effect. *Journal of Applied Psychology, 79*, 67–76.

Crowne, D. P., & Marlowe, D. (1964). *The approval motive: Studies in evaluative depend ency*. New York, NY: Wiley.

Davis, J. A., & Smith, T. W. (1998). *General social survey cumulative file*. Ann Arbor: University of Michigan, Inter-University Consortium for Political and Social Research.

Dawson, D. (2014). Two forms of virtue ethics: Two sets of virtuous action in the fire service dispute? *Journal of Business Ethics*. doi: https://doi.org/10.1007/s10551-014-2121-z.

Day, D. V., Sin, H-P., & Chen, T. T. (2004). Assessing the burdens of leadership: Effects of formal leadership roles on individual performance over time. *Personnel Psychology, 57*, 573–605.

De La Rosa, G. M. (2006). *Towards an understanding of individual ratings of cohesion within work units: A multilevel study*. Unpublished master's thesis. Bowling Green State University, Bowling Green, OH.

Dhanani, L. Y., LaPalme, M. L., & Joseph, D. L. (2021). How prevalent is workplace mistreatment? A meta-analytic investigation. *Journal of Organizational Behavior*, 1–17. doi:10.1002/job.2534

Dillman, D. A. (2011). *Mail and internet surveys: The tailored design model — 2007 update with new Internet, visual, and mixed-model design* (2nd ed.). Hoboken, NJ: Wiley.

Dipboye, R. L., & Flanagan, M. F. (1979). Research settings in industrial and organizational psychology: Are findings in the field more generalizable than in the laboratory? *American Psychologist, 34*, 141–151.

Dishop, C. R. (2020). *A good soldier or random exposure? A stochastic accumulating mechanism to explain frequent citizenship*. Unpublished doctoral dissertation, Michigan State University, East Lansing, MI.

Eatough, E. M., Shockley, K., & Yu, P. (2016). A review of ambulatory data collection methods for employee experience sampling. *Applied Psychology: An International Review, 65*(2), 322–354. doi:10.1111/apps.12068

Eden, D. (2017). Field experiments in organizations. *Annual Review of Organizational Psychology and Organizational Behavior, 4*, 91–122. doi:10.1146/annurevorgpsyh-041015-062400

Fahr, J. L., Dobbins, G. H., & Cheng, B. S. (1991). Cultural relativity in action: A comparison of self-ratings made by Chinese and U.S. workers. *Personnel Psychology, 44*, 129–147.

Fisher, C. D., & To, M. L. (2012). Using experience sampling methodology in organizational behavior. *Journal of Organizational Behavior, 33*, 865–877.

Fowler, F. J. (2013). *Survey research methods*(5th ed.). Thousand Oaks, CA: Sage.

French, K. A., & Allen, T. D. (2020). Episodic work-family conflict and strain: A dynamic perspective. *Journal of Applied Psychology, 105*(8), 863–888. doi: https:// doi.org/10.1037/apl0000470.

Fritz, C., & Sonnentag, S. (2005). Recovery, health, and job performance: Effects of weekend experiences. *Journal of Occupational Health Psychology, 10*, 187–199.

Gabriel, A.S., Podsakoff, N.P., Beal, D.J., Scott, B.A., Sonnentag, S., Trougakos, J.P., & Butts, M.M. (2019). Experience sampling methods: A discussion of critical trends and considerations for scholarly advancement. *Organizational Research Methods, 22*(4), 969–1006. doi:10.1177/1094428118802626

Glick, W. H., Jenkins, G. D. Jr., & Gupta, N. (1986). Method versus substance: How strong are underlying relationships, between job characteristics and attitudinal outcomes? *Academy of Management Journal*, 29, 441–464.

Goldstein, I. L., & Ford, J. K. (2002). *Training in organizations* (4th ed.). Belmont, CA: Wadsworth Thompson Learning.

Göritz, A. (2004). The impact of material incentives on response quantity, response quality, sample composition, survey outcome and cost in online access panels. *International Journal of Market Research, 46*, 327–346.

Highhouse, S. (2009). Designing experiments that generalize. *Organizational Research Methods, 12*(3), 554–566.

Hofstede, G. (1980). *Culture's consequences: International differences in workrelated values*. Beverly Hills, CA: Sage.

Howland, N., & Wise, S. (2018). *Best practices in linking data to organizational outcomes*. Bowling Green, OH: Society for Industrial and Organizational Psychology.

Hu, L.-T., & Bentler, P. M. (1995). Evaluating model fit. In R. H. Hoyle (Ed.), *Structural equation modeling: Concepts, issues, and applications* (pp. 76–99). Thousand Oaks, CA: Sage.

Huang, J. L., Li, M. & Bowling, N. A. (2015). Insufficient effort responding: Examining and insidious confound in survey data. *Journal of Applied Psychology, 100*(3), 828–845. doi:10.1037/a0038510

Ilgen, D. R., & Hulin, C. L. (2000). *Computational modeling of behavior in organizations: The third scientific discipline*. Washington, DC: American Psychological Association.

James, L. R., & Brett, J. (1984). Mediators, moderators, and tests for mediation. *Journal of Applied Psychology, 69*, 307–321.

James, L. R., & Jones, A. P. (1974). Organizational climate: A review of theory and research. *Psychological Bulletin, 81*, 1096–1112.

James, L. R., Demaree, R. G., & Wolf, G. (1984). Estimating within-group interrater reliability with and without response bias. *Journal of Applied Psychology, 69*, 85–98.

Jex, S. M. (2014). The importance of prevalence in occupational stress research [Guest Editorial]. *Stress and Health, 30*(2), 89–90. doi:10.1002/smi.2573

Jex, S. M., & Bliese, P. D. (1999). Efficacy beliefs as a moderator of the impact of work-related stressors: A multilevel study. *Journal of Applied Psychology, 84*, 349–361

Jex, S. M., & Elacqua, T. C. (1999). Self-esteem as a moderator: A comparison of global and organization-based measures. *Journal of Occupational and Organizational Psychology, 72*, 71–81.

Johns, G. (1991). Substantive and methodological constraints on behavior and attitudes in organizational research. *Organizational behavior and human decision processes, 49*(1), 80–104.

Juster, F., & Suseman, R. (1995). The health and retirement study: An overview. *Journal of Human Resources, 30*(Suppl.), 7–56.

Kao, A., & Poteet, S. R. (2007). *Natural lan guage processing and text mining*. New York, NY: Springer Science & Business Media.

Keith, M. G., Stevenor, B. A., & McAbee, S. T. (2022). Scale mean and variance differences in MTurk and non-MTurk samples: A meta-analysis. *Journal of Personnel Psychology*. doi:10.1027/1866-5888/a00039

Kim, M., Beehr, T. A., & Prewett, M. S. (2018). Employee responses to empowering leadership: A Meta-analysis. *Journal of Leadership & Organizational Studies, 25*(3), 257–276. doi: 10.1177/1548051817750538.

Klein, K. J., Dansereau, F. J., & Hall, R. J. (1994). Levels issues in theory development, data collection, and analysis. *Academy of Management Review, 19*, 195–229.

Kobayashi, V. B., Mol, S. T., Berkers, H. A., Kismihok, G., & Den Hartog, D. N. (2018). Text mining in organizational research. *Organizational Research Methods, 21*(3), 733–765. doi:10.1177/1094428117722619

Landis, R. S., Edwards, B. D., & Cortina, J. M. (2009). On the practice of allowing correlated residuals among indicators in structural equation models. In C. E. Lance & R. J. Vandenberg (Eds.), *Statistical and methodological myths and urban legends: Doctrine, verity, and fable in the organizational and social sciences* (pp. 193–214). New York, NY: Routledge.

Latane, B., & Darley, J. M. (1968). Group inhibition of bystander intervention. *Journal of Personality and Social Psychology, 10,* 215–221.

Lewis, M. (2004). *Moneyball: The art of winning an unfair game.* New York, NY: W.W. Norton & Company.

Li, Y., Chen, P. Y., Tuckey, M. R., McClinton, S. S., & Dollard, M. (2019). Prevention through job design: Identifying high risk job characteristics associated with workplace bullying. *Journal of Occupational Health Psychology, 24*(2), 297–306. doi:10.1037/ocp0000133

Liu, C., Spector, P. E., & Jex, S. M. (2005). The relation of job control with job strains: A comparison of multiple data sources. *Journal of Occupational and Organizational Psychology, 78*(3), 325–336.

Locke, E.A (Ed.). (1986). *Generalizing from laboratory to field settings: Research findings rom industrial-organizational psychology, organizational behavior, and human resource management.* Lexington, MA: Lexington Books.

Lord, R. G., & Hohenfeld, J. A. (1979). Longitudinal field assessment of equity aspects on the performance of major league baseball players. *Journal of Applied Psychology, 64,* 19–26.

Matthews, R. A., Pineault, L., & Hong, Y-H. (2022). Normalizing the use of single-item measures: Validation of the single-item compendium for organizational psychology. *Journal of Business and Psychology, 37,* 639–673. doi:10.1007/s10869-022-09813-3

Milgram, S. (1974). *Obedience to authority.* New York, NY: Harper & Row.

Min, H., Peng, Y., Shoss, M., & Yang, B. (2021). Using machine learning to investigate the public's emotional responses to work from home during the COVID-19 pandemic. *Journal of Applied Psychology, 106*(2), 214–229. doi:10.1037/apl10000886

Mone, M. A., Mueller, G. C., & Mauland, W. (1996). The perceptions and usage of statistical power in applied psychology and management research. *Personnel Psychology, 49,* 103–120.

Montgomery, D. C. (2012). *Design and analysis of experiments* (8th ed.). Hoboken, NJ: Wiley.

Murphy, K. R., & Russell, C. J. (2017). Mend it or end it: Redirecting the search for interactions in the organizational sciences. *Organizational Research Methods, 20*(4), 549–573. doi:10.1177/1094428115625322

Nielson, I. K., Jex, S. M., & Adams, G. A. (2000). Development and validation of scores on a two-dimensional workplace friendship scale. *Educational and Psychological Measurement, 60,* 628–643.

Orlitzky, M. (2012). How can significance tests be deinstitutionalized? Organizational Research Methods, *15*(2), 199–228. doi:10.1177/109442811142853

Oswald, F. L., Behrend, T. S., Putka, D. J., & Sinar, E, (2020). Big Data in industrial-organizational psychology and human resource management: Forward progress for organizational research and practice. *Annual Review of Organizational Psychology and Organizational Behavior, 7,* 505–533. doi:10.1146/annurev-orgpsych-032117-10455

Pak, S., Kramer, A., Lee, Y., & Kim, K. (2022). The impact of work hours on work-to-family enrichment and conflict through energy processes: A meta-analysis. *Journal of Organizational Behavior,* 1–35. doi:10.1002/job.2595

Pandey, S., & Pandey, S. K. (2019). Applying natural language processing capabilities in computerized textual analysis to measure organizational culture. *Organizational Research Methods, 22*(3), 765–797. doi:10.1177/1094428117745648

Paulhus, D. L. (1984). Two-component models of socially desirable responding. *Journal of Personality and Social Psychology, 46,* 598–609.

Pederson, M.J., & Nielsen, C.V. (2016). Improving survey response rates in online panels: Effects of low-cost incentives and cost-free text appeal interventions. *Social Science Computer Review, 34*(3), 229–243.

doi:10.1177/0894439314563916

Podsakoff, P. M., MacKenzie, S. B., Lee, J. Y., & Podsakoff, N. M. (2003). Common method biases in behavioral research: A critical review of the literature and recommended remedies. *Journal of Applied Psychology, 88*(5), 879-903.

Pratt, M. G., & Bonaccio, S. (2016). Qualitative research in IO psychology: Maps, myths, and moving forward. *Industrial and Organizational Psychology, 9*(4), 693-715. doi: https://doi.org/10.1017/iop.2016.92.

Probst, T. M., Brubaker, T. L., & Barsotti, A. (2008). Organizational injury rate underreporting: The moderating effect of organizational safety climate. *Journal of Applied Psychology, 97*(5), 1147-1154. doi:10.1037/0021-9010.93.5.1147

Rosenthal, R. (1991). *Meta-analytic techniques for social research* (Rev. ed.). Newbury Park, CA: Sage.

Roulet, T. J., Gill, M. J., Stenger, S., & Gill, D. J. (2017). Reconsidering the value of covert research: The role of ambiguous consent in participation research. *Organizational Research Methods, 20*(3), 487-517. doi: 10.1177/109442811769875

Runkel, P. J., & McGrath, J. E. (1972). *Research on human behavior*. New York, NY: Holt, Reinhart and Winston.

Scandura T. A., & Williams, E. A. (2000). Research methodology in management: Current practices, trends, and implications for future research. *Academy of Management Journal, 43*, 1248-1264.

Schat, A. C. H., Frone, M. R., & Kelloway, E. K. (2006). Prevalence of workplace aggression in the U.S. workforce. In E. K. Kelloway, J. Barling, & J. J. Hurrell (Eds.), *Handbook of workplace violence* (pp. 47-89). Thousand Oaks, CA: Sage.

Sears, W. (1986). Winning the productivity battle: Roles and responsibilities for HRD practitioners. *Leadership & Organizational Development Journal, 7*(1), 17-20.

Shadish, W. R., Cook, T. D., & Campbell, D. T. (2002). *Experimental and quasi-experimental designs for generalized causal inference*. Boston: Houghton Mifflin Company.

Shen, W., & Shockley, K. M. (2021). Work-family research: Questioning assumptions and looking forward for true impact. In E. K. Kelloway & C. L. Cooper (Eds.), *A research agenda for workplace tress and well being* (pp.119-138). North Hampton, MA: Elgar Publishing, Inc.

Shockley, K. M., Gabriel, A. S., Robertson, D., Rosen, C. C., Chawla, N., Ganster, M. L., & Ezerins, M. E. (2021). The fatiguing effects of camera use in virtual meetings: A within-person field experiment. *Journal of Applied Psychology, 106*(8), 1137-1155. doi: https://doi.org/10.1037/apl0000948.

Simonsohn, U. (2013). Just post it: The lesson from two cases of fabricated data detected by statistics alone. *Psychological Science, 24*(10), 1875-1888. doi:10.1177/0956797613480366

Sliter, M. T., Jex, S. M., & Grubb, P. (2013). The relationship between the social environment of work and workplace mistreatment. *Journal of Behavioral Health, 2*, 120-126.

Spector, P.E. (1975). *The effects of frustration on behavior and task performance in a simulated work environment*. Unpublished doctoral dissertation. University of South Florida.

Spector, P. E. (1987). Method variance as an artifact in self-reported affect and perceptions at work: Myth or significant problem? *Journal of Applied Psychology, 72*, 438-443.

Spector, P. E., & Eatough, A. M. (2013). Quantitative self-reports in occupational health psychology research. In R. Sinclair, M. Wang, & L. E. Tetrick (Eds.), *Research methods in occupational health psychology* (pp. 248-267). New York, NY: Routledge.

Spector, P. E., & Jex, S. M. (1991). Relations of job characteristics from multiple data sources with employee affect, absence, turnover intentions, and health. *Journal of Applied Psychology*, 76, 46-53.

Spector, P. E., & Jex, S. M. (1998). Development of four self-report measures of job stressors and strain: Interpersonal conflict at work scale, organizational constraints scale, quantitative workload inventory, and physical symptoms inventory. *Journal of Occupational Health Psychology, 3*, 356–367.

Spector, P. E., Dwyer, D. J., & Jex, S. M. (1988). Relations of job stressors to affective, health, and performance outcomes: A comparison of multiple data sources. *Journal of Applied Psychology, 73*, 11–19.

Spector, P. E., Rogelberg, S. G., Ryan, A. M., Schmitt, N., & Zedeck, S. (2014). Moving the pendulum back to the middle: Reflections on and Introduction to the Inductive Research special issue of Journal of Business and Psychology. *Journal of Business and Psychology, 29*, 499–502. doi:10.1007/ s10869-014-9372-7

Su, S., Taylor, S. G., & Jex. S. M. (2022). Change of heart, change of mind, or change of willpower? Exploring the dynamic relationship between experienced and perpetrated incivility change. *Journal of Occupational Health Psychology, 27*(1), 22–36. doi:10.1037/ocp0000299

Van Maanen, J. (1975). Police socialization: A longitudinal examination of job attitudes in an urban police department. *Administrative Science Quarterly, 20*, 207–228.

Vancouver, J. B., Putka, D. J., & Scherbaum, C. A. (2005). Testing a computational model of the goal-level effect: An example of a neglected methodology. *Organizational Research Methods, 8*(1), 100–127.

Wagner, D. T., Barnes, C. M., Lim, V. K., & Ferris, D. L. (2012). Lost sleep and cyberloafing: Evidence from the laboratory and a daylight-saving time quasi-experiment. *Journal of Applied psychology, 97*(5), 1068–1076.

Wang, M. (2007). Profiling retirees in the retirement transition and adjustment process: Examining the longitudinal change patterns of retirees' psychological well-being. *Journal of Applied Psychology, 92*, 455–474.

Wanous, J. P., Reichers, A. E., & Hudy, M. J. (1997). Overall job satisfaction: How good are single-item measures? *Journal of Applied Psychology, 82*(2), 247–252.

Williams, L. J., & Anderson, S. E. (1994). An alternate approach to method effects using latent variable models: Applications in organizational behavior research. *Journal of Applied Psychology*, 79(32), 3–331.

Williams, L. J., Cote, J. A., & Buckley, M. R. (1989). Lack of method variance in selfreported affect and perceptions at work: Reality of artifact? *Journal of Applied Psychology, 74*, 462–468.

Woo, S. E., Jebb, A. T., Tay, L., & Parrigon, S. (2018). Putting the "Person in the center: Review and synthesis of person -centered approaches and methods in organizational science. *Organizational Research Methods, 21*(4), 814–845. doi:10.1177/1094428117752467

Young, H. R., Glerum, D. R., Wang, W., & Joseph, D. L. (2018). Who are the most engaged at work? A meta-analysis of personality and employee engagement. *Journal of Organizational Behavior, 39*, 1330–1346. doi:10.1002/job.2303

Zickar, M. J. (2020). Measurement development and evaluation. *Annual Review of Organizational Psychology and Organizational Behavior, 7*, 213–232. doi:10.1146/annurevorgpsych-012119-044957

Zickar, M. J., & Carter, N. T. (2010). Reconnecting with the spirit of workplace demography: A historical review. *Organizational Research Methods, 13*, 304–319.

제3장

모집, 유인, 사회화와 인재 유지

Organizational Psychology and Organizational Behavior: Evidence-based Lessons for Creating Sustainable Organizations,
Fourth Edition. Steve M. Jex, Thomas W. Britt, and Cynthia A. Thompson.

Companion website : www.wiley.com/go/organizationalpsychology4e

모든 사회 조직의 원동력은 사람이다. 예를 들어 대학에는 교수가 있어야 하고, 자동차 공장에는 설계 엔지니어가 있어야 하며, 백화점에는 판매원이 있어야 한다. 그래서 조직은 계속 생존하기 위해서 정기적으로 새로운 사람들을 고용해야 하며, 완전한 조직의 한 구성원이 되도록 지원해야 한다. 일단 새로운 구성원이 완전한 조직의 구성원이 되고 나면, 조직은 투자한 만큼의 효용을 얻을 때까지 그들을 조직 내에 유지할 수 있도록 하는 조치들을 취해야 한다.

이러한 과정을 시작하려면 조직은 먼저 가능성이 있는 사람들을 모집해야 하고, 그들에게 조직 구성원이 되는 것이 마음에 끌리는 일이 되게 해야 하며, 동시에 그들이 가진 능력과 자격이 조직의 필요와 잘 부합하는지 파악해야 한다. 물론 이러한 프로세스는 양방향으로 이루어진다. 이 과정에서 지원자들도 미래의 잠재적인 고용주로서 가능성 있는 조직들을 탐색하고 평가하며 그 조직에 지원할지, 혹은 고용 제안을 수락할지 결정해야 한다.

구성원이 조직에 들어온 다음에는 직무에 포함된 여러 과업을 수행하기 위해서뿐만 아니라 조직의 문화를 학습하기 위해 교육을 받아야 한다. Barrick과 Parks-Ledduc(2019)이 언급하였듯이, 새로운 구성원은 '업무를 잘해야 하고', '조직에 잘 적응해야' 한다. 이 프로세스도 양방향으로 이루어지며, 역동적이다. 즉 조직은 새로운 구성원을 사회화하기 위해 여러 활동을 하고, 새로운 구성원은 새로운 작업환경에 적응하려는 시도를 하며 그 과정에서 가끔 조직을 바꿀 수도 있다. 마지막으로 최근 직원들은 다른 고용 대안을 가지고 있는 경우가 빈번하기 때문에, 조직은 다른 대안이 상대적으로 덜 매력적으로 보일 수 있게끔 노력해야 한다. 통합적으로, 이 중요한 과정을 모집, 유인, 사회화와 인재 유지(Recruitment, Attraction, Socialization, and Retention, RASR)로 본다.

이 장에서는 먼저 처음 두 단계, 즉 모집(recruiting)과 유인(attraction) 과정에 대해 각각 조직과 구성원의 입장에서 다룰 것이다. 앞으로 보게 되겠지만 조직은 미래의 종업원을 모집하기 위해 다양한 방법을 사용하며, 수많은 요인이 그러한 모집 노력의 성공 여부에 영향을 미칠 수 있다. 동시에 지원자 혹은 미래의 구성원은 미래 고용주들의 적합성을 평가하며, 일반적으로 자신이 특정 조직에 적합한 정도를 판단하려고 한다.

다음으로는 구성원 사회화에 초점을 맞춘다. 일단 지원자가 입사 제의를 받아들이면, 그 사람은 조직의 정식 구성원이 된다. 그러나 완전한 조직의 구성원이 되기 위해서는 사회화 과정이 필요하다. 조직심리학자들은 새로운 구성원을 사회화하기 위해 조직이 사용하는 다양한 책략을 이해하고, 사회화되는 과정에서 구성원이 무엇을 학습하는지 파악하고, 새로운 종업원들이 사회화 과정 동안 정보를 얻기 위해 어떤 책략을 사용하는지 기술하기 위해 사회화 과정에 관해 깊이 연구해 왔다. 가장 최근의 사회화 연구는 이러한 과정이 새로운 종업원에게 영향을 미칠 뿐 아니라 기존 조직 구성원과 전체 조직에도 영향을 미칠 수 있음을 보여주었다.

마지막으로 이 장에서는 구성원의 유지를 논의한다. 코로나19(코로나19)로 인한 결과 중 하나는 많은 구성원이 조직을 떠나기로 결정했다는 것이며, 일부는 일시적으로, 일부는 영구적으로 퇴사했다(Cook, 2021). 그 결과로 노동 시장의 긴축이 나타났으며 결과적으로 구성원 유지에 대한 관심이 다시 높아졌다. 그러므로 우리는 조직이 인재를 유지하는 다양한 방법을 논의할 예정이다.

모집과 유인 과정 : 조직의 관점

모집의 목적은 자격을 충분히 갖춘 대규모의 지원자 집단을 만들어내서, 그들 중에 조직에 오래 남아 있고 성공적인 종업원이 될 가능성이 큰 사람들을 선택할 수 있도록 하는 것이다. 유인의 목적은 일단 대규모 지원자 집단을 파악한 이후에, 조직은 자격을 갖춘 지원자 중에서 일부가 조직에 채용되고자 하도록 동기를 부여하는 것이다. 예를 들어 대학 운동부 감독은 비시즌 동안 재능있는 고등학교 운동선수를 파악하는 데 대부분의 시간을 사용하며, 일단 발굴한 이후에는 해당 대학에 입학하여 운동선수로서의 진로를 계속하도록 확신을 주는 역할을 한다. 비록 모집과 유인을 전형적으로는 인적자원관리 연구 영역으로 간주하지만, 두 과정 모두 사회화에 영향을 주기 때문에 이 장에서 간략하게 다루고자 한다. 사실 어떤 조직은 모집 과정 동안 새로운 종업원의 사회화 과정을 이미 시작하기도 한다(Klein & Polin, 2012). 더불어 성공적인 모집과 유인은 조직이 선택한 새로운 구성원이 현 조직 문화에 잘 맞고, 좀 더 성공적으로 사회화될 가능성을 높여 준다. 이는 인재 유지의 확률을 높이는 것으로 이어진다.

모집 계획

일반적으로 조직은 무선적으로 새로운 종업원을 모집하지는 않는다. 조직의 모집 활동은 대개 (1) 다양한 직무에서 필요로 하는 종업원의 수, (2) 새로운 종업원이 필요한 시기, (3) 노동 시장에서 잠재적인 종업원들의 현재와 미래의 공급 등에 대한 신중한 계획에 기반하여 이루어진다. 이러한 모집 계획의 세 가지 요소를 이해하는 조직은 자신의 모집 활동을 좀 더 효과적으로 운영할 수 있을 것이다. Cascio와 Aguinis(2018)에 의하면, 모집 과정에서 중요한 첫 단계는 이러한 **모집 계획**(recruitment planning)이다.

제대로 된 모집 계획을 세우기 위해 조직은 어떤 종류의 정보가 필요한가? 먼저, 모집 계획은 조직의 **전략 계획**(strategic planning)과 일치해야 한다는 점이 중요하다(Phillips & Gully, 2015). 전략 계획은 '우리가 어디로 가고 있고', '그곳에 어떻게 갈지'에 대한 조직의 계획이라고 볼 수 있다. 전략 계획은 모집 계획과 연계되어야 하는데, 그 이유는 전략 계획이 필요 인력에 대한 분명한 시사점을 제공하기 때문이다. 하나의 예로, 부동산 회사가 주거용 부동산보다는 상업용 부동산 판매에 더 주력하기로 결정했다고 가정해보자. 이러한 전략 변화로, 조직은 상업용 부동산 부서를 위한 새로운 구성원들을 고용하거나 혹은 주거용 부동산 부서의 구성원 중 상업용 부동산 판매에 대해서 배우고자 하는 구성원에게 교육을 제공하는 것이 필요할 수 있다.

모집 계획을 수립할 때 고려해야 할 또 다른 요인은 **승계 계획**(succession planning)이다. 승계 계획은 다양한 직무군 혹은 다양한 계층에서 이직의 가능성에 대해 어느 정도 예측하는 것을 포함한다. 이 계획은 대개 예측된 은퇴를 바탕으로 세워지지만, 다른 요인(예 : 계약직이나 학교로 돌아가는 종업원)에도 기반할 수 있다. 조직은 이와 같은 예측을 근거로 조직을 떠날 가능성이 있는 사람의 업무를 수행하는 데 필요한 기술을 가진 사람들로 모집 활동의 초점을 맞출 수 있다. 예측이 대부분 그러하듯이, 승계 계획에도 어느 정도의 불확실성은 있다. 예를 들어 일부 직업에서는 강제적인 은퇴 나이가 정해져 있지 않고 본인 스스로가 은퇴 결정을 하게 되므로(Jex & Grosch, 2013), 조직은 나이 든 직원들의 구체적인 은퇴 계획에 대해서는 잘 알지 못하는 경우가 있다. 일부 조직은 고위 구성원들에게 단계적 퇴직 옵션을 제공하여 더욱 효과적으로 계획을 세우기도 한다(Henkens et al., 2021). 이를 통해 구성원은 일반적으로 2~3년에 걸쳐 직무 관여를 점차 줄이고 합의된 퇴직 날짜를 설정할 수 있다.

모집 계획에서 세 번째로 고려할 사항은 현재 종업원들의 기술과 능력이다. 많은 조직이 기존 종업원들에게 정기적으로 '직무능력목록'이라는 것을 완성하도록 요구한다. 즉 종업원들에게 자신의 직무 경험, 평생교육내용, 특별한 기술과 역량을 직무능력목록에 기록하도록 한다. 현 종업원들이 조직에서 필요로 하는 기술과 능력을 갖추었다면 외부에서 종업원을 모집할 필요는 별로 없을 것이다. 오히려 조직 내부에서 자리를 채우는 것은 몇 가지 이점(예 : 종업원의 높은 적응 수준과 조직의 비용 절감)이 있고, 종업원들에게 긍정적인 보상으로 작용할 수 있기 때문에 중요하다.

모집 계획을 세우는 데 유용한 마지막 정보는 다양한 직무군별로 노동력 공급에 대해 평가한 것이다. 이러한 정보는 정부 기관, 기업 협회 그리고 때로는 전문 기관으로부터 비교적 쉽게 얻을 수 있다. 예를 들어 산업 및 조직심리학(I/O psychology) 분야에서 미국 산업 및 조직심리학회(SIOP)는 이 분야의 석사와 박사의 수에 대한 정보를 수집한다. 조직은 서로 다른 직무군에서의 인력 공급이 풍부한지 아니면 부족한지와 같은 기본적인 질문에 대한 답을 찾고자 한다.

노동 시장에 대한 정보는 조직이 모집 활동에서 어떤 접근법을 취할지에 영향을 미칠 뿐만 아니라 특정한 모집 출처를 선택하는 데도 영향을 미치기 때문에 유용하다. 인력이 부족한 직무에 사람을 채우거나, 희귀하거나 독특한 기술을 가진 사람을 찾기 위해 조직은 매우 공격적으로 모집 활동을 할 필요가 있으며, 아마도 새로운 종업원을 유인하기 위해 다른 성과보수(예 : 입사 시 특별 보너스)를 제안할 수도 있다('참고 3.1' 참조). 이러한 모집 활동은 경영자 서치펌(executive search firm)의 도움을 받거나 국제적인 범위로 확대될 수도 있다. 조직이 숙련된 고급 기술을 가진 전문가나 고위직 임원을 모집할 때가 대개 이러한 경우이다. 그러나 코로나19의 여파로 많은 조직이 노동력 부족으로 인해 낮은 수준의 시간제 일자리 모집에 들어가는 노력에 대해서조차 재고해야 하는 상황이다. 이에 반해 인력 공급이 풍부한 경우, 조직은 모집 활동에 자원을 덜 소비할 수 있으며, 덜 공격적이고 비용이 적게 드는

참고 3.1

신입 직원 상여금의 장단점

사람들은 '신입 직원 상여금(sign on bonus)'이라는 용어를 들으면 일반적으로 수익성이 좋은 FA 계약에 서명하는 프로 운동선수나 경쟁업체에 의해 현재 고용주로부터 쫓겨나는 고위 임원의 이미지를 떠올린다. 신입 직원 상여금의 사용은 실제로 매우 일반적이며 다양한 직종에서 사용된다. 신입 직원 상여금 사용이 증가한 이유 중 하나는 코로나19로 인한 광범위한 노동력 부족이었지만, 퇴직 증가, 특정 유형의 서비스(예 : 가정 건강, 간호 및 법 집행 기관)에 대한 수요가 증가하였기 때문이기도 하다.

연구 기관인 Salary.com이 실시한 최근 조사에 따르면 고용주의 3분의 1이 신입 직원 상여금을 활용한 것으로 추정된다. 이는 상당한 숫자지만 아직도 작은 숫자여서 신입 직원 상여금을 제공하는 고용주가 인재를 유치할 때 경쟁사보다 돋보일 수 있다. 또한 신입 직원 상여금은 조직이 잠재적 구성원의 서비스를 소중히 여기며 조직에 합류하도록 설득하기 위해 재정 자원을 기꺼이 투자할 의향이 있다는 강력한 신호를 준다.

Stearns와 Garito(2022)에 따르면 신입 직원 상여금의 또 다른 이점은 소위 '수동적' 구직자를 유치하는 효과적인 방법이 될 수 있다는 것이다. 이는 적극적으로 일자리를 찾고 있지 않지만 적절한 기회가 주어지면 직업 변경을 받아들일 수 있는 개인을 나타낸다. 수동적 구직자에게 다가가면 얻을 수 있는 이점은 간단하다. 그들은 종종 가장 자격을 갖춘 후보자 중 하나이며 일반적으로 끊임없이 일자리를 찾는 사람들보다 더 안정적인 고용 이력을 가지고 있다.

신입 직원 상여금과 관련된 긍정적인 측면에도 불구하고 잠재적인 단점도 있다. 가장 분명한 것 중 하나는 신입 직원 상여금의 유혹으로 인해 구직자가 잘못된 이유로 채용을 수락하게 될 수 있다는 것이다. 특히 젊은 구직자의 경우 의미 있는 일을 할 수 있다는 전망과 일정 유연성이 직업 선택의 핵심 요소가 되었다. 신입 직원 상여금은 지급되지만 업무가 지루하고 유연성이 부족하면 직원들이 오래 머물지 못할 수도 있다. 또한 조직에 무한한 자원이 있는 게 아니므로 신입 직원 상여금은 현재 직원의 급여 인상을 희생하여 발생할 수 있다. 이는 이직으로 이어질 수 있으며, 신입 직원에 대한 잠재적인 분노가 발생할 수 있다.

요약하면 신입 직원 상여금은 직원을 유치하고 유지하는 데 유용한 도구가 될 수 있으며, 특히 노동력이 부족한 직업의 경우 더욱 그렇다. 그러나 조직은 돈이 구직자를 이끄는 많은 동기 중 하나임을 인식해야 하며 새로운 인재를 유치하기 위해 현재 직원을 소외시키지 않도록 주의해야 한다.

출처 : Stearns, C., & Garito, L. (2022). *Are sign on bonuses an effective recruiting tool?* Society for Human Resource Management. August 29, 2022. https://www.shrm.org/hr-today/news/hr-magazine/fall2022/pages/are-sign-on-bonuses-an-effective-recruiting-tool.aspx. Retrieved April 6, 2023.

접근법을 취할 것이다. 예를 들어 조직은 현재 구성원으로부터 지인 추천을 받거나 온라인 지원서를 작성한 지원자 중에서 간단하게 선택을 할 수가 있다.

모집 방법

조직이 제대로 된 모집 계획을 세웠다면, 계획 실행을 위한 다음 단계는 모집 방법을 선택하는 것이다. 새로운 종업원을 모집하려는 계획을 세운 조직은 우선 지원자를 내부 출처에서 찾을지, 외부 출처에서 찾을지 혹은 두 가지를 모두 병행할지 결정해야 한다. 내부 모집의 기본적인 형태는 사내 공모제

(job posting)와 같은 방법을 통해 현 종업원들에게 널리 알리는 것이다. 앞서 언급했듯이 내부 모집에는 많은 이점이 있다. 내부 이동이나 승진은 새로운 종업원을 데려오는 것보다 비용이 적게 들고, 현 종업원들에게 긍정적인 보상을 제공할 수 있으며, 외부에서 모집한 종업원보다 교육이나 사회화의 필요성도 적을 것이다. 또한, 내부에서 모집된 종업원들은 조직에 더 오래 머무르는 경향이 있는 것으로 알려졌다(Spector, 2021).

반면 외부에서 모집된 새로운 종업원은 조직에 새로운 시각을 가져올 수 있다. 또, 어떤 조직은 현 종업원들이 특정 직무 수행에 필요한 기술을 습득하지 못했기 때문에 어쩔 수 없이 외부에서 고용해야 하는 경우가 있다. 기존 내부 인력과 비교해볼 때, 외부 모집 출처는 훨씬 더 다양하다. 직무 특성 때문에 특정한 모집 출처가 요구되는 경우도 있지만, 모집 출처에 대한 일반적인 설명부터 하면 다음과 같다. 우선, 가장 빈번하게 사용되는 모집 출처는 대개 인쇄나 전자 매체를 통한 광고 형태의 모집이다. 인디드(Indeed), 집리크루터(ZipRecruiter) 등 회사 웹 사이트나 구인구직 사이트 같은 인터넷을 통한 모집 방법이 지난 25년 동안 대부분 조직에서 선호하는 채용 방법이 되었다(Rynes et al., 2014). 인터넷 기반 모집이 갖는 장단점이 아래에 제시되어 있다.

Cascio와 Aguinis(2018)에 의하면, 모집 출처는 비용 측면에서 상당히 차이가 있다. 가장 비용이 적게 드는 모집 출처는 직접 방문, 내부 직원 추천, 웹 사이트 광고이다. 내부 직원 추천은 비용이 적게 들 뿐만 아니라 다른 지원자들보다 조직에 대해 더 잘 알기 때문에 매력적일 수 있다. 이는 내부 직원 추천으로 들어온 사람들의 이직률이 낮은 이유를 어느 정도 설명해 준다(Schlachter & Pieper, 2019). 다만 내부 직원 추천에 주로 의존하면 연고주의(nepotism)를 초래할 수 있으며, 시간이 지나면서 점점 지나치게 동질적인 인력들로만 조직이 구성될 위험이 있다('관리자를 위한 시사점 3.1' 참조).

또한 인터넷 광고는 채용 공고를 하는 데 비교적 비용이 적게 드는 방법임과 동시에 이제는 압도적으로 많이 선택되는 방식이다. 인터넷 광고가 막 보편적으로 사용되기 시작한 시기에, Chapman과 Webster(2003)가 HR(human resource) 전문가들을 대상으로 실시한 조사에 따르면, 인터넷의 가장 큰 장점은 광범위한 가용성 때문에 조직에게 매우 많은 지원자 풀(pool)을 만들어 준다는 것이다. 또한 조직은 인터넷 기반의 온라인 지원 절차를 통해 보다 효율적으로 지원자를 선별할 수 있으며, 인터넷은 조직 문화를 묘사하는 데 시각적으로 매우 매력적인 수단이 된다(Braddy et al., 2006). 대체로 지원자는 조직의 문화와 잘 부합하는지에 대해 판단하려고 하기 때문에 이러한 점은 중요하다(Nolan & Harold, 2010). 이러한 장점은 현재에도 그대로 적용되며, 기술적 진전이 스크리닝 절차를 보다 효율적으로 만들었다(Arthur & Traylor, 2019).

Chapman과 Webster(2003)는 인터넷 광고 사용과 관련하여 몇 가지 잠재적인 단점도 언급했다. 그 중 가장 큰 단점은 인터넷 광고가 너무 많은 지원자 풀을 만들어 내기 때문에 지원자를 선별하는 작업에 매우 많은 인력과 시간이 필요하다는 것이다. 이것은 많은 사람이 선망하는 회사(예 : 구글, 마이크

관리자를 위한 시사점 3.1

직원 추천 선발 시 중요한 고려사항

조직이 신입 직원을 채용할 때 가장 먼저 보는 곳은 현재 직원인 경우가 많다. 직원 추천은 매우 흔한 일이기 때문에 이 채용 방법과 관련된 이점과 위험에 관해 많은 연구가 축적되었다. Schlachter와 Pieper(2019)는 의심할 여지 없이 직원 추천 채용에 대한 가장 포괄적인 검토를 수행했으며, 그 결과는 이 방법을 사용하는 조직에 중요한 영향을 미친다. 이들의 연구 결과가 미치는 영향은 다음과 같다.

긍정적인 측면에서는, 추천된 직원은 바람직한 직업 태도와 행동을 갖는 경향이 있다. 이 결과는 직원 추천에 관한 이전 연구와 일치하며 직관적으로 이해된다. 현직 직원이 자신의 조직에서 어떤 사람에게 일자리를 추천하는 것은 실제로 자신의 평판을 위험에 빠뜨리는 것이므로, 잘하지 못할 것으로 생각하는 사람을 추천하는 것을 조심하는 것이 합리적이다. 또한 추천된 직원은 고용 조직의 문화에 대해 더 많은 정보를 가질 수 있으며 결과적으로 자신이 적합한지 판단하는 데 더 나은 위치에 있을 수 있다. 이는 태도뿐만 아니라 유지에도 중요한 영향을 미친다.

물론 직원 추천 방식에는 단점도 있다. 직원 추천을 광범위하게 사용하면 인구통계학적 특성과 아이디어 측면에서 매우 동질적인 인력이 탄생할 수 있다. 이는 잠재적으로 다양성을 감소시키고 창의성과 혁신에 부정적인 영향을 미칠 수 있다. 직원 추천의 또 다른 잠재적인 단점은 현재 일부 직원이 친구나 가족을 추천하여 자신의 평판을 위험에 빠뜨리고 싶어 하지 않을 수 있다는 것이다.

결론적으로, 직원 추천은 조직의 전반적인 인재 확보 전략에서 중요한 부분이 될 수 있다. 그러나 조직에서는 현재 직원이 다른 사람을 추천하기 전에 직무 요구사항을 이해하고 있는지 확인해야 하며, 가장 중요한 것은 추천된 직무 후보자가 조직 내 일자리를 보장받지 못한다는 점도 이해해야 한다. 현재 직원은 자신의 추천이 잘 수행되지 않거나 짧은 시간 동안만 조직에 머무르더라도 책임을 지지 않는다는 점을 이해하는 것이 중요하다.

출처 : Schlachter, S.D., & Pieper, J.R. (2019). Employee referral hiring in organizations: An integrative conceptual review, model, and agenda for future research. *Journal of Applied Psychology, 104(11)*, 1125-1346. https://doi.org/10.1037/apl0000412.

로소프트)의 경우에는 특히 그러하다. 그러나 인터넷 기반 모집에 관한 연구들에 의하면, 최소한의 자격요건에 대한 상세한 정보를 제공하여 충분한 자격을 갖추지 못한 지원자들이 자발적으로 모집 과정에서 이탈하도록 하여 이 문제를 어느 정도 해결할 수 있다(Dineen & Noe, 2009). 이러한 방법들의 사용과 기술의 발전으로 인해 현대의 조직에서 인터넷 광고의 단점은 훨씬 줄어들었다. 실제로 많은 조직이 지원자의 이력서를 평가하기 위해 텍스트 마이닝(Kobayashi et al., 2018 참조)과 같은 매우 정교한 방법을 사용한다.

Chapman과 Webster(2003)가 제기한 또 다른 단점은 인터넷을 사용하면 모집 과정에서 '개인적인 접촉'은 하지 못하게 된다는 것이다. 그러나 Chapman의 연구 자료는 거의 20년 전에 수집된 것이다. 오늘날의 지원자들, 특히 젊은 지원자들은 전자적 의사소통에 훨씬 익숙하기에 지금은 그리 큰 문제가 되지 않는다. 더구나 회사 웹 사이트의 미적인 수준에서 상당히 큰 차이가 있고(Dineen et al., 2007), 이것이 지원자의 반응에 영향을 미친다. 따라서 이제 인터넷을 사용하는 방법 자체는 전혀 문제가 되지 않고, 사이트의 질적 수준이 중요하게 되었다. 그런데도 모집 과정에서 개인적인 접촉이 더 요구되는 경우가 여전히 있을 수 있다. 예를 들어 코로나19 기간 동안 많은 레스토랑과 소매점에서는 직원이 절실히 필요했고 예약 없이 방문하는 지원자의 선발이 증가했다.

회사 웹 사이트를 통한 인터넷 기반 모집과 긴밀히 연관된 이슈로 링크드인, 페이스북, 트위터와 같은 공유 소셜 미디어 웹 사이트의 사용이 있다. Darnold와 Rynes(2013)에 의하면, 보다 우수한 지원자를 모을 수 있다는 생각에 점점 더 많은 조직이 이러한 사이트를 사용하고 있다. 그러한 사이트를 사용하면 조직이 기술적으로 좀 더 첨단이라는 이미지를 주기도 하는데, 이것은 젊은 지원자들에게는 중요한 특성으로 여겨진다. 소셜 미디어는 간접적으로 모집에 영향을 미치는데, 현직 혹은 전직 구성원이 조직에 대한 평가를 남기며, 지원자들은 이러한 평가를 참고하기 때문이다(Darnold & Rynes, 2013). 조직 이미지를 논의할 때 소셜 미디어에 대해 더 언급할 예정이다.

가장 비용이 많이 드는 모집 출처는 헤드헌팅사나 경영자 서치펌을 이용하거나, 이보다는 덜하지만 대학 캠퍼스 모집을 하는 경우이다. 그러나 모집 출처의 비용은 다른 요인들과 비교하여 평가해야 한다. 예를 들어 대부분 조직은 고위 임원직을 선발해야 할 때 헤드헌팅사나 경영자 서치펌을 이용하는 데 따른 비용을 기꺼이 부담하려고 한다. 왜냐하면 이러한 고위직을 잘못 고용하면 수백만 달러의 손실을 초래할 수 있기 때문이다. 비록 이러한 모집 출처에 관한 연구가 거의 없지만, Hamori(2010)는 리크루터들이 크고 순위가 높은 회사의 관리자를 대상으로 하는 경향이 있다는 사실을 발견했는데, 이는 매우 의미가 있다. 흥미롭게도, 경영자 서치펌의 리크루터는 유명한 대기업의 고위직을 목표로 하고 있지만, 실제로 서치펌에 등록하는 사람들은 그보다는 덜한 기업 소속이며, 경력이 상대적으로 짧은 경우가 많다는 것을 발견하였다. 이러한 발견은 현 고위 임원의 개인적인 네트워크를 이용하는 것보다 서치펌이 고위 경영자를 채용하는 데 그리 효율적인 수단이 아닐 수 있음을 시사한다.

캠퍼스 모집 방법은 인력 공급이 비교적 부족한 분야(예 : 공학, 컴퓨터, 회계)의 신입 직원을 구하려고 할 때 가장 많이 사용된다. 또한 이 방법은 조직 문화에 대한 보다 자세한 정보를 전달할 수 있어 지원자가 자신이 조직과 잘 부합하는지 정확한 판단을 하도록 도움을 줄 수 있으므로 미래의 이직률을 낮출 수 있다(Cable & Yu, 2006).

비용 외에도 조직은 다양한 채용 출처의 잠재적 유용성을 다른 방식으로 평가할 수 있다. 일반적으로 사용되는 두 가지 지표는 **수율**(yield ratio)과 **시간 경과 자료**(time lapse data)이다. 수율은 간단히 말해서 어떤 모집 출처(예 : 인터넷 광고)에 의해 생성된 전체 지원자 수 대비 실제 채용되는 지원자의 비율이다. 조직의 입장에서 바람직하고 이상적인 모집 출처는 실제 채용되어 성공적인 종업원이 될 지원자들을 많이 모아 주는 곳이다. 모든 조직은 가급적이면 성공적인 종업원을 지속적으로 공급해 주는 모집 출처에 집중하고자 한다.

모집 출처의 수율에 대한 다른 관점은 지원자의 절대 수가 많고 그에 비례하여 매우 자격을 갖춘 지원자의 수가 많은 경우이다. 이렇게 보면, 이상적인 모집 출처는 많은 수의 지원자를 끌어올 뿐 아니라 자격을 갖춘 지원자의 비율이 높은 경우이다. 이런 유형의 모집 출처는 조직이 매우 '선별적'으로 채용할 수 있고, '최고의 인재'만을 채용할 수 있다는 장점이 있다.

시간 경과 자료는 모집과 채용 과정 동안 한 단계에서 다음 단계로 이동하는 데 걸리는 시간의 추정치를 말한다. 예를 들어 조직이 지원자와 처음 접촉한 날부터 첫 출근을 하기까지 발생하는 여러 단계에 걸린 시간을 추정할 수 있다. 시간 경과 자료는 지원자가 흥미를 잃게 만드는 모집 과정의 **병목**(bottleneck) 요인들을 확인할 수 있도록 해 준다. 병목 요인들이 확인되면 조직은 각 단계의 속도를 높이기 위한 조치를 취할 수 있지만, 항상 가능한 것은 아니다('참고 3.2' 참조).

유인 과정

조직이 우수한 자격을 갖춘 대규모 지원자 풀을 식별한 후, 다음 단계는 이러한 **잠재적 지원자가 적극적으로 취업을 하도록** 동기를 부여하는 것이다. 여기가 유인이 작용하는 지점이다. 모집과 마찬가지로 유인은 조직이 지원자를 유인하기 위해 할 수 있는 일과 지원자가 매력을 느끼는 측면 모두에서 볼 수 있다. 여기서는 전자를 논의하고, 뒤 절에서는 후자를 논의할 예정이다.

모집의 유인 단계에 관한 연구는 급여와 직무 특성을 지원자 유치의 주요 원천으로 강조해 온 오랜 역사가 있다(Darnold & Rynes, 2013 참조). 따라서 모집, 유인 연구 및 실무에서는 급여가 경쟁력이 있는지 확인하고 잠재적인 지원자에게 업무 특성에 대한 긍정적이고 정확한 정보를 제공하는 데 중점을 두었다. 그러나 최근의 연구에 따르면 매력은 급여와 직업 특성 그 이상에 기반을 두고 있는 것으로 나타났다. 예를 들어 대규모 연구에서는 조직 이미지를 매력 예측 변수로 조사한다(Highhouse et al., 2009). 구체적으로, 잠재적 지원자는 고객으로서의 직접적인 경험, 조직에서 일하고 있는 친구나 가족과의 상호작용, 조직의 웹 사이트, 조직에 대한 소셜 미디어 게시물(예 : 인디드/링크드인 게시물), 조직에 대한 언론보도와 같은 여러 요소를 기반으로 조직에 대한 인식을 발전시킨다. 조직 이미지에 대한 대부분의 연구가 지원자의 관점에서 이루어졌음을 감안하여, 다음 절에서 이 연구에 대해 좀 더 자세히 살펴볼 예정이다. 조직은 대중에게 보이는 이미지에 주의를 기울여야 하는데, 그 이미지는 급여 및 직업 특성과 함께 확실히 유인 과정에 영향을 미치기 때문이다.

조직 이미지 외에도 지원자에게 매력도를 높이기 위해 활용할 수 있는 조직의 통제하에 있는 다른 요소는 무엇인가? 예를 들어 연구에 따르면 모집 과정의 적시성과 채용 담당자의 전문성 모두 지원자의 매력에 긍정적인 영향을 미칠 수 있는 것으로 나타났다(Rynes et al., 1991). 최근에는 코로나19 이후 유연한 근무 방식을 제공하면 지원자의 관심도가 높아지는 것으로 나타났다(Bamieh & Zeigler, 2022, '과학 번역하기 3.1' 참조). 코로나19 이전에도 더 높은 수준의 일과 삶의 균형을 제공하는 것이 젊은 구직자에게 특히 매력적이라는 증거도 존재한다(Jerome et al., 2014).

참고 3.2

채용 프로세스의 병목 현상 식별

채용의 중요성으로 인해 수년에 걸쳐 이에 관한 상당한 연구가 계속되어 왔다(요약은 Darnold & Rynes, 2013 참조). 채용 문헌 전반에 걸쳐 공감되는 일관된 주제 중 하나는 **채용 과정에서 조직이 지원자를 대하는 방식이 중요하다**는 것이다. 예를 들어 조직이 지원자를 무례하게 대하거나 정보를 제공하는 데 매우 소홀한 경우 이 접근 방식은 지원자를 꺼리게 만들고 채용 제안을 수락할 가능성을 줄인다.

조직이 지원자에게 무례하게 대하는 경우인데 이를 인식하지 못할 수도 있는 한 가지 방식은 채용 프로세스를 장기간 지연시키는 것이다. 이러한 지연은 채용 프로세스의 모든 단계에서 발생할 수 있지만, 채용 과정에서 신원 조사 및 기타 필수 단계를 거치는 후반 단계에서 더 일반적으로 발생한다. 또한 많은 조직이 지원자가 더 이상 채용 고려 대상이 아닐 경우 이를 지원자에게 알리지 않는다. 실제로 이는 매우 일반적인 일이라 이를 설명하기 위해 '고스팅(Ghosting)'이라는 용어가 사용되었다. 거부된 지원자에게 연락하지 못한 것이 중요하지 않다고 주장할 수도 있지만, 지원자가 여러 번 일자리에 지원하는 경우가 많기 때문에 거부된 지원자와 긍정적인 관계를 유지하는 것이 여전히 중요하다.

채용 프로세스의 지연을 줄이려면 조직은 채용 프로세스의 특정 지점이나 병목 현상을 식별해야 하는데, 이로 인해 오랜 지연이 발생하고 지원자가 관심을 잃거나 채용 프로세스에서 완전히 물러나는 결과를 낳게 되기 때문이다. 일부 병목 현상은 피할 수 없다. 예를 들어 법 집행 기관의 업무에는 일반적으로 광범위한 신원 조사와 약물 검사가 필요하며 두 가지 모두 시간이 걸린다. 그러한 경우, 조직은 채용자와 정기적으로 소통하고 지원 상태를 업데이트하도록 노력해야 한다.

그러나 지원자 풀의 품질을 저하시킬 위험 없이 채용 프로세스 속도를 높이기 위한 조치를 할 수 있는 다른 경우도 있다. 그렇게 하는 일반적인 방법은 최소 직업 자격을 매우 명시적으로 밝히는 것이다. 이를 통해 평가해야 하는 지원자 수가 줄어들고 결과적으로 채용 프로세스를 가속화할 수 있다.

최근에는 채용 과정에서 모바일 평가 방법을 사용하여 시간을 절약하는 조직이 늘고 있다(Arthur & Traylor, 2019). 이에 대한 예로는 지원자가 지원서 작성을 완료할 수 있도록 허용하고 경우에 따라 스마트폰 또는 기타 일반적으로 사용되는 모바일 장치(예 : 태블릿)에서 초기 평가 테스트를 완료할 수도 있다. 이를 통해 지원자는 자신이 선택한 어느 곳에서나 지원 자료를 편리하게 제출할 수 있으며 결과적으로 채용 프로세스의 초기 단계에서 귀중한 시간을 절약할 수 있다. 물론 모바일 평가의 한 가지 잠재적인 단점은 일부 지원자가 모바일 장치를 소유하지 않을 수 있다는 점이다. 따라서 이를 고려하는 조직에서는 지원자가 채용 자료를 제출할 때 보다 전통적인 방법을 사용할 수 있도록 허용해야 한다.

출처 : Darnold and Rynes(2013), Arthur and Traylor(2019).

모집과 유인 과정 : 지원자의 관점

조직의 관점에서 모집 과정은 잠재적인 종업원들을 유인하기 위해 되도록 좋은 인상을 주려고 노력하는 것을 의미한다. 동시에 지원자는 어떤 조직이 자신에게 가장 매력적인지를 결정하려 한다. 이전 절에서는 잠재적 지원자들을 유인하기 위해 사용되는 방법과 조직에서 가장 빈번하게 사용되는 모집 방법을 제시하였다. 이 절에서는 어떻게 지원자가 모집 과정을 경험하는지와 해당 조직에 고용되는 것

과학 번역하기 3.1

원격 근무 옵션은 새로운 표준인가?

대부분의 독자가 기억하듯이 2020년 봄에 코로나19로 인해 일의 세계가 극적으로 변했다. 많은 근로자가 해고를 겪었고, 상당 부분은 강제로 재택근무(원격 근무)로 전환해야 했으며, 많은 경우 매우 신속하게 전환해야 했다. 코로나19 기간 동안 원격근무가 널리 사용됨을 고려할 때 조직에서 계속해서 원격근무 옵션을 제공할 수 있을 것인가, 아니면 직원들에게 대면 근무 방식으로 돌아가도록 요구할 것인가?

빈대학교의 연구자들은 오스트리아 최대 온라인 구인 게시판에 수년간 게시된 구인 정보를 분석하여 이 질문을 실증적으로 조사했으며 그 결과는 원격 근무에 대한 몇 가지 중요한 통찰을 제공한다. 하나는 2017년부터 2020년까지 원격 근무의 보급률이 점차 증가하고 있다는 점이다. 특히 높은 수준의 교육과 업무 경험이 필요한 직업의 경우에 더욱 그렇다. 따라서 코로나19 기간 동안 원격 근무가 증가하였으며, 이는 분명히 이미 진행 중인 추세가 되었다.

또한 이 연구자들은 초기 코로나19 위기가 시작된 지 14개월 후(일부 제한이 완화되기 시작한 시점)에도 고용주가 더 높은 수준의 업무를 요구하는 직무에 대해 지원자에게 원격 근무 옵션을 제공할 가능성이 여전히 2~3배 더 높았다는 사실을 발견했다. 이 결과는 조직이 일부 직원에게 대면 근무 방식으로 복귀하도록 요구하기 시작하더라도 원격 근무가 여전히 자주 사용되고 있으며 이것이 크게 바뀔 것이라는 징후는 없음을 분명히 시사한다.

한 가지 잠재적인 한계점은 이 연구가 오스트리아에서 수행되었다는 점이며 이러한 결과가 다른 국가에도 일반화되는지 아닌지는 불분명하다. 또한 이 저자들은 직원들이 재택근무를 선호하는지 또는 잘 적응하는지 조사하지 않았다. 그러나 조사 결과에 따르면 업무 방식에 일부 변화가 필요하다는 사실이 드러났다. 코로나19로 인해 불가피해진 근무 방식의 변화는 단순히 일시적인 추세가 아니라 업무 조직의 근본적인 변화를 나타낼 가능성이 더 크다.

출처 : Bamieh and Ziegler(2022).

을 결정하는지를 제시하고자 한다. 또한 여기서는 다양한 모집 방식에 대한 지원자의 지각을 살펴본다.

매우 일반적인 의미에서 잠재적인 고용주를 평가할 때 지원자는 이 조직이 자신과 얼마나 부합하는지에 대한 판단을 내린다. 실제로 어떤 지원자는 스스로 다음과 같이 물어본다. “내가 이 조직에서 이 직무를 하는 모습을 상상할 수 있을까?” 이 질문에 대한 대답은 여러 수준에서 이루어질 수 있으므로, 지원자가 어떤 근거에서 부합도를 평가하는지는 몇 가지 설명이 필요하다. 지원자가 부합도를 평가하기 가장 쉬운 차원은 직무 수행에 요구되는 기술과 능력을 자신이 보유하고 있는지 평가하는 것이다(Kristoff-Brown et al., 2005). 예를 들어 대학 교수직에는 대개 특정 전문 분야의 박사 학위가 요구되며, 많은 경우 학생들을 가르쳐 본 경험이 있으면 더 좋다. 만약 박사 학위를 지니지 않은 사람이라면 분명 그 직위에는 부합하지 않을 것이다.

지원자가 직무와 관련된 기술과 능력을 갖추고 있다면, 지원자는 특정 조직과의 부합도를 평가하기 위해 어떤 다른 근거들을 사용할 것인가? Schneider(1987)의 **유인-선발-퇴출**(Attraction-Selection-Attrition, ASA) 이론에 의하면, 지원자는 자신의 성격과 일치하는 문화를 가진 조직에 매력을 느끼고 계속 남아있게 된다. 기술, 능력, 자격증 등과 비교해볼 때 조직 문화에 관한 판단은 훨씬 더 어렵다. 지원자는 조직 구성원이 아니므로 대부분 기업 웹 사이트(Cober et al., 2003), 기업 모집 소책자(Cable & Yu, 2006), 소비자로서 조직과 접했던 경험(Lievens & Highhouse, 2003)과 같은 간접적인 정보 출처에 의존해야 한다. 일부 지원자들의 경우 해당 조직에서 일하고 있는 사람을 알고 있고(Schlachter & Pieper, 2019), 그들의 정보가 상대적으로 정확할 수 있지만 여전히 직접적 경험에 기반한 것은 아니다.

간접적인 정보에 기인한 평가를 하는 것이 어려움에도 불구하고, 연구는 대체로 ASA 이론을 지지해 왔다. 왜냐하면 조직 또는 작업집단의 구성원들은 성격 특성에 있어 상당히 동일성을 갖는 경향이 있기 때문이다(예 : Schneider et al., 1998). 이는 조직이나 집단의 문화가 자신의 성격과 부합하지 않으면 이직하는 경향이 있음을 나타낸다. 지원자가 조직 문화에 매력을 느끼고 자신의 성격과 잘 맞는다고 지각하더라도, 이는 여전히 의문을 낳는다. 성격의 어떤 측면 그리고 조직의 어떤 측면을 말하는 것인가? 이 질문에 답하기 위해 Judge와 Cable(1997)은 성격 5요인(신경증, 외향성, 경험에 대한 개방성, 우호성, 성실성)과 직무 지원자들이 서로 다른 문화적 프로파일을 가진 조직에 유인되는 정도 간의 관계를 조사하였다. 여기서 조직 문화란 조직 구성원들의 행동 대부분을 인도하는 근본 가치와 기본 가정이라고 볼 수 있다(조직 문화에 대한 더 광범위한 설명은 제12장 참조). 이 연구 결과는 지원자가 자신의 성격과 일치하는 문화적 프로파일을 가진 조직에 끌린다는 것을 보여주었다. 예를 들어 성실성(conscientiousness)이라는 성격 특성에 대해 생각해보자. 성실성이 높은 사람은 신뢰할 수 있고 성취 지향적이며 계획적이다. Judge와 Cable(1997)의 연구에 의하면, 성실성이 높은 사람들은 대단히 세부 지향적이고 가시적인 결과를 중요시하는 문화를 가진 조직을 선호한다. 이는 높은 성실성을 지닌 사람들이 일에 대해 매우 꼼꼼하고 실제적인 성과물을 만들어 내려고 하는 경향이 있기 때문이다.

좀 더 최근의 연구도 Judge와 Cable(1997)의 결과를 지지하였으며, 지원자가 적합성에 대한 인식을 어떻게 도출하는지에 대한 추가적인 통찰력을 제공했다. 즉 지원자들은 소비자들이 서로 다른 제품에 관해 판단을 내리는 것과 거의 같은 방식으로 조직에 관한 판단을 내리는 경향이 있다는 것이다(예 : Brooks et al., 2003). 즉 조직의 채용 메시지의 특징은 조직이 어떤 장소인지에 대한 단서를 제공한다. 더욱이 이러한 정보는 지원자가 특정 조직에 대한 지원 여부를 결정할 때 조직 문화에 관한 판단보다 더 크게 영향을 미칠 수 있다. 왜냐하면, 대부분 지원자는 지원하려는 조직의 실제 문화에는 친숙하지 않기 때문이다. Lievens와 Highhouse(2003)에 따르면 이것은 모집에 대해 중요한 현실적인 시사점을 제공하는데, 왜냐하면 조직이 광고 및 뉴스 기사나 조직 웹 사이트와 같은 매체에서 어떻게 표현되는지에 대해 매우 주의를 기울여야 한다는 것을 말해 주기 때문이다(‘참고 3.3’ 참조).

지원자가 특정 조직에의 부합도를 판단할 수 있는 또 다른 방식은 조직의 ‘성격’에 대한 지각에 근거하는 것이다. 최근 연구에 의하면, 지원자들은 종종 조직에 성격을 부여하고, 그러한 성격 특성을 부합도를 평가하는 근거로 사용한다(Slaughter et al., 2004). 더구나 오늘날의 지원자들은 소셜 미디어

참고 3.3

조직 이미지의 중요성

채용에 관한 연구에 따르면 조직이 잠재적인 지원자에게 투영하는 이미지는 매우 중요하다. 소비자가 동일한 제품의 다양한 브랜드(예 : 다양한 자동차 브랜드)에 대한 인식을 형성하는 것과 거의 동일한 방식으로, 구직자도 다양한 고용주에 대한 인식을 형성해 간다. 연구에 따르면 구직자는 다른 사람들을 인식하는 방식, 즉 성격을 파악하는 것처럼 조직의 성격에 대해서 추론하는 경향이 있다. 또한 이러한 인식은 구직자가 특정 조직에서 취업을 추구할지를 결정하는 중요한 요인인 것으로 보고되었다(Carpentier et al., 2019).

그렇다면 이러한 연구 결과가 실제로 어떤 의미가 있는가? 첫째, 조직은 채용 자료, 회사 웹 사이트, 뉴스 미디어, 소셜 미디어 사이트, 심지어 소비자 광고에 반영되는 이미지에 세심한 주의를 기울여야 한다. 일부 조직(예 : 스타벅스)이 뉴스에 자주 등장하는 것을 고려하면 이는 확실히 어려운 작업일 수 있지만 투사되는 이미지가 잠재적 구직자를 실망시키지 않도록 하는 데 필요한 작업이다.

둘째, 앞서 언급한 정보 출처에 반영된 이미지가 원하는 만큼 긍정적이지 않은 경우 조직은 이러한 불일치를 해결해야 한다. 예를 들어 취업 정보 사이트에 작성된 이전 직원 리뷰에서 조직의 급여가 낮다고 일관되게 언급한다면 보상 관행을 평가하고 가능하다면 급여 수준을 조정하는 것이 합리적이다.

물론 어떤 경우에는 조직에 대한 비판을 해결하기가 훨씬 더 어려울 수도 있다. 예를 들어 일부 전직 직원이 조직에 '해로운 작업환경'이 있다는 댓글을 게시하는 경우, 그러한 댓글이 불만을 품은 소수의 전직 직원이 게시한 것인지, 아니면 조직 문화의 실제 문제를 반영하는 것인지 알기는 어렵다. 어느 쪽이든, 조직에서는 그러한 의견을 진지하게 받아들이고, 현재 직원들이 회사를 어떻게 보는지 알아보기 위해 어떤 형태의 평가를 수행하는 것도 하나의 방법이다.

요약하자면, 조직 이미지는 인재 유지에 매우 중요하며, 채용에서는 잠재적인 구직자에게 투영되는 이미지를 위해 외부환경을 모니터링하는 데 최소한의 자원이라도 투자해야 한다. 그러나 가장 중요한 것은 조직의 이미지가 원하는 이미지에 미치지 못할 경우 이를 기꺼이 해결하고 이미지를 변경하기 위한 조치를 취해야 한다는 것이다.

출처 : Carpentier, M., Van Hoye, G., & Weijters, B. (2019). Attracting employees through the organization's social media page: Signaling employer brand personality. *Journal of Vocational Behavior*, 115, 1-14. https://doi.org/10.1016/j.jvb.2019.103326.

의 정보에 더 의존하는 경향이 있기 때문에, 최근 연구들은 조직의 소셜 미디어가 지원자들에게 어떻게 인식되는지를 탐색하고 있다. 예를 들어 Carpentier와 동료 연구자들(2019)은 지원자가 더 매력적인 이미지의 조직 소셜 미디어 계정이 지원자가 조직의 온정성에 대해서 더 긍정적으로 추론하도록 하는 것을 발견했다. 또한 더 정보적으로 보이는 웹페이지일수록 더 경쟁력 있다고 지각하도록 한다. 가장 중요하게, 조직 온정성과 조직 역량에 대한 인식은 조직 매력도와 정적인 관련이 있었다. 조직은 소셜 미디어를 사용하여 구직자의 적합성을 평가할 수도 있지만 주의해서 사용하는 것이 필요하다(Chambers & Winter, 2017). 이 장의 '실무자 소개'에서는 많은 조직이 채용 및 선발 시스템을 개선하는 데 도움을 준 숙련된 컨설턴트인 Jamie Winter를 소개한다. 조직의 웹 사이트와 소셜 미디어 페이지에 대한 연구의 가장 중요한 의미는 지원자가 특정 조직에 취업할지 여부를 결정할 때 이러한 특성

실무자 소개

JAMIE WINTER

나는 항상 심리학 수업을 즐겼지만, 치료자라는 직업이 나에게 적합한지 확신할 수 없었다. 나는 산업 및 조직(I-O) 심리학 수업을 선택과목으로 수강하기로 하기 전까지 I-O 심리학에 대해 들어본 적이 없었다. 비즈니스 환경에 적용되는 심리학 과학인 산업 및 조직심리학은 내가 찾던 바로 그 강좌였다. 나는 네브래스카대학교 링컨캠퍼스에서 경영학을 부전공으로 공부하며 심리학 학사 학위를 취득한 후 애크런대학교에서 산업 및 조직심리학 석사 학위를 취득했다. 나는 또한 애크런대학교의 박사 과정을 ABD(논문 제외)로 마쳤다. 대학원에 있는 동안에는 선발 시스템의 설계 및 구현을 전문으로 하는 소규모 컨설팅 회사에서 근무했다. 대학원에서 학부 과정 학생을 가르치는 것이 정말 즐거웠지만 항상 컨설팅 분야에 진출할 계획을 갖고 있었다. 가장 큰 질문은 내가 회사 내부에서 일하는 HR 일자리를 찾을 것인지, 아니면 컨설팅 회사에서 일할 것인지였다. 내 생각은 외부 컨설턴트로 일하면 경력 초기에 나에게 도움이 될 다양한 경험을 할 수 있을 것이라고 생각했다.

대학원 졸업 후 첫 직장은 디트로이트에 있는 Aon Consulting이었다. 미시간주에서 일하면서 나는 수많은 자동차 제조 조직을 포함하여 중공업 제조 조직에 많이 노출되었다. 나는 컨설팅 업무를 수행하면서 직무 분석을 수행하고, 리더와 일선 리더를 위한 다양한 선택 도구(예 : 채용 전 테스트, 행동 시뮬레이션, 구조화된 인터뷰)를 개발 및 검증하면서 훌륭한 경험을 얻었다. 선발 장면에서 일한 이러한 초기 경험은 내가 30년의 경력 동안 계속해서 연습하고 다듬어온 전문 기술의 훌륭한 기반을 제공했다.

나는 Development Dimensions International (DDI)에서 일하게 된 많은 사람들과 함께 대학원을 다녔다. Aon에서 근무하던 중, DDI에 있던 대학원 친구 중 한 명이 나에게 GM의 정규직에 대한 선발 프로세스 개발을 감독하는 팀을 운영하는 놓칠 수 없는 기회를 알려주었다. 나는 다음 5년 동안 초급 전문가부터 최고 경영진까지 GM 정규직을 위한 선발 프로세스의 기초 역할을 하는 전사적 직무 분석을 수행하는 컨설턴트 및 평가자 팀을 구성하고 관리했다. 여기에는 채용 전 테스트(SJT, 성격 평가 및 바이오 데이터), 평가 센터 및 구조화된 인터뷰가 포함되었다. 우리는 또한 조직 리엔지니어링, 공장 창업, 성과 관리 및 개발 평가를 지원하기 위한 인재 검토 프로세스 개발과 같은 여러 일회성 프로젝트에 참여했다. GM 프로젝트는 또한 국제적으로 선발 과정을 전개하는 미묘한 차이를 배우는 귀중한 경험을 제공했다.

DDI와 같은 대형 컨설팅 회사에서 일하면서 가장 좋은 점 중 하나는 다양한 분야에서 일하면서 다양한 인재 시스템(예 : 선발, 성과 관리, 교육 및 개발, 승계 등)을 개발하고 구현하는 경험을 얻을 수 있다는 것이다. 나는 DDI에서 22년 동안 다양한 산업과 고객에 걸쳐 컨설팅 리더, 글로벌 계정 관리자(영업), 제품 관리자로 고객에게 서비스를 제공했다. 이러한 각 역할은 조직을 돕기 위해 I-O 심리학자로서의 배경을 어떻게 적용할 수 있는지에 대한 새로운 통찰력과 다양한 관점을 제공했다. 나는 다양한 조직과 업계의 다양한 인재 프로세스에 대한 지식을 넓힐 기회를 받아들였다. I-O 분야의 지속적인 발전, 기술의 진보, 끊임없이 변화하는 고객 기반 덕분에 지속적인 학습이 이루어졌으며, 이는 나의 경력에 있어 중요한 성공 요인이 되었다.

나는 현재 APTMetrics에서 컨설팅팀과 인재 확보 실무 영역을 담당하는 부사장으로 일하고 있다. 당시에 DDI의 전 동료가 APT에서 인재 확보 실무 영역을 구축하는 데 도움을 줄 수 있는지 알아보려고 나에게 연락했었다. 내가 궁극적으로 APT에 관심을 갖게 된 데는 세 가지 요인이 있다. 첫째, 그들은 I-O 실무자로서 매우 훌륭한 평판을 얻고 있었으며 I-O 과학은 나에게 항상 중요했다. 둘째, APT는 DDI보다 작은 회사였기 때문에 조직에 영향을 미칠 수 있는 기회가 더 많았다. 셋째, 문화였다. 나는 이전 동료에게 APT의 문화에 대해 물었는데, 그는 APT의 문화가 고도로 협력적이며 I-O 실행에 높은 가치를 부여한다고 이야기해 주었다(이 정보는 정확했다). DDI는 I-O 심리학자로서 배우고 성장할 수 있는 환상적인 장소였지만 나는 새로운 모험을 하고 싶었다.

APT에서 나의 현재 역할은 내 경력 중 가장 즐겼던 일, 즉 인재 관련 문제를 해결하는 데 도움이 되는 프로젝트 제공, 컨설턴트 팀 이끌기, 제품 개발 및 관리, 전율 넘치는 경험에 참여하기 등의 훌륭한 조합이다. 또한, 경쟁이 치열한 상황에서 제품과 서비스를 판매하기 위해 노력하고 다양한 고객, I-O 심리학자, 리더 및 기술팀과 협력하여 계속 배우고 개발한다. 예를 들어 나는 세계 최대 규모의 여러 기술 회사의 직무 아키텍처의 기초가 되는 전사적 직무 분석 프로젝트를 수행하는 컨설팅팀을 지원하고 이끌었다. 또한 나는 '일상생활(day-in-the-life)' 행동 시뮬레이션을 개발한 팀을 이끌고 있는데, 이 프로그램은 효과적인 구조화된 인터뷰를 수행하는 방법에 대해 면접관을 교육하는 기술 실습을 몰입감 있게 제공한다. 내 역할의 중요한 부분은 고용 전 평가를 개발하고 검증하며 대규모 역할에 맞게 맞춤화하여 실행하는 것이다. 이 평가들의 개발부터 실행까지 모든 과정에 참여하는 것은 정말 보람찬 경험이다. 산업 및 조직심리학자로서 가장 큰 기쁨은 특정 조직에 맞춘 새로운 테스트에서 무해한 영향을 가진 중요한 검증 계수를 발견하는 것이다.

내 경력 내내 지속적으로 가진 열정은 인재 선발이다. 조직이 올바른 사람을 고용하고 승진시키는 것은 큰 영향력을 가진다. 하지만 더 중요한 것은 개인과 그들 가족에게 미치는 영향 때문에 조직이 공정하고 객관적인 고용 결정을 내릴 수 있도록 도와주는 것이다. 자신의 기술과 동기에 잘 맞는 일자리를 얻는 것은 대다수 사람에게 인생을 바꾸는 일이다. 이러한 결정들은 우연에 맡기기에는 너무 중요하다. 나의 경력에서의 미션이라고 할 수 있는 것이며, 이 모든 과정은 매우 보람찬 여정이다.

Jamie Winter는 APTMetrics의 인재영입 부사장이다. 그는 개인과 조직이 인재 프로세스를 최적화할 수 있도록 지원하는 역할을 한다. 그의 경력은 25년 이상이며, 세계적으로 인정받는 몇몇 기관

(계속)

에 컨설팅 서비스를 제공하였고, 시험, 면접, 평가 센터, 소셜 미디어 활용, 관리자 선발, 리더십 개발 등 다양한 주제에 관한 보고서를 발표하였다. 또한 그는 여러 산업 회의에서 발표한 경험이 있다. 그는 1997년에 애크런대학교에서 산업 및 조직심리학 석사 학위를 받았다.

추론에 따라 행동한다는 것이다(Slaughter & Greguras, 2009). 물론 조직의 성격에 대한 지원자의 지각은 불완전한 정보에 기초하고 잘못된 것일 수도 있다. 실제로 연구에 의하면, 자신이 특정 조직에 '적합'할 것인지에 대한 지원자의 인식은 매력과 밀접한 관련이 있는 것으로 나타났다. 그러므로 많은 경우에 지원자들은 특정 조직에 취업하고자 할 때 지나치게 낙관적일 수 있으며 '부적합한' 영역을 보지 못할 수도 있다(Ostroff & Zhan, 2012).

지원자가 부합도를 판단하는 데 사용하는 세 번째 근거는 가치이다. 가치란 간단히 표현하면 사람과 조직 모두에게 중요한 생각들을 대표하는 것이다. 어떤 사람이 개인적 성취라는 가치를 매우 강조한다고 생각해보자. 이 사람이 팀워크나 집합적인 성취, 팀 기반의 보상이라는 가치를 매우 강조하는 조직에 매력을 느끼기란 쉽지 않을 것이다. 사실상 여러 연구에서 지원자들은 자신과 비슷한 가치를 가졌다고 지각하는 조직에 매력을 느낀다는 것을 증명하였다(Chatman, 1991; Dawis, 1990). 이것의 중요한 함의는 조직은 지원자들에게 조직이 추구하는 가치에 대한 정확한 정보를 전달하는 데 유의해야 한다는 것이다. 분명 지원자들도 조직이 추구하는 가치에 대한 판단을 할 때 단순히 모집 관련 자료에만 의존하지는 않는다. 예를 들이 지원자들은 그러한 판단을 할 때 친구나 가족 등 다른 사람들로부터의 정보, 조직과의 직면 경험(예 : 고객), 조직이 미디어에서 그려지는 방식 등의 영향을 받는다.

보다 넓은 의미에서 조직은 그들의 가치를 명확하게 하고 그러한 가치와 일치하는 방식으로 운영되도록 노력해야 한다. 이러한 발견은 가치 명료화가 지원자들에게도 유용한 활동임을 시사한다. 더불어 지원자들은 성격과 가치뿐만 아니라 다른 다양한 요인에 기초하여 부합도의 판단을 내릴 수 있다. 예를 들어 환경 문제에 강한 감정을 가진 지원자는 기후 변화 및 환경 지속가능성과 같은 문제에 대해 진보적인 조직에 매력을 느낄 수 있다. 어떤 사람들은 좀 더 이념적인 이유에서 특정 조직의 구성원이 되기를 원한다. 예를 들어 군에 입대하는 것은 국가에 봉사하는 것의 가치를 높게 평가하며, 그러한 가치를 달성하는 하나의 방법이라고 보기 때문일 수 있다. 다른 사람들은 연봉이 낮음에도 불구하고, 원주민이 고급 교육 학위를 취득하도록 돕거나(예 : Native Forward), 멸종 위기에 처한 종을 구하는 데 도움을 주기 위해(예 : Sheldrick Wildlife Trust 또는 World Wildlife Fund) 자신의 열정에 맞는 비영리 단체에서 일하기로 선택할 수 있다.

조직 사회화

조직이 충분히 자격을 갖춘 많은 지원자를 유인할 수 있다면 조직은 몇 가지 선발 절차를 거쳐 일부 지원자에게 직무를 제안할 것이며, 최종적으로 새로운 종업원이 입사하는 것으로 마무리될 것이다(Ployhart et al., 2017). 누군가가 고용되면 새로운 구성원을 이방인에서 어엿한 조직의 한 구성원으로 변모시키기 위한 사회화 과정이 필요하다. 이 절에서는 조직 사회화를 정의하고, 조직 사회화 과정 모델을 살펴보며, 사회화 과정 동안 조직과 새로운 구성원 모두가 사용하는 책략들을 고찰할 것이다.

조직 사회화(organizational socialization)는 한 개인이 **이방인**에서 **조직 구성원**으로 전환되는 과정을 나타낸다(Bauer et al., 2021). 이러한 정의에는 사회화가 새로운 구성원이 첫 며칠 동안 참여하는 일련의 특별한 활동이 아니라 장기적인 과정이라는 사실이 내재되어 있다. 대부분의 성인이 이전보다 더 자주 직업을 바꾸고 심지어 경력을 바꾸는 것을 고려하면, 조직은 새로운 구성원을 사회화하는 데 많은 시간을 사용하며 대부분의 사람들은 사회화 과정을 자주 거치게 된다. 최근에는 **온보딩**(onboarding)이라는 용어가 사용되기 시작하였는데, 이는 '조직 또는 그 대리인이 신입 구성원의 적응을 증진하기 위해 행하는 모든 공식/비공식적 관행, 프로그램, 정책들'(Klein & Polin, 2012, p. 268)을 의미한다. 이는 종종 사회화와 상호 교환적으로 사용되곤 하지만, 이 둘은 분명 다르다. 온보딩 역시 매우 중요하지만, 이 절에서는 사회화가 온보딩보다 더 폭넓고 장기적인 과정이라는 점을 보여줄 예정이다.

조직 사회화에 대한 위 정의의 또 다른 측면은 사회화 과정의 핵심은 학습(learning)이라는 점이다. 이방인에서 완전한 조직 구성원으로 성공적으로 전환되기 위해 무엇을 학습해야 하는가? Van Maanen과 Schein(1979)에 의하면 가장 넓은 의미에서 사회화는 조직의 문화를 학습하는 것과 새로운 조직 구성원의 **문화적 적응**(acculturation)을 포함한다. 따라서 사회화는 새로운 조직 구성원의 문화적 적응 과정과 동의어이다. 새로운 구성원의 사회화에서 중요한 또 다른 부분은 성공적인 조직 구성원이 되기 위해 필요한 직무 관련 지식과 사회적 지식을 학습하는 것이다(Louis, 1990). 즉 사회화는 맡은 직무를 효과적으로 수행하는 법, 조직의 다른 구성원들과 함께 잘 지내는 법, 조직의 문화를 학습하는 것과 관련이 있다. 위에서 기술한 바와 같이 조직 사회화의 일반적인 정의를 고려하면, 사회화 과정에는 다양한 차원이 존재한다. 조직 사회화의 가장 포괄적인 정의 중 하나는 Chao 등(1994)이 제시한 것이다. 여섯 가지 차원으로 구성된 이들의 정의는 과업 관련 학습, 사회적 분위기에 대한 지식, 문화의 전달이라는 요소를 포함한다. 이들 여섯 가지 차원은 〈표 3.1〉에 제시되어 있다.

첫 번째와 두 번째 차원은 **역사**(history)와 **언어**(language)이다. 새로운 종업원이 조직에 사회화되어 갈수록 오랜 관습이나 전통을 포함하는 조직의 역사에 대해 친숙해진다. 또한 이들은 조직 구성원의 전문 용어와 은어에 익숙해진다. 그러한 언어 중 일부는 조직의 전문 분야(예 : 병원)를 반영하는 것일

표 3.1 조직 사회화의 6개 차원

1. 역사
2. 언어
3. 정치
4. 사람
5. 조직 목표와 가치
6. 업무 숙련도

출처 : Chao et al.(1994) / American Psychological Association.

수도 있지만, 대개는 특정 조직에만 한정된 언어를 사용하는 경우가 많다. 아마도 새로운 구성원에게 역사와 조직 특유의 용어를 가르치는 대표적 조직은 군대일 것이다. 기본 훈련 기간 동안 새로운 구성원들은 미군의 풍부한 역사와 전통에 대해서 배우며, 또한 빠르게 군대 특수 용어와 약어(acronyms)를 학습하게 된다. 예를 들어 '발표(presentations)'를 '브리핑(briefings)'이라고 하고, '임무(assignments)'를 '미션(missions)'이라고 한다. 공저자 중 두 명이 군대가 약어에 의존하고 있다는 것을 개인적으로 증명할 수 있다('참고 3.4' 참조).

사회화의 세 번째 차원은 **정치**(politics)이다. 새로운 구성원이 조직에 사회화되어 갈수록 조직 내 행동을 지배하는 명시되지 않은 규칙이나 정치적 역학을 점차 이해하기 시작한다. 예를 들어 일이 이루어지도록 하는 방법, 하고 싶은 일을 얻는 방법, 조직에서 가장 영향력 있는 사람이 누구인지 등을 배우는 것이다. 이러한 것들은 처음에는 분명하게 드러나는 것으로 보이기도 하지만, 실제로는 상당히

참고 3.4

약어와 군대 문화

군대에 있거나 군대를 위해 일하는 일반인에게 가장 큰 충격 중 하나는 군대에서 약어를 너무나 많이 사용한다는 것이다. 예를 들어 당신과 가장 가깝게 함께 일하는 사람은 당신의 POC(Point of Contact)이고, 누군가 일시적으로 다른 장소로 이동한다면 그 사람은 TDY(Temporary Duty)이다.

저자 중 두 명(Jex와 Britt)은 모두 미 육군에서 오래 일해 왔기 때문에 군대 약어에 매우 친숙하다. Britt 박사는 미 육군 장교였기 때문에 당연히 기초 훈련 동안 약어에 익숙해졌다. Jex 박사는 1990년대 초에 미 육군 모병사령부(United States Recruiting Command, USAREC)의 일을 맡아 1년간 연구를 진행하면서, 1990년대 말에는 WRAIR(Walter Reed Army Institute for Research)에서 초빙연구원으로 일하면서 처음으로 군대 약어를 접하게 되었다. 그때 함께 USAREC 프로젝트를 진행했던 군인들은 우리가 군대 약어에 대한 이해가 부족하다는 것에 대해 우려해서 모든 군대 약어의 의미가 적혀 있는, 두께가 거의 2.5cm에 가까운 소책자를 주었다. 초반에는 조금 버거운 감이 있었지만, 프로젝트에 참여했던 모든 사람이 주요한 약어에 대해 어느 정도 익숙해진 다음에는 의사소통에서 약어를 사용하는 것이 편안하게 되었다.

왜 군대에서는 약어를 많이 사용할까? 비록 이것에 대한 '공식적인' 설명은 없지만, 아마 약어가 실제 군사작전에서 매우 중요한 의사소통의 신속성을 촉진해 준다는 점 때문일 것이다. 또한, 일부 약어가 일반에서 동시에 사용되기도 하지만(예 : SNAFU), 약어의 사용은 군대를 다른 유형의 조직들과 구분해 주는 기능도 한다.

복잡할 수 있다. 많은 조직에서 새로운 구성원은 권력과 영향력이 단순히 조직의 위계 수준과는 크게 관련되어 있지 않다는 것을 알게 된다. 예를 들어 간혹 단순 사무를 보는 직원조차도 정보의 흐름과 조직의 상위 계층에 있는 사람들에 대한 접근을 통제하기 때문에 상당한 영향력을 행사할 수도 있다.

사회화의 네 번째 차원은 **사람**이다. 새로운 조직 구성원 대부분은 대개 어떤 집단이나 단위(unit)에 속하여 다른 사람들과 좋은 업무 관계를 형성하고 유지해야 한다. 이것은 작업집단 내에서뿐만 아니라 조직 전체에서 인간관계를 형성하는 것이다. 이러한 관계를 통해 신입 구성원은 친구를 사귈 수 있고, 조직에 대한 가치 있는 정보를 얻을 수 있다(Morrison, 2002). Fang 등(2011)은 이러한 과정을 신입 구성원이 조직 내 '사회적 자본'을 획득하는 것이라고 하였다. 사회적 자본의 획득은 새로운 구성원의 조직 초기 적응과 장기적인 성공을 촉진한다. 많은 조직에서 멘토와 멘티를 짝지어줌으로써 이런 과정을 촉진한다(Allen et al., 2017). 이러한 멘토링 관계는 새 구성원이 새로운 환경에 적응하고 성공의 가능성을 높인다는 측면에서 중요하다('관리자를 위한 시사점 3.2' 참조).

사회화의 다섯 번째 차원은 **조직 목표와 가치**이다. 그들은 조직의 목표와 가치를 학습함으로써 어느 정도는 자신의 것으로 동화시켜야 한다. 예를 들어 타겟(Target)에서 일하는 종업원은 이 회사에서는 고객을 만족시키기 위해 적어도 어느 정도의 열정은 가져야 한다는 것을 배워야 한다. 앞서 말한 것처럼 이러한 학습은 유인 단계에서도 어느 정도 이루어지는데, 왜냐하면 종업원은 자신이 이상적으로 동일시하는 조직에 매력을 느끼는 경향이 있기 때문이다. 그러나 지원자는 정규 직원이 되기 전까지는 대개 조직의 목표와 가치를 완전히 파악하지는 못한다.

Chao 등(1994)이 제시한 사회화의 마지막 차원은 **업무 숙련도**(performance proficiency)이다. 모든 조직의 신입 구성원은 자신의 직무를 능숙하게 수행하기 위해 학습해야만 한다. 그렇지 않으면 조직 구성원으로서 오래 남아있기 어려울 것이다. 수행 숙련성을 기르는 것은 자신의 직무에서 해야 할 임무를 파악하고, 그것을 수행할 세부적인 기술을 습득하는 복잡한 과정이다. 조직 사회화 문헌에서는 신입 구성원이 조직에 처음 들어왔을 때 이 차원을 가장 우선적으로 해야 할 일이라고 일관되게 강조하고 있다. 조직 내 보상과 미래의 기타 많은 기회는 전적으로 자신의 수행에 달려 있다는 점에서 볼 때 이 점은 쉽게 이해가 된다.

사회화 과정 : 조직의 관점

조직 사회화의 과정은 (1) 조직과 (2) 신입 구성원이라는 두 가지 서로 다른 관점에서 살펴볼 수 있다. 조직의 관점에서는 신입 구성원이 사회화 과정 동안 거쳐 가는 단계들과 신입 구성원이 그러한 단계를 통과하도록 조직에서 사용하는 사회화 책략에 초점을 맞춘다. 이것은 오랫동안 조직 사회화 연구

관리자를 위한 시사점 3.2

신입사원 멘토링의 중요성

대부분의 독자는 새로운 조직에 입사하는 경험을 한 적이 있으며, 이 경험과 관련된 스트레스와 불확실성을 경험해 본 적이 있을 것이다. 신입사원들이 이 경험을 잘 해내도록 돕기 위해 조직들은 종종 공식적인 멘토링 프로그램을 운영하지만, 멘토링은 종종 비공식적으로 일어난다.

조직 문헌에서 여러 정의가 있지만, 멘토링은 '계층적인 일대일 개발 관계'로 정의된다. 이는 경험이 적은 개인(수제자)과 경험이 많은 개인(멘토) 간의 관계를 말한다 (Allen et al., 2017, p. 329). 이러한 개발 관계는 신입 사원들에게 두 가지 주요 이유로 매우 중요하다. 첫째로, 이 관계는 신입사원들이 조직 내에서 경력을 쌓는 과정을 돕는다. 예를 들어 멘토는 조직의 문화에 대한 유용한 통찰을 제공하고, 신입사원이 조직 내에서 더 높은 수준으로 진출하는 데 필요한 경험을 쌓을 수 있도록 돕는다. 둘째로, 멘토는 종종 신입사원들에게 사회적 지원을 제공한다. 앞서 말한 바와 같이, 조직에 새로 온 것은 스트레스가 될 수 있다. 신입사원들은 종종 새로운 업무 과제에 압도되고, 낯선 환경의 문화를 배우는 데 어려움을 겪는다. 멘토는 피드백, 격려 및 무조건적인 지원을 통해 이들을 돕는 역할을 한다.

관리자들은 때때로 신입사원들에 직접 멘토링을 제공하여 도울 수 있지만, 대부분의 공식적인 멘토링 프로그램에서는 신입사원들이 직접적인 권한이 없는 보다 노련한 직원과 매칭된다. 예를 들어 학부에서는 학과장이 신임 교수에게 정보를 제공하지만, 공식적인 멘토링은 종종 학과 내에서 보다 노련한 교수가 제공한다. 그러나 관리자들은 종종 신입사원들이 자신들의 업무 그룹 내에서 또는 조직의 다른 부서에서 비공식적인 멘토링 관계를 발전시킬 수 있도록 촉진할 수 있다. 신입사원들을 더 노련한 직원과 함께 하도록 일을 맡기거나, 신입과 보다 노련한 직원 간의 접촉을 증가시킬 사회적 행사를 개최하는 등의 방법이 일반적이다.

결론적으로, 조직 연구는 멘토링이 사회화 과정을 촉진하는 데 중요한 역할을 한다는 것을 지속적으로 보여주고 있다. 따라서 관리자들은 신입사원들이 공식적인 멘토링 프로그램을 활용하도록 도와주고, 자신들의 업무 그룹 내 및 조직의 다른 부서에서 비공식적인 멘토링 관계를 촉진하려는 노력을 기울여야 한다.

출처 : Allen, T.D., Eby, L.T., Chao, G.T., & Bauer, T.N. (2017). Taking stock of two relational aspects of organizational life: Tracing the history and shaping the future of socialization and mentoring research. *Journal of Applied Psychology, 102*, 324-327. http://dx.doi.org/10.1037/ap10000086.

에서 주요 초점이었다. 최근에는 다소 덜 강조되지만, 여전히 중요한 이슈이다. 신입 구성원의 관점에서는 그들이 새로운 조직환경에 대해 배우고 이를 이해하는 방식에 초점을 둔다. 이 절에서는 먼저 조직의 관점에서 사회화를 검토하고 다음 절에서 신입 구성원의 관점에 초점을 맞출 것이다.

사회화의 단계 : 조직심리학자들은 사회화를 새로운 구성원이 사회화 과정 동안 거쳐 가는 단계의 측면에서 고찰해 왔다. Feldman(1976, 1981)은 가장 영향력 있는 조직 사회화의 단계 모델을 제안했으며, 이 모델은 〈그림 3.1〉에 제시되어 있다.

이 모델의 첫 번째 단계는 **선행 사회화(anticipatory socialization)**로, 이는 조직에 들어오기 전에 일어나는 과정이다. 이러한 형태의 사회화는 모집과 유인 과정, 즉 지원자가 조직에 대한 정보를 수집하고, 자신이 그곳에 적합한지를 평가하는 과정에서 나타난다. 앞서 언급했듯이, 지원자는 이러한 평가를 위해 수많은 정보 출처를 활용한다(예 : 모집 관련 소책자, 회사 직원, 회사 웹 사이트, 소셜 미디어 포스팅, 소비자로서의 과거 경험). 이러한 정보 원천들이 모두 지원자에게 도움은 되겠지만, 그것은 **직접** 체험한 것이 아니기 때문에 평가의 정확성은 상당히 다양할 수 있다. 또한, 앞에서 언급했듯이, 지원자들은 자신의 적합도 인식을 기반으로 이 조직(또는 분야)에서 일하는 것에 대해 과도하게 낙관적인 생각을 가질 수 있다(Ostroff & Zhan, 2012).

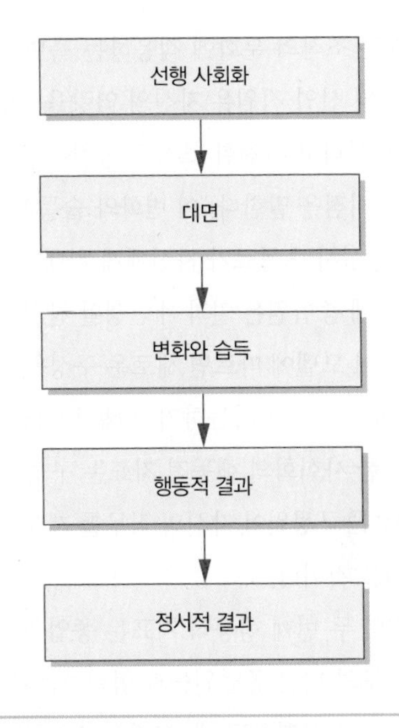

그림 3.1 조직 사회화 모델(Feldman, 1981)

출처 : Feldman(1981)/Academy of Management.

어떤 경우에는 선행 사회화가 모집과 유인 단계보다 더 일찍 일어나는 경우도 있다. 예를 들어 사람들은 인턴, 여름방학 임시직 혹은 기타 유사 경험을 통해 특정 직업을 체험해볼 기회를 가질 수 있다. Feldman(1981)에 의하면, 선행 사회화는 지원자가 조직과 수행할 직무에 대해 현실적인 그림을 가질 수 있게 될 때 가장 가치가 있다. 사실 현실적 직무 소개(realistic job previews, RJPs)의 가치에 대해 많은 연구가 이루어졌는데, 이것은 새로운 구성원들이 앞으로 수행하게 될 직무와 일하게 될 조직의 현실에 대해 정확하게 파악하도록 해 준다(예 : Wanous, 1989). 이와 관련해서는 인재 유지 절에서 더 다루도록 하겠다.

신입 구성원이 조직에 들어가서 공식적인 구성원이 되어 감에 따라 **대면**(encounter) 단계가 시작된다. Feldman(1981)에 의하면, 이 단계는 신입 구성원이 직무와 조직의 현실적인 모습을 보기 시작하는 시기이다. 이 시기는 신입 구성원에게 상당히 스트레스를 주며, 상당한 정도의 적응을 요구한다. 예를 들어 신입 구성원은 조직으로부터의 요구와 가족의 요구 사이에서 균형을 맞추어야 한다. 대형 법률회사의 신임 변호사는 나중에 파트너(경영진)가 되려면 일주일에 최소 80시간 이상 일해야 한다는 것을 알게 된다. 또한, 이 시기에 새로운 구성원은 조직 내에서 자신의 역할이 무엇인지 배우게 된다. 자신이 맡은 역할에서의 책임이 무엇인지를 상사와 함께 논의하면서 분명하게 하면 되지만, 때로는 갈등적인 역할 요구들을 서로 조정해야 하는 경우도 있다.

새로운 구성원이 자신의 새로운 역할에 익숙해지면, 다음으로 **변화와 습득**(change and acquisition) 단계에 도달하게 된다. 이때부터 새로운 구성원은 직무의 여러 과업을 수행하는 측면에서 그리고 더 중요하게는 조직의 문화에 적응하는 측면에서 자신의 새로운 역할에 상당히 편안함을 느낀다. 그리고 이때부터 신입 직원은 자신의 역량을 100% 발휘하게 된다. 사실 이 시점에서 신입 구성원은 더이상 신입이 아니고 완전한 조직 구성원이 된다. 변호사의 경우에는 수많은 소송을 아주 익숙하게 처리하는 그런 시점을 말한다. 이 변화와 습득 단계 동안 새로운 구성원은 역할 요구들 간의 어떤 해결책도 찾게 되며, 상사나 동료가 자신에게 기대하는 것과 기대하지 않는 것들을 확실하게 파악하게 된다. 또한 이 시기에 종업원은 일과 개인생활 간의 적절한 균형을 이룰 수 있게 된다.

적어도 이 모델에 따르면 새로운 구성원이 변화와 습득 단계에 도달하면 거의 **사회화되었다**고 볼 수 있다. 사회화 정도를 가늠하기 위해서 Feldman은 모델에 행동 및 정서적 결과를 포함했다. 이 시기에 가장 중요한 사회화의 행동적 지표는 구성원이 자신의 역할과 관련된 임무를 잘 해낼 수 있는지에 의해 평가된다. 구성원이 자신의 직무를 제대로 수행하지 못했다면, 사회화가 성공적으로 이루어졌다고 보기 어려울 것이다.

사회화의 두 번째 행동적 지표는 종업원이 역할과 관련된 책임을 완수하는 데 있어 자발적으로 혁신하는 정도와 다른 종업원들과 협력하는 정도이다. Van Maanen과 Schein(1979)에 의하면, 구성원이 새로운 역할로 사회화될 때, 그것은 **수호형**(custodianship), **내용 혁신형**(content innovation), **역할 혁신형**(role innovation) 중 하나의 형태로 나타날 수 있다. 수호형 접근은 거의 변화 없이 기존에 정해진 그대로 정확하게만 역할을 수행하는 경우이다. 독자들은 아마 "이것은 나의 직무기술서에는 없어요"라는 말을 들어 보았을 것이다. 반면에 내용 혁신형과 역할 혁신형은 새로운 역할을 맡은 사람이 역할의 내용뿐만 아니라 심지어 역할의 본질에 변화를 꾀하는 것을 의미한다.

내용 혁신형의 예로, 한 의사가 간호사에게 시키지 않고 직접 환자에게 임상병리 검사의 결과를 알려 주는 것을 들 수 있다. 역할 혁신형의 예는, 생산 근로자의 역할에 제품 조립뿐만 아니라 품질관리 그리고 심지어는 최종 사용자와의 의사소통까지도 포함하는 경우이다. 사회화 연구에 의하면 어느 정도의 역할 혁신형은 신입 구성원과 조직에 긍정적이다. 물론 '교본에' 반드시 따라야 하는 직무(예 : 경찰관) 같은 경우에는 역할 혁신형이 항상 바람직한 것은 아니다(Cooper-Thomas & Burke, 2012).

사회화 정도의 세 번째 행동 지표는 이직이다. 만일 구성원이 일찍 조직을 떠나면 이는 사회화 과정이 제대로 작동하지 않았음을 증명하는 것일 수 있다(Feldman, 1981). 물론 다른 일자리가 많아서 이직할 수도 있고(Carsten & Spector, 1987) 혹은 아주 특별한 기술을 가지고 있어 다른 회사에서 일할 기회가 생겼기 때문에(Schwab, 1991) 이직할 수도 있다. 최근 코로나19사태로 큰 주목을 받았던 '조용한 퇴사(Quiet Quitting)' 현상도 이런 맥락에서 볼 수 있다('참고 3.5' 참조).

사회화와 관련된 정서적 지표에는 일에 대한 태도, 동기부여와 직무 관여 수준 같은 것들이 있다. Feldman의 모델에 따르면, 종업원이 성공적으로 사회화되면 높은 수준의 직무 만족, 내적 작업 동기, 직무 관여를 나타내는 경향이 있다. 이직에서처럼 이러한 결과들도 다양한 요인에 의해 영향을 받을

참고 3.5

조용한 퇴사 : 조직 사회화에 적극적으로 저항하기

신입사원들이 조직에 사회화됨에 따라 그들은 조직의 문화를 이해하기 시작하고, 조직의 문화를 이해한 후에는 그 문화에 동화하기 시작한다. 따라서 조직이 신입사원들을 사회화하는 데 성공하지 못한 경우의 징후 중 하나로 이직을 보기도 한다. 다시 말해, 조직 문화에 적응하지 않는 사람들은 결국 조직을 떠나게 된다는 뜻이다. 이는 일부 경우에는 사실일 수 있지만, 모든 비준수자들이 떠나는 것은 아니다.

코로나19 기간 동안 주목받은 사회화 저항의 하나로 '조용한 퇴사(Quiet Quitting)'라는 방법이 있었다. 조직 연구 문헌에서는 정확한 정의가 없지만, 대부분은 이것을 자신의 직무에 대해 좁은 시야와 관련된 역할 경계를 가지고 있다고 보고 있다. 다시 말해, 정확히 작성된 직무를 수행하고 조직의 구성원 자격을 유지하기 위해 최소한의 노력만 기울이는 것을 의미한다(Selyukh, 2022).

조용한 퇴사는 아직 새로운 현상이기 때문에, 이를 위한 체계적인 연구가 많이 이루어지지 않았다. 그러나 직원들이 조직의 문화에 적응하거나 심지어 적극적으로 저항하는 것은 선택적 결정일 수도 있다. 조직은 종종 직원들에게 항상 '연결되어' 있고 언제든 일할 수 있도록 기대하기 때문에, 조용한 퇴사는 이 현상에 대한 반발로 해석될 수 있다. 코로나19 동안 원격 근무가 급증함에 따라, 상시로 사용 가능해야 한다는 기대도 증가했을 가능성이 있다. 앞으로 조용한 퇴사의 보다 체계적인 정의를 제공하고 그 배후 동기를 이해하기 위해 더 많은 연구가 필요하다. 또한 이러한 행동을 취하는 직원들, 그들의 동료들, 그리고 그들이 속한 조직에 장기적인 영향을 연구하는 것도 중요하다.

출처 : Selyukh, A.(2022). The concept of quiet quitting has captured the post-pandemic zeitgeist. National Public Radio. https://www.npr.org/2022/09/15/1123108825/the-concept-of-quiet-quitting-has-captured-the-post-pandemic-zeitgeist.

수 있으므로 사회화의 완전한 지표가 되지는 못한다. 최근 연구자들은 가장 직접적인 사회화의 결과는 종업원이 조직 내부에 내포(embeddedness)되어 있다는 느낌이 증가하는 것이라고 제안하였다. 내포는 조직에서 다른 구성원들과 연결되어 있다고 느끼는 정도를 의미하는데, 마치 자신이 조직에 꼭 맞는 것처럼 느끼고, 이직을 하면 무언가를 잃어버릴 것 같은 느낌을 말한다(Lee et al., 2014; Mitchell et al., 2001). 내포는 인재 유지 절에서 추가적으로 다루어질 예정이다.

즉각적 또는 '근접' 결과 대 장기적 또는 '원격' 결과와 같이 시간 차원에서 사회화의 결과를 구분할 수 있다. 예를 들어 Fang 등(2011)은 가장 즉각적 또는 근접한 사회화 결과는 (자신의 역할과 조직에 대한) 학습과 동화(사회적 통합과 동일시)라고 하였다. 만약 이런 근접 결과들이 달성되면 좀 더 원격의 결과(경력 만족, 승진 및 연봉 인상과 같은 경력 성공)도 얻게 될 것이다.

사회화 책략 : 종업원이 사회화 과정 동안 거쳐 가는 단계를 묘사하는 Feldman(1981)의 모델은 경험적인 지지(예 : Feldman, 1976)를 받아 왔지만, 이 모델은 조직이 신입 구성원들을 사회화할 때 사용하는 구체적인 책략을 기술하지는 않는다. 사회화 책략에 대한 가장 포괄적인 기술은 Van Maanen과

Schein(1979)의 조직 사회화 문헌에 대한 개관에서 찾을 수 있다. 그들에 따르면, 사회화 책략은 〈표 3.2〉에 나타낸 여섯 차원으로 설명할 수 있다.

집합적 사회화에서는 조직이 신입 구성원들을 데려와서 함께 아주 광범위한 훈련 과정을 통과하도록 하는 것을 들 수 있다. 집합적 사회화는 조직의 관점에서 매우 경제적이며, 새내기들끼리 응집력과 동료애를 발달시킬 기회를 준다는 등의 분명한 장점이 있다. 예를 들어 Allen(2006)은 집합적 사회화가 금융 서비스 회사 구성원들 간 강한 내포의 느낌과 상관이 있음을 밝혔다. 최근 코로나19 상황을 고려할 때, 동료에 대한 소속감과 내포의 느낌을 발달시킨 것이 특히 중요한 이점으로 볼 수 있다(Saks & Gruman, 2021).

Van Maanen과 Schein에 따르면 집합적 사회화의 잠재적인 위험은 새로운 구성원들이 오직 수호형 지향성을 지닐 가능성이 매우 높다는 것으로, 이런 방식으로 사회화된 구성원은 자신의 역할을 수행하는 데 있어 그리 혁신적이지 않을 수 있다. 집합적 사회화의 또 다른 단점은 동시에 많은 종업원을 채용할 수 없는 경우에는 사용할 수 없다는 것이다(Klein & Polin, 2012).

개인적 사회화의 예로는 전문적인 도제 프로그램과 광의의 멘토링이 있다. Van Maanen과 Schein (1979)은 개인의 사회화가 역할 혁신형으로 이어질 가능성이 더 높은 반면, 집단적 사회화는 더 적은 이탈로 이어진다고 지적했다. 또한 개인적 사회화는 역할 명료성을 더 높일 수 있다는 것이 밝혀졌다(Jaskyte, 2005).

개인적 사회화의 단점은 비용이다. 고참 관리자가 신입 관리자에게 일대일 멘토링을 해 주거나, 전문 용접공이 수습생을 직접 가르치는 데는 시간과 비용이 많이 든다. 또한 어떤 직업에서는 집합적 사회화에 의해 장려된 수호형의 역할 지향이 오히려 더 바람직하다. 예를 들어 경찰관이 범인을 체포할 때 적절한 절차를 따르지 않으면, 범인이 유죄 판결을 받을 가능성은 매우 낮아진다.

〈표 3.2〉에 기술된 두 번째 차원은 공식적 대 비공식적 사회화 책략이다. 새로운 교수진을 더 많은 고위 교수진과 함께 외부 오리엔테이션 수련회에 보내는 것은 공식적인 조직 사회화의 예다(예 : Van

표 3.2 조직 사회화 책략의 6개 차원

집합적	개인적
공식적	비공식적
순차적	무선적
고정적	변동적
연속적	단절적
수여적	박탈적

출처 : Van Maanen and Schein(1979).

Maanen, 1975). 비공식적 사회화의 가장 일반적인 형태는 친숙한 OJT(on-the-job training) 교육인데, 여기서 신입 구성원들은 좀 더 숙련된 동료들과 뚜렷이 구별되지 않을 수도 있지만, 그들에 대한 초기 수행 기대치는 분명히 더 낮다.

Van Maanen과 Schein(1979)에 따르면, 새로운 구성원이 조직에서 처음 직책을 맡거나 조직 내에서 특정한 지위를 얻게 될 것으로 예상되는 상황이나, 신입 구성원이 배워야 할 지식이 방대할 때 또는 신입 구성원의 실수가 다른 사람들(신입 구성원 자신도 포함)을 위험에 처하게 할 수도 있을 때 공식적 사회화가 사용되는 경향이 있다. 이것은 높은 수준의 전문적 훈련을 필요로 하는 직무(법률, 의료, 치과진료, 응급요원 등)에 적용된다. 반면에 신입 구성원이 새로운 기술과 작업 방법을 빨리 배워야 하거나, 매우 구체적인 실무기술을 개발할 필요가 있을 때 비공식적 사회화가 사용된다. 이것은 편의점 점원, 레스토랑 종업원, 제조공장의 작업자 같은 매우 다양한 근로자에게 적용된다.

공식적 사회화를 거치게 되면 모든 신입 구성원이 사회화 과정 동안에 비교적 표준화된 일련의 경험들을 갖게 되리라고 조직은 확신할 수 있다. 공식적 사회화의 잠재적 결함은 자신의 역할에서 대체로 수호형의 접근을 취하도록 만든다는 데 있다. 앞서 언급했듯이 어떤 경우에는 이것이 바람직하다. 그러나 다른 경우 역할 담당자가 꽤 표준화된 일련의 사실과 지식을 습득해야 할지라도 어느 정도의 혁신은 바람직하다. 예를 들어 가끔 의사들은 환자에게 보다 높은 수준의 의료행위를 하기 위해서 교과서에 있는 지식에서 벗어나야 할 필요도 있다. 상대적으로 비공식적 사회화 과정을 거치면 구성원들은 맡은 역할에서 자기 자신만의 고유한 시각을 가질 수 있고, 독자적으로 일을 할 기회가 있으면 자신의 역할에 변화를 줄 수도 있다.

사회화 책략은 순차적인지 무선적인지의 관점으로도 살펴볼 수 있다. Van Maanen과 Schein(1979)에 의하면, 순차적 사회화는 종업원이 명확히 정해진 조직 위계를 따라 승진하도록 사회화될 때 주로 사용된다. 예를 들어 대학에서는 전형적으로 조교수 직책을 거치지 않고 정교수가 되는 것은 가정할 수 없다. 그러나 사회화 과정이 다소 무선적이면, 새로운 구성원들은 자신의 역할에 관해서 다양한 관점과 견해에 더 노출될 수 있다. 그 결과 구성원들은 자신의 구체적인 역할 책임에서 심지어는 자신의 역할을 조직에 맞추는 방식에서 더 혁신적일 수 있다.

사회화가 고정적일 때, 신입 구성원은 언제 특정한 전환점이 있을지를 미리 알 수 있다. 예를 들어 새로운 구성원들은 많은 신입 경영 교육 프로그램에서 장기적인 업무를 부여받기 전에 특정한 기간 조직 내에서 순환되리라는 것을 이미 알고 있다. 사회화가 변동적(variable)일 때, 조직은 새로운 구성원에게 언제 이동이 있을지 알려주지 않는다. 대신, 주어지는 메시지는 '당신이 새로운 임무를 맡을 준비가 되었다고 느껴질 때' 그 임무가 부여되리라는 것뿐이고, 준비되었다는 것이 언제, 어떻게 결정될지도 아무런 구체적인 사항이 제시되지 않는다.

고정적 사회화의 형태는 대개 종업원의 위계상 지위의 변화와 관련이 있다. 예를 들어 군사 조직에서는 순위가 이러한 방식으로 결정된다. 일반적으로 육군에서는 장교가 대위에서 소령으로, 또는 소령에서 중령으로 이동하기 전에 고정된 기간이 필요하다. 고정적 사회화의 장점은 구성원에게 자신의 역할을 이해할 수 있는 시간을 더 많이 준다는 데 있고(Jaskyte, 2005), 종업원이 자신을 좀 더 그 조직의 일부분임을 느끼게 하는 경향이 있다(Allen, 2006).

Van Maanen과 Schein(1979)에 따르면, 고정적 사회화가 변동적 사회화보다 혁신적 역할 반응을 촉진할 가능성이 더 크다. 변동적 사회화는 새로운 구성원들 사이에 불안을 조장하는 경향이 있는데, 이러한 불안은 구성원들로 하여금 단순히 동조만 하도록 이끈다. 또한, 변동적 사회화는 새로운 구성원들이 **불안정한 상태**(off balance)에 빠지도록 하고, 조직 내 사회화 담당자에 따라 좌우되도록 한다. 얼핏 보아 변동적 사회화가 조직의 관점에서는 이상적인 것 같지만, 나쁜 결과를 초래할 수 있다. 만약 조직이 새로운 구성원의 경력 전망이나 속도에 대해 임의적이고 모호한 입장을 취한다면, 매우 능력 있는 구성원들은 보다 나은 직장을 찾아 떠나 버릴 것이다.

연속적인 방식으로 사회화가 일어날 때, 경험 많은 구성원이 신입 구성원을 자신과 유사한 업무를 맡을 수 있도록 훈련한다. 예를 들어 대부분의 경찰서에서 경찰학교 훈련을 막 마친 새내기들은 베테랑 경찰관과 짝지어져서 업무 수행의 요령을 배우도록 한다. 반면에 단절적 사회화는 새로운 구성원들이 선임자의 전철을 밟지 않거나, 역할 모델이 존재하지 않는 경우에 일어난다. 단절적 사회화는 새로운 종업원이 새로 만들어진 자리나 한동안 공석이었던 자리를 맡게 될 때도 일어난다.

Van Maanen과 Schein(1979)에 따르면 단절적 사회화보다 연속적 사회화가 조직 내에서의 사회적 수용을 더욱 촉진하며, 이는 앞서 기술한 용어인 **내포**(Mitchell et al., 2001)와 깊은 관련이 있다. 많은 조직에서 신입 구성원이 진정으로 타인들에게 받아들여지기 위해서는 **한 단계 한 단계 밟아 올라가는 것**이 필요하다. 또한 조직위계상의 상향 이동을 위해 기술, 가치 및 태도에서 어떤 연속성이 요구되는 상황에서도 연속적 사회화가 유용하다. 예를 들어 민간에서 온 사람이 대학의 행정 고위직에 적합한 관리적 · 전문적 기술을 보유하고 있을 수 있다. 그러나 그 사람은 대학의 문화와 전통에 대한 이해가 부족하여 상당한 어려움을 겪을 가능성이 크다.

두 접근법의 또 다른 차이점은 연속적 사회화가 전통과 순응을 강조하는 반면, 단절적 사회화는 수호형 역할 지향과 더 관련이 있다는 점이다. 또한 단절적 사회화는 혁신을 촉진할 가능성이 더 크다. 그러나 두 가지 접근 모두에는 내재된 위험이 있다. 만약 신입 구성원의 사회화를 담당하는 조직의 숙련된 구성원이 자기 일을 잘 해내고 조직의 올바른 이미지를 전달한다면 연속적 사회화에 의해 촉진된 수호형 역할 지향은 바람직하다고 할 수 있다. 만약 그런 경우가 아니라면, 연속적 접근은 조직 내에서의 **그저 그런 문화**(culture of mediocrity)를 지속시킬 것이다.

단절된 사회화의 이점은 신입 구성원이 자신의 역할을 매우 혁신적이고 독창적인 방식으로 정의할 수 있도록 해 준다는 데 있다. 하지만 이는 구성원 입장에서 개인적으로 상당한 주도력이 요구된다.

동기부여가 높게 되지 않았거나 자신감이 부족한 종업원이 이런 방식으로 사회화된다면 수렁에 빠진 것처럼 허둥댈지도 모른다(Gruman et al., 2006). 또한 이런 방식으로 사회화된 신입 구성원들은 조직에서 그리 바람직하지 않은 업무 습관을 가진 사람들의 영향을 받을 가능성도 있다. 만약 단절적 사회화가 사용된다면 조직은 채용 과정에서 지원자들을 상당히 선별 고용해야 하며, 사회화 과정에 있는 신입 구성원들을 면밀히 지켜봐야 할 것이다.

〈표 3.2〉에 기술된 조직 사회화 책략의 마지막 차원은 수여적(investiture) 접근과 박탈적(divestiture) 접근 간의 구분이다. 수여적 사회화가 사용될 때, 조직은 신입 구성원이 가진 독특한 기술, 가치 및 태도를 최대한 활용한다. 조직의 구성원이 된다고 해서 어떤 변화도 요구하지 않기 때문에 새로운 구성원들은 자기 모습을 그대로 유지할 수 있다. 아마도 이 메시지를 전달하는 가장 강력한 방법은 일상의 상호작용에서 신입 구성원들에게 존중하는 반응을 통해서이다. 만약 신입 구성원이 자신의 개성을 드러내는 것, 예를 들어 옷 입는 방식, 직무에 접근하는 방식에 대해 벌을 받는다면, 이것은 조직이 그 구성원의 독특한 특성을 활용하는 것을 별로 원하지 않는다는 것을 알려주는 것이다. 또한 이는 근로자를 위한 포용적인 환경을 조성하는 데 도움이 되지 않는다(포용적인 작업장을 만들기 위한 관리 및 조직 전략은 제4장 참조).

박탈적 사회화가 사용될 때, 조직은 새로운 구성원을 근본적으로 변화시키고자 한다. 조직은 새로운 구성원이 과거의 행동 방식뿐만 아니라 과거의 태도와 가치관까지도 잊기를 원할 수 있다. 다양한 형태의 전문적인 교육과정의 첫해는 상당한 정도의 단절적 사회화를 포함한다. 왜냐하면, 학생들은 이전 경험에 의하면 그들에게 친숙하지 않은 방식으로 생각하고 사고하도록 교육받기 때문이다. 단절적 사회화의 좀 더 극단적인 예는 사이비 종교집단, 급진적인 정치집단, 범죄집단과 같은 조직에서 쉽게 찾을 수 있다. 이런 조직에서 새로운 구성원은 모든 형태의 개인적 정체성을 다 버리고 조직에 완전한 충성을 바칠 것을 요구받는다.

예상대로, 직무 태도와 보유의 측면에서 신입 구성원들이 수여적 사회화에 더 호의적으로 반응하는 경향이 있다는 연구 결과는 그리 놀라운 것이 아니다(Allen, 2006; Cable & Parsons, 2001). Allen에 따르면 수여적 사회화를 통해 새로운 구성원들이 조직에 내포되었다고 느끼게 만들 수 있으며, 그들이 조직에 더 오래 머물 가능성을 높일 수 있다(Lee et al., 2014). 박탈적 사회화가 사용되어야 하는 몇몇 극단적인 경우(예 : 군대, 첩보국)가 존재하기는 하지만, 대부분 조직에서는 수여적 사회화를 적용하는 것이 더 낫다.

Van Maanen과 Schein(1979)의 모델은 조직 사회화 과정의 이해를 촉진하는 데 꽤 유용하다는 것이 밝혀졌다. 좀 더 중요한 것은 모델에서의 다양한 제안이 상당한 경험적 지지를 받고 있다는 것이다. 더구나 최근에는 구체적인 사회화 책략과 다양한 사회화 결과 간의 관계를 다루는 많은 경험적 연구가 이루어졌다(예 : Allen, 2006; Allen et al., 2017).

이 모델의 지속적인 가치에도 불구하고 한계점이 있다. 첫째, 모델에 기술된 책략들이 마치 개별적인 사회화 형태인 것처럼 묘사될지라도, 실제로 그것들은 연속선상의 양쪽 끝을 나타낸다. 예를 들어 대부분의 조직 사회화 활동은 완전히 공식적인 것과 비공식적인 것의 중간 어딘가에 위치한다. 또한 이 절에서 기술된 사회화 책략들은 여러 조합으로 나타난다. 예를 들어 조직은 새내기를 개인적이고, 비공식적이고, 연속적인 접근법으로 사회화할 수 있다. 불행히도 이 모델은 다양한 책략들이 어떻게 상호작용하여 사회화 과정에 영향을 미치는지 명확하게 설명하고 있지 않다.

이 모델의 두 번째 한계는 사회화를 대체로 일방향의 과정으로 묘사한다는 점이다. 오히려 현실적으로 신입이 기존 구성원들과 조직의 전반적인 문화에 영향을 미칠 수도 있으므로(Feldman, 2012), 단순히 수동적인 수용자인 것만은 아니다. Van Maanen과 Schein도 사회화 과정의 이런 복잡성을 인식했을 것이지만, 단지 그들의 목적은 조직이 사용하는 사회화 책략들에 초점을 맞추어 기술하는 것이었다(Ashforth & Nurmohamed, 2012).

Van Maanen과 Schein의 모델은 이러한 한계점에도 불구하고 오랜 기간 유력한 모델로 건재하였고, 많은 연구를 촉진하였으며 분야에 기여한 바가 크다(Allen et al., 2017 참조). 또한 이 모델은 새로운 구성원에게 사용할 수 있는 상당한 양의 실용적인 가이드라인을 조직에게 제공하였다. 관리자들이 새 직원들을 사회화하는 데 가용한 책략들을 잘 알고 있다면 사회화 과정을 좀 더 효과적으로 관리할 수 있을 것이며, 조직과 새내기 모두에게 가장 바람직한 결과를 가져다줄 사회화 방법을 선택할 수 있을 것이다.

사회화 과정 : 신입 구성원의 관점

조직 사회화에 대한 초기 이론과 연구가 사회화에 대한 귀중한 통찰을 제공했음에도 불구하고 (Feldman, 1976, 1981; Van Maanen & Schein, 1979), 사회화는 주로 조직의 관점과 조직이 신입 구성원에게 무엇인가를 행하는 관점으로만 조명되었다. 따라서 신입 구성원들이 사회화 과정 동안 직면하는 업무나 사람과 관련된 다양한 정보의 복잡한 미로를 어떻게 파악해 내는지에 대해 초점을 맞춘 연구는 거의 없었다. 신입 구성원들이 사회화 과정 동안 정보를 찾는다는 것은 알고 있었지만, 그것을 적극적으로 어떻게 구하는지에 대한 연구 또한 매우 드물었다. 이 공백을 채우기 위해 조직 사회화에 관한 최근 연구들의 초점은 상대적으로 대부분 신입 구성원에게로 옮겨 가고 있다. 좀 더 구체적으로 얘기하자면, 신입 구성원들이 조직에 대한 정보를 어떻게 모으는지 그리고 그것으로부터 어떤 의미를 파악해 내는지에 대해 조직심리학자들이 상당한 관심을 기울이기 시작했다. 이 절에서는 이러한 연구들을 살펴볼 예정이다.

정보 추구 책략 : Miller와 Jablin(1991)은 새로운 구성원의 정보 추구에 대한 가장 통합적인 모델을 제안하였다. 〈그림 3.2〉에 제시된 모델에 의하면 신입 구성원은 조직 사회화 동안 적극적으로 정보를 구할 뿐만 아니라 다양한 방법을 활용한다. 또한 이 모델은 적어도 역할 모호함, 역할 갈등과 관련해서는 일부 정보 탐색 전술이 다른 전략보다 낫다고 제안한다. 다음 절에서는 이 모델의 특정 기능을 더 자세히 설명할 것이다.

이 모델의 첫 단계에서 볼 수 있듯이 정보 추구를 결심하는 초기의 한 요인은 신입 구성원의 불확실성에 대한 지각이다. 일반적으로, 신입 구성원이 환경에서 상당한 불확실성을 지각할 때 정보 추구에 더 많은 노력을 기울이게 된다. 신입 구성원의 불확실성 지각은 구하는 정보의 특성, 개인차와 맥락 요인, 정보 출처의 가용성, 경험하는 역할 갈등과 모호성의 수준 같은 수많은 요인에 달려 있다. 실제 조직에서 불확실성의 정도는 상당히 다양하다.

신입 구성원의 정보 추구를 위한 책략 선택은 책략과 연관된 사회적 비용(social cost)에도 영향을 받

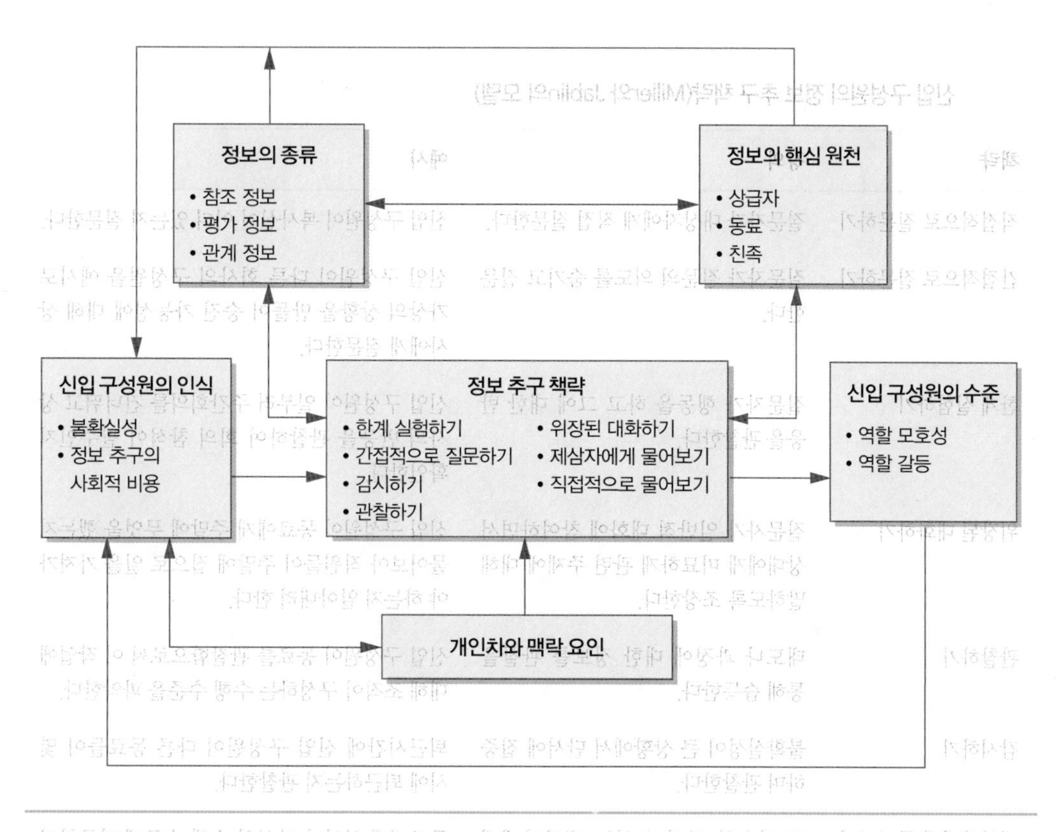

그림 3.2 Miller와 Jablin(1991)의 신입 구성원 정보 추구 책략

출처 : Miller & Jablin(1991) / Academy of Management.

는다. 사회적 비용은 조직에서 상사나 동료들에게 비춰지길 원하는 이미지에 중점을 둔다. 대부분의 독자는 아마 새로운 일을 시작하면서 동료가 "어떤 질문이든 물어봐!" 혹은 "아무리 하찮은 것이라도 괜찮으니 물어봐!"라고 얘기하는 것을 들어 본 경험이 있을 것이다. 비록 경험이 많은 기존 직원이 정말 진심으로 이런 말을 했을지라도, 신입 구성원은 상사나 동료에게 여러 차례 반복적으로 질문을 해야 할 때는 다소 불편하게 느낄 것이다. 그렇게 하는 과정에서 상사나 동료들의 눈에 자신이 무능하게 보이는 사회적 비용을 치르게 된다. 정보 추구의 사회적 비용이 높을 때, 신입 구성원들은 다소 덜 직접적인 정보 추구 책략을 사용하는 경향이 생기고, 위협적이지 않은 정보 출처를 찾아내려고 할 것이다.

불확실성의 지각과 정보 추구의 사회적 비용을 감안하여, 신입 구성원은 〈표 3.3〉에 제시된 수많은 정보 추구 책략 중에서 선택하게 된다. 신입 구성원이 정보를 얻기 위해 사용하는 가장 간단한 책략은 **직접적으로 질문하기**(overt questioning)이다. 가능한 모든 정보 추구 책략 중에서 직접적으로 질문하기가 가장 효율적이다. 또한 유용한 정보를 얻어 내도록 해 줄 뿐만 아니라, 동료들과 라포(rapport)를 형

표 3.3 신입 구성원의 정보 추구 책략(Miller와 Jablin의 모델)

책략	정의	예시
직접적으로 질문하기	질문자가 대상자에게 직접 질문한다.	신입 구성원이 복사실이 어디 있는지 질문한다.
간접적으로 질문하기	질문자가 질문의 의도를 숨기고 질문한다.	신입 구성원이 다른 회사의 구성원을 예시로 가상의 상황을 만들어 승진 가능성에 대해 상사에게 질문한다.
한계 실험하기	질문자가 행동을 하고 그에 대한 반응을 관찰한다.	신입 구성원이 일부러 주간회의를 건너뛰고 상사의 반응을 관찰하여 회의 참석이 필수인지 확인한다.
위장된 대화하기	질문자가 일반적 대화에 참여하면서 상대에게 미묘하게 관련 주제에 대해 말하도록 조장한다.	신입 구성원이 동료에게 주말에 무엇을 했는지 물어보아 직원들이 주말에 집으로 일을 가져가야 하는지 알아내려 한다.
관찰하기	태도나 과정에 대한 정보를 관찰을 통해 습득한다.	신입 구성원이 동료를 관찰함으로써 이 작업에 대해 조직이 구성하는 수행 수준을 파악한다.
감시하기	불확실성이 큰 상황에서 단서에 집중하며 관찰한다.	퇴근시간에 신입 구성원이 다른 동료들이 몇 시에 퇴근하는지 관찰한다.
제삼자에게 물어보기	그 이슈와 관련이 없는 제삼자에게 질문한다.	동료에게 상사가 자신의 수행 수준에 만족할지 질문한다.

성하는 데도 도움이 될 수 있다(Saks et al., 2011). 그러나 신입 구성원은 직접 질문하기를 사용함으로써 상당한 비용을 초래할 수도 있는데, 자신이 무능하게 보이는 위험을 무릅써야 하고, 질문이 너무 많을 경우에는 일부 동료로부터 성가신 존재로 보일 수 있기 때문이다.

신입 구성원이 사용할 수 있는 또 다른 정보 추구 책략은 **간접적으로 질문하기**(indirect questioning)이다. 예를 들어 인적자원부서 구성원이 교육부서로 옮기기를 원하는 경우, 아직 신참이기에 이동 가능성을 상사에게 직접 물어보기는 껄끄러울 것이다. 대안으로 그 구성원은 아무렇지 않은 듯이 다음과 같이 물어볼 수도 있다. "XYZ 회사에 다니는 한 친구가 있는데, 처음에 구매담당으로 채용이 됐지만 나중에 시장조사부서로 자리를 옮겼습니다. 여기서도 그런 일이 자주 있나요?" 이런 접근을 취함으로써 그 종업원은 부적절한 질문이라고 여길 수도 있는 질문으로 상사의 기분을 상하게 할 위험을 줄일 수 있다. 불행히도 이런 유형의 질문으로는 가장 정확한 정보를 얻지 못할 수도 있다.

좀 더 위험 부담이 있는 정보추구 책략은 한계 실험하기이다. 예를 들어 새로운 종업원이 회식에 반드시 참석해야 하는 건지 아닌지 불확실할 때, 어느 주에 일부러 회식에 참석하지 않고 상사의 반응을 기다리는 것이다. 만약 부정적인 반응이 없다면, 반드시 참석해야 하는 회식은 아니라고 생각할 것이다. 반면에 상사가 질책한다면, 회의 참석은 중요하며 반드시 참석해야 한다는 신호가 된다. 부정적인 반응이 없으면 구성원은 이러한 유형의 행사에 참석하는 것이 선택 사항이라고 추측할 수 있다(예 : 가능한 사람들이 참여한다). 반면, 상사나 동료 직원이 엄중히 질책하거나 행사에 참석하지 못한 이유를 묻는다면 이는 참석이 필수라는 신호이다. 구성원이 후속 사교 모임에 참석하는 경우 이번 위반이 부정적인 영향을 미칠 가능성은 거의 없다.

신입 구성원이 정보를 얻기 위해 사용할 수 있는 또 다른 기법은 **위장된 대화**(disguised conversation)를 통한 것이다. 새로운 종업원이 이 회사에서는 주말에도 일을 집으로 가져가서 해야 하는지 잘 모를 경우, 동료에게 주말에 무엇을 했는지에 대한 대화를 시작할 수 있다. 만약 동료가 주말에 일과 관련된 프로젝트로 시간을 보냈다고 말한다면, 이것은 이 회사에서는 직원들이 집에서도 일하기를 원한다는 것을 시사하는 것이다. 위장된 대화는 초임자가 다른 동료들에게 매우 당혹스러울 수 있는 질문을 하지 않도록 해 주기 때문에 상당히 유용하다. 위장된 대화의 주요한 단점은 정보 출처의 반응을 통제할 수 없다는 것이다. 즉 앞의 예에서, 동료 종업원이 매우 애매한 반응을 보일 수도 있고, 주말에 일하면서 보냈는지 아닌지를 밝히지 않을 수도 있다. 또한, 주말에 대해서 질문받는 것 자체가 조직 내에서 일반적이지 않을 수 있다.

신입 구성원이 가장 간단하면서 일반적으로 사용하는 주요한 비언어적 정보 추구 책략은 **관찰**(observation)이다. 예를 들어 신입 구성원은 대개 조직에서 어떤 행동이 보상을 받고 처벌받는지를 아주 잘 파악해 낸다. 대체로 신입 구성원은 여러 유형의 정보를 얻기 위해 관찰을 이용하고 있지만, 관찰에 가장 많이 의존하는 경우는 정보 출처에 직접 질문하는 것의 사회적 비용이 높을 때이다. 새로운 종업원은 상사에게 우수한 수행이 어떤 것인지를 직접 물어보는 것이 불편할 수 있다. 이때 다른 직원들을 관찰하는 것이 이러한 정보를 얻는 가장 안전한 방법일 것이다.

관찰과 가까운 방법으로 감시(surveillance) 책략이 있다. 이것은 관찰과 매우 밀접하게 관련되어 있다. 감시는 관찰과 비슷하지만, Miller와 Jablin(1991)이 지적했듯이 보다 집중적이다. 예를 들면 신입 구성원이 근무시간에 관한 조직의 규범을 이해하려고 할 때 감시를 사용할 수 있다. 이를 위해 근무시간이 끝날 때쯤에 동료들의 행동에 매우 주의를 기울여야 할 것이다. 감시 책략을 사용하면 난처한 질문일 수도 있는 것(예 : "우리는 몇 시까지 일합니까?")을 물어보는 데 드는 사회적 비용을 피하면서도 중요한 정보를 구할 수 있다. 불행하게도 이 책략은 어느 정도 위험이 따르는데, 왜냐하면 신입 구성원은 감시의 대상을 전혀 통제할 수 없기 때문이다. 따라서 신입 구성원은 매우 불확실한 상황에서 감시를 사용하는 경향이 있다. 또한, 신입 구성원은 대개 상사보다는 동료들로부터 정보를 얻을 때 감시를 더 많이 사용한다. 일반적으로 감시의 경우 상사로부터 정보를 얻을 기회는 더 적고, 동료들의 행동이 상사의 행동보다 더 많은 정보 가치를 지닌다.

Miller와 Jablin(1991)의 모델에 포함된 정보 추구의 마지막 책략은 제삼자(third party)의 이용이다. 제삼자의 이용은 사실 앞서 기술한 몇 가지 정보 추구 책략들을 포함한다. 예를 들어 상사가 자신의 수행에 대해 얼마나 만족하였는지 궁금한 신입 구성원은 직접 혹은 간접적으로 동료들에게 상사가 얼마나 만족했을 것 같은지를 물어보면 된다. 다른 간접적인 책략들과 같이, 이런 방법으로 정보를 얻는 것은 신입 구성원이 난처한 상황에 처하지 않도록 해 준다. 앞의 예에서 만약 상사가 신입 구성원의 수행에 만족하지 못하였다면, 자신의 수행에 대해 얼마나 만족하는지를 상사에게 직접 물어보기는 매우 곤란할 것이다. 다른 간접적 책략들과 마찬가지로 간접적인 방식으로 정보를 얻는 것은 구성원이 잠재적 창피함을 겪지 않도록 할 수 있다. 이전 예에서 구성원의 상사가 자신의 성과에 만족하지 않는 경우 상사에게 이에 대해 직접 물어보는 것은 분명히 불편할 것이다. 모든 간접적인 정보 탐색 전술과 마찬가지로 새로운 구성원은 가장 관련성이 높은 정보 출처에 직접 질문하지 않음으로써 부정확한 정보를 얻을 위험이 있다.

정보 추구 책략과 사회화의 결과 : Miller와 Jablin(1991) 모델에서 지금까지 다루어진 정보 추구 책략은 신입 구성원에게 양적, 질적 모든 측면에서 정보를 제공한다. 정보의 질(quality)은 주로 신입 구성원의 역할 모호성과 역할 갈등의 수준에 반영된다. 역할 모호성이란 간단히 말해 종업원이 자신의 역할 책임에 대해 느끼는 불확실성의 정도이다. 예를 들어 상사가 명확하지 않은 수행 기준을 제시할 때 역할 모호성을 느낀다.

반면, 역할 갈등은 서로 다른 출처로부터의 정보가 일치하지 않을 때 발생한다. 이를테면 신입 구성원이 상사와 동료로부터 수행 기준에 대한 서로 다른 메시지를 받을 때 역할 갈등이 발생할 수 있다.

역할 모호성과 갈등의 수준은 신입 구성원이 정보를 얻기 위해 직접 물어보는 방식이 아닌 간접적인 책략에 의존할 때 주로 높게 나타난다. 이런 간접적인 책략은 문제와 관련 있는 정보 출처에 직접 물어보는 것이 아니기에 사실 획득한 정보의 정확성을 담보하기가 어렵다. 역할 모호성과 역할 갈등 모두 부정적인 결과이기 때문에(요약은 Britt & Jex, 2015 참조), 조직은 신입 구성원들이 '직접적으로 질문하기'와 같은 보다 직접적인 정보 추구 책략을 편안하게 사용할 수 있는 환경을 조성해야 한다(역할과 관련된 스트레스 요인들은 제7장에서 더 자세히 다룬다).

Miller와 Jablin(1991)의 개관 이후로, 신입 구성원 정보 추구의 다양한 측면에 관한 상당한 연구가 이루어졌다. 예를 들어 Ostroff와 Kozlowski(1992)는 사회화 동안 습득하는 정보 유형과 서로 다른 정보 출처의 사용 간 관계를 조사했다. 과업 관련 정보를 얻기 위해서는 시험하기(예 : 상사에게 새로운 접근법을 제안함)나 실험(예 : 새로운 방법으로 직무를 수행하고 효과를 평가함)에 가장 많이 의존할 것이다. 그러나 집단 과정에 관한 정보를 얻기 위해서는 동료가 가장 유용한 정보 출처일 것으로 예측되었다. 역할에 대한 가장 중요한 정보 출처는 타인의 행동 관찰일 것으로 기대되었다.

또한 이 연구는 시간의 경과에 따른 사회화 과정의 변화뿐만 아니라 사회화 과정의 다양한 결과를 조사했다. 직무 관련 과업, 역할 요구, 집단 수준의 역동, 전체 조직에 대해 자신이 상당히 많이 알고 있다고 생각하는 신입 구성원들은 직무에 더 만족하고, 조직에 더 몰입할 뿐 아니라 더 잘 적응하고 있다고 느끼며, 스트레스 관련 증상을 덜 경험하고, 이직 의도를 낮게 보고할 것으로 기대되었다. 시간이 지날수록 모든 영역에서의 지식은 증가할 것으로 기대되었다. 저자들은 집단에 대한 지식이 초기에는 가장 많겠지만, 시간이 지남에 따라 과업에 대한 지식도 그것과 비슷해질 것이라고 제안하였다. 전체 조직에 대한 지식이 가장 느리게 발달할 것으로 예측되었다.

대학에서 공학과 경영학을 전공한 219명으로부터 2차에 걸쳐 수집한 자료에 의하면 대부분의 예측이 지지되었다. 예를 들어 지식 습득을 위해 가장 많이 사용되는 것은 타인의 행동 관찰이었으며, 이어서 대인 간 출처(동료와 상사), 실험, 객관적인 참고 자료(예 : 설명서를 참조하는 것)의 순이었다. 또한, 예측된 대로, 응답자들은 얻고자 하는 정보의 유형에 따라 서로 다른 정보 출처를 사용하였다. 수행해야 할 역할에 대한 정보는 동료보다 상사에게 더 의존했지만, 작업집단의 내부 역동에 대한 정보를 얻기 위해서는 동료들에게 더 의존하는 경향을 보였다. 과업에 관한 정보를 얻기 위해서는 상사나 동료와 같은 대인 간 출처보다 실험을 더 많이 사용하였다.

지식의 영역별로 보면, 1차 응답자들은 집단에 관한 지식을 과업, 역할, 조직에 관한 지식보다 더 많이 가진다고 보고했다. 이러한 형태는 2차 조사에서 다소 변화하였다. 즉 과업에 대한 지식이 역할과 집단에 대한 지식보다 더 많았고, 조직에 대한 지식은 여전히 가장 낮은 수준이었다. 1차에서 2차에 이르기까지 변화가 있었던 단 하나의 영역은 응답자들의 과업에 관한 지식이었다. 응답자들은 과업에 대해 더 많은 지식을 갖게 되는 것으로 보고하였다.

정보 획득, 지식, 결과 간의 관계를 조사했을 때는 여러 가지 경향성이 나타났다. 조사의 두 시점 모두에서, 상사로부터 지식을 습득하는 것은 보다 높은 수준의 직무 만족과 몰입 수준 그리고 낮은 수준의 이직 의도와 관련되었다. 흥미롭게도 동료로부터 지식을 획득하는 것은 1차에서는 높은 수준의 만족과 몰입, 낮은 수준의 이직 의도와 관련되었지만, 2차에서는 이러한 관계들이 지지되지 않았다. 이러한 발견은 상사가 지속적인 정보의 출처가 되는 반면, 동료는 초기엔 매우 영향을 미치지만 시간이 지남에 따라 영향력이 감소함을 시사한다. 타인 관찰이나 실험을 통한 정보 획득은 스트레스 관련 증상과 정적인 관계를 나타냈다. 이것은 타인 관찰이 불명확한 정보를 제공하기 때문에 역할 모호성이 증가하였기 때문일 수 있다. 실험을 통한 정보 획득도 스트레스를 높일 수 있는데, 과업을 처음 배울 때는 늘 오류나 실패가 뒤따르기 때문이다.

모든 영역에서 보다 많은 지식을 가졌다고 믿는 응답자들은 높은 수준의 만족, 몰입, 적응을 보고하였다. 그러나 이런 결과들과 가장 뚜렷하게 관련된 두 가지는 과업과 역할 영역의 지식이었다. 또한 지식 수준과 결과 간의 상관관계는 정보 출처와 결과 간의 상관관계보다 더 크게 나타났는데, 이것이 의미하는 바는 다음과 같다. 즉 신입 구성원이 조직에 적응했다고 느끼기 위해서는 직무 관련 과업과 작업집단 내 역할 둘 다에 대해 상당한 지식을 얻었다고 느껴야 한다는 것이다. 이런 정보를 어디서 습득했느냐 하는 것보다는 습득 자체가 더 중요한 것이다. 이는 관리자가 신입 구성원이 업무에 능숙하도록 돕는 데 시간을 투자해야 함을 의미한다('관리자를 위한 시사점 3.3' 참조).

정보 출처, 지식 및 결과들 간 관계에서의 변화를 조사했을 때, 시간이 지남에 따라 상사로부터 획득하는 정보가 증가한 신입 구성원은 또한 만족, 몰입 및 적응에서도 정적인 변화를 경험한다는 것이 발견되었다. 이것은 사회화 과정 동안 정보 출처로서 상사의 중요성을 다시 한번 더 강조해 준다. 또한, 과업에 대한 지식에서 정적인 변화가 몰입과 적응 모두의 정적인 변화와 관련되었고, 스트레스를 감소시키는 효과도 있었다. 이러한 발견은 신입 구성원의 적응에 있어 과업 숙련성이 얼마나 중요한지를 보여준다.

사회화 과정에 대한 또 다른 종단적 연구에서 Morrison(1993)은 135명의 신입 회계사를 대상으로 3차에 걸쳐 자료를 수집하였다. 이 연구에서 신입 구성원은 다양한 유형의 정보[대부분 Ostroff와 Kozlowski(1992)의 연구에서 언급한 것과 유사한 정보]를 습득해야 한다고 제안했다. 예를 들어 Morrison은 신입 구성원이 직무 관련 과업을 수행하는 방법에 대한 정보를 얻어야 한다고 제안했다. 또한, Morrison이 **참조 정보**(referent information)라고 표현한 자신의 역할에 대한 정보도 획득해야 하고, 자신이 맡은 직무를 어떻게 수행하는지에 대한 정보(**수행 피드백**(Performance Feedback)이라고 하는 정보)도 반드시 얻어야 한다. 많은 경우에 신입 구성원은 **규범적 정보**(normative information)라고 불리는 것, 즉 조직 내부의 규범에 관한 정보를 획득해야 할 필요가 있다. 마지막으로 **사회적 정보**(social information), 즉 자신이 속한 작업집단에 사회적으로 통합된 정도에 대한 정보를 필요로 한다.

관리자를 위한 시사점 3.3

신입사원들에 대한 코칭의 중요성

조직 사회화 문헌에서의 모든 연구 결과 중에서 가장 일관성 있는 하나는, **신입사원들에 가장 중요한 우선순위는 자기 일을 잘하는 것이라는 점**이다. 이에는 업무 수행 능력이 부족할 경우 해고될 수 있다는 명백한 실용적인 이유도 있지만, 다른 이유도 있다. 신입사원이 자신의 직무 초기 단계에서 잘 수행하는 것은 자신감을 증진하고 직장 내 사회적 통합을 촉진하는 데 도움이 된다.

신입사원들이 잘 수행하는 것의 중요성을 고려할 때, 관리자들은 그들의 성공을 촉진하기 위해 가능한 모든 것을 해야 한다. 이를 위한 일반적인 방법으로는 신입사원들이 정규 직무 책임을 맡기 전에 필요한 공식 교육을 제공하고, 자신들이 일을 수행하는 데 필요한 도구와 장비를 제공하는 것이 있다.

관리자들이 신입사원들의 성과를 촉진하는 또 다른 방법은 현장에서의 코칭이다. 멘토링과 마찬가지로 코칭에 대해 합의된 표준적인 정의는 없지만, 코칭은 종종 다른 사람의 지원, 조언 및 교육을 통해 사람의 훈련 및 개발을 계획적으로 진행하는 과정으로 설명된다(Zuniga-Collazos et al., 2020, p. 13). 코칭 관계의 다른 일반적인 특징으로는 (1) 필요 사항의 발견, (2) 학습 목표의 설정, (3) 여러 교육 방법의 사용, (4) 주기적인 결과 평가, (5) 빈번한 모니터링이 있다.

이를 신입사원에 적용할 때, 이는 관리자들이 그들의 성공을 적극적으로 촉진해야 한다는 것을 시사한다. 또한, 이는 관리자들이 신입사원 사회화의 초기 단계에서 '직접 참여(hands on)'하라는 것을 의미하며, 모든 것을 인사부에 맡기지 않아야 한다는 것을 시사한다. 물론 관리자가 직접 모든 신입사원에 코칭을 제공하는 것이 현실적으로 불가능한 상황도 있을 수 있다. 예를 들어 관리자가 직속 보고자가 50명이라면 모든 신입사원에 코칭할 시간을 할애하기 어렵거나, 신입사원의 직무에 대한 지식이 제한적일 수 있다. 이러한 경우에는 관리자가 직접적으로 신입 사원에게 코칭을 제공할 수 없을 수 있지만, 그들은 자신의 업무 그룹 내에서 코칭 관계를 촉진할 수 있다.

출처 : Zuniga-Collazos, A., Castillo-Pallacio, M., Montana-Navreaez, E, & Castillo-Arevelo, G. (2020). Influence of managerial coaching on organizational performance. *Coaching: An International Journal of Theory, Research, and Practice, 13(1)*, 30-44. https://doi.org/10.1 080/17521882.2019/1619795.

획득해야 할 정보의 유형을 기술하는 것과 더불어, 이 연구는 각 유형의 정보를 습득하는 다양한 방법이 있다고 제안하였다. 즉 이전의 사회화 연구 결과와 동일하게, 상사나 경험 있는 동료로부터 얻거나, 다른 사람의 행동을 관찰하거나, 당사자에게 직접 물어보거나, 가용한 문서들을 찾아봄으로써 정보를 획득할 수 있다고 제안하였다. Ostroff와 Kozlowski(1992)와 유사하게 조사된 사회화의 차원들은 과업 숙달, 역할 명료화, 문화적 적응, 사회적 통합이었다. 이 연구에서는 (상사와 동료들로부터의) 기술적 정보와 서면 피드백은 과업 숙달의 통계적으로 유의한 예측변인이었다. 흥미롭게도 동료로부터의 기술적 정보와 과업 숙달 간의 관계 방향은 부적이었는데 이것은 아마도 신입 구성원들이 찾는 기술적 정보를 동료들이 항상 충분히 가지고 있는 것은 아니기 때문일 수 있다.

또한, 역할 명료성을 촉진하기 위해 신입 구성원들은 참조 정보, (질문을 통한) 수행 피드백, 컨설턴트의 서면 피드백을 이용하는 경향이 있는 것으로 밝혀졌다. 예를 들어 한 작업집단의 신입 직원은 집단 구성원들이 자신의 역할 수행에 대해 만족하는지에 대한 단서에 주의를 기울이고, 상사로부터 비공식적으로 피드백을 얻고자 하며, 입사 초기의 수행 평가에 대한 서면 피드백을 활용하고자 할 것이다. 이러한 정보 출처들은 신입 구성원의 역할 관련 활동과 가장 직접적으로 연관된 정보를 제공해 줄 수 있는 출처이다.

사회적 통합은 무엇보다 규범에 대한 탐구와 행동을 세밀하게 관찰하는 것과 관련이 있다. 이러한 발견은 신입 구성원이 자신의 사회적 통합 정도를 가늠하기 위해 상사나 동료들에게 직접 피드백을 요청하는 것을 불편하게 느낄 수 있음을 시사한다. 사실 대부분의 사람은 자신이 사람들과 잘 어울리고 작업집단에 적합한지를 같은 동료들에게 직접 물어보는 것이 편하게 느껴지지는 않을 것이다. 서면 피드백에도 이런 유형의 정보는 포함되어 있지 않다.

마지막으로 문화적 적응 차원에서의 유일한 유의한 예측변인은 관찰뿐이었다. 이런 발견은 사회적 통합에 대한 발견과 어느 정도 흡사하다. 조직의 문화를 배우기 위해 신입 구성원은 무엇보다 다른 조직 구성원들과 일이 어떻게 이루어지는지를 관찰해야 한다. 이렇게 관찰을 해야 하는 것은 문화적 복잡성 때문일지도 모르나, 좀 더 직접적인 형태의 정보 추구와 연관된 잠재적인 사회적 비용 때문일 수도 있다.

두 연구가 정보 획득 과정에 대한 유용한 통찰을 제공했음에도 불구하고, 어떤 연구도 사회화 과정 동안의 정보 추구가 신입 구성원의 성공에 어떤 영향을 미치는지를 조사하지는 못했다. Chao 등(1994)은 이 문제에 대해 182명의 기술자, 관리자, 전문가들을 대상으로 3년에 걸친 종단 연구를 수행하였다. 이 연구에서 경력 성공은 응답자의 개인 소득(급여)과 경력 관여의 수준으로 측정되었다. 개인 소득의 경우, 예측력이 있었던 유일한 사회화의 차원은 조직 내 정치에 대한 지식이었다. 조직 내 정치에 대한 지식을 많이 아는 종업원일수록 높은 소득을 갖는 경향이 있다. 이것은 조직의 정치적 역학에 대해 상당한 지식을 가진 사람들이 높은 소득(급여)과 연관된 조직 내 위계 수준에 도달하는 데 필요한 연줄과 협력 관계를 형성하는 데 능할 가능성이 크다는 사실 때문일 것이다.

경력 관여의 경우, 예측력이 있었던 유일한 사회화 차원은 조직의 목표와 가치에 대한 지식이었다. 구체적으로 조직의 목표와 가치에 대한 지식을 충분히 가진 사람들일수록 보다 더 높은 수준의 경력 관여를 보고했다. 다른 방식으로 보자면, 신입 구성원이 고용주가 달성하고자 하는 것이 무엇인지 확실히 모른다면 자신의 경력에 높게 관여되기가 어렵다는 것이다. 종합하면, 이러한 발견은 사회화의 특정한 측면들은 정서적 결과에 영향을 미치지만(Ostroff & Kozlowski, 1992), 다른 측면들은 성공을 결정하는 데 더 중요할 수 있다는 것을 시사한다.

이 연구의 또 다른 흥미로운 결과는 사회화 차원들에서의 변화가 경력 성공의 두 측정치 모두와 관련되어 있다는 것이다. 따라서 종업원이 시간이 지남에 따라 높은 수준의 성공을 유지하려면, 지속적으로 사회화의 중요 영역들에 대한 지식을 증가시켜야 한다. 이러한 발견은 높은 수준의 성공을 유지하기 위해서 결코 배우는 것을 중단하지 않아야 함을 시사한다. 그러므로 조직은 종업원들에게 학습의 기회를 제공해야 하고, 가능하다면 종업원이 학습하기 쉬운 작업환경을 조성해야 한다(Parker & Wall, 1998).

최근 사회화 연구의 초점이 신입 구성원의 정보 추구 책략으로 변화되었음을 고려하면(예 : Miller & Jablin, 1991), 사회화하는 주체와 방법의 영향에 대해서는 덜 강조되었다(예 : Van Maanen & Schein, 1979). 결과적으로 신입 구성원의 사회화를 설명하는 데 있어, 신입 구성원의 정보 추구 책략과 상사와 동료 같은 타인들의 행동이 결합된 효과에 대해서는 거의 알려지지 않았다. Bauer와 Green(1998)은 이 주제를 다루기 위해 205명의 신입 구성원, 364명의 동료, 112명의 상사를 대상으로 대규모 종단 연구를 수행하였다. 과거의 사회화 연구처럼 이 연구에서도 신입 구성원의 정보 추구와 여러 사회화 차원(과업 숙련감, 역할 명료성, 상사로부터의 수용감), 그리고 수행, 직무 만족, 조직 몰입과 같은 사회화 결과에 대해 조사하였다. 그러나 이 연구가 특별한 것은 사회화를 촉진하려는 상사의 행동들도 조사되었다는 점이다.

앞서 논의된 연구에서처럼 신입 구성원이 찾고 상사에 의해 제공되는 정보의 유형이 사회화의 결과와 부합할 것으로 예상되었다. 예를 들어 과업 지향적 정보 추구와 상사의 명료화를 위한 행동이 과업 숙련감 및 역할 명료성과 관련이 있을 것으로 예측되었다. 상사로부터의 수용감을 가장 잘 예측할 변인은 상사의 지지적인 행동뿐만 아니라 신입 구성원이 추구하는 사회적 정보일 것으로 예측되었다. 사회화 결과의 경우 과업 숙련감은 수행을, 상사로부터의 수용감은 직무 만족과 조직 몰입 모두를 예측할 것으로 기대되었다. 이 연구에서의 마지막 예측은 신입 구성원의 지각된 사회화 수준이 정보 추구 책략과 상사의 행동 모두가 사회화의 결과에 미치는 효과를 매개한다고 본 것이다.

이 연구의 결과에 의하면, 2차 조사에서는 상사의 명료화를 위한 행동만이 3차에서의 역할 명료성을 예측하였다. 3차에서 수행 효능감을 예측하는 경우에도 동일한 결과가 발생했다. 이러한 발견은 신입 구성원들의 정보 추구 책략을 매우 강조한 최근의 사회화 연구들과 모순되는 것으로 보이기에 흥미롭다. 오히려 이러한 발견은 적어도 수행과 같은 최소한의 몇 가지 결과의 경우에는 상사의 행동이 가장 중요한 요인임을 시사한다. 3차에서 상사로부터의 수용감의 경우, 예측력이 있었던 단 하나의 변인은 2차에서 상사의 지지적 행동이었다. 여기서도 종업원의 정보 추구는 아무런 영향을 미치지 않았다. 매개 가설의 경우 신입 구성원의 정보 추구와 사회화 결과 간의 관계에 있어 사회화 수준의 매개 역할은 전혀 지지되지 않았다. 그러나 과업 숙련감과 역할 명료성은 상사의 행동과 수행 간의 관계를 완전히 매개한 반면에 역할 명료성과 수용감은 상사의 행동과 조직 몰입 간의 관계를 부분적으로 매개하였다. 이러한 발견은 상사의 명료화나 지지적 행동이 신입 구성원들의 사회화 과정을 촉진하는 경우 그들의 수행과 정서적 결과에도 긍정적인 영향을 미친다는 것을 보여준다.

Bauer와 Green(1998) 연구의 넓은 의미의 시사점은 종업원의 사회화에서 새로운 종업원에 대한 개별 상사의 행동이 아주 결정적인 요인이라는 것이다. 앞서 언급했듯이, 이 연구는 최근의 조직 사회화 연구가 신입 구성원의 정보 추구 책략과 지식 습득에만 너무 초점을 맞추어 왔기에 매우 주목할 가치가 있다. 또한, 조직 사회화의 초기 연구는 구성원들을 사회화하려는 조직의 시도에 좀 더 초점을 맞추었다. 따라서 이 연구는 조직 사회화에서 좀 더 균형 잡힌 관점이 필요하다는 것을 시사한다. 즉 사회화는 조직이 사용하는 사회화 책략과 신입 구성원이 새로운 조직환경에 적응하기 위해 사용하는 정보 추구 및 이해 과정 간의 복잡한 상호작용의 결과라는 관점이다.

사회화 과정 : 상호작용주의적 관점

사회화 연구의 가장 최근 경향은 조직의 책략과 신입 구성원의 정보 획득 방법 간의 **상호작용**을 이해하는 것이 되었다. 이것은 사회화 연구에 있어 흥미로운 발전인데, 왜냐하면 종업원이 처음으로 조직에 들어갈 때 실제로 어떤 일이 일어나는지에 대한 가장 현실적인 관점을 보여주고 있기 때문이다 (Wanberg, 2012). 이 절에서는 사회화에 대한 상호작용주의적 관점에서 이루어진 연구들을 간단히 검토한다. 수년간 이 연구 영역의 선도자 중 한 명인 Connie Wanberg 박사가 이 장의 '실무자 소개' 코너의 주인공이다.

최근에 연구자들이 관심을 가진 주제 중 하나는 조직 사회화 책략의 영향이 신입 구성원의 정보 추구 정도에 따라 달라지는지 여부이다. 예를 들면 Gruman 등(2006)은 140명의 대학생을 대상으로 한 연구에서 피드백 추구와 정보 추구 행동을 덜 나타내는 신입 구성원들에게서 조직 사회화 책략과 사회화 결과 간의 더 강한 관련성을 발견하였다. Kim 등(2005)은 한국의 7개 조직에 근무하는 종업원-상사 279쌍에 관한 연구에서 유사한 결과를 발견했다. 또한 이들은 매우 적극적으로 상사와 굳건한 관계를 형성한 종업원들에게는 사회화 책략이 거의 아무런 영향을 미치지 못함을 밝혀냈다.

종합하면, 두 연구 모두 조직의 사회화 책략이 사실 많은 경우에 필요치 않다는 것을 시사한다. 즉 신입 구성원들이 매우 적극적으로 정보와 피드백을 추구하는 경우 그리고 직속 상사와 돈독한 업무 관계를 형성하는 경우, 조직은 그들을 사회화하는 데 그리 큰 노력을 기울이지 않아도 된다는 것이다.

최근의 상호주의 관점에서 다루어진 또 다른 주제는 구성원이 작업팀에 사회화되는 방식에 관한 것이다. 조직에서 팀제가 점차 보편화되어 가고 있고(Mathieu et al., 2017), 종업원 자신이 속한 작업집단과의 연결이 전체 조직과의 연결보다 더 강력하다는 사실(Meyer & Allen, 1997)에 근거할 때 이 주제는 분명 매우 중요한 문제임이 틀림없다. Chen(2005)은 3개의 첨단 기술 조직에 속한 104개의 프로젝트팀을 대상으로 사회화 과정을 조사하였으며, 이 연구에서 신입 팀원에 대한 초기 임파워먼트와 팀 리더 및 동료들의 신입 팀원에 대한 기대가 신입 팀원의 이후 수행과 정적인 관련을 보였다. 좀 더

실무자 소개

CONNIE WANBERG 박사

나는 교수로서 가르치는 일과 연구를 하고 교육 과정 업데이트와 같은 프로젝트를 위한 위원회에 참여하는 일을 하고 있다. 나는 인적자원관리, 리더십, 선발과 배치, 교육훈련, 종업원 개발과 같은 다양한 강의를 하고 있다. 미네소타대학교 칼슨경영대학원에서 교수로 재직 중이며, 우리 학교는 해외 연수를 필수로 하기 때문에 학부생들과 함께 국외로 여행하여 일부 강의를 진행하기도 한다. 해외에서는 기업을 방문하고 그들의 인사 관행에 대해 배우게 된다.

이 장의 주제는 '모집, 유인, 사회화와 유지'이며 이는 전 세계적으로 중요한 주제다! 몇몇 지역에서는 좋은 인재를 찾기가 어렵고, 많은 직책에서는 바람직하지 않은 고용 교체율이 있다.

내 연구 영역 중 하나는 종업원 사회화이다. 이는 조직이 신입 직원을 새로운 역할에 신속하게 적응하도록 돕는 방법 및 온보딩을 종업원 몰입과 고객서비스를 개선하는 데 활용할 수 있는 방법에 대한 것이다. 신입 직원은 새로운 직장에서 처음 90일이 매우 중요하며, 새로운 직무와 상사, 동료, 고객에 대해 잘 이해하는 것이 필요하다. 신입 직원으로서 적극적인 측면이 매우 중요한데, 특히 원격 근무를 하는 경우 자신이 필요한 모든 것을 받지 못하고 있다면 직접 자신의 온보딩 경험을 설계하는 것이 중요하다. 질문하고 조직 내 가능한 많은 사람과 친해져라. 이메일이나 문자에만 의존하기 쉽겠지만, 얼굴을 보고 대화하는 것이 정보, 통찰력, 지원 및 경력 기회를 제공하는 데 가장 좋다.

일부는 관리자가 될 것이다. 새로운 직원을 고용한다면 그들이 좋은 온보딩 경험을 할 수 있도록 도우라. 처음 90일 동안 정기적으로 새 직원과 소통하라. 그들은 어떻게 지내고 있는지, 직무 학습을 개선하기 위한 제안은 무엇인지, 다른 사람들과 얼마나 만나고 있는지 등 그들의 온보딩 경험의 질은 그들의 만족도, 유지율과 관련이 있다.

마지막으로, 교수도 좋은 직업이다. 다양한 대학이 있으며, 일부 포지션에서는 교수가 가르치고 연구를 하도록 요구되지만, 다른 곳에서는 보다 많은 교육을 요구할 수 있다. 교수가 되고 싶다면 학부생 시절 동안 교육 조교나 연구 조교의 기회에 관해 물어보라. 학사 과정을 마친 후에는 산업 및 조직심리학 또는 경영 학교의 인사 및 조직행동 프로그램에 지원할 수 있다. 대학원 프로그램에 대한 정보는 https://www.siop.org/Career-Center에서 찾을 수 있다. 모든 분이 훌륭한 인생과 경력을 쌓기를 기원한다!

Connie Wanberg 박사는 미네소타대학교 칼슨경

(계속)

영대학원 교수이자 노사관계학과 학과장이다. 그녀는 실업, 취업 탐색, 경력, 종업원 사회화를 포함한 다양한 주제에 대해 연구하고 있다. 그녀는 산업 및 조직심리학회, 미국 심리학회, 그리고 경영학회의 펠로우이다. 그녀는 산업-조직심리학 박사 학위를 받았다.

구체적으로, 신입 팀원은 자신이 임파워먼트되어 있고 팀이 자신에게 높은 기대를 가질 때 최상의 수행을 보였다.

또한, 팀 구성원이 전체 조직에 사회화되는 방식이 팀의 전반적인 효과성에 영향을 미친다는 것이 밝혀졌다. 예를 들어 Oh 등(2004)은 한국의 11개 조직에 속한 77개의 작업팀을 대상으로 다른 팀의 구성원과 더 많은 사회적인 관계를 갖는 구성원들이 있는 팀이 그러한 관계를 덜 갖는 구성원들의 팀보다 더욱 효과적임을 발견했다. 이러한 발견은 한국이라는 맥락의 특수성에 기인한 것일 수도 있지만, 이 연구는 종업원이 팀 내에서뿐만 아니라 전체 조직에서도 사회화되어야 함을 시사한다.

사회화 책략과 정보 추구 둘 다 가장 포괄적으로 다룬 연구는 Bauer 등(2007)의 70개 표본에 대한 메타분석이다. 이들은 신입 구성원의 정보 추구와 조직 사회화 책략 모두가 근접(역할 명료성, 자기효능감, 사회적 수용) 및 원격(수행, 직무 만족, 조직 몰입, 계속 남아 있으려는 의도, 이직) 준거들과 정적으로 관련이 있음을 발견하였다. 이것은 신입 구성원들의 적응은 개인과 조직이 모두 작용한 결과라는 것을 분명히 보여준다.

조직 사회화 연구의 미래

지금까지 본 것처럼, 사회화 과정을 이해하는 데 그동안 상당히 많은 진보가 이루어져 왔다. 조직이 신입 구성원들에게 무엇을 하는지를 조사하는 것에서부터 시작하여, 신입 구성원이 자신의 새로운 환경을 어떻게 이해하는지, 그리고 조직이 행하는 것과 신입 구성원이 새로운 환경에 대한 정보를 찾는 방식 간의 상호작용을 조사하는 것에 이르기까지 다양한 연구가 진행되어 왔다. 그러나 이러한 진보에도 불구하고 문헌에는 아직 빠진 부분들이 있고, 조직 사회화에 대해 아직 잘 모르는 것들이 많다. 이 마지막 절에서는 조직 사회화에 대한 미래 연구에 적합하다고 생각되는 네 가지 주요 영역을 제시한다.

1. **경력직의 사회화** : 상당히 많은 조직 사회화 연구들이 대학을 마치고 직장에 처음 들어온 신입사

원들을 대상으로 한 것이다. 상대적으로 여러 해 동안의 직무경력을 가진 경력직의 사회화에 대해서는 연구가 별로 이루어지지 않았다. 왜 이 둘을 구분해야 할까? 기본적으로 대학 졸업생들은 새로운 조직에 사회화될 뿐 아니라 그들에게는 일의 세계 자체가 새로운 것이다. 그들은 이런 두 가지 전환을 동시에 경험하기 때문에 조직에 사회화되는 과정이 경력직들보다 더 어려울 수 있다. 반대로, 경력직들은 이전 직무에서 경험한 것들을 상당 부분 '폐기학습(unlearning)'해야 하기에 오히려 사회화가 더 어렵다고 주장할 수도 있다. 따라서 이전 직무 경험 여부 또는 정도에 따른 사회화의 차이에 대한 더 많은 연구가 필요하다.

2. **파견근로자, 임시직, 계약직 종업원의 사회화** : 조직 사회화에 대한 대부분의 연구는 정규직을 대상으로 이루어진 것이다. 따라서 우리는 다른 형태의 고용 상태인 구성원들에 대해서는 아는 바가 별로 없다. '긱 이코노미(gig economy)'라 하는 다른 형태의 고용계약을 하는 종업원들의 수가 빠르게 증가하고 있다는 점을 고려한다면 조직 사회화 문헌들은 이러한 중요한 차이를 반영하지 못하고 있다. 조직은 이러한 구성원에 대해서 시간과 자원을 덜 투자할 것이라고 예상할 수 있으며, 이 부분에 대해서 다룬 연구는 거의 없다.
3. **사회화가 기존 구성원들에게 미치는 영향** : 새로운 종업원을 사회화하는 것은 기존 구성원들에게는 스트레스를 주는 활동일 수 있음에도, 기존 구성원들이 신입 구성원들을 어떻게 인식하며, 그들을 사회화하는 과제에 대해 어떻게 생각하는지에 대한 연구는 거의 없다. 신입사원이었을 때 도움을 받았기 때문에 신입사원의 적응 업무를 기꺼이 맡는 직원도 있을 수 있다. 물론 일부 직원은 이 일을 부담으로 여길 수도 있으며, 신입 직원을 돕기 위해 정규 업무에서 시간을 뺏는 것에 대해 분개할 수 있다. 기존 구성원들이 신입에 대해 가지는 관점이 궁극적으로 사회화의 성공에 영향을 미칠 수 있기 때문에 이는 매우 중요한 연구 주제이다.
4. **조직이 실제로 새로운 종업원을 사회화하는 방법** : 사회화에 영향을 미치는 요소에 대해 많은 것을 알고 있지만, 놀랍게도 실제로 조직이 무엇을 하는지를 자세히 기록하는 기술적인 연구는 거의 없다. 더구나 그나마 일부 연구(예 : Klein & Polin, 2012)에 의하면, 어떤 조직은 신입 구성원을 사회화하는 데 상당한 시간과 노력을 기울이지만, 다른 조직은 거의 아무것도 하지 않는 등 조직 간에 편차가 상당히 크다. 이는 사회화와 실제 조직에서 사회화가 발생하는 방식에 대해 수행된 연구 사이에 단절이 있음을 시사하며 어떤 조직이 이 중요한 기능을 처리하는지 문서화하려면 더 많은 연구가 필요하다. 이것은 사회화에 대한 연구와 실제 조직에서 행하는 것 간의 연계성이 매우 낮음을 시사한다.

인재 유지 : 모집 및 사회화를 통한 성과 창출

앞의 두 절에서 살펴본 것처럼 채용과 사회화에는 상당한 시간과 노력이 소요된다. 이러한 투자를 통해 조직은 성과가 뛰어난 직원을 얻기를 원한다. 또한 조직은 직원들이 조직의 성과에 긍정적인 영향을 미치기 위한 노력을 할 수 있을 만큼 오랫동안 조직에 남아 있기를 원한다. 제6장에서는 직무 성과를 좀 더 자세히 다룰 예정이며 이 절에서는 인재 유지에 초점을 둔다.

인재 유지가 중요한가?

이 책에서 다루는 많은 주제와 마찬가지로 코로나19는 조직 기능의 여러 측면에 엄청난 영향을 미쳤으며 인재 유지도 예외는 아니다. 예를 들어 팬데믹 기간 동안 해고되거나 자발적으로 직장을 떠난 많은 직원이 직장으로 복귀하지 못했다는 사실이 널리 보고되었다(Liu-Lastres et al., 2023). 실제로 이러한 경향은 '대퇴직(The Great Resignation)'이라고 불릴 정도로 널리 퍼져 있었다. 이러한 코로나 관련 인력 부족으로 인해 많은 조직에서 적극적으로 신규 직원을 찾고 있었고, 많은 경우 인력 수요를 맞추기 위해 더 높은 임금을 지급하고 심지어 신입 직원 상여금(sign-on bonuses)를 제공해야 했다. 대퇴직의 덜 알려진 영향은 직원 유지의 중요성을 강조했다는 것이다.

노동력 부족의 극단적인 예를 나타내는 코로나19에서 잠시 물러나 다음과 같은 질문을 하는 것이 타당할 수도 있다. 조직이 새로운 사람을 고용하고, 그들을 사회화한 후, 짧은 시간 동안만 이러한 노력의 혜택을 누리는 것이 정말로 중요한가?

이 질문에 대한 대답은 직업, 산업, 노동 시장에 따라 다를 수 있지만, 대부분의 조직에서는 대답이 '예'라고 볼 수 있다. 모집, 고용, 온보딩 및 사회화에는 시간과 자원 측면에서 비용이 많이 들고, 직원이 생산성을 발휘하기 시작하자마자 조직을 떠나면 조직은 그러한 노력으로 인한 이점을 거의 얻지 못한다. 낮은 유지율은 잠재적으로 조직의 평판을 손상할 수도 있다. 모집 절에서 설명한 것처럼 조직의 평판은 중요하다. 따라서 낮은 유지율은 구직자에게 해당 조직이 일하기에 바람직하지 않은 곳이라는 신호를 보내며, 구직자가 그러한 조직의 채용 제안을 수락하거나 구직 신청을 할 가능성도 낮아진다.

직원 유지에 영향을 미치는 모집 전 요인

Feldman(1976, 1981)의 모델에서 봤듯이, 신입 구성원이 공식적으로 조직에 들어오기 전 선행 사회화의 시기가 있다. 사전 기대를 조사하는 한 방법은 현실적 직무 소개(RJP)에 대한 연구를 통해서이다(Wanous, 1989; Wanous, et al., 1992). 앞서 모집에 대한 절에서 언급했듯이, 현실적 직무 소개의 기본 개념은 조직 입사 전에 신입 구성원에게 실제로 직무를 수행하면서 나타날 현실적인 정보, 심지어는 부정적인 정보까지도 있는 그대로 제공하는 것이다. RJP가 직관적으로 설득력이 있음에도 불구하고, 메타분석에 의하면 그것은 인재 유지에는 아주 작은 영향만 미치는 것으로 나타났다(Phillips, 1998). 보다 최근의 메타연구에서(Van Iddekinge et al., 2019) RJP의 대용이라고 볼 수 있는 직무 경험도 인재 유지와는 관련이 없는 것으로 나타났다('과학 번역하기 3.2' 참조).

신입 구성원의 기대를 다루는 또 다른 접근은 좀 더 일반적인 수준에서의 정보에 초점을 맞추는 것이다. 예를 들어 Buckley 등(1998)은 제조공장에 갓 채용된 140명의 종업원을 대상으로 **기대치 낮추기 절차**(expectation lowering procedure, ELP)라고 하는 프로그램의 효과를 평가하는 현장 실험을 수행하였다. ELP는 신입 구성원들을 대상으로 현실적인 기대의 중요성과 부풀려진 기대가 어떻게 여러 가지 부정적인 결과를 초래하는지에 대한 강의로 구성되었다. 이러한 상태에 있는 직원들에게는 현재 직장에서 현실적인 기대의 예가 제공되지 않았지만, 자신의 기대가 위반된 이전 직장의 상황에 대해 생각해볼 것을 촉구했다. 이 연구에는 RJP를 제공받은 종업원 집단도 비교집단으로 포함하였다. 이를 통

과학 번역하기 3.2

경력이 퇴사율과 성과에 미치는 영향

이전의 직무 경험이 직무 성과의 중요한 예측 요소임이 자주 가정된다. 경험은 종종 직원들에게 특정 직무나 직업에 대한 현실적인 기대를 제공하므로 퇴사율을 낮출 수도 있다. 몇 년 동안 직무 성과와 퇴사율 간 연구가 많이 이루어졌지만, 이 방대한 문헌을 체계적으로 정리한 시도는 별로 없었다.

아이오와대학교, 플로리다주립대학교, 노스플로리다대학교, 클렘슨대학교의 연구자들은 메타분석을 통해 이 관계를 조사했다. 이 연구에서는 75개의 연구와 81개의 독립적인 샘플을 포함했으며, 사전 채용 경험과 성과 및 퇴사율 간의 관계를 분석했다(Van Iddekinge et al., 2019). 이 연구들은 주로 학술지 논문에서 비롯되었지만 학위 논문, 박사 학위 논문, 기술 보고서, 그리고 하나의 미게재 논문도 포함되었다. 메타분석에서 미게시된 연구를 포함하는 것이 중요한 이유는 출판된 연구에 비해 효과가 일반적으로 강력하기 때문이다.

그들의 연구 결과는 사전 채용 경험의 가치가 성과와 퇴사율의 예측 요소로 지나치게 강조되었다는 점을 시사한다. 구체적으로, 전체적인 직무 경험은 전체적인 직무 성과 및 퇴사율과는 관련이 없으며, 교육 성과와는 약한 관련이 있다는 것이다. 그러나 더 많은 직무 관련 경험이 신입 직원이 새로운 직장에서 처음 시작할 때 성과와 교육 성과가 긍정적으로 관련이 있다는 것을 발견했다.

따라서 신입 직원이 매우 빠르게 능숙해져야 할 때 경험 많은 직원을 고용하는 것은 합리적일 수 있지만, 저자들은 이러한 결과가 매우 제한적인 연구에 기반한다고 경고한다. 이 메타분석의 결과는 조직들이 사전 채용 경험을 요구할 때 신중해야 한다는 것을 시사한다. 사전 채용 경험이 필요한 직무가 명백히 있겠지만(예 : 대규모 연구 기관 관리), 이 연구 결과는 많은 경우 사전 채용 경험 요구사항이 불필요할 수 있다는 점을 보여준다. 이는 지원자 풀을 줄이고 조직이 빈자리를 채우기 어렵게 만들 수 있으며, 특히 노동 시장이 긴장된 상황에서는 그럴 확률이 높다.

출처 : Van Iddekinge, C.H., Arnold, J.D., Frieder, R.E., & Roth, P.L. (2019). A meta-analysis of the criterionrelated validity of prehire work experience. *Personnel Psychology*, 72, 571–598. https://doi.org.10.1111/peps.12335.

해 연구자들은 보다 일반적인 ELP 집단과 RJP 집단 간의 상대적인 효과를 비교할 수 있었다.

연구 결과에 의하면 RJP와 ELP 모두 긍정적인 효과를 가졌다. 예를 들어 비록 6개월 후에는 별 차이가 없었지만, 초기에는 두 조건에 속한 종업원들이 아무런 처치도 받지 않은 종업원들보다 더 낮은 기대를 가졌다. 가장 중요한 결과는 아무런 처치도 받지 않은 집단에 비해 RJP와 ELP 조건에 속한 종업원들이 더 낮은 이직률과 더 높은 직무 만족 수준을 보였다는 것이다. 또한, 기대가 이러한 효과를 매개하였는데, 즉 RJP와 ELP 처치 모두가 처음부터 종업원들의 기대치를 낮추었기 때문에 나중에 이직률을 감소시킨 것이다.

이 연구의 중요한 시사점은 조직이 궁극적으로 이직률을 낮추는 데 이바지하는 현실적 기대를 촉진하기 위해 신입 종업원들에게 직무별로 구체적인 RJP를 반드시 개발해야 하는 것은 아니라는 것이다. 오히려 신입 구성원의 기대는 Buckley 등(1998)이 실행한 다소 일반적인 형태의 처치를 통해서도 보다 현실적으로 변화될 수 있는 것이다. RJP를 개발하는 것이 훨씬 더 많은 시간이 들기 때문에 ELP와 같은 보다 일반적인 처치를 활용하는 것이 더 실용적이다. RJP는 직무별로 구체적으로 만들어져야 하므로, 조직에서의 직무 수만큼 많은 RJP가 개발되어야 한다. 이 연구에서 얻을 수 있는 보다 일반적인 시사점은 신입 구성원들은 자신의 직무와 조직 내에서의 자신의 미래에 대한 현실적인 기대를 가지고 입사할수록 성공할 가능성이 더 높다는 것이다. 그러므로 직무나 경력을 선택하기 전에 가능한 한 많은 정보를 얻는 것이 좋다('참고 3.6' 참조).

초기 진입 및 사회화

신입사원 사회화 절에서 우리는 많은 연구에서 이직률을 사회화 과정의 성공 지표로 사용하는 것을 확인했다. 따라서 초기 입사 및 사회화 과정은 직원 유지를 촉진하는 데 매우 중요하다. 자신의 업무를 잘 배우고, 업무 그룹에 사회적으로 통합되어 있다고 느끼며, 조직의 문화를 이해하기 시작하고, 상사와 긍정적인 업무 관계를 발전시키는 직원은 조직에 남을 가능성이 가장 높다.

그러나 보다 최근의 연구에서는 초기 경험과 유지 사이의 관계에 대해 좀 더 미묘한 관점을 보여주었다. 예를 들어 Bauer 등(2021)은 신입 직원을 대상으로 한 종단 연구에서 유지율을 예측하는 한 가지 요인이 업무 첫날 업무용 기기(컴퓨터 등)가 준비되어 있는지 여부라는 사실을 발견했다. 표면적으로 이것은 사소한 일처럼 보일 수 있지만 새로 입사하는 사람에게 완벽하게 작동하는 업무용 기기는 조직이 준비가 되어 있고 성공하기를 원한다는 것을 전달한다.

장기근속 직원 유지

직원들이 경험을 쌓고 적응함에 따라 그들이 조직에 남을지에 영향을 미치는 여러 가지 요소가 있다. 방대한 문헌이 직원의 직업 전환 결정을 조사했으며(예 : Griffeth et al., 2000; Hom et al., 2017), 유지

참고 3.6

현실적인 기대 촉진 : 정보 인터뷰

RJP를 뒷받침하는 연구 증거는 다소 혼재되어 있지만, 학생들이 직업을 선택하기 전에 현실적인 기대치를 형성하는 것은 여전히 유용하다. 현실적 기대의 가치에도 불구하고, 많은 독자는 어떻게 대학에 있는 동안 그런 정보들을 얻을 수 있을지 의아해할 수도 있다. 많은 학생이 인턴 과정, 산학 협동 프로그램, 여름방학 아르바이트 등을 통해 그렇게 한다. 또한 많은 대학 취업지원센터가 해당 지역, 전국 및 해외의 여러 유형의 직무를 공고하기도 한다. 최근 연구는 대학생들과 일반 구직자들이 소비자로서 해당 조직과의 경험뿐만 아니라, 기업의 웹 사이트, 소셜 미디어 포스팅도 중요하게 활용하고 있음을 보여준다.

다소 색다른 정보 습득 방법으로는 자신이 일하고 싶어 하는 직업 분야의 종사자 또는 들어가고 싶어 하는 조직의 구성원과 **정보 인터뷰**(informational interview)를 하는 것이다. 이를 위해 해당하는 사람과 접촉하여 약 30분 정도 시간을 내어 달라고 부탁하면 된다. 조직 구성원들은 보통 제한된 시간만 내줄 수 있으므로 만나기 전에 직업 분야나 회사에 관한 질문 목록을 미리 준비하는 것이 좋다. 항상 시간이 나는 것은 아니지만, 전문가들은 대개 열정이 있는 대학생들에게 기꺼이 자신의 전문 분야에 관해 얘기해 주고 싶어 한다. 또한, 줌 및 기타 화상회의 도구의 사용이 증가함에 따라 이러한 인터뷰를 준비하는 것이 이전보다 훨씬 편리해졌다. 회사 웹 사이트나 직업에 관한 기타 웹 기반 자료는 확실히 도움이 될 수 있지만 이러한 자료는 모두 간접적인 정보 원천이라는 점을 기억해야 한다. 이러한 정보 원천을 정보 인터뷰와 결합한다고 해서 학생들이 조직이나 직업에 대해 알아야 할 모든 것을 항상 알 수 있다는 보장은 없지만, 보다 현실적인 기대를 가지고 직장에 입사할 가능성은 확실히 높아진다.

에 대한 일관된 예측 변수(예 : 직업 만족도, 조직 헌신 등)가 있기는 하지만, 이들 중 어느 것도 직원의 체류 여부를 강력하게 예측하지 못한다. 이는 주로 이직이 여러 요인에 따라 달라질 수 있는 복잡한 과정이고, 이들 중 다수는 조직의 통제 범위를 벗어나기 때문이다(예 : 노동 시장 조건, 직원의 고유한 상황 등).

최근에는 이직률 및 유지율에 관한 연구가 단순히 퇴사 이유에 초점을 맞추는 대신 직원이 근무하는 이유를 조사하는 방향으로 더 많이 이동했다. 이 새로운 연구 분야에서 나온 주요 발견 중 하나는 **내포/직무배태성**(embeddedness)의 개념이다. 사회교환이론(Thibaut & Kelley, 1959)에 뿌리를 둔 내포성은 자신이 속한 조직과 강한 사회적, 직업적 유대감을 갖고 있으며, 결과적으로 조직을 떠나는 것이 조직에 큰 비용이 될 것이라는 느낌으로 정의된다(Holtom & Darabi, 2018). Lee 등(2004)은 또한 소속감이 직원이 살고 있는 지역사회까지 확장되며 그러한 감정이 이직 및 유지 결정에 강력한 영향을 미칠 수 있다고 제안했다. 그렇다면 직원의 직업 전환 결정에 대해 우리가 알고 있는 정보를 바탕으로 조직이 직원 유지율을 높이기 위해 취할 수 있는 실행 가능한 조치는 무엇인가? 직무 만족도가 이직률에 대한 약한 예측 변수이기는 하지만 일관된 것으로 나타났음을 감안할 때 조직이 직원의 업무 만족도를 높이기 위해 할 수 있는 모든 조치는 확실히 도움이 될 것이다. 직업 태도에 대해서는 이후 장(제

8장)에서 더 자세히 설명하겠지만, 직원들에게 의미 있는 일을 할 수 있는 기회를 제공하고 자신의 업무를 통제할 수 있는 것은 직원 유지를 위한 두 가지 중요한 열쇠이다.

또한 최근 몇 년 동안 직원들은 근무 방식의 유연성을 높이고자 하는 욕구를 표현했는데, 이는 직원 유지를 위한 또 다른 전략을 제시한다. 실제로 Choi(2020)는 미국 연방정부 기관을 대상으로 한 종단적 연구에서 유연근무제를 더 많이 지원하는 기관은 덜 지원하는 기관보다 자발적인 이직률이 낮다는 사실을 발견했다.

내포와 관련하여 직원들은 자신이 사는 지역과 조직에 더욱 소속감을 느끼도록 할 수 있는 일들이 있다. 조직 내포와 관련하여 직원들에게 교육 및 개발 경험을 위한 많은 기회를 제공하는 것은(Kraiger & Ford, 2020) 직원들에게 그들이 귀중한 자산이라는 신호를 보내고, 그러한 경험이 조직에 더 구체적일수록 더 많이 내포되어 있음을 직원들은 느낄 것이다. 또한 조직은 직원들이 지역기관에서 자원봉사하도록 장려하고, 보다 일반적으로는 자신이 운영하는 지역사회에 투자함으로써 직원들의 지역사회 소속감을 높일 수 있다(Holtom & Darabai, 2018).

직원 유지는 늘 바람직한가?

이 절의 일반적인 주제는 구성원이 귀중한 자산이며, 직원이 업무를 잘 수행하고 있다고 가정할 때 조직은 가능할 때마다 구성원을 유지하도록 노력해야 한다는 것이다. 그러나 우리는 또한 조직이 소중한 직원을 해고하는 경우가 있다는 것을 알고 있으며, 처음에는 어려울 수 있지만, 이는 조직과 퇴사하는 직원 모두에게 긍정적인 것으로 나타난다. 이 결론 절에서는 때때로 이직률보다 유지율을 덜 바람직하게 만드는 몇 가지 요소를 살펴볼 예정이다

급여 수준 : 일부 구성원, 특히 성과가 매우 뛰어난 직원의 경우 유지 비용이 상당히 높아질 수 있다. 이에 대한 가장 좋은 예는 '소규모 시장(small market)' 팀이 FA 이전 해에 선수를 거래하는 프로 스포츠를 들 수 있다. 이러한 경우가 전부는 아니더라도 대부분 팀은 플레이어를 유지하는 편을 선호하지만 그렇게 할 여력이 없다. 다른 직업에서도 이런 일이 발생하지만 과정은 다르고 금액이 상당히 낮다. 예를 들어 저자 중 한 명의 전 동료가 다른 대학에 채용되어 현재 급여의 거의 두 배에 달하는 금액을 제안받았다. 이 사람은 매우 생산적이었고 교수진과 학생들이 좋아했으며 대학이 위치한 곳에서 생활하는 것을 즐겼다. 하지만 결국 이렇게 큰 폭의 급여 인상에 대한 유혹으로 인해 이직을 결정했다.

급여에 관해 제9장에서 더 많은 내용을 다루겠지만, 조직이 외부 시장 상황에 대응하는 것과 직원들이 동료 직원들에 비해 공정한 대우를 받고 있다는 느낌을 받는 것 사이에서 미묘한 균형을 유지해야 한다는 것만 말하면 충분하다(Shaw, 2014). 이러한 미묘한 균형을 고려할 때 조직은 성과가 가장 높은 직원에게도 급여를 지급할 수 있는 금액에 제한이 있는 경우가 많으므로 많은 경우 급여 및 유지

결정에 대해 매우 전략적이어야 한다.

노동 시장 고려사항 : 급여 수준과 관련하여 노동력 공급이 풍부하여 조직이 직원을 퇴직시킬 수 있을 만큼 풍부한 때도 있다. 직원이 끊임없이 조직을 떠나고 들어오는 '회전문'이 있는 조직에 부정적인 결과가 있을 수 있기 때문에 고용주가 직원이 떠나기를 반드시 원한다는 것은 아니다. 앞서 논의한 바와 같이 신입 직원은 교육을 받고 조직에 적응해야 하며, 여기에는 시간과 비용이 소요된다. 또한, 끊임없이 회전하는 문으로 인해 조성된 작업환경은 남아있는 사람들에게 스트레스를 주고 불안하게 만들 수 있다. 높은 이직률은 또한 재직자와 구직자에게 해당 조직이 일하기에 바람직하지 않은 곳이라는 신호를 보낼 수도 있다. 그런데도 어떤 경우에는 조직이 직원을 쉽게 교체할 수 있다는 것을 알기 때문에 직원 유지에 대해 덜 걱정할 여유가 있다. 이 장의 시작 부분에서 논의한 것처럼, 코로나19 팬데믹의 영향 중 하나는 많은 직원이 직장을 떠났고 그 결과 노동력 공급이 부족했다는 것이다. 그러나 이러한 조건은 확실히 영원히 지속되지는 않으므로 조직은 어느 시점에서 적어도 일부 유형의 직업에 대해서는 노동력이 다시 풍부한 위치에 있게 될 수 있다.

새로운 아이디어와 관점 : 이직은 비용이 많이 들고 잠재적으로 파괴적일 수 있지만, 긍정적인 측면도 있다. 조직에 새로 입사하는 직원은 혁신적인 아이디어를 가져오고 장기근속 직원이 고려하지 않았을 방식으로 사물을 볼 수 있다. 제12장에서 혁신 문화에 관해 더 많은 이야기를 할 것이지만, 새롭고 창의적인 아이디어가 종종 조직의 혁신적인 제품과 서비스를 뒷받침하는 원동력이라는 점만 언급하면 충분하다. 신입 직원은 때때로 이러한 혁신적인 아이디어를 가져오거나 단순히 조직이 현재 제품과 서비스를 새롭고 다양한 방식으로 보도록 동기를 부여할 수 있다.

덜어내기를 통한 생산성 증진 : 마지막으로, 생산성이 높은 직원이라도 때때로 방해가 되고 함께 작업하기 어려울 수 있으므로 단순 유지가 바람직하지 않은 경우가 있다. 때로는 이러한 어려움이 가벼운 짜증의 형태로 나타날 수도 있지만 어떤 경우에는 더 심각할 수도 있다. 어떤 경우에는 어려운 직원의 기여가 너무 중요해서 조직이 그들의 특이성과 함께 살아가는 법을 배울 수도 있다. 그러나 조직은 높은 수준의 성과라는 이름으로 용인할 수 있는 부정적인 행동에 한계가 있다(비생산적인 업무행동에 관한 제6장의 절 참조). 따라서 조직에서는 때때로 생산성이 높은 직원을 떠나게 하거나 해고 조치를 취할 수 있다. 그 이유는 그들의 기여가 아무리 크더라도 다른 직원에게 미칠 수 있는 부정적인 영향보다 크지 않기 때문이다.

요약

이 장에서 우리는 조직이 새로운 구성원을 유인하는 방법과 그들의 사회화 과정, 그리고 인재를 유지하기 위해 조직이 하는 것들에 대해 살펴보았다. 조직은 잠재적인 신입 구성원을 모집하는 다양한 방법을 활용한다. 조직은 지원자들을 모집하기 위해 다양한 방법을 사용한다. 어떤 방법을 선택할지는 직무의 특성, 비용, 후보자들의 상대적인 질, 시간 고려와 같은 여러 가지 요인에 달려 있다. 어떤 방법을 선택하든 모집 연구자는 모집할 때 조직의 정확한 정보를 제공해야 하며, 존경과 예의를 갖추고 지원자들을 대하는 것이 가장 좋은 방법이라고 제안한다.

모집과 유인은 확실히 일방향적인 과정만은 아니다. 모집 활동의 대상이 되는 구직자들은 조직이 보여주는 메시지를 평가하고 조직의 매력도에 대해 어떤 판단을 한다. 연구에 따르면, 조직 매력도에 관한 판단은 우선적으로 조직과의 부합 정도에 대한 구직자의 판단에 근거하여 이루어진다. 즉 구직자들은 자신의 능력, 가치, 성격이 조직의 여러 측면과 잘 부합하는지에 대한 판단을 하는 것이다. 또 최근 연구에 의하면 소비자들이 여러 제품을 평가하는 것과 거의 동일한 방법으로 구직자들이 조직을 평가했다. 따라서 조직에 주는 주요한 시사점은 잠재적 종업원들에게 조직 문화에 대한 정확한 묘사를 해 주는 것이 가장 최상의 방법이라는 것이다.

일단 개인이 고용되면 조직 사회화의 과정이 시작된다. 비록 사회화에 대한 다양한 정의가 있지만, 대부분은 새로운 종업원이 자신의 직무를 수행할 수 있고, 작업집단의 구성원들과 잘 지내고, 조직의 문화를 이해할 수 있는 정도로 본다. 조직은 새로운 구성원을 사회화하기 위한 다양한 책략을 사용하는데, 어떤 책략을 선택할지는 대부분 새로운 구성원이 조직에서 맡게 될 직무의 특성과 사회화 과정의 궁극적인 목표에 달려 있다.

마찬가지로 사회화는 양방향의 과정이다. 조직의 새로운 구성원은 적극적으로 조직에 대한 정보를 찾고, 정보를 얻기 위한 다양한 책략을 사용한다. 어떤 책략을 사용할지는 주로 불확실성의 정도, 찾으려는 정보의 특성, 정보를 얻는 과정에서 지각된 사회적 비용에 달려 있다. 최근의 사회화 연구에서 일관되게 제시하는 결과는 새로운 구성원은 처음에는 자신의 직무 과업을 유능하게 수행하는 데 도움이 될 정보와 함께, 속한 작업집단의 구성원들과 잘 지낼 수 있게 해 주는 정보를 얻는 데 노력을 기울인다는 것이다. 일단 직무를 유능하게 수행할 수 있게 되면, 정보 추구의 초점은 조직의 문화와 보다 넓은 문제로 전환된다. 최근의 연구는 조직 사회화 책략과 신입 구성원의 정보 추구 간 상호작용을 조사하기 시작했다. 모집, 유인 및 사회화가 성과를 거두려면 조직은 소중한 직원을 유지할 수 있어야 하며 최근 몇 년 동안 인력 부족으로 인해 유지의 중요성이 강조되었다. 다행스럽게도 직원 이직률에 관한 방대한 문헌은 조직에 직원 유지율을 높이기 위한 실행 가능한 여러 단계를 제공할 수 있다. 그러나 어떤 경우에는 직원 유지가 항상 바람직하지 않을 수 있으며 조직은 일부 직원을 유지하기 위해 얼마나 많은 노력을 기울일지 결정할 때 여러 요소를 고려해야 하는 경우가 많다.

더 읽을거리

Bauer, T. N., Erdogan, B., Caughlin, D. E., Ellis, A. M., & Kurkoski, J. (2021). Jump-starting the socialization experience: The longitudinal role of Day 1 newcomer resources on adjustment. *Journal of Management, 47*(8), 2226-2261. doi:https://doi.org/10.1177/0149206320962935

Carpentier, M., Van Hoye, G., & Weijters, B. (2019). Attracting applicants through the organization's social media page: Signalling employee personality brand. *Journal of Vocational Behavior* Published online. doi:10.1016/j.jvb.2019.103326

Darnold, T. C., & Rynes, S. L. (2013). Recruitment and job choice research: Same as it ever was? In N. S. Schmitt & S. E. High-house (Eds.), *Handbook of psychology* (Vol. 12, pp. 104-142). Hoboken, NJ: Wiley.

Schlachter, S. D., & Pieper, J. R. (2019). Employee referral hiring in organizations: An integrative conceptual model review, model, and agenda for future research. *Journal of Applied Psychology, 104* (11), 1325-1346. doi:https://doi.org/10.1037/ap10000412

참고문헌

Allen, D. G. (2006). Do organizational socialization tactics influence newcomer embeddedness and turnover? *Journal of Management, 32*(2), 237-256.

Allen, T. D., Eby, L. T., Chao, G. T., & Bauer, T. N. (2017). Taking stock of two relational aspects of organizational life: Tracing the history and shaping the future of socialization and mentoring research. *Journal of Applied Psychology, 102*, 324-327. doi:10.1037/ ap10000086

Arthur, W., Jr., & Traylor, Z. (2019). Mobile assessment in personnel testing: Theoretical and practical implications. In R. N. Landers (Ed.), *The Cambridge handbook of technology and employee behavior* (pp. 179-207). Cambridge, UK: Cambridge University Press. doi:10.1017/9781086649363.009

Ashford, S. E., & Nurmohamed, S. (2012). From past to present and into the future: A hitchhiker's guide to the socialization literature. In C. R. Wanberg (Ed.), *The Oxford handbook of organizational socialization* (pp. 8-26). New York, NY: Oxford University Press.

Bamieh, O., & Ziegler, L. (2022). Are remote options the new standard? Evidence from vacancy positions during the COVID19 crisis. *Labour Economics, 76*, 1-9. doi10.1016/j.labeco.2022.10219

Barrick, M.R., & Parks-Ledduc, L. (2019). Selection for fit. *Annual Review of Organizational Psychology and Organizational Behavior, 6*, 171-193. doi:101146/annurev-orgpsych-012218-015028

Bauer, T. N., & Green, S. G. (1998). Testing the combined effects of newcomer information seeking and manager behavior on socialization. *Journal of Applied Psychology, 83*, 72-83.

Bauer, T. N., Bodner, T., Erdogan, B., Truxillo, D. M., & Tucker, J. S. (2007). Newcomer adjustment during organizational socialization: A meta-analytic review of antecedent, outcomes, and methods. *Journal of Applied Psychology*, 92, 707-721.

Bauer, T. N., Erdogan, B., Caughlin, D. E., Ellis, A. M., & Kurkoski, J. (2021). Jump-starting the socialization process: The longitudinal role of Day 1 newcomer resources on adjustment. *Journal of Management, 47*(8), 2226-2261.

doi:10.1177/0149206320962835

Braddy, P. W., Meade, A. W., & Kroustalis, C. M. (2006). Organizational recruitment website effects on viewers' perceptions of organizational culture. *Journal of Business and Psychology, 20*(4), 525–543.

Britt, T. W., & Jex, S. M. (2015). *Thriving under stress: Harnessing the demands of the workplace.* Oxford University Press.

Brooks, M., Highhouse, S., Russell, S., & Mohr, D. (2003). Familiarity, ambivalence, and firm reputation: Is corporate fame a double-edged sword? *Journal of Applied Psychology, 88*, 904–914.

Buckley, M. R., Fedor, D. B., Veres, J. G., Weise, D. S., & Carraher, S. M. (1998). Investigating newcomer expectations and job-related outcomes. *Journal of Applied Psychology, 83*, 452–461.

Cable, D. M., & Parsons, C. K. (2001). Socialization tactics and person-organization fit. *Personnel Psychology, 54*(1), 1–23.

Cable, D. M., & Yu, K. Y. T. (2006). Managing job-seekers organizational image beliefs: The role of media richness and media credibility. *Journal of Applied Psychology, 91*(4), 828–840.

Carpentier, M., Van Hoye, G., & Weijters, B. (2019). Attracting employees through the organization's social media page: Signaling employer brand personality. *Journal of Vocational Behavior, 115*, 1–14. doi:10.1016/j.jvb.2019.103326

Carsten, J. M., & Spector, P. E. (1987). Unemployment, job satisfaction, and employee turnover: A meta-analytic test of the Muchinsky model. *Journal of Applied Psychology, 72*, 374–381.

Cascio, W. F., & Aguinis, H. (2018). *Applied psychology in talent management* (8th ed.). Thousand Oaks, CA: Sage.

Chambers, R., & Winter, J. (2017). *Social media and selection: A brief history and recommendations* [White Paper]. Society for Industrial and Organizational psychology. Retrieved from https://www.siop.org/Portals/ 84/docs/White%20 Papers/Visibility/Social_ Media_and_Selection_FINAL.pdf

Chao, G. T., O'Leary-Kelly, A. M., Wolf, S., Klein, H. J., & Gardner, P. D. (1994). Organizational socialization: Its content and consequences. *Journal of Applied Psychology, 79*, 730–743.

Chapman, D. S., & Webster, J. (2003). The use of technologies in recruiting, screening, and selection process for job candidates. *International Journal of Selection and Assessment, 11*, 113–120.

Chatman, J. (1991). Matching people and organizations: Selection and socialization in public accounting firms. *Administrative Science Quarterly, 36*, 459 484.

Chen, G. (2005). Newcomer adaptation in teams: Multilevel antecedents and outcomes. *Academy of Management Journal, 48*, 101–116.

Choi, S. (2020). Flexible work arrangements and employee retention: Longitudinal analysis of the federal workforce. *Public Personnel Management, 49*(3), 470–495. doi:10.1177/10091026019886340

Cober, R. T., Brown, D. J., Levy, P. E., Cober, A. B., & Keeping, L. M. (2003). Organizational web sites: Web site content and style as determinants of organizational attraction. *International Journal of Selection and Assessment, 11*(2–3), 158–169.

Cook, I. (2021). Who is driving the great resignation?https://hbr.org/2021/09/who-is-driving-the-great-resignation (accessed 6 April 2023).

Cooper-Thomas, H. D., & Burke, S. E. (2012). Newcomer proactivity: Can there be too much of a good thing? In C. R. Wanberg (Ed.), *Oxford handbook of organizational socialization* (pp. 56–77). New York, NY: Oxford University Press.

Darnold, T. C., & Rynes, S. L. (2013). Recruitment and job choice research: Same as it ever was? In N. S. Schmitt & S. E. Highhouse (Eds.), *Handbook of psychology* (Vol. 12, pp. 104–142). Hoboken, NJ: Wiley.

Dawis, R. V. (1990). Vocational interests, values, and preferences. In M. D. Dunnette & L. M. Hough (Eds.), *Handbook of industrial and organizational psychology* (2nd ed., Vol. 1, pp. 833–871). Palo Alto, CA: Consulting Psychologists Press.

Dineen, B. R., & Noe, R. A. (2009). Effects of customization on applicant decisions and applicant characteristics in a web-based recruitment context. *Journal of Applied Psychology, 94*, 224–234.

Dineen, B. R., Ling, J., Ash, S. R., & DelVecchio, D. (2007). Aesthetic properties and message customization: Navigating the dark side of Web recruitment. *Journal of Applied Psychology, 92*, 356–372.

Fang, R., Duffy, M. K., & Shaw, J. D. (2011). The organizational socialization process: Review and development of a social capital model. *Journal of Management, 37*, 127–152.

Feldman, D. C. (1976). A contingency theory of socialization. *Administrative Science Quarterly, 21*, 433–452.

Feldman, D. C. (1981). The multiple socialization of organization members. *Academy of Management Review, 6*, 309–318.

Feldman, D. C. (2012). The impact of socializing newcomers on insiders. In C. R. Wanberg (Ed.), *Oxford handbook of organizational socialization* (pp. 215–229). New York, NY: Oxford University Press.

Griffeth, R. W., Hom, P. W., & Gaertner, S. (2000). A meta-analysis of antecedents and correlates of employee turnover: Update, moderator tests, and research implications for the next millennium. *Journal of Management, 26*(3), 463–488.

Gruman, J. A., Saks, A. M., & Zweig, D. I. (2006). Organizational socialization tactics and newcomer proactive behaviors: An integrative study. *Journal of Vocational Behavior, 69*(1), 90–104.

Hamori, M. (2010). Who gets headhunted and who gets ahead? The impact of search firms on executive careers. *Academy of Management Perspective, 24*, 46–59.

Henkens, K., van Dalen, H. P., & van Solinge, H. (2021). The rhetoric and reality of phased retirement policies. *Public Policy & Aging Reports, 31*(3), 78–82. doi:10.1093/ppar/ prab012

Highhouse, S., Broadfoot, A., Yugo, J. E., & Devendorf, S. A. (2009). Examining corporate reputation judgments with generalizability theory. *Journal of Applied Psychology, 94*(3), 782–789.

Holtom, B. C., & Darabi, T. (2018). Job embeddedness theory as a tool for improving employee retention. In M. Coetzee, I. Potgieter, N. Ferreira (Eds.), *Psychology of Retention* (pp. 95–117). Switzerland: Springer Nature. doi:10.1007/978-3-319-98920-4_5

Hom, P. W., Lee, T. W., Shaw, J. D., & Hausknecht, J. P. (2017). One hundred years of employee turnover theory and research. *Journal of Applied Psychology, 102*(3), 530–545. doi:10.1037/ap10000103

Jaskyte, K. (2005). The impact of organizational socialization tactics on role ambiguity and role conflict of newly hired social workers. *Administration in Social Work, 29*(4), 69–87.

Jerome, A., Scales, M, Whithem, C., & Quain, B. (2014). Millennials in the workforce: Gen Y workplace strategies for the next century. *Journal of Social and Behavioral Research in Business, 5*, 1–12.

Jex, S. M., & Grosch, J. (2013). Retirement decision making. In M. Wang (Ed.), *Oxford handbook of retirement* (pp. 267–279). New York, NY: Oxford University Press.

Judge, T. A., & Cable, D. M. (1997). Applicant personality, organizational culture, and organizational attraction. *Personnel Psychology, 50*, 359–394.

Kim, T. Y., Cable, D. M., Kim, S. P. (2005). Socialization tactics, employee productivity, and person-organization fit. *Journal of Applied Psychology, 90*(2), 232–241.

Klein, H. J., & Polin, B. (2012). Are organizations on board with best practices onboarding? In C. R. Wanberg (Ed.), *Oxford handbook of organizational socialization* (pp. 267–287). New York, NY: Oxford University Press.

Kraiger, K., & Ford, J. K. (2020). The science of workplace instruction: Learning and development applied to work. *Annual Review of Organizational Psychology and Organizational Behavior*, *8*, 1-28.

Kristoff-Brown, A. L., Zimmerman, R. D., & Johnson, E. C. (2005). Consequences of individuals' fit at work: A meta-analysis of person-job, person-organization, and person-supervisor fit. *Personnel Psychology*, *58*, 281-342.

Kobayashi, V. B., Mol, S. T., Berkers, H. A., Kismihók, G., & Den Hartog, D. N. (2018). Text mining in organizational research. *Organizational Research Methods*, 21(3), 733-765. doi: 10.1177/1094428117722619.

Lee, T. W., Mitchell, T. R., Sablynski, C. J., Burton, J. P., & Holtom, B. C. (2004). The effects of job embeddedness on organizational citizenship, job performance, volitional absences, and voluntary turnover. *Academy of Management Journal*, *47*(5), 711-722.

Lee, T. W., Burch, T., & Mitchell, T. (2014). The story of why we stay: A review of job embeddedness. *Annual Review of Organizational Psychology and Organizational Behavior*, *1*, 199-216.

Lievens, F., & Highhouse, S. (2003). A relation of instrumental and symbolic attributes to a company's attractiveness as an employer. *Personnel Psychology*, *56*, 75-102.

Liu-Lastres, B., Wen, H., & Huang, W. J. (2023). A reflection on the Great resignation in the hospitality and tourism industry. *International Journal of Contemporary Hospitality Management*, *35*(1), 235-249. doi:10.1108/IJCHM-05-2022-0551

Louis, M. R. (1990). Acculturation in the workplace: Newcomers as lay ethnographers. In B. Schneider (Ed.), *Organizational climate and culture* (pp. 85-129). San Francisco, CA: Jossey-Bass.

Mathieu, J. E., Hollenbeck, J. R., van Klippenberg, D., & Ilgen, D. R. (2017). A century of work teams in *Journal of Applied Psychology*. *Journal of Applied Psychology*, *102*(3), 452-467. doi:10.1037/ ap10000128

Meyer, J. P., & Allen, N. J. (1997). *Commitment in the workplace: Theory, research, and application*. Thousand Oaks, CA: Sage.

Miller, V. D., & Jablin, F. M. (1991). Information seeking during organizational entry: Influences, tactics, and a model of the process. *Academy of Management Review*, *16*, 92-120.

Mitchell, T. R., Holtom, B. C., Lee, T. W., Sablynski, C. J., & Erez, M. (2001). Why people stay: Using job embeddedness to predict voluntary turnover. *Academy of Management Journal*, *44*(6), 1102-1121.

Morrison, E. W. (1993). Longitudinal study of the effects of information seeking on newcomer socialization. *Journal of Applied Psychology*, *78*, 173-183.

Morrison, E. W. (2002). Newcomers' relationships: The role of social network ties during socialization. *Academy of Management Journal*, *45*, 1149-1160.

Nolan, K. P., & Harold, C. M. (2010). Fit with what? The impact of multiple self-concept images on organizational attraction. *Journal of Occupational and Organizational Psychology*, *83*, 645-662.

Oh, H., Chung, M. H., & Labianca, G. (2004). Group social capital and group effectiveness: The role of informal socializing ties. *Academy of Management Journal*, *47*(6), 860-875.

Ostroff, C., & Kozlowski, S. W. J. (1992). Organizational socialization as a learning process: The role of information acquisition. *Personnel Psychology*, *45*, 849-874.

Ostroff, C., & Zhan, Y. (2012). Person-environment fit in the selection process. In N. Schmitt (Ed.), The *Oxford handbook of Selection and Assessment* (pp. 252-273). New York, NY: Oxford University Press.

Parker, S., & Wall, T. (1998). *Job and work redesign: Organizing work to promote wellbeing and effectiveness*. Thousand Oaks, CA: Sage.

Phillips, J. M. (1998). Effects of realistic job previews on multiple organizational outcomes: A meta-analysis. *Academy of*

Management Journal, 41, 673–690.

Phillips, J.M., & Gully, S.M. (2015). Multilevel and strategic recruiting: Where we have been, where can we go from here? *Journal of Management, 41*(5), 1416–1443.

Ployhart, R.E., Schmitt, N.S., & Tippins, N.T. (2017). Solving the supreme problem: 100 years of selection and recruitment at the Journal of Applied Psychology. *Journal of Applied Psychology, 102(3)*, 291–304. doi:10.1037/apl.0000081

Rynes, S. L., Bretz Jr, R. D., & Gerhart, B. (1991). The importance of recruitment in job choice: A different way of looking. *Personnel psychology, 44*(3), 487–521.

Rynes, S. L., Reeves, C. J., & Darnold, T. C. (2014). The history of recruitment research. In K. Y. T. Yu & D. M. Cable (Eds.), *The Oxford handbook of recruitment* (pp. 335– 360). Oxford University Press.

Saks, A.M., & Gruman, J.A. (2021). How do you socialize newcomers during a pandemic? *Industrial and Organizational Psychology, 14*, 217–220. doi:10.1017/iop.2021.44

Saks, A. M., Gruman, J. A., & Cooper-Thomas, H. (2011). The neglected role of proactive behavior and outcomes in newcomer socialization. *Journal of Vocational Behavior, 79*, 36–46.

Schlachter, S.D., & Pieper, J.R. (2019). Employee referral hiring in organizations: An integrative conceptual review, model, and agenda for future research. *Journal of Applied Psychology, 104*(11), 1125–1346. doi:10.1037/apl0000412

Schneider, B. (1987). The people make the place. *Personnel Psychology, 40*, 437–454.

Schneider, B., Smith, D. B., Taylor, S., & Fleenor, J. (1998). Personality and organizations: A test of the homogeneity of personality hypothesis. *Journal of Applied Psychology*, 83, 462–470.

Schwab, D. P. (1991). Contextual variables in employer performance-turnover relationships. *Academy of Management Journal, 34*, 966–975.

Selyukh, A. (2022). The concept of quiet quitting has captured the post-pandemic zeitgeist. *National Public Radio*. Retrieved from https://www.npr.org/2022/09/15/1123108825/the-concept-of-quiet-quitting-has-captured-the-post-pandemic-zeitgeist

Shaw, J. D. (2014). Pay dispersion. *Annual Review of Organizational Psychology and Organizational Behavior, 1*(1), 521–544.

Slaughter, J. E., & Greguras, G. J. (2009). Initial attraction to organizations: The influence of trait inferences. *International Journal of Selection and Assessment, 17*, 1–18.

Slaughter, J. E., Zickar, M. J., Highhouse, S., & Mohr, D. C. (2004). Personality trait inferences about organizations: Development of a measure and assessment of construct validity. *Journal of Applied Psychology, 89*, 85–103.

Spector, P.E. (2021). *Industrial and organizational psychology: Research and practice* (8th ed.). Hoboken, NJ: John Wiley & Sons.

Stearns, C., & Garito, L. (2022). Are sign on bonuses an effective recruiting tool? Society for Human Resource Management. August 29, 2022. https://www.shrm.org/hr-today/ news/hr-magazine/fall2022/pages/are-sign-on-bonuses-an-effective-recruiting-tool. aspx.

Thibaut, J. W., & Kelley, H. H. (1959). *The social psychology of groups*. New York: Wiley.

Van Iddekinge, C. H., Arnold, J. D., Frieder, R. E., & Roth, P. L. (2019). A meta-analysis of the criterion-related validity of prehire work experience. *Personnel Psychology, 72*, 571–598.

Van Maanen, J. (1975). Police socialization: A longitudinal examination of job attitudes in an urban police department. *Administrative Science Quarterly, 20*, 207–228.

Van Maanen, J., & Schein, E. H. (1979). Toward a theory of organizational socialization. In B. M. Staw (Ed.), *Research in organizational behavior* (Vol. 1, pp. 209-264). Greenwich, CT: JAI Press.

Wanberg, C. (Ed.). (2012). *The Oxford handbook of organizational socialization*. Oxford, UK: Oxford University Press.

Wanous, J. P. (1989). Installing realistic job previews: Ten tough choices. *Personnel Psychology*, *42*, 117-134.

Wanous, J. P., Poland, T. D., Premack, S. L., & Davis, K. S. (1992). The effects of met expectations on newcomer attitudes and behaviors: A review and meta-analysis. *Journal of Applied Psychology*, 77, 288-297.

Zuniga-Collazos, A., Castillo-Pallacio, M., Montana-Navreaez, E, & Castillo-Arevelo, G. (2020). Influence of managerial coaching on organizational performance. *Coaching: An International Journal of Theory, Research, and Practice*, *13*(1), 30-44. doi:10.1080/ 17521882.2019/1619795

제4장

다양성 · 형평성 · 포용성 (DEI)

Organizational Psychology and Organizational Behavior: Evidence-based Lessons for Creating Sustainable Organizations, Fourth Edition. Steve M. Jex, Thomas W. Britt, and Cynthia A. Thompson.

Companion website : www.wiley.com/go/organizationalpsychology4e

변화의 시간

밥 딜런이 노래한 것처럼, "시대는 변하고 있다(The times they are a'changin)". 실제로 미국의 인구 통계적 변화를 고려하면 히스패닉, 흑인 및 아시아인 인구 비율은 지난 30년 동안 큰 폭으로 변동하였다. 히스패닉과 라틴계 인종은 현재 미국 전체 인구의 약 19%, 아프리카계 미국인은 약 12%, 아시아인은 5.9%를 차지한다(U.S. Census Bureau, 2021). 혼혈 배경의 미국인은 가장 빠르게 성장하는 인종 집단이다(Alba, 2020). 미국의 고령화 역시 진행되고 있다 — 밥 딜런이 83세이다! 2020년 기준 미국 인구의 16%가 65세 이상이었다. 이는 2009년 이후 36% 증가한 것으로, 65세 미만 인구가 3% 증가한 것과 비교된다(U.S. Census Bureau, 2023).

이러한 인구 통계의 변화는 미국 노동 인구 구성에 영향을 미치지만 그 영향이 균일하지는 않다. 흑인 남성과 흑인 여성이 노동 인구의 13%를 차지하지만 그중 고위 경영진 직위에 도달한 사람은 7%에 불과하다. 2023년에 포춘 500대 기업을 이끄는 흑인 남성은 7명, 흑인 여성은 1명에 불과하였고, 이는 전체 최고경영자의 1% 미만에 해당한다(Harper, 2023). 아시아인은 노동 인구의 7%를 차지하지만(U.S. Bureau of Labor Statistics, 2023), 포춘 500대 기업의 최고경영자 중 아시아계 미국인은 2% 미만이다(Goldman Sachs, 2022). 히스패닉 또는 라틴계 미국인은, 인종에 상관없이, 전체 노동력의 18%를 차지했지만, 고위 관리직의 비율은 6.8%에 불과하였다. 노동 인구의 고령화도 놀라운 일이 아니다. 노동 인구의 평균 연령은 1999년 39세에서 2021년 41.7세로 증가하였다(U.S. Census Bureau, 2022). 노령층은 2020년 미국 노동력의 6.6%를 차지하였다. 코로나19 팬데믹 기간 동안 고령층의 노동 참여율이 감소했지만, 고령 노동자들은 다시 일터로 복귀하기 위해 노력하고 있다(Coughlin, 2022; Hirsch, 2023).

현재 여성은 미국 인구의 약 51%, 노동 인구의 46.8%를 차지하며 노동 참여율은 약 57%이다(U.S. Department of Labor, 2023). 이 역시 세월에 따라 변해 왔는데, 여성의 노동 참여율은 1950년 34%, 1970년 43%, 1990년에는 58%, 2000년에는 60%였다. 이후 수년 동안 약 57%를 맴돌았고 현재도 여전히 약 57%이다. 흑인 여성의 노동 참여율은 항상 백인 여성보다 높은 수준이었다. 예를 들어 1900년 기준 고용된 기혼 흑인 여성의 비율은 26%인 반면 백인 여성의 비율은 3.2%에 불과하였다(Allers, 2018). 2021년 흑인 여성의 노동 참여율은 58.8%, 백인 여성의 노동 참여율은 55.4%였다(U.S. Department of Labor, 2023). 이러한 여성의 노동 참여율에도 불구하고 2023년 기준 포춘 500대 기업을 운영하는 여성의 비율은 10.4%에 불과하다(Hinchliffe, 2023).

미국 인구 내 성소수자(LGBTQ+)의 수는 설문조사 및 표본 추출 방법에 따라 차이가 있지만, 대략 7.2~8%로 추정되었다(Buchholz, 2023; Jones, 2022; Sears et al., 2021). 이는 3.5%였던 2012년에 비해 크게 증가한 것이다(Jones, 2022). 인구 중 실제 성소수자의 비율은 변하지 않을 것으로 예상되기 때문에, 스스로 성소수자로 인식하는 사람들의 비율이 증가한 것은 사회적 수용도가 높아진 것일 뿐 아니라 조사 질문의 상세도가 증가했기 때문일 수도 있다. 놀랍게도 Z세대의 20%가 스스로를 성소수자로 인식하는 것으로 나타났고, 이에 따라 가장 '게이가 많은 세대'라고 불리기도 하였다(Jones, 2022). 성소수자 집단에 대한 수용도가 큰 폭으로 증가하는 것을 고려할 때, 여론 조사와 직장에서 자신의 성적 지향을 공개하는 사람 수가 증가한 것은 놀라운 일이 아니다. 이러한 공개의 결과로, 우리는 성소수자가 미국 기업에서 어떻게 지내고 있는지에 대해 더 잘 이해할 수 있다. 예를 들어 최근 연구에 따르면 성소수자에 속하는 여성과 남성은 중간 관리자부터 고위급 부사장 및 CEO, CFO, CSO와 같은 최고 경영진에 이르기까지 관리 파이프라인의 모든 단계에서 낮은 비율을 차지하고 있으며(Ellsworth et al., 2022), 암묵적이거나 명시적인 직무 차별을 지속적으로 경험하고 있다(Sears et al., 2021).

이 모든 변화가 중요한 이유는 무엇일까? 조직은 이러한 모든 주요 인구 통계학적 변화로 인해 다양한 사람들이 함께 모이는 곳으로, 각기 다른 구성원이 시너지를 통해 새로운 사업과 제품을 창출하고, 문제를 해결하며 수익을 향상시키는 장소이다. 구성원의 다양성은 분명 장점이 되지만, 도전을 가져오기도 한다. 이 장에서는 이러한 장점과 도전에 대해 논의할 것이며, 장점을 강화하고 잠재적 문제를 완화하기 위한 개입 연구의 진행 대해 다룰 것이다. 또한 다양성(diversity), 형평성(equity), 포용성(inclusion) 및 소속감(belonging)에 대한 정의를 살펴본다. 이에 더해, 조직 목표 달성에 있어 구성원 다양성의 긍정적 영향을 확대하기 위해서 조직이 무엇을 하고 있는지에 대해 논의할 것이다.

다양성 · 형평성 · 포용성(DEI)에 대한 관심이 증가하는 이유

노동 인구의 성격이 변화함에 따라 조직과 고용주들은 30년 이상 다양성 프로그램과 이니셔티브를 시행해 왔다. 그러나 2020년 미니애폴리스 경찰관 데릭 쇼빈(Derek Chauvin)이 조지 플로이드(George Floyd)를 살해한 사건(제1장에서도 언급됨)을 계기로, 모든 종류의 조직에서 인종 차별이 조장될 수 있는 방식에 대한 고민과 조사가 새롭게 시작되었다. 2020년에 시작된 코로나19 팬데믹은 바이러스가 유색인종에게 미치는 불균형적인 영향을 부각시켰다. 유색인종의 노동자들은 많은 사람들과 상호작용하는 '필수 노동자'인 경우가 많았는데, 예컨대 식량 재배, 식료품점의 스태프, 소포 배달, 환자 간호, 노인 돌봄 등에 종사하였고, 따라서 바이러스에 노출될 가능성이 더 높을 뿐 아니라 양질의 의료 서비스에 대한 불충분한 접근으로 인해 질병의 심각한 영향을 받을 가능성이 높았다(CDC, 2021). 게다가 많은 사람이 이 바이러스가 중국에서 퍼졌다고 생각했기 때문에 아시아계 미국인에 대한 증오 범죄가 기하급수적으로 증가하였다. 2020년 FBI는 반아시아계 증오 범죄가 전년 대비 77% 증가했다고 보고했다(Zhang, 2023).

이러한 인종차별 사건은 너무나 충격적이었기 때문에 많은 저명한 회사가 차별받은 유색 인종 사회에 대한 지지 성명을 발표하고 해당 조직에서 사회 정의를 증진하겠다는 서약을 발표하였다. 예를 들어 아메리칸익스프레스는 인종, 민족 및 성 평등 증진을 위해 10억 달러를 투자하겠다고 약속하였다. 2021년 중반까지 아메리칸익스프레스는 4억 5,000만 달러 이상을 지출하여 직원 및 공급업체의 다양성 측면 대표성을 높이고 소수집단이 운영하는 기업에 대한 재정 지원을 확대하는 이니셔티브를 실시하였다. 2021년 발표에 따르면 아메리칸익스프레스 신규 채용자의 48%가 여성이고, 50%가 인종 또는 민족성 기준에서 다양성을 확보하였다(Reuters, 2020). 에어비앤비, 시스코, 컴캐스트, 구글, 마이크로소프트, 넷플릭스, 펠로톤, 레딧 등 다른 기업들도 인종차별 문제를 해결하기 위해 나섰다. 이러한 회사의 이니셔티브 중 일부는 이 장의 뒷부분에서 다룰 것이다.

다양성 · 형평성 · 포용성(DEI)의 의미

다양성(Diversity)과 포용성(Inclusion)의 차이에 대한 유명한 인용문이 있다. 선도적인 다양성 및 포용성 전문가인 Verna Myers에 따르면 다양성은 파티에 초대받는 것이고, 포용성은 파티에서 춤을 추도록 요청받는 것이다. 다른 다양성 전문가들은 형평성(equity)과 소속감(belonging)을 이 방정식에 추가하였다. 형평성은 개인에게 댄스 플로어에서 춤을 출 충분한 공간이 주어지는 것을 의미하고, 소속감은 개인이 실제로 그 음악을 좋아하고 그것에 맞춰 춤을 추고 싶어한다는 것을 의미한다! 이 비유는 다양성, 포용성, 형평성 및 소속감에 대한 논의를 시작하는 데 도움이 된다. 이 절에서는 이러한 용어가 연구와 실무 에서 사용되는 방식을 설명하고 각각의 예를 제공한다.

다양성(diversity)은 '인간의 유사점과 차이점의 스펙트럼'을 의미한다(Roberson, 2006, p. 221). 구체적으로 다양성은 인종, 성별, 민족, 연령, 성적 지향, 체중 및 외모, 사회경제적 지위, 종교, 신체적 및 정신적 능력에서 집단 구성원 간의 실제 또는 인식된 차이를 나타내는 집단의 특성이다(Dobbs, 1996). 조직의 다양성 이니셔티브는 일반적으로 이 스펙트럼 전반에 걸쳐 소외된 사람들의 대표성을 높이는 데 중점을 둔다.

다양성에 대한 초기 연구는 인종, 민족, 성별, 연령과 같은 관찰 가능한 특성을 기반으로 가정되는 차이, 즉 '표면 수준(surface-level)'의 차이를 조사하였다(Lambert & Bell, 2013; Milliken & Martins, 1996). 이러한 표면적 수준의 특성은 다른 사람들에게 쉽게 보이는 특성으로, 각 특성집단의 구성원들이 직장과 사회에서 대우받는 방식에 영향을 미칠 수 있다. 예를 들어 기존 연구는 팀의 다양한 인구통계학적 특성이 팀 수행, 애착, 응집력, 혁신 및 갈등과 어떤 관련이 있는지 살펴보았다(Apfelbaum et al., 2014; Cox & Blake, 1991; Jehn & Greer, 2013; Milliken & Martins, 1996). 또한 기업 수준 다양성이 기업의 수행과 같은 조직 수준의 결과에 미치는 영향도 연구되었다(Richard, 2000). 해당 연구 결과는 이후 절에서 더 자세히 논의될 것이다.

다양성에 대한 연구가 발전함에 따라 연구 초점이 '심층 수준(deep-level)'의 다양성으로 확장되었는데, 이는 교육, 성격, 인지 행동 스타일, 태도, 가치, 신념 및 이데올로기와 같은 관찰할 수 없는 차이를 지칭한다(Lambert & Bell, 2013; O'Brien & Gilbert, 2013; Triana et al., 2021). 심층 수준의 특성 중 조직과 보다 구체적으로 관련이 있는 차원은 조직 내 직위, 재직 기간, 기능적 전문성 및 소속 부서와 관련된 차이다. 예를 들어 경영대학에서 환경적 지속 가능성을 다루는 커리큘럼 개발을 위한 태스크 포스를 구성할 때, 각 기능 부서(예 : 회계, 재무, 관리, 마케팅)의 대표를 포함하는 경우 다양한 것으로 간주된다. 실제로 태스크 포스 조직자들이 그러한 중요한 논의에서 특정 부서를 제외한다면 태만한 처사가 될 것이다(제14장에서는 환경적 지속가능성과 기후변화, 그리고 이러한 복잡한 문제들을 해결하기 위한 리더를 양성하는 데 있어 경영대학원의 역할을 다룰 것이다).

이와는 대조적으로, **포용성**(inclusion)은 다양한 노동 인구에서 각기 다른 목소리가 가치 있게 여겨지고, 존중되고, 경청되는 정도이다(Ferdman, 2014; Pless & Maak, 2004). 포용적인 업무환경은 모든 직원이 자신의 아이디어와 관점이 의사결정, 문제 해결 과정, 아이디어 생성에 반영되고 있다고 느끼고, 자신이 조직의 문화 형성에 있어 적극적 역할을 한다고 느끼도록 한다(Nishii & Leroy, 2022; Pless & Maak, 2004). Roberson(2006, p. 221)에 따르면 포용성은 '조직이 구성원의 차이가 가지는 잠재력을 가치 있게 여기고 활용하며, 차이에서 나오는 단점을 제한할 수 있도록 시스템과 구조를 구성하는 방식'이다. Ferdman(2014, p. 5)은 다양성을 포용성과 구분하는 데 있어서, 포용성이란 '다양성이 존재할 때, 우리가 사람들 간 차이에도 불구하고 그들을 소중히 여기고 인정하는 것이 아니라, 바로 그 차이 때문에 차이를 유사성과 더불어 소중히 여기고 인정하는 것'이라고 주장하였다. 그리고 Miller와 Katz(2002)가 간단히 말했듯이 **"포용성 없는 다양성은 작동하지 않는다"**(p. 17).

형평성(equity)은 조직의 자원과 지원이 공정하게 분배되고 모든 사람이 발전과 승진 기회에 동등하게 접근할 수 있도록 한다는 점에서 다양성 및 포용성과 다르다. 형평성을 달성하는 것은 과거에 일부 집단의 완전한 참여를 방해했을 수 있는 장벽을 무너뜨리는 것을 포함한다(Lussier & Achua, 2023). 예를 들어 조직이 기술직 채용에 있어 유색인종을 간과한 경우, 더 다양한 대학(예 : 역사적으로 흑인 학생이 많은 대학을 포함)에서 채용함으로써 유색인종의 형평성 달성을 도울 수 있다. 인종문제연구소(Race Matters Institute)의 Paula Dressel에 따르면, "형평성을 달성하는 길은 모든 사람을 동등하게 대우하는 것만으로는 성취되지 않을 것이다. 각각의 사람을 그들의 상황을 고려하여 공정한 방식으로 대함으로써 달성될 것이다"(Dressel, 2014). 이 인용문에서 알 수 있듯이, 평등(equality)은 모든 사람을 동일하게 대우하는 것을 의미하기 때문에 형평성과 평등은 같은 것이 아니다. 이 차이를 이해하기 위한 예시를 생각해보자. 아프리카계 미국인 직원에게 회사를 위해 얼마나 많은 새로운 고객을 확보하는지에 따라 보너스가 결정될 것이라고 공지하는 상황을 가정하자. 만약 아프리카계 미국인 직원에게는 가장 판매율이 낮았던 지역을 할당하고 백인 직원에게는 수익성이 훨씬 높았던 판매 지역을 할당한다고 상상해보자. 또는 직원들에게 엑셀 기술 향상을 위한 온라인 교육 프로그램을 제공하지만 청각장애가 있는 직원을 위한 선택 자막을 제공하지 않는다고 상상해보자. 두 경우 모두 형평성이 위배된 상황이 될 것이다.

많은 조직에서 'DEI'라는 용어를 사용하여 다양성, 형평성, 포용성 향상을 위한 노력을 지칭한다. 돌비, 지틀랩, 캐피털 원과 같은 일부 조직에서는 '소속감(belonging)'을 추가하여 다양성, 포용성, 소속감을 뜻하는 'DIB'라는 이름을 사용하고 있다. 월마트는 한 걸음 더 나아가 최고 다양성 책임자(Chief Diversity Officer)의 직함을 최고 소속감 책임자(Chief Belonging Officer)로 변경하였다. 소속감이라는 용어는 직원들이 직장에서 수용되고 심리적으로 안전하다고 느끼도록 하는 것의 중요성을 강조한다(Carr et al., 2019). 소속감은 포용적인 업무환경의 결과이다. 직원들이 조직에서 받아들여졌다고 느낄 때 회사와 회사의 사명에 더 연결되어 있다고 느끼고, 따라서 회사의 일부라고 더 많이 느낄 수 있다는 것이 핵심 아이디어이다. 실제로 78개 글래스도어 회사에서 3,000명 이상의 직원을 대상으로 한 최근 설문 조사에 따르면 소속감이 높은 직원은 직장에서 만족하고 열의를 가질 가능성이 더 높으며 퇴사를 생각할 가능성이 적다(Eatough, 2021). 소속감이 낮은 직원은 스트레스, 직무탈진, 외로움, 불안, 우울증에 걸릴 가능성이 더 크다(Carr et al., 2019). 이는 소속감이 이러한 결과에 영향을 미친다는 것을 시사하지만, 만족감과 열의, 또는 스트레스와 직무탈진(burn-out)이 소속감(또는 소속감의 부재)에 기여할 수도 있다. 이러한 관계의 인과성을 명확히 하기 위해서는 추가 연구가 필요하다.

어떤 용어가 사용되든 간에, 다양성을 관리하고 존중하는 것만으로는 충분하지 않다. 다양한 집단의 사람들을 한데 모으는 것에서 올 수 있는 이점은 저절로 생기지 않는다. 대신, 조직은 직원들이 수용되고, 경청되고, 존중받고, 의사결정에 포함된다고 느끼도록 해야 한다. 다양성이 개인, 팀, 조직의 성과에 어떤 영향을 미치는지 논의하기 전에, 다양성이 무엇이고 무엇이 아닌지에 대한 이해를 돕기 위해 법에 위배되는 차별에 대해 논의할 것이다.

다양성 · 형평성 · 포용성(DEI)의 근간이 되는 법적 체계

미국평등고용기회위원회(EEOC)에 따르면 인종, 피부색, 종교, 성별(임신 여부, 성 정체성 및 지향성 포함), 출신 국가, 연령(40세 이상), 장애 또는 유전학적 정보를 이유로 직원 또는 구직자가 다르게 대우받을 때 차별이 발생한다(https://www.eeoc.gov/employees-job-applicants). 직원과 구직자를 보호하기 위해 고안된 법률에는 1964년 민권법 제7조(Civil Rights Act of 1964 Title VII), 1963년 평등 임금법(Equal Pay Act of 1963), 고용 연령 차별 금지법(Age Discrimination in Employment Act), 1978년 임신 차별 금지법(Pregnancy Discrimination Act of 1978), 1990년 미국 장애인법(Americans with Disabilities Act of 1990)이 있다. 예를 들어 고용 차별을 해결하기 위한 가장 중요한 법안 중 하나는 모집, 고용, 해고, 교육, 승진, 급여, 복리후생 및 기타 고용 조건을 포함한 모든 인적자원관리 활동에서 차별을 금지하는 민권법 제7조이다. 이에 해당하거나 다른 중요한 법률, 규정 및 행정 명령은 〈표 4.1〉에 설명했다.

고용차별에는 두 가지 유형, 즉 **불리한 결과**(adverse impact)와 **차별적 대우**(disparate treatment)가 있다. 미국평등고용기회위원회의 **근로자 선발 절차에 대한 보편 지침**(EEOC, 1978)에 정의된 바에 따르면, 불리한 결과는 고용 관련 결정이 서로 다른 집단에 차별적 영향을 미칠 때 발생한다. 고용 제도는 의도하지 않은 차별을 초래할 수 있는데, 예를 들어 지원자의 대학 학위 소지가 요구사항이지만, 해당 직무는 고등학교 학위를 가진 사람에 의해 수행될 수 있는 경우에 차별이 일어나는 것이다. 미국 내 대학 학위 소지 가능성을 살펴보면 백인(41.9%)에 비해 흑인과 히스패닉계 미국인이 학위 소지 가능성이 낮다(각각 28.1% 및 20.6%)(Pew Research Center, 2022). 따라서 해당 요건은 흑인과 히스패닉계 미국인의 고용 가능성에 부정적인 영향을 미칠 것이라는 점에서 불리한 결과를 가져올 수 있다.

불리한 결과가 존재하는지 여부를 결정하기 위해 고용주는 조직 내 다수 집단(예 : 일반적으로 백인 남성)의 선발률을 조사하고 이를 다른 집단(예 : 여성 및 백인 제외 인종)의 선발률과 비교해야 한다. 한 집단의 선발률이 다수 집단의 4/5(또는 80%) 미만인 경우에 선발 절차가 불리한 결과를 가져올 수 있다고 가정한다. 4/5 법칙은 불리한 결과에 대한 법적 정의가 아니라 미국평등고용기회위원회가 고용, 승진 또는 기타 선발 결정의 불일치를 모니터링하기 위해 사용하는 경험적 법칙이다(Society of Human Resource Management, 2022). 선발 절차(예 : 위에서 언급한 대학 학위 요건)가 불리한 결과를 가져오는 것으로 확인되는 경우, 고용주는 해당 선발 절차가 직무와 관련이 있고 사업상 필요하다는 증거를 제공해야 한다. 지원자 또는 직원이 선발 절차에 이의를 제기하기로 결정한 경우에는, 해당 선발 절차 이외에 불리한 결과를 덜 가져오는 다른 선발 절차가 없음을 입증해야 한다.

차별적 대우는 고용주가 보호 대상 계층 중 한 집단의 구성원을 고의로 차별할 때 발생한다. 예를 들어 고용주가 '젊고 활력이 넘치는 판매원'을 광고하면서 40세가 넘은 사람들의 지원서를 무시하는 것은 나이가 많지만 능력이 있는 지원자를 차별하는 것이다. 어린 자녀가 있는 남성을 고용하고 여성은 고용하지 않는 것은 차별적 대우의 또 다른 예다. 부상을 입은 근로자에게는 작업 편의(예 : 상자 들기)를 허용하지만 임신한 근로자에게는 동일한 편의를 허용하지 않는 것이 또 다른 예다.

자격을 갖춘 다른 지원자 또는 직원을 배제할 가능성이 있는 고용 제도의 경우, 고용주는 해당 제도에 타당성이 있다는 것을 입증해야 한다. 즉 고용주는 선발 도구 또는 평가 점수가 업무 행동이나 수행을 예측한다는 증거를 수집해야 한다. 미국평등고용기회위원회의 근로자 선발 절차에 대한 보

표 4.1 고용 차별을 금지하는 주요 법률, 규정 및 행정 명령

노예 해방 선언(1863년)

노예 해방 선언은 미국 남북 전쟁 중이던 1863년 1월 1일 에이브러햄 링컨 대통령이 서명한 중요한 행정 명령이었다. 노예 해방 선언 자체가 노예 제도를 완전히 폐지한 것은 아니었지만, 노예 해방 선언은 미국 전역에서 노예 제도와 비자발적 노예 제도를 영구적으로 폐지하는 미국 헌법 수정조항 제13조의 길을 열었다.

그들의 해방 소식은 2년 후인 1865년 6월 19일이 되어서야 텍사스의 아프리카계 미국인들에게 전해졌다. 준틴스(Juneteenth)는 현재 남부 연합 주에서 노예 제도가 종식된 것을 기념하는 연방 공휴일로 기념되고 있다. 조 바이든 대통령은 2021년 준틴스 독립기념일 법안에 서명하였다.

노예 해방 선언문. (2022년 1월 28일). 국립기록보관소. https://www.archives.gov/exhibits/featured-documents/emancipation-proclamation

1964년 민권법(Civil Rights Act of 1964) 제7조

이 법은 인종, 피부색, 종교, 출신 국가 또는 성별을 근거로 누군가를 차별하는 것을 불법으로 규정한다. 이러한 다섯 가지 범주를 보호 대상 계층이라고 한다. 이 법은 또한 그 사람이 차별에 대해 불평하거나, 차별에 대한 고발을 제기하거나, 고용 차별 조사 또는 소송에 참여했다는 이유로 그 사람에게 보복하는 것을 불법으로 규정한다. 이 법은 또한 고용주의 사업 운영에 과도한 어려움을 초래하지 않는 한, 고용주가 지원자와 직원의 진지한 종교 행위를 합리적으로 수용할 것을 요구한다. 제7조는 15명 이상의 직원을 고용한 민간 부문 고용주, 15명 이상의 직원을 고용한 주 및 지방정부 고용주, 고용주로서의 연방정부에 적용된다. 또한 노동조합 및 고용 기관에도 적용된다.

1964년 민권법(Civil Rights Act of 1964) 제7조. 미국평등고용기회위원회(EEOC). https://www.eeoc.gov/statutes/title-vii-civil-rights-act-1964

1973년 재활법(The Rehabilitation Act of 1973)

이 법은 자격을 갖춘 장애인을 연방정부에서 차별하는 것을 불법으로 규정하고 있다. 또한 이 법은 그 사람이 차별에 대해 불평하거나, 차별에 대한 고발을 제기하거나, 고용 차별 조사 또는 소송에 참여했다는 이유로 그 사람에게 보복하는 것을 불법으로 규정한다. 이 법은 또한 고용주의 사업 운영에 과도한 어려움을 초래하지 않는 한, 고용주가 신청자 또는 직원인 자격을 갖춘 장애인의 알려진 신체적 또는 정신적 측면의 제한사항을 합리적으로 수용할 것을 요구한다.

1973년 재활법. (n.d.) 미국평등고용기회위원회(EEOC). https://www.eeoc.gov/statutes/rehabilitation-act-1973

1978년 임신 차별 금지법(The Pregnancy Discrimination Act of 1978)

이 법은 민권법 제7조를 개정하여 임신, 출산 또는 임신이나 출산과 관련된 의학적 상태를 이유로 여성을 차별하는 것을 불법으로 규정하였다. 이 법은 또한 그 사람이 차별에 대해 불평하거나, 차별에 대한 고발을 제기하거나, 고용 차별 조사 또는 소송에 참여했다는 이유로 그 사람에게 보복하는 것을 불법으로 규정한다.

What to Expect When You' re Expecting (and After the Birth of Your Child)...at Work. (n.d.). DOL. https://www.dol.gov/agencies/oasam/civil-rights-center/internal/policies/pregnancy-discrimination

1963년 평등 임금법(The Equal Pay Act of 1963)

이 법은 남성과 여성이 동일한 직장에서 동일한 일을 하는 경우 다른 임금을 지불하는 것을 불법으로 규정한다. 이 법은 또한 그 사람이 차별에 대해 불평하거나, 차별에 대한 고발을 제기하거나, 고용 차별 조사 또는 소송에 참여했다는 이유로 그 사람에게 보복하는 것을 불법으로 규정한다.

표 4.1 고용 차별을 금지하는 주요 법률, 규정 및 행정 명령(계속)

1963년 평등 임금법(The Equal Pay Act of 1963). (n.d.). 미국평등고용기회위원회(EEOC). https://www.eeoc.gov/statutes/equal-pay-act-1963

1967년 고용 연령 차별 금지법(Age Discrimination in Employment Act of 1967, ADEA)

이 법은 40세 이상의 사람들을 연령으로 인한 차별로부터 보호한다. 이 법은 또한 그 사람이 차별에 대해 불평하거나, 차별에 대한 고발을 제기하거나, 고용 차별 조사 또는 소송에 참여했다는 이유로 그 사람에게 보복하는 것을 불법으로 규정한다.

Age Discrimination. (n.d.). DOL. https://www.dol.gov/general/topic/discrimination/agedisc#:~:text=The%20Age%20Discrimination%20in%20Employment,conditions%20or%20privileges%20of%20employment

1990년 미국 장애인법(The Americans with Disabilities Act of 1990, ADA)

이 법은 자격을 갖춘 장애인을 민간 부문과 주 및 지방정부에서 차별하는 것을 불법으로 규정하고 있다. 이 법은 또한 그 사람이 차별에 대해 불평하거나, 차별에 대한 고발을 제기하거나, 고용 차별 조사 또는 소송에 참여했다는 이유로 그 사람에게 보복하는 것을 불법으로 규정한다. 이 법은 또한 고용주의 사업 운영에 과도한 어려움을 초래하지 않는 한, 고용주가 신청자 또는 직원인 자격을 갖춘 장애인의 알려진 신체적 또는 정신적 측면의 제한사항을 합리적으로 수용할 것을 요구한다. 해당 법은 연간 20주 이상 15명 이상의 직원을 고용하는 민간 고용주 또는 주 및 지방정부, 고용 기관 및 노조에 적용된다. **2008년 개정법**(Amendments Act of 2008)은 해당 법의 원래 의도를 준수하기 위해 '장애'의 의미를 더욱 명확히 하여 장애인이 해당 법에 따른 보호를 더 쉽게 받을 수 있도록 하였다.

Americans with Disabilities Act. (n.d.). DOL. https://www.dol.gov/general/topic/disability/ada

Amendments Act of 2008 (n.d.). https://www.eeoc.gov/laws/guidance/fact-sheet-eeocs-final-regulations-implementing-adaaa

1991년 민권법(Civil Rights Act of 1991), 102항 및 103항 : 무엇보다도 이 법은 민권법 제7조와 미국장애인법을 개정하여 고의적 차별 사건에 대한 배심원 재판과 보상 및 징벌적 손해 배상을 허용한다.

The Civil Rights Act of 1991. (n.d.). 미국평등고용기회위원회(EEOC). https://www.eeoc.gov/statutes/civil-rights-act-1991

1993년 가족 및 의료 휴가법(The Family and Medical Leave Act of 1993, FMLA)

1993년 제정된 가족 및 의료 휴가법은 직장의 요구와 가족의 요구 사이의 균형을 맞추고, 가족의 안정성과 경제적 안정을 촉진하며, 국가의 이익을 위해 가족의 온전성을 보존하는 것을 목표로 제정되었다. 이 법은 해당 고용주의 적격 직원이 의학적 이유, 자녀의 출산 또는 입양을 위해 합당한 휴가를 사용하고 심각한 건강 문제가 있는 자녀, 배우자 또는 부모를 돌볼 수 있는 권한을 부여한다.

The Family and Medical Leave Act of 1993. (n.d.). DOL. https://www.dol.gov/agencies/whd/laws-and-regulations/laws/fmla

2008년 유전 정보 차별 금지법(The Genetic Information Nondiscrimination Act of 2008, GINA)

이 법은 유전학적 정보를 이유로 직원이나 지원자를 차별하는 것을 불법으로 규정하고 있다. 유전 정보에는 개인의 유전자 검사 및 가족 구성원의 유전자 검사에 대한 정보뿐만 아니라 개인 가족 구성원의 질병, 장애 또는 상태에 대한 정보(즉 개인의 가족 병력)가 포함된다. 이 법은 또한 그 사람이 차별에 대해 불평하거나, 차별에 대한 고발을 제기하거나, 고용 차별 조사 또는 소송에 참여했다는 이유로 그 사람에게 보복하는 것을 불법으로 규정한다.

(계속)

표 4.1 고용 차별을 금지하는 주요 법률, 규정 및 행정 명령(계속)

The Genetic Information Nondiscrimination Act of 2008. (n.d.). 미국평등고용기회위원회(EEOC). https://www.eeoc.gov/statutes/genetic-information-nondiscrimination-act-2008

적극적 우대 조치 : 행정 명령 11246(Affirmative Action : Executive Order 11246)

개정된 행정 명령 11246은 연방 계약 또는 하도급 계약을 체결한 고용주가 과거 관행, 정책 또는 평등한 고용 기회에 대한 장벽의 영향을 극복하기 위한 노력의 일환으로 보호 대상 계층의 구성원을 고용하기 위해 '적극적 우대 조치'를 취하도록 요구한다.

적극적(또는 긍정적) 조치는 해당 고용주가 자격을 갖춘 소수 민족, 여성, 장애인 및 재향 군인을 모집, 고용 및 승진시키기 위해 취해야 한다. 이러한 조치에는 훈련 프로그램, 봉사 활동 및 기타 긍정적인 조치가 포함될 수 있다.

Executive Order 11246. (n.d.). DOL. https://www.dol.gov/agencies/ofccp/executive-order-11246
https://www.dol.gov/general/topic/hiring/affirmativeact

업데이트 : 최근 대법원 판례(2023)가 대학 입학에서 적극적 우대 조치(Affirmative Action)를 폐지했기 때문에 일부 기업은 DEI 프로그램에 영향을 미칠 수 있는 법적 조치 가능성에 대해 우려를 표명하였다. 그러나 DEI 프로그램은 적극적 우대 조치 프로그램이 아니므로 이번 판결의 영향을 받아서는 안 된다. 향후 법원의 판결을 주시할 필요가 있다.

릴리 레드베터 2009년 공정임금법(Lilly Ledbetter Fair Pay Act of 2009)

이 법은 2007년 레드베터와 그녀가 일하던 굿이어타이어앤드러버 간 사건에서의 대법원 판결을 뒤집었는데, 핵심 쟁점은 과거에 보상에 관한 고용 차별 불만을 제기할 수 있는 기간을 엄격하게 제한하였던 것이다. 이 법은 차별적 보상이 포함된 각 급여는 차별이 시작된 시기와 관계없이 별도의 위반이라는 미국평등고용기회위원회의 오랜 입장을 명시하고 있다.

Equal Pay Act of 1963 and Lilly Ledbetter Fair Pay Act of 2009. (2014년 4월 29일). 미국평등고용기회위원회(EEOC). https://www.eeoc.gov/laws/guidance/equal-pay-act-1963-and-lilly-ledbetter-fair-pay-act-2009

성적 지향성 및 성별 정체성 차별로부터 보호하는 법률 및 법원 판결(Laws and Court Rulings Protecting Against Sexual Orientation and Gender Identity Discrimination, SOGI)

이 법은 성적 지향이나 트랜스젠더라는 이유로 개인을 해고하는 것을 불법으로 규정한다. 이 법령은 2020년 보스톡과 그가 일하던 조지아주 클레이튼 카운티 간 사건에서 대법원 판결의 근거가 되었는데, 성적 지향을 이유로 개인을 해고하는 것은 성별에 근거한 고용 차별을 금지하는 1964년 민권법 제7조의 위반이라는 판결이다.

Sexual Orientation and Gender Identity(SOGI) Discrimination. (n.d.). 미국평등고용기회위원회(EEOC). https://www.eeoc.gov/sexual-orientation-and-gender-identity-sogi-discrimination

업데이트 : 성소수자에 대한 차별과 관련하여, 대법원은 최근 복음주의 기독교인이 성소수자를 위한 사업 서비스 제공을 거부할 수 있다고 판결했다. 이 6 대 3의 다수의견은 개인이 동의하지 않는 메시지를 지지하도록 요구하는 것은 미국 헌법 수정조항 제1조에 의해 보호되는 표현의 자유에 대한 권리를 침해한다고 주장했다. 관련사례(303 Creative LLC v. Elenis, 2022)는 콜로라도의 복음주의 기독교 웹 디자이너가 동성 결혼식을 위한 결혼식 웹사이트를 제작하는 것에 대한 것이었는데, 해당 웹사이트 제작이 그녀의 동성 결혼 지지를 암시하기 때문에 원하지 않을 수 있다는 것이다. 이 판결의 결과로, 해당 웹 디자이너는 성소수자 커플을 위한 결혼식 웹사이트 디자인을 거부했다는 이유로 콜로라도의 차별 금지법에 따라 처벌받을 수 없다. 성소수자 차별의 합법성에 대한 대법원의 향후 판결을 지켜볼 필요가 있다.

https://www.scotusblog.com/2023/06/supreme-court-rules-website-designer-can-deny-same-sex-couples-service/

편 지침(EEOC, 1978) 및 인사선발 절차의 타당화와 사용에 대한 원칙(2018)(Society for Industrial and Organizational Psychology, 2018)은 고용 결정이 직무 또는 승진에 가장 적합한 후보자를 효과적으로 선택하고 편향의 영향이 없음을 밝히기 위한 상세한 지침을 제공한다. 고용주가 이러한 지침을 따르고, 선발 절차의 효과성과 공정성을 모니터링하고, 선발 및 직원 채용 과정의 지속적인 개선에 전념하는 것이 중요한다.

차별이 감소하고 있다는 주장에도 불구하고 불리한 결과와 차별적 대우는 오늘날의 작업환경에서 계속 발생하고 있다. 실제로, 고용 차별의 시간 경과에 따른 변화에 대한 최근의 메타분석에 의하면 1989년 이후 백인 지원자는 아프리카계 미국인 또는 라틴계 지원자에 비해 지속적으로 더 많은 '콜백' 또는 면접 합격 통지를 받는 것으로 나타났다(Quillian et al., 2017).[1] 1989년에서 2015년 사이에 수행된 현장 실험에 대한 메타분석에서 Quillian 등은 지원자의 교육수준, 성별 및 기타 잠재 관련 요인을 통제한 후 백인 지원자가 동등한 자격을 갖춘 아프리카계 미국인 지원자보다 36%, 라틴계 지원자보다 24% 더 많은 콜백을 받았다는 것을 발견하였다. 그들은 지난 25년 동안 라틴계 구직자에 대한 고용 차별이 약간 감소한 것을 제외하고는 고용 결정에서 큰 변화를 발견하지 못했다.

20여 년 전에 실시된 차별에 대한 고전적 연구에서도 비슷한 결과가 발견되었다(Bertrand & Mullainathan, 2004). 이 연구에서 연구원들은 시카고와 보스턴 지역의 1,300개 채용조직에 백인처럼 들리는 이름(예 : 에밀리 또는 그렉) 또는 흑인처럼 들리는 이름(예 : 라키샤 또는 자말)을 붙인 약 5,000개의 이력서를 보냈다. 그들은 백인처럼 들리는 이름을 가진 사람들이 흑인처럼 들리는 이름을 가진 사람들보다 콜백을 받을 가능성이 50% 더 높다는 것을 발견하였다. 보다 최근에, Kline 등(2022)은 83,000개의 입사 지원서를 포춘 500대 기업 중 108개 기업에 보냈는데, 흑인처럼 들리는 이름을 가진 지원자는 백인 비교군에 비해 10% 적은 횟수로 전화를 받은 것으로 나타났다. 흥미롭게도, 콜백 비율의 차이는 기업마다 크게 다르게 나타났으며, 대상이 된 108개 기업 중 23개 기업의 차별 가능성이 특히 높았다. 마지막으로, 인종과 성차별을 조사한 연구에서 Milkman 등(2015)은 259개 명문 대학의 교수들에게 예비 박사 과정 학생으로 가장하여 6,500통 이상의 이메일을 보냈다. 이메일은 인종(백인, 흑인, 히스패닉, 인도인, 중국인)과 세대를 나타내는 정보를 제외하고는 동일했다. 연구자들은 교수진이 다른 모든 범주의 학생들보다 백인 남성에게 더 많이 응답하며, 이러한 영향은 임금 수준이 상대적으로 높은 분야와 사립 기관에서 강하게 나타난다는 것을 발견했다.

직장 내 성 불평등에 대한 최근 검토에서 Son Hing과 연구자들(2023)은 미국과 캐나다에서 성차

---

1 이력서 연구 또는 감사 현장 실험이라고도 하는 콜백 연구는 연구자가 직접적인 질문(예 : 채용 관리자에게 나이가 많은 구직자에 대한 차별 여부를 묻는 것)을 통해 연구할 수 없는 민감한 주제에 대해 검증하는 실험 연구이다. 일부 사람들은 이러한 연구의 일반화 가능성에 의문을 제기하지만, 연구자들에게는 조직의 실제 채용 과정에서 차별의 민감한 하위 요소를 측정할 수 있는 방법을 제공한다(King et al., 2013).

별의 증거를 보고하였으며, 해당 연구에서 미국 여성의 42%가 차별을 경험했다고 보고하였다. 인종에 초점을 맞춘 콜백 연구에서 볼 수 있듯이 여성은 이력서 심사 후 다시 전화를 받을 가능성이 적다(Correll et al., 2007; Quadlin, 2018). 예를 들어 Quadlin의 연구에 따르면, 성적 평점 기준으로 표기된 고성취 여성은, 이름을 제외하고는 동일한 이력서를 가진 고성취 남성에 비해 전화를 받는 횟수가 절반에 불과하였다. Correl과 동료들(2007)은 어머니였던 여성이 아버지인 남성보다 콜백을 받을 가능성이 낮다는 것을 발견했는데, 이는 소위 '모성 페널티'를 보여주는 예시이다.

게이 남성과 여성에 대한 차별은 이력서 연구를 통해서도 입증되었다. 예를 들어 Tilcsik(2011)은 미국 7개 주에서 열린 1,769개 이상의 일자리에 이력서를 보냈다. 이력서는 비슷했지만, 한 이력서에는 동성애자 조직에서의 리더십 경험이 기재되어 있고, 다른 이력서에는 통제 조직에서의 참여 경력이 기재되어 있었다. 그 결과, 고용 담당자들은 동성애자가 아닌 지원자를 인터뷰에 초대하는 것을 선호했다 : 이력서에 자신이 동성애자임을 암시하는 지원자는 전화를 받을 확률이 7.2%였고, 이는 이력서상 동성애자 조직 참여 경험이 없는 지원자가 기록한 11.5%와 비교된다. 이러한 결과는 차별 금지법이 약하거나 전혀 없는 주에서 더 강하게 나타났다. 다른 연구에서도 여성과 남성을 대상으로 지원서에서 동성애자임이 암시되었는데, 유사한 결과가 발견되었다(예 : Drydakis, 2015).

나이 든 직원도 차별의 대상이 된다. 구직자와 40세 이상의 근로자는 〈표 4.1〉에 설명된 고용 연령 차별 금지법의 보호를 받고 있지만, 고령 근로자들은 계속해서 차별의 대상이 되고 있다. 실제로, 미국은퇴자협회(American Association of Retired People, AARP)의 최근 연구에 따르면, 고령 근로자의 약 80%가 직장에서 연령 차별을 목격하거나 경험했다고 보고하였다. 76%는 연령 차별이 새 직장을 찾는 데 장애물이라고 보고하며, 또 다른 연구에서는 고령 근로자의 절반 이상이 오랫동안 다니던 직장에서 일찍 밀려났다고 생각한다. 설문에 참여한 응답자의 90%는 다시는 그만큼의 수입을 얻지 못했다(Kita, 2019). 1997년에서 2018년 사이에 약 423,000명의 미국 근로자가 미국평등고용기회위원회에 연령 차별에 대한 문제제기를 제출하였다. 이것이 많은 주장처럼 보인다면, 다음의 사실을 고려할 필요가 있다. 미국은퇴자협회 설문조사에 따르면, 설문조사에 참여한 많은 수의 고령 근로자가 연령 차별을 보고했음에도 불구하고 고령 직원 중 3%만이 연령 차별에 대해 공식적으로 불만을 제기한 적이 있는 것으로 나타났다.

역사가 오래된 IBM과 같은 기업을 포함한 테크 기업들은 고연령 개인에 대한 가장 큰 차별을 저지르고 있다(Kita, 2019). 2007년 페이스북 CEO 마크 저커버그는 "젊은이들이 더 똑똑하다"고 선언하며 '젊고 기술적'인 것의 중요성을 강조하였다. 실리콘 밸리 자체는 일부 상황에서 젊은 직장 문화로 유명하다. 실제로 스태티스타의 2016년 보고서에 따르면 일류 테크 기업의 평균 직원 연령은 32세인 반면, 미국 전체 노동 인구의 평균 연령은 42세였다.

그러나 동등한 자격을 갖춘 나이 많은 지원자와 직원보다 젊은 사람을 고용하고 승진시키는 것은 불법적 차별의 증거이다. (연령에 관계없이 기대에 미치지 못하는 직원을 해고하거나 승진을 거부하는 것은 불법이 아니다.) 많은 테크 기업들은 연령 차별 소송에 대해 우려할 필요가 있다. 2019년 구글은 나이 때문에 차별을 받았다고 말한 200명 이상의 구직자의 문제제기 해결을 위해 1,100만 달러를 지불하기로 합의하였다(AARP, 2019). 프라이스워터하우스쿠퍼스(PwC)와 같은 비테크 기업과 미국연방항공국(Federal Aviation Administration) 및 미국교통부(U.S. Department of Transportation)는 무려 4,380만 달러가 책정된 유사한 연령 차별 문제제기에 직면하였다. 연령 차별 소송에 대한 자세한 내용은 Kita(2019) : https://www.aarp.org/work/age-discrimination/court-case-stories를 참고할 수 있다. 연령 차별 혐의로 기소된 기업을 상대로 한 최근 소송의 예시로는 '참고 4.1'을 참조하라.

연령 차별은 흔히 우리 문화에 만연해 있는 고정관념과 연령 차별적 태도 때문이며, 그 가운데는 '늙은 개에게 새로운 재주를 가르칠 수는 없다'는 생각이 포함되어 있다. 실제로, 고령 직장인에 대해 부정적 발언을 하는 것이 사회적으로 용인되는 경우도 있으며, 심지어 다양성 및 포용성 수준에 대해 홍보하는 조직에서도 그러하다. 고령 근로자가 변화에 대한 저항력이 더 높지 않고(Kunze et al., 2013) 젊은 근로자보다 동기 부여가 덜하지 않다는 연구 결과에도 불구하고 고령 근로자는 경직되어 있고 자신의 방식에 갇혀 있다는 고정관념을 극복하기 어렵다(Ng & Feldman, 2012). 고정관념과 연령 차별은 나이 든 여성에게 더 심하게 작용할 수 있는데, 그들은 남성에게 기대되지 않는 아름다움과 젊음의 기준을 충족시킬 것으로 기대되기 때문이다. 여성들은 종종 흰머리를 염색하거나(Cecil et al., 2022) 주름을 숨기기 위해 보톡스 비용을 지불하는 등 젊어 보이는 외모를 유지하기 위해 미용 활동을

참고 4.1

FISCHER DETECTORS의 연령 차별

최근의 한 법원 판례는 고용 장면에서의 연령 차별에 대한 교과서적 예시를 보여준다. 스위스에 본사를 둔 의료 장비에 사용되는 원형 커넥터 제조업체인 Fischer Connectors, Inc.는 미국 사업장에서 고령의 관리 및 영업 직원을 모두 없애고 젊은 직원으로 대체한 혐의로 소송을 당하였다. Fischer Connectors의 인사 담당 이사였던 67세 여성 Diane Nolan은 신임 CEO가 나이 든 직원들에 대해 차별적 발언을 하고, 채용 관리자들로 하여금 자격을 갖춘 고령 지원자들을 불합격 처리하도록 강요하는 것을 목격했다.

그녀는 스위스 경영진에 대해 개입 시도를 하면서 미국의 평등 고용법에 대한 교육을 하려고 노력했지만, 그녀는 해고되었고 훨씬 젊은 두 명의 인력으로 대체되었다. 해당 차별의 결과로, Fischer Connectors는 Nolan에게 460,000달러의 지불 명령을 받았다. 또한 그들의 모든 미국 직원을 대상으로 고용 연령 차별 금지법의 요구사항에 대해 교육하도록 요구받았고, 미국평등고용기회위원회가 향후 고용 연령 차별 금지법 관련 불만을 모니터링할 수 있도록 허가를 받았다.

출처 : https://www.eeoc.gov/newsroom/eeoc-sues-fischer-connectors-age-discrimination

해야 한다고 느낀다. 이는 흑인 여성이 경험한 **포용 과세**(inclusion tax)와 유사하며(Melaku, 2022), 이에 대해서는 이 장의 후반부에 더 자세히 다룰 예정이다. 직장에 다니는 여성들은 나이가 들어 감에 따라 흔히 젊어 보이기 위해, 그리고 그 결과로 일을 잘 해낼 수 있는 사람으로 인식되기 위해 시간과 노력과 돈을 쏟아야 한다고 생각한다. 반면에 남성은 나이가 들면서 독특하고 매력적으로 여겨지는 경우가 많다(소위 '조지 클루니' 효과; Cecil et al., 2022).

아시아계 미국인에 대한 차별과 편견은 또 다른 우려 사항이다. 아시아계 미국인은 다양한 국가(예 : 중국, 대만, 싱가포르, 필리핀, 홍콩, 한국, 말레이시아, 인도)를 대표하지만 종종 획일적 취급을 받는다. 많은 아시아계 미국인은 비교적 새로운 이민자이지만 일부, 특히 필리핀, 중국, 일본계의 경우에는 여러 세대에 걸쳐 미국에 거주해 왔다(Bell & Leopold, 2022). 아시아계 미국인은 1800년대에 미국에 도착한 이래 고용 차별과 혐오 범죄의 대상이 되어 왔지만, 코로나19 팬데믹 기간 동안 차별과 증오 범죄의 비율이 급격히 증가하였다. 많은 사람들은 트럼프 전 미국 대통령이 확산하는 바이러스를 '중국 바이러스'라고(또는 더욱 심각한 표현으로) 반복해서 언급했는데, 이는 일부 두려움과 분노에 찬 사람들이 아시아인으로 보이는 사람을 비난하도록 부추겼을 수 있다고 지적한다. 실제로 증오 및 극단주의 연구 센터(Center for the Study of Hate and Extremism; https://www.csusb.edu/hate-and-extremism-center)에 따르면 2021년 아시아계 개인을 대상으로 한 증오 범죄는 224% 증가하였다.

설문에 참여한 아시아계 미국인 3명 중 1명은 팬데믹이 시작된 이후 인종 차별적 비방이나 농담을 받은 적이 있다고 보고했으며(Ruiz et al., 2021), 팬데믹 기간 동안 아시아계 미국인에 대한 부정적 트윗이 68.4% 증가하였다(Nguyen et al., 2020). 아시아계 미국인에 대한 이러한 부정적 태도는 직장으로 파급되어 신체적 건강과 웰빙에 영향을 미치는 것으로 나타났다(Dhanani et al., 2023).

이 장의 앞부분에서 언급했듯이 아시아인은 미국 인구의 약 7%를 차지하지만, 포춘 100대 기업의 고위 관리직과 기업 임원 직위의 1.9% 미만을 차지하고 있다. 아시아계 미국인에 대한 긍정적 고정관념은 그들이 열심히 일하고, 교육을 많이 받았고, 수학과 기술에 능숙하다는 것을 암시하는 반면, 부정적인 고정관념은 그들이 리더십 기술이 부족하다는 것이다. 이러한 부정적 고정관념은 자격을 갖춘 많은 아시아인을 관리직과 지도적 위치에서 물러나게 한다. 실제로, 아시아계 남성과 여성 모두 미국 기업의 리더십 직책에 선발될 가능성이 낮다는 풍부한 증거가 있다. 구글, 링크드인, 야후, 휴렛팩커드, 인텔 등 5개 거대 테크 기업을 대상으로 한 한 연구에 따르면, 아시아계 전문직 종사자들은 비관리직 인력에서 높은 비중을 차지했지만 임원직에는 그렇지 않았다(Gee et al., 2015). 이러한 현상은 최고 리더십 위치에 도달하는 데 보이지 않는 장벽인 '대나무 천장'이라고 한다(Hyun, 2005; Nunes, 2021).

히스패닉/라틴계 노동자들 역시 편견과 차별에 직면해 왔다. 민권법 제7조의 보호를 받지만, 히스패닉 남성과 여성의 평균 소득은 백인, 흑인 또는 아시아계 남성과 여성보다 낮고 라틴계의 실업률은 비히스패닉 백인보다 지속적으로 높다(U.S. Census Bureau, 2020). 2021년 퓨리서치센터(Pew

Research Center)에서 실시한 전국 설문조사에 따르면, 라틴계 응답자의 54% 이상이 그 전년도에 특정 형태의 차별을 경험했다고 보고하였는데, 그 예로는 히스패닉계라는 이유로 모욕적인 이름으로 불리거나, 공공장소에서 스페인어를 사용한다는 이유로 비난을 받거나, 고국으로 다시 돌아가야 한다는 말을 엿듣는 것이 있었다. 2017년 하버드 공중보건대학이 후원한 여론 조사에 따르면 라틴계의 33%가 구직 시 개인적으로 차별을 경험했다고 보고했으며, 32%는 불평등한 급여를 받거나 승진에 있어 간과당했다고 보고하였다(https://www.hsph.harvard.edu/news/press-releases/poll-latinos-discrimination/).

Ceisel Masonry에 대한 사례는 일부 라틴계 직원들이 직면한 고용 차별과 괴롭힘의 유형을 보여주는 예다. 이 소송에서 감독관, 전직 감독관이 회사의 라틴계 직원들을 가리켜 '폭찹', '치코', '웻백'과 같은 경멸적인 용어를 사용했다고 주장했다. 해당 라틴계 직원들은 또한 인종차별적 낙서의 대상이 되었는데, 불만을 제기했음에도 불구하고 회사는 이를 해결하지 않았다. Ceisel Masonry는 소송의 결과 50만 달러를 지불하게 되었고, 모든 직원과 감독자를 대상으로 한 차별 금지 교육이 의무화되었다(https://www.eeoc.gov/newsroom/ceisel-masonry-pay-500000-harassment-hispanic-workers-0). 이와 유사하게, 나인 웨스트와 존스 어패럴 그룹에 대한 소송에서는 두 명의 고위 관리자가 히스패닉 여성에게 원치 않는 성적 접근, 성적으로 노골적인 농담과 발언, 히스패닉 출신에 대한 모욕적인 말로 조롱하는 방식으로 히스패닉 여성을 성희롱했다고 주장했다. 법원은 원고 승소 판결을 내렸고, 회사가 피해자들에게 60만 달러를 배상하며, 평등한 고용 기회에 대한 교육을 실시하고, 새로운 차별 불만 사항을 미국평등고용기회위원회에 보고할 것을 요구했다(https://www.eeoc.gov/newsroom/nine-west-jones-apparel-group-pay-600000-settle-national-origin-and-sex-bias-suit). (성희롱에 대해서는 제6장에서 더 자세히 설명한다.)

2022년의 가장 최근 사례는 캘리포니아에 본사를 둔 건설 계약업체인 Goodsell/Wilkins, Inc.에 대한 것이다. 미국평등고용기회위원회가 제기한 혐의에 따르면 Goodsell/Wilkins의 상사들은 라틴계 건설 노동자들을 '웻백'과 '홈 디포테로스(home depoteros)'라고 부르며 괴롭혔고, 영어를 못하면 조롱하며 원래 있던 곳으로 돌아가라고 말했다. 고소장에는 또한 감독관이 라틴계 근로자들에게 비하적 발언을 하고, 성적으로 노골적인 사진을 보여주고, 성적 위협을 하는 등 성희롱을 했다고 적혀 있었다. 회사는 괴롭힘에 대해 언급하기를 거부했으며, 실제로 불만을 제기한 직원 중 한 명을 해고했다. 이 소송은 진행 중이다(https://www.eeoc.gov/newsroom/eeocsues-construction-company-goodsellwilkins-harassment-latino-workers). 이러한 사례와 다른 사례들은 히스패닉/라틴계 남성과 여성이 직면한 차별에 대한 추가적인 증거를 제공한다.

다양한 정체성 집단과 보호 대상 계층에 대한 차별과 편견에 대해 훨씬 더 많은 내용이 쓰여질 수 있지만, 우리는 장애인 차별에 대한 논의로 이 절을 마무리할 것이다. 참고로 장애는 가시적일 수도 있고 비가시적일 수도 있다. 미국질병통제예방센터(Centers for Disease Control and Prevention, 2022)에 따르면 미국 성인의 약 25%가 어떤 형태로든 장애가 있으며, 이는 '해당 질환을 앓고 있는 사람이 특정 활동을 하고(활동 제한) 주변 세계와 상호작용하는 것(참여 제한)을 더 어렵게 만드는 신체 또는 마음의 모든 조건(손상)'으로 정의한다. 눈에 보이는 장애는 명백하고 즉시 알아차릴 수 있다(예 : 세상을 탐색하기 위해 휠체어, 지팡이 또는 시각장애인용 안내견이 필요한 근로자). 보이지 않는 장애에는 외상 후 스트레스 장애(PTSD), 난독증, 청력 손실, 만성 통증 또는 불안 및 우울증을 포함한 정신 질환을 겪고 있는 직원이 포함될 수 있다.

또한 성인 근로 인구 중에서 만성 질환(CHC)이 있는 개인의 비율이 점점 더 증가하고 있다(McGonagle, 2021). 이 숫자는 장기 코로나19 감염자 수가 계속 증가함에 따라 증가할 가능성이 있다. 장기 코로나19는 피로, 브레인 포그, 흉통, 위장 문제를 특징으로 하는 치명적인 질병일 수 있으며, 이러한 질병은 직원의 업무 능력에 심각한 영향을 미칠 수 있다. 또한 암과 같은 다른 질병은 치료가 가능한 경우가 더 많기 때문에 암에 걸렸거나 암에서 회복 중인 많은 직원은 업무를 계속하면서 질병 관리에 대처해야 한다. 공동 저자인 Steve Jex는 '참고 4.2'에서 암 치료와 작업의 균형을 맞추는 것이 어떤 것인지 설명한다.

장애인은 1973년 재활법, 1990년 미국 장애인법 및 미국 장애인 개정법에 의해 보호된다. 이러한 법은 고용, 해고, 승진, 보상 및 교육을 포함한 모든 근로 결정에서 자격을 갖춘 개인을 차별하는 것을 불법으로 규정하며, 고용주는 장애인 개인을 위해 합리적인 편의를 제공해야 한다. Job Accommodation Network(2020)에 따르면 장애가 있는 근로자의 70%는 직무 수행을 위해 편의가 필요하지 않으며, 필요한 경우 상대적으로 비용이 저렴하다(500달러 이하). 예를 들어 손의 사용이 제한적인 사무 직원은 컴퓨터의 마우스를 쉽게 조작할 수 없었다. 그녀의 고용주는 그녀가 더 효과적으로 일할 수 있도록 발 마우스를 샀는데, 그 비용은 300달러도 안 되는 것이었다. 마지막으로, 이러한 법률은 장애가 없더라도 장애가 있다고 인식되는 사람들(예 : 암에서 완전히 회복된 사람)을 보호한다. 미국 장애인법에 대한 자세한 내용은 〈표 4.1〉을 참조하라.

차별 금지법에도 불구하고 장애인 근로자는 직간접적인 다양한 형태의 차별에 직면하는 경우가 많다. 예를 들어 직접적이고 노골적으로 차별적 대우를 받거나(예 : 청각장애가 있다는 이유로 지원자의 채용을 고려하지 않는 경우), 간접적인 차별을 받거나(예 : 휠체어를 타는 직원이 화장실을 갈 수 있는 추가시간이 제공되지 않는 경우), 괴롭힘 및 보복의 대상이 되거나(예 : 다른 사람의 장애를 조롱하는 경우) 합리적인 요청이 수용되지 않는 경우(예 : 보조 컴퓨터 소프트웨어가 제공되지 않는 경우)가 있다. 최근의 한 법원 판례가 그 예다. 플로리다주 잭슨빌에 있는 UPS(United Parcel Service) 창고의 인사 감독관은 당뇨병을 앓고 있는 직원이 혈당을 확인하고 필요한 경우 무언가를 먹기 위해 잠시 휴식을 취하는 것을 허용하지 않았다. 직원이 조정을 요청한 날, 상사는 근무가 끝날 때 음성 메일을 통해 그

참고 4.2

암과 함께 일하기 : 사례 연구

직장에서 가장 빠르게 성장하는 소수 집단 중 하나는 만성 질환을 앓고 있는 직원들이다(McGonagle & Hamblin, 2014). 의학적 치료 기술의 발전 덕분에 전일제로 일하면서 만성 질환을 관리할 수 있을 정도가 되었다.

나는 2021년 4월 1일 암 진단을 받았고 해당 소수 집단의 일원이 되었다. 내 인생에서 매우 예상치 못한 사건이었고 항상 꽤 건강했기 때문에 꽤나 큰 충격이었다. 치료와 예후에 대한 자세한 내용을 공유하지는 않겠지만, 지난 2년 동안 암 치료와 교수로서의 직업 사이에서 어떻게 균형을 잡을 수 있었는지에 대해 이야기하고자 한다. 내 경험을 설명하면서 나는 네 가지 주요 영역, 즉 (1) 공개, (2) 정체성 관리, (3) 암과 업무 요구의 균형, (4) 일을 통해 병을 잊기라는 네 가지 영역에 초점을 맞추고 싶다.

공개 : 처음 진단을 받았을 때, 나는 직장에서 아무에게도 말하지 않았다. 하지만 결국에는 직장을 비울 필요가 있을 때를 대비하여 학과장에게 알려야 한다고 느꼈다. 또한 직접적으로 같이 일하는 집단 구성원들과 직접 지도하는 학생들에게 말했다. 내가 암에 걸렸다고 말하는 것은 어땠을까? 솔직히 불편했다. 하지만 모든 사람이 많은 지지와 격려를 아끼지 않는 모습에 정말 감동하였다. 그보다 덜한 것을 기대했던 것은 아니지만, 타인이 자신이 중증 질환을 앓고 있다고 털어놓는 것을 듣는 것이 항상 편한 것은 아니라는 것을 알고 있기 때문이다.

정체성 관리 : 나의 경우 외적인 징후가 없었기 때문에 정체성 관리가 큰 문제는 아니었다. 내가 암 진단을 받은 것을 아는 사람들을 위해서, 내 전략은 그것에 대해 너무 많이 언급하지 않는 것이었다. 교수라는 직업이 육체적으로 힘들지 않기 때문에 사람들과의 이전 정체성을 유지하는 것이 어렵지 않았다. 물론, 육체적으로 더 힘든 일을 하는 사람들은 종종 자신이 할 수 없는 일이 생기면서 구체적인 제약이 발생하므로 직원으로서의 정체성을 관리해야 한다.

암과 업무 요구의 균형 : 얼마 되지 않아 나는 암 치료에 시간이 많이 소요되고 종종 이러한 시간 요구로 인해 근무 시간을 단축해야만 한다는 사실을 알게 되었다. 나는 진단 직후 셀 수 없을 정도로 많은 MRI와 다른 영상 검사를 받았고 그 검사 일정은 내 편의에 따라 잡히는 것이 아니었다. 나는 나의 시간에 대한 통제가 매우 높은 직업을 가졌다는 점이 매우 행운이라고 생각했는데, 유연성 낮은 직무에 종사하는 직원들은 어떻게 같은 상황에 대처해 갈지 모르겠다. 이러한 업무 유연성에도 불구하고, 나는 원하는 만큼 직장에서 많은 일을 하지 못하는 것 같아서 여전히 답답했지만 결국 그것을 받아들이는 법을 배웠다.

일을 통해 병을 잊기 : 암 치료를 받는 동안 일을 하는 데는 많은 도전 과제가 있었지만, 그럼에도 불구하고 나는 그 기간 동안 일할 수 있어서 기뻤다. 일에 몰두하다 보면 때때로 자신의 병을 잊을 수 있으며, 암 치료를 받는 사람에게는 반가운 안도감이 된다. 일은 또한 유용한 사회적 지원을 제공할 수 있으며, 이는 만성 질환을 앓고 있는 모든 사람에게 매우 중요하다.

끝으로, 내가 경험을 통해 배운 가장 중요한 것은 암 진단에 대처할 때 직장에 있는 대부분의 사람들이 믿을 수 없을 정도로 지지해 준다는 것이다. 또한 비슷한 상황에 있는 모든 사람이 사용할 수 있는 훌륭한 자원들도 있다. 내가 특별히 도움이 되었다고 생각한 것 중 하나는 Working with Cancer Pledge(https://workingwithcancerpledge.com/)이지만, 이것 이외에도 훨씬 많은 자원이 존재할 것이다.

제공 : 센트럴플로리다대학교 Steve M. Jex 박사

출처 : McGonagle and Hamblin(2014).

직원을 해고하였다. 연방정부 판사는 UPS가 장애를 이유로 직원의 합리적 요청을 수용하지 않고 해고함으로써 연방법을 위반했다고 판결하였다(https://www.eeoc.gov/newsroom/eeoc-scores-summary-judgment-win-against-ups-disability-discrimination-case). 금전적 손해 배상액은 아직 결정되지 않았다.

버펄로에 있는 제조 회사 마인라이트테크놀로지(Mine Rite Technologies)를 상대로 한 소송은 보이지 않는 장애가 어떻게 보호되는지 보여준다. 이 사건의 경우, 외상 후 스트레스 장애를 앓고 있는 퇴역 군인인 한 직원이 상사가 직장에서 자신을 괴롭혔다며 불만을 제기하였다. 원고인 제이슨 카우프만은 감독관이 동료들에게 자신을 '사이코'라고 불렀고, 장애치료를 받으러 간 날에 대해 '사이코 목요일(Psycho Thursdays)'이라고 언급했다고 말했다. 카우프만은 괴롭힘을 참을 수 없게 되자 사직하였다. 마인라이트는 카우프만에게 75,000달러를 지불하고, 사과문을 발표하고, 장애인법에 대한 직원 대상 교육을 실시하도록 요구받았다(https://www.eeoc.gov/newsroom/mine-rite-technologies-pay-75000-settle-eeoc-disability-suit). 다른 차별 사례 예시는 〈표 4.2〉를 참조하라.

명시적 차별 이외의 것

더 미묘한 형태의 차별도 이해하고 감지하는 것이 중요하다. 그중 하나가 **인종적 마이크로어그레션**(racial microaggression)으로, 이는 "의도적이든 의도적이지 않든 간에, 유색인종에 대한 적대적, 경멸적, 부정적인 인종적 경시와 모욕을 드러내는 짧고 일상적인 언어적, 행동적, 환경적 모욕"이다(Sue et al., 2007, p. 271). 더 넓게는, 마이크로어그레션은 대상이 되는 개인의 인종, 성별, 민족 또는 이러한 정체성의 조합을 기준으로 행해질 수 있다. 이러한 마이크로어그레션을 저지르는 관리자와 동료들은 종종 자신이 하고 있는 말이나 행동이 모욕적 또는 공격적인 것으로 해석될 수 있다는 사실을 인식하지 못한다. 예를 들어 이런 상황을 생각해보자. 흑인 동료가 잠재 고객 앞에서 프레젠테이션을 끝냈을 때, 그것을 보고 있던 마케팅 분석가가 이렇게 말한다. "○○님 정말 분명하군요!" 그 마케팅 분석가는 자신이 동료에게 칭찬을 한 것으로 생각할 수 있지만, 실제로는 분석가가 흑인 동료들이 분명하게 말하는 것을 기대하지 않는다는 것을 암시할 수 있기 때문에 말을 듣는 동료는 그것을 모욕으로 해석할 수 있다. 아시아계 미국인이나 라틴계 미국인에게 어디서 왔는지 묻는 것 역시 그들이 실제로 미국에서 자란 미국 시민일지라도 미국인일 리가 없다는 것을 암시하는 것이 가능하다. 이런 종류의 말과 질문은 개인이 조직 내 지배적 사회 집단에 속해 있지 않으며 외부인이라는 느낌을 갖도록 할 수 있는데, 이를 아더리즘(otherism)이라고 할 수 있다. '참고 4.3'은 미국에서 대학원에 재학하는 흑인 무슬림 여성의 개인적인 예를 다루고 있다.

컬러블라인드니스(colorblindness)는 또 다른 유형의 마이크로어그레션이다. 이는 백인이 타인의 인종이나 민족 정체성을 인정하지 않으려는 이데올로기를 말한다(Sue et al., 2007; Williams et al.,

표 4.2 차별에 관한 법원 판례

성적 지향 및 인종 차별

애플비(Applebees), 성적 지향 및 인종 차별 소송 합의를 위해 100,000달러 지불

플로리다주 플랜트시티에서 애플비 레스토랑을 운영하는 네이버후드 레스토랑 파트너스 플로리다(Neighborhood Restaurant Partners Florida)는 미국평등고용기회위원회가 제기한 성적 지향 및 인종 차별 소송을 해결하기 위해 10만 달러를 지불하고 포괄적인 가처분 명령을 시행하기로 합의하였다. 이 소송에서 제기된 혐의에 따르면, 두 명의 식당 직원이 흑인 직원에게 인종 차별적이고 동성애 혐오적인 욕설을 퍼붓고 괴롭혔으며, 가해자 중 한 명은 남부연합 깃발이 그려진 옷을 입고 있었다. 직원이 경영진에게 불만을 제기했음에도 불구하고 고용주는 아무런 조치를 취하지 않았으며, 직원이 네이버후드 파트너스의 본사 사무실에 연락을 시도한 후에는 해당 직원의 근무 시간이 단축되었다. 이 소송 결과에 따라 네이버후드 파트너스는 인사 담당자 및 관리자에게 성적 지향 및 인종 차별에 대한 전문 교육을 제공하고, 괴롭힘에 대한 불만을 검토하기 위해 내부 감시자를 임명하고, 평등고용기회위원회에 괴롭힘 불만 사항 및 이에 대한 조치에 대한 보고서를 제공해야 하는 것으로 결정되었다. https://www.eeoc.gov/newsroom/applebees-pay-100000-settle-eeoc-lawsuit-over-sexual-orientation-and-race-discrimination

평등고용기회위원회, 도미노 프랜차이즈를 인종 괴롭힘, 추정 해고로 고소

뉴욕주 올리언에 있는 도미노피자 프랜차이즈인 패리스 피자 컴퍼니(Parris Pizza Company)는 경영진과 동료들이 흑인 직원에 대한 괴롭힘을 허용한 혐의로 미국평등고용기회위원회에 소송을 당했다. 평등고용기회위원회의 보고에 따르면 패리스 피자는 아프리카계 미국인 직원들에게 인종에 따른 적대적인 근무 환경을 조성하고 "n－r", "n－a", "boy"와 같은 인종차별적 발언을 지속적이고 공개적으로 사용하였다. 괴롭힘에 대해 불평한 직원들은 추가적인 협박과 괴롭힘을 당하였다. 패리스 피자는 가해자에 대해 어떠한 징계 조치도 취하지 않았고, 그 결과 직원 중 한 명인 Andrew Ross가 사직할 수밖에 없었다. 이는 인종 차별과 괴롭힘을 금지하는 1964년 민권법 제7조를 위반하는 것이다.https://www.eeoc.gov/newsroom/eeoc-sues-dominos-franchise-racial-harassment-constructive-discharge

임신 차별

서클케이(Circle K), 장애, 임신 및 보복 혐의를 해결하기 위해 800만 달러 지불

서클케이스토어(Circle K Stores Inc.)는 미국평등고용기회위원회가 제기한 여러 장애, 임신 및 보복 차별 혐의를 해결하기 위해 800만 달러를 지불하기로 합의하였다. 조사 결과, 서클케이는 임신한 직원과 장애인에 대한 합리적인 조정조치를 제공하지 않았으며, 그 결과 해당 직원들로 하여금 비자발적 무급 휴가, 보복, 해고의 대상이 되도록 만들었고, 100% 치유가 된 경우에만 직장 복귀가 가능하도록 하였다. 이러한 행위들은 1990년 미국 장애인법, 1964년 민권법 제7조, 임신 차별 금지법에 위배되는 것이다. 서클케이의 합의에는 2009년 7월 10일부터 2022년 9월 26일까지 서클케이에 고용된 고충을 겪은 개인들에게 보상하기 위한 집단 기금이 포함되어 있다. https://www.eeoc.gov/newsroom/circle-k-pay-800-million-resolve-eeoc-disability-pregnancy-and-retaliation-charges

아루바항공(Aruba Airlines), 임신 차별 소송 합의를 위해 75,000달러 지불

아루바항공은 1964년 민권법 제7조를 위반한 혐의로 미국평등고용기회위원회가 제기한 임신 차별 소송을 해결하기 위해 75,000달러를 지불하기로 합의하였다. 해당 혐의는 마이애미 본사의 임신한 직원이 임신 사실을 발표한 직후 해고된 후에 제기되었다. 소송의 결과 추가적으로, 임신에 근거한 차별에 반대하는 정책을 채택 및 시행하고, 직원에게 차별 금지 및 보복 방지 교육을 제공하고, 평등고용기회위원회에 임신 차별 불만 사항에 대한 보고서를 제공하도록 요구되었다. 평등고용기회위원회는 소송 해결을 위한 아루바항공의 협력적 접근

(계속)

표 4.2 차별에 관한 법원 판례 사례(계속)

방식을 치하하고, 고용주가 임신 차별을 해결하지 못하는 고질적인 문제를 강조하면서 모든 직원에게 동등한 기회가 필요하다는 점을 강조하였다. https://www.eeoc.gov/newsroom/aruba-airlines-pay-75000-settle-eeoc-pregnancy-discrimination-lawsuit

연령, 장애, 인종 및 보복 차별

스태핑솔루션스(Staffing Solutions), 차별적 고용 및 배치 소송을 해결하기 위해 550,000달러 지불

평등고용기회위원회는 자격이 있는 흑인 지원자의 채용을 거부하고, 저임금 일자리에 배치하고, 고객의 인종 및 성별 선호를 고수하고, 임신한 지원자를 거부하는 등의 차별적 고용 관행을 이유로 스태핑솔루션스를 상대로 소송을 제기하였다. 고소장에 따르면, 스태핑솔루션스는 50세 이상 지원자를 지속적으로 거부하고 의료 문제에 대해 부적절하게 질문하였고, 장애인으로 간주되는 지원자를 불합격 처리하였다. 불법 행위에 대해 항의하는 한 사무실 관리자는 이에 응하지 않으면 해고하겠다는 협박을 받았고, 결국 그 회사를 떠났다. 이러한 관행은 1964년 민권법 제 7조, 미국 장애인법 및 고용 연령 차별법에 위배된다. https://www.eeoc.gov/newsroom/staffing-solutions-pay-550000-settle-eeoc-discriminatory-hiring-and-placement-suit

종교 차별

버산트서플라이체인(Versant Supply Chain)과 AT&T, 종교 차별 소송 합의를 위해 150,000달러 지불

미국평등고용기회위원회, 버산트서플라이체인(Versant Supply Chain, Inc.) 및 AT&T(AT&T Services, Inc.)는 종교 차별 사건과 관련하여 150,000달러와 추가 구제에 대한 합의에 도달하였다. 평등고용기회위원회는 히잡과 같은 종교적 머리 가리개를 착용하는 직원들에게 합당한 조정조치를 제공하지 않은 혐의로 기업들을 기소했다. 회사는 AT&T 창고에서 일하도록 고용된 버산트 직원에게 업무를 시작하기 전에 히잡을 벗도록 요구하는 정책을 시행하였고, 이는 1964년 민권법 제7조의 위반에 해당한다. https://www.eeoc.gov/newsroom/versant-supply-chain-and-att-pay-150000-settle-eeoc-religious-discrimination-suit

최근 법원 판례는 온라인 평등고용기회위원회 뉴스룸을 참조하라 : https://www.eeoc.gov/newsroom/search?keywords=hair&date_greater=&date_less=&years=&months=&years2=&months2=

2021). 이는 아마도 사람의 피부색을 알아차리는 것이 인종차별적이라는 잘못된 믿음 때문일 것이다. Williams와 동료들 (2021)에 따르면 개인의 인종/민족적 정체성이 인정되지 않으면 특히 자신의 정체성을 자랑스럽게 여기거나 그로 인해 고통받는 유색인종 사람들은 인정받지 못한다고 느낄 수 있다. 예를 들어 “흑인의 목숨뿐만 아니라 모든 목숨이 소중하다”고 말하는 직원은 인종에 상관없이 모두가 동일하며, 모두가 같은 어려움을 겪었다는 것을 암시하는 것이다. 마찬가지로, 아시아계 미국인 동료와 이야기할 때 “피부색에 따른 차이를 인식하지 못해요”라고 말하는 것은 동료의 인종적 정체성과 고유한 경험을 부정하는 것이며 소외감을 유발할 수 있다.

이러한 행동은 불법이 아니지만, 특정 직원으로 하여금 조직에 소속되지 못하거나 존중받지 못한다고 느낄 가능성을 높인다. 마이크로어그레션을 포함한 차별을 경험한 직원은 높은 스트레스 반응을 경험할 가능성이 높고, 이는 시간이 지남에 따라 신체적, 정신적 건강 악화로 이어질 수 있다(Lee &

참고 4.3

흑인 무슬림 여성으로서 마이크로어그레션을 경험하다

흑인 무슬림 여성으로서 기업의 현실을 경험하면서, 나는 다양한 도전과 장애물에 직면해 왔고 그것이 내 직업적 경로에도 영향을 미쳤다. 나는 세일즈 업계부터 비영리/정부 기관, 기업 조직에 이르기까지 다양한 부문에서 마이크로어그레션에 직면하였다. 새로운 나라로 이주하여 새로운 생활 방식과 문화를 배우고 이해하는 것은 내게 도전이 되었다. 예를 들어 나는 직장에서 종종 미묘한 방식으로 마이크로어그레션을 경험했고, 이것이 내가 새롭게 처해진 환경에서는 원래 정상적인 것으로 여겨지는지 확신이 서지 않았다. 나는 호기심이 많고 질문을 하거나 기존 운영에 대한 다른 관점을 제공하는 것을 좋아한다. 하지만 회의에서 내가 말하는 도중 방해를 받거나 아이디어가 묵살되는 경우가 많았다. 나는 미국의 직장에서 이것이 정상적인 것으로 여겨지는지 확신할 수 없었기 때문에 말을 줄였고 내가 기여하는 바가 적거나 거의 없어져서 자신감이 떨어졌다. 또한 동료들 입장에서도 내 아이디어와 관점을 듣지 못해서 놓치는 부분이 있었을 것이다.

게다가, 무슬림과 흑인 여성이라는 교차성(intersectionality) 때문에 문화적, 종교적 고정관념 소외경험을 강화하고 그 결과 여러 가지 도전과제가 더욱 가중되었다. 히잡을 썼다는 이유로 몇몇 네트워킹 행사에서 배제되기도 했다. 일하는 학생으로서 나는 네트워킹과 퇴근 후 행사가 귀중한 사회적 연결 형성 가능성을 제공한다는 것을 이해하며, 중요하다고 생각한다.

당시 상사에게 왜 내가 포함되지 않았냐고 물었을 때, 그는 내가 머리를 가리고 있기 때문에 그런 공간에 있고 싶은지 확신이 없었기 때문이라고 말했다. 그러한 배제로 인해 나는 조직에서 중요한 자원과 멘토링을 받을 수 있는 기회에 대한 접근이 제한되었을 수도 있다. 이를 비롯한 여러 가지 사건으로 인해, 나는 이제 링크드인(LinkedIn)과 같은 전문 네트워크 플랫폼이나 대학원생을 위한 학교 행사에서만 멘토십 기회를 찾는다.

세일즈 업계에서 일하는 동안, 동료들은 종종 내게 히잡에 대한 발언을 하거나, 내 문화적 관습에 대한 공격적인 질문을 하거나, 부정적인 선입견을 키우는 가벼운 말을 했다. 언젠가 한 팀원이 내가 히잡을 썼다는 이유로 일부 고객들이 불편해 하거나 심지어 나를 두려워할 수 있기 때문에 회계 관리자라는 업무에 적합하지 않을 수 있다고 말한 적이 있다. 나는 일부 동료들과 상사들이, 그들의 이슬람에 대한 제한된 이해에 기반하여, 나의 능력에 대해 선입견을 가지고 있거나 다르게 대할 수 있다는 것을 깨달았다. 나는 특히 직장 내에서 종교에 대해 이야기하는 것을 꺼리는 편이고, 종교와 관련된 타인의 말들을 그냥 스스로 털어버리곤 했다. 또한 내가 공격적으로 반응하거나 명시적으로 직면하게 되면, 타인의 신념이 '옳다'는 것을 더욱 증명하는 것이기 때문에 그들을 무시하는 것이 최선의 행동이라고 믿었다.

내가 아직 생생히 기억하고 있는 한 가지 사례는 한 동료가 나에게 완벽한 '인사 담당자'라고 말하면서 다른 두 직원 간의 다소 민감한 문제를 진정시킬 수 있었던 경우를 언급했을 때였다. 칭찬의 의미였지만, 특히 남성 동료들로부터 비슷한 말을 들은 것이 이번이 처음이 아니었기 때문에 나는 무시당하는 느낌이 들었다. 그 남성 동료가 해를 끼치려는 의도가 없다는 것을 이해했지만, 그 말은 내가 단지 여자이기 때문에 민감한 문제들을 다룰 수 있고, 해당 문제를 처리할 수 있다는 것을 암시했다.

많은 직업군에 있어 인종적, 성별 기반의 편향이 존재하지만, 흑인 무슬림 여성으로서의 정체성 교차성은 다른 형태의 고정관념에 노출시킨다. 이러한 과거의 경험들 대부분은 내가 미묘한 차별의 의미를 온전히 알지 못하고, 어떻게 나 자신을 위해 목소리를 내야 하는지 알지

(계속)

못했을 때 일어났다. 하지만 나는 점차 마이크로어그레션 자체의 의미와 그것이 어떻게 발현되고 개인의 자존감과 직장에서의 사기에 영향을 미치는지에 대해서 점차 많은 지식을 갖게 되었다.

그에 따라서, 나는 앞으로 다시 마이크로어그레션의 대상이 되었을 때, 항상 목소리를 높여 발언을 하겠다고 다짐하였다. 겉으로 보기에 무해해 보이는 자신의 말이 받는 사람에게 어떻게 상처를 줄 수 있는지 완전히 이해하지 못하는 다른 사람들에게 내가 알려줄 수 있기를 희망한다.

제공 : 바루크칼리지 MBA 후보 Maryam Kazeem

Turney, 2012; Liu et al., 2022; Nadal et al., 2014; Pascoe & Richman, 2009). 예를 들어 마이크로어그레션은 아시아계 미국인의 수면과 일상 웰빙에 영향을 미친다는 연구 결과가 있다(Ong et al., 2013, 2017). 마이크로어그레션이 발생한 순간, 공격을 받은 개인은 타인이 발언한 내용과 그 이면의 의미를 이해하려고 하면서 인지적 처리의 혼란도 겪을 수 있다(Fattoracci & King, 2022). 언급된 내용에 대해 반추하거나 분노를 느끼는 것은 인지 기능과 집중 능력에 부정적인 영향을 미칠 수 있으므로 대상 직원의 업무 수행에 잠재적 영향을 미칠 수 있다. 일반적으로 지속적인 마이크로어그레션은 분노, 소외감, 원망, 생산성 저하, 업무에 대한 몰입도 및 연결성 저하, 이직률 증가로 이어질 수 있다. 마이크로어그레션이 대상에 의해 내면화되는 정도에 따라 자기효능감이 감소하여 승진 및 경력 성공에 대한 기대치가 낮아질 수 있다(Fattoracci & King, 2022). 〈표 4.3〉은 인종과 민족에 초점을 맞춘 직장 내 마이크로어그레션의 많은 예를 보여준다.

성별에 따른 마이크로어그레션도 직장에서 부정적 영향을 미칠 수 있다. 위에서 설명한 바와 같이 여성 및 기타 보호 대상 계층에 대한 차별을 금지하는 법률이 존재하지만, 이러한 법률과 차별에 부정적인 사회적 규범에도 불구하고 더 미묘한 형태의 차별이 지속되고 있다. 젠더 마이크로어그레션은 여성에 대한 미묘하고 일상적이며 흔한 모욕으로 정의된다(Nadal, 2010). 그것은 의식적이거나 무의식적일 수 있으며, 심지어 선의로 범해질 수도 있다(Sue, 2010). 예를 들어 **호의적 성차별**(benevolent sexism)은 남성 동료가 여성 동료에게 업무 프로젝트의 데이터 분석을 도와주겠다고 제안할 수 있는데, 이는 그녀가 '수학 관련 일을 할 수 없다'고 가정하기 때문이다. 좋은 의도일지 모르지만, 그녀의 능력에 대한 믿음의 부족을 전달하고 있으며, 지능에 대한 부정적 평가까지 전달될 수 있다. 관련 개념으로는 직장무례(제7장 참조), 미묘한 성별 편견, 열등감 가정, 전통적인 성 역할을 고수하려는 기대, 성차별적 언어 사용, 성적 대상화, 개인적 성차별에 대한 부인, '맨스플레이닝(mansplaining)' 등이 있다(Capodilupo et al., 2010; Sue & Capodilupo, 2008). 〈표 4.4〉는 젠더 마이크로어그레션에 대해 기술하고 있다. 젠더 마이크로어그레션의 예는 다양성 · 형평성 · 포용성 이니셔티브가 구현된 작업환경에서도 많이 찾아볼 수 있다. 이 장을 위해 익명으로 최근 인터뷰한 에밀리는, 상사가 팀 회의에서

표 4.3 업무 관련 인종적 마이크로어그레션의 유형 예시

마이크로어그레션 유형	기술	예시
진정한 시민이 아님	질문, 진술 또는 행동에 의해서 유색인종이 진정한 시민으로 인정받지 않음을 드러내는 경우.	"어디서 오셨어요? 그러니까, 원래 어디 출신이신가요?"
잘못된 컬러블라인드니스	개인의 인종 또는 민족 정체성이 인정되어서는 안 된다는 것을 표현함으로써, 개인 정체성을 자랑스러워하거나 정체성으로 인해 고통받는 사람들로 하여금 존중받지 못하는 느낌을 받도록 하는 경우	"인종은 그렇게 큰 문제가 아닙니다." "저는 피부색을 감안하지 않아요."
지능, 능력 또는 사회적 지위에 대한 가정	인종적 고정관념에서 파생된 가정에 기반하여 개인의 지능, 능력, 교육, 소득 또는 사회적 지위에 대한 행동이나 발언을 하는 경우	"당신은 정말 분명히 말하네요 ―당신은 말씀을 정말 잘 하시네요." "흑인들이 그런 전공을 공부합니까?"
개인의 인종차별에 대한 거부	어떤 사람이 자신이 편향되지 않았다는 주장을 할 때, 종종 자신의 편향된 행동에 대한 인식 조사를 피하기 위해 자신이 했던 반인종주의적 행동에 대해 이야기하는 경우	"나는 흑인 친구들이 있고 우리는 꽤 자주 어울립니다."
능력주의의 신화	성공이 개인의 노력에 의해 가능하다고 이야기하면서 인종차별/백인 특권의 존재에 대해 부인하는 경우	"나는 최고의 개인이 그 일을 맡았다고 믿어요."
인종차별 적대감 반전	유색인종이 인종 때문에 불공평한 이점과 혜택을 받는다는 개념에 대해서 질투나 적대감 표현	"(특정 인종뿐 아니라) 모든 사람의 생명은 소중합니다."
소수 민족 문화 또는 외모를 병리화/비판하는 행위	외모, 전통, 행동 또는 선호에 대한 인식되거나 실제적인 문화적 차이를 근거로 다른 사람을 비판하는 경우	"당신은 더 많이 공적으로 발언해야 해요." "카레는 왜 그렇게 좋아하세요?
토크니즘	유색인종이 개인의 자질이나 재능이 아닌 단순히 포용성의 환상을 촉진하기 위해 포함될 때. 한 사람이 전체 민족 집단을 이해하거나 대변하기를 기대하는 경우	"이미 자말이 있는데 왜 더 많은 유색인종을 고용해야 합니까?"

출처 : Williams et al.(2021), Brownlee(2020).

자신이나 다른 여성에게 다음 회의 일정을 잡으라고 일관되게 요청한다고 말했다.

M.I.T.에서 공학 학위를 받고 5명의 태양광 엔지니어로 구성된 팀을 이끌고 있는 에밀리가 상사에게 여성 엔지니어들에게만 스케줄링을 맡긴다고 지적하자, 상사는 사실이 아니라고 부인하며 자신은

표 4.4 젠더 마이크로어그레션의 예시

마이크로어그레션 유형	기술	예시
성적 대상화	사람을 신체 또는 신체 부위의 집합으로 취급하는 것을 말한다. 여성의 성적 외모와 매력을 다른 속성보다 문화적으로 우선시하는 것이 포함된다(Ward et al., 2023).	비영리단체에 더 많은 기부자를 유치하기 위해 여성에게 더 도발적인 옷을 입도록 요청 관리자들이 어떤 여성 영업 사원과 잠자리를 갖고 싶은지 논의
성차별적 언어 사용	성별 고정관념을 지지하거나, 불평등을 옹호하거나, 성별을 이유로 사람을 폄하하는 언어 사용으로 특징지을 수 있다(Haghighi, 2023).	"당신처럼 핫한 여자만이 그런 거래를 성사시킬 수 있어요." 새로운 여성 관리자를 속된 말로 지칭한다. 여성 임원을 '소녀'로, 남성 임원을 '남성'이라고 지칭
열등감 가정	여성이 남성에 비해 열등하거나 무능하다고 간주될 때 발생한다(Royal Pharmaceutical Society, 2023).	"당신이 잘못된 장소에 있는 것 같아요 — 이 회의는 최고 경영진을 위한 것입니다." "당신이 이것을 이해할 수 있을지 의심스러우니 내가 나누어서 설명하겠습니다."
맨스플레이닝 (Mansplaining)	남성이 종종 여성에게 무언가를 설명할 때 권위적이거나 선심을 쓰는 듯한 태도로 하는 방식(Scribner et al., 2021).	출판된 전문가의 말 : "지난 15년 동안 나는 적어도 6명의 다른 남성이 이메일을 통해 내가 논의하고 있는 주제(그 주제에 대해 내가 전문성이 있지만)에 대해, 내가 여성이기 때문에, 내가 충분히 알지 못한다고 설명하였다."
호의적 성차별	여성이 약하고 남성의 보호가 필요한 것처럼 믿거나 행동하는 것이다(Glick & Fiske, 1996).	필요하지 않을 때 도움을 주겠다고 제안 : "이 프로젝트는 당신에게 어려울 수 있으므로 신경 쓰지 않아도 됩니다. 제가 도와 드리겠습니다." 여성이 육성적이고 직관적이라고 가정하고 육성과 직관이 필요한 직업에서 잘 해내기를 기대
환경 무효화	물리적 장소가 하나 이상의 집단으로 하여금 존중감을 느끼지 못하도록 구조화되어 있는 체계적 문제를 의미한다(Sue et al., 2007).	건물의 임원을 위해 지정된 층에 여성을 위한 욕실을 제공하지 않음

젠더 마이크로어그레션의 더 많은 예시를 보려면 다음 링크를 참고하라 : https://www.rpharms.com/recognition/inclusion-diversity/microaggressions/gender#what

직장 내 여성을 전적으로 지지하며 성차별주의자가 아니라고 주장했다. 이 사례는 두 가지 형태의 마이크로어그레션을 보여준다 : (1) 전통적인 성 역할을 고수하려는 기대(즉 비서 업무는 여성이 완수해야 한다)와 (2) 개별적 성차별에 대한 거부("나는 성차별주의자가 아니니까 이건 사실일 리가 없다").

많은 여성들은 또한 자신의 아이디어가 무시되는 경험을 했다가 남성 동료가 그것을 다시 말하고 그에 대한 공로를 인정받는 경험을 했다. 많은 연구는 여성이 남성보다 말하는 도중에 더 자주 방해 받는다는 것을 보여준다(예 : Tannen, 1994, 1995). 실제로, 최근 연구에 따르면 여성 대법관조차도 법원 앞에 서 있는 남성 대법관과 남성 변호사에 의해 더 자주 방해를 받는다는 사실이 밝혀졌다(Jacobi & Schweers, 2017a, 2017b). 노동자가 남성 관리자를 '남성'이라고 부르고 여성 관리자를 '소녀'라고 부르는 것과 같은 성차별적 언어를 사용하는 것은 여성 관리자의 전문성(그리고 성숙함)을 미묘하게 모욕할 수 있다는 점에서 마이크로어그레션으로 간주된다.

연구에 따르면 이러한 미묘한 형태의 차별은 명시적 차별에 비해 더 미미한 결과를 가져오는 것이 아니며 실제로 훨씬 더 해로울 수 있다(Jones et al., 2017). 90가지 효과 크기에 대한 메타분석에 따르면, 미묘한 차별과 명시적 차별 모두 직무 만족, 웰빙, 자존감, 조직 몰입 및 열의, 직무 수행과 같은 중요한 근로 결과와 부정적인 연관성이 있었다(Algner & Lorenz, 2022; Jones et al., 2017). 놀라운 결과가 아니지만, 미묘한 편향의 표적이 되는 여성들은 스트레스 수준, 그리고 이직에 대한 생각이 증가한다(Jones et al., 2017).

차별은 단지 흑백만이 아니다 : 직장 내 교차성

차별의 본질을 이해하려고 할 때, 조직학자들은 인종차별, 성차별, 또는 연령 차별에 초점을 맞추었지만, 이 세 가지를 동시에 다루지는 않았다. 하지만 흑인이고, 여성이며, 50세가 넘은 사람의 경험은 어떠한가? 이러한 교차하는 정체성은 하나의 정체성의 영향 수준 이상으로 개인의 경험에 영향을 미친다. Kimberle Crenshaw(1989)는 인종차별과 성차별의 추가적 효과, 그리고 인종과 젠더를 분리하지 않고 통합적으로 고려해야 하는 이유를 설명하기 위해 '교차성(intersectionality)'이라는 용어를 사용했다. 교차성은 이제 인종, 젠더, 민족, 계층, 성적 지향, 장애, 종교, 연령 및 신경 다양성과 같은 기타 교차하는 정체성 특성을 포괄하는 용어로 성장하였다.

교차성의 중요성을 설명하기 위해, 흑인 여성이 백인 여성과 어떻게 다르게 대우받는지 생각해보자. 급여만 놓고 보면 백인 여성의 급여 수준이 흑인 여성보다 높고, 흑인 여성의 급여 수준은 히스패닉 여성보다 높다(U.S. Census Bureau, 2022). 또한 흑인과 히스패닉 여성은 백인 여성에 비해 더 높은 수준의 관리직에 도달할 가능성이 적다(U.S. Census Bureau,2022). 만약 우리가 성별만을 조사한다면,

우리는 서로 다른 추가적 정체성을 가진 여성들이 직장에서 어떻게 대우받는지에 대한 이러한 불균형을 놓칠 수 있을 것이다.

포용 과세(inclusion tax)는 정체성의 교차적 성격에 초점을 맞추는 것의 중요성을 보여주는 또 다른 예다. 흑인 여성 변호사를 대상으로 한 연구에서, 여성 변호사 Melaku(2019, 2022)는 흑인 여성이 백인이 우세한 기관에 적응하기 위해 시간과 에너지의 형태로 추가 자원을 소비해야 하며, 이러한 측면에서 인종 및 성 차별의 '이중 부담'을 경험한다는 것을 발견하였다. 예를 들어 그녀가 인터뷰한 흑인 여성들은 자신들이 대부분 백인인 조직에서 극소수의 흑인 중 한 명으로 받아들여지기 위해 외모, 인정, 수행, 관계, 과잉 가시성, 보이지 않음에 대해 고뇌하는 데 "놀라운 에너지"를 소비한다고 보고했다. 그들은 종종 '프로페셔널하게 보이기 위해 검은 머리를 유지 관리(곧게 펴기, 헤어피스)하는 것'에 많은 시간을 사용한다(Melaku, 2022, p. 1520; Opie & Phillips, 2015). 이 포용 과세는 앞서 설명한 '미용 작업'(Cecil et al., 2022)을 넘어 흑인 여성이 법조계에 합류하기 위해 지불하는 대가이다. 이 연구는 또한 교차성 관점에서 직원의 업무 경험을 연구하는 것의 중요성을 강조한다. 이 분야의 선도적인 연구자인 Tsedale Melaku 박사는 이 장의 '연구자 소개'의 주인공이다.

직장 내 편향의 기저에 있는 심리학적, 인지적 메커니즘

우리는 사회심리학과 조직행동 분야에서 **사람 지각**(person perception)에 대해 수십 년간 이루어진 연구를 통해 차별의 이유를 더 깊이 배울 수 있다. 사람 지각은 사람들이 환경을 이해하는 데 사용하는 인지 과정이다. 좀 더 구체적으로 말하자면, 사람들이 다른 사람들과 그들의 행동을 분류하고, 그들의 자질과 행동에 대한 추론을 형성하고, 사람들이 어떤 사람이고 어떻게 행동할 것인지를 예측하는 과정이다(Moskowitz & Gill, 2013). 이러한 추론은 의식적, 무의식적 과정을 모두 포함하며 고정관념 및 기타 형태의 편향을 포함할 수 있다.

예를 들어 **고정 관념**(stereotyping)은 특정 집단 구성원의 자질과 특성에 대해서 사람들이 일반화하는 인지적인 편향의 한 종류이다(Cardwell, 1999). 우리는 인지적 처리를 간소화하고 사회적 세계를 단순화하기 위해 고정관념을 사용한다. 불행히도, 고정 관념은 특정 집단에 속한 개인들 사이의 다양성을 무시하며, 긍정적이기보다는 부정적이다. 고정관념에 근거한 성급한 판단은 직무나 승진에 대한 개인의 자격에 대한 편향된 결정을 포함하여 해로운 결과를 초래할 수 있다. 고정관념은 **규범적**(즉 특정 집단에 속한 개인들이 어떻게 행동해야 하는지를 특정하는 신념) 또는 **기술적**(즉 특정 집단에 속하나 개인들이 실제로 어떻게 행동하는지에 대한 신념)일 수 있다(Burgess & Borgida, 1999; Goldman et al., 2006). 규범적 고정관념의 예로, 상사가 앞서 언급한 젊은 엔지니어 에밀리에게 다음 회의 일정을

연구자 소개

TSEDALE M. MELAKU 박사

나의 정체성, 특히 나의 인종, 젠더, 계층 지위의 교차점은 나의 일상생활에 체계적으로 영향을 미쳤고, 나의 교육적, 직업적, 개인적 경험에 영향을 발휘하였다. 나의 부모님은 난민으로 미국에 왔고, 7세 미만의 세 자녀와 주머니에 5달러가 있는 상태에서 망명을 신청했다. 부모님은 기회의 땅에서 가족을 위한 미래를 건설할 수 있다는 희망을 가지고 있었다. 우리가 해야 할 일은 열심히 일하고 더 열심히 공부하는 것뿐이었다. 나는 에티오피아에서 태어나 뉴욕에서 자라고, 귀화한 미국 시민이다. 1980년대 중반 사우스 브롱크스에서 힘들게 자라났지만 부모님은 우리가 필요한 모든 것을 가질 수 있도록 열심히 일하셨다.

학부 때 나는 사회학과 아프리카 연구 학위를 취득하였다. 나의 교육적 궤적을 통해 소외된 집단의 삶이 사회적 힘의 영향력에 따라 어떻게 달라지는지 이해하고, 그것을 통해 그러한 커뮤니티를 지원하는 데 효과적인 방법을 배우는 데 도움을 줄 수 있을 것이라고 믿었다. 뉴욕대학교의 흑인 여학생으로서 가장 인상 깊었던 경험 중 하나는 Sandra S. Smith 교수님의 **인종과 민족** 강의를 들었던 것이다. 흑인 여성 교수가 백인이 압도적으로 많은 환경에서 학생들의 학습 여정에 깊은 관심을 갖고 학생들과 함께 담론에 영향을 미치고 형성해 가는 것을 목격하는 것은 믿을 수 없을 정도로 내게 힘을 실어주었다. 이 경험은 내가 기회에 접근하는 방식을 보는 데 영향을 미쳤다.

대학 졸업반이 되기 전 여름, 나는 경찰과 관련된 충격적인 경험을 했다. 부유한 교외 지역에서 있었던 바비큐 파티에 참석한 후 친구들과 나는 뉴욕으로 돌아가는 교통편을 확보할 수 없었다. 나를 포함한 무리 중 세 명은 흑인 여성이었고 나머지 한 명은 백인이었다. 한 친구가 경찰을 불러서 우리가 집까지 가는 기차를 탈 수 있도록 기차역까지 이동하는 데 도움을 받도록 해주려고 하였다. 경찰은 도착하자마자 나와 친구 두 명을 경찰 차량 뒷좌석에 태우고, 백인 친구는 다른 차량의 앞좌석에 태웠다. 앞좌석에 탔던 그녀는 경찰서에서 택시를 탔고, 우리 셋은 이유 없이 몇 시간 동안 구금되어 심문을 받았다. 우리는 백인이 대부분인 동네에 사는 젊은 흑인 여성이었기 때문에 지역 경찰과의 관계에 있어서 불안정한 위치에 있었다. 우리가 어떤 학교에 다녔든, 얼마나 열심히 공부했든, 얼마나 잘했든, 얼마나 유창하게 말하든, 그것은 우리가 인종차별에 직면하는 것을 막아주지 못하였다.

이 경험은 내가 개인 및 직업 생활에서 형평성, 정의, 인종차별, 성차별 및 접근성의 주제와 상호작용하는 방식에 영향을 미쳤다. 결국 나는 법학 학위를 취득하여 정체성 때문에 표적이 되는 타인들, 특히 흑인 여성을 옹호하는 방법을 배우려는 열망을 가지게 되었다. 학사 학위를 마친 후 친구의 조언에 따라 나는 로스쿨 지원을 유예하고,

(계속)

뉴욕의 법률 회사에서 법률 보조원으로 일하기로 결정하였다.

나의 목표는 변호사가 되는 것이 스스로에게 적합한지 판단하기 위해 법률 환경에 몰입하는 것이었다. 로펌에서 일하는 흑인 여성으로서의 경험은 변호사가 되는 것이 나에게 맞는 길이 아니라는 것을 깨닫게 해주었다. 또한 로펌에서 관찰을 하면서, 백인 여성 변호사들에 비해 흑인 여성 변호사들에게 주어지는 기회에 대한 접근성에 많은 의문이 생겼다. 이 경험의 결과로 나는 로스쿨을 포기하고 대신 로펌에서 계속 일하면서 박사 학위를 취득하기로 결정하였다.

대학원에서 나는 엘리트 기업에서 흑인 여성 변호사의 경험을 이해하기 위해 전문적이고 학문적인 삶을 추구하는 것에 더욱 흥미를 갖게 되었다.

나는 계속해서 나 스스로에게 왜 흑인 변호사가 그렇게 적은지에 대해 물었다. 나는 내가 일하던 회사에 흑인 여성 동료와 파트너가 거의 없다는 사실에 호기심을 느끼는 동시에 소름이 끼쳤다. 이 일을 계기로 나는 미국의 엘리트 기업 로펌에서 일하는 흑인 여성들의 경험을 조사하는 질적 연구를 수행하게 되었다. 내 연구는 "파트너십 승진에서의 인종과 젠더 : 흑인 여성 변호사에 대한 인식"이라는 논문으로 발전했는데, 이 논문은 흑인 여성이 엘리트 로펌에서 인종차별과 성차별을 경험하는 방식이 어떻게 승진의 관점에서 불리한 결과를 가져다주는지를 강조하였다.

그 후 박사 후 연구원으로 일하면서 내 첫 번째 책인 *You Don't Look Like a Lawyer: Black Women and Systemic Gendered Racism*을 집필할 기회가 생겼다. 이 책은 20명의 흑인 여성 변호사가 엘리트 로펌에 깊이 뿌리 박혀 있는 구조적 인종차별 관행을 헤쳐 나가는 경험에 대한 내용으로, 그러한 관행이 변호사들의 채용, 전문성 개발, 포용성 및 승진에 미치는 부정적인 영향을 자세히 설명한다.

학제간 학자로서, 나의 길은 비즈니스 스쿨의 교수직을 수락하도록 이끌었다. 이를 통해 나는 사회학적 관점과 경영관리적 관점을 모두 사용하여 소외된 집단에 초점을 맞추어 조직 내 불평등 시스템을 계속 조사할 수 있는 기반을 다지게 되었다. 내 연구는 다중의 낙인 정체성이 백인이 우세한 제도적 공간에서 승진에 미치는 영향에 관심을 가지고 있는데, 특히 구조적 젠더 인종주의, 직장 내 다양성, 교차성, 직업 및 계층화에 주의를 기울인다.

코로나19, 인종 폭력, 정치적 양극화가 직장 경험에 미치는 영향으로 인해서, 나는 유색 인종 여성, 특히 흑인 여성이 백인이 우세한 학계에서 어떻게 높은 수준의 포용 과세에 대처하는지 탐구할 기회를 갖게 되었다.

또한 나는 소외된 집단이 조직에서 지출하도록 요구되는 무보수 노동(정서적, 인지적, 관계적, 재정적 노동 포함)의 경제적 가치에 대해 이야기하는 포용 과세의 개념적 모델을 개발했다.

내가 탐구하는 질문들은 백인 중심의 제도적 공간에서 다양한 형태의 불평등에 직면하고 있는 사람들과 대화하는 데서 시작된다. 여러분이 관심 분야를 개발하고 다듬기 시작하면서, 소외된 집단의 삶의 기회를 제한하는 구조적 형태의 불평등을 조사하고, 뿌리 뽑고, 체계적으로 해결하는 데 전념하는 것을 고려해보기 바란다. 이러한 접근 방식을 통해 우리는 천천히 조직 내에 실질적 변화를 일으킬 수 있으며, 이는 우리의 일상 생활에도 스며들 것이다. 이는 단순히 더 열심히 일하거나 더 열심히 공부하는 것에 관한 것이 아니다. 이는 성공하는 데 필요한 자원과 지원에 접근할 수 있는 우리의 능력을 방해하는 구조에 관한 것이다.

Tsedale M. Melaku 박사는 뉴욕시립대학교 바루크칼리지 지클린 경영대학원의 조교수이다. 그녀는 *You Don't Look Like a Lawyer: Black Women and Systemic Gendered Racism*의 저자이며, *The Rowman & Littlefield Handbook on Workplace Diversity and Stratification*도 곧 출간될 예정이다.

잡아 달라고 부탁한 경우를 들 수 있다. 그는 에밀리가 여성이기 때문에 다음 회의 일정을 잡아야 한다고 생각하였다. 규범적 고정관념의 또 다른 예는 여성이 타고난 재능이 있기 때문에 사무실에서 파티를 주관하거나 공간을 장식하는 일을 하기를 기대하는 것이다. 기술적 고정관념의 예는 사람들이 남성이 타고난 리더이므로 최고의 관리자가 될 것이라고 가정하거나 여성이 양육에 재능이 있으므로 간호사 또는 교사 같은 직업이 이상적이라고 가정하는 경우이다.

모든 고정관념이 부정확한 것은 아니지만(예 : 예술가와 작가는 창의적인 경향이 있음), 많은 고정관념은 대상이 되는 집단의 모든 또는 대부분의 개인을 반영하지 않는다. 상사가 단순히 아시아인이 수학을 잘한다고 생각한다는 이유로 아시아계 미국인 직원을 데이터 분석팀에 배정한 경우, 그 직원은 그 업무에 분개하고 실제로 좋은 성과를 내지 못할 수 있다. 한 태양광 설치 감독관은 60세의 지원자가 태양 전지판을 설치하는 혹독한 작업을 감당할 수 없을 것이라고 생각하기 때문에 해당 직무에 대한 불합격 처리를 하지만, 사실 해당 지원자는 30년 동안 암벽 등반가였으며 해당 직무를 쉽게 수행할 수 있는 능력을 가졌을 수 있다. 관리자가 젊은 여성 직원이 울까 봐 우려하여 성과 피드백을 긍정적으로 포장하는 경우, 해당 직원 입장에서 성과를 향상하는 데 필요한 정보를 받지 못하기 때문에 직원에게 해를 끼치는 것이다. 이러한 예들은 모두 고정관념이 어떻게 대상이 되는 개인뿐만 아니라 해당 고용주에게도 해가 되는지를 보여준다.

고정관념의 부정확성을 감안할 때, 고정관념이 지속되는 이유는 무엇인가? 앞서 언급했듯이 고정관념을 사용하면 사람에 대한 정보를 빠르고 효율적으로 처리할 수 있다. 예를 들어 관리자가 15명의 직원 중 승진을 위해 누구를 추천해야 할지 결정하는 데는 시간이 걸리므로, 그는 자신의 직감에 따라 마음 속에 있는 '좋은' 관리자의 고정관념에 부합하는 사람, 즉 백인 남성을 선택한다. 또한, 고정관념은 종종 사람들이 확증 정보를 찾고 고정관념에 위배되는 정보를 거부하는 **선택적 인식**(selective perception)에 의해 강화된다. 이를 **확증 편향**(confirmation bias)이라고 하며, 의사결정 편향의 흔한 원인이다(Nickerson, 1998; Oswald & Grosjean, 2004). 예를 들어 남성이 여성은 유능한 관리자가 아니라는 편향을 가지고 있다면, 그 믿음을 확증하는 증거를 찾고 그렇지 않다는 것을 암시하는 정보는 무시할 수 있다.

유사성 효과(similar-to-me, similarity effect)는 사람들이 자신과 비슷한 다른 사람들을 더 호의적으로 인식하는 또 다른 유형의 편향이다(Byrne, 1971). 지각된 유사성은 그 사람에 대한 지각자의 판단에 영향을 미치며, 잠재적으로 채용, 승진 또는 기타 고용 및 훈련 기회 적합성에 대한 편향된 평가를 낳을 수 있다. 연구에 따르면 관리자는 부하 직원이 비슷하다고 인식할 때 부하 직원을 더 긍정적으로 평가하는 것으로 나타났다(Prewett-Livingston et al., 1996; Pulakos & Wexley, 1983). 다른 연구에서는 승진 면접 평가에서 인종 유사성의 유의미하지만 작은 효과를 발견하였다(예 : Buckley et al., 2007). 그러나 구직자를 대상으로 고도로 구조화된 면접을 실시한 한 연구에서는 인종이나 성별 유사성 효과가 발견되지 않았으며(McCarthy et al., 2010), 이는 구조화된 면접을 사용하는 조직이 유사성 효과와 관련된 편향을 최소화할 수 있음을 시사한다.

편향의 또 다른 일반적인 원인은 **기본적 귀인 오류**(fundamental attribution error)라고 한다. 귀인 이론의 '아버지'인 Fritz Heider는 사람들이 순진한 과학자와 같이 자신과 타인의 결과에 대해 원인을 결정한다고 제안했다(Heider, 1958). 다른 사람의 행동을 관찰할 때(예 : 그들이 사우스 마운틴 보호 클럽의 새로운 회원 등록 할당량을 충족시키지 못함), 우리는 그들의 행동을 설명하기 위해 가능한 외부적 원인(예 : 사우스 마운틴 주립공원에서 멀리 떨어진 저소득 지역에 할당됨)보다는 내부적 원인(예 : 게으르거나 충분히 노력하지 않음)으로 돌리는 경향성이 있다. 다른 사람들을 내집단과 외집단으로 분류하는 인간의 경향성과 결합될 때, 사람들은 부정적인 행동(예 : 지각, 저조한 수행)을 전체 범주의 사람들(예 : 나이가 많은 직원)의 탓으로 돌릴 가능성이 더 높다. 외집단에 속한 누군가가 일을 잘 해내는 것을 관찰할 때, 우리는 이 정보를 우리의 믿음을 재고하는 데 사용하지 않고 그 사람을 독특한 사람으로 보는 경향이 있다. 예를 들어 STEM(과학, 기술, 공학, 수학) 직종에 종사하는 여성은 자신의 직업에 매우 능숙하기 때문이 아니라 매력적이거나 적극적 우대조치(Affirmative Action)의 수혜자였기 때문에 성공한 것으로 간주될 수 있다. 그녀가 직장에서 실패하면, 우리는 외부 원인(예: 관리자가 필요한 교육, 멘토링 또는 지도를 제공하지 않음)은 찾지 않고 내부 원인(예 : 여성은 과학이나 수학에 재능이 없음)으로 돌리는 경향이 있다. 기본적 귀인오류에 굴복하는 관리자들은 고용 결정에 있어서, 내집단의 구성원으로 인식되는 개인, 또는 '이러한 배경의 사람이 성공한다'는 기존 고정관념에 부합하는 개인에게 유리하게 편향을 작동시키는 결정을 할 가능성이 높다.

암묵적 편향(implicit bias) 또는 무의식적 편향은 특정 사회 집단에 대해 의도치 않게 무의식적으로 작동하는 편향의 한 유형이다(Greenwald & Banaji, 1995). 다른 형태의 편향과 마찬가지로, 암묵적 편향은, 의식적으로 작동되지 않더라도, 사람들에 대해 빠른 판단을 내리기 위한 정신적 지름길로 사용된다. 대부분의 사람은 편향을 가지려는 의도가 없기 때문에 Banaji와 Greenwald(2016)에 따르면, 이러한 현상은 편향이 우리 마음에서 작동하고 행동에 영향을 미치는 숨겨진 방식을 보여준다. 그들은 암묵적 편향을 측정하는 방법인 IAT(Implicit Association Test)를 개발했는데, 이 테스트는 사회적 범주(예 : 인종, 성별, 연령, 장애, 체중)와 해당 범주에 속한 사람들에 대한 좋은/나쁜 평가 사이의 무의식적 연결강도를 측정한다(Greenwald et al., 1998, 2015). IAT의 타당도와 신뢰도에 대해 일부 이견이 있지만(예 : Kurdi et al., 2021; Schimmack, 2021), IAT를 사용한 연구는 해당 테스트를 치르는 사람이 부인을 하더라도 다양한 사회적 범주가 해당 범주에 대한 기본 평가와 자동으로 연관되어 있음을 입증하였다(Jost et al., 2009). 예를 들어 연구자들은 테스트에 참여한 사람들의 75% 이상이 남성은 직장 역할과 더 강하게 연관시키고 여성은 가족 역할과 더 강하게 연관시킨다는 것을 보여주었다.

한 연구에 따르면, IAT에서 성별 편견 점수가 높은 관리자는 채용 결정에서 여성보다 남성을 선호할 가능성이 더 높았으며(Greenwald et al., 2015), 이는 암묵적 편향이 직장 내 사람들에게 미칠 수 있는 매우 실질적인 영향을 보여준다. IAT를 경험하고 암묵적 편향에 대해 알아보려면 Project Implicit (https://implicit.harvard.edu/implicit/)을 방문하라. 무의식적 편향에 대해 더 자세히 알아보는 데 도움이 되는 저서로 Banaji와 Greenwald의 *Blindspot: Hidden Biases of Good People*을 추천한다. 이러한 지각의 편향을 극복하기 위한 전략에 대해서는 이 장의 마지막 절에서 논의할 것이다.

편향과 차별을 넘어서 : 다양성, 형평성, 포용성에 대한 사례

우리가 지금까지 살펴본 바와 같이, 명시적 및 암묵적 편향이 오늘날의 조직에 만연해 있음을 시사하는 많은 증거가 있다. 편향과 차별에 맞서기 위해 많은 조직이 인력의 다양성을 높이고 포용성을 위한 조직 문화 개선에 노력해 왔다. 이 절에서는 다양성, 형평성, 포용성 증진과 관련된 위한 법적, 사업적, 도덕적 사례에 대해 설명한다.

다양성 이니셔티브 초기에 조직은 인력의 다양성을 높이기 위한 법적 사례를 만드는 데 중점을 두었다. 차별을 방지하는 정책과 관행을 개발하고 준수함으로써 조직은 앞서 설명한 연방 법률 및 규정(표 4.1 참조)과 주 및 지역 법률 및 규정을 준수하게 된다. 이러한 법률과 규정을 준수함으로써 조직은 법적 조치와 소송으로 인한 막대한 벌금을 피할 수 있기를 희망하며, 보호 대상 집단의 시민권을 침해함으로써 평판이 손상되는 것을 피할 수 있다.

오늘날 다양성을 수용하는 비즈니스 사례는 많은 조직의 지배적인 초점이다. Georgeac과 Rattan (2023)의 연구에 따르면 포춘 500대 기업의 80% 이상이 중요한 조직 결과를 달성하기 위한 도구적 가치 측면에서 다양성을 설명한다. 즉 소외된 집단의 구성원을 고용하는 것은 목적을 위한 수단이며, 그들의 고유한 기술과 관점은 조직의 성공에 기여할 것이다. 간단히 말해서, 비즈니스 사례는 다양성이 '수익'에 긍정적 영향을 미치기 때문에 비즈니스에 좋다고 주장한다. 직원 구성을 다양화함으로써 조직은 더 나은 의사결정 및 문제 해결, 혁신과 창의성 향상, 직원 및 고객 만족도 향상, 궁극적으로 조직의 경쟁 우위 향상이라는 이점을 얻을 수 있다.

일부 연구에 따르면 다양성은 실제로 작업 집단과 조직 모두에 긍정적인 결과로 이어질 수 있다(예 : Apfelbaum et al., 2014; Galinsky et al., 2015; Phillips, 2014). 그 근거는 다양성이 있는 팀이 여러 가지 관점에 접근할 수 있고 의사결정에서 더 많은 정보를 고려할 수 있으며, 동질적인 팀은 더 좁게 생각할 가능성이 더 높다는 것이다. 그러나 다양한 팀이 갈등을 경험할 가능성이 높을 수 있으므로, 잠재적인 이점이 실현되지 않을 수도 있다.

한 대규모 연구는 경영진의 다양성과 기업 재무 결과 사이에 강력하고 긍정적인 관계가 있다는 주장을 하는 것으로 보인다. 컨설팅 회사 맥킨지앤드컴퍼니(McKinsey & Company)(Hunt et al., 2020)에서 수행한 이 연구에서 연구원들은 15개국 1,000개 이상의 대기업 경영진의 성별, 민족 및 문화적 다양성 수준을 조사하였다. 그 결과, 다양한 성별로 구성된 경영진의 최상위 사분위에 속하는 기업은 최하위 사분위에 속한 기업에 비해 평균 이상의 수익성을 가질 가능성이 더 높은 것으로 나타났다. 민족 및 문화적 다양성 측면에서 최상위 사분위수에 속하는 기업은 최하위 사분위수에 속하는 기업보다 수행이 높았다. 그러나 겉으로 보기에 인상적인 이러한 결과에도 불구하고 인과 관계의 방향이 무엇인지는 명확하지 않다. 이 회사들이 이사회를 다양화했기 때문에 더 성공적일까? 아니면 성공한 회사들이 여성과 유색인종을 이사회에 임명할 가능성이 더 높은가?

부록 A에서 나온 것과 같이 상관관계는 인과 관계와 같지 않다. 우리는 다양성이 유익한 조직적 결과로 이어지는지, 그리고 어떤 조건하에서 그렇게 되는지를 결정하기 위해 엄격하고 동료 심사를 거친 학술 연구의 결과를 고려해야 한다. 이 장의 다음 절에서 그러한 연구를 다룰 것이다. 이 시점에서 다양성에 대한 비즈니스 사례를 만드는 것이 가능하다고 말하는 것으로 충분하지만, 논쟁은 지금보다 덜 단순한 수준에서 더 미묘한 차이를 반영해야 한다.

인력의 다양화가 자동으로 이점을 생성하는 것은 아니며, 어떤 상황에서 효과적인 것이 다른 상황에서는 작동하지 않을 수 있다. Ely와 Thomas(2020)가 지적했듯이 평소와 같이 비즈니스를 계속하면서 단순히 '다양성을 더하고 자극하는' 접근 방식 사용만으로는 팀이나 기업의 성과를 개선하기에 충분하지 않다.

다양성에 대한 도덕적 주장은 공정성과 기회 균등이라는 도덕적 근거에 따라 다양성을 정당화하기 때문에 가장 쉽게 만들 수 있다(Georgeac & Rattan, 2022). 이러한 주장은 다양성 확보가 '옳은 일'이라는 생각, 그리고 기업이 책임감 있는 시민으로서 인종, 성별, 민족, 성적 지향, 종교, 장애에 관계없이 지역 사회, 고객, 직원과 잠재적 지원자의 복지를 증진하기 위해 노력해야 할 의무가 있다는 생각에 기반을 두고 있다. Ely와 Thomas(2020, p. 122)가 물었듯이, "인간 집단의 주체성과 존엄성을 보장하기 위해 비즈니스 사례를 만들어야 하는 이유는 무엇인가?… 기업 이윤을 위해서 인간의 가치를 희생시킨다면, 그것은 너무 많은 비용을 초래한다".

우리는 조직이 다양성에 대한 비즈니스 사례를 넘어서 개인들이 협력적이고 생산적으로 함께 일할 수 있는 포용적이고 수용적인 업무환경을 제공하는 데 초점을 맞춰야 한다는 Ely와 Thomas의 의견에 동의한다. 흥미롭게도 Georgeac과 Rattan(2023)의 연구에 따르면 비즈니스 사례를 만드는 것은 실제로 조직이 유치하려는 사람들을 모집채용하는 데 해로울 수 있다. 그들은 5개 연구에서 두 가지 유형의 다양성 진술 — 비즈니스 사례 또는 도덕성/공정성 사례 — 사용이 소외된 그룹의 소속감과 조직 합류에 대한 관심에 다른 영향을 미치는지 확인하였다. 그 결과, 성소수자 전문가, STEM 직종에 종사하는 여성, 아프리카계 미국인 학생들이 더 낮은 소속감을 기대하며, 그 결과 비즈니스 사례를 강조한 조직에 대한 매력을 낮게 보고하는 것으로 나타났다. 저자들은 그 효과가 **사회적 정체성 위협**(social identity threat) 때문이라고 설명했는데, 이는 맥락적 단서가 특정 집단 구성원의 가치를 위협할 수 있는 상황에서 발생한다. 따라서 다양성에 대한 비즈니스 사례를 만드는 진술은 실제로 조직의 다양성 목표를 방해할 수 있다! 〈표 4.5〉는 다양성에 대한 비즈니스 사례와 도덕적 사례를 제공한다.

다양성, 형평성, 포용성의 이해와 관리를 위한 이론적 · 실용적 접근

다양성이 작업 집단과 조직 기능에 어떤 영향을 미치는지 이해하기 위해 Thomas와 Ely(1996)는 다양성 관리의 세 가지 패러다임을 식별하고 차별과 공정성, 접근성과 정당성, 학습과 효과성이라고 명명하였다. 이러한 패러다임은 조직이 다양성 관리에 접근하는 방식을 이해하는 데 유용하며, 일부 접근 방식이 다른 접근 방식보다 더 효과적인 것처럼 보이는 이유에 대한 설명을 제공한다. **차별과 공정성 패러다임**을 통해 다양성에 접근하는 리더는, 일반적으로 평등한 고용 기회 법률 및 규정의 렌즈를 통해 기회 균등과 공정한 대우에 초점을 맞추는 경향이 있다.

이는 조직 인력의 다양성을 높이기 위한 성공적 접근 방식이 될 수 있지만, 이 접근에서 직원들은 이러한 다양성에 동화되어 우세한 조직 문화의 일부가 될 것을 기대 받는다. 기저에 있는 큰 가정은 '우리는 모두 같다' 또는 모두 **같아야만** 한다는 것이다. 조직의 문화는 '컬러블라인드니스' 또는 '젠더블라인드니스'를 지향한다. 사람들은 차이점이 중요하지 않고 논의되어서는 안 되는 것처럼 행동할 것으로 기대 받는다. Thomas와 Ely에 따르면, "직원 구성은 다양해지지만 일은 그렇지 않다"(p. 81). 결과적으로, 새로운 통찰력이나 일하는, 또는 리드하는 방식이 고려되지 않으며, 현재 상태가 계속 우세한 조직 문화가 된다.

접근성과 정당성 패러다임을 통해 다양성을 보는 리더는 비즈니스 측면의 이점에 초점을 맞추는 경향이 있다. 예를 들어 기업이 현재의 또는 미래의 타깃으로 하는 집단과 유사한 사람들을 채용하는 데에서 오는 이점이 있다. 또한 이전에는 접근 불가했던 새로운 시장에 접근하기 위한 인력을 고용하는 데 중점을 둔다(예 : 은행에서 중국어를 구사하는 창구 직원을 더 많이 고용하여 중국인 인구가 많

표 4.5 다양성에 관한 비즈니스 사례와 도덕적 사례를 보여주는 기업 예시

다양성을 위한 비즈니스 사례	다양성에 대한 도덕성/공정성 사례
홈디포 : "홈디포에서 우리의 가치는 우리가 하는 모든 일의 지침이 되며 우리 문화에 내재되어 있습니다. 다양성, 형평성 및 포용성에 대한 우리의 확장된 초점은 모든 사람에 대한 존중, 환원, 깊은 관계 구축을 포함한 여덟 가지 핵심 가치를 모두 지원합니다. 다양하고 공평하며 포용적인 직장은 혁신을 촉발하는 여러 가지 관점과 참신한 아이디어를 제공함으로써 주주 가치를 창출합니다." https://corporate.homedepot.com/page/diversity-equity-inclusion	**스타벅스** : "이것은 인간적 정신을 고취하고 육성한다는 우리의 사명에 기반을 둔 여정입니다. 그것은 우리의 책임이자 우리의 약속입니다." https://stories.starbucks.com/stories/2020/our-commitment-to-inclusion-diversity-and-equity-at-starbucks/
메트라이프 : "우리는 모든 사람이 직장과 세상에서 변화를 일으킬 수 있도록 힘을 실어주는 포용적이고 목적 지향적인 문화를 구축하고 있습니다. … 우리는 우리의 약속을 의미 있는 행동으로 실행하고 그 과정에서 우리의 진행 상황을 공유하고 있습니다… 우리는 고객, 주주 및 우리가 봉사하는 지역사회의 요구를 더 잘 충족하기 위해 다양한 재능을 활용하고 있습니다." https://www.metlife.com/about-us/global-diversity-equity-inclusion/	**아마존** : "우리는 전 세계적으로 다양성과 포용성을 촉진하고 소외된 목소리를 증폭시키고 다양한 커뮤니티에 힘을 실어줄 방법을 찾고 있습니다." https://www.aboutamazon.eu/workplace/diversity-equity-and-inclusion
오라클 : "미래를 창조하기 위해서는 다양한 배경, 능력, 사고방식을 가진 사람들이 필요합니다. 이것이 바로 우리가 테크 리더로서 모든 형태의 다양성을 포용하는 이유입니다. 사실, 우리는 차이를 존중할 뿐만 아니라 축하하고 있습니다. 우리는 혁신이 포용에서 시작된다고 진심으로 믿으며, 이것이 바로 모든 종류의 사람들이 장벽 없이 최선을 다하고 성공할 수 있는 직장을 만들기 위해 우리가 노력하는 이유입니다. 모든 사람의 목소리가 경청되고 존중받을 때, 우리는 이전에 해왔던 것을 넘어서게 됩니다. 따라서 다양성이 왜 중요한지 궁금하다면 다양성이 팀을 더 강하게 만들고 아이디어를 더 좋게 만든다는 점을 기억하십시오…" https://www.oracle.com/careers/diversity-inclusion/best-practices/	**액센추어** : "우리는 모두를 위한 평등을 가속화하고 각 직원이 소속감을 느낄 수 있는 근무환경을 조성하기 위해 최선을 다하고 있습니다… 우리는 직장 내 다양성을 지키려는 확고한 태도를 가지고 있습니다. 직원 개개인은 조직 내에서 완전한 소속감을 가져야 합니다. 비즈니스의 필수 요소로서 액센추어의 모든 구성원은 모두를 위한 포용적인 환경을 조성하고 유지할 책임이 있습니다." Accenture, Diversity and Inclusion, India https://www.accenture.com/in-en/about/inclusion-diversity-india

은 지역에 지점을 개설할 수 있음). 새로운 소비자층이나 유권자층에 대한 접근성을 높임으로써, 그들은 이러한 해당 집단들로부터 정당성을 얻기를 희망한다. 그들은 집단 간 차이를 축하하기도 하지만(예 : 다양한 휴일에 각기 다른 음식을 통해 여러 국적과 종교 강조), 이러한 다양한 직원들이 특정 역할에 할당되고 그들의 아이디어나 관점을 회사의 업무 방식에 통합하지 못하는 경우가 많다.

차별과 공정성 접근은 차이를 최소화하고 사람들을 주류 문화에 동화시키려는 시도를 하고, 접근성과 정당성 접근법은 차이를 인정하고 사람들을 차별화하려는 시도를 하지만, 두 접근법 모두 직원의 관점을 조직의 주요 업무에 통합하려고 시도하지 않는다(Thomas & Ely, 1996). 세 번째 접근법인 **학습과 효과성 패러다임**은 다양한 집단의 구성원이 가져올 수 있는 시장, 전략, 비즈니스 기회 등에 대한 아이디어, 관점, 작업 방식 및 사고 방식을 통해 배우고 성장하는 데 중점을 둔다. 이 세 번째 접근법은 다른 두 가지 접근법보다 덜 일반적이지만, 새로운 아이디어와 작업 방식을 통합할 수 있는 열린 '학습 조직'(제13장에서 더 자세히 논의)을 만드는 데 더 효과적이다. 따라서 이 세 번째 접근 방식은 모든 사람이 자신의 의견이 경청되고 존중 받는다고 느끼는 포용적인 업무환경을 조성하는 데 더 부합한다.

Taylor Cox(1994)는 그의 영향력 있는 저서 *Cultural Diversity in Organizations*에서 다양성을 이해하고 관리하는 또 다른 접근법을 제시하였다. Cox는 문화의 다양성 상호작용 모델(Interactional Model of Cultural Diversity, IMCD)이라는 포괄적인 이론적 틀을 제시하여 조직의 **다양성 풍토**가 어떻게 개별적 결과(예 : 직무 만족, 직무 몰입, 수행 등)에 영향을 미치고, 이것이 다시 조직 효과성(예 : 결근, 이직률, 창의성/혁신, 협력적 행동, 작업 집단 응집력, 조직 수익성, 시장 점유율)에 영향을 미치는지 설명했다. 다양성 풍토는 '기업이 공정한 인적자원 정책을 옹호하고 소외된 직원을 사회적으로 통합하는 정도'로 정의된다(McKay et al., 2008, p. 352). 이는 조직 내 상호작용의 톤을 설정한다. 다양성의 가치와 역할은 직원들에 의해 감지되고 그 결과 직원들의 행동과 태도를 형성한다.

문화의 다양성 모델을 지지하는 연구 결과가 존재한다. 예를 들어 McKay와 동료들(2008)은 미국 대형 소매 조직의 743개 매장에 고용된 6,130명의 근로자를 대상으로 한 연구에서 직원 판매 성과와 인종/민족 다양성 간의 관계를 조사하였다. 그 결과, 특정 매장이 포용적이고 지지적이라는 공통된 인식을 나타내는 다양성 풍토가 이러한 관계를 조절하여 직장이 다양성을 존중하는 분위기일 때 특정 인종/민족 집단에의 소속이 판매 성과에 미치는 부정적인 영향이 크게 완화된다는 것을 발견하였다. 직장의 다양성 풍토가 부정적이거나 중립적일 때 인종/민족 소속이 판매 성과에 미치는 부정적 영향이 더 두드러졌다. 문화의 다양성 모델에서 예측할 수 있듯이 긍정적인 다양성 풍토는 판매 실적 개선과 같은 개인 수준의 결과에 영향을 미쳤으며, 이는 다시 상점의 수익성 향상으로 이어졌다.

이와 유사하게, McKay와 동료들(2009)은 첫 번째 연구에서 조사한 매장에서 다양성 풍토의 긍정적 특성에 대해 관리자-팔로워 간에 강한 수준의 의견 일치가 있을 때 다양성 풍토의 부정적 특성에 대해 강한 동의가 있는 매장에 비해 매장이 가장 큰 매출 향상을 경험했다는 것을 발견하였다. 두 연구 모두 긍정적인 다양성 풍토가 개인 수준, 그리고 조직 수준의 효과성과 모두로 이어질 수 있음을 시사한다.

문화의 다양성 상호작용 모델의 포괄성에도 불구하고 Holmes 등(2020)은 해당 모델이 실무적 함의를 제공할 수 있는 구체성과 명확성이 부족하다고 주장하였다. 그들은 관리자와 인사관리 전문가를 포함한 실무자들이 보다 포용적인 다양성 환경을 조성하기 위한 지침으로 모델을 가장 잘 사용하는 방법을 결정할 수 있도록, 가능한 **경계 조건**(boundary conditions)을 명확히 하고자 하였다. 연구진은 메타분석 기법을 사용하여 94개 연구에서 109개의 독립적 표본을 조사한 결과, 해당 모델이 제안한 다양성 풍토와 결과 사이의 관계를 조절하는 몇 가지 경계 조건을 발견했다. 예를 들어 그들은 Nishii(2013)가 주장한 것처럼 다양성과 포용성은 개인과 조직의 결과에 고유한 영향을 미치는 별개의 구성요소라는 것을 발견하였다. 구체적으로, 측정을 기준으로 했을 때, 다양성 풍토가 포용성 풍토로 측정되었을 때(즉 모든 직원의 기술과 관점의 효과적인 통합에 중점을 둠), 소외된 집단에 대한 공정한 대우에 중점을 두고 측정되었을 때보다 태도 측면의 업무 결과와 더 강한 관련이 있었다(Holmes et al., 2020; Nishii, 2013). 이는 Thomas와 Ely(1996)가 주장한 것처럼 편향과 차별을 줄이는 것만으로는 직원들 사이에 새로운 역량이나 시너지 효과를 창출하지 못함에 대한 증거를 제공한다. 조직은 또한 수용과 포용의 분위기를 조성하는 데 집중해야 한다.

위에서 설명한 연구들(예 : Holmes et al., 2020; McKay et al., 2008)은 다양성이 팀과 조직에서 더 나은 성과로 이어질 수 있지만 특정 조건에서만 가능하다고 제시한다. 그렇다면, 이러한 조건은 무엇인가? 즉 관리자는 어떻게 직원들 간의 부정적인 상호작용이 아닌 긍정적인 상호작용을 장려하는 다양성 분위기를 조성할 수 있는가? 다양성에 대한 비즈니스 사례는 다양성 수준이 더 높은 팀과 조직이, 다양성 수준이 낮은 팀과 조직보다 더 나은 성과를 낸다고 주장하며, 이는 다양성이 주로 더 큰 창의성, 혁신 및 더 높은 질의 의사결정으로 이어지기 때문이다(van Knippenberg et al., 2020). 이 아이디어를 뒷받침하는 이론적 설명은 **정보 자원 관점**(information resource perspective)으로, 이는 팀 다양성 수준이 높을수록 생각, 아이디어, 정보 및 관점의 다양성이 높아지고, 이는 다시 팀 업무의 질을 향상할 것임을 시사한다. 반면에, **집단 간 긴장 관점**(intergroup tension perspective)은 다양성과 성과 사이에 부정적인 관계가 있을 수 있는 이유에 대한 이론적 근거를 제공한다 : 사회적 긴장은 '우리 대 그들'의 구분에 대한 생각과 타인에 대한 고정관념으로 인해 발생하며, 이는 팀 기능을 방해하고 갈등을 유발한다(Guillaume et al., 2017; van Knippenberg et al., 2020). 연구는 두 가지 관점을 모두 뒷받침하지만, 일부 연구에서는 다양성과 성과 사이에 전혀 관계가 없는 것이 발견되었다. 이 혼란스러운(그리고 실망스러운!) 발견은 연구자들이 관계의 가능한 조절변인을 고려하기보다는 단순한 주요 효과에 초점을 맞추는 데서 비롯된 것으로 보인다.

예를 들어 van Knippenberg 등(2020)은 담화적 문헌 검토 및 메타분석을 포함하여 지난 60년 동안 수행된 연구를 검토함으로써 다양성이 성과에 미치는 주효과를 조사하였다. 그들은 조직 다양성보다는 팀 다양성에 대한 검토에 초점을 맞췄으며 그 이유는 다음과 같다 : (1) 팀은 대다수의 다양성 연구에서 지배적인 초점이며, (2) 팀은 팀 역학을 관찰할 수 있는 직접적인 사회적 환경을 제공한다. 그들의 리뷰 결과는 조사 연구와 실험 연구 모두에서 팀 다양성이 자동으로 우수한 성과로 이어지지 않는다는 것을 시사한다. 또 다른 종합적 메타분석(van Dijk et al., 2012)에 따르면 심층적 다양성이나 인구통계학적 다양성은 성과에 영향을 미치지 않는 것으로 나타났다. Van Knippenberg 등은 "어떤 종류의 다양성도 좋거나 나쁜 성과로 확실하게 이어지지 않으며, 인구통계학적 다양성, 직무 관련 다양성, 심층적 다양성은 모두 생산적이거나 비생산적일 가능성이 있다"(p. 81)고 결론지었다.

다행히, 다양성이 더 높은 성과로 이어질 수 있는 가능한 요인 또는 조절변인이 무엇인지, 그리고 다양성의 잠재적 이점을 포착하기 어렵게 만드는 요인이 무엇인지에 초점을 맞춘 연구가 증가하고 있다. 예를 들어 '인구통계학적 단층선' 연구(demographic faultlines, 즉 인종, 성별, 연령 같은 인구 통계학적 특성을 기반으로 집단 또는 팀을 동질적인 하위 집단으로 분리하는 가상의 분할선에 대한 연구; Lau & Murnighan, 1998)는 팀의 단순 다양성을 넘어 팀 역학, 갈등, 만족도 및 수행에 영향을 미치는 단층선의 영향력을 보여주었다. 다소 기술적인 이 개념을 설명하기 위해 소프트웨어 엔지니어링 회사의 두 팀을 생각해보자. A팀에는 학사 학위를 가진 남성 3명과 박사 학위를 가진 여성 3명이 있다. 역시 6명으로 구성된 B팀에서는 남자 2명과 여자 1명이 학사 학위를, 남자 1명과 여자 2명이 박사 학위를 가지고 있다. 팀 A와 B는, 각 팀의 성별과 교육 수준의 분포 정도가 같다는 점에서, 인구통계학적 다양성 측면에서 동일하다.

즉 각 팀은 남자 3명과 여자 3명, 학사 학위 소지자 3명과 박사 학위 소지자 3명으로 구성된다. 그러나 인구통계학적 단층선 관점에서 볼 때 이 두 팀이 다른 것은, A팀의 경우 모든 인구통계학적 특성이 겹치게 분포하지만(남성은 학사 학위, 여성은 박사 학위) B팀에서는 그렇지 않기 때문이다. 이것이 왜 중요한가? 연구에 따르면 인구통계학적 단층선이 강한 팀(예 : A팀)은 관계적 갈등을 경험할 가능성이 더 높고 응집력이 떨어진다(Dipboye, 2018; Lau & Murnighan, 2005; Thatcher & Patel, 2012). 따라서 다양성의 잠재적 성과 이점을 달성할 가능성이 적다. 관리자에게 제공되는 함의는 조직의 다양한 작업을 위해 형성되는 팀의 구성에 세심한 주의를 기울여야 한다는 것이다. 또한 관리자는 직원 사이의 차이를 존중하는 정책을 시행하고 직원들이 서로에게서 개방적인 태도로 배우도록 장려하는 등 포용적인 인사관리 관행을 만들도록 해야 한다('과학 번역하기 4.1' 참조).

추가로 연구된 주요 조절변인의 예시로는 팀의 심리적 안정감, 팀 동일시, 업무 의존성, 작업 복잡성, 다양성 사고방식, 변혁적 리더십, 포용적 리더십, 지원적이며 포용적인 팀 풍토 등이 있다(Ashikali et al., 2020; Liu et al., 2023; Nishii, 2013; Roberge & van Dick, 2010; Shore et al., 2018; van

과학 번역하기 4.1

대인관계 갈등을 줄이기 위한 인적자원관리 실천 및 학습 행동의 중요성

다양성은 이 장 전체에서 논의한 것처럼 조직 내 많은 훌륭한 결과로 이어질 수 있다. 그러나 한 가지 주의할 점은 다양성은 잘 관리되어야 한다는 것이다. 그렇지 않으면 의도하지 않은 결과가 발생할 수 있다. 의도하지 않은 잠재적 결과 중 하나는 대인관계 갈등이다. 다양성은 서로 다른 관점, 신념 및 가치의 존재를 의미하며, 이는 다양한 개인으로 구성된 팀 내 갈등으로 이어질 수 있다.

다양성 관리에는 하향식 접근 방식과 상향식 접근 방식이 모두 포함된다. 하향식 접근 방식 중 하나는 포용적 인적자원관리 관행을 만드는 것인데, 그 예로 직원 간 차이를 존중하고 관리하며 공평한 방식으로 직원들을 지원하는 정책을 구현 및 시행하는 것을 들 수 있다. 상향식 접근 방식은 직원들 사이에서 학습 지향성을 유지하여 직원들이 서로의 차이점을 배우고 이해하도록 동기 부여되는 집단적 경향성을 갖게 하는 것이다.

Liu 등(2023)은 중국의 3개 조직을 대상으로 하여 이 두 가지 접근 방식이 대인 갈등에 미치는 영향을 조사하기 위해 종단 연구를 수행하였다. 연구 결과, 업무 집단 내 다양성 증가는 부적 정서 증가와 관련이 있고, 그 결과 대인 갈등이 증가하지만, 이는 포용적 인적자원관리 실천 수준이 낮거나 직원의 학습 행동이 낮을 때만 발생하는 것으로 나타났다. 아마도 조직이 포용적 인적자원관리를 적극적으로 실천하지 않거나 직원들이 대인관계 차이를 극복하는 방법에 대해 배우는 데 투자하지 않을 때 집단 내 차이는 초조함이나 방어감과 같은 부적 정서를 유발할 수 있으며, 이는 대인 갈등으로 이어질 수 있을 것이다.

이 연구는 정의와 공정성을 강화하고, 의사결정에 대한 직원 참여를 장려하며, 직원에게 지지와 권한을 부여하는 포용적인 인적자원관리의 필요성을 보여준다. 또한 서로에게서 배우기 위해 최선을 다하는 직원을 보유하는 것의 중요성과 학습이 장려되며 지지적인 환경에서 학습할 기회가 풍부한 문화를 유지하는 것의 중요성을 보여준다.

제공 : 센트럴플로리다대학교 Colleen Cui, M.S.

출처 : Liu et al. (2023).

Knippenberg et al., 2020). 예를 들어 심리적 안전감(psychological safety)은 팀이나 조직에서 직원들이 대인 관계의 위험 감수에 대해 안전하다고 느낄 때, 그리고 어떤 구성원도 자신의 목소리를 내는 것에 대해 거부당하거나 창피를 당하거나 처벌받을 것이라고 느끼지 않는 확신을 제공하는 환경에서 발생한다(Edmondson, 1999; Edmondson & Bransby, 2023). 구성원이 팀에서 안전감을 느낄 때 개인적 · 사회적 정체성을 공유할 가능성이 더 높고, 결과적으로 팀원과의 의사소통에 개방적이고 정직하게 참여한다. 이는 심리적 안전감이 낮을 때보다 더 높은 수준의 성과로 이어질 수 있다(Roberge & van Dick, 2010). 변혁적 리더십(transformational leadership)은 다양성-성과 관계에 영향을 미치는 또 다른 조절변인이다 : 팀 리더가 변혁적 리더십을 보일 때(리더십 스타일에 대한 논의는 제10장 참조), 팀 다양성이 팀 효율성을 높일 가능성이 더 높다(Muchiri & Ayoko, 2013).

포용적 리더십(inclusive leadership)은 다양성과 지각된 팀 풍토의 포용성 사이의 관련성에 영향을 미치는 것으로 나타났다(Ashikali et al., 2020; Nishi & Leroy, 2020). 예를 들어 Ashikali 등(2020)은 45개

의 공공 부문 팀에 모여 있는 293명의 팀 구성원을 조사한 결과, 리더를 포용적이라고 지각(예 : 다양한 관점을 장려함)하는 팀 구성원의 경우, 자신의 팀이 포용적 풍토를 가지고 있다고 평가할 가능성이 높았다. 리더가 덜 포용적일 때, 팀원들은 자신의 팀 분위기를 포용적이라고 경험할 가능성이 적었다. 이 연구는 리더가 팀원의 소속감에 미칠 수 있는 영향을 보여준다.

그러나 팀 리더가 시너지를 강화하고 팀원들에게 포용력을 부여하여 다양성과 관련된 긍정적인 결과가 발생할 가능성을 높이기 위해 정확히 무엇을 해야 하는가? van Knippenberg 등(2013, 2020)은 기존 연구를 검토하여 지금까지 우리가 알고 있는 것을 요약하였다. 시너지를 달성하려면 리더, 더 나아가 팀 전체가 다양한 관점, 전문성, 경험의 가치를 이해하고 '진정한 개방성'의 가치를 이해해야 한다(p. 88). 또한 다양성을 지지하는 리더는 모든 사람의 의견과 관점을 요청함으로써 열정을 키울 수 있다. van Knippenberg 등(2013, 2020)은 팀 리더에 대한 권장 사항을 다음과 같이 요약하였다.

- 작업에 대한 다양한 관점을 추구하는 것이 중요하다는 생각을 명시한다.
- 다양한 아이디어를 이끌어내고 고려하며 최상의 아이디어 조합을 추출하는 과정을 통해 팀을 이끈다.
- 팀으로 하여금 사용된 의사결정 과정을 검토하도록 요청하고, 그것을 통해 다양한 아이디어를 통합하는 것이 당면한 문제를 해결하는 데 어떻게 도움이 되었는지 확인하도록 한다.
- 다른 사람들의 아이디어를 찾고 진지하게 고려함으로써 롤모델이 된다.

또한 리더는 개방적이고 접근 가능해야 하며, 협력적 규범을 강조하고, 다양성에 열려 있는 업무환경을 구축해야 한다(van Knippenberg et al., 2013). 그렇게 함으로써 리더는 다양성이 위협이 아니라 자산이 될 가능성을 높일 수 있다(Dipboye, 2018). 〈표 4.6〉은 보다 포용적이고 환영받는 환경을 만드는 방법에 대한 추가 아이디어를 제공한다.

다양성이 더 높은 수준의 팀 및 조직 성과로 이어질 가능성을 높이는 데 필요한 조건에 대한 더 깊은 이해를 위한 탐구가 계속되는 동안, 많은 조직이 인력의 다양성을 높이는 동시에 포용적이고 구성원이 환영받는 환경을 조성하기 위한 이니셔티브와 계획을 추진해 왔다. 〈표 4.7〉은 일부 회사가 수행하는 작업의 예를 보여준다.

실무에서의 다양성, 형평성, 포용성 향상

편향은 인적자원 관행과 관리자의 의사결정 과정에 침투할 수 있기 때문에 관리자와 인적자원 전문가는 프로세스의 각 단계에서 개입 지점을 고려해야 한다. 공정하고 편향 없는 인적자원 절차를 수립하

표 4.6 조직, 직원, 리더가 할 수 있는 포용적 행동, 정책 및 실천

모두가 할 수 있는 포용적 행동
- 다른 사람들을 인정하고, 연결하고, 그들과 함께 참여하기.
- 깊이 그리고 주의 깊게 경청하기.
- 다양한 관점을 구하고 활용하기.
- 공개적으로 정보를 공유하고 투명성을 추구하기.
- 불편함을 감수하기.
- 자기 인식을 높이기.
- 다른 사람으로부터 기꺼이 배우고 영향 받을 준비하기.
- 다른 사람을 존중하고 공정하게 대하기.
- 상호 의존성과 팀워크를 촉진하기.

리더가 할 수 있는 포용적 행동
- 포용적 문화 조성을 위해 자신과 다른 사람들에게 책임을 묻기.
- 참여와 상호 간 대화를 유도하기.
- 일터에서 리더 자신의 온전한 자아를 보이고, 다른 사람들도 그렇게 할 수 있도록 인정하고 격려하기.
- 투명한 의사결정 촉진하기.
- 저항을 이해하고 해결에 참여하며 노력하기.
- 포용이 조직의 미션 및 비전과 어떻게 연결되는지 이해하고 이야기하기.
- 작업에 대해 다양한 관점을 추구하는 것이 중요하다는 생각을 명시하기.
- 팀을 이끄는 데 있어, 다양한 아이디어를 도출 및 고려하고 최상의 아이디어 조합을 추출하는 과정을 사용하기.
- 팀으로 하여금 의사결정 과정을 검토하도록 함으로써 다양한 아이디어를 통합하는 것이 당면한 문제를 해결하는 데 어떻게 도움이 되었는지 확인하도록 하기.
- 다른 사람들의 아이디어를 구하고 진지하게 고려함으로써 타인에게 롤모델 되기.

포용적 조직 정책 및 실천
- 존중, 공정, 정의, 형평성의 환경을 조성하기.
- 조직의 정책 및 관행을 평가하고 실행하기 위한 프레임워크 만들기.
- 포용을 지지하고 유지하는 시스템, 프로세스, 절차를 구축하기.
- 문화와 집단 간 협업을 위해 개인 및 집단의 역량 강화하기.
- 조직의 내부, 외부적 사회적 책임 정의하기.
- 조직 전체의 투명성 촉진하기.
- 팀워크 촉진하기.
- 다양성이 높은 조직 만들기.
- 지속적인 학습과 성장을 촉진하기.

출처 : Ferdman(2014), Knippenberg et al.(2013, 2020).

표 4.7 다양성, 형평성, 포용성을 위한 기업 이니셔티브

기업	다양성, 형평성, 포용성에 대한 기업 성명	이니셔티브 예시
에어비앤비	"에어비앤비의 미션은 누구나 어디에든 소속될 수 있는 세상을 만드는 것이며, 여행의 모든 부분을 처리할 수 있는 엔드 투 엔드 여행 플랫폼을 만드는 데 중점을 두고 있다." Airbnb. (2019). Airbnb 2019 Business Update. *Airbnb Newsroom*. https://news.airbnb.com/airbnb-2019-business-update/	• 다양성 및 형평성 전문가와 협업. • 운영 영역에서 다양성과 형평성에 대한 기본 연구 수행. • 커뮤니티와의 공동 창조, 공공적 투명성에 대한 약속을 통해 형평성 중심의 디자인 방법을 우리 일의 기반에 통합. • 에어비앤비가 소외된 커뮤니티의 개인에게 서비스를 제공할 수 있도록 데이터 기반 접근 방식을 탐색하고 실행.
시스코	시스코는 포용성을 다양한 관점을 연결하는 다리로 보고 있다. 새로운 아이디어를 자극하고, 새로운 가능성을 탐색하고, 디지털 전환의 힘을 활용하고, 혁신에 영감을 불어넣는 방법으로 보는 것이다. *Inclusion and Collaboration*. (2023, February 28). Cisco. https://www.cisco.com/c/en/us/about/inclusion-diversity/us.html	• 인재 시장을 정확하게 매핑하는 데 도움이 되는 새로운 도구와 기술을 소개. • 우수한 자격을 갖춘 다양한 후보자를 유치할 수 있는 채용 공고를 작성. • 인터뷰 패널 내의 다양성 확대.
컴캐스트	우리는 다양하고 공평하며 포용적인 기업은 보다 혁신적이고 성공적인 기업이라는 것을 안다. 우리는 인력, 제품 및 콘텐츠 전반에 걸쳐 배경, 관점, 문화, 경험의 다양성을 포용한다. 우리의 파트너들과 함께 인종, 민족, 성별 또는 성적 정체성, 장애, 군필 여부에 대한 불공정와 불평등에 맞서 싸우기 위해 노력하고 있다. *Diversity, Equity & Inclusion*. (2023, April 26). https://corporate.comcast.com/impact/diversity-equity-inclusion#:~:text=Across%20our%20workforce%2C%20products%2C%20and,%2C%20disability%2C%20or%20veteran%20status	• 모두를 위한 보다 포용적인 문화와 지원 네트워크를 발전시키는 데 중점을 둔 다양한 전문성 개발 프로그램을 시작. • DE&I Day, Meet the Moment, DE&I 스피커 시리즈와 같은 다양한 다양성, 형평성, 포용성 이벤트를 설계하여 조직 전체의 직원을 한데 모아 강력한 집단 학습과 새로운 공유 이해의 순간 창출. • 전국의 다양한 팀과 협력하여, 사회 정의와 평등에 대해 다년간 점진적으로 진행될 1억 달러 약속을 바탕으로 지속적 변화를 주도하는 데 적극적인 역할 수행.

(계속)

표 4.7 다양성, 형평성, 포용성을 위한 기업 이니셔티브(계속)

기업	다양성, 형평성, 포용성에 대한 기업 성명	이니셔티브 예시
마이크로소프트	우리의 미션은 매우 포용적이다 : 지구상의 모든 사람과 모든 조직이 더 많이 성취할 수 있도록 권한을 부여하는 것이다. 우리 각자는 직급, 역할, 기능에 관계없이 모든 사람이 자신의 진실한 모습을 조직에 반영하며 최선을 다할 수 있도록 포용을 위한 혁신을 할 수 있도록 적극적인 역할을 한다. *Microsoft Global Diversity and Inclusion*. (n.d.). Microsoft. https://www.microsoft.com/en-us/diversity/default.aspx	• 전 세계, 국가 및 지역 조직과 협력하여 기술 산업과 전 세계 직장에서 다양성과 포용성을 증진할 수 있도록 연구, 벤치마킹, 프로그램 및 플랫폼 개발. • 9개의 직원 리소스 그룹과 협력하여 여러 기회를 통해 마이크로소프트 안팎의 커뮤니티에 참여하고 연결.
넷플릭스	다양성과 포용성은 혁신과 창의성을 발휘할 수 있는 우리의 능력을 열어준다. 이를 통해 우리가 새로운 방식으로 문제를 해결할 수 있도록 문제에 대한 각기 다른 생생한 경험과 관점을 제공한다. 또한 현재와 미래의 회원들을 더 즐겁게 하고 세상에 영향을 미칠 수 있다. *Netflix Jobs*. (n.d.).https://jobs.netflix.com/inclusion	• 엔터테인먼트 업계에서 소외된 커뮤니티를 위한 새로운 기회를 창출하는 데 전념하는 Netflix Fund for Creative Equity라는 새로운 프로그램을 시행. • 직원 리소스 그룹(ERG)을 통해 포용과 소속감 촉진. • 공정한 급여를 보장하기 위해 급여 평등 분석 및 결산. • 포용적 혜택 제공 : 유연한 육아 휴직 정책, 가족 형성 혜택, 미국 건강 플랜에서 트랜스젠더 및 논바이너리 케어.
펠로톤	우리는 다양성, 형평성, 포용성을 준수하며 이사회, 팀, 공급업체 기반, 커뮤니티 및 연구 투자의 다양성을 개선하기 위해 지속적으로 노력할 것이다. 모든 사람이 동등한 기회를 가질 수 있는 환경의 조성은 혁신을 촉진하고, 새로운 접근 방식을 제시하며, 새로운 관점을 불러오므로 우리의 업무를 보다 다양한 커뮤니티로 확장하고 다른 사람들의 삶에 의미 있는 영향을 미칠 수 있다. *Peloton® | Peloton Pledge* (n.d.). https://pledge.onepeloton.com/	• 모든 비영업 위탁 역할에 대해 19.00달러 이상의 시작 시급을 제공하고 다른 모든 시장과 비교하였을 때 동등한 직위에 대해 경쟁력 있는 입사율을 제공할 것을 약속. • 성별 및 인종/민족에 걸쳐 100% 임금 형평성을 유지하고 매년 글로벌 임금 형평성 연구를 실시하여 확인된 임금 격차를 해결. • 2020년 6월, 펠로톤 서약(Peloton Pledge)이라는 실행 계획을 수립하여 구조적 불평등에 맞서기 위한 구체적 실행 계획과 회사와 지역 사회 모두에서 변화를 확대하기 위한 전략을 수립.

는 것은 다양성, 형평성, 포용성을 중시하는 조직 문화를 개발하고 확립하는 데 중요하다. 이 절에서는 지원자의 모집과 선발, 채용 후 개발, 교육 및 멘토링 과정에서의 절차 공정성을 높이기 위해 조직의 실행 방식을 어떻게 개선할 수 있는지에 대한 증거 기반 전략을 논의할 것이다. 또한 동맹의 역할에 대해, 그리고 조직이 다양성에 대한 긍정적 풍토를 조성할 수 있는 방법에 대해서도 논의할 것이다.

모집, 선발, 인력 배치

조직이 채용을 위해 자격을 갖춘 다양한 후보자를 모집할 수 있도록 하려면 광범위하고 폭넓게 모집하는 것뿐 아니라 좁고 집중적으로 모집하는 것도 중요하다. 예를 들어 조직은 신입 관리직 포지션에 대해서 같은 지역의 4개 또는 5개 대학의 졸업생을 모집하는 것보다 해당 지역 밖의 대학까지 모집 대상을 넓혀야 한다. 또한 **타깃 모집**(targeted recruiting)을 활용하여 역사적으로 흑인이 다수인 대학 또는 다양한 인구통계적 특성이 있는 대학을 포함하도록 해야 한다. 다양한 지원자에게 노출되는 웹사이트 및 출판물을 타깃팅하는 것도 지원자 풀에서 다양한 대표성을 보장하는 데 도움이 된다.

예를 들어 diversityjobs.com은 고용주와 구직자 모두를 위한 웹사이트로 다양한 지원자 — 흑인, 라틴계/히스패닉, 아시아인, 아메리카 원주민, 여성, 재향 군인, 장애인, 성소수자 — 를 위한 채용 공고 웹사이트를 샅샅이 확인하여 지원자와 고용주를 연결하는 것을 목적으로 한다.

지원자 풀을 더욱 확장하려면 채용 공고의 언어와 회사 웹사이트 사진의 대표성에 주의를 기울이는 것도 중요하다. 연구에 따르면 소외된 집단에 속하는 개인이 채용 공고나 회사 웹사이트에서 자신을 그려볼 수 없거나, 채용 공고에서 자신에게 적용되지 않는 언어가 사용될 때 해당 직무에 지원할 가능성이 낮아진다(Avery et al., 2013). 예를 들어 전형적으로 남성적으로 들리는 언어를 사용하는 채용 공고(예 : "우리는 매우 공격적인 세일즈맨을 찾고 있습니다!")는 많은 여성에게 직업의 매력을 떨어뜨린다(Galinsky et al., 2015; Gaucher et al., 2011). '디지털 네이티브'나 '젊고 에너지 넘치는' 지원자를 찾고 싶다고 광고하는 기업은 자격을 갖추었지만 나이가 많은 지원자를 놓칠 수 있으며 연령 차별 소송에 직면할 수도 있다. 긍정적 측면에서는, 채용 시 사용되는 소수 직원의 이미지는 조직에 대한 매력을 증가시키고 지원할 가능성을 높이는 것으로 보인다(Avery & McKay, 2006; Knouse, 2009).

마지막으로, 현재 많은 조직에서 지원자를 스크리닝하기 위해 복잡한 채용 알고리즘을 사용하고 있다. 알고리즘의 설계 방식에 따라, 이러한 알고리즘은 여성, 소수 인종 및 민족, 고령 지원자, 장애인 및 기타 법적으로 보호되는 그룹을 차별하는 결과를 가져올 수 있다. 예를 들어 '최근 대학 졸업자'의 이력서를 선별하는 알고리즘은 분명히 대부분의 고령 근로자를 걸러낼 것이다. 차별을 피하기 위해 고용주는 보호 대상 계층(즉 고용 차별 금지법에 의해 보호받는 사람들의 범주)에 대한 잠재적인 부정적 영향을 미칠 수 있는지에 대해 채용 알고리즘을 평가하고 지속적으로 모니터링해야 한다. 또한 '편향을 없애기' 위해 외부판매자 고용을 고려할 수도 있다. 가장 중요한 것은 고용주가 비즈니스를 수행하는 표준 방식으로 모집 전략 전체에 대한 **투명성**을 확보해야 한다는 것이다. 채용 지표를 수집하고 게시하면 내부 직원뿐만 아니라 조직 입사를 고려하고 있는 모두에게 책임을 부여할 수 있다(Galinsky et al., 2015; Kelly-Lyth, 2021). 조직 및 지원자 관점에서의 채용 프로세스에 대한 더 자세한 논의는 제3장을 참조하라.

채용 절차의 선발 단계에서 조직은 직무의 **지식, 기술, 능력 및 기타 요구 사항**(KSAO)을 미리 정립하는 것이 중요하다. 직업에 대한 지식, 기술, 능력 및 기타 요구 사항을 정립하려면 엄격한 직무 분석을 수행해야 하며, 이를 위해서는 직무 수행자 또는 해당 주제 전문가를 인터뷰하여 직업의 요구 사항을 결정해야 한다. 지식, 기술, 능력 및 기타 요구 사항이 결정되면 객관적 척도(예 : 작업 표본 검사, 성격 검사, 구조화된 인터뷰)를 선택하여 타당화해야 한다. 의식적이든 무의식적이든 편향이 채용 프로세스에 영향을 미칠 수 있는 방식에 대해 채용 관리자를 교육하는 것이 관리 교육 프로그램에 포함되어야 한다. 예를 들어 채용 관리자가 선발에 대한 직관적 접근(예 : "나는 수많은 지원자를 면접했기 때문에 후보자를 꽤 빨리 파악할 수 있다")을 취할 때, 보다 과학적인 접근 방식(예 : "나는 모든 후보자에게 동일한 질문을 하는 구조화된 면접 형식을 사용한다")을 취할 때 보다 편향이 쉽게 발생할 수 있다(Dipboye, 2018). 이러한 편향은 인터뷰 프로세스에서 발생할 가능성이 가장 높기 때문에 인사 관리자는 모든 후보자로부터 일관된 정보를 수집할 수 있도록 구조화된 면접 질문을 설계하고 개발해야 한다.

인적자원관리 담당자와 채용 담당자는 채용 기준과 선발 방법을 정기적으로 검토하고 평가하여 편향이 해결되는지 확인해야 한다. 예를 들어 대학 학위가 필수적이지 않은 직무에 대해 지원 자격으로 대학 학위를 요구하는 경우 흑인과 히스패닉 지원자는 대학 학위를 가질 가능성이 낮기 때문에 부정적인 영향을 미칠 것이다. 모집과 마찬가지로 고용주는 선발 지표 추적 및 게시를 포함하여 전반적인 선발 및 인력 배치 과정에서 투명성을 확보해야 한다(Galinsky et al., 2015). 이 데이터는 내부 및 외부 이해 관계자 모두에게 채용 프로세스의 효과성과 공정성에 대한 증거를 제공할 것이다. 선발 및 인력 채용 과정에서의 공정성 보장 방법에 대한 자세한 내용은 Roberson의 저서 *The Oxford Handbook of Diversity and Work*의 제16장 Avery et al.(2013)에서 찾아볼 수 있다. 또한 Dipboye(2018)의 직원 선발 원칙에 대한 장은 선발에 대한 훌륭하고 심층적인 논의와 편향 및 공정성에 주의를 기울이는 것의 중요성을 다룬다(p. 653).

경력 개발 및 멘토링

경력 개발은 개인이 선택한 직업에서 성공하는 데 필요한 지식, 기술 및 능력의 개발을 포함하는 평생에 걸친 과정이다(Dawson et al., 2013). 직원의 입장에서는 현 조직이나 다른 조직 또는 경력에서 성공하기 위해 필요한 것이 무엇인지에 대한 지속적 평가가 포함된다. 고용주에게 있어 경력 개발은 효과적인 인적자원 전략의 중요한 구성요소이다. 실제로, 효과적인 경력 개발 및 멘토링 프로그램을 갖춘 조직은 직원의 성장을 촉진할 뿐만 아니라 직원의 직무 만족도를 높이고 퇴사 가능성은 낮출 수 있다(Allen et al., 2004; Eby et al., 2008). 그러나 경력 개발 및 멘토링 기회는 모든 직원, 특히 소외된 그룹의 직원에게 동등하게 제공되지 않을 수 있다(Dawson et al., 2013). 이 장의 앞부분에서 논의한 바와 같이, 사람들은 자신과 유사하다고 지각하는 사람에게 가장 편안함을 느끼는 경향이 있다. 많은 멘토링이 비공식적으로 이루어지기 때문에 지각된 유사성이 프로테제(멘티)의 선택에 영향을 미치는 것은 놀라운 일이 아니다. 조직의 관리자 대다수가 백인 남성인 경우 여성과 유색인종은 프로테제로 선택될 가능성이 낮을 수 있다.

전통적으로 경력 개발에 있어 간과되어 온 여성 및 다른 집단 구성원의 기회를 증가시키기 위해 조직은 **공식적 멘토링 프로그램** 제공을 고려해야 한다. 비공식적 멘토링이 공식적 멘토링보다 조금 더 많은 혜택을 제공하는 것으로 알려져 있다(Eby et al., 2013). 그럼에도 불구하고 공식적 멘토링 프로그램은 모든 사람이 멘토링을 경험하고 그 결과로 승진, 소득 향상, 급여 및 복리후생에 대한 만족도 향상 등 멘토십의 잠재적인 혜택을 얻을 수 있는 기회를 갖도록 한다(Dreher & Ash, 1990). 실제로 공식적 멘토링 프로그램은 흑인, 히스패닉, 아시아계 미국인 여성과 남성, 백인 여성의 승진 확률을 높이는 것으로 나타났다(Dobbin & Kalev, 2013). 효과적인 공식 멘토링 프로그램을 만들기 위해서 중요한 사항은 다음과 같다. 최고 경영진의 지원을 받고, 멘토와 프로테제를 신중하게 연결하고, 훌륭한 멘토를 선정하고, 멘토와 프로테제 모두를 위한 교육을 제공하고, 지속적인 상호작용을 지원하는 방법을 만들고, 프로그램을 모니터링하고 평가하는 것이다(Allen et al., 2017).

다양성, 형평성, 포용성 교육

다양성 교육은 기업이 편향을 줄이기 위해 일반적으로 사용하는 전략이며, 실제로 미국에서 인종 및 성차별을 해결하는 데 중점을 둔 1960년대와 1970년대로 거슬러 올라가 수년 동안 인적자원관리 환경의 지배적인 특징이었다. 초기의 노력은 인식을 높이고 관용을 증진하기 위해 설계되었다. 오늘날 기업은 다양성 훈련에 연간 80억 달러 이상을 지출하며, 이러한 점에서 다양성은 큰 비즈니스가 되었다(Williams & Dolkas, 2022). **다양성 교육**(diversity training)은 '긍정적인 집단 간 상호작용을 촉진하고, 편견과 차별을 줄이며, 참가자가 다양한 다른 사람들과 상호작용할 수 있는 기술, 지식 및 동기를 향상하는 것을 목표로 하는 일련의 고유한 교육 프로그램'을 의미한다(Bezrukova et al., 2016, p. 1228). 이러한 프로그램의 성공 여부는 여러 요인에 달려있는데 교육 제공에 사용되는 방법, 다양성 프로그램에 대한 조직적 지원 수준, 교육이 의무적인지 자발적인지, 여러 날에 걸친 워크숍인지 아니면 하루 동안의 워크숍인지, 참가자가 성장 또는 고정 마인드셋(growth or a fixed mindset)을 가지고 있는지 여부와 같은 요인들이다(Dobbin et al., 2011; Kern et al., in press).

일부는 조직의 다양성과 포용성을 증진하기 위한 이러한 교육 프로그램의 효과성이 의심스럽다고 주장하지만(예 : Paluck et al., 2021), 개인 수준 개입이 편향을 줄일 수 있음을 시사하는 연구가 증가하고 있다. 개입의 예로는 고정관념에 어긋나는 정보나 이미지를 제공, 조망 수용(예 : 다른 사람의 입장에서 생각)을 장려, 공통점을 찾는 것(예 : 상위 목표를 통해), 사회적 영향력을 활용(예 : 편향을 줄이기 위해 사회적 규범이나 또래 압력을 사용)(McCarter et al., 2023; Stephens et al., 2020)하는 것이 있다. 다양성 훈련이 이러한 모든 개입을 통합해야 하는지, 아니면 하나 또는 두 개입이 편향을 줄이기에 충분한지는 명확하지 않다. Stephens 등(2020)은 더 많은 연구가 필요하며, 특히 조직 내 여러 유형의 다양성 훈련 효과를 평가하는 더 강건한 현장 실험이 필요하다고 주장한다. 또한 그들은 개인 수준의 편향 감소 개입의 효과는 충분히 오래 지속되지 않으며 조직 수준의 개입도 고려되어야 한다고 주장한다('과학 번역하기 4.2' 참조). 실제로, 이 장의 많은 부분은 구직자를 모집, 심사 및 선발하는 데 사용하는 절차와 같은 인적자원 프로세스의 편향성을 줄이는 데 중점을 두고 있다. '관리자를 위한 시사점' 4.1 및 4.2는 직장에서 편향을 줄이는 방법에 대한 추가 아이디어를 다룬다.

과학 번역하기 4.2

다양성 개입이 작동하지 않는 이유 – 다수준 개입에 대한 이론

최근 몇 년 동안 다양성 · 형평성 · 포용성이 미국 사회에서 뜨거운 주제가 됨에 따라 조직은 다양성 · 형평성 · 포용성 목표를 달성하기 위해 다양성 개입에 많은 돈을 지출하고 있다. 종종 이러한 접근은 좋은 의도로 진행되지만, 여러 가지 이유로 장기적인 태도 또는 행동 변화를 달성하지 못한다. 이러한 실패에 대한 일반적 의심(예 : 다양성 교육이 일회성 워크숍으로 취급되고 투명성이 부족하여 반발을 일으키는 것) 이외에 또 다른 이유는 조직이 개인 수준 및 조직 수준 편향의 상호적 영향을 고려하지 않기 때문일 수 있다.

Stephens 등(2020)은 직장 내 편향을 다수준 순환으로 개념화하는 이론을 제시한다. 그들은 편향이 조직 수준의 요인(즉 정책 및 관행)과 개인 수준의 요인(즉 태도 및 인지)의 상호작용을 통해 생성되며, 두 수준 중 하나만 타깃팅하는 것이 반드시 편향의 감소로 이어지는 것은 아니라고 제안하였다. 예를 들어 조직이 직원들의 편향을 줄이면서도 다양한 지원자를 모집, 채용하지 않는다면 여전히 직장 내 다양성과 포용성 목표를 달성하지 못할 것이다.

다양성 이니셔티브는 서로를 강화할 수 있도록 교차 수준의 조치를 동시에 취하는 다수준 접근 방식을 가져야 한다. 예를 들어 리더십의 대표성을 높이는 것이 목표인 경우, 조직은 관리자에게 고정관념과 편향(개인 수준)에 대해 교육하고 승진 기준(조직 수준)에서 편향된 기준을 없앨 수 있다. 다양한 접근 방식으로 문제를 해결하면 조직이 다양성 · 형평성 · 포용성 목표를 달성할 수 있는 확률이 가장 높아질 것이다.

제공 : 센트럴플로리다대학교 Colleen Cui, M.S.

출처 : Stephens et al. (2020).

관리자를 위한 시사점 4.1

마이크로어그레션 해결을 위한 미시적 개입과 다양성·형평성·포용성 훈련

여성과 유색인종이 겪는 마이크로어그레션이 해결되지 않는 데는 여러 가지 이유가 있다. 예를 들어 이러한 마이크로어그레션의 대부분은 그 대상이 아닌 사람에게는 '보이지 않게' 된다. 마케팅 팀이 새로운 고객을 만나 해당 고객이 스타트업에서 전기 자동차용 신유형 배터리를 만드는 데 대해서 미팅을 하는 상황을 생각해보자. 마케팅 팀은 5명의 개인으로 구성되어 있으며, 카리브 흑인 여성 한 명을 제외하고는 모두 백인 남성이다.

회의를 위해 모두 자리에 앉았을 때, 한 남성이 대체 에너지 신생 기업에 대한 전문 지식으로 유명한 흑인 여성에게 회의를 위해 메모를 해 달라고 부탁했다. 겉보기에는 무해한 것처럼 보이지만, 그 여성은 덜 전략적이고 더 보조적인 일을 하도록 요청받은 것에 대해 모욕감을 느낄 수 있다. 남성들은 여기에서 불공정을 눈치챌 수 있었을까? 만일 그들 중 한 사람이 눈치를 챘다면, 그것을 지적하거나 스스로 필기하겠다고 제안할 가능성은 얼마나 될까?

다른 예시도 생각해보자. 10명의 영업 사원이 모여 친환경 천 기저귀의 시장 범위를 확장하기 위한 전략을 논의하는 팀 회의에서, 한 남성이 계속해서 여성의 말을 가로막고 이야기하고 있다. 당신이 팀장이라면 이것을 눈치챘을까? 만약 그렇다면, 무엇을 할 것인가?

컬럼비아대학교 티처스칼리지의 Derald Sue 박사와 그의 동료들이 설명한 바와 같이(Sue et al., 2019), 실제로 편향이 작동하는 상황에서 관찰할 때 사람들이 그것을 해결하기 위해 행동하지 않는 데는 여러 가지 이유가 있을 수 있다 : (1) 편향의 비가시성, (2) 사건이 무해한 것으로 간주됨, (3) 편향을 해결하기 위해 누가 책임을 져야 하는지 아무도 확신하지 못함, (4) 사람들은 무엇을 해야 할지 순간 막막해짐. Sue와 그의 동료들은 사람들에게 '보이지 않는' 것을 보이게 하기 위해 개입하는 방법을 가르치고, 마이크로어그레션을 무력화하고, 가해자의 말과 행동이 어떻게 마이크로어그레션으로 지각될 수 있는지에 대해 교육할 것을 제안한다. **미시적 개입 전략**(Microintervention strategy)은 조직의 편향을 줄이기 위해 노력하는 동맹 및 기타 사람들에게 교육될 수 있으며, 인적자원관리 시스템 및 관행에서 발생할 수 있는 조직 수준 편향뿐만 아니라 (일반적으로 다양성 · 형평성 · 포용성 훈련 프로그램에서 다루어지는) 개별 유형의 편향에도 초점을 맞춰야 한다.

다양성 · 형평성 · 포용성 훈련 프로그램은 비효과적이라는 비판을 받아 왔지만(예 : Dobbin & Kalev, 2013), 해당 훈련의 영향력을 보여주는 연구가 증가하고 있다(Kalinoski et al., 2013; McCarter et al. 2023; Williams, 2021). WorkLife Law Center의 Williams와 공동 연구원들에 따르면, 효과적인 다양성 · 형평성 · 포용성 훈련 프로그램은 다음과 같은 특성이 있다.

1. **편향의 사회과학에 대한 논의**. 사람들에게 손가락질하며 편향이 있다고 지적하는 대신, 편향의 증거에 대해 논의하는 것이 직원과 관리자로 하여금 본인이 속한 조직 내 편향에 대해 생산적인 방식으로 토론하도록 만드는 강력한 방법임이 입증되었다.
2. **조직 내 편향에 대한 일반적 시나리오와 이를 중단하는 방법에 대한 논의**. 위에서 논의한 것과 같은 직장 편향에 대한 전형적인 시나리오를 제공한 후, 직원들이 소규모 집단을 이루어 편향을 중단시키거나 완화할 방법을 제시하도록 한다. 편향에 대응하는 방법에 대한 아이디어를 개발해봄으로써 개인은 편향이 발생하는 것을 관찰할 때 개입할 준비가 더 잘 되어 있다고 느끼고 실제로 개입할 가능성이 더 높다. 그리고 편향의 사회과학에 대해 배움으로써, 직원들이 편향을 인지하게 될 가능성이 더 커진다.

개인의 변화에 초점을 맞추는 것에 더해 관리자와 리더가 조직 내에서 보다 체계적이거나 구조적인 변화를 고려하는 것도 중요하다. 예를 들어 조직 수준의 인적자원관리 시스템이 다수 집단에 편향되어 있다는 사실을 간과한다면 개별 직원을 바꾸는 것만으로는 충분하지 않다. 구조적 장벽을 해결하기 위해서는 권력이 주어지는 직위를 점하는 개인이 다양성과 포용성 노력을 감독하는 것이 중요하다(Kalev et al., 2006; Williams, 2021). 다

(계속)

른 단계로는 다양성 진행 상황에 대한 데이터 수집[포함하는 지표로는 **결과 지표**(outcome metrics) – 진전을 이루어졌는가?, **프로세스 지표**(process metrics) – 어떠한 장애물이 존재하는가?], 인적자원관리 시스템의 편향 해소, 직원의 승진 기회에 대한 접근성 검토 및 재구성 등이 있다(Williams, 2021).

개인 및 조직 수준에서 편향에 개입하는 방법에 대한 자세한 내용은 Harvard Business School Press에서 출판한 Joan Williams의 훌륭한 책 *Bias Interrupted : Creating Inclusion for Real and for Good*(2021)을 참조하라.

관리자를 위한 시사점 4.2

직장 내 편향 방해 요인

편향이 직장에 침투하는 방법 중 하나는 관리자가 업무를 할당하는 방식이다(Williams, 2021). 대부분의 조직에는 '화려한 업무(glamour work)', 즉 직원을 돋보이게 할 수 있는 이목을 끄는 일이 있다. 화려한 업무는 직원의 기술을 확장하고 다음 승진에 필요한 경험과 추진력을 얻도록 한다. 그런가 하면 '사무 가사일(office housework)', 즉 높은 수준의 일은 아니지만 직장 생활의 원활한 운영을 위해 필요한 일이 있다. 사무 가사일에는 이를테면 커피 만들기, 탕비실 청소, 회의록 작성, 회의 일정 잡기, 사무실 파티 계획, 팀을 위한 점심 주문, 외부 행사 계획 등이 포함될 수 있다. 이런 일은 일반적으로 고마운 것으로 여겨지지만 보상이 주어지지 않으며 기업 비즈니스 전략에 있어 중심적인 것은 아니다. 캘리포니아대학교 헤이스팅스 캠퍼스(University of California, Hastings)의 직장생활법센터(Center for WorkLife Law)의 Joan Williams와 그녀의 동료들이 공동으로 수행한 연구에 따르면 여성, 특히 유색 인종 여성은 사무 가사일을 할당받을 가능성이 더 높다(Williams & Multhaup, 2018). Tsedale Melaku의 연구는 또한 흑인 여성이 대부분 백인 조직에서 인정받기 위해 수행하는 추가 업무 또는 '포용 과세(inclusion tax)'를 조사했다. 이러한 추가 업무는 더 중요한 직무 책임에서 시간을 빼앗고 승진 가능성과 정년평가에 부정적 영향을 미칠 수 있으며, 그들의 웰빙과 직업 및 고용주에 대한 만족도를 떨어뜨릴 수 있다.

어떤 조직에서든 이런 불공평한 분업이 일어나지 않도록 하기 위해, Williams와 동료들은 관리자들이 다음 일곱 가지 '편향 차단 방법'을 따를 것을 권고한다.

일곱 가지 강력한 편향 차단 방법

1. 사무 가사일을 위해 자원자를 요청하지 않는다. 대신 돌아가면서 하는 것으로 설정한다. 연공서열, 별자리 등 어떤 순서로든 설정할 수 있다.
2. 모든 사람이 해야 할 일에 대해 책임을 지도록 한다. 누군가 눈에 띄지 않는 일에 대해 대충 일을 한다면, 그것은 수행의 문제이다. 그렇게 취급되어야 한다.
3 수행 평가 및 승진 결정이 이루어지는 시기가 되었을 때 다양성 · 형평성 · 포용성 작업과 멘토링을 가치 있게 여긴다는 것을 보여준다.
4. 화려한 업무 할당에 있어 자격을 갖춘 모든 직원을 고려한다.
5. 화려한 일을 할 자격을 갖춘 사람이 거의 없다면, 풀을 확장할 방법을 찾는다. 한 가지 방법은 더 많은 주니어 직원이 시니어 직원을 쉐도잉 하면서 배우도록 하는 것이다.
6. 육아휴직에서 복귀하는 사람들이 업무를 많이 맡고 싶지 않을 것이라고 가정하기 전에, 해당 일을 맡고 싶은지 물어본다. 이렇게 말할 수 있다. "이 업무를 맡을 사람을 찾고 있고 당신이 잘할 수 있다고 생각합니다. 하지만, 당신이 속도를 내기 시작하는 중이라는 것을 알고 있습니다. 빠르게 이 업무에 참여하고 싶습니까? 지금은 그렇지 않다고 해도 앞으로 또 다른 기

회가 있을 것입니다." — 그리고 다음에 기회를 주도록 확실히 해야 한다.

7. 모든 팀원이 각자 최고의 업무 수행을 하기 위해 어떤 지원이 필요한지 질문한다. 모든 장애가 눈에 띄는 것은 아니며, 질문하는 것을 규범으로 만들어 가면 모든 사람의 수행 능력이 향상된다.

조직에서의 동맹 관계

최근 몇 년 동안 인적자원관리는 '동맹'을 만드는 중요한 역할을 수행하기 시작했다. 동맹이란 조직에서 역사적으로 우세하거나 유리한 집단(예 : 백인, 남성, 이성애자)의 구성원으로, 다른 직원들, 특히 일반적으로 불리한 조건에 있거나 소외된 사람들(예 : 유색인종, 여성, 성적소수자)의 경력을 발전시킬 수 있는 권력과 지위를 가지고 있다(Brown & Ostrove, 2013; Knowlton et al., 2022). Melaku 등(2020)이 설명한 바와 같이 동맹은 "지지적인 개인적 관계와 후원 및 옹호의 공적인 행위를 통해 직장에서 불공정에 맞서 싸우고 형평성을 증진"(p. 3)하는 데 사용되는 전략적 메커니즘으로 볼 수 있다. 실제로 연구에 따르면 동맹은 조직의 문화가 환영적이고 포용적인 것으로 인식될 가능성을 높이고(Moser& Branscombe, 2021), 소외된 직원에 대한 고용 차별을 줄이는 데 도움이 될 수 있다(Ashburn-Nardo, 2018).

모든 직원, 특히 조직에서 지배적인 그룹을 대표하는 관리자와 리더는 조직의 포용성을 높이기 위한 노력에서 동맹 및 협력자가 되는 방법을 배울 수 있다. 동맹의 문화를 촉진하는 것은, 조직이 다양성 증가라는 정량적 목표에 초점을 맞추는 '다양성 점수표' 접근 방식 이상을 의미한다(Melaku & Winkler, 2022). 대신, 동맹을 통해서 포용의 문화를 창출할 수 있는데, 이는 불평등과 차별에 주의를 기울이고, 유색인종 여성과 남성의 신뢰를 얻고, 다양성을 논의 안건으로 조명하고(예 : "우리는 누구의 관점을 놓치고 있는가?"라고 묻기), 다양한 동료를 멘토링하거나 후원하고, 채용 및 승진 과정에서 다양한 후보자를 지지함으로써 가능하다(Melaku et al., 2020; Valerio, 2019, 2020, 2022). 동맹이 취할 수 있는 다른 행동으로는 전통적으로 소외된 집단의 개인이 자신의 아이디어에 대한 인정을 받도록 하고, 차별 및 마이크로어그레션을 적극적으로 모니터링하고 이에 맞서고, 동료가 성차별적이거나 인종차별적인 발언에 대해 넘어가거나 정당화하려고 할 때 개입하는 것이 포함된다(예 : "어떤 해를 끼치려는 의도를 가지고 그 말을 한 것은 아니었을 것이라고 확신해"라는 발언은 마이크로어그레션의 대상이 되는 개인의 우려를 무효화한다)(Jana & Baran, 2020; Melaku et al., 2020). '관리자를 위한 시사점 4.1'은 마이크로어그레션과 편향을 다루는 방법에 대한 더 많은 아이디어를 제시한다.

Anna Marie Valerio 박사가 포춘 500대 기업 54곳의 고위 임원 95명을 인터뷰한 연구에서 추가적 조언이 제시되었다(Valerio, 2019). 고위 임원 중 소속 조직의 여성 직원들에 의해 포용적 리더로 두각을 나타낸 것으로 지명된 리더들은 최고경영자거나 고위 경영진이었다. 이 리더들은 조직이 핵심 개발 경험을 제공하고, 여성 리더의 가시성을 확대하고, 멘토링과 코칭을 제공하는 데 집중할 것을 권장하였다. 이 조언은 여성을 지원하는 데 초점을 맞추었지만, 소외된 집단의 누구에게나 확실한 의미가 있을 것으로 보인다. 코칭 및 경영 개발을 전문으로 하는 다양성 컨설턴트의 업무에 대해 자세히 알아보기 위해 이 장의 '실무자 소개' 코너에서는 Anna Marie Valerio 박사의 이야기를 다룬다.

동맹의 입장에서 인식해야 하는 중요한 점은, 다양한 또는 소외된 집단에 도움이 될 기회를 제공하는 권력 차이가 그들이 돕고자 하는 사람들로부터의 신뢰를 손상할 수도 있다는 점을 인식해야 한다는 것이다(Knowlton et al., 2022). 이러한 힘의 불균형을 줄이기 위해 동맹 집단은 그들의 힘과 사회적 이점을 공유해야 하는데, 이는 Knowlton 등에 의해 **동맹 권력의 역설**(paradox of ally power)이라고

실무자 소개

ANNA MARIE VALERIO 박사

한 사람의 경력은 항상 배움의 여정이다. '나중에 자라서' 무엇을 하고 싶은지에 대해 여러 가지 불확실성을 경험한 후, 나는 대학에서 심리학을 '전공'으로, 문화인류학을 '부전공'으로 선택하였다.

전 세계 문화에서 발견되는 유사점과 차이점을 배우는 것은 재미있었다. 이러한 학문은 또한 내 고향 뉴욕시에 존재하는 광대한 문화적 다양성을 이해하는 데 통찰력을 제공하였다! 심리학과 문화인류학을 통해 얻은 지식은 시간이 지남에 따라 경영진 코칭 및 다양성 · 형평성 · 포용성에 대한 나의 일로 발전하였다.

어렸을 때부터 부모님으로부터 '배움을 얻어라'라는 지도를 받았고, 뉴욕시립대학교의 학부 교수님들로부터 '심리학 박사 공부를 해보라'는 격려를 계속 받았다.

오늘날 교수 역할에 있어 나는 학생들에게 심리학 연구 결과에 대한 인정, 그리고 고객이 코칭 참여에 가져올 수 있는 다양한 문화와 경험을 이해하고 존중하는 것의 중요성을 전달하기 위해 노력한다.

내 경력의 전반부는 뉴욕시 지역에 위치한 버라이즌, 소니, IBM과 같은 대기업에서 보냈다.

이러한 기업 경험은 비즈니스를 이해하는 데 훌륭한 기초를 제공하고 인간 행동에 대한 이해를 심화했다. 버라이즌에서 채용 부서 직원 30명의 관리자가 처음 된 것은 나의 리더십 개발을 기속화한 '핵심 개발 경험'으로 작용하였다. 이 경험으로 인해 산업 및 조직심리학자 및 관리자로 구성된 팀을 이끌고 선발 및 평가, 성과 평가, 다중 평가자 피드백, 역량 모델 및 직원 의견 조사를 담당하게 되었다.

문화인류학에 대한 나의 흥미와 애정, 더 국제적인 관심을 갖고자 하는 마음으로 인해 소니에서 조직 효과성 부서를 이끄는 직책을 맡게 되었다. 대부분의 고위 임원들이 일본에서 와서 미국에서 순환 근무를 하는 중이었기 때문에, 나는 문화인류학에서 배운 것을 기업과 일본 문화의 측면을 이해하는 데 적용하였다. 기업에서의 마지막 역할로, 나는 IBM에 합류하여 임원 코치 및 조직 개발/임원 교육 전략가의 직책을 맡아 최고경영진과 함께 일하는 내부 컨설턴트로 일하였다.

더 많은 조직이 경영진 리더십 개발을 위해 코칭을 활용하기 시작하면서, 나는 최고경영자와 임원들이 코칭과 관련된 과정과 역할을 더 잘 이해하는 데 도움이 될 수 있는 책에 대한 아이디어를 갖게 되었다. 그 후, 나는 임원 코칭 실무를 독립적으로 시작하였고 이 주제에 대해 출판된 첫 번째 책 중 하나인 *Executive Coaching: A Guide for the HR Professional*을 Robert J. Lee와 공동저자로 출간하였다(2005, Wiley/Pfeiffer).

조직 내 여성의 수가 증가하면서, 동료들은 나의 지식과 경험이 조직 내 임원 리더십 역할에 있어서 여성의 가치와 중요성을 다루는 데 적합하다고 제안하였다. 심리학 문헌의 관련 연구, 그리고 조직 임원들을 대상으로 한 인터뷰에서 얻은 정보를 통합하여, 나는 또 다른 책인 *Developing Women Leaders: A Guide for Men and Women in Organizations*(2009, Wiley/Blackwell)을 출간하였다. 이 책은 최고경영자, 임원, 관리자 및 개인이 조직에서 포용적 리더십을 촉진하기 위해 취해야 하는 선제적 솔루션과 행동에 중점을 둔다.

코칭 실무에 있어 나는 여성 리더가 더 고위 임원직을 맡을 수 있도록 개발을 돕고 그들의 상사가 조직을 위한 포용적 리더십의 가치를 인식하도록 돕는 것에서 기쁨을 느낀다. 고객이 리더십 목표를 달성할 수 있도록 하려면 연령, 문화적 배경, 성별, 세대 등을 포함한 다양한 인구 통계 차원에 대해 이해하도록 하는 것이 중요하다. 리더와 코치는 점점 더 다양해지는 인력의 요구사항을 충족하기 위해 접근 방식을 조정해야 한다. 코칭 프로세스의 초점이 고객이기 때문에 코치는 개별 고객 및 조직과 함께 다양성 · 형평성 · 포용성을 촉진하는 데 중추적인 역할을 한다. 경영진 코칭과 다양성 · 형평성 · 포용성을 결합하는 것의 중요성은 여러 출간물(*Consulting Psychology Journal, SHRM's HR People + Strategy Journal, Harvard Business Review* 등)에 게재된 내 기사들에서 공통적인 주제가 되었다.

Anna Marie Valerio 박사는 경영진 코칭 및 리더십 개발 전문 컨설턴트이며 Executive Leadership Strategies, LLC의 임원이다.

그녀는 뉴욕대학교 산업/조직심리학 석사 프로그램의 겸임 교수이며 경영진 코칭 과정을 가르치고 있다. 미국 산업 및 조직심리학회(SIOP), 컨설팅심리학회(The Society of Consulting Psychology, SCP), 뉴욕 메트로폴리탄 응용심리학협회(NY METRO)의 회원이기도 하다.

불린다. 이러한 역설을 극복하기 위해서는 동맹자가 **겸손행동**(behavioral humility)을 보이는 것이 중요하다(Owens et al., 2013). 겸손행동의 예시로는 기회 증진을 위한 동맹의 결정을 내리는 데 있어서 소외된 직원의 관점과 아이디어를 통합하고, 다른 개인을 빛나게 하기 위해 스포트라이트에서 한 발자국 벗어나고, 소외된 직원을 지원한 후 피드백을 구하는 것 등이 있다. Sue 등(2019)은 여기서 한 걸음 더 나아가 백인 동맹자들은 단순히 다르게 보이는 사람들을 용인하기보다는 자신의 편견을 파악하고 이를 극복하는 방법을 찾기 위해 영혼을 탐색해야 한다고 주장한다. AT&T의 전 최고경영자인 랜들 스티븐슨(Randall Stephenson)은 다양성과 인종차별에 관한 연설에서 '관용은 겁쟁이를 위한 것'이라고 말했다. 그는 우리 모두가 서로를 '관용'하는 것 이상을 해야 한다고 주장하였다. 우리는 상호 이해와 존중을 확립하기 위해 '미지의 영역으로 이동'해야 한다. 유튜브와 **월스트리스저널**에 게재되고 npr.org(Donnella, 2016)에 기술된 그의 연설에서 그는 리더가 관용을 넘어서야 한다고 열정적으로 주장하였다.

그에 따르면 '관용에 필요한 것은 어떠한 움직임도 만들지 않고 침묵하는 것, 그리고 타인으로부터 도전을 받지 않고 기존의 관점과 판단을 고수하는 것뿐'이다. 스티븐슨은 어려운 대화일수록 위에서부터 시작해야 한다고 주장한다. 그는 2016년 매거진 *Chief Executive*에서 올해의 최고경영자로 선정되었다.

요약

이 장에서는 점점 더 다양해지는 인력의 특성과 이러한 다양성이 시너지 효과와 혁신을 창출하고 팀의 문제 해결을 개선하며 전반적인 조직 기능을 향상할 수 있는 잠재력에 대해 논의하였다. 더불어 다양한 사람들을 한데 모으는 것의 도전성과 이러한 도전을 해결하기 위해 조직이 하고 있는 노력에 대해서도 논의하였다. 차별을 불법으로 규정하는 많은 법률과 규정에도 불구하고 명시적 차별이 존재하므로, 그것을 극복하는 것이 일부 도전 과제에 포함된다. 차별적 대우라고도 하는 명시적 차별이 발생하면 구직자와 직원은 인종, 민족, 성별, 연령, 성소수자 상태 또는 기타 법적으로 보호되는 자격에 따라 다르게 대우 받는다. 차별적 대우와 불리한 결과 차별은 채용, 고용, 승진을 포함한 인사 프로세스 전반과 멘토링 및 전문 경력 개발에서의 불평등한 기회 부여를 야기할 수 있다.

이 장은 또한 다양한 개인을 한데 모을 때 발생할 수 있는 인종 및 세대 간 마이크로어그레션과 괴롭힘, 대인 갈등과 같이 보다 미묘한 형태의 다양성 도전을 다루었다. 미묘한 차별과 비포용적 관행은 직원 수행뿐 아니라 직원의 직무 만족, 업무 열의, 전반적인 건강과 웰빙에 영향을 미칠 수 있다. 더 나아가 이러한 관행은 결근율과 이직률을 높여 조직에 분열과 재정적 비용을 초래한다.

다양성을 관리하고 그것에 가치를 부여하기 위한 이론적, 실천적 접근법에는 Thomas와 Ely(1996)의 세 가지 패러다임, 즉 차별과 공정성, 접근성과 정당성, 학습과 효과성이 포함된다. 공정성 렌즈를 통해 다양성에 접근하는 것은 좋은 생각으로 보일 수 있지만, 해당 접근은 리더와 직원이 새로운 아이디어와 관점에 개방적인 태도를 갖도록 장려하는 것까지 포함하지 않으며, 따라서 충분하지 않다. 접근성과 정당성의 패러다임을 통해 다양성에 접근하는 것 또한 다양성의 가치를 활용하여 새로운 시장이나 제품을 창출하는 것에 초점을 맞추기 때문에 좋은 것으로 보일 수 있다. 그러나 이 접근은 포용적 문화를 조성하고 새로운 비즈니스 방식을 수용하는 것보다는 다양성에 대한 비즈니스 사례에만 초점을 맞춘다는 점에서 부족하다. 세 번째 패러다임은 서로에게서 배우는 문화를 조성하고 포용적 문화를 조성하는 데 초점을 맞추기 때문에 다양성에 대한 가장 효과적인 접근 방식이다.

모든 사람이 공정한 대우를 받을 수 있도록 하기 위하여, 인적자원관리 전문가에서 채용 관리자에 이르기까지 모집채용 과정 관련 일을 하는 개인은 스스로의 개인적 편견에 대해 경계해야 한다. 이를 해결하기 위해 조직은 채용, 선발, 승진, 교육 및 개발 기회를 포함한 전체 인사 절차의 공정성을 개선할 수 있는 증거 기반 관행을 채택해야 한다. 예를 들어 채용 공고에서 의도적으로 성별 중립적 언어를 사용하는 것은 지원자의 관심을 유도할 수 있다.

평등한 멘토링 기회를 제공하는 것 또한 모든 직원의 전문적 성장과 직무 만족을 촉진하는 수단 역할을 한다. 이에 더해 직원과 관리자 전원에게 증거 기반 다양성 교육을 제공하는 것은 교육 참여자가 모든 사람을 포용하고 존중하는 것의 중요성을 이해하는 데 도움이 될 수 있다. 마지막으로, 고위층의 강력한 리더십으로 시작하여 조직 전체의 협력 관계에 의해 강화되는 포용 문화를 개발하는 것은, 모든 직원이 스스로 존중 받고 있다고 느끼며 소속감을 경험하는 데 있어 핵심이 된다.

더 읽을거리

Banaji, M. R., & Greenwald, A. G. (2016). *Blindspot: Hidden biases of good people*. Delacorte Press.

Bell, M. P., & Leopold, J. (2022). *Diversity in organizations* (4th ed.). Cengage

Nordell, J. (2021). *The end of bias, A beginning: The science and practice of overcoming unconscious bias*. Metropolitan Books, Henry Holt and Company.

Roberson, Q. M. (Ed.) (2013). *The Oxford handbook of diversity and work*. Oxford University Press.

Roberson, Q., Ryan, A. M., & Ragins, B. R. (2017). The evolution and future of diversity at work. *Journal of Applied Psychology, 102*(3), 483-499.

Roberts, L. M., Mayo, A. J., & Thomas, D. A. (2019). *Race, work, and leadership: New perspectives on the Black experience*. Harvard Business Review Press.

Valerio, A. M. (2009). *Developing women leaders: A guide for men and women in organizations*. Wiley-Blackwell.

Williams, J. C. (2021). *Bias interrupted: Creating inclusion for real and for good*. Harvard Business School Press.

참고문헌

AARP. (2019, July). *Google settles age discrimination lawsuit*. Retrieved from https://www.aarp.org/work/age-discrimination/google-lawsuit/

Alba, R. (2020). *The great demographic illusion: Majority, minority, and the expanding American mainstream*. Princeton University Press.

Algner, M., & Lorenz, T. (2022). You're prettier when you smile: Construction and validation of a questionnaire to assess microaggressions against women in the workplace. *Frontiers in Psychology, 13*, 809862. doi:10.3389/fpsyg.2022.809862

Allen, T. D., Eby, L. T., Poteet, M. L., Lentz, E., & Lima, L. (2004). Career benefits associated with mentoring for protégés: A meta-analysis. *Journal of Applied Psychology, 89*(1), 127-136.

Allen, T. D., Eby, L. T., Chao, G. T., & Bauer, T. N. (2017). Taking stock of two relational aspects of organizational life: Tracing the history and shaping the future of socialization and mentoring research. *Journal of Applied Psychology, 102*(3), 324-337. doi:10.1037/apl0000086

Allers, K. S. (2018, March 5). White women make work-life balance possible by relying on women of color. *Slate Magazine*. Retrieved from https://slate.com/human-interest/2018/03/for-women-of-color-work-life-balance-is-a-different-kind-of-problem.html

Apfelbaum, E. P., Phillips, K. W., & Richeson, J. A. (2014). Rethinking the base-line in diversity research. *Perspectives on Psychological Science, 9*(3), 235-244. doi:10.1177/1745691614527466

Ashburn-Nardo, L. (2018). What can allies do? In A. J. Colella & E. B. King (Eds.), *The Oxford handbook of workplace discrimination* (pp. 373-386). Oxford University Press.

Ashikali, T., Groeneveld, S., & Kuipers, B. (2020). The role of inclusive leadership in supporting an inclusive climate in diverse public sector teams. *Review of Public Personnel Administration, 41*(3), 497-519. doi:10.1177/0734371x19899722

Avery, D. R., & McKay, P. F. (2006). Target practice: An organizational impression management approach to attracting minority and female job applicants. *Personnel Psychology, 59*(1), 157-187. doi:10.1111/ j.1744-6570.2006.00807.x

Avery, D. R., McKay, P. F., & Volpone, S. D. (2013). Diversity staffing: Inclusive personnel recruitment and selection practices. In Q. M. Roberson (Ed.), *The Oxford handbook of diversity and work* (pp. 282-299). Oxford University Press.

Banaji, M. R., & Greenwald, A. G. (2016). *Blindspot: Hidden biases of good people*. National Geographic Books.

Bell, M. P., & Leopold, J. (2022). *Diversity in organizations* (4th ed.). Cengage.

Bertrand, M., & Mullainathan, S. (2004). Are Emily and Greg more employable than Lakisha and Jamal? A field experiment on labor market discrimination. *American Economic Review, 94*(4), 991-1013. doi:10.1257/0002828042002561

Bezrukova, K., Spell, C. S., Perry, J. L., & Jehn, K. A. (2016). A meta-analytical integration of over 40 years of research on diversity training evaluation. *Psychological Bulletin, 142*(11), 1227-1274. http://dx.doi.org/10.1037/bul0000067

Brown, K. J., & Ostrove, J. M. (2013). What does it mean to be an ally? The perception of allies from the perspective of people of color. *Journal of Applied Social Psychology, 43*(11), 2211-2222. doi:10.1111/jasp.12172

Brownlee, D. (2020, December 2). If you're not sure what workplace microaggressions look like, here are 7 examples. *Forbes*. Retrieved from https://www.forbes.com/sites/danabrownlee/2020/12/02/if-youre-not-sure-what-workplace-microaggressions-look-like-here-are-7-examples/?sh=4f7aafd55280

Buchholz, K. (2023). 7.2 percent of U.S. adults identify as LGBT. *Statista*. Retrieved from https://www.statista.com/chart/18228/ share-of-americans-identifying-as-lgbt/

Buckley, M. R., Jackson, K. A., Bolino, M. C., Veres III, J. G., & Field, H. S. (2007). The influence of relational demography on panel interview ratings: A field experiment. *Personnel Psychology*, *60*(3), 627–646. doi:10.1111/j.1744-6570.2007.00086.x

Burgess, D., & Borgida, E. (1999). Who women are, who women should be: Descriptive and prescriptive gender stereotyping in sex discrimination. *Psychology, Public Policy, and Law*, *5*(3), 665–692. doi:10.1037/1076-8971.5.3.665

Byrne, D. (1971). *The attraction paradigm*. Academic Press.

Capodilupo, C. M., Nadal, K. L., Corman, L., Hamit, S., Lyons, O. B., & Weinberg, A. (2010). The manifestations of gender microaggressions.InD.W.Sue(Ed.),*Microaggressions and marginality: Manifestations, dynamics, and impact* (pp. 193–216). Wiley.

Cardwell, M. (1999). *The dictionary of psychology*. Taylor & Francis.

Carr, E. W., Reece, A., Kellerman, G. R., & Robichaux, A. (2019). The value of belonging at work. *Harvard Business Review*. Retrieved from https://hbr.org/2019/12/ the-value-of-belonging-at-work

Cecil, V., Pendry, L. F., Salvatore, J., Mycroft, H., & Kurz, T. (2022). Gendered ageism and gray hair: Must older women choose between feeling authentic and looking competent? *Journal of Women & Aging*, *34*, 210–225.

Centers for Disease Control and Prevention. (2021). Racism and health. Retrieved from https://www.cdc.gov/minorityhealth/ racism-disparities/impact-of-racism.html

Centers for Disease Control and Prevention. (2022). Disability and health data system. Retrieved from http://dhds.cdc.gov

Correll, S. J., Benard S., & Paik, I. (2007). Getting a job: Is there a motherhood penalty? *American Journal of Sociology*, *112*(5), 1297–1339.

Coughlin, J. (2022, September). Not quietly quitting but quietly returning, older workers are changing work and retirement. *Forbes*. Retrieved from https://www.forbes.com/sites/josephcoughlin/2022/09/02/not-quietly-quitting-but-quietly-returning-older-workers-are-changing-work-and-retirement/?sh=7cbdcaeb794f

Cox, T. (1994). *Cultural diversity in organizations: Theory, research, and practice*. San Francisco, CA: Berrett-Koehler Publishers.

Cox, T., & Blake, S. (1991). Managing cultural diversity: Implications for organizational competitiveness. *Academy of Management Executive*, *5*(3), 45–56.

Crenshaw, K. W. (1989). Demarginalizing the intersection of race and sex: A Black feminist critique of antidiscrimination doc-trine, feminist theory, and antiracist politics. *University of Chicago Legal Forum*, *1989*, 139–167.

Dawson, B. L., Thomas, K. M., & Goren, M. J. (2013). Career development. In Q. M. Roberson (Ed.) *The Oxford handbook of diversity and work* (pp. 300–314). Oxford University Press.

Dhanani, L. Y., LaPalme, M. L., Pham, C. T., & Hall, T. K. (2023). The burden of hate: How nonwork discrimination experienced during the COVID-19 pandemic impacts Asian American employees. *Journal of Business and Psychology*, *38*(3), 621–635. doi:10.1007/s10869-022-09848-6

van Dijk, H., van Engen, M. L., & van Knippenberg, D. (2012). Defying conventional wisdom: A meta-analytical examina-tion of the differences between demographic and job-related diversity relationships with performance. *Organizational Behavior and Human Decision Processes*, *119*, 38–53.

Dipboye, R. L. (2018). *The Emerald review of industrial and organizational psychology*. Emerald Publishing Ltd.

Dobbin, F., & Kalev, A. (2013). The origins and effects of corporate diversity programs. In Roberson, Q. M. (Ed.) *The*

Oxford hand-book of diversity and work (pp. 253–281). Oxford University Press.

Dobbin, F., Kim, S., & Kalev, A. (2011). You can't always get what you need: Organizational determinants of diversity programs. *American Sociological Review, 76*(3), 386–411.

Dobbs, M. F. (1996). Managing diversity: Lessons from the private sector. *Public Personnel Management, 25*(3), 351–368.

Donnella, L. (2016, September 16). Does it matter when a white CEO says 'Black Lives Matter'? *NPR.* https://www.npr.org/sections/codeswitch/2016/11/10/499633977/does-it-matter-when-a-white-ceo-says-black-lives-matter

Dreher, G. F., & Ash, R. A. (1990). A comparative study of mentoring among men and women in managerial, professional, and technical positions. *Journal of Applied Psychology, 75*(5), 539–546. doi:10.1037/0021-9010.75.5.539

Dressel, P. (2014). Racial equality or racial equity: The difference it makes. *Viable Futures Center.* Retrieved from http://via-blefuturescenter.org/racemattersinstitute/2014/04/02/racial

Drydakis, N. (2015). Sexual orientation discrimination in the United Kingdom's labour market: A field experiment. *Human Relations, 68*(11), 1769–1796. doi:10.1177/0018726715569855

Eatough, E. (2021, November 10). How keeping employees connected may actually keep them committed. BetterUP Blog. Retrived from https://www.betterup.com/blog/how-keeping-employees-connected-may-actually-keep-them-committed.

Eby, L. T., Allen, T. D., Evans, S. C., Ng, T., & DuBois, D. L. (2008). Does mentoring matter? A multidisciplinary meta-analysis comparing mentored and non-mentored individuals. *Journal of Vocational Behavior, 72*(2), 254–267.

Eby, L. T., Allen, T. D., Hoffman, B. J., Baranik, L. E., Sauer, J. B., Baldwin, S., Morrison, M. A., Kinkade, K. M., Maher, C. P., Curtis, S., & Evans, S. C. (2013). An interdisciplinary meta-analysis of the potential antecedents, correlates, and consequences of protégé perceptions of mentoring. *Psychological Bulletin, 139*(2), 441–476. doi:10.1037/a0029279

Edmondson, A. C. (1999). Psychological safety and learning behavior in work teams. *Administration Science Quarterly, 4*, 350–383.

Edmondson, A. C., & Bransby, D. P. (2023). Psychological safety comes of age: Observed themes in an established literature. *Annual Review of Organizational Psychology and Organizational Behavior, 10*(1), 55–78. https://doi.org/10.1146/annurev-orgpsych-120920-055217

Ellsworth, D., Mendy, A., & Sullivan, G. (2022). How the LGBTQ+ community fares in the workplace. *McKinsey & Company.* Retrieved from https://www.mckinsey.com/featured-insights/diversity-and-inclusion/how-the-lgbtq-plus-community-fares-in-the-workplace#/

Ely, R. J., & Thomas, D. A. (2020). Getting serious about diversity: Enough already with the business case. *Harvard Business Review, 98*(6), 114–122.

Equal Employment Opportunity Commission. (1978). *Uniform Guidelines on Employee Selection Procedures.* 41 CFR Part 603.

Fattoracci, E. S. M., & King, D. (2022). The need for understanding and addressing microaggressions in the workplace. *Perspectives on Psychological Science,18.* 174569162211338. https://doi.org/10.1177/17456916221133825.

Galinsky, A. D., Todd, A. R., Homan, A. C., Phillips, K. W., Apfelbaum, E. P., Sasaki, S. J., Richeson, J. A., Olayon, J. B., & Maddux, W. W. (2015). Maximizing the gains and minimizing the pains of diversity: A policy perspective. *Perspectives on Psychological Science, 10*(6), 742–748.

Gaucher, D., Friesen, J., & Kay, A. C. (2011). Evidence that gendered wording in job advertisements exists and sustains gender inequality. *Journal of Personality and Social Psychology, 101*(1), 109–128. doi:10.1037/a0022530

Gee, B., Peck, D., & Wong, J. (2015). *Hidden in plain sight: Asian American leaders in Silicon Valley*. The Ascend Foundation.

Georgeac, O., & Rattan, A. (2022). The business case for diversity backfires: Detrimental effects of organizations' instru-mental diversity rhetoric for underrepre-sented group members' sense of belonging. *Journal of Personality and Social Psychology, 124*(10), 1037/pspi0000394.

Georgeac, O. A. M., & Rattan, A. (2023). The business case for diversity backfires: Detrimental effects of organizations' instru-mental diversity rhetoric for underrepre-sented group members' sense of belonging. *Journal of Personality and Social Psychology, 124*(1), 69–108. doi:10.1037/pspi0000394

Glick, P., & Fiske, S. T. (1996). The ambiva-lent sexism inventory: Differentiating hos-tile and benevolent sexism. *Journal of Personality and Social Psychology, 70*(3), 491–512. doi:10.1037/0022-3514.70.3.491

Goldman Sachs. (2022). Asian Americans are racking up successes — Except for getting the top executive jobs. Retrieved from https://www.goldmansachs.com/ intelligence/pages/asianomics-in-america-article.html

Goldman, B. M., Gutek, B. A., Stein, J. H., & Lewis, K. (2006). Employment discrimi-nation in organizations: Antecedents and consequences. *Journal of Management, 32*(6), 786–831.

Greenwald, A. G., & Banaji, M. R. (1995). Implicit social cognition: Attitudes, self-esteem, and stereotypes. *Psychological Review, 102*, 4–27.

Greenwald, A. G., McGhee, D. E., & Schwartz, J. L. K. (1998). Measuring indi-vidual differences in implicit cognition: The Implicit Association Test. *Journal of Personality and Social Psychology, 74*(6), 1464–1480. doi:10.1037/0022-3514.74.6.1464

Greenwald, A. G., Banaji, M. R., & Nosek, B. A. (2015). Statistically small effects of the Implicit Association Test can have societally large effects. *Journal of Personality and Social Psychology, 108*, 553–561.

Guillaume, Y. R. F., Dawson, J. F., Otaye-Ebede, L., Woods, S. A., and West, M. A. (2017). Harnessing demographic differ-ences in organizations: What moderates the effects of workplace diversity? *Journal of Organizational Behavior, 38*, 276–303. doi:10.1002/job.2040

Haghighi, A. S. (2023, April 27). What to know about microaggressions. *Medical News Today*. Retrieved from https://www.medicalnewstoday.com/articles/microagressions#how-to-react

Harper, S. (2023, September 8). One Black woman Fortune 500 CEO remains after Roz Brewer vacates Walgreens leadership role. *Forbes*. Retrieved from https://www.forbes.com/sites/shaunharper/2023/09/08/one-black-woman-fortune-500-ceo-remains-after-roz-brewer-vacates-walgreens-leadership-role/?sh=50b0ee632987.

Heider, F. (1958). *The psychology of interpersonal relations*. Wiley.

Hinchliffe, E. (2023, June 5). Women CEOs run 10.4% of Fortune 500 companies. A quarter of the 52 leaders became CEO in the last year. *Fortune*. Retrieved from https://fortune.com/2023/06/05/fortune-500-companies-2023-women-10-percent/

Hirsch, A. S. (2023). How to counter the baby boomer brain drain. *SHRM*. Retrieved from https://www.shrm.org/ResourcesAnd Tools/hr-topics/organizational-and-employee-development/Pages/How-to-Counter-the-Baby-Boomer-Brain-Drain. aspx

Holmes IV, O., Jiang, K., Avery, D. R., McKay, P. F., Oh, I.-S., & Tillman, C. J. (2020). A meta-analysis integrating 25 years of diversity climate research. *Journal of Management, 47*(6), 1–26.

Ferdman, B. M. (2014). The practice of inclusion in diverse organizations: Toward a systemic and inclusive framework. In B. M. Ferdman & B. R. Deane (Eds). *Diversity at Work: The practice of inclusion* (pp. 3–54). Jossey-Bass/Wiley. https://doi.org/10.1002/ 9781118764282.ch1

Hunt, V., Dixon-Fyle, S., Prince, S., & Dolan, K. (2020). *Diversity wins: How inclusion matters*. McKinsey & Company.

Hyun, J. (2005). *Breaking the bamboo ceiling: Career strategies for Asians*. Harper Collins.

Jacobi, T., & Schweers, D. (2017a). Female supreme court justices are interrupted more by male justices and advocates. *Harvard Business Review*. Retrieved from https://hbr.org/2017/04/female-supreme-court-justices-are-interrupted-more-by-male-justices-and-advocates

Jacobi, T., & Schweers, D. (2017b). Justice interrupted: The effect of gender, ideology, and seniority at Supreme Court oral arguments. *Virginia Law Review, 103*, 1379-1412.

Jana, T., & Baran, M. (2020). *Subtle acts of exclusion: How to understand, identify, and stop microaggressions*. Berrett-Koehler Publishers.

Jehn, K. A., & Greer, L. L. (2013). Diversity as disagreement: The role of group conflict. In Q. M. Roberson (Ed.), *The Oxford handbook of diversity and work* (pp. 179-191). Oxford University Press.

Job Accommodation Network. (2020). *Costs and Benefits of Accommodation*. Retrieved from https://askjan.org/topics/costs.cfm

Jones, J. M. (2022). LGBT identification in U.S. ticks up to 7.1%. *Gallop News Insights*. Retrieved from https://news.gallup.com/poll/ 389792/lgbt-identification-ticks-up.aspx

Jones, K. P., Arena, D. F., Nittrouer, C. L., Alonso, N. M., & Lindsey, A. P. (2017). Subtle discrimination in the workplace: A vicious cycle. *Industrial and Organizational Psychology, 10*(1), 51-76. doi:10.1017/iop.2016.91

Jost, J.L., Rudman, L. A., Blair, I. V., Carney, D. R., Dasgupta, N., Glaser, J., & Hardin, C. D. (2009). The existence of implicit bias is beyond reasonable doubt: A refutation of ideological and methodological objections and executive summary of ten studies that no manager should ignore. *Research in Organizational Behavior, 29*, 39-69, ISSN0191-3085, doi:10.1016/j.riob.2009.10.001

Kalev, A., Dobbin, F., & Kelly, E. (2006). Best practices or best guesses? Assessing the efficacy of corporate affirmative action and diversity policies. *American Sociological Review, 71*(4), 589-617. doi:10.1177/000312240607100404

Kalinoski, Z. T., Steele-Johnson, D., Peyton, E. J., Leas, K. A., Steinke, J., & Bowling, N. (2013). A meta-analytic evaluation of diversity training outcomes. *Journal of Organizational Behavior, 34*, 1076-1104.

Kelly-Lyth, A. (2021). Challenging biased hiring algorithms. *Oxford Journal of Legal Studies, 41*(4), 899-928. doi:10.1093/ojls/gqab006

Kern, M., Rattan, A., Chugh, D. (in press). A growth mindset frame increases opting in to reading information about bias. *Personality and Social Psychology Bulletin*.

King, E. B., Hebl, M. R., Botsford Morgan, W., & Ahmad, A. S. (2013). Field experiments on sensitive organizational topics. *Organizational Research Methods, 16*(4), 501-521. doi:10.1177/1094428112462608

Kita, J. (2019, December 30). Workplace discrimination still flourishes in America. *AARP*. Retrieved from https://www.aarp. org/work/age-discrimination/still-thrives-in-america/

Kline, P., Rose, E. K., & Walters, C. R. (2022). Systemic discrimination among large U.S. employers. *The Quarterly Journal of Economics, 137*(4), 1963-2036.

Knouse, S. (2009). Targeted recruiting for diversity: Strategy, impression management, expectations, and diversity climate. *International Journal of Management, 26*, 347-353.

Knowlton, K., Carton, A. M., & Grant, A. (2022). Help (un) wanted: Why the most powerful allies are the most likely to stumble — and when they fulfill their potential. *Research in Organizational Behavior, 42*, 100180. doi:10.1016/j.riob.2022.100180

Kunze, F., Boehm, S., & Bruch, H. (2013). Age, resistance to change, and job performance. *Journal of Managerial*

Psychology, 28(7/8), 741－760. doi:10.1108/JMP-06-2013-0194

Kurdi, B., Ratliff, K. A., & Cunningham, W. A. (2021). Can the Implicit Association Test serve as a valid measure of automatic cognition? A response to Schimmack (2020). *Perspectives in Psychological Science, 16*(2), 1－13.

Lambert, J. R., & Bell, M. P. (2013). Diverse forms of diversity. In Q. M. Roberson, *The Oxford handbook of diversity and work*. Oxford University Press.

Lau, D., & Murnighan, J. K. (1998). Demographic diversity and faultlines: The compositional dynamics of organizational groups. *Academy of Management Review, 23*(2), 325－340. doi:10.2307/259377

Lau, D. C., & Murnighan, J. K. (2005). Interactions within groups and subgroups: The effects of demographic faultlines. *Academy of Management Journal, 48*, 645－659.

Lee, H., & Turney, K. (2012). Investigating the relationship between perceived discrim-ination, social status, and mental Health. *Society and Mental Health, 2*(1), 1－20. doi:10.1177/2156869311433067

Liu, M. A., Prestigiacomo, C. J., Karim, M. F. A., Ashburn-Nardo, L., & Cyders, M. A. (2022). Psychological outcomes and culturally relevant moderators associated with events of discrimination among Asian American adults. *Cultural Diversity and Ethnic Minority Psychology*. Advance Online Publication. doi:10.1037/cdp0000568

Liu J, Zhu Y & Wang H. (2023) Managing the negative impact of workforce diversity: The important roles of inclusive HRM and employee learning-oriented behaviors. *Frontiers in Psychology, 14*, 1117690. doi:10. 3389/fpsyg.2023.1117690

Lussier, R. N., & Achua, C. F. (2023). *Leadership: Theory, application, & skill development* (7th ed.). Sage Pub.

McCarter, S. A., Wilson, M. L., & Anderson, D. (2023) Evidence-based strategies to improve the effectiveness of diversity, equity, and inclusion training, *Journal of Ethnic & Cultural Diversity in Social Work*. doi:10.1080/15313204.2023.2210850

McCarthy, J. M., Van Iddekinge, C. H., & Campion, M. A. (2010). Are highly structured job interviews resistant to demographic similarity effects? *Personnel Psychology, 63*(2), 325－359. doi:10.1111/j.1744-6570.2010.01172.x

McGonagle, A. (2021, January). How employers can support employees with chronic health conditions. Hbr.org. Retrieved from https://hbr.org/2021/01/ how-organizations-can-support-employees-with-chronic-health-conditions

McGonagle, A.K., & Hamblin, L.E. (2014). Proactive responding to anticipated dis-crimination based on chronic illness: Double-edged sword? *Journal of Business and Psychology, 29*, 427－442. doi:10.1007/ s10869-013-9324-7

McKay, P. F., Avery, D. R., & Morris, M. A. (2008). Mean racial-ethnic differences in employee sales performance: The moderating role of diversity climate. *Personnel Psychology, 61*(2), 349－374. doi:10.1111/ j.1744-6570.2008.00116.x

McKay, P. F., Avery, D. R., & Morris, M. (2009). A tale of two climates: Diversity climate from subordinates' and managers' perspective and their role in store unit sales performance. *Personnel Psychology, 62*(4), 767－791. doi:10.1111/j.1744-6570.2009.01157.x

Melaku, T. M. (2019). *You don't look like a lawyer: Black women and systemic gendered racism*. Rowman & Littlefield.

Melaku, T. M. (2022). Black women in white spaces: The invisible labor clause and the inclusion tax. *American Behavioral Scientist, 66*(11), 1512－1525.

Melaku, T. M., & Winkler, C. (2022, May). How women can identify male allies in the workplace. *Harvard Business Review*. Retrievedfromhttps://hbr.org/2022/05/how-women-can-identify-male-allies-in-the-workplace

Melaku, T. M., Beeman, A., Smith, D. G. & Johnson, W. B. (2020). Be a better ally: How white men can help their marginalized colleagues advance. *Harvard Business Review Journal, 98*(6), 135－139.

Milkman, K. L., Akinola, M., & Chugh, D. (2015). What happens before? A field experiment exploring how pay and representation differentially shape bias on the pathway into organizations. *Journal of Applied Psychology, 100*, 1678－

1712. doi:10.1037/apl0000022

Miller, F. A., & Katz, J. H. (2002). *The inclusion breakthrough: Unleashing the real power of diversity*. San Francisco: Berrett-Koehler.

Milliken, F.J., & Martins, L.L. (1996). Searching for common threads: Understanding the multiple effects of diversity in organizational groups. *Academy of Management Review, 21*, 402–433.

Moser, C. E., & Branscombe, N. R. (2021). Male allies at work: Gender-equality supportive men reduce negative underrepresentation effects among women. *Social Psychological and Personality Science, 13*(2), 372–381. doi:10.1177/19485506211033748

Moskowitz, G. B., & Gill, M. J., (2013). Person perception. In D. Reisberg (Ed.), *The Oxford handbook of cognitive psychology* (pp. 918–942). Oxford University Press. doi:10.1093/oxfordhb/9780195376 746.013.0058

Muchiri, M. K., & Ayoko, O. B. (2013). Linking demographic diversity to organizational outcomes: The moderating role of transformational leadership. *Leadership & Organization Development Journal, 34*(5), 384–406. doi:10.1108/ LODJ-11-0086

Nadal, K. L. (2010). Gender microaggressions: Implications for mental health. In M. A. Paludi (Ed.), Feminism and Women's Rights Worldwide, Volume 2: Mental and Physical Health (pp. 155–175). Santa Barbara, CA: Praeger.

Nadal, K. L., Griffin, K. E., Wong, Y., Hamit, S., & Rasmus, M. (2014). The impact of racial microaggressions on mental health: Counseling implications for clients of color. *Journal of Counseling & Development, 92*, 57–66.doi:https://doi.org/10.1002/j.1556-6676.2014.00130.x

Ng, T., & Feldman, D. C. (2012). Evaluating six common stereotypes about older workers with meta-analytical data. *Personnel Psychology, 65*(4), 821–858. doi:10.1111/ peps.12003

Nguyen, T. D., Criss, S., Dwivedi, P., Huang, D., Keralis, J. M., Hsu, E., Phan, L., Nguyen, L. H., Yardi, I., Glymour, M. M., Allen, A. M., Chae, D. H., Gee, G. C., & Acevedo-Garcia, D. (2020). Exploring U.S. shifts in anti-Asian sentiment with the emergence of COVID-19. *International Journal of Environmental Research and Public Health, 17*(19), 7032. doi:10.3390/ ijerph17197032

Nickerson, R. S. (1998). Confirmation bias: A ubiquitous phenomenon in many guises. *Review of General Psychology, 2*(2), 175–220. doi:10.1037/1089-2680.2.2.175

Nishi, L., & Leroy, H. (2020). A multi-level framework of inclusive leadership in organizations. *Group & Organization Management, 47*(4), 683–722.

Nishii, L. H. (2013). The benefits of climate for inclusion for gender-diverse groups. *Academy of Management Journal, 56*(6), 1754–1774. doi:10.5465/amj.2009.0823

Nishii, L. H., & Leroy, H. (2022). A multi-level framework of inclusive leadership in organizations. *Group & Organization Management, 47*(4), 683–722. doi:10.1177/10596011221111505

Nunes, L. (2021). Lessons from the bamboo ceiling. *American Psychological Society Observer*. Retrieved from https://www.psychologicalscience.org/observer/bamboo-ceiling

O'Brien, L. T., & Gilbert, P. N. (2013). Ideology: An invisible yet potent dimension of diversity. In Q. M. Roberson (Ed.), *The Oxford handbook of diversity and work* (pp. 132–153). Oxford University Press.

Ong, A. D., Burrow, A. L., Fuller-Rowell, T. E., Ja, N. M., & Sue, D. W. (2013). Racial microaggressions and daily well-being among Asian Americans. *Journal of Counseling Psychology, 60*(2), 188–199. doi:10.1037/ a0031736

Ong, A. D., Cerrada, C., Lee, R. A., & Williams, D. R. (2017). Stigma consciousness, racial microaggressions, and sleep disturbance among Asian Americans. *Asian American Journal of Psychology, 8*(1), 72–81. doi:10.1037/aap0000062

Opie, T. R., & Phillips, K. W. (2015). Hair penalties: The negative influence of Afrocentric hair on ratings of black women's dominance and professionalism. *Frontiers in Psychology, 6*, 1311. doi:10.3389/fpsyg.2015.01311

Oswald, M. E., & Grosjean, S. (2004). Confirmation bias. In R. F. Pohl (Ed.), *Cognitive illusions: A handbook on fallacies and biases in thinking, judgement and memory* (pp. 79–96). Psychology Press.

Owens, B. P., Johnson, M. D., & Mitchell, T. R. (2013). Expressed humility in organizations: Implications for performance, teams, and leadership. *Organization Science, 24*, 1517–1538. doi:10.1287/orsc.1120.0795

Paluck, E. L., Porat, R., Clark, C. S., & Green, D. P. (2021). Prejudice reduction: Progress and challenges. *Annual Review of Psychology, 72*(1), 533–560. doi:https://doi.org/10.1146/annurev-psych-071620-030619

Pascoe, E. A., & Smart Richman, L. (2009). Perceived discrimination and health: A meta-analytic review. *Psychological Bulletin, 135*(4), 531–554. doi:10.1037/a0016059

Pew Research Center (2022, April). Facts about today's college graduates. Retrieved from https://www.pewresearch.org/short-reads/2022/04/12/10-facts-about-todays-college-graduates/ft_22-03-29_ collegegradfacts_2/.

Phillips K. W. (2014). How diversity works. *Scientific American, 311*(4), 42–47. doi:10.1038/scientificamerican1014-42

Pless, N. M., & Maak, T. (2004). Building an inclusive diversity culture: Principles, processes, and practices. *Journal of Business Ethics, 54*, 129–147.

Prewett-Livingston, A. J., Feild, H. S., Veres, J. G. III, & Lewis, P. M. (1996). Effects of race on interview ratings in a situational panel interview. *Journal of Applied Psychology, 81*(2), 178–186. doi:10.1037/0021-9010.81.2.178

Pulakos, E. D., & Wexley, K. N. (1983). The relationship among perceptual similarity, sex, and performance ratings in manager–subordinate dyads. *Academy of Management Journal, 26*(1), 129–139. doi:10.2307/256139

Quadlin, N. (2018). The mark of a woman's record: Gender and academic performance in hiring. *American Sociological Review, 83*(2), 331–360. doi:10.1177/0003122418762291

Quillian, L., Pager, D., Hexel, O., & Midtbøen, A. H. (2017). Meta-analysis of field experiments shows no change in racial discrimination in hiring over time. *Proceedings of the National Academy of Sciences USA, 114*(41), 10870–10875. doi: https://doi.org/10.1073/ pnas.1706255114.

Reuters. (2020). American Express to invest $1 billion in diversity push. Retrieved from https://www.reuters.com/article/american-express-diversity-idINKBN27E2U9

Richard, O. C. (2000). Racial diversity, business strategy, and firm performance: A resource-based view. *The Academy of Management Journal, 43*(2), 164–177. doi:10.2307/1556374

Roberge, M., & Van Dick, R. (2010). Recognizing the benefits of diversity: When and how does diversity increase group performance? *Human Resource Management Review, 20*(4), 295–308. doi:10.1016/j.hrmr.2009.09.002

Roberson, Q. M. (2006). Disentangling the meanings of diversity and inclusion in organizations. *Group and Organization Management, 31*(2), 212–236. doi:10.1177/1059601104273064

Royal Pharmaceutical Society (2023). *Gender Related Microaggressions*. Retrieved from https:// www.rpharms.com/recognition/inclusion-diversity/microaggressions/gender#what

Ruiz, N. G., Edwards, K., & Lopez, M. H. (2021). One-third of Asian Americans fear threats, physical attacks and most say violence against them is rising. *Pew Research Center*. Retrieved from https://www.pewre-search.org/fact-tank/2021/04/21/one-third-of-asian-americans-fear-threats-physical-attacks-and-most-say-violence-against-them-is-rising/

Schimmack, U. (2021). The Implicit Association Test: A method in search of a construct. *Perspectives on Psychological Science, 16*(2), 396–414. doi:10.1177/1745691619863798

Scribner, R. T., Townsend, A., & Madsen, S. R. (2021, November 4). Sexist comments & responses: Inequity and bias. *Utah Women & Leadership Project*. Retrieved from https:// www.usu.edu/uwlp/files/briefs/39-sexist-commentsinequity-bias.pdf

Sears, B., Mallory, C., Flores, A. R., & Conron, K. J. (2021). LGBT people's experiences of workplace discrimination and harassment. *Williams Institute, UCLA School of Law*. Retrieved from https://williamsinstitute.law.ucla.edu/publications/lgbt-workplace-discrimination/

Shore, L., Cleveland, J., & Sanchez, D. (2018). Inclusive workplaces: A review and model. *Human Resource Management Review*, 28(2), 176–189. https://doi.org/10.1016/j.hrmr.2017.07.003.

Society for Industrial and Organizational Psychology. (2018). *Principles for the validation and use of personnel selection procedures* (5th ed.). American Psychological Association.

Society of Human Resource Management (2022). Avoiding adverse impact in employment practices. Retrieved from https://www. shrm.org/resourcesandtools/tools-and-samples/toolkits/pages/avoidingadverse impact.aspx

Son Hing, L. S., Sakr, N., Sorenson, J. B., Stamarski, C. S., Caniera, K., & Colaco, C. (2023). Gender inequities in the workplace: A holistic review of organizational processes and practices. *Human Resource Management Review*, *33*(3), 100968. https://doi. org/10.1016/j.hrmr.2023.100968.

Stephens, N.M., Rivera, L.A., *&* Townsend, S.S. (2020). The cycle of workplace bias and how to interrupt it. *Research in Organizational Behavior*, *40*, 100137. http://doi.org/10. 1016/j.riob.2021.100137

Sue, D. W. (2010). *Microaggressions in everyday life: Race, gender, and sexual orientation*. Hoboken, NJ: Wiley.

Sue, D. W., & Capodilupo, C. M. (2008). Racial, gender and sexual orientation microaggressions: Implications for counseling and psychotherapy. In D. W. Sue & D. Sue (Eds.), *Counseling the culturally diverse: Theory and practice* (5th ed., pp. 105–130). Wiley.

Sue, D. W., Capodilupo, C. M., Torino, G. C., Bucceri, J. M., Holder, A. M. B., Nadal, K. L., & Esquilin, M. (2007). Racial micro-aggressions in everyday life: Implications for clinical practice. *American Psychologist*, *62*(4), 271–286. doi:10.1037/0003-066X.62.4.271

Sue, D. W., Alsaidi, S., Awad, M. N., Glaeser, E., Calle, C. Z., & Mendez, N. (2019). Disarming racial microaggressions: Micro-intervention strategies for targets, White allies, and bystanders, *American Psychologist*, *74*(1), 128–142. doi:10.1037/amp0000296

Tannen, D. (1994). *Talking from 9 to 5: Women and men at work*. HarperCollins.

Tannen, D. (1995, October 15). The power of talk: Who gets heard and why. *Harvard Business Review*. Retrieved from https://hbr. org/1995/09/the-power-of-talk-who-gets-heard-and-why

Thatcher, S. M. B., & Patel, P. C. (2012). Group faultlines: A review, integration, and guide to future research. *Journalof Management*, *38*(4), 969–1009. https://doi.org/10.1177/0149206311426187

Thomas, D. A., & Ely, R. (1996). Making differences matter: A new paradigm for managing diversity. *Harvard Business Review*, *74*(5), 79–90.

Tilcsik, A. (2011). Pride and prejudice: Employment discrimination against openly gay men in the United States. *American Journal of Sociology*, *117*(2), 586–626. doi:10.1086/661653

Triana, M. D. C., Kim, K., Byun, S. Y., Delgado, D. M., & Arthur Jr, W. (2021). The relationship between team deep-level diver-sity and team performance: A meta-analysis of the main effect, moderators, and mediat-ing mechanisms. *Journal of Management Studies*, *58*(8), 2137–2179.

U.S. Bureau of Labor Statistics (2023). Labor force characteristics by race and ethnicity, 2021. BLS Reports. https://www. bls. gov/opub/reports/race-and-ethnicity/2021/ home.htm

U.S. Census (2021). Racial and Ethnic Diversity in the United States: 2010 Census and 2020 Census. Retrieved from https:// www.census.gov/library/visualizations/inter-active/racial-and-ethnic-diversity-in-the-united-states-2010-

and-2020-census.html

U.S. Census Bureau. (2020). Retrieved from https://www.census.gov/programs-surveys/decennial-census/decade/2020/2020-census-results.html

U.S. Census Bureau (2022). Retrieved from https://www.census.gov/quickfacts/fact/table/US/PST045222.

U.S. Census Bureau (2023). U.S. Older Population Grew From 2010 to 2020 at Fastest Rate Since 1880 to 1890. Retrieved from https://www.census.gov/library/stories/2023/05/2020-census-united-states-older-population-grew.html

U.S. Department of Labor. (2023). Retrieved from https://www.dol.gov/agencies/wb/data/facts-over-time

Valerio, A. M. (2019). Gender inclusion by top leaders: Evidence and positive actions. *SHRM Executive Network*. Retrieved from https://www.hrps.org/resources/Documents/white%paper_valerio_4-19.pdf

Valerio, A. M. (2020). Operationalizing inclusion: Where strategies, tactics, and values intersect. *People & Strategy*, *43*, 42–46.

Valerio, A. M. (2022). Supporting women leaders: Research-based directions for gender inclusion in organizations. *Consulting Psychology Journal*, *74*(2), 178–193. doi:10.1037/cpb0000208

Van Knippenberg, D., Van Ginkel, W. P., & Homan, A. C. (2013). Diversity mindsets and the performance of diverse teams. *Organizational Behavior and Human Decision Processes*, *121*(2), 183–193. doi:10.1016/j. obhdp.2013.03.003

Van Knippenberg, D., Nishii, L. H., & Dwertmann, D. J. G. (2020). Synergy from diversity: Managing team diversity to enhance performance. *Behavioral Science & Policy*, *6*(1), 75–92. doi:10.1353/bsp.2020.0007

Ward, L. M., Daniels, E. A., Zurbriggen, E. L., & Rosenscruggs, D. (2023). The sources and consequences of sexual objectification. *Nature Reviews Psychology*. doi:10.1038/ s44159-023-00192-x

Williams, J. C. (2021). *Bias interrupted: Creating inclusion for real and for good*. Harvard Business School Press.

Williams, J. C., & Dolkas, J. (2022, March–April). Data-driven diversity. *Hbr.org*. Retrievedfromhttps://hbr.org/2022/03/data-driven-diversity

Williams, J. C., & Multhaup, M. (2018, March) For women and minorities to get ahead, managers must assign work fairly. *Harvard Business Review*. Retrieved from https://hbr.org/2018/03/for-women-and-minorities-to-get-ahead-managers-must-assign-work-fairly

Williams, M. T., Skinta, M. D., & Martin-Willett, R. (2021). After Pierce and Sue: A revised racial microaggressions taxonomy. *Perspectives on Psychological Science*, *16*(5), 991–1007. doi:10.1177/1745691621994247

Zhang, J. (2023, January 4). The rise in anti-Asian hate is harming Asian American health — The medical community can help prevent long-term consequences. *The Guardian*. Retrieved from https://www.medpagetoday.com/opinion/second-opinions/102497

제5장

일과 개인 생활의 경계 관리 : 개인과 조직의 전략

Organizational Psychology and Organizational Behavior: Evidence-based Lessons for Creating Sustainable Organizations, Fourth Edition. Steve M. Jex, Thomas W. Britt, and Cynthia A. Thompson.

Companion website : www.wiley.com/go/organizationalpsychology4e

2020년 초에 시작된 코로나19 팬데믹 동안, 직장에 다니는 전 세계의 부모들은 재택근무와 자녀 양육 및 교육 사이에서 균형을 맞추기 위해 고군분투했다. 원격으로 근무할 수 없는 '필수 노동자'들은 코로나 감염 위험이 높은 일터에 출근해야 한다는 스트레스를 겪었다. 어린이집과 학교가 폐쇄되면서 일하는 부모들, 특히 가정과 자녀 양육 및 교육 관리 역할의 대부분을 책임질 것을 기대받는 일하는 엄마들의 어려움이 커졌다. 결과적으로 남성에 비해 상대적으로 많은 비율의 여성이 노동시장에서 이탈하는 선택을 하게 되었다(Edwards, 2020). 이처럼 돌봄 요구 때문에 어쩔 수 없이 직장을 그만두는 여성(그리고 일부 남성)도 있었지만, 반대로 생계유지를 위해 어쩔 수 없이 직장에 남을 수밖에 없다고 느끼는 사람들도 있었다. 원격 근무 가능 여부와 무관하게 모든 근로자가 시간과 에너지에 대한 과도한 요구로 인해 스트레스와 압박감을 느꼈다는 충분한 증거가 있다.

일과 가정의 균형을 맞추는 어려움은 새로운 문제가 아니지만, 팬데믹을 계기로 많은 사람이 생계를 위해 돈을 벌면서 가정과 가족을 돌보는 것이 얼마나 어려운지에 주목하게 됐다. 대부분의 성인은 일하기를 원한다. 적정한 임금이 보장되는 일은 사람들이 생활비를 충당하고, 살 곳을 마련하고, 식탁에 음식을 올리고, 입을 옷을 마련할 수 있게 해준다. 일은 일상에 구조를 제공하고 삶에 의미를 부여한다. 일은 성취감과 자부심을 제공하며, 더 큰 사회에 기여하고 있다는 느낌을 갖게 해준다. 그러나 직무의 성격과 요구되는 시간에 따라 일은 가정과 친구, 운동과 놀이, 자원봉사와 커뮤니티 활동, 개인으로서 성장할 수 있는 창의적인 활동 등에 필요한 시간을 빼앗고, 이로 인해 우리 삶에 갈등과 스트레스를 초래할 수도 있다.

조직 연구자, 관리자, 인사 전문가로서 우리가 이처럼 잠재적으로 상충된 삶의 영역들을 근로자들이 잘 관리하도록 도울 수 있는 방법은 무엇일까? 일-삶(work-life) 갈등과 직무 과부하가 개인과 조직에 미치는 영향은 무엇일까? 일-가정 갈등의 가능성을 높이는 개인적 · 조직적 요인은 무엇일까? 어떻게 하면 일-삶의 건강한 균형을 이룰 수 있도록 직무와 조직을 설계하여 근로자의 건강과 웰빙에 도움이 될 수 있을까? 일-가정의 접점에 긍정적인 측면이 있을까? 이러한 중요한 질문에 대한 답을 찾는 것이 조직심리학 및 조직행동 분야의 주요 연구 주제가 되었으며, 실제로 관련 전문 학술지, 학회, 전문 협회까지 갖춘 주류 연구 분야로 자리 잡게 되었다(French & Johnson, 2016; Powell et al., 2018; Shen & Shockley, 2021). 하지만 '참고 5.1'에서 보면 이 주제가 항상 이렇게 높은 가치를 인정받았던 것은 아니었음을 알 수 있다.

이 장에서는 일-삶이 만나는 접점에 대한 현재의 관점을 소개할 것이다. 일-삶 관계에 대한 다양한 개념, 예를 들면 일-삶 갈등, 일-삶 강화, 일-삶 균형 등을 살펴볼 것이다. 그다음에 일-삶 갈등의 주요 선행 요인과 결과, 그리고 일-삶 갈등 또는 강화 경험에 영향을 미치는 개인차에 대해 살펴볼 것이다. 다음으로는 이처럼 경쟁적인 여러 역할을 관리하기 위한 개인적 · 조직적 전략을 소개하고, 관리자와 조직심리학자가 근로자의 웰빙과 조직의 성공을 돕는 일터를 만들기 위해 활용할 수 있는 근거

참고 5.1

일-가정 연구 초기 시절의 생각

얼마 전만 해도 일과 가정에 대한 연구는 경영학 및 산업 및 조직심리학 분야에서 비주류 주제로 취급받았다. 이 책의 공동 저자인 Cynthia Thompson은 1980년대 초 박사과정을 다닐 때 대학원 학과장과의 대화를 기억한다. 박사학위 논문의 주제가 무엇인지 묻는 학과장에게 그녀는 일-가족 관계에서의 갈등과 대처에 대한 연구를 할 계획이라고 대답했다. 그러자 그 학과장은 책상을 내리치면서 "우리는 일을 연구하지, 가족을 연구하지 않는다!"며 그녀에게 다른 주제를 찾으라고 말했다. 그럼에도 불구하고 그녀는 이 주제를 포기하지 않았다. 결국 그녀는 John Lounsbury 교수로부터 '일과 일 외의 영역'에 관한 세미나 수업을 들었는데, 이 수업은 미국 박사과정에서 이 주제를 다룬 첫 수업이었다. 또한 Eric Sundstrom 교수의 사회심리학 세미나에서 개방 시스템 이론에 대해 배웠다. 이러한 수업 그리고 관련된 책과 논문을 읽으면서 Cynthia는 그 당시 학계에서 무시되었던 일 외적인 요인이 직무 태도와 행동, 의도에 미치는 영향을 이해하는 데 도움이 될 연구 계획을 제안할 수 있었다. 그녀의 박사 논문 위원회는 이러한 그녀의 연구 계획을 받아들였고, 결국은 그녀의 박사 논문은 심사에 통과하였다. 이후로 그녀는 경력 내내 일과 가정에 대한 연구를 기쁘게 계속하고 있다.

기반의 권고안을 제시할 것이다. 이 장의 마지막 절에서는 일-삶 관계에 대한 여러 모형을 설명하며 전체 내용을 종합할 것이다.

일-삶의 접점에 대한 기본 가정과 잘못된 믿음

일과 삶의 다른 측면이 상호작용하는 다양한 방식을 살펴보기 전에, 이와 관련해서 사람들이 일반적으로 가지고 있는 기본 가정들과 잘못된 믿음을 먼저 살펴보고자 한다. 이 중 하나는 일이 삶의 다른 영역과 별개의 분리된 존재라는 가정인데, 이는 잘못된 믿음이라는 것이 증명되었다. Rosabeth Moss Kanter가 미국의 일과 가정에 대한 획기적인 저서에서 지적한 바와 같이, 이러한 가정은 많은 사람들의 현실과 전혀 다르다(Kanter, 1977). Kanter는 '분리된 세계의 신화'에 대해 언급하며, 실제로는 일과 가정의 중요한 측면들이 서로 영향을 미친다고 설명했다. 예를 들어 그녀는 '일의 몰입성' 때문에 부모가 집에 돌아와서도 자녀에게 집중하지 못하거나 신경을 못 쓰는 부모가 될 수 있다고 지적하였다. 마찬가지로, 가정에서의 갈등이 직장으로 전이되어 업무에 집중하기 어려울 수도 있다. 오늘날은 이러한 일과 가정 간의 연관성을 당연하게 여기지만, Kanter의 저서 이전에는 일과 가정은 서로 다른 학문 분야에서 다루어졌다(예 : '일'은 산업 및 조직심리학과 경영학에서, '가족'은 발달심리학과 사회복지학에서 연구되었다). 일, 가족, 삶의 다른 역할들이 교차하고 상호작용하는 방식을 다루는 학제 간 연구는 거의 없었다(Thompson et al., 2006).

Kanter의 저서 이후로 일과 가정 연구에서 다학제간 관점의 도입이 증가하고 있지만, Shen과 Shockley (2021)는 여전히 이 분야에 학문적 벽이 존재한다고 주장한다. 예를 들어 사회학자는 주로 가정 내 노동 분담이 일-가정 관계에 미치는 영향을 시간 사용 일지를 사용해 연구하는 반면, 조직연구자는 일-가정 관계에 대한 직원의 지각을 설문 조사를 통해 연구한다. 이러한 학제 간 차이는 서로 통합될 수 없는 상충된 연구 결과를 낳을 수 있는데, 일-가정에 대한 객관적 · 지각적 예측변인을 이해하기 위해서는 더 많은 연구자들 간의 다학제적 협력이 필요하다.

두 번째는 좀 더 정확한 가정으로, **일과 사람들의 삶의 다른 측면들과의 경계가 투과성을 가진다는** 가정이다. 일과 가정에 대한 많은 연구들은 이러한 가정에 기반한다. 일과 가정에서 역할들은 한 역할(예 : 일)이 다른 역할(예 : 가정)에 영향을 줄 수 있는 투과성을 가진다(Allen et al., 2013; Desrochers & Morgan, 2021; Kanter, 1977). 저녁이나 주말에 업무 전화를 받아야 하는 상황은 역할의 투과성을 보여주는 좋은 예다. 그러나 투과성의 정도는 역할, 영역, 문화, 개인에 따라 서로 다를 수 있다(Allen et al., 2014; Eagle et al., 1997). 예를 들어 많은 문화에서 일의 요구가 개인 생활로 침투하는 것에 대해 더 허용적이고, 반대로 가족의 요구가 일로 침투하는 것에 대해서는 덜 허용적인 것이 일반적이다. 또한 사람에 따라 일과 가정을 분리하거나 통합하는 정도에 대한 선호도가 다르다(Allen et al., 2014; Ashforth et al., 2000; Edwards & Rothbard, 2000). 예를 들어 어떤 사람은 사무실을 떠나면 일을 완전히 잊어버리기를 원하지만, 다른 사람은 아이들을 재운 후에 일하는 것을 원할 수 있다. 우리는 아래에서 이러한 경계 관리 전략을 더 깊이 다룰 것이다.

세 번째 주요 가정은 **일과 사람들의 삶의 다른 측면들은 단순히 사람들이 수행하는 활동에 그치지 않고, 개인의 자기개념 또는 정체성을 대표한다는** 것이다(Greenhaus & Beutell, 1985). 따라서 하나의 삶의 영역에서 다른 영역으로 넘어가는 데는 신체적 전환뿐만 아니라 심리적 전환이 동시에 수반된다(Matthews et al., 2010). 더 나아가 어떤 역할의 정체성이 더 뚜렷하고 중요한지가 역할 간 갈등의 경험 정도에 영향을 미칠 수 있다. 예를 들어 일의 역할이 부모 역할보다 중요한 사람은 퇴근 후에 일이 가족 시간을 침범할 때는 갈등을 별로 느끼지 않을 것이다.

일과 삶의 접점 이해하기

일과 그 외의 다른 중요한 역할들 간 관계의 정도는 인생 단계에 따라 달라진다(Allen & Finkelstein, 2014; Sweet & Moen, 2006). 20대, 30대 초반에는 많은 사람이 좀 더 진지한 연인 관계를 맺고, 결혼을 하며, 자녀를 갖는다. 또한 이 시기는 사람들이 직장에서 자리를 잡고, 일의 요구와 그 외의 책임을 관리하기 시작하는 시기이다. 역할이 늘어 감에 따라 이러한 역할들이 서로 갈등을 일으킨다. 어린 자녀가 있을 때 일-가정 갈등이 가장 심한 것은 놀랄 일이 아니다. 그러나 어린 자녀가 없더라도 대다수 직장인은 일과 그 외 영역 간 갈등을 생애 전반을 통해 겪을 수밖에 없고, 이는 특히 21세기의 직무 특성(예 : 24시간/7일 항상 연락이 가능할 것이라는 기대 증가)을 고려한다면 더욱 그렇다.[1]

일과 일 이외 삶에 대한 대부분의 연구는 여러 역할을 관리하는 것의 부정적 측면, 즉 일과 일 외의 역할 간 갈등에 초점을 맞추어왔다. 이 장의 후반부에서는 일과 가정 균형의 긍정적인 측면을 다룰 것이지만, 지금은 연구자들이 **일-가정 갈등**(Work Family Conflict, WFC)이라고 부르는 것에 집중할 것이다. 일-가정 갈등은 한 영역(예 : 일)의 요구가 다른 영역(예 : 가족)의 요구와 양립할 수 없을 때 발생하는 양방향적(즉 일이 가정을 방해하고, 가정이 일을 방해하는) 역할 간 갈등의 하나라고 개념화된다(Greenhaus & Beutell, 1985; Kahn et al., 1964; Parasuraman & Greenhaus, 1997). 예를 들어 일-가정 간섭(work-interference-with-family, WIF) 갈등은 예상치 못하게 고객과의 회의가 늦어져 자녀를 어린이집에서 데려올 수 없게 되거나, 출장 때문에 딸의 소프트볼 경기에 참석하지 못할 경우 발생할 수 있다. 반대로, 가족-일 간섭(family-interference-with-work, FIW) 갈등은 가정의 요구가 일을 방해할 때 발생한다. 예를 들어 아픈 자녀나 병든 부모를 돌보기 위해 결근을 하거나, 혹은 이혼에 대한 걱정으로 직장에서 집중할 수 없을 때 발생할 수 있다. 이러한 갈등은 행동적이거나 심리적일 수 있다.

이러한 일-가정 갈등의 정의에서 '일'이란 일반적으로 보수를 받고 일하는 전일제 혹은 시간제 취업을 말하지만 자영업, 계약직, 임시직, 심지어는 무급 자원봉사도 포함된다. 한편, '가정'이란 자녀 양육이나 대가족 돌보기와 같은 공동 목표를 위해 함께 일하는 소규모 집단으로, 대체로는 함께 살지만 반드시 그런 것은 아니다. 가족의 형태와 크기는 전통적인 가장 중심 가정, 맞벌이 가정, 한부모 가정, 자녀 없는 부부 등 매우 다양하다. 가장 일반적인 가족 구조는, 요즘 '새로운 전통' 가족으로 불리는 자녀를 둔 맞벌이 부부이다(Powell et al., 2018). Powell 등에 따르면, 가족의 43%가 이 범주에 속한다. 과거의 전통적 가족 구조, 즉 아버지가 일하고 어머니가 자녀와 집에 있는 가족은 오늘날 미국 가족의 20%에 불과하다. 자녀를 키우면서 일하는 편부모도 미국 가족의 18%를 차지한다. 자녀를 함께 키우며 사는 미혼 파트너들이나, 자녀를 둔 동성 커플도 점점 더 흔해지고 있는 가족 형태이다. 가족 구조가 계속해서 진화하고 있기 때문에 일-가정 갈등을 이해하기 위해서는 '가정'을 폭넓게 정의하는 것이 중요하다.

직무와 가족 유형의 다양성에도 불구하고, 대부분의 일과 가정에 관한 연구는 주로 자녀가 있는 기혼 정규직 근로자에 초점을 맞추었다(Eby et al., 2005). 다행히도 조직심리학과 조직행동 분야는 결

---

1 일과 삶의 다른 영역 간 상호작용을 이해하려는 대부분의 연구는 일과 가정의 관계에 관심을 두었다. 따라서 이 책에서도 '일-가정'이라는 용어를 사용하였다. 반면, 사람들이 수행하는 다양한 역할을 포괄하기 위해 일과 가정 역할을 명시적으로 다룬 연구가 아닌 경우에는 '일-삶'과 '일-일 외의 영역(work-nonwork)'이라는 용어를 사용하였다.

혼은 안 하고 동거하는 사람, 자녀가 없는 사람, 부모 돌봄 책임을 가진 사람, 동성 파트너십을 가진 사람, 전통적인 고용주-직원 관계 외에서 일하는 사람들을 포함하여 좀 더 포괄적으로 일과 일 외의 영역을 연구하는 방향으로 나아가고 있다(Eby et al., 2005; Prottas & Thompson, 2006; Sawyer et al., 2017). 예를 들어 Sawyer 등은 LGBT 근로자는 일반적인 일-가정 갈등 외에도 자신의 가족 상황에 대해 다른 사람에게 어디까지 편안하게 공유해도 될지를 고민해야 하는 독특한 형태의 일-가정 갈등을 경험한다는 것을 발견했다.

일-가정 갈등을 깊이 이해하기 위해, 연구자들은 일-가정 갈등을 세 유형의 양방향 갈등, 즉 시간, 스트레인(strain), 행동 기반 갈등으로 구분한다(Greenhaus & Beutell, 1985; Parasuraman & Greenhaus, 1997)(표 5.1 참조). 시간 기반 갈등(time-based conflict)은 하루는 단 24시간밖에 안 되는데 사람들은 주당 평균 40시간 이상을 근무한다는 현실적인 문제와 관련된다. 시간 기반 일-가정 갈등은 '한 역할의 시간적 요구 때문에 다른 역할에 온전히 참여하기 어렵거나 불가능하게 만들 때' 발생한다(Parasuraman & Greenhaus, 1997, p. 4). 예를 들어 가족의 요구가 시간이 많이 소요되어 정시 출근을 방해하거나, 아이를 방과 후 활동에 데려다주려고 일찍 퇴근해서 일을 방해할 수 있다. 반대로, 업무 마감 때문에 야근을 해야 하거나, 딸의 학교 음악회와 같은 시간에 고객의 컴퓨터 수리를 위해 출장을

표 5.1 일 - 가정 갈등의 분류

명칭	유형	방향	예
시간 기반 일의 가정에 대한 간섭(WIF)	시간	일 → 가정 간섭	토요일에 발생한 업무 비상 상황을 처리하라는 상사의 지시를 거부할 수 없어 가족 모임에 참석 못함
시간 기반 가정의 일에 대한 간섭(FIW)	시간	가정 → 일 간섭	아픈 아이를 학교에서 데려와야 해서 근무시간 중 갑자기 자리를 비워야 함
스트레인 기반 일의 가정에 대한 간섭(WIF)	스트레인	일 → 가정 간섭	직장에서 사람들과의 관계에서 받은 스트레스 때문에 집에 와서 짜증을 냄
스트레인 기반 가정의 일에 대한 간섭(FIW)	스트레인	가정 → 일 간섭	밤새 아픈 아이를 간호해 근무시간에 일에 집중하지 못함
행동 기반 일의 가정에 대한 간섭(WIF)	행동	일 → 가정 간섭	직장에서 권위적인 태도를 요구받는 직원이 집에서 덜 권위적인 행동으로 전환하는 데 어려움을 겪어 가족과 갈등이 생김
행동 기반 가정의 일에 대한 간섭(FIW)	행동	가정 → 일 간섭	가정에서나 적절한 행동을 직장에서 해서 갈등을 일으킴(예 : 동료를 아이처럼 대함)

가야 할 때 업무 요구가 비근무시간 중의 가족 활동에 방해가 될 수 있다.

두 번째 유형은 **스트레인 기반 갈등**(strain-based conflict)으로, 한 영역에서 경험한 스트레인(예 : 불안, 좌절, 짜증)이 개인의 다른 영역에서의 기능에 영향을 줄 때 발생한다(Edwards & Rothbard, 2000; Parasuraman & Greenhaus, 1997; Pluut et al., 2022). 예를 들어 직장에서 성과평가를 낮게 받아 생긴 걱정, 불안 때문에 친구들과의 여가시간을 즐기지 못할 수 있다.

시간 기반 갈등과 마찬가지로 이 갈등도 양방향으로 발생할 수 있는데, 처음으로 집을 구입하려는 직장인이 경제적 부담감 때문에 긴장과 불안을 경험하고, 이러한 감정이 최상의 상태로 직무를 수행하거나 일에 집중하는 것을 방해할 수 있다. 마찬가지로, 심각한 수술을 받은 자녀를 돌보는 공장 작업자가 너무 피곤해서 직장에서 팀의 요구에 제대로 대응하지 못할 수 있다.

마지막으로 갈등의 세 번째 유형인 **행동 기반 갈등**(behavior-based conflict)은 한 역할에서 요구 또는 기대되는 특성이나 행동이 다른 역할에 어울리지 않거나 부적절할 때 발생한다(Greenhaus & Beutell, 1985). 예를 들어 일부 직종에서 요구되는 공격성과 같은 행동 특성은 따뜻하고 지지적이어야 하는 가정에서는 대체로 부적절하다. 마찬가지로, 집에서 자녀를 돌보다가 군대처럼 공식적인 상호작용을 요구하는 직장(예 : 군 장교)에 가서 갑자기 행동을 바꾸는 게 어려울 수 있다. 이러한 행동 기반 갈등의 좋은 예가 영화 〈사운드 오브 뮤직〉의 폰 트랩 대령이다. 대령은 오른쪽 사진처럼 자녀들에게 유니폼을 입히고 일사불란하게 행진하도록 하는 등 군대에서 요구하는 체계와 규율을 자녀들에게 적용하려고 했다. 그의 미래 아내는 대령의 이러한 행동이 부적절하다고 생각하고, 이로 인한 부부 간 갈등이 발생하였다.

<사운드 오브 뮤직>의 폰 트랩 대령과 그의 자녀들

일-가정 갈등을 경험하는 사람은 누구인가?

간단한 대답은 대부분 사람들이 일-가정 갈등을 경험한다는 것이다. 일-가정 갈등의 경험은 점점 일반화되고 있는데, 근로자의 최대 70%가 직장생활 중 어떤 형태로든 일-가정 갈등을 경험하는 시기가 있다(Schieman et al., 2009; Williams & Boushey, 2010). 연구에 따르면, WIF가 FIW보다 더 흔하며,

남성과 여성 모두가 이를 경험한다(Bond et al., 2003; Frone, 2003). 이는 편의 표본과 대규모 전국 확률 표본을 포함한 다양한 표본에서 일관되게 나타난 결과이다(Bond et al., 2003; Frone, 2003).

여성이 남성보다 더 많은 일-가정 갈등을 경험한다는 인식이 여전히 일반적이지만, 대부분의 연구에서는 남성과 여성이 경험하는 갈등 수준이 매우 비슷한 것으로 나타났다(Shockley et al., 2017). 그러나 일부 연구에서는 차이가 나타나기도 했는데, 예를 들어 3,000명 이상의 남녀 직장인 전국 대표 표본을 사용한 한 연구에서는 남성이 여성보다 더 많은 일-가정 갈등을 경험하는 것으로 나타났다(Bond et al., 2003). 성별 차이를 더 자세히 살펴본 최근 연구에 따르면, 남성은 시간 기반의 WIF 갈등을 보고할 가능성이 약간 더 높고, 맞벌이를 하는 여성은 FIW 갈등을 더 많이 보고할 가능성이 약간 더 높았다. 그러나 두 경우 모두 그 차이는 매우 작았으며, 따라서 이러한 결과의 실질적인 의미에 대해 의문을 제기할 수 있다(Shockley et al., 2017).

앞서 언급했듯이 일-가정 갈등은 5세 이하의 자녀가 있는 부모들이 많이 경험하는 것으로 나타났으며, 예상할 수 있듯이 일-가정 갈등은 자녀가 독립한 가정에서 가장 낮다(Allen & Finkelstein, 2014). Williams와 Boushey(2010)에 따르면, 여성의 90%, 남성의 95%가 가족과 더 많은 시간을 보내고 싶다고 응답했다. 이러한 결과는 많은 사람들이 공감할 수 있는데, 임종을 앞두고 직장에서 더 많은 시간을 보내지 못한 것을 후회하는 사람은 거의 없다는 이야기도 있다.

일-삶 또는 일-가정 갈등에 대한 연구는 그 정의상 갈등을 경험하는 개인에 초점을 맞춰왔다. 즉 이런 연구의 목표는 갈등의 본질과 이러한 갈등이 어떻게 일과 일 외의 역할에서의 개인에게 영향을 미치는지 이해하는 것이었다. 이는 연구자들이 말하는 **개인 내 과정**(within-person process)을 의미한다. 연구자들은 또한 갈등의 **교차 효과**(crossover effects), 즉 개인의 일-삶 갈등과 그로 인한 스트레스가 그 사람의 삶 속에 존재하는 다른 사람들(배우자, 파트너, 자녀 등)에게 미치는 영향을 연구해 왔다. 보다 구체적으로 말하자면, 교차 효과는 한 영역에서 발생한 개인의 스트레스나 긴장이 다른 영역에 있는 다른 사람의 심리상태에 영향을 미치는 **개인 간 과정**(between-person processes)을 의미한다(Westman, 2001, 2005). 최근의 메타분석은 이러한 교차 효과에 대한 증거를 제시한다(Li et al., 2021). 일-가정 갈등과 일에서의 스트레스를 경험한 사람의 배우자와 파트너는 심리적 고통과 낮은 가정 만족도를 가질 가능성이 더 높았다. Pluut 등(2022)의 연구에 따르면, 근로자가 근무 중 사회적 스트레스 요인(예 : 동료의 무례함이나 상사의 비인격적 행동)을 경험했을 때, 배우자가 그 근로자가 퇴근 후 화를 내거나 위축된 모습을 보였다고 보고할 가능성이 높았는데, 이러한 결과는 개인 내 과정의 타당성을 지지하는 결과이다. 또한 이 연구에서는 직장 스트레스의 파급효과가 배우자와 부부 관계에 영향을 미치는 것으로 나타났는데(Pluut et al., 2022, p. 84), 이는 개인 간 교차 효과에 대한 증거를 제공한다.

일-가정 갈등의 선행 요인

앞에서 우리는 일-가정 갈등 연구에 사용되는 주요 용어를 정의하였다. 이 절에서는 일-가정 갈등 경험을 유발하는 요인을 살펴볼 것인데, 일-가정 갈등의 선행 요인은 직무, 가정, 개인 요인 세 가지로 분류할 수 있다. 다음 절에서는 직장과 가정 균형의 긍정적인 측면을 살펴볼 것이다.

직무 요인

대부분 사람들은 장시간 근무가 일-가정 갈등(WIF)을 높일 것이라고 생각하는데, 실제로 222개의 독립된 근로자 표본에 대한 메타분석에서 장시간 근무가 WIF 갈등과 관련이 있다는 결과가 나왔다(Ng & Feldman, 2008). 그러나 최근 연구 결과는 좀 더 복잡한 관계를 보여준다. Pak 등(2022)은 근무시간이 해로울 수도 있지만, 동시에 유익할 수도 있다고 주장하였다. 구체적으로, 근무시간은 피로와 탈진을 유발할 수 있지만, 동시에 '활력'을 증가시켜(즉 정신적 에너지와 회복력을 증가시킴) 일과 가정 모두에서 긍정적 효과를 줄 수 있다는 것이다. 이 메타분석에 따르면, 근무시간은 활력과 탈진 둘 다와 관련이 있으며, 근무시간은 일-가정 갈등과 직접적으로 관련이 있었다.

장시간 근무 외에도 높은 압박감, 스트레스, 예측할 수 없는 근무 일정을 가진 직무가 일-가정 갈등과 관련이 있는 것으로 나타났다(Greenhaus & Allen, 2011; Michel et al., 2011). 또한 과중한 업무 요구, 이윤 중심 기업의 직무도 일-가정 갈등 수준을 높인다(Burke & Cooper, 2008; Williams & Boushey, 2010). 업무를 언제, 어디서, 어떻게 수행할지에 대한 유연성이나 자율성이 부족한 직무에서 일-가정 갈등을 경험하는 비율이 높고(Michel et al., 2011; Thompson & Prottas, 2006), 비인격적인 대우를 하는 상사와 일하는 것도 당연히 일-가정 갈등으로 이어질 수 있다(Carlson et al., 2011; Wu & Cao, 2015).

자영업은 직무 자율성과 자신의 삶에 대한 통제력이 높기 때문에 일-삶 균형을 가질 것이라고 생각하지만, 연구 결과들은 그 반대이다. 자영업은 일과 가정 간의 관리가 더 어렵고, 따라서 더 높은 일-가정 갈등이 발생할 수 있다(Prottas & Thompson, 2006). 특히 소규모 자영업자는 장시간 근무를 하는 경우가 많으며, 그 결과 더 높은 일-가정 갈등을 경험한다. 흥미롭게도, 장시간 근무와 더 높은 일-가정 갈등에도 불구하고, 소규모 사업자들은 조직에 고용된 사람들보다 삶의 만족도가 높은 것으로 나타났다(Bond et al., 2003). 이러한 결과는 자영업이 중요한 긍정적 결과(예 : 삶의 만족도)를 가지는 동시에 높은 일-가정 갈등과 같은 해로운 결과를 함께 갖는 '양날의 검'이라는 것을 시사한다(Prottas & Thompson, 2006).

마지막으로, 최근 떠오르는 연구 분야는 재택근무 또는 '어디서나 일해도 되는' 새로운 근무 형태에 관한 것이다. 이는 사무직 근로자가 줌, 웹엑스, 스카이프, 마이크로소프트 오피스 팀즈, 구글 행아웃

등의 온라인 플랫폼을 이용한 가상 회의로 만나 일하는 방식을 말한다. 많은 신문, 잡지 기사가 '줌 회의 피로'에 대한 우려를 표하고 있음에도 불구하고, 미국 근로자를 대표하는 표본을 대상으로 한 설문조사에서는 대다수의 근로자(74%)가 영상통화에 할애하는 시간에 대해 '괜찮다'고 응답했다(Igielnik, 2022). 그럼에도 불구하고, 26%는 '지쳤다'고 응답하여 줌 회의 피로, 또는 더 일반적으로 '화상 회의 피로'를 경험하고 있는 것으로 나타났는데, 화상 회의 피로란 '화상 회의에 참여하는 것과 관련된 피로감 또는 피곤함 정도'를 의미한다(Bennett et al., 2021, p. 330; Shockley et al., 2021). 이러한 최근 연구들은 줌 회의 피로가 일-삶 갈등에 미치는 영향에 초점을 맞추지는 않았지만, 직무 요구가 일 외의 영역에 미치는 파급효과에 대한 기존 지식을 고려할 때, 이러한 현상이 많은 근로자에게 문제가 될 것이라고 상상할 수 있다.

가정 요인

가정의 특성 역시 사람들이 일-가정 갈등을 경험하는 정도에 영향을 미친다(Eby et al., 2005; Shockley, 2018). 앞서 언급했듯이, 어린 자녀가 있는 부모는 나이 든 자녀를 둔 부모보다 일-가정 갈등을 경험할 가능성이 높다. 당연히 자녀가 많을수록, 특히 돌봄이 필요한 어린 자녀가 있을 때 일-가정 갈등을 더 많이 보고한다. 특별한 요구(예 : 신체적 또는 정신적 장애)가 있는 자녀를 둔 근로자는 더 높은 수준의 일-가정 갈등을 경험하는 경향이 있으며(Li et al., 2015), 이는 아마도 더 많은 시간과 감정적 요구가 수반되기 때문일 것이다. 마지막으로, 부부 문제나 파트너 스트레스를 겪고 있는 근로자, 또는 가족으로서의 역할을 중요하게 생각하는 사람도 더 높은 수준의 일-가정 갈등을 보고한다. 전반적으로, 가족 내 갈등과 스트레스는 일반적으로는 일-가정 갈등, 구체적으로는 특히 FIW와 관련이 있다(Michel et al., 2011; Shockley, 2018).

개인 요인

가정과 직무 요인 외에도, 특정 유형의 근로자는 일-가정 갈등을 더 많이 경험할 가능성이 있다는 증거가 있다. 예를 들어 일에 대한 관여도와 회사에 대한 몰입과 충성심이 높은 사람은 평균적으로 일-가정 갈등을 더 높게 보고한다(Nielson et al., 2001). 물론 이 중 일부는 장시간 근무에서 활력을 찾는 '행복한 워커홀릭'일 수도 있다(Friedman & Lobel, 2003).

일-가정 갈등에 대한 성격 예측 요인 연구에 따르면, 자기감찰(self-monitoring) 성향(즉 자신과 자신의 수행, 그리고 자신을 타인에게 어떻게 보여줄지 등을 강하게 의식하는 것), Type A 성향(더 적은 시간에 더 많은 것을 성취하려는 강한 욕구를 갖는 것), 그리고 부정 정서성 및 신경증성이 높은 사람이 일-가정 갈등, 즉 WIF와 FIW 모두를 더 높게 보고하는 경향이 있다(Bruck & Allen, 2003). 반면에 긍정 정서성, 자기효능감, 내적 통제 소재가 높은 사람들은 일-가정 갈등을 덜 경험하는 경향이 있다

(Allen et al., 2012; Andreassi & Thompson, 2007). Allen 등(2012)은 일-가정 갈등의 성향적 예측 요인에 대한 메타분석에서 성격이 일-가정 갈등의 중요한 예측 요인이며, 이러한 관계는 결혼 여부, 자녀 유무, 성별에 의해 영향을 받지 않는다는 것을 발견했다.

요약하자면, 일-가정 갈등에 영향을 주는 요인은 많다. 가정 특성(예 : 어린 자녀가 있는 경우)과 개인 요인(예 : 성격 특성)이 누가 일-가정 갈등을 경험할 것인지를 이해하는 데 도움이 되지만, 일-가정 또는 일-삶 갈등의 가장 강력한 예측 요인 중 하나는 직무 요인이다. 다음 절에서는 일-가정 갈등의 결과와 조직이 직원들의 비업무적 · 가정적 요구에 관심을 둬야 하는 이유를 논의할 것이다.

일-가정 갈등의 결과

일-가정 갈등을 경험하는 모든 사람이 부정적 결과를 보고하는 것은 아니지만, 연구자들은 일-가정 갈등이 다양한 부정적 결과와 연관된다는 것을 밝혀냈다. 예를 들어 **일이 가정에 미치는 간섭**(WIF)을 많이 경험할수록 알코올 남용 가능성이 높아지며(Frone et al., 1997; Greenhaus et al., 2006), 수면의 질이 떨어지고, 심리적 스트레스를 더 많이 경험한다(Lawson et al., 2021). **가정이 일에 미치는 간섭**(FIW)을 많이 경험할수록 신체 건강이 나쁘고, 우울증, 수축기 혈압 상승, 고혈압과 같은 증상이 나타날 가능성(French & Allen, 2020; Frone et al., 1997; Shockley & Allen, 2013)과 반생산적 직무행동을 할 가능성이 더 높다(Mercado & Dilchert, 2017). 연구에 따르면, 직장-가정 갈등을 경험하는 사람들은 건강, 웰빙, 삶의 만족도가 낮을 가능성이 높다(French & Allen, 2020; Frone, 2000; Frone et al., 1996). 또한 Shockley와 Allen(2013)의 연구에서 손목 모니터와 일지를 이용한 측정 결과, 일-가정 갈등 사건을 경험한 사람들이 심박수와 혈압이 더 높은 경향이 나타났다. 흥미롭게도, 상사가 가정 지지적이지 않을수록 가정이 일에 미치는 간섭(FIW) 발생 후 혈압이 증가할 가능성이 높았다. French와 Allen(2020)의 최근 연구에서도 실시간으로 일-가정 갈등 사건을 측정한 결과, 가정이 일에 미치는 간섭(FIW)을 경험했을 때 심리적 스트레스, 불안, 기분장애, 심혈관 건강 문제를 더 많이 경험하는 것으로 나타났다.

신체적 · 심리적 건강 지표 외에도, 일-가정 갈등 경험은 낮은 경력 만족도와 관련이 있었다. 당연히 일-가정 갈등은 직무탈진, 퇴사의도와 정적인 관계를 보였다(Allen et al., 2000). 실제로, 코로나19 팬데믹 동안 많은 사람이 높은 수준의 일-가정 갈등과 업무 과부하를 경험하고, 이러한 경험이 매우 높은 퇴사율로 이어졌다(Edwards, 2020). 사람들은 이러한 현상을 '대퇴직(The Great Resignation)'이라고 했다. '과학 번역하기 5.1'은 일-삶 갈등이 미국 문화에서만 나타나는 독특한 현상이 아님을 보여주는 비교문화 및 비교 국가 연구를 제시한다.

과학 번역하기 5.1

국가 비교 연구 결과 : 지구촌의 일-가정 갈등

2014년에 출판된 이 책의 이전 판에서는 대부분의 일-가정 갈등 연구가 서구 국가, 특히 미국을 중심으로 수행되었다고 기술했다. 다행히 그 이후로 미국 외 여러 나라에서 수행된 연구가 크게 증가하였다. Tammy Allen 등(2020)의 최근 메타분석 연구에 따르면, 일-가정 갈등에 대해 58개 국가에서 총 332개 연구가 수행되었다. Allen 등은 서구 중심의 일-가정 갈등 연구 결과가 다른 문화와 국가에도 적용되는지를 확인하고자 하였으며, 특히 문화적 가치와 국가가 위치한 지역이 일-가정 갈등의 예측변인과 결과 간 관계를 조절하는지 알아보고자 하였다.

Allen 등은 문화 간 차이를 나타내는 세 가지 문화적 가치, 즉 '집단주의-개인주의', '권력 거리', '불확실성 회피'를 측정하였다(Hofstede, 1984; Shockley et al., 2017)(각 가치의 정의는 제8장 참조). 연구 결과, 집단주의가 일-가정 갈등(WIF와 FIW 모두)과 직무, 삶, 가정 만족도 간의 관계를 조절하였다. 구체적으로, 개인주의적 문화보다 집단주의적인 문화에서 일-가정 갈등과 만족도와의 관계가 약하게 나타났다. 권력 거리와 불확실성 회피의 조절 효과는 나타나지 않았다.

Allen 등은 또한 지역을 9개(동유럽, 남아시아, 유교문화권 아시아, 라틴 아메리카, 중동, 북유럽, 게르만 유럽, 앵글로, 라틴 유럽)로 구분했는데, 연구 결과 모든 지역에서 각 영역에서의 요구(예 : 근무시간, 가족 시간, 일과 가족의 요구)가 일-가정 갈등을 예측하였다. 일 요구 및 근무시간과 일의 가정 간섭(WIF) 간의 관계는 유교문화권 아시아 지역(예 : 일본, 싱가포르, 홍콩, 한국)에서 가장 강하게 나타났다.

저자들은 이러한 연구 결과를 바탕으로 전 세계의 조직이 긴 근무시간과 과도한 업무 요구를 최소화하는 정책과 관행을 도입해야 한다고 권고한다. 이러한 노력은 일-가정 갈등을 줄여 근로자의 웰빙을 증진할 수 있다. 불행히도, 긴 근무시간과 과도한 업무 요구는 일부 국가의 문화에 깊이 뿌리박혀 있다. 예를 들어 싱가포르는 아시아 태평양 지역에서 가장 과로하는 나라로 알려져 있다. 한 설문 조사에 따르면, 80%의 싱가포르 사람들이 직무탈진을 느끼고 있다. 싱가포르에 거주하는 한 외국인은 "내 남편은 일본 회사에서 일하고 있는데, 일과 삶의 균형이 완전히 무너진 덕택에 결혼과 가정생활까지 망쳤다"고 말했다. 건강하고 직무 열의가 높은 인력을 유지하려면 전 세계의 기업들은 과로 문제를 해결해야 한다.

출처 : Allen et al.(2020); http://singaporeactually.com/2011/03/28/who-are-we-kidding-there-is-no-work-life-balance/; https://sbr.com.sg/hr-education/in-focus/what-work-life-balance-78-singaporeans-feel-burnt-out

일-가정 갈등 연구에서 그 중요성에도 불구하고 많이 연구되지 않은 주제가 있는데, 바로 일-가정 갈등이 가족의 저녁 식사 형태, 음식 선택, 운동 습관에 미치는 영향이다(Allen et al., 2008). 부모들은 자신이나 자녀를 위해 건강한 식사를 준비할 시간이나 에너지가 부족하다고 느끼는 경우가 종종 있는데, 이럴 때 패스트푸드는 빠르고 저렴한 선택이 된다. 저임금 직업종사자, 특히 어쩔 수 없이 직업이 여러 개이거나 시간 예측을 할 수 없는 교대 근무를 해야 하는 사람들은 더 나은 보수나 높은 지위의 직업을 가진 사람들에 비해 상대적으로 가족과의 식사 시간을 확보하는 데 어려움을 겪을 수 있다(Cohen et al., 1998). 그러나 높은 보수를 받는 직업을 가진 사람들도 근무 일정과 저녁 늦게까지 이어지는 자녀의 방과 후 활동 일정을 조율하는 데 어려움을 겪는다. 연구에 따르면, 가족 식사 시간은

과학 번역하기 5.2

일-가정 갈등, 소아 비만, 가족 식사

최근 미국에서 소아 비만에 대한 관심이 높아지면서, 조직 연구자들도 일과 성인 및 아동의 건강행동 간 관련성에 관심을 갖기 시작했다. 많은 발달심리학 연구에 따르면, 가족 식사는 아동기의 핵심 변인과 중요한 관련성이 있다. 즉 가족과 식사를 자주 할수록 자녀의 약물 남용 가능성이 낮고, 건강한 음식을 먹을 가능성이 높다. 그러나 현실에서는 가족 식사의 빈도가 감소할 뿐만 아니라 아예 집 밖에서 패스트푸드로 식사할 가능성이 높아지고 있다. 부모가 모두 일할 경우 식사를 준비할 수 있는 시간이 줄어들 수 있는데, 특히 아동에게 제공되는 다양한 방과 후 활동을 고려하면 더욱 그렇다.

Allen 등(2008)은 가족 식사 감소에 대한 연구에서 일이 가정을 간섭하는 갈등(WIF)이 가족이 함께 저녁 식사를 하는 빈도를 예측한다는 사실을 발견했다. 또한 부모가 상사를 가족 친화적이라고 평가할수록 가족과의 저녁 식사 빈도가 증가하며, 이 관계가 일이 가정을 간섭하는 갈등(WIF)에 의해 매개되었다. 즉 상사의 지원은 직원의 일-가정 갈등 경험을 예측했으며, 이는 다시 가족이 함께 식사하는 횟수를 예측하였다. 또 다른 흥미로운 결과는 원격 근무 등의 유연 근무 옵션이 더 많이 제공될수록 가족에게 패스트푸드를 먹일 가능성이 낮아진다는 것이다.

많은 조직이 직원들이 더 건강해지도록 돕기를 원하지만, 직원 건강 개선과 회사 이익의 관련성을 입증하는 것은 어렵다. 가족 식사에 초점을 맞춘 이러한 연구는 가정이 건강하도록 돕는 것이 의료비와 병가를 줄이고 직원들이 직장에서 잘 기능하게 도울 수 있다는 점에서 가족 지지적인 조직의 긍정적인 효과를 입증한다. 당연히, 이러한 노력은 직원들의 삶의 질 향상에도 도움이 된다.

출처 : Allen et al.(2008).

자녀의 영양 섭취, 학업 성취, 섭식장애, 우울증 및 약물 사용 위험 감소 등과 강한 관련성을 갖는다(Fulkerson et al., 2014; Hannan et al., 2003). 이러한 연구 결과들은 일-가정 갈등이 부모뿐만 아니라 자녀, 그리고 사회적으로도 중요한 문제임을 시사한다('과학 번역하기 5.2' 참조).

일-가정 갈등의 예방과 감소

일-가정 갈등이 가정, 개인, 조직에 미치는 부정적 영향이 너무도 크기 때문에 일-가정 연구자들은 개인과 조직이 일-가정 갈등을 예방하거나 줄일 수 있는 방법을 찾는 데 많은 노력을 기울여왔다. 다음 절에서는 일-가정 갈등을 관리하기 위한 개인적·조직적 전략들을 알아보겠다.

조직적 지원과 직무 재설계

조직은 일-가정 갈등 감소에 큰 역할을 할 수 있는데, 구체적으로 직원의 일-가정 균형을 돕는 정책을 시행하고, 복지제도를 제공하며, 직원 요구에 맞춰 직무를 재설계할 수 있다. 이러한 정책과 복지

제도를 통칭하여 '일-가정 정책' 또는 '일-삶 정책'이라고 하며, 이는 직원들이 일과 일 외의 역할을 성공적으로 수행하고 균형을 맞출 수 있도록 돕기 위한 조직의 모든 노력을 포함한다. 〈표 5.2〉에서 보는 바와 같이, 이러한 정책과 복지제도는 **시간 기반 전략**(예 : 유연근무제, 재택근무, 압축 근무 주간, 직무 공유, 병원 진료 시 유급 휴가), **장소 기반 전략**(예 : 유연근무 장소, 재택근무, 상시 원격 근무), **정보 기반 전략**(예 : 자녀 또는 부모 돌봄 서비스 정보 및 추천 프로그램), **금전적 지원 전략**(예 : 입양 지원, 학비 환급, 자녀 돌봄비 지원), **직접 서비스**(예 : 직장 내 어린이집, 아픈 아이 돌봄, 직원 자녀 방학 프로그램, 수유 상담 및 수유실, 일-삶 관련 세미나)로 분류할 수 있다(Lobel & Kossek, 1996; Thompson et al., 2006). 브리스톨마이어스스큅(Bristol Myers Squibb, BMS)과 같은 기업은 근무시간 중 하기 어려운 일을 도와주는 컨시어지 서비스를 제공한다. 예를 들어 BMS에서는 직원의 차량을 수리점에 맡기거나, 드라이클리닝을 맡기고 찾아오는 서비스를 제공한다. BMS는 또한 직원들이 퇴근 후 집에 싸갈 수 있는 식사를 제공한다. 2021년 4월, 팬데믹이 시작된 지 1년이 지난 시점에 링크드인(LinkedIn)은 직원들이 심각한 직무탈진을 겪고 있다는 조사 결과에 따라 15,900명의 직원에게 유급 휴가를 부여하고, 어려운 상황에서 열심히 일한 직원들에게 감사를 표했다(Vasel, 2021). 링크드인, 오라클(Oracle), 줌(Zoom), 넷플릭스(Netflix), 세일즈포스(Salesforce)를 포함한 점점 더 많은 기업이 직원들의 직무탈진을 예방하고 재충전을 돕기 위해 무제한 휴가를 제공하고 있다(Williams, 2022).

이러한 유형의 일-가정 혜택과 프로그램을 제공하는 조직을 종종 '가족 친화적' 조직이라고 한다. 최근에는 많은 조직이 가족이 있는 직원뿐만 아니라 모든 직원을 포함하기 위해 '일-가정' 대신 '일-삶'이라는 용어를 사용한다. 이러한 조직들은 가족이 있는 직원만이 아닌 모든 사람에게 더 큰 유연성

표 5.2 일-삶 프로그램과 정책의 유형

명칭	예
시간 기반 전략	유연근무제, 원격 근무, 압축 근무, 직무 공유, 시간제 근무, 병원 진료 시 유급 휴가, 무제한 휴가, 유급 휴가
장소 기반 전략	유연근무 장소, 재택근무, 장소와 관계없이 근무, 상시 원격 근무, 코워킹 사무실 근무, 혼합 유연 근무(예 : 50% 재택근무)
정보 기반 전략	자녀 또는 부모 돌봄 서비스 정보 및 추천 프로그램, 스트레스 및 시간 관리 세미나, 일-삶 관련 세미나
금전적 지원 전략	입양 지원, 학비 환급, 자녀 돌봄비 지원
직접 서비스	직장 내 어린이집, 아픈 아이 돌봄, 직원 자녀 방학 프로그램, 수유 상담, 수유실, 일-삶 관련 세미나, 음식 포장, 컨시어지 서비스

을 제공하고자 한다는 것을 강조한다. 전반적으로 볼 때, 이러한 일–삶 복지제도와 프로그램은 일–가정 갈등 감소에 도움이 될 수 있으며, 결국 개인과 조직 모두에게 긍정적인 결과를 가져올 수 있다. 조직적 관점에서 보면, 가족 친화적 복지제도는 더 나은 인재를 조직으로 끌어들이고, 이직률을 줄이며, 직무 만족과 조직 몰입을 높인다(Kossek & Michel, 2011). 또한 가족 친화적 복지제도는 직원의 결근, 사고, 이직률을 낮춤으로써 조직의 재정적 이익에 도움이 된다. 아울러 많은 직원이 일–삶 정책, 특히 유연근무 정책을 매우 중요하다고 여기며, 급여를 포함한 다른 직무 조건보다 이러한 정책을 우선시하는 경향이 있다(Kossek & Michel, 2011).

일–삶 프로그램이 상당한 가치를 가질 수 있기는 하지만, 모든 정책이 반드시 긍정적인 효과를 가져오는 것은 아니다. 예를 들어 압축 근무 제도(즉 하루에 10시간씩 4일간 근무)는 피로를 증가시킬 수 있으며, 직원이 근무시간에 대한 통제력이 없다고 느낄 경우 직무 만족도를 낮출 수 있다(Hyatt & Coslor, 2018). 재택근무는 직무 만족, 직무 수행, 스트레스, 건강, 웰빙에 긍정적인 영향을 미치지만, 이러한 긍정적 효과는 직원이 자율성과 통제감을 느낄 때에만 존재한다(Gajendran & Harrison, 2007; Thompson & Prottas, 2006). 유연성을 증가시키기 위한 의도로 제공되었더라도, 회사가 직원들에게 정해주는 근무 일정은 긍정적인 결과를 가져오지 않을 가능성이 크다. 핵심은 직원들에게 시간과 일정에 대한 통제감을 제공하는 것이다. 그러나 이는 종종 말처럼 쉽지 않은데, 가장 큰 이유는 직원들에게 각자의 일정을 정하게 하는 것이 관리자에게는 자신의 통제권을 포기하는 것으로 느껴져 불편할 수 있기 때문이다. 이러한 문제는 특히 일반적으로 유연성과 직무 통제가 낮은 직무를 가지고 있는 하위 직급 근로자에게 문제가 될 수 있다(Kossek & Lautsch, 2017; Williams & Boushey, 2010).

조직이 일–삶 균형을 위한 복지제도 및 일정 유연성을 제공하더라도 직원들이 항상 이런 제도를 활용할 수 있는 것은 아니다. 많은 사람이 이러한 제도를 사용하는 것이 커리어에 방해가 되거나 남들에게 일을 중시하지 않는 사람으로 비칠까 하는 두려움을 갖는다(Shockley et al., 2013; Thompson et al., 1999). 일–삶에 대한 정책, 관행, 제도보다 더 중요한 것은 **지지적인 조직 문화**와 이와 관련된 상사의 지원이다. 지지적인 일–가정 문화는 "조직이 직원의 일–가정 통합을 얼마나 지원하고 가치 있게 여기는지에 대한 공유된 가정, 신념, 가치"로 정의된다(Thompson et al., 1999, p. 394). 이는 세 가지 차원을 포함한다: 지원에 대한 관리자의 인식(예 : 관리자가 직원의 가정적 요구에 얼마나 민감한지), 일–가정 복지제도 사용이 경력에 미치는 영향(예 : 일을 중시하지 않는다고 보는 시각), 조직의 시간적 요구(예 : 직장에서 장시간 근무를 기대하는 것). 유사하게, Allen(2001)은 가족 친화적 조직 인식이라는 개념을 도입하고, 이를 '조직이 가정을 얼마나 지원하는지에 대한 직원들의 전반적인 인식'으로 정의했다(Allen, 2001, p. 416). 이와 관련된 개념으로 Jahn 등(2003)은 조직의 가정 지원을 '조직에서 제공하는 도구적, 정보적, 정서적 지원에 대한 인식'이라고 제안했다(p. 126). 이상의 연구자들은 각자 제안한 개념을 측정하기 위한 도구를 개발했으며, 이를 활용한 많은 연구가 진행되었다[이 연구들에

참고 5.2

파타고니아, 파도가 칠 때는 서핑을

아웃도어 의류 및 장비 전문회사인 파타고니아는 1973년에 Yvon Chouinard가 설립했다. 열렬한 산악 등반가였던 그는 일하기 위해 사는 것이 아니라, 살기 위해 일해야 한다는 생각을 지지했다. 그는 자신의 철학을 담은 직원 핸드북을 만들었는데, "파도가 칠 때는 서핑을 : 마지못해 사업가가 된 사람의 깨달음"이라는 제목의 이 책은 이후 10개 언어로 번역되었고, 고등학교와 대학교 교재로도 사용되고 있다. 그의 핵심 철학은 사람과 환경을 우선시하는 직장 문화를 만드는 것이다. 파타고니아의 성공은 직원들과 환경을 위해 옳은 일을 하는 것이 이익으로 이어질 수 있음을 증명한다.

파타고니아의 전 글로벌 인사 책임자인 Dean Carter는 Bruce Anderson과의 링크드인 블로그 인터뷰에서 Yvon Chouinard가 '회사 같지 않은' 회사를 만들려고 했다고 설명했다. 파타고니아의 미션은 직원, 고객, 그리고 가장 중요하게는 지구를 돌보는 것이었다. 파타고니아의 문화는 일상적인 조직생활에서 드러나는데, 직원들은 근무시간 중 근처 바다에 가서 서핑을 하거나, 자녀 또는 노부모 돌봄에 시간을 쓰는 것에 최대한의 유연성을 갖는다. Carter는 인터뷰에서 "우리 회사는 야외 활동을 좋아하는 사람, 자연을 사랑하는 사람을 고용한다. 그러니 파도가 높은 날이면 이 사람들은 무슨 일이 있어도 서핑을 하러 갈 것이다. 만약 '직원들에게 서핑을 허용하라'는 정책이 없었다면, 우리 회사는 저성과자/문제 직원들을 관리하는 수많은 '성과향상 계획'을 가지고 있어야 했을 것이다"라고 말했다.

파타고니아는 직원들의 일-가정 균형 노력을 돕기 위해 보조금 지원 직장 내 어린이집과 유급 건강 관리, 병가, 육아 휴가를 제공한다. 그러니 거의 100%의 직원이 출산휴가 후에 직장으로 돌아오는 것이 놀랍지 않다.

비록 비용이 많이 들지만, 어린이집 제공은 일에 더 몰입하고 헌신하는 인력을 만들 수 있다. 직원들이 행복하고, 지속적으로 새 직원을 모집하고 교육할 필요가 없기 때문에 비용이 절감되고, 이는 직원 충성도와 회사 이익으로 이어진다. Yvon Chouinard의 말을 인용하면, "우리가 옳은 일을 선택할 때마다, 그것은 더 큰 이익으로 이어졌다."

출처 : https://www.linkedin.com/business/talent/blog/talent-connect/ways-patagonia-built-ridiculous-culture

대한 리뷰는 French & Shockley(2020)와 Shockley et al.(2013) 참조].

연구 결과, 전반적으로 사람들은 일-삶 복지제도 및 프로그램 활용을 지원하는 근무환경에서 일과 가정의 요구를 더 잘 관리할 수 있는 것으로 나타났다(French & Shockley, 2020). 이러한 제도를 사용하는 직원은 조직 몰입과 직무 만족이 높고, 이직 의도가 낮았다(Allen, 2001; Mauno et al., 2011; Thompson et al., 1999). 이는 조직이 일-삶 정책과 프로그램을 제공하는 것뿐만 아니라, 이러한 정책과 프로그램의 사용을 지원하는 문화를 조성해야 함을 시사한다. '참고 5.2'는 지지적인 일-삶 문화를 가진 회사로 알려진 파타고니아(Patagonia)의 예를 제시한다.

상사의 지원

연구 결과들은 조직에서 제공하는 복지혜택과 가정 지지적인 조직 문화 외에 상사가 직원의 일-

표 5.3 가정 지지적 상사 행동

차원	행동 예
정서적 지원	상사가 직원과 일-가정 문제를 이야기할 때 개방적이고 긍정적인 태도를 보임
도구적 지원	상사가 조직의 일-삶 프로그램에 대한 정보를 공유함
역할 모델 행동	상사가 직무에서 일-가정 균형을 잘 관리하는 본보기를 제시함
창의적 일-가정 관리	상사가 직원들이 일과 가정의 요구를 잘 충족할 수 있도록 업무 및 근무 일정을 재설계함

가정 갈등 경험에 중요한 역할을 한다는 것을 보여주었다. **가정 지지적 상사 행동**(family-supportive supervisor behavior, FSSB)은 정서적 지원, 도구적 지원, 역할 모델 행동, 창의적 일-가정 관리로 구성된 행동이다(Hammer et al., 2007, 2009). 가정 지지적 상사 행동은 상사가 일-가정 문제를 인식하고, 직원의 일-가정 균형 노력을 지원하며, 창의적 전략을 이용해서 일-가정 갈등을 관리하는 모범을 보이는 등의 행동을 하는 것을 말한다. 예를 들어 지지적인 상사는 부하 직원이 일-가정 문제를 상의하기 편한 분위기를 만들어주고, 조직의 가족 친화적 복지제도 사용 등의 해결책을 제시하며, 가장 중요하게는, 직원이 이런 제도를 활용하는 것을 지지할 것이다. 〈표 5.3〉은 가정 지지적 상사 행동의 다양한 예를 제시한다.

최근 연구에 따르면 가정 지지적 상사 행동은 직원의 직무 열의를 통해 직무 수행에 영향을 줄 수 있다(Rofcanin et al., 2017). 흥미롭게도, 이 연구자들은 가정 지지적 상사 행동과 직무 열의 간 관계가 가정 지지적인 조직 문화에 대한 개인의 지각에 의해 조절된다는 사실도 발견했다. 즉 조직 문화가 직원의 가정생활을 지지한다고 지각되는 경우, 가정 지지적 상사 행동과 직무 열의 간 관계가 더욱 강하게 나타났다.

Hammer와 동료들의 개입연구(2011, 2019)는 직원의 일-가정 균형을 지원하도록 관리자를 교육할 수 있으며, 그 결과 실제로 직원의 건강과 웰빙이 향상되었음을 보여주었다. 또 다른 연구에 따르면, 상사가 가정 친화적 지원을 많이 할수록 직원들이 일-가정 간섭(WIF)을 적게 경험하고, 직무 만족과 조직 몰입이 높으며, 퇴사 의도가 낮았다(Crain & Stevens, 2018 참조). 이 장의 '실무자 소개'에서는 실무자로서 조직 구성원의 일-삶 균형에 기여한 Kelly Barrena를 소개한다.

개인적 대처

가장 효과적이고 지속가능한 해결책은 체계적인 성격을 가지지만, 조직이 체계적인 해결책의 필

실무자 소개

KELLY BARRENA

KnowBe4는 플로리다주 클리어워터에 본사를 둔 사이버 보안 회사이다. 회사 웹사이트에 따르면, KnowBe4는 세계에서 가장 큰 보안 인식 교육 및 피싱 시뮬레이션 플랫폼 제공업체이다. 이 회사는 또한 일하기 좋은 직장으로 잘 알려져 있다. KnowBe4는 7년 연속 최고의 직장으로 선정되었다. 이외에도, 『포춘 매거진』의 밀레니얼 세대를 위한 최고의 직장(중소기업 부문), 글래스도어의 최고의 직장(Glassdoor Best Places to Work, 2021년 16위), 『탬파베이 타임스』의 최고의 직장(2022년 1위) 등 다양한 상을 수상했다. 이 회사는 직원의 약 40%가 여성인데, 이는 해당 업계 평균인 24%에 비해 훨씬 높은 비율이다. 이처럼 지지적인 직장을 만들 수 있었던 비결을 알아보기 위해, KnowBe4의 글로벌 인재 브랜드 및 아웃리치 부사장인 Kelly Barrena에게 연락했다.

Kelly는 KnowBe4에서 5년 넘게 근무했으며, 처음에는 인재 아웃리치 부문장으로, 현재는 글로벌 인재 브랜드 및 아웃리치 부사장으로 일하고 있다. 그녀는 전 세계 12개 사무소의 채용 마케팅, 채용 프로그램, 인재 브랜딩 및 이벤트를 이끌고 있다. 그녀는 KnowBe4 입사 직후 회사 내 부모 직원들을 지원하는 'Knowster 부모'라는 직원 자원 모임(Employee Resource Group, ERG)을 만들었다. 이 모임은 일하는 부모를 위한 의료 및 복지혜택 개선에 초점을 맞추고 있다. 예를 들어 유산 애도 유급 휴가 제도를 도입하는 데 중요한 역할을 했으며, 입양 지원, 부양가족 돌봄 수당, 출장 중인 엄마 직원을 위한 모유 배송 서비스 등을 제안하였다. 또한 이 모임은 회사 내 부모 직원을 지원하고 조언을 제공하기 위해 함께 일하며, 모든 KnowBe4 직원이 이용할 수 있는 부모 교육 도서관을 만들었다.

이 회사의 리더들이 어떻게 가정 지지적인 조직 문화를 만드는지를 묻자 Kelly는 구성원들이 서로의 일정을 존중하며, 가정의 요구 때문에(예 : 아픈 자녀를 병원에 데려가기 위해) 회의시간을 다시 잡아야 할 때 이를 서로 도와준다고 설명했다. 이 회사의 직원들은 근무 일정을 유연하게 조정할 수 있고, 그렇게 하는 것을 회사가 지원하며, 많은 직무에서 재택근무가 가능하다. Kelly는 KnowBe4에서 리더가 되려면 "기대 이상의 성과를 보여야" 하는 것은 맞지만, 이 말이 더 오래 일하라는 뜻이 아니라고 설명한다. 그보다는 생산성 향상을 위해 더 효율적이고 집중력을 발휘해야 한다는 의미이다. 인사 부서는 직원들이 효율성을 높일 수 있도록 시간 관리에 대한 온라인 교육을 제공하며, 요청하거나 필요할 경우 성과 코칭을 제공한다. 가장 중요하게, Kelly는 기대 이상의 성과가 가족을 소홀히 하라는 의미가 아니라고 강조한다. Kelly에 따르면, "우리 회사의 임원들은 내게 항상 가족이 최우선이라고 말했다.

이제 내가 임원이 되었기 때문에, 나 스스로가 우리 팀에게 그러한 가치의 본보기가 되려고 한다." Kelly Barrena는 KnowBe4의 인재 브랜드 및 아웃리치 부사장이다.

출처 : https://www.knowbe4.com/careers/blog/how-this-vp-balances-motherhood-and-leading-an-award-winning-team

요성을 인식하고, 이를 위한 지지적인 일-삶 문화 정책과 교육을 시행하는 데는 시간이 걸린다(Thompson, 2008; Thompson et al., 2007). 조직이 이런 노력을 준비하는 동안, 개인이 일-가정 갈등에 대한 효과적 대처 및 감소를 위해 스스로 할 수 있는 전략도 존재한다. 이러한 전략은 문제 중심 전략과 정서 중심 전략으로 나눌 수 있다. **문제 중심 전략**은 갈등을 직접적으로 해결하는 방법(예 : 사전 계획 수립)이고, **정서 중심 전략**은 갈등과 관련된 부정적 정서를 다루는 방법(예 : 친구에게 하소연하기)이다(Folkman & Lazarus, 1980). 예를 들어 Adams와 Jex(1999)는 근로자 대상 연구를 바탕으로 문제 중심 전략인 시간 관리 행동(예 : 목표와 우선순위 설정)이 일-가정 갈등과 스트레스 간 관계를 약화한다는 것을 발견했다. 즉 시간 관리를 잘하면 일-가정 갈등의 영향을 줄이거나 처음부터 발생하지 않도록 예방할 수 있다. 이러한 결과는 능동적이고 문제 중심적인 대처가 정서 중심적이거나 수동적 대처보다 더 효과적이라는 다른 연구 결과들과 일치한다(Jex et al., 2001).

일-가정 연구자들이 제안한 추가적인 일-가정 갈등 대처방안을 살펴보면 다음과 같다(Thompson et al., 2007 참조). 예를 들어 Baltes와 Heydens-Gahir(2003)은 선택, 최적화, 보상이라고 부르는 세 가지 생활 관리 전략을 제안했다. 이 전략은 (1) 목표 설정, (2) 목표 달성을 위한 수단 확보, (3) 목표 성취가 어려울 때 대안 수립 등이다. 이들 연구에 따르면, 이러한 전략을 사용하는 직원들은 양방향 모두의 일-가정 갈등을 덜 경험하는 것으로 나타났다. 보다 최근에 Hirschi 등(2019)은 '행동 조절 모형'에서 일과 가정 목표 모두를 달성하는 데 도움이 되는 네 가지 전략을 제안하였다. 이 전략은 (1) 일과 가정 목표에 자원 할당하기(예 : 시간과 에너지 자원), (2) 자원과 장애 요인 바꾸기(예 : 새로운 자원 창출, 기존 장애 요인 감소), (3) 목표 간 순서 정하기(예 : 일시적으로 한 목표를 다른 목표보다 우선시하기), (4) 현재의 일과 가정 목표를 수정하거나 포기하기(예 : 현재의 자원과 장애 요인에 맞는 새로운 목표 설정하기) 등을 포함한다. Hirschi 등(2019)은 또한 이러한 전략이 활용될 수 있는 조건도 제시하였다.

이처럼 최근 제안된 행동 조절 대처 이론 모형은 일-가정 분야의 이론 발전과 개인의 일-가정 균형을 도울 수 있는 실질적 개입방안을 제공할 수 있는 잠재력이 있다. 일과 가정에 대한 향후 연구는 이 모형의 효과성과 설명력을 검증해야 하며, 또한 개인 수준뿐만 아니라 부부 수준의 개입 방법도 고려해야 한다. 미국 사회에서 맞벌이 가족이 표준이 됨에 따라 일-가정 갈등 대처에는 종종 배우자나 파트너의 협조가 필요하고, 따라서 일-가정 갈등 감소를 위한 개입책은 부부 양측을 모두 고려해야 한다(Shen & Shockley, 2021). 실제로 남성 교대 근로자 대상의 일-가정 갈등 감소를 위한 대처 전략 교육의 효과성을 평가한 한 연구에 따르면, 이 교육은 근로자뿐만 아니라 아내 혹은 파트너가 함께 교육에 참석했을 때만 효과가 나타났다(Wilson et al., 2007).

경계 관리 : 일과 가정을 관리하는 방법

대다수 사람들은 일과 삶에서의 여러 역할을 관리하기 위해 각 영역 간의 경계를 설정한다. 그런데 이러한 경계를 얼마나 '투과성 있게' 유지하는지에는 개인차가 존재한다(Desrochers & Morgan, 2021; Nippert-Eng, 1996). 경계 관리는 사람들이 다양한 삶의 역할 간의 심리적, 신체적, 행동적 경계를 어떻게 형성하고 유지하며 조정하는지를 설명하는 개념이다(Allen et al., 2014; Park et al., 2011; Shockley et al., 2017). 연구자들은 질적, 양적 연구를 바탕으로 사람들이 일-삶 간 균형을 찾기 위해 사용하는 다양한 경계 관리 유형과 전략을 찾아냈다(Choroszewicz & Kay, 2020; Kossek et al., 2012; Kreiner, 2006). 이러한 일반적인 유형 또는 전략에는 영역 분리(일과 가정을 물리적, 심리적으로 분리하기)와 영역 통합(일과 가정을 통합하고 융합하기)이 있다.

Cruz와 Meisenbach(2018)는 경계 관리에 관한 질적 연구에서 일, 가정, 자원봉사 역할을 가진 38명을 면담했다. 그 결과 '분리'[즉 "역할 간 경계가 서로 겹치지 않게 만들거나 이런 경계를 강화하는 방식"(p. 189)]가 가장 일반적인 경계 관리 유형임을 발견했다. 두 번째로 일반적인 유형은 '통합'으로, 연구자들은 통합을 "여러 역할을 왔다 갔다 하는 것"(p. 192)이라고 설명했다. 예를 들어 연구 참가자들은 근무 중 자원봉사 조직의 사람과 통화하고, 그 시간을 보충하기 위해 남아서 일을 했다. 연구자들이 '역할 합치기'라고 부른 세 번째 경계 관리 유형은 개인이 같은 시간과 장소에서 2개의 서로 다른 역할을 수행하는 것이다. 예를 들어 어떤 사람은 배우자나 자녀와 함께 자원봉사를 함으로써 자원봉사자, 배우자, 부모의 역할을 결합하였다. 한편, Desrochers와 Morgan(2021)은 이 세 번째 유형은 '통합'의 극단적인 형태일 수 있다고 지적했다.

Kossek과 Lautsch(2012)도 유사하게 세 가지 유형의 경계 관리자로 통합자, 분리자, 전환자(즉 두 가지 유형을 왔다 갔다 하는 사람)를 제시하였다. 후속 연구에서, Kossek 등(2012)은 일-삶 경계를 관리하는 추가적인 유형을 발견하고, 이를 측정할 수 있는 척도와 함께 창의적인 이름을 붙였다. 예를 들어 일 우선형 전사(Work Warriors)는 일 중심적이며, 일이 삶의 영역을 침범하는 것을 허락한다. 가정 수호자(Family Guardians)는 가족 중심적이며, 가정이 일 영역을 침범하는 것을 허락한다. 일-가정 융합형(Fusion Lovers)은 일과 가정 모두를 중심에 두어 양방향으로의 방해를 허용한다. 이러한 유형들은 일-가정과 관련된 결과변인들과 서로 다른 관계를 갖는 것으로 나타났다. 즉 이들은 개인이 자신의 경계를 잘 통제하고 있다고 느끼는지 그리고 우세한 역할 정체성이 다른 역할을 침범하는 것을 얼마나 잘 관리할 수 있다고 느끼는지에 따라 긍정적 또는 부정적으로 작용할 수 있다.

역할 경계의 통합과 분리는 연속선상에 존재하며, 인생의 다양한 시기와 처한 상황에 따라 다르게 사용된다. 연구에 따르면, 재택근무 시 역할 경계가 흐려지는 경향이 있는데, 코로나19 팬데믹 동안 많은 사무직 근로자가 이런 경험을 하였다. 일과 가정 역할 간 분리를 선호하는 사람이라도 자기 집 식탁에서 일을 하면 이러한 역할 분리가 어려울 수밖에 없다. 재택근무 중에도 일-가정 분리에 도움이 될 수 있는 전략도 있다. 예를 들어 가족에게 서재 방문이 닫혀 있을 때는 자기를 방해하면 안 된다고 말함으로써 경계를 설정할 수 있다. 별도의 서재 공간이 없는 사람들은 '방해 금지' 신호로 야구 모자나 헤드폰을 착용하는 등의 전략을 개발할 수 있다. 최근 연구는 팬데믹 동안 재택근무를 했던 원격 근무자들이 사용한 경계 관리 전략을 살펴보았다(Allen et al., 2021). 〈표 5.4〉는 가장 자주 사용된 전략의 예를 보여준다.

어떤 사람들은 경계의 불분명성에도 불구하고 재택근무를 좋아하는데, 이는 경계 선호도와 경계 실행 간의 '적합성'이 중요함을 시사한다(Allen et al., 2014; Kossek et al., 2012). 실제로 연구에 따르면, 자신의 경계 관리 전략에 만족하는 사람들은 일-가정 갈등과 정서적 소진 경험이 낮고 직무, 가족, 삶의 만족도가 높은 것으로 나타났다(Desrochers & Morgan, 2021; Dettmers, 2017; Mellner et al., 2021; Park & Jex, 2011; Zhao et al., 2019). 고용주가 중요하게 기억할 점은 사람마다 일과 개인적 삶의 역할에 대한 통합과 분리 정도의 선호가 다르다는 것이다. 따라서 대부분 직원이 재택근무를 선호하거나

표 5.4 재택근무 중 경계 관리 방법의 사례

범주	정의	예시
행동적 방법 예 : 사무실의 일상을 재현하기	회사 내 사무실 환경, 일상, 출근하는 기분을 그대로 재현함	"나는 일할 때 근무복을 입고, 일을 마치고 다시 잠옷으로 갈아입는다."
시간적 방법 예 : 의도적으로 연결을 끊기	일 생각을 없애기 위해 적극적으로 노력함	"나는 근무를 마치면 바로 노트북과 일 관련 물건을 치워서 아예 눈에 안 띄게 한다."
물리적 방법 예 : 물리적 공간 조작하기	일과 가정 영역 사이의 물리적 거리 또는 '중립지대'를 만들거나, 이런 거리를 줄임	"나는 방 하나를 완전히 일하는 공간으로만 사용하고 있다."
의사소통적 방법 예 : 기대치 설정하기	미리 일-가정 경계 위반에 대한 기대치를 설정함	"미리 가족들에게 근무시간 중에는 건드리지 말라고 말해놓는다."

출처 : Allen et al.(2021).

대부분 직원이 회사 사무실, 공장, 또는 회사의 위성 사무실과 같은 전통적 환경에서 일하는 것을 선호한다고 가정해서는 안 된다. 고용주는 가능한 한 직원들에게 다양한 선택지를 제공하는 것이 바람직하다. 하나의 방안은 직원들에게 각자 가장 잘 일할 수 있는 장소를 선택하게 하는 하이브리드 디자인을 제공하는 것이다.

일-가정의 긍정적인 측면

일-가정 분야의 많은 연구가 이 복잡한 역할 간 균형 잡기의 부정적 측면에 초점을 맞춰왔지만, 일과 일 외적 영역에서 여러 역할을 수행하는 것이 시너지와 긍정적 효과를 유발하는 측면도 있다. 연구자들은 이러한 긍정적인 '전이'를 **일-가정 강화**(work-family enrichment) 또는 **일-가정 촉진**(work-family facilitation)이라는 용어로 표현했다(Carlson et al., 2006). 일-가정 강화는 한 역할에서의 경험이 다른 역할에서의 경험의 질을 향상시키는 것을 말하는데, 이러한 현상은 주로 수행 및 정서 측면에서 나타난다(Greenhaus & Powell, 2006). 구체적으로, 한 역할에서 개발한 자원(예 : 인적 자본, 새로운 기술과 지식, 긍정적 정서 상태)이 다른 역할에서의 기능 향상에 도움을 줄 수 있다. 예를 들어 한 역할에서 생긴 긍정적 정서 상태(예 : 고객으로부터 긍정적인 피드백을 받음)가 가정에서의 기분에도 긍정적인 영향을 미칠 수 있다. 또는 가족 및 친구들과 해변에서 즐거운 하루를 보낸 후, 다음 날 일에 대한 의욕과 에너지가 충전될 수 있다. [다양한 방식의 일-가정 강화에 대한 내용은 Shockley(2018)을 참조하라].

연구 결과, 일-가정 강화는 직무, 비직무, 그리고 건강 관련 결과와 정적인 관련이 있는 것으로 나타났다. 예를 들어 최근 메타분석에서는 일에서 가정으로의 강화가 직무 만족 및 직무 열의와 정적으로 관련이 있으며, 가정에서 일로의 강화 역시 가정 만족도 및 열의와 정적 상관을 가졌다(Lapierre et al., 2018). 또한 일-가정 강화는 정신건강, 삶의 만족도, 대인관계의 강도와도 정적 관계를 보였다(Gareis et al., 2009). 조직과 개인들이 일-가정 갈등의 부정적 영향을 줄이고 예방하려고 노력하는 경우가 많지만, 이러한 연구 결과는 일-가정 강화 방안에도 관심을 가져야 함을 시사한다(McNall et al., 2010). 조직이 도울 수 있는 한 가지 방법은 일과 가정을 지원하는 일-가정 문화를 만들고, 앞에서 설명한 것처럼 상사들이 직원의 일-삶 목표를 지원할 수 있도록 훈련시키는 것이다(Baral & Bhargava, 2010 참조). 많은 연구가 지지적인 직장 관계와 지지적인 조직 문화가 일-가정 갈등을 감소시킬 뿐만 아니라, 일-가정 강화를 증가시킨다는 것을 보여준다(French & Shockley, 2020; Lapierre et al., 2018; Shockley, 2018; Vaziri et al., 2022).

일-가정 균형

일-가정 균형(work-family balance)은 성취하기 매우 어려운 목표이다. 일-가정 균형은 신문, 잡지, 대중 서적, 그리고 토크쇼와 전문가 및 비전문가 패널 토론 등 다양한 영역에서 관심을 갖는 주제이며, 최근에는 일과 가정 학술 연구에서도 많이 다루어지고 있다. 성공한 여성들은 한정된 시간과 에너지를 가지고 그 모든 경쟁적인 요구 간의 균형을 맞출 수 있는 비결을 질문받는 경우가 많다. 그런데, 남성들에게는 이런 질문을 거의 하지 않는다는 것도 흥미롭다. 일-가정 균형이라는 용어의 높은 인기에도 불구하고, 일-가정 갈등이나 일-가정 강화에 비해 일-가정 균형에 대한 연구는 상대적으로 매우 적다. 사실 이 개념에 대한 정의가 너무 다양한 것이 중요한 이유이기도 한데, 어쨌든 일-가정 균형에 대한 체계적 연구가 시작된 것은 얼마 되지 않았다. 다행히 연구자들은 일-가정 또는 일-삶 균형이 무엇을 의미하며(Casper et al., 2018; Greenhaus & Allen, 2011), 개인과 조직의 중요한 결과 변인들과 어떤 관계가 있는지 구체적으로 연구하기 시작했다.

일-가정 균형에 대한 정의 중 최초로 널리 수용된 정의는 Greenhaus와 Allen(2011)이 제안한 것인데, 이들은 일-가정 균형을 "일과 가정 역할에서의 효과성과 만족도가 개인의 삶의 가치와 얼마나 일치하는지에 대한 전반적인 평가"(p. 174)라고 정의했다. 이 정의에서 '삶의 가치'는 개인의 삶의 우선순위, 즉 경력을 우선시하는지, 가정을 우선시하는지, 또는 경력과 가족을 함께 우선시하는지를 말한다. 사람들은 자기가 우선시하는 영역에서 자신의 정체성을 찾는데, '균형'을 경험하는 사람이란 자기가 가장 중요하게 생각하는 역할(들)에 효과적이고 만족하는 사람을 말한다. 2018년, Casper와 동료들은 일-가정 균형에 대한 새로운 정의를 제시하였다. 새로운 정의는 일-가정이 아니라 **일-일 이외 영역 간 균형**이라는 용어를 사용함으로써, 균형이 단지 일과 가정에 관한 것이 아님을 강조했다. 또한 이 확장된 정의는 일-일 이외 영역 역할에서의 정서적 경험, 참여도, 효과성에 대한 개인의 평가가 자신이 그 역할들에 부여하는 가치와 얼마나 일치하는가에 초점을 맞춘다. 이 연구자들은 290개 연구에 대한 메타분석을 통해 일-일 이외 영역 간 균형이 개념적으로 일-삶 갈등 및 일-삶 강화와 구별된다는 것을 발견하였다. 또한 직무 만족(48개의 독립적 표본), 삶의 만족도(28개의 독립적 표본), 가정 만족도(21개의 독립적 표본)와의 상관관계에 대한 3개의 메타분석은 일-일 이외 영역 간 균형이 직무, 삶, 가정 만족도와 강한 관계를 가진다는 것을 보여주었다.

일-가정 균형의 개인적 및 직무 관련 선행요인에 대한 Vaziri 등(2022)의 최근 메타분석은 130개의 독립적 표본(n=223,055) 자료를 이용하여 개인 특성(즉 외향성, 신경증, 심리적 자본)과 일-가정 균형과의 연관성을 발견했다. 희망, 회복력, 자기효능감, 낙관성 등의 긍정적인 심리적 특성을 의미하는 심리적 자본이 균형과 가장 강한 연관성을 보였다. 또한 이 연구에서는 직무 관련 요인들이 일-가정 균형의 강력한 예측변인으로 나타났다. 구체적으로 직무 자율성, 일정에 대한 통제력, 가족 친화적 문

표 5.5 업무-생활 균형의 선행 요인 요약

구성	교정 상관계수
개인 특성	
• 심리적 자본	.40
• 외향성	.16
• 신경증성	−.24
업무 자원	
• 직무 자율성	.28
• 일정에 대한 통제력	.34
• 상사 지지	.38
• 동료 지지	.23
• 조직 지원 인식	.51
• 가정 친화적 문화	.35
• 가정 친화적 정책	.05
업무 요구	
• 직무 과부하	−.45
• 직무 불안정성	−.21
• 근무시간	−.21

출처 : Vaziri et al.(2022)

화, 지각된 조직 지원은 일-삶 균형과 정적 관계를, 반대로 직무 요구(즉 근무시간, 업무 과부하, 직무 불안정성)는 일-삶 균형과 부적 관계를 보였다. 그런데, 직장 자원 중 하나로 포함된 가족 친화적 정책은 일-삶 균형의 강력한 예측변인이 아니었다. 이러한 결과는 일-삶 정책의 긍정적 효과가 조직 문화와 상사의 지원에 비해 훨씬 약하다는 선행연구들을 고려할 때 놀라운 일이 아니다. 〈표 5.5〉는 이 연구의 결과를 요약해서 보여준다.

일-삶 균형을 달성하는 것은 지속적인 과정이다. 이는 직장과 가정의 상황 변화와 삶의 우선순위 변화에 따라 달라질 수 있기 때문이다. 또한 일-삶 균형은 흔히 생각하는 것처럼 일과 가정에서의 역할에 할애하는 에너지를 50:50으로 나누는 것을 의미하지 않는다. 일과 가정에 에너지를 똑같이 나눠 쓰지 않으면 한 역할 때문에 다른 역할이 희생된다고 생각할 수 있다. 그러나 가정보다 일을 우선시하는 사람은 커리어를 위해 주당 60시간 일하고, 그 결과 저녁 시간에 가족과 많은 시간을 보내지 못하는 상황에도 균형을 느낄 수 있다. 이 사람은 이러한 상황을 커리어가 더 안정되기 전까지의 일시적 상황이라고 생각할 수 있다. 마찬가지로, 다른 사람은 자녀가 입학하면 다시 일에 집중할 수 있다고 믿고, 자녀가 어릴 동안 가정을 우선시할 수도 있다. 이 사람도 두 역할에서 만족스럽고 효과적이라고 느낄 수 있다. 또 다른 사람들은 단기적으로 한 주는 균형을 느끼고, 다음 주는 불균형을 느껴도, 전반적으로 여러 역할 간의 균형을 맞추는 방식에 만족할 수 있다. 마지막으로, Casper 등(2018)이 지적했듯이, 일-삶 균형은 단지 일하는 부모들만의 목표가 아니다. 독신자, 자녀가 없는 사람, 학생 등 거의 모든 사람은 생계를 유지하고, 개인적으로 성장하며, 일과 일 외의 목표를 달성할 수 있는 균형적인 삶을 살기를 원한다.

종합 : 일과 가정 모형

이제까지 일-가정의 관계를 설명하는 여러 모형이 제안되었다. 예를 들어 ten Brummelhuis와 Bakker(2012)는 일-가정 자원 모형을 제안했는데, 이 모형은 일-가정 갈등을 하나의 영역(예 : 직장)에서의 요구가 다른 영역(예 : 가족)에서의 개인 자원을 고갈시켜 해당 영역에서의 목표 달성을 어렵게 만드는 과정으로 설명한다. 일-가정 강화는 자원이 더 많은 자원을 낳는 '자원 축적의 과정'으로 설명된다(ten Brummelhuis & Bakker, 2012, p. 545). 예를 들어 저렴한 보육 서비스를 이용하는 것은 부모가 노동시장에 참여할 수 있게 하고, 이는 다시 주택 소유, 경력개발과 같은 추가적 자원을 얻을 수 있게 한다. 이 모형은 다양한 요구과 자원을 제시하고 있는데, 이들은 상호작용하여 생산성(예 : 기한 준수 능력), 행동(예 : 직장 출근, 가정사 참여), 태도(예 : 일과 삶에 대한 만족) 등과 같이 개인에게 중요한 다양한 결과를 설명한다. 이 이론은 Hobfoll(1989, 2002)이 개발한 자원 보존 이론(Conservation of Resource, COR)을 확장한 것으로, 제7장에서 더 자세히 설명할 것이다.

또 다른 중요한 일-가정 모형은 일-삶 분야에서 가장 영향력 있는 연구자 중 두 명인 Tammy Allen과 Jeff Greenhaus가 개발했다('연구자 소개' 코너의 Tammy Allen 경력 참조). 그들의 모형(Greenhaus & Allen, 2011)에서는 일-삶 균형을 개인이 일과 가정의 역할에서 느끼는 효과성의 결과라고 개념화한다(그림 5.1 참조). 이 모형을 오른쪽에서 왼쪽으로 따라가 보면, 이러한 효과성에 대한 지각은 일의 가정에 대한 간섭(WIF), 일의 가정에 대한 강화(WEF), 가정의 일에 대한 간섭(FIW), 가정의 일에

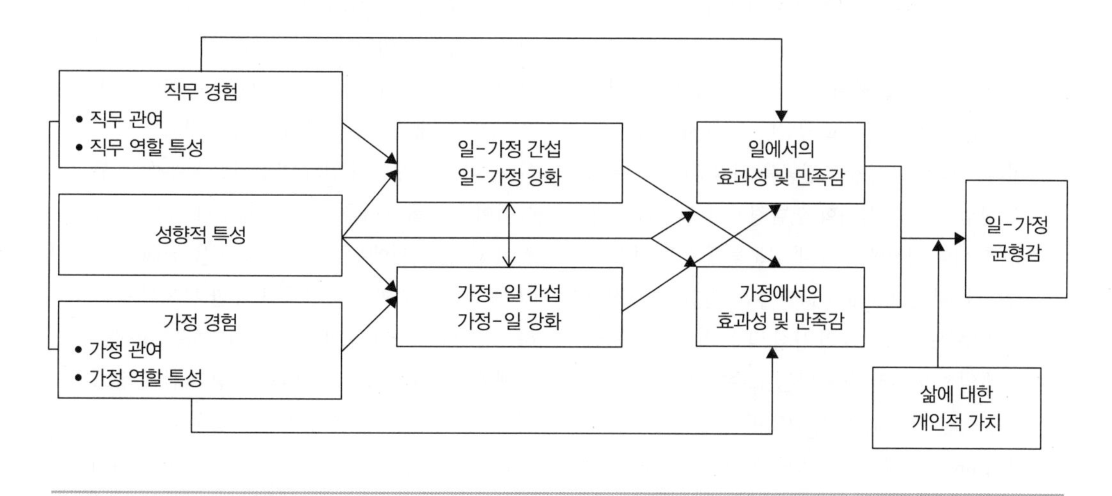

그림 5.1 일-가정 균형 모형

출처 : Greenhaus et al.(2011).

연구자 소개

TAMMY ALLEN 박사

내 커리어는 일반적인 경로와는 좀 달랐다. 나는 우리 집안에서 처음으로 대학에 진학한 사람이었고, 대학을 다니면서 풀타임으로 일했다. 나는 건강 보험 회사에서 관리자까지 승진했고, "어떻게 하면 일을 더 좋게 만들 수 있을까?"라는 질문에 매료되었다. 조직에서 생산적인 직원을 만드는 요인은 무엇이고, 덜 생산적인 직원에게 동기부여를 하기 위해 내가 할 수 있는 게 무엇일까? 왜 내 남자 동료는 나보다 돈을 더 많이 벌까? 어떻게 하면 내가 더 효과적인 리더이자 관리자일 수 있을까?

나는 심리학을 좋아했지만, 임상심리학은 나와 맞지 않다는 것을 알고 있었다. 그래서 더 실용적이라고 생각한 경영학 전공을 시작했다. 나는 이후 산업 및 조직심리학을 발견하고 전공을 바꿨고, 드디어 직장에 대한 내 질문들에 답을 얻기 시작했다. 나는 Ron Riggio 교수의 산업 및 조직심리학 수업을 듣고, 그의 사회 및 응용 조직 연구실에서 일하기 시작했다. 나는 교수가 될 거라는 생각을 해본 적도 없었고, 그것이 무엇인지도 몰랐다. Ron 교수의 수업과 연구실에서의 경험을 통해 나는 연구에 대한 열정을 깨닫게 되었다. Ron 교수의 격려 덕분에(멘토링의 힘!) 나는 대학원에 지원했고, 놀랍게도 입학 허가를 받았다.

테네시대학교의 대학원은 교육과 연구에 대한 나의 열정을 더욱 불타게 했다. 그곳은 Joyce Russell, Mike Rush, Greg Dobbins, Tom Ladd, Larry James와 같은 엄청난 교수들이 있는 훌륭한 환경을 제공했다. 나는 대학원에서 평생을 함께할 친구를 사귀었고, 그곳에서 남편도 만났다. 내가 대학원 과정을 시작했을 때 아이가 매우 어렸는데, 당연히 이런 상황은 내가 일과 가정 문제에 관심을 갖는 데 영향을 미쳤다. 대학원 시절, 나는 엄마로서 일-가정 균형의 의미를 일찍부터 배울 수 있었다. 아이가 "엄마, 사랑해"라고 말하며 안아주면, 학술지에 투고한 논문이 거절당해도 많이 속상하지 않았다.

내가 일-가정 문제를 연구하기 시작한 1990년대에는 이 분야가 상당히 새로운 분야였고, 많은 사람들이 비핵심적인 주제로 취급했다. 시간이 지나, 이 분야가 주류로 자리 잡는 것을 지켜보는 것은 보람찬 일이었다. 수십 년간 일-가정에 대한 연구를 해왔지만 나는 여전히 이 주제에 열정을 느끼며, 새로운 질문에 대한 답을 찾고자 노력한다. 아직도 개인이 일과 가정생활 모두에서 생산적이고 만족스러울 수 있는 방법에 대해 배울 것이 많다. 여기에는 일-가정 균형을 위해 조직이 해야 할 역할과 원격 근무에 대한 관심이 증가하는 등 일의 미래가 계속해서 진화하는 방식을 이해하는 것도 포함된다. 일과 가정이 같은 장소에 있을 때 사람들은 어떻게 일과 그 외의 삶의 경계를 관리하는가? 이러한 문제를 연구하기 위해 어떤 새로운 방법과 도구를 사용할 수 있는가? 나는 일상의 삶을 살아가는 사람들에게 의미 있고 또한 그 사람들이 공감하는 주제를 연구하는 것이 즐겁다.

Tammy Allen은 사우스플로리다대학교의 석좌 교수이다. 그녀의 연구는 40,000번 이상 인용되었으며, 여러 상을 수상했고, 다양한 미디어에 소개되었다. Allen 박사는 산업 및 조직심리학회(SIOP)(2013–2014)와 직업건강심리학회(2018–2019)의 회장을 역임했으며, 미국과학발전협회, 미국심리학회(APA), 미국 산업 및 조직심리학회의 펠로우로 선출되었다.

대한 강화(FEW)에 의해 영향을 받는다. 갈등과 강화는 직무 경험(예 : 직무 역할 특성, 자율성과 통제 정도), 가정 경험(예 : 부양가족에 대한 책임), 성향적 특성(예 : 자기효능감)에 의해 영향을 받는다. 이처럼 이 모형은 일–가정 균형의 주요 결정 요인을 다양하게 제시하고 있다. 그러나 성공적인 대처 전략이나 지지적인 직무환경의 영향을 다루지는 않는다. 일–가정에 대한 이러한 측면을 더 알아보기 위해서는 French와 Shockley(2020)의 일–가정 균형을 위한 공식적 · 비공식적 지원 모형(p. 213)과 Thompson 등(2007)의 대처 과정 모형(p. 94)을 참조하라. 이 네 가지 모형을 종합해보면 일–삶 균형을 추구한다는 것이 겉으로는 단순해 보이지만 사실은 매우 복잡한 과정이라는 것을 알 수 있다.

요약

이 장은 일이 삶의 다른 영역들과 상호작용하는 다양한 방식을 다루었다. 첫 번째 절에서는 일–가정의 관계에 대한 우리 생각의 기초가 되는 기본 가정들과 이 주제를 이해하는 데 방해가 될 수 있는 몇 가지 잘못된 믿음을 살펴보았다. 다음 절에서는 사람들이 일과 그 외 다른 영역 간의 균형을 맞추는 방법을 다루었는데, 이는 사람들이 인생에서 직업을 가지는 기간이 꽤 길다는 점을 고려할 때 중요하고도 지속적인 문제이다. 많은 연구가 일–일 외적 삶의 접점에 대해 주목했으며, 특히 이 연구들은 많은 사람에게 중요한 스트레스 요인인 일–가정 갈등에 초점을 맞추었다. 또한 이 장에서는 일–삶 갈등에 대처하기 위한 개인적 전략과 일–삶 갈등 경험을 감소시키기 위한 조직적 전략도 논의하였다. 일과 일 외적인 책임 간의 균형을 맞추는 것이 스트레스 요인으로 작용하지만, 동시에 최근 연구들은 한 역할의 자원과 긍정 정서가 다른 역할로 전이됨으로써 일과 그 외 영역에서의 역할이 서로에게 긍정적인 강화를 제공할 수 있다는 것을 보여주었다. 마지막으로, 일–가정 균형에 영향을 주는 상황적 · 성향적 요인에 대한 이론적 모형을 설명하였다.

관리자를 위한 시사점 5.1

유연근무제도의 명암

조직이 직원의 일-삶 균형을 돕는 가장 일반적인 방법 중 하나는 **유연근무제**를 제공하는 것이다. 일반적인 유연 근무 형태로는 근무시간 단축, 파트타임 근무 옵션, 유연 근무시간, 재택근무(또는 **원격 근무**) 등이 있다.

수년간의 연구에 따르면, 유연근무제도는 일-가정 갈등을 줄이고, 직무에 대한 긍정적인 태도를 증가시키며, 직원의 건강을 개선하고, 더 높은 수준의 일-삶 균형을 달성하는 데 기여하는 효과가 있다. 자녀의 운동 경기에 참석하거나 노부모를 돌보는 데 도움이 될 수 있게 업무를 조정할 수 있는 직원들이 이러한 제도를 유익하게 생각하는 것은 당연하다.

하지만 유연근무제도의 단점도 존재한다. **업무 강도**(work intensification)는 직원이 특정 시점에서 업무에 쏟는 노력의 양을 의미한다. 연구에 따르면, 잘 알려진 유연근무제도의 긍정적인 효과에도 불구하고, 이러한 제도를 활용하는 직원들은 그렇지 않은 직원들보다 더 오래, 더 열심히 일하는 경우가 많다(Kelliher & Anderson, 2010). 예를 들어 집에서 원격 근무를 하는 직원들을 생각해보자. 이들에게는 일과 삶의 다른 부분들 사이에 명확한 '경계'가 없기 때문에 언제든지 일을 못하게 되는 상황이 벌어질 수 있다. 따라서, 할 수 있을 때 더 오래, 그리고 더 집중해서 일하려는 생각을 할 수 있다. 또한 유연근무시간을 사용하는 직원들은 사무실에 있는 시간이 적기 때문에 더 오랜 시간 일하는 것으로 '대면 업무' 시간의 부족분을 메우려고 할 수 있다.

그렇다면, 이것이 조직, 특히 관리자에게 주는 시사점은 무엇일까? 단기적으로는 직원이 일-삶 균형을 더 잘 달성하고, 조직은 직원들에게 더 많은 일을 시킬 수 있는 '윈-윈' 상황으로 볼 수 있다. 그러나 장기적으로는 이러한 상황이 지속가능하지 않을 수 있다. 시간이 지남에 따라 직원들은 더 집중해서 일하는 데 따른 정신적 · 신체적 스트레스를 경험할 수 있으며, 조직은 이러한 직원들에게 더 많은 업무를 줌으로써 문제를 악화시킬 수 있다. 열심히 그리고 헌신적으로 일하는 직원들에게 더 많은 일로 보상하는 것은 당연히 보상이 아니다.

유연근무제를 활용하는 직원을 담당하는 관리자들은 지속적으로 직원과 업무량의 적절성에 대해 소통해야 한다. 물론 이는 쉽지 않고, 특히 원격 근무자들과 이런 소통을 하는 것은 더욱 어렵다. 하지만 이런 소통을 하지 않는 관리자는 직원들이 심각한 건강 문제를 겪거나, 업무에 불만을 갖게 되거나, 이직을 하는 위험을 감수할 수밖에 없다.

출처 : Kelliher & Anderson (2010).

더 읽을거리

Allen, T. D., & Eby, L. T. (Eds.) (2016). *The Oxford handbook of work and family*. New York: Oxford University Press.

Beauregard, T. A., Basile, K. A., Thompson, C. A. (2018). Organizational culture in the context of national culture. In K. M. Shockley, W. Shen, & R. C. Johnson (Eds.), *The Cambridge handbook of the global work-family interface* (pp. 550–569). Cambridge, UK: Cambridge University Press.

Greenhaus, J. H., & Allen, T. D. (2011). Work-family balance: A review and extension of the literature. In J. C. Quick & L. E. Tetrick (Eds.), *Handbook of occupational health psychology* (2nd ed., pp. 185–204). Washington, DC: American Psychological Association.

Major, D., & Burke, R. (Eds.) (2013). *Handbook of work-life integration among professionals: Challenges and opportunities*. Cheltenham, UK: Edward Elgar Pub.

Pitt-Catsouphes, M., Kossek, E. E., & Sweet, S. (Eds.) (2006). *The work and family handbook: Multi-disciplinary perspectives, methods, and approaches*. Mahwah, NJ: Lawrence Erlbaum Associates, Publishers.

참고문헌

Adams, G. G., & Jex, S. M. (1999). Relationships between time management, control, work-family conflict, and strain. *Journal of Occupational Health Psychology*, *4*(1), 72-77. doi:10.1037/1076-8998.4.1.72

Allen, T. D. (2001). Family-supportive work environments: The role of organizational perceptions. *Journal of Vocational Behavior*, *58*(3),414-435.doi:10.1006/jvbe.2000.1774

Allen, T. D., & Finkelstein, L. M. (2014). Work-family conflict among members of fulltime dual-earner couples: An examination of family life stage, gender, and age. *Journal of Occupational Health Psychology*, *19*(3), 376-384.

Allen, T. D., Herst, D. E. L., Bruck, C. S., & Sutton, M. J. (2000). Consequences associated with work-to-family conflict: A review and agenda for future research. *Journal of Occupational Health Psychology*, *5*(2), 278-308. doi:10.1037/1076-8998.5.2.278

Allen, T. D., Shockley, K. M., & Poteat, L. F. (2008). Workplace factors associated with family dinner behaviors. *Journal of Vocational Behavior*, *73*, 336-342. doi:10.1016/j. jvb.2008.07.004

Allen, T. D., Johnson, R. F., Saboe, K. N., Cho, E., Dumani, S., & Evans, S. E. (2012). Dispositional variables and work-family conflict: A meta-analysis. *Journal of Vocational Behavior*, *80*(1), 17-26. doi:10.1016/j. jvb.2011.04.004

Allen, T. D., Johnson, R. C., Kiburz, K. M., and Shockley, K. (2013). Work-family conflict and flexible work arrangements: Deconstructing flexibility. *Personnel Psychology*, *66*, 345-376.

Allen, T. D., Cho, E., & Meier, L. L. (2014). Work-family boundary dynamics. *Annual Review of Organizational Psychology and Organizational Behavior*, *1*, 99-121.

Allen, T. D., French, K. A., Dumani, S., & Shockley, K. M. (2020). A cross-national meta-analytic examination of predictors and outcomes associated with work-family conflict. *Journal of Applied Psychology*, *105*, 539-576. doi:10.1037/apl000042

Allen, T. D., Merlo, K. L., Lawrence, R. C., Slutsky, J., & Gray, C. W. (2021). Boundary management and worknonwork balance while working from home. *Applied Psychology*, *70*(1), 60-84. doi:10.1111/apps.12300

Andreassi, J. K., & Thompson, C. A. (2007). Dispositional and situational sources of control: Relative impact on work-family conflict and positive spillover. *Journal of Managerial Psychology*, *22*(8), 722-740. https://doi.org/10.1108/02683940710837697

Ashforth, B., Kreiner, G. & Fugate, M. (2000). All in a day's work: Boundaries and micro role transitions. *Academy of Management Review*, *35*, 472-491.

Baltes, B. B., & Heydens-Gahir, H. A. (2003). Reduction of work-family conflict through the use of selection, optimization, and compensation behaviors. *Journal of Applied Psychology*, *88*(6), 1005-1018. doi:10.1037/0021-9010.88.6.1005

Baral, R., & Bhargava, S. (2010). Workfamily enrichment as a mediator between organizational interventions for work-life balance and job outcomes. *Journal of Managerial Psychology*, *25*, 274-300.

Bennett, A. A., Campion, E. D., Keeler, K. R., & Keener, S. K. (2021). Videoconference fatigue? Exploring changes in fatigue after videoconference meetings during COVID-19. *Journal of Applied Psychology*, *106*(3), 330-344. doi:10.1037/apl0000906

Bond, T. J., Thompson, C. A., Galinsky, E., & Prottas, D. (2003). *Highlights of the 2002 National Study of the Changing Workforce*. New York: Families and Work Institute.

Bruck, C. S., & Allen, T. D. (2003). The relationship between big five personality traits, negative affectivity, type A behavior, and work-family conflict. *Journal of Vocational Behavior*, *63*(3), 457–472. doi:10.1016/S0001-8791(02)00040-4

Burke, R. J., & Cooper, C. L. (2008). *The long hours work culture: Causes, consequences, and choices*. Bingley, UK: Emerald Pub.

Carlson, D. S., Kacmar, K. M., Wayne, J. H., & Grzywacz, J. G. (2006). Measuring the positive side of the work–family interface: Development and validation of a work–family enrichment scale. *Journal of Vocational Behavior*, *68*(1), 131–164. doi:10.1016/j. jvb.2005.02.002

Carlson, D. S., Ferguson, M., Perrewe, P. L., & Whitten, D. (2011). The fallout from abusive supervision: An examination of subordinates and their partners. *Personnel Psychology*, *64*, 937–961.

Casper, W. J., Vaziri, H., Wayne, J. H., DeHauw, S., & Greenhaus, J. H. (2018). The jingle-jangle of work–nonwork balance: A comprehensive and meta-analytic review of its meaning and measurement. *Journal of Applied Psychology*, *103*(2), 182–214. doi:10.1037/apl0000259

Choroszewicz, M., & Kay, F. M. (2020). The use of mobile technologies for work-to-family boundary permeability: The case of Finnish and Canadian male lawyers. *Human Relations*, *73*(10), 1388–1414. doi:10.1177/0018726719865762

Cohen, S., Frank, E., Doyle, W. J., Skoner, D. P., Rabin, B. S., & Gwaltney, J. M. (1998). Types of stressors that increase susceptibility to the common cold in healthy adults. *Health Psychology*, *17*(3), 214–223. doi:10.1037/0278-6133.17.3.214

Crain, T. L., & Stevens, S. C. (2018). Family-supportive supervisor behaviors: A review and recommendations for research and practice. *Journal of Organizational Behavior*, *39*, 869–888.

Cruz, D., & Meisenbach, R. J. (2018). Expanding role boundary management theory: How volunteering hıghlights contextuallyshiftingstrategiesandcollapsingwork–life role boundaries. *Human Relations*, *71*(2), 182–205. doi:10.1177/0018726717718917

Desrochers, S., & Morgan, C. (2021). Boundary theory and work-family border theory research: A focus on boundary enactment. *Work + Family Researchers Network*. https://wfr n.or g/encyclopedia/boundary-theory-and-work-family-bordertheory-research-a-focus-on-boundary-enactment/

Dettmers, J. (2017). How extended work availability affects well-being: The mediating roles of psychological detachment and work-family conflict. *Work and Stress*, *31*, 24–41.

Eagle, B. W., Miles, E. W., & Icenogle, M. L. (1997). Interrole conflicts and the permeability of work and family domains: Are there gender differences? *Journal of Vocational Behavior*, *50*(2), 168–184. doi:10.1006/ jvbe.1996.1569

Eby, L. T., Casper, W. J., Lockwood, A., Bordeaux, C., & Brinley, A. (2005). Work and family research in IO/OB: Content analysis and review of the literature (1980–2002). *Journal of Vocational Behavior*, *66*, 124–197.

Edwards, K. A. (2020, November 24). Women are leaving the labor force in record numbers. *The Rand Blog*. https://www.rand.org/pubs/commentary/2020/11/women-are-leaving-the-labor-force-in-record-numbers.html

Edwards, J. R., & Rothbard, N. P. (2000). Mechanisms linking work and family: Clarifying the relationship between work and family constructs. *Academy of Management Review*, *25*, 178–199. https:// doi.org/10.2307/259269

Folkman, S., & Lazarus, R. S. (1980). An analysis of coping in a middle-aged community sample. *Journal of Health and Social Behavior*, *21*, 219–239.

French, K. A., & Allen, T. D. (2020). Episodic work-family conflict and strain: A dynamic perspective. *Journal of Applied*

Psychology, *105*(8), 863–888. doi:10.1037/ apl0000470

French, K. A., & Johnson, R. C. (2016). A retrospective timeline of the evolution of work-family research. In T. D. Allen & L. T. Eby (Eds.). *The Oxford handbook of work and family* (pp. 9–22). New York: Oxford University Press.

French, K. A., & Shockley, K. M. (2020). Formal and informal supports for managing work and family. *Current Directions in Psychological Science*, *29*(2), 207–216. doi:10.1177/0963721420906218

Friedman, S. D., & Lobel, S. A. (2003). The happy workaholic: A role model for employees. *Academy of Management Perspectives*, *17*(3), 87–98. doi:10.5465/ame.2003.10954764

Frone, M. R. (2000). Interpersonal conflict at work and psychological outcomes: Testing a model among young workers. *Journal of Occupational Health Psychology*, *5*(2), 246–255. doi:10.1037/1076-8998.5.2.246

Frone, M. R. (2003). Work-family balance. In J. C. Quick & L. E. Tetrick (Eds.), Handbook of Occupational Health Psychology (pp. 143– 162). *American Psychological Association* doi:10.1037/10474-007

Frone, M. R., Russell, M., & Barnes, G. M. (1996). Work–family conflict, gender, and health-related outcomes: A study of employed parents in two community samples. *Journal of Occupational Health Psychology*, *1*(1), 57–69. doi:10.1037/1076-8998.1.1.57

Frone, M. R., Russell, M. M., & Cooper, M. E. (1997). Relation of work-family conflict to health outcomes: A four-year longitudinal study of employed parents. *Journal of Occupational and Organizational Psychology*, *70*(4),325–335. doi:10.1111/j.2044-8325.1997.

tb00652.x

Fulkerson, J. A., Larson, N. I., Horning, M. L., & Neumark-Sztainer, D. (2014). A review of associations between family or shared meal frequency and dietary and weight status outcomes across the lifespan. *Journal of Nutrition Education and Behavior*, *46*(1), 2–19. doi:10.1016/j.jneb.2013.07.012

Gajendran, R.S., & Harrison, D.A. (2007). The good, the bad, and the unknown about telecommuting: Meta-analysis of psychological mediators and individual consequences, *Journal of Applied Psychology*, *92*, 1524–1541.

Gareis, K. C., Barnett, R. C., Ertel, K. A., & Berkman, L. F. (2009). Work-family enrichment and conflict: Additive effects, buffering, or balance? *Journal of Marriage and Family*, *71*, 696–707

Greenhaus, J. H., Allen, T. D. (2011). Workfamily balance: A review and extension of the literature. In J. C. Quick & L. E. Tetrick (Eds.), *Handbook of occupational health psychology* (2nd ed., pp. 165–183). Washington, D.C.: American Psychological Association.

Greenhaus, J. H., & Beutell, N. J. (1985). Sources of conflict between work and family roles. *Academy of Management Review*, *10*(1), 76. doi:10.2307/258214

Greenhaus, J. H., & Powell, G. N. (2006). When work and family are allies: A theory of work-family enrichment. *Academy of Management Review*, *31*(1), 72–92. doi:10.5465/amr.2006.19379625

Greenhaus, J. H., Allen, T. D., & Spector, P. E. (2006). Health consequences of work-family conflict; the dark side of the work-family interface. In P. L. Perrewe & D. C. Ganster (Eds.), *Research in occupational stress and well-being* (Vol. 5, pp. 61–98). Amsterdam, the Netherlands: JAI Press/Elsevier.

Hammer, L. B., Kossek, E. E., Zimmerman, K. & Daniels, R. (2007). Clarifying the construct of family-supportive supervisory behaviors (FSSB): A multilevel perspective. In P. L. Perrewe & D. C. Ganster (Eds.) *Exploring the work and non-work interface* (*Research in occupational stress and well being, Vol. 6*) (pp. 165–204). Emerald Group Publishing Limited. https://doi.org/10.1016/S1479-3555(06)06005-7

Hammer, L. B., Kossek, E. E, Yragui, N. L., Bodner, T. E., & Hanson, G. C. (2009). Development and validation of a measures of multidimensional measure of family supportive supervisors behaviors (FSSB). *Journal of Management*,

35, 837–856.

Hammer, L. B., Kossek, E. E., Anger, W. K., Bodner, T. & Zimmerman, K. L. (2011). Clarifying work-family intervention processes: The roles of work-family conflict and family-supportive supervisor behaviors. *Journal of Applied Psychology*, *96*, 134–150.

Hammer, L. B., Wan, W. H., Brockwood, K.

J., Bodner, T., & Mohr, C. D. (2019). Supervisor support training effects on veteran health and work outcomes in the civilian workplace. *Journal of Applied Psychology*, *104*, 52–69.

Hannan, M. T., Carroll, G. R., & Pólos, L. (2003). The organizational niche. *Sociological Theory*, *21*(4), 309–340. http://www.jstor.org/stable/1602329

Hirschi, A., Shockley, K. M., & Zacher, H. (2019). Achieving work-family balance: An action regulation model. *The Academy of Management Review*, *44*(1), 150–171.

Hobfoll, S. E. (1989). Conservation of resources: A new attempt at conceptualizing stress. *American Psychologist*, *44*(3), 513–524. doi:10.1037/0003-066x.44.3.513

Hobfoll, S. E. (2002). Social and psychological resources and adaptation. *Review of General Psychology*, *6*(4), 307–324. doi:10.1037/1089-2680.6.4.307

Hofstede, G. (1984). Culture's consequences: International differences in workrelated values. Sage Publications.

Hyatt, E., & Coslor, E. (2018). Compressed lives: How "flexible" are employer-imposed compressed work schedules? *Personnel Review*, *47*, 278–293.

Igielnik, R. (2022, May 4). As telework continues for many U.S. workers, no sign of widespread "zoom fatigue." *Pew Research Center*. https://ww w. pewresearch.org/shortreads/2022/05/04/as-telework-continues-for-many-u-s-workers-no-sign-of-widespread-zoom-fatigue/

Jahn, E. W., Thompson, C. K., & Kopelman, R. I. (2003). Rationale and construct validity evidence for a measure of perceived organizational family support (POFS): Because purported practices may not reflect reality. *Community, Work & Family*, *6*(2), 123–140. doi:10.1080/13668800302545

Jex, S. M., Bliese, P. D., Buzzell, S., & Primeau, J. (2001). The impact of selfefficacy on stressor–strain relations: Coping style as an explanatory mechanism. *Journal of Applied Psychology*, *86*, 401–409.

Kahn, R. L., Wolfe, D. M., Quinn, R. P., Snoek, J. D., & Rosenthal, R. A. (1964). *Organizational stress: Studies in role conflict and ambiguity*. Wiley.

Kanter, R. M. (1977). *Work and family in the United States: A critical review and agenda for research and policy*. New York: Russell Sage Foundation.

Kelliher, C., & Anderson, D. (2010). Doing more with less? Flexible work arrangements and the intensification of work. *Human Relations*, *63*(1), 83–106. doi:10.1177/0018726709349199

Kossek, E. E., & Lautsch, B. A. (2012). Work– family boundary management styles in organizations. *Organizational Psychology Review*, *2*(2), 152–171. doi:10.1177/2041386611436264

Kossek, E. E., & Lautsch, B. A. (2017). Work–life flexibility for whom? Occupational status and work–life inequality in upper, middle, and lower-level jobs. *The Academy of Management Annals*, *12*(1), 5–36. doi:10.5465/annals.2016.0059

Kossek, E. E., & Michel, J. S. (2011). Flexible work schedules. In S. Zedeck (Ed.), *APA handbook of industrial and organizational psychology, Vol. 1. Building and developing the organization* (pp. 535–572). American Psychological Association. https://doi. org/10.1037/12169-017

Kossek, E. E., Ruderman, M. N., Braddy, P. W., & Hannum, K. M. (2012). Work– nonwork boundary management profiles: A person-centered approach. *Journal of Vocational Behavior, 81*, 112–128.

Kreiner, G. E. (2006). Consequences of work-home segmentation or integration: a person-environment fit perspective. *Journal of Organizational Behavior, 27*(4), 485–507. doi:10.1002/job.386

Lapierre, L.M., Li, Y., Kwan H. K., Greenhaus, J. H., DiRenzo, M. S., & Shao, P. (2018). A meta-analysis of the antecedents of work–family enrichment. *Journal of Organizational Behavior, 39*, 385–401.

Lawson, K. M., Lee, S., & Maric, D. (2021). Not just work-to-family conflict, but how you react to it that matters for physical and mental health. *Work Stress, 35*, 327–343.

Li, A., Shaffer, J., & Bagger, J. (2015). The psychological well-being of disability caregivers: Examining the roles of family strain, family-to-work conflict, and perceived supervisor support. *Journal of Occupational Health Psychology, 20*, 40–49.

Li, A., Cropanzano, R., Butler, A., Shao, P., & Westman, M. (2021). Work-family crossover: A meta-analytic review. *International Journal of Stress Management, 28*, 89–104.

Lobel, S., & Kossek, E., (1996). Human resource strategies to support diversity in work and personal lifestyles: Beyond the 'family-friendly' organization. In Kossek, E., & Lobel, S. (Eds.) *Managing diversity: Human resource strategies for transforming the workplace* (pp. 221–244). Blackwell Publishers.

Matthews, R. A., Barnes-Farrell, J. L., & Bulger, C. A. (2010). Advancing measurement of work and family domain boundary characteristics. *Journal of Vocational Behavior, 77*, 447–460.

Mauno, S., Kiuru, N., & Kinnunen, U. (2011). Relationships between work-family culture and work attitudes at both the individual and the departmental level. *Work and Stress, 25*, 147–166.

McNall, L. A., Masuda, A. D., & Nicklin, J. M. (2010). Flexible work arrangements, job satisfaction, and turnover intentions: The mediating role of work-to-family enrichment. *The Journal of Psychology, 144*(1), 61–81. doi:10.1080/00223980903356073

Mellner, C., Peters, P., Dragt, M. J., & Toivanen, S. (2021). Predicting work-life conflict: Types and levels of enacted and preferred work-nonwork boundary (in) congruence and perceived boundary control. *Frontiers in Psychology, 12*, 772537.

Mercado, B. K., & Dilchert, S. (2017). Family interference with work and its relationship with organizational citizenship and counterproductive work behaviors. *International Journal of Selection and Assessment, 25*, 406–415.

Michel, J. S., Kotrba, L. M., Mitchelson, J. K., Clark, M. S., & Baltes, B. B. (2011). Antecedents of work-family conflict: A meta-analytic review. *Journal of Organizational Behavior, 32*, 689–725.

Ng, T. W. H., & Feldman, D. C. (2008). The relationship of age to ten dimensions of job performance. *Journal of Applied Psychology, 93*(2), 392–423. doi:10.1037/0021-9010.93.2.392

Nielson, T. R., Carlson, D. S., & Lankau, M. J. (2001). The supportive mentor as a means of reducing work–family conflict. *Journal of Vocational Behavior, 59*(3), 364–381. doi:10.1006/jvbe.2001.1806

Nippert-Eng, C. (1996). Calendars and keys: The classification of "home" and "work." *Sociological Forum, 11*(3), 563–582. http://www.jstor.org/stable/684901

Pak, S., Kramer, A., Lee, Y., & Kim, K. J. (2022). The impact of work hours on workto-family enrichment and conflict through energy processes: A meta-analysis. *Journal of Organizational Behavior, 43*(4), 709–743. doi:10.1002/job.2595

Parasuraman, S., & Greenhaus, J. H. (1997). The changing world of work and family. In

S. Parasuraman and J. H. Greenhaus (Eds.), *Integrating work and family: Challenges and choices for a changing world* (pp. 167–174). Westport, CT: Quorum.

Park, Y., & Jex, S. M. (2011). Work and home boundary management using communication and information technology. *International Journal of Stress Management, 18*, 133–152.

Park, Y., Fritz, C., & Jex, S. M. (2011). Relationships between work-home segmentation and psychological detachment from work: The role of communication technology use at home. *Journal of Occupational Health Psychology, 16*(4), 457–467. doi:10.1037/a0023594

Pluut, H., Ilies, R., Su, R., Weng, Q., & Liang, A. X. (2022). How social stressors at work influence marital behaviors at home: An interpersonal model of work–family spillover. *Journal of Occupational Health Psychology, 27*(1), 74–88. https://doi. org/10.1037/ocp0000298

Powell, G. N. Greenhaus, J. H., Allen, T. D., & Johnson, R. E. (2018). Introduction to special topic forum: Advancing and expanding work-life theory from multiple perspectives. *Academy of Management Review*, 44, 54–71.

Prottas, D. J., & Thompson, C. A. (2006). Stress, satisfaction, and the work-family interface: A comparison of self-employed business owners, independents, and organizational employees. *Journal of Occupational Health Psychology, 11*, 366–378.

Rofcanin, Y., Heras, M. L., & Bakker, A. B. (2017). Family supportive supervisor behaviors and organizational culture: Effects on work engagement and performance. *Journal of Occupational Health Psychology, 22*(2), 207–217. doi:10.1037/ocp0000036

Sawyer, K. B., Thoroughgood, C., & Ladge, J. (2017). Invisible families, invisible conflicts: Examining the added layer of workfamily conflict for employees with LGB families. *Journal of Vocational Behavior, 103*, 23–39.

Schieman, S., Milkie, M. A., & Glavin, P. (2009). When work interferes with life: Work-nonwork interference and the influence of work-related demands and resources. *American Sociological Review, 74*(6), 966–988. doi:10.1177/000312240907400606

Shen, W., & Shockley, K. M. (2021). Work-family research: Questioning assumptions and looking forward for true impact. In E. K. Kelloway & C. Cooper (Eds.), *Research agenda for workplace stress and wellbeing* (pp. 119–133). Edward Elgar Publishing.

Shockley, K. M. (2018). Managing the workfamily interface. In N. Anderson, C. Viswesvaran, H. K. Sinangil & D. Ones (Eds.), *Handbook of industrial, work, and organizational psychology (604-627)* (pp. 604–627). Sage Pub.

Shockley, K. M., & Allen, T. D. (2013). Episodic work–family conflict, cardiovascular indicators, and social support: An experience sampling approach. *Journal of Occupational Health Psychology, 18*, 262–275.

Shockley, K., Thompson, C. A., & Andreassi, J. K. (2013). Workplace culture and worklife integration. In D. Major & R. Burke (Eds.), *Handbook of work-life integration among professionals: Challenges and opportunities* (pp. 310–333). Edward Elgar Publishers.

Shockley, K.M., Shen, W., DeNunzio, M. M., Arvan, M. L., & Knudsen, E. A. (2017). Disentangling the relationship between gender and work-family conflict: An integration of theoretical perspectives using meta-analytic methods. *Journal of Applied Psychology, 102*, 1601–1635.

Shockley, K. M., Gabriel, A. S., Robertson, D., Rosen, C. C., Chawla, N., Ganster, M. L., & Ezerins, M. E. (2021). The fatiguing effects of camera use in virtual meetings: A within-person field experiment. *Journal of Applied Psychology, 106*(8), 1137–1155.

Sweet, S., & Moen, P. (2006). Advancing a career focus on work and family: Insights from the life course perspective. In M. PittCatsouphes, E. E. Kossek, & S. Sweet (Eds.), *The work and family handbook: Multidisciplinary perspectives, methods, and approaches* (pp. 189–208). Lawrence Erlbaum Associates, Publishers.

ten Brummelhuis, L. L. T., & Bakker, A. B. (2012). A resource perspective on the work–home interface: The work–home resources model. *American Psychologist, 67*(7), 545-556. doi:10.1037/a0027974

Thompson, C. A. (2008). Barriers to the implementation and usage of work-life policies. In S. P. Poelmans & P. Caliguiri (Eds.), H*armonizing work, family, and personal life: From policy to practice* (pp. 209-234). Cambridge, UK: Cambridge University Press.

Thompson, C. A., & Prottas, D. J. (2006). Relationships among organizational family support, job autonomy, perceived control, and employee well-being. *Journal of Occupational Health Psychology, 11*, 100-118.

Thompson, C. A, Beauvais, L. L., & Lyness, K. S. (1999). When work-family benefits are not enough: The influence of workfamily culture on benefit utilization, organizational attachment, and work-family conflict. *Journal of Vocational Behavior, 54*, 392-415. doi:10.1006/jvbe.1998.1681

Thompson, C.A., & Beauvais, L.L., & Allen, T. (2006). Work and family from an industrial-organizational psychology perspective (pp. 283-307). In Pitt-Catsouphes, M., Kossek, E., & Sweet, S. (Eds.), *The work-family handbook: Multi-disciplinary perspectives and approaches*. Mahwah, NJ: Lawrence Erlbaum Pub.

Thompson, C. A., Poelmans, S., Allen, T. A., & Andreassi, J. K. (2007). On the importance of coping: A model and new directions for research on work and family. In P. L. Perrewe, & D. C. Ganster (Eds.), Research in occupational stress and well being, 6, 73-113.

Vasel, K. (2021). To prevent burnout, LinkedIn is giving its entire company the week off. CNN Business: https://www. cnn. com/2021/04/02/success/linkedin-paidweek-off/index.html

Vaziri, H., Wayne, J. H., Casper, W. J., Lapierre, L. M., Greenhaus, J. H., Amirkamali, F., & Li, Y. (2022). A metaanalytic investigation of the personal and work-related antecedents of work-family balance. *Journal of Organizational Behavior, 43*(4), 662-692. doi:10.1002/job.2594

Westman, M. (2001). Stress and strain crossover. *Human Relations, 54*, 717- 752. doi:10.1177/0018726701546002

Westman, M. (2005). Cross-Cultural Differences in Crossover Research. In S. A.

Y. Poelmans (Ed.), *Work and family: An international research perspective* (pp. 241-260). Lawrence Erlbaum Associates Publishers.

Williams, J. (2022). 13 companies that offer unlimited vacation days. *US News.com* https:// money.usnews.com/careers/ slideshows/ companies-that-offer-unlimited-vacationdays?slide=9

Williams, J. C., & Boushey, H. (2010). The three faces of work-family conflict: The poor, the professionals, and the missing middle. *Social Science Research Network*. doi:10.2139/ssrn.2126314

Wilson, M. G., Polzer-Debruyne, A., Chen, S., & Fernandes, S. (2007). Shift work interventions for reduced work-family conflict. *Employee Relations, 29*, 162-177.

Wu, S. & Cao, K. (2015). Abusive supervision and work-family conflict: The mediating role of emotional exhaustion. *Journal of Human Resources and Sustainability Studies, 3*, 171-178.

Zhao, K., Zhang, M., Kraimer, M. L., & Yang, B. (2019). Source attribution matters: Mediation and moderation effects in the relationship between work-to-family conflict and job satisfaction. *Journal of Organizational Behavior, 40*(4), 492-505.

제6장

조직에서의 생산적 행동 및 반생산적 행동

Organizational Psychology and Organizational Behavior: Evidence-based Lessons for Creating Sustainable Organizations,
Fourth Edition. Steve M. Jex, Thomas W. Britt, and Cynthia A. Thompson.

Companion website : www.wiley.com/go/organizationalpsychology4e

신입사원은 차츰 자신이 처한 업무환경에 익숙해지면서, 마침내 조직의 목적이나 목표 달성에 긍정적으로 기여하는 행동을 할 수 있게 된다. 일례로 회계사는 회계 법인을 찾는 각종 의뢰인들이 요구하는 세금 환급업무를 능숙하게 처리하게 되고, 소매상점의 종업원은 누가 감독하지 않아도 혼자서 금전 등록기를 사용할 줄 알게 되며, 과학자는 독립적으로 자신의 독창적인 연구 프로젝트를 수행할 수 있게 된다. 이런 예에서 기술된 행동들이 바로 이 장에서 핵심적으로 설명하고자 하는 **생산적 행동**(productive behavior)이라고 할 수 있다.

종업원들은 일반적으로 조직에 이익이 되는 생산적인 행동에 참여하고자 하는 동기가 있지만, 때때로 조직 목표에 반하는 행동에 몰두하기도 한다. **반생산적 업무행동**(counterproductive work behavior, CWB)은 이러한 행동을 설명하기 위해 사용하는 일반적인 용어이다(Spector & Fox, 2005). 조직에서 가장 흔한 반생산적 행동으로는 철회행동(지각 또는 결근), 타인에게 무례하게 굴기와 같은 행동을 들 수 있다. 이들은 분명히 조직이 원하지 않는 행동이지만, 일반적으로 심각하게 해를 끼치는 행동은 아니다. 덜 일반적으로 나타나는 반생산적 행동으로는 고의적으로 시간을 낭비하기, 사보타주, 절도, 폭력, 약물 및 알코올 남용, 성희롱과 같은 행동을 들 수 있다. 비록 덜 일반적이라고 할지라도 이런 유형의 행동들 역시 매우 파괴적일 수 있으며 조직에 값비싼 대가를 치르게 할 수도 있다. CWB에 대해서는 이 장의 두 번째 절에서 논의하였다.

이 장에서는 조직에서의 생산적 행동과 반생산적 행동의 이론, 모형 및 유형을 깊이 살펴본다. 종합하면, 조직 내에서의 이러한 다양한 행동 유형은 종업원들이 직장에서 참여하는 많은 활동을 나타내며, 이는 조직에 이로울 수도, 해로울 수도 있다. 우리는 생산적 행동과 반생산적 행동의 결정 요인에서 유사점과 차이점이 있음을 확인하고자 한다. 이 장은 조직 내 생산적인 행동에 대해 논의한 다음 CWB를 자세히 살펴볼 것이다.

조직에서의 생산적 행동

이 장에서는 생산적 행동에 대해 상세하게 정의를 내린 후, 직무수행에 대한 논의로 넘어갈 것이다. 지금까지 직무수행은 가장 일반적인 형태의 생산적인 조직행동으로 여겨졌으며, 이를 연구하기 위해 조직심리학자들은 상당한 노력을 기울여 왔다. 예를 들어 단순히 직무수행이 의미하는 것이 무엇인지를 이해하기 위해서, 또는 여러 직무에 공통되는 수행 차원을 결정하기 위해서 많은 연구가 이루어졌다.

각기 강조하는 측면이 다른 기본적 직무수행 모델을 살펴본 다음, 조직심리학자들이 직무수행을 어떻게 측정하는지에 대한 주요 논제를 다루고자 한다. 만일 우리가 자기 일에 서투른 종업원과 탁월한 종업원을 예측해 주는 것이 무엇인지를 이해하고자 한다면 직무수행을 효과적으로 측정하는 것이 매우 중요하다. 직무수행을 효과적으로 측정하고자 할 때 조직심리학자는 수많은 도전을 마주하게 된다. 모든 종업원이 좋은 평정치를 부여받는 것(범위의 축소)과 개인적 · 환경적 요인으로 인해 시간이 지남에 따라 개인의 수행이 변화하는 것 등이 여기에 해당하는 문제들이다.

직무수행의 기본적인 차원과 이런 차원들을 측정하는 방법을 살펴본 다음, 직무수행의 주요한 원인변인들을 논의하고자 한다. 종업원들 간 직무수행에서의 차이를 설명하기 위해, 그리고 능력, 기술, 동기, 성격, 상황적 요인들의 상대적인 기여도를 확인하기 위해 많은 연구가 이루어졌다. 여러 연구자들이 발견한 것처럼 이 모든 예측변인 간의 상호작용은 복잡하다. 다행스럽게도, 지금까지 이루어진 많은 연구는 수행이 탁월한 종업원과 수행이 서툰 종업원을 예측해 주는 것이 무엇인지에 대해 비교적 확실한 결론을 내릴 수 있게 해 주었다.

그다음으로는 직장에서 나타나는 생산적인 행동의 두 번째 유형을 다룰 것이다. 두 번째 유형의 생산적인 조직행동은 종업원들이 공식적인 직무기술서(job description)상에서는 요구되지 않는 일들을 수행할 때 나타난다. 예를 들어 조직은 종종 구성원들이 서로 도움을 주기를 바랄 것이다. 물론 이러한 활동은 공식적인 직무기술서상에는 나타나지 않으며, 이런 유형의 행동을 **조직시민행동**(organizational citizenship behaviors, OCBs)이라고 한다. 조직시민행동에 대한 연구는 주로 구성원들로 하여금 이런 행동을 하게 하는 요인을 이해하는 데 초점을 둔다.

생산적 행동의 정의

이 장에서 **생산적 행동**은 조직의 목적과 목표 달성에 긍정적으로 기여하는 종업원의 행동을 의미한다. 신입사원이 처음 조직에 입사하면, 조직에 긍정적인 기여를 하지 못하는 과도기를 거치게 된다. 예를 들어 새로 고용된 경영 컨설턴트는 컨설팅 회사에 돈을 벌어 주는 활동을 하지 못할 것이다. 조직 입장에서 보면, 이런 비생산적인 기간 동안에도 신입사원은 보수를 받기 때문에 사실 손실이라 할 수 있다. 그러나 시간이 지남에 따라 이 신입사원의 행동이 조직에 긍정적으로 기여하는 지점에 도달하게 될 것이라고 조직은 생각할 것이다. 생산적인 행동을 재무적인 용어로 본다면 조직이 자신의 신입사원에게 투자한 비용에 대해 회수를 하게 되는 시점을 말하는 것이다. 다음 절에서는 생산적인 조직행동의 가장 일반적인 두 가지 형태인 직무수행과 OCB에 대해 보다 심층적으로 살펴본다.

직무수행

이 절에서는 조직심리학자가 직무수행을 어떻게 정의하는지와 직무수행을 이해하기 위해 어떤 모델들이 발전되었는지 살펴본다.

직무수행의 정의

직무수행(job performance)은 겉보기에는 단순한 용어이다. 가장 일반적인 수준에서 간단하게 정의하면, '직장에 근무하는 동안에 종업원이 관여하는 모든 종류의 행동'이라고 정의할 수 있다. 불행하게도 이러한 정의는 정확하지 않다고 할 수 있는데, 종업원들은 종종 직장에서 직무로 규정된 과업과 거의 또는 전혀 연계되지 않은 행동들에 관여하기 때문이다. 예를 들어 군인 인사행정에 대한 연구에서 Bialek 등(1977)은 조사에 응한 참여자들이 자신의 직무기술서에 규정된 일을 하면서 보내는 시간이 근무시간 중 절반도 안 된다는 것을 발견하였다. 따라서 단순히 직장에 있는 동안에 행해진 종업원의 행동으로 직무수행을 정의한다면, 조직의 목적과 관련되지 않은 많은 행동이 이에 포함될 것이다(예 : 인기있는 TV 프로그램에 대한 종업원들의 대화). 한편 직무수행을 단지 기계적으로 과제수행과 관련된 행동만으로 제한하면 직장에서 일어나는 많은 생산적인 행동을 배제하는 우를 범하게 된다.

Campbell(1990, Campbell & Wiernik, 2015)에 의하면 직무수행이란 종업원들이 직장에 있는 동안에 관여하는 행동으로서 조직의 목적에 기여하는 것을 말한다. 이런 정의는 종업원이 일터에서 수행하는 모든 행동으로 단순하게 직무수행을 정의하는 것보다 분명히 더 정확해진 것이다. 물론 이 정의는 지나치게 제한적인 것이라고 볼 수는 없다. 왜냐하면 직무수행을 과제수행과 직접적으로 연관된 행동으로만 제한하지는 않았기 때문이다. 이 정의에서 또 하나 중요한 측면은 직무수행을 종업원의 책임과 임무의 일부로서 조직에 의해 공식적으로 평가되는 행동으로 본 것이다. 이런 측면의 정의가 이 장 후반부에서 다루게 될 다른 형태의 생산적인 행동과 직무수행을 구별해 준다.

직무수행을 정의할 때 이와 관련된 여러 다른 용어들과 구분하는 것이 필요하다. Campbell(1990, Campbell & Wiernik, 2015)에 따르면, 직무수행은 효과성, 생산성, 유용성과 구분되어야 한다. **효과성**(effectiveness)이란 종업원의 직무수행 결과에 대한 평가로 정의된다. 종업원 효과성은 직무수행 자체를 넘어서는 것에 의해 결정되기 때문에 이는 중요한 차이점을 갖는다. 예를 들어 많은 형태의 생산적 행동을 보여준 종업원이 수행 평가(효과성 측정)에서 낮은 등급을 받을 수 있다. 이는 단순히 수행평정 오류로 인한 것일 수도 있고, 평정을 하는 사람이 피평가자를 싫어하기 때문에 이런 일이 생길 수도 있다.

생산성(productivity)은 수행 및 효과성과 밀접하게 관련되어 있지만, 특정 수준의 수행이나 효과성을 달성하는 데 요구되는 비용을 고려한다는 차원에서 구별된다. 예를 들어 두 명의 영업사원이 특정 연도에 동등하게 업무를 잘하였고 동일한 수준의 주문을 받았을 수 있다. 그러나 이 두 사람 중 한 명은 다른 사람보다 낮은 비용으로 동일한 수준의 주문량을 달성했다면, 이 사람이 둘 중에서 더 생산적이라고 할 수 있을 것이다. 생산성과 밀접하게 관련되어 있고 혼용해서 사용되는 용어가 **효율성**(efficiency)이다. 이 용어는 특정 시간 주기 안에서 달성될 수 있는 수행 수준을 지칭하는 말이다. 어떤 사람이 고도로 효율적이라면 이는 상대적으로 짧은 시간에 많은 일을 달성했다는 것을 말한다. "시간이 돈이다"라는 말은 효율성이 바로 생산성이라고 말하는 것이다. 사실 어떤 조직은 효율성에 매우 큰 관심을 가질 수 있다. 예를 들어 미국 운송 회사인 UPS의 경우 택배를 고객에게 전달하는 트럭 운전사의 효율성을 매우 강조할 것이다.

마지막으로 **유용성**(utility)이란 특정 수준의 수행, 효과성 또는 생산성의 가치를 나타낸다. 이 정의는 효과성의 정의와 어느 정도 중복된 것처럼 보이기도 한다. 그러나 유용성은 좀 다른 개념이다. 즉 어떤 구성원이 높은 수준의 효과성을 달성할 수 있지만(즉 수행 결과가 긍정적인 것으로 판정되는 경우), 여전히 유용성은 낮을 수 있다. 단순하게 말해 어떤 조직은 구성원에 의해 달성된 효과성 수준에 높은 가치를 두지 않을 수 있다. 예를 들어 규모가 큰 연구 중심 대학에서는 교원의 연구 생산성과 연구비 확보가 강의 수행보다 더 우선시될 수 있다. 결과적으로 이런 대학에서는 최고의 강의 능력을 보이더라도 종신교수에 임명되지 못할 수 있다.

얼핏 보기에 수행, 효과성, 생산성, 효율성, 유용성을 구분하는 것은 아주 사소한 일일 수도 있다. 그러나 누군가가 수행을 이해하고 궁극적으로 이를 예측하려고 한다면 이런 차이점들은 매우 중요할 수 있다. 조직심리학의 많은 연구들이 '수행'을 예측하려고 하면서 실제로는 '효과성'이나 '생산성'을 예측한다(Jex, 1998). 종업원들은 대개 효과성이나 생산성보다 수행에 대해 더 많은 통제력을 가진다. 그러다 보니 많은 연구들이 종종 종업원 사이의 수행 차이를 적절히 설명하지 못하게 되고, 이런 차이가 결과적으로 수행 차이의 결정요인에 대해 잘못된 결론을 초래할 수 있다.

직무수행 모델

직무수행 모델을 구축하려는 많은 노력은 모든 직무에 공통적으로 해당되는 수행 차원을 파악하는 데 목적을 두고 있다. 일의 세계에는 엄청나게 많은 직무가 있다는 것을 가정한다면, 직무수행을 결정해주는, 상대적으로 소수의 차원을 파악하려는 노력은 아주 도전적인 과업이라고 할 수 있다. 그러나 조직심리학 분야에서 이루어지는 많은 연구와 현장 적용이 수행의 예측과 관련되어 있기 때문에 직무수행 모델을 만드는 것은 매우 중요하다. 우리가 많은 변인(예 : 동기, 리더십, 스트레스 등)을 연구하는 주요한 이유는 이들이 직무수행에 미치는 잠재적인 영향력 때문이다. 직무수행 모델에 따라 서로 구분되는 많은 차원이 있지만, 공통적으로 직무수행에 대한 두 가지 주요 범주, 즉 **역할 내(과업) 수행**[in-role (task) performance]과 **역할 외(맥락) 수행**[extra-role (contextual) performance]을 발견할 수 있을 것이다(Borman & Motowidlo, 1993; Conway, 1999). 역할 내 수행은 기술적 측면의 종업원 직무수행을 말한다. 예를 들어 간호사는 수혈과 정확한 투약 실시 등의 구체적인 직무를 수행해야 한다. 마찬가지로 트럭 운전사는 화물을 적재하고, 복잡한 기계 조작을 하거나 다른 기술적인 일을 수행하는 방법 등을 알고 있어야 한다. 반면에 역할 외 수행은 효과적으로 의사소통을 하고, 일에 대한 열정과 의욕을 보여주며, 좋은 팀워크를 발휘하는 것과 같은 비기술적인 능력을 지칭하는 것이다.

역할 내 수행과 역할 외 수행 간의 구별은 Campbell(1990, 1994, 2012; Campbell & Wiernik, 2015)의 포괄적 직무수행 모델에서도 볼 수 있다. Campbell(1990, 1994)은 미 육군 병사들에 의해 수행되는 다양한 직무에 대한 분석을 통해 직무수행 모델을 개발하였다. 다양한 직무에 대한 수행 차원 분석을 토대로, 그는 모든 직무에서 나타나는 수행은 여덟 가지 차원으로 분류할 수 있다고 주장하였다. Campbell(2012; 또한 Campbell & Wiernik, 2015 참조)은 직무수행의 구조에 대한 다른 조직심리학자들의 이론과 연구 결과를 반영하기 위해 자신의 직무수행 모델을 개정하였다. 개정된 수행의 차원은 〈표 6.1〉에 제시되어 있다. John Campbell 박사는 이 장의 '연구자 소개'에서 이 모델을 개발한 과정을 논의하였다. 개정된 모델이 직무수행에 대한 보다 더 누적적이고 포괄적인 사고를 반영하고 있기 때문에, 여기서 이 모델을 강조하고자 한다. 개정된 모델에서 첫 번째 차원은 **기술적 수행**(technical performance)인데, 역할 내 또는 과업수행의 중요성을 반영하는 것으로 여겨진다. 이 요인은 특정 직무에 고유한 핵심 과제와 관련된 행동을 포함한다. 예를 들어 금전 계산, 은행 잔고 기록, 현금 점검 등은 은행원의 직무 고유 과제를 나타낸다. 반면, 어린이집 보육 교사에게 주어진 핵심 직무 과제에는 일정 확인 활동, 지도 및 훈련, 부모와의 대화 등이 해당된다. 기술적 수행 차원은 직무 고유 과제 수월

표 6.1 Campbell(1990, 1994, 2012)의 역할 내/역할 외 구분에 따른 개정된 직무수행 모델

수행 차원	설명
1. 기술적 수행	역할에 고유한 기본 기술 과업
2. 의사소통	정보를 명확하고 효과적으로 전달하는 것
3. 주도성, 지속성, 노력	추가적인 과업을 맡고, 새로운 업무를 수행하는 것
4. 비생산적 업무 행동	조직과 그 구성원에게 해를 끼치는 행동
5. 감독, 관리, 임원 리더십	위계적 관계에서 다른 사람들이 목표를 달성하도록 영향을 미치는 행동
6. 위계적 관리 수행	위계적 관계에서, 조직이 목표를 달성하도록 할당된 자원을 관리하는 것
7. 동료/팀원 리더십 수행	위계적 관계가 아닌 동료 간 또는 팀 내에서 발휘되는 리더 행동
8. 동료/팀원 관리 수행	위계적 관계가 아닌 동료 간 또는 팀 내에서 발휘되는 관리 행동

성(job-specific task proficiency)과 직무 비고유 과제 수월성(nonjob-specific task proficiency)에 초점을 맞춘 Campbell의 기존 모델의 두 가지 차원을 통합한다. 직무 비고유 과제 수월성 차원은 조직 내 몇몇 또는 모든 구성원에 의해 수행되어야 하지만, 특정 직무에 국한되지 않는 행동들을 의미한다. 예를 들어 대학 교수의 주요한 직무 관련 활동은 특정 전문 영역(예 : 물리학)에 대한 강의와 연구이다. 그러나 개인이 가진 전문성과 상관없이 모든 교수에게는 학생 상담, 대학에 대한 봉사, 연구비 신청, 학위 수여식 같은 공식행사에서 대학을 대표하는 것과 같은 공통과제를 수행할 것이 요구된다.

개정된 모델에서 두 번째 차원은 **의사소통**(communication)으로, 문서 및 구두 의사소통을 모두 포함한다. 이 차원은 대부분의 직무수행자들이 직무에서 문서 또는 언어적으로 의사소통을 해야 한다는 것을 반영한다. 예를 들어 고등학교 선생님과 변호사는 서로 아주 다른 직무 고유 과제를 수행하게 된다. 그러나 양자 모두 자신의 직무를 효과적으로 수행하기 위해서는 주기적으로 언어 및 문서적 의사소통을 해야 한다. 고등학교 선생님은 학생들의 진로에 대해 부모와 의사소통을 해야 하고, 변호사는 신탁 또는 이혼 협정문과 같은 법정 문서에 포함될 정보를 정확하게 제시하기 위해 고객과 의사소통해야 한다.

세 번째 차원은 주도성(initiative), 지속성(persistence)과 노력(effort)으로 직무수행의 맥락적 측면의 중요성을 다루며, 다음 절에서 다룰 OCB의 특정 유형이 이 차원에 포함된다. 노력하기(demonstrating effort)란 자신의 직무 과제에 대한 종업원의 의욕과 헌신 수준을 보여주는 것이다. 치과의사, 소방관, 프로야구 선수 등 어떤 직무를 수행하는가와 상관없이 자신이 담당한 직무에 헌신하는 것은 필수적이다. 종종 힘들거나 내키지 않는 과제에서도 자발적으로 계속 노력하는 모습을 보여주는 것이 요구될 수도 있다. 프로 운동선수의 경우 팀을 위해 부상에도 불구하고 경기에 임해야 할 때도 있다. 이 차원은 종업원이 직장에서 **착한 시민**(good citizen)인 정도를 나타내는 것이라 할 수 있다.

기존 모델과 달리 개정된 모델에서 Campbell(2012)은 직무수행의 네 번째 차원으로 반생산적 업무행동(CWB)을 제시하였다. 이 장의 마지막 3분의 1을 할애하여 CWB에 대해 자세히 논의할 예정이다. CWB는 조직이나 조직 구성원에게 해를 끼치는 자발적인 직원 행동을 나타낸다. 이러한 행동의 예로는 회사에서 물건을 훔치거나 동료 직원을 언어적으로 괴롭히는 것이 있다.

Campbell(2012)의 개정된 직무수행 모델에서 마지막 네 가지 차원은 리더십(leadership)과 관리(management)에 관한 것인데, 리더나 관리자는 다른 사람들에 대한 위계적 관계를 가지고 있거나 조직의 팀 또는 단위 내에서 운영될 수 있다. 직무수행의 다섯 번째 차원은 **감독**(supervisory), **관리**(managerial), **임원**(executive)(**즉 위계적**) **리더십**으로 명명되며, 리더가 조직의 목적을 달성하도록 종업원에게 영향을 미치는 것을 강조한다. 이 차원은 리더가 부하 직원들을 동기부여하고 그들이 수행을 지속하는 데 참여하는 모든 행동을 포함한다. 영향력 행사 과정(influence process)으로서의 리더십과 대조적으로, Campbell(2012) 모델의 여섯 번째 차원은 **위계적 관리 수행**(hierarchical management

연구자 소개

JOHN CAMPBELL 박사와 직무수행 모델링

100년 동안 산업 및 조직심리학의 초점은 두 가지 주요 종속변인인 개인의 직무수행과 직무만족에 맞춰져 있었다. 직무만족의 모델링과 측정을 위한 수백 건의 연구가 이루어졌지만, 최근(즉, 1990년 이후)까지 수행 자체에 대한 이론은 존재하지 않았다. 우리에게는 '수행 이론'이 없었고, 수행 측정은 주로 '편리성의 기준'에 의존해왔다. 실제로 사용 가능한 모든 지표(예 : 대학 교수의 연구비 수주액 또는 부동산 중개인의 판매량)는 개인의 행동 외에도 여러 가지 변동 요인에 영향을 받는다. 한 연구자가 의사의 수행을 측정하기 위해 '사망률'을 사용하자는 황당한 제안을 한 적도 있다. 20년에 걸쳐 나의 목표는 이러한 상황을 바로잡고, 가장 중요한 종속변인을 과학적 구성개념으로 인정받게 하는 것이었다.

이를 가능하게 한 두 가지 프로젝트가 있었다. 첫째, 동료들과 나는 개인 관리자의 수행 결정 요인 및 측정에 관한 모든 연구를 종합했다. 이 연구는 1970년에 출판된 관리, 행동, 수행 및 효과성(Managerial Behavior, Performance, and Effectiveness)이라는 책으로 이어졌으며, 이 책에서는 (1) 관리자가 실제로 하는 일과 (2) 그들이 하는 일의 결과(즉, 최종 수행)를 명확히 구분했다. 이 최종 수행은 거의 항상 관리자의 행동 외에도 여러 요인에 의해 영향을 받는다.

두 번째 프로젝트는 응용 심리학 역사상 가장 큰 프로젝트였던 '프로젝트 A'로, 미군의 선발 및 분류 체계를 다루었다. 수행의 다중 척도를 개발하는 데 3년을 투자했으며, 모든 측정 기술을 동원했다. 두 차례에 걸쳐 10,000명의 신병을 6년 동안 추적했다. 수행은 기술 훈련이 끝날 때, 3년 후, 6년 후에 평가되었다.

이처럼 방대한 데이터를 통해 직업군에서의 수행의 실질적인 특성을 경험적으로 모델링할 수 있었다. 그런 다음, 모든 직무에 대한 개인 수행의 포괄적인 모델을 제안했다(예 : Campbell et al., 1990). 이는 최초의 모델로서, 연구를 안내하고, 인적자원 관리 실무에 도움을 주며, 기존 문헌을 통합할 수 있는 틀을 제공하기 위한 의미 있는 수행 명세를 제공하는 것을 목표로 했다. 당시에도 매우 만족스러웠고, 지금도 여전히 그렇다.

이후 많은 사람들의 후속 연구를 바탕으로, Brenton Wiernik과 나는 2015년 *Annual Review of Organizational Psychology and Organizational Behavior*에 직무수행의 모델링 및 평가에 대한 당시의 상황을 다룬 장을 기고했다. 마지막으로, *Journal of Military Psychology*에 출판 예정인 특별호에서 다양한 직업군에 걸쳐 개인 수행을 모델링하고 평가하는 것에 대해 현재 우리가 알고 있는 내용을 요약하며, 수행이 다양한 조직 결과들과 어떻게 연관되어 있는지를 다룬다. 나는 마지막 기사를 작성했다. 이 이야기는 계속된다.

John P. Campbell 박사는 현재 미네소타대학교 심리학과 교수로 재직 중이다. 그는 1964년에 미네소타대학교에서 박사 학위를 받았고, 1960년에 아이오와주립대학교에서 석사 학위를, 1959년에 학사 학위를 받았다. 현재 그의 전문 분야는 산업심리학, 산업 교육 및 개발, 직무 분석, 직무 성과, 조직심리학, 성과 모델링, 예측 및 선발 모델이다.

performance)으로, 조직의 자원이 어떻게 소비되고 할당되는지를 나타낸다. 이 차원의 위계적 요소는 관리자가 주요 자원을 부하 직원들에게 분배하는 과정을 감독하고 있다는 점을 강조한다.

직무수행의 일곱 번째 차원은 **동료/팀 구성원 리더십 수행**(peer/team member leadership performance)이며, 이 차원은 다섯 번째 차원의 행동 유형과 유사하지만, 위계적 구조가 아닌 팀이나 단위 내에서의 리더십에 중점을 두고 있다. 제11장에서 다룰 팀에 관한 내용에서 논의하겠지만, 팀 내에서의 리더 행동은 서로 다른 팀 구성원들에 의해 다양한 시점에서 이루어질 수 있다. 공유된 목표를 달성하기 위해 다른 팀 구성원들에게 영향을 미치는 종업원들의 행동은 위계적 구조가 없을 때에도 자주 발생한다. 직무수행의 여덟 번째 차원은 **동료/팀 구성원 관리 수행**(peer/team member management performance)이다. 이 차원은 직무수행의 여섯 번째 차원과 유사하지만, 위계적 조직 구조의 외부에서 발생한다. 이 차원에서는 종업원들이 팀 조직 단위 내 자원의 배분과 관리를 도와, 해당 팀이나 단위가 궁극적으로 목표를 달성할 수 있도록 지원한다. 오늘날 많은 회사가 팀워크를 강력히 요구하는 상황에서 혼자 일한다는 것은 점점 더 이례적인 것이다('참고 6.1' 참조). 제11장에서는 팀과 팀 수행을 촉진하는 과정에 대해 다룰 것이다.

두 번째로 소개할 직무수행 모델은 Murphy(1994)가 제안하였다. 이 모델은 특별히 미 해군의 직무수행을 이해하기 위해 개발되었지만 이 수행 차원은 여타 민간 직무에도 유용할 수 있다. 〈표 6.2〉에서 보는 것과 같이 이 모델은 수행을 여덟 가지가 아닌 네 가지 차원으로 나누고 있다. 이 차원의 첫 번째는 **과제 지향적 행동**(task-oriented behaviors)이다. 이 차원은 Campbell(1990, 1994) 모델의 직무 고유 과제 수월성 차원을 거의 판박이로 반영한 것이다. 또한 감독자 직무의 경우에는 감독과 관리/행정 차원이 이 분류 속에 포함되어 있다고 보는 것이 타당할 것이다. 이 차원은 또한 Murphy 모델에서 역할 내 수행을 명시적으로 나타내는 유일한 요소이다. 나머지 차원들은 역할 외 수행을 나타낸다.

두 번째 차원은 **대인 지향적 행동**(interpersonally oriented behaviors)으로, 이 차원은 직무에서 일어나는 모든 대인 간 상호작용을 나타낸다. 예를 들어 고객의 질문에 응답하는 소매점 직원의 행동, 환자의 처방에 대해 의사에게 조언하는 간호사의 행동, 차량 수리사항을 서비스 관리자에게 이야기하는 자동차 정비사의 행동이 여기에 포함된다. 업무현장에서 일어나는 많은 대인 간 교류행동이 과제와

참고 6.1

훌륭한 팀 구성원이 되는 방법

Campbell(1990)의 모델에서 기술된 여덟 가지 직무수행 차원 중에 가장 흥미로우며 중요한 것 중 하나는 '동료와 팀원의 수행 촉진하기'이다. 점점 더 많은 조직에서 프로젝트나 조직구조의 기초로 **팀을 활용**하고 있다. 팀을 점점 더 많이 사용함에 따라, 최근의 많은 조직 연구들이 팀 효과성에 초점을 맞추는 것이 그리 놀라운 것은 아니다. 그러나 주의를 끌지 못한 팀 효과성의 한 측면은 좋은 팀 구성원의 특징을 파악하는 것이다. Susan Wheelan이 쓴 '**효과적인 팀 만들기 : 구성원과 리더에 대한 지침**(Creating Effective Teams: A Guide for Members and Leaders)'이란 책에 따르면, 다음과 같이 효과적인 팀 구성원이 되는 데 필요한 여러 가지 행동적인 특징이 있다.

- 집단에서의 문제로 다른 사람을 비난하지 말 것
- 목표 설정, 역할 규정, 과제 명료화 과정을 장려할 것
- 개방적인 의사소통 구조를 채택하도록 장려할 것
- 과업과 지지적 의사소통 간의 비율을 적당히 유지할 것
- 효과적인 문제 해결 및 의사결정 절차를 촉진할 것
- 생산성, 혁신 및 의견 표출의 자유를 지지하는 규범이 설정되도록 장려할 것
- 집단 효과성과 생산성을 촉진하는 규범을 설정하도록 할 것
- 집단의 응집성과 협동을 촉진할 것
- 효과적으로 갈등 관리 전략을 사용하도록 장려할 것
- 더 큰 조직 맥락하에서 집단 통합과 협조가 이루어지도록 조직 외부의 다른 사람들과 상호작용할 것
- 집단의 목표 달성을 촉진하는 리더의 노력을 지지해 줄 것

이 목록들이 모든 것을 망라하는 것은 분명히 아니다. 다만, 팀과 관련된 수행을 향상시키는 행동들에 대한 단서를 제공해 줄 수 있을 것이다. 목록에 분명히 나타난 것처럼, 이 행동들 중 대부분은 특정 전문 기술 분야나 조직 분야에 국한되지 않는 것들이다. 이는 일반적인 수행차원이 존재한다는 Campbell의 주장과도 일치하는 것이다.

출처 : Campbell(1990), Wheelan(1999).

표 6.2 Murphy(1994)의 역할 내/역할 외 구분에 따른 직무수행 모델

수행 차원	설명
역할 내	
1. 과제 지향적 행동	직무와 관련된 주요 과제 수행
역할 외	
2. 대인 지향적 행동	직무에서 발생하는 모든 대인간 상호작용
3. 시간낭비 행동	직무수행에 영향을 주는 업무 이외의 행동들(예 : 약물/알코올 남용, 추가 업무)
4. 파괴적/유해 행동	안전 위반, 사보타주, 사고, 결근

관련된 것들이므로 이 차원은 Campbell 모델의 동료 및 팀 수행 촉진하기 차원과 유사하다고 하겠다. 그러나 업무현장에서 일어나는 모든 대인 간 상호작용이 업무와 관련된 것은 아니다. 예를 들어 종업원들이 지난 주말을 어떻게 보냈는지에 대해 '**신변잡담**(small talk)'을 하면서 월요일 아침 근무를 시작할 수도 있다. 따라서 이 차원은 또한 종업원들이 일반적으로 동료들과 긍정적인 대인관계를 유지하는 정도를 나타내 준다. 이런 측면의 직무행동은 Campbell의 모델에서는 명백하게 드러나지 않는 측면이지만 이 부분이 수행의 중요한 측면을 나타낸다는 것은 분명하다('참고 6.2' 참조). 과제 지향적 수행과 직무 맥락에서 발생하는 수행 간의 구별은 Van Scotter와 Motowidlo(1996)의 연구에서 자세히 살펴볼 수 있다.

세 번째 차원은 **시간낭비 행동**(downtime behaviors)으로 직무수행자가 업무현장에서 이탈하는 행동을 말한다. 여기에는 알코올이나 약물남용 및 다른 법규 위반 행동과 같은 반생산적 행동들이 포함된다. 예를 들어 어떤 사람들은 약물남용 문제로 빈번히 업무를 이탈하게 되고 이로 인해 업무를 잘 수행할 수 없기 때문에 이것도 수행 측면으로 간주된다.

밀접히 관련되어 있지만 네 번째 범주로 포함된 행동은 **파괴적/유해 행동**(destructive/hazardous

참고 6.2

직장에서 긍정적인 대인관계 유지하기

다른 사람과 긍정적인 대인관계를 유지하는 것은 어느 누군가가 그 일에 실패하지 않는 한 거의 주목받지 못하는 수행 차원이다. 수년의 연구를 통해 대인 간 갈등이 종업원들에게 부정적으로 인식되며, 많은 부정적인 결과를 초래한다는 것이 일관되게 나타났다(예 : Spector & Jex, 1998). 구체적으로 업무환경에서 대인 간 갈등이 빈번히 발생하게 되면, 종업원은 자신의 직무를 싫어하는 경향이 있었고 일하러 올 때 불안과 긴장을 느끼는 것으로 나타났다.

조직 내에서 승진에 미치는 대인관계의 영향은 상대적으로 덜 연구된 주제지만, 아마도 그만큼 중요한 주제일 수 있다. 다양한 조직에서 근무하고 오랜 시간 동안 여러 강의를 진행하면서 우리가 자주 접했던 주제는, 기술적 역량의 부족 때문에 승진에 실패하는 경우는 비교적 드물다는 점이다. 조직에서 승진을 못하는 사람들의 대부분은 다른 사람과 어울리지 못하기 때문이다. 실제로 많은 조직이 기술적 능력은 충분히 있지만 대인관계 기술이 부족한 사람들을 대상으로 하는 개인 코칭 프로그램에 상당히 많은 예산을 투자하고 있다. 왜 조직에서 다른 사람들과 어울리는 것이 그렇게 중요한가? 가능한 한 가지 이유는 조직에서 이루어지는 많은 일이 **사람**을 통해 이루어진다는 것이다. 만일 어떤 사람이 다른 사람과 어울리는 데 어려움을 겪고 있다면, 이 사람은 다른 사람의 협조와 지원을 얻기 힘들 것이다. 그런데 이런 것은 조직에서 어떤 일을 추진하기 위해서는 필수적인 요인이다.

마지막으로 최근 연구는 동료 종업원들 간에 면대면뿐 아니라 온라인에서도 좋은 인간관계 기술을 보이는 것이 중요하다는 것을 시사한다. Giumetti와 동료들(2012)은 감독자의 '사이버 무례'(예 : 온라인상에서 종업원에 대해 부정적인 것을 말하기)가 종업원들의 결근 및 탈진 보고와 관련 있음을 발견하였다.

출처 : Giumetti et al.(2012), Spector and Jex(1998).

behaviors)이다. 여기에는 안전 위반, 결근, 파업과 같은 행동들이 포함된다. 시간낭비 행동과 파괴적/유해 행동 차원은 Campbell(1990, 1994)의 모델에서 개인적인 규율 지키기 차원과 가장 밀접히 관련되어 있다. 어떤 경우에는 파괴적/유해 행동이 노력 부족(예 : 안전 장비를 착용할 시간을 갖지 않는 것)으로 인해 발생하는 경우도 있다. 따라서 이 차원은 Campbell 모델에 따르면 노력하기 차원과 중복될 수도 있다.

Campbell(1990, 1994)의 8차원 모델과 비교해볼 때 Murphy(1994)의 4차원 모델은 두 가지 이유에서 다소 활용성이 떨어져 보인다. 첫째, 이 모델은 특별히 미 해군 직원들의 직무수행을 설명하기 위해 개발되었다. 이에 비해 Campbell의 모델은 보다 다양한 스펙트럼의 직무에서 수행을 기술하기 위한 것이었다. 물론 군인들의 직무수행을 기술하는 데 이 모델이 사용될 수도 있다. 둘째, Murphy에 의해 기술된 수행 차원은 Campbell에 의해 기술된 차원보다 상당히 포괄 범위가 넓다는 특징이 있다. 이 차원들이 너무 광범위하기 때문에 이런 수행 차원상에서 종업원들 간의 차이를 가져오는 요인들을 결정하기는 더 힘들다. 이런 불리함이 있지만, 이 모델 역시 직무 간의 수행 차이를 비교할 수 있게 하는 차원을 제공해 준다.

여러 직무에 통용될 수 있는 수행 차원의 중요성은 Viswesvaran(2002)도 강조하고 있다. 그는 대부분의 직무수행 모델이 보다 일반적인 수행 측정치와 좀 더 세부적인 연구자별 측정치를 함께 가지고 있다고 주장한다. 모든 연구자가 직무수행을 측정하는 하위 차원들에 대해 서로 동의하지는 않지만, 직무수행이 단순히 아주 협소하게 정의된 과제를 수행하는 기술적인 측면 이상의 것이라는 데는 서로 동의한다. 뿐만 아니라, 종업원들이 다른 사람들과 상호작용하는 방식이나 그 외 다른 방식으로 조직에 기여할 방법이 있다는 점에 대해서도 서로 동의한다. 직무수행의 기술적 측면과 비기술적 측면이 종업원의 전반적인 수행 평가에 함께 영향을 주는 방식은 이 장 뒷부분에서 논의한다.

직무수행의 측정

이전 절에서는 직무수행에서 측정되어야 하는 중요한 차원들을 확인하기 위해 조직심리학자들이 개발한 모델들을 다루었다. 종업원들이 좋은 수행 또는 나쁜 수행을 하도록 하는 원인이 무엇인지를 이해하기 위한 다음 단계는 직무수행을 측정하는, 신뢰롭고 타당한 측정치를 개발하는 것이다. 좋은 직무수행 측정치가 있으면 수행에 관련된 변인들을 더 잘 이해할 수 있게 된다. 이 절에서는 직무수행이 어떻게 측정될 수 있는지를 다룰 것이다. 또한 신뢰롭고 타당한 직무수행 측정치를 개발하는 과정에서 연구자들이 직면하는 주요한 어려움도 검토할 것이다. 즉 다음과 같은 세 가지 가장 중요하면서 복잡하게 얽혀 있는 요인들을 구체적으로 살펴보고자 한다 : (1) 직무수행의 측정치, (2) 직무수행 변량의 축소, (3) 시간 경과에 따른 직무수행의 불안정성.

직무수행 측정치

정의대로라면 직무수행은 행동이다. 따라서 직무수행은 거의 대부분 직접 측정되는 것이 아니며, 전형적으로 측정되는 것은 직무수행에 대한 외적 평가(external assessment)이다. Murphy(1989a)에 따르면 수행은 다음의 여덟 가지 방법으로 측정된다 : (1) 지필 검사, (2) 직무 기술 검사, (3) 현장 내 시범 검사, (4) 현장 외 시범 검사, (5) 고충실 시뮬레이션, (6) 상징적 시뮬레이션, (7) 과제 평정, (8) 전반적 평정. 조직 장면에서 지금까지 시행되고 있는 가장 일반적인 두 가지 수행 평가 방법은 세부 과제에 대한 종업원 수행평정과 직무 전반에 대한 수행평정이었다.

후자와 관련된 수행평정의 사례는 Van Dyne과 LePine(1998)이 사용한 것이다. 이들은 종업원, 동료 및 상사에게 수행의 각 측면을 평가하는 문항에 응답하도록 하는 방법을 통해 역할 내 및 역할 외 수행을 평가하였다. 역할 내 수행은 종업원이 자신의 수행 기대를 충족시키고 종업원으로서 해야 할 직무 과제를 잘 수행한 정도를 묻는 문항들로 평가되었다(예 : 이 종업원은 직무기술서에 기록된 책임을 완수하였다). 역할 외 수행은 자신이 속한 집단 내의 다른 사람을 도와주고 예정된 행사에 참여하는 것과 같이 종업원에게 반드시 기대되지는 않는 비과업 행동을 통해 평가되었다(예 : 이 종업원은 소속 집단의 이익을 위해 집단 내 다른 사람들이 하는 일을 도와준다).

수행평정에 대한 연구문헌은 방대하지만(DeNisi & Murphy, 2017 참조) 여기에서 이들을 세부적으로 검토하지는 않겠다. 그러나 두 가지 사항을 강조하고자 한다. 첫째, 수행평정에는 오류가 발생할 가능성이 많이 존재한다. 예를 들어 평정자가 수행을 관찰할 기회를 적절하게 가지고 있지 않을 수 있다. 평정자가 피평정자를 좋아하거나 싫어하는 정도에 따라 평정에 편파가 있을 수 있다. 평정자에 따라서 내적인 수행기준이 다를 수 있다. 그러나 이들은 많은 잠재적인 오류원들 중 단지 세 가지일 뿐이다. 평정 오류는 이들이 실제 직무수행에서 발생할 수 있는 의미 있는 차이를 차단할 수도 있고, 이로 인해 직무수행과 다른 변인 간의 관계가 약화될 수도 있기 때문에 문제가 될 수 있다('참고 6.3' 참조).

둘째, 수행평정에서의 오류를 줄일 수 있는 단계들이 채택될 수 있다. 예를 들어 평정자 훈련을 통해 수행평정의 정확성을 높일 수 있다(Pulakos, 1984). 수행평정의 문제에서 벗어나는 또 다른 방법은 보다 객관적인 수행평정치를 찾는 것이다. 산출된 결과물이나 판매 수주량 같은 것이 이에 해당한다. 불행하게도 이와 같이 보다 객관적이라는 수행평정치들도 그 자체로 심각한 결점을 가지고 있을 수 있다. 가장 분명히 드러나는 결점은 이 측정치 대부분이 실제 직무수행 능력이 아니라 효과성이나 생산성을 측정하는 지표에 불과하다는 점이다(Campbell, 1990). 또 다른 단점은 종업원들이 이와 같은 객관적인 수행 지표에 대해 통제력을 갖고 있지 않을지도 모른다는 것이다. 예를 들어 매우 재능 있는 부동산 영업사원일지라도 모기지 상환이자율이 20% 상승한다면 주택을 많이 판매하기는 어려울 것

참고 6.3

비교문화적 연구 결과 : 아시아 6개국 간의 수행평정 편파

서구 국가 종업원들은 관대성 편파를 보이는 것이 밝혀졌다. 이는 동료 종업원에 의해 평가될 때보다 자신을 더 나은 사람으로 평가하는 것을 말하는 것이다. 그런데 동양권 국가 종업원들에게도 이런 편파가 나타날까? Barron과 Sackett(2008)는 이 관대성 편파가 일본, 중국, 싱가포르, 인도, 한국, 태국 종업원들에게서도 나타나는지를 확인하였다.

관리자들에게 자신의 수행에 대해 전반적인 자기평가를 하도록 하였고, 자신의 수행을 평가해 줄 3명의 동료와 3명의 부하를 지명해 주도록 하였다. 일본 종업원들은 '겸손 편파'를 보여주었는데, 이들은 동료나 부하의 평가보다 자기평가가 낮게 나왔다. 이런 편파를 보인 나라는 일본뿐이었다. 서양 국가에서 나타난 관대성 편파는 중국과 인도 관리자에게서는 나타났는데, 다른 나라들은 어떤 편파도 보여주지 않았다.

연구자들은 사회제도적 집단주의(institutional collectivism : 기관의 문화가 집단주의적 방식으로 자원을 배분하고 행동하는 데 집중하는 정도) 가치관 차이가 아시아 국가들 간에 나타나는 차이를 설명하는 것은 아닌지를 확인해보았다. 확실히 일본 관리자들은 사회제도적 집단주의에서 다른 5개 아시아 국가들보다 점수가 높았다. 이는 아시아 국가들이 자원공유에 부여하는 가치에 차이가 있으며, 이런 차이가 수행평정에서 나타나는 편파를 예측해 준다는 것을 시사한다.

출처 : Barron and Sackett(2008).

이다.

몇몇 연구자들은 행동 준거 평정 척도(behaviorally anchored rating scales)를 구성하여 수행평정에 내재된 편파를 극복하려고 하였다. 이런 척도는 '부족한', '보통' 또는 '탁월한' 수행을 보여주는 종업원의 행동을 분명하게 구분해 준다(Campbell, 1990 참조). 예를 들어 법정 변론을 준비하고 있는 보조변호인의 능력을 평가한다고 해보자. '매우 부족하다', '매우 우수하다' 등의 척도로 이 사람의 능력을 평가하는 대신, 행동 준거 평정 척도는 '법정 변론에 필요한 세부사항들을 구체화했다', '군더더기 없이 변론의 주요 요점을 요약 정리해 주는 보고서를 만들었다'와 같은 용어들로 구성된다. 구체적인 행동으로 척도를 구성하면 수행평가 시 주관성을 줄여 줄 수 있다.

Oswald 등(2004)은 행동 준거 평정 척도를 활용하여 대학생 수행평가 척도를 개발하였다. 이 저자들은 우선 대학생의 수행을 평가하는 것은 단순히 학생들의 학점을 검토하는 것 이상이어야 한다는 점을 지적하였다. 저자들은 우선 대학의 웹 사이트를 조사하여 대학생의 수행 차원을 12가지로 요약하였다. 여기에는 '윤리성과 정직성', '적응능력과 생활능력', '리더십' 등이 포함되었다. 그런 다음 이 저자들은 수행의 각 차원에 대해 높은 점수와 낮은 점수를 나타내는 행동들을 파악하였다. 예를 들어 리더십 수행의 낮은 수준은 집단 상황에서 문제를 해결하기 위해 다른 사람을 기다리는 것이었고, 높은 수준은 문제를 해결하기 위해 집단을 이끌어 가는 것이었다.

집단 수행을 평가하는 데 다양한 방법을 사용하는 것이 중요하다는 것 외에, 최근에는 개별 종업원의 수준을 넘어서서 수행을 평가하는 것이 강조되고 있다. 통계적 모델링의 발전으로 개인 수준에서뿐만 아니라 조직 내 및 조직 간의 별도 수준에서도 조직적인 구성개념을 검토하는 것이 가능해졌다고 한 제2장의 내용을 상기해보자. Wildman과 동료들(2011)은 현장에서 직무수행을 측정할 때 '다중수준' 관점을 취하는 것이 중요함을 논의하였는데, 종업원 수준뿐 아니라 팀과 조직 수준에서 수행평가를 하는 사례를 제시하였다. 조직의 다른 수준에서 수행을 평가하기 위해서는 각기 다른 전략이 요구된다. 제11장에서 우리는 팀 역학과 수행에 관해 새로 싹트고 있는 연구들을 살펴보고자 한다.

수행 측정을 할 때 명심해야 할 점은 수행과 수행에 대한 측정이 동일한 것이 아니라는 것을 염두에 두어야 한다는 것이다. 더욱이 무언가를 측정할 때에는 불가피하게 어느 정도 오류가 끼어들 수밖에 없기 때문에, 수행을 파악하고 이를 예측하는 우리의 능력은 언제나 불완전하다는 것을 명심해야 한다. 마지막으로, 최근에는 CHAT GPT와 같은 인공지능 플랫폼에 대한 관심이 폭발적으로 증가하면서 이러한 플랫폼을 직무수행의 맥락에서 어떻게 고려해야 할지에 대한 조직의 이해도를 높이는 데 새로운 도전 과제가 생겼다. 이 문제는 '과학 번역하기 6.1'에서 논의한다.

과학 번역하기 6.1

학교와 직장에서 AI 탐색

인공지능(AI), 즉 인간의 인지 과정을 모방하는 컴퓨터 시스템의 활용은 1950년대 중반부터 시작되었다. 그러나 최근 전 세계적으로 엄청난 인기를 끌고 있는 AI의 폭발적인 발전이 있었다. 이 기술 중 하나는 Chat GPT라고도 알려진 **Chat Generative Pre-Trained Transformer**이다. 최근 몇 년 동안 Chat GPT와 같은 많은 AI '챗봇'들이 다시 등장했다. 이러한 유형의 AI는 오픈 소스의 특성 덕분에 사용자로부터 학습할 수 있으며, 따라서 알고리즘, 즉 사용자 질문에 대한 응답의 정확성을 높일 수 있다. AI는 자연어 처리(Natural Language Processing, NLP)를 사용하여 알고리즘을 생성하고 응답 생성에서 더욱 정확해질 수 있다.

AI가 사회 내 어디에나 존재한다는 특성으로 인해 학술 기관과 조직 모두 이러한 AI를 학업 및 업무 성과를 향상하거나 보완하는 데 사용하는 것의 윤리적 측면에 대한 답을 찾게 되었다. 새로운 아이디어나 기술과 마찬가지로, AI 챗봇을 직장과 학교 환경에서 사용하는 것에 대해 찬반 양론이 있다.

AI 챗봇 사용을 지지하는 측은 이러한 기술이 글쓰기부터 다양한 데이터 분석 프로그램의 코드에 이르기까지 다양한 질문에 대한 즉각적인 응답을 생성하여 생산성을 높였다고 주장한다. 그러나 직장에서의 AI 사용에 반대하는 주요 논거는 이 신기술이 화이트칼라 일자리를 대체하고 높은 실업률로 이어질 것이라는 예측을 중심으로 이루어진다. 게다가 많은 대학과 학교에서는 수업에서 AI 사용을 금지하고 있다. 그 주된 이유는 AI가 특정 작업 기능을 간소화하는 데 유용한 도구일 수 있지만, 작문 샘플을 만드는 데 사용될 수 있어 이는 곧 표절 문제와 학습 부족으로 이어질 수 있기 때문이다. 한 가지 확실한 점은, AI의 범위와 역량이 증가함에 따라 대학과 조직은 이 새로운 상황에 적응해야 한다는 점이다.

제공 : 클렘슨대학교 Caroline George

출처 : Lund and Wang(2023).

전형적 직무수행과 최대 직무수행

직무수행을 평가하면서, 최근에 연구자들은 **전형적**(typical) 또는 정상적 직무수행과 **최대**(maximum) 또는 최고 직무수행 간의 차이를 이해하고자 많은 노력을 기울였다(Klehe & Grazi, 2018). 대부분의 직무수행 측정치는 종업원이 전형적으로 직무에서 수행할 수 있는 정도의 평정이나 측정에 집중한다. 그러나 종업원의 정상적 수행뿐만 아니라 직무에 최대 노력을 기울였을 때 할 수 있는 것이 어느 정도인지를 이해하는 것 또한 유용할 수 있다. 일반적으로는, 위에 기술한 방법을 사용하여 전형적 수행을 검토하게 되지만, 업무 중 특정 시기 동안 종업원을 검사하여 최대 수행을 평가하거나 여러 사람에게 관찰되는 평가센터를 활용하여 최대 수행을 평가할 수도 있다(Deadrick & Gardner, 2008).

전형적 수행과 최대 수행 간에는 중간 정도의 관련성만이 있다는 것을 연구자들은 밝혔는데, 이는 직무수행 유형에 따라 각기 다른 요인들이 이에 영향을 미칠 가능성이 있음을 말해 준다. 따라서 직무수행 예측치를 논의할 때, 전형적 직무수행 예측치와 최대 직무수행 예측치가 어떻게 다른지를 주목해볼 것이다.

시간 경과에 따른 직무수행의 불안정성

종업원의 직무수행을 평가하려 할 때 부딪히는 두 번째 도전은 수행이 안정적인 정도 대 변동하는 정도와 관련이 있다. 수행 준거 측정치의 상대적인 안정성에 대해서는 수년에 걸쳐 많은 논쟁이 있었다(예 : Ackerman, 1989; Austin et al., 1989; Barrett et al., 1985; Henry & Hulin, 1987, 1989). 어떤 연구자는 시간이 지나도 수행이 상당히 안정적인 것이라고 주장하는 반면 많은 다른 사람들은 수행이 역동적이라고 주장한다(종종 지나칠 정도로 강력하게 주장한다). 중요한 연구 증거에 비추어볼 때 수행 준거가 역동적이라는 입장이 지지를 받는 것 같다. 예를 들어 Deadrick과 Madigan(1990)은 재봉 기기 운용자의 수행이 안정적인지를 조사하였는데, 시간 간격이 아주 짧을 때에는 수행 수준 간의 상관이 매우 강하다는 것을 발견하였다. 그러나 한 시점에서의 수행과 23주 후 수행 간의 상관은 상당히 낮아졌다. 여러 가지 요인으로 인해 종업원의 수행은 시간이 경과함에 따라 변동하는 경향이 있다. 사실 이러한 비일관성 때문에, 어떤 사람이 수행에서 높은 수준의 일관성을 나타낼 경우 사람들은 이로부터 깊은 인상을 받게 된다. 대부분의 직업에서 가장 큰 영예는 오랜 기간 동안 꾸준히 수행을 하는 사람들에게 주어진다.

Ployhart와 Hakel(1998)은 여러 증거가 수행의 역동적인 본성을 지지하더라도, 각기 다른 시점에서 얻은 수행 수준 간 상관만으로는 개인의 수행이 시간이 경과함에 따라 어떻게 변화하는지에 대한 통찰력을 제공해 주지 못한다고 지적했다. 더 나아가, 수행 변화의 뚜렷한 패턴을 예측하는 변인에 대해서도 우리가 아는 바가 거의 없다는 것을 강조하였다. 이 문제를 해결하기 위해 이 연구자들은 303명의 안전관리 분석가 표본을 대상으로 수행 준거 자료를 8년간 추적 분석하였다.

잠재 성장 곡선 모델링(latent growth curve modeling)이라고 하는 통계 절차를 사용해서 그들은 이 안전관리 분석가들의 수행이 기본적인 학습곡선과 대략 유사하다는 것을 발견하였다. 그들이 사용한 통계분석 절차는 시간이 경과함에 따른 변화 패턴을 모델화할 수 있게 해 주는 분석법이다. 처음에는 수행이 급격하게 증가하였지만, 결국 어느 정도 지나면 평평해지는 지점에 도달하게 된다. 그들은 또한 표본에 속한 모든 사람의 곡선이 동일하지 않다는 것을 발견했다. 예를 들어 초기에 수행이 급격하게 상승하는 방식에도 사람들 간에 차이가 있었고, 수행이 급격하게 평평한 지점에 도달하는 데도 차이가 있었다. 그들이 발견한 가장 중요한 사실은 시간에 따른 수행 변화 패턴을 예측할 수 있다는 것이었다. 예를 들어 자신이 설득적이고 공감적인 사람이라고 기술하는 사람은 아주 가파른 초기 판매 신장률을 보여주었다. 연구자들은 또한 이 두 변인이 추후 수행에서 하락이 있을지 여부를 예측해 준다는 것을 발견하였다. 자신을 설득적이라고 기술한 사람은 고용된 지 2년 차가 되었을 때 초기 수행에서보다 더 큰 하락을 나타냈다. 이에 비해 자신을 공감적이라고 기술한 사람들은 이런 하락률이 더 작게 나타났다. 실용적인 면에서 살펴볼 때 이런 발견은 고객에게 공감을 표현하는 것이 고객을 설득하는 것보다 더 효과적인 판매 기법일 수 있다는 것을 시사한다.

Ployhart와 Hakel(1998)의 연구는 수행의 안정성 문제에 대해 중요한 통찰력을 제공해 준다. 적어도 연구된 표본의 경우에 시간이 경과함에 따라 수행이 안정적이지 않았지만, 이런 불안정성이 무선적으로 변동하는 것은 아니라는 것이다. 더 중요한 것은 시간이 변화함에 따라 나타나는 수행의 변동 패턴을 확인하고 모델화하는 것이 가능하다는 것이다. 이 연구는 또한 시간이 경과함에 따라 수행 변산성의 패턴을 예측해 주는 개인차가 있을 수 있다는 것을 시사해 준다. 이런 결과가 보여주는 중요한 실용적 시사점은 바람직한 수행의 시간적 패턴을 조직이 확인할 수 있고, 이런 패턴을 잘 나타낼 것 같은 개인을 선발할 수 있다는 것이다. 예를 들어 수행이 빠르게 정점에 도달했다가 급격히 쇠퇴하는 사람을 가려내는 것이 가능한 것이다.

시간에 따른 직무수행 변산성은 직무 자체의 특성으로도 설명할 수 있다. Murphy(1989b)는 직무는 **유지**(maintenance) 단계와 **변환**(transition) 단계로 구별될 수 있다고 제안하였다. 유지 단계 동안에는 직무를 구성하는 과제들이 직무수행자에게 다소 반복적이고 자동적이다. 예를 들어 자동차 운전법을 일단 배우게 되면 이 과제를 수행하는 데 필요한 단계는 일상적인 일로 바뀌어서 더 이상 의식적인 사고과정이 필요하지 않게 된다. 즉 어느 정도 숙달 수준에 도달하게 되면, 사람들은 과제를 수행할 때 **'자동 조종 상태'**에 있는 것처럼 행동하게 된다. 따라서 아침 출근 시간에 운전하면서 화장을 고치거나, 아침을 먹거나, 신문을 읽을 수 있게 되는 것이다.

직무가 변환단계에 있는 경우에는 직무를 구성하는 과제들이 새로워지고 직무수행자는 한 가지 일을 하면서 다른 일을 자동적으로 처리할 수 없게 된다. Murphy(1989b)는 변환기에는 종업원의 적응이 요구되기 때문에 어느 정도 수행의 하락이나 불안정성이 나타난다고 지적하였다. 변환기의 또 다른 결과는 (유지기 동안의 수행과 비교해볼 때) 다른 시기와 비교하여 일반 인지능력이 수행을 결정하는 데 더 중요한 결정요인이 된다는 것이다. 이런 결과는 복잡한 직무에 대한 수행을 예측할 때는 일반 인지능력이 더 강력한 예측변인이 된다는 사실에 비추어볼 때 타당해 보인다. 이것이 사실이라면 일반 인지능력은 이런 시기 동안의 수행과 더 강하게 연계되어야 한다. 불행하게도 이런 명제는 아직 경험적으로 검증되지 않았다. 그러나 코로나19 팬데믹으로 인해 대부분의 직무에서 필요한 변환은 변환기간이 얼마나 극적일 수 있는지를 다룬다('참고 6.4' 참조).

Sturman 등(2005)의 연구 또한 시간에 따른 수행 안정성을 설명하는 데 직무 특성이 중요하다는 것을 강조하고 있다. 이 저자들은 직무수행이 주관적인 평정치 또는 객관적인 지표로 평가될 수 있는지를 검토하였다. 1년에 걸쳐 시행한 직무수행 간 검사-재검사 상관은 복잡성이 낮고 주관적인 측정치로 평가했을 때 가장 높았고(r=.83), 복잡성이 높고 객관적인 측정치로 평가했을 때 가장 낮았다(r=.50). 저자들은 후자의 경우에도 각기 다른 시점에 평가된 직무수행들 간의 상관은 상대적으로 높은

참고 6.4

코로나19로 인한 원격 근무로의 전환

종업원들이 자신의 업무 방식과 장소에서 겪어야 했던 전환을 생각할 때, 코로나19 팬데믹만큼 깊은 영향을 미친 예시는 아마 없을 것이다. 많은 종업원들은 사전 통보나 준비, 교육 없이 갑작스럽게 원격근무로 전환해야 했다. 그러나 모든 직종의 종업원들이 재택근무를 할 수 있었던 것은 아니며, 특히 주로 물리적으로 현장에 있어야 하는 공장 근로자들은 주요 업무를 수행하기 위해 반드시 현장에 있어야 했다. 이러한 근로자들에게 전환은 다양한 종류의 보호 장비를 착용하고, 바이러스에 감염될 위험에 대한 두려움 속에서 업무를 수행해야 하는 상황을 의미했다.

사무실에서 일하는 대신 재택 근무로 전환한 직원들은 많은 경우 자신의 주요 업무수행 방식을 변경해야 했다. 또한, 사무실 환경에서의 대면 정보 교환이 사라지면서 의사소통의 중요성이 증가했다.

Kilcullen과 그의 동료들은 팬데믹으로 인한 급격한 업무 변화에 대처할 수 있도록 조직과 팀, 개별 종업원들에게 연구에서 도출된 일련의 교훈을 제공했다. 조직 수준에서 저자들은 팀원들 간의 의사소통 빈도와 같은 문제에 대해 명확한 규범을 종업원들에게 전달하는 것이 중요하다고 강조했다. 또한, 종업원의 수행을 모니터링하고, 종업원이 스스로 수행을 모니터링하도록 격려하는 것도 중요하다고 언급했다. 팀 수준에서는 팀 리더들이 가상환경에서 팀을 효과적으로 이끌고, 팬데믹으로 인해 가상환경에 적응하는 개별 팀원들에게 필요한 지원을 제공하는 것의 중요성을 강조했다. 마지막으로, 개별 종업원 수준에서 종업원 간 및 조직과 의사소통하는 것, 그리고 팬데믹으로 인한 전례 없는 혼란을 감안하여 업무를 수행하는 방식에 더 큰 유연성을 제공하는 것의 중요성을 강조했다.

요약하자면, 코로나19 팬데믹으로 인해 종업원들이 자신의 직무수행을 구성하는 기본적인 업무를 수행하는 장소와 방식이 바뀌었고, 이에 따라 종업원들에게 대대적인 전환이 필요했다. 이 전환의 규모를 인식하고, 전환기간과 그 이후에 더 나은 기능을 촉진하기 위한 조치를 취하는 조직은 더 건강하고 생산적인 종업원을 갖게 될 것이다.

출처 : Kilcullen et al.(2022).

편이었다고 지적하였다.

마지막으로, 최근 수행된 연구들은 시간에 따른 직무수행 궤적의 추가적인 결정요인에 대해 검증하였다. Alessandri 등(2021)은 6년 동안 네 차례에 걸쳐 500명 이상의 화이트칼라 종업원을 대상으로 직무수행과 승진을 조사하였다. 저자들은 시간 경과에 따라 직무수행이 상승하는 변화가 승진의 변화와 관련이 있음을 발견하였다. 또한, 수행이 지속적으로 우수했던 종업원들보다 수행이 상승하는 추세를 보인 종업원들이 승진할 가능성이 더 높았다. Kanat과 Reizer(2017)는 스포츠 분석가 집단을 대상으로 조사한 결과, 상사가 자율성을 지원한다고 인식한 종업원들이 시간이 지남에 따라 직무수행이 증가할 가능성이 더 높다는 것을 발견하였다.

직무수행의 결정요인

조직심리학자들이 직무수행을 어떻게 정의하고 어떻게 측정하는지를 논의하였으니, 이제 종업원이 직무를 잘 수행할지 그렇지 않을지를 예측해 주는 요인들을 살펴보자. 직무수행과 같은 행동을 설명하고자 할 때, 조직심리학자들은 개인과 환경의 상대적인 영향력을 두고 뜨거운 논쟁(예 : 천성 대 양육 논쟁)을 벌이곤 한다. 그러한 경우에 상식적인 결론으로 논쟁이 해소되곤 하는데, 대부분의 행동이 개인적인 특징과 환경적인 특징 간 복잡한 상호작용의 소산이라는 식이다.

일반적으로 이야기할 때, 직무수행에서의 차이는 능력, 동기, 수행을 억제하거나 촉진하는 상황적 요인 간의 상호작용에 의한 것이다. 따라서, 종업원들이 수행을 잘 하기 위해서는 직무 관련 능력을 갖추고 있어야 한다. 하지만 개인이 동기화되어 있지 않거나 심각한 상황적 제약 요인을 피할 수 없는 경우에는 능력만 가지고 높은 수준의 수행을 이끌어 내지는 못할 것이다. 물론 어떤 경우에는 이 세 요인 중 어느 한 요인의 탁월한 수준이 다른 요인에서의 저조함을 보상해 줄 수는 있다(예컨대 아주 의욕적인 종업원은 상황적인 제약요소를 극복할 수 있을 것이다). 그러나 대부분의 경우에 이 세 요인의 존재는 필수적인 것이다.

이 절에서는 직무수행의 결정요인을 설명해 주는 잘 알려진 이론적 모델을 먼저 검토해보는 것으로 시작하고, 이어서 직무수행의 결정요인에 대한 경험적인 증거를 탐색해본다. 직무수행에 영향을 주는 많은 변인이 밝혀졌지만, 수행 차이를 설명해 주는 개인적 특성 혹은 개인차에 국한하여 경험적 연구 논문들을 검토하고자 한다. 직무수행에 영향을 주는 환경적 요인들(예 : 리더십, 동기 및 상황적 제약요소)은 후속 장에서 보다 상세히 논의할 것이다.

Campbell의 직무수행 모델

Campbell(1990, 1994)은 직무수행이 **명명적 지식**(declarative knowledge), **절차적 지식/기술**(procedural knowledge/skill), **동기**(motivation)의 상호작용으로 결정된다고 제안하였다. 명명적 지식은 간단히 말해 사실이나 사물에 대한 지식을 말한다. 명명적 지식 수준이 높은 종업원은 자신의 직무에 요구되는 과제에 대한 이해력이 높다. 예컨대 높은 수준의 명명적 지식을 가지고 있는 의료기술자는 환자의 피를 채혈하는 데 필요한 단계를 잘 알고 있다. Campbell에 따르면 명명적 지식에서의 차이는 다양한 요인에 기인하게 되는데, 능력, 성격, 흥미, 교육훈련, 종업원의 적성과 훈련 간 상호작용과 같은 요인을 들 수 있다. 따라서 많은 형태의 전문 훈련이나 학문적 훈련과정은 최소한 초기 단계에서 명명적 지식 습득의 필요성이 강조된다. 예컨대 의학전문대학의 첫해에는 인체 해부학이나 생리학 정보에 관해 많은 것을 암기하도록 요구한다.

일단 개인이 상당한 수준까지 명명적 지식을 획득하게 되면, 그다음에는 높은 수준의 절차적 지식/기술을 습득해야 하는 위치에 이르게 된다. 이 단계에 이르게 되면, 종업원은 무엇을 시행해야 하는지와 어떻게 시행해야 하는지를 알게 되고, 특정 과제를 수행할 수 있게 된다. 절차적인 기술과 지식을 고도로 습득하게 된 의료기술자는 피를 채혈하는 단계를 아는 것뿐만 아니라, 이 과제를 실제로 수행할 수 있게 되는 것이다. Campbell에 따르면 절차적 지식/기술 습득의 차이를 결정하는 요인은 명명적 지식에서의 차이를 결정하는 요인과 유사하다. 학문적 훈련이나 전문적 훈련 시 절차적 지식/기술의 습득은 명명적 지식이 충분히 갖추어진 다음 단계에서 요구된다. 예를 들어 의과대학에서는 3, 4학년이 되어야 '수술 작업'을 익히게 된다.

종업원이 높은 수준의 절차적 지식/기술을 익히게 되면, 높은 수준의 직무수행을 할 수 있는 잠재력을 갖추게 된다. 이런 잠재력이 높은 수준의 직무수행을 이끌어낼지 여부는 동기에 달려 있다. Campbell(1990, 1994)에 따르면, 개인의 동기는 (1) 직무수행을 향해 노력을 기울일지 여부, (2) 투여하는 노력 수준, (3) 선택된 노력 수준을 지속할지 여부 등에 대한 종업원 선택을 결정하게 된다. 따라서 종업원이 매우 높은 수준의 절차적 지식/기술을 갖추고 있다 하더라도 동기가 낮다면 높은 수준의 수행을 달성할 수 없는 것이다. 예를 들어 매우 유능한 종업원이라 하더라도 더 이상 노력하지 않기로 결정할 수도 있고, 충분한 노력을 기울이지 않을 수도 있으며, 노력을 기울이더라도 그 수준을 지속하려는 의지가 부족할 수도 있다.

Campbell(1990, 1994)의 모델은 엄밀하게 말해서 수행을 결정하는 개인 내면의 요인을 정리한 것이며, 이들 간 상호작용의 효과를 기술하고 있다는 데 중요 가치가 있다. 더욱이 이 모델은 경험적인 지지를 받고 있다(예 : McCloy et al., 1994). 이 모델은 또한 수행을 결정하는 요인들 간의 상호작용이 복잡하다는 것을 상기시켜 준다. 예를 들어 높은 수준의 동기는 중간 수준의 절차적 지식/기술을 보완해 줄 수 있다. 동기 수준이 매우 낮게 되면 높은 수준의 절차적 지식/기술이 가져다줄 수 있는 잠재적

이득이 무효화될 수도 있다. 이 모델은 또한 수행과 수행 결정 요인에 대한 아이디어와 가설을 도출하는 데 활용될 수 있다('참고 6.5' 참조).

직무수행에서의 차이를 설명하기 위해 제안된 모든 변인이 파악되었다면 논리적인 질문이 제기될 수 있다. 즉 이 모든 요인이 수행에 미치는 영향력은 상대적으로 어떻게 다른가? 실제로 많은 연구들이 여러 해 동안 이 문제를 연구했다. 그러나 이런 연구문헌들을 총망라해서 검토하는 것은 이 책의 범위를 넘어서는 것으로 보인다. 그렇지만 적어도 수행에 대한 개인차 예측변인과 관련해서 몇 가지 결론을 내리는 것은 가능하리라 여겨진다. 앞서 설명했듯이 수행에 영향을 미치는 상황 요인들은 다른 장에서 다루고자 한다.

직무수행 예측치로서 일반 정신 능력

지금까지 직무수행을 결정하는 변인으로서 가장 많이 주목받아 온 개인차 변인 중 하나는 **일반 정신 능력**(general mental ability, GMA)이다. 수많은 정의가 있지만 일반 정신 능력에 대한 대부분의 정의에서 공통으로 나타나는 요소는 이것이 정보를 처리하고 이해하는 개인의 능력을 반영한다는 것이다(Murphy, 1989b; Waldman & Spangler, 1989). 직무수행의 결정 요인으로서 일반 정신 능력이 다양한 직무와 직업 영역에 대한 수행을 예측한다는 결과는 여러 연구에서 일관되게 나타난다. 가장 종합적으로 이를 보여주는 최근의 메타분석 사례는 Schmidt와 Hunter(1998)에 의해 시행되었다. 이 분석에

참고 6.5

명명적 지식과 절차적 지식 간의 상호작용

명명적 지식이 절차적 지식을 획득하는 데 필요한 사전 조건인가? 즉 당신이 어떤 것을 **실행**하는 방법을 배우기 위해서는 어떤 것에 대해 알아야 하는가? 어떤 과제의 경우에는 명명적 지식이 절차적 지식의 선행 요인이 된다는 것이 매우 분명하다. 예를 들어 당신이 제트기 추진체에 대해 아무런 지식이 없다면 제트 비행기를 운행하는 것은 어려울 것이다.

그러나 몇몇 형태의 수행에 대해서는 명명적 지식이 절차적 지식에 반드시 선행해야 하는지 분명하지 않다. 예를 들어 운동선수가 어떤 일을 하는 방법을 이해할 수는 있지만 자신이 하고 있는 일의 이면에 있는 원칙을 알아야 할 필요는 없는 경우가 있는데, 이는 전혀 특이한 경우가 아니다(예 : 나이키가 'Just Do It'이라는 슬로건을 내거는 것). 또한 악보를 알지 못하지만 자신의 청각 기억에 의지해서 악보를 연주할 수 있는 많은 위대한 음악가들이 있을 수 있다.

아마 명명적 지식을 먼저 익히지 않은 상태에서 절차적 지식을 획득하는 사례는 상대적으로 드물 것이다. 그러나 지식의 두 가지 형태 간 상호작용을 더 많이 이해하는 것은 유용할 것이다. 많은 교육훈련 프로그램이 명명적 지식을 먼저 이해해야 한다는 전제에 기반을 두고 있기 때문에, 이러한 상호작용을 이해하면 흥미 있는 새로운 교육훈련 방법을 구상할 수 있을 것이다.

서는 직무수행에 대한 여러 예측변인을 정리하기 위해 대략 85년 동안 이루어진 연구 결과들이 요약되었다. 그들의 분석은 일반 정신 능력과 여타 직무수행 간 교정상관(corrected correlation)이 .51이라는 것을 보여준다. 즉 직무에서의 수행 변량 중 25% 이상이 일반 인지능력의 개인차에 의해 설명된다는 것이다. 영국에서 시행된 283개 독립 표본에 대한 최근 메타분석 역시 일반 인지능력과 수행 간의 상관계수가 .50~.60 사이에 있다는 것을 보여준다(Bertua et al., 2005). 이 밖에도 최근 연구는 일반 정신 능력과 수행 간 관계에 대한 메타분석이 정신 능력에서의 범위 축소 문제를 충분히 고려하지 않았고, 그 결과 25%까지 상관이 축소되었을 가능성이 있다고 분석한다(Hunter et al., 2006). 직무수행에 영향을 줄 수 있는 다른 요인들(즉 동기, 리더십, 상황적 제약 요인)을 고려해볼 때, 정신 능력이 이처럼 강력한 예측치라는 것은 실로 인상적인 결과다.

왜 일반 정신 능력은 직무수행에서의 차이를 설명하는 데 그렇게 중요하게 작용하는 것일까? Schmidt 등(1986)에 따르면 일반 정신 능력과 수행 사이를 매개하는 연결자는 **직무 지식**(job knowledge)이다. 즉 더 높은 수준의 일반 정신 능력을 보유한 종업원은 인지능력이 낮은 종업원보다 자신의 직무상 의무에 대해 더 잘 알고 있을 것이다. 예를 들어 매우 재능 있는 비행기 조종사는 덜 똑똑한 조종사보다 비행과 관련된 지식을 더 많이 가지고 있다. 본질적으로 높은 수준의 정신 능력을 가지고 있는 사람은 일반 정신 능력을 적게 가지고 있는 사람들보다 직무환경으로부터 관련 있는 정보를 더 많이 추출해 낼 수 있을 것이다.

이 연구에서 발견된 또 다른 일관된 사항은 일반 정신 능력은 직무 복잡성이 낮은 직무와 비교해볼 때 직무 복잡성이 높은 직무에서의 수행을 더 잘 예측한다는 것이다(Bertua et al., 2005; Hunter et al., 1990). 어떤 표준적인 정의가 존재하는 것은 아니지만, 대부분의 연구자들은 직무 복잡성이 직무수행자에게 부여된 정신적인 요구나 정보처리 사항에 의해 강하게 영향을 받는다는 데 동의하고 있다(Wood, 1986). 예를 들어 회사 임원의 직무는 많은 양의 정보에 대한 종합과 기획 같은 **고순위**의 인지 기술이 요구된다. 한편 편의점 직원의 직무는 준비된 지침과 절차를 따르는 것과 같이 **저순위**의 인지 기술이 요구된다. 일반 정신 능력은 복잡한 직무를 잘 수행해 낼지를 예측해 준다. 왜냐하면 이런 직무에서는 직무수행자에게 고순위 정보처리를 요구하기 때문이다. 따라서 인지능력이 낮은 사람에 비해 높은 수준의 인지능력을 보유한 사람은 그런 요구들을 잘 충족시켜 줄 수 있다.

이런 계열의 최근 연구는 협소 인지능력이 일반 정신 능력보다 종종 수행을 더 잘 예측한다는 것을 보여주었다. Lang 등(2010)은 수행 예측치로서 GMA와 협소 인지능력에 대한 메타분석 연구를 하였다. 저자들은 40개 이상의 연구 결과들을 조사하였는데, GMA는 연구에서 제시된 각 직무수행을 11~29% 정도 설명하였는데, 협소 인지능력은 GMA보다 더 큰 예측치를 보여주었다. 최근 Lang과 Kell(2020)은 미국인을 대상으로 고등학교 시절에 평가된 GMA와 수학, 언어, 시공간 능력이 11년 후 급여와 직업 명성, 51년 후 수입의 예측 변인으로서의 성과를 조사했다. 상대적 중요성 분석(relative importance analysis)을 통해, 특정 능력들이 결과 변인 변량의 대부분을 설명한다는 것을 발견하였다.

이런 결과들은 인지능력 검사가 예측하고자 하는 직무수행에 맞게 조정되어야 한다고 권고하는 것이다. 이 장 앞에서 설명한 전형적 수행과 최대 수행 간 차이를 회상해보자. GMA는 전형적 수행보다는 최대 수행에 대해 더 강한 예측치였다(Marcus et al., 2007; Witt & Spitzmüller, 2007). 따라서 GMA가 개인이 최대 노력을 기울일 때 할 수 있는 것에 대해서는 양호한 예측치라 할지라도, 그런 시간 주기가 아닌 전형적 수행과는 다소 관련성이 적었다.

정신 능력이 직무수행의 강력한 예측치라 할지라도, 연구자들은 이런 검사에서 인종 간에 차이가 크게 나타나는 것을 발견하였다. 이런 차이로 인해 편향된 선발을 하게 만들 수 있고, 법정 소송이 벌어질 수도 있다(Van Rooy et al., 2006). 그러나 수행 예측이라는 면에서 실제로 편향이 존재하는지 여부에 대해 의문을 가지는 최근 연구(Kuncel & Hezlett, 2010)가 등장하게 되면서, 소수인종에게 편향된 능력 검사 이슈는 여전히 논쟁적인 문제이다. 그럼에도 불구하고 연구자들은 수행 예측치로서 **정서지능**(emotional intelligence, EI)과 같은 다른 형태의 지능 측정에 관심을 가지게 되었다. Baron 등(2006)은 자신을 이해하고 표현할 수 있는 것, 다른 사람을 이해하고 관계를 맺는 것, 정서를 관리하고 통제하는 것, 개인 및 대인관계 문제에 변화 · 대응 · 해결하는 것, 긍정적인 기분을 만들어내고 자기에게 동기부여하는 것을 정서지능이라고 기술하였다. 연구자들은 두 방식 중 한 가지로 정서지능을 측정한다. 첫 번째는 좀 더 객관적인 일반 인지능력 평가와 병행하여 시행하는 능력 기반 측정이다(Mayer & Salovey, 2007). 두 번째는 철저한 자기보고 측정치로, 참가자들(또는 참가자의 동료)은 높은 EI 수준을 진술하고 있는 문항들에 대해 동의하는 수준을 선택하게 된다(Bar-On, 2006). 현장에서 EI를 개념화하기에 좋은 방법에 대한 논쟁이 존재하지만(Schlegel & Mortillaro, 2019 참조), 연구자들이 직무수행에 대한 예측치로 EI를 사용하는 것을 중단하지는 않을 것이다.

최근의 메타분석은 43개의 각기 다른 연구에서 나온 상이한 효과 크기를 분석해서 EI와 직무수행 간의 관계를 요약하였다(O'Boyle et al., 2011). 그 결과 두 유형의 EI는 직무수행과 .24~.30 사이의 교정상관을 보였다. EI는 GMA와 성격(뒤에 설명)보다 직무수행을 더 많이 예측하였다. 특히 EI는 고객서비스 창구 직원, 교사, 간호사와 같은 정서노동이 필요한 직무에서의 수행을 예측하는 데 특히 중요하다(Joseph & Newman, 2010). 그러나 Joseph 등(2015)의 메타분석에서는 GMA와 관련된 잠재적 혼입 변인을 통제한 후 EI가 더 이상 직무수행의 예측변인이 아니라는 것을 발견하였다. 따라서, 정서지능이 직무수행의 중요한 예측변인인지 여부는 여전히 불확실하다고 볼 수 있다.

직무수행 예측치로서 직무경험

직무경험(job experience)은 직무수행에 대한 일반적인 예측변인으로 자주 연구되는 또 다른 개인차 변인이다. 관련 직무경험이 많은 사람이 직무경험이 전혀 없거나 적은 사람에 비해 더 나은 수행을 보일 것임은 당연하다. 일반 인지능력과 마찬가지로, 직무경험은 다양한 영역의 직무 유형에서 직무수행과 정적으로 관련되어 있다는 것이 여러 경험적 증거에서 나타났다(McDaniel et al., 1988; Schmidt & Hunter, 1998). 일반 인지능력과 마찬가지로 경험과 직무수행 간의 관계도 직무지식에 의해 매개되는 것처럼 보인다(Schmidt et al., 1986). 연구자들은 또한 경험과 직무수행 간의 관계가 직무 복잡성에 달려 있다는 것을 발견하였다. 예를 들어 McDaniel 등(1988)은 복잡성이 높은 직무보다 복잡성이 낮은 직무에서 경험이 수행을 더 잘 예측한다는 것을 발견했다. 그들은 직무 복잡성이 낮은 직무를 잘 수행하기 위해서는 직무경험이 필요하기 때문이라고 설명하였다. 예를 들어 편의점 직원이 일을 수행하는 방법을 배우려면 일을 직접 해 보는 것 외에 다른 방법은 없다. 그러나 복잡성이 높은 직무에서는 교육이 경험 부족을 보충해 줄 수 있다. 상호작용 효과의 형태가 일반 인지능력에 대해서 발견된 결과와 정확히 반대라는 것에 주목하자.

직무경험이 수행 차이를 설명하는 데 있어서 그 중요성은 경력연수가 경과함에 따라 감소한다는 증거도 있다. 예를 들어 McDaniel 등(1988)은 경험과 수행 간의 상관이 평균 직무경험 수준이 3년 이하인 집단에서 가장 높았고, 평균 직무경험이 그 이상인 집단에서는 상관이 낮게 나오는 것을 발견하였다. 이는 직무경험이 직무수행에 미치는 영향에 **수확체감의 법칙**(law of diminishing returns)이 작용하고 있음을 시사한다.

그러나 직무경험이 직무수행에 미치는 영향에 대한 연구는 신중하게 바라봐야 할 필요가 있다. 왜냐하면 대부분의 연구들이 조직이나 직무에 종사한 햇수로 직무경험을 측정하고 있기 때문이다. Quinones 등(1995)은 직무경험을 양적 차원뿐만 아니라 질적 차원으로 구분해볼 수도 있다고 제안하였다. 직무경험을 질적 차원으로 평가하려면, 수행된 직무과제와 개인이 직무에 노출된 상황의 적절성이 검토되어야 한다. 예를 들어 어떤 사람이 여러 해 동안 회계사 경험을 하였지만 현장감사 경험이 거의 없다면, 이 사람이 일반적인 회계 경험을 덜 가진 사람보다 감사 직책을 더 잘 수행할 수 있다고 말할 수 없을 것이다.

Quinones 등(1995)의 연구에 기초하여, Tesluk과 Jacobs(1998)는 직무경험을 직무 관련 경험의 밀도(density)와 시기(timing)의 두 차원으로 정의할 수 있다고 제안하였다. 특정 업무에서 고밀도의 경험을 가진 종업원은 상대적으로 짧은 기간 안에도 많은 **발전적 경험**(developmental experience)의 기회를 가질 수 있다. 이런 것들로 책임감 증가나 아주 어려운 조건하에서 업무를 수행하는 것을 들 수 있다. 시기 차원은 어떤 업무경험이 개인의 경력 기간 중 초기, 중기, 말기 중 어느 단계에서 발생하느냐에 따라 발전적인 가치에 차이가 있을 수 있다는 사실을 보여준다. 대부분의 종업원들에게 개인의 경력 단계 초기에 일어나는 실수는 (후기에 발생하는 실수와 비교해볼 때) 개인의 발전에 더 많은 영향을 끼친다. Quinones 등(1995) 그리고 Tesluk과 Jacobs(1998)의 연구에서 더 주의해야 할 점은 직무경험이 복잡한 변인이며, 그 의미를 완전히 이해하고 평가할 수 있으려면 이론적 · 경험적 연구가 더 많이 수행

참고 6.6

직무경험이란 무엇인가?

직무경험이란 조직심리학에서 자주 사용되어서 그 중요성을 너무 당연시하기 쉬운 변인이다. 전형적으로, 대부분의 연구자들은 여기에 많은 주의를 기울이지 않는데, 그 이유는 단지 기술통계적인 목적으로 또는 단순히 통계분석에서 통제변인으로 사용하기 위해 측정할 뿐이기 때문이다. 대부분의 연구에서 경험은 단순히 개인이 특정 직무나 조직에 고용되었던 개월 수나 햇수로 측정된다.

Tesluk과 Jacobs(1998)는 조직 또는 직무 근속연수가 직무경험의 복잡성을 잘 대변하지 못할 가능성이 있다는 지적을 하였다. 예를 들어 똑같은 길이의 근속연수라도 직무 관련 체험의 밀도나 시기가 매우 다를 수 있다. 밀도 차원의 가장 좋은 예는 전쟁지역에서 복무하는 외과의사이다. 이 사람은 전형적으로 분초를 다투면서 수술을 하게 된다. 따라서 정상적인 민간 병원에서 일하는 외과의사가 두 배의 기간에 걸쳐 얻는 경험보다도 단 3개월 만에 더 많은 수술경험을 할 수가 있다. 경력 시기의 좋은 예로는 교육훈련을 받고 난 직후에 수행이 저조한 부서를 책임지게 된 관리자를 들 수 있다. 이런 경험은 의심할 바 없이 경력 후반기에 얻게 되는 것보다 훨씬 더 많은 영향을 주게 될 것이다.

많은 조직이 경험의 복잡성을 인식하고, 개인의 발전이 최대화될 수 있도록 높은 잠재력 보유 관리자에 대한 업무할당을 구조화하려 한다. 그러나 대부분의 경우, 연구자들은 경험을 아주 간단한 형태로 처리해 버린다. 향후 이런 영역을 잘 구조화하는 것도 조직심리학 연구 영역에 매우 가치 있는 결과를 제공해 줄 것이다.

출처 : Tesluk and Jacobs(1998).

되어야 한다는 것이다('참고 6.6' 참조).

직무수행 예측치로서 성격

일반 인지능력 및 직무경험과 함께, 직무수행 예측치로서 성격에 대한 연구가 최근의 연구 조류로 떠오르고 있다. 이 영역에 대한 많은 연구들을 논의하면서, 우선 직무수행 예측치로서 성격 '5요인'(성실성, 우호성, 경험에 대한 개방성, 외향성 및 신경성)에 대한 연구를 살펴보고자 한다. 그런 다음 수행 예측치로서 상이한 특성들의 결합특성 또는 '슈퍼 특성(supertrait)'에 관한 접근들을 살펴보고자 한다. 그다음에는 최근 부상하고 있는 주도적 성격 특성을 살펴보겠다. 이 절은 업무현장에 초점을 둔 성격 평가를 '개념화'하기 위한 논의와 성격이 직무수행을 예측하는 방식에 대한 모델을 제시하는 것으로 마무리한다.

다양한 영역의 직무에서 수행을 예측하는 변인으로 일관성 있게 밝혀진 성격 특성은 성실성(conscientiousness)이다(Barrick & Mount, 1991, 2005; Dudley et al., 2006; Thoresen et al., 2004). 성실한 사람은 의지할 만하고, 목표 지향적이며, 계획적이고 성취 지향적이다. Barrick과 Mount(1991)는 다양한 직무에서 성실성과 수행 간 교정상관이 .22라는 것을 발견하였다. 최근 54개의 개별 메타분석 결과를 종합한 메타분석에서 성실성과 직무수행 간의 교정상관이 .28인 것으로 나타났다(Zell &

Lesik, 2022).

왜 성실성이 직무수행을 예측하는 견고한 예측치가 되는지에 대해서는 세 가지 설명이 있다. Schmidt와 Hunter(1998)에 따르면 성실성과 직무수행을 연계해 주는 변인은 직무지식이다. 일반 인지 능력 및 직무경험과 수행 간의 관계를 매개해 주는 변인이 직무지식이었다는 것을 상기해보자. 그러나 이번 경우에 매개과정은 능력보다는 동기와 주로 관련된 것이다. 매우 성실한 사람들은 직무지식을 높이기 위해 시간과 노력을 더 많이 들일 것이고, 이로 인해 성실하지 않은 사람들보다 더 나은 수행을 할 것이다.

성실성과 수행 간의 관계에 대한 또 다른 설명은 목표설정이다. Barrick 등(1993)은 영업사원들을 대상으로 한 연구에서, 목표설정이 성실성과 직무수행 사이를 매개한다는 것을 발견했다. 구체적으로 성실성이 높은 사람들은 성실하지 않은 사람들보다 수행과 관련된 목표를 설정하려는 경향을 더 많이 가지고 있다. 목표를 설정하려는 경향은 직무수행을 높은 수준으로 달성하는 데 촉진제 역할을 한다. 이런 결과는, 성실한 사람들은 직무에 상관없이 더 나은 수행을 보여준다는 Schmidt와 Hunter(1998)의 발견에서도 나타난다.

성실성과 수행 간의 관계에 대한 마지막 설명은 동기적인 것이다. Barrick 등(2002)은 성실성이 일로부터 더 많은 것을 성취하고 더 높은 지위에 도달하려는 종업원의 열망에 영향을 주어 수행 평가와 관련된다는 것을 발견하였다. 이런 동기변인들을 통제한 후에는 성실성이 더 이상 직무수행을 예측하지 못하였다. 이 연구는 성실성은 종업원이 더 나은 수행을 하도록 동기를 북돋아 준다는 모델을 지지해 준다.

직무수행에 대한 예측치로서 성실성을 고려하면서, 해당 주제에 대해 떠오르고 있는 두 가지 연구 영역에 주목해볼 필요가 있다. 첫째는 전반적인 성실성 특성보다는 순서성, 자기통제, 근면성, 신뢰성 같은 전반적 성실성의 세부요소들이 직무수행을 더 잘 예측하는가이다. '충실도-영역확대 간 상쇄효과(fidelity-bandwidth tradeoff)'(Hogan & Roberts, 1996)란 말로 종종 언급되고 있지만, 기본적인 전제는 구체적 성격 측면은 구체적 수행 측면을 더 잘 예측해 주는 데 비해 일반 성격 특성은 일반 수행을 더 잘 예측한다는 것이다.

몇몇 최근 연구는 세부 측면 특성보다는 일반 성실성 측정치에 대한 지지를 보여준다. Salgado 등(2013)은 성실성과 성실성의 세 측면(계획성, 자기통제, 근면성)이 경찰관 수행 측면(전반 수행, 기술적 과업 수행, 계획성)을 예측하는 정도를 검토하였다. 연구자들은 일반 성실성 측정치가 통제되었을 경우에 개별 측면들은 전반 수행 차원이나 세부 수행 차원 중 어느 것도 예측하지 못하였음을 발견했다. 한편 Sitser 등(2013)은 구체적 성실성 차원(예 : 세심한 일처리 경향)은 구체적 판매 수행(예 : 행정처리)을 더 잘 예측해 준 데 비해 일반 성실성 측정치는 일반 판매 수행을 더 잘 예측한다는 것을 발견하였다.

성실성과 직무수행 연구에서 떠오르는 두 번째 이슈는 관계가 선형적인지 곡선적인지 하는 것이다. 연구 결과에 따르면 지나친 성실성이 반드시 좋은 것만은 아닐 수도 있다는 것을 보여준다. 성실성 수준이 특정 지점을 넘어서게 되면, 높은 수준의 성실성은 지나치게 경직되고, 융통성이 없거나 완벽주의적으로 되는 것과 관련되었다(Mount et al., 2008). 이런 경향은 특히 복잡성이 낮은 직무에서 더 그러했다(Le et al., 2011). 고급 통계 모델링을 사용하여 연구자들은 아주 높은 수준의 성실성은 수행 수준 및 조직시민행동 저하와 관련되고, 나아가 반생산적 행동 수준의 상승과 관련되는 것을 보여주었다(Carter et al., 2014).

성실성 외에 다른 성격 특성들도 특정 유형의 직무수행을 더 잘 예측한다는 사실에 주목할 필요가 있다. Barrick과 Mount(2005)에 따르면 **외향성**(extraversion)과 **우호성**(agreeableness)(갈등을 피하고 어울리기 쉬운 성향)은, 특히 다른 사람들과 자주 상호작용을 해야 하는 직무에서 직무수행을 잘 예측한다. **경험에 대한 개방성**(openness to experience)은 새로운 아이디어와 체험에 개방적인 성향인데, 항상 새로운 변화에 적응해야 하는 직무수행에 대한 중요한 예측치이다. 시간경과에 따라 직무수행 궤적의 변화를 검토한 최근 연구는, 경험에 대한 개방성이 높은 종업원은 직무수행 쇠퇴를 더 늦게 경험한다는 것을 보여주었다(Minbashian et al., 2013).

조직 연구자들은 광의의 요인으로 성격 특성들을 결합하는 것이 직무수행을 더 잘 예측할 수 있다는 주장을 한다. Erez와 Judge(2001)는 **자존감**, **통제소재**, **일반적 자기효능감**, **신경증**이 통합되어 **핵심 자기평가**(core self-evaluation)를 구성한다는 주장을 하였다. 그들은 "자신과 관련된 사람, 사건 및 사물에 대한 개인적 평정을 대표하는 기본적인 결론 또는 기저선 평가"(p. 1270)로 이를 정의하였다. 자존감은 사람들이 자신에 대해 가지는 전반적인 태도이다. 통제소재는 개인이 자기 행동의 원인을 자신 내부행동으로 귀인하거나(내적 통제소재), 환경에 귀인하는 것(외적 통제소재)을 말한다. 일반적 자기효능감은 개인이 자신이 직면하고 있는 과제를 완수할 수 있다고 생각하는지 여부를 말한다. 마지막으로 신경증은 정서적 안정성이 결여된 상태와 부적인 정서상태를 경험하는 경향성을 말하는 것이다. 신경증은 개인의 핵심 자기평가에 부적으로 작용하게 된다.

Erez와 Judge(2001)는 4개의 개별 성격 특성이 모두 합쳐져서 핵심 자기평가라는 포괄적 특성을 구성한다고 제안하였다. 더 중요한 것으로, 해당 저자들은 이 포괄적 특성이 학생과 보험 영업사원 모두의 수행을 예측해 준다는 것을 발견하였다(학생의 경우 포괄적 특성과 수행 간에 $r=.35$, 보험 영업사원의 경우 포괄적 특성과 판매량 간에 $r=.34$, 수행평정 간에 $r=.44$였음). 핵심 자기평가와 수행 간의 상관은 이 포괄적 특성을 구성한 4개 개별 특성들과 수행 간의 어떤 상관보다 더 컸다. 마지막으로 핵심 자기평가는 성실성을 통제하였을 경우에도 수행과 관련되었다. 최근의 메타분석에서 Judge 등(2004)은 핵심 자기평가 특성을 지지하였고, 이 변인을 측정하는 단축형 척도를 제시하였다.

수행을 예측하는 것으로 알려진 또 다른 결합 성격 특성은 '심리적 자본(psychological capital)' 또는

'PsyCap'이다. Luthans 등(2007)은 이를 다음과 같이 정의한다.

> 발달단계에서 정적인 심리상태를 보이는 사람은 다음과 같은 특징을 가진다 : (1) 자신감을 갖고 도전적 과제에서 성공하기 위해 필요한 노력을 기울이는 것(자기효능감), (2) 현재 및 미래에 성공할 것에 대해 긍정적 귀인을 하는 것(낙관주의), (3) 목표를 달성하기 위해 지속적인 노력을 하고, 필요하면 성공하기 위해 목표에 도달하는 통로를 변경하는 것(희망), (4) 문제나 역경에 부딪혔을 때 성공할 때까지 참아 내고 다시 일어서서 더 나아가는 것(회복탄력성)(p. 3).

PsyCap의 네 요소가 각기 수행과 연관되어 있는 상황에서, PsyCap 전체 점수가 다양한 유형의 직무수행에 대한 예측치가 되는 것은 당연하다. Avey 등(2010)은 PsyCap이 대형 금융기업의 관리자 수행평정과 객관적 재무 성과 두 가지를 모두 예측해 주는 것을 발견하였고, Luthans 등(2007)은 PsyCap이 하이테크 제조기업에 종사하는 종업원의 관리자 평정과 객관적 수행을 예측해 준다는 것을 발견하였다. 이런 특성들이 더 다양한 영역에서의 개인차, 특히 종업원이 얼마나 일을 잘하는지에 대한 개인차를 잡아낸다면, 미래 조직심리학 연구는 결합 특성들이 수행과 여타 조직 결과를 예측하는 능력을 계속해서 조사하게 될 것이라고 예상할 수 있다. 또한 PsyCap 증진을 위한 개입에 대한 41개의 실험 연구를 메타분석한 최근 연구 결과에 따르면, 개입의 효과는 유의미하지만 작은 것으로 나타났다(Luspa et al., 2020).

핵심 자기평가와 PsyCap 외에, 최근 직무수행 예측 차원에서 많은 주목을 받고 있는 또 다른 특성은 주도적 성격(proactive personality)이다. Bateman과 Crant(1993)는 처음으로 주도적 성격을 개념화하였는데, 이들은 상황적 제약조건에 영향을 받지 않고, 자신의 환경을 적극적으로 창조해 내고 자신의 삶을 개선할 방안을 찾아내는 사람들로 이를 개념화하였다. Frese 등(1997)은 유사한 특성을 개인 선도성(personal initiative)이라 명명하였는데, 선도적으로 문제를 해결할 수 있고 장애를 목표달성에 활용하는 성향을 지칭한다. 연구는 주도적 성격에서 높은 점수를 보이는 사람은 그 특성에서 낮은 사람보다 더 수행이 좋았다는 것을 보여준다. Crant(1995)는 부동산 판매원을 대상으로 한 연구에서 주도적 성격은 업무 성과와 정적으로 관련됨을 보여주었다. 즉 주도적 성격이 높은 사람들은 판매수당을 더 많이 벌어들였다. 최근의 메타분석 결과도 주도적 성격은 상위 수준의 업무수행에 대한 예측치임을 보여준다(Thomas et al., 2010; Tornau & Frese, 2013). 주도적 성격을 가진 종업원은 다양한 영역의 업무역할 수행에서 더 큰 확신을 보여주었고, 역할 수용에서도 더 유연하였으며(Parker et al., 2006), 효과적인 업무수행에 필요한 사회적 관계망을 개발하는 데도 더 능숙하였다(Seibert et al., 2001). 또한 최근 메타분석 연구에서는 주도적 성격이 성격 5요인을 통제한 후에도 직무수행을 예측하는 것으로 밝혀졌다(Spitzmuller et al., 2015).

성격을 직무수행의 예측인자로서 여기는 것에 대해 최근에 대두한 한 가지 이슈는 업무를 수행하는 직무상황 속에서 성격 측정 프레임을 만드는 것의 중요성이다. 대부분의 연구는 상황을 배제한 성격 측정 프레임하에서 연구되었다. 예로, 성실성을 측정하는 데 사용되는 표본 문항으로 "나는 과제를 끝까지 마무리한다"를 들 수 있다. 개인이 일반적으로 과제를 끝까지 완수한다는 것인지, 업무수행 시 과제를 마무리한다는 것인지 아니면 둘 다인지에 대해 아무런 언급이 없다는 것에 주목하기 바란다. 프레임이 있는 또는 맥락이 주어진 성격 측정은 업무에서 어떻게 할지에 대해 묻는 성격 측정에 응답하도록 한다. 이런 프레임은 문항에 대해 반응할 때, 자신의 직무에 집중하라고 지시하도록 하거나 문항 자체에 그런 내용이 들어가도록 바꾸어 줌으로써 이루어진다.

예로 위에서 언급한 성실성 질문은 다음과 같은 방식으로 프레임을 바꿀 수 있다. "나는 직무를 수행할 때 과제를 끝까지 마무리한다." 프레임이 있는 또는 맥락이 주어진 성격평가가 탈맥락적인 측정보다 직무수행을 더 잘 예측한다는 것은 이론적으로 의미 있는 발견이다. 이런 아이디어를 지지하면서, Shaffer와 Postlethwaite(2012)는 최근에 맥락이 주어진 성격측정치 대 탈맥락적인 성격측정치와 수행 간의 관계 강도를 조사하는 메타분석을 시행하였다. 위 저자들은 맥락이 있는 성격측정치의 평균 타당도 계수(.25)가 탈맥락적인 측정치의 평균 타당도 계수(.11)보다 높은 것을 발견하였다. 직무수행 예측치로서 맥락이 있는 성격측정이 증가할 것이 예상된다.

직무수행을 예측하는 변인들에 대해 지금까지 누적된 지식을 요약하면, 직무수행에 영향을 주는 가장 중요한 개인차 변인은 일반적 인지능력, 직무경험, 성실성이다. 또한 직무수행과 이들 변인 사이를 연결해 주는 주요 기제는 직무 지식이고, 좀 약하지만 목표설정 그리고 동기이다. 이런 관계들은 직무 복잡성에 의해 영향을 받는 것으로 드러났다. 〈그림 6.1〉은 이런 예측들을 요약하였다. 거기에 덧붙여, 보다 최근 연구는 수행을 예측할 때 좀 더 광의의 성격 특성 측면들을 탐색하는 것의 중요성을 제기하면서 특정 성격 특성을 결합해서 심리적 자본과 같은 상위 특성을 제시하기도 한다.

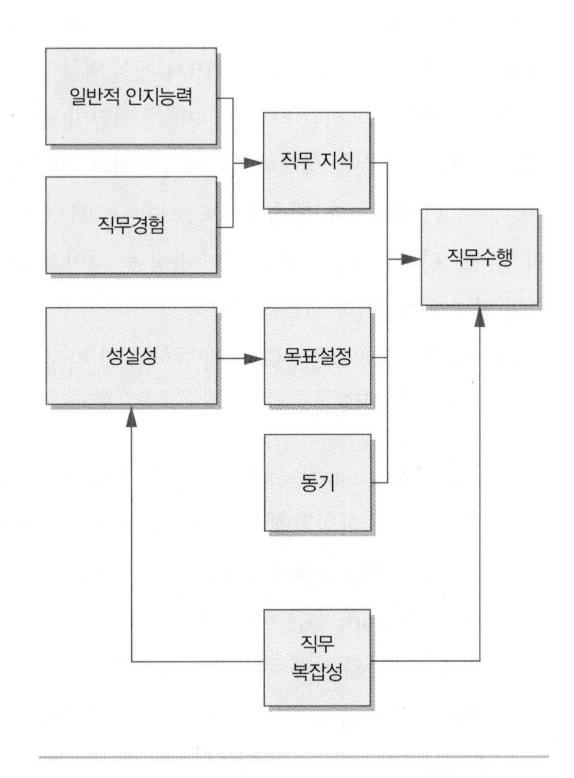

그림 6.1 직무수행의 주요 개인차 선행변인 요약

〈그림 6.1〉에는 동기, 리더십 또는 조직풍토와 같은 여러 상황적 요인이 포함되지 않았음을 주목하기 바란다. 이는 순전히 교

육적인 고려에 의한 것으로, 상황적 요인과 수행 간의 연계는 후속 장에서 다룰 것이기 때문이다. 개인차와 상황적 요인의 결합 효과를 함께 분석한 연구들이 거의 없지만, 두 요인이 모두 직무수행에 기여한다는 것은 경험적으로 밝혀진 사실이다(Barrick & Mount, 2005; Colarelli et al., 1987; Day & Bedeian, 1991 참조). 따라서 조직이 종업원의 수행을 높은 수준으로 끌어올리기 위해서는 똑똑하고, 경험 많고, 성실한 사람을 채용하는 것 이상의 활동을 해야 한다.

조직시민행동

이 장에서 논의되는 생산적 행동의 두 번째 형태는 조직시민행동(organizational citizenship behavior, OCB)이다(Organ, 1977, 1994). 일반적으로 말해서, OCB는 종업원에게 요구되는 공식적인 직무규정의 일부가 아닌 행동들(예 : 곁근한 동료를 도와주는 행동, 다른 사람들에게 예의 바르게 처신하는 행동) 또는 종업원이 공식적으로 보상받지 않는 행동들을 말한다. 그런 행동들은 조직에 의해 공식적으로 요구되는 것은 아니지만, 전체적으로 볼 때 집단이나 조직의 효과성을 높이는 것이다(George & Bettenhausen, 1990; Katz & Kahn, 1978; Podsakoff et al., 1997). 앞에서 다룬 직무수행 모델(Campbell, 1990, 1994; Murphy, 1994)에서 역할 내 수행과 역할 외 수행 간 구분을 상기해보라. 그리고 그런 측면에서 제시된 역할 외 수행은 개인이 담당하는 주요 전문영역과 관련된 세부 과제들과 연계되지 않는다는 것을 상기해보자(예 : 팀워크, 헌신행동, 의사소통 능력). 역할 외 수행과 OCB 간의 구분은 좀 더 흐릿하다. 기술적으로 보면, OCB는 종업원을 사정하는 데 사용되는 공식적인 평가체계의 일부로 평가되지 않는다는 것이 가장 큰 차이점이다. 그 외에도, OCB의 선행변인들은 역할 내와 역할 외 수행의 선행변인들과 다르다.

Organ(1977, 1994)은 OCB를 분류하는 한 가지 방법을 제시하였는데, 조직에서의 OCB를 5개 유형으로 범주화하였다.

1. **이타행동**(altruism)은 조직 장면에서 '도와주는 행동'이라고 여기는 것들을 총칭한다. 이 OCB 행동은 간혹 친사회적 행동(prosocial behavior)이라고도 한다. 이타행동의 사례로는 컴퓨터 조작에 어려움을 겪는 동료에게 자발적으로 도움을 주는 것을 들 수 있다.
2. **예의행동**(courtesy)은 다른 사람에 대해 기본적인 배려심을 베푸는 행동을 지칭한다. 이 범주에 속하는 행동의 사례로는 일이 어떻게 진행되어 가는지를 확인하기 위해 동료들과 주기적으로 '기본적인 접촉을 하는 것', 일이 어떻게 진행되는지 다른 사람이 알 수 있도록 하는 것이 포함된다.

3. **스포츠맨십**(sportsmanship)은 특정 유형의 행동에 관여하지 않음으로써 나타나는 행동이란 측면에서 다른 OCB 행동들과 구별된다. 예를 들어 문제점이나 사소한 불편사항에 대해 불평하지 않는 행동 같은 것이 여기에 해당된다.
4. **성실행동**(conscientiousness)은 직장에서 '좋은 시민'이 되는 것과 관련되는 것으로 회의시간에 정시에 맞추어 도착하는 행동을 하는 것 등이 이에 해당된다.
5. **시민덕목행동**(civic virtue)은 목표대상이 다른 개인이 아니라 조직 또는 업무집단이라는 측면에서 여타 OCB 행동들과 구별된다. 이런 유형의 OCB 행동 사례는 조직이 후원하는 자선행사에 참여하는 행동을 들 수 있다.

이런 식의 분류가 OCB를 분류하는 합리적인 방식이기는 하지만, 다른 연구자들은 OCB를 달리 조직화한다. 예를 들어 Organ과 Konovsky(1989)는 문제를 가지고 있는 다른 종업원을 돕는 행동(이타행동)과 규칙을 따르고 일이 잘되도록 필요한 일을 하는 것(응종행동)을 구분하였다. 마지막으로, McNeely와 Meglino(1994)는 다른 사람을 돕는 것을 지향하는 조직시민행동(OCB-I)과 전체적으로 보아 조직을 위하는 것으로 방향 지어진 조직시민행동(OCB-O)을 구분하였다. OCB 유형별로 예측변인의 차이를 비교하는 데 관심이 있는 연구자들은 후자의 구분법에 특별히 관심을 기울였다.

대부분의 연구자들은 조직 내의 개인을 향한 OCB와 일반적으로 조직을 향한 OCB 간의 기본적 차이를 받아들인다. 그런데 고급 통계모델링을 사용한 최근의 메타분석 결과, OCB-I와 OCB-O의 잠재변인(측정 오류가 없는 변인의 측정, 제2장 참조) 간 상관이 .98로 나타났는데, 이는 두 변인이 전반적으로 동일한 구성개념을 측정하고 있다는 것을 시사하는 것이다(Hoffman et al., 2007). Hoffman 등(2007)은 두 유형의 OCB를 결합한 모델이 변인을 분리시킨 모델과 동일하게 데이터에 부합하였다는 것을 발견하였다. 따라서 조직심리학자들이 구별되는 OCB 유형을 서로 차별화하는 데 관심을 가지는 경우가 있다 하더라도, 차별화된 하위점수들을 결합하여 전체 점수로 활용하는 것도 의미가 있다고 여겨진다.

OCB의 원인과 예측변인

종업원들은 왜 OCB를 보여주는 것일까? 여기에는 세 가지 설명이 있을 수 있다. 첫 번째 설명에 따르면, 주요 결정 요인은 긍정적 정서이며, 이는 일반적으로 직무 만족의 형태로 나타난다. 이론적으로, 이 관점은 매우 긴 역사를 지닌 사회심리학적 연구 전통에서 온 것으로, 정적인 기분이 도움행동과 여타 자발적인 친사회적 행동의 빈도를 증가시킨다는 점에 착안한다(George & Brief, 1992 참조). 더 나아가 정적인 기분과 도움행동은 상호 강화적인 기능을 가지는데 그것은 타인을 돕는 행동이 사람들을 기분 좋게 만들어 주기 때문이다. Bettencourt 등(2001)은 정적인 직무 태도는 서비스업에 종사하는 종

실무자 소개

E. SCOTT GELLER 박사

나는 1969년에 버지니아공과대학교(Virginia Tech, VT) 심리학과에서 학문적 경력을 시작했으며, 인지심리학 분야에서 체계적인 연구와 학문 활동을 통해 부교수로 승진하면서 종신 교수직을 취득했다. 그러나 1970년대 중반에 접어들면서, 내 연구가 인간 복지에 기여할 수 있는 잠재력이 제한적이라는 점에 대해 우려하게 되었다. 이는 사람들의 삶의 질에 큰 변화를 주겠다는 내 개인적인 사명과 상충되었다. 그래서 나는 연구, 교육, 학문 활동의 방향을 응용 행동 과학(ABS)으로 전환했다. 이 변화는 교도소 관리, 학교 규율, 지역사회 절도, 대인관계 괴롭힘, 교통 및 보행자 안전, 알코올 남용, 음주운전, 직업 안전, 그리고 제3세계 국가의 유아 건강 등 다양한 상황과 문제 영역에서 ABS 개입의 개발, 실행, 평가로 이어졌다.

조직 컨설턴트로서 나는 기업 리더들에게 다음과 같은 방법을 가르쳤다 : 개선할 목표 행동 정의하기, 발생 빈도 관찰 및 기록하기, 긍정적 행동 촉진, 인센티브, 보상을 통한 개입으로 바람직한 조직 행동의 빈도 증가시키기, 그리고 기초선, 개입, 철회 단계 동안 목표 행동의 빈도를 비교하여 개입의 효과를 시험하기. 이 과정을 'DO IT'이라고 불렀으며, 이는 주요 단계인 Define, Observe, Intervene, Test의 약자이다.

1991년에 나와 내 전직 박사과정 학생 두 명, 그리고 석사과정 학생 한 명을 포함한 다섯 명의 젊은 전문가들이 Safety Performance Solutions, Inc.(SPS)를 설립하여 조직들이 ABS 원칙을 부상 예방에 맞게 맞춤화하도록 도왔다. 여기에는 교육, 훈련, 코칭, 컨설팅이 포함되었다. 처음에는 우리 접근 방식을 행동 기반 안전(BBS)이라고 불렀으며, 이는 전 세계적으로 직업 안전을 위한 개입 과정이 되었다. 이후 우리는 다른 많은 컨설턴트들이 사용하는 보다 좁은 과정과 우리 접근 방식을 구별하기 위해 사람 중심의 안전(PBS)이라는 용어를 사용했다. 오늘날 우리는 보다 일반적인 용어인 적극적인 배려 실천(AC4P)을 사용하고 있다.

나는 교사, 연구자, 그리고 ABS 원칙 및 응용의 저자로서 54년 동안 학문적 역할과 조직 컨설턴트 역할을 수행할 수 있는 행운을 누렸다. 응용 심리 과학의 학문적 연구자는 개인과 집단의 행동을 개선하기 위한 개입을 개발하고 평가한다. 컨설턴트는 특정 고객이 정의한 문제를 해결하기 위해 개입을 선택하고 실행한다. 학자들은 일반적으로 개입 설계가 기존 연구 결론이나 특정 이론을 지지할 때 성공했다고 느끼며, 실제 적용 가능성 여부에 관계없이 만족한다. 반면, 컨설턴트는 고객이 개입을 수용하고 그 혜택을 느낄 때 유능하다고 느낀다.

1991년, 나는 *Journal of Applied Behavior Analysis*의 사설에서 '적극적인 배려(actively caring)'라는 용어를 처음 사용했으며, 그 이후로

SPS 파트너들과 함께 전 세계적으로 조직들이 AC4P 문화를 육성하여 근로자들이 부상 없이 일할 수 있도록 도왔다. AC4P 접근법은 ABS 코칭뿐만 아니라 공감, 자존감, 자기 효능감, 소속감, 낙관주의, 자기 초월과 같은 인간주의적 개념도 포함한다. 우리는 AC4P 원칙과 실천을 인간주의적 행동주의(humanistic behaviorism)로 간주하며, 행동주의를 더 효과적으로 만들기 위해 인간주의 원칙을 적용한다.

2007년 4월 16일, 총격범이 32명의 학생과 교직원의 생명을 앗아간 버지니아 공대의 비극 이후, AC4P 개념은 우리 대학 공동체에서 새로운 초점과 중요성을 가지게 되었다. 불확실성과 성찰의 시기에, 비극의 영향을 가장 많이 받은 사람들은 자신에 대해 생각하는 대신 동급생, 친구, 낯선 사람을 돕기 위해 행동했다. 이러한 집단적 노력은 AC4P 운동의 궁극적인 표현이 되었으며, 이 운동은 ac4p.org 웹사이트에서 홍보되고 있다. 그곳에서는 AC4P 책과 팔찌를 구매할 수 있다.

비극이 발생하기 15년 전부터 나는 '적극적인 배려 실천(Actively Caring for People)'이라는 메시지가 새겨진 녹색 실리콘 팔찌를 배포하여 직원들이 서로의 안전과 복지를 챙기는 상호 의존적인 사고방식을 조직 문화에 촉진시키고자 했다. 미국 대학 캠퍼스에서 가장 치명적인 학교 총격 사건 이후, 그 팔찌는 새로운 의미를 갖게 되었다. 우리는 각 팔찌에 고유 번호를 추가하여 STEP(See, Thank, Enter, Pass) 프로세스를 통해 AC4P 운동 참여를 온라인으로 추적할 수 있게 했다. 참가자들은 친절한 행위를 목격하면, 그 행위를 한 사람에게 AC4P 팔찌로 감사 표시를 한다. 팔찌를 받은 사람은 친절한 행위와 팔찌의 고유 번호를 지정된 웹사이트(www.ac4p.org)에 입력한다. 이후 팔찌를 받은 사람은 다른 사람의 AC4P 행동을 찾아보고 자신의 팔찌를 전달한다.

현재까지 10,000건 이상의 친절한 행위가 온라인에 게시되었으며, 여러 AC4P 이야기가 학교 직원, 경찰관, 대학생, 부모, 안전 전문가들을 위한 AC4P 원칙 및 응용을 가르치기 위해 맞춤화된 교육/훈련 매뉴얼에 인쇄되었다. 이러한 교육/학습 매뉴얼은 성과 향상을 위한 행동 피드백의 중요성을 설명하며, 지지적이고 교정적인 행동 기반 피드백을 주고받는 방법을 상세히 설명한다. 바람직한 행동이 더 많은 관심과 인정, 지원을 받는 직장, 학교, 가정 문화를 상상해보라. 그 문화에서는 바람직한 행동이 표준이 될 것이고, 대인 갈등, 폭력과 같은 바람직하지 않은 행동은 점점 더 희귀해질 것이다. 왜냐하면 바람직하지 않은 행동을 없애는 가장 좋은 방법은 상반되는 바람직한 행동을 인식하고 지원하는 것이기 때문이다. AC4P 운동과 대인간 친절의 이타적인 행동을 인식하고 지원하기 위한 STEP 과정은 학교, 조직, 가정, 지역사회 전반에서 이러한 문화를 조성하는 것을 목표로 한다.

E. Scott Geller 박사는 버지니아공과대학교 심리학과에서 50년간 교수와 연구자로 활동하였으며, 응용 행동 시스템 센터(Center for Applied Behavior Systems) 소장으로 재직하고 있다. 또한 그는 Safety Performance Solutions, Inc.의 공동 창립자이자 선임 파트너이다. Geller 박사는 인간 복지와 삶의 만족도를 향상시키기 위한 행동 중심 개입의 개발과 평가를 다룬 51권의 저서, 88개의 책 챕터, 39개의 교육 매뉴얼, 272개의 잡지 기사, 그리고 300편 이상의 연구 논문을 집필하거나 공동 집필, 또는 편집하였다. 그는 국제 조직 행동 관리 네트워크(International Organizational Behavior Management Network)와 미국 심리학

(계속)

재단(American Psychological Foundation)으로부터 평생 공로상을 수상하였으며, 미국심리학회(American Psychological Association), 심리학 과학협회(Association for Psychological Science), 국제행동분석협회(Association of Behavior Analysis International), 세계 생산성 및 품질 과학 아카데미(World Academy of Productivity and Quality Sciences)의 석학회원으로 인정받고 있다.

업원들이 보이는 여러 종류의 OCB와 관련된다는 것을 발견하였다. 연구자들은 또한 직무 몰입, 직무 만족 변인들이 상사의 OCB 평정과 정적인 상관이 있다는 것을 발견하였다(Diefendorff et al., 2002).

OCB에 대한 두 번째 설명은 조직이 보여주는 종업원 처우의 공정성(fairness of treatment)에 대한 인지적 평가와 관련된다. 이 견해는 이론적으로 **형평성 이론**(equity theory)에 근거하고 있다(Adams, 1965). 이 이론에 따르면 종업원은 자신이 처한 업무상황을 인지적으로 평가하는데, 조직에 대한 투입과 반대급부로 받게 되는 결과를 비교한다는 것이다(형평성 이론은 제8장에서 다시 상세히 다룰 것이다). 만약에 종업원이 조직이 자신을 공정하고 정당하게 대우하고 있다고 지각하면, 그들은 OCB 행동을 보여줌으로써 자신이 받은 것을 조직에 되돌려주려고 한다. 그런데 공정성 또는 공평성의 형태에 따라 OCB 행동의 예측에 차이가 생길 수 있다. 예를 들어 Moorman(1991)은 OCB를 가장 잘 예측해 주는 것은 **상호작용 공정성**(interactional justice)이라는 것을 발견했다. 이 공정성 행동은 상사가 조직의 정책이나 절차를 시행할 때 종업원을 대우하는 방식을 말하는 것이다. 대비적으로 또 다른 연구는 **절차 공정성**(procedural justice)이 **분배 공정성**(distributive justice)보다 OCB를 더 잘 예측해 준다는 것을 발견했다(예 : Konovsky & Pugh, 1990). 절차 공정성이란 급여 인상과 같은 의사결정을 할 때 활용되는 절차의 공정성에 대한 종업원 지각을 말하는 것이고, 분배 공정성은 그런 절차로 인해 개인이 받게 되는 결과물의 공정성에 대한 지각을 말한다. 최근의 연구는 **권리 추구자**(entitled)라고 분류되는 사람들에게는 특히 조직 공정성 지각이 OCB에 대한 중요 예측변인이라고 제안한다(Blakely et al., 2005). 이런 부류의 사람들은 투입이 비슷할 경우 자신의 결과물이 다른 사람들보다 더 크기를 원한다. 이런 사람들은 특히 조직에 의해 자신이 공정하게 대우받는다고 느끼는 정도에 따라 OCB를 보일 것인지의 여부를 결정한다.

OCB에 대한 세 번째 설명은 성향(dispositions)에서 원인을 찾는다. 이 견해에 따르면 OCB를 행하는 사람에게는 특정 성격 특성이 내재되어 있다. 다시 말하면, 어떤 사람은 다른 사람보다 천성적으로 도와주려는 성향을 더 많이 갖고 있다. OCB에 대한 처음 두 설명과 비교해볼 때, 성향 견해는 OCB 연구에서 훨씬 적은 관심을 받았는데, 이 견해의 지지자들이 OCB에 관여하는 것으로 생각한 특정 성격 특성이 애매모호하였기 때문이다. 이것은 여러 형태의 종업원 태도와 행동 간 관계에 대한 성향적 설명에 보내는 비난이기도 하다(Davis-Blake & Pfeffer, 1989).

OCB에서 성향의 역할에 대한 최근 연구는 OCB 예측에 있어 성격 특성과 동기의 역할(타인에 관한 친사회적 관심, 조직에 대한 관심 대비 인상관리에 대한 관심)을 평가하였다(Bourdage et al., 2012). 이들에 따르면, 정직성 특성에서 낮은 점수를 보인 종업원은 조직에 있는 다른 사람들에게 좋은 인상을 심어 주려는 열망 때문에 OCB를 수행하려는 동기가 더 강하였다. 대조적으로, 경험에 대한 개방성이 높은 사람들은 다른 사람에 대한 친사회적 관심 때문에 OCB를 수행하려는 동기가 더 높았다. 이 결과들은 사람들은 각기 다른 이유로 OCB를 수행하며, 이런 이유들은 종업원의 성격 특성이 OCB와 관련된다는 것을 시사한다.

이러한 발견은 Pletzer 등(2021)에 의해 수행된 최근 메타분석 결과에서도 재현되었다. Pletzer 등(2021)은 OCB의 예측변인으로서 성격 특성의 HEXACO 모델[1]에 대해 조사하였다. 이 모델에서 정서성, 외향성, 우호성, 성실성, 개방성과 함께 '정직-겸손성'이 성격의 여섯 번째 차원으로 추가되었다. 또한, 정서성 요인은 5요인의 신경증 요인보다 더 광범위하며 긍정적인 감정 반응(예 : 감상성)도 포함한다. 이 연구에서 저자들은 외향성이 OCB와 가장 관련이 있는 성격 특성이고, 성실성, 우호성, 개방성이 그 뒤를 잇는다는 것을 발견하였다.

정서, 공정성, 성향 외에도 다른 여러 요인이 OCB 수행에 영향을 주는 것으로 제기되었으나 이런 요인들은 폭넓은 경험적 검증을 받지 못했다. 예컨대 Chattopadhyay(1998)는 OCB가 업무집단의 인구통계학적 구성비에 의해 영향을 받는다는 증거를 찾아냈다. 또한 OCB 수행은 직무 관련 스트레스 요인(Jex, 1998; Jex et al., 2003), 종업원의 조직 몰입 수준(Williams & Anderson, 1991)과 같은 다른 요인에 의해 영향을 받을 수도 있다. Wang 등(2005)은 최근 리더십이 OCB의 중요한 결정 요인이라는 것을 발견했다. 이들은 중국 내 여러 조직 구성원으로부터 리더에 대한 긍정적인 지각과 신뢰가 OCB 수행과 관련 있다는 것을 발견했다. 마지막으로 Finkelstein과 Penner(2004)의 연구에서는 동료를 도와주려는 열망 및 시민역할 정체성과 연합된 동기들(예 : 회사를 도와주는 것은 내가 누구인지를 결정하는 데 중요하다)이 인상관리와 연합된 동기들보다 OCB와 더 강하게 관련되었다.

OCB의 여러 선행변인들의 상대적 영향력을 평가하기 위해 Organ과 Ryan(1995)은 55개 연구에 대해 메타분석을 시행하였다. 분석 결과, 직무 만족과 지각된 공정성은 OCB와 대략 비슷한 강도의 상관을 보여주었다. 그러나 OCB와 성향변인 간의 관계는 조금 실망스러웠다. 예를 들어 성실성, 우호성, 정적 정서성 및 부적 정서성 등의 성격 특성들은 모두 OCB와 관련되지 않았다. 대조적으로, Miao 등(2017)은 메타분석에서 여러 다른 요인을 통제했을 때도 정서지능(EI)이 종업원들의 OCB와 정적인 관계가 있음을 발견하였다. OCB의 예측변인과 관련된 리더십과 감독자의 측면에서, Ilies 등(2007)은

1 HEXACO 성격은 정직-겸손성(H), 정서성(E), 외향성(X), 우호성(A), 성실성(C), 경험에 대한 개방성(O)을 포함한다.

높은 질의 리더-구성원 간 상호 교환(종업원과 감독자 간의 관계)을 보여주는 종업원들은 낮은 질의 리더-구성원 간 상호 교환을 보여주는 종업원에 비해 OCB를 더 많이 수행한다고 발견하였다. 이 결과는 Nohe와 Hertel(2017)이 수행한 최근 메타분석에서도 재확인되었으며, 이 연구에서는 변혁적 리더십(제10장 참조)이 더 긍정적인 리더-구성원 교환을 통해 종업원의 OCB와 관련이 있음을 보여주었다. 이와 관련하여 Tagliabue 등(2020)이 수행한 최근 메타분석에서는 성과 피드백의 빈도가 더 높을수록 종업원이 더 많은 OCB에 참여한다는 결과를 제시하였다.

마지막으로, Podsakoff 등(2009)은 개인 수행과 부서 수행에 미치는 OCB의 영향을 검토하는 메타분석을 시행하였다. 이들은 타인 및 조직 지향 OCB가 개별 종업원 수준의 과업수행과 철회행동의 강한 예측인자라는 것을 발견하였다. 게다가 생산성과 이윤으로 측정된 부서 수준의 결과와도 강한 연관성이 있음을 보여주었다.

〈그림 6.2〉는 OCB의 선행변인과 결과물에 대한 여러 메타분석의 결과를 요약한 것이다.

OCB 연구의 특별 이슈

Organ(1977)이 OCB 개념을 처음 도입한 이래 이 주제에 대해서 상당한 연구가 진행되었다. 연구가 잘 이루어지는 대부분의 주제들처럼, 이 영역의 연구자들 간에 갈등과 논쟁을 불러일으키는 많은 이슈가 나타났다. 이 절에서는 이런 문제들 중 네 가지에 대해 간략히 논의하고자 한다.

첫 번째 이슈와 관련하여 OCB 연구에 깔린 주요 전제는 조직이 효과적이려면 이런 형태의 생산적 행동이 필수적이라는 것이다(Katz & Kahn, 1978). 종업원이 직무기술서에 나타난 대로만 자기 직무를 정확히 수행하고 그 이상 아무것도 더 하지 않는다면 조직은 효과적으로 기능할 수 없다. 이 주장과 관련하여 집단 간 비교 결과 OCB가 효과성과 정적으로 관련되어 있다는 것이 경험적으로 검증된 바 있다(Karambayya, 1989; Podsakoff et al., 1997). 기대했던 대로 구성원들이 OCB를 더 많이 행하는 집단이 이런 행동을 적게 행하는 집단보다 더 효과적이었다. 예를 들어 타이완에서 은행 지점들의 조직 효과성(예 : 이윤, 고객만족도)과 OCB가 관련이 있다는 사실이 발견되었다(Yen & Niehoff, 2004).

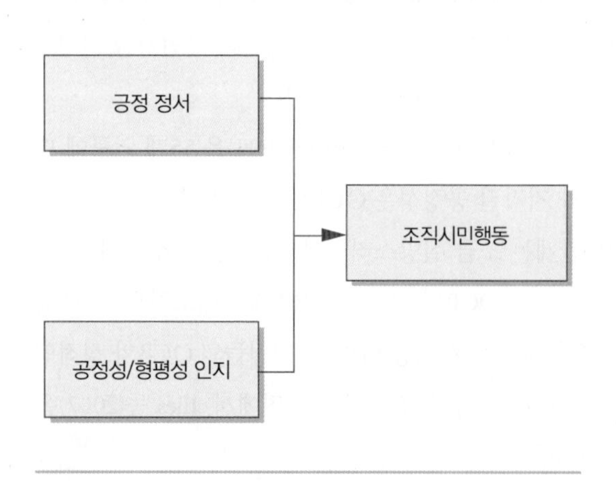

그림 6.2 OCB의 주요 선행변인에 대한 요약

OCB와 그 효과성에 대한 연구에서 아직 명확하지 않은 것은 이 관계에 내재해 있는 인과성이다. 연구자들은 주로 OCB가 집단 및 조직 효과성에 인과적인 영향력을 가진다

는 전제하에서 연구를 진행했다. 그러나 인과관계의 방향이 뒤바뀔 수도 있다. 효과적인 집단의 구성원들은 높은 수준의 OCB 행동을 보여줄 가능성이 높다. 어떤 집단이 성공적이면 팀원들은 이러한 성공의 여운 속에서 높은 수준의 OCB를 지각할 수 있다. 이와 관련해 Staw(1975)는 집단 응집성에 대한 집단 구성원들의 회고적 보고내용이 집단수행에 관한 거짓 피드백에 근거해서 조작될 수 있다는 것을 발견하였다. 이 연구에서 자기 소속 집단이 성공적이라고 들은 집단 구성원은, 자기 집단이 성공적이 아니라고 들은 집단 구성원보다 자기 집단의 응집성 수준이 더 높다고 보고하였다. Staw(1975)와 같은 패러다임을 사용해서 Bachrach 등(2001)은 OCB에 대한 회고적 지각(retrospective perception)이 집단수행에 의해 영향받을 수 있다는 증거를 발견하였다.

수행이 OCB의 원인이 될 수 있다는 주장과 대조적으로, 좀 더 최근 연구는 OCB가 미래 수행 수준을 예측한다는 주장을 지지한다. Podsakoff와 동료들(2009)은 OCB의 개인 수준 결과와 부서 수준 결과를 검토하는 메타분석을 시행하였다. 그 결과, OCB는 개인 수준 및 부서 수준 수행 둘 다와 관련되었다. 특히 종단 연구에서는 OCB가 생산성과 이직률과 같은 미래 조직 차원의 결과와 더 강한 관련이 있다는 사실이 밝혀졌으며, 이는 OCB가 객관적인 수행 지표의 선행 요인이라는 주장을 뒷받침하는 결과이다.

OCB 연구에 대한 두 번째 이슈는 종업원들이 자신의 조직시민행동이 보상받을 것이라는 기대 없이 실제로 그런 행동을 할 것인지에 대한 것이다. Organ(1977)의 초기 주장에도 불구하고, 이런 전제에 의문을 가질 수도 있다는 새로운 증거들이 제시되었다. 예를 들어 OCB 행동을 수행하는 것은 공식적인 수행 평가에 긍정적으로 영향을 준다는 것이 경험적으로 드러났고(Eastman, 1994), 종업원들이 이를 의식하지 않는다는 것 또한 의심스럽다. Bolino(1999)에 따르면, 미래의 보상에 대한 기대를 갖고 OCB 행동을 수행할 때, 이 행동은 이타적 행동이라기보다 **인상관리**(impression management)(제10장 참조)의 한 형태가 된다. 인상관리 행동은 단순히 자신에 대한 다른 사람의 견해에 영향을 주기 위해 개인이 사용하는 전술이다. Bolino(1999)에 따르면, OCB 행동은 인상관리 행동으로 사용될 가능성이 농후하다. 특히 보상의 배분에 책임이 있는 다른 사람에게 그러한 행동들이 잘 드러나는 경우에는 더욱 그러하다. 예를 들어 상사가 주위를 돌아다니며 관찰하고 있을 때에만 다른 사람을 돕는 행동을 더 많이 하는 종업원이 있을 수 있다.

혹자는 OCB가 수행되는 한 내면의 동기는 상관없다고 주장할 수도 있다. 그러나 조직이 OCB 수행에 영향력을 미치기를 원한다면 그런 행동 이면에 있는 이유가 중요하다. 만약 종업원이 주로 자신의 직무에 만족하기 때문에 또는 자신이 공정하게 대우를 받고 있다는 느낌 때문에 OCB를 수행한다면, 조직은 종업원을 공정하게 대우해 주고 만족 수준을 한 단계 높여 줌으로써 OCB 수행에 영향을 줄 수 있다. 반면, OCB 행동이 보상에 대한 기대나 인상관리를 위한 목적으로 수행된다면 조직은 직간접적으로 OCB 수행과 보상을 연계시켜 주어야 한다. 이는 본질적으로 OCB 수행이 직무수행의 또 다른 형태로 여겨져야 한다는 것을 의미하는 것이다.

OCB 연구에 대한 세 번째 이슈는 OCB가 미래의 조직현장에서도 의미 있는 개념으로 남아 있을 수 있을 것인지에 대한 것이다. Bridges(1994)는 최근 분명해지고 있는 경향 한 가지를 지적한 바 있는데, 조직이 공식적인 직무기술서를 폐기하고 있다는 것이다. 사실 Bridges는 궁극적으로 '직무(job)'라는 개념이 존재하지 않을 것이라 예측하고 있다('참고 6.7' 참조). 아직 이런 상황이 많이 일어나지는 않았지만, 많은 조직에서 종업원의 일이 점차 프로젝트 중심으로 수행되고 있고, 각 구성원의 활동은 자신의 기능적인 직무의무를 완수하는 것보다는 프로젝트 완수와 더 관련되어 있다. 이런 경향에 비추어볼 때 OCB가 근거하고 있는 '역할 내'와 '역할 외'의 구분이 미래의 업무현장에서도 적절할지에 의문을 갖게 되는 것이다. OCB라고 간주되는 행동들은 '직무가 명확하지 않은(dejobbed)' 환경에서는 여전히 필수적일 수 있다. 그러나 미래의 종업원들은 이를 '직무의 일부분'으로 여길 것이며 최소한 이

참고 6.7

직무 없는 세상

William Bridges는 1994년에 발간된 **직무이동 : 직무 없는 일터에서 성공하는 방법**(JobShift: How to Prosper in a Workplace without Jobs)이라는 책에서 가까운 미래에는 직무라는 개념이 존재하지 않을 것이라고 주장하였다. 즉 개인별로 직무상 책임을 기술해 놓은 공식적인 직무기술서를 가지는 대신에, 조직에 있는 모든 사람에게는 프로젝트별 목표와 이를 달성하는 데 필요한 기대사항들이 주어질 것이다. 아무런 공식화된 직무를 갖지 않게 된다는 것이 주는 의미는 조직이 임시직 또는 계약직 직원을 더 많이 채용하게 된다는 것이다. 즉 조직은 특정 프로젝트를 완수하기 위한 '필요'에 근거해서 전문가를 고용하게 될 것이다. 이는 조직에게는 상당한 유연성을 부여해 주고, 보다 낮은 인건비로 직원을 고용할 수 있게 해 줄 것이다. 이런 경향이 주는 또 다른 함축적 의미는 점점 더 많은 사람들이 특정 조직에 속하는 영구적인 구성원이 아니라 '독립적인 계약자'가 될 것이라는 것이다.

Bridges에 따르면 직무를 없애려는 이런 추세는 하이테크 분야에서 특히 많이 나타날 것인데, 이는 주로 이 분야에서 일이 처리되는 속도와 계속되는 혁신 탓이다. 다른 유형의 조직에서도 궁극적으로는 직무가 없어질 것인가? 이런 일이 가능할 수도 있지만, 많은 조직이 직무를 없애 버리지는 않을 것이라는 근거도 존재한다. 예를 들어 선발과 승진 절차의 법적인 적합성은 이런 절차들이 얼마나 직무와 관련되어 있는가에 달려 있다. 따라서 직무기술서가 없는 조직에서 만약에 선발과 승진 절차에 문제가 생기면 매우 곤란한 입장에 처할 수도 있다. 또한 노조가 직무기술서를 없애는 것에 대해 우려감을 나타낼 수도 있다. 왜냐하면 이런 것들이 임금률을 설정하는 바탕이 되고, 종업원은 수행할 것으로 기대되는 직무책무에 따른 계약만큼 복무하려고 할 것이기 때문이다.

그의 책이 출판된 지 거의 30년이 지났다는 점을 감안할 때 Bridges가 그의 예측에 대해 어떻게 생각하는지 보는 것은 흥미로울 것이다. 지난 30년 동안 프로젝트 기반 팀이 크게 늘어난 것은 사실이지만, 조직에서는 여전히 직원을 고용하고 직원에게 직무 설명을 제공하는 경우도 있다. 그러므로 그의 비전의 어떤 부분은 정확했지만 다른 부분은 정확하지 않았다.

출처 : Bridges(1994).

런 행동이 프로젝트의 완수에 도움이 되는 정도에서는 더욱 그렇게 여길 것이다. Morrison(1994)의 연구가 보여주는 것처럼, 이런 현상은 이미 일어나고 있는 일이지만 미래에는 더 명확한 추세가 될 것이다. 왜냐하면 많은 종업원이 더 이상 자신의 행동을 안내해 주는 공식적인 직무기술서를 갖지 않게 될 것이기 때문이다. 그럼에도 불구하고 Organ 등(2011)은 중요한 지적을 하였는데, 종업원 평가와 조직 효과성에 OCB가 중요한 영향을 미친다면, OCB를 수행할 역량을 갖춘 사람을 선발하고 이를 촉진하는 방법을 연구하기 위해 연구자들이 계속 노력할 것이란 사실이다.

OCB 연구에 있어서 네 번째이자 마지막 이슈는 OCB 수행이 항상 종업원과 조직의 이익에 부합하는지, 또는 OCB 수행이 성과와 다른 결과에 부정적인 영향을 미칠 수 있는지 여부에 관한 것이다. Bolino 등(2013)은 종업원들이 OCB를 수행하는 것에 '어두운 면'이 있을 수 있다고 주장했으며, 이 경우 종업원들의 조직을 돕겠다는 헌신이 악용될 수 있고, 이는 궁극적으로 그들의 주요 업무 수행에 부정적인 영향을 미칠 수 있다고 주장하였다. 또한, Yam 등(2017)은 종업원들이 조직에 의해 OCB를 수행하라는 압박을 느낄 경우, 조직에 해를 끼치는 행동(다음 절 참조)에 가담할 수 있다는 증거를 발견하였다. 마지막으로, 10일 동안 종업원을 대상으로 한 경험 표집 연구에서는, 특정 날에 더 많은 OCB를 수행하는 것이 긍정적인 정서와 관련이 있지만, 동시에 그날의 업무 진행 목표를 달성했다는 인식이 낮아지는 결과와도 관련이 있는 것으로 나타났다. 이러한 연구들은 종업원들이 OCB에 참여함으로써 직무수행에 방해를 받거나, 압박감을 느껴 OCB를 수행할 경우 발생할 수 있는 잠재적인 부정적 영향에 대해 조직이 인식해야 한다는 점을 시사한다.

조직 내 반생산적 행동

이 절에서는 종업원이 직장에서 수행하는 두 번째 중요한 행동 형태인 CWB에 대해 다룰 것이다. 이러한 유형의 직무수행은 Campbell의 개정된 직무수행 모델에서 명시적으로 언급된 바 있다. 이 절은 CWB의 특징을 정의하는 것으로 시작하며, 그 후 CWB의 기본 구조에 대해 논의할 것이다. 이어서 CWB의 주요 원인에 대한 일반적인 논의를 할 것이다. 그런 다음 CWB의 가장 일반적인 형태를 설명하고, 덜 일반적이거나 **낮은 발생률**(low base rate)을 보이는 형태에 대해 설명한다. 이 절은 특정 형태의 CWB가 조직에 긍정적인 영향을 미칠 수 있는 사례에 대한 간단한 논의로 마무리한다.

반생산적 행동의 정의

Spector와 Fox(2005)에 따르면, 반생산적 업무행동(CWB)은 "조직이나 조직 구성원에게 해가 되거나 해를 끼칠 의도를 갖고 자율적 의지로 행해진 행동"(p. 151)으로 정의된다. 이 정의에 있는 두 가지 중요 세부특징에 주목해보자. 첫째, 어떤 행동이 CWB로 간주되려면 **자율적 의지로**(volitional) 행해져야 한다는 것이다. 즉 의식적으로 해당 행동에 관여하기로 결심하여야 한다. 사람들이 시간을 허비하기로 의식적으로 결정을 하고, 특정 일에 자신이 해야 할 업무를 다 하지 못하였을 수가 있다. 정의에 따르면 이런 행위는 CWB의 형태가 될 수 있다. 그런 반면, 가정사에 참가하는 문제로 인해 자신이 해야 할 일을 다 마치지 못한 사람은 CWB를 한 것이 아니라고 할 수 있는데, 가정사가 발생하지 않았다면 이 사람은 자신이 해야 할 일을 다 마쳤을 것이기 때문이다.

이 정의가 가진 두 번째 중요 세부특징은 해를 끼칠 의도에 관해 어떤 전제도 하지 않았다는 점이다. 좀 더 구체적으로 말하면, 어떤 행동이 CWB로 간주되려면 해당 행동이 조직이나 조직 구성원에게 해가 되었는지에 따르는 것이지, 행동을 한 사람의 **의도**(intent)가 무엇이었느냐는 중요한 것이 아니라는 것이다. 예를 들어 종업원 절도는 조직의 재화를 희생시킨 것으로, 여기서 종업원이 조직에 해를 끼치기 위해 그런 행위를 한 것인지, 아니면 단지 개인적 이득을 위해 그런 행위를 한 것인지 여부는 상관없는 일이다.

마지막 요점은, 이는 앞서 제시된 정의에서는 명백히 드러나지 않은 사실이지만, CWB로 간주되는 조건으로 어떤 행동이 조직에 **직접** 해가 될 필요는 없다는 것이다. 아마도 이에 대한 적절한 사례로는 서비스 종업원이 의도적으로 고객에게 해로운 행위를 하였을 때를 들 수 있을 것이다(예 : Skarlicki et al., 2008). 그런 행위는 직접 조직에 대해 행해진 것은 아닐지라도, 조직에 간접적으로 해가 될 수 있는데, 사업을 망치게 하거나 조직 명성에 잠재적으로 해를 끼칠 수도 있기 때문이다.

반생산적 업무행동의 구조

앞서 제시된 정의를 따른다면, CWB로 간주할 수 있는 행동은 수백 가지가 있을 수 있다. 다소 관리 가능한 수준으로 CWB의 수를 유지하기 위해, 연구자들은 상이한 형태의 CWB를 기술하는 데 필요한 분류 체계 또는 분류 구조를 개발하였다. 이런 구조 모델들은 주로 연구 장면에서 사용되는 것들이지만, 조직이 이런 행동들을 줄이기 위해 개입을 하고자 할 때 도움을 줄 수 있을 것이다. 이 절에서는 먼저 가장 널리 활용되는 세 가지 CWB 구조 모델을 살펴보고, 그런 다음 이들을 비교하고 수정하려는 최근 연구들을 기술하고자 한다.

Bennett과 Robinson의 2요인 모델

Bennett과 Robinson(2000)은 행동표적에 기반을 두고 CWB에 대한 아주 광의의 분류 체계를 제안하였다. 이 연구자들에 따르면 CWB는 크게 **조직적** 범주와 **개인적** 범주로 분류된다. 조직적 CWB는 조직환경 내의 개별적 개인보다는 전체적으로 조직을 지향하는 행동들이다. 조직 지향적 CWB의 가장 일반적인 사례로는 시간 허비하기, 사보타주, 지각하기, 다른 사람에게 조직에 대해 부정적으로 이야기하기를 들 수 있다.

개인적 CWB는 조직보다는 개별 종업원을 지향하는 행동들이다. 가장 일반적인 행동 사례는 다른 사람에 대해 무례하고 모욕적으로 언급하기, 다른 사람에 대해 소문 내기, 점심이나 업무 후 술자리에 다른 사람 제외시키기 등을 들 수 있다. 최근 개인적 차원에 대해 Bennett과 Robinson이 만든 모델에 작은 수정이 있었는데, 상사 지향적 CWB와 타 종업원(예 : 동료, 부하 등) 지향적 CWB를 구분하는 것이다(Mitchell & Ambrose, 2007).

Spector의 5요인 모델

Spector와 동료들(예 : Spector et al., 2006; Spector & Fox, 2005)은 CWB를 5개 범주로 분류하였는데, 표적보다는 행동의 내용(content)을 중심으로 분류하였다. 이 5개 범주는 (1) 생산일탈, (2) 사보타주, (3) 절도, (4) 철회, (5) 타인학대이다.

생산일탈(production deviance)이란 종업원이 고의적으로 자신의 능력 이하로 업무를 수행하려는 시도를 말한다. 이런 CWB 형태의 가장 일반적 사례는 의도적으로 부정확하게 업무 수행하기, 자신이 일할 수 있는 것보다 의도적으로 느리게 업무하기, 고의적으로 지시를 따르지 않기 등을 들 수 있다. 이 장 후반부에서 보다 상세히 이런 생산일탈의 원인을 논의할 것인데, 많은 경우 종업원들은 어떤 식으로든 조직에 앙갚음하려고 이런 행동을 한다.

사보타주(sabotage)는 직접적이든 간접적이든 조직 내에서 행해지는 일을 방해하려는 의도적 시도를 말한다. 이런 CWB의 가장 일반적인 사례로는 고의로 조직의 장비나 재산의 일부를 손상하기, 의도적으로 재료나 공급물품을 낭비하기, 자신의 업무영역을 더럽히거나 지저분하게 만들기를 들 수 있다. 생산일탈과 마찬가지로, 많은 경우 사보타주는 고용주에게 앙갚음을 하려는 시도로 사실 생산일탈과

표 6.3 반생산적인 업무 행동의 5가지 행동 차원

차원	정의
타인학대	동료 및 타인에 대한 신체적 또는 정신적 해를 끼치는 행동
생산일탈	의도적으로 업무를 효과적으로 수행하지 못하는 것
사보타주	고용주의 물리적 재산을 훼손하거나 파괴하는 행위
절도	다른 사람의 동의 없이, 또는 다른 사람이 알지 못하게 물건을 가져가는 행위
철회	근무시간보다 적게 일하는 것을 제한하는 행동 (예 : 지각 및 조퇴)

출처 : Spector et al.(2006).

매우 유사한 것으로 여겨진다.

절도(theft)는 종업원이 자신의 것이 아닌 재산이나 재물을 취득하는 행위이다. 이런 형태의 CWB 사례는 고용주가 공급한 물품을 훔치는 것, 허가 없이 고용주의 금전을 취득하는 것, 동료의 소유물을 훔치는 것 등이다. 어떤 형태의 절도(예 : 동료의 소유물을 훔치는 것)는 조직에 직접적으로 해를 끼치는 것은 아니라는 점에서 흥미로운 CWB라 할 수 있다. 그러나 종업원의 물품을 훔치는 행위는 조직에 간접적으로 해를 끼칠 수 있는 데, 이런 일들이 불신과 의심 풍토를 조성하게 되기 때문이다.

철회(withdrawal)는 종업원이 업무에 관여하지 않고 벗어나려고 하는 시도를 나타내는 광의적 형태의 CWB이다. 아마 가장 일반적인 형태의 철회행동은 허위의 이유로 결근하거나 지각하는 것일 것이다. 보다 미묘한 형태의 철회행동에는 허용된 것보다 긴 시간 동안 휴식을 취하거나 업무시간이 끝나기 전에 조기 퇴근하는 것이 포함될 수 있다. 때때로 종업원이 이런 행동에 관여하지만 이런 것들이 반드시 CWB로 간주되는 것은 아니라는 것에 주목하라. 예를 들어 아픈 아이를 데려오기 위해 일찍 퇴근하는 것은 나쁜 의도를 갖고 그렇게 한 것은 아니므로 CWB의 정의와 합치하지 않을 수 있다.

타인학대(abuse toward others)는 업무현장에서 언어적이거나 신체적으로 타인을 부당하게 대우하는 행동을 말한다. 이런 행동 사례로는 동료에 대해 부정적인 소문 퍼뜨리기, 타인의 사생활을 우스갯거리로 만들기, 신체적 폭력을 사용해 업무 중인 다른 사람을 위협하기 등을 들 수 있다. 학대도 흥미로운 형태의 CWB라 할 수 있는데, 그 이유는 사람들이 자신도 알지 못하는 사이에 이런 행동에 관여하는 경우들이 있기 때문이다. 예를 들어 선천적으로 부끄러움을 많이 타는 사람은 자신은 CWB를 하려고 한 것이 아닌데도, 다른 사람을 무시하고 있는 것처럼 다른 사람들에게 보일 수도 있는 것이다.

Gruys와 Sackett의 11요인 양식

Gruys와 Sackett(2003)은 11가지 다른 형태의 CWB를 구분하여 보다 정밀한 분석법을 제안하였다. 여기 포함된 11요인은 (1) 절도 및 이와 관련된 구성요인, (2) 재산 파괴, (3) 정보 오용, (4) 시간과 자원 오용, (5) 비안전 행동, (6) 출근 불량, (7) 업무품질 불량, (8) 알코올남용, (9) 약물남용, (10) 부적절한 언어적 처신, (11) 부적절한 신체적 처신이다.

Gruys와 Sackett(2003) 모델은 Spector와 Fox(2005) 모델과 중복되는 부분이 있기 때문에, 서로 중복되지 않는 부분만 설명하겠다. 이에는 정보 오용, 비안전 행동, 알코올남용, 약물남용이 해당된다. 정보 오용(misuse of information)은 종업원이 조직이 추구하는 목적과 반대되는 방식으로 정보를 활용하는 것을 말한다. 최근 공개된 관련 사례로는 전 국가정보원 직원이던 에드워드 스노든의 정보공개를 들 수 있을 것이다. 그는 미국 시민에 대한 사적 정보를 수집하려던 국가정보원의 노력에 반하는 행동을 하였다.

비안전 행동(unsafe behavior)은 상대적으로 자의적인 설명이 가능한 행동인데, 안전장비를 갖추지 않는 행동, 안전 관련 규칙이나 절차를 무시하는 행동들이 여기에 해당된다. 비안전 행동은 확실히 CWB의 한 형태로 간주될 수 있지만, 이런 행동들은 상대적으로 경계선상에 위치한다. 왜냐하면 사실 조직에서의 많은 비안전 행동은 자유의지가 아닌 형태로 행해지기 때문이다. 즉 사람들은 종종 안전 장비를 착용하는 것을 잊어버리며 그 외 다른 비안전 행동들도 단순히 그리 해야 하는 것을 잊어버리고 그렇게 하는 경우가 많기 때문이다. 이 때문에 제7장(종업원 건강, 안전 및 웰빙)과 제12장(조직 문화 및 풍토)에서 이 안전행동을 다룬다.

알코올남용과 약물남용은 Gruys와 Sackett(2003) 모델과 구분되는 CWB 형태다. 이 두 형태의 CWB도 상대적으로 자의적인 설명이 가능한 형태인데, 비안전 행동과 마찬가지로 CWB 정의와 얼마나 적합한지의 측면에서 경계선적이라 할 수 있다. 대부분의 사람들은 이 형태의 행동 둘 다 거의 대부분 자유의지에 의한 것이라고 생각한다. 그러나 이들이 조직에 해로운 정도는 상당히 다양하고 개인이 수행하는 직무에 따라 그 유해성도 많이 다르다. 비행 전에 알코올이나 약물을 복용하는 비행사는 승객의 생명을 위험에 빠뜨릴 수 있으며, 범죄행위로 기소될 수도 있다. 그러나 점심시간에 칵테일 한 잔을 하고, 취기로 인해 오후시간에 약간 조는 것은 조직에 큰 해를 끼치지 않을 수도 있는 일이다.

Marcus 등(2016)의 CWB 통합 모델

지금까지 논의한 세 가지 CWB 모델의 유사점과 차이점을 고려하여, Marcus 등(2016)은 CWB 유형에 대해 보다 통합된 프레임워크를 제공하기 위해 이 모델들을 통합하려고 했다. 저자들은 세 가지 모델을 통합하기 위해 두 가지 접근 방식을 사용하였다. 첫 번째 접근 방식은 구조적 메타분석을 통해 단일 요인이 CWB의 다양한 측면에 기초가 되는지 확인하는 것이었고, 두 번째 접근 방식은 많은 CWB 항목에 대해 대규모 종업원 표본으로부터 새로운 데이터를 수집한 다음 어떤 모델이 데이터에 가장 적합한지 비교하는 것이었다. 불행하게도 두 가지 접근 방식은 다소 다른 결론을 이끌어냈다. 하위 척도 수준에서의 구조적 메타분석은 이전 연구자들이 강조한 다양한 CWB 유형을 설명하는 일반적인 CWB 요인을 지지하였다. 이 접근 방식은 연구자들과 실무자들이 다양한 CWB를 조직에 해를 끼치는 행동에 대한 일반적인 경향으로 간주할 수 있기 때문에, 당연히 더 간결한 방식일 것이다.

그러나 개별 CWB 항목을 사용한 두 번째 접근 방식의 결과는 단일한 일반 CWB 요인이 데이터에 잘 맞지 않는다는 것을 보여주었다. 대신, 저자들은 11개의 CWB 측면에 속하는 항목들이 특정 측면의 행동(예 : 재산 파괴 및 시간 낭비)과 CWB의 대상을 설명하는 세 가지 요인 중 하나에 더 잘 부합한다는 것을 발견하였다. 이 세 가지 요인은 조직, 조직 내 다른 사람들, 또는 종업원 자신(자기)로 나타났다. 예를 들어 지나친 음주 행동은 '알코올남용' 측면에 속하며, 또한 '자신'을 대상으로 하는 것으로 식별될 수 있다. 비록 이 방식이 일반 요인 모델만큼 간결하지는 않지만, 주어진 CWB의 유형이나 범주와 CWB가 향하는 대상을 모두 고려하는 것이 중요하다는 것을 강조한다.

반생산적 업무행동의 원인

CWB의 일반 구조를 서술하였으니, 이제 독자들은 "왜 사람들이 이런 행동에 빠지게 되지?"라는 질문을 하게 될 것이다. 이는 흥미로운 질문인데, 이에 대답하는 것은 우리가 CWB를 좀 더 이해하는 데 도움이 될 것이다. 조직에서도 이런 행동을 제거하거나 심각한 문제로 발전하지 않도록 하는 데 관심을 갖고 있기 때문에 이런 의문에 흥미를 보일 것이다. 어느 정도까지는, 우리가 이전 장에서 논의한 CWB 각 유형은 그 자체로 독특한 것들이기 때문에 그 원인 또한 각기 독특할 것이다. 그래도 각기 다른 CWB 형태들 사이에도 공통성이 남아 있으므로 일반적인 형태로 CWB의 원인을 기술하는 것도 가능할 것이다.

CWB 연구 문헌들에 기반해 살펴보면, 그 원인을 2개의 큰 범주로 나누는 것이 가능할 것이다. 즉 (1) 개인 기반 원인과 (2) 상황 기반 원인이다. 이 2개의 큰 원인 범주가 서로 완전히 배타적인 것은 아니라는 것을 이해하는 것이 중요한데, 많은 형태의 CWB는 개인적 특성과 상황적 특성 두 요인 모두가 원인이 될 것이기 때문이다. 또한 많은 형태의 CWB가 사람과 환경특성 간의 **상호작용**으로 일어날 가능성이 많다(예 : Bowling & Eschelman, 2010; Sprung & Jex, 2012). 이를 염두에 두고 이 일반 범주를 논의하고자 한다.

CWB의 사람 기반 원인

CWB의 사람 기반 원인에 깔려 있는 기본 아이디어는 기본적으로 '불량 사과'론이다. 즉 어떤 사람은 상황에 관계없이 CWB에 관여하는 경향이 있다는 것이다. 수년에 걸쳐 심리학자들, 때로는 범죄학자들은, CWB와 여타 반사회적 행동과 관계되는 광범위한 영역의 개인적 특성을 찾고자 하였다. 여러 해에 걸쳐 다양한 특성이 검토되었기 때문에 이 전 영역을 살펴보는 것은 이 장의 검토범위를 넘어서는 일이다. 대신 우리는 일관되게 CWB의 원인으로 드러나는 4개의 개인적 특성을 살펴보고자 한다. 이들은 각기 **성실성**(conscientiousness), **특성분노**(trait anger), **자기통제력**(self-control), **자기애적 성향**(narcissism)이다. 성실성은 높은 조직화 및 계획성 수준, 높은 신뢰성 수준, 타인에 대한 높은 배려심을 특징으로 갖는 성격 특성이다(Digman, 1990). 어떤 사람이 성실하다면, 이는 그 사람이 하는 말에 의지할 만하고 귀 기울일 필요가 있다는 것을 의미한다. 연구들은 성실성이 직무수행과는 정적으로 관련되고(Barrick & Mount, 1991), 다양한 형태의 CWB와는 **부적으로** 관련된다(Van Iddekinge et al., 2012)는 것을 일관되게 보여주었다. 성실성이 낮은 사람들은 대부분 자신의 행동이 미치는 효과에 크게 신경 쓰지 않으며, 대부분 CWB에 관여함으로 인해 생기는 결과에 두려움을 거의 느끼지 않는다는 해석이 가능하다.

특성분노는 동기적인 수준에서 분노를 경험하는 일반적 경향의 개인차와 도발에 대한 반응으로 분노를 표현하는 경향에서 나타나는 개인차를 말한다(Spielberger & Sydeman, 1994). 많은 CWB 활동이 업무현장의 절망적인 조건에 대한 반응이라는 점(Spector, 1982)을 감안하면, 분노를 경험하거나 표현하는 소질을 가진 개인이 CWB에 관여할 가능성이 가장 높다. 사실 특성분노가 여러 형태의 CWB와 관련된다는 것을 보여주는 연구도 있다(Spector & Fox, 2005).

자기통제력은 범죄행동을 설명하기 위해 실제로 범죄학 연구 문헌(Gottfredson & Hirschi, 1990)에서 도출된 특성이다. 자기통제 특성 아래 깔린 생각은 범죄 같은 일탈행동 및 CWB 같은 약간 덜 심각한 행동들은 자신의 일차적 충동을 통제하지 못하는 개인들에 의해 발생한다는 것이다. 이와 같이 자기통제력 부족과 관련된 최근 사례로는 아카데미 시상식에서 Chris Rock이 Will Smith의 아내의 머리 스타일에 대해 농담을 한 후, Will Smith가 Chris Rock을 때린 사건이 있었다. Gottfredson과 Hirschi(1990)에 따르면, 어떤 사람들은 이런 부정적인 충동을 참는 능력이 부족하고, 결국 일탈적 행동을 하게 된다. 현장 연구는 자기통제력 부족이 다양한 형태의 CWB와 관련됨을 보여 준다(Marcus & Schuler, 2004).

자기애적 성향은 자신은 다른 사람보다 우수하며, 그렇기 때문에 자신은 특별대우를 받을 가치가 있다고 여기는 신념을 특징으로 하는 준임상적 성격 특성이다(Raskin & Hall, 1981). 본질적으로, 자기애적 성향이 아주 높은 사람들은 고양된 자기가치감을 갖고 있어서, 다른 사람으로부터 받는 대우가 스스로 자신에 대해 갖고 있는 우월적 견해와 부합하지 않으면 좌절감을 느끼게 된다. 자아위협 가설(Bushman & Baumeister, 1998)에 따르면, 자기애적 경향이 높은 사람들은 조직에서 받는 조건이 자신이 가진 자기 관점과 부합하지 않게 되면 부정적으로 반응하거나, 심한 경우에는 공격적으로 반응할 가능성이 높다. 연구에 따르면, 자기애적 성향은 여러 CWB와 관련되었다(Alexander, 2011; Penney & Spector, 2002).

CWB의 상황 기반 원인

개인적 특성 외에, 사람들이 CWB를 행하거나 행하도록 이끄는 상황적 측면들이 있다. 아마 이들 중 가장 분명하면서도 CWB 연구자들이 많이 연구하지 않은 것은 **기회**(opportunity) 요인이다(Marcus & Schuler, 2004). 만일 어떤 사람이 상시적으로 감시를 당하고 있다면, 이 사람이 시간을 허비하거나 농땡이를 부릴 것 같지는 않다. 한편 어떤 사람이 자신의 시간에 대해 많은 재량권을 가지고 있다면, 의식하지도 못하면서 이 사람은 CWB에 관여할 수 있는 것이다. CWB 문헌에서 검토되는 주요 상황적 요인은 **규범**, **스트레스**, **불공정성**이다. 이들을 하나씩 살펴보도록 하자.

규범(norm)은 행동의 기준을 나타내는 것으로(Hackman, 1992), 사회 상황에서 어떻게 행동할지에 대한 지침으로 유용하게 활용된다. 사람들이 모든 규범기준을 맹목적으로 준수하는 것은 아니지만, 일반적으로 규범과 어느 정도 일치하는 방식으로 행동하고자 하는데, 이는 규범에 부합하고자 하기 때문이다. CWB에 이를 적용해보면, 특정 CWB 행동이 조직 내에서 전형적으로 나타나거나 일반적인 행동으로 간주되는 경우에 사람들은 이런 CWB에 더 몰두하게 될 것이라는 것이다. 더 나아가 규범이 여러 CWB에 영향을 준다는 것을 지지하는 경험적 연구들이 나타나고 있는데, 철회행동(Martocchio, 1994), 알코올남용(Bachrach et al., 2002), 비안전 행동(Clarke, 2006) 및 타인에 대한 학대행위(Sliter et al., 2013)에 미치는 영향이 보고되고 있다.

규범 외에, 또 다른 학파는 조직 내 스트레스를 주는 조건에 노출되었을 때 사람들이 느끼는 정서에 대한 반응으로 CWB를 본다. 아마 이에 대한 가장 좋은 예는 CWB에 대한 스트레스 요인-정서 모델인데 Spector와 Fox(2005)가 제안하였다. 〈그림 6.1〉에서 보듯이, 평가 과정을 통해 우리는 업무환경에서 나타나는 환경적 스트레스 요인을 지각하고 이들을 스트레스 요인으로 간주해야 할지 말지를 결정하게 된다. 만일 우리가 환경적 조건을 스트레스 요인이라고 결정하게 되면, 이는 불안, 분노 및 불만족 같은 부정적 정서를 불러일으키게 된다. 모델에 따르면, 이런 부정적 정서가 CWB를 하게 만든다.

이 모델의 다음 전개 과정은 통제력 지각과 4개 성격 특성에 의해 또한 영향받게 된다. 통제력 지각 측면에서 보면, 통제력이 낮다고 지각할 경우 환경적 스트레스 요인은 궁극적으로 CWB를 초래하게 된다. 이 모델에서 가장 중요한 연결고리는 부정적 정서와 CWB 사이이다. 기본적으로 이 모델이 말하고 있는 바는, 사람들이 자신의 업무환경을 통제할 수 없다고 느낄 때 부정적 정서가 CWB를 더 높은 수준으로 이끌어 간다는 것이다. 통제력이 높다고 지각할 경우에는 부정적 정서에 보다 건설적인 방식으로 대처하게 될 것이다.

성격 특성 측면에서 보면 특성분노, 특성불안, 자기애적 성향이 높은 사람들에게 환경적 스트레스 요인은 CWB를 초래하게 될 가능성이 더 높을 것이다. 그 외에도 외적 통제소재는 이런 전개 과정에 더 영향을 미칠 가능성이 있다. 이전 절에서 본 개인 기반 원인에 대한 논의에서, 특성분노와 자기애적 성격에 관한 논의를 생각해보자. 다소 다른 이유이긴 하지만, 이런 특성들은 둘 다 사람들로 하여금 '과잉 반응'하게 만드는 경향이 있었는데, 그런 이유로 모델에 이들이 있는 것이 이해가 된다.

특성불안(trait anxiety)은 다양한 상황에서 불안 정서를 경험하는 일반 경향을 말한다(Spielberger, 1989). 특성불안 또한 부정적이거나 위협적인 환경자극에 대한 반응을 고양하게 될 것이다(Heinisch & Jex, 1997). 따라서 특성불안이 높은 사람은 CWB를 촉발하는 부정적인 정서를 경험할 가능성이 더 크고, 특성분노를 경험하는 사람들과 마찬가지로 CWB 빈도를 증가시키는 환경적 스트레스 요인에 더 강하게 반응할 것이다.

마지막으로, 외적 통제소재를 가진 사람들은 환경에서 얻을 수 있는 강화물을 자신이 직접 통제할 수 없다고 믿고, 오히려 행운, 운명 또는 강력한 타자에 의해 이들이 좌우된다고 믿는 경향을 보일 것이다(Rotter, 1966). 모델에 따르면, 통제력 지각 수준이 낮은 경우와 마찬가지로, 이 성향은 부정적 정서와 CWB 사이의 관계를 강화할 것이다. 한편, 만일 사람들이 결과물에 대해 통제력을 갖고 있다고 믿는다면, 다른 말로 내적 통제소재를 갖고 있다면 자신이 경험하는 부정적 정서에 보다 건설적인 방식으로 대처할 것이다.

CWB를 야기하는 마지막 상황적 원인은 **불공정성**(injustice)이다. 제9장에서 불공정성에 대해 보다 자세히 다룰 예정이지만, CWB를 설명하는 이 대목에서 보면, 조직이나 조직 내 사람들에 의해 불공정하게 대우받는 것에 대한 반작용으로 사람들은 종종 CWB를 보이기도 한다는 것이다. 만일 급여가 적게 주어졌다고 느끼게 될 경우, 사람들은 균형을 맞출 때까지 또는 조직에 되갚아줄 수 있을 때까지 틈틈이 업무현장을 벗어나거나 일찍 자리를 뜰 수도 있을 것이다. 실제로 다양한 형태의 CWB가 불공정한 대우와 관련된다는 것이 경험적 연구에서 드러났다(Greenberg, 1990; Spector et al., 2006). 이러한 일반적인 CWB의 상황적 원인 외에도 조직 과학자들은 서로 다른 보상 시스템이 의도치 않게 종업원들에게 부정적인 행동을 초래할 수 있는 방법에 대해서도 논의하였다. 이러한 역학의 예는 '관리자를 위한 시사점 6.1'에 포함되어 있다.

관리자를 위한 시사점 6.1

인센티브 시스템이 어떻게 역효과를 낳는가

인센티브 시스템은 직원들이 더 높은 수준의 직무수행을 달성하도록 동기 부여하는 일반적인 방법이다. 반면, 이러한 시스템이 잘못 구현될 경우 직원의 안전에 해를 끼치고 바람직하지 않은 직원 행동을 초래할 수 있다. 이러한 부정적인 결과를 방지하기 위해 관리자는 물리적, 정신적으로 안전하지 않은 작업환경으로 이어질 수 있는 일반적인 인센티브 시스템 설계에 대해 인지하고 있어야 한다.

- **안전 인센티브 프로그램** : 안전 인센티브 시스템의 목적은 작업장에서의 신체적 부상을 줄이거나 제거하여 직원의 안전을 증진하는 것이다. 이러한 시스템은 일반적으로 직장에서 부상을 입지 않은 직원과 그들의 관리자에게 금전적 보상, 표창, 추가 유급휴가(PTO) 또는 기타 상금을 통해 보상을 제공한다. 따라서 이러한 시스템은 직원이 근무 중에 발생한 부상을 보고해야 하는 보고 시스템을 통해 부상을 측정한다. 이 프로그램의 주요 전제는 직원들이 작업장에서 안전한 행동을 하도록 장려하는 것이다. 하지만 종종 이러한 시스템은 작업장 사고의 과소보고를 조장한다. 이는 직원이 팀이나 관리자에게서 사고를 숨기라는 압박을 느끼기 때문에 발생할 수 있다. 또한 이러한 시스템은 작업환경이 안전하다는 잘못된 믿음으로 인해 작업장 환경 안전 개선이나 중요한 안전 교육이 부족하게 될 수 있다.
- **성과에 대한 인센티브 프로그램** : 직원 성과를 높이기 위한 개별화된 인센티브 프로그램은 때때로 반생산적 작업장 행동(CWB)을 유발할 수 있다. CWB는 예를 들어 소문을 퍼뜨리는 것과 같이 다른 직원에게 부정적인 영향을 미치거나, 절도나 생산 일탈을 통해 조직에 부정적인 영향을 미칠 수 있는 불미스러운 직원 행동을 의미한다. 인센티브 시스템은 건강하지 못한 직원 경쟁을 조장하여 CWB를 유발할 수 있으며, 이는 팀원 간의 적대감, 업무 방해, 지식 공유 감소, 직원 간 불신 등의 결과를 초래할 수 있다.

제공 : 클렘슨대학교 Caroline George

출처 : Pransky et al.(1999), Zhang et al.(2011).

특정 반생산적 업무행동

조직에서 특정 유형의 CWB가 갖는 중요성을 고려하여 연구자들은 특정 형태의 CWB에 대한 예측 변인과 결정 요인을 연구하는 경우가 많다. 종업원 철수 및 타인에 대한 학대는 이 책의 다른 장에서 다루는 특정 CWB의 예에 해당된다. 이 절에서는 일반적으로 높은 빈도로 발생하지 않지만 발생하면 조직에 매우 부정적인 영향을 미칠 수 있는 다양한 형태의 CWB를 살펴볼 것이다. 이러한 CWB의 형태에는 생산 일탈/방해 행위, 직원 절도, 직장 폭력 등이 포함된다. 이들의 각 형태를 알아보자.

생산일탈/사보타주

이 장 앞 절에서 기술한 것처럼, 생산일탈이란 직원들이 의도적으로 시간을 허비하거나, 고의로 자신의 일을 엉망으로 처리하고, 또는 지시를 따르지 않는 형태로 CWB를 표출하는 것이다. 한편 사보타주는 조직의 재산이나 조직 성원의 일을 의도적으로 파괴하거나 손상을 입히는 것이다. 생산일탈과 사보타주는 다른 형태의 CWB이기는 하지만 종종 함께 취급되는데, 그 이유는 조직에 동일한 영향을 미치기 때문이다. 이들을 분리하여 설명하는 것은 다음에 하고자 한다.

대부분의 사람들이 종종 시간을 허비하고, 자신의 역량을 최대로 발휘해서 일하는 것은 아니지만, 조직현장에서 전반적인 생산일탈은 거의 일어나지 않는 행동이다(Spector et al., 2006). 대부분의 직무에서 사람들은 최소 누군가에 대해 책임을 지게 되고, 이런 이유로 시간을 허비하거나 의도적으로 직무를 엉망으로 하게 되면 부정적인 결과를 초래할 위험을 감수해야 한다. 그러나 이런 부정적인 결과가 발생할 잠재성에도 불구하고, 간혹 조직에서 생산일탈이 발생하고 조직에 값비싼 대가를 초래할 수 있다는 증거들이 나타나고 있다(Martin et al., 2010). 또한, Serenko(2020)의 최근 연구에서는 다른 형태의 사보타주보다 더 자주 발생할 수 있는 새로운 유형의 사보타주, 즉 **지식 사보타주**(knowledge sabotage)를 소개하였다. 이 유형의 사보타주는 종업원들이 의도적으로 다른 종업원들에게 잘못된 지식을 제공하거나, 종업원들에게 필요한 정보를 알고 있으면서도 이를 숨길 때 발생한다. Serenko(2020)의 연구에 따르면, 40%의 종업원이 지식 사보타주에 가담했다고 보고했으며, 정보와 지식의 중요성이 커짐에 따라 앞으로 이러한 사보타주가 더 빈번하게 나타날 수 있다. 그러면 왜 사람들은 생산일탈을 보이는가? 연구에 따르면, 사람들은 다른 형태의 CWB에서 보이는 것과 동일한 이유로 생산일탈을 하는 것으로 나타났다(Spector et al., 2006). 즉 사람들은 스트레스에 대한 반응으로, 그리고 부당한 대우를 하는 조직에 대한 앙갚음으로 생산일탈을 하였으며(Serenko, 2020), 이런 행동이 나타나게 하는 특성을 갖는 경우가 있는 것으로 밝혀졌다. 그러나 생산일탈에만 독특하게 적용되는 세 가지 다른 설명이 있다.

몇몇 형태의 생산일탈에 대해, 한 가지 분명하면서 구별되는 설명은 **기회 요인**이다. 어떤 직무의 경우, 사람들은 자신이 가진 시간에 대해 재량권을 많이 가지고 있다. 이럴 경우 생산일탈을 보일 기회가 훨씬 더 많아진다. 컴퓨터와 여타 커뮤니케이션 기술이 진보함에 따라, 어떤 사람들은 들키지 않고 자의적으로 과제 외 행동을 하는 것이 매우 쉬워졌다. 대조적으로, 어떤 사람들은 자기 시간에 대한 재량권을 거의 갖고 있지 않아 생산일탈을 할 기회를 거의 갖지 못할 경우도 있다.

사람들이 생산일탈을 하게 하는 또 다른 잠재 이유는 나쁘게 행동하는 것에 대해 어떤 식으로든 보상이 이루어지기 때문이다. 이런 관점에서 보면, 생산일탈이 **인상관리**(impression management)의 한 형태라 할 수 있는데, 종업원이 어떤 목적을 관철하기 위해 이를 활용하는 것이다(Becker & Martin, 1995). 예를 들어 종업원이 자기 잠재력을 최대한으로 발휘하려고 하지 않을 수 있는데, 평범한 수행 수준을 보이는 것이 시간 소모가 훨씬 적게 드는 업무 과제를 담당하도록 해 줄 것이라고 믿는 경우가 이에 해당된다.

사보타주가 가진 본질과 이런 행동에 전념하는 종업원은 범죄 기소와 같은 심각한 사태에 처할 수 있다는 사실에 비추어볼 때, 이런 행동이 발생하는 빈도는 높지 않다. 그 외 다른 CWB 행동과 비교해 볼 때, 사보타주는 종업원의 불공정성 지각이 원인이 되어 발생하는 경우가 많다. 왜냐하면 많은 사보타주 사례들은 조직에 대해 되갚음을 하려는 종업원의 시도를 대변하는 것이기 때문이다(Seabright et al., 2010).

그러나 불공정성에 대해 사보타주를 하는 것으로 반응할지 아닐지를 결정하는 데 개인차가 주요 역할을 하는 것으로 보인다. 예를 들어 Skarlicki 등(2008)은 개인 간 불공정성과 고객에 대한 사보타주 간의 관계가 도덕적 정체성에 의해 조절된다는 것을 발견하였다. 좀 더 구체적으로 말하면, 고객 서비스 부서 직원 표본을 대상으로 한 연구에서 고객에게서 받은 불공정한 대우가 고객 사보타주와 강한 관계를 보였는데, 옳고 그름에 대해 강한 의식을 가진 사람들에게는 이 둘 간의 관계가 강하게 나온 데 비해, 이런 도덕성을 **내면화**하여 옳고 그름에 의연한 사람들에게서는 그 관계가 약하게 나타났다. 이 결과는 어떤 사람들은 자신들이 다른 사람에게 부당하게 대우받았다고 느낄 때 더 강하게 공격적으로 반응하는 데 비해, 그렇다고 해서 모든 사람이 이런 부당대우를 받을 때 사보타주와 같은 방식으로 반응하는 것은 아니라는 것을 의미한다. 좀 더 구체적으로 말하면, 어떤 사람들은 자신이 부당하게 대우받을 때라도 사보타주를 하는 것은 잘못이라고 생각한다는 것이다.

종업원 절도

종업원 절도(employee theft)란 간단히 '종업원이 조직으로부터 자신의 소유물이 아닌 어떤 것을 가져가는 것'이라고 정의된다. 이런 정의에 근거하면, 절도는 값싼 사무용품을 개인용으로 가져가는 것과 같이 상대적으로 사소한 행위에서부터 잘 정리되어 있는 서류를 훔쳐 가는 공무원 절도 같은 아주 중대한 형태까지 다양할 수 있다. 종업원 절도를 다루는 대부분의 문헌은 '보통' 유형의 종업원 절도에 초점을 맞추고 있다. 여기에는 소매점 영업사원이 회사 물품을 훔치는 것이나 편의점 종업원이 금전

출납기에서 현금을 슬쩍 빼돌리는 것 등이 해당된다. 그러나 최근 연구에 따르면, 종업원 절도의 더욱 만연한 형태인 시간 절도(time theft)가 나타났다. 이는 종업원이 잠을 자거나, 지각하거나, 허가되지 않은 휴식을 취하는 등의 방식으로 시간을 허비하는 것을 의미한다(Harold et al., 2022).

종업원 절도 빈도에 관한 연구를 보면, 많은 조직이 문제를 삼기에 충분할 정도로 잦은 빈도로 종업원 절도가 발생하고 있다. 예를 들어 2018년에 소매업은 종업원 절도로 인해 전체적으로 468억 달러의 손해를 본 것으로 추정된다(NRSS, 2018). 또 다른 연구에서, 사람들 중 52%가 허락 없이 작업장에서 물건을 가져간다고 보고하였고, 25%는 자신이 사용하지도 않은 비용을 환급받기 위해 허위 영수증을 보고한 적이 있다는 것이 발견되었다(Bennett & Robinson, 2000). Harold 등(2022)은 종업원들이 매주 4시간의 시간 절도를 저질렀다고 지적하였다. 불행하게도 종업원 절도로 인한 손실은 고객에게 전가되므로, 종업원 절도로 인한 파급효과는 절도가 발생한 조직에만 국한되지 않는다.

종업원 절도의 원인에 관한 연구 문헌을 검토한 결과 두 가지 주제가 도출되었다. 지금까지 가장 강력한 것으로 나타난 첫 번째 원인은 절도가 주로 개인적 특성에 기인한다고 보는 것이다(예 : Collins & Schmidt, 1993; Jones & Boye, 1992). 더욱이 정직성 검사 제작자들이 이런 연구를 많이 시행하였다. 이런 관행은 잠재적으로 문제를 야기할 수 있는데, 왜냐하면 이런 조직은 자신들이 만든 검사 도구의 예측능력을 정확하게 평가하려는 동기를 갖지 않을 수 있기 때문이다. 이런 우려가 있지만, Van Iddekinge 등(2011)의 메타분석은 정직성 검사가 실제로 종업원의 절도와 여타 CWB를 예측해 준다는 것을 보여주었다. 정직성 검사는 대개 성격 특성 중에서 '성실성'을 측정해 주는데, 절도를 가장 많이 할 가능성이 있는 종업원은 이 특성이 낮을 것이라고 가정된다. 즉 이들은 신뢰할 수 없고, 자기 원칙이 결핍되어 있고, 규칙이나 권위를 존중하지 않는 사람들일 수 있다. 성실성 외의 다른 것들도 발견되었는데, 절도라든가 다른 형태의 비정직성에 대해 관대한 태도를 보이는 종업원들 사이에서 절도가 더 많이 나타났다(Jones & Boye, 1992).

연구 문헌에서 보이는 두 번째 주제는 종업원 절도가 부당하거나 좌절을 주는 조직 조건과 같은 환경 조건에 의해 영향을 받는다는 것이다. 예를 들어 Greenberg(1990)는 따로 떨어진 두 지역에서 급여 삭감 정책을 시행한 대규모 제조회사에 대한 연구를 수행하였다. 한 지역에서는 왜 이런 정책이 시행되었는지에 대해 거의 설명을 해 주지 않았고, 설명하더라도 개인에 대해 어떤 배려나 인정사정을 두지 않고 정책이 시행되었다. 한편 다른 지역에 있던 조직에서는 경영층이 종업원들에게 왜 이 정책이 시행되어야 했는지에 대해 상세한 설명을 하였고, 구성원들의 반응에 보다 민감하게 반응하며 정책을 시행하였다. 이 연구는 설명이 적합하게 이루어지지 않은 공장에서는 적절한 설명이 주어진 공장과 어떤 급여 삭감 정책도 시행되지 않은 제3의 공장과 비교해볼 때 절도율이 유의미하게 더 높아졌다는 것을 보여주었다.

좀 더 최근 연구는 동종 산업의 다른 사람들과 비교해서, 종업원이 수령한 급여량이 종업원 절도와 관련된다는 것을 보여주었다. Chen과 Sandino(2012)는 편의점 산업(종업원 절도율이 높음)에 대한 연구에서, 종업원 절도율은 동종 산업계 평균과 비교해서 종업원 임금이 낮은 가게에서 더 높았다. 이런 결과는 Greenberg(1990) 연구와 결합해보면 절도가 불공정성 지각에 대한 반응으로 생긴다는 것을 지지한다. 조직 공정성의 중요성은 직원 동기부여를 다루는 제9장에서 자세히 논의될 것이다.

직장폭력

종업원 절도와 마찬가지로 직장폭력(workplace violence)도 상대적으로 자주 발생하지 않는 사건이다. 그러나 최근 들어 조직현장에서 직장폭력 사례가 경계해야 할 정도로 증가하고 있음을 알 수 있다. 예를 들어 2019년 직장에서 41,560건의 치명적이지 않은 폭행 및 고의적인 상해가 발생했으며, 454건의 업무 관련 살인이 발생했다(U.S. Bureau of Labor Statistics, 2019). 치명적이지 않은 폭행의 경우, 피해자의 63.5%가 여성이었다.

이 책에서 다루어진 다른 현상과 마찬가지로, 직장폭력으로 간주되는 것은 매우 광범위하다. 이 장의 목적상 직장폭력은 조직 장면에서 수행된 물리적 공격행동이라 정의된다. 이 정의에는 폭력의 표적 또는 유발자를 적시하거나 제한하려는 시도는 어떤 것도 포함되지 않았다는 것에 주목하기 바란다. 예를 들어 폭력행동이 동료 종업원에 대한 것일 수도 있고, 상사에 대한 것일 수도 있으며, 고객을 향한 것일 수도 있다. 또한 그들 각각에 의해 유발된 것일 수도 있다. 직장 내 폭력과 공격에 대한 대부분의 연구가 다른 종업원에 대해 동료 종업원에 의해 이루어진 폭력행동에 집중하기 때문에(Schat & Kelloway, 2005 참조), 이 절에서 우리의 관심사는 동료 종업원이 다른 종업원에게 행한 폭력행동에 관한 것이다. 그러나 고객이나 내담자도 조직 내 종업원에 대해 폭력적이고 반사회적인 행위를 범할 수 있다(예 : Bussing & Hoge, 2004).

문헌에 따르면, 종업원에 의해 발생하는 폭력행동은 세 가지로 설명할 수 있다 : (1) 물리적 환경, (2) 개인의 특성, (3) 조직환경. 만일 초점이 물리적 환경에 주어지면, 환경에서의 폭력단서나 좌절감을 유발하는 요인들과 공격행동을 연계하는 사회심리학 연구 문헌들을 참조할 수 있다(Worchel et al., 2000). 단조로운 기계조작 작업이 스트레스 관련 증상을 유발한다는 주목할 만한 한 연구가 있지만(예 : Broadbent, 1985), 불행하게도 이 특성들 중 어떤 것도 직장폭력과 연계되지는 않았다.

물리적 환경과 직장폭력 간의 관계를 분석하고자 하는 경험적 연구가 거의 없기 때문에, 우리는 단지 환경이 중요한 역할을 할 수 있다고 추측할 뿐이다. 그러나 종업원에 의해 발생하였고, 대중에게 널리 공표된 폭력행동 중 몇 가지가 많은 사람이 다소 유해하다고 생각하는 업무환경에서 발생하였다는 점은 흥미롭다. 예를 들어 미국에서 많은 우편 서비스 업무는 단조롭게 기계 속도에 맞추어 진행되는 일이다. 또한 공장 및 여타 제조설비들도 대개 시끄럽고 무덥다. 이런 연계성은 순전히 논리적으로 생각해 낸 것에 불과한 것이지만, 시간이 지나 폭력 사례에 대해 더 많은 자료가 수집되면 물리적 환경이 기여하는 바를 더 분명히 평가할 수 있을 것이다.

직장폭력에서 두 번째 관심사항은 폭력행동을 저지를 가능성이 있는 사람들의 특성을 확인하는 것이다. Day와 Catano(2006)는 이런 연구 문헌들을 정리해서 다음과 같은 폭력행동 예측 요인들이 존재한다는 경험적 증거를 찾아냈다 : 성차(남성이 더 많이 폭력행동을 하였다), 폭력행동에 관한 과거 기록, 알코올 및 약물남용, 성실성 부족, 낮은 우호성, 낮은 정서적 안정성. 또한 적대성이 높은 사람이 직장에서 폭력행동을 저지르는 경향이 높다는 증거도 있다(Judge et al., 2006). 이런 주장들에도 불구하고 Barling 등(2009)의 지적에 따르면, 폭력행동을 하게 만드는 아주 결정적인 종업원 프로파일이란 존재하지 않는다.

직장폭력 연구에서 세 번째 관심 영역은 조직환경을 폭력행동을 촉발할 가능성이 있는 요인으로 보는 것이다. Barling 등(2009)에 따르면, 직장폭력과 공격을 유발하는 가장 강력한 예측치는 **유발성 지각**(perceived provocation), 즉 조직에서 일어난 일이 얼마나 중요하게 인식되는가이다. 종업원을 부당하게 대하고 그들이 겪는 좌절감을 무시하는 조직은 공정성을 강조하고 지지적인 풍토를 가지고 있는 조직과 비교해볼 때 폭력이 발생할 가능성이 더 높다(Greenberg, 1990; Spector, 1997b). 자기 업무집단에서 일어나는 반사회적이고 공격적인 행동에 아주 수동적이고 아무 조치도 취하려고 하지 않는 리더는 조직 내에 이런 행동을 허용하는 결과를 가져올 수 있다는 것도 최근 발견되었다(Skogstad et al., 2007). 이런 리더들은 잠재적으로 물리적 폭력 수준을 증폭시킬 수 있다.

성희롱

성희롱(sexual harassment) 문제는 기업에서 대학까지 모든 조직에서 가장 뚜렷하게 부각되는 관심사가 되었다. 미국평등고용기회위원회(Equal Employment Opportunity Commission)는 성희롱을 다음과 같이 정의한다. "지원자 또는 종업원의 성별 때문에 괴롭힘을 당하는 것은 불법이다." 성희롱은 '성적인 괴롭힘'이나 상대방이 원치 않는 성적 접근, 성적인 호의를 베풀도록 요구하는 것, 기타 성과 관련된 언어적 또는 신체적 괴롭힘이 포함될 수 있다.

그러나 괴롭힘은 반드시 성적인 성격을 가질 필요는 없으며, 성별에 대한 모욕적인 발언을 포함할 수 있다. 예를 들어 일반적으로 여성에 대해 모욕적인 발언을 하여 여성을 괴롭히는 것은 불법이다. 피해자와 가해자는 여성 또는 남성일 수 있으며, 피해자와 가해자가 같은 성일 수도 있다(https://www.eeoc.gov/sexual-harassment, 2022년 5월 6일 접속). **보복적 성희롱**(quid pro quo sexual harassment)이란 용어는 종업원에게 권한을 행사하는 감독자나 다른 종업원의 성적 요구를 거절함으로써 이 종업원의 승진과 성과가 적대적으로 영향을 받게 되는 상황을 지칭하기 위해 사용된다. 이런 형태는 위에 제공된 정의 중 앞 두 부분에 주로 적용된다.

두 번째 형태의 성희롱은 단순히 **적대적 업무환경**(hostile work environment)이라 하는데, 주로 앞의 정의 중 세 번째 부분에 해당하는 사항이다. 이 형태에서는 명시적으로 조종하거나 위협하려는 시도는 존재하지 않는다. 오히려 성희롱의 발생은 직장에서 다른 사람이 보여주는 일반적인 행동에서 나타난다. 저속한 말투, '성적'인 농담을 하는 것, 음란물을 게시하는 것 또는 불편함을 야기하는 비언어적 몸짓을 사용하는 것들이 적대적 업무환경에서 나타나는 성희롱의 기반이 된다. 이런 행위 범주들은 매우 중요한데, 왜냐하면 재미로 한 행동조차도 다른 사람에게는 혐오적이고 적대적인 것으로 지각될 수 있다는 사실을 반영해 주기 때문이다. 반드시 파괴적인 의도가 포함되어야만 성희롱에 해당하는 것은 아니다.

성희롱을 구성하는 다양한 행동이 있고 측정하는 방법도 다양하지만, 어떤 것이 더 우세한지를 판단하는 것은 쉽지 않은 일이다. 미국평등고용기회위원회(EEOC)는 성희롱을 포함한 성차별적 괴롭힘에 대한 전국적인 신고를 기록한다. 2018년에는 13,055건, 2019년에는 12,739건, 2020년에는 11,497건, 2021년에는 10,035건의 신고가 접수되었다. 최근 몇 년간 성차별적 괴롭힘 신고가 감소한 이유는 부분적으로 코로나19 팬데믹으로 인해 종업원들이 원격 근무를 하게 되어서 동료들과 물리적으로 함께 있지 않았기 때문일 수 있다.

McDonald(2012)에 따르면, 미국에서 성희롱을 보고한 여성 추정치는 40~75% 범위에 해당되는데, 남성의 추정비율은 13~31%였다고 보고하였다. 그리고 미국과 비교해볼 때 덴마크, 룩셈부르크, 스웨덴의 발생 추정치는 미국보다 낮았고, 오스트리아와 독일의 추정치는 미국보다 좀 높았다. 그러나 이런 차이는 성희롱 추정치에 대한 차이로 인해 생긴 것이라고 McDonald는 보고하였다. 즉 낮게 나온 추정치는 성희롱을 제한적인 측정치로 측정한 데 비해 높게 나온 추정치는 포괄적인 측정치로 측정한 결과이다.

성희롱에 대한 조직 차원의 연구는 다양한 문제를 검토하였는데, 발생 상황에 대한 연구(Fitzgerald et al., 1997), 원인에 대한 연구(Gruber, 1998; Gutek et al., 1990), 성희롱 진술에 대응하는 방법 및 예방법에 대한 연구(Fitzgerald, 1993) 등이 있다. 정부 추정치와 일관되게 이들 연구는 성희롱이 매우 널리 퍼져 있으며, 남성보다 여성이 경험할 가능성이 더 많고, 희생자는 종종 가해자와 비교해볼 때 동등하지 않은 권한을 갖고 외부 사람들 눈에 잘 띄는 위치에 있는 사람들(예 : 남성 위주 조직에 근무하는 여성)이라는 것을 시사해 준다.

성희롱에 관한 좀 더 최근의 연구는 성희롱이 조직상황에서 나타나는 보다 일반적인 부당대우와 희롱행동의 일부분이라는 것을 시사한다. 예를 들어 Lim과 Cortina(2005)는 조직 장면에서 나타나는 성희롱과 일반적 무례행동이 서로 정적으로 관련된다는 것을 발견하였다. 또한 소수자 집단의 여성이 백인 여성보다 더 높은 강도의 성희롱을 경험한다는 것을 보여주었다(Berdahl & Moore, 2006). 성희롱과 일반적 희롱 간에 유사성이 있지만, 성희롱은 일반적 형태의 희롱보다 여성에게 더 큰 파급효과를 미치는 것으로 나타났다(Dionisi et al., 2012). 이런 발견은 성희롱을 줄이려는 조직은 성희롱 자체뿐만 아니라 조직의 일반적인 사회적 풍토에도 관심을 기울여야 한다는 것을 시사하는 것이다.

조직 문화의 중요성과 관련하여 Berdahl 등(2018)은 직장 내 성희롱과 같은 문제의 원인으로서 남성성 경쟁문화(Masculinity Contest Culture, MCC)의 중요성을 논의하였다. 이들은 성희롱 가해자들이 MCC가 존재하는 조직에서 종종 처벌받지 않는다는 점을 지적하였다. 이는 조직의 최고 성과자가 부적절하거나 불법적인 행동을 저질렀기 때문이다. 이러한 개인들은 주요 업무 수행에 대한 보상을 받는 반면, 그들의 CWB는 무시된다. 저자들은 우버, 폭스뉴스와 같이 MCC가 특징인 조직에서 성희롱 경험에 대해 논의했다.

조직이 성희롱을 예방하는 가장 효과적인 방법은 분명하게 정리된 성희롱 정책을 가지는 것이다(Bates et al., 2006). 또한 성희롱의 가해자가 내담자나 고객일 경우도 있으므로(Liu et al., 2013), 조직은 이런 행동에 대한 반응 시 취할 정책을 갖고 있어야 한다. 그런 정책은 종업원에게 성희롱으로 여겨지는 것이 무엇이고 성희롱이 발생했을 경우 조직이 취할 단계가 무엇인지를 알게 해 주는 이중 목적을 지니고 있다. 종업원에게 성희롱이 무엇인지를 알려주는 것은 말처럼 쉬운 일이 아니다. 성희롱 헌장이 만들어져 시행되더라도 종업원은 무엇이 성희롱에 해당하는지에 대해 헷갈릴 수 있다. 그러나 저자들의 경험으로 미루어볼 때, 남녀 혼성으로 구성되어 있는 회사에서 어떤 행동이 적절하고 적절하지 않은지에 대해 합의를 하는 것이 생각만큼 그리 어려운 일은 아니다. 상식이 있고 도덕성에 대한 지배적 사회관습을 안다면, 대다수 성인들은 혼성 회사에서 무엇이 적합한 행동이고 무엇이 적합하지 않은 행동인지 알 수 있다. 성희롱의 중요성과 본질은 최근 미투 운동(Me Too movement)을 통해 더욱 부각되고 있다. 이 운동은 여성들이 직장 내외에서 경험하는 부적절한 성적 행위가 널리 퍼져 있음을 보여주고 있다('참고 6.8' 참조).

성희롱이 심각한 문제이고, 그런 행동을 범하는 사람들은 심각한 결과를 초래하게 될 것임을 종업원에게 의사소통하기 위해서도 성희롱 정책은 필요하다. 그러나 궁극적으로 조직의 성희롱 정책을 의사소통할 수 있는 가장 강력한 방법은 그런 행동이 일어났을 때 조직이 취하는 반응이다. 조직이 그런 행동에 대해 정책과 일관되는 방식으로 반응하고 관여된 사람이 누구라도 일관되게 반응하면, 이 자체가 조직이 그런 행동을 용인하지 않는다는 것을 보여주는 강력한 메시지가 된다.

반생산적 업무행동에 대한 최종 생각 몇 가지

이 장에서 지금까지 우리는 조직 장면에서 CWB가 주는 부정적 효과를 기술하였다. 그러나 특정 경우 어떤 형태의 CWB는 몇 가지 긍정적인 효과를 보일 수도 있다는 것을 지적하고자 한다. 예를 들어 CWB의 생산일탈과 철회행동을 살펴보자. 종업원이 종종 빈둥거리고, 온라인으로 호텔예약을 하고자 시간을 일부 허비하고, 허가된 시간 이상으로 휴식시간을 보내게 되는 경우, 이는 조직에 아무 해를 끼치지 않으면서 일시적 힐링을 경험하게 할 수도 있으며(Sonnentag & Fritz, 2007), 궁극적으로는

참고 6.8

직장 내 성희롱 신고에서 #미투(METOO) 운동의 역할

대부분의 독자들은 #미투 운동이 다양한 환경에서 성희롱과 성폭력에 대한 여성들의 고발에 미친 영향에 대해 알고 있다. Baum(2019)은 이 운동의 역사에 대해 논하면서, 이 운동이 원래 원치 않는 성적 접근을 경험한 유명인들 사이에서 인기를 얻었지만, 이제는 성희롱과 성폭력을 경험하는 모든 사람에게 지지를 모으게 되었다고 설명한다. 그녀는 패스트푸드 산업에 종사하는 여성들 중 성희롱을 경험한 42%가 직장을 잃을 우려 때문에 이를 신고하지 않는다는 설문 조사 결과를 설명한다.

저자는 패스트푸드 산업, 특히 맥도날드에서 근무하는 노동자들이 이 운동에 의해 결집하여 패스트푸드 직원들이 성희롱을 자주 경험하는 것에 반대하는 시위를 벌였음을 언급한다. 또한 #미투 운동은 카지노 운영자와 같은 취약한 노동자들이 성희롱을 경험하는 방식과 성희롱을 신고하는 시스템이 효과적인지에 대한 분석을 촉발했다. 예를 들어 성희롱이나 성폭력을 신고할 수 있는 '비상 버튼'을 노동자들에게 제공하는 것은 조직이 이러한 행동이 직원들에게 미칠 수 있는 부정적인 영향을 진지하게 고려하고 있다는 메시지를 전달할 수 있다.

Baum은 또한 설문조사를 사용하여 직원들이 성폭력과 성희롱을 경험한 내용을 평가하는 것의 한계, 특히 직원들이 자신의 응답이 불리하게 사용되지 않을 것이라는 신뢰를 형성해야 하는 것의 중요성을 논의한다. 궁극적으로, #미투 운동은 모든 환경에서 성폭력과 성희롱 경험의 중요성을 조명했으며, 조직이 직원들의 경험을 인식하고 이러한 유해한 행동을 줄이기 위한 조치를 취하는 것이 그 어느 때보다 중요해졌다.

출처 : Baum(2019).

종업원의 웰빙을 향상해 줄 수도 있다.

잠재적으로 웰빙을 키워 주는 것 외에도, CWB는 종종 일종의 항의가 될 수도 있는데, 이를 통해 건설적인 조직 변화를 이끌어낼 수도 있다(Kelloway et al., 2010). 예로 타인학대를 다룬 절에서 비인격적 감독과 CWB 간의 관계를 논의했던 경우를 떠올려보자. 이 경우 CWB가 발생한 것은 조직으로 하여금 감독자들이 부하직원을 다루는 방식에 심각한 문제가 있을 수 있다는 점을 인지하도록 해 주었다. 일단 이런 문제가 인지되면 조직은 비인격적 감독을 줄이는 조치를 취할 수 있게 되는데, 교육훈련, 상담, 심한 경우 지속적인 문제행위자에 대한 해고를 단행할 수도 있다.

종업원들이 집단적으로 CWB를 보이는 경우가 생긴다면, 이는 일종의 강력한 조직 변화를 가져올 수도 있다. 조직화된 노동운동의 역사를 살펴보면, 조직화된 업무 사보타주와 규정준수 운동을 통해 종업원이 임금향상과 업무조건을 개선한 사례들이 많이 있다. 이 장 서두에 제시한 정의에 따르면, 이 두 행동은 모두 CWB이고, 일시적으로는 조직에 해가 될 수도 있지만, 많은 경우에 이들은 또한 조직에 긍정적인 변화를 이끌어낸다.

요약하면, 우리는 종업원들이 CWB에 몰두하는 것을 옹호하는 것은 아니다. 우리는 단지 조직이 이런 행동을 박멸하는 데만 집중한 나머지, 왜 이런 행동이 일어나는지를 이해하려 하지 않아서는 안 된다는 것을 지적하는 것이다. 조직이 이해하려고 노력하게 되면, 어떤 형태의 CWB는 종업원의 웰빙에 긍정적으로 영향을 줄 것이고, 이런 종업원의 행동방식은 조직이 긍정적으로 변화하는 데 도움이 될 것이다.

과업 수행, 조직시민행동 및 반생산적 업무행동의 통합 개념화

최근 몇 년 동안, 조직 연구자들은 이러한 다양한 유형의 직무수행을 개별적으로 연구하는 것 외에도 세 가지 유형의 직무수행이 서로 어떻게 관련되어 있는지를 살펴보는 것이 중요하다는 점을 인식해 왔다. Carpenter 등(2021)은 과업 수행, OCB, CWB의 측정에 대한 연구를 수행했으며, 한 유형의 수행에 포함된 항목이 다른 유형의 수행과 혼동되는 경우가 많다는 점에 주목하였다. 예를 들어 '직장에서 사소한 일에 대해 불평한다'는 항목은 원래 부정적인 OCB 항목으로 간주되었지만, 저자들은 이 항목이 CWB의 유형을 평가하는 것을 발견하였다. 저자들은 연구자들이 과업/역할 내 수행, OCB 및 CWB에 대해 적절한 측정을 할 수 있도록 이러한 유형의 문제를 다루었다. 이와 관련된 연구에서, Henderson 등(2019)은 위의 예와 같이 역 채점된 항목이 CWB의 차원으로 모델링되는 것이 더 적절하다고 지적하였다. 이러한 측정 문제를 해결하는 것은 직무수행 분야 연구를 발전시키는 데 중요하다고 볼 수 있다.

다른 연구자들은 한 형태의 직무수행이 다른 유형의 수행에 어떤 영향을 미칠 수 있는지에 주목했다. 예를 들어 여러 연구에 따르면, 종업원이 OCB를 수행하도록 강요받는다고 느끼면 나중에 CWB에 참여할 가능성이 더 높다는 것을 발견했다(Lowery et al., 2021; Spanouli & Hofmans, 2021).

마지막으로, 연구자들은 종업원에 대한 전반적인 직무수행 평가를 할 때 감독자가 다양한 유형의 직무수행을 어떻게 평가하는지에 대해 조사하였다. Mishra와 Roch(2017)는 관리자가 역할극을 수행한 실험에서 집단주의 문화의 평가자가 개인주의 문화의 평가자에 비해 전반적인 수행 평가에서 OCB에 더 큰 비중을 두는 반면, 개인주의 문화의 평가자는 과업/역할 내 수행에 더 큰 비중을 두는 경향이 있음을 발견하였다. CWB의 중요성에 대해서는 문화에 따른 차이가 없었다.

요약

이 장에서 우리는 생산적 행동 또는 조직의 목표에 기여하는 종업원 행동을 살펴보았다. 조직에서 나타나는 가장 일반적인 형태의 생산적 행동은 직무수행이고, 이 주제는 수년간 광범위하게 연구되었다. 대부분의 직무에 공통적인 수행 차원을 찾아내고자 하는 여러 시도가 있었다. 직무수행 모델을 찾고자 하는 시도는 계속 진보하여 직무수행의 본질을 이해하는 데 많은 도움을 주었다. 제기된 모델 간에 여러 차이점이 있을 수 있지만, 이 모든 것을 관통하는 한 가지 특징은 역할 내 수행(특정 직무의 전문기술적인 측면)과 역할 외 수행(의사소통 기술이나 팀워크 유지능력과 같이 개별 직무영역을 넘는 기술)이다.

그 자체의 복잡성 때문에 많은 요인이 직무수행을 측정하려는 시도를 복잡하게 만든다. 시간 경과에 따른 직무수행 안정성의 양 그리고 조직 내 직무수행의 변산성을 제한하는 많은 영향력 등이 여기에 포함된다. 이런 모든 복잡한 요인에도 불구하고 조직연구자들은 수년에 걸쳐 직무수행을 결정하는 요인들을 찾고자 노력하고 있다. 여러 해 동안 누적된 연구를 통해 직무에 관계없이 적용할 수 있는 세 가지 수행 예측변인을 찾아냈다 : (1) 일반 정신 능력, (2) 직무경험 수준, (3) 종업원의 성격 특성. 보다 깊이 분석해보면, 이 변인들은 직무지식을 습득하고 활용하도록 하고 수행을 잘하려는 동기에 영향을 줌으로써 수행에 영향을 주는 것으로 보인다.

조직시민행동(OCB)은 이 장에서 살펴본 두 번째 형태의 생산적 행동이다. 여러 형태가 있지만 OCB는 종업원의 공식적인 직무책임의 일부가 아닌 것으로 여겨지는 행동으로 정의된다. 여러 연구에서 종업원이 OCB를 보여주는 이유에 대해 정적 정서, 조직에 의해 시행되는 공정성 수준에 대한 지각을 들었다. 연구자들은 OCB가 조직수행을 올려 준다는 전제를 경험적으로 검증하기 시작했고, OCB의 핵심이라고 할 수 있는 '역할 내/역할 외' 행동 구분에 의문을 갖기 시작했으며, OCB 수행에 대한 내부 동기를 검증하려는 시도를 하고 있다. 지금까지 명확한 것은 조직수행의 근저에는 OCB의 역할이 있다는 것이다.

또한 이 장에서는 반생산적 행동, 또는 조직이나 조직 내 구성원에게 해가 되거나 해를 끼칠 의도로 종업원에 의해 행해진 행동을 검토하였다. 조직에는 여러 형태의 CWB가 존재하는데, 일반적 수준에서 나타나는 CWB는 전체 조직을 겨냥해서 발생하느냐 아니면 조직 내 구체적인 개인을 겨냥해서 발생하느냐에 따라 구별될 수 있다. 또한 물질남용이나 안전위반과 같이 그런 행동을 하는 사람들에게 가장 해가 되는 형태의 CWB도 있다.

CWB를 유발하는 다양한 원인이 있지만, 일반적으로 개인 기반 원인과 상황 기반 원인으로 범주를 구별할 수 있다. 가장 흔히 연구된 개인 기반 원인은 성실성, 분노특성, 외적 통제소재와 자기애적 성향이다. 그리고 가장 흔히 연구된 상황 기반 원인은 스트레스와 불공정성이다. 그러나 최근 많은 CWB 연구에서는 개인 기반 접근과 상황 기반 접근이 결합된다. 이 장에서 검토한 발생률이 낮은 반생산적 행동으로는 생산일탈 및 사보타주, 절도, 직장폭력, 성희롱이 있다. 종업원들은 단순히 자신의 시간에 대해 너무 많은 재량권을 갖고 있어서, 또는 부당한 대우를 하는 조직에 대해 앙갚음하는 차원에서, 또는 일종의 인상관리로서 생산일탈을 보이게 된다. 사보타주는 경영자 또는 조직 내 누군가에게 앙갚음하고자 할 때 가장 흔히 사용하는 방법이다. 또한 조직 내 부당대우에 대해 다른 사람들보다 더 민감하게 반응하는 사람들이 있다.

절도에 대해서는 상당한 연구 증거들이 축적되어 있는데, 낮은 성실성과 절도에 대해 관대한 태도를 함께 가진 종업원이 절도를 저지를 가능성이 가장 많다는 것이다. 몇몇 경우, 절도는 부족한 급여나 조직의 불공정 대우에 대한 반응으로 나타나기도 한다. 직장폭력은 조직에선 아주 드문 일인데, 간혹 가해자가 조직 외부 사람(즉 내담자, 고객)일 경우에 이런 일이 발생할 때도 있다. 종업원이 타인에 대해 폭력적이거나 공격적 행동을 할 때엔 대개 어떤 형태의 도발행위가 있다. 여러 해에 걸쳐 잠재적으로 폭력적인 종업원에 관한 특성 기반 프로파일을 확인하려는 시도가 있었는데, 이런 노력들은 대개 성공하지 못하였다. 그러나 이런 프로파일이 종업원이 타인으로부터의 도발에 반응하는 방식에 영향을 미친다는 것이 드러났다.

이 장에서 다룬 마지막 형태의 반생산적 행동은 성희롱이다. 성희롱은 직접적 형태로 발생하기도 하고, '적대적 업무환경'을 조성하는 간접적 형태로 발생하기도 한다. 연구에 따르면, 전형적으로 여성이 성희롱의 피해자이며, 이는 주로 여성이 소수에 속하고 남성보다 낮은 권력을 가진 직책을 맡고 있는 업무환경에서 발생할 가능성이 높다. 이런 유형의 반생산적 행동을 예방하는 최선의 방법은 잘 정리된 성희롱 정책을 가지는 것으로, 이를 통해 종업원들은 이 문제를 중요하게 인식할 수 있게 된다. 보다 최근 연구들은 성희롱이 일반적인 부당대우의 한 부분일 수 있음을 시사해 준다. 따라서 조직이 다른 사람을 존중하고 예의를 중시하는 조직풍토를 조성함으로써 성희롱을 줄일 수 있다.

더 읽을거리

Alessandri, G., Cortina, J. M., Sheng, Z., & Borgogni, L. (2021). Where you came from and where you are going: The role of performance trajectory in promotion decisions. *Journal of Applied Psychology, 106*(4), 599–623. doi:10.1037/apl0000696.supp (Supplemental)

Bowling, N. A., & Gruys, M. L. (2010). Overlooked issues in the conceptualization and measurement of counterproductive work behavior. *Human Resource Management Review, 20*, 54–61.

Reynolds, C. A., Shoss, M. K., & Jundt, D. K. (2015). In the eye of the beholder: A multi-stakeholder perspective of organizational citizenship and counterproductive work behaviors. *Human Resource Management Review, 25*(1), 80–93. doi:10.1016/j.hrmr.2014.06.002

Trougakos, J. P., Beal, D. J., Cheng, B. H., Hideg, I., & Zweig, D. (2015). Too drained to help: A resource depletion perspective on daily interpersonal citizenship behaviors. *Journal of Applied Psychology, 100*(1), 227–236. doi:10.1037/a0038082

참고문헌

Ackerman, P. L. (1989). Within-task correlations of skilled performance: Implications for predicting individual differences? (Comment on Henry & Hulin, 1987). *Journal of Applied Psychology, 74*, 360–364.

Adams, J. S. (1965). Inequity in social exchange. In L. Berkowitz (Ed.), *Advances in experimental social psychology* (Vol. 2, pp. 267–299). San Diego, CA: Academic Press.

Alessandri, G., Cortina, J. M., Sheng, Z., & Borgogni, L. (2021). Where you came from and where you are going: The role of performance trajectory in promotion decisions. *Journal of Applied Psychology, 106*(4), 599–623. doi:10.1037/apl0000696.supp (Supplemental)

Alexander, K. N. (2011). *Abusive supervision as a predictor of deviance and health outcomes: The exacerbating role of narcissism and social support*. Unpublished doctoral dissertation. Bowling Green State University, Bowling Green, OH.

Austin, J. T., Humphreys, L. G., & Hulin, C. L. (1989). Another view of dynamic criteria: A critical reanalysis of Barrett, Caldwell, and Alexander. *Personnel Psychology, 42*, 583–596.

Avey, J. B., Nimnicht, J. L., & Pigeon, N. G. (2010). Two field studies examining the association between psychological capital and employee performance. *Leadership & Organization Development Journal, 31*, 384–401.

Bachrach, D. G., Bendoly, E., & Podsakoff, P. M. (2001). Attributions of the "causes" or group performance as an explanation of the organizational citizenship behavior/ organizational performance relationship. *Journal of Applied Psychology, 86*, 1285–1293.

Bachrach, S. B., Bamberger, P. A., & Sonnenstuhl, W. J. (2002). Driven to drink: Managerial control, work-related risk factors, and employee problem drinking. *Academy of Management Journal, 45*, 637–658.

Barling, J., Dupre, K. E., & Kelloway, E. K. (2009). Predicting workplace aggression and violence. *Annual Review of Psychology, 60*, 671–692.

Bar-On, R. (2006). The bar-on model of emotional-social intelligence (ESI). *Psicothema, 18*(Suppl.), 13–25.

Baron, R., Handley, R., & Fund, S. (2006). The impact of emotional intelligence on performance. In V. U. Druskat, F. Sala, & G. Mount (Eds.), *Linking emotional intelligence and performance at work: Current research evidence with individuals and groups* (pp. 3–19). Mahwah, NJ: Erlbaum.

Barrett, G. V., Caldwell, M., & Alexander, R. (1985). The concept of dynamic criteria: A critical reanalysis. *Personnel Psychology, 38*, 41–56.

Barrick, M. R., & Mount, M. K. (1991). The big five personality dimensions and job performance: A meta-analysis. *Personnel Psychology, 44*, 1–26.

Barrick, M. R., & Mount, M. K. (2005). Yes, personality matters: Moving on to more important matters. *Human Performance, 18*, 359–372.

Barrick, M. R., Mount, M. K., & Strauss, J. P. (1993). Conscientiousness and performance of sales representatives: Test of the mediating effects of goal setting. *Journal of Applied Psychology, 78*, 715–722.

Barrick, M. R., Stewart, G. L., & Piotrowski, M. (2002). Personality and job performance: Test of the mediating effects of motivation among sales representatives. *Journal of Applied Psychology*, 87, 43–51.

Barron, L. G., & Sackett, P. R. (2008). Asian variability in performance rating modesty and leniency bias. *Human Performance, 21*, 277–290. doi:10.1080/08959280802137754

Bateman, T. S., & Crant, J. M. (1993). The proactive component of organizational behavior: A measure and correlates. *Journal of Organizational Behavior, 14*(2), 103–118.

Bates, C. A., Bowes-Sperry, L., & O'Leary-Kelly, A. M. (2006). Sexual harassment in the workplace: A look back and a look ahead. In E. K. Kelloway, J. Barling, & J. Hurrell (Eds.), *Handbook of workplace violence* (pp. 381–415). Thousand Oaks, CA: Sage.

Baum, B. (2019). Workplace sexual harassment in the "Me Too" era: The unforeseen consequences of confidential settlement agreements. *Journal of Business and Behavioral Sciences, 31*(1), 4-24.

Becker, T. E., & Martin, S. L. (1995). Trying to look bad at work: Methods and motives for managing poor impressions in organizations. *Academy of Management Journal, 38*, 174-199.

Bennett, R. J., & Robinson, S. L. (2000). Development of a measure of workplace deviance. *Journal of Applied Psychology, 85*(3), 349-360.

Berdahl, J. L., & Moore, C. (2006). Workplace harassment: Double jeopardy for minority women. *Journal of Applied Psychology, 91*, 426-436.

Berdahl, J. L., Cooper, M., Glick, P., Livingston, R. W., & Williams, J. C. (2018). Work as a masculinity contest. *Journal of Social Issues, 74*(3), 422-448. doi:10.1111/ josi.12289

Bertua, C., Anderson, N., & Salgado, J. F. (2005). The predictive validity of cognitive ability tests: A UK meta-analysis. *Journal of Organizational and Occupational Psychology, 78*, 387-409.

Bettencourt, L. A., Gwinner, K. P., & Meuter, M. L. (2001). A comparison of attitude, personality, and knowledge predictors of service-oriented organizational citizenship behaviors. *Journal of Applied Psychology, 86*, 29-41.

Bialek, H., Zapf, D., & McGuire, W. (1977). *Personnel turbulence and time utilization in an infantry division (Hum RRO FR-WD-CA 77-11)*. Alexandria, VA: Human Resources Research Organization.

Bolino, M. C. (1999). Citizenship and impression management: Good soldiers or good actors? *Academy of Management Review, 24*, 82-98.

Bolino, M. C., Klotz, A. C., Turnley, W. H., & Harvey, J. (2013). Exploring the dark side of organizational citizenship behavior. *Journal of Organizational Behavior, 34*(4), 542-559. https://doi.org/10.1002/job.1847

Borman, W. C., & Motowidlo, S. J. (1993). Expanding the criterion domain to include elements of contextual performance. In N. Schmitt & W. C. Borman (Eds.), *Personnel selection in organizations* (pp. 71-98). San Francisco, CA: Jossey-Bass.

Bourdage, J. S., Lee, K., Lee, J., & Shin, K. (2012). Motives for organizational citizenship behavior: Personality correlates and coworker ratings of OCB. *Human Performance, 25*(3), 179-200.

Bowling, N. A., & Eschelman, K. J. (2010). Employee personality as a moderator of the relationship between work stressors and counterproductive work behavior. *Journal of Occupational Health Psychology, 15*, 91-103.

Bridges, W (1994). *JobShift: How to prosper in a workplace without jobs*. Reading, MA: Addison-Wesley.

Broadbent, D. E. (1985). The clinical impact of job design. *British Journal of Clinical Psychology, 24*, 33-44.

Bushman, B. J., & Baumeister, R. F. (1998). Threatened egotism, narcissism, self-esteem, and direct and displaced aggression: Does self-love or self-hate lead to violence? *Journal of Personality and Social Psychology, 75*, 219-229.

Bussing, A., & Hoge, T. (2004). Aggression and violence against home care workers. *Journal of Occupational Health Psychology, 9*(3), 206-219.

Campbell, J. P. (1990). Modeling the performance prediction problem in industrial and organizational psychology. In M. D. Dunnette & L. M. Hough (Eds.), *Handbook of industrial and organizational psychology* (2nd ed., Vol. 1, pp. 687-732). Palo Alto, CA: Consulting Psychologists Press.

Campbell, J. P. (1994). Alternative models of job performance and their implications for selection and classification. In M. G. Rumsey, C. B. Walker, & J. H. Harris (Eds.), *Personnel selection and classification* (pp. 33-51). Hillsdale, NJ: Erlbaum.

Campbell, J. P. (2012). Behavior, performance, and effectiveness in the twenty-first century. In S. J. Kozlowski (Ed.), *The Oxford handbook of organizational psychology* (Vol. 1, pp. 159-194). New York, NY: Oxford University Press.

Campbell, J. P., & Wiernik, B. M. (2015). The modeling and assessment of work performance. *Annual Review of*

Organizational Psychology and Organizational Behavior, 2, 47–74. doi:10.1146/annurev-orgpsych-032414-111427

Carter, N. T., Dalal, D. K., Boyce, A. S., O'Connell, M. S., Kung, M., & Delgado, K. M. (2014). Uncovering curvilinear relationships between conscientiousness and job performance: How theoretically appropriate measurement makes an empirical difference. *Journal of Applied Psychology, 99*(4), 564–586.

Carpenter, N. C., Newman, D. A., & Arthur, W. (2021). What are we measuring? Evaluations of items measuring task performance, organizational citizenship, counterproductive, and withdrawal behaviors. *Human Performance*, 34(4), 316–349. https://doiorg. libproxy.clemson.edu/10.1080/08959285. 2021.1956928

Chattopadhyay, P. (1998). Beyond direct and symmetric effects: The influence of demographic dissimilarity on organizational citizenship behavior. *Academy of Management Journal, 42*, 273–287.

Chen, C. X., & Sandino, T. (2012). Can wages buy honest? The relationship between relative wages and employee theft. *Journal of Accounting Research, 50*, 967–1000.

Clarke, S. (2006). Workplace harassment from the victim's perspective: A theoretical model and meta-analysis. *Journal of Occupational Health Psychology*, 11, 315–327.

Colarelli, S. M., Dean, R. A., & Konstans, C. (1987). Comparative effects of personal and situational influences on job outcomes of new professionals. *Journal of Applied Psychology, 72*, 558–566.

Collins, J. M., & Schmidt, F. L. (1993). Personality, integrity, and white collar crime: A construct validity study. *Personnel Psychology*, 46(2), 295–311.

Conway, J. M. (1999). Distinguishing contextual performance from task performance for managerial jobs. *Journal of Applied Psychology, 84*, 3–13.

Crant, J. M. (1995). The proactive personality scale and objective job performance among real estate agents. *Journal of Applied Psychology, 80*(4), 532.

Davis-Blake, A., & Pfeffer, J. (1989). Just a mirage: The search for dispositional effects in organizational research. *Academy of Management Review, 14*, 385–400.

Day, D. V., & Bedeian, A. G. (1991). Predicting job performance across organizations: The interaction of work orientation and psychological climate. *Journal of Management, 17*, 589–600.

Day, A. L., & Catano, V. M. (2006). Screening and selecting out violent employees. In K. E. Kelloway, J. Barling, & J. J. Hurrell (Eds.), *Handbook of workplace violence* (pp. 549–577). Thousand Oaks, CA: Sage.

Deadrick, D. L., & Gardner, D. G. (2008). Maximal and typical measures of job performance: An analysis of performance variability over time. *Human Resource Management Review, 18*(3), 133–145. doi: https://doi.org/10.1016/j.hrmr.2008.07.008

Deadrick, D. L., & Madigan, R. (1990). Dynamic criteria revisited: A longitudinal study of performance stability and predictive validity. *Personnel Psychology, 43*, 717–744.

DeNisi, A. S., & Murphy, K. R. (2017). Performance appraisal and performance management: 100 years of progress? *Journal of Applied Psychology, 102*(3), 421–433. doi:10. 1037/apl0000085.supp (Supplemental)

Diefendorff, J. M., Brown, D. J., & Kamin, A. M. (2002). Examining the roles of job involvement and work centrality in predicting organizational citizenship behaviors and job performance. *Journal of Organizational Behavior, 23*, 93–108.

Digman, J. M. (1990). Personaity structure: Emergence of the five-factor model. *Annual Review of Psychology, 41*, 417–440.

Dionisi, A. M., Barling, J., & Dupre, K. E. (2012). Revisiting the comparative outcomes of workplace aggression and sexual harassment. *Journal of Occupational Health Psychology, 17*, 398–408.

Dudley, N. M., Orvis, K. A., Lebiecki, J. E., & Cortina, J. M. (2006). A meta-analytic investigation of conscientiousness in the prediction of job performance: Examining the intercorrelations and the incremental validity of narrow traits. *Journal of Applied Psychology*, 91, 40-57.

Eastman, K. K. (1994). In the eyes of the beholder: An attributional approach to ingratiation and organizational citizenship behavior. *Academy of Management Journal, 37*, 1379-1391.

Erez, A., & Judge, T. A. (2001). Relationship of core self-evaluations to goal setting, motivation, and performance. *Journal of Applied Psychology, 86*, 1270-1279.

Finkelstein, M. A., & Penner, L. A. (2004). Predicting organizational citizenship behavior: Integrating the functional and role identity approaches. *Social Behavior and Personality, 32*, 383-398.

Fitzgerald, L. F. (1993). Sexual harassment: Violence against women in the workplace. *American Psychologist, 48*, 1070-1076.

Fitzgerald, L. F., Drasgow, F., Hulin, C. L., Gelfand, M. J., & Magley, V. J. (1997). Antecedents and consequences of sexual harassment in organizations: A test of an integrated model. *Journal of Applied Psychology, 82*, 359-378.

Frese, M., Fay, D., Hilburger, T., & Leng, K. (1997). The concept of personal initiative: Operationalization, reliability and validity of two German samples. *Journal of Occupational and Organizational Psychology, 70*(2), 139-161.

George, J. M., & Bettenhausen, K. (1990). Understanding prosocial behavior, sales performance, and turnover: A group-level analysis. *Journal of Applied Psychology, 75*, 689-709.

George, J. M., & Brief, A. P. (1992). Feeling good-doing good: A conceptual analysis of the mood at work-organizational spontaneity relationship. *Psychological Bulletin, 112*, 310-329.

Giumetti, G. W, McKibben, E. S., Hatfield, B. A., Schroeder, G. W, & Kowalski, R. M. (2012). Cyber Incivility@work: The new age of interpersonal deviance. *Cyberpsychology, Behavior, and Social Networking, 3*, 148-154. doi:10.1089/cyber.2011.0036

Gottfredson, M. R., & Hirschi, T. (1990). *A general theory of crime*. Stanford, CA: Stanford University Press.

Greenberg, J. (1990). Employee theft as a reaction to underpayment inequity: The hidden cost of pay cuts. *Journal of Applied Psychology, 5*, 561-568.

Gruber, J. E. (1998). The impact of male work environments and organizational policies on women's experiences of sexual harassment. *Gender and Society, 12*, 301-320.

Gruys, M. L.,& Sackett, P. R. (2003). Investigating the dimensionality of counterproductive work behavior. *International Journal of Selection and Assessment, 11*, 30-42.

Gutek, B., Cohen, A., & Konrad, A. (1990). Predicting social-sexual behavior at work: A contact hypothesis. *Academy of Management Journal, 33*, 560-577.

Hackman, J. R. (1992). Group influences on individuals in organizations. In M. D. Dunnette & L. M. Hough (Eds.), *Handbook of industrial and organizational psychology* (2nd ed., Vol. *3*, pp. 199-267). Palo Alto, CA: Consulting Psychologists Press.

Harold, C. M., Hu, B., & Koopman, J. (2022). Employee time theft: Conceptualization, measure development, and validation. *Personnel Psychology, 75*(2), 347-382. https://doi.org/10.1111/peps.12477

Heinisch, D. A., & Jex, S. M. (1997). Negative affectivity and gender as moderators of the relationship between workrelated stressors and depressed mood at work. *Work & Stress, 11*, 46-57.

Henderson, A. A., Foster, G. C., Matthews, R. A., & Zickar, M. J. (2019). A psychometric assessment of OCB: Clarifying the distinction between OCB and CWB and developing a revised ocb measure. *Journal of Business and Psychology*. doi:10.1007/ s10869-019-09653-8

Henry, R., & Hulin, C. L. (1987). Stability of skilled performance across time: Some generalizations and limitations on utilities. *Journal of Applied Psychology, 72*, 457–462.

Henry, R., & Hulin, C. L. (1989). Changing validities: Ability-performance relations and utilities. *Journal of Applied Psychology, 74*, 365–367.

Hoffman, B. J., Blair, C. A., Meriac, J. P., & Woehr, D. J. (2007). Expanding the criterion domain? A quantitative review of the OCB literature. *Journal of Applied Psychology, 92*(2), 555–566.

Hogan, J., & Roberts, B. W. (1996). Issues and non-issues in the fidelity-bandwidth trade-off. *Journal of Organizational Behavior, 17*(6), 627–637.

Hunter, J. E., Schmidt, F. L., & Judiesch, M. K. (1990). Individual differences in output variability as a function of job complexity. *Journal of Applied Psychology, 75*, 28–42.

Hunter, J. E., Schmidt, F. L., & Huy, L. (2006). Implications of direct and indirect range restriction for meta-analysis methods and findings. *Journal of Applied Psychology, 91*, 594–612.

Ilies, R., Nahrgang, J. D., & Morgeson, F. P. (2007). Leader-member exchange and citizenship behaviors: A meta-analysis. *Journal of Applied Psychology, 92*(1), 269–277.

Jex, S. M. (1998). *Stress and job performance: Theory, research, and implications for managerial practice*. Thousand Oaks, CA: Sage.

Jex, S. M., Adams, G. A., Bachrach, D. G., & Sorenson, S. (2003). The impact of situational constraints, role stressors, and commitment on employee altruism. *Journal of Occupational Health Psychology, 8*(3), 171–180.

Jones, J. W., & Boye, M. W. (1992). Job stress and employee counterproductivity. In J. C. Quick, J. J. Hurrell, & L. R. Murphy (Eds.), *Stress and well-being at work* (pp. 239–251). Washington, DC: American Psychological Association.

Joseph, D. L., & Newman, D. A. (2010). Emotional intelligence: An integrative meta-analysis and cascading model. *Journal of Applied Psychology, 95*(1), 54–78.

Joseph, D. L., Jin, J., Newman, D. A., & O'Boyle, E. H. (2015). Why does self-reported emotional intelligence predict job performance? A meta-analytic investigation of mixed EI. *Journal of Applied Psychology, 100*(2), 298–342. doi:10.1037/a0037681

Judge, T. A., Van Vianen, A. E. M., & De Pater, I. E. (2004). Emotional stability, core self-evaluations, and job outcomes: A review of the evidence and an agenda for future research. *Human Performance, 17*, 325–346.

Judge, T. A., Scott, B. A., & Ilies, R. (2006). Hostility, job attitudes, and workplace deviance: Test of a multilevel model. *Journal of Applied Psychology, 91*(1), 126–138.

Kanat, M. Y., & Reizer, A. (2017). Supervisors' autonomy support as a predictor of job performance trajectories. *Applied Psychology: An International Review, 66*(3), 468–486. doi:10.1111/apps.12094

Karambayya, R. (1989). *Contexts for organizational citizenship behavior: Do high performing and satisfying units have better "citizens"?* York University Working Paper, North York, Ontario, Canada.

Katz, D., & Kahn, R. L. (1978). *The social psychology of organizations* (2nd ed.). New York, NY: Wiley.

Kelloway, E. K., Francis, L., Prosser, M., & Cameron, J. E. (2010). Counterproductive behavior as protest. *Human Resource Management Review, 20*, 18–25.

Kilcullen, M., Feitosa, J., & Salas, E. (2022). Insights from the virtual team science: Rapid deployment during COVID-19. *HumanFactors,64*(8),1429–1440.https://doi-org.libprox y. clemson.edu/10.1177/0018720821991678

Klehe, U.-C., & Grazi, J. (2018). Conceptualization and measurement of typical and maximum performance. In D. S. Ones, N. Anderson, C. Viswesvaran, & H. K. Sinangil (Eds.), *The SAGE handbook of industrial, work & organizational psychology: Personnel psychology and employee performance* (Vol. 1, 2nd ed., pp. 73–88). Sage

Reference.

Konovsky, M. A., & Pugh, S. D. (1990). Citizenship behavior and social exchange. *Academy of Management Journal, 37*, 656–669.

Kuncel, N. R., & Hezlett, S. A. (2010). Fact and fiction in cognitive ability testing for admissions and hiring decisions. *Current Directions in Psychological Science, 19*(6), 339–345.

Lang, J. W. B., & Kell, H. J. (2020). General mental ability and specific abilities: Their relative importance for extrinsic career success. *Journal of Applied Psychology, 105*(9), 1047–1061. doi:10.1037/apl0000472.supp(Supplemental)

Lang, J. B., Kersting, M., Hülsheger, U. R., & Lang, J. (2010). General mental ability, narrower cognitive abilities, and job performance: The perspective of the nested-factors model of cognitive abilities. *Personnel Psychology*, 63(3), 595–640.

Le, H., Oh, I., Robbins, S. B., Ilies, R., Holland, E., & Westrick, P. (2011). Too much of a good thing: Curvilinear relationships between personality traits and job performance. *Journal of Applied Psychology, 96*(1), 113–133.

Lim, S., & Cortina, L. M. (2005). Interpersonal mistreatment in the workplace: The interface and impact of general incivility and sexual harassment. *Journal of Applied Psychology, 90*(3), 483–496.

Liu, X. Y., Kwan, H. K., & Chiu, R. K. (2013). Customer sexual harassment and frontline employees' service performance in China. *Human Relations*. Published online October 10, 2013.

Lowery, M. R., Clark, M. A., & Carter, N. T. (2021). The balancing act of performance: Psychometric networks and the causal interplay of organizational citizenship and counterproductive work behaviors. *Journal of Vocational Behavior, 125*. https://doi.org/10.1016/j.jvb.2020.103527

Lund, B. D., & Wang, T. (2023). Chatting about ChatGPT: how may AI and GPT impact academia and libraries? *Library Hi Tech News, 40*(3), 26–29. doi:10.1108/ LHTN-01-2023-0009

Luthans, F., Avolio, B. J., Avey, J. B., & Norman, S. M. (2007). Positive psychological capital: Measurement and relationship with performance and satisfaction. *Personnel Psychology 60*(3), 541–572.

Marcus, B., & Schuler, H. (2004). Antecedents of counterproductive behavior at work: A general perspective. *Journal of Applied Psychology, 89*, 647–660.

Marcus, B., Goffin, R. D., Johnston, N. G., & Rothstein, M. G. (2007). Personality and cognitive ability as predictors of typical and maximum managerial performance. *Human Performance, 20*(3), 275–285.

Marcus, B., Taylor, O. A., Hastings, S. E., Sturm, A., & Weigelt, O. (2016). The structure of counterproductive work behavior: A review, a structural meta-analysis, and a primary study. *Journal of Management, 42*(1), 203–233. https://doi.org/10.1177/0149206313503019

Martin, L. E., Brock, M. E., Buckley, M. R., & Ketchen, D. J. (2010). Time banditry: Examining the purloining of time in organizations. *Human Resource Management Review, 20*, 26–34.

Martocchio, J. J. (1994). The effects of absence culture on individual absence. *Human Relations, 47*, 243–262.

Mayer, J. D., & Salovey, P. (2007). *Mayer-Salovery-Caruso emotional intelligence test.* Cheektowaga, NY: Multi-Health Systems.

McCloy, R. A., Campbell, J. P., & Cudeck, R. (1994). A confirmatory test of a model of performance determinants. *Journal of Applied Psychology, 79*, 493–505.

McDaniel, M. A., Schmidt, F. L., & Hunter, J. E. (1988). Job experience correlates of job performance. *Journal of Applied Psychology, 73*, 327–330.

McDonald, P. (2012). Workplace sexual harassment 30 years on: A review of the literature. *International Journal of Management Reviews, 14*, 1–17.

McNeely, B. L., & Meglino, B. M. (1994). The role of dispositional and situational antecedents in prosocial organizational behavior: An examination of the intended beneficiaries of prosocial behavior. *Journal of Applied Psychology, 79*, 836–844.

Miao, C., Humphrey, R. H., & Qian, S. (2017). Are the emotionally intelligent good citizens or counterproductive? A meta-analysis of emotional intelligence and its relationships with organizational citizenship behavior and counterproductive work behavior. *Personality and Individual Differences, 116*, 144–156. https://doi.org/10.1016/j.paid.2017.04.015

Minbashian, A., Earl, J., & Bright, J. H. (2013). Openness to experience as a predictor of job performance trajectories. *Applied Psychology: An International Review, 62*(1), 1–12.

Mishra, V., & Roch, S. G. (2017). Do all raters value task, citizenship, and counterproductive behaviors equally: An investigation of cultural values and performance evaluations. *Human Performance, 30*(4), 193–211. https://doi.org/10.1080/08959285.2017.1357556

Mitchell, M. S., & Ambrose, M. L. (2007). Abusive supervision and workplace deviance and the moderating effects of negative reciprocity beliefs. *Journal of Applied Psychology, 92*, 1159–1168.

Moorman, R. H. (1991). Relationship between organizational justice and organizational citizenship behaviors: Do fairness perceptions influence employee citizenship? *Journal of Applied Psychology, 76*, 845–855.

Morrison, E. W. (1994). Role definitions and organizational citizenship behavior: The importance of the employee's perspective. *Academy of Management Journal, 37*, 1543–1567.

Mount, M. K., Oh, I. S., & Burns, M. (2008). Incremental validity of perceptual speed and accuracy over general mental ability. *Personnel Psychology, 61*(1), 113–139.

Murphy, K. R. (1989a). Dimensions of job performance. In R. Dillion & J. W. Pelligrino (Eds.), *Testing: Theoretical and applied perspectives* (pp. 218–247). New York, NY: Praeger.

Murphy, K. R. (1989b). Is the relationship between cognitive ability and performance stable over time? *Human Performance, 2*, 183–200.

Murphy, K. R. (1994). Toward a broad conceptualization of jobs and job performance: Impact of changes in the military environment on the structure, assessment, and prediction of job performance. In M. G. Rumsey, C. B. Walker, & J. H. Harris (Eds.), *Personnel selection and classification* (pp. 85– 102). Hillsdale, NJ: Erlbaum.

National Retail Security Survey. (2018). Gainesville: University of Florida.

Nohe, C., & Hertel, G. (2017). Transformational leadership and organizational citizenship behavior: A meta-analytic test of underlying mechanisms. *Frontiers in Psychology, 8*. https://doi.org/10.3389/fpsyg.2017.01364

O'Boyle, E. R., Humphrey, R. H., Pollack, J. M., Hawver, T. H., & Story, P. A. (2011). The relation between emotional intelligence and job performance: A meta-analysis. *Journal of Organizational Behavior, 32*(5), 788–818.

Organ, D. W. (1977). A reappraisal and reinterpretation of the satisfaction-causes-performance hypothesis. *Academy of Management Review, 2*, 46–53.

Organ, D. W. (1994). Organizational citizenship behavior and the good soldier. In M. G. Rumsey, C. B. Walker, & J. H. Harris (Eds.), *Personnel selection and classification* (pp. 53– 67). Hillsdale, NJ: Erlbaum.

Organ, D. W., & Konovsky, M. (1989). Cognitive versus affective determinants of organizational citizenship behavior. *Journal of Applied Psychology, 74*, 157–164.

Organ, D. W., & Ryan, K. (1995). A meta-analytic review of attitudinal and dispositional predictors of organizational citizenship behavior. *Personnel Psychology, 48*, 775–802.

Organ, D. W., Podsakoff, P. M., & Podsakoff, N. P. (2011). Expanding the criterion domain to include organizational citizenship behavior: Implications for employee selection. In S. Zedeck (Ed.), *APA handbook of industrial and organizational psychology: Vol. 2. Selecting and developing members for the organization* (pp. 281–323). Washington, DC: American Psychological Association.

Oswald, F. L., Schmitt, N., Kim, B. H., Ramsay, L. J., & Gillespie, M. A. (2004). Developing a biodata measure and situational judgment inventory as predictors of college student Performance. *Journal of Applied Psychology, 89*(2), 187–207.

Parker, S. K., Williams, H. M., & Turner, N. (2006). Modeling the antecedents of proactive behavior at work. *Journal of Applied Psychology, 91*(3), 636.

Penney, L. M., & Spector, P. E. (2002). Narcissism and counterproductive work behavior: Do bigger egos mean bigger problems? *International Journal of Selection and Assessment, 10*, 126–134.

Pletzer, J. L., Oostrom, J. K., & de Vries, R. E. (2021). Hexaco personality and organizational citizenship behavior: A domain-and facet-level meta-analysis. *Human Performance*. doi:10.1080/08959285.2021.1891072

Ployhart, R. E., & Hakel, M. D. (1998). The substantive nature of performance variability: Predicting interindividual differences in intraindividual performance. *Personnel Psychology, 51*, 859–901.

Podsakoff, P. M., Ahearne, M., & MacKenzie, S. B. (1997). Organizational citizenship behavior and the quantity and quality of work group performance. *Journal of Applied Psychology, 82*(2), 262–270.

Podsakoff, N. P., Whiting, S. W., Podsakoff, P. M., & Blume, B. D. (2009). Individual-and organizational-level consequences of organizational citizenship behaviors: A metaanalysis. *Journal of Applied Psychology, 94*(1), 122–141.

Pransky, G., Snyder, T., Dembe, A., & Himmelstein, J. (1999). Under-reporting of work-related disorders in the workplace: a case study and review of the literature. *Ergonomics, 42*(1), 171–182. doi:10.1080/001401399185874

Pulakos, E. D. (1984). A comparison of rater training programs: Error training and accuracy training. *Journal of Applied Psychology, 69*, 581–588.

Quinones, M. A., Ford, J. K., & Teachout, M. S. (1995). The relationship between work experience and job performance: A conceptual and meta-analytic review. *Personnel Psychology, 48*, 887–910.

Raskin, R., & Hall, C. (1981). The narcissistic personality inventory: Alternate form-reliability and further evidence of construct validity. *Journal of Personality Assessment, 60*, 159–162.

Rotter, J. B. (1966). Generalized expectancies for internal versus external control of reinforcement. *Psychological Monographs* (Entire issue, No. 609).

Salgado, J. F., Moscoso, S., & Berges, A. (2013). Conscientiousness, its facets, and the prediction of job performance ratings: Evidence against the narrow measures. *International Journal of Selection and Assessment, 21*(1), 74–84.

Schat, A. C. H., & Kelloway, K. E. (2005). Reducing the adverse consequences of workplace aggression and violence: The buffering effects of organizational support. *Journal of Occupational Health Psychology, 8*(2), 110–122.

Schlegel, K., & Mortillaro, M. (2019). The Geneva Emotional Competence Test (GECo): An ability measure of workplace emotional intelligence. *Journal of Applied Psychology, 104*(4), 559–580. doi:10.1037/ apl0000365.supp (Supplemental)

Schmidt, F. L., & Hunter, J. E. (1998). The validity and utility of selection methods in personnel psychology: Practical and theoretical implications of 85 years of research findings. *Psychological Bulletin, 124*, 262–274.

Schmidt, F. L., Hunter, J. E., & Outerbridge, A. N. (1986). The impact of job experience and ability on job knowledge, work sample performance, and supervisory ratings of performance. *Journal of Applied Psychology, 71*, 432–439.

Seabright, M. A., Ambrose, M. L., & Schminke, M. (2010). Two images of workplace sabotage. In J. Greenberg (Ed.), *Insidious workplace behavior* (pp. 77–100). New York, NY: Routledge.

Seibert, S. E., Kraimer, M. L., & Crant, J. M. (2001). What do proactive people do? A longitudinal model linking proactive personality and career success. *Personnel Psychology, 54*(4), 845–874.

Serenko, A. (2020). Knowledge sabotage as an extreme form of counterproductive knowledge behavior: The perspective of the target. *Journal of Knowledge Management, 24*(4), 737–773. https://doi.org/10.1108/JKM-06-2019-0337

Shaffer, J. A., & Postlethwaite, B. E. (2012). A matter of context: A meta-analytic investigation of the relative validity of contextualized and noncontextualized personality measures. *Personnel Psychology, 65*(3), 445–493.

Sitser, T., van der Linden, D., & Born, M. H. (2013). Predicting sales performance criteria with personality measures: The use of the general factor of personality, the Big Five and narrow traits. *Human Performance*, 26(2), 126–149.

Skarlicki, D. P., van Jaarsveld, D. D., & Walker, D. D. (2008). Getting even for customer mistreatment: The role of moral identity in the relationship between customer interpersonal injustice and employee sabotage. *Journal of Applied Psychology, 93*, 1335–1347.

Skogstad, A., Einarsen, S., Torsheim, T., Aasland, M. S., & Hetland, H. (2007). The destructiveness of laissez-faire leadership behavior. *Journal of Occupational Health Psychology*, 12, 80–92.

Sliter, M. T., Jex, S. M., & Grubb, P. (2013). The relationship between the social environment of work and workplace mistreatment. *Journal of Behavioral Health, 2*, 120–126.

Sonnentag, S., & Fritz, C. (2007). The recovery experience questionnaire: Development and validation of a measure for assessing recuperation and unwinding from work. *Journal of Occupational Health Psychology, 12*, 204–221.

Spanouli, A., & Hofmans, J. (2021). A resource-based perspective on organizational citizenship and counterproductive work behavior: The role of vitality and core self-evaluations. *Applied Psychology: An International Review*, 70(4), 1435–1462. doi:10.1111/apps.12281

Spector, P. E. (1982). Behavior in organizations as a function of employees' locus of control. *Psychological Bulletin, 91*, 482–497.

Spector, P. E. (1997b). The role of frustration in anti-social behavior at work. In R. A. Giacalone &J. Greenberg (Eds.), *Anti-social behavior in the workplace* (pp. 1–17). Thousand Oaks, CA: Sage.

Spector, P. E., & Fox, S. (2005). The stressoremotion model of counterproductive work behavior. In S. Fox & P. E. Spector (Eds.), *Counterproductive work behavior: Investigations of actors and targets* (pp. 151–174). Washington, DC: American Psychological Association.

Spector, P. E., &Jex, S. M. (1998). Development of four self-report measures of job stressors and strain: Interpersonal conflict at work scale, organizational constraints scale, quantitative workload inventory, and physical symptoms inventory. *Journal of Occupational Health Psychology, 3*, 356–367. doi:10.1037/1076-8998.3.4.356

Spector, P. E., Fox, S., Penney, L. M., Bruursema, K., Goh, A., & Kessler, S. (2006). The dimensionality of counterproductive work behavior: Are all counterproductive work behaviors created equally? *Journal of Vocational Behavior, 68*, 446–460. doi:10.1016/j.jvb.2005.10.005

Spielberger, C. D. (1989). *State trait anxiety inventory:* A *comprehensive bibliography*. Palo Alto, CA: Consulting Psychologists Press.

Spielberger, C. D., & Sydeman, S. J. (1994). State-trait anxiety inventory and state-traitanger expression inventory. In M. Maruish (Ed.), *The use of psychological testing treatment planning and outcome assessment* (pp. 292–321). Hillsdale, NJ: Erlbaum.

Spitzmuller, M., Sin, H.-P., Howe, M., & Fatimah, S. (2015). Investigating the uniqueness and usefulness of proactive personality in organizational research: A meta-analytic review. *Human Performance, 28*(4), 351–379. doi:10.1080/08959285.2015.1021041

Sprung, J. M., & Jex, S. M. (2012). Work locus of control as a moderator of the relationship between work stressors and counterproductive work behavior. *International Journal of Stress Management, 19*, 272–291.

Staw, B. M. (1975). Attribution of the "causes" of performance: A general alternative interpretation of cross-sectional research on organizations. *Organizational Behavior and Human Performance, 13*, 414–432.

Sturman, M. C., Cheramie, R. A., & Cashen, L. H. (2005). The impact of job complexity and performance measurement on the temporal consistency, stability, and test-retest reliability of employee job performance ratings. *Journal of Applied Psychology, 90*, 269–283.

Tagliabue, M., Sigurjonsdottir, S. S., & Sandaker, I. (2020). The effects of performance feedback on organizational citizenship behaviour: A systematic review and meta-analysis. *European Journal of Work and Organizational Psychology, 29*(6), 841–861. https://doi.org/10.1080/1359432X.2020.1796647

Tesluk, P. E., & Jacobs, R. R. (1998). Toward an integrated model of work experience. *Personnel Psychology, 51*, 321–355.

Thomas, J. P., Whitman, D. S., & Viswesvaran, C. (2010). Employee proactivity in organizations: A comparative meta-analysis of emergent proactive constructs. *Journal of Occupational and Organizational Psychology, 83*(2), 275–300.

Thoresen, C. J., Bradley, J. C., Bliese, P. D., & Thoresen, J. D. (2004). The big five personality traits and individual job performance growth strategies in maintenance and transitional job stages. *Journal of Applied Psychology*, 89, 835–853.

Tornau, K., & Frese, M. (2013). Construct clean-up in proactivity research: A meta-analysis on the nomological net of work-related proactivity concepts and their incremental validities. *Applied Psychology: An International Review, 62*(1), 44–96.

U.S. Bureau of Labor Statistics. (2019). Retrieved from http://www.bls.gov/iif/home.html/

Van Dyne, L., & LePine, J. A. (1998). Helping and voice extra-role behaviors: Evidence of construct and predictive validity. *Academy of Management Journal, 41*, 108–119.

Van Iddekinge, C. H., Roth, P. L., Raymark, P. H., & Odle-Dusseau, H. N. (2012). The criterion-related validity of integrity tests: An updated meta-analysis. *Journal of Applied Psychology, 97*, 499–530.

Van Rooy, D. L., Dilchert, S., & Viswesvaran, C. (2006). Multiplying intelligences: Are general, emotional, and practical intelligences equal? In K. R. Murphy (Ed.), *A critique of emotional intelligence: What are the problems and how can they be fixed* (pp. 235–262). Mahwah, NJ: Erlbaum.

Van Scotter, J. R., & Motowidlo, S. J. (1996). Interpersonal facilitation and job dedication as separate facets of contextual performance. *Journal of Applied Psychology, 81*, 525–531.

Viswesvaran, C. (2002). Assessment of individual performance: A review of the past century and a look ahead. In N. Anderson, D. S. Ones, H. K. Sinangil, & C. Viswesvaran (Eds.), *Handbook of industrial, work, and organizational psychology* (pp. 110–126). Thousand Oaks, CA: Sage.

Waldman, D. A., & Spangler, W. D. (1989). Putting together the pieces: A closer look at the determinants of job performance. *Human Performance*, 2, 29–59.

Wheelan, S. A. (1999). *Creating effective teams: A guide for members and leaders*. Thousand Oaks, CA: Sage.

Wang, H., Law, K. S., Hackett, R. D., Wang, D., & Chen, Z. X (2005). Leader-member exchange as a mediator of the relationship between transformational leadership and followers' performance and organizational citizenship behavior. *Academy of Management Journal*, 48, 420–432.

Wildman, J. L., Bedwell, W. L., Salas, E., & Smith-Jentsch, K. A. (2011). Performance measurement: A multilevel perspective. In S. Zedeck (Ed.), *APA handbook of industrial and organizational psychology: Vol. 1. Building and developing the organization* (pp. 301–341). Washington, DC: American Psychological Association.

Williams, L. J., & Anderson, S. E. (1991). Job satisfaction and organizational commitment as predictors of organizational citizenship and in-role behavior. *Journal of Management, 17*, 601–617.

Witt, L. A., & Spitzmüller, C. (2007). Person-situation predictors of maximum and typical performance. *Human Performance, 20*(3), 305–315.

Wood, R. E. (1986). Task complexity: Definition of the construct. *Organizational Behavior and Human Decision Processes, 37*, 60–82.

Worchel, S., Cooper, J., Goethals, G. R., & Olson, J. M. (2000). *Social psychology*. Belmont, CA: Wadsworth.

Yam, K. C., Klotz, A. C., Wei H, & Reynolds, S. J. (2017). From good soldiers to psychologically entitled: Examining when and why citizenship behavior leads to deviance. *Academy of Management Journal, 60*(1), 373–396. doi:10.5465/amj.2014.0234

Yen, H. R., & Niehoff, B. P. (2004). Organizational citizenship behaviors and organizational effectiveness: Examining relationships in Taiwanese banks. *Journal of Applied Social Psychology, 34*, 1617–1637.

Zell, E., & Lesick, T. L. (2022). Big five personality traits and performance: A quantitative synthesis of 50+ meta-analyses. *Journal of Personality, 90*(4), 559–573. https://doi.org/10.1111/jopy.12683

Zhang, Y. J., Wan, B., Zhao, J., & Bashir, M. (2011, November). A studying on proactive and reactive counterproductive work behavior. In *2011 International Conference on Information Management, Innovation Management and Industrial Engineering* (Vol. 2, pp. 150–153). IEEE.

제7장

근로자의 건강, 안전, 웰빙

Organizational Psychology and Organizational Behavior: Evidence-based Lessons for Creating Sustainable Organizations,
Fourth Edition. Steve M. Jex, Thomas W. Britt, and Cynthia A. Thompson.

Companion website : www.wiley.com/go/organizationalpsychology4e

앞 장에서도 언급한 바와 같이, 코로나19 팬데믹은 사람들이 일하는 방식을 근본적으로 변화시켰으며, 그중에서도 특히 미국을 비롯한 전 세계 근로자들의 건강, 안전, 웰빙에 큰 영향을 미쳤다. 예를 들어 많은 근로자가 원격 근무에 빠르게 적응해야 했으며, 그중 일부(예 : '필수 근로자')는 스스로 바이러스에 감염되고, 가족과 친구들까지 전염시킬 수 있다는 두려움 속에서 일해야 했다. 팬데믹이 약화한 후에도 팬데믹 때문에 불가피하게 도입되었던 많은 변화가 지속되었다. 예를 들어 원격 근무가 많은 산업과 직종에서 확고히 자리 잡았고, 이러한 경향은 당분간 바뀔 조짐이 보이지 않는다(Sinclair et al., 2020).

이 장에서는 근로자의 건강, 안전, 웰빙과 관련된 최신 이론 및 연구와 실무적 적용에 대해 다룬다. 이전 판과 마찬가지로 이 장의 상당 부분은 직무 스트레스를 다룰 것인데, 스트레스는 여전히 근로자의 건강과 웰빙에 큰 장애가 되기 때문이다(Goh et al., 2019). 또한 최근 몇 년 동안 근로자의 건강, 안전, 웰빙 증진에 많은 관심이 집중되고 있는 것을 고려하여(Sauter & Hurrell Jr., 2017), 이번 판에서는 이와 관련된 내용에 더 많은 부분을 할애하였다.

이 장은 근로자의 건강, 안전, 웰빙에 대한 거시적 맥락에 대한 논의로 시작한다. 즉 이런 문제들에 대한 조직의 인식과 우선순위 결정에 영향을 준 사회적 · 법적 요인들을 먼저 살펴볼 것이다. 그다음 절에서는 직무 스트레스에 대해 다룰 것이다. 이 분야는 이론적으로 가치 있을 뿐만 아니라 조직 내 근로자들에게 긍정적인 영향을 미친 연구를 꾸준히 생산해 온 오랜 역사를 지니고 있다. 다음 절에서는 근로자의 안전으로 주제를 바꿀 것이다. 이 분야는 직무 스트레스보다 더 오랜 역사가 있지만, 조직 연구자들이 관심을 가진 것은 꽤 최근의 일이다.

직장 스트레스 요인(stressors)은 해로운 것이라고 간주된다. 하지만 어떤 사람들은 스트레스에 대한 취약성을 낮출 수 있는 자원을 가지고 있는 것으로 알려졌다. 우리는 대처, 회복, 회복탄력성이라는 세 가지 자원에 대해 논의할 것이다. 동시에, 어떤 사람들은 취약성을 증가시키는 특성을 가지고 있는 것으로 알려졌다. 그중 우리는 선행 조직 연구에서 다루어진 세 가지 특성 — 인종적 · 민족적 소수자, 이민자, 비정규 계약 근로자 — 에 대해 살펴볼 것이다.

다음 절은 근로자의 건강 및 웰빙 향상을 위한 다양한 개입 방안을 다룰 것인데, 여기에는 긍정심리학의 최근 성과도 포함된다. 긍정심리학은 심리학의 많은 영역에 영향을 미쳤으며, 조직 연구에 미친 영향도 큰데, 이러한 영향은 앞으로도 지속될 것으로 기대한다. 이 장은 직업 스트레스와 근로자의 건강 및 웰빙 연구에서의 비교문화적 주제에 대한 논의로 마무리한다.

근로자 건강, 안전, 웰빙 : 거시적 맥락

직업 스트레스 및 그 외 주제들을 다루기 전에, 이러한 모든 현상이 더 넓은 사회적 맥락에서 발생한다는 것을 인식하는 것이 중요하다. 모든 사회는 근로자의 건강과 안전 문제에 관심을 가져야 하며, 이를 성공적으로 해결하지 못하면 부정적 결과가 발생한다(Bliese et al., 2017; Jex et al., 2013 참조). 제1장에서 언급했듯이, 노동조합이 문제를 제기하기 전까지는 미국을 비롯한 다른 산업화된 국가에서도 근로자의 건강, 안전, 웰빙에 대한 관심이 거의 없었다. 노동조합의 문제 제기 후에야 조직에서 어쩔 수 없이 관심을 가지게 된 것이다(Zickar & Gibby, 2021).

미국에서 직원의 건강, 안전, 웰빙에 대한 과학적 · 실무적 관심의 시작은 1970년의 직업 안전 및 건강법(Occupational Safety and Health Act, OSHA)으로 거슬러 올라간다(다른 국가에 대한 정보는 Sauter & Hurrell Jr., 2017 참조). 이 법은 조직이 직원들에게 이미 파악된 건강 및 안전 위험 요인을 제거한 작업환경을 제공할 것을 요구한다. 또한 이 법을 바탕으로 직원 보호에 중요한 역할을 할 두 기관인 산업안전보건청(the Occupational Safety and Health Administration, OSHA)과 국립산업안전보건연구소(National Institute of Occupational Safety and Health, NIOSH)이 설립되었다. 이 법안의 입안자들은 근로자의 건강 및 안전에 관한 표준을 강제할 수 있는 기관의 필요성을 인식하고, 이를 위해 OSHA를 설립한 것이다. 또한, 강제적 법 집행만으로는 건강하고 안전한 작업환경을 조성할 수 없다는 인식 아래, 직장 내 보건 및 안전 위험에 대한 연구를 위해 NIOSH를 설립하였다.

NIOSH의 초기 연구는 무거운 물건 들기, 환기 불량, 위험 물질에 대한 노출과 같은 물리적 직무 위험 요인을 다루었다. 하지만 곧 '심리사회적' 직무 위험 요인(즉 직무 스트레스 요인)에 대한 중요성을 인식하고, 기관 초기부터 직업 스트레스에 대한 연구를 활발히 수행하고 있다(Sauter & Hurrell Jr., 2017). 또한 NIOSH는 스트레스 연구를 내부적으로 수행할 뿐만 아니라 스트레스를 포함한 다양한 직업 안전 및 보건 분야의 연구자들(주로 대학에 있는)에게 연구비를 지원한다는 점도 중요하다.

통합적 근로자 건강 프로그램 : 개념적 구성 틀

NIOSH가 직접 수행하거나 연구비를 지원하는 연구들이 보건 및 안전상의 위험 요인 감소에 기여한 것은 확실하다. 하지만 이들 연구는 주로 **이미 파악된 위험 요인의 감소**에 초점을 맞춘 반면, 조직환경에서의 건강, 안전, 웰빙 증진에 대해서는 상대적으로 관심을 덜 기울였다는 한계를 가졌다.

이러한 한계를 인식한 NIOSH는 **통합적 근로자 건강**(Total Worker Health®, TWH) **프로그램**을 하였다. TWH 프로그램에 대한 자세한 설명은 이 책의 범위를 벗어나지만, TWH의 주목적은 위험 감소와 안전보건 증진을 종합적이고 일관된 방식으로 통합하여 이 분야의 연구와 개입 노력에 대한 방향을 제시하는 것이다(Anger et al., 2015). 즉 직원의 건강, 안전, 웰빙을 위해서는 직장 내 위험 요인을 찾아 이를 감소하는 것뿐만 아니라, 건강하고 안전한 작업환경을 조성하기 위한 개입 방안을 설계해야 한다. '참고 7.1'에서는 NIOSH TWH 프로그램에 대한 보다 자세한 설명을 제공한다.

이러한 TWH의 개념적 틀과 일치하게, 이 장은 직무 스트레스 요인과 안전 위험뿐만 아니라 후반부에서 직장 내 위험 요인 감소 및 직원의 건강, 안전, 웰빙 증진 개입에도 초점을 맞춘다. 또한 스트레스 요인의 부정적 영향으로부터 개인을 보호하고, 건강과 웰빙을 증진할 수 있는 개인 자원에도 주목한다.

참고 7.1

NIOSH 통합적 근로자 건강 프로그램

미국 국립산업안전보건연구소(NIOSH)는 미국 질병통제예방센터[Centers for Disease Control and Prevention(CDC), cdc.gov/niosh] 산하의 정부 조직이다. 이 연구소는 미국인의 전반적 건강과 웰빙에 영향을 미치는 직무 관련 요인에 대한 연구의 수행 및 적용에 중점을 두고 있으며, 이를 통해 결과적으로 개인이 속한 지역사회의 건강과 웰빙을 향상하는 것을 목표로 한다. NIOSH는 2000년대 초반에 근로자의 웰빙 증진과 직업 관련 재해 및 질병 예방을 위한 **통합적 근로자 건강**(Total Worker Health®, TWH) 프로그램을 개발하였다. TWH는 근로자의 웰빙을 **증진**하고 산업재해 및 질병을 **예방**하기 위한 개념적 틀과 전략을 제시한다. 현재 이 프로그램을 위해 개발된 자료들은 대중적으로 이용 가능하게 공개되어 있으며, 여기에는 조직의 환경, 문화, 관행, 정책이 직원들의 웰빙에 미치는 역할을 평가하는 데 도움을 주는 온라인 워크북도 포함되어 있다. 조직들은 이러한 정보를 바탕으로 TWH의 철학 그리고 안전보건에 대한 직원의 구체적인 요구에 맞게 조직과 환경을 변화시킬 수 있는 역량을 갖게 된다.

이 장에서 설명하는 것처럼, 직무와 관련된 많은 요인이 직원들의 웰빙에 영향을 미친다. NIOSH가 제공한 정보를 사용하여 직장 내 정신적 · 신체적 위험 요소를 찾아낸 후에도, 조직은 어디서부터 어떻게 TWH 방식을 도입할지 결정하는 데 어려움을 겪을 수 있다. 이러한 상황을 예상한 NIOSH는 TWH 프로그램에 맞게 계층적 위험 통제(Hierarchy of Controls) 모형을 수정 도입하였다. 이 모형은 산업안전 분야에서 오랫동안 사용되어 온 것으로, 근로자의 부상과 질병을 예방하는 가장 효과적인 방법은 위험 요인을 조직이 직접 나서서 해결하는 것이라고 강조한다. 반대로, 개인 근로자에게 위험 대응의 책임을 부여하는 방법(예 : 개인 보호 장비로 근로자를 무장시키는 것)은 위험 요인을 다루는 가장 비효과적인 접근법이라고 보고, 맨 아래 계층에 위치시켰다.

TWH 계층적 위험 통제 모형은 전통적인 계층적 위험 통제 모형을 기반으로, 직원의 웰빙에 해를 끼칠 수 있는 사회적 상황과 조직 정책을 추가로 고려하여 확장한 모형이다. 이 모형은 5개 계층으로 구성되어 있다. 첫 번째 계층은 가장 중요한 단계로, 근로자 웰빙에 부정적 영향을 미치는 근로 조건 및 정책이 존재할 경우 이를 **제거**하는 것이다. 두 번째 계층은 제거한 요소를 더 건강한 관행이나 정책으로 **대체**하는 단계이다. 세 번째 계층은 신체적, 정신적으로 더욱 건강한 직무환경을 만들기 위한 **직무 재설계** 단계, 네 번째 계층은 리더와 직원에게 안전과 건강을 위한 실천 방법을 **교육**하는 단계이다. 마지막 계층은 개인 수준의 단계로서 **개인적 변화 장려 단계**이다. TWH 개념적 틀과 관련 자료는 미국 CDC 웹사이트(cdc.gov/niosh/twh)에서 제공한다. 이외에도 NIOSH는 TWH의 실천과 근로자 웰빙 연구를 지속적으로 발전시키기 위해 미국 전역에 연구 허브를 설립하였다. 이 책 출간 당시에는 미국 전역에 10개의 Centers for Excellence for Total Worker Health®가 있었는데, 각 센터는 학자와 실무자로 구성된다. 이들은 어느 지역에나 적용 가능한 폭넓은 조직적 주제(예 : 일과 웰빙의 미래)뿐만 아니라 센터가 위치한 지역사회에 특별히 영향을 미치는 주제를 연구하기도 한다. 지역적 특성을 반영하는 연구 예로, 미국 중서부에 위치한 Healthier Workforce Center는 TWH를 시골 지역 요양원에서 적용하는 연구를 수행하고 있다.

요약하면, TWH 프로그램은 수십 년간 축적된 NIOSH의 다학제 연구를 바탕으로 미국의 직장환경과 근로자의 전반적 웰빙을 향상시키기 위해 설계되었다. 이 프로그램은 조직과 관리자들 스스로가 직장 내 정신적 · 신체적 위험 예방을 넘어 근로자들의 건강 증진에 기여할 수 있도록 직무환경을 만들고 변화시킬 수 있는 힘을 부여한다. NIOSH가 개인부터 사회적 수준까지의 건강을 책임지는 정부 기관인 CDC 소속이라는 점을 기억할 필요가 있다(자세한 내용은 cdc.gov/about 참조). 건강한 일터를 위한 이러한 미국 정부의 노력과 투자는 근로자의 웰빙에 대한 체계적인 접근의 중요성을 보여준다. 또한 NIOSH와 TWH 개념적 틀은 산업 및 조직심리학자와 다른 조직 연구자들이 이처럼 흥미롭고 의미 있는 과학을 발전시키는 데 기여할 수 있는 기회를 제공한다.

제공 : 센트럴플로리다대학교 Kenzie Dye, M.S.

출처 : Lee et al. (2016).

직업 스트레스 소개

조직 연구 분야에서 직업 스트레스만큼 많은 연구를 생산한 주제도 드물다(Bliese et al., 2017; Jex, 1998; Jex et al., 2013). 이 중 상당 부분은 직원의 신체적 · 정신적 건강에 초점을 맞추고 있다(Goh et al., 2016; Tetrick & Quick, 2011). 스트레스는 대중매체의 많은 관심을 받는 주제이며, 일상 대화에서도 스트레스라는 용어가 자주 등장한다. (스트레스 없는 직장을 가진 사람이 있겠는가!) 앞에서도 언급했듯이, 코로나19 팬데믹 동안 많은 근로자가 원격 근무에 적응하고 바이러스 감염 우려에 대처했어야 했는데, 이는 직업 스트레스 연구가 더욱 활성화되는 계기를 제공했다(Sinclair et al., 2020).

이러한 관심에도 불구하고, 여전히 직업 스트레스가 개인과 조직에 실제로 부정적인 영향을 미치는지, 아니면 직업 스트레스 연구자들이 작은 문제를 크게 부풀리고 있는 것은 아니냐는 질문이 종종 제기된다. 물론 세상에는 직업 스트레스의 중요성에 대해 회의적인 의견을 가진 사람이 있을 수 있지만, 지금까지의 연구는 스트레스가 높은 직무환경에 지속적으로 노출되는 것이 개인에게 해로우며, 조직 효과성에도 부정적인 영향을 미칠 수 있다는 증거를 제시한다. 예를 들어 미국에서 직업 스트레스 때문에 드는 재정적 비용이 매년 수십억 달러로 추정된다(Aldred, 1994; Ivancevich & Matteson, 1980; Matteson & Ivancevich, 1987). 최근 Goh와 동료들(Goh et al., 2016, 2019)은 직무 관련 스트레스 요인이 건강 관리 비용과 사망률에 미치는 영향을 연구했는데, 그들의 추정치에 따르면 직업 스트레스로 인한 비용이 실제보다 과소평가 되어왔다.

스트레스 관련 산재 신청 증가는 직업 스트레스의 부정적 효과를 보여주는 또 다른 지표이다. 이는 새로운 것은 아니지만(DeFrank & Ivancevich, 1998; National Council on Compensation Insurance, 1988, 1991), 최근 몇 년 동안 더욱 증가하고 있다(예 : Kyron et al., 2021). 산업재해 보상은 전통적으로 물리적 사건 및 자극에 의한 신체적 재해에 국한되었다. 그러나 점점 더 많은 미국의 주 정부에서 비신체적인 직무 스트레스 요인(예 : 지나친 요구를 하는 상사) 때문에 발생하는 신체적 · 심리적 재해의 적법성을 인정하고 있다. 실제로 최근 심리적 위험 요인과 신체적 위험 요인 간의 상호작용이 심리적(예 : 우울증, 탈진) 그리고 신체적(예 : 사고) 결과에 미치는 영향에 대한 연구가 증가하는 추세이다(Kaplan & Tetrick, 2011).

직업 스트레스와 직원 건강은 사회적 영향 측면에서도 중요하다. 직장에서 지속적인 스트레스를 경험하는 사람들은 남편/아내/파트너, 부모, 이웃, 지역 사회 구성원으로서의 역할을 제대로 해내지 못할 가능성이 크다. 이런 역할을 효과적으로 수행하지 못하거나, 아예 이런 역할을 안 하는 것이 직접적인 경제적 비용을 초래하지 않을 수 있지만, 장기적으로는 사회에 엄청난 부정적 영향을 미칠 수 있다. 따라서 직업 스트레스가 '모든 사회적 문제의 원인'은 아니지만 개인, 조직, 사회에 중요한 실질적인 영향을 미친다는 것은 분명하다. 마지막으로, 이 장에서는 직업 스트레스의 결과변인으로 개인의 건강과 웰빙에 초점을 두기 때문에 개인의 건강과 웰빙을 어떻게 정의하는지를 짚고 넘어갈 필요가 있다. 이 책에서는 Jex 등(2013)의 견해를 따르는데, Jex 등은 건강과 웰빙을 단순히 신체적 증상이 없는 것이 아니라, 긍정적인 심리적 상태와 행동을 포함해야 한다고 강조하였다.

직업 스트레스 : 간략한 역사

직업 스트레스와 관련된 최초의 과학적 연구를 수행한 사람은 20세기 초 생리학자 월터 캐논(Walter Cannon)이다(예 : Cannon, 1914). 정서와 생리반응 간의 관계에 대한 캐논의 연구는 심리신체의학(심리적 상태와 신체적 질병 간의 관계) 분야의 초기 연구로 간주된다. 그런데 캐논은 **항상성**(homeostasis)이란 용어를 만들어낸 것으로 가장 유명하다. 항상성이란 우리의 몸이 비정상적인 상황에서 정상적인 생리기능을 복원하려는 노력을 말한다. 예를 들어 신체가 극심한 추위에 노출될 때, 우리 몸에서는 체온을 일정하게 유지하기 위한 생리적 변화가 작동한다. 마찬가지로, 직무에서의 스트레스적 상황도 근로자가 정상 상태로 돌아가기 위한 적응적 반응을 하게 만드는 부정적인 사건이라고 할 수 있다(Jex & Beehr, 1991).

스트레스에 대한 최초의 과학적 연구는 '스트레스의 아버지'라 불리는 한스 셀리에(Hans Selye, 1956)에 의해 수행되었다. 내분비학자인 셀리에는 동물의 생식 호르몬에 관한 연구의 일환으로 동물을 극한의 온도와 방사선 같은 유해 자극에 노출시켜야 했다. 그런데, 셀리에는 이러한 과정에서 부정적 자극에 대한 동물들의 반응이 상당히 유사하다는 것을 관찰하였다. 이를 통해 셀리에는 인간도 일상생활에서 직면하는 도전에 대처하기 위해 비슷한 방식으로 반응할 것이라고 생각하고, 이러한 과정을 설명하기 위해 **일반적 적응증후군**(general adaptation syndrome)이라는 모형을 개발하였다.

일반적 적응증후군은 **경고**(alarm), **저항**(resistance), **소진**(exhaustion)의 세 단계로 구성된다. 경고 단계에서는 닥칠 위협에 대처하기 위해 우리 몸의 생리적 자원들이 대규모로 동원된다. 저항 단계에 들어서면 우리 몸은 이 모든 자원이 다 필요하지 않다는 것을 인식하고, 필요한 자원만 지속적으로 동원한다. 마지막으로 소진 단계에 이르면 우리 몸은 생리적 자원이 고갈되었음을 인식하고, 생리적 자원을 재동원하려고 시도한다. 만약 이 두 번째 시도가 위협을 막지 못하면 생명체는 영구적인 손상을 입을 수도 있는데, 셀리에는 이를 **적응 질환**(diseases of adaptation)이라고 했다. 일반적 적응증후군은 스트레스 연구자들에 의해 일반적인 이론적 틀로 자주 활용되었지만, 인간 대상의 경험적 검증은 광범위하게 이루어지지 않았다.

직업 스트레스에 대한 미국 최초의 대규모 연구 프로그램은 1960년대 초 미시간대학교 사회연구소(Institute for Social Research, ISR)에서 수행되었다. 이 연구에서 특히 주목할 만한 점은 근로자에게 스트레스를 유발할 수 있는 직장 내 **심리사회적 요인**(psychosocial factor)에 초점을 맞췄다는 것이다. 심리사회적 요인이란 작업환경 중 다른 사람과의 상호작용과 관련된 측면을 말한다. 특히 미시간대학교 연구자들은 **역할 스트레스**(role stressors)에 많은 관심을 가졌는데, 역할 스트레스란 조직에서 구성원에게 기대하는 행동과 관련된 부정적인 업무 상황을 말한다(예 : Caplan et al., 1975; Kahn et al., 1964).

미시간대학교 연구 프로그램의 기여에도 불구하고, 1960년대 후반과 1970년대 초반까지만 해도 직업 스트레스는 조직 연구자들의 많은 관심을 받지 못하였다. 이러한 상황은 1978년에 바뀌기 시작했는데, 이러한 변화가 찾아온 이유는 그해 테리 비어(Terry Beehr)와 존 뉴먼(John Newman)이 **인사심리학**(Personnel Psychology)이라는 학술지에 직업 스트레스에 대한 개관 연구를 발표한 공이 크다. Beehr와 Newman(1978)의 논문은 많은 연구자들이 중요한 학문적 업적이라고 생각하며 연구에도 많이 인용되었지만, 이 논문의 가장 큰 기여는 조직 연구자들에게 직업 스트레스가 관심을 가질 만한 영역이라는 것을 알렸다는 점이다.

Beehr와 Newman의 개관 연구가 미친 영향은 이 논문이 나오고 직업 스트레스 연구 수가 급격히 증가한 것에서도 알 수 있다(Beehr, 1995, 1998). 그 후로 수많은 직업 스트레스 연구를 개관하는 여러 권의 책과 개관 논문들이 계속 출판되고 있다(예 : Bliese et al., 2017; Britt & Jex, 2015; Kelloway et al., 2023; Sonnentag, 2015). 다음 절에서는 직업 스트레스 연구에 대한 다양한 접근법, 근로자 건강 분야 연구자들이 사용하는 주요 용어, 직업 스트레스 모형들을 살펴볼 것이다.

직업 스트레스 분야의 접근법과 용어

직업 스트레스 연구에 대한 조직 연구자의 기여도 크지만, 여러 다른 학문 분야도 중요한 기여를 해왔다. 이러한 다학제 특성을 반영하기 위해 Beehr와 Franz(1987)는 직업 스트레스를 (1) 의학적 관점, (2) 임상/상담적 관점, (3) 공학심리학적 관점, (4) 조직심리학적 관점의 네 가지 다른 관점에서 접근할 수 있다고 제안했다. **의학적 접근**은 스트레스가 근로자의 건강과 질병에 미치는 영향을 중점적으로 다룬다. 당연히, 이 관점에서 직업 스트레스를 연구하는 연구자는 의사이거나 건강 관련 분야(예 : 보건교육, 간호, 공중보건)에서 학문적 훈련을 받은 사람들이 많다.

임상/상담적 접근은 스트레스가 많은 직장환경이 정신건강에 미치는 영향(예 : 우울증, 불안)을 강조한다. Beehr와 Franz(1987)는 임상/상담적 접근은 다른 접근법에 비해 연구보다는 치료에 더 중점을 둔다고 지적한다. 즉 이 접근법을 취하는 사람들은 스트레스가 높은 업무조건이 왜 문제를 유발하는지보다는 스트레스 관련 증상에 대한 완화 방법 개발에 중점을 둔다(예 : Tetrick & Winslow, 2015). 예상할 수 있듯이, 이 접근법은 임상 또는 상담심리학 교육을 받은 사람들이 주도한다.

공학심리학 또는 인간공학적 접근은 물리적 작업환경에서 비롯된 스트레스 요인에 초점을 둔다. 예를 들어 작업 일정, 작업 속도, 작업대 설계가 이러한 요인에 포함될 수 있다. 이 분야가 근로자와 물리적 환경 간의 상호작용을 중점적으로 다루는 학문이라는 점을 고려할 때, 스트레스의 원인으로 물리적 환경을 강조하는 것은 자연스러운 일이다. Beehr와 Franz(1987)에 따르면, 이 접근의 또 다른 특징은 직업 스트레스가 종업원의 수행에 영향을 줄 수 있다는 점을 강조한다는 것이다. Beehr와 Franz가 지적한 것은 아니지만, 이 접근에 기초한 연구의 상당수는 생리적 변화(Ganster et al., 2018)와 피로(Frone & Tidwell, 2015) 같은 건강 관련 결과를 살펴보았다.

조직심리학/조직행동학적 접근은 여러 독특한 특징을 가진다. 첫째, 이 접근법은 **인지적 평가**(cognitive appraisal)를 강조한다. 인지적 평가란 개인이 업무환경을 지각하여 이것이 스트레스인지 아닌지를 결정하는 과정을 말한다(Lazarus & Folkman, 1984). 둘째, 이 접근법은 다른 사람들과의 상호작용에서 발생하는 스트레스 요인에 초점을 두는데, 이러한 스트레스 요인은 사회적 성격을 갖는다. 이 접근법의 또 다른 특징은 연구자들이 직업 스트레스가 근로자의 성과에 미치는 영향에 관심을 갖는다는 것인데, 근로자의 성과는 조직의 효과성에 직접적으로 영향을 미친다.

최근 이 네 가지 접근 방식은 직업건강심리학(occupational health psychology, OHP)이라는 하나의 학문 분야 아래 통합되었다(Cunningham & Black, 2021). OHP는 심리학(및 관련 분야)의 이론과 방법을 사용하여 종업원의 건강, 안전, 웰빙을 증진하는 데 관심을 두는 다학제 분야이다. 직업 스트레스는 다양한 OHP 주제 중 하나에 불과하지만, 스트레스가 근로자의 건강, 안전, 웰빙에 주는 영향을 고려할 때 매우 중요한 주제로 간주된다('참고 7.2' 참조).

참고 7.2

직업건강심리학 : 새로운 분야의 지속적 발전

직업 스트레스와 건강 연구에서 가장 중요한 발전 중 하나는 직업건강심리학(Occupational Health Psychology, OHP)의 출현이다. Tetrick과 Quick(2011)은 OHP의 목적을 "직접적으로는 근로자의 건강, 그리고 더 나아가 그 가족의 건강을 발전시키고, 유지하며, 촉진하는 것"(p. 4)이라고 설명한다. 이들은 여러 심리학 분야(예 : 임상, 산업 및 조직, 건강, 인간공학)와 다른 건강 관련 학문 분야(예 : 직업 건강 간호학, 산업 위생학, 직업의학, 전염병학, 공중보건학)가 근로자의 건강과 웰빙에 긍정적 영향을 미칠 수 있는 이론과 방법을 개발해왔으며, 특히 이러한 학문 분야들이 협력할 때 그 효과가 극대화될 수 있다고 주장한다. 따라서 OHP는 근로자 건강, 안전, 웰빙을 증진하기 위한 다학제적 접근이라고 설명할 수 있다.

OHP는 비교적 신생 분야지만 국제적으로 빠르게 성장하고 있다. 초기의 미국 OHP 교육은 2개의 박사 후 교육 과정으로 시작되었지만, 이제는 전 세계 여러 대학에서 OHP 교육을 제공한다(https://sohp-online.org/resources/graduate-training-in-ohp/). OHP 교육의 형태는 다양한데, 산업 및 조직심리학의 박사 또는 석사 과정의 일부로 제공되는 집중 과정, 실무자들을 위한 인증 과정, 또는 독립된 학위 과정 등이 존재한다. 이 분야의 성장세를 알 수 있는 또 다른 지표는 현재 OHP와 관련된 3개의 전문가 조직이 존재한다는 것이다 [유럽 직업건강심리학회(European Association of Occupational Health Psychology), 직업건강심리학회(Society for Occupational Health Psychology, SOHP), 통합적 근로자 건강 프로그램학회(Society for Total Worker®)]. 1994년, Journal of Occupational Health Psychology가 창간되었는데, 창간 당시에는 이 학술지가 OHP 연구를 전문적으로 다루는 유일한 학술지였다. 그 이후로 다른 OHP 학술지가 등장했고, 많은 OHP 연구가 조직심리학과 조직행동학 분야에서 가장 권위 있는 학술지에 실리고 있다. 또한 OHP를 중심으로 한 여러 전문학회가 있으며, 그중 가장 주목할 만한 것은 NIOSH, 미국심리학회(APA), 직업건강심리학회(SOHP)가 공동 후원하는 일, 스트레스, 건강 학회(Society for Work, Stress, and Health, WSH)이다.

연구와 대학원 교육에 비해 OHP에 대한 실무현장의 반응은 다소 더디게 나타났지만, 다행히도 최근 변화의 조짐이 보인다. 예를 들어 OHP 훈련을 받은 사람을 위한 직책을 만드는 조직이 늘어나고 있으며, 구인 사이트인 인디드에 조직 내 웰빙 코디네이터, 인적자원 부사장과 같은 직책 공고가 증가하고 있다. 또한, 직원들의 건강과 웰빙 개선에 중점을 둔 컨설팅 회사도 생겨나고 있다(이 장의 '실무자 소개' 참조). 이러한 발전들은 점점 더 많은 조직이 직원의 건강 및 웰빙 증진이 단순히 '하면 좋은 것'이 아니라 원활한 조직운영에 도움이 된다는 인식을 하고 있음을 시사한다. OHP 분야는 조직이 직원들을 더 건강하고 행복하며 생산적으로 만들기 위한 증거 기반 개입 방안을 개발하는 데 확실한 기여를 할 수 있다.

출처 : Tetrick and Quick (2011).

오랜 시간 동안 직업 스트레스 연구자들은 그들만의 고유한 용어를 사용해왔으며, 때로는 이 때문에 어려움을 겪기도 하였다. 그중에서도 가장 많은 논란과 활발한 토의를 불러일으킨 용어가 바로 스트레스이다. 스트레스는 여러 가지 방식으로 정의할 수 있지만, 대부분의 연구자들은 자극, 반응 또는 자극-반응 정의 중 하나를 채택해왔다. 자극 정의는 스트레스를 개인에게 작용하는 일종의 힘이라고 본다. 일상 대화에서 "첼시는 지난 한 해 직장에서 스트레스가 많았어요"라고 할 때, 여기서 스트레스는 개인에게 문제를 일으킬 수 있는 **업무환경의 부정적인 측면들**을 가리킨다. 반응 정의에서는 스트레스를 스트레스가 많은 직무 조건에 대한 종업원의 반응이라고 정의한다. "마크는 다가오는 수행 평가 때문에 스트레스를 많이 받고 있어요"라는 문장에서 스트레스는 종업원이 불쾌하게 느끼는 업무환경 때문에 발생한 감정을 의미한다.

자극-반응 정의는 **스트레스**라는 용어를 직무환경이 직원들에게 부정적으로 영향을 미치는 전반적인 과정을 지칭하는 데 사용한다. 이 정의에서는 **스트레스**라는 용어를 특정 직무환경이나 그에 대한 근로자의 반응을 지칭하는 데 사용하지 않는다. 대신, 근로자에게 문제가 될 수 있는 직무환경은 **스트레스 요인**(stressor)이라고 칭한다. 예를 들어 "그 사람은 직장에서 많은 스트레스 요인을 경험하고 있는 것 같아요"라고 말할 수 있다. (이 장 후반부에서 다양한 조직 스트레스 요인을 다룰 것이다.)

자극-반응 정의와 관련된 또 다른 용어인 **스트레인**(strain)은 스트레스 요인에 대한 근로자의 다양한 부적응적 반응 방식을 의미한다. 예를 들어 어떤 근로자가 긴 업무시간(스트레스 요인) 때문에 많은 스트레인을 나타낼 수 있다. 직업 스트레스 연구자들은 일반적으로 스트레인을 세 가지 범주, 즉 심리적, 신체적, 행동적 스트레인으로 분류한다. 심리적 스트레인은 스트레스 요인에 대한 감정적 또는 정서적 반응을 말한다. 직업 스트레스 연구에서 다루는 심리적 스트레인의 일반적인 예로는 불안, 좌절, 우울증 등이 있다(Kelloway et al., 2023).

신체적 스트레인은 종업원의 신체적 건강 및 웰빙과 관련된 반응을 말한다. 최근 의료비용의 증가로 인해 신체적 스트레인에 대한 관심이 늘고 있다(예 : Ganster & Rosen, 2013). 신체적 스트레인을 측정하는 가장 일반적인 방법은 자기보고식 신체 증상 기록이다(예 : Spector & Jex, 1998). 직업 스트레스 문헌에서 사용되는 또 다른 신체적 스트레인 측정 방법에는 생리 지표(예 : Ganster et al., 2018)와 심혈관 질환과 같은 진단된 질환(Bakke et al., 2012)을 평가하는 방법이 있다.

면역체계 기능과 수면의 질도 최근 직업 스트레스 분야에서 연구되는 중요한 신체적 스트레인이다. 예를 들어 Bellingrath 등(2010)은 건강한 교사들을 대상으로 트리어 사회 스트레스 검사(Trier Social Stress Test)라는 실험실 스트레스 요인에 대한 반응을 연구하였다. 이 검사에서는 교사들에게 비디오 촬영을 한다고 말하고 여러 사람 앞에서 자유 연설을 하고 산수 문제를 풀게 하였다. 혈액 검사 결과, 직무에 투입하는 노력에 비해 보상이 적다고 느끼는 교사들은 본인이 노력하는 것만큼 보상을 받는다고 느끼는 교사들에 비해 자연 살해(natural killer) 면역체계 세포 수준이 낮았다. 이러한 결과는 스트레스 수준이 높은 직업에 종사하는 일부 근로자가 상부 호흡기 감염과 같은 질병을 겪는 이유를 설명할 수 있다.

지난 15년 동안 수면의 질은 조직 현상의 예측변인(Barnes, 2012 참조)과 개인 수준의 결과변인(Crain et al., 2018 참조)으로 큰 주목을 받았다. 직업 스트레스 연구에서 수면의 질과 관련해 가장 많이 연구된 스트레스 요인은 일-가정 갈등(제4장 참조; Crain et al., 2018), 대인간 부당대우(이 장에서 다룸, Demsky et al., 2019), 정서노동(이 장에서 다룸; Diestel et al., 2015) 등이다. 낮은 수면의 질은 중요한 스트레인이라고 할 수 있다. 수면 결핍을 겪는 근로자들은 직무 태도가 부정적이고, 반생산적 직무행동을 많이 하며, 직무 수행 수준이 낮다(Henderson & Horan, 2021). 따라서 조직은 직원들이 올바른 수면 습관을 갖도록 권장해야 한다. '관리자를 위한 시사점 7.1'에서 보는 바와 같이, 관리자들이 직원에게 올바른 수면 습관의 모범이 되어야 한다.

행동적 스트레인은 직업 스트레스 연구에서는 가장 덜 연구되었다. 이는 행동 지표 자료를 수집하기가 어렵고 다양한 조직행동의 유형에 대한 이해가 부족하기 때문이다(예 : Campbell & Wiernik, 2015). 조직에서 가장 중요한 행동적 스트레인은 직무 수행 저하이다. 직무 수행에 대한 스트레스의 영향을 다룬 연구는 대부분 상사 평가로 직무 수행을 측정했다(Gilboa et al., 2008). 그 외에도 결근, 이직, 약물 남용, 반생산적 직무 행동 등이 행동적 스트레인으로 연구되어 왔으며, 그 결과는 각 변인에 따라 다르게 나타났다.

관리자를 위한 시사점 7.1

직원들에게 올바른 수면 습관 장려하기

최근 몇 년간, 수면은 조직 연구에서 큰 관심을 받는 주제가 되었다. 연구자들은 일 관련 스트레스 요인이 수면에 미치는 영향과 수면 문제가 직원의 태도와 행동에 미치는 영향을 연구해왔다(예 : Henderson & Horan, 2021). 수면에 관한 증거는 명확하다. 대부분의 일 관련 스트레스 요인은 수면 문제와 연관성을 가지며, 수면 문제는 부정적인 직무태도 및 행동과 연결된다.

이러한 수면의 중요성을 고려할 때, 관리자가 직원들의 바른 수면 습관을 장려하기 위해 할 수 있는 일은 무엇일까? 우선, 관리자들은 **좋은 역할 모델이 되어야** 한다. 필자의 경험에 따르면, 성공한 사람들이 종종 매일 밤 얼마나 적게 자는지, 일을 마치기 위해 얼마나 자주 잠을 포기하는지 자랑하는 경우가 있다. 이런 행동은 관리자 자신의 건강을 해칠 위험이 있을 뿐만 아니라, 직원들에게 잠을 포기하는 것이 더 인정받는 직원이 되는 길이라고 말하는 셈이 된다. 당연히, 이 둘 모두 조직에 좋지 않은 영향을 미친다.

또 다른 방법은 직원들의 **일-삶의 경계를 존중**하는 것이다. 기술 발전으로 일과 일 외의 삶 간의 경계가 흐려졌고(제5장 참조), 언제 어디서든 일할 수 있는 상황이 되었다. 따라서 관리자는 저녁 시간에 직원에게 업무 관련 문자를 보내고 싶거나, 주말에 직원이 업무 관련 이메일에 답장을 주면 좋겠다고 생각할 수 있다. 그런데 이런 행동이 관리자의 기분을 좋게 해줄 수 있지만, 직원의 스트레스와 걱정을 유발하고, 결국 수면 문제로 이어질 수 있다. 물론 근무시간 외나 주말에 연락할 수밖에 없을 때도 있지만, 가능한 이를 피하려고 노력해야 한다.

마지막으로, 관리자는 직원들에게 수면의 질 개선에 도움이 되는 온라인 자료를 알려줄 수 있다. 예를 들어 국가수면재단(https://www.thensf.org)은 훌륭한 교육 자료와 수면 개선 방법에 대한 유용한 정보를 제공한다. 또 마음챙김 앱과 같은 수면 문제로 고생하는 사람들을 돕는 무료 온라인 도구도 많다. 관리자가 수면 전문가가 되어야 한다는 뜻은 아니지만, 직원이 수면 문제로 어려움을 겪고 있을 때, 관리자가 문제 완화에 도움이 되는 정보를 제공하는 것은 도움이 될 수 있다.

출처 : Henderson and Horan (2021).

이제까지 많은 스트레인에 대한 연구가 수행되었지만, 스트레스 요인에 대한 반응이 모두 부정적이지는 않다는 것을 염두에 두는 것이 중요하다. 촉박한 마감시간은 도전으로 받아들여질 수 있으며, 애매하게 정의된 역할은 직원들이 조직에서 자신만의 역할을 개발할 수 있는 기회를 제공할 수 있다. 사실, 최근 심리학자들은 다양한 스트레스 요인의 긍정적 효과를 체계적으로 탐색하기 시작하였다(Britt et al., 2001; Britt & Jex, 2015; Nelson & Simmons, 2011). 다음 절에서 도전-장애(challenge-hindrance) 모형을 논의할 때 이 문제를 더 자세히 다룰 것이다.

직업 스트레스 모형

이론적 모형은 어떤 현상에 영향을 미치는 관련 변인들이 무엇이고, 이러한 변인들이 어떤 관계를 가지는지를 설명한다. 이론적 모형은 연구와 적용의 방향을 알려주는 안내자와 같은 역할을 한다. 지금까지 직업 스트레스에 대한 여러 이론적 모형이 개발되었으며, 이 모형들은 직업 스트레스를 감소시키기 위한 학문적 연구와 조직에서 실무적 노력의 안내자 역할을 해왔다(이에 대한 보다 종합적인 요약을 위해서는 Jex & Beehr, 1991 참조). 직업 스트레스에 대한 많은 이론적 모형, 특히 연구 초기 단계에서 개발된 모형들은 경험적 검증이 가능한 모형이라기보다는 '일반적인 개념적 틀'이라고 볼 수 있다(Jex & Horan, 2017). 이 절에서는 6개의 이론적 모형을 다룰 것인데, 이들은 직업 스트레스 연구와 실무에 영향을 미쳤을 뿐만 아니라, 일정 정도의 직접적인 경험적 검증을 거친 모형들이다.

요구-통제 모형

요구-통제(demands-control) 모형은 1970년대 후반 Robert Karasek이 제안하였다. 이 모형은 직장에서 스트레스가 가장 높은 상황은 업무 요구가 높고, 동시에 일에 대한 통제권은 거의 없을 때라고 주장한다. Karasek(1979)은 **직무결정권**(job decision latitude)이라는 용어로 한 개인이 일에서 가지는 통제의 양을 나타냈다. 20세기 초 과학적 관리 시대의 전형적 공장 근로자는 요구가 높고 통제가 낮은 직무의 좋은 예다. 제1장에서 설명한 바와 같이, 과학적 관리의 주요 원칙 중 하나는 공장 근로자들에게 도전적인 목표(주로 표준 생산량의 형태로 주어짐)를 부여하는 것이다. 동시에 과학적 관리의 지지자들은 근로자에게 작업 방법 설계나 휴식 일정 등에 대한 통제권을 주면 안 된다고 주장한다. 당시 공장 근로자들은 기계의 신뢰성이나 동료 직원의 동기 수준에 대해서도 거의 통제권을 갖지 못하였다.

요구-통제 모형을 이론적 틀로 사용한 연구들은 대부분 건강 및 생리적 지표를 결과변인으로 사용했는데(예 : Fox et al., 1993; Karasek et al., 1981; Perrewe & Ganster, 1989), 이는 요구-통제 모형의 적용 범위를 제한하는 결과를 낳았다. 당연히 이 모형을 다른 결과변인으로 확대 적용하는 것이 가능하며, 실제로 일부 연구자들은 심리적 결과변인을 이용하여 요구-통제 모형을 검증하기도 했다(Theorell, 2020 참조).

요구-통제 모형에 대한 경험적 지지는 혼재되어 있다. Kain과 Jex(2010)에 따르면, 가장 일관된 결과는 직무 요구와 통제가 각각 독립적으로 스트레인을 예측한다는 것이다. 이에 비해, 직무 요구와 통제 간의 상호작용에 대한 지지는 덜 일관적이다. 이러한 결과가 나타나는 한 가지 이유는 요구와 통제 간의 상호작용이 Karasek이 원래 제안한 것보다 좀 더 복잡하기 때문일 수 있다. Schaubroeck과 Merritt(1997)는 요구-통제 모형이 기대하는 상호작용이 혈압을 예측하는 효과는 자기효능감이 높은 사람들에게서만 관찰된다는 것을 발견하였다. 이러한 결과는 과업에 대한 통제권은 자신이 과제를 수행할 능력이 있다고 느낄 때만(즉 자기효능감이 높을 때만) 개인에게 도움이 될 수 있음을 시사한다. 어떤 연구에서는 사회적 지지를 많이 받는 사람들에서는 요구×통제 상호작용이 발생할 가능성이 작은 것으로 나타났다(Jonsson, et al., 1999). 이러한 이유로, 요즘은 이 모형을 **요구-통제-지지 모형**(demands-control-support model)이라고도 한다(Kain & Jex, 2010; Theorell, 2020).

또한 요구×통제 상호작용이 단위조직과 같은 집단 수준의 요인에 따라 다르게 나타날 수 있다는 연구 결과도 있다. Tucker 등(2013)은 직무 통제가 과중한 업무부담의 부정적 효과를 상쇄하지만, 이러한 효과는 집단적 효능감이 높은 집단에 소속된 경우만 나타난다는 것을 발견하였다. 제2장에서 논의한 것처럼, 조직 연구자들은 직무 요구에 대응하기 위해 자원을 사용하는 능력이 단위조직 수준의 요인에 따라 달라질 수 있다는 것을 인식하고 있다.

요구-통제 모형에 대한 평가에서 마지막으로 고려할 점은 엄격한 실험 방법론을 적용해 이 모형을 검증한 연구가 거의 없다는 점이다. 예외적으로 Häusser 등(2011)은 실험연구를 사용하였다. 이 연구에서는 업무량의 많고 적음으로 직무 요구를 조작하였으며, 업무 속도 결정을 본인 또는 컴퓨터가 하는지로 직무 통제를 조작하였다. 스트레스 지표로는 주관적 웰빙과 타액 코르티솔 수준을 측정했다. 직무 요구와 직무 통제는 예상된 방향으로 타액 코르티솔에 영향을 미쳤다. 즉 타액 코르티솔 수준은 높은 직무 요구 조건에서 가장 높았고, 높은 통제 조건에서 가장 낮았다. 또한 통제가 높은 조건에서는 직무 요구가 타액 코르티솔에 영향을 미치지 않았다. 이러한 결과는 요구-통제 모형이 제안하는 상호작용 효과를 지지한다. 반면, 주관적 웰빙에서는 주 효과나 상호작용 효과가 발견되지 않았다. 이러한 결과는 요구-통제 모형이 생리적 스트레스 반응을 설명하는 데 가장 적합할 수 있음을 시사하며, 모형 개발 초기에 왜 신체 건강 결과변인에 초점을 맞추었는지를 설명해준다. 향후 더 엄격한 실험적 방법을 이용하여 요구-통제 모형을 검증하는 노력이 필요하다.

직무 요구-자원 모형

Bakker와 Demerouti(2017)는 요구-통제 모형을 확장하여 직무 요구-자원 모형(job demands-resources, JD-R)을 개발하였다. JD-R 모형의 기본 가정은 요구-통제 모형과 동일하지만, 두 가지 차이가 있다. 첫째, 직무 요구-통제 모형 연구들은 대부분 직무 요구를 높은 수준의 업무량으로 정의한다. 이에 비해, JD-R 모형은 업무량 이외에도 다양한 직무 요구가 있음을 인식하고, 이러한 다양한 요구가 근로자의 웰빙과 동기에 미치는 영향을 살펴보았다. 둘째, Bakker와 Demerouti(2007)는 직무 통제는 근로자들이 직무 요구 대처에 사용할 수 있는 여러 자원 중 하나일 뿐이라고 제안하였다. 이들에 따르면, 개인 외적 요인(예 : 조직의 지원, 의사결정과정에 대한 참여, 보상)과 개인 내적 요인(예 : 직무 요구에 대한 개인의 정신적 접근방법) 모두 자원이 될 수도 있다.

요구-자원 모형은 요구-통제 모형에 비해 최근에 개발되었지만, 이를 지지하는 연구 증거는 더 많다(Bakker & Demerouti, 2017; Schaufeli & Taris, 2014). 이는 아마도 높은 직무 통제권이 도움이 되는 경우도 있지만, 그렇지 않은 경우도 있기 때문일 것이다. 요구-자원 모형을 검증한 연구자들은 직무 요구와 자원을 적절히 연결하는 작업을 훌륭히 해냈다(Hakanen et al., 2008; van den Broeck et al., 2010). 예를 들어 일-가정 균형에 어려움을 겪는 근로자에게 업무 수행 방법에 대한 통제권을 주는 것은 별 도움이 되지 않을 것이다. 반면, 근무 일정에 대한 통제권이나 근무 장소에 대한 유연성을 제공한다면(Hong & Jex, 2022) 일-가정 관련 스트레스 요인을 완화하는 데 더 도움이 될 수 있다.

JD-R 모형 연구의 또 다른 장점은 직무 요구와 자원이 시간에 따라 근로자의 웰빙과 건강 변화에 어떤 영향을 주었는지를 밝히기 위해 종단적 설계를 사용했다는 점이다. 여러 연구가 직무 요구 및 직무 자원의 변화가 종업원의 웰빙(예 : 탈진)과 조직 태도 및 이직 의도의 변화와 관련되어 있다는 가설을 지지하는 증거를 제시하였다(Brauchli et al., 2013; Hakanen et al., 2008; Rodriguez-Munoz et al., 2012; Schaufeli et al., 2009). 그러나 요구-통제 모형의 경우와 마찬가지로, 직무 요구와 직무 자원의 상호작용을 지지하는 증거는 많지 않다(Brough et al., 2013). 직무 요구와 직무 자원의 상호작용에 대한 연구에서 얻을 수 있는 한 가지 교훈은 특정 직무 자원이 해당 직무 요구를 상쇄하는 데 실제로 도움이 될지를 확실히 검토해야 한다는 것이다.

자원 보존 이론

자원 보존(conservation of resources, COR) 이론은 Steven Hobfoll(2001)이 개발하였다. 그는 이 이론을 통해 개인이 스트레스를 경험하는 원인과 지속적 스트레스 경험이 직무탈진으로 이어지는 과정에서의 결정 요인에 대해 이해하고자 하였다. 이 모형의 핵심 명제 중 하나는 사람들은 시간에 걸쳐 자원을 축적하려는 동기를 가지며, 자원의 실질적 손실 또는 손실의 위협이 개인에게 스트레스를 경험하게 한다는 것이다. 예를 들어 한 직원이 새로운 사업 방향을 추진하기 위해 상사의 지지를 얻고자 노력하는 상황을 가정하자. 이 상황에서 지각된 상사의 지지는 그 직원이 새로운 계획을 실행할 때 사용할 수 있는 자원이다. 그러나 상사의 지지가 줄어들었다고 느낄 경우에 이 자원은 위협받게 되고, 이는 직원에게 잠재적으로 스트레스적인 상황을 초래할 것이다.

COR 이론의 두 번째 요소는 자원을 얻을 때 경험하는 긍정적 반응에 비해 자원이 손실되거나 자원 손실의 가능성이 있을 때 느끼는 부정적 정서 반응이 더 강력하다는 것이다. 사람들은 긍정적 혹은 매력적 자극에 비해 부정적 혹은 위협적 자극에 더 민감하게 반응하는데, 이는 위험에 대한 민감성이 오래전 우리 조상들이 생존하는 데 적응적으로 작용했기 때문일 가능성이 높다(Baumeister et al., 2001). 이 원칙은 다양한 직무 스트레스 경험은 종종 근로자들에게 즉각적인 영향을 미치는 반면, 긍정적인 사건은 배경에 머무는 현상을 설명하는 데 도움을 준다. 마지막으로 COR 이론은 사람들이 자원을 재충전하지 못한 채 계속해서 자원 손실을 경험하면 '손실 소용돌이(loss spirals)'가 발생하고, 이는 결국 탈진으로 이어질 수 있다고 주장한다. 반대로, 일단 자원을 획득한 개인은 추가 자원을 획득할 가능성이 크고, 이는 '자원 꼬리물기(resource caravan)'를 발생시킨다. 예를 들어 자신감이라는 자원을 가진 사람은 프로젝트 수행 시 동료의 지지라는 추가적 자원을 얻을 가능성이 높다(Westman et al., 2005).

일반적으로, 연구들은 근로자의 스트레스와 건강을 이해하는 데 COR 이론이 도움이 된다는 결과를 제시하였다(관련 개관은 Hobfoll et al., 2018 참조). 그런데, COR 이론을 지지하는 많은 연구는 동시에 JD-R 모형도 지지한다. COR 이론의 가장 큰 기여는 시간에 따른 손실과 자원 간의 역동적 관계를 강조한다는 점이다. 예를 들어 de Cuyper와 동료들은 개인적 자원인 '고용 가능성(주어진 개인 특성으로 취업할 수 있는 능력)'이 높을수록 이후 탈진을 덜 경험하며 다른 자원을 획득할 가능성이 높다는 것을 발견하였다(de Cuyper et al., 2012). 또한, Ng과 Feldman(2012)은 자기가 좋아하거나 우려하는 것을 표현하는 보이스(voice) 행동에 대한 연구를 통해 COR 이론을 지지하는 증거를 제시하였다. 이 연구에서는 보이스 행동이 다양한 직무 관련 스트레스와 부적인 관계가 있으며, 반대로 직무 수행과는 정적인 관계가 있는 것으로 나타났다.

개인-환경 적합성 모형

개인-환경 적합성 모형[person-environment(P-E) fit model]의 역사적 뿌리는 Kurt Lewin과 그가 제안한 개념인 **상호작용 심리학**(interactional psychology; Lewin, 1943)까지 거슬러 올라간다. Lewin은 인간의 행동이 개인 특성과 상황 특성 간의 상호작용 함수라고 주장했다. 이러한 상호작용 중 직업 스트레스와 관련된 측면이 바로 개인과 환경 간 적합도이다. 이 접근에 따르면, 사람들은 개인과 환경 간 적합도가 낮은 직무환경을 스트레스 요인으로 지각한다(Caplan, 1987; French et al., 1982). P-E 적합성 모형은 원래 스트레스를 설명하기 위해 개발되었지만, 개인과 환경의 적합도가 중요한 다른 조직 연구 주제(예 : 모집, 유인, 사회화, 직원 유지)에도 시사점을 가진다(제3장 참조).

P-E 적합성 모형의 기본 개념은 상당히 단순하지만, 종업원과 직무환경 간의 (비)적합성은 다양한 측면에서 발생할 수 있다. Kristof(1996)에 따르면, (비)적합이란 개인의 기술 및 능력이 그 사람이 수

행하는 직무에 필요로 하는 요구와 일치하는 정도를 의미할 수 있다. 직무 수행에 필요한 기술과 능력이 부족한 종업원은 직무 요구에 압도되는 느낌을 받거나 자신이 부적절하다고 느낄 수 있다. 반대로, 직무 요구가 개인의 역량보다 너무 낮으면 지루함, 좌절감, 불만족을 느낄 수 있다. 이러한 두 상황 모두에서 개인은 직무를 스트레스로 지각할 가능성이 크다.

P-E (비)적합 개념은 보다 '거시적' 분석 수준에서도 발생할 수 있는데, 이를 개인-조직 적합성이라고 한다. 예를 들어 개인적 성취를 중요시하는 사람이 팀워크를 중시하는 조직에서 일한다면, 개인-조직 적합도가 낮다고 할 수 있다. 이런 경우, 그 사람은 이 조직에서 일하는 것에 스트레스를 느낄 가능성이 크다.

P-E 적합성 모형은 직업 스트레스 연구자들에게 매우 유용한 이론으로 입증되었으며, 상당한 지지를 받았다(Kristoff-Brown & Billsberry, 2013). 또한 적합성에 대한 개념적 정교화(예 : Edwards, 1994; Kristof, 1996)와 P-E 적합도 자료 분석을 위한 통계 기법 개발(Edwards & Parry, 1993; Schelfout et al., 2022)에서 상당한 진전이 있었다. P-E 적합성 접근의 주요 한계점은 개인적 요인에 대한 측정 방법이 환경적 요인 측정 방법보다 훨씬 더 앞선다는 점이다. 조직 연구자들은 능력, 기술, 성격과 같은 개인 특성에 대한 개념화 및 측정에 시간과 에너지를 쏟아왔지만, 직무와 조직의 고유한 특성에 대한 개념화 및 측정에 관한 관심은 상대적으로 낮았다.

노력-보상 불균형 모형

이 모형은 다른 모형에 비해 꽤 최근에 개발되었다(Siegrist, 2002; Siegrist & Li, 2020). 모형 개발 초기에는 주로 유럽의 직업 스트레스 연구 방향에 영향을 미쳤지만, 그후 그 영향 범위가 크게 확장되었다. 이 모형은 독일의 Johannes Siegrist에 의해 개발되었는데, 그는 사람들은 직장에서 제공하는 보상과 자신의 노력이 불균형을 이룰 때 가장 많은 스트레스를 느낀다고 주장한다(Siegrist, 2002). 달리 말하면, 자기가 일에 투자한 것보다 일로부터 얻는 것이 적을 때 스트레스를 가장 많이 받는다는 것이다. 이러한 논리는 직무 태도 이해에 중요한 형평성 및 공정성 지각과 밀접하게 연관된다(제8장 참조).

이러한 '높은 노력-낮은 보상' 프로파일에 부합하는 많은 직업을 생각해볼 수 있다(예 : 교직, 사회복지, 간호). 또한 Siegrist는 일에 과다 몰입(over-commitment, OC)을 하는 사람들이 불균형감을 경험할 가능성이 높다고 제안했는데, 이는 조직에서 받는 보상이 그들의 노력에 비례할 가능성이 매우 낮기 때문이다. 하지만 노력-보상 균형감은 객관적 기준보다는 주관적 지각에 기반한다는 점을 고려해야 한다. 주관적 지각의 중요성을 잘 보여주는 예로 미국 야구선수인 애런 저지(Aaron Judge)와 뉴욕 양키스 간의 2022년 시즌 후 계약을 들 수 있다. 양키스 구단은 2022년 시즌 전에 저지 선수에게 7년간 2억 1,350만 달러의 계약을 제안했다. 이는 객관적 기준으로 엄청난 액수이다. 그러나 그 당시 메이저리그 선수들의 연봉을 고려할 때, 저지는 이 제안이 자신의 가치에 적절하지 못하다고 느꼈고, 결국 구단의 제안을 거절했다. 저지 선수는 그다음 시즌에 메이저리그 역사상 최고의 공격수로 활약했고, 2022년 시즌 후 자유 계약 선수가 되어 양키스와 9년간 3억 6,000만 달러에 계약을 체결했다.

연구들은 전반적으로 노력-보상 불균형 모형의 주요 주장을 지지한다. 실제로 노력-보상 불균형을 높게 경험하는 사람들은 건강 문제를 겪을 가능성이 높은 것으로 나타났다(Lehr et al., 2010; Peter et al., 1998; Siegrist, 1996; Siegrist et al., 2004). 또한 Feldt 등(2013)은 4년에 걸친 흥미로운 종단연구를 통해 노력-보상 불균형과 과다 몰입의 프로파일을 가진 관리자들이 높은 탈진과 낮은 회복 경험(예 : 근무시간 후의 심리적 분리와 휴식)을 보고하는 경향이 있음을 발견하였다. 마지막으로, Feuerhahn 등(2012)은 노력-보상 불균형과 과다 몰입의 상호작용이 정서적 소진과 상사가 평가한 수행을 유의하게 예측한다고 보고하였다. 즉 노력-보상 불균형이 높을수록 소진이 높고, 수행이 낮았으며, 이러한 효과는 과다 몰입을 보고하는 종업원들에게서 더 컸다.

흥미롭게도 Siegrist와 Li(2020)는 노력-보상 불균형감 경험이 특정 직무 상황을 초월하여 존재할 수 있다고 제안하였다. 예를 들어 최근 악화한 경제 상황으로 인해 많은 대학 졸업생들은 자신이 들어갈 직장이 대학 졸업장 취득에 들인 노력에 비해 훨씬 부족하다고 느낄 수 있다(Liu & Wang, 2012). 또한 개인 서비스, 관광, 호텔, 요식업 등 빠르게 성장하는 업종의 많은 직업이 노력-보상 불균형 감정을 유발할 가능성이 높으며, 이에 따라 미국에서는 최저임금을 올리는 노력을 하는 주가 늘어났다(Ashenfelter & Jurajda, 2022).

도전-방해 모형

최근 직업 스트레스와 근로자 건강 분야의 중요한 발전 중 하나는 도전 스트레스 요인과 방해 스트레스 요인에 관한 구분이다. 이는 도전-방해 모형(Challenge-Hindrance Model)이라고도 한다(Cavanaugh et al., 2000). 이 모형에 따르면, 도전 스트레스 요인은 개인의 높은 동기를 가지고 적극적으로 수행하는 행동을 통해 잠재적으로 완화할 수 있는 직무 요구를 말한다. 예를 들어 과중한 업무량, 급박한 마감일, 일시적 위기, 어려움을 겪고 있는 부서 맡아 일하기 등이 이에 속한다. 이러한 요구들은 분명히 스트레스로 지각될 수 있지만, 동시에 우리를 도전하게 하고, 활력을 주며, 몰입하게 할 잠재력을 가진다. 반면에 방해 스트레스 요인은 성공적인 수행을 방해하는 장애물로 여겨지는 것들로, 더 많은 노력을 기울여도 극복될 수 없는 것들이다. 조직 장면에서 가장 흔한 방해 스트레스 요인의 예로 조직 정치, 불명확한 수행 기대, 조직적 제약 등을 들 수 있다. 앞에서 본 도전 스트레스 요인에 비해 방해 스트레스 요인은 (1) 직원에게 높은 불확실성을 유발하고, (2) 상대적으로 통제 가능성이 낮으며, (3) 상당히 높은 좌절감을 주는 특성이 있다.

도전-방해 모형을 지지하는 연구에 따르면, 도전 스트레스 요인과 방해 스트레스 요인은 중요한 건강 및 조직 성과와 서로 다른 관계를 갖는다(도전-방해 모형을 종합적으로 검토한 자료는 Podsakoff et al., 2023 참조). 예를 들어 도전 스트레스 요인은 동기 및 수행과 정적인 관계를 갖지만, 방해 스트레스 요인은 이들과 부적인 관계를 보인다. 그러나 두 스트레스 요인 모두 낮은 웰빙 및 높은 신체적 증상과 관련이 있다(LePine et al., 2004, 2005). Wallace 등(2009)은 도전 스트레스 요인과 직무 수행 간의 정적 관계가 조직의 지지를 받는다고 느끼는 직원들에게 주로 나타난다는 것을 발견하였다.

이 모형은 직관적인 매력을 가지며 경험적 지지를 받기도 하지만, 비판의 대상이 되기도 하였다. Horan 등(2020)이 지적한 것처럼, 이 모형의 초기 연구들은 특정 스트레스 요인을 모든 사람이 똑같이 도전 또는 방해 요인으로 인식한다고 가정하였다. 대다수의 연구자들은 이제 도전 스트레스와 방해 스트레스 요인의 차별적 효과는 이들을 얼마나 긍정적 혹은 부정적으로 평가하는지에 따라 달라진다고 생각한다(Mazzola & Disselhorst, 2019; Webster et al., 2011). 또한 많은 스트레스 요인이 동시에 도전이자 방해 요인으로 평가될 수 있다는 인식도 존재한다(Horan et al., 2020). 예를 들어 과중한 업무는 직원에게 도전과 활력을 줄 수 있지만, 동시에 가족과의 시간을 보내지 못하게 방해할 수도 있다. 연구가 계속 축적됨에 따라 이 모형이 더욱더 정교하게 발전될 것이라고 기대된다.

스트레스에 대한 긍정적 반응의 가능성

대부분의 직업 스트레스 연구들이 스트레스의 부정적 결과에 초점을 맞췄지만, 스트레스 요인과 직무 요구가 높은 상황이 가져올 수 있는 긍정적 효과에 대한 관심도 점차 증가하고 있다. Nelson과 Simmons(2011)는 통합적 스트레스 모형(Holistic Stress model)에서 요구가 높은 직무 상황에서 발생할 수 있는 종업원의 긍정적 반응(예 : 활기, 에너지, 의미)을 '**좋은 스트레스**(eustress)'라고 칭했는데, 이 용어는 Hans Selye에에게서 빌려온 것이다. Nelson과 Simmons(2011)는 직무 요구가 양방향(즉 긍정 또는 부정)으로 해석될 수 있으며, 낙관성, 강인성, 자기효능감 등의 성격 요인들이 스트레스적인 상황에서의 종업원 반응을 결정한다고 주장하였다. Hargrove 등(2013)은 도전-방해 모형이 도전 스트레스 요인이 동기와 수행에 미치는 긍정적 효과를 강조하며, 조직이 직원들에게 더 높은 수행을 하도록 도전하는 업무 요구를 반드시 제거할 필요는 없다고 주장하였다(또한 Sonnentag & Frese, 2013 참조). 그러나 도전 스트레스 요인은 직원에게 부정적 영향을 미칠 수 있기 때문에(Horan et al., 2020), 조직은 이러한 높은 도전 상황이 가져올 이점과 직원들에게 미칠 잠재적인 부정적 영향을 신중히 비교해야 한다.

그럼에도 불구하고, 연구들은 일부 스트레스적 상황은 긍정적 효과를 줄 수 있다는 경험적 증거를 제시한다. 예를 들어 Britt 등(2001)은 평화유지작전 지원 임무에 배치된 군인들이 긍정적인 반응을 보임을 발견했다. 또한 최근 이라크와 아프가니스탄 분쟁지역에 배치된 군인들이 극도로 어려운 상황에서 임무를 잘 완수해 낸 것을 좋은 경험으로 보고한다는 연구 결과도 있다(Wood et al., 2011). Britt과 Jex(2015)는 직무 요구가 종업원에게 긍정적인 영향을 줄 수 있는 조건에 대한 연구가 이제 막 시작되었으며, 향후 긍정적인 결과가 발생하는 조건을 이해하기 위한 추가적인 연구가 필요하다고 주장하였다.

직장에서의 스트레스 요인

앞서 논의한 바와 같이, 직무나 조직환경에서 직원에게 문제를 일으키거나 적응적 대응을 요구하는 어떤 것도 **스트레스 요인**이 될 수 있다(Jex & Beehr, 1991). 직무 스트레스 요인의 종류는 매우 다양해, 이 중 무엇을 소개할지 결정하는 것 자체가 매우 어려운 일이다. 이 절에서는 스트레스 요인을 (1) 직업 스트레스 문헌에서 많이 연구되었거나 주목을 받았던 스트레스 요인, (2) 이전에는 관심을 덜 받았지만 최근 많은 주목을 받는 스트레스 요인으로 구분하여 소개하겠다.

주로 연구된 스트레스 요인

역할 스트레스 요인 : 역할 스트레스 요인은 직업 스트레스 연구 역사상 가장 많은 관심을 받아 온 스트레스 요인이다. **역할**이란 개인에게 기대되는 일련의 행동 세트를 의미하는데, 개인의 직무는 조직에서 가장 중요한 역할이라고 할 수 있다. 그러나 대부분의 사람들은 부모, 직원, 학생, 배우자와 같은 여러 역할을 가지고 있고, 이에 따른 다양한 역할 요구를 받는다. 조직에서 역할은 개인의 행동에 질서와 예측 가능성을 부여하는 중요한 기능을 한다(Katz & Kahn, 1978). 또한 역할은 직원이 자신이 해야 할 일을 제대로 하고 있는지를 가늠할 수 있게 도와준다.

조직 구성원들은 공식적 · 비공식적 출처를 통해 역할 관련 정보를 얻는다. 가장 일반적인 공식적인 출처는 문서로 된 직무기술서이다. 또 다른 일반적인 공식 출처로는 직속 상사와의 구두 및 서면 의사소통이 있다. 이런 공식적인 정보원이 중요한 정보를 제공할 수 있지만, 직원의 역할을 정의하기에는 한계가 있을 수 있다. 예를 들어 문서로 된 직무기술서는 너무 일반적이고, 금방 낡은 정보가 되는 경우가 있다. 상사는 직무 지식이 부족할 수 있고, 의사소통이 부정확한 경우도 종종 있다.

이러한 공식적 정보의 한계를 보완하기 위해, 직원들은 조직 내 역할을 정의할 때 비공식적 정보원을 활용하기도 한다. 비공식적 정보원에는 동료, 부하 직원, 조직 외부 사람들(즉 고객, 공급자, 관리기관)과의 비공식적인 상호작용 등이 있다. 직원이 조직에서 자신의 역할을 정의하기 위해 사용하는 이러한 다양한 공식적 · 비공식적 정보원을 모두 포함하여 **역할 집합**(role set)이라고 한다.

역할 관련 정보에 관한 의사소통이 원활하게 이루어지는 것이 이상적이다. 즉 역할 집합 내의 다양한 정보원은 직원들에게 명확하고 일관된 정보를 제공해야 한다. 역할 관련 정보가 명확하지 않으면 **역할 모호성**(role ambiguity)이라는 스트레스 요인이 발생한다(Kahn et al., 1964; King & King, 1990).

가장 일반적인 의미에서, 역할 모호성은 직원이 자신이 할 일이 무엇인지 확실치 않다고 느낄 때 발생한다. 이러한 불확실성은 다양한 방식으로 나타날 수 있지만, 특히 직무 수행 기준(Beehr et al., 1980)과 작업 일정 및 작업 방법에 대한 불확실성(Breaugh & Colihan, 1994)이 가장 많이 연구되었다. 학생들이 흔히 경험하는 역할 모호성의 대표적인 예로는 수업에서 성적 평가 기준이 불명확한 경우를 들 수 있다.

조직에서 흔히 발생하는 또 다른 문제는 역할 관련 정보가 일관적이지 않은 경우인데, 이를 **역할 갈등**(role conflict)이라고 한다(Kahn et al., 1964; King & King, 1990). 역할 갈등은 역할 집합의 구성원들이 서로 상충되는 정보나 요구를 제공할 때 발생한다. 또한 역할 집단 내의 특정인이 제공하는 역할 정보 및 요구가 때에 따라 다를 때도 역할 갈등이 발생할 수 있다. 예를 들어 많은 관리자에게 행정 업무(예 : 일정 조정, 예산 개발 등)와 직원 멘토링 활동은 보편적인 역할 갈등이다. 행정 업무에 많은 시간을 쓰면 직원 멘토링을 할 시간이 줄어들기 때문이다.

역할 갈등이나 역할 모호성만큼 많이 연구되지는 않았지만, 또 다른 역할 스트레스 요인으로 **역할 과부하**(role overload)가 있다. Jones 등(1995)에 따르면, 역할 과부하는 "고용주가 직원에게 주어진 시간 내에 할 수 있는 것보다 더 많은 업무를 요구하거나, 혹은 단순히 직원이 자신의 업무 요구가 과하다고 느낄 때"(p. 42) 발생한다. 종업원은 두 가지 이유로 과부하되었다고 느낄 수 있다. 다음 절에서 역할 과부하와 매우 유사한 업무량(workload)을 다룰 예정이기 때문에 여기에서는 역할 모호성과 역할 갈등에 초점을 맞추었다.

많은 직업 스트레스 연구가 역할 이론을 기반으로 하기 때문에 역할 스트레스 요인에 대한 경험적 연구는 이 장에서 다루는 다른 어떤 스트레스 요인 연구보다 훨씬 많다. 실제로, 2006년부터 2016년까지 1,300편 이상의 역할 갈등과 역할 모호성에 대한 연구가 발표되었고(Bowling et al., 2017), 이러한 방대한 문헌을 요약하기 위해 여러 메타분석이 수행되었다(Abramis, 1994; Fisher & Gitelson, 1983; Gilboa et al., 2008; Jackson & Schuler, 1985; Ortqvist & Wincent, 2006; Tubre et al., 1996).

메타분석의 결과는 일관되게 역할 모호성과 역할 갈등이 다양한 스트레인과 상관관계가 있다는 것을 보여준다. 예를 들어 〈표 7.1〉은 Ortqvist와 Wincent(2006)가 수행한 메타분석에서 나온 교정 상관계수의 일부를 보여준다. 표에서 보는 바와 같이, 높은 수준의 역할 모호성과 역할 갈등은 낮은 직무 만족과 조직 몰입 그리고 높은 긴장도와 같은 심리적 스트레인과 연관된다. 두 스트레스 요인은 이직의도와도 관계가 있지만, 직무 수행과는 강한 상관관계가 없는 것으로 나타났다. 이러한 결과는 역할 모호성과 역할 갈등에 대한 기존의 개관연구 결과와 일치한다.

역할 갈등과 역할 모호성의 중요성에도 불구하고, 오늘날의 일터는 역할 이론이 직업 스트레스 연구를 이끌던 1960년대와는 크게 다르다. 예를 들어 오늘날의 많은 이들은 조직의 경계를 벗어나 일하고 있으며, 따라서 공식적인 직무기술서나 역할 관련 의사소통이 아예 없을 수 있다(Caza et al., 2022).

표 7.1 역할 스트레스 요인과 정서적 · 행동적 결과 간의 수정된 상관계수

결과	역할 갈등	역할 모호성
직무 만족	−.40	−.39
조직 몰입	−.36	−.48
긴장	.43	.35
이직 의도	.37	.36
직무 성과	−.08	−.18

출처 : Örtqvist and Wincent(2006).

이러한 근로자들이 직면하는 도전에 대해서는 이 장의 뒷부분에서 자세히 다룰 것이다. 역할 스트레스 요인이 여전히 의미 있는 주제인 것은 확실하지만, 오늘날의 직장에서는 그 중요성이 감소할 가능성이 있다.

업무부하 : 많은 근로자에게 중요한 스트레스 요인 중 하나는 주어진 시간 대비 처리해야 할 업무량이다. 업무부하의 측정 방법은 다양하지만, **객관적** 또는 **주관적**으로 구분할 수 있다. 가장 일반적인 객관적 측정 방법은 근무시간이며, 근무시간이 직원의 건강과 부적인 관계가 있다는 명백한 증거가 있다(Nixon et al., 2011; Sparks et al., 1997). 또한 과도한 근무시간은 특정 직종과 산업에서 더 일반적이다. 예를 들어 Blagoev와 Schreyogg(2019)의 사례연구는 고객의 요구 충족을 위해 컨설턴트에게 장시간 근무를 요구하는 독일 컨설팅 회사를 소개한다. 또한 회계사(특히 세금 정산 기간 중; Bakarich et al., 2022), 병원 전공의(Kalmbach et al., 2017), 대형 로펌 변호사(Wallace, 1997)는 근무시간이 긴 것으로 유명하다.

업무부하는 주관적 방식으로 개념화되고 측정될 수도 있다(Spector & Jex, 1998). 이런 접근에서는 업무부하를 **양적** 업무부하와 **질적** 업무부하로 구분한다. 양적 업무부하는 직원이 자신의 업무가 얼마나 힘들다고 느끼는지를 의미한다. 빠듯한 마감 기한을 맞추거나, 빠르게 작업해야 할 때 양적 업무부하가 높다고 느낄 수 있다. 콜센터 직원은 양적 업무부하가 높은 직업군 중 하나이다(Jeon et al., 2022). 반면, 질적 업무부하는 업무의 **난이도**를 의미한다. 의사는 질적 업무부하가 높은 직업의 좋은 예다(Babyar, 2017).

Bowling 등(2015)은 336개의 독립적인 표본 자료를 이용하여 지각된 업무부하에 관한 가장 포괄적인 메타분석 연구를 수행하였는데, 업무부하는 직원들의 웰빙 저하를 나타내는 여러 지표와 관련이 있었다. 이 중 가장 강한 관계는, 어쩌면 당연하게도, 업무부하와 정서적 소진 간의 관계였다. 업무부하는 또한 탈인격화(예 : 고객이나 소비자를 실재하는 사람이라기보다는 대상으로 보는 것), 신체 증상, 심리적 스트레스 및 피로 증가와 낮은 정신적 웰빙과 관련이 있었다. 이 연구자들은 지각된 업무부하의 가장 강력한 예측변인으로 역할 갈등과 직장에서 가정으로의 갈등을 꼽았지만, 이러한 변인 간 인과 관계의 방향이 반대일 수도 있음을 지적하였다. 즉 지각된 업무부하가 반대로 역할 갈등과 일-가정 갈등의 원인일 수도 있다는 것이다. 그 방향과 상관없이, 이 결과는 업무부하 그 자체뿐만 아니라 일과 일 외의 다른 영역에서의 요구를 함께 고려한 업무부하가 중요하다는 것을 시사한다.

대인 간 부당대우 : 최근 몇 년간 직원에 대한 부당대우 행동에 대한 조직 연구자들의 관심이 증가하고 있다. 대인 간 부당대우(interpersonal mistreatment)는 조직 내 구성원(Bowling & Beehr, 2006)뿐만 아니라 조직 외부 사람들(예 : 고객; Sliter et al., 2010)이 행할 수 있다. 그 종류도 회의에서 다른 사람의 말을 끊는 것처럼 비교적 가벼운 형태에서부터 지속적 괴롭힘, 마이크로어그레션(microaggressions)과 같은 심각한 형태에 이르기까지 다양하다(마이크로어그레션에 대한 더 많은 정보는 제4장 참조).

이 중에서도 직장 내 무례행동(incivility)(때로는 대인 갈등이라고도 함; Spector & Jex, 1998)에 관한 연구자들의 관심이 매우 높다. 무례행동은 사람들과의 상호작용 중 일반적으로 기대하는 규범에 어긋나는 무례하고 배려 없는 행동이라고 정의된다(Andersson & Pearson, 1999). 무례행동의 중요한 특징 중 하나는 **의도의 모호성**(ambiguous intent)이다. 즉, 무례행동의 대상이 된 직원은 무례 행동을 한 상대가 자신에게 해를 가하려는 의도가 있었는지를 확신하지 못할 수 있다. 예를 들어 한 직원이 회의에서 자신의 의견을 말했지만 동료들이 이를 무시한 경우를 생각해보자. 이런 행동은 의도적으로 한 무례행동일 수도 있지만, 동료들이 바빠서 그 사람의 의견을 못 들었을 수도 있다.

직장 내 무례행동에 대한 연구는 빠르게 늘고 있는데, 가장 큰 이유는 무례행동이 다른 심각한 유형의 부당대우 행동보다 흔하게 발생하기 때문이다. 예를 들어 Dhanani 등(2021)은 직장 내 무례행동에서부터 괴롭힘과 신체적 폭력에 이르는 아홉 가지 형태의 부당대우 발생률을 메타분석으로 살펴보았다. 그 결과, 직원의 34%가 적어도 한 가지 이상의 부당대우를 경험했는데, 그중 직장 내 무례행동이 가장 흔했다. 구체적으로, 직원의 75%가 직장 내 무례행동을 경험하였고, 괴롭힘은 16%, 차별은 17%만이 경험한 것으로 나타났다. 물론 더 심각하고 덜 흔한 형태의 부당대우도 중요하고 조직에서 해결해야 하지만, 직장 내 무례행동이 직원들이 경험할 가능성이 가장 큰 부당대우임이 분명하다.

직장 내 무례행동 연구를 가장 포괄적으로 요약한 연구는 219건의 연구(253개의 독립 표본 포함)에 대한 메타분석을 실시한 Han 등(2022)이다. 연구 결과, 직장 내 무례행동의 가장 강력한 2개의 선행변인은 예의에 대한 조직적 규범 부족과 조직의 무례 풍토(incivility climate)로 나타났다. 이러한 결과는 조직이 이러한 행동을 예방할 수 있음에도 불구하고 그렇게 하지 않는 경우가 많다는 것을 시사한다. 한편, 무례행동의 영향은 매우 다양하며, 기대하는 바와 같이 모두 부정적이다. 예를 들어 직장 내 무례행동을 경험한 직원들은 정신적 및 신체적 건강과 직무만족이 낮으며, 반생산적 직무행동(counterproductive work behavior, CWB)을 더 많이 하는 것으로 나타났다(자세한 내용은 제6장 참조).

Han 등의 연구에서 가장 우려할 만한 결과는 **무례행동 경험**과 **무례행동 가해** 간에 높은 상관이 있다는 점이다. 이러한 결과는 무례행동을 당하면 이를 되갚는 '눈에는 눈, 이에는 이' 심리가 종종 존재한다는 것을 보여준다(Andersson & Pearson, 1999). 또한 이러한 높은 상관관계는 무례행동을 당한 직원은 때때로 이와 무관한 동료나 고객에게 무례행동을 할 가능성, 즉 **전이된 공격**(displaced aggression) 행동의 가능성을 시사한다. 종합할 때, 이상의 결과는 조직에서 직원 간에 예의 있는 행동을 장려하는 조치를 도입하는 것이 현명할 수 있음을 시사한다. '참고 7.3'에서는 이런 방법에 대해 살펴본다.

Ilies 등(2011)은 대인 간 부당대우가 시간에 따라 어떻게 변화하는지에 관한 흥미로운 연구 결과를 보여준다. 이들의 경험 표집 연구에 참여한 근로자들은 2주간 하루에 세 번씩, 지난 3시간 내에 대인 갈등(무례행동과 유사)을 경험했는지를 묻는 설문에 응답하였다. 연구자들은 대인 갈등 경험에서 상당한 개인 내 변동성이 존재하며, 이러한 시간에 따른 대인 갈등 경험의 차이가 개인의 부적 정서 변화와 관련된다는 것을 발견하였다. 이 연구는 대인 갈등이 시간이 지남에 따라 어떻게 증가하고 감소하며, 이러한 변화가 직원들의 부정적 정서 경험의 변화를 설명할 수 있음을 보여준다.

조직적 제약 : Peters와 O'Connor(1980)는 **상황적 제약**(situational constraints)이라는 용어를 만들어, 근로자가 자신의 역량을 충분히 발휘하지 못하게 하는 다양한 조직 내 조건을 설명하였다. 이러한 제약들이 반드시 특정한 상황에 관련되는 것은 아니기 때문에 이 책에서는 **조직적 제약**(organizational constraints)이라는 용어를 사용하였다. 조직적 제약을 좀 더 정확히 정의하기 위해, Peters와 O'Connor(1988)는 11개 범주로 구성된 조직적 제약 분류 체계를 제안하였다. 여기에는 (1) 직무 관련 정보 부족, (2) 예산 지원 부족, (3) 필요한 지원 부족, (4) 시간 및 재료 부족, (5) 타인의 도움이나 서비스 부족, (6) 업무 준비 부족, (7) 시간 부족, (8) 열악한 업무환경, (9) 일정 문제, (10) 교통 문제, (11) 직무 관련 권한 부족 등이 포함된다.

이런 제약들은 업무 수행에 필요한 것이 없거나, 불충분하거나, 질이 나쁘기 (혹은 이런 이유의 조합) 때문에 수행을 방해할 수 있다. 예를 들어 **직무 관련 정보 부족**을 생각해보면, 과업 수행에 필요한 정보가 없거나, 정보는 있지만 업무 수행에 불충분하거나, 또는 정보는 많지만 질이 너무 낮아 별 가치가 없을 수 있다. 결국 이런 모든 경우 종업원의 수행에 제약을 준다.

Peters와 O'Connor(1980)가 처음 이 개념을 소개한 이후, 조직적 제약과 다양한 스트레스 관련 결과 변인 간의 관계를 살펴보는 수많은 연구가 있었고, 이들을 요약 정리한 3개의 메타분석 연구가 수행되었다(Gilboa et al., 2008; Pindek & Spector, 2016; Spector & Jex, 1998). 각 메타분석 연구에서 다룬 결

참고 7.3

직장 내 예의 장려하기 : 개인적 행동을 중심으로

무례행동은 직장에서 발생하는 가장 흔한 형태의 부당대우이다. 따라서 조직은 무례행동에 관심을 갖고, 직원들이 서로 정중하고 예의 있게 상호작용하도록 돕는 방안을 모색해야 한다. 이 책의 제12장에서는 조직의 **예의 풍토**(civility climate)에 대해 다루고, 조직이 이를 활용하여 직장 내 무례행동을 줄이는 방법을 제안한다.

예의 풍토도 중요하지만, **개인 직원**도 더 예의 바른 직장을 만들기 위해 노력할 방법이 있다. 아래에서 이 중 세 가지를 살펴본다.

1. **동료들과의 빈번한 의사소통** 많은 조직 내 갈등은 의사소통의 부족에서 비롯된다. 동료 간에 의사소통이 아예 없거나 매우 드물면 오해를 불러일으킬 가능성이 높고, 이 오해는 종종 무례한 행동으로 이어진다. 동료와의 잦은 소통이 항상 오해를 방지하는 것은 아니지만, 오해 발생의 가능성을 줄이고 발생하더라도 이를 해결할 가능성을 높인다.
2. **다른 사람의 입장에서 생각하기** 다른 사람이 겪고 있는 상황을 상상하는 것은 매우 어려운 일 중 하나이다. 사회심리학 연구에 따르면, 우리는 다른 사람의 행동의 원인을 평가할 때 성격적 요인을 과대평가하고 상황적 요인을 과소평가하는 경향이 있다. 이를 **근본적 귀인 오류**(fundamental attribution error)라고 한다. 예를 들어 누군가가 회의에서 무례하게 행동하면 우리는 그 사람이 원래 무례한 사람이라고 생각하지만, 다른 상황적 원인(예 : 수면 부족, 돌봄 요구로 인한 스트레스, 회의 전에 있었던 부정적 상호작용 등)은 고려하지 않을 수 있다. 다른 사람의 입장이 되어 그들의 행동을 이해하려고 노력하면, 무례한 행동이 우리를 향한 것이 아니라 그 사람이 통제할 수 없는 상황에 대한 반응임을 알게 될 수도 있다.
3. **공통점 찾기** 우리는 많은 정치적 · 사회적 문제에 대해 매우 대립된 의견이 존재하는 세상에 살고 있다. 따라서 직장에서 다른 사람들과 상호작용할 때 의견의 차이점에 집중하고 공통점은 무시하려는 유혹을 느끼기 쉽다. 예를 들어 두 명의 동료가 서로 다른 정치적 견해를 가질 수 있고, 이로 인해 자주 소통하지 않고, 드물게 이야기할 때도 서로 무례한 발언을 주고받을 수 있다. 그러나 이들은 둘 다 어린 자녀를 둔 부모거나, 스포츠에 관심이 있거나, 고령 부모를 돌보는 문제가 있을 수도 있다. 이러한 공통점에 집중하는 것이 정치적 차이를 없애지는 않지만, 더 예의 바른 상호작용을 위한 기반을 마련하고, 심지어 우정으로 이어질 가능성을 높일 수 있다.

과변인들은 약간 다르지만, 주요 결론은 조직적 제약이 직무 불만족, 좌절감, 불안감 같은 직원의 부정적 정서반응과 가장 강한 상관관계를 보인다는 것이다.

이 세 메타분석 연구 중 두 연구에서 조직적 제약요소와 직무 수행 간에 관련성이 없다는 결과를 보고했는데, 이는 다소 당혹스러운 결과이다. 조직적 제약은 수행을 방해하는 환경적 요인이므로 사람들은 당연히 이 두 변인이 높은 상관을 보일 것이라고 기대하였다. 그런데 Peters와 O'Connor(1988)는 대부분 조직에서 이런 정적 관계를 방해하는 여러 요인이 존재한다고 지적하였다. 예를 들어 수행평가가 종종 제대로 이루어지지 않기 때문에 평가 점수의 변산성이 작을 수 있고(Cascio & Aquinis, 2019), 많은 조직에서 수행에 대한 기준이 매우 낮고, 그 기준 이상의 수행에 대한 추가적 보상이 거의 없는 것도 이유가 될 수 있다.

그러나 Gilboa 등(2008)의 메타분석에서는 조직적 제약과 과업 수행 간의 부적 상관을 지지하는 강력한 증거를 발견하였다. 이 연구자들은 이전의 메타분석 결과와의 차이점을 지적하며, 자신의 연구가 이전 메타분석 연구들보다 더 많은 수의 일차 연구를 포함하기 때문에 더 정확한 평가를 제공한다고 주장하였다.

조직적 제약과 조직시민행동(OCB) 또는 반생산적 직무행동(CWB)과 같은 다른 차원의 직무 수행과의 관계를 살펴본 연구는 상대적으로 많지 않다. Jex 등(2003)은 조직적 제약이 자주 연구되는 OCB 차원인 이타행동 또는 도움행동(제6장 참조)과 부적 상관이 있다는 것을 발견하였다. 이러한 결과는 직원들이 조직적 제약을 경험하면 그들이 꼭 해야만 하는 행동(예 : 기본적인 직무 요구 충족)은 하지만 그 이상을 하지 않을 수 있음을 시사한다.

Pindek과 Spector(2016)는 조직적 제약과 CWB 간의 정적 상관관계를 발견하였다. 더 나아가, 조직적 제약은 역할 갈등, 업무량, 대인 갈등의 영향을 통제한 후에도 CWB 및 다른 결과들의 변량을 설명하였다. 조직 내 스트레스 요인들이 동시에 발생하는 경우가 많다는 점을 고려할 때, 이러한 결과는 중요한 의미가 있으며, 또한 조직적 제약이라는 개념이 단순히 앞서 언급한 다른 스트레스 요인을 다르게 표현한 것이 아님을 시사한다. 최근 연구들은 각각의 제약 유형을 구분하고, 이들이 직원들에게 미치는 영향을 살펴보려고 시도하고 있다. '과학 번역하기 7.1'에서는 흔하게 관찰되는 조직적 제약 중 하나인 업무 방해를 살펴본 Keller 등(2020)의 연구를 소개한다.

주목을 덜 받은 조직 스트레스 요인

앞에서는 기존 직업 스트레스 연구에서 가장 많은 관심을 받아 온 스트레스 요인들을 다루었다. 이 스트레스 요인들은 예전부터 직장에 존재해 왔고, 미래에도 계속 존재할 가능성이 높다. 이 절에서는 상대적으로 관심을 덜 받아 왔지만 여전히 중요한 스트레스 요인들을 살펴본다. 이런 스트레스 요인에는 합병과 인수, 정리해고와 직무 불안정성, 정서노동, 기술 관련 스트레스 요인이 포함된다.

합병과 인수 : 1980년대 중반에 시작된 조직의 합병과 인수 경향은 지금도 여전히 계속되고 있다. 예를 들어 허쉬(Hershey's) 초콜릿 회사는 1980년대 후반 펜실베이니아주 데리 처치(후에 허쉬로 이름 변경)에서 가족 소유의 초콜릿 회사로 시작했다. 그 이후로 허쉬는 경쟁업체인 리세스(Reese's)와 피터 폴 캐드버리(Peter Paul Cadbury)를 인수했으며, 이후 이를 바탕으로 다양한 간식 시장으로 진출했다(Cohen, 2022).

합병은 독립된 두 조직이 하나로 합쳐지는 것을 의미한다. 반면에 인수는 한 회사(보통 더 큰 회사)가 다른 회사(보통 더 작은 회사)에 대한 지배적인 재정적 지분을 확보하는 것을 의미하며, 따라서 인수를 한 회사는 인수를 당한 회사에 대해 우위를 갖는다. 그러나 Hogan과 Overmeyer-Day(1994)에 따

과학 번역하기 7.1

외부 요인에 따른 업무 중단의 영향 : 수준뿐만 아니라 추세도 중요

만약 사람들에게 직장에서 가장 짜증 나는 일이 무엇인지 물어본다면 많은 사람이 업무를 방해받는 것이라고 대답할 가능성이 크다. 예상치 못한 전화, 동료의 질문, 가정 문제 때문에 사람들은 종종 일을 중단했다가 다시 시작해야 한다.

이처럼 자주 발생하는 스트레스 요인임에도 불구하고, 업무 중단이 직원의 웰빙에 미치는 영향에 대해서는 알려진 바가 적다. 네덜란드와 스위스의 두 대학 소속의 연구팀은 2개의 표본을 이용하여 이 문제를 연구했다. 첫 번째 표본(n = 665)은 5년간 네 번의 자료 수집을 했고, 두 번째 표본(n = 415)에서는 8개월간 다섯 번의 자료를 수집했다.

잠재성장모형이라는 통계 기법을 사용하여, 연구자들은 첫 번째 표본에서 작업을 방해받은 경우가 많을수록 평균적으로 직무 만족이 낮고 신체적 증상을 더 많이 경험한다는 것을 발견했다. 그러나 두 번째 표본에서는 이러한 결과나 나타나지 않았다. 그런데 두 표본 모두에서 시간이 갈수록 업무 중단의 빈도가 증가할 때 직무 만족이 감소하고 신체적 증상이 증가하는 것으로 나타났다. 흥미롭게도, 두 번째 표본에서는 연구 초기에 신체적 증상을 많이 보고한 참가자들이 연구 후반부에 더 높은 업무 중단 경험을 더 자주 보고하는 것으로 나타났다.

이 연구에서 어떤 결론을 도출할 수 있을까? 첫째, 업무 중단이 직원 웰빙에 부정적인 영향을 미치기는 하지만, 업무 중단의 절대적 수준보다 그 변화 **추세**(trajectory)가 더 중요하다는 것이다. 연구자들이 지적하듯이, 중단의 빈도가 일정하면 직원들은 이에 대처할 방법을 찾거나 이를 긍정적으로 활용할 수도 있을 것이다. 즉 업무 중단이 일로부터의 잠깐의 휴식 또는 '마이크로 브레이크(micro breaks)'가 될 수 있다. 반대로 시간이 지남에 따라 중단의 빈도가 증가하면, 직원들이 이에 대한 대처 방법을 찾거나 이를 긍정적으로 생각하기가 더 어려워질 수 있다. 이 연구의 또 다른 시사점은 신체적으로 건강한 사람들이 일을 더 긍정적으로 지각할 가능성이 높다는 것인데, 적어도 업무 중단에 관해서는 이러한 경향이 나타난다.

실무적 관점에서, 이러한 발견은 조직이 업무 중단의 문제를 인지하고 가능한 이를 줄이려고 노력해야 한다는 것을 시사한다. 이러한 노력의 일반적인 방법으로는 사무실 디자인 개선, '회의 없는 날' 지정, 근무시간 및 장소의 유연성 제공 등이 있다.

출처 : Keller et al.(2020).

르면, 인수하는 조직은 두 조직이 동등한 파트너라는 인상을 주고 싶어 하는 경우가 많아서 현실적으로 인수와 합병을 명확하게 구분하는 것이 종종 어렵다. 이처럼 합병과 인수의 경계가 모호하기 때문에 이 책에서는 인수와 합병을 하나의 스트레스 요인으로 다루었다.

Hogan과 Overmeyer-Day(1994)에 따르면, 인수 및 합병 연구들은 대부분 재무 또는 전략적 시사점에 주목해 왔다. 많지는 않지만, 인수 및 합병의 스트레스 관련 시사점을 살펴본 연구도 있으며(예 : Buono & Bowditch, 1989; Rentsch & Schneider, 1991; Schweiger & DeNisi, 1991), 인수 및 합병에 대한 직원의 적응을 돕기 위한 전략에 관한 연구들도 수행되었다(예 : Ivancevich et al., 1987).

인수 및 합병과 가장 일관된 관련성을 보이는 변인은 불안감, 불확실성, 직무 불안정성 증가이다

(Zagelmeyer et al., 2018). 인수 및 합병에 관한 소문만 있어도 종업원들이 이에 관한 온갖 추측을 한다는 점을 고려한다면 이러한 결과가 놀랍지 않다. 또한 합병은 직원들이 소속 조직과 동일시하는 방식에 관한 불확실성을 유발하고, 이는 다시 스트레스로 연결될 수 있다(Sung et al., 2017).

Ivancevich 등(1987)은 인수 및 합병을 추진하는 조직은 직원에게 가능한 한 많은 정보를 의사소통하고, 근거 없는 소문을 잠재우기 위한 노력을 해야 한다고 권고한다. 또한 합병 및 인수에 대해 직원에게 정확한 정보를 제공하는 데 관리자가 중요한 역할을 한다는 연구 결과도 있다(Martin & Butler, 2015). 최근 Nakahara(2023)는 인수 합병 시 정보 제공의 긍정적 효과를 간접적으로 보여주었다. 이 연구는 코로나19 팬데믹으로 상당한 조직 변화를 겪은 서비스 업계 종사자를 대상으로 연구하였는데, 그 결과 변화 과정 중 소통을 많이 한 조직의 직원들이 스트레스로 인한 부정적 효과를 덜 받은 것으로 나타났다. 이 연구에 대한 더 자세한 설명은 제13장에서 다룬다.

정리해고와 직무 불안정성 : 인수 및 합병과 마찬가지로, 해고 역시 1980년대의 피할 수 없는 현실이었다. 미국경영학회의 조사에 따르면 5,000명 이상의 직원을 둔 미국 기업의 66%가 1980년대 후반에 해고를 통해 인력을 감축했다(Henkoff, 1990). 이런 추세는 1990년대에도 계속되었고, 앞으로도 지속될 가능성이 높다(Kozlowski et al., 1993). 최근에는 코로나19 팬데믹 동안 미국을 비롯한 많은 국가에서 역사상 유례가 없었고 아마도 다시는 보지 못할 대규모 정리해고가 발생했다(Salamon & Newhouse, 2020).

정리해고는 이 장에서 논의한 다른 스트레스 요인들과는 약간 다른 성격을 가진다. 정리해고도 다른 스트레스 요인처럼 조직 맥락에서 발생하지만, 가장 직접적인 영향은 조직 밖에서 느끼기 때문이다(Leana & Feldman, 1992). 또한 정리해고는 일자리를 잃지 않은 사람들에게도 영향을 미친다. 정리해고에서 살아남은 직원들은 취약성과 때로는 죄책감을 느끼며(Brockner et al., 1992, 1987), 일의 양은 정리해고 전과 다르지 않기 때문에 정리해고 후 개인의 업무량이 증가할 수 있다.

정리해고는 직장을 잃은 사람들에게 어떤 영향을 미칠까? 연구 증거들은 상당히 일관되게 실직이 개인의 심리적 · 신체적 건강에 해가 된다는 것을 보여준다. 예를 들어 지난 수년간의 연구들은 실직이 신체적 · 심리적 웰빙 저하와 강한 관련성이 있음을 보여주었다. 이는 437개 이상의 효과 크기를 분석한 최근의 메타분석에서도 명확히 드러났다(McKee-Ryan et al., 2005). 연구들은 또한 실직의 부정적 효과가 재고용(Eden & Aviram, 1993; Vinokur et al., 1991)과 실직에 대한 대처 방식에 따라 완화될 수 있음을 보여준다. 예를 들어 Wanberg(1997)는 실직자 중 **적극적 대처 방법**(예 : 적극적인 재고용 기회 탐색)을 선택한 사람들이 직업 찾기를 회피하는 사람들보다 더 긍정적인 결과를 가진다는 것을 발견했다. 이러한 결과의 분명한 이유 중 하나는 적극적 대처가 재취업 가능성을 높이기 때문이다. 적극적 대처는 사람들에게 자기 통제감을 제공하고 무력감을 줄여주는 효과도 있다.

연구 결과에 따르면 정리해고는 또한 많은 '연쇄' 효과를 가진다. 즉 정리해고는 정리해고된 직원의 가족, 그리고 정리해고를 당하지 않은 직원에게도 영향을 미친다. 정리해고를 목격한 직원들은 조직에 대한 신뢰와 몰입이 낮아질 수 있다(Buch & Aldrich, 1991). 동료가 정리해고되는 것을 지켜보면서, 남아 있는 직원들은 직원과 조직 간의 암묵적인 **심리적 계약**이 위반되었다고 느낄 수 있다(Coyle-Shapiro et al., 2019). 아울러 정리해고 생존자들은 자신의 담당 직무가 늘어서 과중한 업무에 대한 부담감을 느낄 수 있다(Byrne, 1988; Tombaugh & White, 1990). 정리해고 생존자들이 종종 직면하는 또 다른 문제는 회사에 남으려면 다른 도시로 전근을 가야 하는 것이다. 이는 특히 맞벌이 가정에게 매우 어려운 상황일 수 있다(Gupta & Jenkins, 1985).

최근 직무 불안정성의 영향에 대한 연구자들의 관심이 증가하기는 했지만, 실직에 비해 알려진 것이 적다. Shoss(2017)는 직무 불안정성을 "현재 경험하는 고용의 지속성과 안정성에 대한 지각된 위협"이라고 정의했다(p. 1914). 이 정의는 직무 불안정성이 실직에 대한 두려움뿐만 아니라 직무 특성의 변화에 의해서도 영향을 받을 수 있음을 시사한다. 예를 들어 Yam 등(2022)은 조직에 로봇이 도입(최근 증가하는 경향성 중 하나임)될 때 직원들의 직무 불안정성도 증가한다는 것을 발견했는데, 이러한 효과는 로봇이 직원을 대체했다는 증거가 거의 없어도 나타났다.

직무 불안정성의 원인이 무엇이든 간에, 직무 불안정성이 직원들에게 부정적인 영향을 미친다는 증거는 충분하다. 예를 들어 한 메타분석은 직무 불안정성이 직원의 정서 및 웰빙에 부정적인 영향을 미친다는 것을 보여주었다(Sverke et al., 2002). 또한 자녀가 부모의 직무 불안정성을 느낄 수 있고, 이것이 자녀에게 부정적인 영향을 미칠 수 있다는 증거도 있다. 예를 들어 Barling 등(1998)은 대학생들이 부모의 직무 불안정성을 지각하며, 이러한 지각이 대학생의 직업 세계에 대한 태도와 관련된다는 것을 발견하였다. 아버지의 직무 불안정성을 높게 지각하는 학생들은 개신교적 직업윤리(예 : 열심히 일하는 것은 신을 기쁘게 한다는 믿음)와 인본주의적인 직업 신념이 낮았다. 최근 몇 년간, 특히 코로나19 팬데믹 동안 정리해고가 만연했다는 점을 감안할 때, 이러한 연구 결과는 직무 불안정성이 장기적으로 우려스러운 결과를 초래할 수 있음을 보여주며('참고 7.4' 참조), 직무 불안정성의 연쇄 효과에 대한 더 많은 연구가 필요함을 시사한다.

직무 불안정성이 건강 관련 결과변인에 미치는 영향을 약화 또는 증폭시키는 요인들을 살펴본 연구들도 있다. 예를 들어 Debus 등(2012)은 사회적 안전망(예 : 재정 지원 및 보험 혜택)에 대한 접근성이 크거나, 불명확성에 대한 회피 수준이 높은(예 : 불명확한 상황에서 무슨 일이 생기는지에 대한 명확한 규범을 가진) 국가에서는 직무 불안정성과 부정적 직무 태도 간의 관계가 높지 않다는 것을 발견했다. 또한 Schreurs 등(2010)은 직무 통제감이 높은 사람들은 직무 불안정성과 향후 건강상 문제 간의 관련성이 낮다는 것을 발견했다. 마지막으로, Lam 등(2015)은 심리적 자본이 낮고(자신의 역량에 대한 인식), 상사와의 긍정적인 관계가 적은 직원들은 높은 직무 불안정성을 느낄 때 조직시민행동

참고 7.4

직무 불안정이 자녀에게 미치는 영향

Barling 등(1998)은 부모의 직무 불안정성이 직장에서 열심히 일하는 것의 중요성과 직장에서의 인본주의적 가치에 대한 자녀들의 믿음에 부정적인 영향을 준다는 것을 발견하였다. 좀 더 구체적으로 설명하면, 부모가 직무 불안정을 느끼면, 그 자녀들은 열심히 일하는 것의 가치를 의심하게 되고, 직장을 차갑고 냉혹한 곳이라고 믿게 된다는 것이다.

이 연구는 두 가지 이유에서 흥미롭다. 첫째, 기존의 직업 스트레스 문헌에서는 스트레스가 스트레스를 받는 당사자 이외의 사람들에게 주는 영향에 대한 자료가 거의 없었다. 하지만 우리는 근로자가 직장에서 스트레스를 겪으면, 그 스트레스가 다른 가족 구성원들에게 영향을 미칠 수 있다는 것을 알고 있다(제5장 참조). 사람들이 퇴근 후 일에 대한 생각을 완전히 차단하는 것은 불가능하다. 둘째, 이 연구는 직무 불안정을 느끼는 부모를 둔 자녀들은 직업 세계에 대해 상당히 냉소적인 태도와 열심히 일하는 것의 가치에 의문을 품을 수 있음을 보여준다. 이는 매우 우려스러운 결과인데, 생산적인 사회가 되기 위해서는 일을 열심히 하고 몰입하는 구성원이 필요하기 때문이다. 코로나19 팬데믹으로 인한 대규모 해고가 발생했고, 또 많은 부모들이 원격근무를 할 수밖에 없었던 상황을 고려하면, 아이들이 직장의 부정적인 측면과 직업 상실에 대한 두려움에 더 많이 노출되었을 가능성이 있다. 따라서 이 시기에 성장한 아이들이 이전 세대와는 상당히 다른 직업 태도를 가지고 노동 시장에 진입할 가능성이 있다.

시간이 지남에 따라 사람들이 한 고용주와 오랫동안 함께할 것이라는 기대를 버리게 되고, 결과적으로 직무 불안정성이 덜 중요한 문제가 되며, 자녀들도 이에 대한 영향을 적게 받을지도 모른다. 그럼에도 불구하고, Barling 등(1998)의 연구와 코로나19 동안의 경험은 아이들이 부모의 직장생활을 관심 있게 지켜보며, 이러한 경험이 직업에 대한 장기적인 태도 형성에 영향을 줄 수 있음을 알려준다.

출처 : Barling et al. (1998).

(OCB)을 더 많이 한다는 것을 발견했다. 이러한 결과는 어떤 사람들은 직무 불안정성을 느낄 때 조직에 더 오래 남는 데 도움이 될 것 같은 행동을 하는 경향이 있음을 시사한다.

정서노동/정서조절 : 지난 60년 동안 여러 나라의 경제구조가 급격히 변화했다. 과거에는 국가 경제가 중공업에 의존했다면, 오늘날은 서비스 산업이 국가 경제를 주도한다. 이러한 변화는 수많은 조직 현상에도 막대한 영향을 미쳤고, 개인의 직무에도 명백한 변화를 가져왔다. 그 결과 오늘날의 많은 근로자는 공장에서 일했던 반세기 전 근로자와는 매우 다른 스트레스 요인에 직면한다.

정서노동(emotional labor)은 Hochschild(1979, 1983)가 처음 만들어낸 용어로, 종업원이 직무의 요구에 따라 자신의 정서 표현을 조절해야 하는 상황, 즉 임금을 받기 위해 고객이나 손님에게 특정한 정서를 표현해야 하는 상황을 말한다. 정서노동의 예로 음식점 서버가 팁을 더 많이 받기 위해 고객에게 친절하게 대하는 상황을 들 수 있다. **정서조절**(emotion regulation)은 직원이 직무에서 직면하는 감정적 요구를 칭하는 더 포괄적인 용어로서, 고객이나 손님을 대하는 직무에 국한되지 않는다. 직원이 상사의 재미없는 농담에도 억지로 웃어야 한다고 느끼는 경우가 예가 될 수 있다.

정서노동과 정서조절은 다양한 형태를 띨 수 있지만, 그중 두 가지 유형이 특히 직업 스트레스 연구와 관련이 높다. 첫 번째 유형은 조직의 목표 달성을 위해 자신의 진짜 정서 상태를 억제하고 느끼지 않는 정서를 표현해야 하는 **표면 연기**(surface acting, Grandey, 2000)이다. 많은 직업에는 직원이 손님과 고객에게 표현해야 할 적절한 정서를 명시하는 '표현규칙(display rule)'이 있다(Ekman, 1973). 고객을 직접 응대해야 하는 직원들은 매일 이러한 상황에 마주한다. 예를 들어 은행원은 힘든 날에도 고객에게 친절해야 한다. 반면, 외상 수금원은 기분이 좋아도 연체 대금을 받아내기 위해 거칠게 행동해야 할 수 있다.

두 번째 정서노동/정서조절의 유형은 **심층 연기**(deep acting, Grandey, 2000)이다. 심층 연기란 직원이 직무에서 요구되는 표현규칙에 맞는 정서를 진짜로 느끼려고 노력하는 것을 말한다. 예를 들면 콜센터 직원이 좋은 기분으로 고객과 대화하기 위해 자기 아이 사진을 책상에 놓아둘 수 있다. 표면 연기와 심층 연기의 차이는 심층 연기를 하는 직원들은 고객에게 보여주려는 정서를 진정으로 경험하려고 노력한다는 점이다. 반면, 표면 연기를 하는 직원이 보여주는 긍정적인 정서는 가장된 것이다.

정서노동과 정서조절에 대한 연구는 비교적 새로운 분야지만, 최근 정서노동, 특히 표면 연기와 스트레스 관련 결과변인과의 관계에 관한 연구가 많이 수행되었다. 정서노동과 관련된 가장 일반적인 스트레스 결과변인은 부정적인 직무 태도와 정서적 소진이다(Ashforth & Humphrey, 1993). 그런데 Ashforth와 Humphrey에 따르면, 정서노동과 정서적 소진(및 기타 스트레인) 간의 관계는 정서노동의 유형에 따라 꽤 복잡할 수 있다. 예를 들어 직무의 정서 표현규칙이 종업원의 실제 정서와 일치할 때는 정서노동이 해롭지 않을 수 있다. 즉 기분이 좋을 때 고객에게 친절하게 대하는 것은 어렵지 않을 수 있다. 그러나 이러한 일치된 정서 경험을 위해 심층 연기를 해야 하는 경우는 정서적 소진이 발생할 수 있다는 증거가 있다. 하지만 심층 연기는 표면 연기보다는 정서적 소진을 덜 유발한다(Liu et al., 2013).

또 다른 연구는 정서노동과 정서조절에 대한 종업원 반응에 영향을 미치는 추가적 요인을 제시하였다. Grandey 등(2005)은 높은 수준의 직무 자율성을 가진 종업원은 통제력을 적게 가진 종업원에 비해 정서노동에 덜 부정적으로 반응한다는 것을 발견하였다. 이들은 또한 미국과 프랑스 종업원의 반응을 비교하였는데, 일반적으로 미국인들이 정서노동에 더 부정적으로 반응하는 것으로 나타났다. 이 연구의 저자들은 프랑스 문화가 미국 문화에 비해 정서표현에 대한 개인적 통제를 더 허용하기 때문이라고 설명하였다.

연구들은 또한 시간에 따른 정서노동의 개인 내 경험, 정서노동의 영향에 대한 성격변인의 조절효과, 단위조직 수준의 효과에 주목했다. Judge 등(2009)은 일주일간 근로자들의 정서노동 경험을 살펴보았는데, 정서노동 경험과 부정적 기분이 관련되는 것으로 나타났다. 또한 외향적인 종업원들은 정서노동 시 부정적인 기분을 덜 느끼는 경향이 있었는데, 이는 외향적인 종업원들이 정서노동 수행에 더 잘 적응할 수 있음을 시사한다. 관련된 연구에서, Biron과 van Veldhoven(2012)은 일기연구를 통해 정서노동이 업무 종료 시점의 정서적 소진과 관련되고, 심리적 유연성이 이러한 부정적인 효과를 줄일 수 있다는 것을 발견하였다.

마지막으로, Grandey 등(2012)이 한 병원의 여러 부서에 소속된 의료인들을 대상으로 한 연구에 따르면, 자신의 정서를 자유롭게 표현할 수 있는 부서에 소속된 사람들이 그렇지 못한 부서에 소속된 사람들보다 정서노동과 관련된 부정적 효과를 덜 경험하는 것으로 나타났다. 이러한 연구 결과는 직무 집단의 풍토가 정서노동의 부정적 효과를 감소시키는 데 도움이 될 수 있음을 시사한다.

서비스 부문 종사자의 수가 상당하다는 점을 고려할 때, 정서노동과 정서조절은 직업 스트레스 분야의 중요한 연구 주제이다. 또한 향후 서비스직 이외의 직종으로도 정서노동과 정서조절에 대한 연구를 확대하는 것이 유용할 것으로 판단되는데, 서비스직 외의 직업도 종종 서로 다른 정서 표현규칙을 가지며, 이러한 차이가 직원들에게 영향을 줄 수 있기 때문이다. 최근의 예로, Wang 등(2019)은 직속 상사와의 상호작용에서 표면 연기를 많이 한다고 보고한 직원들이 배우자에게 훼방행동을 더 많이 하고, 이는 결혼 관계의 전반적 질을 낮춘다는 것을 발견했다.

기술 관련 스트레스 요인 : 기술 발전은 최근 몇 년간 근로자들이 직면한 가장 큰 사회적 변화 중 하나이다. 기술적 진보 덕택에 근로자들은 단조롭고 원치 않은 많은 업무에서 벗어났지만, 의도치 않은 결과도 발생했다. Ragu-Nathan 등(2008)은 정보기술 사용과 관련된 스트레스 경험을 측정하기 위해 '테크노스트레스(technostress)'라는 척도를 개발하였다. 테크노스트레스는 기술 과부하, 가족과 보낼 수 있는 시간 감소, 기술 사용법 이해의 어려움, 기술이 언제 갑자기 변할지 모른다는 불안감 등을 포함한다. 테크노스트레스가 높을수록 직무 만족과 조직 몰입이 낮지만, 기술 학습 지원이나 종업원에게 제공되는 도움 등의 테크노스트레스 억제 요인은 직무 만족과 조직 몰입을 증가시키는 것으로 나타났다. Hennington 등(2011)은 간호사들이 정보기술이 자신의 개인적 가치와 일치한다고 믿을 때 역할갈등과 직무 탈진을 덜 경험한다는 것을 보여주었다.

최근 더 많은 관심을 받는 기술 관련 스트레스 요인으로는 '텔레프레셔(telepressure)'(Barber & Santuzzi, 2015)가 있다. 텔레프레셔는 항상 전자 통신에 즉각적으로 응답해야 한다는 압박감을 말한다. 업무 외 시간이나 휴가 중 혹은 가족과 함께하는 시간에 업무 관련 이메일에 빨리 답하려는 유혹을 느껴본 적이 있다면, 이것이 오늘날 조직에서 흔한 텔레프레셔의 예다. 텔레프레셔의 원인에 관해, 조직의 정책과 관행이 주원인이라는 연구도 있고 직원의 성격 특성이 가장 예측력이 높다고 주장하는 연구도 있는 등 아직 그 결과가 혼재되어 있다(Grawitch et al., 2018). 그러나 텔레프레셔의 부정적 효과에 대한 증거는 확실하다(Santuzzi & Barber, 2018).

관리자를 위한 시사점 7.2

직장에서의 기술 관련 스트레스 요인 줄이기

지난 50년 동안 직장에서 일어난 많은 변화 중 가장 눈에 띄는 것은 기술과 관련된 변화이다. 이 짧은 기간 동안 수많은 업무 수행 및 직원 간 의사소통 방식이 급격하게 변화했다. 많은 경우, 기술은 근로자의 삶을 편리하게 만들고 상상하지 못했던 방식으로 의사소통을 촉진했다. 이러한 긍정적인 측면과 일상생활에서의 기술 보편성(스마트폰을 사용하지 않는 사람이 있는가?)에도 불구하고, 기술은 지속적으로 많은 조직에서 직원들에게 주요한 스트레스 요인이 되고 있다.

그렇다면 관리자와 조직은 기술 관련 스트레스를 줄이기 위해 무엇을 할 수 있을까? 우리는 아래에 비교적 간단한 네 가지 방법을 제시한다.

1. **기술이 제대로 작동하도록 한다.** 우리 저자 중 한 명이 "기술은 훌륭하다… 제대로 작동할 때만"이라고 말한 적이 있는데, 우리 모두 이 의견에 전적으로 동의한다. 기술이 전혀 작동하지 않거나, 이따금 작동하는 것만큼 직원에게 스트레스와 좌절을 주는 것은 없다. 물론 가끔 고장 날 수는 있지만, 자주 고장 나거나 사용할 수 없다면 조직에서 다른 대안을 고려해야 한다.
2. **새롭거나 익숙하지 않은 기술에 대한 충분한 직원교육을 제공한다.** 코로나19 팬데믹으로 대학에서 대면수업을 줌(Zoom)과 같은 화상회의 플랫폼으로 전환하는 과정에서 훈련은 매우 중요한 역할을 했다. 관련 교육을 잘 개발하고 쉽게 접근하게 한 대학들은 이러한 변화를 잘 이겨냈지만, 그렇지 못한 대학들은 어려움을 겪었다. 관리자는 직원들이 새로운 기술을 배우는 데 어려움은 없는지 확인하고, 만약 그렇다면 해당 직원이 적절한 훈련을 받게 돕는 것이 매우 중요하다.
3. **기술 변화의 시기를 고려한다.** 기술의 빠른 변화 속도를 고려할 때, 조직이 인사 정보 시스템이나 고객과의 의사소통 방법과 같은 주요 기술 변화를 자주 도입하는 것은 필연적이다. 이러한 기술 변화는 대부분 정당화되지만, 조직은 도입 시기를 적절히 선택해야 한다. 예를 들어 공공 회계 회사가 세금 정산 시즌에 인사 소프트웨어에 대한 중요한 변화를 도입하는 것은 이치에 맞지 않는다.
4. **기술을 사용하되, 과용하지 않는다.** 이메일과 줌은 매우 유용할 수 있지만, 동료와 얼굴을 맞대고 대화하는 게 필요한 경우도 있다. 조직이 이러한 기술을 과용할 경우 종종 불필요한 의사소통으로 직원들을 과부하시키거나, 차갑고 비인격적인 문화를 조성할 위험이 있다. 또한, 수면 관련 부분에서 논의한 것처럼, 이러한 기술을 지나치게 사용하면, 직원들에게 계속 이메일을 확인하고 즉각적으로 응답해야 한다는 기대를 형성할 수 있다(Santuzzi & Barber, 2018).

출처 : Santuzzi and Barber(2018).

이 모든 연구는 기술 관련 스트레스 요인을 완전히 제거할 수는 없지만, 조직의 관행과 상사의 행동을 통해 기술 관련 스트레스의 부정적 효과를 감소할 수 있음을 시사한다('관리자를 위한 시사점 7.2' 참조).

근로자 안전

지금까지 특정 스트레스 요인과 스트레인과의 관계(즉 직무에서 무엇이 스트레스를 유발하는지)에 대해 주로 정신건강과 직무 수행의 관점에서 살펴보았다. 그러나 직업건강심리학(OHP)의 또 다른 중요 관심 분야는 근로자의 안전, 즉 사고 및 재해 예방이다. 코로나19 팬데믹 동안 감염의 위협은 많은 근로자, 특히 원격 근무가 불가능했던 의료직 종사자들에게 중요한 안전 문제로 떠올랐다. 코로나19 이전에도 근로자 안전에 관한 많은 연구가 있었지만, 코로나19 팬데믹은 이러한 특수한 유형의 안전 위험에 대한 연구자들의 관심을 불러일으켰다.

Kaplan과 Tetrick(2011)의 작업장 재해 현황 및 예측변인에 대한 문헌연구에 따르면, "지난 15년간 매년 5,500명에서 6,700명의 미국 근로자가 산업재해로 사망했다"(p. 455). 노동 관행에 대한 정부의 관리 감독이 없는 국가에서는 이러한 문제가 더 심각한데, 전 세계적으로 매년 200만 명 이상이 산업재해로 사망한다(Kaplan & Tetrick, 2011). 최근 Hoffman 등(2017)도 이와 비슷한 결과를 제시했지만, 그래도, 긍정적으로 생각하면 이전에 비해서는 많은 진전이 있었다고 지적하였다. 즉 100년 전과 비교하면 현재의 산업재해 발생률은 훨씬 개선된 수준이다.

조직심리학과 조직행동학 연구자들은 직장 내 재해 및 사고를 더 잘 이해하기 위해 작업환경의 상황적 요인과 아울러 근로자의 개인적 요인에 주목한다. Jex 등(2013)은 근로자들이 직면하는 여러 물리적 위험 요인, 즉 열, 소음, 복잡한 도구, 유독물질(예 : 살충제 및 석면)에 대한 연구를 수행하였다. 더 나아가 Smith와 Carayon(2011)은 앞서 설명한 직장 스트레스 요인들이 근로자의 재해 및 사고 위험을 높일 수 있다고 주장했다. 근로자 사고 경험에 영향을 미치는 개인적 요인에 대한 2개의 메타분석에 따르면, 경험에 대한 개방성과 신경증성이 높을수록 사고 위험이 높고, 성실성과 우호성이 높을수록 사고 위험이 낮았다(Beus et al., 2015; Clarke & Robertson, 2008).

근로자 안전에 대한 대부분의 모형은 사고와 재해에 대한 예측변인의 효과가 근로자의 안전행동에 의해 매개된다고 제안한다(Beus et al., 2016 참조). 연구자들에 따라 안전행동은 다양한 방식으로 개념화되어 왔는데, 가장 일반적인 구분은 **안전 준수**(safety compliance)와 **안전 참여**(safety participation)로 나누는 것이다(Griffin & Neal, 2000). 안전 준수는 직원들이 조직적으로 강제하는 안전 정책과 절차를 준수하는 것을 의미하며, 예상대로 이러한 행동은 재해와 사고를 줄인다(Hofmann et al., 2017). 불행히도, 역동적인 조직환경에서는 작업환경의 위해 요인이 변화할 수 있기 때문에 이미 존재하는 안전 정책과 절차를 따르는 것만으로는 직원의 안전을 보장할 수 없다. **안전 참여**는 단순히 규칙과 절차를 따르는 것을 넘어 안전과 사고 예방에 적극적인 관심을 갖는 행동을 의미한다. 안전 참여의 예로는 더 안전한 작업장을 만들기 위해 작업 방법을 바꿀 것을 제안하는 것이 있다. 대부분의 연구는 두 가지 안전행동 모두가 작업장 사고를 예측한다는 것을 발견했지만(예 : Jiang et al., 2010), 안전 참여가 더 강한 관련성을 보인다.

마지막으로 다룰 작업장 사고의 예측변인은 작업팀과 조직 전체의 안전 풍토인데(Zohar, 2003, 2011), 이 주제는 제12장에서 더욱 자세히 논의할 것이다. Zohar(2003)는 안전 풍토를 "안전 정책, 절차, 실천에 관한 공유된 지각"(p. 125)이라고 정의하였다. 특정 작업 단위의 안전 풍토는 안전행동을 예측하고, 이는 다시 재해 및 사고 경험과 관련이 있는 것으로 나타났다(Zohar, 2011). 더욱이 작업집단의 리더가 해당 단위조직의 안전 풍토에 영향을 미치는 경우가 많은 것으로 나타났다(Beus et al., 2016; Halbesleben et al., 2013).

근로자 안전은 앞으로도 지속적으로 연구자와 실무자의 관심을 받을 주제임이 분명하다. 이 분야의 최근 경향으로는 안전 풍토가 안전 성과에 영향을 미치는 과정(Kath et al., 2010)과 작업장 스트레스(예 : 직무 피로, 피로감, 직무 불확실성)와 안전 성과 간의 관계에 대한 연구(Abbe et al., 2011; Chiron et al., 2008; Elfering et al., 2012)가 있다. 또한 코로나19 이후 직장에서의 전염성 질병 전파에 관한 연구도 더욱 활발해질 것이 분명하다.

개인 자원 : 대처, 회복탄력성, 회복

앞에서는 근로자에게 부정적인 영향을 미칠 수 있는 스트레스 요인과 안전 위험에 대해 다루었다. 그런데 이러한 유해한 조건에서 모든 근로자가 똑같이 영향을 받는 것은 아니다. 이런 차이가 발생하는 이유 중 하나는 근로자들은 각자의 개인적 특성과 습관이 있기 때문이다. 이 절에서는 이를 **개인 자원**(Personal Resources)이라고 할 것인데, 이러한 개인 자원의 상당수는 직원의 웰빙에 긍정적인 영향을 미치고 직장 스트레스 요인의 영향을 완화하는 데 도움을 준다. 이 책에서는 특히 많은 연구가 이루어진 세 가지 개인 자원, 즉 **대처**(coping), **회복탄력성**(resilience), **회복**(recovery)을 다룰 것이다.

대처

Lazarus와 Folkman(1984)에 따르면, 스트레스 과정의 첫 번째 단계는 **일차 평가**(primary appraisal)로, 이는 환경에 존재하는 무언가가 위협적인지 아닌지에 대한 주관적인 평가를 의미한다. 만약 환경에 존재하는 무언가(예 : 임박한 업무 마감일)를 위협적으로 인식하게 되면 **이차 평가**(secondary appraisal) 또는 대처가 발생한다. 대처는 근로자들이 자신이 경험하는 스트레스 요인에 적응하려고 시도하는 방식을 말한다. 대처라는 용어는 여러 의미로 해석되어 왔는데, 직업 스트레스 연구에서도 마찬가지다(Latack & Havlovic, 1992). 좀 더 구체적으로 말하자면, 대처 방법과 대처 효과성을 같은 것으로 간주하는 경우가 종종 있었다. 이 책에서는 이런 가정 없이 대처를 직무환경에서 사람들이 스트레스 요인에 대처하는 다양한 방식이라고 정의한다. 단, 이 중 일부 대처 방식이 다른 방식보다 좀 더 건강한 대처 방식일 수는 있을 것이다.

사람들이 스트레스 요인에 대처하는 방식은 매우 다양하지만(Carver et al., 1989), 일반적으로 사람들은 자신이 경험하는 스트레스 요인에 대해 무언가를 하거나(문제 중심 대처), 스트레스 요인에 대해 느끼는 정서를 조절하거나(정서 중심 대처), 스트레스 요인을 피하려고 한다(회피 대처)(Dewe & Cooper, 2007; Lazarus & Folkman, 1984). 대체로 가장 좋고 합리적인 스트레스 대처 방법은 문제 중심 대처 전략을 사용하는 것이며, 이를 뒷받침하는 연구 결과도 있다(Carver et al., 1989). 그러나 문제 중심 대처 방식이 조직환경에서의 스트레스 요인을 항상 해결할 수 있지는 않다. 예를 들어 앞서 다룬 직장 내 무례함을 생각해보면, 동료가 왜 무례하고 예의 없게 행동하는지에 대한 이유를 잘 모른다면, 이 행동을 멈추기 위해 어떤 행동을 취하는 것이 반드시 좋을까? 이 상황에서는 가능한 한 그 동료를 피하거나, 퇴근 후 운동으로 분노와 짜증을 해소하는 것이 더 나은 전략이 될 수 있다.

따라서 대처 연구자들은 **이중 일치 원칙**(double-match principle)을 제안했는데, 이는 대처 방법이 개인이 경험하는 스트레스 요인과 맞아야 한다는 것이다(Terry & Jimmieson, 1999). 문제 중심 전략은 통제 가능성이 높은 스트레스 요인에 가장 적합하며, 반대로 정서 중심 및 회피 전략은 통제 가능성이 낮은 상황에서 가장 효과적이다. 통제 가능성은 물론 주관적인 인식이지만, 연구에 따르면, 사람들은 일반적으로 대인관계 스트레스 요인보다는 업무량 관련 스트레스 요인에 대해 더 높은 통제력을 느낀다(Peeters et al., 1995).

예상할 수 있듯이, 대처 방식에는 문화적 차이가 있다. 개인주의적 문화와 집단주의적 문화에서 개인 통제가 서로 다른 의미를 가질 수 있다는 점을 고려하면(Spector et al., 2004) 스트레스 요인에 대처하는 방식에도 문화적 차이가 있을 것이라 기대할 수 있다. 연구 결과도 이러한 기대를 적어도 간접적으로 지지한다. 예를 들어 미국 근로자가 대만(Trubisky et al., 1991) 및 아랍 중동(Elsayed-Ekhouly & Buda, 1996) 근로자보다 갈등에 더 직접적으로 대처한다는 연구 결과가 있다. 비슷하게, Liu(2003)는 미국과 중국 직원들이 서로 다른 유형의 대인 간 갈등을 경험한다는 것을 발견했다. 미국인은 좀 더 직접적인 갈등(예 : 무례한 행동)을 보고한 반면, 중국인은 좀 더 간접적인 갈등(예 : 상대 모르게 뒤에서 뭔가를 하는 것)을 보고했다. 이 장의 결론 부분에서 비교문화적 이슈에 대해 좀 더 다룰 것이다.

회복탄력성

회복탄력성은 연구자에 따라 다양하게 정의되며(요약은 Britt et al., 2016 참조), 일상 언어에서도 여러 의미로 사용된다. 우리는 회복탄력성을 힘든 스트레스 요인과 상황을 경험하고도 장기적으로 영향을 받지 않고 견딜 수 있는 능력을 반영하는 '상위개념'이라고 본다. 즉 회복탄력성은 어려운 상황에서도 다시 일어설 수 있는 능력이라고 할 수 있다. 많은 독자들은 친구나 가족 중 살면서 어려운 일(예: 배우자의 죽음, 예기치 않은 실직 등)을 겪어서 처음에는 부정적인 영향을 받았지만 빠르게 회복할 수 있는 능력을 가진 사람을 알고 있을 것이다.

Britt 등(2016)에 따르면, 회복탄력성 연구은 외상성 스트레스 관련 연구 및 임상심리학과 발달심리학에서 시작되었다(예 : Bonanno, 2004). 회복탄력성에 대한 직무 관련 초기 연구는 군인, 경찰, 기타 응급 구조 요원들에 초점을 맞추었으나(Britt & McFadden, 2012), 이후 다양한 직업군으로 확장되었다. King 등(2016)은 여러 조직이 변화를 경험하고 직장 내 부당행동과 괴롭힘이 증가하는 등 여러 요인으로 인해 회복탄력성이 다양한 조직과 직업군의 근로자에게 중요한 시사점을 가진다고 주장한다. 코로나19 팬데믹과 그 여파는 모든 유형의 근로자에게 회복탄력성이 중요함을 보여주는 좋은 계기가 되었다.

회복탄력성이 조직 장면에서 유용한 개념임도 불구하고, 조직 연구 분야에서 이 주제를 연구하기 위해서는 해결해야 할 여러 과제가 있다(King et al., 2022). 그중 중요한 하나는 회복탄력성을 단순히 그 효과로 정의하는 것이 아니라, 회복탄력성을 정의할 수 있는 특성을 구체화하는 것이다. 이를 해결하기 위해 King 등(2016)은 **회복탄력성**(resilience)과 **회복력**(resiliency)을 구분할 것을 제안했다. 즉 **회복탄력성**은 한 개인이 회복력이 높다고 말할 수 있는 상황(여러 어려움에도 불구하고 목표를 달성함)을 나타내는 용어로, **회복력**은 회복탄력성이 있다고 여겨지는 사람들의 특성을 나타내는 말로 사용하자는 것이다. 예를 들어 심리적 자본(Luthans et al., 2007)과 강인성(Kobasa, 1979)과 같은 성격 특성들은 회복력과 관련되거나 심지어는 동의어로 사용되어 왔지만, 이러한 특성들이 회복탄력성을 정의한다고 보는 게 적절한지에 대해서는 학자들 간의 이견이 존재한다.

회복탄력성 연구자들이 고민하는 두 번째 이슈는 회복탄력성 구성개념의 폭이다. 즉 회복탄력성이 있는 사람들은 모든 상황에서 회복탄력성을 보이는 것인지, 아니면 특정 영역에 대한 회복탄력성이 존재하는지에 대한 문제이다. 초기 회복탄력성 연구(King et al., 2022 참조)는 회복탄력성을 모든 상황에 적용되는 광범위한 개념으로 다루었다. 그러나 최근 연구에서는 영역별 회복탄력성의 관점을 취한다. 예를 들어 King 등(2019)은 **발언 회복탄력성**(voice resilience)이라는 개념을 제안했는데, 이는 직원이 조직에 제안을 했다가 그 제안이 거절되었을 때 이를 극복하고 회복할 수 있는 능력을 의미한다. 이 개념은 조직들이 직원의 제안을 원하지만, 현실적으로 모든 제안을 수용할 수는 없다는 점에서 중요한 의미가 있다. 흥미롭게도, 이 연구에 따르면 발언 회복탄력성을 가장 잘 예측하는 것은 상사가 직원의 제안이 채택되지 않을 것이라고 알릴 때 보여주는 배려심으로 나타났다.

세 번째이자 마지막 이슈는 회복탄력성이 구체적으로 스트레스 과정에서 어떤 역할을 하는지다. King 등(2022a)은 회복탄력성이 목표 지속성(goal persistence)을 통해 스트레스 또는 그외 힘든 상황에 대한 적응에 영향을 미친다고 제안했다. 한 예로 코로나19 팬데믹 동안 발생한 재정적 걱정에 대한 대처행동 연구를 들 수 있다(Fa-Kaji et al., 2022). 이 연구는 스스로 회복탄력성이 높다고 평가한 근로자들은 코로나19로 인한 재정적 걱정이 있을 때 주도적 직무행동을 더 많이 했지만, 회복탄력성이 낮은 근로자들은 그렇지 않았다는 것을 발견했다. 이 결과는 문제 중심 대처 연구와 마찬가지로 회복탄력성이 높은 사람들은 어려움을 극복하기 위해 긍정적인 행동을 취하는 경향이 있음을 보여준다.

지난 10년 동안 일터에서 발생한 많은 변화와 앞으로도 계속될 변화(Hoffman et al., 2020 참조)를 고려할 때, 조직은 회복탄력성이 높은 직원을 필요로 할 것이며, 결과적으로 회복탄력성은 미래의 근로자 건강과 웰빙 연구에서 가장 중요한 주제 중 하나이다. 이 장의 '연구자 소개'에서는 저명한 조직 회복탄력성 연구자인 Danielle D. King 박사를 소개한다.

연구자 소개

DANIELLE D. KING 박사

나는 아직도 고등학교 때 들었던 심리학 수업의 세세한 부분까지 다 기억한다. 그 이유는 그 어떤 수업보다 이 수업에 더 집중하고, 더 몰입하고, 더 설렜기 때문일 것이다. 나는 원래 배우는 것을 좋아했지만, 고등학교 때 들은 심리학 수업은 내게 좀 더 깊이 있고 개인적으로 특별한 열정을 불러일으켰다. 나는 그 학기를 마치고 심리학 분야에서 경력을 쌓아야겠다는 확신이 들었다.

나는 대학에 들어가서 심리학 필수 과목을 들었고, 심리학을 배우는 학생 대부분이 그렇듯이 처음에는 임상심리학을 공부할 생각이었다. 그런데 나는 경영학에도 관심이 많았다. 이런 관심이 생긴 것은 사업가였던 부모님 덕분인 것 같다. 나는 성장하면서 부모님과 다른 가족들로부터 일이 일상생활과 개인의 삶에 미치는 영향에 관한 이야기를 자주 들었다. 또한 5등급 허리케인 카트리나가 내 고향인 루이지애나주 뉴올리언스에 큰 피해를 줬을 때, 많은 이들의 직장과 개인 생활이 어떻게 충돌하는지를 목격했다. 나는 개인적인 경험 그리고 직무환경이 근로자의 삶에 미치는 영향에 대해 호기심을 갖게 되었고, 그 결과 경영학 부전공을 하게 되었다.

대학 시절, 일반 심리학 수업 교재에서 산업 및 조직심리학이라는 새로 떠오르는 분야에 대해 읽게 되었다. 길지도 않은 분량이었는데, 인간 행동이라는 흥미로운 주제와 직장환경을 동시에 다루는 학문 분야가 있다는 것을 알고 마치 운명처럼 느껴졌다. 나는 즉시 내가 수강할 수 있는 산업 및 조직심리학 수업을 찾았다. 나는 또한 심리학 전

(계속)

공의 경력을 갖기 위해 대학원에 진학하기를 원했기 때문에 이 분야의 경험을 쌓을 수 있는 산업 및 조직심리학 연구실을 찾았다.

다행히, 내가 다닌 스펠먼칼리지의 Juanchella Fracis 교수가 산업 및 조직심리학에 관심을 가져 그 분야 수업을 개설하여 그 수업을 들을 수 있었다. 또한, 근처 대학의 산업 및 조직심리학 연구실에 들어가 매주 몇 시간씩 자원봉사를 할 수 있었다. 이러한 학부 시절의 수업과 연구 경험은 내가 대학원에서 산업 및 조직심리학을 전공할 수 있게 준비하는 데 도움을 주었다. 나는 4학년 때 미시간주립대학교의 조직심리학 박사 과정 합격 통지서와 장학금을 받았을 때 뛸 듯이 기뻤다.

대학원에 입학할 당시에는 근로자 동기부여, 웰빙, 다양성 및 포용성 등에 두루두루 관심이 있었다. 나는 미시간주립대학교에서 이 분야의 대표학자들인 Rick DeShon 박사와 Ann Marie Ryan 박사의 지도를 받았고, 그들의 교육은 내가 연구 관심사를 다듬고 발전시키는 데 큰 도움을 주었다. 점차 내가 근로자의 회복탄력성, 인종, 번영(thriving)에 관심이 있다는 게 명확해졌다. 나는 더 깊이 있는 회복탄력성 연구를 위해 NSF EAPSI 장학금을 받아 여름방학 동안 뉴질랜드로 갔다. 그곳에서 나는 Joana Kuntz 박사와 Katharina Naswall 박사를 포함한 회복탄력성 분야의 대표 연구자들과 함께 일했다. 이때의 경험이 미시간주립대학교에서 받은 지도 및 멘토링과 더불어 현재의 연구 관심에 영향을 미쳤다.

대학원을 졸업한 후, 나는 라이스대학교에서 산업 및 조직심리학 조교수로 경력을 시작했다. 라이스대학교에서 나는 WorKing 회복탄력성 연구실을 설립했다. 이 연구실에서는 근로자의 건강한 회복탄력성을 이해하고 발전시키기 위한 다양한 연구과제를 수행했는데, 특히 근로자의 정체성(예 : 인종, 성별, 종교)이 회복탄력성의 필요성과 과정에 중요한 영향을 미친다는 점을 강조해 왔다. 구체적으로 우리는 인종적 마이크로어그레션(racial microaggressions)이라는 인종에 기반한 일상적이고 애매한 공격행동이 직원 고갈에 미치는 영향을 밝혀냈고(King et al., 2022b), 회복탄력성 측정 방식에 대한 문헌 개관을 바탕으로 이에 대한 개선방안을 제시했으며(Cheng et al., 2020), 리더가 팀 회복탄력성과 학습을 촉진하는 중요한 역할을 한다는 것을 밝혀냈다(Brykman & King, 2021).

2020년 글로벌 팬데믹, '인종적 각성(racial reckoning)', '대퇴직 현상(the great resignation)' 덕택에 직원 회복탄력성, 인종, 웰빙에 관한 연구 필요성이 그 어느 때보다도 높아지고 있다. 나는 이 주제들에 대한 개인적인 열정을 배움에 대한 끝없는 호기심과 모든 근로자의 성장과 번영을 돕고자 하는 헌신과 지속적으로 연결해 나가기를 기대한다.

Danielle D. King 박사는 라이스대학교 산업 및 조직심리학과 조교수이다. King 박사는 직원 회복탄력성, 교차성(intersectionality), 진정성에 관한 연구를 수행하고 있고, 2018년 라이스대학교에 부임한 이래 2022년 라이스대학교 사회과학대학 학장 주니어 교수 연구 우수상을 포함하여 수많은 상을 받았으며, NSF에서 연구비를 지원받았다. 그녀는 2018년 미시간주립대학교에서 조직심리학 박사 학위를 받았다.

출처 : Brykman and King(2021), Cheng(2020), King et al.(2022b).

회복

대처와 회복탄력성 외에도, 최근 연구들은 직장에서 겪는 스트레스 요인으로부터의 회복의 중요성을 강조하고 있다. 아이러니하게도, 현대 직무환경에서 직장 스트레스로부터 회복하는 것은 말처럼 쉽지 않다. 통신기술의 발전과 오늘날 많은 직업이 복잡하고 지식 기반이 된 현실을 고려하면, 사실상 온종일 일하는 것이 가능해졌다. 또한 직원들이 직장 스트레스에서 회복하기를 원하더라도, 직장 외부의 요구사항들(예 : 자녀 돌봄, 노인 돌봄 등; 제4장 참조)은 종종 회복을 우선순위에 놓는 것을 어렵게 만든다.

회복 연구의 시작점은 1980년대의 휴가 또는 기타 형태로 일을 쉬는 것에 관한 연구로 거슬러 올라갈 수 있다(요약은 Sonnentag & Fritz, 2015 참조). 이런 초기 연구들이 유용한 결과를 제공한 것은 확실하지만, 연구자들은 주말이나 심지어는 매일 퇴근 후에도 회복이 발생한다는 것을 깨닫게 되었다. Sonnentag과 Fritz(2007)는 업무 후 그리고 주말 동안 발생하는 스트레스로부터의 회복에 관한 연구를 수행하고 이를 바탕으로 직장 스트레스로부터의 회복 시 사용 가능한 네 가지 주요 전략을 제안했다 : (1) 심리적 분리, (2) 이완, (3) 숙달, (4) 통제. 각 회복 전략의 정의는 〈표 7.2〉에 있다.

〈표 7.2〉에서 볼 수 있듯이, **심리적 분리**(psychological detachment)란 직원들이 퇴근 후 '일에서 벗어나는' 정도를 의미한다. 앞서 언급했듯이, 많은 경우 직무 요구와 일과 지속적으로 연결 가능한 기술 덕택에 심리적 분리가 쉽지 않다. 심리적 분리는 아래에서 다룰 다른 회복 유형에 비해 가장 활발히 연구되었다. 연구 결과들은 심리적 분리가 가장 중요한 회복 유형이라고 제시한다(최근 회복 연구에 대한 종합적 요약은 Lee, 2021 참조).

이완(relaxation)이란 직장에 있지 않을 때 편안하게 느끼는 활동을 하는 것을 의미한다. 물론 무엇을 편안하게 느끼는지는 사람마다 다를 수 있지만, 일반적으로 여유롭게 산책하기, 재미있는 책 읽기, 스포츠 경기 관람 등의 활동을 들 수 있다. 오늘날의 빠른 업무환경과 증가하는 업무량을 고려할 때, 이

표 7.2 회복 전략 요약

회복 전략	정의
심리적 분리	정신적으로 일에서 '벗어나기'
이완	편안함을 느낄 수 있는 업무 외 활동하기
숙달	업무 외 활동에 더 몰두하고 집중하기
통제	업무 외 시간을 어떻게 사용할지에 대한 통제력 행사하기

출처 : Sonnentag and Fritz(2007).

완을 부정적으로 생각하는 사람들도 있다. 하지만 선행 연구들은 자신이 편안함을 느끼는 활동이 무엇인지를 알아내는 것이 중요하다는 것을 보여준다(Sonnentag & Fritz, 2007). 이완의 두 번째 핵심은 이런 편안한 활동을 할 수 있는 시간을 내는 것인데, 개인의 생활환경(예 : 미취학 아동을 둔 직원)에 따라 어려울 수도 있다. 그러나 연구 결과, 이완할 시간을 갖는 것이 웰빙 향상에 도움이 되는 것으로 나타났다(Steed et al., 2021).

숙달(mastery)의 기본 가정은 일 외의 활동에 더 집중하고 몰입함으로써 일로부터 회복할 수 있다는 것이다. 일반적으로 숙달 경험은 새로운 역량 개발(예 : 새로운 언어 배우기), 지적 도전 추구(예 : 체스 두기), 자신에게 도전이 되는 활동(예 : 트라이애슬론 참가), 또는 단순히 자신의 시야를 넓힐 수 있는 활동(예 : 일과 관련 없는 분야 강의 듣기) 등을 포함한다. 숙달 경험은 두 가지 중요한 측면에서 우리를 돕는다. 첫째, 숙달 경험은 사람이 업무 외 활동에 정신적, 지적 자원을 쏟게 만든다. 둘째, 숙달 경험은 성취감과 만족감을 느끼는 기회를 제공하기 때문에 매우 보상적일 수 있다.

통제(control)는 별개의 회복 전략이지만, 앞에서 다룬 세 전략과 연결된다. 사람들은 직장에서 자기 시간을 어떻게 사용할지에 대한 완전한 통제권을 갖기 어렵지만, 대부분은 퇴근 후 시간을 어떻게 사용할지는 통제할 수 있다. 예를 들어 어떤 사람은 저녁 식사 후 매일 밤 45분간의 산책이 이완을 가져온다는 것을 발견하고, 이를 자기 '일정'에 넣을 수 있다. 이런 활동을 하면 이완이 되고, 결과적으로는 일로부터의 분리에 도움이 된다. 앞서 설명한 다른 세 가지 회복 전략과 마찬가지로 개인의 상황에 따라 통제를 행사하는 능력에 제한이 있을 수 있지만, 통제권을 가질 수 있다면 도움이 되는 것은 확실하다.

회복에 관한 많은 연구가 축적되었으며, 위에서 설명한 네 가지 회복 전략 사용이 직장 스트레스로부터의 회복과 건강 및 웰빙 향상에 도움이 된다는 것이 밝혀졌다(Steed et al., 2021). 흥미롭게도, 회복이 직장 복귀 시 동기부여 및 생산성 향상과 관련이 있다는 증거도 있다(Sonnentag et al., 2008; Steed et al., 2021). 이는 직원들이 회복 활동에 참여하도록 장려하는 것이 회사에도 좋다는 근거를 제공한다.

최근 회복 연구는 회복 활동을 촉진하거나 저해할 수 있는 조건을 더 잘 이해하는 데 중점을 둔다. 예를 들어 Lee(2021)는 직원들이 주말 동안 회복 활동을 혼자 하는지 혹은 다른 사람과 함께 하는지를 조사했다. 연구 결과, 사회적 회복 활동에 참여하는 사람들이 혼자서 회복 활동을 하는 사람들보다 웰빙과 직무 열의 측면에서 더 많은 이익을 얻는 경향을 보였다. 이는 다른 사람들과 함께 회복하는 것이 단순한 일로부터의 휴식 이상의 혜택을 제공할 수 있음을 시사한다. 또 다른 흥미로운 점은 이 연구의 자료가 코로나19 팬데믹 후반부에 수집되었다는 것인데, 이 시기의 근로자들이 특히 사회적 접촉과 다른 사람들과의 연결이 필요했을 가능성도 있다.

회복 연구자들은 또한 회복 기간을 주말에서 퇴근 후, 심지어 근무시간 중 회복으로까지 확장하고 있다. '마이크로 브레이크(micro-breaks)'라는 용어는 직원들이 근무시간 중 여러 시점에서 참여할 수 있는 회복 활동(예 : 짧은 산책, 동료와 함께 커피 마시기)을 말하는데, 연구에 따르면 마이크로 브레이크는 실제로 직원의 웰빙 향상에 도움이 되는 것으로 나타났다(예 : Kim et al., 2022).

취약 집단의 직원 건강, 안전 및 웰빙

앞에서 설명한 것처럼, 일부 근로자는 스트레스나 기타 직장 내 위험 요인에 대한 취약성을 낮출 수 있는 개인적 자원을 보유하고 있다. 그러나 반대로 일터에서의 건강 및 안전 측면에서 더 큰 위험에 노출되어 있는 근로자 집단도 존재한다. 이 절에서는 이민자, 소수집단, 임시 및 비정규 근로자(일명 불안정한 고용 상태)와 같은 취약 근로자 집단이 직면하는 직장 스트레스 요인을 다룬다. 제4장에서 관련 내용을 광범위하게 다루었기 때문에 여기서는 간략히 다루겠다.

Jex 등(2013)은 이 세 유형의 취약 집단 근로자들이 각자 고유한 직무 스트레스 요인에 직면한다는 것을 보여주었다. 예를 들어 농장에서 일하는 라틴계 이민자들은 살충제, 극심한 고온과 같은 물리적 스트레스 요인에 노출될 위험이 높으며, 장시간 근로를 빈번하게 요구하는 노동 조건으로 인해 높은 업무부하량에 시달린다. 이러한 직무 요구들은 서로 상호작용하여 근로자의 신체적 건강에 대한 위험을 상승시킨다(Grzywacz et al., 2010). 또한 Hiott 등(2008)은 고립감과 열악한 직무환경 등의 직무 스트레스 요인이 이주 농장 근로자의 정신건강 관련 위험을 증가시킨다는 것을 발견하였다. 또한 최근 상당수의 이주 농장 근로자들이 미등록 체류자 신분이어서 이들의 취약성을 더욱 심화시키는 요인으로 작용하고 있다.

Jex 등(2013)은 소수집단 근로자들이 직장에서 인종차별을 받을 위험이 더 크며, 이는 위에서 언급한 다른 스트레스 요인의 효과를 악화할 수 있다는 증거를 보여주었다. Krieger 등(2011)은 저소득 다인종/민족 집단이 직면하는 직무 요구를 조사한 결과, 높은 비율의 사람들이 직무적 위해 요인(예 : 유해가스, 무거운 물건 들기), 사회적 위해 요인(예 : 직장 내 부당행위, 차별), 관계적 위해 요인(예 : 파트너 폭력, 위험한 성관계)에 직면한다는 것을 발견했다. 이러한 요인들은 결과적으로 높은 심리적 스트레스 경험과 관련되었다.

최근, 특히 일부 산업에서 표준 고용계약 관계에 기반하지 않은 인력을 활용하는 것이 점차 보편적인 현상으로 자리 잡고 있다. 이는 조직이 소비자의 수요와 조직의 업무량에 따라 노동력을 확장 또는 축소할 수 있게 함으로써 조직에 더 큰 유연성을 제공한다. 비정규 고용 계약을 맺는 근로자를 일컫는 용어는 다양하지만, 가장 일반적으로 **임시 근로자**(temporary worker)라고 부르며, 최근에는 **긱 근로자**(gig worker)라는 용어도 자주 사용한다. 임시 근로자의 일반적인 예로는 소매업체에서 연말 연휴 동안 추가 인력을 고용하거나, 학교에서 임시교사를 고용하는 경우가 있다. 많은 독자에게 익숙한 긱 근로자의 예로는 우버 또는 리프트 운전사가 있지만, 이 용어는 프로젝트 기반 업무를 하는 사람들에게도 적용된다.

어떤 사람들은 임시 고용이나 긱 근로를 선호할 수 있지만, 연구에 따르면 사람들이 이런 유형의 일을 하는 주된 이유는 정규직 직장을 찾을 수 없기 때문이다(Ashford et al., 2018). 따라서 우리는 이런 유형의 일을 통틀어 **불안정 고용**(precarious employment)이라고 부르고자 한다. 불안정 고용에 종사하는 근로자 유형은 다양하지만, 이러한 고용 형태는 주로 육체노동과 같은 낮은 수준의 직무나 접객업, 농업과 같은 부문에 집중되는 경향이 있다(Cropanzano et al., 2022). 또한, 정규 고용 계약을 맺고 있는 사람들과 비교할 때, 불안정 고용 근로자는 소수 인종, 이민자(합법, 불법 이민자 모두), 여성일 확률이 높다는 것이 밝혀졌다.

불안정 고용이 스트레스 요인으로 작용하는 이유는 해당 근로자들은 일반적으로 심각한 수준의 경제적 불안정성에 노출되기 때문이다. 따라서 불안정 고용은 직무 불안정성과 유사한 방식으로 스트레스를 유발한다. 따라서 불안정 고용은 상당 부분 직무 불안정성과 유사하게 작동한다. 또한 불안정 고용 근로자들은 안전한 작업환경을 요구할 가능성이 매우 낮고, 앞서 논의된 산업안전 및 보건 관련 법률이 제공하는 많은 보호 혜택(예 : 작업시간 제한, 괴롭힘 방지, 위험한 작업 조건으로부터의 보호)을 받지 못하는 경우가 많다는 것이 밝혀졌다.

직장 스트레스 요인의 영향 감소 방안

지금까지 이 장에서는 특정 스트레스 요인과 스트레인 간의 관계(즉 직무상 어떤 요소들이 스트레스를 유발하는지), 작업장에서 근로자 안전을 결정하는 요인, 그리고 근로자들이 스트레스 요인과 기타 작업장 위험 요소들에 대해 취약성을 갖게 되는 원인 등을 이해하는 데 중점을 두었다. 이제부터는 방향을 바꿔 조직이 근로자의 건강과 삶의 질을 향상할 수 있는 방법을 살펴보고자 하는데, 이는 근로자의 건강, 안전, 웰빙에 대한 실무적 측면으로의 전환을 의미한다. 최근 직원 웰빙 향상에 중점을 두는 실무자들이 늘어나고 있는데, 이 장의 '실무자 소개'에서는 그중 한 명인 Erin Eatough 박사를 다룬다.

아래에서는 직무 관련 스트레스 요인의 영향을 줄이기 위해 조직이 사용하는 네 가지 전략인 (1) 스트레스 관리 교육, (2) 스트레스 요인의 감소, (3) 건강, 웰빙, 체력단련 프로그램, (4) 긍정심리학적 개념의 활용을 다루겠다.

실무자 소개

ERIN EATOUGH 박사

BetterUp은 코칭, 콘텐츠, 커뮤니티, 최첨단 AI 기술을 이용하여 사람들이 최고의 성과를 발휘하고 잠재력을 극대화할 수 있도록 도움을 주는 회사이다. BetterUp은 원격 코칭의 발명자이자 세계 최대의 정신건강 및 코칭 스타트업이다. BetterUp은 웰빙과 성과가 서로 독립적인 두 개의 목표가 아니라 서로 연결된 하나의 여정이며, 웰빙 향상과 개인의 잠재력 실현이 서로 깊이 관련되어 있다는 독특한 신념을 바탕으로 설립되었다.

Erin Eatough 박사는 현재 이 회사의 행동과학 연구소인 'BetterUp Labs'의 소장이다. BetterUp Labs는 비즈니스, 학계, 과학을 통합하여 사람들이 자신의 잠재력을 최대로 실현하게 하는 연구를 지원하고, 기업에 통찰과 전략을 제공하고자 한다. 과학에 기반을 둔 이 연구소의 목표는 개인 전반에 대한 정확한 자료와 통찰력을 제공하고, 변화에 필요한 지식과 전략을 제공하며, 이러한 변화가 개인과 조직의 성과에 미치는 영향을 연구하는 것이다. 이 연구소는 또한 BetterUp의 통합 코칭 방법론 개발을 위한 지식 기반을 제공하여, 근로자들이 직장을 개인적 성취의 장으로 활용할 수 있도록 사고방식, 기술, 행동을 개발하는 데 도움을 준다. Eatough 박사는 박사급 심리학자들로 구성된 팀을 이끌며, 이들과 함께 인간의 잠재력, 성과, 웰빙을 극대화하는 연구를 진행하고 있다. 이 팀은 제품 마케팅, 기업 마케팅, 수요 창출, 영업 등 시장에 대응하는 모든 비즈니스 분야에 서비스를 제공한다. 구체적으로 비즈니스 리더들이 관심을 가지는 주제에 관해 자체 연구한 과학적 정보를 제공하는 핵심 정보원의 역할을 한다. BetterUp은 또한 긍정 심리학과 인간 수행 분야의 선도적 연구자들로 구성된 과학 자문 위원회와 협력하고 있는데, 그중에는 Martin Seligman, Adam Grant, Shawn Achor, Quinetta Roberson 등이 있다.

Eatough 박사 팀이 수행한 연구는 여러 부서 간의 대규모 협력의 시작점이 되며, 다양한 목적을 위해 활용된다. 예를 들어 이 연구들은 고객과 학계에 필요한 새로운 지식 기반을 구축하는 데 활용될 뿐만 아니라, 브랜드 신뢰와 인지도를 형성하며, 시장이 직장에서 구성원과 구성원의 성장 및 개발 지원의 가치에 대해 의사결정하는 데 필요한 정보를 제공하고 지원하는 데 사용되기도 한다. Eatough 박사는 제품 매니저 및 제품 연구 개발팀과도 긴밀히 협력하여 효과적인 평가 전략을 구축하고, 제품의 효과성을 평가하기 위한 항목과 측정 방법을 개발하고 개선하며, 고객 및 최종 사용자에게 통찰력을 제공하고, 자료 및 통찰을 바탕으로 제품 혁신에 도움을 주는 일을 한다. 이러한 작업은 직업건강심리학의 과학적 지식을 제품에 직접적으로 적용하는 결과를 가져왔다. Erin은 전문가 및 디자이너들과 협력하여 고객, 즉 자기계발을 위해 노력하는 비즈니스 리더들을

(계속)

위한 콘텐츠와 경험적 프로그램을 만들어내고 있다.

현재 맡은 역할 이전에도 Eatough 박사는 직업건강심리학을 바탕으로 고객을 지원하는 업무를 수행했다. 구체적으로, 컨설턴트로서 고객들과 직접 일하며 코칭을 통해 사람들의 회복탄력성을 키우고, 스트레스를 줄이며, 수행을 향상하고, 리더십 기술을 개발하도록 돕는 역할을 수행했다. 그녀는 영업 전문가, 고객 성공 관리자, 계정 관리자와 팀을 이루어 기존 및 잠재 고객이 과학에 기반한 최고의 프로그램 설계를 통해 자기 회사 직원들을 지원할 수 있도록 방향을 제시했다. 이러한 노력에는 조직 리더들이 스트레스 및 웰빙에 대한 개입책에 투자해야 하는 이유와 이러한 노력이 조직의 건강과 재무 성과와의 관련성을 이해하도록 돕는 것을 포함한다.

현재 역할을 맡기 전, Eatough 박사는 심리학과의 조교수였으며, 경력의 첫 5년을 산업 및 조직심리학 박사 과정 내의 직업건강심리학 연구실을 이끌며 학생들을 멘토링하였다. 학계와 실무 현장의 차이에 대해, Eatough 박사는 현재 자신이 하는 연구가 여전히 대학에서 하는 연구만큼이나 엄격하고 흥미롭지만, 현재의 연구는 상대적으로 시장 동향의 영향을 더 많이 받는다고 생각한다. 이는 단순히 새로운 지식과 통찰을 추구하는 데만 초점을 맞추기보다는, 리더들에게 즉각적으로 유용해야 하며, 회사의 목표에 민감하게 반응해야 하기 때문이다. 현장 연구에는 제약이 더 많지만, 동시에 의미 있고, 실용적이며, 시의적절한 질문에 답할 수 있고, 직접 조직에 적용할 수 있다는 점에서 더 흥미롭다고 한다.

Eatough 박사는 *Journal of Applied Psychology*와 *Journal of Organizational Behavior*와 같은 학술지에 논문을 게재했으며, 여전히 학계 동료들과 협력하여 학술 문헌에 기여하고 있다. 하지만 산업계로 진출한 후, 그녀와 그녀의 뛰어난 팀이 수행하는 연구는 주로 산업 보고서로 공개된다. 그녀의 연구는 50개 이상의 블로그에서 중요한 통찰을 제공하는 출처로 활용되고 있으며, Fast Company Innovation Festival이나 SIOP와 같은 학술회의, 팟캐스트, 웨비나, 대중 강연과 같은 공개 행사에서도 활용한다. 또한 그녀의 연구는 Fortune, Fast Company, Inc.와 같은 글로벌 미디어에서도 인터뷰 또는 기고 형식으로 자주 소개된다.

Erin Eatough 박사는 BetterUp Labs의 소장으로서 인간의 잠재력과 웰빙을 극대화하는 연구를 수행하는 팀을 이끌고 있다. 그녀는 1년에 두 번 출판되는 BetterUp 연구 보고서의 주 저자이다. BetterUp에 합류하기 전, 그녀는 뉴욕시립대학교에서 성공적인 학문적 경력을 쌓았으며, 산업 및 조직심리학 및 조직행동 분야에서 최고의 학술지에 논문을 게재했다. 그녀는 2013년 사우스플로리다대학교에서 산업 및 조직심리학 박사학위를 받았다.

스트레스 관리 교육

직장 스트레스의 부정적 영향에 대응하기 위한 가장 일반적인 개입 방식은 **스트레스 관리 교육**(stress management training) 또는 일반적으로 **스트레스 관리**(stress management)라고 하는 방법이다(Murphy,

1984; Richardson & Rothstein, 2008; Richardson, 2017). 스트레스 관리 교육은 스트레스에 직면했을 때 효과적으로 대응할 수 있도록 종업원들에게 스트레스 대처에 필요한 자원을 제공해주도록 설계된 프로그램이다. 스트레스 관리 교육의 목적이 스트레스 요인 자체를 없애거나 줄이려는 것이 아니라는 점에 주목할 필요가 있다. 기본적으로 이 접근에서는 직장 스트레스는 존재할 수밖에 없다고 생각한다. 스트레스 관리 교육 프로그램의 내용은 조직마다 다양하지만(Bellarosa & Chen, 1997; Richardson & Rothstein, 2008), 공통적인 프로그램 요소는 존재한다. 예를 들어 대다수 프로그램이 종업원에게 스트레스의 본질과 효과에 대한 정보를 제공하는 교육적 요소를 포함한다.

또한 일반적으로 스트레스가 신체에 미치는 영향을 감소하기 위한 훈련을 포함하는데, 많은 경우 **이완 훈련**(relaxation training)이 들어간다. 이완 훈련에서는 직무 스트레스 때문에 종종 발생하는 근육의 긴장을 풀어 주는 방법을 배운다. 또 다른 개입 프로그램인 **바이오피드백 훈련**(biofeedback training)에서는 생리적 모니터 장비를 이용하여 스트레스에 대한 생리적 반응(예 : 심박 및 호흡)을 통제하는 방법을 훈련한다(Smith, 1993). 또한 직원들에게 업무환경에 대한 평가와 스트레스 요인에 대한 반응을 변화시키는 것을 도와주는 기법을 가르치는 것도 일반적이다. 이러한 기법들을 통틀어 **인지행동훈련**(cognitive-behavioral training)이라고 한다(Richardson & Rothstein, 2008). 기법에 따라 구체적인 방법은 다양하지만, 대부분의 인지행동훈련법은 근로자들이 스트레스 유발 요인과 관련된 역기능적 사고를 인식하고, 보다 효과적인 대처 기제를 개발할 수 있도록 지원하는데 초점을 맞추고 있다(O'Brien et al., 2019).

시간이 지나면서 스트레스 관리 프로그램이 좀 더 포괄적이고 광범위해지고 있는데, 특히 유럽에서 이러한 경향이 두드러지게 나타난다(Nielsen et al., 2010). 예를 들어 많은 독일 기업들은 **건강 서클**(health circles)이라고 알려진 스트레스 관리 접근법을 사용한다(Aust & Ducki, 2004). 전형적인 건강 서클에서는 종업원들이 정기적으로(예 : 월 1회) 모여 스트레스 감소 및 전반적 건강과 웰빙 향상 방법을 논의하고, 그 결과를 최고 경영층에게 권고안으로 제출한다. 독자들은 이런 접근법이 제조회사에서 품질 개선을 위해 이용하는 **품질 서클**(quality circles)과 비슷하다고 생각할 것이다. 아쉽게도 건강 서클을 평가하는 연구는 아직 거의 없지만, 이 방법은 향후 크게 성장할 수 있는 혁신적인 스트레스 관리법이다.

메타분석 연구에 따르면 조직에서 시행하는 스트레스 관리 개입이 효과적이다. Richardson과 Rothstein(2008)은 스트레스 관리 개입 집단과 무처치 통제집단에 근로자들을 무선배치하여 스트레스 관리 개입의 효과를 검증한 36개의 연구 결과를 메타분석하였다. 그 결과, 인지행동과 이완훈련법이 근로자 정신건강 증상과 스트레스 감소에 효과적임을 발견하였다. 그러나 저자들은 이러한 긍정적 효과의 지속성에 대한 추가 연구가 필요하다고 지적하였다.

Richardson과 Rothstein(2008)의 메타분석 이후 주목할 만한 트렌드는 조직환경에서의 스트레스 감소 프로그램에 마음챙김 훈련의 사용이 증가한 것이다. 마음챙김 훈련은 조직 외 장면에서도 널리 활용되고 있다(예 : 마음챙김 앱). 마음챙김 기반 프로그램은 명상, 지금 순간에 머무르기, 요가, 몸의 반응 알아차리기 등을 강조한다(Kabat-Zinn, 2011; 또한 Wolever et al., 2012 참조). 19개 연구에 대한 메타분석에 따르면, 마음챙김 기반 프로그램이 직원들의 심리적 고통을 감소시키는 긍정적인 효과가 있으며, 이러한 효과는 훈련 후 5주 동안 지속되었다(Virgili, 2013). 연구 결과, 훈련과 상관없이 존재하는 마음챙김에서의 안정된 개인차, 즉 **마음챙김 성향**(trait mindfulness)이 존재하는 것으로 나타났다. Mesmer-Magnus 등(2017)은 마음챙김 성향에 대한 270개 연구에 대한 메타분석을 수행하여, 마음챙김 성향이 직무 수행 및 직무 만족과 정적인 상관관계가 있으며, 직무 철회와는 부적인 상관관계를 보인다는 결론을 내렸다. 이는 마음챙김 훈련이 유용한 것은 분명하지만, 마음챙김 성향이 높은 개인을 선발해도 유사한 목표를 달성할 수 있음을 시사한다.

직장 스트레스 요인의 감소

직업 스트레스를 줄이고 직원의 웰빙을 향상하는 또 다른 방법은 스트레스 요인의 수준 자체를 낮추는 것이다. 그러나 이 접근법은 실행이 어렵기 때문에 스트레스 관리 교육에 비해 인기가 훨씬 덜하다. 예를 들어 어떤 직무(예 : 경찰, 소방, 법률 등)는 본질적으로 스트레스 요인이 많고, 그런 요인을 감소시키는 것이 현실적으로 불가능할 수 있다. 그러나 다른 많은 직업에서는 조직이 스트레스 요인을 줄일 수 있는 여지가 있다. 더욱이, 조직이 진정으로 스트레스 효과를 감소시키는 데 관심을 가진다면, 단순히 스트레스의 효과를 관리하는 것보다 이를 감소시키려는 접근이 직원의 웰빙과 삶의 질 향상에 훨씬 더 큰 효과를 낼 가능성이 있다(Hurrell, 1995).

스트레스 요인을 감소시킬 수 있는 많은 개입 방법이 있으며, 그중 일부는 예방적 효과를 가진다. 예를 들어 직무의 의미를 높이기 위한 직무 재설계(Grant, 2007; Hackman & Oldham, 1980), 조직의 의사결정에 대한 직원 참여 기회 확대(Wagner, 1994), 부하 직원과의 효과적 소통을 위한 관리자 교육, 효과적인 갈등 해결 기법에 대한 근로자 교육 등이 그러하다. 그런데, 조직에서 이러한 개입 방법을 시행할 때 이를 **스트레스 감소 노력**으로 소개하지 않는 경우가 많다. 대신 이런 개입책들은 훈련 프로그램이나 포괄적인 조직개발 전략의 일부로 제공된다(제13장 참조). 하지만, 많은 조직개발 기법들은 스트레스 요인을 감소시키는 결과를 낳고, 궁극적으로 이로 인해 직원의 웰빙 향상에 도움이 된다.

Daniels 등(2017)이 직원 웰빙 향상을 위한 직무 재설계 개입 연구 33개에 대한 질적 개관 연구를 실시한 결과, 가장 효과적인 접근법은 다음과 같았다. (1) 직원들이 스스로 자신의 직무를 개선하도록 교육하는 것(즉 잡크래프팅에 참여하도록 함, 제9장 참조), (2) 교육과 실제 직원들의 직무 재설계를 결합하는 것, (3) 직무 재설계와 다른 인적자원관리 관행의 변화를 결합하는 것. 연구 결과, 직무 재설계는 직원들이 조직 변화에 참여할 때 일부 긍정적 효과를 낳을 수 있지만, 만약 조직이 변화하지 않으면 직원의 웰빙에 큰 변화가 없는 것으로 나타났다.

스트레스 관리를 위한 이러한 접근법은 물리적 환경과 관련된 스트레스 요인 또는 **인간공학적 스트레스 요인**을 감소시키는 데 상당히 성공적으로 활용되어왔다. 이러한 스트레스 요인에는 반복 동작, 허리 통증을 유발하는 잘못 설계된 장비, 눈의 피로를 유발하는 컴퓨터 화면 등이 포함된다. 이 접근법은 육류가공 산업(May & Schwoerer, 1994) 및 사무직 근로자(May et al., 2004)의 물리적 근무 환경을 개선하는 데 사용되었다. Heidarimoghadam 등(2022)은 22개의 인체공학적 개입 연구에 대한 체계적인 질적 검토 결과, 인체공학적 개입의 가장 일반적인 효과는 상지 근골격계 질환의 감소임을 발견했다.

건강, 웰빙, 체력단련 프로그램

많은 조직이 종업원의 건강과 체력을 증진하기 위한 다양한 프로그램을 제공한다(Tetrick & Winslow, 2015). 이런 프로그램은 단순히 건강 관련 정보를 제공하는 것부터 구성원들을 위한 직장 내 종합 체력단련시설을 마련해주는 것에 이르기까지 다양하다(Ott-Holland et al., 2017). 대부분의 조직에서 건강 및 체력단련 프로그램을 제공하는 주된 동기는 직원의 의료비용 감소이다. 실제로 수년에 걸친 여러 연구는 건강 및 체력단련 프로그램들이 의료비용 절감에 효과적임을 보여준다(Tetrick & Winslow, 2015 요약 참조). 또 다른 일반적인 이유는 건강하고 신체적으로 양호한 직원은 병으로 결근을 할 가능성이 작기 때문이다. 건강 및 체력단련 프로그램이 실제로 종업원의 결근율을 감소시킨다는 경험적 증거가 존재한다(Cox et al., 1981; Kerr & Vos, 1993; Ott-Holland et al., 2017; Tucker et al., 1990).

연구들은 건강 및 체력단련 프로그램 참가와 심리적 스트레인(예 : 불안, 우울증) 감소 및 직무 만족 향상과의 관련성을 살펴보았다. 체력단련 프로그램과 심리적 스트레인의 관련성을 지지하는 증거는 의료비용과 결근의 관련성을 지지하는 증거에 비해 덜 일관적이다. Jex와 Heinisch(1996)에 따르면, 건강 및 체력단련 프로그램의 영향에 관한 많은 연구가 통제집단을 포함하지 않았고, 통제집단이 있는 연구에서도 체력단련 프로그램 참가자들이 프로그램 완료 전 중도 탈락을 하거나 프로그램 참여율이 매우 낮았다. 반면, Parks와 Steelman(2008)은 조직의 건강 프로그램(건강한 생활 습관을 알려주는 프로그램)에 대한 메타분석을 실시하였는데, 이러한 프로그램이 결근을 줄이고 직무 만족을 높이는 데 효과적이라는 것을 발견하였다. 그러나 Ott-Holland 등(2017)이 수행한 최신 연구에서는 종단연구를 통해 사전 직무 만족을 통제하면 건강 프로그램 참여가 직무 만족에 미치는 영향이 사라졌는데, 이는 건강 프로그램에 참여하는 직원들이 그렇지 않은 직원들과는 처음부터 달랐을 가능성을 시사한다.

건강 및 체력단련 프로그램에 대한 가장 정확한 결론은 이런 프로그램들이 종업원의 신체적 건강 향상에 도움이 되고, 결과적으로 결근 감소와 의료비용 절감 효과로 이어질 수 있다는 것이다. 그러나 아직까지는 건강 및 체력단련 프로그램 참여가 심리사회적 결과변인에도 효과가 있다는 경험적 증거는 확실치 않다. 이러한 효과에 대한 보다 명확한 증거를 얻기 위해서는 향후 보다 견고한 방법론을 사용한 연구가 필요하다.

긍정심리학 기반 개입 방안

지난 30년 동안 긍정심리학은 조직 연구의 다양한 분야에 상당한 영향을 미쳤으며, 특히 근로자의 건강, 안전, 웰빙에 대한 과학적 연구와 적용에 중요한 역할을 하였다. 긍정심리학은 정신적 · 신체적 웰빙을 향상하기 위한 심리적 상태와 전략 개발에 초점을 둔다. 긍정심리학 '운동'은 기존 심리학 연구가 긍정적인 상태의 촉진보다는 부정적인 심리 상태의 감소에만 너무 집중한다는 인식에서 시작되었다 (긍정심리학의 역사에 관한 자세한 내용은 Seligman, 2018 참조).

긍정심리학 운동은 비교적 최근에 시작되었지만 빠르게 성장하고 있으며, 긍정심리학에 기반을 둔 개입 방법은 종합적으로 다루기 어려울 정도로 매우 다양하다(Cameron et al., 2003 참조). 대신 우리는 조직환경에서 실증적 검증을 거친 두 가지 개입 방법인 **감사 개입**(Gratitude Interventions)과 **그릿 개입**(Grit Interventions)을 간단히 다루고자 한다.

감사 개입 : Locklear 등(2022)은 감사를 "자신이 받은 친절한 행동에 감사하고 고마워하는 감정"(p. 228)으로 정의한다. 조직환경에서 흔하게 볼 수 있는 감사 표현은 프로젝트를 도와준 동료에게 개인적으로 감사 인사를 전하거나, 육아 비상 상황에서 융통성을 발휘해 준 상사에게 감사를 표하는 행동이 있다. 조직도 때때로 공식적인 보상 프로그램을 통해 감사 표현을 하기도 한다. 통상적인 직무 범위를 넘어 조직에 기여한 직원을 공식적으로 인정하는 '이달의 직원상'과 같은 프로그램이 그 예가 될 수 있다. 공식적인 감사 개입의 일반적 형태로는 직장에서 감사한 것 적기, 다른 사람들에게 무작위로 친절한 행동하기, 감사 편지 쓰기 등이 있다. 직장 외에서의 감사 개입은 주로 감사 목록 작성하기를 많이 사용하는데, 이런 활동은 삶의 긍정적 측면(예 : 가족 등)에 집중하고 부정적 측면을 최소화하는 것에 초점을 맞춘다(Davis et al., 2016).

스트레스 관리 프로그램보다는 연구가 많지 않지만, 감사 개입이 유용할 수 있다는 증거가 존재한다. Komase 등(2021)은 직무환경에서의 감사 개입에 대한 체계적 리뷰를 한 결과, 감사 개입이 스트레스와 우울증 수준을 일관되게 감소시키는 것으로 나타났다. 그러나 긍정적인 심리 상태(예 : 직무 관련 긍정 정서)에 대한 영향은 좀 더 혼재된 결과를 보였다. 흥미롭게도, Sawyer 등(2021)은 99명의 대학 직원을 대상으로 한 연구에서 감사 개입이 직장에서의 돕기 행동과 정적인 관계를 가진다는 것을 발견했다. 이는 직원의 감사함을 증대시키는 것이 조직에 여러 가지 혜택을 가져다줄 수 있음을 시사한다.

그릿 개입 : 그릿은 상대적으로 새로운 개념으로 Duckworth와 동료들에 의해 주로 교육과 운동 분야에서 대중화되었다(Duckworth, 2016). 최근에서야 그릿을 직원 건강, 웰빙, 수행에 적용하려는 노력이 시작되었다(Henderson et al., 2017). 그릿은 높은 목표 지속성과 특정 목표를 달성하려는 강렬한 열정의 결합이라고 정의된다(예 : 지속성 + 열정). 높은 수준의 그릿은 이 두 가지가 함께 할 때만 가능하다(Crede, 2019; Southwick et al., 2019).

겉보기에는 그릿이 특질처럼 보이기도 하고, 일부 연구자들도 실제로 그릿을 특질이라고 간주하기도 했지만, 그릿이 개발될 수 있다는 증거도 있다. 예를 들어 Duckworth(2016)는 교육 프로그램을 통해 어린이들에게 그릿을 길러줄 수 있다고 제안했다. 하지만 이러한 프로그램의 효과를 지지하는 증거는 혼재되어 있다(Crede, 2018; Hwang & Nam, 2021). 조직환경에서 그릿 향상을 위한 개입은 교육 분야에서만큼 많지 않지만, 그릿이 직장 스트레스 요인에 대한 보호 요소일 수 있다는 연구가 있다.

예를 들어 Kabat-Farr 등(2019)은 자기보고로 측정한 그릿이 상사의 비인격적 감독과 직무 능력 간의 관계를 완화한다고 발견했다. 상사의 부당행동은 그릿 수준이 높은 직원들에게는 직무 능력에 영향을 미치지 않았지만, 그릿 수준이 낮은 직원들에게는 부정적 영향을 미쳤다. 이 연구자들은 그릿을 안정적 특질로 측정했지만, 직원들에게 훈련하는 것 역시 가능하다고 제안하였다. 즉 역경 속에서 지속적으로 노력하는 것 그리고 실패에서 배우는 것과 같은 그릿의 핵심 요소를 코칭을 통해 직원들에게 가르칠 수 있다는 것이다(Eskreis-Winkler, 2015). 교육환경에서 그릿 개입의 효과에 대한 증거가 혼재해 있음에도 불구하고, 코칭(McGonagle et al., 2020)과 정신적 강인성 훈련(Henderson et al., 2017)이 조직 환경에서 긍정적인 영향을 미친다는 증거가 있다. 따라서 이러한 개입이 직원의 그릿 향상에 활용될 가능성이 있다.

직원 건강, 안전, 웰빙 : 비교문화적 관점

직원 건강, 안전, 웰빙에 대한 대부분의 연구는 미국에서 이루어졌으며 영국, 독일, 스칸디나비아 국가에서도 일부 연구가 진행되었다. 최근 몇 년 동안 중국(예 : Chen et al., 2019; Wang et al., 2019)과 한국(Park & Fritz, 2015)에서 수행된 연구가 증가하는 추세지만, 전체적으로는 여전히 작은 비중을 차지한다. 그 결과, 직업 스트레스 모형이 다양한 문화에 일반화될 수 있는지, 문화적 요인이 근로자들이 경험하는 스트레스 요인에 영향을 주는지, 그리고 대처 전략에 문화적 차이가 있는지 등과 같은 기본적인 질문에 대한 증거가 거의 없다. 이 장의 마지막 절에서는 이러한 주제에 대한 연구를 간략히 살펴보고자 한다. 직업 스트레스에서의 비교문화적 주제를 보다 종합적으로 다룬 연구에 관심이 있다면 Liu와 Spector(2005)를 참고하기 바란다. 또한 직원 웰빙에 대한 비교문화적 리뷰는 Zheng 등(2015)에서 확인할 수 있다.

스트레스 모델의 일반화 가능성

직업 스트레스 이론의 일반화 가능성에 대한 증거는 별로 없다. 대부분의 직업 스트레스 이론이 미국이나 다른 서구 국가에서 개발되었다는 점을 고려할 때 이는 사소한 문제가 아니다. Xie(1996)는 Karasek(1979)의 요구-통제 모형을 중국에서 검증하는 것으로 직업 스트레스 이론의 일반화 가능성을 검토하였다. Xie는 이 모형이 개인적 통제감에 초점을 두기 때문에 중국 같은 집단주의 국가에는 적용되지 않을 것이라고 예상하기 쉽다고 지적하였다. 그러나 Xie에 따르면 중국 내의 생산직 근로자와 사무직 근로자 간에 분명한 차이가 존재한다. 생산직 근로자들은 "일반적으로 교육 수준이 낮고 서구 문화에 덜 노출되었다. 따라서 그들은 개인적 통제감에 대한 욕구를 저해하는 전통적 가치관을 유지할 가능성이 더 크다"(p. 1600). 반면에 사무직 근로자들은 개인적 통제감 추구를 중요하게 여기는 서구 가치관에 더 많이 노출되었으며, 생산직 노동자와 비교해서 중국의 경제개혁으로부터 훨씬 더 많은 혜택을 받았다.

이 연구는 1,200명의 표본을 대상으로 하였는데, 대부분의 결과변인에서 Karasek 모형이 예상하는 요구-통제 간의 상호작용은 사무직 근로자들에게서만 나타났다. 이는 Xie의 가설을 지지하는 결과이며, 더욱 중요하게는, 연구자들의 많은 관심을 받아 온 직업 스트레스 모형인 요구-통제 모형의 중요한 한계점을 시사한다. Schaubroeck과 Merritt(1997)도 요구-통제 모형이 자기효능감이 높은 사람들에게서만 지지된다는 것을 발견하였다.

이상의 결과가 나타난 또 다른 가능한 이유는 통제의 의미가 동양과 서양에서 다를 수 있다는 것이다. Spector 등(2004)에 따르면, 중국과 같은 집단주의 문화권에서의 개인적 통제감 신념의 핵심은 개인이 환경에 직접적인 통제를 가지는 것이 아니라, (1) 자신을 환경에 적응시키고, (2) 다른 사람과의 관계를 통해 통제력을 발휘하는 데 있다. 만약 이 주장이 사실이라면, 기존의 조직 스트레스 연구에서 사용된 통제 척도들 대부분이 환경에 대한 개인의 통제에 초점을 두기 때문에 집단주의 문화에 적합하지 않을 수 있다. 또한 Xie 등(2008)의 연구에서 중국 근로자들도 개인적 통제가 높을수록 건강 문제가 적은 경향이 나타났는데, 이 효과는 전통적 가치가 낮은 직원들에서 더 컸다. 이러한 결과는 한 국가 내에서도 가치가 스트레스 요인과 스트레인과의 관계에 영향을 미칠 수 있음을 시사한다.

근로자들이 경험하는 스트레스 요인

비교문화적 연구의 또 다른 중요한 주제는 문화에 따라 스트레스 요인의 지각 또는 경험하는 스트레스 요인의 특성이 다른지다. Peterson 등(1995)은 21개국의 관리자들을 대상으로 역할 스트레스에 대한 비교문화 연구를 수행하였다. 이 연구는 역할 스트레스 요인(모호성, 갈등 및 과부하)에 대한 지각이 국가에 따라 상당히 다르다는 것을 발견하였다. 역할 스트레스의 수준이 권력 거리(권력 수준에 따른 분리 정도), 남성성 수준, 개인주의 수준, 불확실성을 줄이려는 정도에 따라 달랐다.

예를 들어 권력 거리가 낮은 국가들(예 : 산업화된 서구 국가들)의 관리자들은 역할 모호성 수준은 높고, 역할 과부하 수준은 낮았다. 권력 거리가 높은 국가들(예 : 라틴 아메리카나 동아시아 국가들)에서는 이와 정반대의 결과가 나타났다. 이런 결과는 서구권 관리자들은 일의 양은 많지 않으나 책임에 대해 불명확성을 느끼고, 반면에 비서구권 관리자들은 책임은 명확히 알지만, 업무량으로 인한 스트레스를 받을 가능성이 높음을 시사한다.

비교문화적 직업 스트레스 연구의 두 번째 사례는 역할 과부하에 대한 국가 간 비교를 한 Van De Vliert와 Van Yperen(1996)의 연구이다. 이들은 Peterson 등(1995)이 보고한 국가 간 역할 과부하의 차이 효과 중 적어도 일부는 국가 간 기후 차이에 의해 설명될 수 있다고 제안하였다. 즉 Peterson 등(1995)이 권력 거리가 낮다고 본 국가들은 기온이 비교적 높은 지역에 위치하였다. 따라서 이 연구자들은 역할 과부하 지각에서의 국가 차이가 권력 거리가 아닌 기온 차에 의해 설명될 수 있다고 주장하였다.

이 연구자들은 Peterson 등(1995)의 자료를 2개의 다른 비교문화적 자료와 함께 재분석하였다. 예상대로, 기온을 통제하면 권력 거리와 역할 과부하 간의 관계가 사라졌다. 따라서 이 연구자들은 어쩌면 기온의 차이가 권력 거리와 역할 과부하 간의 관계를 전적으로 설명할지도 모른다고 주장하였다. 이러한 결과는 특정 문화적 특성의 일부는 기후에 의해 결정될 수 있으며, 이러한 특성이 조직에 영향을 미칠 수 있음을 시사한다.

또 다른 비교문화적 연구에서 Liu(2003)는 중국과 미국 근로자의 스트레스 유발 사건이 다른지 살펴보았다. 두 나라의 근로자들이 보고한 스트레스 요인에는 공통점도 많았지만, 차이도 있었다. 예를 들어 미국 근로자에 비해 중국 근로자는 업무 실수와 평가를 더 큰 스트레스 요인으로 보고한 반면, 미국 근로자는 중국 근로자보다 개인적인 통제 부족을 스트레스 요인으로 보고하는 경우가 더 많았다. 이러한 결과는 Liu 등(2007)에 의해 반복적으로 확인되었다.

마지막으로, Chen 등(2019)은 미국과 중국 표본 간의 직장 내 무례함에 대한 인식을 비교하여 유사점과 차이점을 발견했다. 이 두 문화는 대인관계와 조화를 중시하는 정도가 다르기 때문에 직장 내 무례함에 대한 인식도 다를 가능성이 크다. 특히 중국 문화는 대인관계와 대인관계에서의 조화를 훨씬 더 중시한다. 예상대로, 직장 내 무례함의 차원은 두 문화에서 차이가 없었지만, 일부 형태의 무례함에 대한 반응에는 차이가 존재했다. 구체적으로, 미국 응답자들은 배려 없는 행동, 상사의 부당대우, 부적절한 농담, 의사소통 예절 위반, 소문과 욕설, 적대적 분위기 등에 가장 부정적으로 반응했다(직무 만족의 감소로 측정). 반면, 중국 응답자들은 배려 없는 행동, 무임승차, 소문과 욕설 등에 가장 부정적으로 반응했다(직장에서의 부정 정서 증가로 측정). 연구자들은 직장 내 무례함 행동 중에서 일부는 좀 더 개인을 대상으로 하는 것(예 : 상사의 부당대우)이고, 다른 일부는 주로 작업집단을 대상으로 하는 것(예 : 무임승차)이라고 추정했는데, 이러한 차이가 개인주의 문화와 집단주의 문화의 응답자 간 차이를 설명할 수 있을지도 모른다.

요약

이 장에서는 직원의 건강, 안전, 웰빙에 대해 다루었는데, 이 주제들은 조직과 사회적으로 점점 중요성이 커지고 있다. 직원의 건강과 웰빙은 오랫동안 조직의 주요 관심사였지만, 미국에서 신체적 · 심리사회적 위험으로부터 근로자를 보호해야 한다는 것을 법적으로 인정하게 된 것은 최근의 일이다. 직장 내 위험 감소와 직원의 건강과 웰빙 증진이라는 두 가지 측면을 모두 강조하는 **통합적 근로자 건강 프로그램**(Total Worker Health)은 이 분야의 연구와 개입의 방향성을 제시하는 개념적 틀로 제안되었다.

직업 스트레스 연구의 뿌리는 20세기 초로 거슬러 올라가지만, 첫 번째 대규모 연구 프로그램은 1960년대에 시작되었다. 오랜 세월에 걸쳐, 직업 스트레스 연구자들은 용어 정의에 어려움을 겪어 왔는데, 그 이유는 직업 스트레스 연구가 항상 다학제적 성격을 띠고 있었기 때문이다. 조직심리학과 조직행동학이 이 분야에 중요한 기여를 한 것은 분명하지만 의학, 임상심리학, 공학심리학(인간공학) 등의 공로도 컸다.

직업 스트레스 과정에 관한 다양한 모형이 제안되었으며, 이 장에서는 그중 여섯 가지를 다루었다. Karasek의 요구-통제 모형, 그리고 이와 밀접하게 관련된 직무 요구-자원 모형은 최근 연구와 개입 노력에 가장 큰 영향을 주었다. 또 다른 영향력 있는 직업 스트레스 모형으로는 자원 보존 이론, 개인-환경 적합성 모형, 노력-보상 불균형 모형, 그리고 마지막으로 도전-방해 모형이 있다. 우리는 또한 직장에서 발생하는 스트레스 요인에 대한 긍정적인 반응 가능성에 대한 연구도 다루었다.

스트레스 요인은 직원들에게 어려움을 주고 결과적으로 어떤 형태로든 적응적 대응을 하게 만드는 직무 또는 조직의 특성을 말한다. 가장 많이 연구된 스트레스 요인은 직원의 역할과 관련된 스트레스 요인들(역할 갈등과 역할 모호성)이다. 하지만 업무부하, 대인관계에서의 부당대우, 조직적 제약에 관해서도 많은 연구가 수행되었다. 또한 상대적으로 연구가 덜 되었지만 여전히 중요한 스트레스 요인들을 살펴보았다. 여기에는 합병 및 인수, 직무 불안정성 및 해고, 기술 발전과 관련된 스트레스 요인들이 포함된다.

직원 안전 연구는 오랜 역사가 있지만, 조직 연구자들이 이 분야에 기여한 것은 비교적 최근의 일이다. 비교적 짧은 기간이지만 안전풍토에 대한 연구가 상당히 축적되었으며, 이 연구는 긍정적인 안전 풍토를 가진 조직에서 재해와 사고가 적다는 것을 보여주었다. 그러나 이러한 효과는 직원들이 단순히 안전 규칙을 따르는 것에 그치지 않고, 조직을 더 안전하게 만드는 데 적극적으로 참여할 때 더 잘 나타난다.

건강, 안전, 웰빙은 모든 근로자에게 중요한 문제지만, 일부 근로자는 효과적인 대처 방법을 사용하거나 직장에서의 스트레스 요인으로부터 회복할 수 있는 능력, 그리고 높은 수준의 회복탄력성을 가지고 있기 때문에 덜 취약할 수 있다. 반면, 어떤 근로자는 직장에서의 스트레스 요인과 기타 위험에 특히 취약하다. 연구에 따르면 소수민족, 이민자(합법 또는 불법), 비정규 고용 계약 근로자들이 특히 취약하다. 이처럼 취약한 직원들을 돕기 위해 조직이 할 수 있는 일이 있지만, 이들의 근로환경을 개선하려면 종종 정부의 개입이 필요하다.

조직은 직원의 건강과 웰빙을 개선하기 위한 여러 가지 방법을 시도해 왔다. 가장 일반적인 방법은 스트레스 요인에 더 효과적으로 대처할 수 있게 교육하는 스트레스 관리 교육 프로그램을 개발하는 것이다. 이보다 덜 일반적인 방법은 스트레스 요인을 줄이는 조치를 하거나 직원들에게 건강 및 체력 단련 프로그램을 제공하는 것이 있다. 최근에는 긍정심리학에 기반한 개입이 증가했으며, 특히 감사와 그릿 향상에 중점을 둔 프로그램들이 많이 사용되고 있으며, 앞으로 더 많은 조직에서 자주 사용될 것으로 보인다.

직업 스트레스 연구는 비교문화적인 측면에서 다소 뒤처져 있었다. 그러나 최근 들어 이 영역에 몇 가지 진척이 있었다. 예를 들어 중국에서 수행된 연구는 문화에 따라 개인적 통제의 의미가 달라서 요구-통제 모형이 모든 문화에 적용되지 않을 수 있음을 보여주었다. 또한 문화는 근로자들이 지각하는 스트레스 요인의 유형과 근로자들이 사용하는 대처 방법에 영향을 미칠 수 있는 것으로 나타났다. 마지막으로, 대인관계에서의 부당대우가 문화에 따라 다르게 인식될 수 있다는 것도 밝혀졌다. 그러나 여전히 더 많은 비교문화적 연구가 필요하다.

더 읽을거리

Bliese, P.D., Edwards, J.R., & Sonnentag, S., (2017). Stress and well-being at work: A century of empirical trends reflecting theoretical and societal influences. *Journal of Applied Psychology*, *102*(3), 389–402. doi:10.1037/ap10000109

Podsakoff, N.P., Freiburger, K.J., Podsakoff, P.M., & Rosen, C.C. (2023). Laying the foundation for the Challenge-Hindrance Stressor Framework 2.0. *Annual Review of Organizational Psychology and Organizational Behavior*, *10*, 165–199. doi:10.1146/annurevorgpsych-080422-052147

Shoss, M.K. (2017). Job insecurity: An integrative review and agenda for future research. *Journal of Management*, *43*(6), 1911–1939. doi:10.1177/0149206317691574

Steed, L.B., Swider, B.W., Keem, S., Liu, J.T. (2021). Leaving work at work: A met-aanalysis on employee recovery from work. *Journal of Management*, *47*(4), 867–897. doi:10.1177/0149206319864153

참고문헌

Abbe, O. O., Harvey, C. M., Ikuma, L. H., & Aghazadeh, F. (2011). Modeling the relationship between occupational stressors, psychosocial/physical symptoms and injuries in the construction industry. *International Journal of Industrial Ergonomics*, *41*(2), 106–117.

Abramis, D. J. (1994). Work role ambiguity, job satisfaction, and job performance: Meta analysis and review. *Psychological Reports*, *75*, 1411–1433.

Aldred, C. (1994, December 5). U.K. ruling focuses attention to job stress. *Business Insurance*, 55–56.

Andersson, L., & Pearson, C. M. (1999). Tit for tat? The spiraling effect of incivility in the workplace. *Academy of Management Review*, *24*, 452–471.

Anger, W. K., Elliot, D. L., Bodner, T., Olson, R., Rohlman, D. S., Truxillo, D. M., Kuehl, K. S., Hammer, L. B., & Montgomery, D. (2015). Effectiveness of total worker health interventions. *Journal of Occupational Health Psychology*, *20*, 226–247. doi:10.1037/ a0038340

Ashenfelter, O., & Jurajda, S. (2022). Minimum wages, wages, and price pass-through: The case of McDonald's restaurants. *Journal of Labor Economics*, *40*(S1), S179–S201. doi:10.1086/718190

Ashford, S. J., Caza, B., & Reid, E. M. (2018). From surviving to thriving in the gig economy: A research agenda for individuals in the new world of work. *Research in Organizational Behavior*, *38*, 23–41. doi:10.1016/ j.riob.2018.11.001

Ashforth, B. E., & Humphrey, R. H. (1993). Emotional labor in service roles: The influence of identity. *Academy of Management Review*, *18*, 88–115.

Aust, B., & Ducki, A. (2004). Comprehensive health promotion interventions at the workplace: experiences with health circles in Germany. *Journal of Occupational Health Psychology*, *9*(3), 258–270.

Babyar, J. (2017). They did not start the fire: Reviewing and resolving the issue of physician stress and burnout. *Journal of Health Organization and Management*, *31*(4), 410–417. doi:10.1108/JHOM-11-2016-0212

Bakarich, K. M., Marcy, A. S., O'Brien, P. E. (2022). Has the fever left a burn? A study of the impact of COVID-19 remote working arrangements on public accountants' burnout. *Accounting Research Journal*, *35*(6), 792–814.

Bakke, E. M., Seidler, A., Latza, U., Rossnagel, K., & Schumann, B. (2012). The role of psychosocial stress at work for the development of cardiovascular diseases: A systematic review. *International Archives of Occupational and Environmental Health*, *85*, 67–79. doi:10.1007/s00420-011-0643-6

Bakker, A. B., & Demerouti, E. (2017). Job demands–resources theory: Taking stock and looking forward. *Journal of Occupational Health Psychology*, *22*(3), 273–285. https://doi-org.libproxy.clemson.edu/10.1037/ocp0000056

Barber, L. K., & Santuzzi, A. M. (2015). Please respond ASAP: Workplace telepressure and employee recovery. *Journal of Occupational Health Psychology*, *20*(2), 172–189. doi:10.1037/a00038278

Barling, J., Dupre, K. E., & Hepburn, C. G. (1998). Effects of parents' job insecurity on children's work beliefs and attitudes. *Journal of Applied Psychology*, *83*, 112–118. doi:10.1037/0021-9010.83.1.112

Barnes, C. M. (2012). Working in our sleep: Sleep and self-regulation in organizations. *Organizational Psychology Review*, *2*(3), 234–257.doi:10.1177/2041386612450181

Baumeister, R. F., Bratslavsky, E., Finkenauer, C., & Vohs, K. D. (2001). Bad is stronger than good. *Review of General Psychology*, *5*(4), 323–370.

Beehr, T. A., & Newman, J. E. (1978). Job stress, employee health, and organizational effectiveness: A facet analysis, model, and literature review. *Personnel Psychology*, *31*, 665–699.

Beehr, T. A. (1995). *Psychological stress in the workplace*. London, England: Routledge.

Beehr, T. A. (1998). Research on occupational stress: An unfinished enterprise. *Personnel Psychology, 51*, 835-844.

Beehr, T. A., & Franz, T. M. (1987). The current debate about the meaning of job stress. In J. M. Ivancevich & D. C. Ganster (Eds.), *Job stress: From theory to suggestion* (pp. 5-18). New York, NY: Haworth Press.

Beehr, T. A., Walsh, J. T., & Taber, T. D. (1980). Relationship of stress to individually and organizationally valued states: Higher order needs as a moderator. *Journal of Applied Psychology, 61*, 35-40.

Bellarosa, C., & Chen, P. Y. (1997). The effectiveness and practicality of stress management interventions. *Journal of Occupational Health Psychology, 2*, 247-262.

Bellingrath, S., Rohleder. N., & Kudielka, B. M. (2010). Healthy working school teachers with high effort-reward imbalance and overcommitment show increased pro-inflammatory immune activity and a dampened innate immune defense. *Brain, Behavior, and Immunity, 24*, 1332-1339.

Beus, J. M., Dhanani, L. Y., & McCord, M. A. (2015). A meta-analysis of personality and workplace safety: Addressing unanswered questions. *Journal of Applied Psychology, 100*(2), 481-498. doi:10.1037/a0037916

Beus, J. M., McCord, M. A., & Zohar, D. (2016). Workplace safety: A review and synthesis. *Organizational Psychology Review, 6*(4), 352-381. doi:10.1177/2041386615626243

Biron, M., & van Veldhoven, M. (2012). Emotional labour in service work: Psychological flexibility and emotion regulation. *Human Relations, 65*(10), 1259-1282.

Blagoev, B., & Schreyogg, G. (2019). Why extreme work hours persist? Temporal uncoupling as a new way of seeing. *Academy of Management Journal, 62*(6), 1818-1847. doi:10.5465/amj.1017.1481

Bliese, P. D., Edwards, J. R., & Sonnentag, S. (2017). Stress and well-being at work: A century of empirical trends reflecting theoretical and societal influences. *The Journal of Applied Psychology, 102*(3), 389-402. doi:10.1037/ap10000109

Bonanno, G. A. (2004). Loss, trauma, and human resilience: Have we underestimated the human capacity to thrive after extreme aversive events. *American Psychologist, 59*(1), 20-28. doi:10.1037/0003-066X.59.1.20

Bowling, N. A., & Beehr, T. A. (2006). Workplace harassment from the victim's perspective: a theoretical model and meta-analysis. *Journal of Applied Psychology, 91*(5), 998-1012.

Bowling, N. A., Alarcon, G. M., Bragg, C. M., & Hartman, M. J. (2015). A metaanalytic investigation of the potential correlates and consequences of workload. *Work and Stress, 29*(2), 95-113. doi:10.1080/02678373.103307

Bowling, N. A., Khazon, S., Alarcon, G. M., Blackmore, C. E., Bragg, C. B., Hoepf, M. R & Li, H. (2017). Building better measures of role ambiguity and role conflict: The validation of new role stressor scales. *Work & Stress, 31*(1), 1-23. doi:https://doi.org/10.1080/02678373.2017.1292563

Brauchli, R., Schaufeli, W. B., Jenny, G. J., Füllemann, D., & Bauer, G. F. (2013). Disentangling stability and change in job resources, job demands, and employee well-being — A three-wave study on the job-demands resources model. *Journal of Vocational Behavior, 83*(2), 117-129.

Breaugh, J. A., & Colihan, J. P. (1994). Measuring facets of job ambiguity: Construct validity evidence. *Journal of Applied Psychology, 79*, 191-202.

Britt, T. W., & Jex, S. M. (2015). *Thriving under stress: Harnessing the demands of the workplace*. Oxford University Press.

Britt, T. W., & McFadden, A. C. (2012). Understanding mental health treatment seeking in high stress occupations. In J. Houdmont, S. Leka, & R. Sinclair (Eds.), *Contemporary occupational health psychology: Global perspectives on research and practice* (pp. 57-73). Hoboken, NJ: Wiley-Blackwell. Britt.

Britt, T. W., Adler, A. B., & Bartone, P. T. (2001). Deriving benefits from stressful events: The role of engagement in meaningful work and hardiness. *Journal of Occupational Health Psychology, 6*(1), 53–63.

Britt, T. W., Shen, W., Sinclair, R. R., Grossman, M. R., & Klieger, D. M. (2016). How much do we really know about employee resilience? *Industrial and Organizational Psychology, 9*(2), 378–402. doi:10.1017/iop.2015.107

Brockner, J., Grover, S., Reed, T. F., DeWitt, R. L., & O'Malley, M. (1987). Survivors' reactions to layoffs: We get by with a little help from our friends. *Administrative Science Quarterly, 32*, 526–542.

Brockner, J., Grover, S., Reed, T. F., & DeWitt, R. L. (1992). Layoffs, job insecurity, and survivors' work effort: Evidence of an inverted-U relationship. *Academy of Management Journal, 35*, 413–425.

van den Broeck, A., De Cuyper, N., De Witte, H., & Vansteenkiste, M. (2010). Not all job demands are equal: Differentiating job hindrances and job challenges in the Job Demands-Resources model. *European Journal of Work and Organizational Psychology, 19*(6), 735–759.

Brotheridge, C., & Grandey, A. (2002). Emotional labor and burnout: Comparing two perspectives of "people work." *Journal of Vocational Behavior, 60*, 17–39.

Brough, P., Timms, C., Siu, O., Kalliath, T., O'Driscoll, M., Sit, C., & Lu, C. (2013). Validation of the Job Demands-Resources model in cross-national samples: Crosssectional and longitudinal predictions of psychological strain and work engagement. *Human Relations, 66*(10), 1311–1335.

Brykman, K. & King, D. D. (2021). A resource model for team resilience capacity and learning. *Group & Organization Management, 46*(4), 737–772. doi:10.1177/10596011211018008

Buch, K., & Aldrich, J. (1991). O. D. under conditions of organizational decline. *Organization Development Journal, 9*, 1–5.

Buono, A. F., & Bowditch, J. L. (1989). *The human side of mergers and acquisitions: Managing collision between people, cultures, and organizations*. San Francisco, CA: Jossey-Bass.

Byrne, J. E. (1988, September 12). Caught in the middle. *Business Week*, 80–88.

Cameron, K. S., Dutton, J. E., & Quinn, R. E. (Eds.). (2003). *Positive organizational scholarship: Foundations of a new discipline*. San Francisco: Berrett-Koehler.

Campbell, J. P., & Wiernik, B. M. (2015). The modeling and assessment of work performance. *Annual Review of Organizational Psychology and Organizational Behavior, 2*(1),47–74.doi:101146/annurev-orgpsych-032414-111427.

Cannon, W. B. (1914). The interrelations of emotions as suggested by recent physiological researches. *American Journal of Psychology, 25*, 256–282.

Caplan, R. D. (1987). Person-environment fit in organizations: Theories, facts, and values. In A. W. Riley & S. J. Zaccaro (Eds.), *Occupational stress and organizational effectiveness* (pp. 103–140). New York, NY: Praeger Press.

Caplan, R. D., Cobb, S., French, J. R. P. Jr. Harrison, R. V., & Pinneau, S. R. (1975). *Job demands and worker health: Main effects and occupational differences*. Washington, DC: U.S. Government Printing Office.

Carver, C. S., Scheier, M. F, & Weintraub, J. K. (1989). Assessing coping strategies: A theoretically based approach. *Journal of Personality and Social Psychology, 56*, 267–283.

Cascio, W. F., & Aguinis, H. (2019). *Applied psychology in talent management* (8th ed.). Thousand Oaks, CA: Sage.

Cavanaugh, M. A., Boswell, W. R., Roehling, M. V., & Boudreau, J. W. (2000). An empirical examination of self-reported work stress among U.S. managers. *Journal of Applied Psychology, 85*, 65–74. doi:10.1037/0021-9010.85.1.65

Caza, B. B., Reid, E. M., Ashford, S. J., & Granger, S. (2022). Working on my own: Measuring the challenges of gig work. *Human Relations 75*(1), 2122–2159. doi:10.1177/00187267211030098

Chen, Y., Wang, Z., Peng, Y., Geimer, J., Sharp, O., & Jex, S. (2019). The multidimensionality of workplace incivility:

Cross-cultural evidence. *International Journal of Stress Management, 26*(4), 356–366. doi:10.1037/str0000116

Cheng, S., King, D. D., & Oswald, F. (2020). Understanding how resilience is measured in organizational sciences. *Human Performance, 33*, 130–163. doi:10.1080/08959285.2020.1744151

Chiron, M., Bernard, M., Lafont, S., & Lagarde, E. (2008). Tiring job and work related injury road crashes in the GAZEL cohort. *Accident Analysis and Prevention 40*(3), 1096–1104.

Clarke, S., & Robertson, I. (2008). An examination of the role of personality in work accidents using meta-analysis. *Applied Psychology: An International Review, 57*(1), 94–108.

Cohen, B. (2022). Hershey's turnaround story isn't sweet. It's salty. *Wall Street Journal* October 28, 2022. https://www.wsj.com/articles/halloween-hershey-stock-chocolate-candy-11666831636

Cox, M. H., Shephard, R. J., & Corey, P. (1981). Influence of employee fitness, productivity, and absenteeism. *Ergonomics, 24*, 795–806.

Coyle-Shapiro, J. A.-M., Costa, S. P., Doder, W., & Chang, C. (2019). Psychological contracts: Past, present, and future. *Annual Review of Organizational Psychology and Organizational Behavior*, 6, 145–169. doi:10.1146/ annurev-orgpsych-102218-015212

Crain, T. L., Brossoit, R. M., & Fisher, G. G. (2018). Work, non-work, and sleep: A review and conceptual framework. *Journal of Business and Psychology, 33*, 675–697. doi:10.1007/s10869-017-9521-x

Crede, M. (2018). What shall we do about grit? A critical review of what we know and what we don't know. *Educational Researcher, 47*, 606–611. doi:10.3102/0013189X18801322

Crede, M. (2019). Total grit score does not represent perseverance. *Proceedings of the National Academy of Sciences, 116*(10), 3941.

Cropanzano, R., Keplinger, K., Lambert, B. K., Caza, B., & Ashford, S. J. (2022). The organizational psychology of gig work: An integrative conceptual review. *Journal of Applied Psychology*. Advance online publication. doi:10.1037/apl0001029

Cunningham, C. J. L., & Black, K. J. (2021). *Essentials of occupational health psychology*. New York, NY: Routledge/Taylor & Francis.

Daniels, K., Gedikli, C., Watson, D., Semkina, A., & Vaughn, O. (2017). Job design, employment practices, and well-being: Systematic review of intervention studies. *Ergonomics, 60*(9), 1177–1196. doi: 10.1080/0014039.2017.1303085

Davis, D. E., Choe, E., Meyers, J., Wade, N., Varjas, K., Gifford, A., Quinn, A., Hook, J. N., Van Tongeren, D. R., Griffin, B. J., & Worthington, E. L., Jr. (2016). Thankful for the little things: A meta-analysis of gratitude interventions. *Journal of Counseling Psychology, 63*(1), 20–31. doi:10.1037/cou0000107

De Cuyper, N., Mäkikangas, A., Kinnunen, U., Mauno, S., & Witte, H. D. (2012). Cross-lagged associations between perceived external employability, job insecurity, and exhaustion: Testing gain and loss spirals according to the conservation of resources theory. *Journal of Organizational Behavior, 33*(6), 770–788.

Debus, M. E., Probst, T. M., König, C. J., & Kleinmann, M. (2012). Catch me if I fall! Enacted uncertainty avoidance and the social safety net as country-level moderators in the job insecurity-job attitudes link. *Journal of Applied Psychology*, 97(3), 690–698.

DeFrank, R. S., & Ivancevich, J. M. (1998). Stress on the job: An executive update. *Academy of Management Update, 12*(3), 55–66.

Demsky, C. A., Fritz, C., Hammer, L. B., & Black, A. E. (2019). Workplace incivility and employee sleep: The role of rumination and recovery experiences. *Journal of Occupational Health Psychology, 24*(2), 228–240. doi:10.1037/

ocp0000116

Dewe, P., & Cooper, G. L. (2007). Coping research and measurement in the context of work-related stress. In G. P. Hodgkinson & J. K. Ford (Eds.), *International Review of Industrial and Organizational Psychology 2007* (pp. 141–191). John Wiley & Sons Ltd. doi:10.1002/9780470753378.ch4

Dhanani, L. Y., LaPalme, M. L., & Joseph, D. L. (2021). How prevalent is workplace mistreatment? A meta-analytic investigation. *Journal of Organizational Behavior, 42*(8), 1082–1098. doi: https://doi.org/10.1002/job.2534.

Dhani, L. Y., LaPalme, M. L., & Joseph, D. L. (2021). How prevalent is workplace mistreatment? A meta-analytic investigation. *Journal of Organizational Behavior*, 1–17. doi:10.1002/job.2534

Diestel, S., Rivkin, W., & Schmidt, K.-H. (2015). Sleep quality and self-control capacity as protective resources in the daily emotional labor process: Results from two diary studies. *Journal of Applied Psychology, 100*(3), 809–827. doi:10.1037/a0038373

Duckworth, A. (2016). *Grit: The power of passion and perseverance*. New York, NY: Scribner.

Eden, D., & Aviram, A. (1993). Self-efficacy training to speed reemployment: Helping people help themselves. *Journal of Applied Psychology, 78*, 352–360.

Edwards, J. R. (1994). The study of congruence in organizational behavior research: Critique and a proposed alternative. *Organizational Behavior and Human Decision Processes, 58*, 51–100.

Edwards, J. R., & Parry, M. E. (1993). On the use of polynomial regression equations as an alternative to difference scores in organizational research. *Academy of Management Journal, 36*, 1577–1613.

van Eersell, J. H. W., Taris, T. W., & Boelen, P. A. (2022). Symptoms of complicated grief and depression following job loss: Can engagement in non-work activities bring relief? *Stress and Health*. 1–14. doi:10.1002/smi.3209

Ekman, P. (1973). Cross-cultural studies of facial expression. In P. Ekman (Ed.), *Darwin and facial expression: A century of research in review* (pp. 169–222). New York, NY: Academic Press.

Elfering, A., Grebner, S., & Haller, M. (2012). Railway-controller-perceived mental workload, cognitive failure and risky commuting. *Ergonomics, 55*(12), 1463–1475.

Elsayed-Ekhouly, S. M., & Buda, R. (1996). Organizational conflict: A comparative analysis of conflict styles across cultures. *International Journal of Conflict Management, 7*(1), 71–80.

Eskreis-Winkler, L. (2015). *Building Grit*. Unpublished doctoral dissertation. University of Pennsylvania, Philadelphia, PA.

Fa-Kaji, N. M., Silver, E. R., Hebl, M. R., King, D. D., King, E. B., Corrington, A., & Bilotta, I. (2022). Worrying about finances during COVID-19: Resiliency enhances the effect of worrying on both proactive behavior and stress. *Occupational Health Science, 7*, 111–142. doi:10.1007/s41542-022-00130-y

Feldt, T., Huhtala, M., Kinnunen, U., Hyvönen, K., Mäkikangas, A., & Sonnentag, S. (2013). Long-term patterns of effort reward imbalance and over-commitment: Investigating occupational well-being and recovery experiences as outcomes. *Work & Stress, 27*(1), 64–87.

Feuerhahn, N., Kühnel, J., & Kudielka, B.M. (2012). Interaction effects of effort-reward imbalance and over commitment on emotional exhaustion and job performance. *International Journal of Stress Management, 19*(2), 105–131.

Fisher, C. D., & Gitelson, R. R. (1983). A meta-analysis of the correlates of role conflict and role ambiguity. *Journal of Applied Psychology, 68*, 320–333.

Fox, M. L., Dwyer, D. J., & Ganster, D. C. (1993). Effects of stressful demands and control on physiological and attitudinal outcomes in a hospital setting. *Academy of Management Journal, 36*, 289–318.

French, J. R. P., Caplan, R. D., & Harrison, R. V. (1982). *The mechanisms of job stress and strain*. Chichester, England:

Wiley.

Frone, M. R., & Tidwell, M. C. O. (2015). The meaning and measurement of work fatigue: Development and evaluation of the Three-Dimensional Work Fatigue Inventory (3DWFI). *Journal of Occupational Health Psychology, 20*, 273-288. doi:10. 1037/a0038700

Ganster, D. C., & Rosen, C. C. (2013). Work stress and health: A multidisciplinary review. *Journal of Management, 39*(5), 1085-1122. doi:10.1177/0149206313475815

Ganster, D. C., Crain, T. L., & Brossoit, R. M. (2018). Physiological measurement in the organizational sciences: A review and recommendations for future use. *Annual Review of Organizational Psychology and Organizational Behavior, 5*, 267-293. doi:10.1146/annurev-orgpsych-032117-104613

Gilboa, S., Shirom, A., Fried, Y., & Cooper, C. (2008). A meta-analysis of work demand stressors and job performance: Examining main and moderating effects. *Personnel Psychology, 61*(2), 227-271. https://doi-org.libpr ox y. clemson. edu/10.1111/j.1744-6570.2008.00113.x

Goh, J., Pfeffer, J., & Zenios, S. A. (2019). The relationship between workplace stressors and mortality and health costs in the United States. *Management Science, 62*, 608-628. doi:10.1287/mnsc.2014.2115

Goh, J., Pfeffer, J., & Zenios, S. A. (2019). Reducing the health toll from U.S. workplace stress. *Behavioral Science & Policy, 5*(1), 1-15.

Grandey, A. A. (2000). Emotional regulation in the workplace: A new way to conceptualize emotional labor. *Journal of Occupational Health Psychology, 5*(1), 95-110.

Grandey, A. A., Fisk, G. M., & Steiner, D. D. (2005). Must "service with a smile" be stressful? The moderating role of personal control for American and French employees. *Journal of Applied Psychology, 90*(5), 893-904.

Grandey, A., Foo, S., Groth, M., & Goodwin, R. E. (2012). Free to be you and me: A climate of authenticity alleviates burnout from emotional labor. *Journal of Occupational Health Psychology, 17*(1), 1-14.

Grant, A. M. (2007). Relational job design and the motivation to make a prosocial difference. *Academy of Management Review, 32*(2), 393-417.

Grawitch, M. J., Werth, P. M., Palmer, S. N., Erb, K. R., & Lavigne, K. N. (2018). Self-imposed pressure or organizational norms? Further examination of the construct of workplace telepressure. *Stress and Health, 34*, 306-318. doi:10.1002/smi.2792

Griffin, M. A., & Neal, A. (2000). Perceptions of safety at work: A framework for linking safety climate to safety performance, knowledge, and motivation. *Journal of Occupational Health Psychology, 5*(3), 347-358.

Grzywacz, J. G., Alterman, T. T., Muntaner, C. C., Shen, R. R., Li, J. J., Gabbard, S. S., & ...Carroll, D. J. (2010). Mental health research with Latino farmworkers: A systematic evaluation of the short CES-D. *Journal of Immigrant and Minority Health, 12*(5), 652-658.

Gupta, N., & Jenkins, D. G. (1985). Dual career couples: Stress, stressors, strains, and strategies. In T. A. Beehr, & R. S. Bhagat (Eds.), *Human stress and cognition in organizations* (pp. 141-176). New York, NY: Wiley.

Hackman, J. R., & Oldham, G. R. (1980). *Work redesign*. Reading, MA: AddisonWesley.

Hakanen, J. J., Schaufeli, W. B., & Ahola, K. (2008). The Job Demands-Resources model: A three-year cross-lagged study of burnout, depression, commitment, and work engagement. *Work & Stress, 22*(3), 224-241.

Halbesleben, J. B., Leroy, H., Dierynck, B., Simons, T., Savage, G. T., McCaughey, D., & Leon, M. R. (2013). Living up to safety values in health care: The effect of leader behavioral integrity on occupational safety. *Journal of Occupational Health Psychology, 18*(4), 395-405.

Han, S., Harold, C. M., Oh, I.-S., Kim, J., Agolli, A. (2022). A meta-analysis integrating 20 years of workplace incivility research: Antecedents, consequences, and boundary conditions. *Journal of Organizational Behavior, 43*(3), 497–423. doi:10.1002/job.2568

Hargrove, M., Nelson, D. L., & Cooper, C. L. (2013). Generating eustress by challenging employees: Helping people savor their work. *Organizational Dynamics, 42*(1), 61–69.

Häusser, J. A., Mojzisch, A.,& Schulz-Hardt, S. (2011). Endocrinological and psychological responses to job stressors: An experimental test of the job demand-control model. *Psychoneuroendocrinology, 36*(7), 1021–1031.

Heidarimoghadam, R, Mohammadfam, I., Babamiri, M, Soltamian, A. R, Khotanlou, H., & Sobrabi, M. S. (2022). What do the different ergonomic interventions accomplish in the workplace: A systematic review. *International Journal of Occupational Safety and Ergonomics, 28*(1), 600–624. doi:10.10 80/10803548.2020.1811521

Henderson, A. A., & Horan, K. A. (2021). A meta-analysis of sleep and work performance: An examination of moderators and mediators. *Journal of Organizational Behavior, 42*(1), 1–19. doi:10.1002/job.2486

Henderson, A. A., Lortie, B. C., & Jex, S. M. (2017). Applying sports related mental toughness in organizations. In D. Svyantek (Ed.), *Sports and understanding organizations* (pp. 79–106). Charlotte, NC: Information Age Publishing.

Henkoff, R. (1990, April 9). Cost cutting: How to do it right. *Fortune*, 40–46.

Hennington, A., Janz, B., & Poston, R. (2011). I'm just burned out: Understanding information system compatibility with personal values and role-based stress in a nursing context. *Computers in Human Behavior, 27*(3), 1238–1248.

Hiott, A. E., Grzywacz, J. G., Davis, S. W., Quandt, S. A., & Arcury, T. A. (2008). Migrant farmworker stress: Mental health implications. *The Journal of Rural Health, 24*(1), 32–39.

Hobfoll, S. E. (2001). The influence of culture, community, and the nested-self in the stress process: Advancing conservation of resources theory. *Applied Psychology, 50*(3), 337–421.

Hobfoll, S. E., Halbesleben, J., Neveu, J.-P., & Westman, M. (2018). Conservation of resources in the organizational context: The reality of resources and their consequences. *Annual Review of Organizational Psychology and Organizational Behavior, 5*, 103–1128. doi:10.1146/annurev-orgpsych-032117104640

Hochschild, A. R. (1979). Emotion work, feeling rules, and social structure. *American Journal of Sociology, 85*, 551–575.

Hochschild, A. R. (1983). *The managed heart: Commercialization of human feeling*. Berkeley: University of California Press.

Hoffman, D. A., Burke, M. J., & Zohar, D. (2017). 100 years of occupational safety research: From basic protection and work analysis to a multilevel view of workplace safety and risk. *Journal of Applied Psychology, 102*(2), 375–388. doi:10.1037/ap10000114

Hoffman, B. J., Shoss, M. K., & Wegman, L. A. (2020). The changing nature of work and workers: An introduction. In B. J. Hoffman, M. K. Shoss, & L. A. Wegman (Eds.), *The Cambridge handbook of the changing nature of work* (pp. 3–10). Cambridge University Press. doi:10.1017/978110827803

Hogan, E. A., & Overmeyer-Day, L. (1994). The psychology of mergers and acquisitions. In C. L. Cooper & I. T. Robertson (Eds.), *International review of industrial and organizational psychology 1994* (Vol. 9, pp. 247–280). Chichester, England: Wiley.

Hong, J., & Jex, S. (2022). The conditions of successful telework: Exploring the role of telepressure. *International Journal of Environmental Research and Public Health, 19*(17), 10634. doi:10.3390/ijerph191710634

Horan, K. A., Nakahara, W. H., DiStaso, M. J., & Jex, S. M. (2020). A review of the challengehindrance stress model: Recent advances, expanded paradigms, and recommendation for future research. *Frontiers in Psychology, 11*, 1–12. doi:10.3389/fpsyg.2020.560346

Hurrell, J. J., Jr. (1995). Commentary: Police work, occupational stress, and individual coping. *Journal of Organizational*

Behavior, 16, 27–28.

Hwang, M. H., & Nam, J. K. (2021). Enhancing grit: Possibility and intervention strategies. In L. E. van Zyl, C. Olckers, & L. van der Vaart (Eds.), *Multidisciplinary perspectives on grit* (pp. 126–136). Springer. doi:10.1007/978-3-030-57389-8_5

Ilies, R., Johnson, M. D., Judge, T. A., & Keeney, J. (2011). A within-individual study of interpersonal conflict as a work stressor: Dispositional and situational moderators. *Journal of Organizational Behavior, 32*(1), 44–64.

Ivancevich, J. M., & Matteson, M. T. (1980). *Stress and work: A managerial perspective*. Glenview, IL: Scott, Foresman.

Ivancevich, J. M., Schweiger, D. M., & Power, F. R. (1987). Strategies for managing human resources during mergers and acquisitions. *Human Resource Planning, 10*, 19–35.

Jackson, S. E., & Schuler, R. S. (1985). A meta-analysis and conceptual critique of research on role ambiguity and role conflict in work settings. *Organizational Behavior and Human Decision Processes, 36*, 16–78.

Jeon, M.-K., Yoon, H., & Yang, Y. (2022). Emotional dissonance, job stress, and intrinsic motivation of married women working in call centers: The roles of work overload and work-family conflict. *Administrative Sciences, 12*(1), 1–19. doi:10.3390/admsci12010027

Jex, S. M. (1998). *Stress and job performance: Theory, research, and implications for managerial practice*. Thousand Oaks, CA: Sage.

Jex, S. M., & Beehr, T. A. (1991). Emerging theoretical and methodological issues in the study of work-related stress. In K. Rowland & G. Ferris (Eds.), *Research in personnel and human resources management* (Vol. 9, pp. 311–365). Greenwich, CT: JAI Press.

Jex, S. M., & Heinisch, D. A. (1996). Assessing the relationship between exercise and employee mental health: Some methodological concerns. In J. Kerr, A. Griffiths, & T. Cox (Eds.), *Workplace health: Employee fitness and exercise* (pp. 55–67). London, England: Taylor & Francis.

Jex, S. M., & Horan, K. A. (2017). Stress models/theories. In S. G. Rogelberg (Ed.), *Encyclopedia of Industrial and Organizational Psychology* (2nd ed.). Thousand Oaks, CA: Sage.

Jex, S. M., Adams, G. A., Bachrach, D. G., & Sorenson, S. (2003). The impact of situational constraints, role stressors, and commitment on employee altruism. *Journal of Occupational Health Psychology, 8*(3), 171–180.

Jex, S. M., Swanson, N., & Grubb, P. (2013). Healthy workplaces. In I. B. Weiner (Series Ed.) & N. W. Schmitt & S. Highhouse (Vol. Eds.), *Handbook of psychology: Vol. 12. Industrial and organizational psychology* (2nd ed., pp. 615–642). Hoboken, NJ: Wiley.

Jiang, L., Yu, G., Li, Y., & Li, F. (2010). Perceived colleagues' safety knowledge/ behavior and safety performance: Safety climate as a moderator in a multilevel study. *Accident analysis & prevention, 42*(5), 1468-1476.

Jiang, K., Liu, D., McKay, P. F., Lee, T. W., & Mitchell, T. R. (2012). When and how is job embeddedness predictive of turnover? A meta-analytic investigation. *Journal of Applied Psychology, 97*(5), 1077–1096. doi:https://doi.org/10.1037/a0028610

Jones, B., Flynn, D. M. & Kelloway, E. K. (1995). Perception of support from the organization in relation to work stress, satisfaction, and commitment. In S. L. Sauter & L. R. Murphy (Eds.), *Organizational risk factors for job stress* (pp. 41–52). Washington, DC: American Psychological Association.

Jonsson, D., Rosengren, A., Dotevall, A., Lappas, G., & Wilhelmsen, L. (1999). Job control, job demands, and social support at work in relation to cardiovascular disease risk factors in MONICA 1995, Goteborg. *Journal of Cardiovascular Risk, 6*, 379–385.

Judge, T. A., Woolf, E., & Hurst, C. (2009). Is emotional labor more difficult for some than for others? A multilevel, experience-sampling study. *Personnel Psychology, 62*(1), 57–88.

Kabat-Farr, D., Walsh, B. M., & McGonagle, A. K. (2019). Uncivil supervisors and perceived work ability: The joint moderating roles of job involvement and grit. *Journal of Business Ethics, 156*(4), 971–985. doi:10.1007/s10551-017-3604-5

Kabat-Zinn, J. (2011). Why mindfulness matters. In B. Boyce (Ed.), *The mindfulness revolution: Leading psychologists, scientists, artists, and meditation teachers on the power of mindfulness in daily life* (pp. 57–62). Boston, MA: Shambhala.

Kahn, R. L., Wolfe, D. M., Quinn, R. P., Snoek, J. D., & Rosenthal, R. A. (1964). *Organizational stress: Studies in role conflict and ambiguity.* New York, NY: Wiley.

Kain, J., & Jex, S. M. (2010). Karasek's (1979) Demands-Control Model: A summary of current issues and future research. In P. L. Perrewe & D. C. Ganster (Eds.), *Research in occupational stress and well-being* (Vol. 8, pp. 237–268). Amsterdam: JAI Press.

Kalmbach D. A., Arnedt J. T., Song P. X., Guille, C., & Sen, S. (2017). Sleep disturbance and short sleep as risk factors for depression and perceived medical errors in first-year residents. *Sleep, 40*(3), 1–8. doi:10.1093/sleep/zsw073

Kaplan, S., & Tetrick, L. E. (2011). Workplace safety and accidents: An industrial and organizational psychology perspective. In S. Zedeck (Ed.), *APA handbook of industrial and organizational psychology: Vol. 1. Building and developing the organization* (pp. 455–472). Washington, DC: American Psychological Association.

Karasek, R. A. (1979). Job demands, job decision latitude, and mental strain: Implications for job redesign. *Administrative Science Quarterly, 24*, 285–308.

Karasek, R. A., Baker, D., Marxer, F., Ahlbom, A., & Theorell, T. (1981). Job decision latitude, job demands, and cardiovascular disease: A prospective study of Swedish men. *American Journal of Public Health, 71*, 694–705.

Kath, L. M., Magley, V. J., & Marmet, M. (2010). The role of organizational trust in safety climate's influence on organizational outcomes. *Accident Analysis and Prevention, 42*(5), 1488–1497.

Katz, D., & Kahn, R. L. (1978). *The social psychology of organizations* (2nd ed.). New York, NY: Wiley.

Keller, A. C., Meier, L. L., Elfring, A., & Semmer, N. K. (2020). Please wait until I'm done! Longitudinal effects of work interruptions on employee well-being. *Work and Stress, 34*(2), 148–167. doi:10.1080/02678373.2019.1579266

Kelloway, E. K., Dimoff, J. K., & Gilbert, S. (2023). Mental health in the workplace. *Annual Review of Organizational Psychology and Organizational Behavior, 10*, 363–389. doi:10.1146/annurev-orgpsych-120920050527

Kerr, J. H., & Vos, M. C. (1993). Employee fitness programs, absenteeism, and general well-being. *Work & Stress, 7*, 179–190.

Kim, S., Cho, S., & Park, Y. (2022). Daily microbreaks in a self-regulatory resources lens: Perceived health climate as a contextual moderator via microbreak autonomy. *Journal of Applied Psychology, 107*(1), 60–77. doi:10.1037/apl0000891

King, L. A., & King, D. W. (1990). Role conflict and role ambiguity: A critical assessment of construct validity. *Psychological Bulletin, 107*, 48–64.

King, D. D., Newman, A., & Luthans, F. (2016). Not if, but when we need resilience in the workplace. *Journal of Organizational Behavior, 37*, 782–786. doi:10.1002/ job.2063

King, D.D., Ryan. A.M., & Van Dyne, L. (2019). Voice resilience: Fostering future voice after non-endorsement of suggestions. *Journal of Occupational and Organizational Psychology, 92*, 535–565. doi:10.1111/ joop.12275

King, D. D., DeShon, R. P., Phetmisy, C. N., & Burrows, D. (2022a). What is resilience? Offering construct clarity to address "quicksand" and "shadow side" resilience concerns. In P. Perrewe, P. Harms, & C. Chang (Eds.),

Research in occupational stress and well-being (Vol. 20, pp. 25-50). Emerald Publishing Limited. doi:10.1108/S147935552022000002005

King, D. D., Fattoracci, E., Hollingsworth, D., Stahr, E., & Nelson, M. (2022b). When thriving requires effortful surviving: Delineating the manifestations and resource expenditure outcomes of microaggressions for Black employees. *Journal of Applied Psychology 108*(2), 183-207. doi:10.1037/apl0001016

Kobasa, S. C. (1979). Stressful life events, personality, and health: an inquiry into hardiness. *Journal of personality and social psychology, 37*(1), 1-11.

Komase, Y., Watanabe, K., Hori, D., Nozawa, K., Hidaka, Y., Iida, M., Imamura, K., & Kawakami, N. (2021). Effects of gratitude intervention on mental health and well-being among workers: A systematic review. *Journal of Occupational Health, 63*(1), 1-17. doi:10.1002/1348-9585.1229

Kozlowski, S. W. J., Chao, G. T., Smith, E. M., & Hedlund, J. (1993). Organizational downsizing: Strategies, interventions, and research implications. In C. L. Cooper & I. T. Robertson (Eds.), *International review of industrial and organizational psychology* (Vol. 8, pp. 263-332). London, England: Wiley.

Krieger, N., Kaddour, A., Koenen, K., Kosheleva, A., Chen, J. T., Waterman, P. D., & Barbeu, E. M. (2011). Occupational, social, and relationship hazards and psychological distress among low-income workers: Implications of the "inverse hazard law." *Journal of Epidemiology and Community Health, 65*(3), 260-272.

Kristof, A. L. (1996). Person-organization fit: An integrative review of its conceptualizations, measurement, and implications. *Personnel Psychology, 49*(1), 1-49.

Kristoff-Brown, A. L., & Billsberry, J. (2013). Fit for the future. In A. L. Kristoff-Brown & J. Billsberry (Eds.), *Organizational fit: Key issues and new directions* (pp. 1-18). Oxford, England: Wiley-Blackwell. doi:10.1002/9781110320853.chl

Kyron, M. J., Rikkers, W., O'Brien, P., Bartlett, J., & Lawrence, D. (2021). Experiences of police and emergency services employees with worker's compensation claims for mental health issues. *Journal of Occupational Rehabilitation, 31*, 197-206. doi:10.1007/s10926-020-09909-8

Lam, C. F., Liang, J., Ashford, S. J., Lee, C. (2015). Job insecurity and organizational citizenship behavior: Exploring curvilinear and moderated relationships. *Journal of Applied Psychology, 100*(2), 400-510. doi:10.1037/a0038659

Latack, J. C., & Havlovic, S. J. (1992). Coping with job stress: A conceptual evaluation framework for coping measures. *Journal of Organizational Behavior, 13*, 479-508. doi:10.1002/job.4030130505

Lazarus, R. S., & Folkman, S. (1984). *Stress, appraisal, and coping*. New York: Springer. Leana, C. R., & Feldman, D. D. (1992). *Coping with job loss*. New York, NY: Lexington Books.

Lee, J. (2021). *Recovery from work: An investigation of the effects of shared recovery activities and companionship experiences during weekends on employee well-being*. Unpublished doctoral dissertation, University of Central Florida, Orlando, FL.

Lee, M. P., Hudson, H., Richards R., Chang, C. C.Chosewood, L. C., & Shill A. L. (2016). *Fundamentals of total worker health approaches: Essential elements for advancing worker safety, health, and well-being*. U.S. Department of Health and Human Services, Centers for Disease Control and Prevention, National Institute for Occupational Safety and Health.

Lehr, D., Koch, S., & Hillert, A. (2010). Where is (im)balance? Necessity and construction of evaluated cut-off points for effort-reward imbalance and overcommitment. *Journal of Occupational and Organizational Psychology, 83*(1), 251-261.

LePine, J. A., LePine, M. A., & Jackson, C. L. (2004). Challenge and hindrance stress: Relationships with exhaustion, motivation to learn, and learning performance. *Journal of Applied Psychology, 89*(5), 883-891.

LePine, J. A., Podsakoff, N. P., & LePine, M. A. (2005). A meta-analytic test of the challenge stressor-hindrance stressor framework: An explanation for inconsistent relationships among stressors and performance. *Academy of Management Journal, 48*(5), 764-775.

Lewin, K. (1943). Defining the "Field at a Given Time." *Psychological Review, 50*, 292-310.

Liu, C. (2003). *A comparison of job stressors and job strains among employees holding comparable jobs in Western and Eastern societies*. Unpublished doctoral dissertation. University of South Florida, Tampa, FL.

Liu, C., & Spector, P. E. (2005). International and cross-cultural issues. In J. Barling, E. K. Kelloway, & M. R. Frone (Eds.), *Handbook of occupational health psychology* (pp. 487-516). Thousand Oaks, CA: Sage.

Liu, S., & Wang, M. (2012). Perceived overqualification: A review and recommendations for research and practice, *Research in Occupational Stress and Well-Being, 42*, 1-42. doi:10.1108/S1479-3555(2012)000001005

Liu, C., Spector, P. E., & Shi, L. (2007). Cross-national job stress: a quantitative and qualitative study. *Journal of Organizational Behavior: The International Journal of Industrial, Occupational and Organizational Psychology and Behavior, 28*(2), 209-239.

Liu, J., Kwan, H. K., Fu, P. P., & Mao, Y. (2013). Ethical leadership and job performance in China: The roles of workplace friendships and traditionality. *Journal of Occupational and Organizational Psychology, 86*(4), 564-584.

Locklear, L. R., Sheridan, S., & Kong, D. T. (2022). Appreciating social science research on gratitude: An integrative review for organizational scholarship on gratitude in the workplace. *Journal of Organizational Behavior, 44*(2), 225-260. doi:10.1002/ job.2624

Luthans, F., Avolio, B., Avey, J. B., & Norman, S. M. (2007). Positive psychological capital: Measurement and relationship with performance and satisfaction. *Personnel Psychology, 60*, 541-572.

Martin, J. A., & Butler, F. C. (2015). The moderating effects of executive political skill on employee uncertainty post-acquisition. *Journal of Managerial Issues, 28*, 28-42.

Matteson, M. T., & Ivancevich, J. M. (1987). *Controlling work stress*. San Francisco, CA: Jossey-Bass.

May, D. R., & Schwoerer, C. E. (1994). Employee health by design: Using employee involvement teams in ergonomic job design. *Personnel Psychology, 47*, 861-876.

May, D. R., Reed, K., Schwoerer, C. E., & Potter, P. (2004). Ergonomic office design and aging: A quasi-experimental field study of employee reactions to an ergonomics intervention program. *Journal of Occupational Health Psychology, 9*(2), 123-135.

Mazzola, J. J., and Disselhorst, R. (2019). Should we be "challenging" employees? A critical review and meta-analysis of the challenge-hindrance model of stress. *Journal of Organizational Behavior, 40*, 949-961. doi:10.1002/job.2412

McGonagle, A. K., Schwab, L., Yahanda, N., Duskey, H., Gertz, N., Prior, L., Roy, M., & Kriegel, G. (2020). Coaching for primary care physician well-being: A randomized trial and follow-up analysis. *Journal of Occupational Health Psychology, 25*(5), 297-314. doi:10.1037/ocp0000180

McKee-Ryan, F., Song, Z., Wanberg, C. R., & Kinicki, A. J. (2005). Psychological and physical well-being during unemployment: A meta-analytic study. *Journal of Applied Psychology, 90*(1), 53-76.

Mesmer-Magnus, J., Manapragada, A, Viswesvaran, C., & Allen, J. (2017). Trait mindfulness at work: A meta-analysis of the personal and professional correlates of trait mindfulness. *Human Performance, 30*(2-3), 79-98. doi:10.1080/08959285.2017.1307842

Murphy, L. R. (1984). Occupational stress management: A review and appraisal. *Journal of Occupational Psychology, 57*, 1-15.

Nakahara, W. H. (2023). *Stress appraisals of organizational change: The role of adaptability and communication.* Unpublished doctoral dissertation, University of Central Florida, Orlando, FL.

National Council on Compensation Insurance. (1988). *Emotional stress in the workplace: New legal rights in the eighties.* New York, NY: Author.

National Council on Compensation Insurance. (1991). *Issues report, 1991.* Boca Raton, FL: Author.

Nelson, D. L., & Simmons, B. L. (2011). Savoring eustress while coping with distress: The holistic model of stress. In J. Quick & L. E. Tetrick (Eds.), *Handbook of occupational health psychology* (2nd ed., pp. 55-74). Washington, DC: American Psychological Association.

Ng, T. H., & Feldman, D. C. (2012). Employee voice behavior: A meta-analytic test of the conservation of resources framework. *Journal of Organizational Behavior, 33*(2), 216-234.

Nielsen, K., Randall, R., Holten, A.-L., & González, E. R. (2010). Conducting organizational-level occupational health interventions: What works? *Work and Stress, 24*(3), 234-259. doi:10.1080/02678373.2010.515393

Nixon, A. E., Mazzola, J. J., Bauer, J., Krueger, J. R., & Spector, P. E. (2011). Can work make you sick? A meta-analysis of the relationships between job stressors and physical symptoms. *Work & Stress, 25*(1), 1-22.

O'Brien, W., Horan, K. A., Singh, S. R., Moeller, M. M., Wasson, R. S., Jex, S. M., & Barratt, C. L. (2019). Relationships among training, mindfulness, and workplace injuries among nurse aides working in long-term care settings. *Occupational Health Science, 3*, 45-58. doi:10.1007/s41542-018-0031-7

Örtqvist, D., & Wincent, J. (2006). Prominent consequences of role stress: A meta-analytic review. *International Journal of Stress Management, 13*(4), 399-422. doi:10.1037/1072-5245.13.4.399

Ott-Holland, C. J., Shephard, W. J., & Ryan, A. M. (2017). Examining workplace wellness programs over time: Predicting participations and workplace outcomes. *Journal of Occupational Health Psychology, 24*(1), 163-180. doi:10.1037/ocp000096

Parks, K. M., & Steelman, L. A. (2008). Organizational wellness programs: A meta-analysis. *Journal of Occupational Health Psychology, 13*(1), 58-68.

Peeters, M. A. G., Van Tuijl, H. F. J. M., Rutte, C. G., & Reymen, I. M. M. J. (2006). Personality and team performance: A meta-analysis. *European Journal of Personality, 20*, 377-396.

Perrewe, P. L., & Ganster, D. C. (1989). The impact of job demands and behavioral control on experienced job stress. *Journal of Organizational Behavior, 10*, 213-229.

Peter, R., Geissler, H., & Siegrist, J. (1998). Associations of effort-reward imbalance at work and reported symptoms in difference groups of male and female public transport workers. *Stress Medicine, 14*, 175-182.

Peters, L. H., & O'Connor, E. J. (1980). Situational constraints and work outcomes: The influences of a frequently overlooked construct. *Academy of Management Review, 5*, 391-397.

Peters, L. H., & O'Connor, E.J. (1988). Measuring work obstacles: Procedures, issues, and implications. In F. D. Schoorman & B. Schneider (Eds.), *Facilitating work group effectiveness* (pp. 105-123). Lexington, MA: Lexington Books.

Peeters, M. A. G., Van Tuijl, H. F. J. M., Rutte, C. G., & Reymen, I. M. M. J. (2006). Personality and team performance: A metaanalysis. *European Journal of Personality, 20*, 377-396.

Peterson, M. F., Smith, P. B., Akande, A., Ayestaran, S., Bochner, S., Callan, V.... . Viedge, C., (1995). Role conflict, ambiguity, and overload: A 21-nation study. *Academy Management Journal, 38*, 429-452.

Pindek, S., & Spector, P. E. (2016). Organizational constraints: A meta-analysis of a major stressor. *Work and Stress, 30*(1), 77-25. doi:10.1080/02678373.2015.1137376

Podsakoff, N. P., Freiburger, K. J., Podsakoff, P. M., & Rosen, C. C. (2023). Laying the foundation for the Challenge-Hindrance Stressor Framework 2.0. *Annual Review of Organizational Psychology and Organizational Behavior, 10*, 165–199. doi:10.1146/ annurev-orgpsych-080422-052147

Ragu-Nathan, T., Tarafdar, M., Ragu-Nathan, B.S. & Tu, Q. (2008) The consequences of technostress for end users in organizations: Conceptual development and empirical validation. *Information Systems Research, 19*, 417–433.

Rentsch, J. R., & Schneider, B. (1991). Expectations for post combination organizational life: A study of responses to merger and acquisition scenarios. *Journal of Applied Social Psychology, 21*, 233–252.

Richardson, K. M. (2017). Managing employee stress and wellness in the new millennium. *Journal of Occupational Health Psychology, 22*(3), 423–428. doi:10.1037/ ocp0000066

Richardson, K. M., & Rothstein, H. R. (2008). Effects of occupational stress management intervention programs: A meta-analysis. *Journal of Occupational Health Psychology, 13*, 69–93.

Rodriguez-Muñoz, A., Sanz-Vergel, A. I., Demerouti, E., & Bakker, A. B. (2012). Reciprocal relationships between job demands, job resources, and recovery opportunities. *Journal of Personnel Psychology, 11*(2), 86–94.

Salamon, L. M., & Newhouse, C. L. (2020). The 2020 nonprofit employment report. *Nonprofit Economic Data Bulletin no. 48*. Johns Hopkins Center for Civil Society Studies. Baltimore, MD.

Santuzzi, A. M., & Barber, L. K. (2018). Workplace telepressure and worker wellbeing: The intervening role of psychological detachment. *Occupational Health Science. 2*, 337–362. doi:10.1007/s41542-018-0022-8

Sauter, S. L., & Hurrell, J. J., Jr. (2017). Occupational health contributions to the development and promise of Occupational Health Psychology. *Journal of Occupational Health Psychology, 22*(2), 251–258. doi:10.1037/ocp0000088

Sawyer, K. B., Thoroughgood, G. N., Stillwell, E. E., Duffy, M. K., Scott, K. L., & Adair, E. A. (2021). Being present and thankful: A multi-study investigation of mindfulness, gratitude, and employee helping behavior. *Journal of Applied Psychology, 107*, 240–262. doi:10.1037/apl0000903

Schaubroeck, J., & Merritt, D. E. (1997). Divergent effects of job control on coping with work stressors: The key role of self-efficacy. *Academy of Management Journal, 40*, 738–754.

Schaufeli, W. B., & Taris, T. W. (2014). A critical review of the Job Demands-Resources Model: Implications for improving work and health. In G. Bauer & O. Hämmig (Eds.), *Bridging occupational, organizational, and public health* (pp. 43–68). Dordrecht, the Netherlands: Springer. http://dx.doi.org/10.1007/978-94-007-5640-3_4

Schaufeli, W., & Taris, T. (2014). A critical review of the Job Demands-Resources Model: Implications for improving employee health. In G. F. Bauer & O. Hammig (Eds.), *Bridging occupational, organizational, and public health: A transdisciplinary approach* (pp. 43–68). Dolder.

Schaufeli, W. B., Bakker, A. B., & Van Rhenen, W. (2009). How changes in job demands and resources predict burnout, work engagement and sickness absenteeism. *Journal of Organizational Behavior, 30*(7), 893–917.

Schelfout, S., Bassleer, M., Wille, B., Van Cauwenberghe, S., Dutry, M., Fonteyne, L., Dirix, N., Derous, E., De Fruyt, F., & Duyck, W. (2022). Regressed person-environment interest fit, validating polynomial regression for a specific environment. *Journal of Vocational Behavior, 135*, 103748–103763. doi:https://doi.org/10.1016/j/jvb.2022.103748.

Schreurs, B., van Emmerik, H., Notelaers, G., & De Witte, H. (2010). Job insecurity and employee health: The buffering potential of job control and job self-efficacy. *Work & Stress, 24*(1), 56–72.

Schweiger, D. M., & DeNisi, A. S. (1991). Communication with employees following a merger: A longitudinal field experiment. *Academy of Management Journal, 34*, 110–135.

Seligman, M. E. (2018). Positive psychology: A personal history. *Annual Review of Clinical Psychology, 15*, 3.1–3.23.

doi:10.1146/ annurevue-clinpsy-050718-095-653

Selye, H. (1956). *The stress of life*. New York, NY: McGraw-Hill.

Shoss, M. K. (2017). Job insecurity: An integrated review and agenda for future research. *Journal of Management, 43*(6), 1911-1939. doi:10.1177/0149206317691574

Siegrist, J. (1996). Adverse health effects of high-effort/low-reward conditions. *Journal of Occupational Health Psychology, 1*, 27-41.

Siegrist, J. (2002). Effort-reward imbalance at work and health. In P. L. Perrewe & D. C. Ganster (Eds.), *Historical and current perspectives on stress and health* (pp. 261-291). Amsterdam, The Netherlands: JAI Elsevier.

Siegrist, J., & Li, J. (2020). Effort-reward imbalance and occupational health. In T. Theorell (Ed.), *Handbook of socioeconomic determinants of occupational health* (pp. 355-382). Switzerland: Springer Nature. doi:10.1007/ 978-3-030-31438-5_14

Siegrist, J., Starke, D., Chandola, T., Godin, I., Marmot, M., Niedhammer, I., & Richard, P. (2004). The measurement of effort-reward imbalance at work: European comparisons. *Social Science & Medicine, 58*, 1483-1499.

Sinclair, R. R., Allen, T., Barber, L., Britt, T. W., Bergman, M., et al. (2020). Occupational health science in the time of COVID-19: Now more than ever. *Occupational Health Science*. doi:10.1007/s41542-020-00064-3

Sliter, M., Jex, S. M., Wolford, K., & McInnerney, J. (2010). How rude! Emotional labor as a mediator between customer incivility and employee outcomes. *Journal of Occupational Health Psychology, 15*, 468-481.

Smith, J. C. (1993). *Understanding stress and coping*. New York, NY: Macmillan.

Smith, M. J., & Carayon, P. (2011). Controlling occupational safety and health hazards. In J. Quick, L. E. Tetrick (Eds.), *Handbook of occupational health psychology* (2nd ed., pp. 75-93). Washington, DC: American Psychological Association.

Sonnentag, S. (2015). Dynamics of well-being. *Annual Review of Organizational Psychology and Organizational Behavior, 2*, 61-93.doi:10.1146/annurev-orgpsych-032414111347

Sonnentag, S., & Frese, M. (2013). Stress in organizations. In I. B. Weiner (Series Ed.) & N. W. Schmitt & S. Highhouse (Vol. Eds.), *Handbook of psychology, Vol. 12: Industrial and organizational psychology* (2nd ed., pp. 560-592). Hoboken, NJ: Wiley.

Sonnentag, S., & Fritz, C. (2007). The Recovery Experience Questionnaire: Development and validation of a measure for assessing recuperation and unwinding from work. *Journal of Occupational Health Psychology, 12*(3), 204-221. doi:10.1037/1076-8998.12.3.204

Sonnentag, S., & Fritz, C. (2015). Recovery from job stress: The stressor-detachment model as an integrative framework. *Journal of Organizational Behavior, 36*(S1), 72-103. doi:10.1002/job.1924

Sonnentag, S., Binnewies, C., & Mojza, E. J. (2008). "Did you have a nice evening?" A day-level study on recovery experiences, sleep, and affect. *Journal of Applied Psychology, 93*(3), 674-684. doi:10.1037/0021-9010.93.3.674

Southwick, D. A., Tsay, T.-S., & Duckworth, A. L. (2019). Grit at work. *Research in Organizational Behavior, 39*, 1-17. doi:10.1016/j.riob.2020.1001.26

Sparks, K., Cooper, C., Fried, Y., & Shirom, A. (1997). The effect of hours of work on health: A meta-analytic review. *Journal of Occupational and Organizational Psychology, 70*, 391-408.

Spector, P. E., & Jex, S. M. (1998). Development of four self-report measures of job stressors and strain: Interpersonal conflict at work scale, organizational constraints scale, quantitative workload inventory, and physical symptoms inventory. *Journal of Occupational Health Psychology, 3*, 356-367.

Spector, P. E, Sanchez, J. I., Siu, L. O., Selgado, J., & Ma, J. (2004). Eastern versus Western control beliefs at work: An investigation of secondary control, socioinstrumental control, and work locus of control in China and the US. *Applied Psychology, 53*(1), 38–50.

Steed, L.B., Swider, B.W., Keem, S., Liu, J.T. (2021). Leaving work at work: A meta-analysis on employee recovery from work. *Journal of Management, 47(4)*, 867–897. doi:10.1177/01-49206319864153

Sung, W., Woehler, M. L., Fagan, J. M., Grosser, T. J., Floyd, T. M., & Labianca, G. J. (2017). Employees' responses to an organizational merger: Intraindividual change in organizational identification, attachment, and turnover. *Journal of Applied Psychology, 102*(6), 910–934. doi:10.1037/apl0000197

Sverke, M., Hellgren, J., & Naswall, K. (2002). No security: A meta-analysis and review of job insecurity and its consequences. *Journal of Occupational Health Psychology, 7*(3), 242–264.

Terry, D. J., & Jimmieson, N. L. (1999). Work control and employee well-being: A decade review. In C. L. Cooper & I. T. Robertson (Eds.), *International review of industrial and organizational psychology* (Vol. 14, pp. 95–148). Chichester: Wiley & Sons.

Tetrick, L. E., & Quick, J. C. (2011). Prevention at work: Public health in occupational settings. In J. C. Quick & L. E. Tetrick (Eds.), *Handbook of occupational health psychology* (2nd ed., pp. 3–20). Washington, DC: American Psychological Association.

Tetrick L. E., & Winslow C. J. (2015). Workplace stress management interventions and health promotion. *Annual Review of Organizational Psychology and Organizational Behavior, 2*, 583–603. doi:10.1146/annurevorgpsych-032414-111341

Theorell, T. (2020). The demand control support work stress model. In T. Theorell (Ed.), *Handbook of socioeconomic determinants of occupational health* (pp. 339–366). Switzerland: Springer Nature. http://doi.org/10.10.1007/978-3-030-31438-5_13

Tombaugh, J. R., & White, L. P. (1990). Downsizing: An empirical assessment of survivors' perceptions of a post layoff environment. *Organization Development Journal, 8*, 32–43.

Trubisky, P., Ting-Toomey, S., & Lin, S. (1991). The influence of individualism collectivism and self-monitoring on conflict styles. *International Journal of Intercultural Relations, 15*(1), 65–84.

Tubre, T. C., Sifferman, J. J., & Collins, J. M. (1996, April). *Jackson and Schuler (1985) revisited:* A *meta-analytic review of the relationship between role stress and job performance*. Paper presented at the annual meeting of the Society for Industrial and Organizational Psychology, San Diego, CA.

Tucker, L. A., Aldana, S., & Friedman, F. M. (1990). Cardiovascular fitness and absenteeism in 8,301 employed adults. *American Journal of Health Promotion, 5*, 140–145.

Tucker, M. K., Jimmieson, N. L., & Oei, T. P. (2013). The relevance of shared experiences: A multi-level study of collective efficacy as a moderator of job control in the stressor-strain relationship. *Work & Stress, 27*(1), 1–21.

Van De Vliert, E., & Van Yperen, N. W. (1996). Why cross-national differences in role overload? Don't overlook ambient temperature! *Academy of Management Journal, 39*, 986–1004.

Vinokur, A. D., van Ryn, M., Gramlich, E. M., & Price, R. H. (1991). Long-term follow-up and benefit-cost analysis of the Jobs program: A preventive intervention for the unemployed. *Journal of Applied Psychology, 76*, 213–219.

Virgili, M. (2013). Mindfulness-based interventions reduce psychological distress in working adults: A meta-analysis of intervention studies. *Mindfulness, 4*, 1–12.

Wagner, J. A. (1994). Participation's effect on performance and satisfaction: A reconsideration of research evidence. *Academy of Management Review, 19*, 312–330.

Wallace J. E. (1997). It's about time: A study of hours worked and work spillover among law firm lawyers. *Journal of*

Vocational Behavior, 50(2), 227–248. doi:10.1006/ jvbe.1996.1573

Wallace, J., Edwards, B. D., Arnold, T., Frazier, M., & Finch, D. M. (2009). Work stressors, role-based performance, and the moderating influence of organizational support. *Journal of Applied Psychology, 94*(1), 254–262.

Wanberg, C. R. (1997). Antecedents and outcomes of coping behaviors among unemployed and reemployed individuals. *Journal of Applied Psychology, 82*, 731–744.

Wang, Z., Jex, S. M., Peng, Y., Liu, L., & Wang, S. (2019). Emotion regulation in supervisory interactions and marital well-being: A spillover-crossover perspective. *Journal of Occupational Health Psychology, 24*(4), 467–481. doi:10.1037/ocp0000150

Webster, J. R., Beehr, T. A., & Love, K. (2011). Extending the challenge-hindrance model of occupational stress: The role of appraisal. *Journal of Vocational Behavior*, 79(2), 505–516.

Westman, M., Hobfoll, S. E., Chen, S., Davidson, O. B., & Laski, S. (2005). Organizational stress through the lens of Conservation of Resources (COR) theory. In P. L. Perrewé, D. C. Ganster (Eds.), *Exploring interpersonal dynamics* (pp. 167–220). New York, NY: Elsevier Science/JAI Press.

Wolever, R. Q., Bobinet, K. J., McCabe, K., Mackenzie, E. R., Fekete, E., Kusnick, C. A., & Baime, M. (2012). Effective and viable mind-body stress reduction in the workplace: A randomized controlled trial. *Journal of Occupational Health Psychology, 17*(2), 246–258.

Wood, M. D., Britt, T. W., Thomas, J. L., Klocko, R. P., & Bliese, P. D. (2011). Buffering effects of benefit finding in a war environment. *Military Psychology, 23*(2), 202–219.

Xie, J. L. (1996). Karasek's model in the People's Republic of China: Effects of job demands, control, and individual differences. *Academy of Management Journal, 39*, 1594–1618.

Xie, J. L., Schaubroeck, J., & Lam, S. S. (2008). Theories of job stress and the role of traditional values: a longitudinal study in China. *Journal of Applied Psychology, 93*(4), 831–848.

Yam, K. C., Tang, P. M., Jackson, J. C., Su, R., & Gray, K. (2022). The rise of robots increases job insecurity and maladaptive workplace behaviors: Multimethod evidence. *Journal of Applied Psychology*. Advance online publication. doi:10.1037/apl0001045

Zagelmeyer, S., Sinkovics, R. R., Sinkovics, N., & Kusstatscher, V. (2018). Exploring the link between management communication and emotions in mergers and acquisitions. *Canadian Journal of Administrative Sciences, 35*(1), 93–106. doi:10.1002/CJAS.1382

Zheng, X., Zhu, W., Zhao, H., and Zhang, C. (2015). Employee well-being in organizations: Theoretical model, scale development, and cross-cultural validation. *Journal of Organizational Behavior, 36*, 621–644. doi:10.1002/job.1990

Zickar, M. J., & Gibby, R. E. (2021). Four persistent themes throughout the history of I/O psychology in the United States. In L.L. Koppes (Ed.), *Historical perspectives in industrial and organizational psychology* (2nd ed., pp. 42–62). Mahwah, NJ: Erlbaum.

Zohar, D. (2003). Safety climate: Conceptual and measurement issues. In J. C. Quick & L. E. Tetrick (Eds.), *Handbook of occupational health psychology* (pp. 123–142). Washington, DC: American Psychological Association.

Zohar, D. (2011). Safety climate: Conceptual and measurement issues. In J. Quick, L. E. Tetrick (Eds.), *Handbook of occupational health psychology* (2nd ed., pp. 141–164). Washington, DC: American Psychological Association.

제8장

일과 조직에 대한 신념, 태도, 지각

Organizational Psychology and Organizational Behavior: Evidence-based Lessons for Creating Sustainable Organizations, Fourth Edition. Steve M. Jex, Thomas W. Britt, and Cynthia A. Thompson.

Companion website : www.wiley.com/go/organizationalpsychology4e

하루하루의 경험을 되돌아보면, 인간은 평가적 생명체라는 것을 알 수 있다. 즉 인간은 좋다거나 싫다는 차원으로 자신이 경험하는 많은 일을 바라본다. 예를 들어, 우리는 교류하는 사람, 관여하는 활동, 심지어 먹는 음식에 대해서 아주 분명한 선호를 가지고 있다. 이러한 평가하려는 성향은 직장에서도 종업원으로 하여금 자신이 수행하는 직무에 대해 좋거나 싫다는 느낌을 형성하게 한다. 대부분의 사람들은 자신의 일과 속한 조직에 대해 긍정적이든 부정적이든 일종의 의견을 가지고 있다.

인간은 또한 애착을 형성하고 몰입을 발달시키는 경향이 있다. 우리 대부분은 타인, 아이디어, 심지어는 특정 기관에 대해서 몰입감을 발전시킨다. 일터에서 이런 경향은 직원들이 자신이 속한 조직에 대한 몰입 수준으로 표출된다. 직원들이 조직에 몰입하는 데는 다양한 이유가 있을 수 있다. 이유는 다양하지만 이런 몰입감은 개별 종업원 및 조직 전체에 중요한 영향을 미친다.

이 장에서는 사람들이 그들이 속한 일터를 어떻게 지각하고 평가하는지를 확인하고 이러한 지각과 평가가 직무 수행, 유지율, 건강 수준 및 웰빙에 갖는 영향을 확인한다. 조직심리학과 조직행동 분야의 핵심이 될 수 있는 두 가지 주제인 (1) 직무 만족과 (2) 조직 몰입을 다룬다. 직무 만족은 본질적으로 종업원이 자신의 직무에 대해 가지는 전반적인 평가로, 자신의 직무와 직무 상황에 대한 긍정적인 정서를 뜻한다. 직무 만족과 밀접하게 관련된 조직 몰입은 조직 구성원이 조직에 대해 가지는 애착 및 충성심을 말한다. 조직 연구자들은 이 두 변인을 광범위하게 연구해 왔는데, 이론적 측면과 실용적 측면에서 중요한 여러 결과와 연관되기 때문이다.

더 최근에는 일터에서 직원들의 다양한 지각과 믿음을 연구하는 연구가 늘어나고 있으며, 조직 지지 지각, 조직 정당성, 열의, 조직 동일시, 직무 배태성 등의 개념이 이에 해당한다. 이에 더해서, 조직 연구자들 사이에 각 변인을 별도로 고려하는 것이 아니라 여러 변인을 함께 고려하여 이러한 조합이 직장인과 조직 모두에게 중요한 결과변인을 예측하는지를 보는 것이 중요하다는 인식이 쌓이고 있다. 최근 연구에서는 각각의 다양한 직무변인이 서로 어떻게 다른지에 대한 질문을 다루고 있으며(Woznyj et al., 2022) 이 장의 마지막에 이러한 사항을 논의하였다.

직무 만족

직무 만족(job satisfaction)은 의심할 바 없이 조직심리 및 조직행동 영역에서 가장 많이 연구된 주제 중 하나이다. 1976년 Edwin Locke가 집필한 **산업 및 조직심리학 핸드북**(Handbook of Industrial and Organizational Psychology)에서 직무 만족을 다룬 연구들이 수천 편에 이른다고 보고하였다. 이 분석이 대략 50년 전 일이므로, Locke에 의해 인용된 수치가 현재는 훨씬 급증하였을 것이다. 사실 우리는 이 책을 집필하면서 구글 스콜라(Google Scholar)로 job satisfaction을 검색했고(2022년 8월 22일),

3,720,000개가 넘는 연구를 찾았다! 이런 직무 만족에 대한 높은 연구 관심은 산업 및 조직심리학 분야 내·외부로부터 많은 주목을 받게 만들었다. 예를 들어, 이 책의 저자가 대학원 시절 산업 및 조직심리학 분야가 아닌 어떤 교수가 산업 및 조직심리학을 "자신의 직무를 좋아하게 만드는 방법을 사람들에게 질문하는 101가지 방법…"이라고 정의했던 것이 기억난다. 이 사람의 말이 약간 익살스러운 면이 있기는 하더라도(실제로 이 교수는 매우 재미있는 사람이다) 이 말 속에는 어느 정도의 진실이 확실히 숨겨져 있다.

직무 만족의 정의

직무 만족은 종업원이 자신의 직무에 대해 갖는 우호적 또는 비우호적인 전반적인 평가로 정의되며(예 : Locke, 1976; Spector, 1997), 종업원이 직무에 대해 가질 수 있는 많은 태도 중 하나이다(Eagly & Chaiken, 1993 참조). 모든 태도와 마찬가지로, 직무 만족은 개인이 자신의 직무와 관련해서 가지고 있는 감정, 사고, 행동으로 구성된다(Breckler, 1984). 대부분의 연구자들은 직무 만족의 감정적 요소를 강조한다. 그러나 직무 만족의 인지적 요소와 행동적 요소 역시 이 구성 개념의 중요한 요소이다(Schleicher et al., 2011).

직무 만족의 인지적 요소란 자신의 직무 또는 직무 상황에 관한 종업원의 신념(beliefs)을 표상한다. 몇 개만 예를 든다면, 종업원은 자신의 직무가 흥미롭고, 자극적이고, 지루하다거나 할 일이 많다고 믿을 수 있다. 이것은 인지적인 신념을 나타내는 것이지만 이전에 기술한 감정적 요소와 완전히 독립적인 것은 아니다. 예를 들어, '내 직무는 흥미진진하다'고 하는 진술문 또는 신념은 직무에 대한 긍정적인 감정과 강하게 연결되어 있을 가능성이 있다. 조직 연구자들은 태도와 신념의 개념을 상호 호환하여 사용한다. 태도와 신념의 가장 큰 차이는 태도는 특정 물건(예 : 직무)에 대한 평가를 강하게 설명하고, 신념은 직무의 요소와 관련된 지각을 일컫는다.

직무 만족의 행동적인 요소는 자신의 직무에 대한 종업원의 행동 또는 **행동 경향성**(behavioral tendencies)을 말한다. 규칙적으로 회사에 출근하려 하고, 열심히 일하고, 조직 구성원으로 오래 남아 있으려고 하는 사실들로 종업원의 직무 만족 수준이 표현될 수 있다. 직무 만족의 정서적 또는 인지적 요소와 비교해볼 때 행동적 요소는 덜 정보적인데, 개인의 태도가 언제나 개인의 행동과 일치하는 것은 아니기 때문이다(Fishbein, 1979). 예를 들어, 종업원이 자기 직무를 싫어하지만 재정적인 이유 때문에 직무에 남아 있으려고 할 수도 있다. 이에 덧붙여, Dalal(2013)은 많은 연구가 태도의 정서적·인지적 요소가 행동 결과들과 관련되는 조건들을 설정하였다는 것을 지적한다. 그래서 대부분의 직무 만족 개념과 측정치는 정서적 요소나 인지적 요소에 초점을 맞추게 된다.

직무 만족을 이해하기 위해 태도의 삼각 접근법을 활용하지만, 직무 만족의 복잡한 본질을 이해하고자 최근 인과적 태도 네트워크[Causal Attitude Network(CAN); Dalege et al., 2016]라는 모델이 등장하기도 했다. CAN은 다양한 감정적, 인지적, 행동적 요소가 복합적인 시스템으로 작용하는 태도를 더 잘 나타내는 모델이다.

Carter 등(2020)은 직무 만족과 관련된 다양한 생각, 감정, 행동이 중요한 결과를 예측하는 방식에 대해 더 잘 이해하고자 최근 CAN 모델을 직무 만족에 적용하였다. CAN의 주요 구성요소는 태도 대상에 대한 평가 반응을 나타내는 **노드**(nodes)와 이러한 평가 반응 간의 연결을 나타내는 **에지**(edges) 개념이 포함된다. 직무 만족의 경우, 노드의 예로는 자신의 직무를 즐긴다는 평가 반응(감정적)이나 직무가 자신의 강점을 활용하지 않는다는 평가 반응(인지적)이 될 수 있다. 에지는 직무에 대한 다양한 평가 반응 간의 연결을 포함하며, 동일한 정서가(valence)를 가진 노드들 사이에서는 더 강한 에지가 존재한다. 또한 동일한 영역을 다루는 평가 반응 간에는 더 강한 에지가 있을 수 있는데, 예를 들면 급여에 대한 만족과 승진 기회에 대한 만족 사이의 관계는 더 강할 수 있다. 마지막으로 네트워크의 더 중심에 있는 평가는 다른 평가나 다중의 평가와 더 강한 연결 관계를 가지고 있다. Carter 등(2020)은 직무에 대한 중심적인 감정적 평가가 네트워크에서 덜 중심적인 인지적 평가보다 이직과 같은 결과를 더 잘 예측한다는 증거를 보여주었다. 네트워크 분석은 직원들의 직무에 대한 복잡한 신념을 더 잘 특성화할 수 있다는 것을 고려할 때, 직무 분석의 CAN 모델은 향후 연구를 이끄는 역할을 할 것이다.

직무 만족의 측정

조직 연구자와 실무자들이 직무 만족을 중요시하는 만큼, 이 구성 개념을 측정할 수 있는 신뢰할 수 있고 타당한 측정치를 개발하는 것이 매우 중요하다. 직무 수행에 관한 연구에서 배운 것처럼, 만일 당신이 어떤 사실을 측정할 수 없다면 그것을 연구하는 것은 불가능한 일이다. 다행히 조직 연구자들이 활용할 수 있는 여러 가지 신뢰할 수 있고 타당한 직무 만족 측정치들이 있다. 이 절에서는 가장 널리 사용되는 네 가지 측정치를 소개하겠다.

가장 최초의 직무 만족 측정치 중 하나는 1950년대 중반에 Kunin이 개발한 **얼굴 표정 척도**(Faces Scale)이다(Kunin, 1955). 〈그림 8.1〉에서 볼 수 있듯이 이 척도는 각기 다른 정서적 표현을 담고 있는 얼굴 표정들로 구성되어 있다. 응답자들에게 단순히 6개 얼굴 표정 중 어느 것이 직무에 대해 가지고 있는 전반적 만족감(feelings of overall satisfaction)을 가장 잘 나타내고 있는지를 표시하라고 요구한다. 이 얼굴 표정 척도가 지닌 주요 장점은 단순성으로, 응답자는 설문지에 응답하기 위해 높은 수준의 독해 능력을 가지고 있지 않아도 된다. 만약 학력이 낮은 종업원 표본을 대상으로 연구를 진행하고 있다면, 이 척도를 사용하는 것이 좋은 선택이 될 것이다.

얼굴 표정 척도가 가지고 있는 잠재적인 약점은 직무의 여러 다른 측면에 대해 종업원이 갖고 있는 만족도에 대한 정보를 연구자가 얻을 수 없다는 것이다. 만약에 어떤 종업원이 얼굴 표정 척도의 낮은 값 중 하나('찡그린 얼굴')를 채택했다 하더라도, 이 수치는 불만족의 근원이 급여, 상사, 혹은 일 자체

당신이 일에 대해 일반적으로 느끼는 정도를 표현한 얼굴 표정을 찾아서 표시하십시오. 일에 대한 전반적인 느낌을 일, 급여, 상사, 승진 기회, 함께 일하는 사람들을 포함해서 평가하십시오.

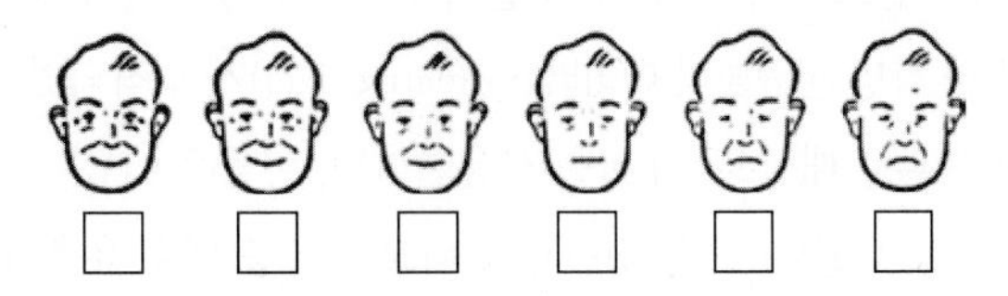

그림 8.1 얼굴 표정 척도

출처 : Kunin(1995)/John Wiley & Sons.

중 어느 것인지에 대해서 연구자에게 아무런 정보도 주지 않는다. 따라서 연구자가 만족, 불만족의 근원을 찾아내는 데 관심이 있다면 얼굴 표정 척도의 가치는 다소 제한적일 것이다.

아주 널리 사용되는 또 다른 척도는 **직무기술 지표**(Job Descriptive Index, JDI)로, 1960년대 후반 코넬대학교의 Patricia Cain Smith와 동료들이 개발하였다(Smith et al., 1969). JDI의 예시 문항들이 〈표 8.1〉에 제시되어 있다. 언뜻 보고도 알 수 있는 한 가지 사항은 JDI는 응답자에게 자신의 직무에 대해 기술하도록 요구하기 때문에 이런 이름이 붙여졌다는 것이다. 또한 얼굴 표정 척도와 비교해볼 때, JDI를 사용할 경우 직무의 여러 측면과 업무환경에 대한 점수를 얻을 수 있다. JDI는 업무, 급여, 승진 기회, 상사 및 동료 등 각 측면에 대한 점수를 제공해 준다. JDI 사용자는 전반적인 직무 만족 지표를 산출하기 위해 각 측면의 점수를 결합하기도 하지만 이런 관행은 JDI 개발자들이 추천하는 사항은 아니다.

JDI의 주요 장점은 이 척도의 구성 타당도가 많은 연구에 의해 지지받았다는 것이다. 더욱이 연구

표 8.1 직무기술 지표(JDI)의 예시 문항

현재 종사하고 있는 일을 생각하십시오. 각각의 단어, 문구 옆 공란에 그것이 당신의 일을 묘사하면 Yes를 뜻하는 Y를, 당신의 일을 묘사하지 않으면 No를 뜻하는 N을, 결정할 수 없을 경우에는 ?로 표기하십시오.

일	급여	승진
__ 환상적이다.	__ 겨우 먹고살 만한 수준이다.	__ 다소 제한적인 승진 기회
__ 즐겁다.	__ 나쁘다.	__ 능력에 따른 승진
__ 결과를 볼 수 있다.	__ 괜찮은 편이다.	__ 정기적인 승진

출처 : Smith (1975). Reproduced by permission/Bowling Green State University.

자들은 아직도 계속해서 이 척도를 개선하기 위해 노력하고 있다('참고 8.1' 참조). 따라서 JDI에 관한 초기 개발 및 후속 연구들은 본보기가 된다. 이와 같이 연구를 오랫동안 수행하여 얻은 한 가지 성과는 여러 해에 걸쳐 JDI에 관해 상당한 **규범적 데이터**(normative data)가 누적되었다는 것이다. 따라서 연구자나 컨설턴트가 간호사 표본을 대상으로 JDI를 사용한다면, 이들은 이 점수를 동일한 직업 내 규준에서 얻은 점수와 비교할 수 있게 된다. 규준 집단과의 비교는 종종 매우 유용하게 활용될 수 있다. 예컨대 최고경영자가 자기 조직 직원들의 직무 만족 수준을 유사한 직군의 직원이나 동일 산업 및 직군 내의 직원들과 비교하고자 할 경우 아주 유용할 수 있다.

JDI와 관련된 많은 연구가 시행되었지만, 이 척도와 관련된 단점은 많이 연구되지 않았다. 그러나 JDI를 사용할 때 한 가지 문제점이 있는데 이는 전반적인 만족을 측정하는 척도가 빠져 있다는 것이다. 앞서 언급한 것처럼, 어떤 경우 연구자들은 종업원들의 전반적인 만족 수준을 간단히 측정하고 싶어 할 수 있는데, JDI는 이를 허용하지 않는다. 이를 해소하기 위해 JDI 개발자들은 **일반적 직무 척도**[Job in General(JIG) Scale]라는 것을 개발하였다(Ironson et al., 1989). JIG는 JDI를 본떠서 만들었으며, 직무의 구체적인 측면에 대해 질문하기보다 직무 전반에 대해 질문하는 형용사와 절로 구성되어 있다. JIG는 JDI보다 상대적으로 자주 사용되지는 않지만, 최근 몇몇 연구에서 이 척도의 타당도가 확인

참고 8.1

JDI의 유산

직무기술 지표(JDI)는 의심할 바 없이 가장 자주 그리고 널리 사용되고 있는 직무 만족 측정 도구이다. 이렇게 널리 사용되게 된 이유 중 하나는 기존에 이미 상당한 연구와 발전이 이루어졌는데, 이런 노력이 계속해서 진전되고 있기 때문이다. JDI는 코넬대학교의 Patricia Cain Smith와 동료들이 1960년대 초반에 개발했다. 1960년대 중반에 Smith 박사가 코넬대학교에서 볼링그린주립대학교로 옮기고 난 후, 그녀는 교수와 대학원생들로 구성된 JDI 연구그룹을 설립하였다.

여러 해 동안 JDI 연구그룹은 전국적인 표준 기준을 제정하고 도구를 더 정교하게 만들려는 연구를 수행하였다. 이 그룹은 오늘날까지도 이런 노력을 계속하고 있으며, JDI에 기반을 둔 많은 다른 측정 도구를 개발하였다. 볼링그린에 있는 JDI 연구그룹은 JDI를 사용하는 연구 자료의 저장소로서 기능하고 있다. 그 결과, 이 그룹은 수많은 자료 집합으로 구성된 대단한 데이터 기록을 수집하게 되어 약 25년 동안 12,000개 이상의 사례를 확보하게 되었다. 최근 이 그룹은 이 자료의 일정 부분을 직무 만족과 직업 스트레스, 은퇴 및 직무 설계와 같은 관련 영역에 관심을 가지고 있는 외부 연구자들도 활용할 수 있도록 하였다.

전반적으로, JDI는 산업 및 조직심리학 분야에서 지금까지 시행된 가장 포괄적이며 모범적인 척도 개발 노력을 거쳐 만들어진 척도 중 하나이다. 또한 이는 척도 개발을 어떻게 해야 하며, 자료를 연구 공동체에 제공함으로써 연구 분야 전체에 어떤 기여를 할 수 있는지를 보여주는 모범 사례를 보여주고 있다. 아래에 제공된 웹사이트를 방문하면 JDI가 조직심리 영역에서 어떻게 사용되고 있는지 최신 정보를 확인할 수 있다.

출처 : http://www.bgsu.edu/departments/psych/JDI.

되었다(Skibba & Tan, 2004). 그 외에 Russell 등(2004)도 조직 연구자들이 매력을 느낄 만한 이 척도의 단축형 척도를 개발했다.

세 번째로 조직 연구자들이 많이 사용 및 활용하고 있는 직무 만족 측정치는 **미네소타 만족 설문지**(Minnesota Satisfaction Questionnaire, MSQ)이다. MSQ는 JDI가 개발된 시기와 대략 비슷한 시기에 미네소타대학교의 연구팀에 의해 개발되었다(Weiss et al., 1967). MSQ의 원래 설문지는 〈표 8.2〉에 제시된 20개 업무 영역을 측정하는 100개 문항으로 구성되어 있고, **단축형** MSQ 설문은 20개 문항으로 구성되어 있다. 그러나 단축형 설문지는 영역별 만족도 점수를 산출하도록 설계되어 있지 않다.

MSQ를 구성하는 문항들은 직무의 여러 측면에 대한 진술문으로 구성되어 있어서 응답자들은 각 항목에 대해 각기 만족 수준을 선택하도록 요구된다. 예를 들어, 반응자에게 '매시간 바쁘게 움직일 수 있는 것'과 같은 활동 수준 문항이 주어지고, 이 진술문에 대해 만족 수준을 선택하도록 요구한다. JDI와 비교해볼 때 MSQ는 보다 감정 기반의 측정치라 할 수 있다. 즉 반응자는 단순히 기술하는 것이 아니라 좋고 싫음을 표시하도록 요구된다.

JDI와 같이, MSQ를 개발하고 구성 타당도를 확보하기 위해 많은 연구가 시행되었다. MSQ 또한 직무나 업무환경의 여러 측면에 대해 종업원 만족도 수준에 대한 정보를 제공해 준다. 앞서 설명한 것처럼 이런 유형의 정보는 조직이 내부 종업원에 관해 의견조사를 시행할 때 특히 유용하다. 예를 들어 특정 영역에 대한 만족도 수준이 다른 영역에 비해 낮다면 이는 조직이 이 영역의 변화를 시도해야 한

표 8.2 미네소타 만족 설문지에서 측정하는 직무 만족 차원의 종류

활동	능력 활용
독립	회사 정책 및 관행
다양성	보상
사회적 지위	승진
상사(인간관계)	책임감
상사(기술적)	창의성
도덕적 가치	작업환경
안정성	동료
사회 서비스	인정
권한	성취
상사(인간관계)	회사 정책 및 관행

출처 : Weiss et al.(1967).

다는 것을 시사한다. MSQ의 유일한 주요한 단점은 설문지의 길이다. 100개 문항으로 된 MSQ의 설문은 시행하기 매우 어려우며, 연구자들이 다른 변인들을 추가적으로 측정하고자 할 때는 더욱 그러하다. 20개 문항으로 구성된 단축형 설문지조차도 다른 만족도 측정치보다는 상당히 긴 형태이다. 다른 잠재적인 단점은 20개의 측면이라는 포괄적인 차원에도 불구하고 오늘날 작업자들에게 중요한 건강한 일과 삶의 균형, 조직 구성원 모두가 존중받고 가치 있다고 느끼는 포용의 문화, 유연근무제, 재택근무제와 같은 차원이 포함되지 않았다.

마지막 직무 만족 측정치는, 지금까지 기술된 여타 측정치들처럼 광범위하게 사용되지는 않지만, 그래도 상당히 양호한 심리측정적 속성을 갖춘 **직무 만족 조사**(Job Satisfaction Survey, JSS)이다. 이 척도는 원래 인적 서비스에 종사하는 직원들의 직무 만족을 측정하기 위한 도구로서 Spector(1985)가 개발했다. JSS는 9개 영역의 직무와 업무환경을 측정하는 36개 문항으로 설계되었다. JSS에 의해 측정되는 영역들은 〈표 8.3〉에 있다.

이 절에 기술된 다른 측정치와 비교해볼 때 JSS는 꽤 전형적이다. 즉 항목들은 개인의 직무나 직무 상황에 관한 진술들로 되어 있다. 반응자들은 각 항목에 자신들이 동의하는 정도를 표시하도록 요구된다. 척도 유형으로 볼 때 JSS는 JDI와 다소 유사하다고 할 수 있는데, MSQ보다 조금 더 기술적인 성질을 가지고 있기 때문이다. 그러나 JSS는 JDI와 달리 영역 점수를 합산함으로써 전체 만족 점수를 계산할 수 있다. JDI 및 MSQ와 비교해볼 때 JSS를 지지하는 자료들이 그만큼 많은 것은 아니지만, 이 척도의 심리측정적 속성을 지지해 주는 증거들은 여전히 인상적이다(Spector, 1997, 2022). 게다가 Spector는 JSS에 대해 상당히 포괄적인 규범적 데이터베이스를 구축하였다. 여기에는 다양한 직무 유형, 여러 조직 및 국가별 자료들이 망라되어 있다.

마지막 직무 만족 측정치는 미시간 조직 진단 설문지(Michigan Organizational Assessment Questionnaire)의 직무 만족 하위척도이다(Cammann et al., 1983). 이 설문지에는 조직 지각과 태도에 관한 긴 측정 도구가 포함되어 있으나, 직무 만족은 3개의 문항으로 구성된 전반적인 직무 만족 측정

표 8.3 직무 만족 조사(JSS)로 측정한 차원의 종류

급여	승진
상사	혜택
조건부 보상	실행 절차
동료	일의 특성
커뮤니케이션	

출처 : Spector(1997). Reproduced by permission of Sage Publications.

치이다. 3개의 문항은 '(1) 전반적으로, 나는 내 직무에 만족한다, (2) 일반적으로, 나는 내 직무가 싫다, (3) 일반적으로, 나는 여기서 일하는 것이 좋다'이다. Bowling과 Hammond(2008)는 이 직무 만족 측정치와 이론상 관련있는 변인들 간의 79가지 관계에 대해 메타분석을 시행하였고, 이 측정치가 업무 스트레스 및 조직 지각과 같은 구성 개념(예 : 직장에서의 공정성 지각 및 업무 의미성 지각)과 상관을 보인다는 것을 발견하였다.

결론적으로, 전반적인 직무 만족을 측정하고 직무의 다양한 차원을 측정하는 타당한 측정치가 많이 있다. 이런 척도들에 대한 많은 규준 정보는 유사한 직업과 조직에서 근무하는 다른 종업원들과 자기 종업원들을 비교하려는 조직 연구자들에게 특히 유용하다. 직무 만족 측정치를 살펴보았으니, 다음 절에서는 직무 만족을 예측하는 주요 요인이라는 중요한 주제를 다루겠다. 직무 만족 분야에 중대한 기여를 한 조직 학자 중 한 명은 Paul Spector 박사이며 이 장의 '연구자 소개'에 소개되었다.

직무 만족의 예측 요인

지난 수년 동안 직무 만족에 대해 시행된 많은 연구들은 직원들의 직무 만족 수준을 결정하는 것이 정확하게 무엇인지를 설명하고자 했다. 직무 만족의 발전 과정을 이해하는 것이 조직 연구자들에게 이론적으로 중요한 일임은 확실하다. 이는 직원들의 직무 만족 수준을 알고 직무 만족이 다른 중요한 결과물에 미치는 영향을 알고자 하는 조직의 실용적인 관심에서도 역시 중요하다.

직무 만족의 발달 과정을 설명하는 3개의 일반적 접근 방법이 있는데, 이는 (1) **직무 특성**(job characteristics), (2) **사회 정보 처리**(social information processing), (3) **성향**(dispositional) 접근법이다. 직무 특성 접근법에 따르면, 직무 만족은 직원이 수행하는 직무의 특성 혹은 직원이 일하는 조직의 특성에 의해 결정된다. 이 견해에 따르면, 직원은 자신의 직무와 조직을 인지적으로 평가해서 상대적인 만족 수준을 결정한다.

직무 상황에 반영해서 직무 만족의 발전 과정을 설명하는 여러 가지 모델이 수년에 걸쳐 제안되었다(Dalal, 2013). 이 모델들 간에 차이가 있지만, 모델들 사이에 관통하는 공통주제는 직무 만족이 주로 직원들의 비교에 의해 결정된다는 것이다. 이때 비교란 현재 직무가 제공하는 것과 제공받기를 바라는 것 사이의 비교를 뜻한다. 직무의 급여, 근무 조건, 감독과 같은 각 측면에 대해서 직원들은 자신이 현재 받고 있는 것을 평가한다. 이런 평가는 직원들이 특정 측면에 대해 자신이 받아야 한다고 느끼는 것과 비교할 때 의미 있게 된다. 이런 지각은 직원의 기술, 그들이 직무에 투입하는 시간의 양, 다른 고용 기회 가능성 등과 같은 다양한 요인에 의해 영향을 받는다.

만약 직원들이 현재 자신이 받아야 한다고 느끼는 것에 상응하거나 그 이상을 받고 있다고 지각하게 되면 그들은 만족한다. 만약 그렇지 않다면 불만족감이 야기될 것이다. 이것이 어떻게 작동하는지 보여주는 간단한 예는 다음과 같다. 어떤 종업원이 현재 연봉 72,000달러를 받는다고 가정해보자.

연구자 소개

PAUL E. SPECTOR 박사

내가 대학원생이었을 때, 사회심리학자인 Lou Penner와 함께 연구를 시작했다. 그는 밀그램(Milgram) 연구에서 나온 복종 효과의 경계 조건에 관심이 있었고, 우리는 사람들이 권위에 불복종하려면 무엇이 필요한지 알아보려 했다. 우리가 연구하던 행동은 도구적 공격성의 한 형태였기 때문에, 나는 그 주제에 더 폭넓게 관심을 갖게 되었다. 내 논문과 초기 연구들은 그 당시 인기를 끌었던 실험실 내의 공격성 연구가 주를 이루었다. 종합 시험을 마친 직후, 논문 지도 교수인 Steve Cohen은 만약 내가 산업 및 조직심리학자가 된다면 공격성에 대한 연구를 일터에 적용해보라고 제안했다.

처음 Steve 교수의 제안을 들었을 때는 직장에서 공격성을 연구하는 것은 바보 같은 일이라고 생각했다. 두 번째로 든 생각은, 익명의 설문지를 사용하면 직장 내 공격성을 연구할 수 있을지도 모른다는 것이었다. 그래서 나는 인턴십 지도 교수에게 그 아이디어를 제안했고, 그는 조직의 직원들을 대상으로 설문 조사를 하도록 허락했다. 이 연구는 *Journal of Applied Psychology* 저널에 실린 나의 첫 번째 논문(Spector, 1975)으로 이어졌으며, 이 논문은 주요한 좌절-공격 가설(frustration-aggression hypothesis)에 관한 현장 연구였다. 이 연구에서 사람들의 직무에 대한 느낌이 다른 사람들을 향한 공격적 행동뿐만 아니라 조직을 대상으로 한 다양한 해로운 행동과도 관련이 있다는 것을 보여주었다. 몇 가지 추가 연구를 하고 수십 년이 지난 후, 직장 내 공격성 연구는 반생산적 직무 행동(CWB)이라는 이름으로 알려지게 되었다. Steve 교수의 제안은 바보 같기는커녕 정말 훌륭한 아이디어였다.

대학을 졸업하고 학계의 첫 번째 직장인 사우스플로리다대학교 비즈니스 스쿨에서 일하기 시작했을 때, 대학원에서 배웠던 근로자의 감정과 웰빙에 관한 주제는 거의 전적으로 직무 만족에 관한 것이었다. 직무 만족은 인기 있는 주제였고, 적어도 미국에서는 직무 성과 및 재정적 성과와 관련지을 수 있을 때만 유의한 것으로 여겨졌다. 하지만 나는 나의 사회심리학 뿌리 덕분에 현장의 조직심리학에 더 관심이 있었고, 내 초점은 조직보다는 조직 구성원의 복지에 더 맞춰져 있었다. 1976년경, 영국의 Peter Warr과 Toby Wall이 쓴 *Work and Well-Being*이라는 책을 접하게 되었다. 유럽의 조직심리학은 미국의 산업 및 조직심리학보다 훨씬 더 직원 중심적이었고, 그 책은 직무 만족을 넘어 직업 스트레스와 건강 같은 주제들을 다루고 있었다. 이 책은 나에게 큰 영감을 주었고, 내 연구의 방향을 바꾸어 놓았다.

대학원을 졸업하고 나서, 직무 만족과 같은 직

원의 태도와 평가 방법에 큰 관심을 가졌다. 연구를 계획하기 시작하면서, 연구에서 사용되는 주요 직무 만족 측정 도구들을 무료로 사용할 수 없다는 것을 알게 되었다. 평가에 사용할 자원이 한정되어 있었기 때문에 가장 좋은 방법은 나만의 직무 만족 측정 도구를 직접 만드는 것이라고 생각했다. 문헌에서는 직무 만족의 잠재적인 차원이나 측면에 대해 긴 목록을 언급하고 있었다. 예를 들어, 미네소타 만족도 조사에는 20개의 하위척도가 있다. 나는 그보다 더 짧은 것을 만들고 싶었고, 아홉 가지 측면으로 구성된 직무 만족 조사(JSS)를 만들었다. 이는 매우 인기있는 측정 도구가 되어(Spector, 1985) 매년 수백 건의 사용 허가 요청을 받는다. 이 척도의 아홉 가지 측면을 결정하게 된 뒷배경을 하나 이야기하자면, 1970년대의 통계 소프트웨어는 오늘날과 비교했을 때 제한적이었다. 내가 사용할 수 있었던 항목 분석 프로그램은 9개의 하위척도로 제한되어 있었기 때문에, 편의를 위해 척도를 9개 차원으로 제한하기로 결정했다.

경영대학원에 있을 때 나는 직업 스트레스와 근로자 건강에 대한 연구를 시작했다. 나의 첫 번째 스트레스 연구는 항공교통관제사들을 대상으로 한 것이었다. 내 학생 중 한 명이 항공교통관제사였고, 그는 직장에서 설문지를 배포할 수 있었다. 우리가 발견한 것은 관제사의 직무 만족이 소화장애나 두통과 같은 신체적 건강 증상과 관련이 있다는 것이었다. 불행히도 우리는 당시 미국에서의 최신 동향과 약간 동떨어져 있었다. 우리는 이 연구 결과를 *Journal of Applied Psychology*에 보냈지만, 산업 및 조직심리학 분야에서 관련성이 없다는 이유로 거절되었다. 나는 실무자로 경력을 전환하려고 했었기 때문에 이 연구를 접어두었고, 연구는 결국 출판되지 않았다. 약 10년 후, 학계로 다시 돌아와 같은 저널에 직업 스트레스와 직무 만족에 대한 논문(Spector et al., 1988)을 출판할 수 있었다. 이 논문은 이 책의 공동 저자인 Steve Jex와 함께 작성했다.

내 경력 전반에 걸쳐 직무 만족은 중요한 연구 주제였다. 나의 많은 연구에서 직무 만족을 다루었으며, 이에 대해 두 권의 책도 집필했다(Spector, 1997, 2022). 나는 직무 만족이 한 사람이 자신의 직무에 얼마나 잘 적응했는지를 반영하는 중요한 변인이라고 생각한다. 나는 대학에서 은퇴한 후 최근 몇 년 동안 시간제 겸임 교수와 시간제 조직 개발 컨설턴트로 활동하고 있다. 계속되는 연구 중 상당 부분이 개입 연구이며, 직무 만족은 여전히 그 연구들에서 중요한 역할을 하고 있다.

Paul E. Spector 박사는 뉴욕시에서 태어나 9살 때 가족과 함께 플로리다주 새러소타로 이사했다. 그는 사우스플로리다대학교(USF)에서 심리학 학사 학위와 산업 및 조직심리학 석사 및 박사 학위를 받았다. 다양한 학문적·실무적 직책을 7년 동안 거친 후, 1982년에 사우스플로리다대학교 심리학과로 돌아와 2020년에 명예 교수로 은퇴했다. 그 기간 동안 그는 15년간 USF 산업 및 조직심리학 박사 과정의 주임 교수를 역임했으며, 직업 건강 심리학 프로그램의 창립 지도 교수였다. 그는 미국 과학진흥협회(AAAS), 미국 심리학협회(APA), 산업 및 조직심리학 협회, 남부경영협회 등 여러 과학 및 전문 학회의 회원으로 활동 중이다.

만약 이 종업원이 자신이 받아야 할 연봉을 대략 70,000달러 정도라고 생각했다면 이 급여는 만족감을 불러일으키게 될 것이다. 반면에 이 종업원이 몇 가지를 고려해볼 때 자신이 연봉 100,000달러는 받아야 한다고 생각했다면 현재 급여는 불만족감을 야기할 것이다. 급여 만족에서 비교의 중요성은 Williams 등(2006)이 수행한 최근 메타분석에서 확인할 수 있다. 이 저자들은 203개 연구 결과를 통합하여 급여 수준 만족의 예측변인과 결과물을 분석하였다. 이 연구에 따르면, 급여 만족 수준을 결정하는 가장 큰 예측 요인 중 하나는 종업원의 현재 급여가 동일 조직에 있는 다른 종업원과 비교해서 얼마나 양호한가 하는 것이다. 분명히 종업원들은 다른 사람과의 비교를 자기 급여 만족의 기초로 삼는다. 이런 분석이 보다 설득력이 있는 것은 분석 과정에서 종업원들이 받는 실제 급여를 통제하고도 같은 결과가 나왔다는 데 있다. 즉 실제 급여 금액이 아니라 평등 혹은 불평등의 지각이 중요하다는 것을 보여주는 결과라 할 수 있다.

직무 만족이 직원이 현재 받는 것과 바라는 것 간의 비교에 달려 있다는 생각은 합리적이다. 그러나 Locke(1976)에 따르면 이는 지나친 단순화일 수 있는데, 직원이 자신이 수행하는 직무의 여러 측면에 대해 가지는 중요성에서 차이가 있을 수 있다는 사실을 고려하지 않았기 때문이다. 어떤 직원에게는 기대를 충족해 주는 급여와 복리후생을 제공해 주는 것이 매우 중요할 수 있다. 그러나 다른 직원에게는 직무에서 도전적인 업무 기회가 주어지는 것이 더 필수적일 수도 있는 것이다. 또, 다른 직원에게는 유치원에서 자녀를 데리러 가기 위해 5시 퇴근이 가능한지가 중요할 수 있다.

이러한 차이가 직무 만족 발달에 미치는 영향을 설명하기 위해 Locke(1976)는 **감정 범위 이론**(Range of Affect Theory)을 제안하였다. 감정 범위 이론의 기본 전제는 종업원이 직무 만족을 평가할 때 직무의 각 측면에 차별적인 가중치가 주어진다는 것이다. 예를 들어, 어떤 직원에게 급여가 매우 중요하다면, 현재 받고 있는 급여가 기대하고 있던 것에 근접하다는 사실은 전반적인 직무 만족 평가에 긍정적인 영향을 미칠 것이다. 반대로, 급여가 상대적으로 중요하지 않다면 급여에 대한 기대가 충족되거나 충족되지 않았다는 사실은 이 직원의 직무 만족에 상대적으로 적은 영향을 미치게 될 것이다. 코로나19 팬데믹의 결과 중 하나로 재택근무 가능 여부가 많은 직원들에게 점점 더 중요한 요인이 되고 있다('참고 8.2' 참조).

직무 만족에 대한 직무 특성적 접근은 조직심리학 및 조직행동에 깊이 뿌리를 내리고 있다(예 : Campion & Thayer, 1985; Hackman & Oldham, 1980). 이 이론은 제9장에서 자세하게 다룰 예정이며 지금은 다양한 분야의 실증적 연구가 직무 특성 및 직무 상황이 직원들의 직무 만족을 예측하는 견고한 변인이라는 것을 언급하고자 한다(예 : Ellickson, 2002; Fried & Ferris, 1987; Williams et al., 2006). 실제로 최근 연구에서 직무 특성은 직무 만족의 변화를 35년에 걸쳐 예측하는 것으로 확인된 바 있다. Kaplan 등(2020)의 연구를 예로 들면 1979년에서 2014년까지 직원들의 직무 만족 변화를 조사한 결과 과업 중요성, 기술 다양성, 과업 피드백, 자율성과 같은 다수의 직무 특성 향상은 직무 만족의 변화와

참고 8.2

코로나19로 인한 재택근무의 중요성 증가

코로나19 팬데믹 이전에는 직원이 상사에게 일주일에 이틀씩 재택근무를 하겠다고 말하면, 그 직원은 안 된다는 소리를 들었을 것이다. 항상 재택근무를 하겠다고 하면 아마 해고당했을 것이다! 팬데믹 이전에는 재택근무가 직무 만족도에 얼마나 영향을 미칠지 생각해본 적이 거의 없었을 것이다. 그러나 팬데믹으로 인해 오랫동안 사무실에서 일하지 못하게 되자 많은 직원이 재택근무에 익숙해졌고, 재택근무가 직원 유연성에 주는 이점을 깨닫게 되었다.

팬데믹 동안의 경험으로 인해 많은 직원이 사무실에서 일하는 것만큼 집에서 효과적으로 일할 수 있으며, 어쩌면 더 잘할 수 있다고 믿게 되었다. 하지만 많은 조직의 리더들은 직원들이 완전히 재택근무를 하는 것을 우려하고 있다. 특히 직원들 간의 물리적 상호작용이 창의성, 혁신, 생산성을 향상할 것으로 기대되는 사업 분야에서는 더욱 그렇다. 또한, 일론 머스크와 같은 CEO들은 공장에서 직접 일해야 하는 블루칼라 직업을 가진 직원들은 재택근무의 사치를 누릴 수 없다는 점을 지적한 바 있다. 관리직이나 행정직을 맡은 직원들이 재택근무를 할 수 있다는 사실이 이들 직종의 직원들에게는 불공평하게 느껴질 수 있다.

많은 조직이 직원들에게 재택근무를 항상 허용하거나, 적어도 주중 일부 동안 재택근무를 허용하고 있다. 팬데믹의 결과로 재택근무 여부는 직무 만족의 중요한 요소가 되었다. 이 요소를 중시하는 직원들은 재택근무를 허용하지 않는 조직을 떠날 가능성이 크며, 재택근무의 유연성을 위해 약간의 급여 삭감도 감수할 수 있다. 현재 직원들에게 물리적으로 출근할 것을 요구하는 조직들은 우수 직원을 잃게 되거나 특정 분야의 최고의 인재를 고용하지 못하게 되었을 때, 그 요구 사항을 완화할지는 두고 볼 일이다.

관계가 있는 것으로 나타났다.

그 결과 1970년대 중반까지 직무 특성 접근은 조직심리학 및 조직행동 분야에서 직무 만족을 설명하는 지배적인 접근법으로 자리 잡게 되었다. 직무 특성 접근에 대한 첫 번째 중대한 도전은 1970년대 후반 사회적 정보 처리 이론(Social Information Processing, SIP)에 관한 논문이 출간되었을 때였다(Salancik & Pfeffer, 1977, 1978). Salancik과 Pfeffer는 직무 만족에 대한 직무 특성 접근법을 두 가지 이유로 비판하였다. 첫째, 직무 특성이 직무환경의 객관적인 요소들이라고 전제하기 때문에 직무 특성 접근은 본질적으로 결함을 갖고 있다는 것이다. 이 저자들에 따르면, 직무란 '사회적 구성체(social constructions)'로서, 객관적인 실체가 아니라 직원들의 머릿 속에 존재하는 것이다. 둘째, 직무 특성 접근이 욕구충족 이론에 근거하고 있다는 점을 지적하였다. Salancik과 Pfeffer는 종업원 성과를 예측하는 데 욕구가 유용하다는 증거가 거의 없다며 문제시 하였다. 하지만 이 주장과는 달리 이후 연구에서 자기결정성 이론(Self Determination Theory, Gagne et al., 2015)을 통해 욕구가 직원들의 행동을 동기 부여한다는 것을 다시 확인하였다. 이 이론에 대해서는 제9장에서 자세히 논의하였다.

Salancik과 Pfeffer(1978)는 종업원이 만족감과 불만족감을 발전시키는 두 가지 기제를 제안하였다. 이 기제 중 하나는 종업원은 직무 만족과 같은 태도를 형성하기 위해 자신의 행동을 회고적으로 살펴보고, 여기에 의미를 부여한다는 것이다. 이 견해는 Bem(1972)의 **자기지각 이론**(Self Perception Theory)에 근거하고 있다. 이 이론은 다소 일반적인 태도 형성에 관한 사회심리학 이론이다. 이 관점에 따르면 30년간 한 조직에 근무한 한 종업원이 '나는 이 조직에서 오랫동안 일해 왔다. 따라서 나는 내 직무를 실제로 좋아해야 한다…'라고 스스로에게 말할 수 있다. 이 관점은 종업원이 객관적인 환경 특성에 근거해서 자기 직무에 대한 태도가 잘 변하지 않는다는 견해에 의문을 제기하고, 종업원의 직무 만족이 상황의 특성에 따라 결정되며 유동적일 수 있다고 제안한다.

사회적 정보 처리 이론과 가장 밀접히 연계된 또 다른 기제는 종업원들은 사회적 환경으로부터 주어지는 정보를 처리하는 과정을 통해 직무 만족과 같은 태도를 형성하게 된다는 것이다. 이 견해는 상당수 Festinger(1954)의 **사회비교 이론**(Social Comparison Theory)에 기반을 둔 것으로, 사람들은 환경의 의미를 해석하고 이해하기 위해 다른 사람을 참조하게 된다는 것이다. 예컨대, 이 견해에 따르면, 자신의 직무에 불만족해하는 다른 사람과 상호작용하게 된 신입 사원은 불만족을 느낄 수 있다. 이 책의 세 번째 저자는 이를 직접 관찰했다. 저자가 속한 부서에서 행정 보조 직원을 채용했는데 그 직원은 처음 며칠 동안은 긍정적이고 외향적이며 할 수 있다는 태도를 보였다. 하지만 어떤 일이든 누구와 일하든 불평이 많은 것으로 알려진 다른 행정 직원과 며칠 일을 하고 나서 그 신입 행정 직원은 부정 정서를 더 많이 표출하기 시작했다. 이런 사실이 주는 실용적인 의미는, 사회화 과정이 진행되는 동안 신입 사원이 불만족을 느끼는 다른 직원에 의해 오염되지 않도록 해야 한다는 것이다(제3장 참조).

사회적 정보 처리 이론의 초기 발전은 조직 연구에 매우 큰 영향을 미쳤다. 의심할 바 없이 당시 지배적인 이론이었던 직무 특성 접근에 도전하는 내용이었기 때문이다. 이런 영향에 대한 증거로, 이 이론을 검증하고자 1970년대 후반과 1980년대 전반에 걸쳐 유행처럼 많은 연구가 이루어졌다(예 : Adler et al., 1985; O'Reilly & Caldwell, 1979; Weiss & Shaw, 1979; White & Mitchell, 1979). 이런 연구의 대부분은 실험실 연구였으며, 과업의 특성에 대해 언어로 평가된 사회적 정보가 과업의 객관적인 특성만큼이나 직무 만족 및 과업의 특성 지각에 미치는 영향력이 강하다는 것을 밝혔다. 그러나 사회적 정보 처리 이론에 대한 현장 연구들은 실험실 연구만큼은 지지받지 못했다(예 : Jex & Spector, 1989).

실험실 상황 밖에서는 사회적 정보 처리 이론의 효과를 보여주지 못함에 따라, 이 결과는 흥미로운 실험실 현상 이상은 아니라고 결론이 날 수도 있다(예 : Jex & Spector, 1988). 그러나 상식과 일상 경험에 비추어볼 때 사회적 정보가 태도 형성에 어떠한 역할을 한다는 것은 사실이다. 만약 사회적 영향력의 효과가 보편적이라면, 실험실 밖에서 사회적 정보가 직무 만족에 미치는 영향력을 증명하는 것이 왜 이렇게 어려운가? Hulin(1991)에 따르면, 사회적 정보 처리 효과에 대한 실험실 연구가 현장 연구보다 성공적인 이유는 실험실에서는 사회적 영향 과정을 훨씬 단순화할 수 있기 때문이다. 예를 들어,

대부분의 실험실 연구에서 참가자들은 수행 과제에 관해 '긍정적' 아니면 '부정적'인 사회적 정보를 받는다. 조직 상황에서는 자신의 직무나 조직에 관해 이와 같이 정확히 이분법적으로 갈라지는 사회적 정보를 받는 경우란 거의 없다. 예를 들어, 종업원은 다양한 호의적인 사회적 정보를 받을 수 있으며, 때로 같은 출처로부터 충돌되는 정보를 받기도 한다. 향후 조직 연구자들은 사회적 정보가 직무 만족에 미치는 영향을 보다 창의적인 방법으로 연구할 필요가 있을 것이다('참고 8.3' 참조).

직무 만족을 설명하는 가장 최근 접근법은 **성향적 요인**(dispositional factors)에 기반한 것이다. 직무 만족에 대한 성향적 접근법의 기본 전제는 어떤 종업원들은 일하는 조직이나 직무의 특성과 무관하게 직무에 대해 더 만족하거나 불만족하는 성향이 있다는 것이다. 성향을 활용하여 행동이나 태도를 설명하려는 것이 최근 현상인 것처럼 흔히 묘사되지만, 직무 만족에 대한 성향적 접근법은 수십 년 전 Weitz(1952)의 연구에 뿌리를 두고 있다. Weitz는 개인이 가진 일반적인 정서 경향성이 직무 만족과 상호작용하여 이직에 영향을 주는지 관심이 있었다. Weitz는 성향 자체가 직무 만족을 설명하는 데 흥미가 있진 않았지만, 그의 연구는 분명히 이런 개념을 제시한 것이다.

참고 8.3

직무 만족 예측치로서 사회적 정보 처리와 성향

Gerald Salancik과 Jeffrey Pfeffer가 1970년대 후반 직무 만족에 대한 사회적 정보 처리(SIP) 접근법을 소개했을 때, 그들은 직무 만족 연구자들 사이에 많은 논쟁을 불러일으켰다. 이 논쟁의 이유는 Salancik과 Pfeffer가 당시 널리 받아들여지던 신념에 도전하였기 때문이다. 기존의 신념은 직무 만족이 주로 종업원들이 일하는 직무나 조직의 특성으로 인해 생긴다는 것이었다. 이런 논쟁으로 인한 결과 중 하나는 서로 구분되는 연구 **캠프**가 발전한 것이다. 즉 직무 특성 접근법을 선호하는 연구 캠프, 사회적 정보 처리 접근법을 선호하는 연구 캠프 등이 생겼다.

구분되는 캠프들이 생길 때 종종 발생하는 현상은 각 캠프는 자신들의 입장을 지지하는 경험적 증거를 제시하고자 하는 것이다. 따라서 1970년대 후반과 1980년대 초반에 실행된 많은 실험실 연구에서 직무 특성과 사회적 정보 처리 접근이 서로 경쟁하게 되었다. 더 구체적으로, 연구자들은 실험실 과제의 특성을 조작하였고, 동시에 과제 선호도에 관한 사회적 단서(대개 실험 협조자를 이용)를 제공하였다. 이것의 목적은 이런 조작들 중 어느 것이 과업 만족에서의 분산을 더 많이 설명해 주는지를 찾고자 하는 것이었다.

이런 소위 '경주마식 설계'를 채택한 많은 연구가 보여준 것은, 당연하게도, 실험실 참가자들의 과업 만족은 과제 설계와 과제에 대해 제시되는 사회적 단서 두 가지 **모두**에 의해 영향을 받는다는 것이었다. 그 이후 연구자들은 일반적으로 직무 특성과 사회적 정보 둘 다 직무 만족에 영향을 준다는 사실을 받아들이게 되었다. 조금 더 최근에는 직무 만족에 영향을 끼치는 성격 특성들에 관심을 갖게 되었다. 본문에서 논의한 것처럼, 연구자들은 정적 정서성, 낙관주의 성향, 외향성 및 성실성이 직무 만족과 정적인 상관을 갖고, 부적 정서성, 신경증은 직무 만족과 부적인 상관을 보인다는 것을 발견하였다. 향후에 관심을 가져야 할 핵심 연구는 사회적 정보, 직무 특성 및 성격 특성이 어떤 상황에서 가장 큰 영향력을 발휘하는지를 보여주는 연구이다.

성향에 새로운 관심을 불러일으킨 연구는 Staw와 Ross(1985)의 연구로, 전국적인 표본을 대상으로 한 남성 근로자들의 직무 만족 안정성에 대한 연구였다. 이 연구에서 특정 시점에서의 직무 만족과 7년 후의 직무 만족 간에 통계적으로 유의한 상관이 존재한다는 것을 밝혔다. 연구 표본의 상당수는 직무를 변경하거나 경력 자체를 변경하였기 때문에 직무 만족의 안정성 수준은 직무 만족이 일정 부분은 성향에 의해 결정된다는 것을 의미한다고 저자들은 주장하였다. Staw 등(1986)에 의한 후속 연구는 훨씬 더 인상적인 안정성의 증거를 보여주고 있는데, 이들은 청소년기의 직무 만족이 성인기의 직무 만족을 예측할 수 있다는 것을 밝혔다.

아마도 직무 만족에 대한 성향 접근법과 관련된 가장 인상적인 증거는 Arvey 등(1989)의 연구에서 확인된다. 이 연구에서 연구자들은 일란성 쌍둥이의 직무 만족을 조사하였고 유전적으로 동일한 쌍둥이 간 직무 만족이 유사한 정도를 측정하였다. **집단 내 상관계수**(intraclass correlation coefficient)라 하는 통계치를 이용하여 이 연구자들은 변량의 대략 30%는 유전적 요인에 귀인할 수 있다는 것을 발견하였다. 이 연구는 방법론적인 차원에서 비판을 받고 있지만(예 : Cropanzano & James, 1990), 다른 연구자들이 보다 강력한 방법론을 활용하여 직무 만족의 유전적 요소의 영향력을 반복 검증하였다. Ilies와 Judge(2003)는 직무 만족의 유전성 지수를 .54로 추정하는데, 이 수치는 직무 만족 분산의 대략 29%가 유전적 요소로 설명된다는 것을 의미한다. 또, Li 등(2016)의 연구에서 유전적 요인이 직무 만족을 설명하는 분산이 25세나 30세에 비해 21세에 더 많다는 것을 밝혔고 이를 통해 유전적 요인으로 설명되는 직무 만족에 대한 분산의 비율은 시간이 지남에 따라 줄어든다는 것을 알 수 있다.

직무 만족의 성향 접근에 기반을 둔 초기 연구들의 주요 한계점은 정확하게 어떤 성향이 직무 만족과 관련되는지가 명확하지 않다는 것이다(Davis-Blake & Pfeffer, 1989). Staw와 Ross(1985)는 시간이 경과해도 직무 만족 수준이 안정적이라는 것을 보여주었지만, 그들은 어떤 성향이 이런 안정성을 설명하는지 구체화할 수 없었다는 것을 생각해보자. 추후 성향에 대한 연구는 구체적인 특성과 직무 만족 간의 관계를 정리하는데 초점을 맞추고 있다. 예를 들어, Levin과 Stokes(1989)는 **부적 정서성**(negative affectivity)이 직무 만족과 부적으로 관련되어 있었고, 직무 특성과 독립적으로 직무 만족을 더 설명한다는 것을 발견하였다(Connolly & Viswesvaran, 2000 보기). 부적 정서성은 성향상 부정적인 감정과 걱정을 경험하게 하는 기질적 특성을 말한다(Watson & Clark, 1984). 또한 **낙관주의 성향**(dispositional optimism)이나 **정적 정서성**(positive affectivity) 같이 부적 정서성에 대응되는 개념들은 직무 만족과 정적으로 관련되었다(예 : Connolly & Viswesvaran, 2000; Jex & Spector, 1996). Bono와 Judge(2003)는 핵심 자기평가라는 성격 특성과 직무 만족 간의 상관을 조사하여 두 변인 간 상관이 .48이라는 것을 발견하였다.

Judge와 동료들은 직무 만족에 기여하는 성향 요인을 가장 포괄적으로 조사하는 연구들을 진행하였다. Judge 등(2002)은 163개 표본에 대해 메타분석을 시행한 결과 외향성, 성실성, 경험에 대한 개방성, 친화성, 신경증으로 구성된 **성격 5요인**(Big Five personality traits) 특성이 직무 만족과 .41의 상관을 보인다는 것을 발견하였다. 가장 높은 상관은 직무 만족과 신경증, 외향성, 성실성에서 나타났다. 구체적으로 높은 신경증은 낮은 직무 만족과 관계되었고 높은 외향성, 성실성은 높은 직무 만족과 관계되었다. 더 나아가 Ilies와 Judge(2003)는 성격 5요인과 정적 정서성, 부적 정서성이 직무 만족의 유전적 영향력을 설명해 주는지를 검토하였다. 이 관점에 의하면 유전적 요소들이 성격과 정서성의 차이를 만들어내고, 이 차이가 개인 간 직무 만족의 차이를 설명한다. 저자들은 정적 정서성과 부적 정서성이 직무 만족 평정의 유전적 영향력의 45%를 설명하고, 성격 5요인은 24%를 설명한다는 것을 발견하였다. Bruk-Lee 등(2009)은 Judge 등(2002)이 시행한 메타분석을 업데이트하고 비슷한 결과를 확인했다. 이 저자들은 시점을 달리하여 성격변인과 직무 만족을 측정한 종단 연구를 중심으로 성격변인과 직무 만족 간의 관련성을 보여주었다. 이런 유형의 분석은 직무 만족에 대한 성향론적 접근 연구들을 통합하는 훌륭한 방법이며, 개인적 직무 특성에 대한 추가적인 정보가 없어도 개인 내 다양한 요소가 어떻게 직무 만족 평가에 영향을 미칠 수 있는지를 보여줄 수 있다!

지금까지 성향론적 연구자들이 해결하지 못한 한 가지 문제는 성향이 갖는 효과에 대해 의미 있는 실무적인 함의를 밝히는 것이다. 우선 직무 만족이 특정 성향과 연계되어 있다면, 조직은 만족감을 잘 느낄 것 같은 성향의 사람을 선발하는 데 그런 정보를 활용하는 것을 정당화할 수 있을 것이다. 그러나 이런 권고는 성향보다 상황적 요인이 직무 만족에 더 강하게 영향을 준다는 사실을 무시하는 것일 수 있다(예 : Gerhart, 1987; Levin & Stokes, 1989). 또한 많은 경우 직무 만족이 수행과 강하게 관련되지 않는다는 사실을 감안하면(Schleicher et al., 2004), 만족하는 성향이 강한 종업원을 선발하는 것은 불리한 법적 결과를 초래할 수도 있다. 성향론적 접근법에 따른 결과를 조직 장면에 적용하는 데는 조금 더 많은 연구가 필요하다. 물론 관리자가 이런 연구들을 알고, 직무 조건에 상관없이 직무에 더 많이 만족하거나 더 적게 만족하는 사람이 있다는 것을 아는 것은 유용할 것이다.

직무 만족의 결정인자를 이해하기 위해 최근 부상한 방법론은 시간 경과에 따른 개인 내 직무 만족의 변동을 예측하는 것이 무엇인지 파악하는 것이다. Dimotakis 등(2011)은 10일 동안 종업원들에게 작업장 내 상호작용의 질과 직무 만족을 평가하도록 하여, 동료들과 긍정적인 상호작용이 더 많았던 날 직무 만족 수준이 더 높았다는 것을 발견하였다. 이는 직무 만족이 꽤 변동 가능하고 아주 짧은 시간에도 변화할 수 있다는 것을 시사하며, 동일한 개인 내에서 시간이 경과함에 따라 일어나는 변동 사항을 예측하는 요인을 연구해야 한다는 것을 보여주는 결과이다.

이 절에서는 조직에 근무하는 종업원들의 직무 만족 수준을 설명해 주는 세 가지 접근법, 즉 직무 특성, 사회적 정보 처리, 성향 접근법을 살펴보았다. 이 접근법들을 각각 살펴보고 난 후 다음과 같은 질문을 떠올리게 될 것이다. "이 접근법들 중 가장 정확한 것은 무엇인가?" 경험적 증거는 직무 특성 접근을 옹호하는 비중이 높지만, 이 접근법은 '옳고' 다른 접근법은 '틀렸다'고 결론을 내리기에는 아

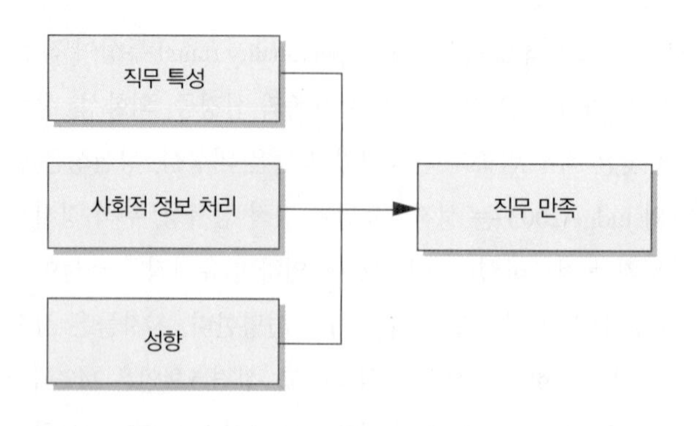

그림 8.2 직무 만족의 결정 요인 요약

직 이른 감이 있다. 앞에서 지적했던 것처럼 실험실 상황에서 현실과 아주 유사하게 사회적 영향력을 모사하기는 극히 힘들다(Hulin, 1991). 더욱이 성향적 접근법에 관한 연구의 경우에는 아직 초창기에 불과하고 많은 것이 더 밝혀져야 한다. 따라서 가장 적절한 결론은 〈그림 8.2〉에 요약된 것처럼 직무 만족은 직무 특성, 사회적 정보 처리, 성향이 결합해서 나타나는 것이다. 이 그림은 또한 각 접근법이 직무 만족의 각기 다른 측면들을 예측한다는 것을 보여줌으로써 이 중요한 직무 태도를 보다 잘 이해할 수 있게 도와준다. 마지막으로 우리는 조직 연구자들이 직무 만족을 예측하는 데 국가의 문화가 중요하다는 것을 인식하기 시작하기 시작했다. 다음 절에서 이와 관련된 결과를 설명하겠다.

직무 만족 : 비교문화 관점

조직 연구의 많은 주제처럼 직무 만족에 대한 연구 역시 주로 미국과 서유럽 국가들에서 진행되어 왔다. 이는 분명히 우리 지식 체계의 맹점이라 할 수 있는데, 일이란 보편적 활동이고, 어디서나 누군가는 일에 대해 긍정적이거나 부정적인 기분을 느끼고 있을 것이기 때문이다. 이 절에서는 직무 만족 수준에서 나타나는 비교문화적 차이의 가능성과 이런 차이가 나타나는 잠재적인 이유에 대한 연구 결과들을 간략히 살펴보고자 한다.

일반적으로 비교문화 연구가 드물기 때문에, 직무 만족 수준에서 문화적 차이를 검증한 연구들은 소수만 존재한다. 예를 들어, Griffeth와 Hom(1987)은 남아메리카의 관리자들이 유럽의 관리자들보다 직무에 더 만족한다는 것을 발견하였다.

직무 만족에 대한 국가 간 직접 비교는 흥미롭기는 하지만, 이런 연구는 왜 그런 차이가 생겼는지에 대한 통찰력은 제공해 주지 못한다. 이런 차이의 기반을 이해하려면 이 장 서두에서 논의한 직무 만족에 대한 세 가지 접근법을 가지고 문제를 재조명하는 것이 유용하다. 직무 특성 관점에서 볼 때 직무 만족의 비교문화 차이에 대해 여러 가지 설명이 가능하다. 예를 들어, 가치(value)에서 문화 차이가 난다는 상당한 증거가 있다. Hofstede(1984)는 40개국을 대상으로 가치의 차이를 조사했다. 여기에는 개인주의/집단주의(individualism/collectivism), 남성성(masculinity), 권력 거리(power distance), 불확실성 회피(uncertainty avoidance) 등의 차원이 포함되었다. 개인주의/집단주의 차원은 개인이 가족과 업무 집단과 같이 중요한 공동체 구성원이나 타인보다 자신의 욕구와 이익에 더 관심을 기울이는 정도를 나타낸다. 남성성 혹은 최근에는 성 평등주의(Gender Egalitarianism, House et al., 1999)는 타인의 웰빙이나 만족보다는 자신의 성취 및 성과에 집중하는 정도를 나타낸다. 권력 거리는 높은 권위 및 지위를 가진 사람이 이보다 낮은 수준에 있는 사람들과 구별되어 취급되는 정도를 말한다. 마지막으로, 불확실성 회피는 사람들이 불확실한 상황에서 일하는 것을 편안해하는 정도를 의미한다.

Hofstede(1984)의 발견은 이런 네 가지 가치에서 문화적 차이가 존재한다는 것을 분명하게 보여준다. 예를 들어, 미국과 서유럽 국가들은 개인주의에 높은 가치를 두는 경향이 있는 반면에, 히스패닉과 동양권 국가들은 상대적으로 집단주의에 더 높은 가치를 부여하는 경향이 있다. 권력 거리는 히스패닉 국가에서는 매우 높은 가치를 두는 것으로 나타났지만, 호주나 이스라엘 같은 국가들에서는 반대로 나타났다. 불확실성 회피는 그리스와 포르투갈에서 가장 높았고, 싱가포르와 덴마크에서 가장 낮았다.

이런 국가 간 가치의 차이를 통해 알 수 있는 주요한 시사점은 비교문화 차원의 직무 만족 차이가 종업원이 자기 직무에서 열망하는 것의 차이에 의해 나타날 수 있다는 것이다. 직무 만족이란 사람들이 자기 직무가 제공한다고 지각하는 것과 자신이 바라는 것 간의 비교로 나타나는 것이라고 하였던 이 장 앞부분의 내용을 상기해보자. 이러한 관점에서 볼 때, 부분적으로 문화적 차이 때문에 개인이 속한 문화권에 따라 사람들이 자기 직무에서 얻고자 하는 것이 다르며, 구별되는 각 직무 영역에 부여하는 중요성 또한 다를 수 있는 것이다. 물론 직무 만족에서의 비교문화 차이는 실제 직무 조건에서의 문화적 차이에 의해 영향을 받기도 한다. 경제적 · 정치적 차이로 인해 각기 다른 나라에 속한 종업원들은 직무 현장에서 경험하는 내용의 질이 서로 아주 다를 수 있다.

사회적 정보 처리 접근의 시각으로 직무 만족의 문화 차이를 살펴볼 수도 있다. 예를 들어, 가치 차이에 덧붙여 사회적 영향력 과정이 종업원에게 특별히 부각되는 정도 역시 문화에 따른 차이가 있을 수 있다. 미국과 같은 개인주의 사회에서 사회적 정보는 상대적으로 최소한의 영향력을 발휘하게 될 것이므로 직무 만족은 그 나라의 지배적인 문화 가치와 아주 미약하게 관련될 것이라고 생각할 수 있다. 이에 비해 일본과 같이 보다 집단주의 사회에서는 사회적 영향력 과정이 훨씬 더 중요할 수 있다.

직무 특성 및 사회적 정보 처리 접근법과 비교해서 직무 만족에 대한 성향적 접근법은 직무 만족에서의 비교문화 차이를 설명하는 데 그다지 유용한 것 같지 않다. 그러나 직무 만족에 영향을 주는 특정 성격 특성의 우세 여부에 있어서 문화적 차이가 존재할 수 있다.

직무 만족의 결과

직무 만족은 그 자체로도 중요한 것이지만, 관심 있는 다른 변인과의 관련 가능성 때문에 연구자와 관리자 모두 관심을 갖는다. 수년간 수행된 직무 만족에 대한 방대한 연구들을 고려하면, 직무 만족과 관련된 모든 변인을 이 장에서 논의하는 것은 불가능하다. 따라서 이 절에서는 직무 만족과 이론적 · 실용적 중요성을 가지는 4개 유형의 변인, 즉 태도 변인, 결근, 이직, 직무 수행의 관계를 기술하고자 한다.

태도 변인 : 직무 만족이 태도 변인의 한 종류이기 때문에 다른 태도 변인과 가장 강한 상관을 나타내는 것은 당연한 일이다. 이런 변인들은 좋아함 또는 싫어함의 정도를 나타내는 것으로, 이들은 본질상 정서적인 속성을 가지고 있다. 조직 연구에서 가장 일반적으로 사용되는 태도 변인의 예로는 직무 몰입, 조직 몰입(이 장 후반부에 기술됨), 좌절, 직무 긴장 및 불안감이 있다. 크게 볼 때 이 변인들 모두는 어느 정도 정서 수준을 반영한다는 것에 주목하자. 직무 몰입과 조직 몰입의 경우는 정서 상태가 긍정적인 것이다. 나머지 다른 변인들은 부정적인 정서를 반영한다.

많은 실증 연구들이 직무 만족과 태도 변인들 간의 관련성을 보여준다. 예를 들어, 학술지에 발표된 124개 연구에 대한 포괄적 메타분석에서 Mathieu와 Zajac(1990)은 조직 몰입과 직무 만족 간의 교정 상관계수가 .53이라는 것을 발견하였다. 또한 직무 만족이 직무 몰입, 정적 기분, 조직 기반 자기존중감과 같이 긍정적 감정을 나타내는 다른 많은 측정치들과 정적으로 관련된다는 것을 발견하였다(예 : Spector, 1997). 부정적인 태도 변인과 관계를 살펴보면, 수많은 조직 스트레스 연구에서 직무 만족은 좌절, 불안, 긴장과 같은 변인들과 강하게 부적으로 관련된다는 것을 보여준다(Jackson & Schuler, 1985; Jex & Spector, 1996; Spector & Jex, 1998).

직무 만족이 다른 태도 변인들과 관련되어 있다는 점에 대해서는 논쟁의 여지가 없지만, 이런 관계들에 내재되어 있는 정밀한 기제가 무엇인지는 명확하지 않다. 왜냐하면 직무 만족에 대한 많은 연구들이 자기보고 측정치와 횡단적 연구 설계에 의존하고 있기 때문이다. 예를 들어, 높은 직무 만족 수준 때문에 종업원들이 자기 직무에 대해 긍정적인 느낌을 갖고, 부정적인 기분이 낮아졌을 수 있다. 역으로 다른 정적 및 부적 태도들이 직무 만족 수준을 높이거나 낮추는 원인이 되었을 수도 있다. 예를 들어, 높은 직무 몰입 수준은 낮은 좌절 수준과 결합하여 종업원들의 직무 만족을 향상시킬 수 있다. 또한 직무 조건과 같은 공유된 공통 요인의 결과로 인해 그런 관계가 생길 수도 있다(Fried & Ferris, 1987; Jackson & Schuler, 1985; Mathieu & Zajac, 1990). 오직 종단적 연구 설계를 사용해야만 연구자들은 직무 만족과 여타 태도 변인 간의 인과적 방향성을 연구할 수 있을 것이다(Zapf et al., 1996).

결근 : 결근(absenteeism)을 연구하는 것은 이론적인 이유에서나 실용적인 이유에서나 모두 중요하

다. 이론적인 관점에서 보면, 결근이란 종업원이 자신의 직무를 이탈하는 일반적인 방법이다(Hulin, 1991). 실용적인 관점에서 보면 결근은 많은 조직에게 매우 값비싼 대가를 치르게 하는 문제이다. 미국 질병 관리 및 예방 센터(Centers for Disease Control and Prevention)의 추산에 따르면 결근은 미국 산업에 매년 2,258억 달러의 비용을 초래한다(https://www.expertmarket.com/business-insights/employee-absenteeism-causes-business-cost). 종업원이 결근하게 되면 일이 전혀 처리되지 않을 수도 있고, 또는 덜 숙련된 종업원에 의해 대체 수행될 수도 있다. 제6장에서 결근은 반생산적 행동의 한 형태로 논의되었음을 상기해보자. 거기서는 주요 예측변인으로 결근 규범과 결근 정책을 주로 논의하였다.

종업원의 결근이 직무 불만족이 높을 때 보이는 반응의 한 형태일 수 있다고 보는 것은 직관적으로 그럴듯하다. 이런 직관적 가능성에도 불구하고, 경험적 연구에서 직무 만족과 결근 간의 관계를 증명하는 지지 기반은 매우 약하다. 예를 들어, Hackett와 Guion(1985)은 31개 연구를 메타분석하여 직무 만족과 결근 간의 교정 상관이 단지 −.09에 불과하다는 것을 발견하였다. 이는 직무 만족이 종업원의 결근에 어떤 역할을 할 수는 있지만 그 역할이 아주 미미하다는 것을 시사한다.

Hackett와 Guion(1985)은 직무 만족과 결근의 약한 상관의 이유를 몇 가지 제시하였다. 첫 번째 이유는 결근 자체에 대한 측정이다. 얼핏 보기에 결근은 아주 단순한 변인처럼 보이지만 실제로 꽤 복잡하다. 예를 들어, 결근을 측정할 때 허락되는 결근과 허락되지 않는 결근을 구분할 수 있다. 허락되는 결근이란 질병이나 장례식 같은 사건 때문에 발생하는 것으로 허용되는 결근이다. 반면 허락되지 않는 결근이란 이유 없이 종업원이 단순히 일터에 나타나지 않는 것이다. 직무 만족은 허락되는 결근보다 허락되지 않는 결근에서 더 중요한 역할을 한다고 설명할 수 있을 것이다.

만족과 결근 간의 약한 관계를 설명하는 또 다른 근거는 직무 만족은 일반적인 태도를 반영하는 데 비해 결근은 특수한 형태의 행동이라는 것이다. 예를 들어, 어떤 사람의 종교에 대한 태도(즉 일반적인 태도)가 어떤 특정일에 시행된 예배에 참석할지에 대한 좋은 예측치가 될 수는 없을 것이다. **계획된 행동 이론**(Theory of Planned Behavior; Ajzen, 1988, 2001)에 따르면, 일반 태도(예 : 직무 만족)와 실제 행동 간에는 복잡한 경로가 있다. 예를 들어, 주관적 규범(중요한 타인들이 그 사람들이 일터에 갈지 안 갈지에 대해 기대하는 정도에 대한 지각)과 상황별 결근에 대한 태도와 같은 변인들은 전반적 직무 만족보다 결근을 더 강하게 예측하는 변인일 것이다. 따라서 업무 결근에 대한 태도뿐만 아니라 결근에 관한 규범과 같이 측정하지 않은 변인을 고려하지 못하면 직무 만족이 결근과 약한 관련성을 보일 수 있다.

결근을 연구하는 사람들이 전형적으로 직면하게 되는 다른 문제는 결근이 매우 낮은 **기저율**(base rate)을 가지는 행동이라는 것이다(즉 자주 일어나지 않는 사건이다). 조직심리학자들이 사용하는 대부분의 통계적 절차, 특히 상관과 회귀 분석에서는 변인들이 정상분포를 보인다는 것을 가정하고 있기 때문에 기저율이 낮은 변인을 예측하는 것은 문제가 될 수 있다. 대부분의 조직 연구 사례에서 검토되는 변인들은 정확히 정상분포를 나타내지는 않지만, 관례적인 통계 절차들이 심하게 편파될 정도로 그렇게 이탈된 분포를 보여주지는 않는다. 그러나 결근의 경우에는 분포가 너무 편파되어 있어서 일반적인 통계 절차를 사용하게 되면 직무 만족과 결근 간의 관계가 심하게 과소 추정될 수 있다.

다소 최근에 진행된 종단 연구는 직무 만족과 결근 간의 관계를 조금 더 지지하는 증거를 보여주고 있다. Ybema 등(2010)은 첫 번째 시점에서 직무 만족이 낮았던 사람들이 1년 후 결근 기록이 더 많다는 것을 발견하였다. 흥미롭게도, 이 저자들은 첫 번째 시점에서 결근 지속 기간이 길었던 사람들은 다음 해에 측정된 직무 만족 수준은 더 높다는 것을 발견하였다. 이 결과는 업무에서 벗어나 보낸 시간이 직무 만족에 긍정적인 효과를 줄 수 있음을 시사하며, 어떤 형태의 결근은 일로부터의 회복의 형태일 수 있다는 것을 보여준다. 또한 결근 지속 기간은 직무 만족과는 전혀 관계없는 주요 질병을 뜻하는 것일 수도 있다. 지난 6개월 동안 매주 월요일에 7일 결근한 직원과 질병과 같은 이유로 7일 연속 결근한 직원의 이유를 비교해보라.

마지막으로, 몇몇 연구자들은 직무 만족이 다른 변인과 상호작용하여 결근에 영향을 줄 수 있음에 주목하였다. Wegge 등(2007)은 직무 몰입(직무와 개인적으로 동일시하는 정도)이 어떻게 직무 만족과 상호작용하여 결근에 영향을 줄 수 있는지를 검토하였다. 이 저자들은 특히 종업원의 직무 몰입이 낮을 때 직무 불만족이 결근 증가와 관련된다는 것을 발견하였다. 최근 연구로 Schaumberg와 Flynn(2017)은 직무 만족과 죄책감 경향성이 상호작용하여 결근을 예측한다는 것을 확인했다. 죄책감 경향성이 낮은 사람들에게 낮은 불만족이 더 결근으로 이어지는 것을 발견했다.

종업원 이직 : 연구자나 관리자 모두 상당히 관심을 가지는, 직무 만족과 관련된 또 다른 변인은 종업원 이직(employee turnover)이다. 조직에서 어떤 이직은 불가피하며, 어떤 경우에는 바람직하기도 하다. 그러나 이직 수준이 아주 높은 것은 조직에 값비싼 비용을 치르게 하는데, 신규 직원을 채용하고, 선발하고, 사회화하는 과정을 다시 시작해야 하기 때문이다. 제3장에서 논의한 바와 같이, 이직 수준이 높은 것은 또한 조직의 이미지에도 나쁜 영향을 미칠 수 있고, 그로 인해 채용이 어려워질 수도 있다.

이직의 중요성을 인식하고, 조직 연구자들은 그 선행 변인을 밝히려고 많은 노력을 기울였다. 이직을 다루는 몇몇 연구는 단순히 직무 만족과 이직 간 관계를 정리하는 것을 목표로 삼지만, 훨씬 더 많은 연구들은 직무 만족이 직원의 이직 결정에 미치는 영향을 모델화하고자 하였다. 가장 초기에 만들어졌으며, 이로 인해 가장 큰 영향력을 가지고 있는 이직 과정 모델 중 하나는 Mobley(1977)가 만든 것이다. 〈그림 8.3〉에서 볼 수 있는 바와 같이, 이 모델은 직원의 이직과 관련된 의사결정 과정은 복잡하며 다중의 단계로 구성되어 있다고 제안한다. 첫 번째 단계에서, 직원은 자신의 기존 직무를 평가하고, 이 평가에 따라 만족이나 불만족을 경험한다. 이 평가 결과, 만족하면 이 처리 과정은 더 진척될 가능성이 낮다. 그러나 불만족하면 이직에 대한 생각으로 이어진다. 그러나 이 모델에서 직원은 다른 철

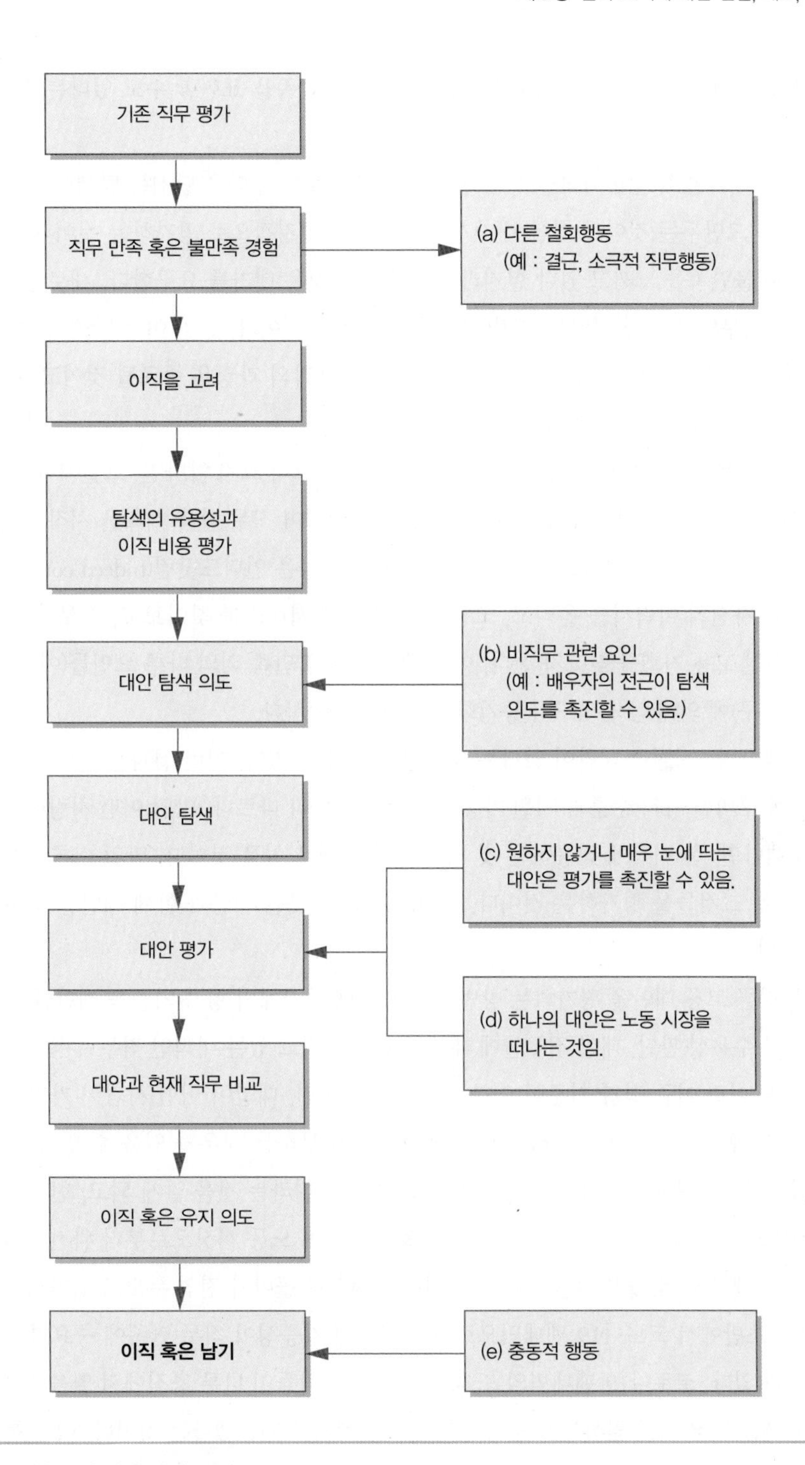

그림 8.3 Mobley의 이직 과정 모델

출처 : Mobley(1977). 미국심리학회의 허가를 받아 복제함.

회행동이나 또는 단순히 노력을 적게 하는 것으로 직무 불만족을 표현할 수도 있다는 것을 주목해야 한다.

일단 불만족을 느낀 직원이 이직을 생각하기 시작하면, 모델의 다음 단계는 탐색이 성공적일지, 그리고 현 직무를 그만두는 것이 초래할 대가가 어떠할지를 인지적으로 평가하는 것이다. 어떤 사람이 직무에 극도로 불만족을 느끼고 있다 할지라도 이직하는 것은 대가를 요구한다. 새로운 지역으로 이동하는 것, 현 직무와 결부된 이익을 포기하는 것 등이 있을 것이다. 만일 이런 탐색이 성공적이지 않거나 현 직무를 떠나는 비용이 너무 크다고 생각하면 이 생각의 과정은 종료될 것이고, 이 직원은 현 직무에 적응하는 방법을 찾을 것이다.

반면, 어느 직원에게 이 탐색이 성공적이고, 이직 비용도 그리 크지 않다면, 모델에서 다음 과정, 즉 대안을 탐색하려는 의도로 넘어가게 된다. 여기가 바로 개인이 직무 탐색 계획을 시작하는 시점이며, 대개 탐색 의도는 실제 탐색 행동으로 이어지게 된다. 직원들은 인디드닷컴(Indeed.com) 같은 인터넷 직무 사이트에 자신의 이력서를 올리고, 고용 전문 기관의 서비스를 찾아보고, 직무 설명회 등에 참여하며 대안적인 고용 기회를 찾고자 한다. 이 모델은 직무 불만족 외의 다른 요인들(예 : 다른 지역에 살고자 하는 욕구)에 의해 탐색 의도가 동기화되는 것도 가능하다.

대안을 탐색한 후, 적절한 대안이 없다는 것을 발견할 수도 있다. 이런 결과는 분명히 관심 직업 분야에서 개인이 구비한 자격 수준과 지원 가능한 일자리에 따라 다르다. 만일 어떤 사람이 아무 대안도 찾아내지 못했다면, 현 직장에 적응하는 것 외에 다른 선택은 없을 것이다. 만일 다른 대안들이 있다면, 다음 단계는 그것들을 평가하는 것이다. 또한 예상하지 못한 제안과 함께 대안을 찾게 되는 경우도 있을 수 있다.

여러 가지 다른 고용 대안을 평가하는 방법으로, 이 모델은 2개의 평가 기준을 제안한다. 현 직무에 대한 내적 직무 수용성 판단, 대안 직무들에 대해 직원이 가지고 있는 내적인 직무 수용성 판단 기준에 의해 평가된다. 이런 이중 평가 기준이 있다는 것을 감안하면, 대안이 어떤 사람이 가지고 있는 내적 기준은 넘어서지만, 현 직무가 제공하는 기준에는 미치지 못하는 경우가 있을 수 있다. 이런 경우가 발생하면 직무 탐색을 통해 이 직원은 남의 떡이 큰 것은 아니라는 것을 알게 되고, 현재의 직무를 더 호의적인 측면으로 바라볼 수 있다. 또 다른 가능성은 개인이 노동 시장으로부터 완전히 벗어날 수도 있다는 것이다. 예를 들어, 불만족을 느끼는 직원이 가정으로 돌아가 전업 부모가 되기로 결심할 수도 있다. 이 장의 초반에서 코로나19 팬데믹으로 재택근무의 가능성이 직무 만족에 중요한 요인이 되었다고 설명한 바 있다. 코로나19 팬데믹의 또 다른 영향은 사람들이 다른 조직에서 일을 하기 원하는지 혹은 아예 일을 하지 않기를 원하는지 등을 생각해보는 계기를 제공했다는 것이다. 이런 현상을 '대퇴직(the great resignation)'이라고 하며 이 현상과 코로나19 팬데믹의 또 다른 결과인 '조용한 퇴사(quiet quitting)'라는 현상을 '참고 8.4'에서 설명하였다.

참고 8.4

코로나19 팬데믹, 대퇴직, 그리고 조용한 퇴사

이 책의 여러 부분에서 논의한 바와 같이, 코로나19 팬데믹은 조직 내에서 일하는 직원들의 행동과 의사결정에 큰 영향을 미쳤다. 그러나 팬데믹의 가장 극적인 영향 중 하나는 직원들이 자신이 원하는 직업의 유형을 다시 생각하는 기회를 제공하고, 아예 일을 하고 싶은지에 대한 재고를 불러일으킨 것이다. 텍사스A&M대학교 경영학 교수인 Anthony Klotz는 대규모의 직원들이 현재의 조직을 떠나 자신이 새롭게 선호하는 직업 특성에 더 일치하는 다른 조직이나 직업을 찾는 현상을 가리켜 '대퇴직'이라는 용어를 처음 사용한 사람으로 알려져 있다.

텍사스 A&M 투데이와의 인터뷰(https://today.tamu.edu/2022/02/11/the-texas-am-professor-who-predicted-the-great-resignation/)에서 Klotz는 이 용어가 대중 매체에서 빠르게 확산한 것에 놀랐으며, 이 현상의 주요 원인 중 하나가 팬데믹이 사람들이 직업에서 원하는 것뿐만 아니라 삶 자체에서 원하는 것에 근본적인 영향을 미쳤기 때문이라고 설명했다. 많은 직원들이 스트레스가 많고 혜택이 부족한 조직으로 돌아가고 싶지 않다고 결심했다. Klotz는 조직이 직원들이 직업에서 원하는 것에 귀 기울여야 하며, 유연한 근무시간과 높은 일과 삶의 균형을 촉진하는 정책과 같은 요인을 제공할 의지가 있어야 한다고 믿는다.

코로나19 팬데믹과 관련된 비슷한 역동적인 현상으로는 '조용한 퇴사'가 있다. 이는 직원들이 조직에 남아 있지만 더 이상 일이 보람 있거나 의미 있다고 느끼지 않을 때 노력을 줄이는 것을 의미한다. 조용한 퇴사는 제6장에서 논의한 일종의 반생산적 작업행동으로 간주될 수 있다. 또한 이는 직장에서 최소한의 일만 하며, 직장에서 요구되는 것 이상으로 기여하는 조직시민행동에 참여하지 않는 것을 의미할 수 있다. 대퇴직은 대규모의 직원들이 직장을 떠나는 통계로 쉽게 문서화할 수 있지만, 조용한 퇴사는 측정하기가 더 어렵다. 뉴요커의 한 기사(https://www.newyorker.com/culture/2022-in-review/the-year-in-quiet-quitting)에서는 조용한 퇴사에 대한 보고서에 대한 반응이 그 자체만큼이나 흥미로웠다고 언급하며, 직원들이 삶의 의미를 부여하는 것이 반드시 직장에서 뛰어난 성과를 내는 것만은 아니라는 사실과 싸워야 한다고 지적했다. 대퇴직의 결정 요인과 마찬가지로, 조직이 이러한 분야에서 충족감을 촉진하지 못한다면, 남아 있는 직원들은 최소한의 업무만 수행하며 삶의 의미를 부여하는 다른 분야를 추구할 에너지를 비축하려 할 수 있다.

직무 탐색 결과 현재 직무보다 더 매력적인 하나 이상의 고용 제의를 받게 될 수도 있다. 모델에 따르면, 이런 일이 발생하면 개인은 현 직무를 그만두어야 할지 말아야 할지에 대한 의도를 형성한다. 더 나은 대안이 발견되었는데도 왜 사람들은 자동적으로 현재 직무를 그만두지 않는가? 이전에 논의한 계획된 행동 이론에 따르면, 단순히 사람들은 직무를 바꾸는 행동에 대해 긍정적인 태도를 지니고 있지 않기 때문에 더 매력적인 직무라도 그 제안을 거절할 수 있다. 규범적 힘 또한 영향력을 발휘할 수도 있다. 예를 들어, 어떤 사람이 평생 한 조직을 위해 헌신한 부모를 가진 가정에서 자랐을 수 있다. 이 경우에 이 사람은 같은 조직에 남아야 하며 **잡 호퍼**(job hopper, 직장 이동이 잦은 사람)가 되지 말라는 미묘한 (또는 그리 미묘하지 않은) 규범적 압력을 느낄 수도 있다.

의도가 실제 행동으로 이어지지 않을 수도 있는 또 다른 이유는 직무를 그만두는 행위(act)와 그만두겠다는 생각은 아주 다르기 때문이다. 〈그림 8.3〉에서 Mobley(1977)의 모델은 진행 과정의 비교적 초반부에 직원은 이직과 관련된 비용을 평가해야 한다고 제안한다. 그러나 과정 초반부에 '이직'은 추상적인 개념이고 개인이 직면하게 되는 구체적인 선택사항도 아니다. 따라서 모델에서는 분명하지 않더라도, 이직 의도와 실제 이직 행동 사이에서 직무를 이직하는 것에 대한 비용 재평가가 일어날 가능성이 있다. 어떤 사람이 구체적인 직무 제안을 받게 되었지만 발이 얼어붙은 나머지 더 나은 것을 위해 현재 직무를 그만두는 것이 바람직하지 않다고 결정할 수도 있다. 마지막으로 이직 의사결정이 충동적으로 이루어질 수 있는 가능성을 이 모델은 제안하고 있다. 아마도 몇몇 독자는 이직하겠다는 결정을 '순간적으로' 한 경험이 있을 것이다. 이직에 대한 즉각적인 결정은 대인관계 충돌이나 조직의 제한점과 같은 직무 스트레스 요인에 기인할 수 있다(제7장 참조).

수년에 걸친 경험적 연구들은 두 가지 방법으로 Mobley의 모델을 지지하였다. 첫째, 원래 모델이나 파생 모델을 검증한 연구는 전반적으로 이 모델을 지지한다(예 : Hom et al., 1992; Michaels & Spector, 1982; Mobley et al., 1979). 유사한 모델을 검증한 연구에서 Kammeyer-Mueller 등(2005)은 2년간 5개 시점에 걸쳐 종업원을 조사하여 조직에 남아 있는 종업원과 이직한 종업원을 예측하는 변인을 측정하였다. 저자들은 위계적 선형 모델링(HLM, 추가 설명은 부록 참조)을 사용하여 조직을 떠난 종업원들은 5회의 자료 수집 기간 동안 계속해서 직무 만족과 조직 몰입이 떨어졌다는 것을 발견하였다. 그 외에도 이 종업원들의 직무 철회행동이 증가하였고, 5회 기간 내내 대안적 직무 탐색을 하였다.

이 모델에 대한 간접적 지지 증거는 직무 만족과 이직 간의 상관관계를 조사하는 연구에서 나타났다. Carsten과 Spector(1987)는 42개 연구에 대해 메타분석을 하였고, 직무 만족과 이직 간에 교정된 상관이 −.24라는 것을 발견하였다. 행동 의도와 실제 이직 간의 교정상관은 .32였다. Tett와 Meyer(1993)도 메타분석을 하였는데 상관이 .27로 추정되었다. 의도는 직무 만족보다 근접한 원인(proximal cause)이기 때문에(그림 8.3 참조), 의도가 직무 만족보다 이직과 더 강한 상관관계를 보일 것이라고 기대할 수 있을 것이다.

비록 간접적이긴 하지만, 이 책의 저자들 역시 고용 대안 여부가 직무 만족과 이직의 관계에 영향을 미칠 수 있는지를 조사하였다. 저자들은 구체적으로 메타분석을 위한 연구 자료를 수집할 때 특정 지역에 존재하는 실업 수준 데이터를 수집하였다. 예상했던 대로, 실업률이 높은 기간보다 실업률이 낮은 기간 동안에 만족과 이직, 그리고 의도와 이직 간의 교정상관이 높았다. 이는 아마도 실업률이 낮을 때는 대안적인 고용 기회가 훨씬 더 풍부하기 때문에 나타난 결과로 추정한다.

이 결과들은 직무 만족이 이직 과정에 영향을 미칠 것이라는 가정과 일치한다. 사실, 직무 만족이 이직의 멀리 떨어진 원인(distal cause)이라는 것과, 이직이 낮은 기저율을 보이는 사건이라는 것을 고려하면 이 두 변인 간에 나타난 대략 −.24~−.27 사이의 교정상관은 실제로 꽤 주목할 만한 것이다. 게다가 2018년에 진행한 Rubenstein 등(2018)의 연구를 살펴보면 직무 만족은 이직의 가장 강한 예측 요인 중 하나이다($\rho = -.28$). 보다 개념적인 수준에서 보면, 이런 결과들은 더 만족스러운 업무를 찾으려는 열망이 직무를 변경하려는 추진력이 된다는 것을 시사한다. 따라서 조직이 이직 수준을 관리 가능한 수준으로 유지하고자 하면 직무 만족에 영향을 끼치는 직무 및 조직 환경을 무시해선 안 된다(제3장에서도 이와 관련된 내용이 언급되었다).

직무 수행 : 직무 만족과 관련된 네 번째 변인은 직무 수행(job performance)이다. 그동안 연구자들이 직무 만족과 관련지은 수많은 변인 중에 직무 수행이 아마 가장 오랜 역사를 지닌 변인일 것이다. 사실 직무 만족을 직무 수행과 연계하려는 시도는 멀리는 호손(Hawthorne) 연구로까지 거슬러 올라간다. 자신들의 발견에 기초해서 호손 연구자들은 상대적으로 순진한 결론에 도달했는데, 종업원들을 보다 생산적으로 만드는 한 가지 방법은 그들을 더 만족시키는 것이라는 것이다. 달리 말해서 '행복한 노동자가 생산적인 노동자'라는 것이다. 직무 만족이 직무 수행에 영향을 준다는 이 개념이 널리 받아들여져 제1장에서 설명한 인간관계(Human Relations) 운동이라고 기술되는 사조가 도입되게 만들었다.

1950년대 말과 1960년대 초반에 조직 연구의 또 다른 추세는 인지적 처리 모델에 대한 의존이며 이는 직무 만족과 직무 수행 간의 관계에 관한 지배적인 관점을 근본적으로 바꾸는 계기가 되었다. 예를 들어 Vroom(1964)의 기대 이론(Expectancy Theory)은 만일 자신의 노력이 높은 수행을 가져올 수 있고, 높은 수행을 통해 가치 있는 결과를 얻을 수 있다고 믿는다면 종업원은 더 많은 노력을 기울이게 될 것이라고 제안한다. 이런 관점에서 수행을 보면, 직무 만족이 직무 수행을 결정하는 데 인과적인 역할을 담당한다고 가정할 이유가 없다. 한편 높은 직무 수행이 궁극적으로 바라던 결과를 얻게 해 준다면, 종업원은 자신의 직무 수행이 양호하고, 이에 대해 보상받을 때 자신의 직무에 가장 만족해야 한다. 이런 관점에서는 직무 수행이 직무 만족의 원인이 된다고 결론지을 수 있을 것이다. 따라서 조직이 종업원을 행복하게 만들려고 노력하기보다, 종업원이 자신의 직무를 잘 수행하는 데 필요한 기술을 개발하도록 도와주고 보상을 수행에 연계하는 것이 훨씬 더 바람직할 것이다.

불행히도, 직무 만족과 직무 수행 간의 관계를 둘러싼 초기 논쟁의 많은 부분은 경험적 자료보다는 의견에 근거하고 있다. 1970년대와 1980년대 들어 직무 만족과 직무 수행 간의 관계에 대한 많은 경험적 연구들이 진행됨에 따라 이러한 토대가 변화하기 시작했다. 1980년대 중반, 이런 경험적 연구 중 많은 부분은 Iaffaldano와 Muchinsky(1985), 이후로는 Podsakoff와 Williams(1986)가 시행한 포괄적인 메타분석 연구에 요약되어 있다. Iaffaldano와 Muchinsky 연구에서 직무 만족과 직무 수행 간의 교정상관은 .17로 나타났다. Podsakoff와 Williams도 유사한 결과를 얻었다.

Podsakoff와 Williams(1986)는 또한 만족과 수행의 관계는 보상이 수행과 연계되는 정도에 의해 조절된다는 것을 발견하였다. 보상이 수행과 밀접하게 연계된 연구에서는 직무 만족과 직무 수행 간의 교정상관이 .27이었다. 대조적으로, 보상이 수행과 긴밀히 연계되지 않은 연구에서는 교정상관이 더 약해졌다(r=.17). 이런 조절효과는 매우 중요하다. 왜냐하면 직무 만족과 수행이 연계될 때 가장 가능성 있는 인과적 순서는 수행이 직무 만족에 영향을 주는 것이지 그 반대가 아닌 것이다. 더 구체적으로, 보상이 수행과 긴밀히 연계되어 있다면, 직무 만족은 보상을 받게 됨으로써 생기는 자연적인 파생물일 가능성이 있다. '보상이 성과와 연관될 때… 생산적인 노동자가 행복한 노동자다'를 보여주는 것이다.

직무 만족이 직무 수행의 강력한 예측 요인인지 아닌지에 대해 조직 연구자들이 의구심을 품기 시작할 즈음, Judge 등(2001)은 과거의 메타분석을 재검토해서 이들 연구에 제한점이 있다는 주장을 하였다. 저자들은 312개 표본의 54,000명의 참가자들에 대한 새로운 메타분석을 시행하여 직무 만족과 수행 간 진상관이 .30임을 발견하였다. 저자들은 또한 직무 만족과 수행 간의 상관이 연구들 간에 크게 차이가 난다는 사실을 지적하며, 이는 직무 만족과 수행 간 관계의 강도를 결정해 주는 다른 변인이 있다는 것을 제안하였다. 이 메타분석에서 Judge 등(2001)은 직무 만족과 수행 관계에 대한 통합적 모델을 제시하였는데, 이 모델에서는 두 변인 간의 상호적 관계를 강조하고, 수행에 대한 직무 만족의 매개 요인과 조절 요인, 역으로 직무 만족에 대한 직무 수행의 매개 요인과 조절 요인의 역할을 강조하였다. 저자들은 향후 연구자들은 직무 만족이 직무 수행과 어떻게 관련되는지를 검토하고 이들 관계의 강도를 강화 혹은 약화시키는 변인에 주목해야 한다고 강조하였다.

직무 만족과 수행의 상호 관계를 추가적으로 파악하기 위해 Alessandri 등(2017)은 직무 만족과 수행을 5년에 걸쳐 연구하였다. 잠재 차이 값을 사용하는 통계 기법을 사용하여, 저자들은 한 시점의 직무 만족은 이후 시점의 직무 수행을 예측할 뿐 아니라 한 시점의 높은 직무 수행은 이후 시점의 더 높은 직무 만족을 예측한다는 것을 보여주었다. 이 결과는 직무 만족과 직무 수행 간 상호 관계가 있다는 것을 시사한다. 직무 만족과 수행의 관계에 조절변인이 필요하다는 의견을 기반으로 Schleicher 등(2004)은 직무 만족의 감정-인지 일관성(affective-cognitive consistency, ACC)이라는 주요한 조절변인을 찾아냈다. 저자들은 태도 분야에서 이루어진 이전 연구들에서 태도의 감정적 요소와 인지적 요소 간의 불일치를 보고하는 사람들은 태도-행동 간 낮은 상관을 보였다는 것(Kraus, 1995)에 주목하였다. 즉 직무 만족 수준이 동일하다고 보고한 사람들이라도 직무 만족 요소들에 대해 각기 다른 강도를 보일 수 있다. 만약 어떤 사람이 직무 만족 구성요소들 간에 일관성을 보이지 않는다면 직무 만족이 수행을 예측할 것이라고 기대해서는 안 되는 것이다. 다시 말하면, 자신의 직업에 대해 부정적인 정서와 생각을 지닌 직원이나 긍정적인 정서와 생각을 지니고 있는 직원에 비해서 직무에 대해서 행복하다고 보고하는 동시에 자신의 직무에 대해 부정적인 생각을 가지고 있는 직원의 직무 만족은 추후 행동을 예측하지 못할 가능성이 높다.

경험적 연구가 많아짐에 따라 직무 만족과 직무 수행 간 관계가 예측할 수 없고 가변적인 것이라고 결론 내리고 싶을 수도 있다. 하지만, Ostroff(1992)에 따르면 이런 결론은 잘못된 것일 수 있다. 왜냐하면 직무 만족과 직무 수행 간의 관계를 조사한 대부분의 연구가 개인적인 분석 수준에서 시행되었기 때문이다. 자신의 직무에 매우 만족하는 종업원이 보다 만족하지 않는 종업원보다 반드시 더 나은 수행을 하는 것은 아닐지라도, 이런 관계는 조직 차원의 분석 수준에서는 더 높아질 수 있다고 Ostroff는 지적하였다. 즉 매우 만족해하는 종업원들을 보유한 조직은 매우 불만족해하는 종업원들을 보유한 조직보다 더 높은 수행을 보인다는 것이고 이러한 관계는 조직 수준에서 더 강하게 나타날 수 있다. 종업원들이 매우 만족해한다고 해서 그들이 개인 단위로도 더 생산적인 것은 아닐 수 있지만, 그럼에도 불구하고 그들이 전체로서 조직의 효과성을 촉진하는 행동을 할 수 있을 것이다.

Ostroff(1992)는 저학년과 고학년이 포함된 298개의 고등학교에 대한 전국 표본을 활용하여 직무 만족과 직무 수행 지표 간의 관계를 검토함으로써 이 가설을 검증하였다. 〈표 8.4〉에서 보듯이, 집합 수준의 직무 만족은 모든 수행 지표와 유의하게 관련되었고, 그 강도는 −.11~.44까지 다양한 범위에 걸쳐 있었다. 이 상관 계수 중 많은 것이 개인 수준 연구에서 나온 것보다 높았다(Iaffaldano & Muchinsky, 1985; Podsakoff & Williams, 1986). 흥미롭게도, Ostroff는 조직 수준으로 분석했을 때는 만족이 높은 수준의 수행의 원인이 되는 것 같다고 주장하였다. 이는 개인 수준의 연구와는 반대되는 인과 관계이다(Podsakoff & Williams, 1986). 불행하게도, 이 연구는 횡단 연구이기 때문에 이 인과성의 질문에 답할 수는 없다.

그러나 Schneider 등(2003)이 수행한 연구에서 조직 수준으로 분석할 때 직무 만족이 직무 수행을 결정한다는 주장은 아닐 수 있다고 설명한다. 이 저자들은 8년간 35개 회사를 연구하면서 직무 만족과 객관적 회사 수행 지표(예 : 재무제표와 시장점유율 등)를 측정하였다. 첫 번째로 저자들은 회사의 수행이 개인의 직무 만족에 유의한 영향을 미친다는 것을 발견하였다. 두 번째로, 수년에 걸쳐 직무 만족과 회사 수행 간의 관계를 분석하니, 직무 만족이 회사 수행을 이끌기보다는 높은 회사 수행이 직무 만족을 증가시키는 것으로 나타났다. 이 결과는 수행 수준이 높은 회사가 수행이 저조한 회사보다 더 종업원의 만족을 높일 수 있다는 것을 시

표 8.4 조직 수준의 직무 만족과 조직 수준의 성과 측정치

성과 측정치	상관
(a) 읽기 성과	.30
(b) 수학 성과	.31
(c) 사회 과학 성과	.24
(d) 과목을 통과한 학생의 비율	.20
(e) 행정 성과	.24
(f) 중도 포기 학생의 비율	−.28
(g) 출석하는 학생의 비율	.24
(h) 징계 문제가 있는 학생의 비율	−.27
(i) 기물 파손 비용(달러 기준)	−.11
(j) 교수자 만족도	.24
(k) 전반적인 학생 만족도	.44

주 : 모든 상관관계는 유의 수준 0.05에서 통계적으로 유의하다.

출처 : Ostroff(1992).

사한다. 분명히 조직 연구자들은 개인 및 집단 수준에서 직무 만족과 직무 수행 간의 인과 관계, 그리고 이 두 관계에 영향을 주는 변인들을 조금 더 이해하려고 노력해야 할 것이다. 직무 태도를 중요한 조직행동에 대한 예측 변인으로 보는 또 다른 접근 방식은 직무 만족과 조직 몰입을 단일한 직무 태도 측정치로 결합하여 사용하는 것이다(Harrison et al., 2006). 이 접근은 조직 몰입을 다루는 다음 절에서 살펴보겠다.

직무 만족을 직무 수행의 예측 변인으로 사용하는 최근의 주요 추세는 직무 만족이 맥락 수행과 관련되는지를 살펴보는 것이다. 제6장에서 맥락 수행은 공식적인 직무기술서상의 내용은 아니지만, 그럼에도 불구하고 조직 목적을 달성하는 데는 도움이 되는 종업원 수행이라고 언급했던 것을 상기해보자. 예를 들어, 종업원들이 다른 종업원을 도와주고, 필요할 때 더 열심히 일을 하고, 조직에 대해 긍정적으로 이야기할 수 있다. Credé 등(2009)은 직무 만족과 맥락 수행 간 관계를 검토했는데, 여기에서는 직무 만족과 직무 불만족이 실제로는 2개로 구별되는 상이한 구성개념이라고 보았다. 이 저자들은 종업원들은 자기 직무에 대해 정적 태도와 부적 태도를 구별해서 가질 것이고, 이들은 각기 독립적으로 맥락 수행을 예측할 것이라고 주장하였다. 이 저자들은 직무 만족과 직무 불만족은 각기 독립적으로 조직시민행동을 예측하였고, 이들 각각이 맥락 수행 측정치의 고유 변량을 설명한다는 것을 발견하였다. 이 결과는 업무에 대한 정적 평가와 부적 평가를 독립적으로 측정해 결합하면 직무 수행에 대한 예측을 향상시킬 수 있다는 것을 의미한다.

Edwards 등(2008) 역시 과업 수행과 맥락 수행(상사평정임)에 대한 예측 변인으로 직무 만족을 검토하였는데, 여기서는 직무 만족의 세부 측면과의 관계를 분석하였다. 저자들은 전반적 직무 만족이 과업 수행과 맥락 수행을 동일하게 잘 예측한다는 것을 발견하였다. 그러나 일에 대한 만족은 맥락 수행보다 과업 수행을 더 잘 예측하며, 상사에 대한 만족은 과업 수행보다 맥락 수행을 더 강하게 예측하였다. 예를 들어, 종업원이 자신의 상사에 만족할 경우 일에서 추가적인 노력을 기울이지만 일에 대해 만족할 경우 일의 기술적인 측면을 더 잘 수행할 가능성이 높다. 이 결과는 직무 만족과 직무 수행 간의 관계가 직무 만족의 세부 측면에 따라 다를 수 있음을 의미한다.

조직 몰입

자기 직무에 대한 만족감 및 불만족감 외에도, 직원들은 자신을 고용한 조직에 대해 애착 및 몰입감을 발전시킨다. 만족이나 불만족의 경우처럼, 애착과 몰입감은 일터 밖에서도 형성된다. 예를 들어, 사람들은 결혼 및 여타 형태의 유대 관계를 통해 서로에게 몰입하게 된다. 또한 많은 사람이 운동과 같은 활동, 교회와 같은 기관, 민주주의와 같은 정치적 이념에 몰입하기도 한다. 이와 같이 다양한 형태의 몰입이 있는 것과 마찬가지로, 직원들이 자신이 종사하는 조직에 대해 몰입과 애착감을 발전시키는 경우가 있다.

조직 몰입의 정의

아주 일반적인 수준에서 **조직 몰입**(organizational commitment)이란 직원들이 자기 조직에 헌신하고 기꺼이 조직을 위해 일하려 하는 정도, 그리고 조직 구성원으로 남아 있고자 하는 정도이다. 이 일반적인 정의에서 정서적(affective) 몰입과 행동적(behavioral) 몰입을 구분할 수 있다(Mowday et al., 1982). 몰입이란 종업원이 조직에 대해 가지고 있는 느낌과 행동 경향성을 모두 반영하는 것이다.

Meyer와 Allen(1991)은 몰입의 기반이 다양할 수 있다고 지적하면서, 조직 몰입에 대한 정의를 보다 정밀하게 만들었다. 즉 직원들은 여러 가지 다른 이유로 조직에 몰입할 수 있는데, 이런 이유들이 각기 다른 몰입 형태를 만든다. 그들은 몰입의 3요소 모델을 제안했는데, **정서적**(affective) 몰입, **지속적**(continuance) 몰입, **규범적**(normative) 몰입이 그것이다. 정서적 몰입은 직원들이 조직과 동일시하고, 조직에 대해 진정으로 충성심을 느끼는 정도를 나타낸다. 이에 반해, 지속적 몰입은 직원들이 조직에 투자한 정도에 대한 지각에 대비하여 다른 조직으로 이동하는 것에 대한 상대적인 비용을 말한다. 어떤 저자들은 지속적 몰입을 두 가지 형태로 구분하는데 하나는 조직을 떠나기 위해 지불해야 할 대가에 대한 지각이고, 다른 하나는 다른 직무 대안이 부족하다고 지각하는 것이다(Panaccio & Vandenberghe, 2012). 규범적 몰입이란 직원들이 조직의 일원으로 남아 있는 것이 도덕적으로 옳은 일이기 때문에 남아 있다는, 조직에 대해 느끼는 의무감에 기초한 것이다.

다양한 기반을 가지는 것 외에도, 직원들의 몰입은 조직 내의 다양한 수준에 초점을 맞출 수 있으며 심지어 외부 집단을 향한 것일 수도 있다. 예를 들어, 직원들은 자기 조직에 대해 몰입감을 느낄 수 있으며, 자신이 소속되어 있는 팀 및 팀의 리더에 대해 몰입감을 느낄 수도 있다. 또한 자신이 속한 직업에 대해 몰입감을 느낄 수 있다. 예를 들어, 의료보험공단에서 일하는 외과의사는 자기 조직에 대해 어느 정도 몰입감을 가지고 있겠지만, 의료업에 대해서도 몰입할 수 있다. 비슷하게, 교수들은 속한 대학에 대해서 강하게 몰입을 느낄 수도 있지만 자신의 직종에 대해서 더 강하게 몰입할 수 있다.

Meyer와 Allen(1997)은 몰입의 세 가지 기반(정서적, 지속적, 규범적 몰입)과 여섯 가지 초점을 교차시킬 수 있다고 제안하였다. 〈그림 8.4〉에서 보는 바와 같이 종업원은 조직환경 내에서 어떤 표적 대상에 대해서든 어떤 수의 정서적 몰입, 지속적 몰입, 규범적 몰입감을 가질 수 있다. 이는 대부분의 조직 구성원에게 몰입은 다차원적이며 복합적인 구성 개념이라는 사실을 반영하는 것이다. 따라서 만일 누군가 어떤 구성원에게 "당신은 얼마나 몰입하고 있습니까?"라고 질문하면 이 사람은 다양한 응답을 하게 될 것이다.

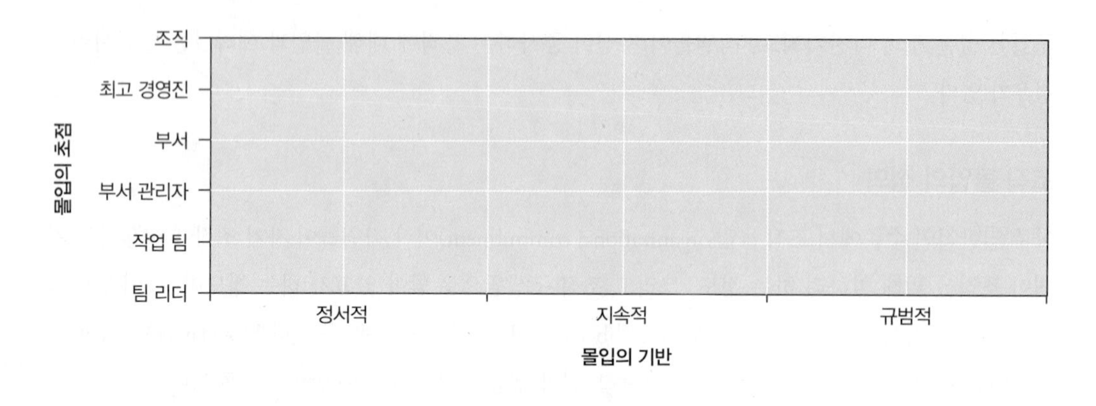

그림 8.4 조직 몰입의 기반과 초점

출처 : Meyer & Allen (1997)/Sage Publications.

조직 몰입의 측정

대부분의 주관적인 태도 변인들과 마찬가지로 조직 몰입은 자기보고 측정치로 측정된다. 역사적으로 널리 사용되는 최초의 조직 몰입 척도는 조직 몰입 설문지(Organizational Commitment Questionnaire, OCQ)였다(Mowday et al., 1979). 원래 OCQ는 Meyer와 Allen(1991)이 설명한 정서적 몰입을 주로 측정하고 규범적 몰입을 조금 측정하였다. 원래 OCQ에는 이직 의도를 측정하는 한 문항이 함께 포함되어 있었다. 이 문항을 포함한 것이 비판을 촉발하였는데, 특히 OCQ가 이직을 예측하기 위해 사용될 때 비판을 받았다. OCQ를 사용하는 대부분의 연구자들은 개념적으로 중첩되는 것을 피하기 위해 이직 의도와 관련된 문항 한 개는 제외하고 사용하고 있다. 많은 경우, 연구자들은 원래 척도의 단축형 척도를 사용하기도 한다.

대체적으로, OCQ의 심리측정적 속성은 양호하다. Mathieu와 Zajac(1990)은 124개 조직 몰입 연구에 대해 메타분석을 실시한 결과, 다양한 형태의 OCQ가 내적 일관성 신뢰도의 평균이 .80을 넘는다고 보고하였다. 이 연구에서 OCQ는 개념적으로 관련된 변인들과도 합당한 상관관계를 보여주었고, 구성 타당도가 지지되었다. OCQ의 주요 한계점은 이 척도는 조직 몰입 중 주로 정서적 몰입만을 측정한다는 것으로, 이로 인해 지속적 몰입과 규범적 몰입에 대해서는 거의 어떤 정보도 제공해 주지 못한다는 것이다. 조직 몰입 형태의 차이에 따라 다른 결과가 나온다는 사실에 비추어볼 때 이는 중대한 한계점이라 할 수 있다.

또 다른 자주 쓰이는 조직 몰입의 척도는 Allen과 Meyer(1990)가 개발한 척도로 이 척도는 정서적, 지속적, 규범적 몰입의 3요소가 모두 포함된 조직 몰입 척도이다. 정서적 몰입을 측정하는 예시 문항은 다음과 같다. "이 조직은 나에게 개인적으로 큰 의미를 갖는다." 지속적 몰입에 대한 예시는, "가까운 미래에 이 조직을 그만두게 되는 것은 비용이 너무 많이 드는 일이다."이다. 마지막으로 규범적 몰입의 예시 문항은 다음과 같다. "내가 지금 이 조직을 그만둔다면 죄책감을 느끼게 될 것이다."

지금까지 이 척도에 대해 누적된 신뢰성에 대한 증거는 고무적이다. 예를 들어, Meyer와 Allen(1997)은 정서적, 지속적, 규범적 몰입 척도에 대한 내적 일관성 신뢰도의 중간값이 각각 .85, .79, .73이라고 보고하였다. 세 척도 모두 높은 수준의 시간적 안정성을 보여주었다. 또, 구성 개념의 타당성에 대한 증거도 상당하다. 예를 들어, 여러 연구들이 이 척도의 3요인 구조를 지지하였다(Meyer & Allen, 1997에서 요약). 또한 이들 세 형태의 몰입이 직무 만족, 가치관, 직업 몰입과 같은 관련 변인들과 경험적으로 구별될 수 있다는 증거들도 밝혀졌다. 또한 다른 변인들과 보이는 관계 패턴에서도(이 부분은 다음 절에서 자세히 기술할 것이다) Meyer와 Allen 측정치의 구성 타당도가 지지되었다. 중요한 점은 변별되는 3개의 하위 몰입척도가 모두 다른 변인들과 예상했던 상관 관계를 나타냈다는 것이다.

OCQ와 Allen과 Meyer(1990) 척도 외에 몇몇의 조직 몰입 척도들이 개발되었지만 어느 것도 널리 사용되지는 않았다. 이 중 Becker(1992)에 의해 개발된 척도가 주목할 만하다. 이 연구에서 조직 몰입은(Meyer & Allen, 1997처럼) 다양한 기반과 욕구에 근거하여 측정되었다. 조직, 최고경영진, 상사, 작업팀과 같은 다양한 초점을 포함하였고 순응, 동일시, 내재화와 같은 단계를 포함하였다. 그러나 다른 연구들이 이를 잘 활용하지 않았기 때문에 이런 접근법으로 몰입을 측정하는 것의 적용 가능성에 대한 경험적 증거는 거의 없다. 그러나 만일 다른 기반과 다른 초점을 갖게 될 때 실제로 다른 결과가 도출된다면 향후 이런 형태로 몰입을 측정하는 것도 유용할 것이다.

조직 몰입을 개념화하고 측정하려는 하나의 경향은 세 가지 구별되는 몰입 유형을 기반으로 하여 **몰입 프로파일**(profiles of commitment)을 개발하는 것이다. Somers(2010)는 세 유형의 몰입 점수를 토대로 군집 통계 분석법을 사용하여 집단을 구분하였다. 분석 결과 7개의 프로파일이 도출되었는데, 2개의 프로파일에는 정서적 몰입과 지속적 몰입 요소에서만 높은 값을 가졌으며, 또 하나는 세 요소 모두 높은 점수를 보이는 것, 또 하나는 세 점수 모두 낮은 점수를 보이는 것, 나머지 세 유형은 세 요소 중 두 가지(정서적-규범적, 정서적-지속적, 지속적-규범적)에서 높은 점수를 보이는 것이었다. 프로파일 접근법을 사용하여 이 저자들은 정서적 몰입이 규범적 몰입, 지속적 몰입과 결합하였을 때 이직 의도 및 실제 이직을 낮춘다는 것을 발견했다.

보다 고급 통계 분석법인 잠재 프로파일 분석법을 사용하여 Meyer 등(2012)은 여섯 가지 몰입 프로파일 유형을 확인했다. 즉 3요소 모두 낮은 프로파일, 3요소 모두 중간인 프로파일, 3요소 모두 낮음에서 중간 수준인 프로파일, 3요소 모두 높은 수준의 프로파일, 지속적 몰입만 높은 프로파일, 정서적 몰입과 규범적 몰입만 높은 프로파일이다. 이 프로파일에 대한 설명은 〈표 8.5〉에 포함되어 있다. 저자들은 집단에 따라 예측 변인과 결과변인에 차이가 있었으며, 3요소 모두 높게 몰입한 사람들과 정서

표 8.5 Meyer 등(2012)에서 파악된 몰입 프로파일에 대한 설명

몰입 유형	묘사
1. 낮은 몰입형	모든 유형의 몰입에서 낮은 점수를 보임
2. 지속적 몰입 지배형	지속적 몰입은 높고 정서적, 규범적 몰입은 낮음
3. 중간 몰입형	모든 유형의 몰입이 평균 정도 수준임
4. 낮은-중간 몰입형	모든 유형의 몰입이 낮음에서 중간 정도 수준임
5. 높은 몰입형	모든 유형의 몰입이 높은 수준임
6. 정서적, 규범적 몰입 지배형	정서적 몰입과 규범적 몰입 수준은 높지만 지속적 몰입 수준은 낮음

출처 : Meyer et al.(2012).

적 몰입 및 규범적 몰입이 함께 높은 그룹에서 가장 긍정적인 결과(열의, 조직시민행동, 웰빙)를 보여줌을 발견하였다.

조직 몰입을 측정하는 프로파일 연구들이 많아짐에 따라, Kabins 등(2016)은 몰입 프로파일 연구를 시행한 40개의 연구를 대상으로 메타분석을 실시하여 몰입 프로파일과 그 결과에 대해서 더욱 명확한 그림을 제공하고자 하였다. 이 연구자들은 기존 연구와 유사하게 다섯 가지 다른 프로파일 범주를 확인하였다. 세 차원에서 모두 낮은 프로파일, 정서적 몰입만 높은 프로파일, 정서적, 규범적 몰입이 높은 프로파일, 세 차원 모두 높은 프로파일을 확인했다. 더 나아가 높은 정서적 수준을 포함한 프로파일이 가치 기반적이며 정서적 몰입 수준이 낮거나 중간 수준인 프로파일의 영향력은 약하다고 설명한다. 예상대로 정서적 몰입이 높은 프로파일의 직원들은 직무 수행과 조직시민행동 점수가 높았다.

조직 몰입의 발달과 예측변인

무엇이 조직에 대한 몰입 수준을 결정하는가? 조직 몰입 구성 개념이 복잡하다는 것을 고려할 때 이 질문에 답하기는 쉽지 않다. 대부분의 연구자들은 Meyer와 Allen(1991)이 제기한 세 가지 각각의 몰입 기반 발달 과정을 조사하며 이 문제를 해결하고자 했다. 정서적 몰입의 경우, 만일 조직이 자기를 지지하고 공정한 방식으로 대우한다고 직원들이 지각한다면 정서적 몰입이 발달될 거라고 예측할 수 있다. 연구 결과, 정서적 몰입은 조직 지지 지각(perceived organizational support, POS)과 정적 상관을 보여준다(이 장의 뒷부분에서 POS를 설명할 것이다). 조직 지지 지각이란 조직이 직원들에게 도움이 된다고 여겨지는 정도를 나타낸다. 즉 조직이 '직원 편'이라고 지각하는 정도이다. 병원 간호사를 대상으로 한 연구에서 지지적인 조직 문화는 정서적 몰입을 예측하였고, 특히 간호사가 일하는 개별 병동

문화가 영향을 미쳤다(Lok & Crawford, 2001). 최근 메타분석 연구에서 Woznyj 등(2022)은 조직 몰입과 조직지지 지각의 상관이 .69로 강한 관계를 갖는다는 것을 확인했다.

조직 지지 지각과 관련지어 보면 직무환경의 많은 특성이 정서적 몰입과 관련된다. Clausen과 Borg(2010)는 몰입의 기본적 수준을 통제하고도 리더십, 업무 절차에 대한 개인적 영향력, 업무 스트레스 같은 일에 대한 특성이 1년 후의 정서적 몰입을 예측하는지 조사하였다. 저자들은 개별 종업원 수준에서 이 특성들이 정서적 몰입을 예측하는지를 확인하였고, 개인이 소속된 업무집단 수준(301개의 다른 업무집단)에서 이 관계를 분석하였다. 그 결과, 개별 종업원 수준과 업무집단 수준에서는 리더십의 질이, 종업원 수준에서는 개인적 영향력이 추후의 정서적 몰입을 예측하였다(또한 Woznyj et al., 2022 참조).

정서적 몰입의 발달에 영향을 줄 수 있는 또 다른 요인은 조직이 보람 있는 결과의 원천이 될 수 있는가 하는 것이다(즉 자율성과 유능성의 욕구를 충족시킬 수 있는지 여부이다). 예를 들어, 정서적 몰입은 직무 범위, 참여적 의사결정, 직무 자율성, 지각된 유능감 같은 변인들과 정적인 관계를 보였다(Meyer & Allen, 1997). 이 결과는 만일 조직이 개인에게 중요하면서도 유능감을 느끼게 하는 장소라고 여겨진다면, 직원들은 정서적 몰입감을 형성한다는 것을 시사한다. 이런 생각과 관련하여, 조직이 직원들의 자율성, 관계성 및 유능성의 욕구를 충족해 준다고 그들이 느끼면 정서적 몰입이 더 커진다는 것이 연구에서 밝혀졌다(Greguras & Diefendorff, 2009). 이런 결과와 일치되게 Meyer 등(2010)의 연구에서 개인-조직 문화 적합성은 추후의 정서적 몰입을 예측한다는 것을 확인하였다.

정서적 몰입의 발달을 설명하는 다른 방법은 행동적 몰입과 회고적인 의미 부여를 통해서이다. 달리 말해서, 직원들은 조직에 재직하고 있다는 것과 자신들이 조직에 들인 노력을 정당화하기 위해 회고적 기제로 정서적 몰입감을 발달시킬 수도 있다. 이와 같이 몰입을 설명하는 것은 이 장 초반부에 기술된 Salancik과 Pfeffer(1978)의 사회적 정보 처리 이론과 일치한다. 일반적으로, 정서적 몰입에 대해 회고적 설명을 지지하는 증거를 찾기는 쉽지 않다. 그러나 Meyer와 Allen(1997)이 지적한 대로, 이 기제는 아주 미묘해서 경험적으로 검증하는 것은 매우 어려울 것이다. 이런 유형의 논리를 검증하려면 여러 해에 걸쳐 종단 연구를 진행해야 하며 여러 시점에서 평가가 이루어져야 한다(Zapf et al., 1996 참조).

정서적 몰입과 비교해볼 때, 지속적 몰입의 발전 과정을 설명하는 것은 훨씬 간단하다. 지속적 몰입에 대한 설명은 대부분 우리가 행동 과정에 몰입하는 기제로 언급되는 Becker(1960)의 **부수적 보수**(side bets)라는 개념에 의존하고 있다. 만일 어떤 사람이 앞으로 6개월 동안 자신이 10kg을 감량하겠다고 선언하고 내기를 한다면, 이런 선언은 이 사람으로 하여금 이 행동 과정에 몰입하게 만들어 준다. 이런 개념을 일터에 적용해보면, 시간이 지남에 따라 종업원은 자신을 현 조직에 몰입하게 하는 여러 부수적 보수를 쌓아 간다. 예를 들어, 근속 연수가 증가하면 종업원에게는 이에 따른 특별 혜택이나 특권이 부여되지만, 만약 이 종업원이 회사를 떠나 다른 회사로 이동하게 되면 그런 혜택은 상실된다. 또한 종업원은 주위 동료들과 수많은 사회적 관계를 발전시키고, 이런 유대 관계가 소속감과 편안함을 키운다. 그러나 다른 조직으로 이동하면 이런 느낌들을 버려야 한다.

지속적 몰입의 또 다른 예측 요인은 종업원이 현 조직에서 실행 가능한 다른 대안을 **지각하는** 정도이다. 지각한다는 말을 강조하였는데, 이는 실제적인 대안이 존재하느냐 안 하느냐는 사실 중요하지 않기 때문이다. 중요한 것은 종업원이 어떻게 지각하고 있느냐이다. 대안을 지각하는 것은 실업률 같은 환경적 요소에도 영향을 받지만 주관적 요인에 더 영향을 받는다. 예를 들어, 어떤 종업원이 지각하는 자신의 역량, 교육 수준 및 이동 가능성에 대해 가지고 있는 지각은 자신의 이직 대안을 지각하는 데 고려된다. 누구나 추측할 수 있듯이, 현 조직 외에 대안이 없다고 지각하는 종업원들의 지속적 몰입이 더 높을 것이다.

지속적 몰입과 비교해볼 때, 규범적 몰입의 발달에 대해서는 훨씬 덜 알려져 있다. Meyer와 Allen(1997)에 따르면 개인적 특성, 조직과 종업원 간 거래의 성질이 규범적 몰입의 발달에 영향을 줄 수 있다. 개인적 수준에서 보면, **초기 사회화**(early socialization) 과정에서 조직에 대한 종업원의 충성심이나 도덕적 의무감 형성을 강조하는 정도의 차이가 영향을 줄 수 있다. 또한 Meyer와 Allen(1997)에 따르면 조직은 초기 사회화 시기 동안 종업원들에게 조직에 대한 도덕적인 의무감이 강하게 스며들도록 할 수 있다. 사회적 정보 처리 이론에서 언급하였듯이 개인들은 일터의 다른 사람들에게 영향을 받기 때문에 조직 내 타인이 조직 몰입을 중요시하는 정도와 같은 타인의 가치들에 영향을 받을 수 있다. 타인의 영향은 초기 사회화에 한정되지 않고 경력 전체에 존재할 것이다.

아마도 가장 강력한 규범적 몰입의 결정 요인은 조직이 직원들을 대하는 방식일 것이다. 어떤 직원이 조직에 들어가면, 그들과 조직 사이에는 암묵적 계약 또는 **심리적 계약**(psychological contract)이 형성된다(예 : Schein, 1990). 심리적 계약은 직원이 느끼기에 조직의 일원으로서 자신이 받게 되는 합당한 대우로 여겨지는 것에 대한 직원들의 지각을 나타낸다. 따라서 조직이 심리적 계약의 목표를 존중하고 있다고 지각될 때 직원들의 규범적 몰입이 가장 클 것이라 가정할 수 있을 것이다. 그러나 이런 몰입 형태의 발달 과정에 대해 결론을 내리기 전에 더 많은 연구가 이루어질 필요가 있다. '관리자를 위한 시사점 8.1'에 진행된 연구를 기반으로 조직 몰입을 높이기 위해 관리자들이 할 수 있는 일을 요약해 놓았다.

문화 및 민족적 특성이 조직 몰입에 미치는 영향을 설명하기도 한다. 이런 유형의 연구들은 국가별 조직 몰입 수준을 조사해서 주로 미국이나 서구 유럽에서 만들어진 조직 몰입 모델이 다른 모집단에도 일반화될 수 있는지를 평가하고자 한다. 예를 들어, Gelade 등(2006)은 49개국에 걸쳐 정서적 몰입의 국가 간 차이를 조사하였다. 이들은 또한 국가별 조직 몰입의 예측 요인들, 예컨대 성격 특성, 사회경제적 지표, 가치관 등의 차이를 조사하였다. 이 저자들은 조직 몰입 수준이 49개 국가 간에 매우 다

관리자를 위한 시사점 8.1

조직 몰입 향상하기

조직 몰입은 일터에서 가장 중요한 직원 태도 중 하나이다. 조직에 몰입한 직원들은 기본적인 직무 수행뿐만 아니라 직무의 일부가 아닌 행동(예 : 위원회에 자발적으로 참여하거나 조직에 대해 긍정적인 발언을 하는 것 등)을 통해 조직에 혜택이 되고 조직을 향상할 행동을 할 가능성이 크다. 또한 조직 몰입이 높은 직원들은 조직을 떠날 가능성이 적고, 조직에 피해를 줄 수 있는 행동(예 : 조직에서 도둑질을 하거나 근무시간을 낭비하는 것)에 관여할 가능성이 낮다. 이러한 직무 태도로서 조직 몰입의 중요성을 감안할 때, 관리자들이 이를 개선하기 위해 취할 수 있는 최선의 행동은 무엇일까? 아래에 조직 학자들이 강조한 세 가지 다른 유형의 조직 몰입을 중심으로 권장 사항을 구조화하였다.

1. **정서적 조직 몰입**(affective organizational commitment)을 위해서는 관리자들은 직원들이 조직으로부터 지지받고 있다고 느끼게 해야 한다. 이러한 지원에는 경쟁력 있는 급여뿐만 아니라 전문성을 개발할 수 있는 기회와 조직이 직원의 웰빙에 관심을 갖고 있다고 믿게 만드는 것이 포함된다. 관리자들이 직원들의 상태를 확인하고 그들의 일을 더 의미 있게 하기 위해 할 수 있는 일이 있는지 확인한다면, 직원들은 조직이 자신의 이야기를 경청하며 중요하게 생각한다고 느끼게 될 것이다.
2. **규범적 몰입**(normative commitment)은 다른 형태의 몰입보다 직원의 특성에 더 영향을 받지만, 윤리적 리더십 원칙을 실천하는 관리자들은 직원들이 조직을 지지해야 한다고 느끼게 만들 가능성이 크다. 직원들에게 영향을 미치는 결정에 대한 논리를 투명하게 설명하고 정당하고 공평한 결정을 내리는 관리자들은 직원들 역시 비슷하게 행동해야 한다는 믿음을 불러일으키게 한다.
3. 조직 몰입의 마지막 형태인 **지속적 몰입**(continuance commitment)은 직원이 조직에 자원을 투자하여 조직을 떠날 경우 재정적 또는 다른 어려움을 겪을 가능성이 있는 경우를 다룬다. 다행히 직원의 근속 기간이 증가할 경우 지속적 몰입이 늘어날 가능성이 높다. 하지만, 관리자가 직원들에게 전문성 개발 기회를 제공한다면 직원들은 자신의 향상된 기술을 조직이 제공한 기회 덕분이라고 생각할 것이다. 또한 부하 직원들과 성숙한 업무 관계를 형성한 관리자는 직원들이 조직을 떠나는 것을 어렵게 만드는 투자를 하는 셈이기도 하다.

르며, 분산의 대략 11%가 나라 간 차이로 인해 발생한다는 것을 발견하였다. 이 연구에 따르면, 외향적이고, 신경증이 낮고, 행복 수준이 높고, 평등주의적 가치관이 높고, 사회적 냉소주의가 낮은 국가들에서 조직 몰입 수준이 가장 높게 나타났다. 이들은 조직 몰입과 1인당 국민총소득은 서로 관련이 없다는 것을 발견하였고, 돈을 더 많이 번다고 해서 조직 몰입이 더 높아지는 것은 아니라고 주장하였다.

다른 나라에서 Meyer와 Allen의 몰입 모델을 적용한 사례는 Lee 등(2001)의 연구에서 살펴볼 수 있다. 이 저자들은 앞서 설명한 3요소 모델이 한국 종업원들에게 적용되는지를 검증하였다. 첫 번째 연구에서 저자들은 몰입의 3요소를 측정하는 Meyer와 Allen의 원래 척도가 한국에서는 일반화되지 않는다는 것을 발견했는데, 특히 지속적 몰입 척도의 신뢰도가 아주 낮았다. 그 후, 저자들은 Meyer와 동료들이 개발한 북미식 표현을 피하고 다른 언어권에 보다 친숙하게 구성한 새로운 문항들을 사용하였다. Lee와 동료들은 이 새로운 문항을 사용했을 경우 조직 몰입의 내적인 구조(즉 의미)가 두 국가 간에 유사하다는 것을 발견했다. 이 결과는 비교문화적 차이점과 유사점을 찾고자 할 때, 조직 관련 구성 개념들을 적합하게 번역하는 과정이 중요하다는 것을 보여준다.

조직 몰입의 결과물

직무 만족과 마찬가지로, 연구자와 관리자들이 조직 몰입에 관심을 가진 것은 주로 다른 변인들과의 관련성 때문이다. 이 절에서는 조직 몰입과 다른 태도 변인, 결근, 이직, 수행 간의 관계에 대한 증거를 간략히 살펴보고자 한다.

태도 변인 : Meyer와 Allen(1991)의 정서적, 지속적, 규범적 몰입 간 구분을 고려하여, 이 세 가지 형태의 몰입과 다른 변인들의 관계를 분리해서 검토하였다. 정서적 몰입은 다른 업무 관련 태도와 강하게 관계되었다. 이 장 서두에서 언급했던 것처럼 Mathieu와 Zajac(1990)은 정서적 조직 몰입과 직무 만족 간의 교정상관이 .53이었다는 것을 발견하였다. 이 메타분석에서 발견된 조직 몰입과 다른 태도 변인들의 관계를 살펴보면, 조직 몰입은 직무 몰입(.36), 직업 몰입(.27), 노조 몰입(.24) 및 스트레스(−.29)와 관계되었다.

정서적 몰입에 비해 지속적 몰입이나 규범적 몰입과 태도 변인들 간의 관계를 다룬 경험적 연구들은 많지 않다(Meyer & Allen, 1997). 활용할 수 있는 증거가 많지 않지만, 지속적 몰입은 정서적 몰입과 상관 관계를 나타낸 대부분의 변인들과 상관이 있는 것으로 나타났는데, 몇 가지 중요한 차이도 나타났다. 예를 들어, Mathieu와 Zajac(1990)의 연구에서 정서적 몰입은 지속적 몰입보다 직무 만족, 직무 몰입과 더 강한 상관관계를 가지는 것으로 나타났다. Woznyj 등(2022)의 연구에서도 전반적인 조직 몰입은 직무 만족, 조직 지지 지각, 절차적 · 분배적 공정성과 같은 태도 변인과 강한 관계가 있는 것으로 나타났다.

결근 : 태도 변인과 비교해볼 때, 조직 몰입의 각 형태와 결근 간의 관계에 관한 연구는 훨씬 더 적은 편이다. Mathieu와 Zajac(1990)의 연구에서, 정서적 몰입과 결근 간의 교정상관은 .12, 지각과의 상관은 .11이었다. 이 결과는 정서적 몰입 수준이 높은 종업원들은 결근 수준이 낮은 경향이 있으나, 이런 경향이 약하다는 것을 보여준다. 이전 절에서 결근과 직무 만족 간의 상관이 비슷한 강도였다는 것(예 : Hackett & Guion, 1985)을 생각해보면, 이와 같이 약한 관련성은 직무 만족의 경우처럼 결근 측정의 변산성 때문일 수도 있고, 또한 더 큰 차원에서 보면 태도-행동 간의 일관성 논쟁에서 그 이유를 찾을 수도 있다. 또한 개념적인 관점에서 볼 때, 정서적 몰입이 높다는 것은 조직에 기여하고자 하는 욕구를 나타내는 것이나, 이런 욕구는 상황에 의해 종종 무효화될 수도 있기 때문이다.

정서적 몰입과 비교해볼 때, 지속적 및 규범적 몰입과 결근 간의 관계에 존재하는 증거는 거의 없다. 그러나 지금까지 이루어진 몇몇 연구에서는 이 두 몰입 형태 중 어느 것도 결근과 관련되지 않았다(Meyer & Allen, 1997). 개념적 관점에서 보면 이 결과는 다소 놀라운 사실이다. 왜냐하면 만일 종업원의 몰입이 지속적 몰입을 지니고 있다면 일터에 출근하는 것은 종업원이 가지는 최대 관심사일 것이기 때문이다. 즉 그렇게 하지 못하면 조직의 일원으로 남는 것이 위험해질 수 있다. 물론 이것은 결근을 자주 하는 것이 부정적인 결과에 반영되는 조직 정책이 있다는 전제하에서 할 수 있는 주장이다. 규범적 몰입과 관련해서, 빈번한 결근은 자신을 고용하고 있는 조직에 대한 강한 도덕적 의무감에 기반하기 때문에 규범적 몰입과 일치하지 않는다. 하지만 활용할 만한 증거를 입증할 연구가 별로 없기 때문에 이런 가능성들은 모두 향후 연구에서 검증되어야 한다.

종업원 이직 : 조직 몰입의 특성상 세 유형의 몰입과 이직 간의 관계를 밝히는 증거는 상당히 많이 존재한다. 예상한 바와 같이, 여러 실증 연구가 세 유형의 몰입이 모두 이직 의도(Woznyj et al., 2022)와 실제 이직과 부적 관계가 있다는 것을 보여준다(Allen & Meyer, 1996; Cooper-Hakim & Viswesvaran, 2005; Mathieu & Zajac, 1990). 모든 유형의 몰입이 이직과 부적으로 연관된다는 사실은 조직으로 보아서는 긍정적인 일로 보인다. 그런데 어떤 경우에는 그렇지 않을 수도 있다. 예를 들어, 종업원들이 조직에 남아 있는 것이 주로 지속적 몰입이 높기 때문이라고 생각해보자. 이런 결과가 반드시 조직이나 고용주에게 좋을 것인가? 그런 사람은 최소 임무만 수행하려고 할 것이고, 자신이 수행하는 직무에서 행복하지 않을 수도 있다. 도덕적인 의무감(즉 규범적 몰입) 때문에 조직에 남고자 하는 사람들에게서도 똑같은 상황이 펼쳐질 것이다.

조직 몰입과 이직에 관한 한 연구는 종단적 접근을 기반으로 2년간 5개 시점에서 종업원을 평가하였다(Kammeyer-Mueller et al., 2005). 각 시점에서 저자들은 회사를 이직할 경우 지각된 비용, 조직 몰입, 종업원이 경험한 주요 사건(예 : 부당한 대우) 및 기타 요인들을 측정하였다. 생존분석법을 사용하여 저자들은 Mowday 등(1979)의 측정치로 측정한 조직 몰입이 시간에 따른 이직의 중요한 예측 요인임을 발견하였다.

연구에 따르면, 조직 몰입 유형별로 향후 각기 다른 시점에서의 이직을 예측할 수 있다. Culpepper(2011)는 정서적 몰입은 향후 4개월 이내 이직과 관련되는 반면, 부수적 보수나 지속적 몰입의 한 형태인 희생은 5~12개월 이후의 이직을 예측했다. 정서적 몰입의 저하는 갑작스럽게 조직을 떠나고 싶어 하는 욕구와 관련되는 반면, 지속적 몰입의 부수적 보수는 외적 요인에 의해 이직할 가능성을 줄여 준다고 이 저자들은 주장하였다.

종업원 이직과 관련하여 조직 몰입을 해고와 연결한 연구들이 있다. Zatzick 등(2015)은 3,057명의 은행 직원을 대상으로 설문 응답과 인사 기록을 비교하여 정서적 조직 몰입이 해고의 예측 요인인지 확인하였다. 다른 변인들의 영향력을 통제한 후, 저자들은 정서적 조직 몰입이 높은 사람들은 조직에서 덜 해고되며, 특히 저성과자일 때 이 효과가 두드러짐을 알게 되었다. 이 연구는 고용주들이 조직 구성원들의 정서적 몰입을 인지하고 있으며, 그들이 성과가 좋지 않을 때도 해고 결정을 덜 내린다는 것을 보여준다.

직무 수행 : 수년에 걸쳐 많은 연구가 조직 몰입과 직무 수행 간의 관계를 연구하였다. 일반적으로, 비록 관계 강도가 그다지 강하지는 않았지만 정서적 몰입은 직무 수행과 정적인 관계를 보여주었다(Cooper-Hakim & Viswesvaran, 2005; Mathieu & Zajac, 1990; Meyer & Allen, 1997). 그러나 이런 관계의 기제를 설명하는 것은 어려운 일인데, 왜냐하면 이런 연구는 다양한 수행 준거를 사용했기 때문이다. 예를 들어, 어떤 연구자는 전반적 감독자 평정 수행을 사용하였고(예 : Konovsky & Cropanzano, 1991), 다른 연구자는 비용 절감과 같은 객관적인 지표를 사용했으며(예 : Shim & Steers, 1994), 또 다른 연구자는 자기평정 수행 측정치를 사용하였다(예 : Baugh & Roberts, 1994). 그렇지만 이런 연구들이 갖는 한 가지 공통점은 정서적 몰입과 수행 간의 관계가 종업원의 노력에 의해 매개된다는 것이다. 정서적 몰입 수준이 높은 종업원은 정서적 몰입 수준이 낮은 사람에 비해 일을 더 열심히 하고 노력을 더 많이 기울이는 경향이 있다. 항상 그런 것은 아니지만, 많은 경우 노력 수준이 높으면 수행 수준도 높아지는 것이다(Campbell, 1990, 1994).

정서적 몰입과 노력 간의 이러한 연계성은 종업원들이 동일한 능력을 보유하고 있을 때, 그리고 수행이 주로 동기 수준에 의해 결정될 때, 그리고 종업원이 수행에 대해 어느 정도 통제할 수 있을 때 몰입은 수행과 정적인 관계가 있다는 것을 보여준다. 이는 왜 정서적 몰입이 직무 수행과 같은 역할 내 수행보다 조직시민행동을 더 잘 예측하는지를 설명해주는 것이기도 하다(Meyer & Allen, 1997; Organ & Ryan, 1995). 제6장에서 조직시민행동은 주로 동기에 기반해 생겨난다는 것을 기억해보라. 이러한 이유 때문에 종업원은 역할 내 수행보다 조직시민행동에 대해 통제력을 더 많이 발휘할 수 있다.

정서적 조직 몰입에 비해서, 지속적 몰입이나 규범적 몰입이 수행에 갖는 함의를 검증한 연구는 상당히 적다. 그러나 Meyer와 Allen(1997)이 사용 가능한 실증적 연구를 분석해본 결과, 이 두 유형의 몰입 중 어느 것도 역할 내 수행이나 조직시민행동과의 관련성이 강하지 않았다고 설명한다(또한 Cooper-Hakim & Viswesvaran, 2005 참조). 더욱이 이들이 왜 수행과 관련되어야 하는지에 대한 개념적 정당성을 찾기도 힘들다. 예를 들어, 지속적 몰입은 왜 종업원들의 노력 수준을 끌어올리는지 또는 자신에게 요구되는 이상의 것을 하게 하는지에 대한 이유를 찾을 수가 없다.

규범적 몰입 수준이 높으면 조직 목표를 달성하기 위해 더 노력할 것이라는 것은 다소 그럴듯해 보인다. 또, 의무감으로 형성된 몰입이 반드시 조직을 위해 노력을 더 많이 기울이게 하지는 않을 것이라는 역주장도 가능하다. 의무감 때문에 조직에 남아 있도록 강요받고 있다고 종업원이 느끼면 조직에 적대감을 키울 수 있으며, 반생산적 작업행동을 할 수도 있다(제6장 참조).

앞에서 논의한 프로파일 분석에 비추어, Sinclair 등(2005)은 정서적 몰입과 지속적 몰입 프로파일이 역할 내 수행 및 역할 외 수행과 관련되는지 검증하였다. 군집 분석을 활용하여 저자들은 몰입에 대해 네 가지 변별되는 종업원 프로파일을 구성하였다. 이들은 각기 동맹형(중간 정도의 정서적 몰입과 지속적 몰입), 자유인형(중간 정도의 지속적 몰입과 낮은 수준의 정서적 몰입), 헌신형(높은 수준의 정서적 몰입과 지속적 몰입), 태평형(중간 정도의 정서적 몰입과 낮은 수준의 지속적 몰입)이라고 명명되었다. 연구를 통해 정서적 몰입과 지속적 몰입이 역할 내 및 역할 외 수행과 상대적으로 강한 상관 관계를 보인다는 것을 밝혔다. 그 외에도 헌신형 종업원들은 다른 집단에 비해 상사가 평정한 역할 내 수행 및 역할 외 수행 수준이 높게 나타났다.

조직 몰입을 수행 예측 요인으로 보려는 연구의 또 다른 추세는 팀 또는 부서 단위로 몰입을 분석하는 것이다. Neininger 등(2010)은 종단 분석을 통해 팀 수준 몰입은 팀 수행 및 조직시민행동 중 이타성과 관련되었지만, 개인 수준의 조직 몰입은 직무 만족 및 조직 이직 의도와 관련됨을 밝혔다. Conway와 Briner(2012)도 영국의 사무직 직원을 대상으로 부서 단위 조직 몰입이 부서 수행의 질, 부서 수행 속도와 관련 있다는 것을 밝혔다. 마지막으로, Winkler 등(2012)도 부서 단위 조직 몰입이 부서 수행의 예측 변인인지 결과변인인지를 검토하였는데, 부서 수행이 부서 단위 조직 몰입을 예측하기보다 부서 단위의 조직 몰입이 부서 수행을 예측한다는 것을 지지하는 결과를 얻었다. 여기서 수행 측정치는 은행업 종사자들의 3년간 부서 수행 측정치를 사용하였다.

직무 만족과 조직 몰입을 결합하여 수행 예측하기

이 장에서는 지금까지 이론과 연구에 근거하여 직무 만족과 조직 몰입을 구분되는 별개의 구성 개념으로 다루었다. 그러나 Harrison 등(2006)이 시행한 메타분석에서는 조직 몰입과 직무 만족을 **전반적 직무 태도**(overall job attitude)로 결합하였을 때의 효과를 분석하였다. 저자들은 이 전반적 직무 태도가 과제 수행, 역할 외 수행, 이직과 같은 행동을 평가하는 종합적 업무 유관 행동 측정치를 예측해 주는 능력을 검증하였다. 이런 접근 방식을 취하게 된 것은 이 장 초반부에 기술한 Ajzen(1988)의 논리와 유사하다. 그는 일반적 태도 측정치는 일반적 행동 측정치와 가장 많이 관련될 거라고 주장한 바 있다. Harrison 등(2006)은 전반적 직무 태도 측정치는 전반적 업무 관련 행동 측정치와 .59의 상관을 보인다는 것을 밝혀, 직무 태도는 종업원의 전반적 행동 측정치와 관련된다는 것을 보여준다. 직무 만족과 조직 몰입을 결합하여 종업원 결과물을 예측하는 것의 유용성을 뒷받침하며 Hausknecht 등(2008)은 부서 수준에서의 높은 직무 몰입과 높은 조직 몰입은 결근과 부적으로 관계된다는 것을 확인한 바 있다. 이런 연구 결과는 직무 태도의 중요성에 대한 연구를 활성화하는 계기가 될 것이다.

몰입 연구의 실용적인 적용

조직 몰입 연구의 현장 활용성을 분석하는 한 가지 방법은 직원들의 몰입 수준 향상을 위해 조직이 사용하는 여러 방법을 검토해보는 것이다(Meyer & Allen, 1997). 예를 들어, 선발과 채용 과정 중에 조직이 지원자들에 현실적인 정보를 제공하는 것은 오랫동안 추천해 왔던 방법이다(Wanous, 1989). 제3장에서 언급한 것처럼 현실적 직무 소개를 사용하는 것에 대한 논리적 근거로 활용되는 것은 유지율을 향상시키기 위해서지만, Meyer와 Allen(1997)은 현실적 직무 소개(realistic job previews)는 직원들의 몰입 또한 키울 수 있다고 강조하였다. 솔직한 정보를 제공받은 직원들은 아마도 조직이 '모든 것을 보여주었다'고 느낄 것이고, 자신이 조직에 입사할 것인지 아닌지에 대해 충분한 정보를 받고 선택을 할 수 있었다고 느끼게 될 것이다. 이러한 자유 선택에 대한 느낌은 조직에 대한 몰입감을 키워 줄 수 있다.

현실적 직무 소개를 제공하는 것은 보다 상징적인 의미에서 몰입감을 키워 줄 수도 있다. 만일 조직이 직무의 좋지 않은 측면에 대해서도 정직하게 정보를 제공하면, 지원자들은 이를 조직이 자신들을 추후 공정하고 정직한 방식으로 대우할 것이라는 신호로 받아들인다. 이 지원자들이 정식 직원이 되면, 그런 정직함과 공정함에 높은 몰입으로 '보답하려고' 할 것이다. 역으로, 조직이 채용 과정에서 지나치게 긍정적인 조직 모습만 제공했다고 느낀다면 이는 조직 내에서 공정성과 솔직성이 부족하다는 신호로 여겨진다. 현실적 직무 소개의 중요성에 대한 더 많은 정보는 '과학 번역하기 8.1'에 포함되어 있다.

조직이 몰입 연구를 구체적으로 활용할 수 있는 또 다른 영역은 내부 승진 정책 개발이다. Meyer와 Allen(1997)이 지적했던 것처럼, 조직 내부에서 승진하는 것은 직원들의 몰입 수준을 높여 준다. 만일 조직이 내부 승진 정책을 택한다면 몇 가지 중요한 문제를 검토해야 한다. 아마 가장 중요한 것은 내부 승진 정책은 모든 직원이 활용할 수 있게 공개적으로 추진되어야 한다는 것이다. 만일 내부 승진 제도가 불공정하고 비밀스럽게 진행되는 것처럼 보인다면 오히려 직원들의 종업원 몰입을 축소시킬 수 있다. 또한 직원들이 승진 후보자가 되는 데 필요한 기술을 습득하도록 조직이 도와주지 않는다면, 직원들은 승진 기회를 활용할 수 없을 것이다. 앞에서 논의한 것처럼, 기술 습득은 확실히 공식적인 교육훈련에 의해 촉진될 수 있다. 그 외에도, 직원이 의미 있는 성장 경험을 가질 수 있도록 조직은 수평 이동이나 직무순환과 같은 다른 방법을 활용할 수도 있다.

조직 몰입 연구는 종종 조직에서 보상 및 복리후생 영역에 활용되기도 한다. 어느 정도 변화를 주긴 하지만, 대부분의 조직은 보상 형태를 근속 기간과 연계시킨다. 예를 들어, 일반적으로 종업원이 연금 혜택이나 특별 보상 혜택을 받기 위해서는 최소한의 근속 기간을 유지할 것이 요구된다. 그런 요구 사항들이 몰입을 키우는 것은 사실이지만, 이는 주로 지속적 몰입 차원에서만이다. 따라서 이런 최소 요구 조건을 제시하는 것은 직원들이 조직에 남도록 할 수는 있지만, 이것이 조직을 위해 더 열심히 일하

과학 번역하기 8.1

직무 투명성의 중요성

직무에 대해서 정확한 설명을 제공하는 것은 주요한 과업이며 올바르게 수행되었을 경우 긍정적인 결과물을 가져올 수 있다. 반면, 한 채용 지원자가 지원한 직무에 대해 부정확한 정보를 제공받거나, 지원을 고려 중인 직무에 대해 잘못된 설명을 받는다면 이는 매우 부정적인 결과물을 야기할 수 있다.

현실적 직무 소개(Realistic Job Preview, RJP)는 지원자가 자신이 지원하는 직무, 해당 직무의 주요 업무, 직무가 수행될 작업환경, 그리고 기대되는 근무시간에 대한 올바른 정보를 제공받았을 때 발생한다. 채용 과정에서 직무의 바람직하지 않은 측면을 숨기거나 미화하려는 유혹이 있을 수 있지만, 연구 결과에 따르면 이러한 방식은 생산성과 직원 결과물에 부정적인 영향을 미칠 수 있다.

관리자로서 당신의 역할이 직무기술서를 작성하는 것이든, 면접을 진행하는 것이든, 또는 지원자 선발에 대해 의견을 제시하는 것이든, 아래에 나열된 결과는 채용 과정의 모든 단계에서 지원자에게 정확한 직무 정보를 제공하는 것의 중요성을 간략히 설명한 것이다.

1. **현실적 직무 소개는 직원 생산성을 높인다.** 관리자의 주요 관심사 중 하나는 우수 인재를 유치하고 유지하는 것이다. 직원들이 채용 과정에서 자신이 맡게 될 직무 범위에 대해 속았다고 느끼거나 충분한 정보를 제공받지 못했다고 느낄 경우, 이는 입사 후 그들의 수행에 부정적인 영향을 미칠 수 있다.
2. **현실적 직무 소개는 직원 유지에 기여한다.** 직원에게 현실적 직무 소개를 제공하는 것은 채용 과정 중 그리고 직원이 조직에서 일을 시작한 이후에 이직률을 줄여준다. 직원이 직무 공고를 읽고 그 직무에 대한 면접을 본 후 공통적으로 기대하는 것은 모든 정보가 일관성을 갖는 것이다. 만약 그렇지 않다면 직원은 채용 지원을 철회할 수 있으며, 이는 채용 주기가 길어져 더 많은 비용이 발생하고 생산성 손실을 초래할 수 있다.
3. **대면 현실적 직무 소개는 효과적이다.** 누군가와 얼굴을 맞대고 직무를 논의하거나, 현재 해당 직무를 맡고 있는 직원이 지원자에게 직무 내용을 전달하는 것이 직무 웹사이트를 통해 읽거나 조사하는 것보다 더 강력한 영향을 미친다는 증거가 있다.

제공 : 클렘슨대학교 Caroline George

출처 : Phillips(1998).

도록 늘 동기부여하지는 않는다.

직원들의 몰입을 키우기 위해 조직이 보상을 활용하는 보다 창의적인 방법은 이익공유제도나 우리사주제도를 사용하는 것이다(Lawler & Jenkins, 1992). 이런 계획의 저변에 있는 생각은 조직 전체의 이윤이 증가하면 조직 구성원도 이득을 보게 된다는 것이다. 이런 제도는 아마 직원들로 하여금 큰 그림을 보게 만들고, 조직 전체의 이익을 위해 일하게 만든다. 또한 이런 보상 프로그램을 통해 세 가지 형태의 조직 몰입을 모두 향상시키는 것이 가능하다. 조직에 대해 주인 의식을 가지는 것은 자부심과 정체성을 키워 주고, 결국에는 정서적 몰입을 키워 주게 될 것이다. 주인 의식은 책임감을 불러일으키고, 결국 조직에 대한 도덕적 의무감을 유발하여 규범적 몰입도 커지게 된다. 이런 보상 체계가 적용되는 직원들은 조직을 떠나게 되면 재정적인 손실을 입을 수도 있기 때문에 지속적 몰입 역시 증진될 것이다. 이런 계획은 제9장에서 보다 상세히 다루고자 한다.

추가적인 직무 신념

직무 만족과 조직 몰입 이외에도, 연구자들은 동기부여, 직무 수행, 결근 및 이직과 같은 종업원의 행동 결과에 영향을 주는 여타 직무 신념들을 활발히 측정해 왔다. 이 절에서는 조직 지지 지각, 조직 동일시, 직무 배태성 및 조직 공정성을 논의한다. 각 일에 대한 신념을 개별적으로 살펴보기 전에, 간혹 일부 연구자들이 이 절에서 제시하는 여러 직무 신념의 다중적 영향을 검토하려고 하지만 보다 일반적인 경향은 각 신념들을 서로 분리하여 각각의 영향력을 살펴보려고 한다는 점을 주목하길 바란다. 따라서 먼저 개별적으로 각 신념에 대한 연구를 살펴볼 것이다. 그 후 마지막 부분에서 이 다양한 신념을 결합하는 데 초점을 둔 몇몇 연구를 살펴볼 것이다.

조직 지지 지각(POS)

조직 지지 지각(perceived organizational support, POS)은 "조직이 직원의 기여를 가치 있게 여기고 직원들의 웰빙을 신경 쓰는 정도에 관해 직원이 갖는 믿음"(p. 501; Eisenberger et al., 1986)으로 정의된다. POS에 내재한 논리는 조직 구성원의 사회적이며 정서적인 욕구를 충족하는 데 조직의 역할이 중요하고, 그들이 조직에 이익이 되는 방식으로 수행하면 조직은 그들을 지지하고 보상할 것이라는 직원들의 믿음이 중요하다는 것이다(Rhoades & Eisenberger, 2002). Schleicher 등(2011)이 지적한 대로, POS는 "직원들을 향한 조직의 관점에 대한 직원의 관점을 대변하는"(p. 163) 독특한 업무 신념이다.

일련의 메타분석들이 POS와 관련되는 예측변인과 결과변인들을 확인하였다. 예측변인 측면에서 보면, 업무 관련 스트레스원 감소, 조직 공정성 지각, 직무 자율성, 조직 보상, 성실성은 모두 높은 POS와 관련이 있었다(Schleicher et al., 2011). 결과변인 측면에서 보면, POS는 과업 및 맥락 수행, 종업원 스트레스 수준 감소, 이직 의도 및 실제 이직 감소, 철회행동 감소를 예측하였다(Schleicher et al., 2011). 더 나아가 POS는 미래의 수행을 강하게 예측하였으나, 수행이 POS를 예측하는 반대의 인과관계는 성립하지 않는다는 증거를 보여줬다(Chen et al., 2009). 마지막으로 최근 메타분석에서, POS는 일선 종업원들(예 : 고객과 직접 상호작용하는 사람들)의 수행에 대한 강한 예측변인이었지만, 비일선 종업원들(예 : 고객과 직접 상호작용 없이 공장에서 일하는 사람들)의 수행은 예측하지 않는다는 것이 발견되었다(Riggle et al., 2009). 마지막으로 더 최근 메타분석은 POS의 예측변인과 결과변인에 대한 결과들을 반복 검증하였다(Kurtessis et al., 2017). POS의 가장 강력한 2개의 예측변인은 상사 지지와 조직 공정성이었고, POS는 직원들의 주관적 안녕감의 강한 예측 요인이기도 했다.

POS는 분명히 직원의 건강, 웰빙 및 수행에 중요한 의미가 있는 업무 신념이다. 이 주제와 관련된 다수의 최근 연구로 판단해 보건대, 연구자들은 POS가 어떻게 종업원 행동 결과에 영향을 미치는지, 그리고 어떤 다양한 요인이 POS의 효과를 약화 혹은 강화하는지 연구할 것이다. 예를 들어, Yu와

Frenkel(2013)은 최근 POS가 과업 수행 및 창의성과 어떻게 관련되는지 연구하였다. 이들은 조직에 대한 의무감 지각은 왜 POS가 과업 수행과 관련되는지를 설명하는 반면, 조직과의 개인적 일체감과 미래 경력성공 신념은 왜 POS가 창의성과 관련되는지를 설명한다는 것을 발견하였다. Farh 등(2007)은 중국 직원들을 대상으로 POS의 조절효과를 분석하였다. 이 연구에 따르면 권력거리 수준이 낮은 종업원들의 경우에 POS는 과업 및 맥락 수행과 강하게 관련되었다. Wang(2009)의 연구에서도 부서 내 서비스 풍토가 긍정적일 경우에 POS는 고객지향 조직시민행동과 강하게 관련되는 것으로 나타났다. 더 최근에는 Kim 등(2022)이 조직 수준의 POS를 조사하였는데, 조직 수준의 POS는 조직의 수익성과 정적으로 관련되었으며 개인의 수행 및 이직률이 그 관계를 매개하는 것으로 나타났다. 즉 POS가 높은 조직에는 수행 수준이 높은 직원들이 있으며, 그들은 조직을 떠나지 않고 이것이 조직 전체의 수익성과 관련되는 경향이 있는 것이다.

직무(직원) 열의

조직 연구자들의 큰 관심을 끄는 또 다른 신념은 **직무 열의**(job engagement)이다. 직무 열의에서 가장 많이 사용되는 개념은 활력, 몰두, 헌신의 세 가지 구성요소를 포함한다(Bakker & Demerouti, 2017). **활력**(vigor)은 자신의 일에 의해 고양된 느낌을 나타내며, **몰두**(absorption)는 자신의 업무에 너무 깊이 빠져 시간 감각을 잃는 상태로 설명된다. 마지막으로 **헌신**(dedication)은 일에 대한 높은 수준의 몰입과 자신의 일이 중요하다는 느낌을 나타낸다. 열의의 본질을 고려할 때 직무 특성 모형의 핵심 직무 차원이 열의를 향상시킬 수 있고 이것이 긍정적인 결과물로 이어질 수 있다. 예를 들어, 자율성과 피드백 모두 열의와 관계된다는 연구가 있다(Van Den Broeck et al., 2008).

Christian 등(2011)은 91개 연구의 메타분석 결과 직무 열의가 직무 특성 모형의 다섯 가지 핵심 직무 차원 모두와 정적인 관계가 있음을 확인했다(제9장 참조). 더불어, 이 연구자들은 직무 열의가 세 가지 핵심 직무 차원(과업 다양성, 과업 중요성, 과업 정체성)과 직무 성과 사이의 관계를 부분적으로 매개한다는 사실도 발견했다. 이러한 연구 결과는, 직무 열의가 업무 스트레스원의 영향력을 완화할 수 있다는 다른 증거(Britt et al., 2005)와 함께, 직무 열의가 추후 연구가 필요한 주요한 동기적 구성요소임을 보여준다. 그러나 Macey와 Schneider(2008)는 직무 열의의 정의와 측정에 대해 상당한 이견이 있다고 지적한다. 더 나아가 일부 연구는 직무 열의가 직장에서의 영토 의식을 강화하거나 정보를 숨기는 행동과 같이 조직과 구성원들에게 부정적인 영향을 미칠 수도 있음을 지적해 왔다. Wang 등(2019)은 직무 기반의 심리적 소유감이 직무 열의와 긍정적, 부정적 결과 사이의 관계를 연결하는 주요한 요인이라는 것을 발견했다. 즉 높은 수준의 직무 열의는 일이 확장된 자기라는 인식을 갖게 하여 높은 성과를 향상시킬 뿐만 아니라 더 높은 영토 의식과 더 많은 정보를 숨기는 행동과도 관계된다. 이러한 연구 결과는 이 중요한 개념을 개념화하는 더 많은 노력이 필요함을 보여준다.

조직 실무자들은 조직 내 열의 수준과 열의를 예측하는 요인을 파악하기 위해 직무 열의를 측정하는 것에 큰 중점을 두고 있다. '관리자를 위한 시사점 8.2'에서는 직무 열의 설문의 중요성과 이를 사용할 것을 강조하고 있다. 또한, 이 장의 '실무자 소개'에서는 Kalifa Olivern 박사가 소개되었다. Oliver 박사는 직무 열의와 다른 직무 태도 측정의 중요성과 조직 구성원들에게 자신의 일에 대해 표현할 수 있는 기회를 제공하는 것의 중요성을 논의하였다.

조직 동일시

조직 동일시(organizational identification)는 직원들이 조직과 일체감을 느끼는 정도를 말한다(Ashforth & Mael, 1989). 조직 몰입은 개인과 조직 간 관계의 질을 평가하는 개념이란 점에서 이와 구분된다(Johnson et al., 2012). Johnson 등(2012)에 따르면, 직원들은 조직과 동일시하고자 하는 두 가지 주요 동기를 가지는데, 하나는 사회적 불확실성을 줄이고자 하는 동기이고, 또 하나는 자존감을 고양하려는 욕망과 관련된 동기다. 조직 구성원들이 조직과 강하게 동일시하게 되면 자신을 조금 더 긍정적으로 느끼게 되고, 자신이 중요한 집단에 소속하게 되었다는 확신을 더 많이 갖게 된다.

일반적으로 조직 동일시는 긍정적인 행동 결과물들과 연계되는데, 조직 몰입, 직무 만족, 직무 몰입이 증가하고, 조직시민행동을 더 많이 수행한다(Bergami & Bagozzi, 2000; Mael & Tetrick, 1992). 최근 Johnson 등(2012)은 조직 동일시의 감정적 측면(예 : "조직의 일원인 것이 행복하다")과 인지적 측면(예 : "이 조직 구성원이 되는 것은 내가 누구인가를 인식하는 데 중요하다")을 구분해서 평가하는 것이 의미 있다고 주장했다. 저자들에 따르면, 이 조직 동일시의 두 가지 측정치는 직원들의 행동 결과와 차별적으로 관련되었는데, 감정적 조직 동일시가 직무 만족과 더 강하게 관련되었다.

최근 한 연구에서는 코로나19가 직원들이 느끼는 직무 내 불안정성과 환경 내에서의 불안정성에 미치는 영향을 조사했다. Lian 등(2022)의 연구에 따르면, 팬데믹 이전과 비교해 팬데믹 기간 동안 직무 불안정성이 증가하면 조직 동일시가 감소하는 경향이 있는 반면, 직무 불안정성이 감소하면 조직 동일시가 증가하는 경향이 있었다. 반대로, 업무환경 내 불안정성에 대해서는 반대의 패턴이 나타났다. 즉 조직 동일시가 증가하면 업무환경 내 불안정성이 높아지는 것으로 나타났다. 이러한 연구 결과는 조직 동일시는 코로나19로 인한 환경적 불확실성에 대해 완충 역할을 할 수 있음을 시사한다. 주요하게, 팬데믹 이전과 이후에 조직 동일시가 긍정적으로 변화한 경우 직원 성과 역시 긍정적으로 변화하기도 했다.

직무 배태성

최근 많은 관심을 얻은 또 다른 업무 신념은 **직무 배태성**(job embeddedness)인데, 이 변인은 직원들이 현 직무에 남아있으려는 이유를 다른 직무로 이직하고 싶은 이유와 비교하여 설명하기 위해 개발된

관리자를 위한 시사점 8.2

직원 몰입 설문 조사

직원 몰입 설문 조사는 전 세계 다양한 산업 분야에서 점점 더 많이 활용되고 있는 도구이다. 이러한 설문 조사의 주요 목적은 직원들이 자신의 업무에 대해 느끼는 헌신도와 만족도에 대한 의견을 듣기 위함이다. 직원 몰입 설문 조사는 직원 유지율에 대한 중요한 정보를 전달할 수 있으며, 직원들의 선호에 더 적합한 방식으로 업무를 향상할 수 있는 방법에 대한 정보를 제공할 수도 있다.

연구에 따르면 이러한 설문 조사는 올바르게 시행되고 분석될 경우 매우 효과적일 수 있다(Attridge, 2009). 반면, 잘못 시행될 경우에는 해를 끼칠 수 있다. 설문 조사와 관련된 흔한 실수로는 직원들을 과도하게 조사하는 것, 실행을 하지 않을 내용을 질문하는 것, 설문 조사를 충분히 활용하지 않는 것이 있다.

가장 효과적인 직원 참여 설문 조사는 아래 지침을 따르며, 이런 설문의 결과를 분석하고, 분석으로 얻은 통찰력을 바탕으로 실행 가능한 결과를 도출할 수 있다.

1. **설문 조사 설계는 설문 조사의 목적과 일치해야 한다.** 설문 조사가 배포되는 주요 이유는 무엇인가? 최근 퇴사율의 원인을 파악하기 위함인가? 아니면 새로운 성과 관리 시스템 도입에 대한 직원들의 느낌을 평가하기 위한 것인가? 설문 조사의 내용은 목적을 반영해야 한다. 조직은 너무 많은 설문 조사를 배포하는 것을 주의해야 하는데, 설문 조사를 너무 많이 배포하는 것은 직원들이 설문 조사에 피로감을 느끼고, 그로 인해 응답률이 떨어지거나 응답의 질이 저하되어 설문 조사가 무용지물이 될 수 있기 때문이다.
2. **이전 설문 조사로부터 배운 내용을 기반으로 미래의 설문 조사에 통찰력을 적용하라.** 설문 조사의 길이와 질문을 결정할 때는 현실적으로 생각하는 것이 중요하다. 이전 설문 조사에서 분석한 결과 참가자들이 중간쯤에서 설문을 중단한다는 사실이 드러났다면, 설문 조사가 너무 길 수 있다. 특정 인구 통계나 직책 관련 질문이 응답자를 특정할 수 있다면, 응답자의 익명성을 유지하기 위해 해당 질문의 포함 여부를 평가해야 할 수 있다.
3. **질문은 실행 가능하고 정량화할 수 있는 방식으로 형식화되어야 한다.** 모든 질문은 그에 따른 목표를 가져야 하며, 실행 가능해야 한다. 예를 들어, 닫힌 질문을 통해 직무 만족도를 묻는 것은 의미 있는 결과를 도출하지 못할 것이다. Likert 척도 형식으로 직무 만족도를 묻고, 이어서 개방형 질문을 추가하는 것이 중요한 통찰을 얻는 데 도움이 될 것이다.
4. **결과를 범주화하라.** 회사 규모, 직책별 인원수, 부서 수에 따라 설문 조사는 나뉘어야 한다. 이를 통해 보다 맞춤형 통찰력을 얻을 수 있다. 회사가 작을 경우, 직원들이 익명 응답에 대해 망설이는 것을 줄이기 위한 조치를 취해야 한다.
5. **의미 있는 방식으로 결과를 제시하라.** 설문 조사 결과에 관심이 있는 이해관계자들은 사용된 통계 분석 방법에 크게 관심을 두지 않을 가능성이 크다. 자료를 통해 설득력 있는 이야기를 전달하고, 시각적 도구와 그래프를 활용하여 결과를 직원들이 직면한 실제 상황에 적용할 수 있도록 하는 것이 중요하다.

제공 : 클렘슨대학교 Caroline George

출처 : Attridge(2009).

변인이다. 직무 배태성 또한 제3장에서 설명하였다. Mitchell 등(2001)은 현 직무와 직원들을 연계해 주는 요인과 자신이 생활하는 지역공동체와 직원들을 연계해 주는 요인을 포괄하는 것으로 직무 배태성을 개념화하였다. 저자들에 따르면, 직무 배태성은 직원들이 자신과 자기 직무, 조직, 지역공동체 간 적합성을 높이 지각할 때, 그리고 조직 및 지역 공동체 내 사람들과 연결되어 있다고 느낄 때, 그리

실무자 소개

KALIFA OLIVER 박사

내 경력은 예기치 않은 발견과 행복한 우연으로 가득 차 있었지만, 내 경력 성장 궤적은 산업 및 조직심리학의 복잡성과 다재다능함을 보여주는 것이었다. 나는 항상 조직 몰입, 동기, 자원의 제약과 같은 조직적 구성 개념에 관심을 가져왔다. 그러나 클렘슨대학교의 대학원 과정에서 심리측정학과 사람과 관련된 자료를 분석하고 모델링하는 것에도 매료되었다. 처음에는 심리학이나 경영대학의 교수진이 될 것이라고 생각했지만, 수요/자원 요소와 프로그램 개입이 인재 관리, 배치, 그리고 사람들의 일의 경험에 미치는 직접적인 측정 가능한 영향력을 향한 나의 깊은 호기심으로 조직 내의 인재 리더로서 실무자가 되고 싶다는 확신을 갖게 되었다.

나는 다양한 산업에 걸쳐 여러 규모의 회사에서 일할 수 있는 특권을 가졌다. 밴더빌트대학교, 월마트(글로벌), 웰스파고, WPP, 스탠리블랙앤데커와 함께 일했고, 현재 근무 중인 메시지버드(MessageBird)에서 인재 및 측정 관련 역할을 하고 있다. 이 모든 역할에서 나는 구성원이자 주도자로서 인재와 인적 자원을 향상하고, 데이터가 경영진의 의사결정 지원을 더 효과적으로 지원할 수 있는 방법을 찾는 일을 했다. 내가 실무에서 이끈 세 가지 주요 영역은 사람 분석, 사람 경험, 조직 경청이라는 새롭고 떠오르는 분야이다.

현재 메시지버드에서 나의 역할은 사람 경험(People Experience) 팀을 이끄는 것이다. 메시지버드는 상장 전 기술 회사로, 고객과의 실시간 커뮤니케이션을 강화하기 위한 솔루션을 제공한다. 이 회사의 사명은 기업과의 커뮤니케이션이 친구와 대화하는 것처럼 쉽게 이루어질 수 있는 세상을 만드는 것이다. 나는 최고 인사책임자에게 보고하며, 직원들이 회사에 들어오는 순간부터 퇴사할 때까지 일과 상호작용하는 방식과 업무 경험을 개선하는 역할을 맡고 있다. 사람 경험의 목표는 산업 및 조직심리학의 기본 원칙을 적용하고 자료를 효과적으로 활용하여 직원들이 업무에서 성공할 수 있는 능력에 직간접적으로 영향을 미칠 수 있는 직원 프로그램, 동기, 의사결정을 향상하는 것이다. 나는 내부 커뮤니케이션, 학습 및 개발, 다양성, 형평성, 포용성(DE&I), 조직 경청(설문 조사, 포커스 그룹, 네트워크 분석 및 질적 데이터 분석/모델링 포함), 성과 관리를 주도하고 있다. 또한 사람 비즈니스 파트너(일반적으로 인적 자원 비즈니스 파트너로 알려져 있음) 조직을 이끌고 있다.

내 역할에서 직원의 목소리, 사업의 니즈, 직원의 니즈, 리더십 전략, 회사 수익의 균형을 맞추고자 한다. 이렇게 하기 위해 직원들, 팀 및 부서장, 피플 매니저 및 최고위 리더들을 빈번하게 만난다. 또한 직원들을 위한 프로그램 및 기술 솔루션을 만들고, 모든 주요 조직 이해관계자 간의 대화를 촉진하여 타당한 조직심리 과학과 엄격한 데이터 모델로 뒷받침된 강력한 회사 문화를 바탕으로 긍정적인 조직 건강을 유지하는 데 집중하고자 한다.

내 역할에서 해결해야 할 가장 큰 과제 중 하나는 빠르게 증가하는 세계화에 대응하는 것(즉 지리적 · 문화적 차이를 수용하고 축하하는 동시에 포용적인 회사 문화를 유지하는 것), 종업원의 열의를 측정하고 유지하는 것, 특히 글로벌 팬데믹 이후의 직원 웰빙과 균형 관리, 원격 근무와 장소 유연성 같은 요인들로 인해 더 분산된 인력에서 비동시적 작업과 커뮤니케이션 관리, 기술과의 상호작용 및 과도한 연결성이나 과도한 업무로 인한 소진 관리, 특히 기술 분야에서 예측 불가능하면서도 경쟁적인 인재 시장에서 유지와 이탈 간의 균형을 맞추는 것과 같은 과제가 있다.

내 역할에서 가장 큰 도전 과제는(가장 큰 것은 아닐 수 있지만), 내가 이전에 맡았던 다른 역할이나 컨설팅 프로젝트와 다를 바 없이 고위 리더들이 단순히 직원들의 말을 듣는 것뿐만 아니라 더 적극적으로 행동하려는 태도를 갖게 하는 것이다. 이런 상황에서 산업 및 조직심리학 배경과 데이터 기반의 스토리텔링에 집중한 것이 전문적인 신뢰성과 신뢰를 구축하는 데 큰 도움이 되었다. 다른 역할과 마찬가지로 매우 도전적인 시기도 있지만, 새로운 개입이나 시작을 제일 먼저 직접 보고 경험하거나, 리더가 이해와 새로운 헌신을 가지고 눈빛이 반짝이는 순간을 보거나, 직원으로부터 예상치 못한 감사 인사를 받는 날들은 내가 이 독특한 분야에 존재할 수 있다는 것이 얼마나 큰 선물인지 느끼게 한다.

비슷한 경력 경로를 희망하는 사람들에게 하고 싶은 조언은, 열린 마음을 가지고 산업 및 조직심리학의 새로운 개념과 데이터 분석 기술에 적극적으로 뛰어들라는 것이다. 이것들은 큰 도움이 될 것이다. 오만해져서 배움을 멈추지 말고, 인재 프로그램과 전략을 세우기 전에 자신이 일하는 산업의 비즈니스와 그 언어를 배우는 데 시간을 투자해야 한다. 당신이 조직을 위해 기여할 수 있는 일이 무엇인지 전혀 모르는 사람들을 만나게 될 텐데, 그때 보여줄 수 있어야 한다. 산업 및 조직심리학 배경과 탄탄한 데이터 기초가 생각보다 훨씬 더 가치 있고, 미래의 고용주에게도(혹은 고객에게도) 믿지 못할 만큼 유익할 것이다.

Kalifa Oliver 박사는 전략적 경험 코치이자 경영 파트너로서 리더들과 조직이 사람들을 위해 혁신하고 영향을 미치는 방식을 최적화하는 데 관심을 두고 있다. 사람 데이터 및 연구에 빠져 있는 사람으로서, 그녀는 우리가 일하는 방식에 대한 사고 방식에 도전하고, 직원 경험을 처음부터 끝까지 개선하는 방법을 끊임없이 고민한다. 그녀는 주요 비즈니스 의사결정 리더들과 협력하며 데이터 기반 접근 방식을 통해 직원 열의와 경험 문제를 실질적으로 해결하는 데 초점을 맞추고 있다. 그녀는 호기심 많고 거침없지만, 언제나 진정한 파트너십, 공감, 유머로 가득 차 있다.

고 조직이나 지역공동체를 떠나면 많은 (재정적인 면과 정서적인 면에서) 희생을 치러야 할 때 생기게 된다.

Mitchell 등(2001)은 처음에는 지역공동체와 조직 둘 다에 대한 적합성, 연계성 및 희생을 나타내는 전체 점수로 직무 배태성을 평가하였고, 이 전체 점수가 이직을 예측함을 발견하였다. 그런데 다른 연구자들은 직원이 속한 조직 또는 지역공동체 각각에 초점을 두고 보다 전반적인 직무 배태성을 측정하는 도구를 개발하였다. Crossley 등(2007)은 조직과 관련해서 적합성, 연계성 및 희생에 초점을 두고 전반적 직무 배태성 측정 도구를 개발하였고, 이 측정치가 다른 직무 태도나 가치관의 영향이 통제되었을 때도 이직을 예측한다는 것을 발견했다. Clinton 등(2012)은 종업원의 조직(직무 내 차원)과 지역공동체(직무 외 차원)에 대한 전반적 직무 배태성 측정치를 개발했다. 이 저자들 역시 다른 직무 태도 변인들을 통제하고도 직무 내 배태성은 조직 이직 의도를 예측한다는 것을 발견하였다. 반면, 직무 외 배태성이 이직 의도를 예측하는 능력은 조직 몰입 및 다른 변인들을 통제했을 때 유의하지 않았다.

직무 배태성이 이직을 예측하는지를 평가하기 위해 메타분석이 이루어졌다. Jiang 등(2012)은 65개 연구 결과를 요약 정리하여 직무 내 배태성과 직무 외 배태성이 둘 다 독자적으로 이직 의도 및 실제 이직과 관계된다는 것을 발견하였다. 이 연구는 배태성이 이직을 예측할 때, 직무/조직 배태성과 지역공동체 배태성을 구분하는 것이 의미 있다는 것을 보여준다. 문화에 따른 직무 배태성의 차이를 강조하는 연구는 '참고 8.5'에 포함되어 있다.

더 최근에는 Li 등(2022)이 직무 배태성과 조직 동일시를 연결하여 왜 조직 구성원들이 조직에게 이로운 선제적 활동을 하는지 설명하고자 했다. 이 저자들은 조직 구성원들은 자신들의 일이나 조직에서 배태되었다고 느낄 때 조직 동일시가 높아지며 조직에 도움이 될 수 있는 선제적 행동을 하는 경향이 나타난다고 설명한다. 일 년 동안 총 3회에 걸쳐 응답한 자료를 바탕으로 이 가설이 지지됨을 밝혔다. 시간에 걸친 직무 배태성의 궤도는 세 번째 측정한 조직 동일시와 선제적 활동과 관계되었다. 게다가 조직 동일시의 영향력을 통제하면 직무 배태성과 선제적 활동의 관계는 유의하지 않게 되었다.

조직 공정성

조직 공정성(organizational justice)은 지난 30여 년간 상당히 많이 연구된 또 다른 일에 대한 지각으로, "행동적, 인지적, 정서적 반응 측면에서 조직 공정성에 관한 사람들의 지각 정도"(Greenberg, 2011, p. 271)로 정의된다. 연구자들은 조직 공정성의 주요한 세 가지 형태, 즉 분배, 절차, 상호작용 공정성에 집중해 왔다. **분배 공정성**(distributive justice)은 보상과 혜택이 종업원들에게 공평하게 분배되고 있다는 지각이다. 이런 보상과 혜택은 임금 인상, 보너스, 원하는 부서 배치와 같이 가시적인 것일 수도 있고, 칭찬이나 존경과 같이 비가시적인 것일 수도 있다. 급여가 삭감될 경우 종업원이 조직에서 물건을 훔치는 행위를 할 수 있는데, 분배 불공정성 지각으로 깨진 형평감을 회복하기 위해 이런 행위를 하게

참고 8.5

비교문화적 연구 결과 : 개인주의와 집단주의 문화에서 직무 배태성

자발적 이직을 예측하는 변인으로서, 직무 배태성이라는 업무 신념이 연구자들의 관심을 점점 더 끌고 있다. 흥미롭게도, 조직 구성원의 출신 국가 차이에 따라 이직을 예측하는 변인에 차이가 있다는 것을 밝히는 비교문화 연구는 이제 시작 단계에 있다. Ramesh와 Gelfand(2010)는 미국인(개인주의 문화)과 인도인(집단주의 문화)을 대상으로 이직의 예측변인으로 직무 배태성 구성 모델(Mitchell et al., 2001)에 차이가 있는지를 검토하였다.

사람-환경 적합성, 조직 연계성, 지역사회 연계성, 조직과 지역사회에 희생과 같은 요소를 제시한 것과 더불어, 이 저자들은 가족 배태성이라는 새로운 구성 개념을 소개하였다. 조직이 직원에게 적합하다고 가족이 지각하는 정도, 가족이 조직과 연계되는 정도, 직원이 직업을 변경할 경우 가족에게 초래되는 희생 정도에 대한 직원의 지각이 측정되었다.

저자들은 조직적 직무 배태성은 두 나라 모두 이직을 예측한다는 것을 밝혔다. 개인-직무 적합성은 미국 표본들에서 이직을 예측하는 주요 변인이었다. 반면 개인-조직 적합성과 조직 연계성은 인도 표본에서 이직을 더 강하게 예측하는 변인이었다. 마지막으로, 새롭게 추가된 가족 배태성 차원은 다른 직무 배태성 요인이 통제되었을 경우에도 두 나라 직원의 이직을 예측하였다. 이 연구 결과는 이직을 고려할 때 조직 구성원이 고려하는 요인이 문화에 따라 어떻게 유사하고 다른지를 비교문화 연구를 통해 조명해 주고 있다.

출처 : Ramesh & Gelfand(2010).

된다고 Greenberg(1990)는 설명한다.

절차 공정성(procedural justice)은 '결과가 결정되는 방식에 대한 공정성 지각'(p. 280, Greenberg, 2011)을 말한다. Leventhal(1980)에 따르면 절차가 일관되게 적용될 때, 개인적 편향에 치우치지 않을 때, 정확할 때, 이의가 있으면 수정 가능할 때, 조직 구성원의 관심사를 대표할 때, 윤리적으로 행해질 때 해당 절차는 공정하다고 평가된다. 연구에 따르면 사람들은 자신들이 실제로 받은 결과와 별개로 특정 결과에 도달하게 되는 절차의 공정성을 고려한다(Colquitt, 2001). 더 나아가 Brockner와 Wiesenfeld(1996)에 따르면, 공정한 절차는 직원들이 원치 않는 결과에 대해 보이는 부정적 반응을 상쇄해 줄 수 있다. 예를 들어, 한 종업원은 임금 인상에 대해서 행복해하지 않을 수는 있지만, 임금 인상이 정해진 절차에 대해서는 긍정적으로 반응할 수 있다.

마지막으로, **상호작용 공정성**(interactional justice)은 결과나 절차가 직원들에게 설명되는 방식, 그리고 결과가 직원에게 전달될 때 직원들이 대우받는 방식에 관한 것이다(Bies & Moag, 1986). 만일 의사결정이 배려심 없이 혹은 무례하게 직원들에게 전달될 경우, 직원들은 자신이 부당하게 대우받았다고 느낄 수 있다. 몇몇 연구자는 상호작용 공정성을 두 가지 형태, 즉 대인 공정성과 정보 공정성으로 구분한다(Greenberg, 1993). 전자는 개인이 존중받는 형태로 대우받았는지를 말하는 것이고, 후자는 의사결정이 이루어지고 결과를 수령하는 것에 대해 명확한 정보를 받은 것을 말한다. 몇몇 연구자는 이 상호작용 공정성의 형태들이 다른 변인들과 각기 다르게 관련된다고 보지만, 대부분의 경험적 연구에서는 두 차원을 상호작용 공정성이라는 단일측정치로 결합하여 사용한다.

조직 공정성 분야에 대한 연구가 많이 이루어진 주요 이유는 공정성 지각이 여러 가지 바람직한 태도와 과업 수행, 맥락 수행 및 반생산적 작업행동에 대한 예측 변인이라는 것이 밝혀졌기 때문이다(Colquitt et al., 2001, 추가적인 논의를 위해 제6장 참조). Wolfe와 Piquero(2011)는 경찰관을 대상으로 조직 공정성과 반생산적 작업행동 간 관계를 연구하였다. 이 저자들은 경찰 공동체 내에서 분배, 절차 및 상호작용 공정성을 측정하도록 설계된 6개 항목으로 조직 공정성을 측정하였다. 그리고 직원의 공식적인 근무 기록을 통해 반생산적 작업행동을 측정했는데, 이 기록에는 공식적인 시민 불만의 대상이 되었는지 여부, 내적인 비리로 조사받았는지 여부, 조직의 윤리강령 위배로 처벌받았는지 여부 등이 기록되어 있었다. 조직 공정성 지각은 이 3개의 객관적인 반생산적 작업행동 지표와 부적인 상관이 있었다.

조직 공정성에 관한 하나의 연구 경향은 직원들의 공정성 지각이 시간에 따라 어떻게 달라지며, 이러한 공정성 궤적이 직원들의 주요 결과물과 관련이 있는지를 조사하는 것이다. Hausknecht 등(2011)은 1년 동안 4개 시점에서 종업원을 평가하였는데, 공정성 지각의 변화가 종업원의 결과(예 : 직무 만족, 조직 몰입)의 변화와 관련된다는 것을 확인했다. 더 나아가 특히 절차 공정성 지각의 변화는 추후 종업원의 결과를 예측하는 데 중요하다는 것을 확인했다. 다른 최근 연구는 조직 공정성 지각의 변화를 일주일에 걸쳐 매일 측정하였다(Matta et al., 2020). 연구자들은 전반적인 조직 공정성 지각과 팀에서 느끼는 자부심에 대한 인식이 정적 관계가 있다는 것을 확인했으며, 일주일간 측정한 공정성 인식에 있어서 변산성이 큰 직원들에게는 해당 관계가 더 약하게 나타나는 것을 밝혔다.

마지막으로, 조직 공정성을 연구하는 학자들은 개인의 공정성 인식뿐 아니라 조직 내 공정성 분위기가 직원들에게 영향을 미친다는 것을 깨달았다. 조직 분위기에 대해서는 제12장에서 자세하게 논의할 예정이며, 조직 내 중요한 문제에 대해 직원들이 가지고 있는 공유된 지각을 뜻한다. Rubino 등(2018)은 조직 공정성에 대한 분위기가 군부대 내 성희롱 분위기와 성희롱 경험 간의 관계를 감소시킬 수 있는지 여부를 조사했다. 2개의 연구를 통해 저자들은 조직 공정성 분위기가 높은 부대에서 성희롱 분위기와 성희롱의 관계가 약하다는 것을 찾았다. 이러한 결과는 조직이 공정하다고 믿는 직원들의 공유된 인식이 조직의 다른 역기능적 측면을 완화할 수 있음을 시사한다.

다중 업무 신념이 종업원 결과에 미치는 효과

이 절 서두에서 지적한 대로, 업무 신념의 효과에 대한 대부분의 연구에서 개별 신념과 종업원 결과 간의 관계를 분석하였다. 그러나 몇몇 연구자들은 종업원 결과를 예측하는 데 이 업무 신념들의 상대적 기여도를 연구하였다. Panaccio와 Vandenberghe(2009)는 1년 후 조직 구성원의 웰빙을 예측하는 변인으로서 처음 시점에서 측정한 조직 지지 지각과 다양한 형태의 조직 몰입의 영향력을 검토하였다. 연구자들은 조직 지지 지각이 정서적 몰입과 정적 관계를 통해, 대안적 고용 기회 부족과는 부적 관계를 통해 웰빙을 예측한다는 것을 발견했다. 관련된 연구로, Vandenberghe 등(2007)은 패스트푸드 산업에 종사하는 종업원을 대상으로 조직 지지 지각과 조직 몰입의 각 유형이 각기 다른 업무 결과와 관련 있다는 것을 발견하였다. 조직 지지 지각은 종업원들 간의 도움행동과 정적인 관계가 있는 반면, 지속적 몰입의 두 가지 요소는 종업원 서비스 질과 반대 방향으로 관련이 있었다. 즉 조직을 떠나는 것이 종업원에게는 희생이나 부담이 되기 때문에 유지되는 지속적 몰입은 서비스 질 향상을 예측하였지만, 고용 대안의 부재로 인한 지속적 몰입은 서비스 질 저하를 예측하였다.

Woznyj 등(2022)은 이 장에서 설명한 많은 업무 신념 간 유사성이 있다고 우려를 표했다. 이 저자들은 자신들의 연구와 기존 연구를 통합한 메타분석 연구를 통해 직무 만족, 직무 열의, 조직 몰입, 조직 공정성, 조직 지지 지각과 같은 업무 신념들 사이에 상대적으로 강한 정적 상관이 존재한다는 것을 찾았다. 게다가 업무 신념들은 다른 예측 변인들과 유사하게 관계되는 경향이 있었다. 하지만, 저자들은 업무 신념이 주요한 결과물을 예측하는 정도를 비교한 결과, 직무 만족은 직무 수행 및 이직 의도의 가장 강력한 예측 요인이었고, 직무 열의는 조직시민행동의 가장 강한 예측 요인이라는 것을 확인하였다.

요약

이 장에서는 직원의 직무 만족 및 조직 몰입과 관련된 주제를 다루었다. 두 주제는 이론적 · 실무적 이유 모두에서 중요하다. 직무 만족은 일반적으로 자신의 직무나 직무 상황에 대한 직원들의 감정으로 정의되지만, 인지적인 요소와 행동적인 요소도 포함되어 있다. 직무 만족이 정의되는 방식으로 인해, 직무 만족을 측정하는 대부분의 측정치는 자기보고 형태를 취한다. 아주 일반적인 얼굴 표정 척도로부터 여러 가지 업무환경 측면에 대해 만족을 측정하는 측정 도구까지 다양한 측정 방법이 있다. 다른 측정 도구들과 마찬가지로, 직무 만족 측정 도구는 구성 타당도에 근거해서 평가되어야 한다. 구성 타당도에 대한 많은 증거를 보유하고 있는 두 가지 측정 도구는 직무기술 지표(JDI)와 미네소타 만족 설문지(MSQ)이다. 좀 더 최근에 직무 만족 조사(JSS)가 직무 만족을 측정하는 타당한 측정치라는 증거들이 제시되고 있다.

전통적으로, 직무 특성과 업무환경 측면이 직무 만족에서의 차이를 가져오는 것으로 여겨졌다. 일반적으로 중요 영역에 대한 직원들의 기대와 직무 특성이 일치할 때 직무 만족이 가장 높은 경향이 있다. 최근에는 직무 만족이 안정적 성향뿐만 아니라 사회적 환경의 단서에 의해서도 형성된다고 본다. 현실적으로 직무 만족은 직무 특성, 사회적 단서 및 특성 간의 복잡한 상호작용으로 생기며, 그 외에 직원이 성장한 문화의 영향을 받은 결과이기도 하다.

조직 몰입은 조직에 대한 직원들의 충성심과 구성원으로 남아 있으려는 자발성을 나타낸다. 직원들은 조직에 대해 긍정적인 감정을 가지고 있거나(정서적), 떠나는 것의 비용이 이익을 능가한다고 생각하기 때문에(지속적) 또는 도덕적으로 남아 있어야 한다고 느끼기 때문에(규범적) 몰입하게 된다. 몰입감은 주로 자신들이 조직으로부터 공정하고 공평하게 대우받은 것을 되돌려주려는 직원들의 욕구를 반영한다. 한편 지속적 몰입은 주로 직원들이 조직에 투자한 것에 대한 인식 그리고 대안적 고용 기회가 있는 것에 대한 인식으로 인해 생겨난다.

역사적으로, 가장 인기 있는 조직 몰입 측정치는 조직 몰입 설문지(OCQ)이다. 그러나 OCQ의 주요 한계점은 이 척도가 정서적 몰입만을 측정한다는 것이다. Allen과 Meyer(1990)는 세 가지 몰입 유형을 모두 측정하는 척도를 개발했고, 지금까지 증거에서는 이 척도가 탁월한 심리측정적 속성을 가지고 있음을 보여준다. 이 척도는 향후 조직 몰입 연구에서 가장 많이 사용될 것이다.

몰입 역시 다른 주요 일과 관련된 변인을 예측하는지가 연구되었다. 정서적 몰입은 다른 태도변인들과 일관되게 관련된다는 것이 밝혀졌다. 하지만 결근과는 강하게 관련된다는 증거가 없다. 그러나 정서적 몰입은 이직과는 강한 관련성을 보여주었다. 정서적 몰입은 정서적 몰입을 지닌 직원들이 노력을 투여할 때만 수행과 관계되는 것으로 보인다. 지속적 몰입과 규범적 몰입에 대한 연구는 상대적으로 적지만, 연구들 중 대부분은 이들이 이직과 관련된다는 것을 보여주었다. 최근 연구는 몰입 유형의 차이에 따라 구분된 직원의 프로파일이 수행을 강력하게 예측할 수 있다고 제안한다. 그 외에도 최근 연구는 직무 만족과 조직 몰입을 전반적 직무 태도 측정치로 결합할 것을 강조하기도 한다.

몰입 연구는 또한 여러 가지 실용적인 의미가 있다. 조직은 그 외 다른 인력관리 정책처럼 사회화 과정과 인적자원 관리 정책을 통해서 직원들의 몰입에 영향을 미칠 수 있다. 조직적 지지를 보여주는 인적자원 관리 정책은 정서적 몰입, 규범적 몰입을 높여 주는 경향이 있다. 직원들의 투자 비용을 증가시키는 관행은 지속적 몰입감을 형성하는 경향이 있다. 조직이 직원들의 정서적, 지속적, 규범적 몰입감 간의 균형을 맞춤으로써 최상의 기능을 발휘할 수 있을 것이다.

중요한 종업원 결과물과 관련 있는 몇 가지 업무 신념을 추가로 다루면서 이 장을 마무리하였다. 즉 조직 지지 지각, 조직 동일시, 직무 배태성과 조직 공정성에 대해 논의하였고, 이들이 과업 수행, 맥락 수행, 결근 및 이직과 같은 중요한 조직 결과를 예측하는 데 중요한 역할을 함을 논의하였다. 이러한 각기 다른 업무 신념들이 직원들의 주요한 결과를 예측하는 데 있어서 어떻게 함께 결합될 수 있는지를 연구하는 것이 향후 주요 주제가 될 것이다.

더 읽을거리

Carter, N. T., Lowery, M. R., Williamson Smith, R., Conley, K. M., Harris, A. M., Listyg, B., Maupin, C. K., King, R. T., & Carter, D. R. (2020). Understanding job satisfaction in the causal attitude network (CAN) model. *Journal of Applied Psychology, 105*(9), 959-993. doi:10.1037/apl0000469.supp (Supplemental)

Meyer, J. P., Stanley, L. J., & Parfyonova, N. M. (2012). Employee commitment in context: The nature and implication of commitment profiles. *Journal of Vocational Behavior, 80*(1), 1-16.

Woznyj, H. M., Banks, G. C., Whelpley, C. E., Batchelor, J. H., & Bosco, F. A. (2022). Job attitudes: A meta-analytic review and an agenda for future research. *Journal of Organizational Behavior*, *43*(5), 946-964. doi:10.1002/job.2598

참고문헌

Adler, S., Skov, R. B., & Salvemini, N. J. (1985). Job characteristics and job satisfaction: When cause becomes consequence. *Organizational Behavior and Human Decision Processes*, *35*, 266-278.

Ajzen, I. (1988). *Attitudes, personality, and behavior*. Chicago, IL: Dorsey.

Ajzen, I. (2001). Nature and functions of attitudes. *Annual Review of Psychology*, *52*, 27-58.

Alessandri, G., Borgogni, L., & Latham, G. P. (2017). A dynamic model of the longitudinal relationship between job satisfaction and supervisor-rated job performance. *Applied Psychology. An International Review*, *66*(2), 207-232. doi:10.1111/apps.12091

Allen, N. J., & Meyer, J. P. (1990). The measurement and antecedents of affective, continuance, and normative commitment to the organization. *Journal of Occupational Psychology*, *63*, 1-18.

Allen, N. J., & Meyer, J. P. (1996). Affective, continuance, and normative commitment to the organization: An examination of construct validity. *Journal of Vocational Behav*ior, *49*, 252-276.

Arvey, R. D., Bouchard, T. J., Segal, N. L., & Abraham, L. M. (1989). Job satisfaction: Environmental and genetic components. *Journal of Applied Psychology*, *74*, 187-192.

Ashforth, B. E., & Mael, F. (1989). Social identity theory and the organization. *Academy of Management Review*, *14*(1), 20-39.

Attridge, M. (2009). Measuring and managing employee work engagement: A review of the research and business literature. Journal of workplace behavioral health, *24*(4), 383-398.

Bakker, A. B., & Demerouti, E. (2017). Job demands-resources theory: Taking stock and looking forward. *Journal of Occupational Health Psychology*, *22*(3), 273-285. doi:10.1037/ ocp0000056

Baugh, S. G., & Roberts, R. M. (1994). Professional and organizational commitment among professional engineers: Conflicting or complementing? *IEEE Transactions on Engineering Management*, *41*, 108-114.

Becker, H. S. (1960). A note on the concept of commitment. *American Journal of Sociology*, *66*, 32-42.

Becker, T. E. (1992). Foci and bases of commitment: Are they distinctions worth making? *Academy of Management Journal*, *35*, 232-244.

Bem, D. J. (1972). Self-perception theory. In L. Berkowitz (Ed.), *Advances in experimental social psychology* (Vol. 6, pp. 1-62). New York, NY: Academic Press.

Bergami, M., & Bagozzi, R. P. (2000). Selfcategorization, affective commitment and group self-esteem as distinct aspects of social identity in the organization. *British Journal of Social Psychology*, *39*(4), 555-577.

Bies, R. J., & Moag, J. S. (1986). Interactional justice: Communication criteria of fairness. *Research on Negotiation in*

Organizations, 1(1), 43–55.

Bono, J. E., & Judge, T. A. (2003). Core selfevaluations: A review of the trait and its role in job satisfaction and job performance. *European Journal of Personality, 17*, S5–S18.

Bowling, N. A., & Hammond, G. D. (2008). A meta-analytic examination of the construct validity of the Michigan organizational assessment questionnaire job satisfaction subscale. *Journal of Vocational Behavior 73*(1), 63–77. doi:https://doi.org/10.1016/j.jvb.2008.01.004

Breckler, S. J. (1984). Empirical validation of affect, behavior, and cognition as distinct components of attitude. *Journal of Personality and Social Psychology, 47*(6), 1191.

Britt, T. W., Castro, C. A., & Adler, A. B. (2005). Self-Engagement, Stressors, and Health: A Longitudinal Study. *Personality and Social Psychology Bulletin, 31*(11), 1475–1486. https://doi-org.libproxy.clemson.edu/10.1177/0146167205276525

Bruk-Lee, V., Khoury, H. A., Nixon, A. E., Goh, A., & Spector, P. E. (2009). Replicating and extending past personality/job satisfaction meta-analyses. *Human Performance, 22*(2), 156–189. doi:https://doi.org/10.1080/08959280902743709

Cammann, C., Fichman, M., Jenkins, G. D., & Klesh, J. (1983). Michigan Organizational Assessment Questionnaire. In S. E. Seashore, E. E. Lawler, P. H. Mirvis, & C. Cammann (Eds.), *Assessing organizational change: A guide to methods, measures, and practices* (pp. 71–138). New York, NY: Wiley.

Campbell, J. P. (1990). Modeling the performance prediction problem in industrial and organizational psychology. In M. D. Dunnette & L. M. Hough (Eds.), *Handbook of industrial and organizational psychology* (2nd ed., Vol. 1, pp. 687–732). Palo Alto, CA: Consulting Psychologists Press.

Campbell, J. P. (1994). Alternative models of job performance and their implications for selection and classification. In M. G. Rumsey, C. B. Walker, & J. H. Harris (Eds.), *Personnel selection and classification* (pp. 33–51). Hillsdale, NJ: Erlbaum.

Campion, M. A., & Thayer, P. W. (1985). Development and field evaluation of an interdisciplinary measure of job design. *Journal of Applied Psychology, 70*, 29–43.

Carsten, J. M., & Spector, P. E. (1987). Unemployment, job satisfaction, and employee turnover: A meta-analytic test of the Muchinsky model. *Journal of Applied Psychology, 72*, 374–381.

Carter, N. T., Lowery, M. R., Williamson Smith, R., Conley, K. M., Harris, A. M., Listyg, B., Maupin, C. K., King, R. T., & Carter, D. R. (2020). Understanding job satisfaction in the causal attitude network (CAN) model. *Journal of Applied Psychology, 105*(9), 959–993. doi:10.1037/apl0000469. supp (Supplemental)

Chen, Z., Eisenberger, R., Johnson, K. M., Sucharski, I. L., & Aselage, J. (2009). Perceived organizational support and extrarole performance: Which leads to which? *The Journal of Social Psychology, 149*(1), 119–124. doi:https://doi.org/10.3200/SOCP149.1.119-124

Christian, M. S., Garza, A. S., & Slaughter, J. E. (2011). Work engagement: A quantitative review and test of its relations with task and contextual performance. *Personnel Psychology, 64*, 89–136.

Clausen, T., & Borg, V. (2010). Psychosocial work characteristics as predictors of affective organisational commitment: A longitudinal multi-level analysis of occupational well-being. *Applied Psychology: Health and Well-Being, 2*(2), 182–203.

Clausen, T., Christensen, K. B., & Nielsen, K. (2015). Does group-level commitment predict employee well-being? A prospective analysis. *Journal of Occupational and Environmental Medicine, 57*(11), 1141–1146. doi:10.1097/JOM.0000000000000547

Clinton, M., Knight, T., & Guest, D. E. (2012). Job embeddedness: A new attitudinal measure. *International Journal of Selection and Assessment*, 20(1), 111-117. doi:10.1111/ j.1468-2389.2012.00584.x

Colquitt, J. A. (2001). On the dimensionality of organizational justice: a construct validation of a measure. *Journal of Applied Psychology*, 86(3), 386.

Colquitt, J. A., Conlon, D. E., Wesson, M. J., Porter, C. O., & Ng, K. Y. (2001). Justice at the millennium: A meta-analytic review of 25 years of organizational justice research. *Journal of Applied Psychology*, *86*(3), 425.

Connolly, J. J., & Viswesvaran, C. (2000). The role of affectivity in job satisfaction: A meta-analysis. *Personality and Individual Differences*, *29*, 265-281.

Conway, N., & Briner, R. B. (2012). Investigating the effect of collective organizational commitment on unit-level performance and absence. *Journal of Occupational and Organizational Psychology*, 85(3), 472-486. doi: 10.1111/ j.2044-8325.2011.02051.x

Cooper-Hakim, A., & Viswesvaran, C. (2005). The construct of work commitment: Testing an integrative framework. *Psychological Bulletin*, *131*, 241-259.

Credé, M., Chernyshenko, O. S., Bagraim, J., & Sully, M. (2009). Contextual performance and the job satisfaction-dissatisfaction distinction: Examining artifacts and utility. *Human Performance*, *22*(3), 246-272.

Cropanzano, R., & James, K. (1990). Some methodological considerations for the behavioral genetic analysis of work attitudes. *Journal of Applied Psychology*, *75*, 433-439.

Crossley, C. D., Bennett, R. J., Jex, S. M., & Burnfield, J. L. (2007). Development of a global measure of job embeddedness and integration into a traditional model of voluntary turnover. *Journal of Applied Psychology*, *92*(4), 1031-1042. doi:10.1037/0021-9010.92.4.1031

Culpepper, R. A. (2011). Three-component commitment and turnover: An examination of temporal aspects. *Journal of Vocational Behavior*, 79(2), 517-527. doi: 10.1016/j.jvb .2011.03.004

Dalal, R. S. (2013). Job attitudes: Cognition and affect. In I. B. Weiner (Series Ed.) & N. W. Schmitt & S. Highhouse (Vol. Eds.), *Handbook of psychology: Vol. 12. Industrial and organizational psychology* (2nd ed., pp. 341-366). Hoboken, NJ: Wiley.

Dalege, J., Borsboom, D., van Harreveld, F., van den Berg, H., Conner, M., & van der Maas, H. L. (2016). Toward a formalized account of attitudes: The Causal Attitude Network (CAN) model. *Psychological Review*, *123*, 2-22. doi:10.1037/a0039802

Davis-Blake, A., & Pfeffer, J. (1989). Just a mirage: The search for dispositional effects in organizational research. *Academy of Management Review*, *14*, 385-400.

Dimotakis, N., Scott, B. A., & Koopman, J. (2011). An experience sampling investigation of workplace interactions, affective states, and employee well-being. *Journal of Organizational Behavior*, 32(4), 572-588.

Eagly, A. H., & Chaiken, S. (1993). *The psychology of attitudes*. Fort Worth, TX: Harcourt, Brace, &Jovanovich.

Edwards, B. D., Bell, S. T., Arthur, W. R., & Decuir, A. D. (2008). Relationships between facets of job satisfaction and task and contextual performance. *Applied Psychology: An International Review*, 57(3), 441-465. doi:10.1111/j.1464-0597.2008.00328.x

Eisenberger, R., Huntington, R., Hutchison, S., & Sowa, D. (1986). Perceived organizational support. *Journal of Applied Psychology*, *71*(3), 500-507.

Ellickson, M. C. (2002). Determinants of job satisfaction of municipal government employees. *Public Personnel Management*, *31*, 343-358.

Farh, J., Hackett, R. D., & Liang, J. (2007). Individual-level cultural values as moderators of perceived organizational support — employee outcome relationships in China: Comparing the effects of power distance and traditionality. *Academy of Management Journal, 50*(3), 715–729. doi: https://doi.org/10.5465/AMJ.2007.25530866

Festinger, L. (1954). A theory of social comparison processes. *Human Relations, 7,* 114–140.

Fishbein, M. (1979). A theory of reasoned action: Some applications and implications. In H. Howe & M. Page (Eds.), *Nebraska symposium on motivation* (pp. 65–116). Lincoln: University of Nebraska.

Fried, Y., & Ferris, G. R. (1987). The validity of the job characteristics model: A review and meta-analysis. *Personnel Psychology, 40,* 287–322.

Gagné, M., Forest, J., Vansteenkiste, M., Crevier-Braud, L., van den Broeck, A., Aspeli, A. K., Bellerose, J., Benabou, C., Chemolli, E., Güntert, S. T., Halvari, H., Indiyastuti, D. L., Johnson, P. A., Molstad, M. H., Naudin, M., Ndao, A., Olafsen, A. H., Roussel, P., Wang, Z., & Westbye, C. (2015). The Multidimensional Work Motivation Scale: Validation evidence in seven languages and nine countries. *European Journal of Work and Organizational Psychology, 24*(2), 178–196. https://doi-org.libproxy.clemson.edu/10.1080/1359432X.2013.877892

Gelade, G. A., Dobson, P., & Gilbert, P. (2006). National differences in organizational commitment: Effect of economy, product of personality, or consequence of culture? *Journal of Cross-Cultural Psychology, 37,* 542–556.

Gerhart, B. (1987). How important are dispositional factors as determinants of job satisfaction? Implications for job design and other personnel programs. *Journal of Applied Psychology, 72,* 366–373.

Greenberg, J. (1990). Employee theft as a reaction to underpayment inequity: The hidden cost of pay cuts. *Journal of Applied Psychology, 5,* 561–568.

Greenberg, J. (1993). Stealing in the name of justice: Informational and interpersonal moderators of theft reactions to underpayment inequity. *Organizational Behavior And Human Decision Processes, 54*(1), 81–103.

Greenberg, J. (2011). Organizational justice: The dynamics of fairness in the workplace. In S. Zedeck (Ed.), *APA handbook of industrial and organizational psychology: Vol.3. Maintaining, expanding, and contracting the organization* (pp. 271–327). Washington, DC: American Psychological Association.

Greguras, G. J., & Diefendorff, J. M. (2009). Different fits satisfy different needs: Linking person-environment fit to employee commitment and performance using selfdetermination theory. *Journal of Applied Psychology, 94*(2), 465–477. doi: https://doi.org/10.1037/a0014068

Griffeth, R. W., & Hom, P. W. (1987). Some multivariate comparisons of multinational managers. *Multivariate Behavioral Research, 22,* 173–191.

Hackett, R. D., & Guion, R. M. (1985). A reevaluation of the absenteeism-job satisfaction relationship. *Organizational Behavior and Human Decision Processes, 35,* 340–381.

Hackman, J. R., & Oldham, G. R. (1980). *Work redesign.* Reading, MA: Addison-Wesley.

Harrison, D. A., Newman, D. A., & Roth, P L. (2006). How important are job attitudes? Meta-analytic comparisons of integrative behavioral outcomes and time sequences. *Academy of Management Journal, 49,* 305–325.

Hausknecht, J. P., Hiller, N. J., & Vance, R. J. (2008). Work-unit absenteeism: Effects of satisfaction, commitment, labor market conditions, and time. *Academy of Management Journal, 51*(6), 1223–1245. doi:https://doi.org/10.5465/AMJ.2008. 35733022

Hausknecht, J. P., Sturman, M. C., & Roberson, Q. M. (2011). Justice as a dynamic construct: Effects of individual trajectories on distal work outcomes. *Journal of Applied Psychology, 96*(4), 872–880. doi:https://doi.org/10.1037/a0022991

Hofstede, G. (1984). *Culture's consequences: International differences in work-related values* (Abridged ed.). Newbury Park, CA: Sage.

Hom, P. W., Caranikas-Walker, F., Prussia, G. E., & Griffeth, R. W. (1992). A meta-analytic structural equations analysis of a model of employee turnover. *Journal of Applied Psychology, 77*, 890-909.

House, R. J., Hanges, P. J., Ruiz-Quintanilla, S. A., Dorfman, P. W., Javidan, M., Dickson, M., & Gupta, V. (1999). Cultural influences on leadership and organizations: Project GLOBE. In W. H. Mobley (Ed.), *Advances in global leadership* (*Vol. 1*, 171-233). Elsevier Science/JAI Press.

Hulin, C. (1991). Adaptation, persistence, and commitment in organizations. In M. D. Dunnette & L. M. Hough (Eds.), *Handbook of industrial and organizational psychology* (2nd ed., Vol. 2, pp. 445-505). Palo Alto, CA: Consulting Psychologists Press.

Iaffaldano, M. T., & Muchinsky, P. M. (1985). Job satisfaction and job performance: A meta-analysis. *Psychological Bulletin, 97*, 251-273.

Ilies, R., & Judge, T. A. (2003). On the heritability of job satisfaction: The mediating role of personality. *Journal of Applied Psychology, 88*, 750-759.

Ironson, G. H., Smith, P. C., Brannick, M. T., Gibson, W. M., & Paul, K. B. (1989). Constitution of a job in general scale: A comparison of global, composite, and specific measures. *Journal of Applied Psychology, 74*, 193-200.

Jackson, S. E., & Schuler, R. S. (1985). A meta-analysis and conceptual critique of research on role ambiguity and role conflict in work settings. *Organizational Behavior and Human Decision Processes, 36*, 16-78.

Jex, S. M., & Spector, P. E. (1988, April). Is *social information processing a laboratory phenomenon*? Paper presented in M. Deselles (Chair), Job attitude measurement: Variations on a theme. Symposium presented at the 1988 Society for Industrial and Organizational Psychology Convention, Dallas, TX.

Jex, S. M., & Spector, P. E. (1989). The generalizability of social information processing to organizational settings: A summary of two field experiments. *Perceptual and Motor Skills, 69*, 883-893.

Jex, S. M., & Spector, P. E. (1996). The impact of negative affectivity on stressorstrain relations: A replication and extension. *Work & Stress, 10*, 36-45.

Jiang, K., Liu, D., McKay, P. F., Lee, T. W., & Mitchell, T. R. (2012). When and how is job embeddedness predictive of turnover? A meta-analytic investigation. *Journal of Applied Psychology, 97*(5), 1077-1096. doi:https://doi.org/10.1037/a0028610

Johnson, M. D., Morgeson, F. P., & Hekman, D. R. (2012). Cognitive and affective identification: Exploring the links between different forms of social identification and personality with work attitudes and behavior. *Journal of Organizational Behavior, 33*(8), 1142-1167. doi:https://doi.org/10.1002/job.1787

Judge, T. A., Thoresen, C. J., Bono, J. E., & Patton, G. K. (2001). The job satisfaction-job performance relationship: A qualitative and quantitative review. *Psychological Bulletin, 127*, 376-407.

Judge, T. A., Heller, D., & Mount, M. K. (2002). Five-factor model of personality and job satisfaction: A meta-analysis. *Journal of Applied Psychology, 87*(3), 530-541.

Kabins, A. H., Xu, X., Bergman, M. E., Berry, C. M., & Willson, V. L. (2016). A profile of profiles: A meta-analysis of the nomological net of commitment profiles. *Journal of Applied Psychology, 101*(6), 881-904. doi:10.1037/apl0000091

Kammeyer-Mueller, J. D., Wanberg, C. R., Glomb, T. M., & Ahlburg, D. (2005). The role of temporal shifts in the turnover process: It's about time. *Journal of Applied Psychology, 90*, 644-658.

Kaplan, S. A., Winslow, C. J., & Luchman, J. N. (2020). What are we working for? Comparing the importance of job features for job satisfaction over the career span. *Social Indicators Research, 148*(3), 1021-1037. doi:10.1007/s11205-019-02231-8

Kim, K. Y., Eisenberger, R., Takeuchi, R., & Baik, K. (2022). Organizational-level perceived support enhances organizational profitability. *Journal of Applied Psychology*. doi:10.1037/ apl0000567.supp (Supplemental)

Konovsky, M. A., & Cropanzano, R. (1991). Perceived fairness of employee drug testing as a predictor of employee attitudes and health. *Journal of Applied Psychology, 76*, 698–707.

Kraus, S. J. (1995). Attitudes and the prediction of behavior: A meta-analysis of the empirical literature. *Personality and Social Psychology Bulletin, 21*, 58–75.

Kunin, T. (1955). The construction of a new type of attitude measure. *Personnel Psychology, 8*, 65–67.

Kurtessis, J. N., Eisenberger, R., Ford, M. T., Buffardi, L. C., Stewart, K. A., & Adis, C. S. (2017). Perceived organizational support: A meta-analytic evaluation of organizational support theory. *Journal of Management, 43*(6), 1854–1884. doi:10.1177/0149206315575554

Lawler, E. E., & Jenkins, D. G. (1992). Strategic reward systems. In M. D. Dunnette & L. M. Hough (Eds.), *Handbook of industrial and organizational psychology* (2nd ed., Vol. *3*, pp. 1009–1035). Palo Alto, CA: Consulting Psychologists Press.

Lee, K., Allen, N. J., Meyer, J. P., & Rhee, K. (2001). The three-component model of organizational commitment: An application to South Korea. *Applied Psychology: An International Review, 50*, 596–614.

Leventhal, G. S. (1980). What should be done with equity theory? New approaches to the study of fairness in social relationships. In K. Gergen, M. Greenberg, & R. Willis (Eds.), *Social exchange: Advances in theory and research* (pp. 27–55). New York, NY: Plenum Press.

Levin, I., & Stokes, J. P. (1989). Dispositional approach to job satisfaction: Role of negative affectivity. *Journal of Applied Psychology, 74*, 752–758.

Li, W.-D., Stanek, K. C., Zhang, Z., Ones, D. S., & McGue, M. (2016). Are genetic and environmental influences on job satisfaction stable over time? A three-wave longitudinal twin study. *Journal of Applied Psychology, 101*(11), 1598–1619. doi:10.1037/apl0000057

Li, J. (Jason), Mitchell, T. R., Lee, T. W., Eberly, M. B., & Shi, L. (2022). Embeddedness and perceived oneness: Examining the effects of job embeddedness and its trajectory on employee proactivity via an identification perspective. *Journal of Applied Psychology, 107*(6), 1020–1030. https://doi-org.libproxy.clemson.edu/10.1037/apl0000961.supp (Supplemental)

Lian, H., Li, J. K., Du, C., Wu, W., Xia, Y., & Lee, C. (2022). Disaster or opportunity? How COVID-19-associated changes in environmental uncertainty and job insecurity relate to organizational identification and performance. *Journal of Applied Psychology, 107*(5), 693–706. doi:10.1037/ apl0001011.supp (Supplemental)

Locke, E. A. (1976). The nature and causes of job satisfaction. In M. D. Dunnette (Ed.), *Handbook of industrial and organizational psychology* (pp. 1297–1349). Chicago, IL: Rand McNally.

Lok, P., & Crawford, J. (2001). Antecedents of organizational commitment and the mediating role of job satisfaction. *Journal of Managerial Psychology, 16*, 594–613.

Macey, W. H., & Schneider, B. (2008). The meaning of employee engagement. *Industrial and Organizational Psychology, 1*, 3–30.

Mael, F. A., & Tetrick, L. E. (1992). Identifying organizational identification. *Educational and Psychological Measurement, 52*(4), 813–824.

Mathieu, J. E., & Zajac, D. M. (1990). A review and meta-analysis of the antecedents, correlates, and consequences of organizational commitment. *Psychological Bulletin, 108*, 171–194.

Matta, F. K., Scott, B. A., Guo (Alice), Z., & Matusik, J. G. (2020). Exchanging one uncertainty for another: Justice variability negates the benefits of justice. *Journal of Applied Psychology, 105*(1), 97–110. doi:https://doi.org/10.1037/

apl0000425

Matta, F. K., Scott, B. A., Guo, Z. (Alice), & Matusik, J. G. (2020). Exchanging one uncertainty for another: Justice variability negates the benefits of justice. *Journal of Applied Psychology, 105*(1), 97-110. https://doi-org.libproxy.clemson.edu/10.1037/apl0000425

Meyer, J. P., & Allen, N. J. (1991). A three-component conceptualization of organizational commitment. *Human Resource Management Review, 1*, 61-89.

Meyer, J. P., & Allen, N. J. (1997). *Commitment in the workplace: Theory, research, and application*. Thousand Oaks, CA: Sage.

Meyer, J. P., Hecht, T. D., Gill, H., & Toplonytsky, L. (2010). Person-organization (culture) fit and employee commitment under conditions of organizational change: A longitudinal study. *Journal of Vocational Behavior, 76*(3), 458-473. doi: 10. 1016/j.jvb.2010.01.001

Meyer, J. P., Stanley, L. J., & Parfyonova, N. M. (2012). Employee commitment in context: The nature and implication of commitment profiles. *Journal of Vocational Behavior, 80*(1), 1-16. doi: 10.1016/j.jvb.2011 .07.002

Michaels, C. E., & Spector, P. E. (1982). Causes of employee turnover: A test of the Mobley, Griffeth, Hand, and Meglino model. *Journal of Applied Psychology, 67*, 53-59.

Mitchell, T. R., Holtom, B. C., Lee, T. W., Sablynski, C. J., & Erez, M. (2001). Why people stay: Using job embeddedness to predict voluntary turnover. *Academy of Management Journal, 44*(6), 1102-1121.

Mobley, W. H.1977). Intermediate linkages in the relationship between job satisfaction and employee turnover. *Journal of Applied Psychology, 62*, 237-240.

Mobley, W. H., Griffeth, R. W., Hand, H. H., & Meglino, B. M. (1979). Review and conceptual analysis of the employee turnover process. *Psychological Bulletin, 86*, 493-522.

Mowday, R. T., Steers, R. M., & Porter, L. W. (1979). The measurement of organizational commitment. *Journal of Vocational Behavior, 14*, 224-247.

Mowday, R. T., Porter, L. W., & Steers, R. M. (1982). *Organizational linkages: The psychology of commitment, absenteeism, and turnover*. San Diego, CA: Academic Press.

Neininger, A., Lehmann-Willenbrock, N., Kauffeld, S., & Henschel, A. (2010). Effects of team and organizational commitment — A longitudinal study. *Journal of Vocational Behavior, 76*(3), 567-579. doi: 10.1016/j.jvb .2010.01.009

O'Reilly, C. A., & Caldwell, D. (1979). Information influences as a determinant of task characteristics and job satisfaction. *Journal of Applied Psychology, 64*, 157-165.

Organ, D. W., & Ryan, K. (1995). A meta-analytic review of attitudinal and dispositional predictors of organizational citizenship behavior. *Personnel Psychology, 48*, 775-802.

Ostroff, C. (1992). The relationship between satisfaction, attitudes, and performance: An organization-level analysis. *Journal of Applied Psychology*, 77, 963-974.

Panaccio, A., & Vandenberghe, C. (2009). Perceived organizational support, organizational commitment and psychological wellbeing: A longitudinal study. *Journal of Vocational Behavior, 75*(2), 224-236. doi:https://doi.org/10.1016/j.jvb.2009.06.002

Panaccio, A., & Vandenberghe, C. (2012). Five-factor model of personality and organizational commitment: The mediating role of positive and negative affective states. *Journal of Vocational Behavior, 80*(3), 647-658. doi:https://doi.org/10.1016/j.jvb.2012.03.002

Phillips, J. M. (1998). Effects of realistic job previews on multiple organizational outcomes: A meta-analysis. *Academy of*

Management Journal, 41(6), 673–690.

Podsakoff, P. M., & Williams, L. J. (1986). The relationship between job performance and job satisfaction. In E. A. Locke (Ed.), *Generalizing from laboratory to field settings* (pp. 207–253). Lexington, MA: Heath.

Ramesh, A., & Gelfand, M. J. (2010). Will they stay or will they go? The role of job embeddedness in predicting turnover in individualistic and collectivistic cultures. *Journal of Applied Psychology, 15*, 452–467.

Rhoades, L., & Eisenberger, R. (2002). Perceived organizational support: A review of the literature. *Journal of Applied Psychology, 87*(4), 698–714.

Riggle, R. J., Edmondson, D. R., & Hansen, J. D. (2009). A meta-analysis of the relationship between perceived organizational support and job outcomes: 20 years of research. *Journal of Business Research*, 62(10), 1027–1030.

Rubenstein, A. L., Eberly, M. B., Lee, T. W., & Mitchell, T. R. (2018). Surveying the forest: A meta-analysis, moderator investigation, and future-oriented discussion of the antecedents of voluntary employee turnover. *Personnel Psychology, 71*(1), 23–65. doi:10.1111/peps.12226

Rubino, C., Avery, D. R., McKay, P. F., Moore, B. L., Wilson, D. C., Van Driel, M. S., Witt, L. A., & McDonald, D. P. (2018). And justice for all: How organizational justice climate deters sexual harassment. *Personnel Psychology, 71*(4), 519–544. https://doi-org.libproxy.clemson.edu/10.1111/peps.12274

Salancik, G. R., & Pfeffer, J. (1977). An examination of need satisfaction models of job attitudes. *Administrative Science Quarterly, 22*, 427–456.

Salancik, G. R., & Pfeffer, J. (1978). A social information processing approach to job attitudes and task design. *Administrative Science Quarterly, 23*, 224–253.

Schaumberg, R. L., & Flynn, F. J. (2017). Clarifying the link between job satisfaction and absenteeism: The role of guilt proneness. *Journal of Applied Psychology, 102*(6), 982–992. doi:10.1037/apl0000208.supp (Supplemental)

Schein, E. H. (1990). Organizational culture. *American Psychologist, 45*, 109–119.

Schleicher, D. J., Watt, J. D., & Greguras, G. J. (2004). Reexamining the job satisfactionperformance relationship. *Journal of Applied Psychology, 89*, 165–177.

Schleicher, D. J., Hansen, S. D., & Fox, K. E. (2011). Job attitudes and work values. In S. Zedeck (Ed.), *APA handbook of industrial and organizational psychology* (Vol. 3, pp. 137–189). Washington, DC: American Psychological Association.

Schneider, B., Hanges, P. J., Smith, D. B., & Salvaggio, A. N. (2003). Which comes first: Employee attitudes or organizational financial and market performance? *Journal of Applied Psychology, 88*, 836–851.

Shim, W., & Steers, R. M. (1994). *Mediating influences on the employee commitment-job performance relationship*. Unpublished manuscript.

Sinclair, R. R., Tucker, J. S., Cullen, J. C., & Wright, C. (2005). Performance differences among four organizational commitment profiles. *Journal of Applied Psychology, 90*, 1280–1287.

Skibba, J. S., & Tan, J. A. (2004). Personality predictors of firefighter job performance and job satisfaction. *Applied H. R. M. Research, 9*, 39–40.

Smith, P. C. (1975). *The job descriptive index, revised.* Bowling Green State University

Smith, P. C., Kendall, L. M., & Hulin, C. L. (1969). *Measurement of satisfaction in work and retirement.* Chicago, IL: Rand McNally.

Somers, M. (2010). Patterns of attachment to organizations: Commitment profiles and work outcomes. *Journal of Occupational and Organizational Psychology, 83*(2), 443–453.

Spector, P. E. (1975). Relationships of organizational frustration with reported behavioral reactions of employees. *Journal of Applied Psychology, 60*(5), 635–637. doi:10.1037/h0077157

Spector, P. E. (1985). Measurement of human service staff satisfaction: Development of the Job Satisfaction Survey. *American Journal of Community Psychology, 13*(6), 693–713. doi:10.1007/BF00929796

Spector, P. E. (1997). *Job satisfaction: Application, assessment, causes, and consequences*. Thousand Oaks, CA: Sage Publications, Inc. http://ovidsp.ovid.com/ovidweb.cgi?T=JS&CSC=Y&NEWS=N&PAGE=fulltext&D=psyc3&AN=1997-08522-000

Spector, P. E., & Jex, S. M. (1998). Development of four self-report measures of job stressors and strain: Interpersonal conflict at work scale, organizational constraints scale, quantitative workload inventory, and physical symptoms inventory. *Journal of Occupational Health Psychology, 3*, 356–367.

Spector, P. E., Dwyer, D. J., & Jex, S. M. (1988). Relation of job stressors to affective, health, and performance outcomes: A comparison of multiple data sources. *Journal of Applied Psychology, 73*(1), 11–19. doi:10. 1037/0021-9010.73.1.11

Staw, B. M., & Ross, J. (1985). Stability in the midst of change: A dispositional approach to job attitudes. *Journal of Applied Psychology, 70*, 469–480.

Staw, B. M., Bell, N. E., & Clausen, J. A. (1986). The dispositional approach to job attitudes: A lifetime longitudinal test. *Administrative Science Quarterly, 31*, 56–77.

Tett, R. P., & Meyer, J. P. (1993). Job satisfaction, organizational commitment, turnover intention, and turnover: Path analyses based on meta-analytic findings. *Personnel Psychology*, 46, 259–293.

Van den Broeck, A., Vansteenkiste, M., De Witte, H., & Lens, W. (2008). Explaining the relationships between job characteristics, burnout, and engagement: The role of basic psychological need satisfaction. *Work & Stress, 22*(3), 277–294.

Vandenberghe, C., Bentein, K., Michon, R., Chebat, J., Tremblay, M., & Fils, J. (2007). An examination of the role of perceived support and employee commitment in employee-customer encounters. *Journal of Applied Psychology, 92*(4), 1177–1187. doi:https://doi.org/10.1037/0021-9010.92.4.1177

Vroom, V. H. (1964). *Work and motivation*. New York, NY: Wiley.

Wang, M. (2009). Does organizational support promote citizenship in service settings? The moderating role of service climate. *Journal of Social Psychology, 149*(6), 648–676. doi:https://doi.org/10.1080/00224540903347297

Wang, L., Law, K. S., Zhang, M. J., Li, Y. N., & Liang, Y. (2019). It's mine! Psychological ownership of one's job explains positive and negative workplace outcomes of job engagement. *Journal of Applied Psychology, 104*(2), 229–246. https://doi-org.libproxy.clemson.edu/10.1037/apl0000337

Wanous, J. P. (1989). Installing realistic job previews: Ten tough choices. *Personnel Psychology, 42*, 117–134.

Watson, D., & Clark, L. (1984). Negative affectivity: The disposition to experience aversive emotional states. *Psychological Bulletin, 96*, 465–490.

Wegge, J., Schmidt, K., Parkes, C., & van Dick, R. (2007). "Taking a sickie": Job satisfaction and job involvement as interactive predictors of absenteeism in a public organization. *Journal of Occupational and Organizational Psychology, 80*(1), 77–89. doi:10. 1348/096317906X99371

Weiss, H. M., & Shaw, J. (1979). Social influences on judgments about tasks. *Organizational Behavior and Human Performance, 24*, 126–140.

Weiss, D. J., Dawis, R. V., England, G. W., & Lofquist, L. H. (1967). *Manual for the Minnesota Satisfaction Questionnaire* (Minnesota Studies in Vocational Rehabilitation, No. 22). Minneapolis: University of Minnesota.

Weitz, J. (1952). A neglected concept in the study of job satisfaction. *Personnel Psychology, 5*, 201–205.

White, S., & Mitchell, T. (1979). Job enrichment versus social cues: A comparison and competitive test. *Journal of Applied Psychology, 64*, 1–9.

Winkler, S., König, C. J., & Kleinmann, M. (2012). New insights into an old debate: Investigating the temporal sequence of commitment and performance at the business unit level. *Journal of Occupational and Organizational Psychology, 85*(3), 503–522. doi:https://doi.org/10.1111/j.20448325.2012.02054.x

Wolfe, S. E., & Piquero, A. R. (2011). Organizational justice and police misconduct. *Criminal Justice and Behavior, 38*(4), 332–353.

Woznyj, H. M., Banks, G. C., Whelpley, C. E., Batchelor, J. H., & Bosco, F. A. (2022). Job attitudes: A meta-analytic review and an agenda for future research. *Journal of Organizational Behavior, 43*(5), 946–964. doi:10.1002/job.2598

Ybema, J. F., Smulders, P. W., & Bongers, P. M. (2010). Antecedents and consequences of employee absenteeism: A longitudinal perspective on the role of job satisfaction and burnout. *European Journal of Work and Organizational Psychology, 19*(1), 102–124. doi:https://doi.org/10.1080/13594 320902793691

Yu, C., & Frenkel, S. J. (2013). Explaining task performance and creativity from perceived organizational support theory: Which mechanisms are more important? *Journal of Organizational Behavior, 34*(8), 1165–1181. doi:https://doi.org/10.1002/job.1844

Zapf, D., Dormann, C., & Frese, M. (1996). Longitudinal studies in organizational stress research: A review of the literature with reference to methodological issues. *Journal of Occupational Health Psychology*, 2, 145–169.

Zatzick, C. D., Deery, S. J., & Iverson, R. D. (2015). Understanding the determinants of who gets laid off: Does affective organizational commitment matter? *Human Resource Management, 54*(6), 877–891. doi:10.1002/hrm.21641

제9장

동기 이론

Organizational Psychology and Organizational Behavior: Evidence-based Lessons for Creating Sustainable Organizations,
Fourth Edition. Steve M. Jex, Thomas W. Britt, and Cynthia A. Thompson.

Companion website : www.wiley.com/go/organizationalpsychology4e

모든 조직이 성공하려면 직원의 행동이 그 성공에 긍정적으로 기여하는 방향으로 유도되어야 한다. 예를 들어 자동차 판매 대리점은 그들의 영업사원이 열심히 차를 판매하도록, 초등학교는 선생님이 학생들을 교육하려고 노력하도록 기대한다. 조직은 또한 직원이 조직의 성공을 방해하는 행동을 하지 않기를 바란다. 예를 들어 건설 회사는 직원의 출근이 늦지 않고, 자동차 제조업체는 직원이 업무 중 마약 사용을 하지 않기를 원한다.

이 장은 직원 동기부여를 두 가지 주요 방법으로 살펴본다. 첫 번째 절에서는 직원들 사이에서 동기부여된 행동을 이해하고, 직장에서 다양한 활동에 참여하도록 동기부여 하는 이유를 설명하기 위해 개발된 다양한 이론을 다룬다. 두 번째 절에서는 조직이 직원의 동기부여에 미치는 영향을 다루며, 조직이 직원이 원하는 방식으로 행동하도록 보장할 수 있는 조치들에 집중한다. 여기에는 직원에게 제공되는 보상과 직원을 동기부여 하는 방식으로 업무를 설계하는 것이 포함된다. 이 두 가지 주요 절을 다루기 전에, 먼저 동기부여의 정의적 특성과 조직 연구자가 직원의 동기부여를 조사하고 영향을 미칠 때의 가정들에 대해 논의할 예정이다.

동기의 정의, 기본 가정 및 이론적 접근

이 장의 목적은 업무환경에서 동기를 설명하기 위해 개발된 주요 이론들을 다루는 것이다. 이를 위해 동기가 무엇인지 정확히 정의하고, 작업장에서의 동기에 대한 기본 가정들을 살펴볼 것이다.

동기의 정의

Kanfer 등(2008)에 따르면, 동기라는 개념은 볼 수도 없고 느낄 수도 없으므로 일종의 **가설적 구성 개념**(hypothetical construct)이다. 그러나 우리는 동기의 효과 또는 결과물을 사람들의 행동을 통해 관찰할 수 있다. 비유하자면 동기는 중력과 비슷하다. 우리는 중력을 보거나 느낄 수 없지만 한 사람이 5층 높이의 건물에서 창문 밖으로 뛰어내린다면 중력의 효과는 매우 분명하게 관찰할 수 있다.

동기가 가설적 구성 개념임을 고려하면, 이러한 동기 개념의 정확한 본질을 이해하는 것이 중요하다. 즉 동기가 정확하게 어떠한 영향을 미치는지를 이해해야 한다. Pinder(2008)는 동기가 작업 관련 행동의 **형태**(form), **방향**(direction), **강도**(intensity), **지속기간**(duration)을 결정한다고 주장한다. 행동의 형태는 종업원들이 작업장에서 일을 시작할 때 선택하는 활동의 유형을 말한다. 예를 들어, 어떤 직원들은 과제 수행에 집중하는 반면 다른 직원들은 대인관계 형성과 집단 응집력 강화에 더욱 관심이 있을 것이다. 동기의 방향은 직원들이 스스로 설정한 목표를 달성하기 위해 선택한 구체적인 경로를 말한다. 예를 들어, 간호사는 주어진 시간 내에 완수해야 하는 업무에 대해 사전에 결정된 일정표를 갖고 있을 것이며, 그 일정표는 그날 해야 하는 일과 관련된 행동들을 제시해 준다. 동기의 강도는 목표 지향적 과제 수행을 위해 쏟는 에너지와 활기를 나타낸다. 어떤 시장 분석가는 자신이 맡은 일을 열정적인 에너지를 가지고 수행할 수도 있고, 혹은 의욕을 잃은 상태에서 과제를 수행할 수도 있다. 마지막으로, 지속기간은 과제를 수행할 때 얼마나 오랫동안 일의 목표에 집중하며 일을 지속적으로 할 수 있는지를 말하는데, 이것은 특히 일하는 도중에 난관에 부딪혀도 지속적으로 일을 하려고 하는지와 관련이 있다. 이와 관련해서 최근에 Steers 등(2004)은 **동기**(motivation)를 "지속적으로 인간의 행동에 활력을 불어넣고, 일정 방향을 가지면서 지속적으로 유지시키는 요소들이나 사건들"(p. 379)로 정의하였다.

위에서 언급한 행동 차원들을 관찰하면 동기가 직원 행동에 어떤 영향을 미치는지에 관해 결론을 일부 얻을 수 있다. Pinder(2008)가 제안한 것을 바탕으로, 종업원의 동기를 연구하는 조직심리학자들에게 가장 주요한 질문은 '실증 연구에서 연구되어야 하는 종속변인은 무엇인가'이다. 앞으로 보겠지만, 동기 이론의 일반적인 종속변인은 동기의 효과를 반영하는 종업원의 노력, 선택, 인내심 등이다. 또한 연구자들은 종종 동기를 안녕(well-being)과 수행의 예측변인으로서 연구해 왔다. 물론 동기 이외에 다른 요소들(예 : 능력, 중요 자원의 부족)이 안녕과 수행에 영향을 주지만, 연구자들은 동기가 이러한 종속변인들과 중요한 관계가 있음을 증명해 왔다.

동기에 관한 기본 가정

동기를 정의하기 위해서 모든 동기 이론이 공통으로 가지는 기본 가정을 살펴보는 것은 유용하다. 작업동기 이론들에 관한 잘 통합한 최근의 리뷰 논문들(예 : Diefendorff & Chandler, 2011; Kanfer et al., 2017; Schmidt et al., 2013)을 보면, (1) 동기는 **선택**(choice)을 포함하고, (2) 동기는 **자원 배분**(allocation of resources)을 포함하며, (3) 동기는 **다수준 프로세스**(multilevel process)라는 세 가지 기본 가정을 가지고 있다.

첫 번째 가정에 의하면, 동기는 사람들의 선택을 반영하고 있다. 만일 어떤 사람이 하루에 12시간씩 열심히 일하고 있다면, 그는 자신이 중요하게 생각하는 직장에서의 성공, 금전적 이득, 또는 동료와의 동지애 등을 얻기 위해서 그렇게 오랜 시간 일하는 것을 선택한 것이다. 이와 반대로, 만일 어떤 사람이 직장보다는 가족과 더 많은 시간을 보내고 있다면, 그는 자신이 중요시하는 자녀와 함께 놀아 주기, 사랑하는 사람과 함께하기 등을 얻기 위해서 그렇게 선택한 것이다. 위의 두 가지 중에서 어느 것이 더 좋다거나 나쁘다는 것은 아니라, 그 사람의 현재 행동을 보면 그가 어떤 선택을 한 것인지 알 수 있고, 이를 통해 그가 어떤 동기를 가졌는지 알 수 있다는 것이다.

두 번째, 자원 배분에 관한 가정은 사람들이 주어진 시간에 모든 것을 동시에 할 수 없음을 의미한다. 예를 들어, 학기말 시험 준비하기, 친구와 놀기, 영화 보러 가기를 동시에 하는 것은 불가능하다

(우린 모두 시도해 봤고, 이제 안 된다는 걸 안다). 사람들이 가진 인지적, 주의집중적, 시간적 자원은 한정되어 있으므로 이것을 어디에 배분할지 결정해야만 한다. 만일 시험공부 하기에 자원을 배분하기로 결정했다면, 이것은 그 사람이 좋은 성적을 받는 것에 동기부여된 것임을 알 수 있다. 만일 친구와 놀기 또는 영화 보러 가기에 자원을 배분하기로 했다면, 이것은 그 사람이 친구와 친해지기 또는 즉각적 만족에 동기부여된 것임을 알 수 있다. 여기서도 물론 어떤 것이 더 좋다거나 나쁘다는 것이 아니라, 사람들이 어떤 행동을 하는지 보면 그 사람의 동기를 알 수 있다는 것이다.

끝으로, 동기가 다수준이라는 가정은 사람들이 동시에 여러 가지 다양한 요인에 의해 동기부여될 수 있음을 의미한다. 예를 들어, 사람들은 보통 직장에서 성공하기를 원하며, 동시에 좋은 부모가 되기를 원하고, 건강하기를 원하고, 타인으로부터 좋은 사람이라는 평가를 받고 싶어 한다. 직장에서 동료를 잘 돕는 행동은 주변 사람으로부터 좋은 사람이라는 평을 듣게 되므로, 어떤 경우에는 직장에서의 행동이 다른 분야의 욕구를 충족시킬 수도 있다. 그러나 이와 달리 직장에서의 행동이 직장 밖에서 원하는 것들과 충돌하는 경우도 많이 있으며, 이럴 때는 하나를 얻기 위해 하나를 포기해야 하는 상황이 된다. 위의 예에서 직장에서 성공하기 위해 매일 12시간 이상 일하는 사람은 자기 건강을 위한 시간을 포기해야 한다. 이처럼 사람들은 직장 안 또는 직장 밖의 여러 가지 요인에 의해 동기부여될 수 있고, 이때는 한 가지를 포기해야 하는 결정이 필요하다. 이 장의 뒷부분에서 다양한 목표가 어떻게 위계적으로 구조화되는지를 다룰 때 이 문제를 다시 논의할 것이다.

구성원들의 동기행동 이해하기

많은 심리학 연구들은 인간 행동의 이해에서 동기를 중요하게 다루어 왔으며, 오랜 시간에 걸쳐 수많은 동기 이론이 개발되었다. 이들 중 많은 이론이 작업 현장의 맥락에서 동기를 설명하기 위해 개발되지 않았으며, 따라서 작업 현장에 응용하기 어려운 측면이 있다. 하지만 이 장에서 다루고 있는 이론들은 종업원들의 동기를 설명하거나 작업장에서의 행동을 연구하는 데 성공적으로 적용된 것들이다. 이 동기 이론들은 일반적으로 (1) 직원이 자신의 노력을 할당할 때 만들어지는 인지 과정과 선택을 다루는 이론으로 기대 이론과 목표 설정 이론, (2) 직원이 강화를 가져오는 행동을 증가시키고 벌을 피하는 것을 강조하는 행동 접근법, (3) 자기결정성 이론(SDT)을 포함한다. 이 절은 직원 동기부여를 설명하는 일의 내용의 특성을 구체적으로 다루기 위해 개발된 직무 특성 이론(JCT)과 함께 마무리된다.

기대 이론

인지적 측면에서 볼 때 인간의 가장 대표적인 특성 중 하나는 미래를 예측하고 이에 맞추어 행동을 조절할 수 있는 능력이다. **기대 이론**(expectancy theory)은 이런 인간의 능력을 강조하여, 직원들이 어디에 자신의 노력을 쏟아야 할지에 관한 의사결정 과정을 인지적 과정에 초점을 두어 설명한다(Vroom, 1964, 1995).

Vroom(1964, 1995)은 사람들이 자기가 노력(Effort)하면 어떤 행동을 수행(Performance)할 수 있다고 스스로 믿고 있는 신념을 **기대**(expectancy)라고 정의하고, 이것을 '노력-수행(E → P)'으로 나타냈다. 기대는 미래에 관한 믿음이기 때문에, Vroom은 기대를 0에서 1까지 범위를 갖는 확률 함수로 개념화했다. 기대가 0인 경우는 노력해 봐도 일정한 수행 수준을 이끌어낼 가능성이 없다는 것을 의미한다. 반면에 1에 가까운 기대는 어떤 직원이 앞으로 노력하면 충분히 그 수행 수준을 달성할 수 있다는 상당한 자신감을 갖고 있음을 의미한다. 기대에 대한 믿음은 개인의 타고난 능력, 교육 수준, 또는 수행을 방해하는 중요 제약조건들이 있느냐 없느냐와 같은 여러 가지 요소에 따라 달라질 수 있다.

한편 일정 수준의 행동이나 수행(Performance)이 결과적으로 어떤 성과(Outcome)를 가져올 것이라는 믿음을 **도구성**(instrumentality)이라고 하며, '수행-성과(P → O)'로 표현한다. 기대와 마찬가지로 도구성은 확률 함수이다. 예를 들어, 단체교섭 등에 의해 모든 사람에게 동일한 임금 인상이 적용되는 경우, 직원들은 자신의 수행 수준과 임금 인상 간의 관계에 관해서 0에 가까운 도구성을 지각할 것이다. 이와 반대로, 일정한 수준 이상의 업적을 달성한 사람들에게만 그에 상응하는 보상이 주어지는 경우에는 직원들이 자신의 수행 수준과 보상 간에 높은 도구성을 지각할 것이다. 도구성에 대한 확률 지각은 이처럼 상당 부분 조직에서의 보상정책 및 그 정책이 수행되는 방식에 따라 달라지게 된다.

직원들이 자기 행동의 결과로 얻게 되는 성과물 각각에 대해 느끼는 가치를 **유인가**(valence)라고 한다. Vroom에 따르면, 사람들은 여러 가지 이유로 성과물의 가치에 대해 서로 다르게 평가한다. 예를 들어, 어떤 사람은 금전적 보상에 많은 가치를 둘 수 있으며, 이런 사람에게는 높은 급여 인상이 상당한 유인가가 될 수 있다. 이와 반대로, 어떤 사람은 성취감 또는 타인의 칭찬에 더 큰 가치를 둘 수 있다. 유인가와 관련하여 흥미로운 점은 가치가 부정적인 값을 갖는 것도 가능하며, 이에 따라 노력의 방향을 예측할 수도 있다는 점이다. 예를 들어, 어떤 직원이 자기 일을 매우 잘했을 때 얻을 수 있는 모든 성과물을 고려해보자. 급여 인상, 상사로부터의 칭찬, 동료로부터의 인정, 성취감 등은 대부분의 사람이 바람직하게 여기는 결과이다. 반면에 자기 업무를 잘 수행하는 사람들은 동료들보다 일을 더 잘했기 때문에 높은 급여를 받는 경향이 있는데, 이때 높은 급여를 받는다는 사실은 종종 동료들로부터 분노를 사게 된다. 이때 동료들과의 불편한 감정은 부정적이고 바람직하지 않은 결과로 지각될 것이다.

Vroom이 제안한 기대, 도구성, 유인가는 종업원 동기를 설명하기 위해 방정식 형태로 조합되며, 이 방정식은 〈표 9.1〉에 제시되어 있다. 이 방정식이 예측하는 변인은 **동기적 힘**(force)이며, 이는 종업원이 주어진 일을 수행하기 위해 들이는 노력의 수준을 나타낸다. 여기서 동기적 힘은 수행과 동일한 의

표 9.1 기대 이론 방정식

이 공식은 기대 이론의 요소들이 동기 유발의 과정에서 어떤 방식으로 상호작용하는지 보여준다.

활동
$F = E(\Sigma I \times V)$
F = 동기부여의 힘
E = 기대(E → P)
Σ = 총합
I = 도구성(P → O)
V = 유인가

미가 아님을 기억해야 한다. 예를 들어, 어떤 사람은 기대 이론과 일치하는 방식으로 자신의 노력을 기울일 수 있지만, 선천적 능력 또는 수행을 방해하는 제약조건 때문에 수행 수준은 낮을 수도 있다.

〈표 9.1〉에서 보듯이, 어떤 행동을 수행함으로써 얻게 되는 각각의 가능한 개별 성과들 때문에 도구성은 유인가와 함께 곱해진다. 이 값들은 모두 더해지고, 그 합을 다시 기대와 곱해서 동기 점수가 계산된다. 이 방정식에 따르면, 만일 어떤 종업원이 자신이 노력하면 일정한 수행 수준에 도달할 수 있다고 믿을수록, 또한 그 수행 수준 달성이 가치 있는 결과를 가져올 것이라고 믿을수록 동기적 힘은 가장 높게 나타난다. 반대로, 만약 이러한 값 중 어느 하나라도 0에 가까우면 동기적 힘은 상당히 낮아질 것이다. 예를 들어, 만약 구성원의 노력이 특정 성과 수준에 이를 확률이 높고, 가능한 결과들이 높은 가치를 가진다고 믿는다고 가정해보자. 어떤 종업원이 자신의 노력으로 원하는 수행 수준을 달성할 수 있고, 그 결과로 올 수 있는 성과물들의 가치가 높다고 하더라도, 성과물들이 수행과 연계되어 있다고 믿지 않으면(예 : 도구성이 낮음) 동기적 힘은 낮을 것이다.

또 다른 예로 자신의 노력이 특정 수행 수준에 도달할 수 있고, 그 수행이 많은 성과물을 가져다줄 것이라고 믿는 종업원이 있다고 가정해보자. 이 예에서 그 수행이 가져다주는 성과물들이 종업원에게 거의 가치가 없는 것들이라면(예 : 유인가가 낮음), 동기적 힘은 여전히 낮을 것이다. 설령 이 예에서 성과물이 승진 가능성 또는 칭찬이더라도 그런 것을 가치 있게 여기지 않는 종업원에게는 큰 의미가 없을 것이다.

마지막으로, 또 다른 종업원은 어떤 수행이 가치 있는 성과물을 이끌어낼 수 있지만, 자신의 노력으로 그 수행 수준에 도달할 가능성이 거의 없다고 생각할 수도 있다(예 : 기대가 낮음). 예를 들어, 마라톤 선수가 세계 신기록을 수립하게 되면 매우 가치 있는 성과물(예 : 돈, 명성, 성취감)이 올 수 있지만, 많은 선수들은 자신이 아무리 노력해도 세계 신기록을 수립하는 것은 거의 불가능하다고 생각할 수 있다.

기대 이론은 1964년 Vroom이 발표한 이래로 조직심리학에서 가장 중요한 동기 이론 중 하나가 되었다. 그 결과, 상당히 많은 연구가 기대 이론의 예측력을 연구한 바 있다. Van Eerde와 Thierry(1996)는 기대 이론을 검증한 77개 연구를 메타분석해 기대 이론의 구성요소와 수행, 노력, 의지, 선택과 같은 결과변인들과의 상관을 조사하였다.

그 결과, 기대 이론을 지지하는 연구도 있었고 그렇지 않은 연구도 있는 것으로 나타났다. 예를 들어, 기대 및 도구성과 같은 개별 요인들이 다양한 결과변인들과 관련이 있었지만, 기대 이론에서 제안한 것처럼 이 요인들을 곱한다고 해서 더 나은 예측을 보여주는 것은 아니었다. 메타분석에서 발견된 또 다른 중요한 점은 피험자 간 설계보다 피험자 내 설계를 사용한 연구들에서 더 강한 상관관계를 보여주었다는 것이다. 피험자 내 설계에서는 한 사람을 대상으로 그 사람이 다양한 수행 수준 또는 다양한 행동 중에서 어떤 선택을 하는지를 예측하기 위해서 기대 이론을 사용한다. 반면에 피험자 간 설계에서는 여러 사람을 대상으로 그들의 노력이나 수행 수준을 예측하기 위해서 기대 이론을 사용한다. 따라서 이러한 결과는 개개인이 다양한 선택 상황에 직면했을 때 어떤 선택에 자신의 노력을 기울이는지를 예측하는 데 기대 이론이 유용하게 적용될 수 있다는 주장을 뒷받침한다(예 : Mitchell, 1974; Muchinsky, 1977).

이렇게 기대 이론을 직접 검증하는 연구 외에도, 기대 이론은 기업가 정신의 동기에 대한 연구(Manlova, et al., 2008) 및 금전적 인센티브의 영향을 조사한 연구들로부터 간접적인 지지를 받았다(Jenkins et al., 1998). 금전적 보상에 관해서는 뒷부분에서 더 자세히 다룰 것이지만, 금전적 성과보수가 강력한 동기 요인이 될 수 있음을 보여주는 상당한 증거들이 있다. 물론 금전적 성과보수 그 자체가 기대 이론의 직접적인 지지 증거는 아니지만, 금전적 성과보수의 효과는 기대 이론의 여러 주장과 분명히 일치하고 있다. '관리자를 위한 시사점 9.1'은 기대 이론이 관리자에게 미치는 함의에 대해 논의한다.

목표설정 이론

오랫동안 심리학자들은 인간의 행동은 목표와 포부에 의해 동기화되고 조절된다고 여기고, 이에 관해 많은 연구를 수행해 왔다(Austin & Vancouver, 1996; Kanfer et al., 2017). 따라서 기대 이론처럼 **목표설정 이론**(goal-setting theory)은 오랫동안 개념적으로 많이 다루어져 왔다. 특히 조직심리학자인 Edwin Locke는 목표설정 이론의 기본 개념을 정교화하고, 조직에서 목표가 어떻게 행동을 이끄는지 설명하는 데 가장 크게 이바지하였다.

목표설정 이론을 구체적으로 설명하기 전에, 목표가 왜 종업원의 행동을 동기화하는지 살펴보는 것이 중요하다. Locke(1968)에 따르면, 목표는 세 가지 이유에서 동기적 가치가 있다.

1. 목표는 특정한 방향으로 주의를 집중시키고 그 방향으로 노력하게 한다. 한 과목에서 A학점을 받는 것이 목표인 학생은 그 과목에 많은 주의를 기울이는 경향이 있다.
2. 목표는 그것을 달성할 때까지 과제 수행을 지속하도록 만든다. 사람들이 과제를 수행할 때 성공하지 못하고 결국 실패하는 이유는 주로 끝까지 그 과제에 대해 지속적인 노력을 기울이지 않기

관리자를 위한 시사점 9.1

효과적으로 구성원 동기부여하기

직원을 동기부여하는 것은 관리자들이 직면하는 가장 중요한 임무 중 하나이며 때로는 걸림돌이 될 수도 있다. 직원들을 효과적으로 동기부여하는 방법을 이해하는 것은 조직뿐만 아니라 그 안에서 일하는 사람들에게도 이로운 결과를 가져온다.

기대 이론은 직업적 환경에서의 행동과 태도에 관한 주요 이론 중 하나다. 이 이론의 한 가지 원칙은 직원들이 자신의 업무 성과 후 조직으로부터 충분한 보상을 기대한다는 것이다. 기대 이론에서 동기부여는 두 가지 요소의 결합으로 볼 수 있는데, (1) 직원이 자신의 노력이 성과 기준을 충족할 것이라고 인식하며, (2) 직원이 성과 목표를 달성함으로써 제공되는 보상을 가치 있게 여기는 것이다.

직원을 동기부여하기 위해 관리자들은 이 행동 이론의 결과와 그것을 자신의 직원에게 어떻게 적용할 수 있는지를 인식해야 하며, 이를 통해 긍정적인 결과를 촉진할 수 있다.

훈련 : 직무 관련 훈련을 제공하는 것은 관리자가 구성원이 업무를 잘 수행하는 데 도움을 줄 수 있는 가장 좋은 방법 중 하나다. 직원들의 훌륭한 수행을 위해 직원의 업무 의무와 직접 연결할 수 있는 훈련에 배정되어야 한다. 즉 직무와 관련이 없는 많은 훈련을 직원들에게 할당하는 것은 성과를 저하하고, 훈련에 대한 부정적인 태도를 일으킬 수 있다.

보상과 수행 : 보상은 항상 직무 성과와 연결되어야 한다. 특정 행동의 발생을 증가시키고 싶다면 직원들은 직무 성과에 직접 기여된 행동을 기반으로 보상받아야 한다. 직무 의무 외의 행동에 대해 직원을 보상하거나, 그들이 책임지지 않은 일에 대해 보상하는 것은 장기적으로 해로울 수 있다.

보상의 유용성 : 모든 직원이 공통으로 믿는 것은 자신의 행동(직무 성과)이 어떤 방식으로든 보상받아야 한다는 것이다. 많은 사람이 급여를 궁극적인 보상으로 여기지만, 표준 임금 외에도 많은 종류의 보상이 있다. 긍정적인 인정, 유급 휴가, 상품권, 식사 케이터링 등이 그 예다. 보상은 직원들에게 가치 있게 받아들여져야 한다. 이는 명백한 사실이지만, 많은 보상 프로그램에서 관리자들이 직원들이 어떤 보상을 선호할 것이라고 가정하여 실패하는 경우가 있다. 직원들이 실제로 가치를 두는 보상을 평가하는 간단한 방법은 직접 묻는 것이다. 이는 대화를 통해 비공식적으로 할 수도 있고, 조사와 같은 더 구체적인 채널을 통해서도 가능하다.

제공 : 클렘슨대학교 Caroline George

출처 : Lawler III & Suttle(1973).

때문이므로, 목표는 이런 점에서 중요한 효과를 갖는다.

3. 목표는 과제 수행에 필요한 기술이나 전략을 개발하도록 촉진한다. 예를 들어 A학점을 받고자 하는 학생은 수업내용을 잘 기억하고 수업을 효과적으로 따라가기 위해 매우 혁신적인 방법을 찾아내려고 할 것이다.

지금까지 우리는 목표의 기능을 살펴보았다. 이제 목표가 동기를 유발하는 데 필요한 특성들을 살펴보자. 오랫동안 강력하게 지지받은 목표의 특성은 **목표 난이도**(goal difficulty)(예 : Locke & Latham, 1990)이다. 일반적으로 어려운 목표는 쉬운 목표에 비해 동기부여 효과가 더 크다. 예를 들어, 영업사원의 수당 목표가 5만 달러일 때보다 10만 달러일 때 더욱 동기화된다.

목표가 동기부여 효과가 있기 위해 반드시 필요한 두 번째 특성은 **목표 수용**(goal acceptance)이다. 목표 수용 여부는 목표를 달성할 수 있다고 믿는 개인의 신념에 따라 달라진다. 만약 개인이 어떤 목표를 달성할 수 없다고 믿는다면 그 목표는 수용되지 않을 것이다. 한동안 목표가 수용되기 위해서는 목표설정 과정에 종업원이 직접 참여하는 것이 필수적이라는 주장이 있었다. 그러나 Latham과 Locke(1991)는 그들의 연구에서, 조직에서 할당한 목표라도 그 목표가 수용되기만 하면 종업원이 직접 참여해서 설정한 목표와 마찬가지로 동기부여 효과가 있음을 증명하였다.

목표가 동기를 부여하는 데 필요한 세 번째 조건은 **목표 구체성**(goal specificity)이다. 목표는 애매모호할 때(예 : "좋은 세일즈맨이 되어라")보다 구체적일 때(예 : "다음 달까지 20대의 차를 팔아라") 더 강한 동기를 가져온다. 목표의 구체성이 중요하기 때문에 많은 목표설정 연구에서는 '최선을 다하라'는 조건을 구체적인 목표 조건과 자주 비교해서 연구한 바 있다.

넷째는 피드백(feedback)의 중요성이다. 실증 연구에 따르면 목표가 수행을 동기화하려면 종업원들에게는 피드백이 필요하다. 목표 달성은 점진적으로 향상되는 과정을 통해 이루어지므로, 종업원이 진행 과정에 대한 피드백을 받는 것은 중요하다. Latham과 Locke(1991)에 따르면, 목표와 피드백은 서로 영향을 미치는 상호 유기적 관계를 갖는다. 즉 피드백은 종업원이 목표 달성을 위해 계속 동기화될 수 있도록 하고, 목표는 피드백이 동기적 효과가 있는 의미 있는 정보로 작용할 수 있게 한다.

목표설정은 조직심리학에서 가장 잘 검증된 이론 중 하나이다. 지난 50년 동안 실험실과 현장연구 모두에서 목표의 동기적 가치가 지지되었다(Schmidt et al., 2013). 이러한 광범위한 지지 때문에 최근의 연구 경향은 주로 (1) 목표설정의 기저에 있는 메커니즘을 설명하는 것, (2) 목표설정 이론의 경계 조건과 이 이론에 의해 예측되는 주요 관계들에서 조절변수들을 확인하는 것에 초점을 두고 있다.

Schmidt 등(2013)에 따르면 목표설정 프로세스는 매우 복잡하며, 여러 가능한 목표 중에 한 가지 목표를 고르기, 개인의 목표 대비 진척도를 모니터링하기, 중간에 피드백에 기반하여 자신의 목표를 수정하기 등을 포함한다. 목표의 선택과 관련해서는, 사람들의 업무 관련 목표가 그들이 삶을 영위하는 훨씬 거대한 목표들의 체계의 한 부분임을 이해하는 것이 중요하다. 그러므로 업무 관련 목표의 선택을 이해하기 위해서는 그 사람의 여타 삶의 목표들을 이해하는 것이 중요할 것이다. 목표 달성을 향한 진척도를 모니터링하는 작업은 목표 달성의 매우 중요한 측면인데, 이는 그 사람의 노력 수준에 큰 영향을 미치기 때문이다. 예를 들어, 사람은 자신의 현재 수행 수준과 바라는 수준 간에 큰 차이가 있을 때 일반적으로 더 많은 노력을 기울인다(Vancouver, 2005). 마지막으로, 사람들은 종종 목표 달성과 관련하여 받은 피드백을 기반으로 목표를 수정하곤 한다. 예를 들어, 만약 사람들이 목표를 달성하기 위해 반복적으로 시도하지만 번번이 실패한다면, 그들은 목표 수준을 하향 조정할 것이다. 반대로, 많은 경우 일단 목표가 달성되고 나면 종업원들은 목표를 더 높게 상향 조정한다는 연구 결과가 존재한다.

목표설정이 동기적 효과를 가져오는 과정을 설명하기 위해 목표 몰입, 목표 수용, 피드백, 자기효능감에 관한 상당한 연구가 실시되어 왔다(Ambrose & Kulik, 1999). 예를 들어, 금전적 보상은 목표의 몰입과 수용을 높이는 데 사용될 수 있으며(Wright, 1992), 목표설정이 효과가 있기 위해서는 피드백과 자기효능감이 필수 조건이라는 것이 밝혀졌다(Latham & Locke, 1991; Locke & Latham, 2006). 자신의 행동이 수행에 어느 정도 기여하는지에 관한 정확한 피드백을 받지 못한다면 종업원들은 자신의 목표를 더 높은 수준의 수행으로 전환할 수 없을 것이다. 최근에 이루어진 많은 연구는 종업원들이 수행에 관한 피드백을 구하는 것(Ashford & Black, 1996; Bernichon et al., 2003)과 관리자들이 종업원들에게 피드백을 제공해 주는 것(Steelman & Williams, 2019) 모두 중요하다는 것을 밝혀냈다.

목표설정 효과의 경계 조건들을 확인하려는 연구 결과들에 따르면, 목표설정이 모든 상황에서 효과적이지 않다는 것을 보여주었다. 목표는 사람들의 관점을 좁히는 경향이 있으므로, 제대로 설계되지 않은 과제를 수정해야 하는 상황에서는 비생산적일 수도 있다(Staw & Boettger, 1990). 또한 구체적인 목표에 할당된 사람들은 자발적으로 동료들을 돕지 않는 경향이 있다(Wright et al., 1993). 미래의 조직에서는 역할 범위가 분명하게 정의되지 않는 경우가 많으므로, 목표가 이처럼 **편협한 시야**(tunnel vision)를 초래한다면 미래 조직에는 오히려 효과적이지 않을 수도 있다(Piszczek & Berg, 2014).

또 다른 목표설정의 경계 조건은 종업원들이 자신의 행동을 이끄는 데 사용할 수 있는 목표의 개수에 **수확체감의 법칙**(law of diminishing returns)이 있을 수 있다는 점이다. 목표의 수가 증가할수록 목표들 간에 서로 충돌할 가능성은 더 커진다(Gilliland & Landis, 1992). 게다가 종업원이 많은 목표를 가지고 있을 때, 그 모든 목표를 달성하지 못할 가능성도 증가한다. 목표 구체성이 이 이론의 핵심 구성요소라는 점을 고려할 때, 종업원이 수행 과제에 대해 지나치게 많은 목표를 계속 추구한다는 것은 불가능할 것이다.

두 번째 경계 조건은 최근에 연구된 **과제 복잡성**(task complexity)이다. 연구들은 복잡한 과제보다는 단순한 과제에서 목표설정이 좀 더 효과적이라는 것을 보였다(Mone & Shalley, 1995). 이것을 설명하기 위해 가장 빈번하게 언급된 설명은 과제가 수행을 진행하도록 동기화할 때 목표는 사람의 일정한 인지적 자원을 필요로 한다는 것이다(예 : Kanfer et al., 1994). 사람들이 복잡한 과제(예 : 연간 예산 준비하기)를 수행할 때 목표 자체에 인지적 자원을 할당하는 것은 과제 수행에 부정적인 영향을 미친다. 또한 목표설정이 복잡한 과제에서 사용될 때, 목표는 종종 적절하지 않은 수준에서 설정될 가능성이 높다. 매우 장기적인 목표를 설정하는 것은 복잡한 과업을 수행할 때 도움이 안 될 수 있다. 예를 들어, 연구자가 매우 장기적인 목표를 설정한다면(예 : "나는 20년 후에 노벨상 수상자가 되고 싶다"), 이것은 수행에 거의 영향을 미치지 못할 것이다. 반면에 이 일을 수행하는 데 매우 단기간의 목표를 설정한다면(예 : "이번 주에 세 가지 중요한 연구 논문을 읽자"), 이것은 과제 수행을 촉진할 수 있을 것이다. 미래의 직무들은 복잡성이 증가하기 때문에, 이 점은 목표설정 연구에서 앞으로 좀 더 다루어져야 할 주제이다. '참고 9.1'에서는 고도로 복잡한 직무에서 목표 설정을 활용하는 도전 과제에 대해 설명한다.

최근 관심을 받는 마지막 두 가지 경계 조건은 **목표 지향성**(goal orientation)과 **조절 초점**(regulatory focus)에서의 개인차이다. Dweck(1986)은 성취지향적 상황에서 사람들은 일반적으로 두 가지 목표지향 선호를 가진다고 최초로 주장하였다. 첫째, 성취목표 지향성(mastery goal orientation)이란 도전적인 상황에서 목표 달성을 해냄으로써 자신의 능력을 개발하는 것을 선호하는 것을 말하며, 둘째, 수행목표 지향성(performance goal orientation)이란 수행 수준을 나타내는 외적 지표들을 통해 타인에게 자신의 역량을 입증하는 것을 선호하는 것이다. 수행목표 지향성은 다시 수행검증 지향성과 수행회피 지향성으로 구분된다. **검증 지향성**(proving orientation)은 자신의 능력을 입증해서 긍정적인 평가를 받는 데 중점을 둔다. 반면 **회피 지향성**(avoiding orientation)은 자신의 능력이 부족해서 부정적인 평가를 받을 만한 상황을 회피하는 데 집중한다(Elliot & Harackiewicz, 1996).

목표 지향성의 영향에 대한 더 자세한 논의는 이 책의 범위를 벗어난다(더 넓은 범위는 Schmidt et al., 2013 참조). 다만 개인의 목표 지향성은 목표설정의 기본 원리들에 대해 조절 효과를 가진다고 말할 수 있다. 예를 들어, 어려운 목표는 자신의 역량을 입증하기를 원하는 수행검증 지향성을 가진 사람들에게 가장 효과적일 것이지만, 수행회피 지향성을 가진 사람에게는 효과적이지 못할 것이다. 목표 지향성에 대한 연구는 목표설정 이외의 효과를 다루는데, 예를 들어 업무가 과부하된 상황에서 좌절하는 반응은 수행회피 지향성이 높은 사람에게서 더욱 강하게 나타날 것이다(Whinghter et al.,

참고 9.1

복잡한 직무에서의 목표설정

복잡한 직무에서 성과를 촉진하기 위해 목표설정을 실행하는 것은 직업 연구를 통해 철저히 연구되어 왔다. 학자 및 실무자들은 일반적으로 이 방법이 단순한 작업과 직무 기능과 함께 실행될 때 매우 효과적일 수 있다고 동의한다. 그러나 복잡한 직무에서는 목표설정이 성과를 촉진하는 신뢰할 수 있는 방법이 아니다. 복잡한 직무에서는 작업의 최종 완료에 영향을 미치는 구성요소들이 다차원적이며, 상호작용하는 것들을 목표로 설정하는 것이 어려울 수 있다. 예를 들어, 디즈니에서 애니메이터로 일하는 사람을 생각해보자. 이 애니메이터는 모든 연령대에 널리 인기 있는 영화를 개발해야 한다. 이런 직무에서 '인기 있는 영화 만들기'라는 목표를 설정하는 것이 복잡한 활동을 촉진하는 데 효과적일 가능성은 작다.

이 지식에 대한 반응으로, 복잡한 직무에서 성과를 촉진하는 데 더 큰 영향을 미치는 다양한 전략들이 발견되었다. 이러한 전략에는 직무 지식과 훈련을 향상시키기 위한 자원을 제공하는 것, 구체적인 직무 작업을 계획하는 데 헌신하는 것, 그리고 복잡한 작업에 대한 계획 프로세스를 만들 때 창의성보다 생산성에 집중하는 것이 포함된다.

제공 : 클렘슨대학교 Caroline George

출처 : Lunenburg(2011), Miner(2005).

2008).

조절 초점은 원래 사회심리학에서 온 개념이지만 목표설정 이론뿐만 아니라 안전과 같은 기타 조직심리 현상에도 시사점을 준다(Britton, 2013). Higgins와 Silberman(1998)에 따르면, 사람들이 어떤 사회화 과정을 겪었느냐에 따라 **향상 초점**(promotion focus)과 **예방 초점**(prevention focus)이라는 안정적인 개인차가 나타나게 된다. 향상 초점을 가진 사람들은 실제 자기(actual self)의 모습과 이상적 자기(ideal self)의 모습 간 차이를 최소화하기 위해 노력한다. 즉 자신이 할 수 있고 될 수 있다고 믿는 사람이 되기 위해서 노력한다. 직장환경에서의 예로는 직원이 조직을 위한 중요한 프로젝트에서 최상의 일을 하려고 집중하는 것을 들 수 있다. 반면에 예방 초점을 가진 사람들은 실제 자기의 모습과 당위적 자기(ought self)의 모습 간 차이를 최소화하기 위해 노력한다. 즉 자신이 생각하기에 다른 사람들이 바라는 모습이 되기 위해 노력하는 것이다. 직장환경에서의 예로는 직원이 프로젝트를 자신의 상사에게 인정받을 수 있도록 수행하려고 하는 것이며, 목적 그 자체로 수행하는 것이 아니다.

목표 지향성과 마찬가지로 조절 초점은 여러 가지 방식으로 목표설정 프로세스에 영향을 미칠 수 있는데(Diefendorff & Chandler, 2011 참조), 그중에서도 목표를 바라보는 관점에 영향을 미친다는 점이 가장 중요하다. 향상에 초점을 두는 사람들은 목표를 위해 노력하고, 목표를 달성했을 때 기쁨을 느끼며, 목표를 달성하지 못했을 때 슬픔을 느낀다. 반면 예방 초점을 가진 사람들은 목표 달성의 과정에 신중하며, 목표를 달성했을 때 안도감을 느끼고, 목표를 달성하지 못했을 때 초조감을 느낀다(Brockner & Higgins, 2001). 이처럼 상이한 반응을 토대로 볼 때, 일반적으로 목표설정은 향상 초점을 가진 사람들에게 보다 더 효과적일 것으로 예상할 수 있다.

동기부여에 대한 행동적 접근

동기 이론에 대한 행동적 접근(behavioral approach)에 바탕이 되는 가정은 행동은 주로 그 행동이 만드는 결과의 함수라는 것이다. 예를 들어, 실험실 동물을 연구할 때 쥐가 레버를 누르는 횟수는 그 행동을 수행했을 때 나타나는 결과의 함수이다. B.F. Skinner는 실험실 동물과 작업할 때 쥐가 막대를 누르는 빈도가 그 행동을 수행하는 결과에 크게 의존한다고 언급한 최초의 연구자다(Skinner, 1958). 만약 그 결과가 쥐에게 긍정적(예 : 음식)이라면 미래에 이 행동이 증가할 가능성은 더 커질 것이며 이는 Skinner가 말하는 정적 강화가 된다. 이와 반대로 만약 결과가 부정적(예 : 전기쇼크, Skinner가 말하는 처벌)이거나 중립적(예 : 아무 일도 일어나지 않음)이라면 미래에 그 행동이 일어날 가능성은 줄어들 것이다.

일터에서 사람들의 행동은 실험실 쥐의 행동보다 좀 더 복잡하다. 그러나 기본적으로 앞에서 기술한 일반적인 원리는 조직에서의 행동을 설명하는 데 적용할 수 있다. 즉 조직에서 사람들은 일반적으로 긍정적인 결과가 일어나는 방식으로 행동하고, 부정적이거나 중립적인 결과가 일어나는 방식으로 행동하는 것을 회피한다. 이 절의 나머지 부분에서는 조직이 다양한 결과 유형을 통해 영향을 미치려고 시도하는 행동 유형을 검토하고, 직원 동기부여에 영향을 미치려고 하는 구체적인 조직 보상 체계를 식별할 것이다.

조직 장면에서 행동에 영향을 미치는 데 사용되는 중요한 원리 중 하나는 강화(reinforcement)다. 강화는 어떤 자극이 특정 행동을 일으킬 가능성을 증가시키는 것으로 정의할 수 있다. 만약 한 종업원이 좋은 보고서를 쓰고 상사로부터 칭찬을 받는다면 그 칭찬은 상당한 강화가 된다. 이처럼 강화는 개념적으로 정의되지 않고 그것의 결과로 정의된다.

동기에 대한 행동적 접근에서 두 번째 주요 이론은 처벌(punishment)이나 행동 발생의 가능성을 줄이는 효과가 있는 행동 결과물에 대한 것이다. 조직 장면에서 처벌은 행동에 영향을 주지만, 전형적으로 강화보다는 덜 사용된다. 조직에서 가장 흔한 처벌의 이용은 비생산적 행위의 빈도를 줄이기 위해서다. 그러므로 처벌은 종업원에게 부정적인 행동을 하지 않도록 동기화한다. 조직에서 가장 흔한 처벌의 형태는 급여 삭감, 정직, 강등, 원하지 않는 임무의 부여, 그리고 심한 경우에는 파면 등이다.

비록 처벌이 강력한 효과를 가지고 있을지라도, 조직에서 종업원의 행동에 영향을 미치기 위해 이것을 사용하기 전에 몇 가지를 고려해 봐야 한다. 예를 들어 처벌이 단기간에 원하는 결과를 산출할지라도 그것은 종업원들에게 상당한 원한과 불신을 갖게 할 것이다. 게다가 잘 알려져 있듯이 처벌은 원하지 않는 행동을 완전히 없애기보다는 그것을 억제하는 데 그친다. 처벌을 사용하여 행동을 바꾸는 데 위험요소가 하나 더 있다면, 그것은 바로 조직에서 영향력을 행사하는 가장 우선적인 방침으로 처벌을 활용하는 경우이다. 즉 이런 조직환경하에서는 종업원들이 잘했을 때는 칭찬받지 못하는 반면, 그들이 어떤 일을 잘못했을 때는 처벌받을 가능성이 크다. 처벌의 과대 사용은 앞에서 다루었듯이 공정성에 대한 부정적인 지각을 갖게 하고 따라서 역기능적 결과를 초래하게 된다.

조직에서 종업원이 나타내는 행동들은 특별히 긍정적이거나 또는 부정적인 결과를 만들지 않는 경우가 대부분이다. 즉 아무 일도 일어나지 않는다. 이런 경우 소거(extinction)라고 알려진 현상을 가져오는데, 소거는 특정 행동의 발생 빈도가 점차 감소하여 결국은 그 행동이 사라지게 되는 것을 말한다. 조직행동에 대한 소거의 영향은 고려되는 행동의 특성에 따라 긍정적일 수도 있고 부정적일 수도 있다. 예를 들어 만약 회의시간에 무례하고 불쾌하게 행동하는 종업원에게 처벌을 가하는 것은 긍정적일 것이다. 하지만 만약 어떤 종업원이 다른 사람들을 잘 도와주는데 이것에 대해 인정을 받지 못한다면, 이러한 긍정적인 행동은 소거될 가능성이 크다. 물론 종업원이 이런 도움 행동이 자신에게 주는 내적인 만족만으로도 충분한 보상을 받았다고 여긴다면 그는 이런 행동을 계속할 것이다. 그러나 이러한 행동이 더 이상 내적인 만족을 주지 못하면 이 행동은 사라질 것이다.

소거 현상이 주는 중요한 시사점은 조직은 종업원이 조직 장면에서 보여주기를 원하는 행동과 보여주지 않기를 바라는 행동을 생각해야 한다는 것이다. 너무나 많은 조직에서 별로 중요하지 않은 행동을 강화하는 데 보상이 이용되고 있고, 반면에 조직 성공에 가장 중요한 행동들은 소거되는 경향이 있다. 그 예로 근무연수가 많을수록 더 많은 보상을 주는 것을 들 수 있다. 행동주의적 관점에서 보면, 이렇게 보상을 주는 조직은 직원들에게 근무기간의 중요성을 간접적으로 강조하고 있다. 이 조직에서는 수행은 좋지만 근무기간이 적은 종업원은 적은 인센티브를 받게 된다.

행동주의적 원리는 종업원에게 새로운 기술과 행동을 습득시키기 위한 훈련 과정에 많이 응용된다. 특히 종업원이 새로운 행동을 학습할 때 **조성**(shaping)이라는 행동 원리가 사용된다. 본질적으로 조성은 습득하기 원하는 일련의 행동들을 전체적으로 훈련시키는 것이 아니라 그 행동들을 작은 단위의 부분 행동들로 나누어 각각의 행동들을 강화와 더불어 단계적으로 학습시킴으로써 결국에는 전체 행동을 완전히 습득시키는 과정이다. 조성을 사용하는 것에 대한 가장 좋은 예는 조련사가 동물을 조련하는 것이다. 수족관에 가 본 독자들은 바다사자와 범고래의 묘기를 즐겁게 감상했을 것이다. 이러한 묘기를 가르치기 위해서 조련사들은 최종 행동을 유도하는 방향으로 조그마한 움직임을 가르치기 위해 많은 시간과 공을 들여야 한다.

조직 장면에서 조성은 많은 의의를 가진다. 예를 들어 종업원이 처음 업무를 배울 때 최종적인 업무 수행을 위한 '단계적 접근'을 취한다면, 초기 업무 수행에 대한 강화는 종업원이 낙담하는 것을 막을 것이다. 많은 학부에서 교수들은 때때로 논문 업적, 외부지원금과 같은 원하는 결과를 끌어오기 위한 사전 예비단계들을 밟는 것에 대해 강화를 받는다. 지원금을 제공하는 기관이나 다른 연구자들과 관계를 형성하는 것과 같은 강화받은 행동은 궁극적으로 논문 업적과 지원금을 가져올 것이라고 기대된다.

마지막 행동 원리는 **피드백**(feedback)이다. 종업원이 어떤 형태의 행동에 참여할 때(특히 수행 관련 행동일 때) 그 행동에 대한 피드백을 받는 것은 도움이 된다(Kluger & DeNisi, 1996). 피드백은 특히 긍정적일 때 동기적 가치를 갖는다. 대부분의 종업원은 그들의 수행이 좋을 때 긍정적인 피드백을 받는 것을 즐긴다. 그리고 이러한 피드백은 때때로 높은 수준의 수행을 유지하는 인센티브로 작용하기도 한다. 피드백은 또한 종업원의 수행이 부족할 때 상당한 진단적 가치를 갖는다. 종업원의 수행이 나쁠 때 피드백은 그 사람이 수행이 나쁘다는 것을 인식하게 해 주는 중요한 기능을 한다. 어떤 경우에는 수행이 나쁘다는 사실이 명백하게 드러나지만(예 : 코미디언이 재미없는 농담을 하는 것), 다른 경우에는 수행이 나빴는지 좋았는지 잘 드러나지 않는 경우가 많다(예 : 형편없는 전략을 결정한 관리자). 그러므로 수행에 대한 피드백은 타인에 의해 반드시 주어져야 하고, 그렇지 않으면 종업원은 자신의 수행이 형편없다는 것을 알지 못하게 된다.

물론 피드백의 가장 중요한 진단적 기능은 종업원에게 그의 현재 수행이 부족하다는 것을 알리는 것이다. 수행이 좋지 않다는 것을 아는 것은 매우 유용하다. 그러나 어떤 부분에서 수행이 부족한지에 대해 구체적으로 피드백을 받는 것이 더 유용할 것이다. 이러한 측면들이 잘 전달된다면, 부족한 수행의 근본적 원인을 진단하는 것 또한 가능해진다.

자기결정성 이론

지금까지 살펴본 동기 이론들에서는 종업원이 부정적인 결과를 피하고 긍정적인 결과를 추구함으로써 동기화되는 이성적인 개인으로 접근되었다. 이런 접근에 기반한 이론들은 동기에 대한 **쾌락 이론**(hedonic theory)으로 분류될 수 있다. 쾌락 이론은 사람들이 기쁨을 최대화하고 고통을 피하도록 하는 데 이용되는 욕구, 인지 과정, 행동적 결과에 초점을 둔다(Ryan & Deci, 2001). 이와 대조적으로 동기에 대한 **유기체 이론**(organismic theory)은 "사람들이 선천적으로 다른 사람들과 관계를 맺고 다른 사람들에게 이바지하기 위해서 그들의 흥미와 기술을 발달시키고 모든 잠재력을 발현시키기 위해 동기화된다"고 가정한다(Sheldon et al., 2003, p. 358). 유기체 이론들은 인간의 발달에 대한 선천적인 욕구를 강조하는 성장지향적 관점을 갖는다.

자기결정성 이론(self-determination theory, SDT)은 조직심리학 밖의 다른 분야에 많은 영향을 미친 유기체 이론이며, 최근 들어 일터에서의 종업원 동기에 적용되기 시작했다. Sheldon과 그의 동료들(2003)에 따르면 자기결정성 이론은 과제 수행에 대한 내적 흥미의 중요성이나 자기정체성의 적절성을 강조한 이론들을 포괄한다고 한다. 사람들이 금전적 보상을 얻는 것과 같은 외적 이유보다는 과제 자체에 대한 내적 흥미 때문에 과업을 수행하는 경우에 대해 Deci(1975)는 처음으로 과업 수행을 즐기는 것과 과업에 꾸준한 노력을 들이는 것에서 내적 동기의 중요성을 강조했다. Deci는 내적으로 동기화된 과제는 과제 수행자에게 자율성을 느끼게 해 주는 반면, 외적으로 동기화된 과제는 외적 요구에 통제받고 있다는 느낌을 준다고 주장했다. 진정으로 과제를 즐기는 종업원들은 그들의 직업에 좀 더 자율성을 느낄 것이고 이것은 심지어 상사의 감시와 같은 외적 요인이 없을 때도 일을 열심히 하도록 만든다.

자기결정성 이론의 또 다른 중요한 측면은 세 가지 선천적인 욕구를 충족할 수 있을 때 사람들이 자신의 잠재력을 최대로 개발할 수 있다는 것이다. 첫 번째는 자율성에 대한 욕구(need for autonomy) 또는 자신이 주변환경을 통제하고 있다는 느낌이다. 두 번째는 관계성의 욕구(need for relatedness) 또는 자신이 타인과 연결되어 있다는 느낌이다. 세 번째는 유능성에 대한 욕구(need for competence) 또는 자신이 어떤 결과물에 영향을 미치고 있다는 느낌이다. 작업 상황에 적용했을 때 이것이 시사하는 바는, 작업환경에서 어떤 것이든 위와 같은 욕구를 충족해 주는 데 도움이 되는 것이라면 사람들을 내적으로 동기화하는 데 도움이 된다는 것이다.

자기결정성 이론은 종업원들이 직무 그 자체에 대해 내적 흥미를 느끼는 직무에서 잘 나타난다. 그렇다면 내적 흥미가 거의 없는 정말 지루한 일에서는 어떨까? 예를 들어 높은 수준으로 통제받거나 흥미 없는 직무(예 : 데이터베이스의 오류를 점검하는 것)에서 내적 동기를 보이는 종업원을 상상하는 것은 어렵다. 최근에 수정된 자기결정성 이론은 이러한 유형의 행동들을 포함시켰다. Ryan과

Deci(2000)는 외적 동기가 네 가지 독특한 형태로 분리된 정교화된 자기결정성 이론을 제시했다 : 외적 동기(external motivation : 외적 보상을 위해 과제 수행), 내사 동기(introjected motivation : 의무를 다해내지 못했다는 죄책감을 피하고자 수행), 동일시 동기(identified motivation : 과제가 자신의 가치를 나타내거나 개인적으로 중요하기 때문에 과제 수행), 통합된 동기(integrated motivation : 확인된 동기의 다양한 소스가 일관된 자기개념으로 통합되는 것). Ryan과 Deci(2000)는 외적 동기 그리고 내사 동기 모두 개인에게 통제로서 지각되지만, 동일시 동기와 통합된 동기는 자신이 행동의 주체이기 때문에 자율성으로 지각된다고 주장했다.

Sheldon 등(2003)은 동기의 이러한 형태들이 어떻게 컴퓨터를 만드는 종업원들에게 적용될 수 있는지에 대해 연구했다. 많은 종업원은 컴퓨터를 조립하는 작업에 내적 흥미를 느끼지 않을 가능성이 크다. 하지만 어떤 종업원은 컴퓨터를 만드는 것이 월급을 주고(외적), 형편없는 직원으로 보이는 것을 피하게 해 주고(내사된), 자신이 질 좋은 컴퓨터를 만들어냄으로써 자신감을 얻게 된다고(동일시) 여길 수도 있다. 연구자들은 동일시를 통해 동기화되는 종업원들은 일에 대해 더 만족을 느낄 것이고 다른 사람들의 감독 없이 좋은 수행을 유지한다고 주장한다.

Judge 등(2005)은 SDT에 기초를 둔 모델을 이용하여 핵심 자기평가와 직업만족 사이의 관계를 연구하였다. 제6장에서 설명하였듯이, 높은 수준의 핵심 자기평가를 보이는 종업원들은 높은 수준의 자존감, 높은 수준의 자기효능감, 높은 내적 통제 소재, 그리고 낮은 수준의 신경증을 가지고 있다. 이 연구자들은 종단 연구를 실시했는데, 이 연구에서 핵심 자기평가와 작업 목표의 추구에 기저하는 동기와 직무 만족은 시점 1에서 측정되었고 60일 후 시점 2에서 직무 만족과 작업 목표에 대한 성취도가 측정되었다. 연구자들은 핵심 자기평가가 작업 목표에 대한 높은 수준의 자율적 동기(내적 그리고 동일시된 이유로 작업 목표를 추구하는 것)와 관련 있다는 것을 밝혀냈다. 또한, 시점 1에서의 높은 수준의 자율성 동기는 시점 2에서 측정된 높은 목표 달성 및 높은 직무 만족과 관련되었다.

Greguras와 Diefendorff(2009)는 개인-환경 부합도가 정서적 몰입 및 직무 수행에 미치는 영향 관계를 앞에서 설명한 세 가지 욕구가 매개하는지를 연구하였다. 연구자들은 개인-조직 부합도와 두 가지 결과 사이의 관계를 세 가지 욕구가 모두 매개함을 발견하였다. 이는 종업원이 자신이 속한 조직의 문화와 부합된다고 생각할수록 자율성, 관계성, 유능성 욕구가 더 잘 충족된다고 느끼며, 이에 따라 정서적 몰입 및 직무 수행이 높아진다는 것이다. 또한 개인-집단 부합도가 높을수록 관계성 욕구가 더 많이 충족됨을 느끼고 이에 따라 정서적 몰입이 높아지는 것으로 나타났다. 마지막으로, 요구-능력 직무 부합도와 수행의 관계를 유능성 욕구의 충족이 매개하였다. 관련 연구에서 Martela와 Riekki(2018)는 미국, 핀란드, 인도의 직원들 사이에서 세 가지 필요성이 의미 있는 작업의 예측 변수임을 발견했다. 이 연구들은 SDT 이론에서 명시된 필요성을 충족시킬 때 나타날 수 있는 결과를 보여준다. 이 연구는 자기결정성 이론에서 구체화한 욕구들을 충족하는 것의 중요성을 보여준다.

최근 몇 년간 조직 내 자기결정성 이론(SDT) 연구는 증가하였으며, 이는 내적 및 외적 동기의 다양한 하위 유형을 평가하기 위한 새로운 직장 동기 척도 개발의 영향이다(Gagné et al., 2015). 이 다차원 척도는 직장에서 외적 동기에서 내적 동기로 이어지는 여섯 가지 동기의 원천을 식별하였다 : (1) **무동기**(amotivation : 직장에서의 동기 부족), (2) **사회적 외적 조절**(extrinsic regulation-social : 다른 사람들의 승인을 받고 그들의 비난을 피하고자 노력하는 것), (3) **물질적 외적 조절**(extrinsic regulation-material : 재정적 자원을 위해 일하는 것을 포함), (4) **내사 조절**(introjected regulation : 자부심을 느끼고 부끄러움을 피하고자 일하는 것을 포함), (5) **동일시 조절**(identified regulation : 직무가 직원에게 개인적으로 중요하다고 인식하여 일하는 것을 포함), (6) **내적 동기**(intrinsic motivation : 직무 자체가 재미있거나 흥미롭기 때문에 일하는 것). 〈표 9.2〉에는 각 하위 척도에 대한 샘플 항목을 제시하였다.

척도의 초기 버전에서 저자들은 이를 7개 국가에서 조사하여 여섯 요인 구조를 확인하였으며, 이 여섯 하위 척도는 직무 노력(job effort), 적극적 태도(proactivity), 정서적 소진(emotional exhaustion) 등과 상관관계가 나타났다. 척도 초기 버전 이후에 Trepanier 등(2022)은 척도를 재검토하여 자율 동기(동일시 조절과 내적 동기를 포함), 내사 조절, 외부 조절(사회적 및 물질적 요소를 결합), 무동기(amotivation)의 네 가지 요인 구조를 가진 단축 버전을 제안했다. 저자들은 자율 동기가 활력, 직무 만족도, 조직에 잔류할 가능성과 연관이 있는 것을 발견했다.

Fernet 등(2020)은 최근 2년 동안 직원들이 자기결정성 동기의 경로에서 다른 점을 보였는지에 대한 흥미로운 질문을 다뤘다. 저자들은 Gagné와 동료들의 연구(2015)에서 식별된 여섯 하위 요소를 포함한 자기결정의 종합적 측정을 계산하였다. 660명의 간호사 표본에서, 자기결정성이 증가한 경우(41%), 약간 감소한 경우(51%), 그리고 감소한 경우(8%)의 세 가지 경로를 확인했다. 특히, 증가한 그

표 9.2 다차원 직무동기(MWMS)척도 예시

하위 척도	예시 문항
무동기	"이 일이 노력할 가치가 없어서 하지 않는다."
사회적 외적 조절	"다른 사람들이 나를 더 존중해 주기 때문에 이 일을 한다(상사, 동료, 가족, 고객 등)."
물질적 외적 조절	"열심히 하지 않으면 직업을 잃을 수 있어서 한다."
내사 조절	"내 스스로 자랑스럽게 느끼게 하지 때문에 한다."
동일시 조절	"나에게 중요한 일이기 때문에 한다."
내적 동기	"재미있어서 일한다."

출처 : Gagné et al.(2015).

륨은 변혁적 리더십을 갖춘 상급자와 더 많은 업무 중심 사회화를 경험한 경향이 있었다. 이 결과들은 직장에서 동기가 시간이 지남에 따라 변할 수 있으며 이러한 변화와 관련된 요소들을 강조한다.

직무 특성 이론

직무 특성 이론(Job Characteristics Theory)은 직장에서의 동기를 설명하기 위해 발전한 이론이다. Hackman과 Oldham(1976, 1980)에 따르면 각 직무는 5개의 **핵심 직무 차원**(core job dimensions)으로 설명할 수 있다. 이것들은 직무의 특징적 차원들을 의미하는데, **기술 다양성**(skill variety), **과제 정체성**(task identity), **과제 중요성**(task significance), **자율성**(autonomy), **피드백**(feedback)이 그것이다(표 9.3 참조). 기술 다양성은 직무가 종업원에게 여러 가지 서로 다른 기술을 갖추도록 요구하는지를 나타낸다. 높은 기술 다양성을 필요로 하는 직무의 좋은 예는 회사의 중역이다. 이 직무를 수행하는 사람들은 예산을 준비하기 위한 양적인 기술, 사람들 사이에서 일어나는 갈등을 관리하는 대인관계기술, 그리고 장기 전략 계획을 수립하기 위해 높은 수준의 분석적 기술을 활용할 수 있어야만 한다. 이와 대조적으로 육체노동 직무는 기본적으로 무거운 것을 들어 올리는 힘은 요구하지만, 독립적 사고는 덜 요구할 것이다.

과제 정체성은 종업원이 하는 일이 일의 일부분이 아니라 일의 전체를 확인할 수 있는 정도를 나타낸다. 높은 과제 정체성을 가진 직무의 예는 연구개발 부서의 직무이다. 왜냐하면, 연구를 수행하려면 개인은 논문 리뷰, 측정법 개발, 데이터 수집과 분석, 보고서 쓰기 등을 포괄하는 모든 과정에 참여해야 한다. 과제 정체성이 낮은 직무는 전통적인 조립라인 직무이다. 한 종업원은 제품의 한 부분 조립에만 책임이 있다. 그러므로 종업원은 자신이 완성된 제품의 어떤 면에 이바지했는지 알지 못할 것이다.

과제 중요성은 수행하고 있는 직무가 중요하고 의미 있다고 느끼는 정도이다. 노동력을 필요로 하

표 9.3 직무 특성 이론의 핵심 차원(Hackman & Oldham, 1980)

직무 차원	설명
기술 다양성	업무를 하기 위해서 다양한 기술을 사용한다(vs. 하나의 기술).
과제 정체성	프로젝트 혹은 일을 처음부터 끝까지 할 수 있다(vs. 일부분만).
과제 중요성	다른 사람들이나 조직에 영향력이 있는 일을 한다.
자율성	일을 어떻게 진행할지 통제력을 가지고 있다(vs. 상사가 시키는 대로만).
피드백	수행이 어떻게 진행되고 있는지 정보를 얻을 수 있다(vs. 자신의 수행이 어떻게 되고 있는지 정보를 얻을 수 없다).

는 모든 직무는 물론 중요하지만, 어떤 직무는 좀 더 중요하다고 느낄 수 있다. 예를 들어 대부분의 독자는 소매점 직원의 업무보다 HIV 바이러스의 분자구조를 연구하는 과학자의 직무가 더 중요하다고 생각할 수 있다. 이 직무 차원은 기술 다양성이나 과제 정체성에 비해 좀 더 주관적이다.

자율성은 종업원이 자신의 직무와 일정을 조절하고 통제할 수 있는 정도를 나타낸다. 예를 들어, 대학교수의 직무는 매우 높은 수준의 자율성을 갖고 있다. 대부분의 독자가 알고 있듯이 교수들은 그들의 직무시간, 직무 활동의 선택, 직무 활동의 접근 방식에 대해 상당한 통제력을 가지고 있다. 이와 대조적으로 텔레마케터는 매우 낮은 수준의 자율성을 가지고 있다. 대부분의 텔레마케팅 회사는 텔레마케터에게 완전한 지침(예 : 스크립트)을 제공하고 이 지침을 벗어나지 못하도록 교육한다.

마지막 핵심 직무 차원은 피드백으로 현직자의 직무 수행 수준에 대하여 정보를 제공하는 것을 말한다. 예를 들어, 코미디언들은 관객이 그들의 농담에 대해 어떻게 생각하는지 빠르게 알 수 있다. 고요한 침묵이나 관객들의 멍한 눈빛은 그 농담이 지루하다는 것을 알려주는 좋은 피드백이다. 이와 대조적으로, 종업원들은 회사의 중역이 되면 예전과 달리 자신의 수행에 대해 즉각적인 피드백을 받지 못하게 된다. 왜냐하면, 새로운 시장에 진출하는 것에 대한 의사결정의 '정확성'은 그 회사가 새로운 시장에 진출하고 몇 년이 지나서야 알 수 있기 때문이다.

Hackman과 Oldham(1976, 1980)은 핵심 직무 차원들이 **중요심리상태**(critical psychological states)라고 하는 다음 단계와 직접 연결된다는 것을 제안한다. 이 상태는 종업원이 주어진 핵심 직무 차원에서 직무를 수행하면 어떤 심리적 수준을 경험하게 되는지를 나타낸다. 이 모델에 따르면, 직무가 높은 수준의 기술 다양성, 과제 정체성, 과제 중요성을 갖고 있을 때 경험하게 되는 심리적 상태를 **의미감**(meaningfulness)이라고 한다. 즉 이러한 세 가지 차원을 가진 직무를 수행하면, 종업원들은 심리적으로 그들의 직무를 의미 있다고 경험하게 된다. 뇌외과 의사는 기술 다양성을 보유해야 하며(중추 신경계의 개념적 이해, 수술 도구 조작을 위한 손재주, 수술 절차의 시작부터 끝까지 괴로워하는 가족들에 대한 공감적인 청취 등), 매우 높은 과제 중요성을 가지고 있다(수술을 잘못 수행하면 생명을 잃을 수 있다). 따라서 이 직업을 가진 사람은 이를 의미 있게 느낄 가능성이 매우 크다. 반면 스포츠 이벤트에서 전자 입장권을 스캔하는 사람은 이 세 가지 핵심 직무 차원 모두에서 수준이 낮기 때문에 이 일을 대부분 의미 없게 느낄 가능성이 매우 크다. 중요한 점은 일반적으로 직무의 의미는 직원들에게 바람직하지만, 직무의 의미가 너무 많은 경우 직원에 따라 문제가 될 수 있다는 점이다. 자세한 정보는 '과학 번역하기 9.1'에 있다.

자율성과 관련된 중요심리상태는 책임감(responsibility)이다. 만일 종업원이 그들의 직무를 수행하는 방법에 자율성을 가지고 있다면 그 직무 수행으로 나온 결과에 대해 책임감을 느끼게 될 것이다. 조직의 전략적 방향을 결정짓는 것에 대해 완전한 자율성을 가진 중역은 조직의 성공 또는 실패에 대한 강한 책임감을 느낄 것이다. 반대로, 단순하게 '명령에 따르는' 종업원은 그의 직무 결과에 대한 책임

과학 번역하기 9.1

의미 있는 일에도 '어두운 면'이 존재할 수 있을까?

직무 설계 문헌에서는 대부분 사람이 '의미 있는 일'을 원하며 이를 통해 이익을 얻는다는 것이 거의 당연시됐다. 의미 있는 일의 정의는 다양하지만, 대부분은 다른 사람들에게 긍정적인 영향을 미치는 일을 수행하고 목적감을 가지고 일하는 것을 강조한다. 의미 있는 일은 주로 '생각하기 나름'이다. 즉 사람들은 어떤 직무가 의미 있는지 여부에 대해 다른 인식을 가질 수 있다.

의미 있는 일의 긍정적 효과를 일반적으로 지원하는 연구들이 있지만, 영국 버밍엄대학교의 Solon Magrizos 연구팀은 의미 있는 일이 실제로 부정적 결과로 이어질 수 있는 경우가 있는지 탐색했다. 이 연구자들은 의미 있는 일이 직무-생활 균형과 긍정적으로, 스트레스와는 부정적으로 관련이 있을 것이라 제안했지만, 이는 일중독 수준이 낮은 직원들에게만 해당되었다. 높은 수준의 일중독자들의 경우, 즉 비정상적으로 직장에 몰입하는 상태인 직원들에게는 의미 있는 일과 결과 간의 관계가 곡선 모양일 것이라 제안했다. 다시 말해, 일중독자들에게는 의미 있는 일이 직장-생활 균형을 증가시키고 스트레스를 줄이는 데 도움이 되지만, 특정 지점을 넘어서 일이 지나치게 의미 있게 되면 일중독자들이 직장-생활 균형이 낮아지고 스트레스가 증가할 것으로 예상되었다.

코로나19 동안 집에서 근무하던 243명의 정직원을 대상으로 한 설문 조사 결과, 의미 있는 일이 일중독 수준이 낮은 사람들에게는 직장-생활 균형이 높아지고 스트레스가 낮아지는 것과 관련이 있음이 확인되었지만, 일중독자 그룹에서는 스트레스와 관련이 없었다. 일중독 수준이 높은 사람들에게는 예상대로 일-삶의 균형과 스트레스에 대한 제안된 곡선 모양의 패턴이 지지되었다.

이 연구 결과는 의미 있는 일이 확실히 유익하긴 하지만, 일에 병적으로 집착하는 사람들은 지나치게 의미 있는 직업에 헌신함으로써 일과 삶의 균형(Work-Life Balance)이 저하되고 스트레스가 증가할 수 있음을 시사한다. 더욱이, 이번 연구의 대상이 재택근무를 하는 원격 근무자들로 구성되었다는 점을 고려할 때, 이들의 삶에서 일과 다른 측면 간의 경계는 이미 상당히 흐릿한 상태였다.

이 연구의 주요 결론은 의미 있는 일이 나쁘다거나 조직이 일의 의미를 줄여야 한다는 것이 아니다. 오히려 이 연구는 일부 직원이 지나치게 의미 있는 일에 몰두할 가능성이 있다는 점을 조직이 알고 있어야 하고, 그러한 경우 이들이 일과 건강한 관계를 형성할 수 있도록 도와야 한다는 점을 시사한다.

출처 : Magrizos et al. (2023).

감을 느끼기 어려울 것이다.

피드백의 핵심 직무 차원은 결과에 대한 지식(knowledge of results)이라는 중요심리상태와 연결된다. 따라서 상당한 피드백이 제공되는 직무를 하는 종업원은 자기 수행의 결과에 대한 지식을 가지고 있다고 느낄 것이다. 반대로 적은 피드백을 받는 종업원은 그들의 수행 결과에 대해 막연한 지식을 갖게 된다. CEO들이 이러한 범주에 속한다.

이 모델의 다음 단계에 따르면 중요심리상태는 개인 성과(personal outcomes) 및 작업 성과(work outcomes)와 연결된다. 즉 앞에서 기술된 세 가지 중요심리상태의 경험이 높은 내적 작업동기, 높은 직무 만족, 높은 수행의 질, 그리고 낮은 결근율 및 낮은 이직률이라는 결과를 가져오게 된다.

직무 특성 이론의 마지막 변수는 **성장욕구강도**(growth-need strength)의 역할이다. 성장욕구강도는 종업원이 자신의 직무를 개인적 성취 그리고 자기조절과 같은 '성장'욕구를 만족시키기 위한 기제로 여기는 정도를 나타낸다(Alderfer, 1969; Maslow, 1943). 성장욕구강도는 핵심 직무 차원들과 중요심리상태 사이의 관계를 조절하고, 또한 중요심리상태와 개인 성과 및 작업 성과 간의 관계를 조절하는 역할을 한다. Hackman과 Oldham(1980)은 높은 수준의 성장욕구강도를 가진 사람에게만 핵심 직무 차원이 중요심리상태를 일으킨다고 제안하였다. 비슷하게, 이 이론은 높은 수준의 성장욕구를 가진 사람들에서만 중요심리상태가 개인 성과 그리고 작업 성과를 이끌 것이라고 제안했다. 따라서 낮은 수준의 성장욕구강도를 가진 종업원들에게는 핵심 직무 차원이 중요심리상태에 대해 거의 영향을 미치지 않을 것이고, 이 중요심리상태 또한 성과에 거의 영향을 미치지 않을 것이다.

수년간 직무 특성 이론은 상당한 경험적 검증을 받아 왔다. Fried와 Ferris(1987)는 직무 특성 연구에 대한 포괄적인 메타분석을 실시해서 많은 연구 결과가 직무 특성 이론을 지지한다고 보고했다. 예를 들어, 핵심 직무 차원 모두 직무 만족, 동기, 장기결근, 이직과 같은 결과와 관련 있다는 것이 밝혀졌다. 그러나 Fried와 Ferris의 자료는 Hackman과 Oldham(1980)에 의해 제안된 중요심리상태의 역할에 대해 분명한 증거를 제공하지 못하고 있다. 구체적으로, 핵심 직무 차원은 그들이 제안한 중요심리상태와 상관이 없었다. 게다가 핵심 직무 차원과 중요심리상태 간의 상관 정도는 핵심 직무 차원과 결과 변수 간의 상관보다 강하지 않았다. 중요심리상태가 매개변수라는 Hackman과 Oldham의 주장이 맞다면 핵심 직무 차원은 결과 변수보다는 중요심리상태와 더 강한 상관을 가져야 하기 때문에 이것은 중요한 연구 결과이다(Baron & Kenny, 1986). 심리적 주인의식이 직무 특성의 또 다른 매개변수가 될 수 있다는 제안이 있으며(Pierce et al., 2009), 이에 관해서는 앞으로 실증 연구가 더 필요하다.

직무 특성과 결과 변수 간의 관계에 대한 또 다른 매개변수는 **직무 열의**(job engagement)이다. 직무 열의는 활력, 몰두, 헌신의 세 가지 요소로 구성된 개념이다(Bakker & Demerouti, 2007). 활력(vigor)은 자기 일에서 에너지를 느끼는 것이며, 몰두(absorption)는 자기 일에 완전히 몰입해서 시간 가는 줄 모르는 것이다. 헌신(dedication)은 일에만 전념하는 것을 매우 의미 있게 생각하는 것이다. 핵심 직무 차원의 특성들이 주어지면 사람들은 직무 열의를 가질 수 있을 것이며, 이에 따라 긍정적 효과가 나타날 것이다. 예를 들어, 자율성과 피드백은 직무 열의의 활력을 높이는 것으로 나타났다(Van Den Broeck et al., 2008).

Christian 등(2011)이 최근에 91개의 연구를 메타분석한 결과, 직무 특성 모델의 다섯 가지 핵심 직무 차원 모두 직무 열의와 정적으로 상관이 있음을 발견하였다. 또한 이들은 직무 열의가 세 가지 핵심 직무 차원(기술 다양성, 과제 중요성, 과제 정체성)과 결과 간의 관계를 부분적으로 매개하는 것을 발견하였다. 직무 열의는 작업 스트레스를 완화하는 효과를 보이기도 하며(예 : Britt et al., 2005), 따라서 직무 열의는 앞으로 보다 많이 연구할 필요가 있는 동기 개념이다. 하지만 Macey와

참고 9.2

내재적 직무 특성의 중요성에서 문화적 차이

직무 특성 이론은 자율성, 의미감과 같은 내재적 직무 특성의 중요성을 강조했다. 내재적 직무 특성이 직무 만족에 영향을 끼치는 정도는 나라마다 다르게 나타날까? 이 질문에 대한 대답은 Huang과 Van de Vliert(2003)에 의해 수행된 비교문화 연구가 답해 준다. 연구자들은 49개 나라에 있는 107,000명의 종업원으로부터 작성된 설문지를 분석했다. 각 나라의 종업원들은 자기 일이 흥미와 자율성 같은 내재적 특성을 포함하고 있는 정도를 대답했다. 종업원들의 국가는 국민총생산(GNP), 개인주의 대 집단주의 문화, 권력거리의 정도와 같은 차원으로 분류되었다. 연구자들은 내재적 직무 특성이 부유한 나라에서, 좀 더 개인주의적 국가에서, 그리고 적은 권력거리(덜 위계적인 조직)를 가지고 있는 나라에서 종업원들의 직무 만족에 대한 중요한 예측 요인이었다는 것을 밝혀냈다. 연구자들은 내재적 직무 특성이 중요하게 여겨지지 않는 나라에서는 이러한 특성이 직무 만족의 중요 예측 요인으로 작용하지 않을 것이라고 추론하였다. 이 연구는 동기 과정에서 국가적 영향의 중요성을 강조하고 있다.

출처 : Huang & Van de Fliert(2003).

Schneider(2008)가 직무 열의의 정의와 측정에 대해 아직까지 여러 논의와 의견 차이가 있다고 지적하는 것처럼, 직무 열의는 앞으로 더 많은 개념적 개발이 필요하다.

Fried와 Ferris(1987)의 메타분석이 많은 정보를 제공함에도 불구하고 직무 특성 모델을 포괄적으로 검증하는 연구는 매우 적다. Hackman과 Oldham(1975, 1976)의 초기 연구에서는 포괄적 검증을 시도했지만, 이후 대부분의 연구자들은 이론의 일부분만 검증하였다. 하나의 예외로 Champoux(1991)가 정준상관분석을 이용하여 전체 이론 모델을 검증한 바 있는데, 연구 결과 이 모델의 인과적 관계와 성장욕구강도의 조절 효과를 모두 지지했다. 그러나 이후의 연구 결과들은 성장욕구강도의 조절 효과(Evans & Ondrack, 1991; Johns et al., 1992; Tiegs et al., 1992)와 중요심리상태의 매개 효과(예 : Renn & Vandenberg, 1995)에 대해 덜 지지적인 결과를 보였다. 한편 직무 특성과 직무 만족에 대한 비교문화 연구들은 Hackman과 Oldham의 연구에서 제안된 중요개념들을 많이 사용하고 있다('참고 9.2' 참조).

조직적 영향이 동기에 미치는 영향

이 절에서는 가장 인기 있는 직장 동기 이론들을 살펴본 후, 조직이 원하는 행동을 증가시키기 위해 직원의 동기에 어떻게 영향을 미치려 하는지 다룬다. 〈그림 9.1〉은 조직적 영향 시도가 주로 목표로 하는 네 가지 행동 형태를 보여준다. 동기화를 연속적으로 볼 때, 조직은 직원이 조직 구성원이 되기 전부터 행동에 영향을 미치려고 한다. 구체적으로, 조직은 먼저 인재 유치 단계에서 행동에 영향을 미치려고 한다(제3장 참조). 급여, 복리후생과 같은 유형의 물질적 수단뿐만 아니라 승진 가능성, 조직 이미지와 같은 비물질적 수단을 통해 조직은 숙련된 개인들이 조직의 구성원 자격을 추구하도록 하며, 궁극적으로 조직의 구성원이 되도록 노력한다. 일단 구성원이 된 이후에는 조직이 영향을 미치려고 하는 여러 가지 행동이 있다. 이 중 가장 눈에 띄고 동기 연구에서 가장 많은 관심을 받는 것은 생산적인 행동이다. 조직은 직원들이 기본 직무를 잘 수행하도록 하고, 경우에 따라 추가 역할 행동을 수행하길 원한다(예 : 다른 직원을 돕거나 더 열심히 노력하는 것). 많은 경우에, 조직은 직원들이 조직의 이익을 위해 혁신적이고 창의적인 아이디어를 내도록 하고, 경쟁과 변화 속도가 증가함에 따라 구성원들이 새로운 것을 배우고 주기적으로 기술을 업데이트하길 바란다.

동기 연구에서 성과에 강한 초점을 맞추려는 시도들은 오히려 많은 다른 조직이 영향을 미치려고 하는 행동들에서 주의를 빼앗아 가고 있다. 예를 들어, 조직은 직원들이 빈번히 결근하거나 도난, 약물 사용, 태업 등 다양한 반생산적 행동을 하지 않길 바란다. 일반적으로 이러한 행동들이 조직 동기 프로그램의 주요 초점이 아니라고 생각하지만, 실제로 조직은 직원들이 이러한 행동을 피하게 하려는 방향으로 작용한다.

조직적 동기 이론의 적용에서 자주 중점을 두는 또 다른 행동은 유지와 관련되어 있다. 직원들이 조직의 구성원 자격을 유지하도록 동기를 부여하는 것은 조직이 여러 요소를 균형 있게 고려해야 한다는 점에서 다소 다른 양상을 보인다(제3장 참조). 보상과 마찬가지로, 조직은 종종 어떤 직원들을 유지

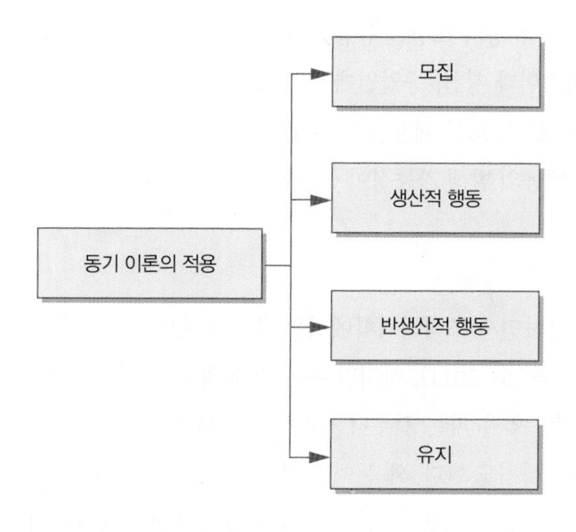

그림 9.1 조직이 영향을 미치고자 하는 행동의 종류

할 가치가 있는지 결정하고 이들을 유지하기 위해 얼마나 많은 금액을 지불할 준비가 되어 있는지에 대해 어려운 선택을 해야 한다. 한 구성원에게만 큰 급여 인상을 제공한다면, 이는 다른 직원들이 다른 곳을 찾도록 유도할 수 있다. 따라서 조직은 종종 내부 조화의 비용과 숙련된 직원이 떠날 경우의 비용을 저울질해야 하는 까다로운 상황에 처할 수 있다.

조직이 영향을 미치고자 하는 어떤 행동이든 동기 이론을 적용하는 것은 조직의 선택을 포함하며, 이러한 선택들은 종종 가치 중심으로 이루어진다. 예를 들어, 조직의 창립자들은 직원의 성과를 기반으로 보상하는 선택을 의식적으로 할 수 있다. 다른 경우에는, 동기부여적인 실천 방법이 전달하는 가치들이 더 감추어져 있고, 때로는 조직의 공언된 가치와 상충될 수 있다(Kerr, 1975; Lawler & Jenkins, 1992). 많은 조직이 성과를 중시한다고 말하며 이에 부합하는 보상 시스템을 도입하기도 한다. 그러나 공언된 성과 가치에도 불구하고, 많은 조직에서 보상은 성과와 약한 연관이 있는 경우도 있다. 따라서 동기 이론의 적용을 탐구할 때, 이러한 적용은 항상 조직의 중요한 가치적 선택을 포함한다는 점을 기억해야 한다. 이 장의 나머지 부분에서는 조직적 보상 시스템을 논의하며, 구체적 및 비구체적 보상을 포함한 후에 직원이 수행하는 작업의 설계를 통해 동기에 영향을 미치려는 시도를 다룰 예정이다.

보상 체계

종업원의 행동을 자극하고 영향을 주는 가장 일반적인 방법은 **보상 시스템**(reward systems)을 이용하는 방식이다. 조직이 종업원에게 보상을 하는 방법은 무한히 많기 때문에 유형과 무형, 두 가지 보상 방법을 구분할 필요가 있다. 유형의 보상은 봉급, 복리후생, 보너스와 같이 독자들에게 매우 친근한 것이다. 무형의 보상은 인정이나 칭찬, 종업원에게 더 많은 재량권을 부여하는 것 등이다. 이 가운데 유형의 보상을 먼저 논의하겠다. 보상 체계는 앞에서 다룬 행동적 접근에서 비롯된다. 즉 바람직한 행동에 보상이 주어지면 그 행동의 발생 가능성이 증가한다는 것이다.

유형 보상

직무 기반 이론들이 등장하면서 조직심리학에서는 금전적 돈이 사람들을 동기화하지 못한다는 오해가 생긴 적이 있다(Martocchio, 2011). 하지만 돈을 받지 않고 조직을 위해 일하는 사람은 거의 없다. 게다가 사람들은 불법적인 약을 파는 것부터 시작해서 정부의 비밀을 파는 것까지, 오로지 돈을 목적으로 다양한 불법 행동을 하기도 한다. 왜 돈이 그렇게 중요한가? 상식적으로 돈은 사람들에게 그들의 생활필수품과 사치품을 구입하기 위한 수단이 되기 때문에 분명히 중요하다. 작업장에서는 종업원의 봉급이 그 조직에서 종업원에 대한 가치로 받아들여지기 때문에 중요하다. 만일 어떤 종업원이 2만 달러의 연봉을 받고 다른 종업원은 10만 달러의 연봉을 받는다면, 후자의 종업원이 전자의 종업원보다 더 가치 있는 일을 한다는 것은 명백한 사실이다. 봉급은 또한 많은 사람에게 그들의 직업적인 성공에 대한 간접적인 척도이기 때문에 중요하다. 예를 들어, 어떤 사람은 30세 전에 10만 달러 이상의 봉급을 받는 것을 성공이라고 정의 내릴 수도 있다. 급여의 정보로서 가치 및 실용적 가치를 고려할 때 급여가 종업원의 수행 및 유지와 연결되어 있음은 당연하다(Stajkovic & Luthans, 1997, 2003).

유인의 기제로서 보수는 매우 효과적일 수 있다. Gerhart와 Milkovich(1992)의 연구에 의하면, 조직이 유능한 종업원에게 높은 보수를 주는 전략을 적용했을 때가 그렇지 않았을 때보다 숙련된 종업원들의 관심을 끄는 데 더 성공적이다. 이유는 명백하다. 다른 모든 조건이 같을 때, 많은 지원자는 보수가 좋은 조직을 고를 것이다. 게다가 많은 봉급을 주는 조직은 평판이 좋은 경향이 있다. 따라서 더 많은 지원자가 그 조직에 흥미를 느낄 것이다('참고 9.3' 참조).

뛰어난 인재를 유인하기 위해 높은 봉급을 지불하는 전략이 유용하지만, 이 전략은 조직에 위험할

참고 9.3

높은 임금을 지급하는 회사로 알려지는 것

보상에 관한 연구는 높은 임금을 지급한다고 알려진 조직이 그렇지 않은 다른 조직들과 비교해 직원을 모집할 때 더 성공적인 경향이 있다는 점을 증명하였다. 그러므로 조직이 다양한 모집 방법을 고려할 때 이 점을 지원자들에게 전달하는 것이 특히 중요하다. 제3장에서, 지원자는 소비자가 다양한 제품을 판단하는 것과 동일한 방식으로 회사를 판단한다고 설명했다. Lievens와 Highhouse(2003)는 회사가 광고나 다른 매체를 통해 스스로를 표현하는 방식은 그 회사가 직원을 모집하는 능력에 강력한 영향을 미친다고 강조했다. 높은 임금을 지급하는 회사로 알려지는 것은 회사 이미지의 중요한 측면이다.

표면적으로 이러한 현상에 대한 이유는 명백하다. 어느 누가 높은 봉급을 원하지 않겠는가? 또한, 높은 임금을 지급하는 것은 직원을 모집할 때 다른 이유로도 도움이 된다. 예를 들어 조직이 임금을 높게 준다는 사실은 잠재적인 직원들에게 그 조직은 '직원을 잘 돌봐 준다'라는 뜻으로 여겨질 수 있으며, 그 조직에 대한 엘리트 이미지를 심어줄 수 있다. 많은 지원자의 흥미를 끌게 되면 조직은 선별적으로 직원을 선발할 수 있으며, 결국 최고의 인재를 고용할 수 있게 된다.

그렇다면 왜 모든 조직이 임금을 높게 주는 전략을 시도하지 않는 것일까? 그 이유 중 하나는 단순히 조직이 그 비용을 지급하지 못하는 데 있다. 높은 임금을 지불하는 것은 비용이 많이 들고 이런 임금 관련 비용은 시간이 지날수록 증가하는 경향이 있다. 일반적으로, 오직 규모가 큰 기업과 그동안 크게 성공해 왔던 기업들만이 그처럼 높은 수준의 임금을 지불할 수 있다. 여러 기업이 이 전략을 선택하지 않는 또 다른 이유는 만약 같은 산업 분야에 있는 많은 조직이 이 전략을 적용하게 되면 임금을 조절할 수 없게 된다는 점에 있다. 사실상 이 전략은 고용된 직원의 재능과 기술을 넘어서는 수준까지 임금을 올릴 수 있게 되어 버린다. 더욱이 조직이 모든 이에게 높은 보수를 지급할 경우, 직원들은 틀림없이 대부분 즉각적으로 조직에 이바지할 것이고, 새로운 직원이 그들의 역할에 쉽게 적응하는 시간이 거의 없어지게 될 것이다.

출처 : Lievens & Highhouse(2003).

수도 있다. 높은 급여는 곧 고비용을 의미하기 때문에, 높은 급여로 고용된 사람들은 이 비용을 정당화하기 위해 반드시 높은 성과를 내야 한다(Lawler & Jenkins, 1992). 게다가 만약 동일한 업종 내에 있는 여러 조직이 이 전략을 채택한다면, 봉급은 일반적인 시장 원리(예 : 노동의 희소성)에 의해서 형성된 것보다 훨씬 더 높은 수준으로 올라가게 될 것이다. 이러한 현상은 봉급이 천문학적인 수치에까지 이르게 되었던 프로 스포츠의 예에서 찾아볼 수 있다. 수준급의 선수를 영입하기 위한 경쟁에서 열세에 있는 팀이 성공하기는 점점 더 어려워지고 있다.

보수는 조직 내에서 수행이나 인재 유지와 같은 행동을 촉진하는 기제로 자주 사용되어 왔다. 이것의 가장 흔한 예는 공식적인 수행 결과에 근거를 두고 종업원들의 연봉을 책정하는 **성과급**(merit pay) 방식이다(Lawler & Jenkins, 1992). 이상적인 성과급 제도에서는 가장 높은 수행을 하는 사람이 가장 높은 비율의 연봉 인상을 받게 된다. 조직에서 기대하는 것은 종업원들이 자신의 수행과 연봉 증가분이 서로 관련되어 있다고 생각하도록 만드는 것이다.

Lawler와 Jenkins(1992)에 의하면, 잘 설계되고 적절히 운영된 성과급 프로그램이 종업원들을 동기화하는 데 상당히 효과적일 수 있다는 많은 증거가 있다. 그러나 성과급 제도가 잘못 설계되거나 적절하지 못하게 운영되면 비효과적일 수도 있다. 보상에 관한 연구들은 보상 체계가 조직의 전략적인 목표를 뒷받침할 수 있도록 설계되어야 한다는 점을 강조해 왔다(Lawler & Jenkins, 1992; Martin-Pérez et al., 2012). 따라서 만일 조직의 전략이 고객 서비스에 중점을 두고 있다면, 성과급 제도는 양질의 고객 서비스를 제공하는 행동을 장려할 수 있어야 한다. 많은 조직에서 흔히 발생하는 문제는 성과급 제도에 의해 장려되는 행동이 정확히 어떤 것인지를 거의 생각하지 않고 성과급 제도를 운영할 때 발생한다.

수행에 기초한 성과급 제도가 적절하게 잘 운영되려면 다음의 세 가지 요소를 신중하게 고려해야 한다. 첫째, 효과적인 성과급 제도가 운영되기 위해서 조직은 반드시 종업원들 간 수행 수준의 차이를 정확하게 측정하고 이를 기록할 수 있어야 한다. 이것은 일부 기업에서는 가능한 일이지만, 직무 특성이 다른 직무와의 협력이나 상호의존이 요구되는 경우에는 수행 수준의 차이를 정확히 측정하는 것이 거의 불가능하다. 만일 수행이 정확히 측정되지 않고 문서화될 수 없다면, 수행에 기초한 성과급 제도는 실패를 피할 수 없을 것이다. 실제로 수행은 정확하게 측정될 수 없기 때문에 종업원들은 성과급에 의한 결정들이 매우 자의적이라고 볼 것이며, 이로 인해 수행에 기초한 성과급 제도는 득보다는 실이 클 것이다.

둘째, 이 제도는 반드시 공정하게 운영되어야 한다. 즉 종업원들이 이 제도에 기초한 수행 기반 성과급 의사결정이 타당하다고 믿을 수 있도록 해야 한다(Eskew & Hennemen, 1996; Scarpello & Jones, 1996). 이것은 첫 번째 관점과 관련이 있지만, 그 이상의 것을 의미한다. 공정성은 정확한 수행 평가를 반영해야 할 뿐만 아니라 성과급의 증가가 실제 수행 차이를 반영한다고 종업원들이 인식할 수 있어야 한다. 이러한 인식은 성과급 제도가 실제로 어떻게 운영되느냐 하는 것뿐만 아니라, 의사소통에 의해서도 상당 부분 달라진다. 조직이 종업원들에게 성과급에서 차이가 나는 이유를 정확하게 설명해 주지 못하는 경우에는 성과급 제도가 비효과적일 수 있다.

셋째, 성과급 제도가 수행을 동기화하기 위해서는 성과에 따른 급여 인상 금액이 종업원들에게 의미 있을 만큼 충분히 많아야 한다(Lawler & Jenkins, 1992). 무엇이 의미 있는 급여 인상인가는 다소 주관적이며, 이는 현재 인플레이션의 비율이나 다른 경쟁 기업의 보수와 같은 많은 요인에 따라 달라진다. Nyberg 등(2016)은 5년간의 종단 연구에서 성과급이 미래 성과의 예측 요소로서 검토되었으며, 이 기간 동안 성과급 사용이 미래 성과의 높은 수준과 관련이 있음을 발견하였다.

뿐만 아니라 Shaw와 동료들(2003)은 성과급 증가에 종업원들이 어떻게 반응하는지에서 긍정 정서성(positive affectivity, PA)의 중요성을 조사하였다. 이들은 긍정 정서성이 높은 종업원들은 특히 보상에 민감하며, 보수의 소액 증가에도 긍정적으로 반응할 것이라 주장한다. 다른 한편으로, 긍정 정서성이 낮은 종업원들은 보상에 민감하지 않으며, 그러므로 긍정적 반응을 얻기 위해서는 성과급을 크게 증가시켜야 한다. 이러한 생각은 성과급의 증가 크기와 그에 대한 반응 간의 관계가 긍정 정서성이 높은 개인들에게 강하게 나타나지 않을 것이라는 가설로 정리된다. 이들은 대형 병원에서 다양한 종류의 직무 종사자들(예 : 의사, 관리자)을 대상으로 종단 연구를 통해 이 가설을 검증하였다. 저자들은 시점 1과 시점 2 조건(4개월의 차이가 있었음)에서 성과급의 증가 크기를 객관적으로 측정할 수 있었다. 저자들은 이 연구를 통해 그들의 가설이 강하게 지지됨을 확인하였다. 긍정 정서성이 높은 종업원들에게는 성과급의 크기와 정서(얼마나 그들이 기뻐하는가) 및 행동(더 열심히 일하려는 의도) 반응 간에 관계가 나타나지 않았다. 즉 이들의 긍정 정서와 행동 반응은 성과급 크기와 관계가 없는 것으로 나타났다. 반면에 긍정 정서성이 낮은 종업원들에서는 성과급의 증가 크기와 정서 및 행동 반응 간에 강한 관계가 나타났다. 이러한 결과들은 동기적 인센티브에 대한 반응에서 성격의 역할을 고려하는 것이 매우 중요하다는 것을 말해 준다.

성과급의 대안 혹은 보완으로서 일부 기업은 보상 체계를 '수행에 따른 보수[pay for performance (PFP); Fulmer & Li, 2022]' 혹은 **인센티브**(incentive) 제도로 전환했다(Chang, 2011; Conrad & Perry, 2009). 전형적인 인센티브 제도에서는 종업원의 보수가 계량화된 수행 수준과 직접적으로 연결된다. 과학적 관리 시대로 거슬러 올라가 보면, 인센티브의 가장 흔한 형태는 능률급(piece-rate)이다. 전형적인 능률급 제도에서는 종업원이 생산한 제품이나 부품 수에 비례해서 보수를 받는다. 능률급 제도에서는 또한 종업원이 매우 많은 양을 생산하면 보너스를 받을 기회가 생기기도 한다. 인센티브 제도는 영업직에서 흔히 볼 수 있는데, 영원사원에게 지급되는 판매 수수료가 그 예다.

보너스(bonus)는 종종 조직이 수행을 보수와 연결하기 위해 시도하는 또 다른 방법이다. 원칙적으로 보너스는 인센티브와 상당히 비슷하지만, 생산량이나 판매량이 아닌 다른 기준에 근거하여 주어진다.

예를 들어, 한 관리자는 자기 부서에 할당된 목표를 달성한 정도에 따라 연간 보너스를 받을 수 있다. 또 다른 점은 일반적으로 인센티브는 매월 월급에 반영되어 지급되는 반면, 보너스는 연말에 일괄지급된다는 점이다.

보너스

성과급에 비해서 인센티브와 보너스는 보수의 크기가 수행 수준과 보다 더 밀접하게 연결되어 있다는 장점이 있다. 예를 들어, 부동산 중개인은 자신이 성사시킨 부동산 중개 건수에 따라 자기 보수가 달라진다는 것을 잘 알고 있다. 또한, 연말에 특별 보너스를 받은 관리자는 왜 이 돈이 지급되었는지를 잘 알고 있다. 그러나 성과급의 경우에는 지급 시기 때문에 직원들이 자신의 수행 수준과 연봉 인상 간의 관련성을 인식하기가 어렵다. 인센티브와 보너스의 또 다른 장점은, 적어도 일시에 총액이 지급되는 보너스의 경우, 이 방식이 종업원에게 심리적으로 더 의미가 있다는 것이다. 예를 들어, 연봉의 3%가 인상되어 그것이 매월 나뉘어 지급되는 경우에는 사소하게 느껴지거나 당연한 것으로 받아들여질 수 있다. 그러나 연봉의 3%가 일괄지급될 경우에는 종업원들의 관심을 더 끌어낼 수 있을 것이다.

인센티브와 보너스는 조직이 종업원들에게 지급하는 인건비와 그것에 대한 지급능력을 계산하는 작업을 한결 쉽게 만들기 때문에 재정 운영 측면에서도 조직에 유리한 점이 있다(Lawler & Jenkins, 1992). 예를 들어, 인센티브와 보너스 제도하에서는 조직이 재정적으로 수익이 많이 날 때는 종업원들도 급여를 많이 받게 된다. 그러나 수익이 적은 기간 동안에는 인센티브와 보너스 금액이 그에 따라 줄어들게 된다.

많은 연구에서 인센티브가 수행에 긍정적인 영향을 끼친다는 사실이 지지되었다. Jenkins 등(1998)은 실험실과 현장에서 실행된 39개 연구에 대한 메타분석을 통해 인센티브와 수행의 양(quantity) 간의 교정 상관계수가 .34였음을 밝혀냈다. 그러나 금전적 인센티브는 수행의 질(quality)에는 아무런 영향을 끼치지 않았다. 또한 이 메타분석에 따르면, 금전적 인센티브의 영향은 실험실 연구에서 더 크게 나타났고, 기대 이론이나 강화 이론에 기초한 연구들에서 더 크게 나타났다. 또한, 금전적 인센티브는 다른 방법에 비해 종업원의 생산성을 증가시키는 효과적인 방법이라는 것이 입증되었다(Nyberg et al., 2016).

인센티브와 보너스의 긍정적 측면에도 불구하고, 종업원들의 수행을 동기화할 때 이러한 보상 제도가 가지는 부정적인 측면 또한 분명히 있다. 모든 보너스나 인센티브 제도가 그런 것은 아니지만, 이 제도의 어떤 측면은 종업원과 경영자의 관계를 매우 적대적으로 만들 수 있다. 역사적으로 볼 때 특히 능률급 보상 제도에서 이런 문제가 자주 발견되었다. 전형적인 능률급 제도에서 종업원들은 일정하게 정해진 **기준량**을 생산하도록 요구받고, 이 기준 이상을 생산했을 때 더 많은 보상을 받게 된다. 그러나 대부분은 무엇이 적절한 기준인가에 대해 의견 불일치가 있을 수밖에 없고, 기준을 정하는 기간 동안에 종업원들은 의도적으로 생산량을 낮추기도 한다. 또한 경영진은 종업원들이 너무 많은 돈을 받는다고 판단되면 독단적으로 기준을 올려 버림으로써 이 문제를 악화시키기도 한다. 이렇게 되면 결국 생산성을 올리는 것에 초점이 맞추어지기보다는 인센티브 제도를 반대하는 것에 초점이 맞추어지게 되며 구성원들의 스트레스가 증가하게 된다(Ganster et al., 2011).

조직 내에서 어떤 직무는 인센티브와 보너스 제도가 적용되는데, 다른 직무는 그렇지 않을 때도 문제가 발생할 수 있다. 그러한 보상 제도의 적용을 받지 못하는 종업원은 보상 제도의 적용을 받는 종업원에게 적대적인 감정을 느낄 수도 있다. 또한 인센티브와 보너스 제도하에 있는 종업원이 다른 직무로 전환 배치받을 때, 그 직무가 이런 보상 제도를 가지고 있지 않다면 그 직무로 옮기기를 꺼릴 것이다. 끝으로, 최근 Young과 동료들(2012)은 인센티브 프로그램에 대한 종업원들의 태도가 인센티브 프로그램의 효과성에 영향을 미칠 수 있음을 조사한 바 있다. 이들은 당뇨 환자를 응대하는 의사들의 업무 수행을 향상하기 위한 금전적 인센티브 프로그램을 받은 의사들을 대상으로 연구를 수행하였다. 연구자들은 이 인센티브 프로그램이 의사들의 수행을 향상하며, 나아가 이 수행의 향상은 인센티브 프로그램이 자신의 업무 자율성에 어떤 영향을 미치는지에 대해 보다 긍정적인 태도를 가지고 있는 의사들 사이에서 가장 크게 나타난다는 점을 발견하였다. 이 연구 결과는 인센티브 프로그램을 설계할 때는 종업원들의 업무 자율성 지각 혹은 업무에 대한 긍정적인 측면을 약화하지 않도록 주의해야 한다는 점을 강조하고 있다.

다른 직원들에 대한 차별적 보수 체계 문제와 관련된 이슈는 **임금 분산**(pay dispersion) 문제이며, 이는 주어진 조직 내에서 직무별 임금 분포의 변동성을 나타낸다(Fulmer & Li, 2022; Shaw, 2014). Shaw(2014)는 **수직적 임금 분산**(vertical pay dispersion)과 **수평적 임금 분산**(horizontal pay dispersion)을 구별한다. 수직적 임금 분산은 종종 기업 계층 구조 내에서 위치에 따라 직원들이 받는 보수의 큰 차이를 다룬다. 반면에 수평적 임금 분산은 조직의 계층적 구조 내에서 동일 수준의 직원들 사이의 보수 차이를 다룬다.

임금 분산에 관한 연구의 종합적 검토는 주로 성과급(PFP)과 관련하여 위에서 설명한 많은 결과를 강화했다. 예를 들어, Fulmer와 Li(2022)는 임금 분산과 중요한 조직적 결과 간의 관계가 종종 다른 요인들에 따라 달라질 수 있다고 지적한다. 예를 들어, 임금 분산은 차별적 보수가 전문 지식, 기술, 능력에 타당하게 기반을 둔 경우에는 동기와 성과의 높은 수준을 유발할 수 있다. 또한 수직적, 수평적 임금 분산은 조직 성과와 다르게 관련이 있는 것으로 나타났는데, 수직적 임금 분산은 조직 성과와 긍정적으로 관련되고 수평적 임금 분산은 성과와 부정적으로 관련된 것으로 보고되었다(Shaw, 2014). 직원들은 일반적으로 조직 계층 구조에서 각 개인의 위치에 따라 보수 차이가 있을 것을 이해하며, 이러한 차이는 종종 직원들이 추가적인 책임을 맡기 위해 동기부여를 받게 한다. 그러나 수평적 임금 분산은 기본적으로 동일한 일을 하는 직원들 사이의 보수 차이를 반영하며, 이는 부정적인 사회적 비교와 분배 정의에 대한 우려를 낳을 가능성이 크다(Shaw, 2014).

우리사주 및 초과이익분배제도

성과급, 인센티브, 보너스의 공통점 중 하나는 종업원 개개인의 수행에 기반을 두었다는 점이다. 그러나 오늘날 대다수 조직은 종업원들이 자신의 개인 수행에만 관심을 두기보다는 폭넓은 관점을 갖고 자신이 속한 작업집단이나 조직 전체의 성공을 위해 힘써 주길 원한다. 개인에 대한 보상과 조직 전체의 수행을 연결 짓는 가장 일반적인 방법은 흔히 ESOPs(employee stock ownership plans)라고 하는 우리사주제도를 통한 것이다(Rosen et al., 1986). 주식의 소유권은 대개 경영진의 보수와 연결되지만, 많은 조직은 이 보상 방법을 좀 더 넓게 사용한다. 아마도 이 정책의 가장 유명한 예는 시급제 종업원도 언제든 회사의 주식을 구입할 수 있는 월마트일 것이다. 또한 UPS는 모든 직원들 사이에서 동기부여를 촉진하기 위해 ESOP를 활용해왔으며(Soupata, 2005), 스타벅스도 회사 주식을 구매할 때 직원들에게 할인 혜택을 제공한다(https://www.starbucksbenefits.com/en-us/home/stock-savings/stock-investment-plan-sip/).

조직의 관점에서 볼 때, 종업원들이 주식 구입을 통해 주식소유권을 공유하는 것은 많은 이점이 있다. 예를 들면, 조직이 재정적으로 잘 운용될 때 이는 능력 있는 종업원들을 끌어오는 최고의 방법이 될 수 있다. 또한 주식은 시간에 따라서 가치를 인정받기 때문에, 종업원들이 짧은 기간만 일하고 조직을 떠난다면 그들은 재정적 손실을 보게 된다. 그러므로 주식소유권은 종업원을 유지하는 강력한 수단이 될 수 있다. 또한, 주식소유권은 종업원들이 '회사의 주인'이 되도록 독려함으로써 회사에 대해 긍정적인 태도와 책임감을 느끼도록 촉진할 수 있다(Klein, 1987). 마지막으로, 순수하게 재정적인 관점에서도 종업원들이 주식을 소유하는 것은 조직에 있어 자본을 늘리고, 더 큰 조직이나 투자자로부터의 적대적인 인수합병을 피할 수 있는 좋은 방법이 되기 때문에 조직에 유익하다(Lawler & Jenkins, 1992).

Hallock 등(2004)은 ESOP가 결근과 이직을 줄이고 종업원 생산성, 기업 수익성, 기업 주식가치를 높이는 데 관련이 있다는 연구들을 분석하였다. 그들은 ESOP가 수행의 효과적인 동기 요인이 되기 위해서는 종업원들이 그들의 개인적 수행과 조직의 주가수익성 간의 연관성을 알아야만 한다고 주장한다. 그래서 Hallock과 그의 동료들(2004)은 미국의 트럭운송업 종사자들을 대상으로 ESOP와 종업원 만족의 결정요인을 검증하였다. 그들은 ESOP와 만족의 첫 번째 예측변인은 종업원들의 주가수익성에 대한 지각된 영향력, 의사결정에 대한 지각된 영향력 및 연령이라는 것을 발견하였다. 종업원들은 자신의 노력이 기업의 주가수익성에 영향을 미칠 때, 자신이 직무환경이나 상급자들과 관련된 다양한 결정에 영향을 미칠 때 이 프로그램에 가장 만족하였고, 또한 종업원의 나이가 많을수록 프로그램에 대한 만족도는 증가하였다.

ESOP가 종업원들의 수행과 관련된다는 것이 증명되기는 하였지만, 종업원의 수행과 그 결과물 간에 명확한 연계가 확인된 다른 금전적 인센티브(Kraizberg et al., 2002 참조)와 비교해볼 때 ESOP가 종업원들을 동기화하는 정도는 상대적으로 미미한 편이다. 고위직 임원들에게는 예외지만, 대부분의 종업원은 그들의 업무 수행 정도와 조직의 주가 간에 강한 관계를 인식하지 못한다. 금융시장에서 주가 변동성이 증가하고 있는 최근에 와서는 더욱 그렇다. 게다가 대부분의 ESOP 제도에서 참여는 개개인의 수행에 기반을 두지 않는다. 회사의 주식 지분을 구입하기 위해 종업원들에게 요구되는 기준은 오직 일정한 재직기간(예 : 6개월)뿐인 것이다.

또한 조직은 **초과이익배분제**(profit-sharing) 또는 **생산성향상배분제**(gain-sharing)를 통해 종업원들의 수행을 동기화하고자 한다. Florkowski(1987)에 따르면, 전형적인 초과이익배분제에서 조직은 달성하기를 바라는 목표 이익률을 명시한다. 회사의 이익이 이 목표를 초과하면 그 초과한 이익률을 종업원들에게 배분한다. 예를 들어, 조직이 5%의 목표 이익률을 설정했는데 실제로 7%의 이익률이 났다면, 추가 2%는 종업원들에게 배분된다. 이런 초과이익배분제는 종업원들 개인 간의 경쟁을 감소시키고 협력을 향상하는 잠재력을 가지고 있다. 이 제도하에 있는 종업원들은 서로 경쟁에서 이기려고 노력하기보다는, 전체로서 조직의 이익을 위해 함께 일함으로써 더 많은 이익을 달성하고자 한다. 또한 ESOP와 마찬가지로 초과이익배분제는 유능한 인재를 유인하고 유지하는 데 도움을 줄 것이다. 비록 초과이익배분제를 평가한 연구들이 많지는 않지만, 이 제도가 조직의 생산성 증가 및 종업원의 긍정적 태도 등과 같은 긍정적인 결과와 관련이 있다는 증거가 있다(Hambly et al., 2019).

그러나 초과이익배분제는 개개인의 수행에 대한 강력한 동기 요인은 아니다. ESOP의 경우처럼, 대부분의 종업원들은 그들의 수행과 조직 수익성 간의 연관성을 직접적으로 인식하기 힘들다. 초과이익배분제를 부서별 혹은 사업단위별 이익을 기준으로 함으로써 이런 문제들을 해결할 수 있기는 하지만, 이것이 항상 행해질 수 있는 것은 아니다. 종업원들에게 동기를 부여하기 위해 초과이익배분제를 사용할 때 생기는 또 다른 문제는, 초과이익배분이 1년에 한 번 혹은 두 번 정도 이루어진다는 점이다. 따라서 종업원이 자신의 수행과 조직 수익성 간의 연관성을 발견하더라도 수행과 초과이익배분 발생 시점 간의 시간적 지체 때문에 이 제도가 개개인의 수행에 큰 동기적인 영향력을 갖기에는 어려움이 따른다.

생산성향상배분제는 전체 조직의 수행에 따라 보수의 일정 부분을 분배한다는 점에서는 초과이익배분제와 비슷하다. 그러나 Lawler와 Jenkins(1992)에 의하면 이 두 배분제는 다음 두 가지 측면에서 다르다. 첫째, 생산성향상배분제에 의해 종업원들에게 제공되는 보수는 이익보다는 비용 절감에 의한 것이다. 예를 들어, 조직은 과거의 데이터를 고려하여 불량품 생산 때문에 발생하는 전체 비용의 10%를 절감하는 것을 생산성 향상 목표로 정할 수 있다. 정해진 10% 목표를 달성한 후 추가로 발생하는 비용 절감 부분은 종업원들에게 돌아가게 된다.

둘째, 생산성향상배분제는 포괄적인 조직 변화 프로그램의 일환인 데 반해 초과이익배분제는 엄밀히 말하자면 임금 지급 방식에만 관련된 제도이다. 즉 생산성향상배분제는 비용 절감이라는 생산성 향상이 목표이고, 이 비용 절감은 전형적으로 조직 내 여러 계층의 종업원들 모두의 노력이 절대적으로 필요한 조직 변화 프로그램을 통해서만 이루어질 수 있다.

생산성향상배분제의 효과에 관한 증거는 긍정적이다(예 : Hatcher & Ross, 1991; Kraizberg et al., 2002). 구체적으로 이 제도는 상당한 비용 절감 효과를 보여주었고, 종업원들의 태도에도 긍정적인 영향을 미쳤다. 주가나 이익률에서의 효과와는 반대로, 종업원들은 그들의 행동과 비용 절감 사이의 연관관계를 더 쉽게 인식할 수 있다. 또한 초과이익배분제와 비교해볼 때, 생산성향상배분제는 경영 가치에서 보다 근본적인 변화를 가져오기 때문에 생산성향상배분제에서 일하는 종업원들은 그들의 작업환경의 많은 측면이 개선된다는 것을 알게 된다.

몇몇 사례에서 나타나는 생산성향상배분제가 잠재적으로 가진 단점 중 하나는 조직이 비용절감 기준을 설정하는 것이 어렵다는 점이다. 예를 들어, 조직이 생긴 지 얼마 안 되었거나 축적된 주요 데이터가 없다면, 비용 절감 기준은 종업원들에 의해 임의로 정해질 수밖에 없다. 이런 사례에서는 이 제도가 가져다주는 이익보다 손해가 더 크다. 생산성향상배분제는 비용 절감 기준이 객관적으로 설정된 경우에만 제 기능을 할 수 있다. 기준이 제멋대로 정해진다면 종업원들에게 반감만 사게 될 것이다.

복리후생

지금까지 살펴본 유형 보상은 종업원들에게 직접 현금이 주어지는 형태였다. 그러나 유형 보상의 모든 형태가 직접적인 현금 지급을 포함하는 것은 아니다. **복리후생**(fringe benefits)이 그 대표적인 예다. 고용주가 제공하는 전형적인 복리후생에는 건강 및 치과 보험, 생명보험, 연금 등이 포함된다. 어떤 회사는 실업수당, 퇴직수당 및 자녀 학자금 지원 등도 제공한다. 2022년에 대부분의 조직은 이러한 부수적 혜택 중 하나 이상을 제공했으며, 98%가 건강보험을 제공하고 82%가 퇴직 혜택을 제공했다(https://www.shrm.org/about-shrm/press-room/press-releases/pages/shrm-releases-2022-employee-benefits-survey--healthcare-retirement-savings-and-leave-benefits-emerge-as-the-top-ranked-be.aspx_).

불행히도, 복리후생의 동기적 영향에 관해 행해진 연구는 매우 드물다. 또, 어떤 연구들은 복리후생의 동기적 영향이 상당히 적다고 제안한다. 대부분 종업원은 그들 조직의 복리후생 프로그램에 대해 잘 모르고 있으며(Milkovich & Newman, 1990), 복리후생의 금전적 가치를 과소평가한다(Wilson et al., 1985). 이런 면에서 복리후생이 큰 동기적 가치를 갖는다고 추정하기는 힘들다.

그러나 복리후생은 종업원들을 유인하고 유지하는 데 긍정적인 영향을 미친다(Gerhart & Milkovich, 1992). 예를 들어, 의료비용으로 많은 돈을 지출하고 있는 종업원에게 조직이 제공하고 있는 의료보험 혜택은 중요한 재정적인 의미를 가질 수 있다. 따라서 조직이 제공하는 의료보험 혜택이 매우 우수할 경우, 그 조직은 종업원을 모집할 때 경쟁 우위를 가지며, 급여 면에서도 제법 경쟁력이 있게 된다. 이것은 퇴직금과 연금제도에서도 마찬가지다(Weathington & Reddock, 2011).

현금이 아닌 또 다른 유형적 보상은 **특전**(perks)으로 흔히 알려진 종업원 특혜가 있다. 조직에 의해 제공되는 특혜의 형태는 매우 다양하며, 주로 종업원들의 직책에 따라 다르다. 레스토랑의 종업원들에게 제공되는 식사비 할인 및 무료 유니폼이 그 예다. 대부분의 소매점에서는 종업원들에게 특별히 할인된 가격으로 상품을 제공한다. 한편 임원들에게는 훨씬 더 많은 특혜가 제공된다. 예를 들어, 임원들이 골프 클럽 멤버십을 갖고 있거나, 회사 소유의 리조트를 무료로 이용하거나, 업무상 오고 갈 때 회사 전용 비행기를 이용하는 것 등은 흔한 일이다. 조직은 최근 세법에서의 변화 때문에 임원에게 제공하는 특혜를 줄여 가고 있지만, 여전히 대부분의 임원들은 조직에서 많은 특혜를 받고 있다.

복리후생과 마찬가지로, 조직 내 종업원들에게 주어지는 특혜가 가지는 영향력에 관한 연구는 거의 이루어지지 않았다. 대부분 종업원에게는 특혜가 그들의 보수에서 차지하는 비율이 상대적으로 작기 때문에 종업원의 일상적 수행에 특혜가 유의미한 영향을 끼칠 가능성은 낮다. 게다가 대부분의 산업에서 종업원들에게 제공된 특혜의 종류는 매우 기본적인 것들이다. 그러나 종업원들의 지위가 높을 경우, 특히 회사가 그들의 능력을 필요로 할 경우는 다르다. 예를 들어, 경쟁 기업으로부터 경영진을 유치하려는 경우 조직은 부수적 혜택을 통해 거래를 제안할 수 있다. '참고 9.4'에서는 경영진 보상이라는 중요하고 논란이 되는 주제를 다루며, 경영진 보상이 문화에 따라 어떻게 다르고, 경영진 보상이 해고와 어떤 관련이 있는지 논의한다.

무형 보상

조직은 종종 돈이나 복리후생과 같은 유형 보상을 종업원들에게 부여하지만 이러한 유형 보상은 조직이 종업원들의 행동에 영향을 미치기 위해 사용하는 보상 중에서 단지 작은 부분만 차지할 뿐이다. 많은 조직은 **무형 보상**(intangible reward)을 통해 종업원들의 수행을 장려한다. 무형 보상이란 종업원들이 재정적인 또는 물질적인 이득이라고 여기지 않는 보상으로 정의된다. 비록 재정적인 보상처럼 아주 강력하진 않지만, 무형적 보상은 조직에서 자주 사용되며, 많은 경우 종업원들은 이 무형적 보상을 가치 있게 여긴다.

인정(recognition)과 **포상**(award)의 결합은 조직에서 가장 일반적으로 사용하는 무형 보상의 형태 중 하나이다. 회사의 관점에서는 유형 보상을 제공하면 인정과 포상은 당연히 따라오는 것이라고 볼 수도 있지만, 종업원들에게는 때로는 유형 보상보다 인정이나 감사패를 받는 것이 더 큰 의미가 있다. 예를 들어, 많은 조직은 종업원이 오랫동안 회사에 봉사한 것에 대해 그 노고를 공식적으로 치하하거나, 또는 승진과 같은 지위상의 변화를 통해서 종업원들이 성취해 온 것을 인정하고 있다. 또한 창의적인 업무절차나 원가절감 방법을 고안해 내는 것과 같은 업무 관련 특정 성취에 대해 상패를 수여할

참고 9.4

조직 내 경영진 보상의 역할

여러분은 분명히 디즈니, 포드 등의 기업과 미디어 기업의 CEO들이 받는 높은 연봉에 대해 들어봤을 것이다. 기업의 경영진은 일반 직원보다 훨씬 더 많은 금액을 받지만, 그 보상은 일반적으로 조직의 성과에 더 많이 의존한다. 사실 경영진은 전체 보상의 50% 이상을 보너스나 스톡옵션 형태로 받을 수 있다.

연구자들은 대부분의 경영진 보상에 관한 연구가 개인주의 성향이 강한 미국 내에서 시행되었다는 사실에 주목하였다. Tosi와 Greckhamer(2004)는 23개국의 경영진 보상 체계(총봉급, 전체 보상에서 보너스와 인센티브가 차지하는 비율, 경영진과 말단직원의 봉급 비율 등)를 5년간 관찰했고 각 국가에 대한 권력거리, 개인주의-집단주의, 불확실성 회피, 남성성 점수 또한 측정하였다. 여러 가지 국가 차원의 변수들을 통제한 후, 저자들은 경영진들의 총봉급이 개인주의와 권력거리에 정적으로 연관되어 있다는 사실을 발견하였다. 변동 급여와 총봉급의 비율 역시 개인주의와 권력거리에 정적으로 연관되어 있었으나, 불확실성 회피와는 부적 상관을 보였다. 한편 경영진과 말단직원의 봉급 비율은 권력거리 및 남성성과 정적 상관을 보였다. 이런 결과를 통해 저자들은 경영진에 대한 보상이 문화적 가치에 의해 부분적으로 영향을 받는다고 주장하였다. 예를 들어, 성취를 높이 사는 국가는 개인주의적 성향을 나타냄에 따라 경영진의 보상이 더 크다는 사실은 당연한 결과이다. 반면, 위험 감수를 싫어하는 국가는 불확실성을 피하려고 하기 때문에 예측 불가능하게 변동하는 보너스와 장기적 인센티브와 같은 요인에 영향을 받는 경영진의 총급여가 상대적으로 적게 나타나고 있다.

문화적 가치 외에도, Bentley와 동료들(2019)은 최근에도 CEO가 자신의 연봉이 동료들보다 낮으면 회사에서 정리해고를 진행할 수 있으며, 그 결과로 회사의 성과가 개선되면 자신의 연봉을 증가시킬 수 있다고 주장하였다. 이 연구들은 CEO 급여가 CEO 자신뿐만 아니라 그들이 경영하는 회사의 직원들에게도 중요한 결과를 가질 수 있음을 시사한다.

출처 : Tosi and Greckhamer(2004), Bentley et al.(2019).

수 있다. 흥미롭게도 이러한 종류의 보상에 관한 연구는 많지 않다.

인정과 포상을 가장 많이 사용하는 조직으로 미국 군대를 꼽을 수 있다. 군대는 우수한 훈련생에게 수여하는 상부터 높은 용기와 자기희생을 치하하고자 부여하는 명예의 훈장까지 위계적으로 구조화된 일련의 포상 체계가 있다. 이러한 포상이 우수한 수행을 치하하는 데 일관되게 쓰인다면, 이는 극한의 스트레스 상황에 있는 군인들의 행동을 동기화하는 효과적 요인이 될 것이다. Thomas와 Castro(2003)는 포상과 인정의 공정한 분배가 군인들의 동기화, 유지, 수행에 미치는 영향에 관해 연구했다. 또, Britt 등(2007)은 코소보의 평화유지 임무를 맡은 군인들의 사기에 대한 예측변인으로서 직무 수행에 대한 인정의 영향력을 검증하였다. 연구자들은 군인들이 그들의 기여가 인정받고 있다고 느낄 때 임무 수행 시 더 높은 수준의 사기를 보인다는 점을 발견했다. 임무 수행 동안 이처럼 높아진 군인들의 사기는 해당 임무가 종료되고 몇 개월 후에 진행된 다른 임무에서도 유지되는 효과가 있었다. 한편 군대에서의 포상과 인정의 신중한 활용은 군인들의 동기를 유지할 수 있게 하지만, 만일 포상이 수행과 연관성을 갖지 못할 때는 동기에 부정적 영향을 끼칠 수도 있다(Thomas & Castro, 2003 참조). 이 장의 '실무자 소개'에서 Fred Mael 박사는 직원 행동을 촉진하는 데 중요한 비물질적 요소의 중요성을 논의한다.

자주 사용되는 또 다른 무형 보상으로 **칭찬**(praise)이 있다. 예를 들어, 상급자는 하급자가 할당된 업무를 잘 수행했을 때 그에게 말로 칭찬을 해 줄 수 있다. 칭찬의 사용은 종업원의 행동에 큰 영향을 미칠 수 있다. 왜냐하면, 직속 상사의 칭찬은 강화의 가치가 있으며(Latham & Huber, 1992), 종업원 스스로의 유능감을 강화할 수 있기 때문이다(Bandura, 1986). 한편 이와 같은 상사의 칭찬은 적절한 시기와 진실성이 중요하게 고려되어야 한다. 칭찬은 바람직한 행동 후 바로 이루어져야 가장 큰 영향을 미칠 수 있다. 만약 상사가 6개월 전에 작성된 보고서에 대해 부하직원을 칭찬한다면, 이것은 종업원에게 거의 어떤 영향도 줄 수 없다. 보고서가 작성된 바로 다음 날 상사가 부하직원을 칭찬한다면 의심할 여지 없이 대단히 큰 효과가 있을 것이다.

또한, 종업원이 상사의 칭찬이 진실한 것이라고 생각할 때 칭찬은 훨씬 더 큰 효과가 있다. 칭찬의 진실성을 결정하는 많은 요소가 있지만, 이 중에서도 다음 두 가지 요소가 특히 중요하다. 첫 번째로 칭찬의 빈도이다. 만약 상사가 부하직원을 끊임없이 칭찬한다면 시간이 지날수록 칭찬이 갖는 동기부여의 가치는 감소할 것이다. 반대로 상사가 부하직원을 거의 칭찬하지 않는 경우라면, 부하직원은 칭찬을 받았을 때 그 칭찬에 대해 강한 의심을 하게 될 것이다. 그러므로 칭찬이 효과적인 영향을 미치기 위해서, 상사는 칭찬을 남발하는 것과 너무 드물게 하는 것 사이에서 적절한 균형을 맞추도록 노력해야 한다.

이와 관련해, 칭찬을 받기 위해 성취되어야 하는 수행 수준 역시 중요한 고려사항이 되어야 한다. 만약 상사가 부하직원의 하찮은 업무 수행에도 칭찬을 남발한다면, 실제 높은 수준의 수행이 성취되었을 때 부하직원이 받게 되는 칭찬의 가치는 감소할 것이다. 또한, 부하직원이 스스로 통제할 수 있는 행동들에 대해서 칭찬이 이루어졌을 때 그 칭찬은 더욱 효과적일 것이다(Koestner et al., 1990). 예를 들어, 종업원들 스스로가 통제할 수 없는 것에 대한 칭찬이 이루어졌을 때, 그 칭찬은 부하직원들에게 거의 영향을 미치지 못한다.

앞에서 유형적 보상을 설명할 때 레스토랑에서의 수행에 대한 금전적 인센티브의 효과를 검증한 Peterson과 Luthans(2006)의 연구를 소개한 바 있다. 이들은 또한 이 연구에서 피드백과 사회적 인정과 같은 비금전적 인센티브가 수행에 미치는 효과를 검증하였다. 특히 이들은 관리자들이 종업원 수행에 대해 피드백을 할 수 있게끔 하기 위해, 관리자들이 종업원들의 주요 수행 측정치(주문에 걸리는 평균 시간, 계산 실수)를 평가하는 차트를 개발하도록 하였다. 그다음, 사회적 인정을 위해서 관리자들은 종업원이 수행 표준을 달성하거나 능가했을 때 그들을 칭찬하도록 교육을 받았다. 또, 관리자들은 종업원이 집단 목표를 달성했을 때 자신이 얼마나 기쁜가에 대해 긍정적으로 기재한 메모를 매주 각 종

실무자 소개

FRED MAEL 박사

나는 웨인주립대학교(Wayne State University)에서 산업 및 조직심리학 박사 학위를 받았으며, 메릴랜드의 로욜라대학(Loyola College of Maryland)에서 상담심리학 석사 학위도 취득했다. 또한 국제코치연맹에서 전문 인증 코치로 인증받았다. 내 경력은 높은 수준의 개념적 이해에서 시작하여 실제 세계 문제 해결에 활용되는 좋은 사례를 제공한다.

대학원에 입학한 이후부터 조직 정체성(organizational identification, OID)이라는 개념에 매료되었다. 이는 개인이 더욱 큰 단체와 일치한다는 인식을 나타내며, 이는 국가, 기업, 종교 단체 또는 심지어 스포츠 팀일 수 있다. 다수의 연구들이 보여주듯, 조직에 더 강하게 정체감을 느끼는 직원들은 보다 헌신적이고 직무 만족도가 높으며, 단체를 위해 더 많은 노력을 기울이기도 한다. 내가 궁금했던 점은 왜 사람들이 일반적으로 인기 없거나 심지어 실패할 수도 있는 외부 단체의 복지와 자신의 행복을 연결하기를 선택하는지였다. 이것은 나를 매료시켰으며 지금까지도 계속해서 그렇다.

나의 OID 주제 논문은 수많은 인용을 받는 널리 읽히는 논문들로 이어졌고, 이는 이 개념을 이해하는 데 기초적인 역할을 하고 있다고 평가받고 있다. 전 세계에서 사용되는 OID를 측정하기 위해 개발한 척도는 최근에 터키, 스페인, 인도, 필리핀, 인도네시아에서도 사용 요청을 받았다. 실질적으로 조직들에게 직원 유지 전략 개선 및 비영리 단체들에게 동문 또는 회원 헌신 증대 전략에 대해 상담을 제공했다.

결국, OID와 유지에 대한 이 설명은 크고 유용한 노력으로 이어졌다. 미국 육군은 그 당시 조기 퇴역한 초급 장교(소위 중위와 대위)의 수가 많아져, 장래의 최고 지도자 파이프라인을 공백으로 남길 위험이 있었다. 나는 이 주제에 대한 연구 검토를 진행한 후, 현직 및 이전 육군 인사 리더들과 인터뷰를 진행했다. 이 정보를 바탕으로, 20개 이상의 가능성 있는 퇴역 사유 목록을 작성하고 해결 방안을 제안했다.

육군은 그 후 퇴역한 전 장교들이 일찍 떠난 이유에 대해 설명하는 비디오를 제작하도록 요청했다. 나는 70명의 전 장교와 그들의 배우자 20명에 대해 심층 인터뷰를 진행하고, 그들이 떠난 이유, 그들이 머물렀을 경우의 조건, 그리고 그들이 가장 그리워했던 것들에 대한 생각을 도출했다. 나는 뛰어난 영화 제작자를 선택하여 텍사스, 캘리포니아, 매사추세츠, 워싱턴 DC에서 다양하고 표현력 있는 전 장교 그룹을 촬영했다.

현직 장교들의 피드백을 반영하여 우리 팀은 최종 버전을 제작하였고, 이는 육군 부참모총장이 승인하고 널리 보급되었다. 퇴역 장교들은 자신의 복무를 연장할 수 있도록 강력한 신뢰성을 제공했다. 상급 장교들은 이 영상을 활용하여 하급 장교들에게 퇴역을 재고하도록 권고하고, 이는 매우 도움이 되었다.

흔치 않은 주제에 관한 흥미로운 프로젝트도 있었다. 육군 특수 부대에서 근무하면서 우리 팀은 아프리카계 미국인들이 육군에 많이 있는 것처럼 보이지만 특수 부대에서는 저조한 이유를 조사하는 업무를 맡았다. 이들의 이전 훈련 데이터를 검토하는 동안, 우리는 이 집단이 특수 부대의 필수 수영 테스트(훈련 3일째 실시)에서 그들의 백인 동료보다 6배 더 자주 실패했음을 발견했다. 흑인들은 수영해야 하는 상황에서 물에 빠지거나 구조가 필요한 상황에 처하는 경우가 많았으며, 이러한 이유로 탈락하는 경우가 빈번했다.

나의 후속 연구에서 이 문제의 주요 원인은 수영을 배울 기회의 부족 때문으로 밝혀졌다. 즉 지역 수영장 부족이나 부모가 수영을 배운 적이 없어서였다. 우리의 결론은 특수 부대에 합류를 시도하는 소수 민족에게 보정 수영 훈련 기회를 더 많이 제공하는 것으로 이어졌다.

그러나 이야기는 여기서 끝나지 않았다. 놀랍게도, 흑인 여성들이 흑인 남성들보다 수영을 덜 했다. 많은 흑인 여성들과의 인터뷰에서 밝혀진 바에 따르면, 흑인 여성들의 머리카락은 젖은 뒤에 스타일링할 때 시간이 많이 걸린다는 것이다. 이로 인해 흑인 여성들은 수영을 덜하려고 했다. 그 논문이 작성될 당시인 1990년에는, 흑인 여성들이 직장 표준에 맞추기 위해 머리를 펴야 했다. 이는 지금 변하고 있다. 이제 많은 주에서 흑인 특유의 헤어스타일 때문에 고용을 거부하는 것은 불법이다(the Crown Act).

이후, 나는 미국 올림픽 팀과 같은 수영 기구들의 국가 정상회담에 초대되어 국제 수영 명예의 전당에서 인종 간 격차에 관한 회의에 참석하게 되었으며, 그로 인해 국제생명구조연맹에서 기조연설을 하게 되었다. 이는 다시 CDC와의 계약으로 이어지게 되었고, 구급대원 직무 분석을 수행하게 되었다. 한 분야에서 문제를 해결하는 것이 다른 문제를 해결하는 기회를 제공할 수 있다는 점은 참으로 놀라웠다.

나는 여전히 조직이 직원의 정서를 개선하고 성과를 극대화하기 위해 상담하는 것을 통해 더 효과적으로 작업하도록 돕고 있다. 나의 상담 분야는 조직 문화 분석, 설문 조사, 성과 관리 및 벤치마킹을 포함하며, 공공, 민간 및 비영리 부문의 리더들과 전문가들에게 목표 달성과 우선순위 설정, 기술직에서 관리직으로의 전환, 직업 진전, 상급자 및 하급자와의 관계와 커뮤니케이션 관리, 일-삶 균형에 집중한다.

나는 I-O 심리학자에게 이상적으로 여겨지는 과학자-실무자 모델을 실현한 사람이다. 나는 충성심, 리더십, 직원 선발 및 유지, 업무 단위 결속 등에 대해 80편 이상의 책 장, 학술지 논문 및 학회 발표를 저술했다. 또한 Personnel Psychology와 Career Development Quarterly 같은 연구 저널의 편집위원회에 참여했다. 또한 Baltimore SmartCEO와 Washington SmartCEO의 정기 기고자로 활동하였으며, 워싱턴포스트, 월스트리트저널 온라인, 교육 주간지, Athletic Monthly Magazine 등의 인기있는 출판물에 인용되기도 했다. 2004년에는 미국 심리학회와 산업 및 조직 심리학회의 연구와 영향력 있는 업적으로 펠로우로 선정되었다.

Fred Mael 박사는 'Mael Consulting and Coaching'에서 조직/경영 컨설턴트 및 임원 코치로 활동하고 있다. Mael 박사는 웨인주립대학교에서 산업 및 조직심리학 박사 학위를 취득했다.

업원에게 주도록 지시받았다. 어떤 교육도 받지 않은 통제집단의 레스토랑과 비교하여, 관리자가 인정과 칭찬에 대한 교육을 받은 레스토랑은 교육을 받은 후 6개월, 9개월 뒤에 더 높은 영업 이익, 더 빠른 주문을 이루었고, 종업원 이직률은 감소했다. 금전적 인센티브와 비금전적 인센티브의 효과를 비교했을 때, 교육 후 6개월, 9개월이 지난 시점에서의 전체 영업 이익과 주문 시간에는 차이가 없었다. 또한, 둘 다 수행에서 동등한 향상을 보였다. 그러나 직원 유지 측면에서 금전적 인센티브는 비금전적 인센티브보다 더 강한 긍정적인 효과를 나타냈다.

직무 설계를 통한 동기부여

보상 체계가 직원의 행동에 영향을 주는 주된 수단이기는 하지만 조직은 또한 직무 설계 과정을 통해 종업원에게 동기를 부여하려고 한다. 즉 조직은 높은 조직 몰입과 동기부여를 가능하게 하도록 종업원의 직무를 설계하고, 부서 또는 전체 조직의 구조까지 설계하려고 시도한다. 이 장에서는 조직에서 동기부여를 위해 사용하는 종업원의 직무에 초점을 맞추고자 한다.

직무 설계의 역사

Moorhead와 Griffin(1998)에 따르면, 19세기 이전에는 대부분 국가가 농경사회였다. 가족들이 농사를 짓고 대부분 자급자족을 했다. 이러한 자급자족 모델은 점차 **가내수공업**으로 대체되기 시작했다. 특히 사람들은 점차 식량 생산을 감소시키고, 식량과 교환할 수 있는 재화(옷이나 가구 등)를 생산하는 데 집중했다. 마침내 이 수공업 모델은 더 광범위한 분업으로 바뀌었다. 예를 들면, 옷을 생산할 때 사람들은 천을 짜는 일과 바느질, 재단 등을 분업화하기 시작한 것이다. 직무 설계에 가장 큰 영향을 끼친 사건은 1700년대 후반과 1800년대 초반 유럽을 휩쓸고, 1800년대 후반에는 미국에까지 전파된 산업혁명이었다. 산업혁명으로 생겨난 직무 분화는 Adam Smith와 Charles Babbage 같은 사람들에 의해 체계적으로 연구되기 시작했다. 그들의 연구는 궁극적으로 조립 라인의 발달을 이끌어냈고, 결국 Taylor가 과학적 관리(scientific management) 체제를 도입할 수 있도록 하였다. 독자들도 기억하겠지만, 과학적 관리에서 사용된 주된 동기화 기제는 보상이었다. 종업원은 자신의 생산량에 기초해서 급여를 받는 능률급 체계에서 일을 했다. 또한 과학적 관리에서 직무 설계는 직원 동기부여 과정의 핵심이었다. 직무가 종업원들의 효율성을 극대화하는 방향으로 설계될수록 종업원들은 더 많이 생산하고 따라서 더 높은 임금을 받을 수 있었다.

과학적 관리에 대한 노동자들의 불만족은 직무 설계에 대한 인간관계(human relations) 학파의 접근을 가져왔다. 인간관계 접근에 따르면 업무는 종업원들이 자신의 노력을 들이고 능력과 기술을 최대한 극대화할 기회를 제공하도록 설계되어야 한다. 이 접근의 주요 가정은 사람들은 돈을 벌기 위해서만이 아니라, 지적인 자극과 창조적 표현 같은 보다 내적인 이유로 일을 한다는 것이다. 비록 인간관계 이론에 근거한 많은 직무 설계 프로그램이 있지만, 이 프로그램들이 공통적으로 추구하는 것은 직무가 더 재미있고 직원들에게 더 많은 직무 관련 의사결정권을 주는 방향으로 설계되어야 한다는 것이다.

인간관계 접근이 주목을 끈 이후, 직무 설계 접근들은 이 기본 접근을 더욱 다듬는 것에 초점을 두었다. Hackman과 Oldham(1980)의 직무 특성 모델은 직무 설계에 더 많은 구체성을 제공하였고, 직무 진단 조사와 같은 직무의 동기적 특성을 진단하는 도구를 제공했다. 또한, Campion의 직무 설계에 대한 다학문적 접근은 조직심리학과 다른 분야로부터 온 직무 설계에 대한 접근을 융합하고 있다. 이제 직무 설계에 대한 구체적인 접근법들을 살펴보자.

인본주의적 직무 설계

인본주의적 직무 설계의 가장 간단한 형태 중 하나는 **직무순환**(job rotation)이다. 직무순환에서는 직무의 실질적 내용은 변하지 않는다. 그러나 종업원은 주기적으로 다른 업무에서 순환 근무를 할 수 있다. 직무순환을 하는 기본적인 이유는 종업원에게 더 큰 다양성과 새로운 기술을 배울 기회를 제공하기 때문이다. 비록 직무순환이 몇 가지 긍정적인 결과를 보여주었고, 여전히 사용되고 있기는 하지만(Campion et al., 1994), 종업원의 직무 내용은 실제로 바뀌지는 않는다. 이런 유형의 직무 설계는 시간이 지남에 따라 지루해질 수 있는 단순한 직무에 가장 효과적일 수 있다. 그 예로 놀이동산에서는 지루함을 예방하고 업무에 대한 집중을 유지하기 위해 종업원들을 한 놀이기구에서 다른 놀이기구로 자주 교체시킨다.

직무 설계에 대한 두 번째 접근은 인본주의적 원리에서 유래한 **직무확충**(job enrichment)이다. 이러한 접근은 Herzberg의 **동기-위생 이론**(motivation-hygiene theory)(Herzberg, 1968)에 기반을 두고 있으며, 이는 Hackman과 Oldham(1980)의 JCT의 전신이 되었다. Herzberg는 직장환경을 두 가지 일반적인 범주로 나눌 수 있다고 제안했다. 첫 번째는 위생 요소로, 이는 급여, 부가 혜택, 동료와의 관계 등 직무 내용과는 별개인 직장환경의 측면을 포함한다. Herzberg는 이러한 요소를 **위생 요소**(hygiene factors)라고 부르는데, 이는 이 요소들이 직원이 불만족스럽지 않도록 하는 데 필수적이지만 진정으로 동기부여할 수는 없다는 것을 의미한다. 건강에 관련된 비유로 설명하자면, 적절한 치아의 위생 유지는 치아의 품질을 개선하지 않을 수 있지만 치아 용해와 잇몸 질환 같은 문제를 예방하는 데 도움이 된다.

Herzberg는 직장환경의 두 번째 범주를 **동기 요소**(motivator)라고 명명했다. 위생 요소와 대조적으로, 동기 요소는 주로 개인의 직무 내용에 자리한다. 동기 요소에는 직무 내 자연스럽게 포함된 도전적 요소의 양, 직무 수행 시 자율성의 정도, 그리고 직무 자체적으로 흥미로운 정도 등이 포함된다. Herzberg에 따르면, 직원을 동기부여하기 위해서는 조직이 직무를 설계할 때 동기부여 요소를 내장시키는 방식으로 직무를 구성해야 하며, 이를 통해 직무 내용 자체가 직원에게 내재적으로 보상적이게 만들어야 한다. '직무확충'이라는 용어는 Herzberg가 처음으로 만들었으며, 이는 사람들의 직무에서 동기부여 요소로 명명된 이러한 측면들을 설명하는 데 사용되었다. 직무확충은 직무에 더 높은 수준의 동기부여 요소를 삽입하려는 시도였으며, 따라서 직무를 더욱 동기부여적으로 만드는 것을 목표로 했다.

직무확충에 사용되는 주된 기제는 **수직적 직무부하**(vertical job loading)로서, 이는 종업원에게 수행해야 할 더 많은 과업을 주고 그 일을 해결하는 데 필요한 더 많은 재량과 결정권을 주는 것을 의미한다. 예를 들어, 청소부의 업무에서 청소부 자신이 청소 업무를 스스로 계획하고 새로운 청소도구에 대한 주문을 책임지도록 한다. 이런 식으로 이전에는 감독자들이 했던 임무에 대한 책임을 직원이 지도록 과업을 수직적으로 추가시키면서 직무 내용을 바꿔 주는 것이다.

Herzberg의 직무확충 원리에 근거한 직무 설계를 평가한 경험적 연구는 거의 없지만, 이 접근법이 성공적으로 실행된 몇 가지 사례는 있다. 예를 들어 Ford(1973)는 AT&T의 사무직에서 직무확충을 실시한 결과 효율성이 증가하고 이직률이 감소하는 긍정적인 결과를 보고하였다. 텍사스인스트루먼트(Texas Instruments) 또한 청소부 업무에서 직무확충을 실시하여 많은 성공을 거두었다(Weed, 1971). 마지막으로, Campion과 McClelland(1991)는 직원들에게 더 많은 책임감을 부여하는 직무확충은 긍정적인 동기부여를 가져온다는 결과를 보고하였다.

하지만 초기의 모든 직무확충 사례가 성공적인 것은 아니었다(Griffin & McMahan, 1994). 그 이유 중 하나는 초기 직무확충 프로그램은 모든 사람이 직무확충을 통해서 동기부여될 것이라는 가정하에 이루어졌기 때문이다. 사람들은 여러 가지 측면에서 동일하지 않기 때문에 이것은 다소 미숙한 가정이었음이 드러났다. 초기의 직무확충은 동기를 증진하기에는 다소 협소하고 부정확한 직무 설계 방법이었다. 비록 수직적 과업 추가가 일부 사례에서는 유의미했지만, 동기를 높이도록 직무를 변화시키는 데는 여러 가지 다른 방법이 있을 수 있다. 또한, 급여와 직장환경의 물리적 측면과 같은 위생 요소들이 직원들에게 중요하다는 것을 기억하는 것도 중요하다. 직무 설계 방식에 대한 보다 진전된 이후의 접근들은 대부분 직무확충에 대한 이 두 가지 비판에 대한 대안으로 등장한 것이다.

직무 설계에 대한 직무 특성적 접근

앞에서는 주로 직무 특성 접근법의 주요 구성요소를 설명했다. Hackman과 Oldham(1980)에 따르면, 모든 잠재적인 직무 재설계에서 중요한 첫 단계는 조직 내에서 목표가 되는 직무를 우선 진단하는 일이다. 다행히도, 직무 특성 이론을 개발하면서 Hackman과 Oldham은 이론의 각 요소를 측정할 수 있는 직무 진단 서베이(job diagnostic survey, JDS) 또한 개발했다. 직무 진단 조사는 오랫동안 정교하게 다듬어져 온, 상당히 훌륭한 심리측정 도구이다(Renn et al., 1993).

예비 진단에서 살펴봐야 할 가장 중요한 점은 다섯 가지 핵심 직무 차원의 측정 패턴이다. 예를 들어, 비슷한 사무직 지위를 가진 근로자 집단에 직무 진단 조사를 했다고 가정해보자. 결과의 유형은 〈그림 9.2〉와 비슷하다. 여기서 우리가 보는 JDS 점수는 상당히 높은 수준의 과제 중요성, 기술 다양성, 피드백을 반영한다. 그러나 이 직무를 수행하는 종업원들이 느끼는 자율성과 과제 정체성 정도는 부족하다. 사무직에서 재직자가 일을 어떻게 하는가에 대한 자율성이 없다는 것은 이상할 것이 없으며, 낮은 과제 정체성은 종업원들이 아주 제한된 방식으로 조직의 목표에 이바지하고 있음을 나타낸다.

진단을 하고 직무가 어떻게 변할지에 대한 방향성을 가졌으면, Hackman과 Oldham(1980)이 추천하는 다음 단계는 직무 재설계의 실행 가능성을 평가하는 것이다. 많은 요인이 실행 가능성에 영향을 주지만, 진단해야 할 일반적 범주는 종업원과 조직 시스템이다. 종업원의 경우, 종업원들이 그들의 직무가 재설계되는 것을 원하는지 여부이다. 또한 직무 재설계는 종업원의 기술 수준 향상을 요구하는 경우가 많으므로 종업원의 기술 수준이 반드시 고려되어야 한다(예 : Campion & McClelland, 1991). 만약 종업원들이 직무 재설계를 원하지 않거나 매우 제한된 기술밖에 보유하지 않았다면 직무 재설계는 성공하기 어려울 것이다.

직무 재설계를 할 것인지에 대한 결정에 영향을 미치는 조직 요인은 종업원 노조의 존재, 조직의 보편적인 경영철학, 예상되는 직무 재설계의 비용 등이다. 노조의 존재가 직무 재설계를 할 수 없다는 것을 의미하지는 않지만, 종업원들이 수행하는 직무 내용의 변경이 노조의 단체 협상 내용에 포함된

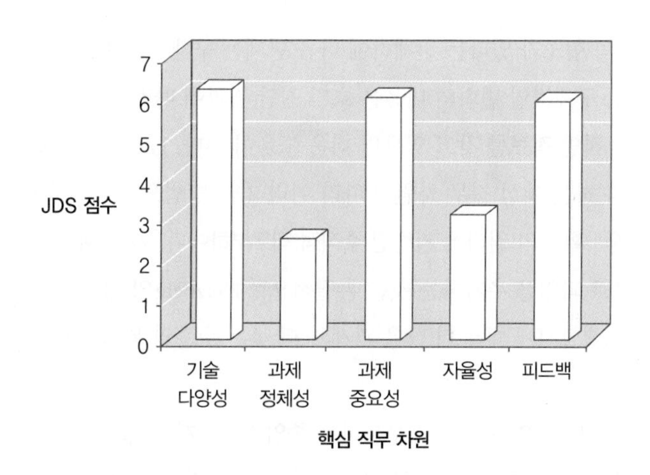

그림 9.2 JDS의 핵심 직무 차원 예시 프로파일

경우에는 직무 재설계가 협상 결과에 따라 좌우될 수밖에 없다. 따라서 조직이 직무 재설계를 시도하고자 할 때, 노조는 이를 급여 인상 없이 일을 더 시키려는 시도라고 볼 수도 있다.

직무 재설계는 종종 종업원에게 직무를 수행하는 데 더 큰 자율권을 부여하는 것을 의미하기 때문에 현재 그 조직의 관리 방식이나 통제 시스템이 어떠한가도 중요한 변수가 된다. 즉 직무 재설계는 관리자나 상사가 그들의 권한을 부하들에게 어느 정도 위임할 것을 요구하기 때문에, 만일 현재의 경영철학이나 관리 방식이 매우 권위주의적이라면 대부분의 직무 재설계는 제대로 기능할 수 없을 것이다. 따라서 직무 재설계가 효과적이기 위해서는 현재의 조직 문화가 권한위임을 부정적인 것으로 여기도록 해서는 안 된다.

직무 재설계는 많은 비용 부담을 초래할 수도 있다. 직무 재설계는 종종 외부 컨설턴트를 필요로 하고, 새로운 기술과 업무 방법으로 훈련된 종업원을 요구하며, 직무의 내용을 변화시키는 일을 수반한다. 따라서 조직이 직무를 재설계하기 위해서 그들의 생산 과정 혹은 기술을 완전히 재설계해야만 한다면 그 비용은 엄청나게 많이 들 것이다.

여러 조건이 직무 재설계를 시도하는 데 호의적이라고 평가된다면 그다음 중요한 문제는 이 변화를 어떻게 실행하는가이다. 단순히 직무 재설계를 명령하는 것도 가능하지만, 일반적으로 직무 재설계 과정에서 주요 이해관계자인 조직 구성원들을 참여시키는 것이 좋다. 이해관계자는 직무 재설계에 의해 영향을 받을 수 있는 사람들로서, 가장 일차적인 이해관계자는 아무래도 직무 재설계로 인해 직무 관련 활동이 변하게 될 종업원들이다. 그 외의 다른 이해관계자들은 관리자, 노동조합 대표자 및 종업원들과 정기적으로 상호작용해야 하는 모든 사람이다. 이해관계자들을 참여시키는 데 기준이 되는 방법은 없지만, 일반적인 방법은 주요 이해관계자들로 구성된 일시적인 위원회나 프로젝트팀을 만드는 것이다.

주요 이해관계자들의 협조가 있다는 전제하에 다음 단계는 구체적으로 어떻게 직무를 변화시킬 것인지 결정하는 것이다. 구체적인 변화의 내용은 초기 진단 결과에 따라 이루어져야 한다. 직무 분석과 같은 직무에 대한 추가적인 정보를 갖고 있으면 더욱 도움이 된다. Hackman과 Oldham(1980)에 따르면, 직무는 개선하고자 하는 핵심 직무 차원에 따라 여러 가지 방법으로 재설계될 수 있다. 직무 변화의 일반적인 방법은 직무확충의 원리에 기반한 **수직적 직무부하**이다. 직무 재설계를 위한 직무 특성 이론 접근에서 수직적으로 과업을 추가하는 것은 본질적으로 Herzberg의 접근과 비슷하다. 직원들은 자신의 직무를 어떻게 수행할지에 대해 더 많은 과제와 더 높은 수준의 통제력 및 재량권을 받게 된다는 것이다.

직무 특성 이론을 기억해보면 수직적 직무부하는 종업원들에게 더 높은 수준의 재량권을 부여하기 때문에 일반적으로 자율성의 증가에 가장 큰 영향을 주지만, 거의 모든 핵심 직무 차원에 영향을 줄 수 있다. 즉 이런 방법은 잠재적으로 다른 핵심 영역인 기술 다양성, 과제 정체성, 과제 중요성에도 긍정

표 9.4 직무 특성 이론에 따른 직무 재설계 개입(Hackman & Oldham, 1980)

직무 재설계	설명
1. 수직적 직무부하	구성원에게 더 많은 업무재량권을 부여한다.
2. 과제 결합	기술다양성을 높이기 위해 작고 전문적인 작업들을 보다 큰 과제로 결합한다.
3. 자연적 업무단위 형성	논리적으로 확인 가능한 업무에 대해 처음부터 끝까지 해낼 수 있도록 책임을 부여한다.
4. 고객관계 확립	외부/내부 고객들과 직접 상호작용할 수 있게 한다.
5. 피드백 경로 개방	구성원의 수행에 대해 자주 피드백을 받을 수 있도록 업무 루틴을 구성한다.

적인 영향을 줄 수 있다. 예를 들어, 직무에서 더 많은 통제력을 갖게 되면 이전에 사용하지 않았던 기술을 사용해야 하므로 기술 다양성이 향상된다. 수직적 직무부하는 종업원에게 작은 부분이 아니라 과제 전체를 완수하도록 하기 때문에 과제 정체성 또한 향상될 수 있다. 과제가 수직적으로 추가되면 종업원들은 자신이 수행하고 있는 과제의 중요성을 더 쉽게 알 수 있으므로 과제 중요성도 강화될 수 있다.

직무 특성 이론에 기반한 또 다른 직무 설계 방법은 **과제 결합**(combining tasks)이다. 이 방법은 작고 분화된 과제를 결합하여 큰 업무 단위에 넣는 것이다. 예를 들어, 주로 워드 프로세싱을 포함하는 직무를 수행하는 사무직원은 서류 정리와 전화 응대가 추가될 수 있다. 과제 결합은 종업원이 다양한 기술을 필요로 하는 다양한 과제를 수행하기 때문에 핵심 직무 차원의 기술 다양성에 보다 큰 영향을 준다. 그러나 과제 결합이 종업원에게 더욱 통합된 경험을 의미한다면, 과제 결합은 과제 정체성에도 영향을 미칠 수 있다.

직무 특성 이론에 기초한 세 번째 방법은 **자연적 업무단위 형성**(forming natural work units)이다. 이는 과제 결합과 비슷하나, 실제적으로 상당히 다르게 운영된다. 자연적 업무단위 형성은 직원들에게 논리적으로 확인 가능한 업무에 대해 책임을 부여하는 것을 말한다. 예를 들어, 한 보험회사는 손해사정인의 직무를 재설계하여 닥치는 대로 클레임을 맡아 처리하는 대신, 각각의 손해 사정인이 특정 집단 고객들의 클레임에 대해 책임업무를 가질 수 있도록 했다. 이런 종류의 직무 변화는 직무에 대해 보다 높은 수준의 과제 정체성을 갖도록 한다. 자연적 업무단위가 형성되면 직원들이 '처음부터 끝까지' 직무를 완수하고, 직무를 통합된 전체로서 보기 쉽기 때문이다. 이 방식은 또한 자연스럽게 통합된 업무를 수행함으로써 직원들이 조직의 전체적인 미션에 그들의 일이 어떻게 작용하는지 이해하기 쉽기 때문에, 즉 직원들이 '큰 그림'을 보는 데 도움을 주기 때문에 과제 중요성을 증가시킬 수 있다.

직무 재설계의 네 번째 방식은 **고객관계 확립**(establishing client relationships)이다. 이것은 단순히 직무를 수행하는 개인이 내부나 외부 고객들과 직접 관계를 확립하도록 하는 것을 말한다. 한 제조회사는 완성된 제품에 전화번호를 붙여서 이러한 방법을 사용한다. 즉 제품에 문제가 생기면 고객이 제품을 생산한 개인 혹은 팀에 직접 연락을 취할 수 있게 하는 것이다. 종업원의 관점에서 이 방법은 직무에 자영업 같은 느낌을 어느 정도 줌으로써 자율성을 높일 수 있다. 또한 이 방법은 고객과 직면할 때 필요한 기술이 직무 수행에서 요구되는 기술과 다를 수 있으므로 기술 다양성을 높일 수 있다. 아울러 고객과의 관계를 확립하는 것은 모든 직무에서 보다 나은 수준의 피드백을 제공하는 훌륭한 방법이다.

직무 특성 이론에 기반한 마지막 방법은 **피드백 경로 개방**(opening feedback channels)이다. 이것은 직원들이 자신의 수행에 대한 피드백을 받을 기회를 제공하기 위한 직무 재설계를 말한다. 제조업에서 이 방법은 종업원에게 정기적으로 품질관리 자료에 접근할 수 있도록 하는 것을 의미하기도 한다. 또한, 종업원에게 직접 피드백을 주기 위해 상사가 종업원에게 피드백을 주는 간접적인 피드백을 없앨 수도 있다. 즉 이 방식은 핵심 직무 차원의 피드백 차원을 재설계해 주는 것이다.

Hackman과 Oldham(1980)은 직무 특성 이론에 기초한 직무 재설계의 성공적인 실행을 보여주는 여러 연구 결과를 보고했으며, 그 외의 연구들도 여러 해 동안 출판되었다(예 : Griffin, 1991; Griffin & McMahan, 1994; Parker & Wall, 1998). 일반적으로 직무 특성 이론에 기초한 직무 재설계는 직무 만족을 증가시키는 확고한 효과를 보여주고 있지만, 직무 재설계가 실제 직무 수행에 미치는 영향력에 대한 결과는 혼재되어 있다. 예를 들어, Griffin(1991)이 은행 직원들의 직무 재설계를 조사한 결과, 직무 재설계 직후에는 수행이 오히려 낮아지는 것을 발견했다. 그러나 시간이 지나면서 수행은 이전 수준보다 더 나아졌다. 이 결과는 종업원들이 재설계된 직무를 습득하는 데 시간이 필요하고, 직무 재설계는 수행을 증가시킬 수 있다는 것을 시사한다.

이런 성공적인 사례도 있지만, Hackman과 Oldham(1980)은 직무 특성 이론에 기반한 직무 재설계가 성공하지 못한 사례(예 : Frank & Hackman, 1975) 또한 언급했다. 직무 재설계가 실패한 데는 수많은 이유가 있지만 몇 가지 공통점이 있다. 예를 들어, 조직은 때때로 직무 재설계의 복잡한 효과를 예상 못하는 경우가 있다. 일반적으로 이런 잘못은 직무 재설계 시 나타날 수 있는 **물결 효과**(ripple effect)'를 예측하지 못해서 생기게 된다. 예를 들어 종업원의 직무가 수직적으로 증가하면 이전에 상사들이 가지고 있었던 많은 결정권이 종업원에게로 이양되는데, 만약 상사가 직무 재설계 시작 시점에서 이를 알지 못했다면 그들은 결국 협조적이지 않을 것이고, 이것이 물결처럼 계속 직무 재설계의 효과를 방해하게 된다.

직무 재설계가 어려운 두 번째 이유는 조직이 필요한 사전 준비 작업을 하지 못했기 때문이다. 예를 들어, 적절한 직무 진단을 하지 않았거나, 종업원이 직무 재설계를 원하지 않는 경우, 직무 재설계를 시도한다면 그 효과가 나타나지 않게 된다. 또한 조직은 직무 재설계 과정에서 핵심 이해관계자들을 포함하지 못했을 수도 있다. 예를 들어, 조직이 노조의 의견을 참고하지 않고 직무를 재설계하고자 시도한다면 재설계는 성공하지 못할 확률이 높다.

직무 설계에 대한 Campion의 다학제적 접근

이전에 설명한 직무 설계에 대한 두 가지 접근 방식의 가정 중 하나는 직무 내용이 심리적 수준에서 직원들에게 매력적이며, 이는 결국 긍정적인 직원 결과로 이어진다는 것이다. 이는 합리적인 가정으로 보일 수 있지만, 직원들이 직무를 심리적/동기부여적 관점 외에 여러 관점에서 평가한다는 점도 사실이다. 이와 일관되게, 직무 설계는 산업 공학, 인간 요소/인간공학, 생체역학 등 다른 학문 분야가 관여하는 주제이다.

이 개념을 기반으로 Campion은 **직무 설계를 지원하기 위한 다학제적 접근법**을 개발했다(Campion & McClelland, 1991; Campion & Thayer, 1985). 엄밀히 말하면 이는 동기부여 이론이 아니라 직무 설계 및 재설계를 지도하기 위한 접근법이다. 따라서 때때로 이것이 동기부여 이론으로 제시되기도 하지만, 여기서는 직무 설계 모델로만 고려할 예정이다.

Campion에 따르면 조직은 직무 설계에 대해 네 가지 접근법을 이용할 수 있다. 그리고 각각의 접근은 개개의 종업원들과 조직 전체에 대한 어떤 결과와 관련된다. 이 네 가지 접근법은 〈표 9.5〉에 요약되어 있다. **동기론적 접근**(motivational approach)은 심리학과 관련된 분야(예 : 인사, 조직행동)에서 강조된다. 이전에 기술된 직무 기반 이론들은 직무 내용을 종업원들에게 내적으로 흥미 있고 의미 있는 것으로 만들어 주는 것을 강조하고 있다. 이러한 접근법의 긍정적 결과는 높은 직무 만족, 내적 동기, 높은 수준의 수행, 낮은 이직/결근 행동을 포함한다. 하지만 이런 방법으로 직무를 설계하는 것은 비용이 든다. 예를 들어 이런 종류의 직무는 보다 복잡하고, 따라서 보다 높은 수준의 기술과 더욱 긴 훈련기간, 그리고 더 높은 수준의 보상이 요구된다. 이러한 직무는 또한 높은 수준의 책임감이 요구되고 종업원 간 상호작용의 복잡성 때문에 더 많은 스트레스를 초래할 수도 있다.

이와 다른 직무 설계 관점은 **기계론적 접근**(mechanistic approach)이다. 이 접근은 과학적 관리, 그리고 좀 더 최근에는 산업공학 분야에 그 뿌리를 두고 있다. 과학적 관리와 마찬가지로 기계론적인 접근은 최대한 효율적으로 직무를 설계하는 것을 강조한다. 직무 관련 과업은 단순화되고 업무주기는 일반적으로 짧아지게 된다. 기계론적 접근의 장점은 이러한 방식으로 설계된 직무는 매우 단순하기 때문에 종업원들이 손쉽게 과제를 수행할 수 있다는 점이며, 특히 짧은 시간 동안 많은 물건을 생산하는 효율성(efficiency)이 목적이라면 이런 장점은 보다 더 극대화될 것이다. 이 방식으로 설계된 직무는 또한 요구되는 기술 수준이 낮으므로 훈련 기간이 짧아질 것이다. 반면, 기계론적 접근의 단점은 이러한 방식으로 설계된 직무는 지루하고 소외감을 느낄 수 있게 만들어서 결론적으로 장기결근, 노력 부족, 심지어 파괴 행동과 같은 많은 비생산적 행동을 하게 만든다는 것이다.

표 9.5 Campion의 직무 설계에 대한 네 가지 접근 방법

직무 설계	설명
1. 동기론적 접근	직무 내용이 직원들에게 본질적으로 흥미롭고 의미 있게 만드는 데 중점을 둔다. 장점 : 직무 만족도 증가, 내적 동기부여, 더 높은 품질의 성과, 더 적은 이탈 단점 : 직무에 더 높은 기술 수준이 요구될 수 있으며, 더 긴 교육 기간과 더 높은 보상이 필요할 수 있고, 스트레스를 더 유발할 수 있다.
2. 기계론적 접근	최대 효율성을 염두에 두고 직무를 설계한다. 직무 작업이 단순화되고 작업 주기가 짧게 만들어진다. 장점 : 효율성, 인력 채용 용이, 교육시간 단축 단점 : 지루함, 소외감, 비생산적인 업무 행동이 발생할 수 있다.
3. 생물학적 접근	신체적 편안함을 극대화하기 위해 인체공학 및 생체역학에 중점을 두고 직무를 설계한다. 장점 : 의료비 및 근로자 보상 청구 감소 단점 : 전반적인 투자 비용이 증가하고, 편안함이 지속적으로 주의를 기울여야 하는 수행에 영향을 미칠 가능성이 있다.
4. 지각운동적 접근	작업 관련 정보 처리 요구를 염두에 두고 설계된다. 장점 : 정보 처리량이 많을 때 오류와 피로 감소 단점 : 전반적인 투자 비용이 증가하고, 단순한 처리 작업에서 지루함이 발생할 수 있다.

출처 : Campion and McClelland(1991), Campion and Thayer(1985).

직무 설계의 세 번째 접근은 **생물학적 접근**(biological approach)이다. 이 접근은 종업원의 육체적인 편안함을 극대화하도록 직무를 설계하는 데 집중한다. 인간공학과 생체역학에 대해 연구한 사람들은 이러한 형태의 직무 설계를 강조하는 경향이 있다. 종업원의 육체적 편안함을 강조함으로써 조직은 건강 관리 비용을 줄이고, 종업원의 보상 요구를 줄이는 효과를 얻을 수 있다. 이러한 결과들은 결국 직무 만족을 더 높은 수준으로 높이지만, 이러한 방식으로 설계된 직무는 조직에 상당한 투자를 요구할 것이다. 또한, 종업원의 육체적 편안함은 세부적인 것까지 끊임없이 주의를 기울여야 하는 과제에서 종업원의 주의를 분산시키는 역효과를 초래할 수 있다.

직무 설계의 네 번째이자 마지막 접근은 지각운동적 접근(perceptual motor approach)이다. 이런 경우 직무는 직무수행에 요구되는 정보처리 과정과 관련하여 설계된다. 그러므로 이러한 접근은 인간공학 분야에서 강조된다. 이 접근의 주된 장점은 많은 정보처리 과정을 필요로 하는 직무에서 실수나 피로를 줄일 수 있다는 것이다. 비행기 조종사, 항공교통 관제사, 마취 의사의 직무가 여기에 속한다. 이러한 장점에도 불구하고 이 접근의 잠재적인 단점은 만일 정보가 매우 단순하다면 직무가 매우 따분할 수 있다는 점이다. 또한, 생물학적 접근처럼 직무 설계에 대한 이 접근은 상당한 연구 및 개발 비용을 요구한다.

위와 같은 네 가지 구체적인 직무 설계 이외에도 Campion 모델에 내재된 메시지는 직무 설계에 관한 의사결정에서 조직은 비용과 이점을 동시에 고려해야 한다는 것이고, 궁극적으로 하나를 선택하면 다른 하나는 포기해야 한다는 것이다. 예를 들어, 만일 효율성이 조직 내에서 매우 중요하다면 기계론적 접근의 고유한 단점에도 불구하고 기계론적 접근이 더 적합할 것이다. Campion의 이론은 또한 우리에게 조직심리학과 조직행동 외에도 직무 설계의 영역에서 이바지할 수 있는 학문 분야가 다양하다는 점을 상기시켜 준다.

직무 설계에 대한 Grant의 관계적 접근법

Grant(2007)는 직무 설계의 전통적 이론이 직무가 제조업에서 서비스 부문으로 크게 변화한 것을 고려하지 않는다고 제안하였다. 결과적으로 작업동기의 전통적 직무 기반 이론은 작업동기를 설명하고자 할 때나 그들을 동기화하기 위하여 직무를 설계할 때 서비스 기반 직무의 특별한 특징을 고려하지 못했다는 한계가 있다.

이러한 가정들에 기반하여 Grant(2007)는 작업동기와 직무 설계에 대한 **관계적 접근**(relational approach)을 개발하였다. 이 접근법에 따르면, 작업은 종업원이 (1) 직무 특성 이론에서 과제 중요성과 비슷하게 자신들의 일이 타인에게 긍정적인 효과를 가질 때, (2) 종업원이 자신의 작업 결과로 혜택을 보게 되는 타인과 접점이 있을 때 동기화된다. Grant에 따르면, 만약 개인의 직무가 이러한 두 가지 특성을 가진다면, 종업원은 타인을 돕고자 하는 욕구로 동기화되고 타인을 돕고자 하거나 친사회적 행동을 더 많이 할 것이다. 또한 타인을 돕는 기회를 갖는 것은 개인의 능력, 자기결정성, 사회적 기여에 긍정적으로 영향을 미칠 것이다.

Grant 모델의 중요한 실제적 함의는 조직이 종업원에게 타인을 도울 기회를 제공하고, 자기가 도와준 사람들과 교류하도록 시도하는 것이다. Grant는 직원들이 자신의 업무가 타인에게 미치는 긍정적인 영향을 더 잘 인식하도록 설계된 개입을 **관계적 직무 설계**(relational job design)라고 제시한다. 그는 이러한 개입이 직원들의 업무 지속성과 성과를 향상할 수 있다는 설득력 있는 증거를 제시한다. Grant와 동료들(2007)은 발전기금 모금 부서의 종업원들에 대해 종단 연구를 수행했다. 관계적 직무 설계 처치조건의 종업원들은 모금된 발전기금으로 장학금 혜택을 받은 학생들과 직접 전화통화를 하였다. 두 번째 조건의 종업원들은 직접적인 전화통화 대신에 처치조건에서의 통화 내용과 기본적으로 유사한 감사의 편지를 학생들로부터 전달받았다(통제조건 1). 세 번째 집단에서는 종업원들이 학생들과 어떤 소통도 갖지 않았다(통제조건 2). 한 달 후, 잠재적인 기부자와의 전화통화 시간 및 기부액 증가에서의 변화가 분석되었고, 놀라운 결과가 발견되었다. 학생들과 직접 소통한 처치조건 종업원들의 통화 시간은 142% 증가하였고, 모금액은 171% 증가하였다. 그러나 두 통제집단에서는 증가하지 않았다.

더 최근에는 Robertson 등(2022)이 코로나19 기간 동안 환자와의 접촉이 팬데믹의 매우 힘든 요구와 어떻게 상호작용하는지를 조사했다('참고 9.5' 참조). 향후 연구는 의욕과 성과에 미치는 관계적 직무 설계의 혜택을 계속 조사할 것으로 기대된다. Grant와 그의 동료들은 모델을 지원하는 다양한 연구 결과를 축적하고 있다(Grant & Parker, 2009 참조). 그러나 이 모델의 한 가지 잠재적인 도전 과제는 직장에서 다른 사람들을 돕거나 사회적 행동에 참여할 기회가 없는 사람들을 어떻게 동기부여할 것인가이다. Adam Grant 박사의 관계적 직무 설계에 대한 연구는 '연구자 소개'에 제시되어 있다.

참고 9.5

코로나19 기간 동안의 공익적 영향과 직원 건강

코로나19의 절정 기간 동안 많은 구성원이 어려운 조건에서 일해야 했으며, 많은 경우에 그들의 일로 인해 혜택을 받는 사람들로부터 분리되어 있었다. 예를 들어, 교사들은 보통 학생들과 직접 상호작용하며 그들의 발달에 긍정적인 영향을 미치는 것에 익숙하다. 그러나 팬데믹은 학생들이 온라인 학습으로 전환하도록 요구함으로써 교사와 학생 간 직접적인 영향이 줄어들었다. 또한 매일 밤 뉴스에서는 감염 환자 수에 압도된 의료진들과 그들이 직면한 어려운 결정에 대한 이야기가 끊임없이 보도되었다. 특히 인공호흡기와 같은 생명유지 장치를 어떤 환자에게 사용할 것인지에 대한 고통스러운 선택이 주요 내용이었다. 이 맥락에서 Robertson 등(2022)은 직원의 건강과 관련하여 수혜자와의 접촉과 긍정적인 영향이 어떻게 관련되는지를 조사한 연구를 수행했다.

연구자들은 직원들을 두 그룹으로 나누어 분석했다 : (1) **최전선 직종에서 근무하는 직원들**(frontline workers)로, 이들은 그들의 일에 대한 수혜자와 직접적인 접촉이 더 많았다(예 : 건강 관리 전문가, 소매업 종사자, 구급대원 등), 그리고 (2) **비최전선 직종에서 근무하는 직원들**(non-frontline workers)로, 이들은 집에서 근무하거나 주로 행정적인 업무를 맡았다(예 : 회계사, 데이터 분석가 등). 직원들은 자신이 수혜자와의 접촉을 얼마나 많이 했는지와 이들에게 얼마나 긍정적인 영향을 미쳤는지를 보고하게 했으며, 피로감과 직장 참여도도 평가했다.

연구 결과, 수혜자에게 긍정적인 영향을 미친다고 보고한 직원들은 피로감이 낮고 직장 참여도가 높았다. 또한, 비최전선 직종 직원 중에서는 수혜자와의 접촉이 피로감 수준을 높였지만, 이들이 긍정적인 영향을 낮게 보고한 경우에만 해당됐다. 마지막으로, 안전한 직장 분위기는 비최전선 직종 직원들에게 수혜자와의 접촉으로 인한 부정적인 영향을 줄였다. 이 연구는 직원들이 팬데믹의 요구에 어떻게 대응하는지에 있어서 공익적 영향과 안전 문화의 중요성을 강조한다.

출처 : Robertson et al.(2022, December 19).

연구자 소개

ADAM GRANT 박사

대학교 신입생이 된 해의 여름에 나는 일자리가 필요했고, *Let's Go* 여행 가이드 시리즈의 광고 판매직을 하게 되었다. 여행이나 판매 경험은 전무했고 내성적이기까지 했던 나에게, 초반에 그 일은 매우 힘들었다. 어떤 업무에서 내가 고객들과 접촉을 해 보긴 했나? 그들을 설득하여 우리에게 광고예산을 쓰도록 한 적이 있나? 하곤 생각했다.

하지만 나의 태도는 그 돈이 어디로 가는지 깨닫고 나서 급격하게 변했다. *Let's Go* 책은 학생들이 쓰고 제작하였으며, 점장은 나에게 이렇게 말했다. "학생들을 위한 새로운 일자리 창출은 너에게 달려 있어. 나의 일자리 역시 너의 팀이 작년에 얻은 수익 때문에 존재하는 거야."

내가 변화를 가져올 수 있다는 사실을 깨달았을 때, 나는 매우 동기부여 되기 시작했다. 나는 더욱 열심히 일하기 위해 더 일찍 출근하여 더 늦게 퇴근하였고, 그 결과 접촉할 수 있는 새로운 분야와 새로운 패키지를 만들 수 있었다. 결국 나는 회사의 광고판매 실적 기록을 연달아 세웠으며, 우리의 일이 다른 누군가에게는 긍정적인 영향을 끼친다는 사실을 깨달았을 때의 동기의 역할에 대해 깨닫게 되었다.

나는 당시에 심리학과 물리학 사이에서 갈등하고 있었지만 이러한 경험을 통해 심리학에 전념하게 되었다. Donald Stokes가 파스퇴르의 사분면(기본적 이해와 사회 공헌을 의미하는 연구)이라고 했던 연구를 할 수 있도록 내 열정을 채워 줬던 사회심리학 교수 Ellen Langer와 함께 연구를 시작하였다. 2학년이 되어서는 Let's Go 광고판매 부서장이 되었다. 새로운 직원을 뽑거나 직원들을 동기부여할 수 있는 권한이 주어졌고, 심리학을 실제 직무에 적용할 기회가 주어졌다는 사실에 매혹되었다.

3학년 때 경력과 연구 주제를 형성하는 데 결정적이었던 세 가지 사건이 있었다. 첫 번째는 Richard Hackman의 조직심리학 수업을 들었다는 것이다. 나는 직무 특성 모델에서의 과제 중요성이라는 개념이 마음에 들었고 다른 사람에게 이득을 줄 수 있는 경력을 찾고 싶었다. 두 번째는 내가 Let's Go에서의 새로운 역할을 받아들였다는 사실이다. 나는 회사 홍보 쪽을 담당하게 되었고, 우리 팀의 역할 중 하나는 몇 달 안에 40권 이상의 여행책을 써내는 편집자들과 연구자들 300명 정도를 인터뷰하고 고용하는 것이었다. 세 번째는 Tal Ben-Shahar라는 또 다른 멘토를 통해 세상을 바라보는 관점을 크게 바꿔 놓은 Brian Little의 성격심리를 수강했다는 것이다.

Let's Go보다 더 나은 데이터를 확보할 수 있는 곳은 없었고, 나는 졸업논문을 쓰기로 마음먹었다. Little 교수의 조언과 Hackman 교수와 Tal이 읽어 준 덕분에 나는 Let's Go에서의 개인과 집단의 성공을 예측하는 변수에 관한 연구를 설계하

(계속)

였다. 그해 여름 초기부터 중기까지 편집자들과 필자들을 대상으로 그들의 직무에 대한 전체적인 인지와 직무에서의 핵심 프로젝트에 대한 서베이를 완료하였으며, 각 직원과 팀의 효율성에 대한 상사평가가 이루어졌다.

개인과 팀 수행에서 가장 둔감한 예측변인 중 하나는 초기의 과제 중요성이었다. 편집자가 자기 일이 다른 사람들에게 긍정적인 효과를 줄 수 있다는 사실을 초기에 깨닫는다면 모든 사람은 더욱 효율적이었다. 하지만 무언가 빠진 것이 있었는데, 그것은 모든 사람이 같은 직무에 있었다는 사실이다. 그렇다면 왜 누군가는 같은 직무를 함에도 다른 사람들에게 더 큰 효과를 줄 수 있다고 인지했던 것일까?

이 질문을 보면서 나는 깨닫게 되었다. 독자들은 편집자들 덕분에 좋은 책을 읽을 수 있지만 정작 편집자들은 독자들과의 접촉이 부족하다. 편집자들은 흐릿한 사무실 안에서 몇 주 동안을 100시간 정도 뼈 빠지게 일했지만, 그들은 노력의 결과물이 어떻게 되는지도 모르는 채로 지낸다. 만약 우리가 독자와의 면대면 접촉을 기획하였거나 독자의 편지 등을 공유하여 그들의 일에 대한 효과를 강조하였다면 어떻게 되었을까?

내가 대학원에 들어갔을 때 이것에 대해 연구하기로 마음을 먹었다. 나는 학생들과 함께 팀을 꾸려 내 인생의 첫 번째 현장연구를 실시하였다. 대학교 발전기금 전화상담원이 그들의 일을 통해 장학금 혜택을 받은 학생을 실제로 만났을 때 더 동기부여 되고 효율적으로 변하는지 알아보는 연구였다. 혜택을 받은 학생과의 5분간의 만남을 통해 평균적이었던 상담원의 주당 전화 시간이 142% 증가하였고, 주당 수익은 171%까지 증가하는 것을 보고 나는 매우 놀랐다.

이후 나는 직무 설계 이론에서 무엇이 빠졌는지 알 수 있었다. 하나는 당신의 직무가 변화를 만든다는 것을 깨닫는 것이고, 또 다른 것은 당신의 일에 의해 영향을 받은 사람을 만나는 것이다. 당시에는 직무 설계에 사회적 요소를 넣지 않았고, 나는 관계적 직무 설계 모델을 완성하고 검증하는 연구 분야에 빠지게 되었다. 또 Jane Dutton, Sue Ashford, Rick Price의 멘토링을 통해 많은 것을 얻을 수 있었다.

Richard Hackman과 Greg Oldham은 직무가 사람을 형성한다는 주장을 하였지만, Brian Little은 사람 또한 직무를 형성할 수 있다는 사실을 나에게 알려주었다. 이 직관적 사고는 Jane Wrzesniewski와 Amy Wrzesniewski가 실시했던 잡 크래프팅 연구에 의해 더욱 강화되었다. 나는 개인차에 더 중점을 두기로 했다. 왜 몇몇 사람은 변화를 만들기 위해 더 동기부여되며 이러한 동기의 결과물은 무엇인가?

이것이 나의 친사회적 동기에 관한 다음 연구 주제가 되었다. 10년 정도를 이 두 가지 연구 주제를 가지고 연구하고 대학에서 종신 교수직을 얻게 되면서, 나는 이제 더 많은 사람과 내 생각을 공유해야겠다고 느꼈다. 나는 왜 착한 사람이 꼴등이 되면서도 왜 또 일등이 되는지 설명하기 위해 나의 첫 번째 책인 *Give and Take*를 집필하였다. 친사회적 동기는 비학술적 독자들을 위해 다른 언어로 번역될 필요가 있었기 때문에 나는 공정성 지각과 관계적 모델, 주는 자(관대한), 받는 자(이기적인), 매처(공정한)를 구분한 나의 이론 연구들을 통합하였다. 독자들은 내가 미처 대답하지 못했던 큰 질문을 알려 주었다. 받는 자를 주는 자로 바꾸는 것이 가능할까라는 것이다. 조직 생활에서 어떤 경험을 해야 사람들이 '자기만을 위한 모든 것'이라는 사고를 버리며 보상을 바라지 않고 다른 사람에게 공헌할 수 있도록 동기화할 수 있을까? 이것이 아마 나의 다음 연구 과제가 될 것이지만 나는 당신이 이것에 대해 먼저 연구하길 바란다.

Adam Grant는 펜실베이니아대학교 와튼 스쿨에서 경영학 교수 및 심리학 교수로 재직 중이다. 그는 *Think Again*의 저자이며 TED 팟캐스트 Re:Thinkig의 호스트다. Adam은 미시간대학교에서 박사 학위를 받았으며 하버드대학교에서 학사 학위를 취득했다. 그는 경영 학회, 미국심리학회, 국립과학재단으로부터 우수한 학술적 성과에 대한 상을 받았으며, 비즈니스 및 경제 분야에서 가장 많이 인용되고, 가장 다작하는 작가이자, 가장 영향력 있는 연구자로 세계에서 인정받았다. 그는 전 마술사이자 준올림픽 스프링보드 다이버이다. 더 자세한 정보는 www.adamgrant.net을 참조하라.

직무 재설계에 대한 통합적 접근

직무 재설계 연구에서의 최근 경향은 직무를 재설계하는 데 다양한 기법과 측정 도구를 통합적으로 사용해서 조직과 종업원들에 대한 긍정적 결과 및 다양한 형태의 동기를 최대화하는 것이다. 이러한 통합의 예는 최근에 만들어진 작업 설계 질문지(work design questionnaire, WDQ)이다. 이것은 직무 특성 이론에 기초한 측정 도구들을 조합하여 직무 설계 및 작업의 본질을 평가하는 측정 도구로, 직무 재설계에 대한 다학문적인 접근이다(Morgeson & Humphrey, 2006). 이 측정 도구는 직무 특성 이론(예 : 자율성, 과제 정체성, 기술 다양성, 과제 중요성)에서 소개된 속성들과 다학문적인 접근에 의해 강조되는 특성들(정보처리 과정, 복잡성, 전문성, 인간공학적 특성)을 포함하여 21가지의 서로 다른 직무 특성을 평가한다. 이 도구는 측정의 신뢰도와 타당도가 매우 높다.

직무 설계가 결과변인에 영향을 미친다는 최근의 통합적 접근을 살펴보자. Grant와 동료들(2011)은 직무 특성 모델에서 다른 과제 특성들뿐만 아니라 Morgeson과 Humphrey(2006)가 다룬 지식적, 사회적 특성의 중요성을 강조한다. 특히 Grant와 동료들(2011)은 사람들이 자신의 직무가 다른 사람에게 끼치는 효과를 지각하는 것과 친사회적 동기가 직원들의 성과에 영향을 준다는 사실을 강조하였다. Morgeson과 동료들(2013) 또한 유사한 포괄적 모델을 제시했는데, 이들은 직원들이 처해 있는 직무환경을 이해하는 것이 중요함을 강조한다. Barrick과 동료들(2013) 또한 통합적 모델을 제시하였는데, 이 모델에서는 사람들의 성격 특성이 목표에 영향을 주며, 목표는 직무 설계의 여러 특성에 의해 영향을 받게 된다는 것을 설명하고 있다.

직무 재설계에 대한 통합적 접근의 또 다른 형태는 종업원들의 동기부여와 수행을 향상하기 위해 조직을 변화시키려 할 때 직면하는 장애 요인에 대한 인식이다. Campion과 그의 동료들은 여덟 가지 장애물과 이 장애물을 성공적으로 다룸으로써 생기는 기회들을 논의하였다(Campion, Mumford, Morgeson, & Nahrgang, 2005). 여덟 가지 장애물은 〈표 9.6〉에 명시되어 있다. 첫 번째 장애물은 직무 설계를 위한 다양한 접근(예 : 동기론적 특성 대 기계론적 특성)이 각기 다른 형태의 결과(예 : 만족 대 효율성)에 영향을 줄 수 있음을 이해해야 된다는 것이다. 이런 장애는 만족과 효율성 모두를 향상하는 방법으로 직무를 재설계함으로써 대처할 수 있다. 예를 들어 은행에서 업무를 재설계하게 되면 데이터의 처리 효율성도 높이고, 동시에 직원들이 업무 전체의 정체성도 인식하게 할 수 있다.

두 번째 장애물은 첫 번째 것과 관련이 있는데, 직무 설계에 대한 다양한 접근에 필연적으로 존재하는 장단점이다. 예를 들어 종업원들에게 직무 전반에 있어 더 많은 자율성을 주는 것은 그 직무에 추가적인 교육을 요구하고, 이는 결국 조직에 비용 증가를 초래한다. 이런 상황에서 재설계를 담당하는 사람들은 이런 추가적인 비용을 종업원의 태도 및 미래 수행에서 발생할 이익을 가지고 정당화할 필요가 있다.

세 번째 장애물은 재설계 노력을 투입할 적절한 업무 단위를 결정하는 것이 어렵다는 점이다. 종업원이 수행하는 직무 전체를 바꾸는 것이 좋을까, 아니면 각각의 개별 과제들을 바꾸는 것이 좋을까? Campion 등(2005)은 재설계 노력이 직무(job) 수준에서, 직무에 포함된 책임(duty) 수준에서, 직무를 구성하고 있는 과제(task) 수준에서, 또는 자연스럽게 함께 묶여 있는 과제덩이(task cluster)의 네 가지 수준에서 시행될 수 있다고 한다. 저자들은 특히 과제덩이가 직무 재설계의 대상일 때가 매우 효과적이라고 보는데, 왜냐하면 과제덩이는 작업자들이 수행하는 구체적인 활동을 포함하며, 상호 의존적이고, 작업 전체를 나타내 주기 때문이다. Campion과 그의 동료들(2005)은 대부분 직무가 10~15가지 정도의 과제로 구성된다고 본다. 앞에서 소개한 Morgeson과 Campion(2002)의 제약회사 자료 분석 부서에 관한 연구에서도 업무가 어떻게 재설계될지를 정하기 전에 여러 과제를 과제덩이로 설계하는 과정을 먼저 사용했다.

표 9.6 직무 재설계의 장애물

장애물 #1 : 업무 설계가 일으키는 다양한 결과
장애물 #2 : 업무 설계 방식의 차이에 따른 장단점
장애물 #3 : 적절한 분석 수준을 결정하기 어려움
장애물 #4 : 업무를 수행하기 전에 미리 예측하기 어려움
장애물 #5 : 직무 재설계를 복잡하게 만드는 개인차
장애물 #6 : 일방적 직무 확장
장애물 #7 : 조직의 확장 혹은 축소로 인한 새로운 업무
장애물 #8 : 단기 효과와 장기 효과의 차이 발생 가능성

네 번째 장애물은 "재설계한 직무를 해 보기 전에는 그것의 본질을 예측하기가 어렵다는 것이다" (Campion et al., 2005, p. 375). 직무를 재설계한다는 것은 이미 알려진 직무로부터 새롭게 변화된 직무로 옮겨 간다는 것을 의미한다. 조직심리학자들은 새롭게 설계된 직무가 종업원들의 동기부여를 위해서 더 나을 것이라고 믿을 수 있지만, 새로운 직무를 실제 수행할 때 예상치 못한 결과가 항상 나올 수도 있다. 이 장애에 대처하는 방법 중 하나는 사전에 직무 간의 상호 의존성을 미리 인식해서 재구성된 직무가 새로운 설계에서 어떻게 서로 영향을 미칠지 고려해보는 것이다. 예측하지 못한 문제점이 생김에 따라 새롭게 설계된 직무에 대한 수정이 필요할 수도 있다.

다섯 번째 장애물은 "개인차 변수들이 직무 재설계를 복잡하게 만든다는 것이다"(Campion et al., 2005, p. 377). 종업원들은 각자 다 다르므로 직무 재설계에 대해 서로 다른 반응을 보이는 것은 당연하다. 이전에 직무 특성 이론에서 언급한 것처럼, 종업원들의 성장욕구강도, 즉 어렵고 의미 있는 작업을 원하고 중시하는 정도에 따라 직무 재설계의 효과는 달라진다. 종업원들 간의 차이는 팀이 재구성되었을 때 특히 더 중요하다. 이는 제11장에서 더 상세히 다룰 것이다. 직무 재설계의 효과에 대한 개인 및 조직의 조절변수에 관한 연구들을 검토한 후에 Campion과 동료들(2005)은 비록 개인차가 직무 재설계에 대한 반응을 조절하는 효과는 있지만, 그것이 전반적인 효과를 훼손하지는 않는다고 결론을 내렸다.

여섯 번째 장애물은 종업원들이 직무에 대해 더 많은 책임을 부여받아서 그들의 직무는 확대되었지만, 직무 확대(job enlargement)로 인한 동기적 이점은 발생하지 않았을 때 생기는 문제이다. 즉 단순히 수평적으로 확대된 직무에서 증가한 임무와 책임이 과연 직무를 더 만족스럽게 하고 보상을 더 가져올지에 대한 종업원들의 생각과 관리자들의 생각이 불일치할 때 이런 장애가 생기게 된다. 수직적인 직무 확충(job enrichment)이 없는 수평적인 직무 확대는 오히려 직무 만족을 감소시킬 수 있다 (Campion & McClelland, 1993). 따라서 Campion 등(2005)은 직무를 단순히 확대하는 것이 아니라 수직적으로 확충해 주는 것이 중요함을 강조한다.

일곱 번째 장애물은 조직이 단기간에 급속도로 성장하거나 축소되는 상황과 관련이 있다. 이런 상황에서는 종업원의 직무 성격이 급격히 변하게 되고, 오직 소수의 종업원만이 이런 상황에 대처하는 것이 가능하고, 또한 이들은 부가적인 역할이나 책임을 져야만 한다. Campion 등(2005)은 이처럼 급격히 변하는 환경에서 직무를 나누거나 합치는 일을 할 때 고려해야 할 다양한 점을 언급했는데, 그중 가장 중요한 조언은 종업원들에게 직무와 관련하여 변화하는 역할을 지속해서 알려주고, 그들의 직무가 어떻게 구조화되는지에 대해 명확한 정보를 제공하는 것이다.

Campion 등(2005)이 설명한 마지막 장애물은 재설계 노력이 갖는 장기 효과가 단기 효과와는 다르다는 것이다. 저자들은 동기 수준을 증가시키기 위해 직무를 재설계하는 것이 단기간에는 긍정적인 결과를 갖지만, 장기적으로는 감소하거나 반전될 수 있다고 주장한다. 종업원들의 직무를 확충하는 것은 초기에는 흥미와 열정을 갖게 하지만, 시간이 지남에 따라 새로운 직무에 익숙해진 후에는 보다 복잡한 직무가 갖는 어려움에 대해 긍정과 부정이 섞인 혼란스러운 감정을 갖게 된다.

Campion 등(2005)이 거론한 장애물과 기회는 동기 이론을 실제 조직 장면에서 적용할 때 나타나는 복잡성을 보여준다. 그러나 실무자들은 이러한 복잡성 때문에 동기 이론과 직무 확충 연구를 적용하는 데 주저해선 안 된다. 직무 설계에 대한 앞으로의 연구에서 가장 중요한 부분은 다양한 유형의 조직에서 효과적인 재설계의 결정요인을 조사하는 것이다.

구성원 동기 연구의 최신 방향성

이 절은 최근 몇 년간 연구 관심이 증가한 직원 동기 부문 세 가지 영역에 집중한다. 이 중 주도적 동기와 잡크래프팅은 직원이 직장에서의 도전을 예상하고 생산성을 개선하고 직무 구조나 인식을 변화시키기 위해 적극적으로 노력하는 데 주목한다(Bindl & Parker, 2011; Wrzesniewski & Dutton, 2001). 세 번째 영역은 사회적 힘의 직원 동기부여에 대한 중요성을 다루며 경쟁자, 지지자 및 협력이 동기부여된 행동을 증가시킬 수도 있고 감소시킬 수도 있는 방법을 강조한다(Grant & Shandell, 2022).

주도적 동기

Parker와 동료들(2010)은 주도적 동기(proactive motivation)를 "어떤 일이 일어나는 것을 지켜보기보다는 어떤 일이 일어나도록 만들려고 통제하는 것"(p. 828)이라고 정의했다. 주도적 동기는 종업원들이 업무에서 요구되는 것에 잘 적응할 수 있게 업무환경이나 자기 스스로를 변화시키기 위한 목표를 설정하게 하고, 더 나은 수행을 위해 충분히 도전하도록 만든다. Parker 등(2010)은 주도적 동기의 중요요소들은 무엇이며, 종업원들이 주도적 지향성을 갖고 업무에 접근하도록 만드는 변수들이 무엇인지에 관한 모델을 개발하였다. 이 모델에 따르면, 주도적 동기의 마인드세트를 가진 종업원은 (1) 주도적 동기 상태, (2) 주도적 목표 설정 및 목표 추구 노력이라는 두 가지 특징을 보인다.

주도적 동기 상태는 미래의 업무환경과 자기 스스로를 바꿀 수 있다는 종업원들의 믿음, 주도적으로 행동할 이유를 확인하는 것, 그리고 목표 달성에 필요한 지속적인 에너지를 제공하는 활기, 활력 등 긍정적으로 동기화된 상태를 경험하는 것을 의미한다. 주도적 목표 설정 및 목표 추구는 자신이 변화시킬 미래의 업무환경 및 그에 따른 자신의 달라질 모습에 대한 확실한 목표 이미지를 떠올린 후, 업무환경과 스스로에 대해 변화를 추구하기 위한 명확한 계획을 수립해서 실천하는 것을 말한다. 또한 주도적 동기에서 나오는 증가한 활기와 활력은 종업원들이 그들이 세운 목표를 달성하기 위해 지속적으로 노력하게 만드는 에너지를 제공한다.

어떤 제조공장에서 관리자가 안전보다는 생산 목표 달성만 강조하고 있는 상황에서 한 종업원이 안전하지 않은 어떤 작업조건을 알아챈 경우의 예를 들어 보자. 주도적 동기를 가진 종업원이라면 이 상황을 방치하지 않고, 우선 안전 풍토를 개선해야겠다는 목표를 설정한 후 장애물을 제거하기 위한 구체적인 계획을 수립할 것이다. 이 과정에서 그 종업원은 안전 문제에 소홀한 관리자를 설득해야 하는 쉽지 않은 도전에 직면하게 될 것이다. 그러나 주도적 동기가 강한 종업원이라면 자기 생각에 확신을 갖고 안전 풍토를 바꾸기 위해서 지속적으로 노력하는 모습을 보일 것이다.

주도적 동기는 일반적으로 과업 수행 및 혁신적 수행을 촉진한다는 연구 결과들에 의해 지지를 받아 왔다(Bindl & Parker, 2011; Fay & Frese, 2001). 나아가 연구자들은 주도적 동기가 개인 수준뿐만 아니라 팀이나 조직 수준으로도 존재할 수 있음을 발견했다(Fay & Frese, 2001; Frese et al., 2000). 주도적 동기가 긍정적 효과를 유발하는 과정에 대한 연구, 주도적 동기가 개인 및 조직에 긍정적 효과를 갖도록 만드는 환경 변수에 관한 연구들이 앞으로 더 진행될 필요가 있다(Bindl & Parker, 2011). 이러한 요인들을 이해하는 것은 조직이 주도적 동기를 보일 가능성이 큰 개인을 선택하고, 작업환경을 구성하여 주도적 동기를 증가시킬 수 있도록 할 것이다. 주도적 행동이 지나치게 많은 경우의 가능한 단점은 '과학 번역하기 9.2'에서 논의된다.

최근 연구는 직원들 사이에서 주도적 동기의 예측 요인과 결과를 연구했다. Ouyang 등(2019)은 저녁에 작업 회복경험(work recovery experiences)이 다음 날의 감정 및 주도적 행동 수준과 어떻게 관련되는지를 조사했다(제7장 참조). 저자들은 저녁에 자신의 전문성을 발휘하는 작업에 참여할 때 직원들이 다음 날 더 높은 긍정적 감정을 보고하며, 이는 주도적 행동과 관련이 있음을 발견했다. 흥미롭게도, 저녁에의 휴식은 다음 날의 주도적 행동과 관련이 없었다. 최근 연구는 또한 주도적 동기부여의 일부 단점을 인식하고 있다. Cangiano 등(2021)은 직장에서 주도적 행동에 참여하는 결과를 조사했으며, 이러한 행동들이 직원들의 개인 자원을 고갈시킬 수 있어 하루를 마감할 때 일을 놓기 어렵게 만들 수 있다고 가설을 세웠다. 5일 동안의 연구에서, 주도적 동기부여 행동을 더 많이 수행한 직원들은 저녁에 일을 놓기 어려움을 더 많이 보고했지만, 이는 자율성이 부족할 때만 해당되었다. 이 연구는 직원 동기부여의 여러 이론을 고려하는 것의 중요성을 강조한다.

잡크래프팅

잡크래프팅(job crafting)은 주도적 동기의 한 형태로서, 종업원이 자신의 직무에 대한 인식을 새롭게 해서 자기 일의 의미를 확장해서 자기 일을 자신의 능력, 기술, 관심과 연결하는 것을 말한다(Wrzesniewski & Dutton, 2001). Wrzesniewski와 Dutton에 따르면, 잡크래프팅은 직장에서 수행하는 업무의 빈도나 본질의 변화(예 : 업무에 투자하는 시간의 양을 변화시키거나 새로운 업무를 하려고 시도하는 것), 직장에서 경험하는 관계의 변화(예 : 다른 부서 사람들이나 본인 부서의 더 많은 사람들과

과학 번역하기 9.2

주도적 행동은 항상 긍정적인가? 현명한 주도적 활동의 중요성

정의상, 주도적 동기는 직장에서 일반적으로 수행되는 방식을 변경하여 상황을 개선하려는 목표를 설정하고 실행하는 것을 포함한다. 주도적 동기는 종종 긍정적인 직원 성과와 관련이 있지만, 일하는 새로운 방법을 제안하고 그러한 변화를 실현하는 것에는 부정적인 면도 있을 수 있다. Parker와 동료들(2019)은 주도적 동기와 행동이 효과적이며 직원과 그들의 조직에 긍정적인 결과를 가져오는지에 관여하는 모든 요소를 고려한 문헌고찰을 발표했다.

Parker와 동료들은 먼저 특정 요인이 주도적 동기와 직원 성과(예 : 성과와 웰빙) 사이의 관계에 어떤 영향을 미치는지를 검토했던 발표된 연구들을 찾아보았다. 그들은 이러한 요소들을 다루는 95개의 논문을 세 가지 다른 범주로 정리했다 : (1) **작업과 전략적 고려사항**은 직장 환경에서의 자율성 정도와 팀의 주도적 활동 수준과 같은 요소를 포함한다. (2) **사회적 및 관계적 고려사항**은 직원들이 보고하는 리더의 품질과 직원들이 주도적 변화를 추천하는 방식을 포함한다. (3) **자기조절 고려사항**은 직원의 주도적 행동이 직원에게 미치는 긍정적인 영향을 증진하는 요소를 다룬다. 이 세 가지 범주에서 대표적인 연구 결과는 다음과 같다 : (1) 높은 자율성이 특징인 직장 환경은 주도적 행동을 지원하는 경향이 있다. (2) 외향적이고 지배적인 리더는 주도적 행동을 펼치는 직원들을 덜 지원할 가능성이 크다. (3) 주도적 동기는 이미지 향상 동기가 낮은 직원들에게 더 긍정적인 결과를 초래하는 경향이 있다.

직원과 그들의 조직에게 주도적 동기가 얼마나 유익한지에 영향을 미칠 수 있는 모든 요소를 고려할 때, Parker 등은 **현명한 주도적 활동**(wise proactivity)이라는 개념을 개발했다. 이는 직원이 주도적 목표를 개발하고 이 목표를 실행하려 할 때 세 가지 범주를 모두 고려하는 것을 말한다. 현명한 주도적 활동을 펼치는 직원은 작업과 직장 환경을 고려하며, 주도적 목표가 다른 팀원과 리더들에게 어떻게 영향을 미칠지를 고려하며, 직원 자신이 그 주도적 목표를 완수할 자원과 전문성을 가졌는지를 고려한다.

출처 : Parker et al. (2019).

교류하려고 시도하는 것), 또는 업무에 대한 그들의 사고방식 변화(예 : 본인의 직무가 조직의 전체 미션에 얼마나 기여하는지를 잘 보면서 본인의 일이 다른 사람에게 미치는 영향을 고려하는 것)를 일으키는 것이라고 설명한다.

Wrzesniewski와 동료들(2010)은 종업원들이 자기 일의 의미와 동기를 쉽게 강화할 수 있도록 잡크래프팅 훈련 프로그램을 개발하였다(전체 잡크래프팅 프로그램 과정은 www.jobcrafting.org에서 찾아볼 수 있다). 이 활동에서 종업원들은 각 업무에 시간을 얼마나 사용하는지, 그리고 각 업무가 자신의 동기, 강점, 열정에 이바지하는 정도를 판단하여 자신의 직무 도표를 만들게 된다. 그다음, 종업원들에게 어떻게 그들의 업무를 재구조화하여 강점과 더 일치하는 활동에 시간을 투자할 수 있을지 생각하도록 권장한다. 또한 종업원은 수행하고 있는 업무를 인식하는 방법을 바꾸고, 업무를 수행하는 동안 어떻게 그들이 다른 사람들과 관계를 만들 수 있을지 생각하도록 권장받는다.

연구자들은 종업원들이 업무 자원 및 사회적 자원을 증대시킨 정도, 도전적 업무를 늘린 정도, 업무 수행을 방해하는 요구를 줄인 정도 등을 계량적으로 측정하는 도구를 개발하려고 시도했다(Tims et al., 2012; 또한 Nielsen & Abildgaard, 2012 참조). 이 측정은 Wrzesniewski와 Dutton(2001)에 의해 정의된 잡크래프팅의 몇몇 측면을 다루기는 하지만, 이 측정의 몇몇 하위 요인이 직장에서 받는 일반적인 스트레스 요인 반응에 대한 측정과 어떻게 다른지 명백하지 않은 점이 있다. 게다가 업무의 구성 방식과 본질을 변화시키려는 종업원들의 시도를 수반한 역학관계를 설문지로 측정하기는 분명히 쉽지 않은 일이다. 그런데도 이런 잡크래프팅 측정을 활용한 최근 연구에서는 주도적인 성격을 가진 종업원들이 잡크래프팅을 더 많이 하며, 따라서 이들의 동기 및 수행이 더 높다는 결과를 보여주었다(Bakker et al., 2012). 최근 연구에서는 잡크래프팅을 증진하기 위한 개입이 직원 자기효능감과 성과 면에서 이점을 가져왔음을 보여주었다(van Wingerden et al., 2017).

사회적 힘이 동기에 미치는 영향

이 장에서 제시한 직원 동기부여에 관한 대부분 이론과 연구는 다양한 힘에 의해 동기부여된 개인 직원에 중점을 두었다. 그러나 직원들은 외부의 강화와 내적 필요 및 욕구뿐만 아니라, 직장환경에서 그들에게 영향을 미치는 사회적 힘에도 영향을 받는다. 우리는 제11장에서 팀 수준의 동기부여를 검토할 예정이다. 이 절에서는 직원 동기부여에 영향을 미치는 추가적인 사회적 힘을 고려할 것이다. 이는 다른 구성원들 간의 경쟁과 사회적 근접성이 구성원 개개인의 성과에 어떻게 영향을 미치는지를 포함한다.

사회적 경쟁에 관한 최근 연구는 직원들이 경쟁 상대가 없을 때보다 경쟁 상대가 존재할 때 더 높은 성과 수준을 달성하도록 동기부여되는 방법을 조사했다. Kilduff와 동료들은 경쟁 상대의 존재에 대한 개인의 반응을 조사한 연구 시리즈를 수행했다. 장거리 달리기의 맥락에서, 주요 경쟁자들이 경주에 참가할 때 개인들은 그렇지 않았을 때보다 더 빠른 시간을 기록했다(Kilduff, 2014). Kilduff 등(2016)은 또한 경쟁 상대가 있는 상황에서 개인들이 더 많이 부정행위(예 : 부정 경기)에 가담할 가능성이 더 높은지 여부를 검토했다. 다수의 실험에서 저자들은 경쟁 상대와의 경쟁이 부정행위를 증가시키는 결과를 발견했으며, 이러한 부정행위의 메커니즘에는 지위 상실에 대한 우려와 참가자의 자아가치와 관련된 성과가 포함되었다.

경쟁적인 상황과 관련된 연구에서 직원들이 동료 직원들과 비교하여 언더독(헤게모니를 갈망하는 사람)으로 생각될 때 그들의 동기부여와 성과가 증가할 수 있음을 보여준다. Nurmohamed(2020)는 패키지 상품 회사의 신입 사원들을 대상으로 이 역동을 분석하였으며, 자신을 언더독으로 인식하는 직원들이 (예 : "다른 사람들이 나를 이 일을 할 때 언더독으로 보는 것 같다") 입사 후 몇 주 동안 상사들에 의해 더 높게 평가되는 결과를 발견했다. 추가적인 실험실 연구는 언더독들이 자신의 지위에 대한 다른 사람들의 오해를 바로잡고자 하는 욕구로 동기부여를 받는다는 것을 시사했다. 마지막으로,

Grant와 Shandell(2022)은 고성과자들과 가까운 거리에 놓여 있는 직원들이 더 나은 성과를 내는 경향이 있음을 시사하는 증거를 검토했다. 이는 그들의 존재가 개인들에게 평소보다 더 뛰어난 성과를 목표로 하는 동기를 부여한다는 것을 시사한다. 명백히, 연구자들은 조직 내 사회적 힘이 직원의 동기부여와 성과에 어떻게 영향을 미칠 수 있는지 탐구하는 단계에 있다.

요약

이 장의 첫 번째 주요 절에서는 조직 연구에서 주요 동기 이론들과 이러한 모델에서 아이디어를 어떻게 활용하여 동기를 향상시키는지를 검토했다. 이 장에서는 기대 이론, 목표설정 이론, 행동 이론, 자기결정성 이론(SDT), 직무 특성 이론(JCT)이 포함되었다. 기대 이론과 목표설정 이론은 모두 인지적으로 지향되어 있으며, 직원들이 행동과 결과 사이의 연결에 대해 어떻게 생각하는지를 다룬다. 직원 동기부여의 행동적 접근은 행동주의에서 유래한 원칙을 조직 내 행동에 영향을 미치도록 적용하는 것이다. 가장 많이 사용되는 원리는 강화지만, 때로는 처벌, 조성, 소거와 같은 다른 원리도 특정 상황에서 사용될 수 있다. SDT는 동기의 양뿐만 아니라 그 질에 중요성을 두며, 자율성에 의해 움직이는 구성원들이 다른 사람에 의해 통제된 경험을 하는 직원들보다 만족도가 높고 더 나은 성과를 낼 것이라고 강조한다. 이 이론은 조직적 맥락 밖에서도 많은 지지를 받아 최근 몇 년간 많은 연구가 발표되고 있다.

두 번째 주요 절에서는 조직이 이러한 이론들을 적용하여 직원 동기에 어떻게 영향을 미치는지를 검토했다. 의심의 여지 없이, 조직이 행동을 동기부여하는 데 가장 널리 사용하는 메커니즘은 보상 시스템이다. 유형 보상에는 성과급, 인센티브, 보너스, 복리후생, 특혜 또는 특전 등이 있다. 수년간의 연구에 따르면, 급여와 같은 유형 보상은 종업원들에게 동기를 부여하는 데 대단히 큰 영향을 준다. 하지만 이런 방식으로 주어지는 보상 제도는 종업원이 보상과 성과 간의 관계를 이해하는 것을 어렵게 한다.

조직은 인정, 칭찬, 상당 수준의 자율권 보장 등과 같은 무형 보상으로 종업원들을 동기부여 하기도 한다. 무형 보상의 효과는 유형 보상의 효과와 비교해서 알려진 바가 훨씬 적다. 그러나 몇몇 연구와 의미 있는 사례 등을 통해 무형 보상이 종종 강력한 동기유발 요인이 된다는 것을 알 수 있다. 그러나 낮은 수준의 물질적 보상을 대체할 수 있을지는 의문이 남는다.

보상 제도 외에 종업원을 고무할 수 있는 또 다른 주요 수단은 직무 설계이다. 이것은 어떤 사람이 일하는 내용 자체가 그 사람의 일에 대해 갖는 동기 수준에 매우 큰 영향을 준다는 생각에 기초한다. 직무 설계를 통한 동기부여에 관한 연구들은 주목할 만한 발전을 보여주고 있다. 가장 오래된 연구는 인본주의적 접근으로, Herzberg가 말했던 직무 확충에 의한 것이다. 이 접근은 주로 직무에 대한 통제 혹은 재량권을 상당 수준까지 보장하는 내용으로 이루어진다. 직무 확충은 적용 결과 성공적이었지만, 직무 특성 접근이 그 자리를 대체하고 있다. 이 접근은 직무 특성 이론에서 말하는 핵심 직무 차원(예 : 과제 자율성, 다양성, 중요성, 정체성)에 따라 보다 높은 수준의 설계를 위해 직무 자체를 재설계하는 것을 뜻한다. 최근 이런 접근과 관련하여 발견한 점은 종업원들의 수행이 다른 사람들에게 미치는 긍정적 효과를 종업원들에게 설명하는 것이 중요하다는 것이다.

직무 설계에 대한 Campion의 다학제적 접근은 직무의 다양한 성과를 향상하기 위해 여러 가지 방법으로 직무가 재설계될 수 있다고 제안하며, 그중 일부는 조직심리학에서 비교적 익숙하지 않은 것들이다. 이 영역에서 가장 최근의 경향은 동기와 생산성을 최대화하기 위한 직무 재설계에서, 직무 특성 이론과 Campion의 다학제적 접근을 통합하는 것이다. 어떤 접근 방식을 취하든 간에, 직무 재설계는 주의 깊은 사전 계획 및 상당한 재정적 자원을 요구하는 복잡한 과정이라는 것을 명심해야 한다. 조직이 작업 환경을 재구성하는 데 중점을 두는 것 외에도, 직원의 동기부여에 관한 연구에서 최근 추세를 강조했다. 이 중 두 가지 추세는 직원이 도전을 예측하고 적절히 대응하는 적극적 동기부여와 직무 조정을 통해 원하는 직무를 만들어 가는 방법을 강조했다. 마지막으로, 사회적 맥락이 직원의 동기부여에 미치는 영향을 조사하는 최근 추세에 대해서도 논의했다.

참고문헌

Alderfer, C. P. (1969). An empirical test of a new theory of human needs. *Organizational Behavior and Human Performance, 4*, 142-175.

Ambrose, M. L., & Kulik, C. T. (1999). Old friends, new faces: Motivation research in the 1990s. *Journal of Management, 25*, 142-175, 231-292.

Ashford, S. J., & Black, J. S. (1996). Proactivity during organizational entry: The role of desire for control. *Journal of Applied Psychology, 81*, 199-214.

Austin, J. T., & Vancouver, J. B. (1996). Goal constructs in psychology: Structure, process, and content. *Psychological Bulletin, 120*, 338-375.

Bakker, A. B., & Demerouti, E. (2007). The job demands-resources model: State of the art. *Journal of Managerial Psychology, 22*(3), 309-328.

Bakker, A. B., Tims, M., & Derks, D. (2012). Proactive personality and job performance: The role of job crafting and work engagement. *Human Relations, 65*(10), 1359-1378.

Bandura, A. (1986). *Social foundations of thought and action:* A *social-cognitive theory*. Englewood Cliffs, NJ: Prentice-Hall.

Baron, R. M., & Kenny, D. A. (1986). The moderator-mediator variable distinction in social psychological research: Conceptual, strategic and statistical considerations. *Journal of Personal and Social Psychology, 51*, 1173-1182.

Barrick, M. R., Mount, M. K., & Li, N. (2013). The theory of purposeful work behavior: The role of personality, higherorder goals, and job characteristics. *Academy of Management Review*, *38*(1), 132–153.

Bentley, F. S., Fulmer, I. S., & Kehoe, R. R. (2019). Payoffs for layoffs? An examination of CEO relative pay and firm performance surrounding layoff announcements. *Personnel Psychology*, *72*(1), 81–106.

Bernichon, T., Cook, K. E., & Brown, J. D. (2003). Seeking self-evaluative feedback: The interactive role of global self-esteem and specific self-views. *Journal of Personality and Social Psychology*, *84*, 194–204.

Bindl, U. K., & Parker, S. K. (2011). Proactive work behavior: Forward-thinking and change-oriented action in organizations. In S. Zedeck (Ed.), *APA handbook of industrial and organizational psychology: Vol. 2. Selecting and developing members for the organization* (pp. 567–598). Washington, DC: American Psychological Association.

Britt, T.W., Castro, C.A., & Adler, A.B. (2005). Self engagement, stressors, and health: A longitudinal study. *Personality and Social Psychology Bulletin*, *31*, 1475-1486.

Britt, T. W., Dickinson, J. M., Moore, D. M., Castro, C. A., & Adler, A. B. (2007). Correlates and consequences of morale versus depression under stressful conditions. *Journal of Occupational Health Psychology*, *12*, 34–47.

Britton, A. R. (2013). *Encourganing detection and prevention safety behaviors: Effects of goal framing*. Unpublished master's thesis, Bowling Green State University, Bowling Green, OH.

Brockner, J., & Higgins, T. (2001). Regulatory focus theory: Implications for the study of emotions at work. *Organizational Behavior and Human Decision Processes*, *86*, 35–66.

Campion, M. A., & Berger, C. J. (1990). Conceptual integration and empirical test of job design and compensation relationships. *Personnel Psychology*, *43*, 525–554.

Campion, M. A., & McClelland, C. L. (1991). Interdisciplinary examination of the costs and benefits of enlarged jobs: A job design quasi-experiment. *Journal of Applied Psychology*, *76*, 186–198.

Campion, M. A., & McClelland, C. L. (1993). Follow-up and extension of the interdisciplinary costs and benefits of enlarged design. *Journal of Applied Psychology*, *70*, 29–43.

Campion, M. A., & Thayer, P. W. (1985). Development and field evaluation of an interdisciplinary measure of job design. *Journal of Applied Psychology*, *70*, 29–43.

Campion, M. A., Cheraskin, L., & Stevens, M. J. (1994). Career-related antecedents and outcomes of job rotation. *Academy of Management Journal*, *37*, 1518–1542.

Campion, M. A., Mumford, T. V., Morgeson, F. P., & Nahrgang, J. D. (2005). Work redesign: Eight obstacles and opportunities. *Human Resource Management*, *44*, 367–390.

Cangiano, F., Parker, S. K., & Ouyang, K. (2021). Too proactive to switch off: When taking charge drains resources and impairs detachment. *Journal of Occupational Health Psychology*, *26*(2), 142–154. https://doi-org.libproxy.clemson.edu/10.1037/ocp0000265. supp (Supplemental)

Champoux, J. E. (1991). A multivariate test of the job characteristics theory of work behavior. *Journal of Occupational Behavior*, *12*, 431–446.

Chang, E. (2011). Motivational effects of pay for performance: A multilevel analysis of a Korean case. *International Journal of Human Resource Management*, *22*(18), 3929–3948.

Christian, M. S., Garza, A. S., & Slaughter, J. E. (2011). Work engagement: A quantitative review and test of its relations with task and contextual performance. *Personnel Psychology*, *64*, 89–136.

Conrad, D. A., & Perry, L. (2009). Quality-based financial incentives in health care: Can we improve quality by paying for it? *Annual Review of Public Health*, *30*, 357–371.

Deci, E. L. (1975). *Intrinsic motivation*. New York, NY: Plenum Press.

Diefendorff, J. M., & Chandler, M. M. (2011). Motivating employees. In S. Zedeck (Ed.), *APA handbook of industrial and organizational psychology: Vol. 3. Maintaining, expanding, and contracting the organization* (pp. 65–135). Washington, DC: American Psychological Association.

Dweck, C. S. (1986). Motivational processes affecting learning. *American Psychologist*, 41(10), 1040.

Edwards, J. R., Scully, J. A., & Brtek, M. D. (2000). The nature and outcomes of work: A replication and extension of interdisciplinary work-design research. *Journal of Applied Psychology*, 85(6), 860.

Elliot, A. J., & Harackiewicz, J. M. (1996). Approach and avoidance achievement goals and intrinsic motivation: A mediational analysis. *Journal of Personality and Social Psychology, 70*, 461–475.

Eskew, D., & Hennemen, R. L. (1996). Survey of merit pay plan effectiveness: End of the line for merit pay or hope for improvement. *Human Resource Planning, 19*, 12–19.

Evans, M. G., & Ondrack, D. A. (1991). The motivational potential of jobs: Is a multiplicative model necessary? *Psychological Reports, 69*, 659–672.

Fay, D., & Frese, M. (2001). The concept of personal initiative: An overview of validity studies. *Human Performance, 14*(1), 97–124.

Fernet, C., Morin, A. J. S., Austin, S., Gagn, M., Litalien, D., Lavoie-Tremblay, M., & Forest, J. (2020). Self-determination trajectories at work: A growth mixture analysis. *Journal of Vocational Behavior, 121*. https://doi-org.libproxy.clemson.edu/10.1016/j. jvb.2020.103473

Florkowski, G. W. (1987). The organizational impact of profit sharing. *Academy of Management Review, 12*, 622–636.

Ford, R. N. (1973, September/October). Job enrichment lessons from AT&T. *Harvard Business Review*, 96–106.

Frank, L. L., & Hackman, J. R. (1975). A failure of job enrichment: The case of the change that wasn't. *Journal of Applied Behavioral Science, 11*, 413–436.

Frese, M., Van Gelderen, M., & Ombach, M. (2000). How to plan as a small scale business owner: Psychological process characteristics of action strategies and success. *Journal of Small Business Management, 38*(2), 1–18.

Fried, Y., & Ferris, G. R. (1987). The validity of the job characteristics model: A review and meta-analysis. *Personnel Psychology, 40*, 287–322.

Fulmer, I. S., & Li, J. (2022). Compensation, benefits, and total rewards: A bird's-eye (re)view. *Annual Review of Organizational Psychology and Organizational Behavior, 9*, 147–169. doi:10.1146/annurev-orgpsych-012420-055903

Gagn, M., Forest, J., Vansteenkiste, M., Crevier-Braud, L., van den Broeck, A., Aspeli, A. K., Bellerose, J., Benabou, C., Chemolli, E., Güntert, S. T., Halvari, H., Indiyastuti, D. L., Johnson, P. A., Molstad, M. H., Naudin, M., Ndao, A., Olafsen, A. H., Roussel, P., Wang, Z., & Westbye, C. (2015). The Multidimensional Work Motivation Scale: Validation evidence in seven languages and nine countries. *European Journal of Work and Organizational Psychology, 24*(2), 178–196. https://doi-org.libproxy.clemson.edu/10.1080/1359432X.2013.877892

Ganster, D. C., Kiersch, C. E., Marsh, R. E., & Bowen, A. (2011). Performance-based rewards and work stress. *Journal of Organizational Behavior Management, 31*(4), 221–235. https://doi-org.libproxy.clemson.edu/10.1080/01608061.2011.619388

Gerhart, B., & Milkovich, G. T. (1992). Employee compensation: Research and practice. In M. D. Dunnette & L. M. Hough (Eds.), *Handbook of industrial and organizational psychology* (2nd ed., Vol. 3, pp. 481–569). Palo Alto, CA: Consulting Psychologists Press.

Gilliland, S. W., & Landis, R. S. (1992). Quality and quantity goals in a complex decision task: Strategies and outcomes. *Journal of Applied Psychology, 77*, 672–681.

Grant, A. M. (2007). Relational job design and the motivation to make a prosocial difference. *Academy of Management*

Review, *32*(2), 393–417.

Grant, A. M., & Parker, S. K. (2009). 7 redesigning work design theories: The rise of relational and proactive perspectives. *Academy of Management Annals*, *3*(1), 317–375.

Grant, A. M., & Shandell, M. S. (2022). Social motivation at work: The organizational psychology of effort for, against, and with others. *Annual Review of Psychology*, *73*, 301–326. doi:10.1146/annurev-psych-060321-033406

Grant, A. M., Campbell, E. M., Chen, G., Cottone, K., Lapedis, D., & Lee, K. (2007). Impact and the art of motivation maintenance: The effects of contact with beneficiaries on persistence behavior. *Organizational Behavior and Human Decision Processes*, *103*(1) 53–67.

Grant, A. M., Fried, Y.,& Juillerat, T. (2011). Work matters: Job design in classic and contemporary perspectives. In S. Zedeck (Ed.), *APA handbook of industrial and organizational psychology: Vol. 1. Building and developing the organization* (pp. 417–453).Washington, DC: American Psychological Association.

Greguras, G. J., & Diefendorff, J. M. (2009). Different fits satisfy different needs: Linking person-environment fit to employee commitment and performance using self-determination theory. *Journal of Applied Psychology*, *94*(2), 465–477. doi:https://doi.org/10.1037/a0014068

Griffin, R. W. (1991). Effects of work redesign on employee perceptions, attitudes, and behavior: A long-term investigation. *Academy of Management Journal*, *34*, 425–435.

Griffin, R. W., & McMahan, G. C. (1994). Motivation through job design. In J. Greenberg (Ed.), *Organizational behavior: State of the science* (pp. 23–44). New York, NY: Erlbaum.

Hackman, J. R., & Oldham, G. R. (1975). Development of the job diagnostic survey. *Journal of Applied Psychology*, *60*, 159–170.

Hackman, J. R., & Oldham, G. R. (1976). Motivation through the design of work: Test of a theory. *Organizational Behavior and Human Performance*, *16*, 250–279.

Hackman, J. R., & Oldham, G. R. (1980). *Work redesign*. Reading, MA: AddisonWesley.

Hallock, D. E., Salazar, R. J., & Venne-man, S. (2004). Demographic and attitudinal correlates of employee satisfaction with an ESOP. *British Journal of Management*, *15*, 321–333.

Hambly, K., Kumar, R. V., Harcourt, M., Lam, H., & Wood, G. (2019). Profitsharing as an incentive. *The International Journal of Human Resource Management*, *30*(20), 2855–2875. https://doi-org.libproxy.clemson.edu/10.1080/09585192. 2017.1334149

Hatcher, L., & Ross, T. L. (1991). From individual incentives to an organization-wide gain sharing plan: Effects on teamwork and product quality. *Journal of Organizational Behavior*, *12*, 169–183.

Herzberg, F. (1968, January/February). One more time: How do you motivate employees? *Harvard Business Review*, 52–62.

Higgins, E. T., & Silberman, I. (1998). Development of regulatory focus: Promotion and prevention as ways of living. In J. Heckhausen & C. S. Dweck (Eds.), *Motivation and self-regulation across the life span* (pp. 78–113). New York, NY: Cambridge University Press.

Huang, X., & Van de Fliert, E. (2003). Where intrinsic job satisfaction fails to work: National moderators of intrinsic motivation. *Journal of Organizational Behavior*, *24*(2), 159–179. doi:10.1002/job.186

Jenkins, G. D. Jr. Mitra, A., Gupta, N., & Shaw, J. D. (1998). Are financial incentives related to performance? A meta-analytic review of empirical research. *Journal of Applied Psychology*, *83*, 777–787.

Johns, G., Xie, J. L., & Fang, Y. (1992). Mediating and moderating effects in job design. *Journal of Management*, *18*, 657–676.

Judge, T. A., Bono, J. E., Erez, A., & Locke, E. A. (2005). Core self-evaluations and job and life satisfaction: The role of self-concordance and goal attainment. *Journal of Applied Psychology, 90*, 257–268.

Kanfer, R., Ackerman, P. L., Murtha, T. C., Dugdale, B., & Nelson, L. (1994). Goal setting, conditions of practice, and task performance: A resource allocation perspective. *Journal of Applied Psychology, 79*, 826–835.

Kanfer, R., Chen, G., & Pritchard, R. D. (2008). The three C's of work motivation: Content, context, and change. *Work motivation: Past, present, and future*, 1–16.

Kanfer, R., Frese, M., & Johnson, R. E. (2017). Motivation related to work: A century of progress. *Journal of Applied Psychology, 102*(3), 338–355. https://doiorg.libproxy.clemson.edu/10.1037/apl0000133

Kerr, J. H. (1975). On the folly of rewarding A, while hoping for B. *Academy of Management Journal, 18*, 769–783.

Kilduff, G. J. (2014). Driven to win: Rivalry, motivation, and performance. *Social Psychological and Personality Science, 5*(8), 944–952. https://doi-org.libproxy.clemson.edu/10.1177/1948550614539770

Kilduff G. J., Galinsky A. D., Gallo E., & Reade, J. J. (2016). Whatever it takes to win: Rivalry increases unethical behavior. *Academy of Management Journal, 59*, 1508–1534.

Klein, K. J. (1987). Employee stock ownership and employee attitudes: A test of three models [Monograph]. *Journal of Applied Psychology, 72*, 319–332.

Kluger, A. N., & DeNisi, A. (1996). The effects of feedback interventions on performance: A historical review, a meta-analysis, and a preliminary feedback intervention theory. *Psychological Bulletin, 119*, 254–284.

Koestner, R., Zuckerman, M., & Olsson, J. (1990). Attributional style, comparison focus of praise, and intrinsic motivation. *Journal of Research in Personality, 24*, 87–100.

Kraizberg, E., Tziner, A., & Weisberg, J. (2002). Employee stock options: Are they indeed superior to other incentive compensation schemes? *Journal of Business and Psychology, 16*, 383–390.

Latham, G. P., & Huber, V. L. (1992). Schedules of reinforcement: Lessons from the past and issues for the future. *Journal of Organizational Behavior Management, 12*, 125–149.

Latham, G. P., & Locke, E. A. (1991). Self-regulation through goal setting. *Organizational Behavior and Human Decision Processes, 50*, 212–247.

Lawler III, E. E., & Suttle, J. L. (1973). Expectancy theory and job behavior. *Organizational Behavior and Human Performance, 9*(3), 482–503.

Lawler, E. E., & Jenkins, D. G. (1992). Strategic reward systems. In M. D. Dunnette & L. M. Hough (Eds.), *Handbook of industrial and organizational psychology* (2nd ed., Vol. *3*, pp. 1009–1035). Palo Alto, CA: Consulting Psychologists Press.

Lievens, F., & Highhouse, S. (2003). A relation of instrumental and symbolic attributes to a company's attractiveness as an employer. *Personnel Psychology, 56*, 75–102.

Locke, E. A. (1968). Toward a theory of task motivation and incentive. *Organizational Behavior and Human Performance, 3*, 157–189.

Locke, E. A., & Latham, G. P. (1990). A *theory of goal setting and task performance*. Englewood Cliffs, NJ: Prentice–Hall.

Locke, E. A., & Latham, G. P. (2006). New directions in goal-setting theory. *Current Directions in Psychological Science, 15*, 265–268.

Lunenburg, F. C. (2011). Goal-setting theory of motivation. *International Journal of Management, Business, and Administration, 15*(1), 1–6.

Macey, W. H., & Schneider, B. (2008). The meaning of employee engagement. *Industrial and Organizational Psychology, 1*, 3–30.

Magrizos, S, Roumpi, D., Gergiado, A., & Kostopoulos, I. (2023). The dark side of meaningful work from home: A nonlinear approach. *European Management Review, 20*, 228-245. doi:10.1111/emre.12524

Manlova, T. S., Brush, C. G., & Edelman, L. F. (2008). What do women entrepreneurs want? *Stratgic Change Journal, 17*, 69-82.

Martela, F., & Riekki, T. J. J. (2018). Autonomy, competence, relatedness, and beneficence: A multicultural comparison of the four pathways to meaningful work. *Frontiers in Psychology, 9*. https://doi-org.libproxy.clemson.edu/10.3389/fpsyg.2018.01157

Martín-Pérez, V., Martín-Cruz, N., & Estrada-Vaquero, I. (2012). The influence of organizational design on knowledge transfer. *Journal of Knowledge Management, 16*(3), 418-434. https://doi-org.libproxy.clemson.edu/10.1108/13673271211238742

Martocchio, J. J. (2011). Strategic reward and compensation plans. In S. Zedeck (Ed), *APA handbook of industrial and organizational psychology: Vol. 1. Building and developing the organization* (pp. 343-372). Washington, DC: American Psychological Association.

Maslow, A. H. (1943). A theory of human motivation. *Psychological Review, 50*, 370-396.

Milkovich, G. T., & Newman, J. (1990). *Compensation*. Homewood, IL: Irwin.

Miner, J. B. (2005). *Organizational behavior 1: Essential theories of motivation and leadership* (Vol. 1). Me Sharpe.

Mitchell, T. R. (1974). Expectancy models of job satisfaction, occupational preferences and effort: A theoretical, methodological, and empirical appraisal. *Psychological Bulletin, 81*, 1053-1077.

Mone, M. A., & Shalley, C. E. (1995). Effects of task complexity and goal specificity on change in strategy and performance over time. *Human Performance, 8*, 243-252.

Moorhead, G., & Griffin, R. W. (1998). *Organizational behavior: Managing people and organizations* (5th ed.). Boston, MA: Houghton Mifflin.

Morgeson, F. P., & Campion, M. A. (2002). Minimizing tradeoffs when redesigning work: Evidence from a longitudinal quasi-experiment. *Personnel Psychology, 55*, 589-612.

Morgeson, F. P., & Humphrey, S. E. (2006). The work design questionnaire (WDQ): Developing and validating a comprehensive measure for assessing job design and the nature of work. *Journal of Psychology, 91*, 1321-1339.

Morgeson, F. P., Garza, A. S., & Campion, M. A. (2013). Work design. In I. B. Weiner (Series Ed.) & N. W. Schmitt & S. High-house (Vol. Eds.), *Handbook of psychology: Vol. 12. Industrial and organizational psychology* (2nd ed., pp. 525-559). Hoboken, NJ: Wiley.

Muchinsky, P. M. (1977). A comparison of within-and across-subjects analyses of the expectancy-value model for predicting effort. *Academy of Management Journal, 20*, 154-158.

Nielsen, K., & Abildgaard, J. S. (2012). The development and validation of a job crafting measure for use with blue-collar workers. *Work & Stress, 26*(4), 365-384.

Nurmohamed, S. (2020). The underdog effect: When low expectations increase performance. *Academy of Management Journal, 63*(4), 1106-1133. https://doi-org.libproxy.clemson.edu/10.5465/amj.2017.0181

Nyberg, A. J., Pieper, J. R., & Trevor, C. O. (2016). Pay-for-performance's effect on future employee performance: Integrating psychological and economic principles toward a contingency perspective. *Journal of Management, 42*(7), 1753-1783. https:// doi-org.libproxy.clemson.edu/10.1177/ 0149206313515520

Ouyang, K., Cheng, B. H., Lam, W., & Parker, S. K. (2019). Enjoy your evening, be proactive tomorrow: How off-job experiences shape daily proactivity. *Journal of Applied Psychology, 104*(8), 1003-1019. https://doi-org.libproxy.clemson.edu/10. 1037/apl0000391

Parker, S., & Wall, T. (1998). *Job and work redesign: Organizing work to promote well-being and effectiveness.* Thousand Oaks, CA: Sage.

Parker, S. K., Bindl, U. K., & Strauss, K. (2010). Making things happen: A model of proactive motivation. *Journal of Management, 36*(4), 827–856.

Parker, S. K., Wang, Y., & Liao, J. (2019). When is proactivity wise? A review of factors that influence the individual outcomes of proactive behavior. *Annual Review of Organizational Psychology and Organizational Behavior, 6*, 221–248. https://doiorg.libproxy.clemson.edu/10.1146/annurev-orgpsych-012218-015302

Peterson, S. J., & Luthans, F. (2006). The impact of financial and nonfinancial incentives on business-unit outcomes over time. *Journal of Applied Psychology, 91*, 156–165.

Pierce, J. L., Jussila, I., & Cummings, A. (2009). Psychological ownership within the job design context: Revision of the job characteristics model. *Journal of Organizational Behavior, 30*(4), 477–496.

Pinder, C. C. (2008). *Work motivation in organizational behavior.* New York, NY: Psychology Press.

Piszczek, M. M., & Berg, P. (2014). Expanding the boundaries of boundary theory: Regulative institutions and work-family role management. *Human Relations, 67*(12), 1491–1512. https://doiorg.libproxy.clemson.edu/10.1177/0018726714524241

Renn, R. W., & Vandenberg, R. J. (1995). The critical psychological states: An under-represented component in job characteristics model research. *Journal of Management, 21*, 279–303.

Renn, R. W., Swiercz, P. M., & Icenogle, M. L. (1993). Measurement properties of the revised Job Diagnostic Survey: More promising news from the public sector. *Educational and Psychological Measurement, 53*(4), 1011–1021. https://doiorg.libproxy.clemson. edu/10.1177/0013164493053004014

Robertson, M. M., Eby, L. T., Facteau, D. B., & Anker, J. G. (2022, December 19). Contact and impact on the frontline: Effects of relational job architecture and perceived safety climate on strain and motivational outcomes during COVID-19. *Journal of Occupational Health Psychology.* Advance online publication. doi:10.1037/ocp0000343

Rosen, C., Klein, K. J., & Young, K. M. (1986). *Employee ownership in America: The equity solution.* Lexington, MA: Lexington.

Ryan, R. M., & Deci, E. L. (2000). Self-determination theory and the facilitation of intrinsic motivation. *American Psychologist, 55*, 68–78.

Ryan, R. M., & Deci, E. L. (2001). On happiness and human potentials: A review of research on hedonic and eudaimonic wellbeing. *Annual Review of Psychology, 52*, 141–166.

Scarpello, V., & Jones, F. F. (1996). Why justice matters in compensation decision making. *Journal of Organizational Behavior, 17*, 285–299.

Schmidt, A. M., Beck, J. W., & Gillespie, J. Z. (2013). Motivation. In N. W. Schmitt, S. Highhouse, & I. B. Weiner (Eds.), *Handbook of psychology: Industrial and organizational psychology* (Vol. 12, 2nd ed., pp. 311–340). John Wiley & Sons, Inc.

Shaw, J. D. (2014). Pay dispersion. *Annual Review of Organizational Psychology and Organizational Behavior, 1*, 521–544. https://doi-org.libproxy.clemson.edu/10.1146/ annurev-orgpsych-031413-091253

Shaw, J. D., Duffy, M. K., Mitra, A., Lockhart, D. E., & Bowler, M. (2003). Reactions to merit pay increases: A longitudinal test of a signal sensitivity perspective. *Journal of Applied Psychology, 88*, 538–544.

Sheldon, K. M., Turban, D. B., Brown, K. G., Barrick, M. R., & Judge, T. A. (2003). Apply self-determination theory to organizational research. *Research in Personnel and Human Resources Management, 22*, 357–393.

Skinner, B. F. (1958). Reinforcement today. *American Psychologist, 13*(3), 94–99. https://doi-org.libproxy.clemson.

edu/10.1037/ h0049039

Soupata, L. (2005). Engaging employees in company success: The UPS approach to a winning team. *Human Resource Management*, 44, 95–98.

Stajkovic, A. D., & Luthans, F. (1997). A meta-analysis of the effects of organizational behavior modification on task performance, 1975–1995. *Academy of Management Journal*, *40*, 1122–1149.

Stajkovic, A. D., & Luthans, F. (2003). Behavioral management and task performance in organizations: Conceptual background, meta-analysis, and test of alternative models. *Personnel Psychology*, *56*, 155–194.

Staw, B. M., & Boettger, R. D. (1990). Task revision: A neglected form of work performance. *Academy of Management Journal*, *33*, 534–559.

Steelman, L. A., & Williams, J. R. (2019). Using science to improve feedback processes at work. In L. A. Steelman & J. R. Williams (Eds.), *Feedback at work*. (pp. 1–7). Springer Nature Switzerland AG. https://doi-org.libproxy.clemson.edu/10.1007/978-3-030-30915-2_1

Steers, R. M., Mowday, R. T., & Shapiro, D. L. (2004). The future of work motivation theory. *Academy of Management Review*, *29*, 379–387.

Thomas, J. L., & Castro, C. A. (2003). Organizational behavior and the U.S. peacekeeper. In T. W. Britt & A. B. Adler (Eds.), *The psychology of the peacekeeper: Lessons from the field* (pp. 127–146). Westport, CT: Praeger.

Tiegs, R. B., Tetrick, L. E., & Fried, Y. (1992). Growth need strength and context satisfaction as moderators of the relations of the job characteristics model. *Journal of Management*, *18*, 575–593.

Tims, M., Bakker, A. B., & Derks, D. (2012). Development and validation of the job crafting scale. *Journal of Vocational Behavior*, *80*(1), 173–186.

Tosi, H. L., & Greckhamer, T. (2004). Culture and CEO compensation. *Organization Science*, *15*, 657–670.

Trépanier, S.-G., Peterson, C., Gagn, M., Fernet, C., Levesque-Côt, J., & Howard, J. L. (2022). Revisiting the multidimensional work motivation scale (mwms). *European Journal of Work and Organizational Psychology*. https://doi-org.libproxy.clemson.edu/10.1080/1359432X.2022.2116315

Van den Broeck, A., Vansteenkiste, M., De Witte, H., & Lens, W. (2008). Explaining the relationships between job characteristics, burnout, and engagement: The role of basic psychological need satisfaction. *Work & Stress*, *22*(3), 277–294.

Van Eerde, W., & Thierry, H. (1996). Vroom's expectancy models and work-related criteria: A meta-analysis. *Journal of Applied Psychology*, *81*, 575–586.

Vancouver, J. B. (2005). The depth of history and explanation as benefit and bane for psychological control theories. *Journal of Applied Psychology*, *90*, 38–52.

Vroom, V. H. (1964). *Work and motivation*. New York, NY: Wiley.

Vroom, V. H. (1995). *Work and motivation* (2nd ed.). New York, NY: Wiley.

Weathington, B. L., & Reddock, C. M. (2011). Equity sensitivity in "fringe benefit value and satisfaction. *Journal of Behavioral and Applied Management*, 13(1), 44–59.

Weed, E. D. (1971). Job enrichment "Cleans up at Texas Instruments. In J. R. Maher (Ed.), *Perspectives in job enrichment*. New York, NY: Van Nostrand.

Whinghter, L. J., Cunningham, C. J., Wang, M., & Burnfield, J. L. (2008). The moderating role of goal orientation in the workloadfrustration relationship. *Journal of Occupational Health Psychology*, *13*(3), 283.

Wilson, M., Northcraft, G. B., & Neale, M. A. (1985). The perceived value of fringe benefits. *Personnel Psychology*, *38*, 309–320.

van Wingerden, J., Bakker, A. B., & Derks, D. (2017). Fostering employee well-being via a job crafting intervention. *Journal of Vocational Behavior, 100*, 164-174. https://doi-org.libproxy.clemson.edu/10.1016/j.jvb.2017.03.008

Wright, P. M. (1992). An examination of the relationships among monetary incentives, goal level, goal commitment, and performance. *Journal of Management, 18*, 677-693.

Wright, P. M., George, J. M., Farnsworth, S. R., & McMahan, G. (1993). Productivity and extra-role behavior: The effects of goals on spontaneous helping. *Journal of Applied Psychology, 78*, 374-381.

Wrzesniewski, A., & Dutton, J. E. (2001). Crafting a job: Revisioning employees as active crafters of their work. *Academy of Management Review, 26*(2), 179-201.

Wrzesniewski, A., Berg, J. M., & Dutton, J. E. (2010). Turn the job you have into the job you want. *Harvard Business Review, 88*(6), 114-117.

Young, G. J., Beckman, H., & Baker, E. (2012). Financial incentives, professional values and performance: A study of pay-for-performance in a professional organization. *Journal of Organizational Behavior, 33*(7), 964-983. doi:https://doi.org/10.1002/job.1770

제 10 장

리더십과 영향력 과정

Organizational Psychology and Organizational Behavior: Evidence-based Lessons for Creating Sustainable Organizations,
Fourth Edition. Steve M. Jex, Thomas W. Britt, and Cynthia A. Thompson.

Companion website : www.wiley.com/go/organizationalpsychology4e

리더십은 지난 몇십 년간 조직심리학자들에게 흥미로운 주제였다. 조직심리학자들의 연구대상이 리더십만이 아님에도 불구하고, 리더십에 관한 수많은 책이 출간됐다. 실제로 기업 경영자부터 대학 스포츠 팀 코치까지 다양한 연구자들이 리더로서 성공하기 위해 무엇이 필요한가에 대해 책을 써 왔다. 리더십의 상당 부분이 타인에게 영향력을 끼침으로써 이루어지기 때문에 권력(power)과 영향력(influence)은 리더의 핵심적인 활동을 대표하게 된다. 사실 권력과 영향력은 리더에게 필수적인 것으로 생각되어서 몇몇 연구자들은 리더십을 영향력의 한 형태로서 정의하기도 했다(Yukl, 1989, 2007).

이 장에서는 리더십뿐만 아니라 권력과 영향력의 과정을 고찰할 것이다. 리더십에 대한 일반적인 접근을 먼저 다루고, 널리 알려져 있는 리더십 이론들을 다룰 것이다. 이 장에서는 리더십 연구의 최근 흐름에 맞추어, 리더들의 특성과 행동보다는 리더십에 대한 상황적합성(contingency) 및 과정적 접근에 더 많은 주의를 기울였다. 또한 진정성 리더십, 서번트 리더십, 윤리적 리더십에 대해 최근에 나타난 접근들을 다룬다.

이번 장은 권력과 영향력, 협상을 리더십 이론과 함께 다루었다는 점에서 다른 리더십 교재들과 차별화될 수 있다. 이는 리더십의 본질이 타인의 행동에 영향을 미치는 데 있음을 인정하기 때문이다. 교회 모임을 이끌든, 포춘지의 500대 기업을 이끌든, 메이저리그 야구 팀을 이끌든, 리더가 하는 일은 타인의 행동에 영향을 미치는 것이다. 더 나아가 리더가 타인에게 영향을 미치는 데 성공적이냐는 그가 가지고 있는 권력의 양과 속성에 주로 달려 있을 것이다. 권력과 영향력은 리더십의 기본임이 분명하다.

리더십의 정의

만약 지나가는 열 사람을 붙들고 리더십을 정의하라고 한다면 제각기 다양한 정의를 내놓을 것이다. Yukl과 Van Fleet(1992)에 의하면, 리더십(leadership)은 그 과정의 복잡성 때문에 정의하기 어렵다. 리더십은 (전형적인 작업집단의 구성원인 경우에) 리더와 부하들 사이의 상호작용을 포함하고 있기 때문에 다양한 관점에서 접근할 수 있다. 예를 들어, 우리는 리더십을 집단 리더에 의해 일어나는 행동으로 구성된 것으로 볼 수 있다. 여기에는 일을 체계적으로 조직화하는 것, 집단에 필요한 자원을 얻는 것, 집단 구성원들을 격려하는 것, 집단 성과를 평가하는 것 등이 포함될 수 있다(Guzzo & Shea, 1992).

한편 한 집단이 효과적으로 운영되기 위해 필요한 일련의 기능으로 리더십을 접근할 수도 있다. 집단에서는 과업의 본질이 명확해야 하며, 자원을 획득해야 하고, 집단 구성원의 정신을 드높여야 하며,

집단 성과를 평가받아야 한다. 이러한 기능은 리더가 수행할 수도 있지만 반드시 리더가 수행해야 하는 것은 아니다. 적절한 전문지식을 가진 집단의 구성원 누구든지 과업에 대한 설명을 제공하도록 도울 수 있고, 외향적인 성격을 가진 사람은 타인을 동기화할 수도 있다. 이러한 관점으로 리더십을 바라본다면 우리는 리더십이 특정한 한 개인에게 존재하는 것이 아니라 집단 내에 존재한다고 말할 수도 있다.

리더십의 정의는 리더십의 행동을 강조하는지, 또는 리더십 행동의 결과를 강조하는지에 따라 달라진다. 이상적으로는 리더가 자신의 부하직원들의 행동에 영향을 미칠 때, 부하직원들은 리더가 원하는 일을 기꺼이 하게 된다. 그러나 실제로는 이러한 리더의 영향력이 때로는 마지못해 하는 응종이라는 결과를 낳거나 부하직원들이 거세게 저항하는 결과를 가져오기도 한다. 어떤 리더십의 정의에서는 복종이나 저항이 '참된' 리더십을 의미하지는 않는다고 한다. 한편 다른 리더십의 정의에서는 응종이나 저항을 가져오는 변화 시도가 성공적인 리더십이라고 할 수는 없지만, 여전히 리더십의 한 형태라고도 본다.

리더십을 정의하는 데 또 다른 논란은 **리더십**과 **관리**(management)를 구분하는 것이다. 어떤 이들은 리더가 자신의 부하직원들로부터 몰입을 얻어 내고, 때로는 그들에게 영감을 불어넣기까지 하는 사람이라고 주장한다. 반면에 관리자는 '제시간에 훈련'을 시키고, 기본적으로는 부하직원들로부터 복종을 얻어 내는 사람이라고 한다. 관리자는 자신의 집단을 악화시키지는 않지만, 그렇다고 집단을 좀 더 발전시키는 사람도 아니다. 흥미로운 것은, 리더십과 관리의 구분이 리더십 학자들 사이에서보다 실제 조직의 실무자들 사이에서 더 많은 논란이 되고 있다는 것이다. 다음은 왜 사람들이 이런 이슈에 관해 확고한 생각을 가지고 있는지 설명해 줄 것이다('참고 10.1' 참조).

리더십을 정의하는 것을 복잡하게 하는 요인들이 있지만 다양한 정의 간에 공통점은 확인할 수 있다. Yukl과 Van Fleet(1992)은 **리더십**을 "조직의 목표 과업과 전략에 영향을 미치는 것, 이 전략을 실행하고 목표를 달성하기 위해 조직 구성원에게 영향을 미치는 것, 집단 유지와 동일시에 영향을 미치는 것, 조직 문화에 영향을 미치는 것 등을 포함하는 과정"(p. 149)으로 정의한다. 이 정의는 〈그림 10.1〉에 요약되어 있다. Vroom과 Jago(2007)는 최근 "위대한 것을 성취하기 위해 사람들이 협동하여 일하도록 동기화하는 절차"(p. 18)라고 리더십을 더 간명하게 정의하였다.

이 정의에 대해서 주목해야 할 몇 가지가 있다. 첫째, 리더십이 타인의 행동에 영향을 미치는 것과 분명히 관련된다는 점이다. 둘째, 리더십을 결과가 아닌 **과정**으로 본다는 것이다. 이 정의로 보면, 리더는 변화 시도에 실패할 수도 있다. 셋째, 이 정의는 리더십에 다양한 스킬이 필요하다는 것을 내포하고 있다. 목표 과업과 전략에 영향을 주는 데는 강력한 분석적 능력과 개념적 능력이 요구되며, 사람들이 이러한 전략과 목적을 실행하도록 영향을 주는 데는 대인관계 능력과 설득 능력이 요구된다. 마지막으로, 리더는 조직 변화에서 중요한 중개자이다. 조직의 문화를 바꾸는 것은 조직이 생존하기

참고 10.1

관리 대 리더십

조직심리학의 많은 영역들처럼, 리더십도 중요한 용어와 구성개념들의 정의에 대한 문제를 가지고 있다. 종종 거론되는 논란은 특히 조직에서 일하는 사람들에 대한 것으로, '**관리**'와 '**리더십**'의 구별이다. **관리자**(manager)는 주로 부하들의 일을 조직화하기 위해 계획하고 도우며, 그들의 행동에 대해 통제력을 행사하는 것과 같이 전통적인 관리 행위에 종사하는 사람으로 정의된다. 반면에 **리더**(leader)는, 관리 기능을 충족하는 것뿐만 아니라 부하직원들에게 영감을 불어넣고 동기화하는 동시에, 조직의 중요한 변화를 촉진할 수 있는 사람이다.

저자가 '관리와 리더십'의 구분이 흥미롭다고 한 이유 중 하나는, 이것이 종업원들에게는 더 논란이 되고 리더십 연구자들에게는 논란이 덜 되는 것처럼 보이기 때문이다. 카리스마적 리더십, 변혁적 리더십과 같은 최근 이론들에도 불구하고, 리더십 연구자들은 이것에 대해 중점을 두지 않고 있었다. 반대로, 필자는 지난 10년간 가르쳐 오면서 이 점이 항상 이슈가 되고 열광적으로 토의되는 것을 알게 되었다. 대부분의 사람들에게는, 적어도 내 경험에 비춰 보았을 때, 관리자와 리더는 별개의 집단이다.

사람들이 관리와 리더십을 구분하고, 이에 대해 강한 의견을 가지고 있다면, 이것은 두 가지 점을 제시하는 것이다. 첫째, 조직의 종업원들은 단지 관리 의무를 수행하는 사람이 아니라 참된 리더들을 위해 일하고 싶어 한다는 것이다. 둘째, 조직에서 진정한 리더가 부족하다는 점이다. 여기에는 많은 이유가 있다. 이것은 진정한 리더가 변화의 중개자이기 때문이다. 권한을 가진 지위에서 단순히 관리적 의무만 수행한다면, 그것은 조직의 현상유지만 할 뿐이고, 변화에 대한 욕구가 없다는 것이다.

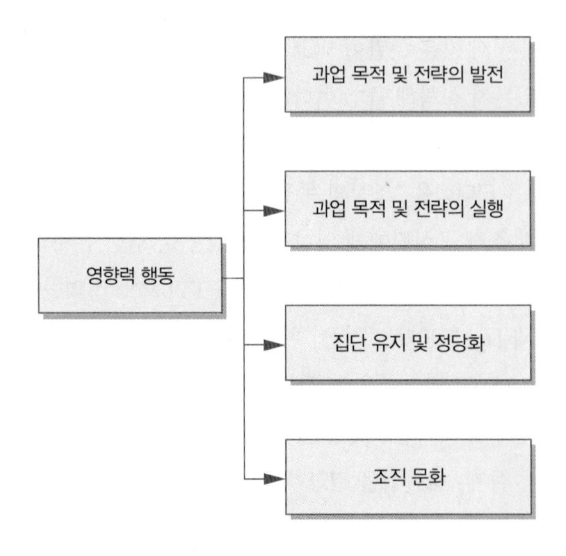

그림 10.1 Yukl과 Van Fleet(1992)의 리더십 정의 요약

출처 : Yukl & Van Fleet(1992).

위해서는 필수적이지만, 이것은 상당히 어려운 문제이다(제12장 및 제13장 참조). 리더들은 그들이 가진 영향력 때문에 조직 문화를 조성하는 데 가장 책임 있는 위치에 있는 셈이다.

리더십의 중요성

리더는 정확히 어떤 중요한 일을 하는가? 리더는 종종 집단 및 조직 전체에 **전략 방향**과 **비전**을 제시해야 한다(Bass, 1998). 작업집단의 구성원들은 반복적인 과업을 정해진 시간 안에 마쳐야 하기 때문에 자신의 집단이 어떤 곳으로 향해 가고 있는지를 생각하기에는 너무 바쁘다. 집단의 여러 구성원이 전략 계획과 비전 수립 활동을 하지만 주로 리더가 이러한 노력의 중심에 있게 된다. 리더는 이익이 되고 적절한 전략적 목적을 충족하는 방향으로 생산적 행동을 할 수 있도록 조직을 돕는다.

리더의 또 다른 중요 기능은, 특히 작은 집단의 리더인 경우, 직원들을 **동기부여**(motivation)하고, 그들의 행동을 **코칭**(coaching)하는 것이다. 경험이 많은 종업원도 때로는 격려가 필요하고, 직무 관련 문제를 해결하는 데 도움을 필요로 한다. 전략 계획과 비전 제시뿐만 아니라 동기부여와 코칭 활동도 집단의 여러 구성원이 함께할 수도 있다. 그러나 이러한 기능을 충족하는 데 한 사람이 책임지는 것이 조직 구성원들에게 덜 복잡할 뿐만 아니라 더 효과적이기도 하다. 대부분의 경우에 리더가 이런 역할을 한다.

조직에서 리더가 지닌 세 번째 중요한 기능은 **조직 정책의 집행 및 설명**이다. 대부분의 구성원에게 리더는 조직의 높은 위치에 있는 사람들과의 '연결고리'와 같은 역할을 한다(Likert, 1967). 그렇기 때문에 리더는 종종 조직의 정책을 설명하고 집행하는 일을 맡게 된다. 다시 말하면, 집단이 비공식적인 통로로 이런 일이 진행되도록 할 수도 있지만, 공식적으로 리더를 통해 진행시킬 때에 보다 체계적으로 조직의 규칙과 절차가 실행될 수 있게 된다.

마지막으로 리더는 **팀을 위해서 필요한 자원을 획득**해야 하는 책임이 있기 때문에 중요하다. 리더는 커다란 조직 내에서 자기가 속한 팀의 이익을 대표한다. 이렇기 때문에 조직의 집단들은 자원을 획득함에 있어서 주로 리더의 설득 능력에 많이 의존한다. 리더가 없으면 집단 구성원들은 각자 자신의 방식으로 동시에 자원을 획득하려 할 것이다.

앞에서 언급한 리더의 네 가지 기능은 리더십의 속성을 모두 보여준 것이라기보다는 리더십의 중요성을 강조한 것이다. 게다가 점점 수평화되어 가는 조직에서 숙련된 리더십은 조직의 성공을 위해 더욱 중요하게 된다. 수평화 조직구조에서 리더는 더 넓은 관리 폭을 갖고(예 : 리더는 더 많은 수의 종업원을 관리하게 된다), 그의 행동의 영향은 많은 위계적 수준을 가진 조직구조의 경우 보다 더 커지게 된다. 그러므로 리더십은 조직의 성공에서 매우 중요하다.

리더십의 일반적 접근

리더십에 대한 많은 초기 문헌들은 철학자, 역사가, 정치과학자들로부터 나왔으며, 이 책에서 다루는 많은 다른 주제들처럼 리더십은 수 세기에 걸쳐 연구 대상이 되어 왔다. 특히 지난 50년 동안 조직심리학자들은 리더십 연구에 깊이 몰입해 왔으며, 리더십 연구에 대한 서로 다른 접근들이 서서히 발전해 왔다(Lord et al., 2017 참조). 이 절에서는 이 접근들 중 세 가지 접근법, 즉 특성적 접근, 행동적 접근, 상황적합성 접근을 개관한다.

특성적 접근

리더십에 대한 특성적 접근(trait approach)에서 기본적으로 전제하고 있는 것은 매우 간단하다. 효과적인 리더가 가지고 있는 특성은 비효과적인 리더가 가지고 있는 특성과 다르다는 것이다. 이러한 접근은 효과적인 리더와 효과적이지 못한 리더를 구별하는 특성을 찾아내는 데 목표를 둔다. 실제로 초기 리더십 연구의 상당 부분은 특성적 접근에 기반하고 있다. 이 연구에 대한 포괄적인 요약은 Mann(1959)과 Stogdill(1948)에서 볼 수 있다.

불행히도 특성에 기반한 초기 리더십 연구는 '효과적인 리더'가 가지고 있는 특성을 파악하는 데 실패했다. 이는 초기의 리더십 연구자들이 타당한 이론적 추론에 근거하지 않고 '특성'을 연구했기 때문이기도 했다(예를 들어 신체적 조건과 성별). 게다가 대부분의 초기 리더십 연구자들의 목표는 효과적인 리더와 효과적이지 못한 리더를 구별하는 데 특성을 사용하려는 것이었다. 아주 많은 변인이 리더의 효과성에 영향을 미친다는 점을 고려할 때, 특성 하나만을 고려하여 리더의 효과성을 예측하려는 시도는 많은 한계점을 가질 수밖에 없다.

특성이 리더의 효과성을 잘 예측하지 못하고 심리학에서 환경적 영향이 행동에 영향을 미친다는 입장이 대두되면서, 리더십에 대한 특성적 접근은 1940년대와 1950년대에 관심을 받지 못하게 되었다. 특성을 기반으로 한 리더십 연구는 지금도 수행되고 있지만 확실히 과거만큼 지배적이지는 않다. 그러나 시간이 흐르면서 특성적 접근은 두 가지 요인 때문에 리더십 연구에 중요한 기여를 하게 되며 다시 떠오르게 되었다. 첫째로, 연구자들은 리더 효과성을 예측하기보다 **리더 출현**(leader emergence)을 예언하는 것을 더 강조하게 되었다. 리더가 공식적으로 지정되지 않은 내집단 상황에서 누군가는 리더 역할을 하게 되는 것이 당연한 일이다. 리더 출현은 단순하게 이런 일들이 일어나는 과정이다.

특성적 접근은 리더 출현을 예측하는 특성을 규명하는 데 많은 기여를 해 왔다(Colbert et al., 2012; Judge et al., 2009; Zaccaro, 2007). 똑똑하고, 지배적 욕구가 높으며, 자기감시 성향이 높고, 사회적으로 통찰력 있는 사람들은 공식적으로 리더가 지정되지 않은 상황에서 리더가 되는 경향이 있다. 이러한 프로파일은 부상된 리더가 다음과 같은 일들을 할 수 있다고 제안한다 : (1) 어떤 상황에서의 사회적 역동을 정확하게 '읽어 낸다', (2) 이러한 사회적 욕구들을 충족하기 위해 행동을 적응시킨다. 또한 Colbert 등(2012)은 부상된 리더들은 외향적이고 경험에 대한 개방성이 높다고 동료들에 의해 인식된다는 점을 발견했다. 특성 연구 분야에서 아직 연구되지는 않았지만, 공식적인 선발 절차가 있을 때에는 이러한 사람들이 결국 리더십 직위에 오르게 될 가능성이 높다는 것은 일리 있는 주장이다. 관리적 효과성에 대한 종단 연구는 이 주장을 뒷받침할 증거를 제공할 것이다.

둘째로, 특성에 기반한 리더십 연구는 최근에 다시 이론적으로 타당하게 여겨지기 시작함에 따라 다시 주목받게 되었다. Yukl과 Van Fleet(1992)에 의하면, 조직의 관리적 유효성과 촉진을 예측하는 몇몇 특성이 확인되었다고 한다. 여기에는 높은 에너지 수준, 스트레스 통제력, 건실도, 정서적 성숙도, 자기확신 등이 있다. 게다가 Van Iddekinge 등(2009)은 최근에 성실성이 미국의 육군 하사관의 리더십과 크게 관련되어 있다는 것을 발견했다. 관리적 작업의 속성을 고려할 때, 신체적 특성이나 성별과 같은 것들에 비해 이러한 특성들이 성공과 어떻게 관련되는지를 알아보는 것은 쉽다.

Zaccaro(2007)는 리더의 특성이 리더 출현, 효과성, 출세, 승진에 어떻게 관련되어 있는지에 대한 통합적 모델을 개발하였다. Zaccaro는 리더의 특성에 성격적 특성, 인지적 능력, 동기 및 가치가 포함된다고 하였다. 그리고 이러한 특성들의 결합은 각각의 특성보다 리더의 효과성에 대해 더 좋은 예측변인이 된다고 강조한다. 예를 들어, Kemp 등(2004)은 3일 의사결정 시뮬레이션에 대한 군 간부들의 리더 효과성을 예측하기 위해 사회지능, 상위인지(자신의 사고방식에 대한 인식), 모호한 상황을 견디는 능력을 고찰하였다. 연구자들은 이 세 특성 수준이 모두 높은 리더가 수행을 효과적으로 하였고, 한 가지라도 특성이 낮았던 리더는 수행이 나빴음을 발견하였다. 이 연구는 리더의 특성이 각기 작용하는 것보다 결합하여 작용하는 것의 중요성을 강조한다. 또한 최근 연구에서 종업원 수행을 예측하는 요인으로 정서적 리더 특성을 탐색하였다. Li 등(2022)은 리더의 감사 특성, 즉 다른 사람의 긍정적인 기여에 대해 감사의 감정을 표현하는 리더의 특성이 중국의 다양한 기업에서 팀 혁신을 예측하는 중요한 요소임을 발견하였다.

제6장에서는 직무수행에 대한 예측변인으로서 '5요인(Big Five)' 성격을 논의하였다. 성격 연구자들은 '5요인'을 외향성, 신경증, 성실성, 우호성, 경험에 대한 개방성으로 정의했다. 리더의 특성에 대해 제시된 새로운 방향은 리더십과 수행점수 및 5요인 간의 관계에 대한 고찰이다. Bono와 Judge(2004)는 외향성이 변혁적 리더십 — 변혁적 리더십에 대해서는 후에 논의할 것이다 — 을 가장 일관되게 예측한다는 것을 발견했다. 변혁적 리더십은 부하들에게 명료하고 중요한 비전을 제시하여 그들의 성취동기를 고무하는 리더의 능력을 일컫는다. 이 연구자들은 전반적으로 5요인과 리더십 사이의 관계는 강하지 않다는 것을 발견했고, 따라서 5요인과 리더십의 관계에 상황변인이 영향을 미칠 것(즉 조절할 것)이라 제안하였다(de Hoogh et al., 2005 참조).

리더십의 특성적 접근에서 대부분의 최근 연구는 왜 특정한 특성들이 리더 효과성과 관련이 있는지에 대한 원인 변인들을 조사한다. Van Iddekinge 등(2009)은 성실성, 정서적 안정성 및 외향성이 리더에게 요구되는 지식, 기술, 능력을 개발하기 위한 개인의 동기를 높여서 리더십 효과성이 높게 평가된다는 것을 발견했다. Hirschfeld 등(2006)은 위와 같은 세 가지 성격 특성을 포함하는 효과적 리더 성격 프로파일을 개발한 후, 이 프로파일이 팀 수행을 촉진하는 선제적 행동에서의 높은 점수와 관련이 있다는 것을 발견했다. 마지막으로 Flynn 등(2016)은 리더의 핵심 자기평가(자아존중감, 일반화된 자기효능감, 낮은 신경증, 내부 통제소재의 결합으로 구성됨, 제6장에서도 논의함)가 부하직원들이 리더를 더 높은 수준의 서번트 리더십(이 장의 후반부에서 논의)을 가진 사람으로 인식하게 만드는 것과 관련이 있으며, 이는 리더의 수행에 대한 높은 평가와 연관되어 있음을 보여주었다.

최근 몇 년 동안 리더십에 대한 특성적 접근에 관한 연구에서 주목받고 있는 한 가지 새로운 분야는 **비효과적인** 리더가 되는 특성에 대한 연구이다. 구체적으로, 연구자들은 직원의 건강, 웰빙, 수행에 해를 끼치는 리더의 부정적 특성들을 조사해 왔다. Paulhus와 Williams(2002)가 처음으로 정의한 어둠의 3요소(Dark Triad)은 사이코패시, 나르시시즘, 마키아벨리즘으로 구성된다. 사이코패시(psychopathy)는 높은 자신감을 가지지만 동시에 조작적이며, 냉담하고, 착취적인 성향을 의미하고, 나르시시즘은 자기중심적이고 타인을 착취하는 경향을, 마키아벨리즘은 개인적 이득을 극대화하기 위해 타인을 조작하고 착취하는 성향을 나타낸다. 이러한 성향 중 하나 또는 그 이상에서 높은 점수를 받은 리더는 효과적인 리더가 아닐 뿐만 아니라, 직원들의 건강과 웰빙에 해를 끼치는 경향이 있다(Fodor et al., 2021; Mathieu et al., 2014).

최근 연구에 따르면 사이코패시, 나르시시즘, 마키아벨리즘 성향을 가진 리더들이 직원의 부정적인 성과와 연결되는 주요 메커니즘은 직원들에 대한 비인격적 감독임이 밝혀졌다(Blickle et al., 2018; De Hoogh et al., 2021). Tepper 등(2017)은 비인격적 감독(abusive supervision)을 "신체적 접촉을 제외하고 상사가 지속적으로 적대적인 언어적 · 비언어적 행동을 보여주는 정도에 대한 부하직원의 인식"(p. 126)이라고 정의한다. 저자들은 비인격적 감독이 종업원의 건강과 웰빙에 미치는 영향에 대한 연구를 광범위하게 검토하며, 비인격적 감독이 종업원 수행에 미치는 복잡한 관계도 다루고 있다. 저자들에 따르면, 비인격적 감독은 자원 고갈과 같은 요인을 통해 종업원 수행에 부정적인 영향을 미칠 수 있지만, 상사의 잘못을 증명하고자 하는 동기와 같은 요인을 통해 수행에 긍정적인 영향을 미칠 수도 있다(Tepper et al., 2017). 이러한 설명을 고려할 때, 부정적인 리더 특성이 비인격적 감독을 통해 종업원 수행과 연결되는 것은 놀라운 일이 아니다.

중요한 점은, Owens 등(2015)이 리더의 겸손 특성이 리더의 나르시시즘이 종업원의 몰입과 수행에 미치는 일부 부정적 영향을 상쇄할 수 있음을 발견했다. 저자들은 대형 보험 조직에서 리더-부하 직원의 관계를 조사한 결과, 리더의 겸손 수준이 높은 경우 리더의 나르시시즘과 부하 직원이 평가한 리더의 효과성, 종업원 몰입, 그리고 부하 직원의 주관적 수행 평가 사이에 긍정적인 관계가 나타났다.

즉 리더의 겸손 특성이 리더의 나르시시즘이 일반적으로 초래하는 부정적인 직원 수행을 반전시키는 역할을 한 것으로 보인다.

리더십에 대한 특성적 접근을 부활시키는 작업이 많이 진행되었지만, 아직도 특성 연구자들이 답해야 할 질문들이 많이 남아 있다. 예컨대, 리더십 특성 이론의 실용적 함의에 관해서다. 이 접근은 주로 리더 선발에 실용적 가치가 있을 수 있는데, 이는 아직 특성 연구자들에 의해서 충분히 연구되지 않았다. 특성 연구자들이 아직 완전히 연구하지 못한 또 다른 문제는 작업집단 내에서 다양한 특성을 조합했을 때의 효과이다. 예를 들어 만일 한 집단에 리더로 부상할 특성을 가진 사람이 여럿 있다면 어떤 일이 일어날까? 이 사람들이 리더십 기능을 공유할 것인가, 아니면 이 역할을 차지하기 위해 경쟁할 것인가? 이러한 잠재적 단점들에도 불구하고, 특성적 접근은 특히 최근 들어 상당히 발전하고 있다.

성별과 리더십

리더십 연구에서 특성적 접근과 관련된 한 분야는 리더십과 리더의 효과성에 있어 성별의 역할을 조사하는 것을 포함한다. Lord 등(2017)은 *Journal of Applied Psychology*에 발표된 100년간의 리더십 개관 연구에서 성별과 리더십의 중요성을 논의했다. 이 연구에서 저자들은 Alice Eagly 박사와 동료들이 수행한 여러 메타분석의 중요성을 강조하며, 성별과 리더십의 다양한 요소 간 관계를 조사했다. 가장 기본적인 수준에서, 연구들은 사람들이 관리자나 리더에 대해 생각할 때, 친절하고 동정심이 많은 여성적 속성보다는 자신감 있고 경쟁적인 남성적 속성을 떠올리는 경향이 있다는 것을 보여준다(Koenig et al., 2011). 이는 Schein(1973)에 의해 처음 '관리자를 생각하면 남성을 떠올리는 효과(think manager, think male effect)'라고 언급되었다.

73개의 연구를 메타분석한 Koenig 등(2011)은 리더의 속성이 남성적 속성과 더 강하게 연관된다는 것을 발견했다. 그러나 하위 집단 분석에 따르면 최근 실시된 연구에서는 이러한 관계가 약해졌음을 보여주었으며, 이는 리더에 대한 남성적 고정관념이 시간이 지나면서 감소한 것을 시사한다. 추가 분석에서는 이러한 효과가 여성보다 남성에게 더 강하게 나타났음을 보여주었다. 리더십 유형과 관련하여 Eagly 등(2003)은 45개의 연구에 대한 메타분석을 실시하였다. 그 결과, 여성 리더들이 남성보다 약간 더 높은 수준의 변혁적 리더십을 보인다는 것을 발견하였는데, 이 장에서 후반부에 논의할 변혁적 리더십은 공유된 비전을 창출하고 직원들이 그 비전을 달성할 수 있도록 지원함으로써 직원을 동기부여하는 데 중점을 두는 리더십 유형이다. Alice Eagly 박사는 이 장의 '연구자 소개'에서 성별과 리더십에 관한 그녀의 이론과 연구 여정을 설명한다.

최근에는 Diehl과 Dzubinski(2016)가 종교와 고등 교육 분야 여성 리더들과의 질적 인터뷰를 통해 그들이 각 분야에서 리더가 되는 과정에서 겪었던 역경의 원천을 조사했다. 저자들은 미시적, 중간적, 거시적 수준 분석에서 27개의 성별 기반 장벽을 발견했다. 미시적 수준 장벽의 예로는 일-삶 갈등,

연구자 소개

ALICE EAGLY 박사

미래의 직업에 대한 생각은 고등학교 때 내가 과학자가 되는 모습을 상상하면서부터 시작되었다. 내가 공부한 유일한 과학은 물리과학이었기 때문에 화학 분야에서 경력을 쌓는 것이 좋을 것 같았다. 내가 수강했던 세 학기의 화학 수업은 충분히 매력적이어서 대학 입학 지원서에 화학을 전공할 것이라고 적었다. 대학 신입생이 되었을 때, 나는 화학을 포함한 모든 수업이 흥미로웠다. 그러나 폭넓은 사회과학 과목을 수강하게 되었을 때, 화학 전공에 대한 생각은 사라졌다! 왜 화합물과 원소를 계속 공부해야 하는가, 대신 과학적 방법을 적용하여 사람들을 이해할 수 있을 텐데? 그 후 나는 다학제 사회과학 학부 전공에 등록했다. 대학원 과정으로는 개인과 사회 모두에 초점을 맞춘 매력적인 분야인 사회심리학을 선택했다.

나의 대학원 교육은 미시간대학교에서 심리학과와 사회학과가 공동으로 주관하는 소위 '협동 프로그램'의 일환으로 이루어졌다. Herbert Kelman과 Melvin Manis의 지도하에 나는 태도와 사회적 영향에 대한 연구에 초기 노력을 기울였다. 1965년에 박사 학위 취득 후 학문적 경력을 시작하면서 나의 태도 연구는 궁극적으로 Shelly Chaiken과 공동 집필하여 1993년에 출판한 태도의 심리학(Psychology of Attitudes)이라는 책으로 발전했다. 이 책은 내가 기대했던 것 이상으로 성공을 거두어 출판 이후 약 22,000회 인용되었다.

주로 태도에 관한 연구를 하던 이 시기에 나는 제2차 여성 운동의 영향으로 관심이 커졌던 성별에 대한 연구를 시작했다. 성별에 대한 대중의 관심은 컸지만, 관련된 과학적 연구는 희박했다. 그러나 사회심리학은 편견, 고정관념, 역할과 같은 성별 이해에 잠재적으로 관련된 많은 개념을 제공했다. 또한 성별 연구는 비교적 잘 연구된 태도 연구 분야보다 새로운 발견과 혁신에 더 개방적일 것 같았다. 따라서 시간이 지남에 따라 나의 연구는 점차 태도에서 성별로 옮겨 갔으며, 때로는 두 가지 관심사가 결합해 남성과 여성이 많은 사회적 이슈에 대해 서로 다른 태도를 보이는 이유에 대한 연구로 이어졌다.

성별에 대한 연구를 체계화하기 위해, 나는 1987년에 처음 출판된 178페이지 분량의 책에서 사회적 역할 이론을 개발했다. 역할은 중요한 개념을 제공하는데, 이는 역할 기대가 개인의 마음속에 존재하며 사회적으로 공유되어 사회 구조와 문화에 기여하기 때문이다. 역할 이론은 이후 나의 성별이 사회적 영향, 이타주의, 공격성, 영웅주의, 사회정치적 태도, 짝 선택, 리더십 등의 영역에서 어떻게 작용하는지에 대한 연구와 글쓰기의 지침이 되었다.

리더십 연구는 성별을 이해하는 데 필수적이다. 대부분의 리더가 남성이므로, 그들은 여성보다 더 많은 사회적 권력과 권위를 가지고 있다. 이 불균형을 이해하기 위해 나는 기존 리더십 연구를 검토하고 통합하는 여러 프로젝트를 수행했다. 나는 남성과 여성이 리더십 스타일, 리더로서의 효과성, 그룹 리더로 자발적으로 떠오르는 경향에서 차이가 있는지 여부를 연구했다. 또한 여성 리더에 대한 편견과 리더십과 관련된 문화적 고정관념도 연구했다. 이러한 프로젝트는 Linda Carli와 공동 집필한 **미로를 통해 : 여성들이 리더가 되는 방법에 대한 진실**(Through the Labyrinth: The Truth About How Women Become Leaders)이라는 책의 많은 자료를 제공했다. 이 책은 여성들이 리더십에서 과소 대표되는 사회적, 심리적 과정을 설명하면서도 점차 더 나은 대표성을 얻고 있는 과정을 설명한다.

역할 일치 이론(role congruity theory)으로 알려진 나의 리더십 분석은 리더들이 성 역할과 리더 역할을 동시에 수행해야 한다는 점을 강조한다. 여성 리더의 경우, 여성에게 기대되는 공동체적인 자질이 리더에게 기대되는 주로 대리인적 자질과 일치하지 않기 때문에 이 두 역할은 종종 충돌한다. 이러한 불일치는, 즉 **역할 부조화**로 인해 사람들은 리더 역할, 특히 지배적이고 강압적인 리더십 스타일이 요구되는 리더 역할에서 여성이 남성만큼 잘 수행할 수 있는 능력이 있는지에 대해 의구심을 갖게 할 수 있다.

최근에 나는 성별에 관한 기본적인 질문들로 관심을 돌렸다. 그중 하나는 심리학적 현상과 비교할 때 남성과 여성 간의 심리적 차이가 작거나 큰지에 관한 것이다. 답은 둘 다 맞다. 왜냐하면 이러한 차이의 크기는 연구자들이 데이터를 조직하는 방식에 따라 달라지기 때문이다. 예를 들어, 공동체적인 성격 특성 대 대리인적인 성격 특성, 사람 중심 직업 대 사물 중심 직업적 관심과 같은 일반적인 경향에서는 더 큰 차이가 나타난다. 반면, 특정 성격 특성이나 직업적 관심과 같은 일반적인 경향의 구성요소에서는 더 작은 차이가 나타난다.

또 다른 기본적인 이슈는 성별 고정관념의 정확성에 관한 것이다. 나의 연구를 포함한 대부분의 성별 고정관념 연구는 이러한 고정관념이 외부 기준과 비교했을 때 상당히 정확하다는 것을 보여주었다. 예를 들어, 여성과 남성의 일반적인 태도에 대한 고정관념은 대표적인 여성과 남성 표본의 설문 조사 데이터와 일치하는 경향이 있다. 정확성이 입증되었음에도 불구하고, 성별 고정관념은 적어도 일부 대중에 의해 자주 반박된다. 이러한 저항의 이유는 이러한 고정관념이 현재의 여성과 남성의 상황을 반영할 뿐, 미래에 도래할 더 성평등한 사회에서 그들이 가질 수 있는 속성을 반영하지 않기 때문이다. 따라서 성별 고정관념은 그것들을 부정확하게 만드는 사회적 변화를 불러일으킬 수 있다.

Alice Eagly 박사는 노스웨스턴대학교의 James Padilla 예술 및 과학 명예 교수이자 심리학 명예교수, 정책 연구소 명예 교수이다. 그녀의 연구 관심사는 성별 심리학으로, 특히 리더십, 이타적 행동, 공격성, 짝 선택, 사회정치적 태도에서의 성차 및 유사성에 관한 것이다. 또한 고정관념의 내용, 성차와 유사성 이론으로서 사회적 역할 이론, 사회적 행동에서 성차의 기원, 태도 이론과 연구, 특히 정보 처리에서의 태도 선택성에 관한 연구도 포함된다.

그리고 승진과 관련된 심리적 유리천장에 대한 인식 등이 포함되었다. 중간 수준 장벽의 예로는 직장 내 괴롭힘과 멘토 부족과 같은 요인들이 포함되었다. 한편 거시적 수준의 장벽으로는 성 고정관념과 리더십에 대한 인식이 보고되었다. 이러한 결과는 여성 리더들이 다양한 조직에서 여전히 성별에 기반한 장벽에 직면하고 있음을 나타낸다.

행동적 접근

초기 특성 연구의 단점 때문에 리더십 연구의 초점은 효과적인 리더와 효과적이지 못한 리더를 구별해 내기 위한 행동적 접근(behavioral approach)으로 옮겨졌다. 가장 잘 알려진 리더 행동의 분류법은 Ralph Stogdill과 Edwin Fleishman, 그리고 오하이오주립대학교에 있는 동료 연구자들(예 : Fleishman et al., 1955)에 의해 개발되었다. 이들은 리더십 행동이 **과업주도**(initiating structure) 행동과 **배려**(consideration) 행동 같은 두 가지 기본 유형으로 나뉠 수 있다고 했다. 과업주도적 차원의 리더 행동은 집단의 과업수행을 촉진하려는 목적으로 하는 행동들로서, 예를 들면 부하들의 작업을 조직화하는 것, 기대성과에 대한 의사소통, 부하들이 과업에 지속적으로 집중하도록 하는 것 등이다.

배려 행동은 리더가 부하직원들을 인격체로 대우하고 그들에게 관심을 가지고 있음을 나타내는 행동들이다. 이 차원의 예로는 부하직원의 가족에 관심 보이기, 일이 어떻게 진행되는지 주기적으로 부하직원들과 확인하고 상의하기, 그리고 문제가 생겼을 때 이해해 주기 등이다.

한편 오하이오주립대학교에서 리더십 연구가 수행될 때 다른 연구자들도 이처럼 리더 행동을 분류하는 연구를 했다. Rensis Likert와 동료들이 미시간대학교에서 연구했던 **직무 중심적 리더 행동**(job-centered leadership behavior)과 **종업원 중심적 리더 행동**(employee-centered leadership behavior)을 예로 들 수 있다(Likert, 1961). Blake와 Mouton(1964)도 관리격자(managerial grid) 이론을 개발하여 **생산 중심**(concern for production)과 **사람 중심**(concern for people)의 리더 행동이라는 비슷한 구분을 했다. 이러한 모든 구분은 과업 달성을 촉진하는 리더 행동과 집단 내 대인관계의 조화를 증진하는 리더 행동 간의 기본적 차이를 반영하는 것이다.

리더의 행동을 두 가지 큰 유형으로 간단하게 나누었지만 여전히 수많은 문제가 해결되지 않은 채로 남아 있다. 그 예로, 어떤 이들은 이 두 차원이 서로 상관이 없는 독립적인 차원이라고 주장한다(예 : Blake & Mouton, 1964). 다시 말해 리더는 과업주도 행동과 배려 행동을 동시에 보일 수 있다는 것이다. 또 다른 연구자들은 두 가지 리더 행동이 서로 부적 상관관계를 가진다고 주장한다(예 : Likert, 1961). 과업주도 행동은 배려 행동을 희생함으로써 일어나고, 배려 행동도 과업주도 행동을 희생하여 일어난다는 것이다.

또 다른 문제는 어떤 리더 행동이 완전히 과업주도적이거나, 혹은 완전히 배려적이기 어렵다는 것이다. 예를 들어, 어떤 리더는 일이 어떻게 진행되는가에 대해 매일 부하직원과 이야기를 할 수 있는 데, 이것은 리더가 부하직원들에게 자신이 관심을 갖고 있음을 보여주는 것이기 때문에 배려적인 행동으로도 보일 수 있다. 이런 비공식적 대화는 부하직원들이 자신의 직무 관련 과업에 더욱 집중하게 할 수 있으며, 리더와 중요한 과업 관련 정보를 주고받을 수 있는 기회를 제공하기도 한다. 그러므로 리더가 하는 행동들은 위에서 언급한 두 차원으로 분류하는 것보다 실제로는 훨씬 더 복잡할 수 있다.

오하이오주립대학교의 2요인 연구가 초창기에는 성과를 거두었지만, 여러 학자가 배려 행동과 과업주도 행동이 과연 리더의 효과성을 예측할 수 있는지에 대해 비판적 견해를 갖고 있다(Yukl & van Fleet, 1992). Judge 등(2004)은 이런 비판적 견해는 부하직원들의 만족이나 리더의 효과성에 대한 배려 행동이나 과업주도 행동의 예측력을 객관적 방법으로 평가한 것이 아니라 질적 조사를 통해서 나온 결론이므로 한계가 있다고 지적했다. Judge 등(2004)은 과업주도 행동과 배려 행동, 그리고 그에 따른 성과 사이의 관계를 보기 위해 163개 연구에 대한 객관적인 메타분석을 수행했다. 배려 행동과 주요 성과 사이의 전반적인 상관은 변인의 측정오차를 통제했을 때 .48이었으며, 과업주도 행동과 주요 변인들 사이의 전반적 상관은 .29였다. Judge와 그의 동료들은 이 상관들이 유의했으며, 이런 발견은 리더 행동에 대한 이 두 유형적 접근법이 타당함을 증명한 것이라고 밝혔다.

게다가 최근 연구는 과업주도 행동과 배려 행동의 전반적 수준을 조사하는 것뿐만 아니라 종업원들에 의해 필요하다고 지각된 과업주도 행동과 배려 행동 수준의 중요성을 강조해 왔다. Lambert 등(2012)은 리더가 실제로 행한 배려 행동 및 과업주도 행동의 정도와 종업원들이 필요하다고 생각하는 이 행동들의 정도 간 부합도를 연구했다. 종업원이 필요하다고 생각한 정도와 리더가 행한 행동 간에 부합도가 높을수록 긍정적인 직무 태도와 OCB가 나타난다는 것이 밝혀졌다. 나아가 종업원들이 바라는 것보다 더 많은 과업주도 행동을 하는 리더들에 대해서는 덜 호의적인 직무 태도를 보이는 것으로 나타났다.

그러나 행동적 접근을 계속 곤란하게 하는 마지막 이슈는 연구자들이 모든 상황에서 일관되게 효과적인 리더 행동을 결코 찾아낼 수 없었다는 점이다. 이것은 모든 상황에서 효과적인 보편적 리더 행동이 없다는 것을 의미한다. 오히려 리더에게 요구되는 행동들은 상황에 따라 달라진다는 것이다. 이러한 관점은 다음에 설명할 리더십의 상황적합성 접근을 이끌어냈다.

상황적합성 접근

상황적합성 접근(contingency approach)은 리더의 행동과 특성, 효과성 간의 관계가 리더가 속해 있는 특정 상황에 따라 달라진다는 가정을 기본으로 하고 있다. 상황적합성 이론에 따르면, 리더는 우선 어떤 행동이 가장 적합할지 알아내기 위해서 상황을 잘 파악하는 것이 중요하다. 일단 상황을 잘 파악하고 나면, 그다음에 리더는 그 상황에서 어떻게 행동하는 것이 가장 좋을지를 판단해서 자신의 행동을 적응시키면 되는 것이다.

지난 30년간 개발된 리더십 이론들의 대부분은 상황적합성 이론이다. 따라서 리더십 연구 분야에서 상황적합성 이론은 기본적인 전제로 받아들여져 왔다고 말하는 것이 더 정확할 것이다. 그러나 상황적합성 접근의 구체적인 부분들에 대해서는 합의되지 않고 있다. 예를 들면, 리더가 자신의 행동을 적응시키기 위해 파악해야 할 상황적 요소들이 무엇인가에 관해 아직 일치된 견해가 없다. 또한 상황적합성 이론에서는 부하직원들이 하나의 요소가 된다고 제안하지만 부하직원들의 어떤 면이 가장 중요한 것인가에 대한 견해는 분분하다.

상황적합성 이론을 둘러싸고 있는 또 다른 불일치점은 성공하기 위해 리더가 보여야 할 행동들에 대한 것이다. 앞으로 보겠지만, 상황적합성 이론들은 리더의 적응성 수준(level of adaptability)에 대해 이론마다 다른 접근을 한다. 어떤 이론(예 : Fiedler, 1967)에서는 리더는 이미 완성된 리더십 스타일을 가지고 있기 때문에 이런 리더십 스타일은 변하기가 어렵다고 가정한다. 그러나 다른 이론(예 : House, 1971)에서는 리더가 다양한 상황에서 자신의 행동을 적응시킬 수 있는 능력을 충분히 갖췄다고 가정한다. 이것은 이전 장에서 언급된 바 있는 보다 근본적인 행동의 변화 가능성 문제와 관련된다(예 : Hellervik et al., 1992). 어떤 관점에서 보면, 리더는 상황적 요구를 충족하도록 행동을 수정할 수 있는 능력이 있다고 볼 수 있지만, 분명치 않은 것은 리더가 자신이 직면한 상황에 대응하기 위해 구체적으로 어떤 행동을 어떻게 바꿔야 하는가의 문제이다.

Fiedler는 리더십에 관한 가장 정교한 상황적합성 이론(contingency theory)을 개발했으며, 이 이론의 기본 전제는 리더의 성공이 상황 특성과 리더 특성 간의 상호작용 관계에 달려 있다는 것이다. Fiedler는 **상황호의성**(situation favorability)이 세 요소에 의해 결정된다고 가정하였다 : (1) 리더-구성원 관계, 즉 리더가 부하직원들과 얼마나 잘 지내는지, (2) 과업 구조, 즉 부하직원들이 매우 명확하고 구조화된 과업(예 : "혁신적인 제품을 개발하라")을 수행하는지, (3) 리더의 지위권력(position power) — 리더가 부하직원들에 대해 가지고 있는 공식적인 권한의 양. 어느 정도의 권한은 원래 리더십의 지위마다 다 존재하지만, 실제로 권한의 양은 상당히 다르다. 부하직원들과 관계가 좋고, 과업이 명확하게 구조화되어 있으며, 리더가 더 많은 권한을 가지고 있을 때 상황은 더 유리하다.

Fiedler 이론의 두 번째 부분은 리더의 특성에 대한 것이다. Fiedler는 리더가 **과업 지향적**인지 또는 **관계 지향적**인지 확실하게 구별할 수 있다고 가정한다. 이것을 측정하기 위해 Fiedler와 그의 동료들은 가장 덜 선호되는 동료(Least Preferred Co-worker, LPC) 척도를 개발했다(Fiedler, 1967). LPC 척도는 18쌍의 형용사로 구성되어 있다. 이 척도의 응답자들은 현재 같이 일하거나 과거에 일했던 동료들 중에 같이 일하면서 가장 힘들었던 사람을 떠올리도록 요구받는다. LPC 점수가 높다는 것은 리더가 그 동료를 비교적 우호적인 표현을 사용하여 평가했다는 것을 나타낸다. 이것은 리더가 같이 일하기는 힘든 동료지만 인간적으로는 그를 우호적으로 평가한 것이므로, 리더가 관계 지향적이라는 것을 의미한다. 반대로, LPC 점수가 낮다는 것은 그런 동료를 상대적으로 비호의적인 표현을 사용하여 평가했다는 것을 나타낸다. Fiedler에 의하면, 이것은 리더가 그 동료가 가진 긍정적 특성보다는 그가 과업 달성에 끼친 부정적인 영향을 더 고려하는 것을 암시하기 때문에 이때 리더는 과업 지향적이라고 할 수 있다. Fiedler는 매우 유리하거나 매우 불리한 상황에서는 과업 지향적(여기서는 LPC 점수가 낮은) 리더가 가장 성공적이라고 제안했다. 반면, 상황이 중간 정도로 호의적인 상황에서는 관계 지향적 리더가 가장 효과적이라고 제안했다. 여기서 중간 정도로 호의적인 상황은 '흑백 논리'로 판단하기 어렵고, 종종 대인관계의 기교가 필요하기 때문에 관계 지향적 접근이 더 효과적일 수 있다.

수십 년간 상당한 연구가 Fiedler의 상황적합성 이론에 대해 진행되어 왔고, 그 결과는 혼재되어 있다. 예를 들어, 리더의 LPC 점수가 호의성이 다양한 상황에서의 수행을 예측한다는 결과(Chemers, 1983; Chemers et al., 1985)는 이론과 일치했지만 다른 연구들에서는 지지되지 않았다(예 : Schriesheim & Kerr, 1977; Vecchio, 1977). Fiedler 이론에서는 LPC 척도가 가장 많은 비판을 받아 왔다. 이를테면 측정 방법의 논리성이 문제시되었다(예 : McMahon, 1972; Theodory, 1982). 사실 몇 년간 학생들에게 LPC 척도를 제시해보았더니, 학생들은 지시사항이 종종 헷갈린다고 답하였다. 더 심각한 문제는 이 척도의 구성 타당도에 대한 검증이 없다는 점이다. 구성 타당도가 구성개념이나 속성을 반영한다는 제2장의 내용을 상기해보자. LPC 척도의 구성 타당도에 대한 강력한 지지 증거는 아직 존재하지 않는다.

리더십의 현대 이론

지난 50년 동안 개발된 대부분의 리더십 이론들은 상황 이론의 범주에 속하며, 이는 리더가 부하직원의 특성에 따라 리더십 행동을 조정해야 한다는 점을 강조한다. 이 절에서는 리더십 연구에서 가장 영향력 있는 현대 리더십 이론들을 고찰한다. 가장 영향력 있는 이론이란 그 이론이 얼마나 많은 후속 연구들로 이어졌는지, 그리고 실제 조직에 얼마나 적용되었는지에 따라 판단한 것이다.

경로-목표 이론

경로-목표 이론(path-goal theory)은 리더십과 동기부여를 하나의 이론에서 설명하려고 시도하였다(House, 1971; House & Mitchell, 1974). 경로-목표 이론의 기본 아이디어는 리더의 역할은 부하직원들이 성공할 수 있도록 도와주는 데 있다는 것이다. House는 기대 이론 측면에서 이것을 설명했다(Vroom, 1964). 구체적으로, 리더가 자신의 역할에 성공적이면 부하직원들의 기대 수준(노력하면 성과가 나올 것이라는 인식)은 높아진다. 달리 표현하자면, 리더의 기능은 부하직원들에게 '목표를 달성할 수 있는 경로'를 보여주는 것이다.

경로-목표 이론에서는 리더가 자신의 리더십 스타일을 부하직원들과 주어진 상황에 적용할 수 있어야 한다고 주장한다. House는 리더가 성공하기 위해서는 다음의 네 가지 리더십 스타일을 활용할 수 있어야 한다고 했다 : 지시적 리더십, 지지적 리더십, 성취 지향적 리더십, 참여적 리더십.

지시적 리더십(directive leadership)은 부하직원들이 자신이 무엇을 하고 있는지 그리고 과업에 대한 책임감을 명확히 알도록 해 주는 데 초점을 둔다. 일주일에 한 번씩 종업원을 만나고 직무할당을 해 주는 리더는 지시적 리더십을 보여주는 것이다. **지지적 리더십**(supportive leadership)은 부하직원들에게 관심을 보여주는 것을 의미한다. 부하직원의 자식들이 아픈지에 대해 안부를 물어보는 리더는 지지적 리더십을 보여주는 것이다.

성취 지향적 리더십(achievement-oriented leadership)은 종업원들이 자신의 수행을 개선할 수 있도록 도움으로써 궁극적으로 종업원들로부터 보다 나은 수행을 이끌어내는 것을 의미한다. 리더는 직무에 대해 현장에서 코칭해 주기, 어려운 목표설정하기, 또는 훈련이나 개발 기회 만들어 주기, 종업원 자신이 성공하기 위해 필요한 다양한 자원을 갖고 있음을 깨닫게 하기와 같은 다양한 방법으로 성취 지향적 리더십을 보여줄 수 있다. 마지막으로, **참여적 리더십**(participative leadership)은 직무와 관련된 문제에 종업원이 직접 기여할 수 있도록 하는 행동을 의미한다. 중요한 의사결정을 하기 전에 부하직원들을 정기적으로 참여시키는 리더는 이러한 형태의 리더십을 보이는 것이다.

다음에는 이 네 가지 리더십 스타일을 각각 어떤 상황에 사용할 수 있는지 알아보자. 경로-목표 이론은 리더가 적절한 리더십 스타일을 결정하려 할 때 부하직원 특성과 작업환경 특성이라는 두 가지 상황적 요인을 고려해야 한다고 제안한다. 부하직원의 관점에서 보면, 리더는 부하직원들의 능력과 성격을 지각하고 있어야 한다. 지각된 능력에 대해 먼저 논해보자. 직무와 관련된 문제에 한계를 느끼고 있는 부하직원에 대해서는 어떤 리더십이 가장 적합하겠는가? 부하직원들은 자신들이 정확히 무엇을 해야 하는지를 알고 싶어 하기 때문에, 이런 부하직원들에게 리더는 다소 지시적일 필요가 있을 것이다. 자신의 능력에 한계가 있다는 것을 알고 있는 부하직원은 스스로 크게 기여할 점이 없다고 생각하기 때문에 참여적 리더십은 적합하지 않을 것이다. 성취 지향적 리더십과 지지적 리더십은 부하직원의 특성에 따라 다양하게 사용될 수 있을 것이다.

부하직원이 과업과 관련된 자신의 능력이 뛰어나다고 지각할 때, 리더는 지시하는 부분을 조금 줄여야 할 것이다. 대신에 리더는 성취 지향적 리더십과 참여적 리더십을 강하게 발휘할 필요가 있다. 자신의 능력을 높게 지각하는 이들은 능력을 더 개발하고 싶어 하는 욕구가 강하므로 성취 지향적 리더십이 요구된다. 이런 부하들은 또한 기여하는 부분이 많아서 리더는 이들에게 아이디어를 얻으려 할 것이다. 지지적 리더십은 부하직원의 특성에 따라 정도를 달리하여 사용될 수 있다.

리더가 리더십 스타일을 결정해야 할 때 두 번째로 고려해야 할 부하직원의 특성은 성격이다. 이것은 너무 포괄적인 범주지만, 경로-목표 이론이 중요하게 생각하는 개인의 특성은 부하직원의 **통제소재**

(locus of control)이다. Rotter(1966)에 의하면, 통제소재란 자신이 받을 수 있는 외적 강화물을 자신이 스스로 통제할 수 있느냐에 대한 신념으로서, 비교적 안정적인 성격상의 개인차를 말한다. 내적 통제소재를 가진 사람은 자신이 강화물에 대해 통제할 수 있는 부분이 크다고 믿는다. 이러한 사람은 열심히 일하는 것이 긍정적인 결과를 가져오기 때문에 좋은 것이라 생각한다. 외적 통제소재를 가진 사람은 자신의 삶에서 강화물은 행운, 운명, 또는 힘 있는 사람들과 같은 외적인 힘에 의해 생긴다고 믿기 때문에 자기 자신과는 직접적인 관계가 별로 없다고 생각한다.

내적 통제소재를 지닌 부하직원을 관리하는 리더는 아마도 성취 지향적 리더십과 참여적 리더십을 강조할 것이고, 상대적으로 지시적 리더십과 지지적 리더십을 적게 사용할 것이다. 내적 통제소재를 가진 부하직원(내적 통제자)은 자신이 강화물을 통제할 수 있다고 믿기 때문에, 자신이 성과를 내면 긍정적 보상이 주어질 것이라 믿을 것이다. 이런 과정을 촉진하려면 성취 지향적 리더십이 필요하다. 또한 내적 통제소재를 가진 부하들은 일을 잘하기 때문에(Spector, 1982), 리더들은 참여적 리더십을 사용하여 이런 부하직원들로부터 좋은 의견을 구하려 한다.

외적 통제소재를 가진 부하직원(외적 통제자)은 리더가 더 많은 지시를 해 주기를 원할 것이다. 그러므로 지시적 리더십 행동이 필요하다. 또한 외적 통제소재를 가진 사람들은 내적 통제자들에 비해 리더로부터 비교적 더 많은 지지를 필요로 한다. 외적 통제소재를 갖는 것은 정신건강과 부적인 상관이 있음이 발견되어 왔다(예 : Spector, 1982; Storms & Spector, 1987). 따라서 외적 통제자들은 내적 통제자들보다 종종 더 불안하고, 좌절하고, 불만족스러운 경향이 있다.

다른 연구들은 리더가 부하직원들의 '조절 모드(regulatory mode)'를 고려해서 어떤 행동을 취할지 결정하는 것이 중요하다고 한다. Higgins 등(2003)은 사람들마다 조절 모드가 다른데, 어떤 사람들은 목표와 목표 사이를 이동하는 '이동성(locomotion)' 조절 모드를 선호하며, 어떤 사람들은 원하는 준거 가치기준을 달성하기 위해 과업 진척도를 비교하는 '평가성(assessment)' 조절 모드를 선호한다고 제안한다. Kruglanski 등(2007)은 이동성 조절 모드를 가진 종업원들은 더 강력하고 지시적인 리더를 원하는 반면에, 평가성 조절 모드를 가진 종업원들은 조언을 많이 해 주는 리더를 더 원한다는 것을 검증하였다. 이들은 리더의 스타일과 종업원의 조절 모드 간 부합도가 높을 때 종업원의 직무만족이 높음을 검증하였다.

부하직원의 특성과 더불어 경로-목표 이론은 리더가 적합한 리더십 스타일을 결정하기 위해 직무 환경의 특성을 고려해야 한다고 주장한다. 경로-목표 이론에서 중요하게 고려하는 상황적 특성은 권한과 리더십 행사에 대해 조직 내에 현재 어떤 규범이 존재하는가의 문제이다. 이것은 종업원의 참여 정도, 종업원이 직무 관련 문제를 해결하기 위해 먼저 자발적으로 움직이는 정도, 관리자가 부하직원들의 사적인 삶에 관심을 갖는 정도 등과 같은 조직 문화를 반영한다. 종업원의 관여와 참여를 강조하는 조직에서는 참여적 리더십 스타일이 권위적 조직에서보다 더 적합할 것이다. 마찬가지로 종업원의 자립심을 강조하는 조직에서는 지시적 리더십 스타일보다는 성취 지향적 스타일이나 참여적 스타일이 잘 맞을 것이다.

직무환경의 두 번째 특성인 과업 구조는 적절한 리더십 스타일을 결정하는 데 매우 중요하다. 만약 리더가 과업 구조화가 높은 집단(예 : 매우 단순한 제품을 생산하는 경우)에 지시를 하는 경우라면 지시적 리더십 스타일이나 참여적 리더십 스타일은 필요하지 않다. 집단의 구성원들은 자신이 무엇을 해야 하는지 정확히 알고 있기 때문이다. 반대로 과업이 전혀 구조화되어 있지 않았을 때(예 : 신제품 개발)는 과업을 가장 잘 수행하기 위해서는 리더가 지시적이어야 하며, 때로는 과업을 효과적으로 수행하기 위한 방법을 생각해 내기 위해 참여적 리더십을 사용해야 할 것이다.

경로-목표 이론에서 제시한 마지막 환경적 특성은 리더가 이끌고 있는 작업집단의 속성이다. 예를 들어, 어떤 집단에서는 과업에 대한 구체적인 지시를 리더가 하는 것이 아니라 경험 많은 구성원이 하기도 한다. 이런 경우 리더는 지시적일 필요가 없고, 다른 리더십 스타일을 적용하는 데 집중할 수 있다. 즉 리더의 행동은 집단 내 구성원들이 수행하는 행동에 '가치를 더해 주기'만 하면 된다는 것을 의미한다.

House는 자신의 이론을 재정립하여 10가지 리더십 행동 유형을 나열하고 어떤 행동 유형이 주어진 상황에 적절한지를 설명하는 포괄적인 이론을 제공하였다(House, 1996). 10가지 유형은 부하직원들의 직무 역할을 설계해 주는 행동부터 부하직원들이 훌륭하게 수행할 수 있도록 도와주는 행동까지 포괄적인 범위의 행동을 다룬다. House는 긍정적인 결과나 부정적인 결과, 혹은 아무 결과도 얻지 못할 때에 대한 지침을 제공하는 22개의 명제를 제안하였다. House 이론의 핵심은 동일하다. 리더는 상황이나 부하의 특성에 따라 전략적으로 사용할 수 있는 다양한 리더십 스타일을 갖추어야 한다는 것이다.

경로-목표 이론의 특성을 고려할 때 이 이론을 포괄적으로 평가하기는 어렵다. 그러나 이 이론을 부분적으로 검증했을 때 결과는 비교적 성공적이었다(예 : Wofford & Liska, 1993). Britt 등(2004)은 군대에서의 리더십 효과와 관련한 많은 연구를 리뷰하였고, 전반적으로 House의 이론을 지지한다고 보고하였다. 경로-목표 이론이 실용적인 측면에서 시사하는 바는 주로 관리자 훈련 및 개발에 있다. 관리자들은 특히 직무환경의 중요한 측면뿐만 아니라 부하직원들 간의 차이에 대해 인식할 수 있도록 훈련받아야 하고, 경로-목표 이론에서 제안한 리더십 스타일을 사용하는 법을 배워야 한다. 이 이론은 선발과 배치에 대해서도 시사점을 갖는다. 만일 리더가 성취 지향적 리더십을 발휘하여 부하직원의 능력을 개발하는 데 매우 능숙하다면, 조직은 이 사람에게 젊고 잠재력이 많은 종업원으로 구성된 집단을 맡길 필요가 있다. 반대로, 리더가 참여적 리더십을 잘 발휘하는 사람이라면, 조직은 이 사람에게 의사결정을 많이 하는 집단을 맡길 필요가 있다.

Vroom-Yetton-Jago 모델

Vroom-Yetton-Jago 모델(Vroom & Jago, 1988, 2007; Vroom & Yetton, 1973)은 리더십의 의사결정에 초점을 둔 상황적합성 이론이다. 이 모델은 지금까지 다룬 이론들보다 더 처방적인 특징을 갖는다. 즉 이 이론은 리더가 어떤 의사결정 스타일을 채택할지에 대한 가이드라인을 제공하는 데 초점을 맞춘다. 이 모델에 따르면, 리더가 자신이 처한 상황에 얼마나 적합한 의사결정 스타일을 사용하느냐에 따라 리더십의 효과성이 달라진다고 한다.

Vroom-Yetton-Jago 모델에서 고려해야 할 첫 번째 요소는 리더가 활용할 수 있는 다양한 의사결정 스타일이다. 〈표 10.1〉에서 볼 수 있듯이, 첫 번째 의사결정 스타일(AI)은 관련된 정보를 리더가 혼자 고려한 후에 리더 혼자 결정하는 것이다. 또 다른 의사결정 스타일(AII)은 부하직원들에게 관련 정보를 얻은 후 결정은 리더가 혼자 내리는 것이다. 의사결정 스타일 CI는 종업원 개개인과 함께 문제를 상의한 후에 리더 혼자 결정을 한다. 의사결정 스타일 CII는 문제를 종업원들과 한자리에 모여 전체적으로 공유하고 난 후에 리더 혼자 결정을 한다. 마지막 의사결정 스타일(GII)은 집단의 합의를 통해 의사결정을 내린다.

이 모델에 따르면, 어떤 의사결정 스타일이 가장 적절한지 결정하기 위해서는 아래 8가지 조건에 따라 상황을 분석해야 한다 : (1) 질 높은 의사결정이 필요한 상황인지, (2) 리더가 혼자 결정을 내리기에 충분한 정보를 가지고 있는지, (3) 문제가 어느 정도 구조화되었는지, (4) 의사결정을 내린 후 결정된 사항이 실행되기 위해 부하직원들의 동의가 필요한지, (5) 부하직원들이 리더의 결정을 받아들일지, (6) 조직의 목표를 부하직원들이 얼마나 공유할지, (7) 결정에 대해서 부하직원들 사이에 갈등이 있는지, (8) 부하직원들이 그들 스스로 의사결정을 할 만한 충분한 관련 정보를 가지고 있는지.

위와 같은 8개의 상황 조건이 어떻게 전개되느냐에 따라 주어진 상황에서 가장 적절한 의사결정 스타일이 무엇인지가 결정된다. 여기서 상황적 질문들은 순서도와 같은 순차적인 방법을 통해 고려된다. 특히 각 질문에 대한 리더의 반응을 통해 점차적으로 가능한 대안으로 좁혀지고 결국은 하나의 의사결정 스타일만 남게 된다. 이 이론을 활용하는 리더는 자신이 처한 상황에 대한 각 질문에 답

표 10.1 Vroom-Yetton-Jago의 리더십 모델에 의해 제안된 의사결정 유형

AI — 리더가 관련 정보를 고려한 후 혼자 결정을 내린다.
AII — 리더가 직접 부하직원들로부터 관련 정보를 얻은 후 혼자 결정을 내린다.
CI — 리더가 각 부하직원에게 개별적으로 문제를 공유한 후 혼자 결정을 내린다.
CII — 리더가 부하직원들과 집단으로 문제를 공유한 후 혼자 결정을 내린다.
GII — 집단 합의에 의해 결정이 내려진다.

을 할 뿐이지만, 최종적으로는 의사결정 유형 중 가장 바람직한 방법이 무엇인지 알게 된다(Vroom & Yetton, 1973 참조).

Vroom-Yetton-Jago 모델에 대한 연구는 관리자들이 모델의 규칙과 일치하는 의사결정 유형을 채택할 때 더 효과적이었음을 보여준다(Margerison & Glube, 1979; Paul & Ebadi, 1989; Vroom & Jago, 1988, 2007). 그러나 이 모델을 검증한 연구들은 관리자가 이미 행한 의사결정과정에 대한 회고적 기술에 의존한다는 방법론적인 한계를 갖는다. 이 문제는 관리자들이 그들이 행한 과거 의사결정을 회고할 때 이 모델과 일관된 방향으로 회고할 수 있다는 의문을 갖게 한다. 회고적 기술을 사용하지 않은 최근 연구(Field & House, 1990; Parker, 1999)는 이 이론에 대하여 보다 제한된 지지를 제공하였다.

실용적 관점에서 Vroom-Yetton-Jago 모델은 여태까지 개발된 이론 가운데 가장 실용적인 모델 중 하나이다. 다른 이론들과 비교해서 이 모델은 단순하게 리더십 과정에 대해 설명하기보다는 리더에게 의사결정을 위한 구체적인 지침을 제공한다. Vroom-Yetton-Jago 모델에서 가장 큰 문제는 리더가 의사결정을 내릴 때 리더에게 주어진 조건, 상황들을 너무 단순화했다는 것이다. 예를 들어, 많은 경우 앞서 언급된 질문들에 대해 리더가 '예-아니요'로 대답하는 것이 어렵다. 이 약점을 극복하기 위해서 이 모델에 대해 더 많은 수정이 필요할 것이다.

리더-구성원 교환(LMX) 모델

작업집단의 일원이었거나 리더였던 사람이라면 누구나 집단의 구성원들이 동등하게 대우받지 않는다는 것을 알고 있다. 특히 집단의 리더는 어떤 부하직원들과는 보다 더 긍정적인 관계를 갖고 있고, 그리하여 다른 부하들에 비해 그들과는 보다 더 각별한 관계를 유지하게 된다. 이러한 생각에 기초해서, Dansereau 등(1975)은 리더십의 **수직쌍 연계 이론**(vertical dyad linkage model)을 발전시켰다. 수직쌍이라는 용어는 원래 리더와 부하직원 간의 특별한 관계를 강조하기 위해 사용되었다. 그러나 후에 이 이론의 이름은 그 관계가 결국 리더와 부하직원 간의 사회적 교환관계를 반영하기 때문에 **리더-구성원 교환**(Leader-Member Exchange, LMX)으로 바뀌게 되었다. 중요한 점은 LMX 이론이 최근 연구에서 가장 많은 성과를 창출한 리더십 이론 중 하나라는 것이다.

Dansereau 등(1975)에 따르면 작업집단 내의 구성원들은 전형적으로 **내집단**(in-group)과 **외집단**(out-group)으로 나뉠 수 있다. 내집단은 리더의 신뢰를 받는 종업원들로 구성된다. 이들은 수행이 뛰어나고, 더 많은 업무를 맡으려 하며, 리더와 잘 지낸다. 외집단은 리더들과 형식적인 관계를 갖는다. 내집단 구성원은 외집단 구성원들에 비해 리더로부터 더 많은 은밀한 정보를 받고, 직무를 수행하는 데 더 많은 자율권이 주어진다. 외집단 구성원은 일반적으로 성과가 낮거나, 많은 책임을 맡으려 하지 않고, 내집단 구성원과 달리 리더와 잘 지내지 못한다.

이 이론은 점차적으로 내집단/외집단 구분 자체보다 리더와 부하직원들의 관계가 시간이 흐름에 따라 어떻게 발전되는지에 초점을 두게 되었다(Graen, 1976). Graen(1976)에 따르면, 부하직원들을 처음 맡았을 때 리더는 그들의 능력에 대해 유용한 사전 정보가 없는 상태이다. 시간이 지나면서 리더는 부하직원들에게 업무를 점점 더 부과하면서 그들의 능력에 대해 알게 된다. 부하직원들이 성공적으로 업무를 수행할수록 리더-부하 간에 긍정적인 교환관계가 발달한다. 이런 부하직원은 나중에 자기 업무의 역할과 책임 범위에 대해 리더와 조율하는 것도 가능해진다. 능력 이외에 리더와 구성원 간 교환관계의 발전에 영향을 미치는 또 다른 요인은 상호 간의 지각된 유사성, 그리고 상호 간의 대인 매력 수준이다(Liden et al., 1993). 교환관계는 부하직원들이 유능하고, 부하직원과 리더가 어느 정도 유사성을 가지며, 부하직원과 리더가 서로를 매력적이라고 좋아할 때 가장 긍정적이다. LMX의 역동성에 대한 또 다른 흥미로운 발전은 종업원이 자신에 비해 리더가 다른 종업원을 얼마나 좋아하거나 싫어하는지에 대한 인식에 대한 연구이다. Tse 등(2013)은 종업원들이 자신보다 그들의 동료가 리더와 더 좋은 관계를 가지고 있다고 느낄 때, 동료에 대해 경멸을 느끼고 이러한 경멸이 그들의 수행에 영향을 끼친다는 것을 발견하였다.

Dulebohn 등(2012)은 최근에 긍정적인 LMX의 선행변인을 검증하기 위한 메타분석을 실시하였다. 연구자들은 종업원과 리더의 특성, 그들 간의 관계가 높은 수준의 LMX와 연관되어 있음을 검증하였다. 예를 들어, 능력과 정적 정서성이 높고 부적 정서성이 낮은 종업원일수록 상사와 높은 수준의 LMX를 가지는 것으로 나타났다. 또한 LMX가 높을수록 종업원들은 리더가 성과와 연계된 보상을 잘 제공해 주고, 변혁적 리더십의 질이 높다고 평가하였다. 마지막으로, 종업원과 리더가 서로 비슷하고, 서로 호감을 가지며, 종업원이 리더를 신뢰할 때 LMX의 수준이 더 높았다.

그렇다면 이러한 교환관계의 결과로 나타나는 효과는 무엇일까? Gerstner와 Day(1997)는 리더-부하 교환에서의 상관관계를 검증한 79개 연구에 대해 메타분석을 실시하였다. 그 결과 LMX는 직무수행, 직무 만족, 조직 몰입에 정적으로 상관이 있었으며, 이직, 역할 스트레스 요인과 같은 결과물에 부적으로 상관이 있었다. 그중 가장 예상치 못한 결과는 교환관계의 질적인 면에 대한 부하와 리더 간의 상관이 상대적으로 작게 나타난 것이다($r = .37$). 이것은 리더와 부하가 그들 간 관계의 질에 대해 동일하게 판단하기는 하지만, 판단의 일치 정도가 아주 높은 것은 아니라는 점을 의미한다. 교환관계의 질적 부분에 대한 의견 일치 정도가 왜 높게 나타나지 않는지, 어떤 요인이 의견 일치에 영향을 미치는지, 또는 교환관계의 질에 대해 의견 불일치가 어떤 영향을 미치는지에 대해서는 앞으로 연구가 필요하다.

Ilies 등(2007)은 50개의 서로 다른 표본에 대해 메타분석을 실시한 결과, LMX는 종업원의 조직시민행동(OCB)과 정적인 관계가 있는 것으로 나타났다. 특히 조직이 아닌 동료에 대한 조직시민행동과 높은 정적인 관계가 있었다. 그러나 Rockstuhl 등(2012)의 최근 메타분석에 따르면 LMX와 조직시민행동 간의 관계는 집합주의적인 아시아 문화권에서 더 약하게 나타났다. 연구자들은 아시아 문화권에 있는 종업원들은 자신과 리더와의 관계뿐만 아니라 조직의 집합적인 맥락과 조직에 대한 의무에도 민감해서 그런 것 같다는 가설을 제시하였다. 최근의 메타분석 연구에서 Dulebohn 등(2012)은 LMX가 이직 의도 및 실제 이직의 감소와 연관되어 있고, 높은 수준의 조직시민행동 및 수행과 관련되어 있으며, 다양한 직무태도 변인(예 : 직무 만족, 조직 몰입, 조직 공정성)과 높은 상관을 갖는 것으로 나타났다.

LMX 이론은 이론적인 면에서나 실용적인 면에서나 모두 다 유용하다. 이론적 관점에서 이 이론은 다른 이론에 비해 리더십을 보다 현실적인 측면에서 접근한다. 부하직원들은 리더의 영향을 단순히 수동적으로 받아들이지 않는다. 실용적 관점에서 LMX 이론은 리더가 부하직원과 긍정적인 교환관계를 만드는 것이 바람직하다고 본다. 항상 100% 가능한 것은 아니지만 조직은 관리자에게 부하직원과의 의사소통, 피드백 제공방법, 코칭 활동 등과 관련한 기술을 훈련시킴으로써 관리자가 부하와 질 높은 교환관계를 가질 수 있도록 도울 수 있다. 또한 LMX가 글로벌 지역으로 분산된 팀에 속해 있는 종업원들 사이에서도 중요하다는 증거가 있다. Gajendran과 Joshi(2012)는 높은 수준의 LMX가 글로벌 지역에 흩어져 있는 팀 멤버들 간의 의사소통을 더 원활하게 하고, 이에 따라 문제해결을 위한 팀 혁신의 수준을 높인다는 것을 검증하였다.

LMX 이론은 반면에 여러 문제점 또한 가지고 있다. 대표적으로 **교환관계**(exchange relationship)를 구성하는 요인들이 계속해서 바뀐다는 것이 비판점 중 하나이다. 교환관계를 측정하기 위해서 Liden과 Maslyn(1998)은 네 가지 차원의 척도를 개발했다 : (1) 리더와 부하가 서로에게 느끼는 매력 정도를 나타내는 정서적 애착, (2) 리더-부하 수직쌍의 각 구성원에 의해 제공되는 공개적 지지의 양을 나타내는 충성심, (3) 리더-부하 수직쌍의 각 구성원들이 조직의 목표에 긍정적으로 기여하고 있는 정도를 나타내는 공헌, (4) 부하-직원 수직쌍의 구성원들이 자신의 업무에 뛰어남으로써 업무 내/외적으로 쌓은 명성 정도를 나타내는 전문성 존경. 다양한 차원의 척도 문항은 〈표 10.2〉에 제시되어 있다. 이전의 LMX 척도는 오직 하나의 차원만을 가졌었다.

LMX 이론의 또 다른 문제는 이 이론이 설명하고자 하는 범위의 확장이다. 대부분의 사람들은 직속

표 10.2 Liden과 Maslyn(1998)의 LMX 측정도구 예시 문항

하위 척도	예시 문항
1. 정서적 애착	나는 인간적으로 나의 상사를 매우 좋아한다.
2. 충성심	나의 상사는 내가 다른 사람들로부터 공격을 받으면 나를 보호해 줄 것이다.
3. 공헌	나는 상사를 위해 내가 맡은 직무 영역 이상으로 일을 하고 있다.
4. 전문성 존경	나는 상사의 업무에 대한 지식과 능력을 존경한다.

상사와 특별한 관계를 맺는 것을 업무 경험 중 가장 중요한 차원으로 여긴다. 예를 들어, Kokotovich 등(2000)은 질적으로 높은 LMX는 역할 모호성과 직무 만족 간의 관계에 영향을 미친다는 것을 발견하였다. 질적으로 높은 LMX를 가지고 있다고 여기는 종업원들은 역할 모호성에 긍정적으로 반응하였다. 이는 대부분의 연구와는 반대되는 결과로, 일반적으로 종업원들이 이러한 스트레스 요인(stressor)에 대해 부정적으로 반응한다는 것이 밝혀졌다(제7장 참조). 또한 한 연구는 LMX가 이타적인 조직행동과 관련이 있다는 것을 발견하였다(Wayne & Green, 1993). 최근 연구는 LMX가 창의성을 예언하는 데 종업원의 인지적 능력과 상호작용한다고 제안한다(Tierney et al., 1999). Martinaityte와 Sacramento(2013)는 또한 LMX가 높을 때 특히 창의성이 종업원들의 영업 수행과 연관되어 있음을 발견하였다.

LMX 이론의 범위를 더욱 확장하여, 연구자들은 교환관계의 다른 측면들을 중요한 수행의 예측변인으로 검토해 왔다. 여기에는 LMX 합의와 LMX 관계가 직원에게 가지는 중요성이 포함된다. LMX 합의(LMX agreement)는 리더와 직원이 직원의 역할과 기대 사항에 대해 얼마나 동의하는지를 의미한다. 연구에 따르면 리더와 직원이 '동일한 입장'에 있는 것은 보고되는 LMX의 실제 수준 이상으로 직원 수행에 중요한 영향을 미친다. Yuan 등(2023)은 LMX 합의와 직원 수행을 조사한 연구에 대한 메타분석을 수행하였다. 저자는 LMX 합의 수준이 높을수록 LMX의 질과 과업 수행과 같은 직원 결과 간 관계가 더 강하다는 것을 발견했다. 또한 저자들은 집단주의 문화에 비해 개인주의 문화에서 LMX 합의 수준이 일반적으로 더 높다는 것을 발견했다.

LMX 중요성 측면에서 Lee 등(2019)은 LMX 관계가 직원들에게 개인적으로 중요할 때 직원들이 리더의 유익한 행동에 보답해야 한다고 느끼는 의무가 더 커진다고 주장했다. 저자는 LMX 관계의 개인적 중요성을 측정하는 새로운 척도를 개발했으며, 경영 시뮬레이션 팀의 구성원들이 LMX의 질과 중요성을 모두 높게 평가할 때 리더에게 긍정적인 행동으로 보답해야 한다는 의무감을 더 많이 느꼈다는 것을 보여주었다. LMX의 중요성은 향후 LMX 이론에 대한 연구에서 주목할 만한 변인으로 다루어질 것이다.

일반적으로, LMX 이론은 이론의 기본 원칙과 경계 조건을 검증하는 많은 연구를 촉진해 왔다. LMX 이론의 인기를 보여주는 또 다른 예로, 보다 최근의 연구들은 리더십의 다른 형태(예 : 거래적 리더십, 변혁적 리더십)는 LMX를 통해 종업원의 수행에 영향을 준다고 주장한다. 이제 이 변혁적 리더십을 포함한 다른 형태의 리더십을 살펴보자.

카리스마적 리더십, 변혁적 리더십, 거래적 리더십

이 세 가지 이론은 지난 30년간 꽃을 피운 리더십에 대한 접근 방식을 나타낸다. 이 세 가지 이론의 리더십에 대한 접근 방식은 서로 매우 관련되어 있으므로 함께 논의하기로 한다.

카리스마적 리더십(charismatic leadership)과 변혁적 리더십(transformational leadership)의 핵심은 리더의 어떤 특성과 행동은 부하직원들에게 영향을 줄 뿐 아니라 부하직원에게 영감을 불어넣어 능력 이상으로 업무를 잘하도록 이끌 수 있다는 것이다. 카리스마적 리더십과 변혁적 리더십의 특징에 대한 또 다른 정의는 이 두 가지 리더십 형태가 조직 내에서 의미 있는 변화를 일으킬 수 있는 잠재력을 갖는다는 것이다. 카리스마적 리더십과 변혁적 리더십이라는 용어는 종종 호환하여 쓰기도 한다. 두 용어가 구분되어 쓰이는 경우는 카리스마적 리더십이 변혁적 리더십의 일부임을 나타낼 때이다.

카리스마적 리더십과 변혁적 리더십에 반대되는 개념이 거래적 리더십(transactional leadership)이다. 거래적 리더는 부하직원들이 직무를 완수하고 조직의 규칙을 따르도록 하는 사람이다. 전형적으로 거래적 리더는 종업원이 해야 할 직무를 수행하도록 하기 위해 보상과 처벌을 사용한다(Judge & Piccolo, 2004). 거래적 리더의 행동을 나타내는 또 다른 용어는 연계적 보상(contingent reward)이다(Wang et al., 2011). 하지만 거래적 리더는 부하직원들을 고무하거나 조직에 의미 있는 변화를 가져오지는 않는다.

그러나 상황에 따라서 리더들은 거래적 리더십과 변혁적 리더십을 모두 사용할 수 있다는 점을 주목해야 한다. Bass(1998)는 거래적 리더십이 종종 변혁적 리더십의 기반이 된다고 주장하였다. 그는 리더가 부하들의 동기 수준을 고양하기 위해 변혁적 리더십을 사용하기에 앞서 먼저 부하들이 따를 명확한 규칙을 세우고 적용해야 한다고 주장한다.

Bass(1985)의 변혁적 리더십에 대한 연구에 이어, Judge와 Piccolo(2004)는 변혁적 리더십이 네 가지 차원으로 구성되어 있다고 주장하였다. 첫 번째 차원은 이상적인 영향력(idealized influence), 즉 카리스마이다. 이것은 열정을 가지고 마음을 다해 업무를 수행하고 조직에 헌신하는 모범적인 리더를 말한다. 카리스마적 리더는 많은 공통적 특성이 있다 : 매력적인 목소리, 이야기를 듣는 사람의 눈을 바라보는 것, 생기 있는 얼굴표정, 자신감 있고 역동적인 의사소통 스타일. 리더의 이러한 의사소통 방식은 자신의 비전을 설명하고, 그 비전에 대한 열정을 이끌어내는 데 도움을 준다. 또한 이러한 의사소통 스타일은 부하직원들에게 리더에 대한 매력도를 높여 준다. 카리스마적 리더는 주변에 있는 사람들에게 확실한 '존재감'을 가지고 강력한 인상을 준다.

두 번째 차원은 영감적 동기(inspirational motivation)이다. 이와 관련하여 많이 언급되는 것은 비전을 제공하는 것이다. House(1977)에 의하면 비전은 매우 일반화된 이상적인 상태로서, 공유된 가치를 반영하고, 종종 도덕적인 면을 내포한다. 예를 들면, 대학에서의 비전은 학생들을 계몽하는 것이 될 것이고, 군대 조직에서의 비전은 자유를 수호하는 것이고, 자동차 회사의 비전은 운송수단을 향상하는 것이 될 것이다. 비전은 조직의 모든 구성원에게 적용되며, 따라서 모두를 결집시키는 기능을 할 수 있다. 리더들에 대한 많은 예를 보면, 특히 정치 분야에서 비전이 있느냐 없느냐에 따라 크게 구분될 수 있다('참고 10.2' 참조).

참고 10.2

비전 설정

카리스마적 리더십과 변혁적 리더십의 가장 중요한 요소 중 하나는 비전이다. 비전은 기본적으로 도덕적으로 함축된 의미를 지니는 이상적이고 바람직한 최종목표이다. 비전을 가진 리더는 목적의식적이고, 부하직원들과 이것을 공유한다.

비전은 특히 정치적 장면에서 중요하다. 후보자가 공직(national office)에 입후보했을 때, 유권자에게 비전을 제시하는 것은 후보자가 당선될 수 있는 기회를 제공할 수도 있고 그렇지 않을 수도 있다.

비전을 가지고 있는 것이 1980년에 로널드 레이건의 승리를 이끌었던 것처럼, 비전의 부재는 1992년에 조지 허버트 부시가 빌 클린턴에게 주도권을 빼앗긴 주요한 원인 중 하나이다. 비록 부시가 걸프 전쟁에서 훌륭한 위기 관리 능력을 보여줬지만, 그는 수년 전 레이건이 보여주었던 일관된 비전을 제시하는 데 실패했다. 많은 유권자들은 부시가 무엇을 상징하고 있는지 정확히 이해하기 어려웠다. 반면에 클린턴은 경제적 기회에 기반한 비전을 성공적으로 공유했으며, 개인적인 수준에서 유권자들과 연결되어 있다는 인상을 주는 많은 예를 보여주었다. 결과적으로, 클린턴이 부시와 제3당 후보인 로스 페로를 이기고 승리를 거머쥐었다. 이 비전은 1996년에 클린턴이 재당선되게 해 주었다.

조지 워커 부시와 앨 고어 간 박빙의 선거전을 보았을 때, 대통령의 비전 역할을 2000년 선거에서는 검증하기 어려웠다. 그러나 존 케리가 명확한 비전을 냈다는 인식이 부족한 데 비해, 사회보장의 민영화와 이라크와 아프가니스탄과의 전쟁에 대한 몰입도를 강조한 부시의 비전은 명확하게 지각되었고, 이러한 상황은 부시가 2004년에 당선되게 하는 데 결정적인 역할을 했다.

마지막으로, 버락 오바마의 희망과 변화를 강조한 대통령의 비전은 2008년에 존 매케인으로부터 승리를 거머쥐게 할 만큼 큰 영향력을 보여주었다. 물론 2016년 힐러리 클린턴과 도널드 트럼프 간의 대통령 선거는 여러 가지 이유로 기억에 남으며, 역사학자들은 여전히 트럼프의 승리를 이끈 요인을 분석하고 있다. 그의 '미국을 다시 위대하게(Make America Great Again)' 비전/슬로건은 소외된 유권자들에게 공감을 불러일으켰을 가능성이 있으며, '미국 우선주의(America First)' 외교 정책 비전도 그에 기여했을 수 있다. 그러나 트럼프의 '미국을 계속 위대하게(Keep America Great)' 비전은 결국 그의 2020년 재선을 보장하지 못했다. 대신 조 바이든의 '더 나은 재건(Build Back Better)' 비전이 2020년 그의 당선에 일부 기여했을 수 있다.

세 번째 차원은 **지적 자극**(intellectual stimulation)이다. 이 차원은 부하직원들이 창의적이도록, 그리고 적정 수준의 위험을 감수하며 도전할 수 있도록 자극하고 격려하는 변혁적 리더의 능력을 말한다. 리더는 부하들에게 고정관념이나 이미 짜여진 틀에서 벗어나 생각하는 것을 장려함으로써 조직에 경쟁 우위를 가져다주는 혁신적 아이디어를 찾아낼 수 있다.

마지막 차원은 **개별적 배려**(individualized consideration)이다. 이 차원은 종업원의 요구에 관심을 가져서 종업원이 리더로부터 이해받고 인정받고 있다고 느끼도록 만드는 리더의 능력을 말한다. 이 차원은 여러 면에서 변혁적 리더와 LMX 이론이 혼합되어 있다. 변혁적 리더는 카리스마적 의사소통 스타일을 가진 경향이 있으며, 제7장에서 논의한 것처럼 리더가 직원들의 노력에 대해 감사함을 표현할 경우, 리더와 직원 모두의 웰빙과 수행에 긍정적인 효과가 있을 수 있다(Locklear et al., 2022).

수년간의 연구들은 변혁적 리더십이 종업원의 수행이나 만족, 리더에 대한 긍정적 인식 등과 같은 긍정적인 결과들과 상관이 있다고 보고한다(Bass & Avolio, 1993; Shamir et al., 1993). Judge와 Piccolo(2004)는 변혁적 리더십과 거래적 리더십, 그리고 다양한 수행 결과(예 : 부하들의 직무 만족, 부하가 느끼는 리더에 대한 만족, 리더의 직무수행) 간의 상관을 고찰하는 87개의 논문을 가지고 메타분석을 실시하였다. 전반적인 타당화 계수는 변혁적 리더십의 경우에는 .44이고, 거래적(연계적 보상) 리더십에서는 .39였다. 한 가지 재미있는 발견은 이 메타분석에서 변혁적 리더십과 거래적 리더십 간에 .80이라는 강한 정적 상관이 있었다는 점이다. 이 결과는 변혁적 리더십과 거래적 리더십이 리더십의 단일 차원에서 반대되는 개념이 아니라는 점을 말한다. 또한 Bass와 그의 동료들은 이 두 리더십이 전쟁 시뮬레이션 훈련에서 보병대의 수행을 예측한다는 것을 발견했다(Bass et al., 2003).

Wang 등(2011)이 최근에 실시한 메타분석은 개인 수준 및 팀/조직 수준에서 변혁적 리더십과 거래적 리더십이 어떻게 역할 내 수행 및 맥락적 수행과 관련되는지를 밝혀냈다. 연구자들은 변혁적 리더십의 평정 점수가 개인 수준에서의 과업수행 및 맥락적 수행과 연관되어 있고(맥락적 수행에 대해 더 강한 효과가 있었다), 집단 수준에서의 수행과도 관련되어 있다는 것을 검증하였다. 또한 연구자들은 변혁적 리더십이 거래적 수행을 통제한 후의 종업원 맥락 수행과 그룹 수행을 예측한 반면에, 거래적 리더십은 변혁적 리더십을 통제한 후에 종업원 과업수행의 분산을 추가적으로 예측하고 있음을 검증하였다. 이러한 결과는 한 시점에서의 카리스마적 리더십의 종업원 평정 점수가 그 시점의 재무적 성과를 통제하고 나서 2년 후 조직의 재무적 성과를 예측한다는 것을 밝혀낸 Wilderom 등(2012)의 연구 결과와 맥을 같이하는 결과이다.

변혁적 리더십에 대한 최근 연구동향은 어떻게 이 리더십이 수행을 예측하는가에 대한 고찰이다. Piccolo와 Colquitt(2006)의 연구와 Purvanova 등(2006)의 연구는 이와 같은 결정요소에 대하여 고찰하였다. 두 연구 모두 변혁적 리더십이 부하직원들로 하여금 더 의미 있는 일(예 : 다양성, 중요성, 자율성 등과 같은 직무특성에서 높은 점수로 분류되는 업무)을 수행하도록 하고, 나아가 더 나은 성과를 내도록 이끈다고 보고하였다. Piccolo와 Colquitt(2006)은 이러한 직무특성들은 변혁적 리더십과 수행성과 및 조직시민행동 간에 매개 역할을 한다는 것을 발견하였다. 또한 Purvanova와 동료들(2006)도 지각된 직무특성이 변혁적 리더십과 조직시민행동의 여러 측면 간의 관계를 매개한다는 것을 발견하였고, 이것은 심지어 객관적인 직무특성을 통계적으로 통제하였을 때도 여전히 유의미하였다. 이러한 결과들을 종합해 볼 때, 변혁적 리더들은 종업원의 업무에 대해 주인의식을 갖도록 하며 의미를 부여하게 함으로써 그들이 더 나은 수행을 하도록 한다는 것을 알 수 있다.

다른 연구자들은 변혁적 리더십이 리더-부하 교환 이론(LMX; Wang et al., 2005)을 통해 부하의 수행과 상관이 있다고 주장한다. 변혁적 리더십은 부하와 강한 인간관계를 형성하도록 하고, 이런 강한 유대관계는 부하가 보다 나은 수행을 하도록 작용한다는 것이다. Wang과 그의 동료들(2005)은 중국 조직에서의 리더-부하 간 격자관계를 고찰했다. 그들은 변혁적 리더십과 종업원들의 업무 성과 간의 관계가 부하와 상사 간 인간관계의 질에 초점을 두는 LMX에 의해 매개된다는 것을 밝혔다. Hobman 등(2011)이 관련 연구를 수행했는데, 이 연구에서는 변혁적 리더십이 높을수록 종업원들이 리더를 더 동일시함으로써 상사와 부하 간의 지각된 연결이 강화되고, 이로 인해 직무 만족과 직무수행이 높아짐을 밝혔다.

팀 효능감이 변혁적 리더십과 팀 수행을 연결하는 또 다른 매개변인이라는 연구가 있다. 팀 효능감이란 여러 상황에서 팀이 능력이 있다고 믿는 것을 뜻한다(Gully et al.,2002). Schaubroeck 등(2007)은 변혁적 리더십이 팀의 지각된 효능감을 높이고 이것이 다시 팀의 재무적 수행을 예측한다는 것을 발견하였다.

변혁적 리더십과 카리스마 리더십 관련 논의에 대한 결론을 내리기 전에, 모든 연구자가 변혁적 리더십의 유익한 결과에만 초점을 맞춘 것은 아니라는 점을 강조할 필요가 있다. Eisenbeiss와 Boerner(2013)는 최근에 변혁적 리더십이 부하들 사이에서 창의적인 수행을 고양하는 데 '양날의 검'이 될 수 있다고 주장한다. 이들은 변혁적 리더십이 연구개발직 직원들의 창의성과 정적으로 관련이 있지만, 변혁적 리더십으로 인해 직원들이 점점 더 리더에게 의존함으로써 창의성이 감소될 수도 있음을 발견하였다.

이와 관련하여 Koh 등(2019)은 구조방정식 모델링을 사용하여 127개 연구에서 변혁적 리더십과 창의성 간의 관계를 메타분석했다. 저자들은 변혁적 리더십과 창의성 사이에 전반적으로 긍정적인 관계가 있음을 발견했지만, 그 효과는 개인주의적이고 서구적인 문화보다 집단주의적이고 동양적인 문화에서 수행된 연구에서 더 컸다. 또한 저자는 모델에서 다양한 매개변인을 설명할 때 직접적 긍정적 효과가 직접적 부정적 관계로 바뀌는 흥미로운 결과를 발견했다. 이러한 연구 결과는 특히 창의성과 관련하여 변혁적 리더십의 역할이 원래 고려했던 것보다 더 복잡하다는 것을 시사한다.

마지막으로, van Knippenberg와 Sitkin(2013)은 변혁적 리더십의 구성요소들이 종업원 결과변인에 복합적으로 어떤 영향을 주는지, 이 과정에 어떤 매개변인이 존재하는지, 이 관계에 어떤 조절변인이 작용하는지 등에 관해 앞으로 이론적 모델을 더 개발할 필요가 있음을 지적하였다.

진정성 리더십

조직심리학에서 리더십에 대한 최근 접근 중 하나는 진정성 리더십이다. Avolio 등(2004)은 진정성이 있는 리더(authentic leaders)를 "자신의 사고방식과 행동방식을 잘 알고 있으며, 또한 타인의 가치나 도덕적 관점, 지식, 강점을 잘 인식하고 있는 사람, 또한 자신이 처한 상황을 잘 파악하고 있으며, 자신감, 희망, 낙천성, 심리적 유연성 및 높은 도덕적 가치를 갖춘 사람"(pp. 802-804)이라고 정의하였다. 진정성 리더십의 핵심은 리더가 '있는 그대로의 자신의 모습'을 보이고, 부하가 리더와 집단의 목표를 진심으로 자신의 목표처럼 받아들일 수 있도록 함으로써 그들의 에너지를 업무에 쏟도록 이끄는 것이다. Avolio와 그의 동료들(2004)은 리더의 진정성 있는 행동이 어떻게 부하직원들로 하여금 리더 및 조직과 동일시하게 하고, 나아가 그들이 희망, 신뢰, 긍정적 정서를 경험할 수 있도록 하는지를 설명하는 진정성 리더십의 모델을 발전시켰다. 여기서 긍정적 정서는 몰입이나 직무 만족, 의미부여, 직무관여와 같은 일에 대한 우호적 태도를 만들어내고, 결과적으로 수행이나 조직시민행동, 철회행동의 감소와 같은 성과를 가져오게 한다.

Gardner 등(2011)은 이전 논문들에서 진정성 리더십이 어떻게 정의되었는지에 초점을 맞추어 진정성 리더십에 관한 91개의 논문을 분석했다. 저자들은 진정성 리더십에 관해서 여러 해 동안 여러 연구자들에 의해 많은 정의가 제공되었는데, 그중에서 일군의 연구자들이 모여서 Kernis와 Goldman(2006)의 자기 진정성 개념에 기반을 둔 네 차원으로 진정성 리더십을 개념화하였다고 밝혔다. 이 네 차원에는 리더로서 자기 자신의 강점과 약점에 대한 인식(자기인식), 정보를 처리하는 데 편견을 줄이려는 시도(균형 있는 처리), 자신의 실수와 의사결정에 관해 부하들에게 투명한 것(관계적 투명성), 뚜렷한 도덕적 틀에 부합하게 행동하는 것(내면화된 도덕적 관점) 등이 포함된다. 이 네 가지 차원 각각을 평가하기 위한 예시 항목이 〈표 10.3〉에 제시되어 있다.

최근 연구들은 진정성 리더십과 중요 결과변인들 간 관계 및 이 관계의 원인이 되는 메커니즘에 대해서 다루었다. Peterson 등(2012)은 진정성 리더십이 경찰관 및 군인들의 수행을 예측한다는 것을 발견했다. 뿐만 아니라 이들은 심리적 자본(psychological capital)이 진정성 리더십과 군인들의 수행 간 관계를 완전 매개함을 밝혔으며, 이는 진정성 리더십이 부하들의 긍정적인 동기 상태를 유발함으로써 더 나은 수행을 가져온다는 것을 밝혔다.

Wang 등(2014)은 진정성 리더십이 보다 긍정적인 LMX를 예측하고, 이것이 다시 부하직원의 수행을 예측하는 모델을 검증하였다. 저자들은 이 모델을 지지하는 결과를 발견했으며, 특히 LMX와 직원

표 10.3 Kernis와 Goldman(2006)의 자기 진정성 차원을 측정하기 위한 예시 문항

하위 척도	예시 문항
1. 자기인식	나는 나 자신에 대해 믿고 있는 것들을 이해한다.
2. 균형 있는 처리	나는 나의 개인적 한계와 부족함을 객관적으로 평가하기보다는 나 자신에 대해 좋게 느끼고 싶다(R : 역문항).
3. 행동(가치 일치)	나는 내 진정한 신념을 표현하기 위해 부정적인 결과를 감수할 의지가 있다.
4. 관계 지향	나의 가까운 사람들은 내가 어떤 사람인지 정확하게 설명할 수 있다.

출처 : Kernis and Goldman(2006).

수행 간 관계가 심리적 자본이 낮은 직원들 사이에서 더욱 강하게 나타나는 것을 보여주었다. 이 결과는 심리적 자본이 높은 직원들은 리더십 행동과 관계없이 좋은 성과를 낼 수 있는 반면, 심리적 자본이 낮은 직원들은 진정성 리더십과 강한 LMX 관계로부터 더 많은 혜택을 받을 수 있음을 시사한다.

중요한 점은 진정성 리더십 접근 방식이 상당한 양의 연구를 생성했음에도 불구하고, 이 이론에 대한 비판이 없지 않았다는 점이다. Alvesson과 Einola(2019)는 최근 진정성 리더십 이론을 여러 측면에서 비판하였다. 여기에는 진정성 개념의 철학적 기반, 전체적 구성을 형성하는 구성의 네 가지 구성요소, 현대 직장에서 진정한 리더십을 실천하는 데 따르는 어려움, 그리고 이 개념이 지나치게 긍정적이어서 실제 리더들이 직면하는 현실과 일치하지 않았다는 점이 포함된다. 저자들은 이러한 비판이 이 장에서 논의된 다른 '긍정적'인 접근 방식들, 예를 들어 서번트 리더십, 윤리적 리더십, 변혁적 리더십에도 적용된다고 언급했다. Gardner 등(2021)은 진정성 리더십 이론과 연구를 옹호하며 비판에 대응했다. 향후 연구에서는 이 이론이 현실 세계에서 리더십을 충분히 묘사하지 못한다는 주장에 대한 진위를 검토하는 것이 필요할 것이다.

서번트 리더십

진정성 리더십에 더해 조직심리학의 또 다른 최근 트렌드는 서번트 리더십에 관한 이론과 연구이다. Ehrhart(2004)는 서번트 리더십에 대한 이전의 접근들을 확장한 분석을 수행하였고, 서번트 리더를 정의하는 일곱 가지 특징을 언급하였다 : (1) 시간과 주의를 부하들에게 집중해서 그들과 좋은 관계를 구축함, (2) 부하들의 의견을 의사결정에 반영하여 부하들에게 임파워먼트를 제공함, (3) 부하들이 성공할 수 있는 기회를 제공하여 그들의 역량개발과 성장을 촉진함, (4) 부하들이 보는 앞에서 윤리적으로 행동함, (5) 개념적으로 생각하고 단기와 중장기 방향을 모두 고려함, (6) 리더 자신의 성공보다 부하들의 성공을 우선시함, (7) 부하들이 지역과 사회의 공동체 일에도 자발적으로 참여하도록 해서 조직 밖의 이해관계자들을 지원함.

연구자들은 서번트 리더십이 중요 결과변인들과 어떻게 관련되는지에 대해 연구하기 시작하였다. Hunter 등(2013)은 직원들의 이직 의도와 판매 목표 달성의 예측변인으로서 서번트 리더십을 연구했다. 소매점 수준에서 서번트 리더십 행동은 더 낮은 이직 의도와 더 높은 판매 수행을 예측하였다. 이후 분석들에서 상점의 서비스 풍토(제공되는 서비스의 질 관점에서)가 서번트 리더십 행동과 결과 간의 관계를 매개하는 것으로 나타났다. 이 결과는 소매점에서 리더가 서번트 리더십 행동을 많이 보일수록 점원들이 질 높은 서비스를 제공하려는 서비스 풍토가 올라가고, 이것이 낮은 이직 의도와 높은 판매 수행이라는 결과를 가져온다는 것을 나타낸다[Walumbwa 등(2010)의 연구에서도 같은 결과를 볼 수 있음].

서번트 리더십의 중요성에 대해 추가적인 설명을 하기 위해 Peterson 등(2012)은 테크놀로지 회사 표본에서 회사의 투자수익률을 통해 객관적으로 평가된 회사 수행과 CEO의 서번트 리더십 간 관계성을 연구했다. 저자들은 한 해의 1분기 동안 평가된 CEO의 서번트 리더십 행동 정도가 나머지 3분기 동안의 회사 수행을 예측할 수 있음을 발견했다. 향후에는 서번트 리더십과 직원들의 성과를 연결하는 프로세스에 관한 연구 및 이러한 관계성의 강도에 영향을 미치는 조절변인들에 대해 지속적인 연구가 필요하다.

서번트 리더십에 초점을 맞춘 많은 연구를 바탕으로 Lee 등(2020)은 서번트 리더십과 직원 성과 간 관계에 대한 메타분석을 수행하였으며, 구조방정식 모델링을 사용하여 이러한 관계의 매개변인과 조절변인을 식별했다. 저자들은 서번트 리더십이 다른 유형의 리더십(예 : 진정성 리더십, 변혁적 리더십)을 통제한 후에도 여전히 긍정적인 직원 성과와 관련이 있음을 발견했다. 또한 LMX의 질, 신뢰 및 절차적 공정성이 이러한 긍정적인 관계의 중요한 매개변인으로 작용하였다. 일반적으로 연구의 속성은 서번트 리더십과 직원 성과 간의 관계에서 일관된 조절변인이 아니었다.

서번트 리더의 특성은 특히 코로나19 팬데믹과 같은 주요 위기 상황에서 중요할 수 있다. '과학 번역하기 10.1'에는 팬데믹으로 인한 불안에 대처하는 데 서번트 리더십이 직원들에게 어떻게 도움이 되었는지에 대한 연구를 요약한 내용이 포함되어 있다(Hu et al., 2020). 또한 '실무자 소개'에서는

과학 번역하기 10.1

서번트 리더십을 통한 종업원 불안 감소

코로나19 팬데믹은 전 세계 종업원들에게 부정적인 영향을 미쳤으며, 이는 원격으로 일하든 대면으로 일하든 상관없었다. Hu와 동료들(2020)이 수행한 한 연구는 팬데믹 기간 동안 여러 산업에 종사한 3개의 종업원 표본(중국에서 1개, 미국에서 2개의 표본)을 대상으로 연구를 진행했다. 이 연구는 테러 관리 이론(TMT)을 사용하여 코로나19가 이 시기에 근로자들에게 미친 영향을 설명했다. TMT는 죽음의 불가피성을 생각함으로써 불편함이 발생하며(죽음의 인식), 이는 인간의 생존 의지와 극명하게 대립된다고 이론화한다. TMT의 일반적인 결과는 상태 불안, 즉 특정 사건으로 인해 발생하는 불안이다. 코로나19 팬데믹은 수백만 명의 목숨을 앗아갔고, 이는 상태 불안의 증가를 야기했다.

이 연구는 서번트 리더십이 종업원의 불안, 직무 몰입, 그리고 친사회적 행동에 미치는 영향을 분석했다. 서번트 리더십은 리더가 부하직원의 필요를 우선시하고, 정서적 고통에 대해 인식하고 관심을 가지며, 다른 사람들을 돕기 위해 노력하는 리더십을 의미한다. 연구 결과, 팬데믹은 2개의 표본에서 상태 불안, 세 번째 표본에서 죽음 불안을 유발했음을 보여주었다. 또한 서번트 리더십은 팬데믹으로 인해 불안을 겪는 부하직원의 직무 몰입과 친사회적 행동을 증가시키는 것으로 나타났다. 이는 사람들이 자비롭고 높은 자아존중감을 가질 때, 주변 사람들의 불안과 공포를 효과적으로 관리할 수 있는 능력이 더 뛰어나다는 전제에서 기인할 수 있다. 이 연구는 위기 상황에서 리더십 스타일과 그것이 직원 행동에 미치는 영향의 중요성을 강조한다.

제공 : 클렘슨대학교 Caroline George

출처 : Hu et al.(2020).

실무자 소개

JOHN MATTONE

나는 세계 최고의 경영자 코치로 인정받고, 세계 유수의 코칭 및 리더십 개발 회사 중 하나인 John Mattone Global(JMG)의 설립자로서 영광스럽게 생각한다. 나는 세계 최고의 CEO와 정부 지도자들을 코칭하며, 그들이 우리가 살고 일하는 이 혼란스러운 시대에 더 나은 리더가 되도록 돕고 있다. 오늘날 세계에는 리더십의 큰 격차가 존재하며, '리더십 재능 곡선'이 '인지 곡선'에 뒤처진다는 것은 의심의 여지가 없다. 원초적인 지능은 부족하지 않지만, 리더십 재능은 부족하다. '더 빠르고', '더 신속하게', '더 나은' 그리고 '더 많이, 덜이 아닌'이라는 형태의 반대 세력이 존재할 때 위대한 리더가 되는 것은 어렵다.

앞으로 20년 동안, 모든 사람이 어떤 형태로든 '코치'를 갖게 될 것이라고 생각한다. 세상은 혼자 헤쳐 나가기에는 너무 복잡하다. 우리 모두에게는 도움과 지도가 필요하다. 개인과 리더로서 성장의 불꽃은 **취약성 결정**(vulnerability decision)이라는 것에서 시작된다. 이는 다른 사람의 의견과 입력을 듣고, 피드백을 받아들이며, 자신을 내면에서 바라보고, 자신이 보는 방식과 다른 사람들이 보는 방식을 조정하는 데 개방적인 자세를 가지는 것을 의미한다. 나의 경험상 이 결정을 의식적으로 내리지 않으면 성장할 수 없다.

내가 하는 일과 글로벌 코치들에게 가르치는 일은 위대한 리더십은 내부에서 시작된다는 것이다. 이를 '내면의 핵심'이라고 부르거나 '영혼'이라고 부를 수 있다. 외부적으로 사람들이 보는 행동과 재능 측면에서 위대해지려면 내부적으로 강하고, 성숙하며, 활기차야 한다고 믿는다. 위대한 리더십은 균형 잡힌 자아, 흠 잡을 데 없는 성품, 개인적으로나 집단적으로 성공을 이끄는 긍정적인 가치관, 긍정적인 사고방식과 신념, 긍정적인 감정 등에서 시작된다. '외면의 핵심'에서 위대함을 구현하는 첫 번째 단계는 내면에서 위대함을 체화하는 것이다.

나는 1980년에 센트럴플로리다대학교(UCF)에서 산업 및 조직심리학 석사 학위를 받았다. 그런 다음 올드도미니언대학교(Old Dominion University)에서 1년 동안 산업 및 조직심리학 박사 과정을 밟았지만, 경력을 시작하고 돈을 벌어 가족을 부양하기 위해 박사 과정을 그만두기로 결정했다. 아내와 나는 최근에 결혼 45주년을 맞이했으며, 네 명의 훌륭한 성인 자녀를 둔 자랑스러운 부모이자 일곱 명의 손주를 둔 조부모이다. 아내는 최근 은퇴하기 전까지 ICU, 호스피스 치료, 그리고 가장 최근에는 UCF에서 행동 건강 분야에서 자신의 재능을 발휘한 공인 간호사로서의 경력을 쌓았다.

나는 보스턴의 Stone & Webster Engineering Corporation에서 경력을 시작했다. 나는 24세였

(계속)

고, 내부 컨설팅 그룹에 채용되었다. 하버드, 다트머스, 스탠퍼드와 같은 명문 기관에서 MBA를 수료한 선배 컨설턴트들과 함께 일할 수 있는 좋은 기회였다. 이 경험을 통해 나는 개인적으로나 젊은 리더로서 성장할 수 있었다. 나를 채용한 고인이 된 Lou Larsen은 나를 진심으로 믿어 주셨고, 내게 첫 기회를 주셨다. 부모님과 아내의 부모님 외에도 Lou는 비즈니스 세계에서 나의 첫 번째 진정한 멘토였다. 그를 만나고 그와 함께 일할 수 있었던 것은 행운이었다. 그는 내가 성공할 수 있도록 필요한 모든 지원과 지혜를 제공하며, 내가 성공할 수 있다고 믿었던 기회를 통해 나의 성장을 가속화했다. 나는 2년 동안 S & W에 머물렀고, 그 후 휴스턴의 Conoco, Inc.로 이직했다. 나는 경력 및 리더십 개발 그룹에서 2년 동안 일했다. 그 후 나는 뉴욕주 로체스터에 위치한 Schlegel Corporation이라는 회사에서 관리 개발을 이끌 기회를 얻었다. 이는 훈련 및 리더십 개발 기능을 구축하고 내가 설계한 아키텍처를 구현할 수 있는 멋진 기회였다. 나는 전 세계에서 리더십 개발 프로그램을 제공했으며, Schlegel은 전 세계에 지사를 두고 있었다. 그때 나는 28세였고, 영감을 주는 교사이자 훌륭한 강연자라는 피드백을 받기 시작했다. 내가 29세에 CEO와 고위 경영진에게 발표를 해야 했던 것을 기억한다. 그 발표 후 많은 리더들이 나에게 다가와 리더십 개념에 대해 전 세계에서 강연할 것을 제안했다.

1986년, 집에 두 아이가 있는 상태에서, 나는 아내의 반대에도 불구하고 첫 번째 사업인 Mattone Enterprises라는 리더십 개발 컨설팅 회사를 시작했다. 나는 전 세계를 여행하며 강연, 워크숍, 이벤트를 진행했다. 나는 두 권의 책을 썼지만, 둘 다 성공하지 못했다. 나의 두 번째 책인 스스로 성공하라(Success Yourself)는 1996년에 출판되었으며, 에니어그램 개념을 리더십 세계에 적용한 최초의 책이었지만, 특히 성공하지 못했다. 나는 2년 동안 모든 것을 쏟아부어 베스트셀러가 될 것이라고 생각했던 책이 결국 실패로 끝나버려서 큰 충격을 받았다. 되돌아보면 그 책은 사실 그렇게 잘 쓰인 것도 아니었고, 에니어그램은 리더십 세계에서 이해하기에는 너무 복잡했다. 사업을 시작한 지 10년쯤 되었을 때, 나는 실패했다. 30대에서 40대까지의 시간은 흐릿하게 지나갔다. 나는 가족과 떨어져 75%의 시간을 보냈고, 생일, 스포츠 행사 등을 놓쳤다. 나는 모호한 꿈을 추구하는 과정에서 희생했지만, 나의 아내와 아이들이 더 많은 희생을 감수했다. 돌이켜보면, 나는 이기적이었다.

그 후 15년 동안 나는 다시 기업 세계로 돌아갔다. 나는 Assessment Designs International의 전신인 AlignMark(올랜도에 기반한 회사) 같은 산업 조직 컨설팅 회사에서 일했으며, 전설적인 Assessment Center 개척자 Cabot Jaffee Sr. 박사와 함께 일했다. 2009년에는 리더십 개발 회사의 CEO가 되었다. 이 15년 동안 나는 크게 성장했다.

2011년에 나는 55세의 나이로 사업을 다시 시작하라는 '소명'을 받았다. 나는 인재 리더십(Talent Leadership)(2012), 지적인 리더십(Intelligent Leadership)(2013), 문화적 변혁(Cultural Transformations)(2016), 지적인 리더(The Intelligent Leader)(2019), 임원 코치를 위한 핸드북(The Executive Coach's Handbook)(2022) 등 여러 베스트셀러 책을 집필했다. 앞서 언급했듯이, JMG는 이제 세계 최고의 코칭 및 리더십 개발 회사 중 하나가 되었다. JMG는 또한 자사의 상표 및 라이선스 브랜드인 Intelligent Leadership을 통해 코치와 리더에게 ICF 승인 및 공인 인증 프로그램을 제공하는 업계 최고의 코치 인증 회사이다. 우리는 USPTO에서 수여한 업계 최고 수준의 15개 등록 IP 상표를 보유하고 있다.

나는 55년이 걸려서야 내 인생의 목적을 깨닫고 받아들였다. 나는 평생 내가 나를 위해 이 땅에 태어났고, 내 인생의 여정은 나에 관한 것이라고 믿으며 많은 시간을 보냈다. 하지만 이제 나는 위대한 리더십이란 우리 모두가 이 세상에 위대한 작품을 창조하기 위해 존재한다는 것을 깨달았다. 그 작품을 통해 우리는 다른 사람들의 마음과 영혼에 긍정적인 영향을 미칠 수 있는 특별한 기회를 갖게 된다. 진정한 위대한 리더십은 우리 가족, 사업, 공동체, 국가, 전 세계에서 이 여정이 나 자신에 관한 것이 아님을 인식하는 것이다. 지난 12년 동안(55세에서 67세) 나는 남편, 아버지, 할아버지, 리더로서 그 어떤 시기보다 더 크게 성장했다. 위대한 리더십이란 세상을 더 나은 곳으로 변화시키려는 열정적인 추진력을 가지는 것이다. 가치 있는 목표를 추구하는 과정에서 끊임없이 노력하되 이타심, 자기 희생, 타인을 위한 배려와 자비심을 가지고 소통하고 협력하는 것, 이것이 우리가 앞으로 나아갈 열쇠이다. 결국 나는 내 자신의 행복과 내적 균형이 얼마나 이타적이고 자비로운가에 전적으로 달려 있음을 배웠다. 다른 사람들을 행복하게 하고 싶다면, 정중하고 자비로우며 이타적으로 행동하라. 자신이 행복하고 싶다면, 정중하고 자비로우며 이타적으로 행동하라. 오늘날 세계의 리더십 격차를 해결하기 위해 우리는 모두 함께 마음과 영혼을 강화해야 한다.

John Mattone은 John Mattone-Global의 설립자이자 CEO이다. 이 이전에는 세계 최고의 리더십 컨설팅 회사 중 하나인 Executive Development Associates, Inc.(EDA)의 회장이었으며, EDA 이전에는 Linkage, Inc.의 평가 부사장이었다. Linkage 이전에는 글로벌 경력 및 아웃플레이스먼트 회사인 Drake Beam Morin의 영업 부사장이었다. DBM에 합류하기 전, 그는 첫 번째 성공적인 컨설팅 회사인 Human Resources International을 10년 동안 설립하고 운영했다. 그는 뱁슨대학(Babson College)에서 경영학 및 조직행동 학사 학위를, 센트럴플로리다대학교에서 산업 및 조직심리학 석사 학위를 받았다.

John Mattone이 기고한 글을 통해 리더의 이타주의를 리더의 효과성과 행복에 영향을 미치는 중요한 요인으로 강조하고 있다.

윤리적, 비윤리적 리더십

최근에 조직의 리더들이 비윤리적 행동을 한 사례가 많이 나타나면서 많은 연구자들은 윤리적 또는 비윤리적 리더 행동에 관심을 가지게 되었다. 조직의 리더가 주주들에게 수십억 달러의 비용을 발생시킨 실수를 숨겼던 엔론(Enron) 사건과 버나드 메이도프의 폰지 사기 등은 최고경영자가 비윤리적으로 기업을 운영한 사례이다. Brown 등(2005)은 윤리적 리더십을 "개인적 행동 및 대인관계 행동에서 규범적으로 적절한 행동을 보이는 것, 그리고 양방향 커뮤니케이션, 강화, 의사결정 등을 통해 부하들에게 그러한 행동을 촉진하는 것"(p. 120)이라고 정의하였다. 대부분의 접근에서 비윤리적 리더십을 윤리적 리더십의 반대로 보고 있지만, 다른 연구자들은 구분된 구성개념으로서 비윤리적 리더십을 나타내는 '독재적(despotic)' 리더십과 같은 용어를 제시하였다. De Hoogh와 Den Hartog(2008)는 자기 이익에 높은 관심을 드러내고, 다른 사람들을 부당하게 이용하며, 복수심을 보이는 리더들을 독재적 리더라고 정의했다.

Kalshoven 등(2011)은 "공정성, 진실성, 윤리적 지침, 사람 중심, 권력 공유, 역할 명확성, 지속가능성에 대한 관심"(p. 51)의 7가지 윤리적 리더십 구성요소를 평가하기 위해 최근에 '일터에서의 윤리적 리더십(ethical leadership at work, ELW)' 척도를 개발했다. 저자들은 ELW가 부하의 다양한 직무 관련 태도들을 예측할 수 있고, 상사가 평가한 부하의 조직시민행동과도 관련된다는 것을 발견했다(Liu et al., 2013도 참조). 이와 유사한 연구에서 Walumbwa와 Schaubroeck(2009)은 윤리적 리더십이 부하가 새로운 아이디어를 제안하고, 집단의 수행을 개선하기 위한 발언 행동을 하는 것과도 관련이 있음을 밝혔다.

또한 연구 결과에 따르면, 윤리적 리더십 행동이 집단의 수행에 영향을 미칠 수 있다는 것이 밝혀졌다. Mayer 등(2009)은 윤리적 리더십의 하향 전파 모델을 연구했는데, 최고경영자의 윤리적 리더십에 대한 평가가 높을수록 직속 상사의 윤리적 리더십에 대한 평가가 높아짐을 발견했다. 뿐만 아니라 최고경영자와 상사의 윤리적 리더십 수준이 높을수록 집단 일탈이 적어지고 집단 조직시민행동이 많아짐을 발견하였다. 관련 연구에서 Schaubroeck 등(2012)은 고위 계급 육군 장교들의 윤리적 리더십이 하위 계급 리더들의 윤리적 리더십과 관련됨을 발견하였다. 다양한 조직에서 리더들의 윤리적 행동에 대한 최근 관심을 고려해볼 때, 윤리적 리더십의 영향과 개발에 관한 연구는 미래에도 계속될 것이다.

윤리적 리더십에 대해 수행된 연구의 양을 반영하듯, Peng과 Kim(2020)은 최근 301개의 독립적인 표본을 대상으로 서번트 리더십과 과업 수행, CWB 및 OCB 간의 관계를 평가하는 메타분석을 수행했다. 저자는 윤리적 리더십과 과업 수행, OCB 사이에 전반적으로 중간 정도의 정적인 관계가 있으며, CWB와는 중간 정도의 부적인 관계가 있음을 발견했다. 또한 LMX의 질이 윤리적 리더십과 과업 수행 간 관계에서 주요한 매개변인으로 작용한 반면, 윤리적 문화는 윤리적 리더십과 CWB 사이의 관계에서 주요한 매개변인으로 작용했다. 윤리적 리더십과 OCB 간의 관계는 LMX의 질, 윤리적 문화와 조직 동일시에 의해 매개되었다.

리더십에 관한 논의를 마치기 전에, 최근까지 리더십에 대한 비교문화 연구가 거의 없다는 것을 언급하고자 한다. '참고 10.3'에 62개국에서 리더십 개념을 고찰한 프로젝트를 논의하였다. 향후 연구에서는 리더십의 다양한 개념화에 대해 이 프로젝트의 시사점을 논의할 것이다.

참고 10.3

비교문화적 연구 결과 : 리더십과 문화

리더십에서의 문화적 차이는 그동안 조직심리학에서 비중 있게 연구되지 않았다. 문화와 리더십에 관한 몇 안 되는 논문 중 하나는 최근 House와 그의 동료들(2003)이 62개국 951개 조직 17,000명의 리더를 대상으로 연구한 것이다. 저자들은 각 문화에서 리더가 사용하는 리더십과 그 관행에 대한 문화 차이에 관심을 두었다. 이들은 62개국에 걸쳐 차이를 연구하였고, 그 결과 6개의 글로벌 리더 행동을 규명하였다 : 카리스마적/가치 기반 리더십(리더가 타인에게 영감을 불어넣고 동기화하는 능력), 팀 기반 리더십(팀 빌딩과 외교적 수완을 강조), 참여적 리더십(리더십 결정에 타인을 참여시킴), 인본 기반 리더십(부하직원들에 대한 배려), 자발적 리더십(개인주의적 의사결정 및 부하들과의 독립), 자기보호적 리더십(현재의 위치와 체면을 살리기 위한 행동으로써 리더와 집단을 보호하고자 하는 행동에 초점).

House와 그의 동료들은 팀 지향적이며 부하직원들과 비전을 효과적으로 의사소통할 수 있는 능력을 가진 리더들이 모든 문화권에서 중요시된다는 것을 발견하였다. 이들은 글로벌 리더의 자발적 리더십과 자기보호적 리더십 행동에서 가장 큰 차이가 있음을 알아냈다. 자발적 리더십은 (헝가리를 제외한) 동유럽에서 약간의 변화가 있었지만 남미, 중동, 미국에서는 효과가 없었다. 자기보호적 리더십은 알바니아, 대만, 이집트, 이란, 쿠웨이트 등의 나라에서 효과가 있었다. 그러나 프랑스 같은 북유럽 국가에서는 효과가 없었다. 이 책은 효과적, 비효과적인 리더십 행동에 대한 주관적 지각에 대해 문화에 따른 유사점과 차이점을 서술하고 있고, 이런 지각과 문화가 추구하는 가치 간에 관계가 있는지를 알아본다. 이 연구는 리더십이 문화에 걸쳐 어떻게 달라지는지에 대한 향후 연구에 영향을 줄 것이다.

출처 : House et al.(2003).

리더 건강과 웰빙

조직환경에서의 리더십에 관한 대부분 연구는 리더 밑에서 일하는 직원들의 성과에 초점을 맞추었지만, 최근 추세 중 하나는 리더의 건강과 웰빙을 주요 관심사로 다루는 것이다. 제7장에서 우리는 직원들의 건강과 웰빙에 대해 다루었지만, 리더와 관련된 주제는 구체적으로 논의하지는 않았다. 리더 자신의 성과를 연구하는 연구자들은 리더가 효과적으로 기능하기 위해 충분한 수면을 취하는 것의 중요성과 같은 문제를 다루었다. Barneset 등(2016)은 리더에게 제공된 수면의 양을 조작한 연구에서, 적은 수면을 취한 리더들이 학생들을 대상으로 비디오로 녹화된 연설을 할 때 카리스마적 리더십을 발휘하는 데 덜 효과적이라는 것을 발견했다.

연구자들은 또한 다양한 유형의 리더십 행동을 수행하는 것이 리더의 행복과 어떤 관련이 있는지 연구하였다. 변혁적인 리더십 행동에 참여하는 리더들에게는 긍정적인 효과와 부정적인 효과가 모두 나타난다는 점이 밝혀졌다. Lanaj 등(2016)은 리더를 매일 평가하는 경험 표집법을 사용하여, 리더가 변혁적 리더십 행동을 더 많이 수행한 날에는 더 높은 수준의 긍정 정서를 경험한다는 것을 발견하였다. 변혁적 리더십 행동의 효과는 거래적 리더십과 같은 다른 형태의 리더십 행동보다 더 크게 나타났다. 반면, Lin 등(2019)은 변혁적 리더십 행동에 참여하는 리더의 부정적인 결과에 대해 연구하였다. 이 연구에서도 경험 표집 설계를 사용했지만, 리더들을 주간으로 평가했다. 특정 주에 변혁적 리더의 행동을 더 많이 수행한 리더들은 그 다음 주에 정서적 소진과 이직의도를 보고할 가능성이 더 높았다. 이러한 결과는 부하직원들이 리더가 변혁적 리더십 행동을 더 많이 수행할 때 더 높은 OCB와 긍정 정서를 보고한 것과 동시에 관찰되었다. 이 연구들을 종합해보면, 리더가 변혁적 리더십 행동을 수행하는 것이 초기에는 긍정적인 정서와 관련된 이점을 가져다줄 수 있지만, 몇 주가 지나면서 이러한 행동이 더 높은 정서적 소진과 조직을 떠나고자 하는 욕구로 이어질 수 있음을 시사한다.

최근 연구에서는 직원들이 경험하는 특정 조직 스트레스 요인과 그로 인한 스트레인(strain)이 리더의 건강에 어떻게 영향을 미칠 수 있는지도 알아보았다. Pindek 등(2020)은 리더와 부하 직원의 관계를 조사한 결과, 부하 직원의 직무 과부하가 부하 직원의 신체적 스트레인과 관련이 있으며, 부하 직원의 직무 과부하와 신체적 스트레인이 리더의 양적인 직무 과부하와도 관련이 있음을 발견했다. 이러한 직무 과부하는 결국 리더의 신체적 스트레인으로 이어졌다. 이 결과는 부하 직원이 경험하는 스트레스 요인과 스트레인이 리더의 업무량에 영향을 미쳐 리더의 신체 건강에 부정적인 영향을 미칠 수 있음을 의미한다.

유사한 결과는 Zheng 등(2022)의 연구에서도 나타났다. 이 연구는 코로나19 팬데믹 기간 동안 직원들의 모호한 요구가 리더의 웰빙에 어떻게 영향을 미쳤는지를 조사했다. 연구 결과, 직원들이 모순된 요구와 같은 불명확한 요구를 경험하고 있다고 보고한 리더들은 한 달 후 업무에서 갇혀 있다는 느낌을 받을 가능성이 더 높았으며, 이러한 업무에서의 갇힌 느낌은 이후 탈진, 직무 불만족과 관련이 있었다. 저자들은 또한 이러한 관계가 코로나19 팬데믹 동안 리더가 더 큰 책임감을 느꼈을 때 더 강하게 나타난다는 것을 발견했다.

다행히도, 조직 연구자들은 리더가 경험하는 요구의 부정적 영향으로부터 리더를 보호할 수 있는 요인들을 조사하기 시작했다. 특히 리더의 마음챙김은 리더가 소유한 특성이자 훈련할 수 있는 기술로서 보호 요인으로 연구되었다. Zhou 등(2022)은 마음챙김을 리더의 웰빙과 성과의 예측변인으로 연구한 54개의 연구를 메타분석한 결과, 리더의 마음챙김과 우울증, 정서적 소진, 전반적인 스트레스와 같은 리더 스트레인 지수 사이에 중간에서 강한 수준의 상관관계가 있음을 발견했다. 또한, 리더의 마음챙김과 리더의 성과 사이에 중간 정도의 정적인 관계도 발견되었다. 마지막으로, 저자들은 마음챙김 개입이 리더의 마음챙김을 증가시키고 리더의 스트레스를 감소시키는 데 효과가 있음을 입증했다. 비록 마음챙김 개입에 관한 연구의 수는 상대적으로 적었지만, 이 결과는 마음챙김이 리더의 건강과 웰빙에 도움이 되는 특성이자 기술임을 보여준다.

연구자들은 또한 자신의 사업을 운영하는 기업가와 같은 특정 유형의 리더에 대한 스트레스 요인과 회복 방법의 중요성을 조사하기 시작했다. Williamson 등(2021)은 기업가들이 길고 예측 불가능한 근무 시간, 사업 운영에 대한 불확실성, 수면 부족 등 웰빙에 부정적인 영향을 미칠 수 있는 수많은 스트레스 요인에 노출되어 있다고 지적했다. 저자들은 기업가들이 업무에서 적절히 회복하는 방법을 교육하는 것이 중요하며, 이를 통해 직무 요구를 충족하기 위해 필요한 자원을 회복하지 못할 경우 발생할 수 있는 심리적 및 생리적 부담을 줄일 수 있다고 주장했다. 이러한 회복 과정은 제7장에서 더 자세히 논의되었다.

조직에서의 권력과 영향력

포춘지 500대 기업의 CEO이든 청소부, 또는 감독관이든, 리더의 직무 중 가장 큰 부분은 사람들에게 영향력(influence)을 끼침으로써 조직의 목표와 일치하는 방향으로 그들이 행동하게 하는 것이다. 더욱이 리더가 다른 사람들에게 영향력을 갖는 정도는 주로 리더가 그들에게 갖는 사회적 권력에 달려 있다. 또한 종업원도 조직 내에서 효과적 또는 비효과적인 방법으로 권력과 영향력을 사용할 수 있다. 이 절에서는 먼저 권력에 대해서 논의하고 영향력을 발휘하는 책략을 살펴볼 것이다.

권력의 정의

권력(power)이란 것이 본질적으로 나쁘거나 악한 것은 아니지만 종종 권력은 부정적인 맥락으로 쓰인다. 단순하게 말해 권력은 다른 사람에게 영향을 미치는 잠재력 혹은 능력을 나타낸다(French & Raven, 1959). 권력을 통해 타인의 행동에 영향력을 행사할 때, 그 영향력의 결과는 일반적으로 세 가지 형태, 즉 응종, 동일시, 개인적 수용 중 하나일 것이다(Kelman, 1958). **응종**(compliance)이란 리더가 행사한 영향력을 받은 직원이 자기 의지와는 상관없이 리더의 요구에 따라 행동하는 것을 말한다. 부모가 자녀에게 사탕은 안 된다고 말했을 때 아이는 부모의 말을 따르기는 하겠지만, 만약 그 아이가 선택할 수 있는 권한이 있다면 그 사탕을 먹을 것이다. 업무 상황에서 예를 들어 보면, 어떤 종업원이 안전 장비를 착용하는 것이 별로 효과도 없고 귀찮기만 한 일이라고 생각하더라도 규정 때문에 어쩔 수 없이 그것을 착용한다면 이것이 응종의 예다.

두 번째 결과는 **동일시**(identification)이다. 이 경우에 종업원은 리더가 원하는 대로 일을 한다. 그 이유는 기본적으로 종업원이 리더를 좋아하고 동일시하기 때문이다. 응종의 경우처럼, 동일시에 따라서 행동하는 경우에 행동은 변하지만 태도는 바뀌지 않는다. 즉 종업원은 리더를 좋아하지만 일 자체를 좋아하는 것은 아닐 수도 있다. 작업 장면에서 동일시에 대한 예는 부하가 진행되고 있는 프로젝트를 중요하게 여기지 않으면서도, 리더를 좋아하기 때문에 그 프로젝트의 마감시한을 맞추려는 리더를 돕기 위해 늦게까지 남아 있는 경우이다.

영향력의 세 번째 결과는 **개인적 수용**(private acceptance) 혹은 **내면화**(internalization)이다. 이 경우에 종업원들은 리더가 요구하는 것이 옳다고 믿기 때문에 그렇게 행동한다. 응종이나 동일시에 비해서 개인적 수용은 장기적인 측면에서 리더에게 더 효과적이다. 따라서 만약 부하직원이 리더가 시키는 일이 옳다고 믿는다면 리더는 부하직원들이 자신의 지시를 따라 그 일을 잘 수행하고 있는지, 부하직원들이 여전히 자신을 좋아하는지를 확인하는 데 보다 적은 시간을 쓰게 될 것이다. 그러나 항상 리더가 부하직원들에게 개인적 수용을 얻을 필요는 없다. 예를 들어, 종업원이 규칙에 동의하지 않더라도 안전 규칙에 따라야 한다.

네 번째이자 마지막 결과는 **저항**(resistance)이다. 이 경우에 종업원은 단지 리더가 요구한 것을 하지 않는다. 저항은 명백한 거부의 형태를 띨 수 있지만, 보편적으로 리더가 부하직원들이 시킨 일을 수행했는지 안 했는지에 대해 물었을 때 분명하게 답변하지 않는 형태로 표출된다. 이는 리더에게 매우 대처하기 힘든 상황이고, 따라서 이것은 리더의 관점에서 볼 때 명백히 바람직하지 못한 결과이다.

권력의 근원

리더는 부하직원들에 대해 무한한 권력을 자동적으로 부여받는 것은 아니다. 리더들 개개인은 또한 부하직원들에게 갖는 권력의 기반이 무엇이냐에 있어서 각자 다 다르다. 가장 널리 알려진 모델은 French와 Raven(1959)이 60년 전에 제안한 모델이다. 이 모델에 따르면 권력은 6개의 근원으로부터 나올 수 있다. French와 Raven의 모델에 대해 알려진 바는 주로 다섯 가지 근원에 대해서지만, 이 모델은 원래 여섯 가지 근원을 제시하고 있다. 권력의 첫 번째 근원은 **강압적 권력**(coercive power)이라고 한다. 이런 종류의 권력 근원은 한 사람이 다른 사람을 처벌할 수 있다는 점이다. 예를 들어, 부하직원은 리더가 그들을 해고할 힘이 있기 때문에 리더의 요구대로 일한다. 비록 처벌에 대한 위협이 리더에게 상당한 힘을 줄 수 있을지라도, 이런 강압적 권력은 일반적으로 그다지 효율적이지 않다. 만약 부하직원이 처벌에 대한 위협 때문에 리더가 원하는 것을 한다면, 리더가 주위에서 감시하지 않을 때 리더의 권력이 부하의 업무수행에 대해 갖는 영향력은 상당히 줄어들 것이다.

French와 Raven이 기술한 권력의 두 번째 근원은 **보상적 권력**(reward power)이다. 이는 근본적으로 강압적 권력과 반대되는 개념이다. 즉 부하직원은 리더가 자신에게 보상을 줄 능력이 있기 때문에 리더가 원하는 것을 한다. 예를 들어, 부하직원은 리더가 임금 인상 시 더 높은 임금 인상률을 자신에게 책정할 수 있는 권한을 가지고 있기 때문에 리더가 원하는 대로 초과근무를 할 것이다. 그러나 강압적 권력과 마찬가지로, 보상적 권력은 그다지 효율적인 권력의 근원이 되지는 않는다. 이것은 리더가 부하직원들의 행동을 계속 감시, 관찰하고 적절한 시기에 보상을 해야만 가능하다.

세 번째 권력의 근원은 **합법적 권력**(legitimate power)이다. 이 권력은 조직 내에서 리더가 차지하고 있는 지위로부터 발생한다. 대부분의 조직 장면에서 한 종업원이 다른 종업원의 상사라는 의미는 그 사람이 다른 사람에게 요구를 할 합법적인 권한이 있다는 것을 의미한다. 여기서 합법적이라는 것은 그에게 주어진 지위가 합법적이라는 것이지 그 사람 개인이 합법적인 사람이냐의 문제와는 관계가 없다. 강압적 권력과 보상적 권력에 비해 합법적 권력은 더 효율적이다. 대부분의 조직에서 지위에 해당하는 합법적 권위 수준은 이미 알려져 있기 때문에 리더가 직접 감독할 필요가 없다. 사실 많은 경우에 이는 직무기술서나 공식 문서로 기술되어 있다. 그러나 만일 이 권력이 남용되거나 부하직원으로부터 응종만을 이끌어낸다면, 결국에는 종업원들의 분노를 일으킬 수 있다는 것이 합법적 권력의 문제점이다. 일반적으로 사람들은 단지 '내가 너의 상사'라는 이유로 자신에게 명령하는 것을 좋아하지 않는다.

네 번째 권력의 근원은 **전문적 권력**(expert power)이다. 이는 부하들에게 중요한 어떤 일에 대해 리더가 그 분야의 전문가로 여겨짐으로써 생기는 권력이다. 만약 디자인 기술자 그룹의 리더가 전문적인 디자인 엔지니어라면, 이는 부하들이 리더가 요구하는 것을 잘 따르도록 만들 것이다. 전문적 권력에서 중요한 점은, 이것이 전문성에 대한 인식을 기반으로 한다는 것이다. 전문가인 것이 실제적인 권력의 근원이 되기 위해서는 부하직원들이 리더를 전문가로 인식해야만 한다. 리더의 전문성 수준에 관계없이 부하직원들이 리더를 전문가로 여기지 않는다면 어떤 전문적 권력도 존재할 수 없다. 또한 작업집단이나 조직에서 리더가 아닌 사람이 전문적 권력을 가지는 것도 가능하다. 예를 들어, 어떤 종업원이 특정 주제나 절차에 대해 해박한 지식을 가지고 있는 것으로 알려진다면, 그는 조직 위계상에서 리더 직책을 가지고 있지 않더라도 전문적 권력을 가질 수 있다.

French와 Raven의 모델에서 다섯 번째 권력의 근원은 **참조적 권력**(referent power)이다. 이는 부하직원들이 리더를 좋아하는지에 기반한다. 즉 부하직원들이 리더를 좋아하기 때문에 리더가 원하는 것을 한다. 비록 이런 형태의 권력에서 감독은 필요 없지만, 대인 간 매력은 전문성에 비해 변하기 쉽기 때문에 참조적 권력은 전문적 권력보다 약하다. 만약 부하직원이 리더에게 더 이상 긍정적 감정을 갖지 않는다면 부하직원에 대한 리더의 참조적 권력은 사라진다.

여섯 번째이자 마지막 권력의 근원은 **정보적 권력**(informational power)이다. 앞서 얘기했듯이, 이것은 French와 Raven의 모델에서 언급되지 않았지만, 초기 모델(Raven, 1993)에 포함되어 있었다. 부하들을 설득할 수 있는 수준 높은 정보를 가지고 있는 리더는 정보적 권력을 갖는다. 예를 들어 만약 어떤 사람이 안전벨트를 착용했을 때 치명적 중상을 입을 확률이 훨씬 낮다는 것을 증명할 수 있는 타당한 정보를 가지고 있다면, 그는 다른 사람들에게 안전벨트를 착용할 것을 설득하는 데 상당한 정보적 영향력을 가질 것이다.

권력의 근원에 대한 첫 모델을 개발한 후 French와 Raven은 이 모델의 여러 부분을 바꾸고 정교화하였다(Raven, 1993). 예를 들어, 그들은 보상적 권력과 강압적 권력을 개인적 또는 비개인적 형태로 구분하였다. 보상과 처벌은 개인적인 칭찬이나 꾸중의 형태로 나타날 수 있고, 승진이나 공식 징계와 같은 비개인적인 것일 수도 있다. 그들은 또한 합법적 권력의 개념을 상당히 정교화하였다. 예를 들어,

합법적 권력은 단지 개인의 조직에서의 공식 지위에만 기반하는 것이 아니라 상호 교환의 원리("내가 너를 위해 이것을 했으니 너도 나를 위해 무엇인가 해야 할 의무를 느껴야만 한다."), 형평성의 원리("내가 열심히 일하고 고생했으니 나는 너에게 보상해 달라고 요구할 권리가 있다."), 책임성 혹은 의존성의 원리("내가 이것을 할 수 없으니 날 도울 책임은 너에게 있다.")에 기반하기도 한다.

전문성과 참조적 권력은 긍정적, 부정적인 측면을 갖는다. 원래는 전문적 권력과 참조적 권력 모두 긍정적으로 여겨졌다. 그러나 French와 Raven은 나중에 둘 다 부정적일 수도 있다고 지적했다. 부정적인 전문적 권력은 어떤 사람이 더 나은 지식을 가지고 있다고 여겨지지만, 그 지식을 자신의 이익만을 위해 사용하는 것처럼 보이는 상황을 뜻한다. 참조적 권력의 부정적인 면은 어떤 사람이 사람들이 좋아하는 대상이기보다 싫어하는 대상이 될 때 발생한다. 만약 이 사람이 리더라면, 부하직원은 리더가 원하는 대로 하지 않는 경향을 보일 것이다.

정보적 권력은 직접적이거나 간접적인 것으로 구분된다. 정보적 권력이 직접적일 때 리더는 논리정연한 주장을 직접적으로 부하직원들에게 준다. 간접적일 때 정보는 리더로부터 직접적으로 오지 않지만, 대신에 다른 부하나 또 다른 리더로부터 올 수 있다. 영향력에 대한 사회심리학 연구(예 : Petty & Cacioppo, 1981)에서 밝혔듯이, 어떤 상황에서 간접적으로 전달된 정보는 직접적으로 얘기된 정보에 비해 더 큰 영향력을 갖기 때문에 정보적 권력에 대한 이런 직접적, 간접적 구분은 중요하다.

French와 Raven의 모델에 대한 경쟁 모델이 제안되지 않았지만, 이들의 원래 모델을 확장하려는 시도는 있었다. Finkelstein(1992)은 최고 관리자 팀 권력의 근원을 조사했다. 비록 그가 제안한 권력 근원 중 몇 개는 French와 Raven의 모델에 부합했지만, 두 가지 새로운 권력 근원이 발견되었다. **주인적 권력**(ownership power)은 주식 소유권이나 혹은 가족 관계를 통해서 최고 관리자 팀의 구성원들이 조직 안에서 소유권을 갖는 정도를 말한다. 최고 관리자 팀 안에서 상당한 주식을 보유하고 있거나 혹은 조직의 설립자와 친척 관계를 가진 임원들은 때때로 상당한 권력을 가진다.

Finkelstein(1992)이 제안한 새로운 권력의 근원은 **평판적 권력**(prestige power)이다. 이는 최고 관리자 그룹의 구성원이 조직 밖에서도 평판과 지위를 갖는 정도를 말한다. Finkelstein은 평판적 권력을 측정하기 위해 임원이 맡고 있는 회사 이사회의 수, 이 회사들의 평판 수준, 임원이 일하고 있는 비영리 이사회의 수, 그리고 마지막으로 임원이 졸업한 대학의 평판 등을 사용했다. 일반적으로, 만일 임원이 많은 성공한 조직의 이사회를 맡고 있고, 또한 비영리 재단의 위원회를 위해 일하고 있고, 아이비리그와 같은 명문 대학을 졸업했다면, 그는 더 큰 평판적 권력을 가질 수 있다.

영향력 책략

지금까지 우리는 리더가 자신의 부하에게 미치는 영향력이 어디에서 나오는지에 대해서 언급했다. 그러나 권력과 영향력의 역동성에 대해서 진정으로 이해하려면, 영향력을 행사하는 데 사용되는 구체적인 영향력 책략에 대해서도 살펴보아야 한다. Yukl과 Tracey(1992)에 따르면, 아홉 가지 책략이 영향력을 발휘하는 데 사용될 수 있다고 하며, 이는 〈표 10.4〉에 정리되어 있다. **합리적 설득**(rational persuasion)은 종업원에게 일을 지시할 때, 왜 그 일을 지시하는지에 관해 논리적인 설명을 제공하는 것이다. 예를 들어 공장의 주임은 직원들에게 시끄러운 작업환경에 만성적으로 노출되면 청력을 잃을 수 있기 때문에 귀를 보호하기 위해 안전장비를 착용하도록 지시할 수 있다.

고무적 호소(inspirational appeals)란 리더가 종업원의 가치나 이상에 호소하고 종업원 자신이 어떤 것을 이루어낼 수 있는 능력이 있는지 설득함으로써 영향력을 행사하는 방법이다. 예를 들어, 군대의 지휘관이 부대원들이 지치고 힘들어할 때 계속해서 싸우도록 그들을 격려하기 위해 자신들의 임무가 갖는 전략적 중요성을 설명하거나, 부대원들에게 애국심이나 군인정신을 호소할 수도 있다. 앞에서 언급했듯이 이런 종류의 호소는 변혁적 리더들이 종종 사용한다.

자문(consultation)을 사용하는 경우, 리더는 부하직원들의 참여가 중요한 일에 관해 부하의 도움을 구함으로써 부하직원들에게 영향을 미친다. 이런 책략은 조직에 변화가 도입될 때 종종 사용된다. 예를 들어 만일 조직이 직무를 재설계하고 종업원들이 이를 받아들이도록 설득해야 한다면, 가장 좋은 방법은 직무 재설계 과정에서 종업원들에게 도움을 구하는 것이다.

아부(ingratiation)는 리더가 어떤 요구를 하기 전에 부하직원들의 기분을 좋게 하여 부하직원들에게 영향을 끼치는 방법이다. 이는 칭찬을 하거나 부하직원의 관점이나 의견에 동의하기, 혹은 호의를 베푸는 것과 같은 다양한 방법으로 행해질 수 있다. 부하직원들에게 주말에 나와서 일할 것을 요구하려는 리더는 요구를 하기 전에 그들에게 도넛을 가져다줄 수 있다. 그러나 아부는 주의해서 사용해야 한다. 만약 아부가 진심으로 여겨지지 않는다면 사람들은 요구에 응하지 않을 가능성이 높다. 리더가 종종 환심을 사려는 행동을 노골적으로 하는 경우에는 종업원의 행동에 거의 영향을 끼치지 못한다.

교환(exchange)이란 부하직원들이 리더의 요구에 응했을 때 어떤 대가를 제공하거나, 혹은 업무가 완성되었을 때 발생하는 이득을 나눠 주는 등의 방식으로 보답을 하는 것이다(Cialdini & Griskevicius, 2010 참조). 어떤 기업에서는 교환의 형태를 사실상 조직의 정책으로 정해 놓는 경우도 있다. 예를 들어, 시간제 종업원이 일주일에 40시간 이상 일한다면 그들은 초과 근무수당을 받을 것이다. 그러나 이런 교환은 엄밀히 말해서 리더와 부하직원들 사이에서 발생한다. 예를 들어, 만일 패스트푸드 식당의 관리자가 종업원들이 아침 일찍 직원 미팅에 참석하길 원한다면, 한 가지 방법은 그들에게 추가 30분 휴식시간과 같은 또 다른 인센티브를 제공하는 것이다.

개인적 호소(personal appeal)란 리더가 특정 부하직원의 개인적 충성심이나 우정과 같은 개인적 친밀 관계에 호소함으로써 영향력을 발휘하는 것이다. 이 책략은 두 사람이 어느 정도의 충성심과 우정을 공유할 때 사용될 수 있다. 예를 들어, 부하직원에게 요구를 하기 전에 리더는 먼저 이렇게 말할 수도 있다. "우리는 오랫동안 친구로 지내 왔고 함께 힘든 시간을 보내 왔습니다. 그래서 나는 당신을 의

표 10.4 리더들이 사용하는 아홉 가지 일반적인 영향력 책략 요약

책략	정의
1. 합리적 설득	논리적인 주장과 사실적 증거를 사용하여 제안이나 요청이 실현 가능하며 과제 목표 달성에 기여할 것임을 설득한다.
2. 고무적 호소	당신의 가치관, 이상, 포부를 자극하거나 자신감을 높여줄 수 있다는 점을 강조하며 요청이나 제안을 한다.
3. 자문	전략, 활동, 변화를 계획할 때 당신의 참여를 구하거나, 당신의 우려와 제안을 반영해 제안을 수정할 의사가 있음을 나타낸다.
4. 아부	당신을 기분 좋게 만들거나, 자신에 대해 긍정적으로 생각하도록 유도한 후에 무언가를 요청한다.
5. 교환	당신에게 호의를 교환할 것을 제안하거나, 나중에 보답할 의사가 있음을 나타내거나, 과제를 수행하면 혜택의 일부를 나누어주겠다고 약속한다.
6. 개인적 호소	당신의 충성심과 우정에 호소하여 무언가를 요청한다.
7. 동맹	다른 사람들의 도움을 받아 당신을 설득하거나, 다른 사람들이 지지한다는 이유로 당신도 동의하도록 유도한다.
8. 합법화	요청이 조직의 정책, 규칙, 관행, 전통과 일치한다는 것을 확인하거나, 이를 요구할 권리나 권한이 있음을 주장하여 요청의 정당성을 세우려고 한다.
9. 압력	요구, 위협, 지속적인 상기를 통해 자신이 원하는 것을 당신이 하도록 압박한다.

출처 : Yukl & Tracey(1992). Copyright © 1992 by the American Psychological Association. Reprinted with permission.

지할 수 있는 사람으로 정말 믿고 있습니다." 이 말을 들으면 대부분의 사람들은 요구를 거절하기가 힘들 것이다.

동맹(coalition)을 형성해서 영향력을 발휘하는 것은 부하직원들이 요구에 응하도록 설득하기 위해 다른 사람을 동원한다든지, 혹은 그런 요구를 받는 것이 얼마나 영광스러운 것인지를 다른 사람의 예를 통해 설명하는 것을 포함한다. 예를 들어, 부하직원들이 안전 장비를 착용하도록 하기 위해 그것을 착용하고 있는 다른 직원을 보여 줌으로써 개개인에게 안전 장비가 필요하다는 것을 설득하는 것이다. 이 방식은 Cialdini(2001)가 **사회적 증거**(social proof)라고 불렀는데, 사람들은 종종 타인의 행동을 통해서 무엇이 옳고 맞는지를 결정한다는 아이디어를 강조한다.

합법화(legitimating)란 리더가 자신이 요구를 할 수 있는 타당한 권위를 가지고 있음을 강조하거나 조직의 정책이나 규칙을 언급함으로써 자신의 요구에 대한 정당성을 보여주는 것이다. 군대 조직에서 리더는 종종 자신의 계급이 부하의 계급보다 높다는 사실을 지적한다. 군대 조직에서는 서열이 절대적으로 강조되기 때문에 이런 형태의 영향력은 효과가 있다. 다른 종류의 조직에서는 합법성의 사용은 덜 성공적일 수도 있으며 만약 자주 사용한다면 궁극적으로 부하직원들 사이에서 불만이 발생할 수도 있다.

〈표 10.4〉에 제시된 마지막 책략은 **압력**(pressure)이다. 이는 명령, 협박, 혹은 부하직원들이 요구에 응하는지 지속적으로 감시 또는 확인하는 것 등을 포함한다. 상사가 부하직원이 매일 아침 정시에 출근하는지 확인하길 원한다고 가정하자. 한 가지 방법은 개개인의 책상을 살펴봄으로써 부하들이 정시에 출근하는지를 확인할 수 있을 것이다. 압력은 비록 리더가 원하는 행동을 이끌어낼 수는 있지만, 이는 항상 부하직원에게는 응종적인 행동일 뿐이다. 압력을 사용하는 방법은 부하직원의 행동을 항상 감시해야 하기 때문에 리더에게 상당한 에너지를 소모하게 한다.

영향력 책략에 관한 연구들은 이 책략들이 성공적인 결과를 가져오는 경우를 연구하였다. 만약 리더가 부하들의 응종이 아니라 구성원이 **개인적으로 수용**하는 형태로 행동 변화를 얻고자 한다면 가장 효과적인 방법은 고무적인 호소를 하거나 자문을 사용하는 것이다(Falbe & Yukl, 1992; Yukl et al., 1996). 동맹, 합법화, 압력과 같은 책략은 개인적인 수용을 끌어내지 못할 것으로 나타났고, 이것은 심지어 저항을 일으킬 수도 있다. 그 이유는 사람들은 보편적으로 어떤 일을 선택할 때 선택의 자유를 갖는 것을 중요하게 여기고, 자유 의지를 갖고 선택했다고 느낄 때 일에 대해 더 열정적일 수 있기 때문이다. Brehm(1966)은 사람들은 자신의 개인적 자유에 대해 위협을 경험할 때 저항을 느끼고, 결국 이는 요구받은 것과 정반대의 것을 하도록 만든다고 언급하였다.

이 분야에서 일관되게 나타난 또 다른 발견은 앞서 언급한 책략 여러 개를 결합하는 방식으로 다른 사람의 행동에 영향을 미칠 수 있다는 것이다. 예를 들어, Falbe와 Yukl(1992)은 몇 가지 책략을 함께 사용하는 것이 한 가지 책략을 사용하는 것보다 행동 변화를 용이하게 한다는 것을 발견했다. 그 예로 자문과 함께 고무적 호소를 사용하는 것은 이들 책략을 각기 하나씩 사용하거나 또는 압력이나 합법화와 같은 책략을 사용하는 것보다 훨씬 효과적이었다. 이런 결과는 영향력을 행사하는 과정이 종종 시간이 걸리고 리더는 부하들의 행동에 영향을 미치기 위해 여러 책략을 함께 사용할 준비가 되어 있어야 함을 뜻한다.

영향력 책략에 대한 연구는 리더에게 실용적인 측면에서 매우 중요한 통찰을 제공한다. 무엇보다 가장 중요한 것은, 만일 리더가 자신의 부하직원이 어떤 일을 기꺼이 하길 원한다면, 자신의 지위나 다른 강압적 기술을 사용하는 것보다 부하직원들에게 부탁하는 것이 결국은 훨씬 더 효과적이라는 것이다. 비록 부탁하는 것이 더 오래 걸릴지라도, 강압적인 기술을 사용하는 것보다 행동 변화가 훨씬 오래 지속될 것이다. '관리자를 위한 시사점 10.1'에는 직원에게 가장 효과적일 수 있는 영향력 책략에 대한 권장 사항이 포함되어 있다.

관리자를 위한 시사점 10.1

종업원에 대한 영향력 책략

주변 사람들에게 영향을 미치는 능력은 중요한 이점을 지닌 것으로 매우 높게 평가되는 기술이다. 사람들을 설득하는 데 사용할 수 있는 다양한 책략이 있으며, 연구에 따르면 이러한 전략 중 일부는 다른 것보다 더 효과적이다. 여러 조직의 거의 9,000명의 직원으로부터 수집된 자료는 과업 지향적 결과와 관계 지향적 결과에서 어떤 영향력 책략이 가장 효과적인지에 대한 통찰을 제공한다. 과업 지향적 결과는 다른 사람들이 완료해야 할 과업(예 : 관리자가 긍정적인 성과 평가를 주는 것)으로 정의되며, 관계 지향적 결과는 다른 사람들과의 관계를 강화하는 것을 의미한다(예 : 관리자가 당신의 업무 윤리에 대해 긍정적인 인상을 갖게 하는 것). 아래에 설명된 것은 가장 성공적인 것으로 입증된 영향력 책략이다.

- **합리적 설득**(rational persuasion) : 이 책략은 설득하는 사람이 가장 적은 노력을 들여 논리적이고 객관적인 정보를 전달하여 특정 방향이 선택되어야 하는 이유를 설명하는 것을 포함한다. 합리적 설득은 과업 지향적 결과와 관계 지향적 결과 모두에서 효과적인 것으로 나타났다. 이 유형의 호소는 모든 방향(상사에서 부하로, 동료 간, 부하에서 상사로)에서 효과적이다.
- **영감을 주는 매력**(inspirational appeal) : 영감을 주는 매력은 누군가의 가치나 이상을 이해하고, 그것을 당신이 요구하는 것과 일치시키는 것을 필요로 한다. 이 책략은 누군가의 가치가 주요 결과나 목표와 일치할 때 가장 도움이 된다. 영감을 주는 매력은 과업 지향적 결과에서, 특히 상사가 부하에게 영향을 미치려 할 때 가장 효과적이다.
- **설득**(apprising) : 설득은 프로젝트를 완료하는 것이 궁극적으로 누군가가 원하는 것을 달성하는 데 어떻게 도움이 될지를 설명할 때 발생한다. 합리적 설득과 마찬가지로, 이 책략은 논리적 추론을 바탕으로 한다. 설득은 과업 및 관계 지향적 결과 모두와 긍정적으로 관련된 것으로 나타났다.
- **협력**(collaboration) : 협력은 목표를 달성하기 위해 누군가에게 도움과 자원을 제공하고, 그 대가로 그들이 그 목표/프로젝트를 위해 일하도록 동의하게 하는 것을 포함한다. 협력의 주요 전제는 누군가에게 특정 과업을 수행하도록 요청할 때 그들에게 도움을 제공하는 것이다. 이 책략은 개인 간의 고품질 대인 관계를 형성하며, 과업 및 관계 지향적 결과와 긍정적으로 관련된 것으로 나타났다.
- **아첨**(ingratiation) : 이 책략은 요청을 하기 전에 목표를 칭찬하거나 찬양하는 것을 포함한다. 아첨은 단기보다는 장기적인 영향을 형성하는 데 더 유용하며, 과업 및 관계 지향적 결과와 긍정적으로 관련되어 있다. 아첨은 관계 지향적 행동에서 상사가 부하에게 사용할 때 가장 효과적이다.
- **자문**(consultation) : 자문은 사람의 전문성, 지식, 판단을 도움으로 요청함으로써 그들이 프로젝트에 대한 소유권을 어느 정도 가지도록 하는 것이다. 자문은 직원들이 관리에 대한 신뢰를 느끼게 하고, 조직 변화에 대한 저항을 줄이는 데 도움이 되는 것으로 나타났다. 자문은 과업 및 관계 지향적 행동에 긍정적으로 기여하며, 직장 관계에서 세 가지 방향 모두에서 효과적인 것으로 밝혀졌다.

제공 : 클렘슨대학교 Caroline George

출처 : Lee et al.(2017).

성별과 권력 역학

성별과 리더십의 중요성은 이 장의 전반부에 논의되었으며, 성별이 조직에서의 영향력과 권력에 어떻게 영향을 미칠 수 있는지도 고려할 가치가 있다. 남성 리더와 여성 리더 간의 차이를 감안할 때, 서로 다른 성별의 리더들이 조직에서 권력을 사용하는 방식에도 차이가 있을 것으로 예상할 수 있다. Brescoll(2011)이 수행한 한 가지 흥미로운 연구에서는 권력과 말하는 시간(이른바 다변성) 간의 관계가 성별에 따라 어떻게 달라지는지를 조사했다. 저자는 성별이 권력과 다변성 간의 관계를 어떻게 조절할 수 있는지를 조사하기 위해 상관 연구와 실험 연구를 모두 수행했다.

첫 번째 연구는 생태학적 타당성이 높은 환경, 즉 상원의원들이 상원에서 가진 상대적 권력의 차이를 조사했다. 상원의원들의 권력 점수는 당파가 아닌 독립적인 기관에서 얻었고, 상원의원들이 상원에서 발언할 때 얼마나 오래 말했는지를 2년 동안 평가했다. Brescoll은 남성의 경우 권력과 총 발언 시간 사이에 긍정적인 상관관계가 있음을 발견했지만, 여성의 경우에는 그렇지 않았다. 저자는 여성들이 오랫동안 발언하는 것에 대해 관찰자들로부터 반발을 받을까 걱정할 수도 있다고 가설을 세웠다.

이러한 가능성을 조사하기 위해, Brescoll(2011)은 실험 연구를 수행했다. 남성과 여성 성인들에게 자신이 팀에서 가장 큰 권력을 가지고 있거나, 가장 적은 권력을 가지고 있다고 상상하게 한 후, 다른 팀원들보다 더 많이 발언하는 등의 행동을 얼마나 할 것인지 질문했다. 첫 번째 연구의 결과를 재현하면서, 저자는 권력 조작이 남성 참가자들에게 예상된 방식으로 영향을 미쳤음을 발견했다. 높은 권력을 가진 조건에서는 더 많이 발언할 것이라고 응답한 반면, 낮은 권력을 가진 조건에서는 덜 발언할 것이라고 응답했다. 반면, 여성 참가자들은 권력 조작에 영향을 받지 않았으며, 높은 권력과 낮은 권력 조건에서 동일한 시간 동안 발언할 것이라고 응답했다. 또한 발언에 대한 반발 우려가 성별이 발언 시간에 미치는 영향을 설명하는 데 중요한 역할을 했으며, 여성들이 너무 많이 말하면 부정적으로 인식될까 우려한다는 주장을 뒷받침했다.

성별과 권력이 자주 교차하는 또 다른 영역은 성희롱이 발생할 때다. 성희롱은 종종 권력을 가진 사람이 그 권력을 사용하여 원치 않는 성적 접근을 하거나, 유익한 대가로 성적 호의를 요구하는 상황으로 정의된다. 성희롱은 제4장에서 더 자세히 논의되었다. Popovich와 Warren(2010)은 직장에서의 성희롱이 앞서 논의한 권력 기반에서 비롯되는 반생산적 작업 행동이라고 주장했다. 저자들은 French와 Raven의 권력 기반 중 어느 것이라도 성희롱을 초래할 수 있다고 지적한다. 예를 들어, 상사가 부하 직원에 대해 가진 합법적인 권력은 승진을 대가로 성적 호의를 요구하는 결과를 초래할 수 있다. 저자들은 성희롱을 저지를 가능성이 있는 남성들이 직장에서 여성들에 대해 강압적인 권력을 가지고 있다고 믿는 경우가 많다고 지적한다. 마지막으로, 전문적 권력과 정보적 권력은 리더나 다른 직원들이 성적 목적을 위해 직원을 착취하려고 시도할 때 사용될 수 있다.

조직에서의 정치

조직 정치(organizational politics)라는 용어는 때때로 매우 부정적인 행동을 떠올리게 한다. 그러므로 대부분의 사람들은 조직에서 정치를 피하고 싶어 한다. 그럼에도 불구하고 정치적 행동은 현실의 일부이고, 많은 경우 조직 내에서 영향력의 중요한 한 형태이다. 조직에서의 정치는 조직 내에 있는 영향력 행동으로 정의되어 왔으며, 이는 정례화되고 합법화된 권력 시스템의 범위 밖에 있는 것을 뜻한다(Yoffie & Bergenstein, 1985). 정치적 행동은 때때로 조직 전체를 희생시켜서 어떤 특정 개인이나 집단이 이익을 얻고 더 많은 권력을 획득하는 것을 목표로 한다.

Miles(1980)에 따르면 정치적 행동을 동기화하는 주요 요인 중 하나는 불확실성이다. 예를 들어, 종업원이 조직의 목표를 확실하게 알지 못하면 정치적 행동이 일어난다. 정치적 행동을 강하게 일으키는 또 다른 요인은 자원의 부족이다. 한 조직에 속한 모든 사람이 비록 같은 팀에 속한 것일지라도 많은 조직에서 부족한 자원을 얻는 것은 매우 경쟁적인 과정이다. 이와 같이 부서의 관리자는 심지어 아주 적은 자원을 얻기 위해서 상당한 정치적 행동을 해야 하는 경우가 있다.

정치적 행동을 일으키는 또 다른 조건은 기술 변화, 모호한 의사결정, 조직의 변화이다. 조직에서 새로운 기술을 도입하게 되면 종종 업무 역할과 권위의 위계와 관련하여 상당한 불확실성이 생기게 된다. 이 두 조건은 모두 정치적 책략을 쓸 기회를 제공한다. 많은 조직에서 의사결정은 불충분한 정보를 가지고 이루어지고, 따라서 어느 대안이 맞는 것인지가 분명하지 않다. 이런 경우, 각양각색의 의견을 가진 사람들이 의사결정 과정에 영향을 미치려 하기 때문에 정치적 행동이 일어난다. 마지막으로, 정치적 행동은 조직 변화가 일어나는 동안에는 훨씬 더 많이 일어난다. 왜냐하면 이런 상황에서의 의사결정 과정은 정치적인 영향력에 의해 쉽게 바뀔 수 있기 때문이다. 조직 변화에 대해서는 제13장에서 더 자세히 논의할 것이다.

이제 사람들이 정치적 행동을 취할 때 사용하는 구체적인 책략에 대해 살펴보자. 비록 많은 책략이 개인의 정치적 의사를 반영하기 위해서 사용될 수 있지만, 몇몇 책략은 보다 흔히 사용되며, 이들 중 많은 책략이 앞부분에서 설명한 일반적인 영향력 책략과 유사하다. Allen 등(1979)에 따르면, 가장 흔하게 사용되는 여섯 가지 정치적 책략은 앞서 얘기한 것 중 두 가지(아부, 동맹과 네트워크 형성하기)를 포함하고, 나머지 네 가지는 일반적인 영향력 책략과 다르다.

1. **인상 관리**(impression management)는 조직 내에서 자신의 위상을 높이거나 눈에 잘 띄려는 의도를 갖고 하는 행동을 말한다. Bolino와 Turnley(1999)는 Jones와 Pittman(1982)이 개발한 분류를 사용하여 종업원이 사용하는 다섯 가지 인상 관리 책략을 평가하는 질문지를 개발했다. **자기홍보**(self-promotion)는 종업원이 유능하다는 인상을 주기 위해 타인에게 자신의 성과나 능력을 이야기하는 것을 말한다(예 : '자신의 경험이나 학력을 자랑스럽게 말하는 것'). **아부**는 호감이 가는 인상을 주기 위해서 타인에게 호의적인 행동을 하거나 칭찬하는 것을 말한다(예 : '동료를 칭찬함으로써 자기 자신에게 호감을 갖도록 하는 것'). **모범행동 보이기**(exemplification)는 타인보다 더 윤리적으로 보임으로써 자신의 도덕적 가치를 강조하는 것을 말한다(예 : '열심히 일하고 헌

신적인 종업원으로 보이도록 노력하는 것'). **협박**(intimidation)은 자신이 조직에서 위협적인 존재라는 인상을 주도록 자신의 권력에 대해 알리고 다니는 것을 말한다(예 : '자신의 일을 끝내는 데 필요하다면 동료들을 윽박지르는 것'). 마지막으로 **애원**(supplication)은 자신이 타인으로부터 보호받을 수 있도록 약하고 도움이 필요한 존재라는 인상을 주는 것을 말한다(예 : "사람들이 자신을 도우도록 마치 아는 것이 없는 것처럼 행동하기").

2. 일반적으로 사용되는 또 다른 정치적 기술은 **정보 관리**(information management)이다. 많은 조직에서 정보는 곧 힘이기 때문에, 개인의 정치적 의사를 반영하기 위한 한 방법은 다른 사람이 정보에 접근하는 것을 통제하는 것이다. 다른 사람이 정보를 받았는지 아닌지를 통제하는 것을 포함할 수도 있고, 정보를 내보내는 시기를 통제하는 것을 포함할 수도 있다. 예를 들면 선거운동을 할 때 후보자들이 상대방에 대한 부정적인 정보를 선거 바로 직전까지 보유하고 있다가 터뜨리는 경우이다. 이렇게 함으로써 그들은 반대파가 위기 관리를 할 시간이 거의 없도록 만들 수 있다.
3. 직관적으로 효과적이지 않을 수도 있지만 때때로 매우 효과적인 정치적 기술은 **상대편 띄우기**(promotion of the opposition)이다. 이는 조직에서 경쟁자가 더 높은 위치로 승진하도록 도와서 그가 더 이상 위협이 되지 않도록 함으로써 경쟁자를 제거하는 것을 포함한다. 이 책략을 사용하면 그 사람은 정중하게 보이고, 동시에 자신의 정치적 목적에 방해가 되는 사람은 제거되는 두 가지 효과를 볼 수 있다.
4. 마지막으로 조직에서 사용되는 정치적 책략은 구성원이 자신의 이익을 위해 **직책 책임을 추구하는 것**(pursuing line responsibility)이다. 이는 조직 내에서 구성원 스스로 자신의 영향력을 더 쉽게 행사할 수 있는 직책을 적극적으로 찾는 것을 의미한다. 대부분의 조직에서 어떤 지위는 사업에서 중요한 위치를 차지하는 반면, 다른 지위는 중요하지 않은 것으로 여겨진다. 일반적으로 조직의 핵심 기술 가까이에 있는 지위(예 : 생산부서, 자원 구매부서)는 기술을 지원하는 팀(예 : R&D, HR)보다 더 높은 수준의 영향력을 갖는다.

위에서 언급한 정치적 책략들은 상대적으로 온건한 편이지만, 조직에서는 과격한 정치적 행동이 사용되기도 한다. DuBrin(1993)에 따르면, 파괴적인 정치적 책략은 개인의 정치적 경쟁자를 제거하는 것, '분열시켜서 정복하는' 것, 정치적 반대파를 배제하는 것을 포함한다. 조직에서 정치적 싸움은 잔인할 수 있다. 조직 구성원들이 서로 경쟁을 할 때, '승자'는 경쟁자를 해고하거나 그를 스스로 떠나게끔 함으로써 그의 삶을 힘들게 만들 수 있다.

'분열시켜서 정복하는' 책략은 개인이 다른 종업원 집단과 어색한 상황일 때 나타난다. 이런 상황에서는 개인이 그 집단에 대해 자기 의지를 강요하는 것이 수적인 열세 때문에 어렵다. 따라서 이런 상황을 극복하는 한 방법은 그 집단 내에 갈등을 일으켜서 그들이 단결된 행동을 보일 수 없도록 분열시키는 것이다. 관리자들은 흔히 작업집단 내에서 대인 상호 간에 조화가 부족한 것을 유감으로 생각한다. 그러나 역설적으로 집단 내에서 대인 간 갈등관계는 관리자로 하여금 이들 집단을 통제하고 관리자의 의사를 관철하는 것을 훨씬 더 쉽게 만든다.

개인의 정치적 경쟁자를 배제하는 것은 단순히 경쟁자가 정보 공유에서 제외되도록 하여 경쟁자가 자신의 결정에 영향을 미칠 수 없도록 하는 것을 포함한다. 앞서 말했듯이, 많은 조직에서 정보는 권력이다. 따라서 경쟁자의 영향을 줄이는 한 방법은 그들이 영향력을 발휘하도록 하는 중요한 정보를 받지 못하게 하는 것이다. 예를 들면, 경쟁자가 중요한 회의에 초대받지 못하게 한다든지, 혹은 경쟁자가 조직 안에서 동떨어진 직무를 맡게 하는 것 등을 들 수 있다.

종업원 성과에 대한 조직 내 정치의 영향을 다룬 연구는 종업원이 정치적 배경을 이해하지 못하면 정치적 행동은 조직에 부정적인 영향을 준다는 것을 보여준다(예 : Ferris et al., 1990). 이것은 위에 언급한 책략을 고려한다면 놀라운 일이 아니다. 조직 내에서 정치적 행동이 많이 벌어지고 있는 경우에는 긴장, 불신, 심한 경우 편집증 등이 만연할 수 있다.

또한, Vigoda와 Cohen(2002)은 종업원들의 영향력 책략, 직무에 대한 충족된 기대와 조직에서의 정치에 대한 인식과 관련하여 종단적 연구를 수행했다. 저자들은 시기 1에서 영향력 책략 사용이 많을수록 시기 2에서 종업원들의 충족된 기대감 수준이 낮았으며(조직이 그들이 기대하는 대로 행동하지 않는다고 느꼈으며), 이것은 시기 2에서 조직 내 정치에 대한 인식 정도를 예측할 수 있었다. 이 결과는 높은 영향력 수준과 조직 내 정치에 대한 지각 간의 연관성을 보여준다.

조직에서 정치적인 행동을 없앨 수 있다고 생각하는 것은 현실적이지 않다. 실제로 최근 연구에 따르면 조직 정치에 대한 인식과 긍정적인 종업원 성과 간에 곡선형의 역 U자 관계가 있을 수 있다. 즉 적은 양에서 중간 정도의 정치적 행동은 긍정적일 수 있지만, 과도한 양의 정치적 행동은 부정적일 수도 있다는 것이다. Ellen III 등(2022)은 조직 내 정치적 행동에 대한 인식과 직무 만족 및 직무수행 간에 이러한 곡선형 관계를 발견하였다. 저자들은 낮거나 중간 정도의 정치적 행동이 종업원들이 좋은 성과를 내고 동료들의 기대에 부응하도록 동기부여할 수 있다고 주장하였다(Hochwarter et al., 2020 참조). 그러나 조직이 과도한 정치적 행동을 줄일 수 있는 방법이 있을 수 있다. 정치적 행동은 불확실성과 모호함의 부산물이므로, 조직의 목표와 종업원의 직무 할당을 분명하게 하는 것은 파괴적인 정치적 행동을 줄이는 중요한 한 방법이 될 것이다. 조직은 또한 전직이나 직무순환을 통해 분파나 파벌 집단을 깸으로써 정치적 행동을 줄일 수 있다. 만약 어떤 사람이 계속적으로 파괴적인 정치적 행동을 한다면 조직은 그 사람에게 직접적으로 이 문제를 거론함으로써 그런 행동을 줄일 수 있다. 보통의 종업원은 자기가 문제시되는 것을 원치 않으므로 파괴적인 정치적 행동을 그만둘 것이다.

정치적 행동을 줄이기 위해서 관리자가 할 수 있는 가장 중요한 방법은 관리자가 부하직원에게 좋은 모범을 보여주는 것이다. 만약 관리자가 정직하고 공명정대하게 다른 사람들을 대하고, 건설적인 방법으로 다른 사람과의 갈등을 해결하고, 부하직원들에게 파괴적인 정치적 행동은 용납되지 않음을 알린다면, 이는 정치적 행위를 줄이는 강력한 메시지가 될 것이다. 비록 조직에서 정치적 행동이 완전히 없어지진 않을지라도, 이를 비파괴적 수준으로까지 줄이는 것은 가능하다.

조직 정치에 대한 논의를 마치기 전에, 리더의 정치적 기술이 종업원의 높은 수행 수준을 예측한다는 연구를 소개하겠다(Blass & Ferris, 2007; Ewen et al., 2013). 효과적인 정치적 기술을 위해 리더는 조직 구성원들 사이의 관계를 파악하고, 조직 내 특정 하위 집단의 숨겨진 의사를 파악할 수 있어야 하며, 그들에게 영향을 미치기 위해 종업원들의 동기를 파악하는 것을 포함하는 조직 내 정치적 배경을 이해해야 한다. 어떤 연구에서는 리더의 높은 수준의 정치적 기술이 높은 수준의 LMX, 변혁적 리더 행동, 거래적 리더 행동과 관련되어 있음을 보였고, 이는 정치적 기술이 리더와 부하 간에 효과적인 관계를 형성하고 동기를 부여하는 데 필수적이라는 것을 의미한다(Brouer et al., 2013; Ewen et al., 2013).

협상과 갈등 해결

이 장의 마지막 부분에서는 협상과 갈등 해결의 맥락에서 권력과 영향력을 다루고 있다. 모든 직원이 항상 서로 잘 지내고, 조직 내의 다양한 팀들이 항상 목표가 일치하며, 조직들이 다른 조직들과 경쟁하지 않는다면 좋을 것이다. 그러나 이러한 모든 수준에서의 갈등은 조직 생활에 늘 존재하는 특징이다. 중요한 것은 갈등이 조직 내부와 조직 간 여러 수준에서 발생할 수 있다는 것이다(Rubin et al., 1994). 제7장에서 우리는 역할갈등을 직업적 스트레스 요인으로 다루면서 직원 내 갈등에 대해 논의했다. 팀이나 조직 내 개별 직원들 간에도 그들의 목표와 이해관계가 불일치할 때 갈등이 발생할 가능성이 있다. 이러한 목표는 금전적이거나 자원에 기반한 것일 수 있으며(예 : 누가 원하는 장비를 받을 것인가), 가치에 기반한 것일 수도 있다(예 : 환경 보호의 중요성에 대한 직원 간 의견 차이; Druckman & Zechmeister, 1973). 마지막으로, 갈등은 더 높은 수준의 분석에서도 발생할 수 있다. 팀이 조직 내에서 갈등을 겪고 있거나 조직이 다른 조직과 갈등을 겪는 경우가 발생할 수 있다(van Kleef & Côté, 2018). 이 절에서는 주로 조직 내 직원 간의 갈등에 초점을 맞출 것이다.

조직 학자들은 일반적으로 협상이 조직환경에서 발생할 수 있는 다양한 유형의 갈등을 다루는 가장 건설적인 방법이라고 지적해 왔다. 협상은 상충되는 목표를 가진 두 당사자가 소통을 통해 갈등의 원인을 해결하기 위해 모이는 것으로 정의된다(Carnevale & Pruitt, 1992). McCarter 등(2020)은 조직 환경에서 갈등과 협상을 다루는 여러 모델을 검토하면서 행동 협상 모델이 가장 일반적이라는 점을 지적했다. 이 모델은 갈등에 연루된 두 당사자가 합리적으로 차이점을 해결하기 위해 모인다고 가정하지만, 연구자들은 다양한 인지적 편향과 감정적 영향이 갈등 해결 시도의 궁극적인 성공을 방해할 수 있다고 주장하였다.

McCarter 등(2020)은 여러 가지 행동 협상 모델이 있다고 언급했지만, 대부분의 모델은 갈등 해결에 관여하는 사람들이 자신의 자원을 최대화하려는 목표(**분배적 접근**)와 양측 모두에게 최대한 이익이 되는 해결책을 찾으려는 목표(**통합적 접근**) 중 하나를 가지게 된다는 점에서 공통점이 있다. 협상 과정에서 직원들이 어떻게 행동할지는 그들이 자신의 결과와 상대방의 결과에 대해 얼마나 관심을 가지는지, 그리고 협상자 개인의 특성에 따라 달라진다.

Pruitt와 Rubin(1986)은 협상 과정에서 관심 수준이 미치는 영향을 다루기 위해 이중 관심 모델(dual-concerns model)을 개발했다. 만약 종업원이 자신에 대한 관심은 높고 상대방에 대한 관심이 낮다면, 그 종업원은 자신의 결과를 최대화하려고 강하게 노력할 것이다. 반면, 종업원이 상대방의 결과에 대해 자신보다 더 관심을 가지면, 그 종업원은 파트너의 제안을 더 기꺼이 수용할 것이다. 마지막으로, 자신과 파트너 모두에 대한 관심이 높을 때는 갈등의 가장 공정한 결과를 도출하기 위해 더 합리적인 문제해결 접근법이 사용된다.

협상자의 특성 측면에서 연구자들은 협상자의 감정 상태, 협상자가 빠질 수 있는 다양한 편향, 협상자의 성별 등을 포함한 몇 가지 요인을 조사해 왔다(McCarter et al., 2020). van Kleef와 Cote(2018)는 갈등 상황에 있는 당사자들의 감정 상태가 협상 과정의 다양한 측면에 어떻게 영향을 미칠 수 있는지에 대한 포괄적인 리뷰를 제공한다. 저자들은 협상에서 종업원이 보여주는 감정이 협조할 의향이 있는지 또는 경쟁할 의향이 있는지를 나타내는 중요한 정보를 전달한다는 점을 다루기 위해 '사회적 정보로서 감정' 모델을 개발했다. 예를 들어, 긍정적인 감정을 표현하는 것은 협조 가능성이 더 크다는 신호를 보내는 반면, 분노를 표현하는 것은 협상에 참여한 파트너에게 더 큰 양보를 가져올 수 있다.

협상 과정에 영향을 미칠 수 있는 협상자 편향과 관련하여, 자아중심성(egocentrism)이 자주 연구되어 왔다. 자아중심성은 개인이 협상 과정의 결과로 더 긍정적인 결과를 받을 자격이 있다고 믿는 경향을 의미한다(Loewenstein et al., 1989). 협상에 참여한 양측이 모두 이 편향에 빠질 가능성이 크기 때문에, 이는 특히 협상자가 상대방에 대한 관심이 낮은 상황에서 갈등을 성공적으로 해결하는 데 장애물이 될 수 있다. 더 나아가, 자아중심성 편향은 협상자 중 한 명이 다른 사람보다 더 높은 권력을 가지고 있을 때 더욱 확대된다(Wade-Benzoni et al., 2008).

앞서 논의한 리더십에서의 성별 차이를 고려하면, 협상 과정에서 협상자의 성별이 중요한 요인으로 연구된 것은 아마도 놀라운 일이 아닐 것이다. McCarter 등(2020)은 여성들이 협상에 접근할 때 관계에 더 많은 주의를 기울이는 반면, 남성들은 자원을 나누는 더 거래적인 방식으로 협상에 접근한다는 연구 결과들을 검토하였다. 또한, 여성들이 채용 시 더 높은 급여를 협상할 가능성이 남성보다 낮다는 증거도 있으며, 이는 급여 격차가 존재하는 한 요인이기도 하다. 조직 내 갈등이 널리 퍼져 있다는 점을 고려할 때, 협상과 갈등 해결 분야는 실험실과 현장에서 수행되는 연구를 포함하여 앞으로 더욱 발전할 가능성이 높다.

요약

이 장에서는 리더십과 그와 관련된 영향력 과정에 대한 주제를 다루었다. 특성, 행동, 상황적합성 관점으로 리더십에 대한 연구에 접근했다. 비록 대부분의 리더십에 대한 현대 이론은 상황적합성 이론으로 여겨질 수 있으나, 특성과 행동적 접근법도 여전히 유효하며 리더십 과정에 대한 통찰을 제공한다. 연구자들은 나르시시즘과 같은 특성이 비기능적 리더십의 예측변인으로 작용하는지 연구하는 한편, 감사, 자비와 같은 긍정적 특성도 함께 연구하고 있다. 또한 리더십에서 성별의 중요한 역할도 논의되었다.

Fiedler의 상황적합성 이론에서 리더의 유효성은 상황적 호의도와 리더의 과업 혹은 관계 지향적 행동 간 부합 정도에 달려 있다. 이 이론에 대해서는 지지적인 증거가 엇갈리지만, 리더십 연구에 상당한 부분을 기여했다. 또한 이후 상황적합성 이론을 기본으로 하는 다른 리더십 연구의 바탕이 되었다.

경로-목표 이론에서도 리더의 유효성이 리더-상황 부합에 달려 있다고 제안한다. 그러나 유효성을 정의하는 방법과 리더가 다른 상황에서 다른 형태의 리더십 행동을 채택할 수 있다고 제안하는 부분에서는 Fiedler의 이론과 구분된다. 비록 앞으로 경로-목표 이론에 대해 경험적 연구를 토대로 한 면밀한 검증이 요구되지만, 이 이론은 리더십을 이해하는 데 유용하며, 실제 조직 장면에서 응용할 수 있는 상당한 실용적 가치가 있다.

리더십에서 Vroom-Yetton-Jago 모델은 리더십 행동의 한 측면, 즉 의사결정에 초점을 맞추고 있다. 이 이론은 본질적으로 처방적이라는 부분에서 다른 이론들과 다르다. 즉 관리자에게 의사결정에 관한 지침서를 제공한다. 관리자에게 지난 의사결정을 회상하도록 하는 절차를 통해 수집된 자료를 가지고 행한 연구들은 이 모델을 강하게 지지하였지만, 다른 자료가 사용되었을 때의 결과는 분명하지 않았다.

리더-구성원 교환(LMX) 이론은 리더가 각각의 부하들과 사회적 교환에 기반한 각별한 관계를 발달시킨다는 것을 제안한다. 이 이론은 리더가 모든 부하직원을 똑같이 대우한다는 다소 순진한 가정을 바탕으로 한 이전의 연구들에서 크게 벗어난다. LMX 이론에 대한 연구는 교환관계 질에서의 차이에 대한 결정 요인과 결과에 대한 흥미 있는 발견을 제공하였다. 그러나 교환관계의 차원을 정의하고 LMX 연구의 영역을 넓히기 위해 앞으로 연구가 더 필요하다. 최근의 몇몇 연구는 변혁적 리더가 어떻게 부하들로 하여금 더 나은 수행을 만들어내는지에 대해 LMX 과정을 사용하여 설명하였다.

가장 최근에 리더십 이론에서 비중 있게 다루어지는 부분은 변혁적 리더십과 거래적 리더십이다.

이 이론들은 20세기 초에 리더십 연구의 주류를 이루었던 기질적 접근들이 다시 부각되고 있음을 보여준다. 변혁적 리더들은 타인을 이끌기도 하지만 그들을 고무하기도 한다. 이들은 또한 조직에 의미 있는 변화를 촉진하는 능력도 있다. 이 부분에 대한 연구는 방대하게 이루어져 왔다. 거래적 리더는 종업원이 보상을 받기 위해 필요한 조건들을 강조하고, 그런 조건에 맞도록 종업원 행동을 관리한다. 최근의 메타분석 연구는 변혁적 리더십과 거래적 리더십 둘 다 종업원의 수행과 상관이 있으며, 이 둘이 서로 정적인 상관이 있음을 보여준다.

우리는 최근 생겨난 리더십 연구 분야 세 가지(진정성 리더십, 서번트 리더십, 윤리적 리더십)에 대해 다루었다. 이러한 접근들은 도덕적인 특성을 보여주고 리더 자신의 명성이 아니라 부하들의 발전에 관심을 가져 주면서 자기 개념과 일치하는 방식으로 행동하는 리더의 중요성을 강조한다. 리더십에 대한 이 세 가지 접근은 향후 계속해서 연구될 것이다.

대부분의 리더십 연구가 주로 직원과 관련된 결과에 초점을 맞췄지만, 최근 리더들 자신의 건강, 웰빙, 그리고 수행을 조사하는 추세에 대해 논의했다. 연구에 따르면 수면은 리더들에게 중요한 자원이며, 직원들이 경험하는 스트레스 요인과 스트레인이 리더들의 건강과 웰빙에 영향을 미칠 수 있다.

권력과 영향력은 리더십의 핵심이다. 그러므로 두 주제가 리더십 이론과 함께 다루어졌다. 전형적으로 리더는 권력을 발휘하기 위한 여러 가지 근거를 가지고 있고, 많은 경우 이런 근거는 상황에 따라 다를 것이라고 연구 결과는 보고하였다. 영향력 책략은 조직에서 다양한 방법으로 리더가 그들의 권력을 발휘하는 것을 말한다. 연구 결과, 가장 효과적인 책략은 부하직원들에게 선택할 자유를 주는 것이고, 가장 효과적이지 않은 책략은 압력과 리더의 공식적 권력을 내세우는 것이다. 우리는 또한 조직 환경에서 성희롱의 맥락과 권력의 중요성에 대해서도 논의하였다.

조직 내 정치는 파괴적일 수 있는 영향력의 특별한 경우와 구별된다. 정치적 행동은 어떤 조직에서든 일어날 수 있지만, 불확실성이 만연하고 자원이 부족한 조직에서 더 많이 발생한다. 구체적인 정치적 책략은 다양한 형태를 띤다. 그중 몇 가지는 다른 것들보다 더 부정적이다. 비록 조직 내 정치에 대한 연구는 상대적으로 적지만, 정치적 행동이 부정적인 영향을 준다는 몇 가지 증거가 있다. 정치적 행동이 조직에서 완전히 없어질 수는 없겠지만, 조직은 의사소통을 활성화함으로써, 그리고 어떤 경우에는 자원을 늘림으로써 정치적 행동을 줄일 수는 있다. 궁극적으로, 관리자가 정치적 행동을 줄이기 위한 가장 효과적인 방법은 부하직원들에게 긍정적인 모범을 보여주는 것이다.

이 장의 마지막 부분에서는 협상과 갈등 해결 분야를 다루었는데, 이는 조직 생활에서 흔히 발생하는 내적 및 대인 간 갈등과 관련이 있다. 협상을 통해 갈등에 대한 상호 이익이 되는 해결책을 장려하는 방법을 찾는 것은 조직의 건강과 수행에 긍정적인 영향을 미칠 수 있다.

더 읽을거리

Barnes, C. M., Guarana, C. L., Nauman, S., & Kong, D. T. (2016). Too tired to inspire or be inspired: Sleep deprivation and charismatic leadership. *Journal of Applied Psychology, 101*(8), 1191–1199. doi:10.1037/ apl0000123

Lee, A., Lyubovnikova, J., Tian, A. W., & Knight, C. (2020). Servant leadership: A meta-analytic examination of incremental contribution, moderation, and mediation. *Journal of Occupational and Organizational Psychology, 93*(1), 1–44. doi:10.1111/joop.12265

Lord, R. G., Day, D. V., Zaccaro, S. J., Avolio, B. J., & Eagly, A. H. (2017). Leadership in applied psychology: Three waves of theory and research. *Journal of Applied Psychology, 102*(3), 434–451. doi:10.1037/apl0000089. supp (Supplemental)

Tepper, B. J., Simon, L., & Park, H. M. (2017). Abusive supervision. *Annual Review of Organizational Psychology and Organizational Behavior, 4*, 123–152. doi:10.1146/annurevorgpsych-041015-062539

Yuan, Z., Sun, U. Y., Effinger, A. L., & Zhang, J. (2023). Being on the same page matters: A meta-analytic investigation of leader-member exchange (LMX) agreement. *Journal of Applied Psychology*. doi:10.1037/ apl0001089.supp (Supplemental)

참고문헌

Allen, R. W., Madison, L. W., Porter, L. W., Renwick, P. A., & Mayes, B. T. (1979). Organizational politics: Tactics and characteristics of its actors. *California Management Review, 12*, 77–83.

Alvesson, M., & Einola, K. (2019). Warning for excessive positivity: Authentic leadership and other traps in leadership studies. *The Leadership Quarterly, 30*(4), 383-395. doi:10.1016/j.leaqua.2019.04.001

Avolio, B. J., Gardner, W. L., Walumbwa, F. O., Luthans, F., & May, D. R. (2004). Unlocking the mask: A look at the process by which authentic leaders impact follower attitudes and behavior. *Leadership Quarterly, 15*, 801–823.

Barnes, C. M., Guarana, C. L., Nauman, S., & Kong, D. T. (2016). Too tired to inspire or be inspired: Sleep deprivation and charismatic leadership. *Journal of Applied Psychology, 101*(8), 1191–1199. doi:10. 1037/apl0000123

Bass, B. M. (1985). Leadership: Good, better, best. *Organizational Dynamics, 13*(3), 26–40.

Bass, B. M. (1998). *Transformational leadership: Industrial, military, and educational impact*. Mahwah, NJ: Erlbaum.

Bass, B. M., & Avolio, B. J. (1993). Transformational leadership: A response to critiques. In M. M. Chemers & R. Ayman (Eds.), *Leadership theory and research: Perspectives and directions* (pp. 49–80). San Diego, CA: Academic Press.

Bass, B. M., Avolio, B. J., Jung, D. I., & Berson, Y. (2003). Predicting unit performance by assessing transformational and transactional leadership. *Journal of Applied Psychology, 88*(2), 207–218.

Blake, R. R., & Mouton, J. (1964). *The managerial grid*. Houston, TX: Gulf.

Blass, F. R., & Ferris, G. R. (2007). Leader reputation: The role of mentoring, political skill, contextual learning, and adaptation. *Human Resource Management, 46*(1), 5–19.

Blickle, G., Schütte, N., & Genau, H. A. (2018). Manager psychopathy, trait activation, and job performance: A multi -source study. *European Journal of Work and Organizational Psychology, 27*(4), 450–461. doi:10.1080/135943 2X.2018.1475354

Bolino, M. C., & Turnley, W. H. (1999). Measuring impression management in organizations: A scale development based on the Jones and Pittman taxonomy. *Organizational Research Methods, 2*, 187–206.

Bono, J. E., & Judge, T. A. (2004). Personality and transformational and transactional leadership: A meta-analysis. *Journal of Applied Psychology, 89*, 901–910.

Brehm, J. W. (1966). A *theory of psychological reactance*. Oxford, England: Academic Press.

Brescoll, V. L. (2011). Who takes the floor and why: Gender, power, and volubility in organizations. *Administrative Science Quarterly, 56*(4), 622–641. doi:10.1177/0001839212439994

Britt, T. W., Davison, J. M., Bliese, P. D., & Castro, C. A. (2004). How leaders can influence the health consequences of stressors. *Military Medicine, 169*, 541–545.

Brouer, R. L., Douglas, C., Treadway, D. C., & Ferris, G. R. (2013). Leader political skill, relationship quality, and leadership effectiveness: A two-study model test and constructive replication. *Journal of Leadership & Organizational Studies, 20*(2), 185–198.

Brown, M. E., Treviño, L. K., & Harrison, D. A. (2005). Ethical leadership: A social learning perspective for construct development and testing. *Organizational Behavior and Human Decision Processes, 97*(2), 117–134.

Carnevale, P. J., & Pruitt, D. G. (1992). Negotiation and mediation. *Annual Review of Psychology, 43*, 531–582. doi:10.1146/ annurev.ps.43.020192.002531

Chemers, M. M. (1983). Leadership theory and research: A systems/process integration. In R. R. Paulus (Ed.), *Group process* (pp. 9– 39). New York, NY: Springer-Verlag.

Chemers, M. M., Hays, R. B., Rhodewalt, F., & Wysocki, J. (1985). A person-environment analysis of job stress: A contingency model explanation. *Journal of Personality and Social Psychology, 49*, 628–635.

Cialdini, R. B. (2001). *Influence: Science and practice*. Needham Heights, MA: Allyn & Bacon.

Cialdini, R. B., & Griskevicius, V. (2010). Social influence. In R. F. Baumeister & E. J. Finkel (Eds.), *Advanced social psychology: The state of the science* (pp. 385–417). Oxford University Press.

Colbert, A. E., Judge, T. A., Choi, D., & Wang, G. (2012). Assessing the trait theory of leadership using self and observer ratings of personality: The mediating role of contributions to group success. *Leadership Quarterly*, 23(4), 670–685.

Dansereau, F., Graen, G., & Haga, W. (1975). A vertical dyad approach to leadership within formal organizations. *Organizational Behavior and Human Performance, 13*, 46–78.

De Hoogh, A. H., & Den Hartog, D. N. (2008). Ethical and despotic leadership, relationships with leader's social responsibility, top management team effectiveness and subordinates' optimism: A multimethod study. *Leadership Quarterly*, 19(3), 297–311.

De Hoogh, A. H. B., Den Hartog, D. N., & Koopman, P. L. (2005). Linking the Big Five-Factors of personality to charismatic and transactional leadership: Perceived work environment as a moderator. *Journal of Organizational Psychology, 26*, 839–865.

De Hoogh, A. H. B., Den Hartog, D. N., & Belschak, F. D. (2021). Showing one's true colors: Leader Machiavellianism, rules and instrumental climate, and abusive supervision. *Journal of Organizational Behavior, 42*(7), 851–866. doi:10.1002/job.2536

Diehl, A. B., & Dzubinski, L. M. (2016). Making the invisible visible: A cross-sector analysis of gender-based leadership barriers. *Human Resource Development Quarterly, 27*(2), 181–206. doi:10.1002/hrdq.21248

Druckman, D., & Zechmeister, K. (1973). Conflict of interest and value dissensus: Propositions in the sociology of conflict. *Human Relations, 26*(4), 449–466. doi:10. 1177/001872677302600403

DuBrin, A. J. (1993, Fall). Deadly political sins. *National Business Employment Weekly*, 11–13.

Dulebohn, J. H., Bommer, W. H., Liden, R. C., Brouer, R. L., & Ferris, G. R. (2012). A meta-analysis of antecedents and consequences of leader-member exchange integrating the past with an eye toward the future. *Journal of Management*, 38(6), 1715–1759.

Eagly, A. H., Johannesen-Schmidt, M. C., & van Engen, M. L. (2003). Transformational, transactional, and laissez-faire leadership styles: A meta-analysis comparing women and men. *Psychological Bulletin*, 129(4), 569-591. doi:10.1037/0033-2909.129.4.569

Ehrhart, M. G. (2004). Leadership and procedural justice climate as antecedents of unit-level organizational citizenship behavior. *Personnel Psychology*, 57(1), 61-94.

Eisenbeiss, S. A., & Boerner, S. (2013). A double-edged sword: Transformational leadership and individual creativity. *British Journal of Management*, *24*(1), 54-68.

Ellen, B. P., III, Maher, L. P., Hochwarter, W. A., Ferris, G. R., & Kiewitz, C. (2022). Perceptions of organizational politics: A restricted nonlinearity perspective of its effects on job satisfaction and performance. *Applied Psychology: An International Review*, *71*(4), 1224-1247. doi:10.1111/apps.12347

Ewen, C., Wihler, A., Blickle, G., Oerder, K., Ellen III, B. P., Douglas, C., & Ferris, G. R. (2013). Further specification of the leader political skill-leadership effectiveness relationships: Transformational and transactional leader behavior as mediators. *Leadership Quarterly*, *24*(4), 516-533.

Falbe, C. M., & Yukl, G. (1992). Consequences for managers of using single influence tactics and combinations of tactics. *Academy of Management Journal*, *35*, 638-652.

Ferris, G. R., Gilmore, D. C., & Kacmar, K. M. (1990, April). *Potential moderators of the organizational politics-job anxiety relationship*. Paper presented at the annual Society for Industrial and Organizational Psychology Convention, Miami, FL.

Fiedler, F. E. (1967). *A theory of leader effectiveness*. New York, NY: McGraw-Hill.

Field, R. H. G., & House, R. J. (1990). A test of the Vroom-Yetton model using manager and subordinate reports. *Journal of Applied Psychology*, *75*, 362-366.

Finkelstein, S. (1992). Power in top management teams: Dimensions, measurement, and validation. *Academy of Management Journal*, *35*, 505-538.

Fleishman, E., Harris, E. F., & Burtt, H. E. (1955). *Leadership and supervision in industry*. Columbus: Bureau of Educational Research, Ohio State University.

Flynn, C. B., Smither, J. W., & Walker, A. G. (2016). Exploring the relationship between leaders' core self-evaluations and subordinates' perceptions of servant leadership: A field study. *Journal of Leadership & Organizational Studies*, *23*(3), 260-271. doi:10.1177/1548051815621257

Fodor, O. C., Curşeu, P. L., & Meslec, N. (2021). In leaders we trust, or should we? Supervisors' dark triad personality traits and ratings of team performance and innovation. *Frontiers in Psychology*, *12*. doi:10. 3389/fpsyg.2021.650172

French, J. R. P. Jr. & Raven, B. H. (1959). The bases of social power. In D. Cartwright (Ed.), *Studies in social power* (pp. 150-167). Ann Arbor, MI: Institute for Social Research.

Gajendran, R. S., & Joshi, A. (2012). Innovation in globally distributed teams: The role of LMX, communication frequency, and member influence on team decisions. *Journal of Applied Psychology*, *97*(6), 1252-1261.

Gardner, W. L., Cogliser, C. C., Davis, K. M., & Dickens, M. P. (2011). Authentic leadership: A review of the literature and research agenda. *Leadership Quarterly*, *22*(6), 1120-1145.

Gardner, W. L., Karam, E. P., Alvesson, M., & Einola, K. (2021). Authentic leadership theory: The case for and against. *The Leadership Quarterly*, *32*(6). doi:10.1016/j. leaqua.2021.101495

Gerstner, C. R., & Day, D. V. (1997). Meta-analytic review of leader-member exchange theory: Correlates and construct issues. *Journal of Applied Psychology*, *82*, 827-844.

Graen, G. (1976). Role making process within complex organizations. In M. D. Dunnette (Ed.), *Handbook of industrial and organizational psychology* (pp. 1201 – 1245). Chicago, IL: Rand McNally.

Gully, S. M., Incalcaterra, K. A., Joshi, A., & Beaubien, J. (2002). A meta-analysis of team-efficacy, potency, and performance: Interdependence and level of analysis as moderators of observed relationships. *Journal of Applied Psychology, 87*(5), 819 – 832.

Guzzo, R. A., & Shea, G. P. (1992). Group performance and intergroup relations in organizations. In M. D. Dunnette & L. M. Hough (Eds.), *Handbook of industrial and organizational psychology* (2nd ed., Vol. 3, pp. 269 – 313). Palo Alto, CA: Consulting Psychologists Press.

Hellervik, L. W., Hazucha, J. F., & Schneider, R. J. (1992). Behavior change: Models, methods, and a review of evidence. In M. D. Dunnette & L. M. Hough (Eds.), *Handbook of industrial and organizational psychology* (2nd ed., Vol. *3*, pp. 823 – 895). Palo Alto, CA: Consulting Psychologists Press.

Higgins, E. T., Kruglanski, A. W., & Pierro, A. (2003). Regulatory mode: Locomotion and assessment as distinct orientations. In M. P. Zanna (Ed.), *Advances in experimental social psychology* (Vol. 35, pp. 293 – 344). San Diego, CA: Elsevier Academic Press.

Hirschfeld, R. R., Jordan, M. H., Field, H. S., Giles, W. F., & Armenakis, A. A. (2006). Becoming team players: Team members' mastery of teamwork knowledge as a predictor of team task proficiency and observed teamwork effectiveness. *Journal of Applied Psychology, 91*, 467 – 474.

Hobman, E. V., Jackson, C. J., Jimmieson, N. L., & Martin, R. (2011). The effects of transformational leadership behaviours on follower outcomes: An identity-based analysis. *European Journal of Work and Organizational Psychology, 20*(4), 553 – 580.

Hochwarter, W. A., Rosen, C. C., Jordan, S. L., Ferris, G. R., Ejaz, A., & Maher, L. P. (2020). Perceptions of organizational politics research: Past, present, and future. *Journal of Management, 46*(6), 879 – 907. doi:10.1177/0149206319898506

House, R. J. (1971). A path-goal theory of leader effectiveness. *Administrative Science Quarterly, 16*, 321 – 339.

House, R. J. (1977, revised 1996). A 1976 theory of charismatic leadership. In J. G. Hunt & L. L. Larson (Eds.), *Leadership: The cutting edge*. Carbondale: Southern Illinois University Press.

House, R. J., & Mitchell, T. R. (1974). Pathgoal theory of leadership. *Contemporary Business, 3*, 81 – 98.

House, R. J., Hanges, P. J., Javidan, M., Dorfman, P. W., & Gupta, V. (Eds.). (2003). *Culture, leadership, and organizations: The GLOBE study of 62 societies*. Thousand Oaks, CA: Sage

Hu, J., He, W., & Zhou, K. (2020). The mind, the heart, and the leader in times of crisis: How and when COVID-19-triggered mortality salience relates to state anxiety, job engagement, and prosocial behavior. *Journal of Applied Psychology, 105*(11), 1218 – 1233. doi:10.1037/apl0000620.supp (Supplemental)

Hunter, E. M., Neubert, M. J., Perry, S. J., Witt, L. A., Penney, L. M., & Weinberger, E. (2013). Servant leaders inspire servant followers: Antecedents and outcomes for employees and the organization. *Leadership Quarterly, 24*(2), 316 – 331.

Ilies, R., Nahrgang, J. D., & Morgeson, F. P. (2007). Leader-member exchange and citizenship behaviors: A meta-analysis. *Journal of Applied Psychology, 92*(1), 269 – 277.

Jones, E. E., & Pittman, T. S. (1982). Toward a general theory of strategic selfpresentation. In J. Suls (Ed.), *Psychological perspectives on the self* (pp. 231 – 261). Hillsdale, NJ: Erlbaum.

Judge, T. A., & Piccolo, R. F. (2004). Transformational and transactional leadership: A meta-analytic test of their relative validity. *Journal of Applied Psychology, 89*, 755 – 768.

Judge, T. A., Piccolo, R. F., & Ilies, R. (2004). The forgotten ones? The validity of consideration and initiating structure in leadership research. *Journal of Applied Psychology*, *89*, 36–51.

Judge, T. A., Piccolo, R. F., & Kosalka, T. (2009). The bright and dark sides of leader traits: A review and theoretical extension of the leader trait paradigm. *Leadership Quarterly*, 20(6), 855–875.

Kalshoven, K., Den Hartog, D. N., & De Hoogh, A. H. (2011). Ethical leadership at work questionnaire (ELW): Development and validation of a multidimensional measure. *Leadership Quarterly*, *22*(1), 51–69.

Kelman, H. C. (1958). Compliance, identification, and internalization: Three processes of attitude change. *Journal of Conflict Resolution*, *2*, 51–60.

Kemp, C. F., Zaccaro, S. J., Jordan, M., & Flippo, S. (2004, April). *Cognitive, social, and dispositional influences on leader adaptability*. Poster presented at the 19th annual meeting of the Society for Industrial and Organizational Psychology, Dallas, TX.

Kernis, M. H., & Goldman, B. M. (2006). A multicomponent conceptualization of authenticity: Theory and research. In M. P. Zanna (Ed.), *Advances in experimental social psychology* (Vol. 38, pp. 283–357). Elsevier Academic Press. https://doi-org.libproxy.clemson.edu/10.1016/S0065-2601(06)38006-9

van Kleef, G. A., & Côté, S. (2018). Emotional dynamics in conflict and negotiation: Individual, dyadic, and group processes. *Annual Review of Organizational Psychology and Organizational Behavior*, *5*, 437–464. https://doi-org.libproxy.clemson.edu/10.1146/annurev-orgpsych-032117-104714

Koenig, A. M., Eagly, A. H., Mitchell, A. A., & Ristikari, T. (2011). Are leader stereotypes masculine? A meta-analysis of three research paradigms. *Psychological Bulletin*, *137*(4), 616–642. doi:10.1037/a0023557

Koh, D., Lee, K., & Joshi, K. (2019). Transformational leadership and creativity: A meta-analytic review and identification of an integrated model. *Journal of Organizational Behavior*, *40*(6), 625–650.

Kokotovich, M., Jex, S. M., & Adams, G. A. (2000, April). *Leader-member exchange:* A *moderator of the stressor-satisfaction relationship*. Paper presented at the annual meeting of the Society for Industrial and Organizational Psychology, New Orleans, LA.

Kruglanski, A. W., Pierro, A., & Higgins, E. T. (2007). Regulatory mode and preferred leadership styles: How fit increases job satisfaction. *Basic and Applied Social Psychology*, *29*(2), 137–149.

Lambert, L. S., Tepper, B. J., Carr,J. C., Holt, D. T., & Barelka, A. J. (2012). Forgotten but not gone: An examination of fit between leader consideration and initiating structure needed and received. *Journal of Applied Psychology*, *97*(5), 913–930.

Lanaj, K., Johnson, R. E., & Lee, S. M. (2016). Benefits of transformational behaviors for leaders: A daily investigation of leader behaviors and need fulfillment. *Journal of Applied Psychology*, *101*(2), 237–251. doi:10.1037/apl0000052

Lee, S., Han, S., Cheong, M., Kim, S. L., & Yun, S. (2017). How do I get my way? A meta-analytic review of research on influence tactics. *The Leadership Quarterly*, *28*(1), 210–228. doi:10/1016/j.leaqua.2016.11.001.

Lee, A., Thomas, G., Martin, R., Guillaume, Y., & Marstand, A. F. (2019). Beyond relationship quality: The role of leader-member exchange importance in leader-follower dyads. *Journal of Occupational and Organizational Psychology*, *92*(4), 736–763. doi:10.1111/joop.12262

Lee, A., Lyubovnikova, J., Tian, A. W., & Knight, C. (2020). Servant leadership: A meta-analytic examination of incremental contribution, moderation, and mediation. *Journal of Occupational and Organizational Psychology*, *93*(1), 1–44. doi:10.1111/ joop.12265

Li, C., Dong, Y., Wu, C., Brown, M. E., & Sun, L. (2022). Appreciation that inspires: The impact of leader trait gratitude on team innovation. *Journal of Organizational Behavior*, *43*(4), 693–708. doi:10.1002/ job.2577

Liden, R. C., & Maslyn, J. M. (1998). Multidimensionality of leader-member exchange: An empirical assessment through scale development. *Journal of Management, 24,* 43-72.

Liden, R. C., Wayne, S. J., Stilwell, D. (1993). A longitudinal study on the early development of leader-member exchanges. *Journal of Applied Psychology, 78,* 662-674.

Likert, R. (1961). *New patterns of management.* New York, NY: McGraw-Hill.

Likert, R. (1967). *The human organization.* New York, NY: McGraw-Hill.

Lin, S.-H. J., Scott, B. A., & Matta, F. K. (2019). The dark side of transformational leader behaviors for leaders themselves: A conservation of resources perspective. *Academy of Management Journal, 62*(5), 1556-1582. doi:10.5465/amj.2016.1255

Liu, J., Kwan, H. K., Fu, P. P., & Mao, Y. (2013). Ethical leadership and job performance in China: The roles of workplace friendships and traditionality. *Journal of Occupational and Organizational Psychology, 86*(4), 564-584.

Locklear, L. R., Sheridan, S., & Kong, D. T. (2022). Appreciating social science research on gratitude: An integrative review for organizational scholarship on gratitude in the workplace. *Journal of Organizational Behavior, 44*(2), 225-260. doi:10.1002/job.2624

Loewenstein, G. F., Thompson, L., & Bazerman, M. H. (1989). Social utility and decision making in interpersonal contexts. *Journal of Personality and Social Psychology, 57*(3), 426-441. doi:10.1037/0022-3514.57.3.426

Lord, R. G., Day, D. V., Zaccaro, S. J., Avolio, B. J., & Eagly, A. H. (2017). Leadership in applied psychology: Three waves of theory and research. *Journal of Applied Psychology, 102*(3), 434-451. doi:10.1037/apl0000089. supp (Supplemental)

Mann, R. D. (1959). A review of the relationships between personality and performance in small groups. *Psychological Bulletin, 56,* 241-270.

Margerison, C., & Glube, R. (1979). Leadership decision-making: An empirical test of the Vroom-Yetton model. *Journal of Management Studies, 16,* 45-55.

Martinaityte, I., & Sacramento, C. A. (2013). When creativity enhances sales effectiveness: The moderating role of leader-member exchange. *Journal of Organizational Behavior, 34*(7), 974-994.

Mathieu, C., Neumann, C. S., Hare, R. D., & Babiak, P. (2014). A dark side of leadership: Corporate psychopathy and its influence on employee wellbeing and job satisfaction. *Personality and Individual Differences, 59,* 83-88.

Mayer, D. M., Kuenzi, M., Greenbaum, R., Bardes, M., & Salvador, R. B. (2009). How low does ethical leadership flow? Test of a trickle-down model. *Organizational Behavior and Human Decision Processes, 108*(1), 1-13.

McCarter, M. W., Wade-Benzoni, K. A., Kamal, D. K. F., Bang, H. M., Hyde, S. J., & Maredia, R. (2020). Models of intragroup conflict in management: A literature review. *Journal of Economic Behavior & Organization, 178,* 925-946. doi:10.1016/j.jebo.2018.04.017

McMahon, J. (1972). The contingency theory: Logic and method revisited. *Personnel Psychology, 25,* 697-710.

Miles, R. H. (1980). *Macro organizational behavior.* Glenview, IL: Scott, Foresman.

Owens, B. P., Wallace, A. S., & Waldman, D. A. (2015). Leader narcissism and follower outcomes: The counterbalancing effect of leader humility. *Journal of Applied Psychology, 100*(4), 1203-1213. doi:10.1037/a0038698

Parker, C. P. (1999). The impact of leaders' implicit theories of employee participation on tests of the Vroom-Yetton model. *Journal of Social Behavior and Personality, 4,* 45-61.

Paul, R.J., & Ebadi, Y. M. (1989). Leadership decision-making in a service organization: A field test of the Vroom-Yetton model. *Journal of Occupational Psychology, 62,* 201-211.

Paulhus, D. L., & Williams, K. M. (2002). The dark triad of personality: Narcissism, Machiavellianism, and psychopathy. *Journal of Research in Personality, 36,* 556-563

Peng, A. C., & Kim, D. (2020). A meta-analytic test of the differential pathways linking ethical leadership to normative conduct. *Journal of Organizational Behavior, 41*(4), 348-368. https://doi-org.libproxy. clemson.edu/10.1002/job.2427

Peterson, S. J., Galvin, B. M., & Lange, D. (2012). CEO servant leadership: Exploring executive characteristics and firm performance. *Personnel Psychology, 65*(3), 565-596.

Petty, R. E., & Cacioppo, J. T. (1981). *Attitudes and persuasion: Classic and contemporary approaches*. Dubuque, IA: Brown.

Piccolo, R. F., & Colquitt, J. A. (2006). Transformational leadership and job behaviors: The mediating role of core job characteristics. *Academy of Management Journal, 49*, 327-340.

Pindek, S., Lucianetti, L., Kessler, S. R., & Spector, P. E. (2020). Employee to leader crossover of workload and physical strain. *International Journal of Stress Management, 27*(4), 326-334. https://doi-org.libproxy.clemson.edu/10.1037/str0000211

Popovich, P. M., & Warren, M. A. (2010). The role of power in sexual harassment as a counterproductive behavior in organizations. *Human Resource Management Review, 20*(1),45-53.doi:10.1016/j.hrmr.2009.05.003

Pruitt, D. G., & Rubin, J. Z. (1986). *Social conflict: Escalation, stalemate, and settlement*. New York: Random House

Purvanova, R. K., Bono, J. E., & Dzieweczynski, A. (2006). Transformational leadership, job characteristics, and organizational citizenship performance. *Human Performance, 19*, 1-22.

Raven, B. H. (1993). The bases of power: Origins and recent developments. *Human Relations, 49*, 227-251.

Rockstuhl, T., Dulebohn, J. H., Ang, S., & Shore, L. M. (2012). Leader-member exchange (LMX) and culture: A meta-analysis of correlates of LMX across 23 countries. *Journal of Applied Psychology, 97*(6), 1097-1130.

Rotter, J. B. (1966). Generalized expectancies for internal versus external control of reinforcement. *Psychological Monographs* (Entire issue, No. 609).

Rubin J. Z., Pruitt D. G., & Kim S. H. (1994). *Social conflict: Escalation, stalemate, and settlement*. New York: McGraw-Hill.

Schaubroeck, J., Lam, S. S., & Cha, S. E. (2007). Embracing transformational leadership: Team values and the impact of leader behavior on team performance. *Journal of Applied Psychology, 92*(4), 1020-1030.

Schaubroeck, J. M., Hannah, S. T., Avolio, B. J., Kozlowski, S. W. J., Lord, R. G., Treviño, L. K., Dimotakis, N., & Peng, A. C. (2012). Embedding ethical leadership within and across organizational levels. *Academy of Management Journal, 55*(5), 1053-1078. https://doiorg.libprox y. clemson.edu/10.5465/amj.2011.0064

Schein, V. E. (1973). The relationship between sex role stereotypes and requisite management characteristics. *Journal of Applied Psychology, 57*, 95-100. doi:10.1037/ h0037128

Schriesheim, C. A., & Kerr, S. (1977). Theories and measures of leadership: A critical appraisal of current and future directions. In J. G. Hunt & L. L. Larson (Eds.), *Leadership: The cutting edge* (pp. 9-45). Carbon-dale: Southern Illinois University Press.

Shamir, B., House, R. J., & Arthur, M. B. (1993). The motivational effect of charismatic leadership: A self-concept based theory. *Organization Science, 4*, 577-594.

Spector, P. E. (1982). Behavior in organizations as a function of employees' locus of control. *Psychological Bulletin, 91*, 482-497.

Stogdill, R. M. (1948). Personal factors associated with leadership: A survey of the literature. *Journal of Psychology, 25*, 35-71.

Storms, P. L., & Spector, P. E. (1987). Relationships of organizational frustration with reported behavioral reactions: The moderating effect of locus of control. *Journal of Occupational Psychology, 60*, 227-234.

Tepper, B. J., Simon, L., & Park, H. M. (2017). Abusive supervision. *Annual Review of Organizational Psychology and Organizational Behavior, 4*, 123-152. doi:10.1146/annur evor gpsych041015-062539

Theodory, G. C. (1982). The validity of Fiedler's contingency logic. *Journal of Psychology, 110*, 115-120.

Tierney, P., Farmer, S. M., & Graen, G. B. (1999). An examination of leadership and employee creativity: The relevance of traits and relationships. *Personnel Psychology, 52*, 591-620.

Tse, H. H., Lam, C. K., Lawrence, S. A., & Huang, X. (2013). When my supervisor dislikes you more than me: The effect of dissimilarity in leader-member exchange on coworkers' interpersonal emotion and perceived help. *Journal of Applied Psychology*, 98(6), 974-988.

Van Iddekinge, C. H., Ferris, G. R., & Heffner, T. S. (2009). Test of a multistage model of distal and proximal antecedents of leader performance. *Personnel Psychology*, 62(3), 463-495.

Van Knippenberg, D., & Sitkin, S. B. (2013). A critical assessment of charismatic — Transformational leadership research: Back to the drawing board? *Academy of Management Annals*, 7(1), 1-60.

Vecchio, R. P. (1977). An empirical examination of the validity of Fiedler's model of leadership effectiveness. *Organizational Behavior and Human Performance, 19*, 180-206.

Vigoda, E., & Cohen, A. (2002). Influence tactics and perceptions of organizational politics: A longitudinal study. *Journal of Business Research, 55*, 311-324.

Vroom, V. H. (1964). *Work and motivation*. New York, NY: Wiley.

Vroom, V. H., & Jago, A. C. (1988). *The new leadership: Managing participation in organizations*. Englewood Cliffs, NJ: Prentice-Hall.

Vroom, V. H., & Jago, A. G. (2007). The role of the situation in leadership. *American Psychologist, 62*, 17-24.

Vroom, V. H., & Yetton, P. W. (1973). *Leadership and decision making*. Pittsburgh, PA: University of Pittsburgh Press.

Wade-Benzoni, K. A., Hernandez, M., Medvec, V., & Messick, D. (2008). In fairness to future generations: The role of egocentrism, uncertainty, power, and stewardship in judgments of intergenerational allocations. *Journal of Experimental Social Psychology, 44*(2), 233-245. doi:10.1016/j.jesp.2007.04.004

Walumbwa, FO., & Schaubroeck, J. (2009). Leader personality traits and employee voice behavior: Mediating roles of ethical leadership and work group psychological safety. *Journal of Applied Psychology, 94*(5), 1275-1286.

Walumbwa, F. O., Wang, P., Wang, H., Schaubroeck, J., & Avolio, B. J. (2010). Psychological processes linking authentic leadership to follower behaviors. *Leadership Quarterly, 21*(5), 901-914.

Wang, H., Law, K. S., Hackett, R. D., Wang, D., & Chen, Z. X (2005). Leader-member exchange as a mediator of the relationship between transformational leadership and followers' performance and organizational citizenship behavior. *Academy of Management Journal, 48*, 420-432.

Wang, G., Oh, I. S., Courtright, S. H., & Colbert, A. E. (2011). Transformational leadership and performance across criteria and levels: A meta-analytic review of 25 years of research. *Group & Organization Management, 36*(2), 223-270.

Wang, H., Sui, Y., Luthans, F., Wang, D., & Wu, Y. (2014). Impact of authentic leadership on performance: Role of followers' positive psychological capital and relational processes. *Journal of Organizational Behavior, 35*(1), 5-21.

Wayne, S. J., & Green, S. A. (1993, December). The effects of leader-member exchange on employee citizenship and impression management behavior. *Human Relations*, 46(12), 1431-1440.

Wilderom, C. P., van den Berg, P. T., & Wiersma, U. J. (2012). A longitudinal study of the effects of charismatic leadership and organizational culture on objective and perceived corporate performance. *Leadership Quarterly*, 23(5), 835-848.

Williamson, A. J., Gish, J. J., & Stephan, U. (2021). Let's focus on solutions to entrepreneurial ill-being! Recovery interventions to enhance entrepreneurial well-being. *Entrepreneurship theory and practice, 45*(6), 1307–1338.

Wofford, J. C., & Liska, L. Z. (1993). Pathgoal theories of leadership: A meta-analysis. *Journal of Management, 19*, 857–876.

Yoffie, D., & Bergenstein, S. (1985, Fall). Creating political advantage: The rise of corporate entrepreneurs. *California Management Review*, 124–139.

Yuan, Z., Sun, U. Y., Effinger, A. L., & Zhang, J. (2023). Being on the same page matters: A meta-analytic investigation of leader-member exchange (LMX) agreement. *Journal of Applied Psychology*. doi:10.1037/apl0001 089.supp (Supplemental)

Yukl, G. (1989). *Leadership in organizations*. Englewood Cliffs, NJ: Prentice-Hall.

Yukl, G. (2007). Best practices in the use of proactive influence tactics by leaders. In J. A. Conger & R. E. Riggio (Eds.), *The practice of leadership: Developing the next generation of leaders* (pp. 109–128). San Francisco, CA: Jossey-Bass.

Yukl, G., & Tracey, J. B. (1992). Consequences of influence tactics used with subordinates, peers, and the boss. *Journal of Applied Psychology, 77*, 525–535.

Yukl, G., & Van Fleet, D. D. (1992). Theory and research on leadership in organizations. In M. D. Dunnette & L. M. Hough (Eds.), *Handbook of industrial and organizational psychology* (2nd ed., Vol. *2*, pp. 147–197). Palo Alto, CA: Consulting Psychologists Press.

Yukl, G., Kim, H., & Falbe, C. M. (1996). Antecedents of influence outcomes. *Journal of Applied Psychology, 81*, 309–317.

Zaccaro, S. J. (2007). Trait-based perspectives of leadership. *American Psychologist*, 62(1), 6–16.

Zheng, Y., Wu, C., Zheng, X. (J., & Pan, J. (2022). Followers' unclear demands during the COVID-19 pandemic can undermine leaders' well-being: A moderated mediation model from an entrapment perspective. *Applied Psychology: An International Review, 71*(3), 935–958. https://doi-org.libproxy.clemson.edu/10.1111/apps.12351

Zhou, Y., Wang, C., & Sin, H.-P. (2022). Being "there and aware": A meta-analysis of the literature on leader mindfulness. *European Journal of Work and Organizational Psychology*. https://doi-org.libproxy.clem-son.edu/10.1080/135943 2X.2022.2150170

제11장

조직 내 팀 역동과 과정

Organizational Psychology and Organizational Behavior: Evidence-based Lessons for Creating Sustainable Organizations,
Fourth Edition. Steve M. Jex, Thomas W. Britt, and Cynthia A. Thompson.

Companion website : www.wiley.com/go/organizationalpsychology4e

이 장의 목적은 주로 조직심리학자들에 의해 이루어진, 팀의 개발과 효과성에 영향을 주는 요인들에 대한 최근 연구들을 논의하는 것이다. 우리는 의도적으로 **집단**(group) 대신 **팀**(team)이라는 용어를 사용하려고 하는데, 이는 조직 연구자들이 수행한 많은 연구가 조직 내의 팀을 대상으로 하였기 때문이다. 즉 이러한 연구들은 실제로 조직 내에서 일상적 업무를 수행하는 팀을 대상으로 하거나 혹은 팀 역학과 수행을 보다 통제된 상황에서 측정하기 위해 개발된 시뮬레이션 상황에 있는 팀들을 대상으로 했기 때문이다. Kozlowski와 Bell(2003)은 팀을 구성하는 요소에 대해 상세한 정의를 내리고 있다. 이들은 **작업 팀**(work teams)이란 "(1) 조직과 관련된 과업을 수행하고, (2) 하나 이상의 공통 목표를 공유하며, (3) 사회적으로 상호작용하고, (4) 과업에 있어 상호의존성을 보이고, (5) 경계를 유지하고 관리하며, (6) 경계를 정하고, 팀을 제약하고, 조직 내 다른 단위들과의 교환에 영향을 미치는 더 큰 조직의 맥락 속에 놓여 있는, 둘 이상의 개인으로 구성되어 있다"(p. 334)고 정의하고 있다.

이 장에서는 먼저 팀이 새롭게 형성되어 문제를 해결하고 과업을 완수할 수 있게 되기까지의 발달 과정에 대한 모델을 설명한다. 이어서 팀 효과성의 구성요소가 무엇인지 다루고, 팀 효과성에 대한 몇몇 영향력 있는 모델들을 검토할 것이다. 이러한 모델들은 팀 효과성에 대한 수많은 연구의 길잡이가 되어 왔으며, 또한 조직이 팀 수행을 향상하려고 노력하는 데 토대가 되어 왔다. 다양한 모델들에 걸쳐 팀 효과성의 결정 요인으로 반복해서 거론되는 요인들이 있다. 팀 구성, 과업 설계, 조직의 자원, 조직의 보상, 팀 목표, 팀 프로세스[예 : 공유된 정신 모델, 교류활성 기억(transactive memory)] 등이 이에 포함된다.

팀 효과성에 대한 설명 이후, 팀의 기능에 대한 주요한 현대적 측면을 논의할 것이다. 여기에는 조직이 팀 성과를 향상시키기 위해 사용하는 가장 일반적인 방법들과 극한 환경에서의 팀 기능, 예를 들어 화성으로의 팀 임무를 준비하는 우주비행사에 대한 내용이 포함된다. 이 장은 코로나19 팬데믹 이후로 널리 퍼진 가상 팀에 대한 연구를 포함하여, 조직에서 팀이 미래에 맡게 될 역할에 대한 논의로 마무리한다.

팀의 발달 단계

모든 팀이 형성되는 방식과 시간에 걸쳐 변화하는 방식은 각양각색이다. 이러한 독특성에도 불구하고, 팀 역학 연구자들과 이론가들은 시간이 지남에 따라 변화하는 팀 행동에서 많은 공통점이 있다는 것을 확인했다. 팀의 발달 과정을 설명하고 있는 가장 일반적인 이론적 모델 두 가지가 다음 단락에 소개된다. 일부 연구자들은 **집단**과 **팀**이라는 용어를 서로 다른 의미를 갖는 것으로 보기도 하지만, 이 장에서는 Kozlowski와 Bell(2013) 같이 두 용어를 상호 교환해서 사용한다.

Tuckman(1965)의 단계 모델

Tuckman(1965)은 다양한 집단(예 : 치료 집단, 감수성 훈련 집단, 자연발생 집단, 실험 집단)의 발달 과정을 알아보기 위해 50개의 논문을 분석했고, 이러한 집단들이 시간에 따른 발달 과정에서 많은 공통점이 있다고 결론지었다. 이러한 발견을 근거로 그는 현재까지 많이 사용되며 시간이 지나도 지지받는 팀 발달의 단계 모델을 제안했다(Forsyth, 2006; Kozlowski & Bell, 2003 참조). 모델의 각 단계가 〈그림 11.1〉에 묘사되어 있고, 각 단계는 한 팀이 발달함에 따라 직면하게 되는 주요 문제들을 반영한다.

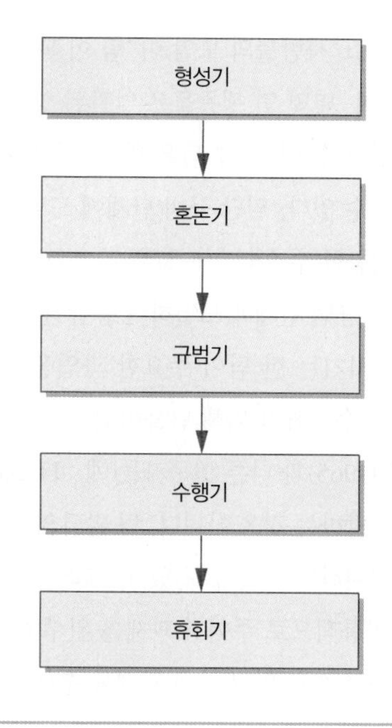

그림 11.1 Tuckman(1965)의 단계 모델

그림에서 보는 것처럼, 모델의 첫 번째 단계는 **형성기**(forming)이다. 이는 하나의 팀이 시작되는 시점이고, 구성원의 관점에서 볼 때 전형적으로 매우 불확실하고 심지어 불안한 단계이다. 이것은 팀 구성원들이 서로 익숙하지 않고, 팀 내의 다른 구성원으로부터 기대하는 것이 다를 수 있기 때문에 발생한다. 이 단계에서 구성원들은 불확실성을 극복하기 위해 정보와 방향을 팀 리더에게 상당 부분 의존한다. 그러나 궁극적으로 새로운 팀의 구성원으로서 느끼는 불안감은 정보를 획득하고 팀의 일원으로서 보다 편안하게 느끼면서 점차 사라진다.

새로운 팀에서 구성원으로 정착하는 문제가 해결되면 **혼돈기**(storming)라고 이름 붙인 시기를 겪게 된다. 명칭에서 추측할 수 있듯이 이 단계는 많은 문제에 대한 갈등을 겪는 것이 특징이다. 예를 들면, 팀 구성원들은 중요한 팀 규범이나 누가 리더가 될 것인가라는 문제에 동의하지 않을 수 있다. 이 단계에서 구성원들은 불편한 감정을 경험할 수도 있지만, 팀이 효과적으로 기능하기를 바란다면 꼭 필요한 단계이다. 팀 구성원들이 이러한 불일치를 인지하지 못한다면 이것은 궁극적으로 더 미묘한 문제들을 일으킬 수 있고, 따라서 팀이 효과적으로 수행하는 것을 계속 방해할 수 있다. 팀 구성원들은 반대 의견을 매우 심하게 표현할 수 있다는 점을 인식해야만 한다. 만약 갈등이 너무 심하고 개인적이면, 팀 구성원들은 함께 일할 수 없고, 결국 이 단계를 넘어설 수 없게 될 것이다. 친화적인 성격의 구성원들로 이루어진 팀이 그렇지 않은 팀보다 갈등을 적게 겪는다는 것은 그리 놀라운 일이 아니다(Graziano et al., 1996).

혼돈기 동안에 나타났던 갈등이 해결되면, 다음 단계인 **규범기**(norming) 단계로 이동한다. 이 단계에서 비로소 '사람들의 모임'이 '팀'이 되는 것이다. 팀 구성원들의 행동에서 다소간의 역할 차별화가 이루어지며, 몇몇 팀 행동들은 일관된 양식을 발달시킨다. 예를 들면, 각 팀 구성원들은 각자 다른 기능을 수행할 수 있고, 그 팀은 회의, 의사소통 방식, 팀 구성원들에게 기대되는 복장과 관련된 규범을 발달시킬 수 있다. 일단 규범 단계에 도달하면 그 팀은 단순히 개인의 집합체라기보다는 하나의 공동체로서 기능할 수 있다.

한 팀이 규범 단계에 도달하여 통합된 집합체로서 기능할 수 있다면, 다음 단계는 **수행기**(performing)이다. 이 시기는 한 팀이 주요한 과업을 성취하는 시점이다. 예를 들어, 만약 한 팀이 조직의 전략적 계획을 수립하기 위해 만들어졌다면, 이 단계는 그 팀이 실제로 그 일을 수행하는 시점일 것이다. Tuckman(1965)과 다른 연구자들(예 : Hackman, 1992)이 지적했듯이, 팀 발달 과정에서 모든 팀이 이 단계에 도달하는 것은 아니다. 팀 발달의 초기 단계 문제(예 : 해결되지 않은 갈등)로 인해 팀이 주요한 과업을 성취하지 못할 수도 있다. 그러나 모든 팀은 이 단계에 도달할 수 있는 잠재력을 가지고 있다.

팀이 공통적으로 주어진 과제를 완수하면 무슨 일이 발생하는가? 어떤 팀은 단순히 동일한 과제를 계속 수행할 수도 있고 다른 과제를 수행하기도 할 것이다. 많은 사례를 보면 팀이 해체되거나 개인들은 다른 활동으로 옮겨 가기도 한다. 이를 염두에 둬서 Tuckman과 Jensen(1977)은 초기 모델에서 **휴회기**(adjourning)라는 다섯 번째 단계를 추가했다. 몇몇 사례에서, 특히 팀이 매우 단기간 동안 형성될 때 휴회기는 상대적으로 흔하게 나타난다. 즉 팀 구성원들은 쉽게 다른 팀으로 이동한다. 그러나 팀 구성원들이 오랜 기간 함께하거나 또는 팀 경험이 아주 강렬할 때 이 단계는 힘든 시기가 될 수 있다. 팀 구성원들은 보통 서로를 진정으로 그리워하고, 상실감 또는 버림받은 느낌을 가질 수도 있다. 시간이 지남에 따라 팀 구성원들은 대개 이러한 느낌을 극복할 것이지만, 처음에는 그것이 매우 힘들 수 있다.

휴회기 단계 동안 팀 구성원들은 팀에서 그들의 경험을 회상할 수 있다. 구성원들은 팀이 성공적이었다고 느꼈는가? 팀에서 일하는 것이 보람 있는 경험이었는가? 그들은 팀의 다른 구성원들과 함께 일하는 것을 좋아했는가? 두 가지 이유에서 이러한 유형의 회상은 중요하다. 첫째, 이러한 생각들은 팀에서 일하는 것에 관한 구성원의 일반적인 관점에 영향을 줄 수 있다. 부정적인 경험을 가지고 있는 사람은 추후 팀으로 일하는 것을 망설일 수 있다. 둘째, 이러한 생각은 팀 구성원들이 미래에 함께 일할 것인지에 대한 결정에 크게 영향을 줄 수 있다. 조직에서 특별한 목적을 가진 팀은 자주 만들어지고 해체된다. 만약 팀 구성원들이 그 팀에 구성된 것에 대해 매우 부정적인 생각을 한다면 그들은 미래에 그 팀을 재구성할 수 없고, 효과적으로 기능하지 못할 것이다.

Tuckman(1965)의 모델은 많은 팀 발달 과정을 설명하는 데 확실히 유용하다. 그러나 팀이 모델에서 설명한 순서대로 정확히 발달하지 않는 경우도 분명히 있다. 예를 들어, 한 팀의 개별 구성원들은 팀을 이루는 즉시 임무를 수행해야 하며, 다른 문제점들은 나중에 다룰 수도 있다. 또한 한 팀의 개별 구성원들은 엄격한 규율을 즉시 따라야 하는 경우가 있을 수 있고, 다른 문제들을 해결하는 것은 나중으로 미룰 수도 있다. 독자들이 이해해야 하는 중요한 점은 이 모델은 일반적인 팀 발달을 설명한다는 것이다.

두 번째로 생각해야 할 점은 Tuckman(1965)의 모델은 순환적인(cyclical) 모델로 이해해야 한다는 것이다. 예를 들어, 한 팀은 수행기로 발전한 후에도 구성원들 사이에 중요한 갈등이 생겨나면 다시 혼돈기로 빠져들 수 있다. 또한 많은 예에서 볼 수 있듯이 팀 구성원은 시간이 지남에 따라 변할 수 있다. 새로운 구성원이 합류할 때마다 형성기 단계의 특정 요인들이 반복된다. 이 시기에 새로운 구성원들은 상당한 불확실성과 불안을 경험할 수 있다. 그러나 기존의 팀 구성원들도 새로운 팀 구성원(들)에 대해 신경을 쓰기 때문에 역시 불확실성을 경험하게 된다. 여기에서 중요한 점은 조직에서 실제 팀은 어떤 고정된 틀을 따라 발달하지 않고, 시간의 경과에 따라 여러 단계를 왔다 갔다 반복하면서 발달한다는 것이다. 이러한 한계가 있음에도 불구하고, 최근 Bonebright(2010)는 Tuckman의 모델이 연구자와 실무자들에게 지속되는 유산의 역할을 한다고 설명했다.

Gersick의 단속 평형 모델

집단 역학 분야에서 팀은 과업 성취와 팀 구성원들의 대인관계 욕구 간에 평형상태를 유지하려고 노력한다는 것이 오랜 기간 제안된 생각이었다(예 : Bales, 1965). 이를 토대로 하여 Gersick(1988)은 팀 구성원들의 시간 및 마감기한에 대한 인식에 따라 팀은 타성에 젖어 있거나 또는 빠르게 변화할 것이라는 단속 평형 모델(punctuated equilibrium model)을 제안했다. 예를 들어, 태스크 포스팀이 조직을 위한 전략 계획 수립을 위해 두 달의 시간을 배정받았을 때, Gersick(1988)의 모델에 따르면 이 팀은 첫 달에는 상당한 시간을 투여해 업무에 대해 정의를 내리고, 과제 수행을 위한 최고의 방법을 결정하고, 내부 갈등을 처리하는 것 등에 에너지를 쏟을 것이다. 그러다 주어진 시간 중 반쯤 지났을 때, 팀 구성원들은 주어진 시간이 제한됨을 인식하고, 비교적 짧은 시간 내에 상당한 양의 일을 진척시킬 것이다.

조직 내의 팀은 중요한 과업을 완수하기 위해서 구성되며, 일반적으로 정해진 시간 내에 업무를 해야 하기 때문에 Gersick(1988)의 모델은 조직 장면에 적합하다. 반면 실험실 장면에서의 팀은 의미 있는 수행 과제를 가지고 있지 않은 경우가 있고, 활동 기간 측면에서도 마감 기한이라는 것이 별 의미가 없다. 더불어 이 모델은 다양한 방법론적 접근을 사용한 연구들에서 지지되었다(예 : Gersick, 1989; Hackman, 1992).

Gersick(1988)의 단속 평형 모델의 주된 실무적 의미는 관리자는 팀이 그들의 업무를 시작하는 초기에는 인내심을 가지고 지켜봐야 한다는 것이다. 또한 과제를 수행하는 팀 구성원들이 마감 기한을 인식하는 것이 필요하다고 제안한다. Gersick의 모델을 기반으로 가정해보면, 만약 팀 구성원이 마감 기한에 대해 인식하지 못하고 있다면, 그들은 계속 고전할 것이며 결과적으로 생산적이지 못할 것이다.

지금까지 팀이 어떻게 발달하는지 논의하였고, 다음 절부터는 팀의 효과성을 평가하는 방법과 팀 효과성에 기여하는 팀 과정을 논의할 것이다.

팀 효과성의 정의

오늘날의 조직에서 단순히 팀이 중요한 한 부분이라고 말하는 것만으로는 부족하다. 왜냐하면 거의 모든 조직이 적어도 일부 과업을 소규모 팀을 통해 수행할 뿐 아니라 소규모 팀들은 점차 조직을 구성하는 기본 토대가 되어 가고 있기 때문이다(Guzzo & Shea, 1992; Kozlowski & Bell, 2013).

팀 효과성의 중요성에도 불구하고 **효과적인** 팀이라는 말이 의미하는 바를 정의하기란 쉽지 않다. Steiner(1972)는 팀 효과성과 관련된 가장 초기의 이론적 명제 중 하나를 다음과 같이 제시했다.

실제 생산성(actual productivity)=
잠재 생산성(potential productivity)－프로세스 손실(process losses)

어떤 팀의 잠재 생산성이란 그 팀이 성취할 수 있는 가장 높은 수준의 수행을 의미한다. 다음의 예를 보자. 만약 어떤 농구팀의 선발선수 5명이 모두 게임당 20점 득점이 가능한 선수들이라면, 이들은 모두 합해서 게임당 최소 100점은 득점할 수 있어야 할 것이다. 프로세스 손실이라는 개념은 팀 구성원들의 투입요소를 결합하여 팀 수행으로 변환하는 과정에서 최적의 수준보다 낮은 방법을 사용하는 것을 의미한다. 프로세스 손실은 대개 팀 구성원들 간에 조정이 제대로 이루어지지 못하거나, 팀 상황에서 일할 때에는 각 개인의 동기가 변하기 때문에 발생한다(Latane et al., 1979). 앞서 언급한 농구팀의 경우, 팀이 **잠재적** 득점력에 미치지 못한 이유는 각 선수들의 경기가 서로 조화를 이루지 못해서이거나 혹은 각 선수들이 팀 수행에 대해 크게 개인적인 책임감을 느끼지 않아서 노력을 덜 기울이기 때문일 수 있다.

Steiner(1972)의 모델은 매우 일반적인 의미에서 무엇이 팀의 수행을 결정하는 요인인가를 이해하는 데 분명 도움이 되지만 몇 가지 심각한 한계점도 지닌다. 가장 심각한 결함은 이 모델은 팀의 어떤 특성 혹은 조직의 어떤 맥락이 팀 구성원 간의 조정을 향상시키거나 프로세스 손실을 방지하기 위해 활용될 수 있는지 명확히 제시하지 않고 있다는 점이다. 또 다른 문제점은 이 모델이 조직의 목표와 팀의 목표가 완벽하게 합치한다는 다소 순진한 가정에 근거하고 있다는 점이다(Hackman, 1992). 예를 들어 팀의 목표는 고품질의 제품을 생산하는 것이고 조직의 목표는 그 팀이 되도록 많은 양을 생산하도록 하는 것이라면 팀은 프로세스 손실을 겪고 있는 것처럼 보이겠지만, 사실 팀의 입장에서는 매우 성공적인 성과를 내고 있는 것이다.

연구자들 사이에 가장 널리 사용되는 **팀 효과성**(team effectiveness)의 정의는 Hackman(1987)이 작업 팀 설계(work-team design)에 대한 포괄적인 개관 연구를 통해 제시한 것이다. Hackman에 따르면 팀 효과성은 3개의 서로 연관된 차원으로 구성된 다차원적 개념이다. 3개의 차원 중에서 첫 번째는 팀의 산출물(output)과 관련이 있고, 두 번째는 과업 수행 단위로서 팀의 장기적 지속가능성(viability)과 관련이 있으며, 세 번째는 개별 팀 구성원들의 팀에서의 경험과 관련되어 있다. 세 가지 각각에 대해 다음 단락에서 살펴보자.

조직 내 상당수의 팀은 특정한 임무나 목적을 달성하기 위해 구성된다. 즉 어떤 목표를 성취하거나 무엇인가를 만들어내기 위해 만들어진 것이다. 예컨대 장기적 전략 계획을 수립하기 위하여 최고경영층이 팀을 구성할 수 있고, 까다로운 심혈관우회수술을 하기 위해 수술팀이 소집될 수 있으며, 허리케인으로 피해를 입은 사람들을 마을에서 대피시키기 위해 구조팀이 구성될 수 있다. 그러므로 어떤 팀의 효과성을 측정하는 한 가지 방법은 그 **산출물**(output)이 만족스러운지 여부를 판정하는 것이다. Hackman(1987)이 언급한 바와 같이 어떤 팀이 성공적이라는 판정을 받기 위해서는 "작업팀의 산출물이 이를 수령하거나 평가하는 사람들의 수행기준에 부합하거나 능가해야 한다"(p. 323). 앞서 제시한 예에서 만약 최고경영팀이 실행 가능한 전략 계획을 수립하지 못했다면 성공적이라고 평가되기 어려울 것이고, 환자의 동맥이 여전히 막혀 있다면 수술팀은 실패한 것이며, 허리케인 피해자들이 제대로 대피하지 못했다면 구조팀은 실패한 것이다. 이와 같이 과제의 달성 여부는 팀 효과성의 중요한 요소이다.

미식축구팀 그린베이 패커스의 전설적인 코치 빈스 롬바르디는 그의 팀에게, "승리가 전부가 아니다. 오직 그것만이 유일한 것이다"(Winning isn't everything, it's the only thing, 과정이야 어찌되었건 이기기만 하면 그만이라는 의미)라고 말했다. 많은 조직에서도 이와 비슷한 경향이 만연하여, 팀이 산출해 낸 결과물만이 팀 효과성에 대한 유일한 지표라고 간주되기도 한다. Hackman(1987)에 따르면 팀의 효과성을 나타내는 두 번째 지표는 과업을 수행하는 과정에서의 사회적 프로세스가 팀 구성원들이 미래에도 함께 일할 가능성을 유지하거나 향상하는지 여부이다. 어떤 경우에는, 팀이 비록 주어진 과업을 수행해 내더라도 그 과정에서 갈등이 너무나 많아서 차후에는 함께 일할 수 없게 되기도 한다. Hackman에 따르면, 어떤 팀이 주어진 과업을 수행하는 과정에서 결과적으로 스스로를 소진시켜야 한다면 그 팀이 설사 과업을 성공적으로 수행했다 하더라도 효과적이라고 평가하기는 어렵다. 물론 어떤 때는 단 한 번의 과업을 수행하기 위해 팀이 구성되는 경우(예 : 신임 총장을 선발하기 위한 임시위원회)도 있지만, 대개의 조직에서 이는 예외적인 경우일 뿐이다.

팀의 한 구성원으로 일하는 것은 굉장히 보람된 경험일 수 있다. 힘을 합쳐 무언가를 성취하면 대단한 만족감을 느낄 수 있으며, 팀 내에서 형성되는 인간관계도 매우 값진 보상이 될 수 있다. 그러나 불행히도 팀 단위로 일하는 것에는 부정적인 측면도 있다. 일을 완수하기 위해 다른 사람에게 의존할 수밖에 없다는 것이 때로는 심한 좌절감을 줄 수도 있고, 성과가 탁월한 사람이 팀 성과에 자신이 기여한 만큼 충분히 인정받지 못할 수도 있으며, 다른 팀 구성원들과 좋은 관계를 맺지 못할 수도 있다. Hackman(1987)에 따르면 팀 구성원들의 경험이 대체로 부정적이고 실망스러운 것이라면 이것은 그 팀이 성공적이지 못하다는 또 다른 지표가 된다. 따라서 팀 효과성의 세 번째 차원은 팀 구성원들의 만족감이다. 이는 두 번째로 제시된 팀의 지속가능성과 매우 밀접한 관련이 있지만 그보다 한 단계 더 나아간 개념이다. 특히 팀으로 작업하는 것에 대해 매우 부정적인 사람들이라면 차후 조직 내 다른 팀에서 일하는 것을 원치 않을 것이다. 결국 주어진 팀이 과업을 잘 수행하더라도 그 과정에서 팀 구성원들이 필요로 하는 바를 완전히 무시한다면, 그 팀은 효과적이라고 평가할 수 없다('참고 11.1' 참조).

팀 효과성의 정의에 대한 논의를 결론짓기 전에, 최근 팀 효과성에 대해 논의되고 있는 추가적인 지표는 팀 활력(team vitality)이다. 독자들도 학교나 일에서 한 팀의 일부가 되었고 다른 활동으로 넘어가기 위해서 팀 활동을 끝내야 했던 경험이 있을 것이다. 또, 팀 활동 기간 동안 의미있는 관계를 유지했기 때문에 팀이 해체된 후에도 연락을 하고 지내는 사람들이 있었던 적도 있을 것이다. Maloney 등(2019)은 팀이 해체된 후에도 팀 구성원들이 서로 적극적으로 교류하는 정도를 나타내는 개념인 '관계

참고 11.1

승리가 전부는 아니다 : 팀 효과성에 대한 보다 폭넓은 시각

Hackman(1987)의 집단 효과성에 관한 다차원적 관점에 대해서는 굉장히 많은 토론이 이루어졌고, 때로는 아주 활기찬 논쟁이 벌어지기도 했다. 대개의 경우 이런 토론들은 다음과 같은 질문을 중심으로 이루어졌다. "만약 어떤 집단이 과업을 성공적으로 수행해 냈을 때 차후에 그 사람들이 서로 함께 일할 수 있는지 혹은 집단의 일원으로 일하는 것을 즐겼는지 여부가 **정말로** 중요한가?" 어쨌거나 대부분의 조직은 다른 무엇보다 이윤을 창출하기 위해 존재하는 것이지 구성원들에게 심리적 만족감을 제공하기 위해 존재하는 것은 아니기 때문이다.

이러한 관점은 확실히 설득력이 있기는 하지만, 다소 근시안적일 뿐만 아니라 조직 일상에서의 몇 가지 사실을 무시하고 있다. 물론 위기 상황에서 개인들이 힘을 합쳐 아주 신속하게 행동하고 과업이 완수되자마자 해산하는 경우도 있을 수 있다. 예를 들면, 어떤 국제적 위기상황에서 여러 나라의 국가안보 당국자들이 모여 군사적 개입이 정당한지 여부를 판단해야 하는 경우를 생각해보자. 그런 상황에서라면 올바른 결정을 내리는 것이 집단 구성원의 만족감이나 집단의 지속가능성보다 훨씬 중요하다는 주장이 설득력 있다.

그러나 대개의 조직에서 집단 멤버십은 보다 안정적이기 때문에 장기적 지속가능성이나 구성원의 만족감이 중요한 문제가 된다. 주어진 과업을 지속적으로 완수하고 있지만 구성원들 사이에 커다란 불만을 야기하는 집단들은 오래 존속하지 못할 가능성이 높다. 게다가 구성원들이 작업 집단에서 좋지 않은 경험을 하는 경우 다른 상황에까지 영향을 미치곤 한다. 심지어 구성원들은 나중에 집단의 일원으로 일하는 것 자체를 꺼릴 수도 있다. 그러므로 집단 구성원들의 심리적 욕구에 관해 신경 쓰는 리더는 어쩌면 단기적으로는 성과에 대해 타협하는 것으로 보일 수도 있으나, 궁극적으로는 이러한 유형의 리더하의 집단들이 '어떤 대가를 치르더라도 이기기만 하면 된다(win-at-all-cost)'는 방침을 따르는 집단들보다 훨씬 성공적인 경우가 많다.

출처 : Hackman(1987).

활력(tie vitality)'을 소개했다. 저자들은 팀이 더 이상 함께 있지 않더라도 팀 구성원들이 팀 소속의 혜택을 계속 누릴 수 있기 때문에, 이는 팀의 효과성을 나타내는 지표라고 주장했다. Maloney 등(2019)은 대학원생 비즈니스 팀을 대상으로 한 연구에서, 팀 구성원 간의 신뢰, 팀에 대한 동일시, 상호 의무감이 팀 해체 후 관계 활력 증가와 관련이 있다는 것을 발견했다.

팀 효과성의 모델

이 책이 다루고 있는 여러 주제와 마찬가지로, 팀 효과성에 영향을 미치는 요인들을 모델화하려는 다양한 시도가 있었다. 대부분의 이론적 모델들이 그러하듯이, 팀 효과성에 대한 모델들 역시 완전하지는 않다. 다시 말해 모델들은 팀 효과성에 기여하는 모든 가능한 요인을 포괄하지는 못한다. 하지만 모델들은 성공적인 팀과 그렇지 못한 팀을 구분해 주는 일반적인 요인들을 파악하는 데는 유용하다. 또한 이러한 일반적인 요인들이 결합해 팀 효과성에 영향을 미치는 프로세스를 이해하는 데 도움을 준다. 이는 개별 연구 결과들을 체계화하는 데 도움이 될 뿐 아니라 팀 수행을 향상하려고 노력하는 조직에게 길잡이가 될 수도 있다. 이 절에서는 팀 효과성 연구에서 가장 영향력 있는 다섯 가지 모델을 검토한다.

McGrath(1964)의 모델

McGrath(1964)는 팀 효과성이 기본적으로 투입-프로세스-산출(input-process-output)의 순서로 결정된다고 제안하였다. 다시 말해 특정한 투입들이 팀 프로세스에서 차이를 가져오고, 이 차이가 결과적으로 팀 산출의 차이로 귀결된다는 것이다. 이 기본적인 아이디어를 확장한 팀 효과성 모델이 〈그림 11.2〉에 제시되어 있다. McGrath의 모델은 개인 수준의 요인, 팀 수준의 요인, 환경 수준의 요인이 투입 축에 포함되어 있다는 것에 주목해보라. 개인 수준의 요인에는 팀 효과성에 영향을 미칠 수 있는 팀 구성원의 특성이 포함되는데, 예를 들면 구성원들이 보유하고 있는 기술의 수준과 조합, 태도, 성격 특성 등이다.

그룹 혹은 팀 수준의 요인은 기본적으로 팀 자체의 구조적 특성을 말한다. 여기에는 팀 구조를 구성하는 요소들(예 : 역할, 권한부여의 구조, 규범), 팀 내 응집력 수준, 팀 구성원의 수 등이 포함된다. McGrath(1964)는 모든 팀이 서로 동일하지 않으며, 어떤 팀은 다른 팀들보다 더 최적으로 설계되어 있다는 점을 강조하였다. 따라서 어떤 팀은 다른 집단들보다 이미 '성공할 가능성'이 더 높은 것이다.

환경 수준의 요인은 팀이 처한 조직 맥락의 여러 측면을 나타낸다. 이들 중 가장 중요한 것은 팀이 수행하는 과업 그 자체이다. 과업의 특성에 따라 팀이 사용할 가장 적절한 전략이 결정되는 경우가 많다. 과업은 동기부여 차원에서도 중요할 수 있다. 팀 작업에서의 본질적 문제점 중 하나가 **사회적 태만**(social loafing)이다. 사회적 태만은 팀 구성원들이 집단 내에서 일할 때 혼자 일할 때만큼의 노력을 기울이지 않는 현상을 말한다(Latane et al., 1979). 사회적 태만은 팀이 복잡하고 흥미로운 과업을 수행할 때는 덜 나타난다. 과업 특성과 관련된 내용은 이 장의 뒤에서 더 다룰 것이다.

이 밖의 두 가지 주요한 환경 측면은 보상 체계와 팀이 수행 시 경험하는 환경적 스트레스 수준이다. 보상이 개개인의 수행에 크게 영향을 미치는 것처럼, 팀 수행을 좌우하는 요소로도 거론되는 것이 놀랄 만한 일은 아니다. 가장 중요한 고려 사항은 보상이 개개인의 수행만이 아니라 팀 차원의 수행에 대해서도 주어지는지 여부이다. 환경적 스트레스 수준은 여러 요인에 의해 결정되는데, 팀이 수행하는 일의 중요성이나 시간적 압박 등을 예로 들 수 있다. 환경적 스트레스 수준이 높으면 팀 의사결정 과정에 문제가 발생할 수 있고(예 : Janis, 1982), 집단 내의 권한배분을 둘러싼 갈등이 초래될 수도 있다(예 : Driskell & Salas, 1991). 더욱이 과중한 업무량이나 시간 압박과 같은 환경적 스트레스는 팀 구

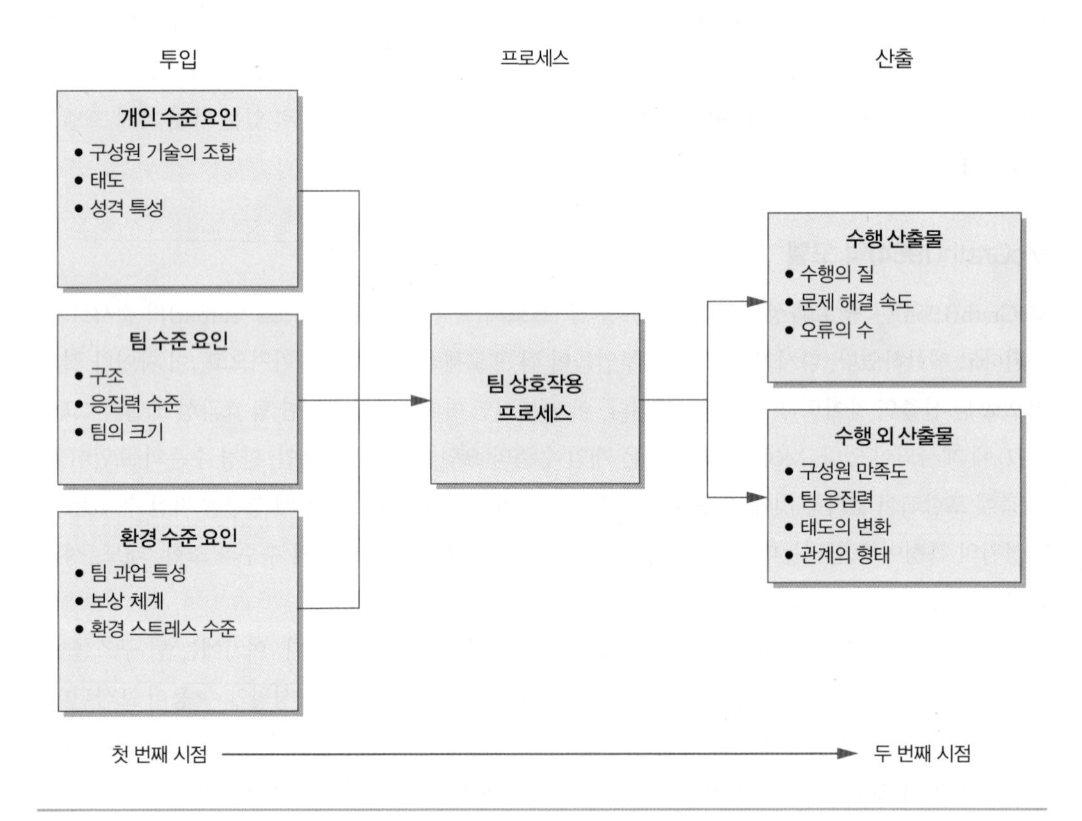

그림 11.2 McGrath의 팀 효과성 모델

출처 : McGrath(1964).

성원들이 효과적으로 일하기 어렵게 만든다(Driskell et al., 1999).

이 모든 투입 요소를 감안하여, 투입 요소들은 서로 결합하여 팀 상호작용 프로세스(team interaction process)에 영향을 미치는데, 팀 상호작용 프로세스란 팀이 과제를 수행하는 방식을 말한다. 분명히 팀 프로세스에는 다양한 것들이 포함되지만, 가장 중요한 것으로는 팀이 채택한 수행 전략, 팀 구성원들 간 화합 정도, 과업에 대한 공유된 이해와 필요한 응답을 조율하는 능력 등이 있다(Salas et al., 2005). 팀 효과성에 대한 최근 연구는 팀 프로세스의 중요성을 매우 강조하고 있다. 이러한 프로세스에 대해서는 팀 효과성에 대한 다른 모델과 결정요인들을 설명할 때 조금 더 상세히 다룰 것이다.

McGrath의 모델에서는 팀 상호작용 프로세스가 팀의 산출물에 직접적인 영향을 줄 것이라고 제안한다. 팀의 산출물은 두 가지 방식으로 평가된다. 우선 팀의 산출물은 수행 수준으로 평가할 수 있다. 여기에는 집단의 **산출물**에 대한 품질 평가나 집단이 의사결정을 하거나 문제에 대한 해결책을 고안하는 데 소요된 시간 등이 포함되며, 과제를 수행하는 과정에서 발생한 오류의 횟수도 아마 포함될 수 있을 것이다. **수행 외 산출물**이라는 범주에는 팀 구성원의 만족도와 같은 팀 경험의 사회적 측면, 과제를 완수한 후의 팀 내 응집력 수준, 팀 구성원들의 태도, 마지막으로 팀 수행 이후 관계의 형태 등이 포함된다. 이들은 팀 수행 자체를 나타내는 것은 아니지만[이후 논의될 Hackman(1987)의 모델에서는 이들이 팀 수행의 일부라고 주장하고 있다] 여전히 중요한 결과물이다.

McGrath의 모델이 팀 연구에 끼친 영향은 매우 지대하다. Ilgen 등(2005)은 대부분의 팀 연구는 명시적으로 또는 암묵적으로 투입-프로세스-산출 모델에 기반하고 있다고 주장하였다. 이 모델이 성공한 이유는 모델의 포괄성과 간결성에 있는데, 팀에 영향을 주는 대부분의 요인은 투입, 프로세스, 산출 중의 하나로 분류될 수 있다. 그러나 다른 조직 연구자들은 팀 효과성을 예측하는 데 추가적인 요소들을 포함시켜 McGrath의 기본 개념을 확장하려 시도하였다.

Gladstein(1984)의 모델

Gladstein(1984)은 여러모로 McGrath(1964)의 모델과 매우 유사한 팀 효과성 모델을 제안하였다. 〈그림 11.3〉에서 볼 수 있듯이 이 모델은 McGrath와 동일한 일반적인 투입-프로세스-산출 순서의 기본 틀을 따르고 있다. 이 모델의 투입 요소는 McGrath가 제안한 바와 매우 유사하다. 팀 수준의 투입에는 팀의 구조에 해당하는 요소들뿐 아니라 개별 팀 구성원의 특성도 포함되어 있음을 알 수 있다. 그러나 조직 수준에서는 McGrath의 모델과 다소 차이가 있다. Gladstein의 모델에서 제안한 중요한 요인에는 조직의 구조적 측면(보상 체계와 관리 통제)뿐만 아니라 팀이 활용할 수 있는 자원(팀이나 고객 시장에 대한 교육이나 기술적 자문의 이용 가능 여부)이 포함된다.

Gladstein(1984)은 이러한 모든 투입이 직접적으로 팀 프로세스에 기여한다고 제안했다. 팀 프로세스의 중요한 요소로는 의사소통, 지원 수준, 갈등 처리, 수행전략에 대한 토론, 개인별 산출물에 대

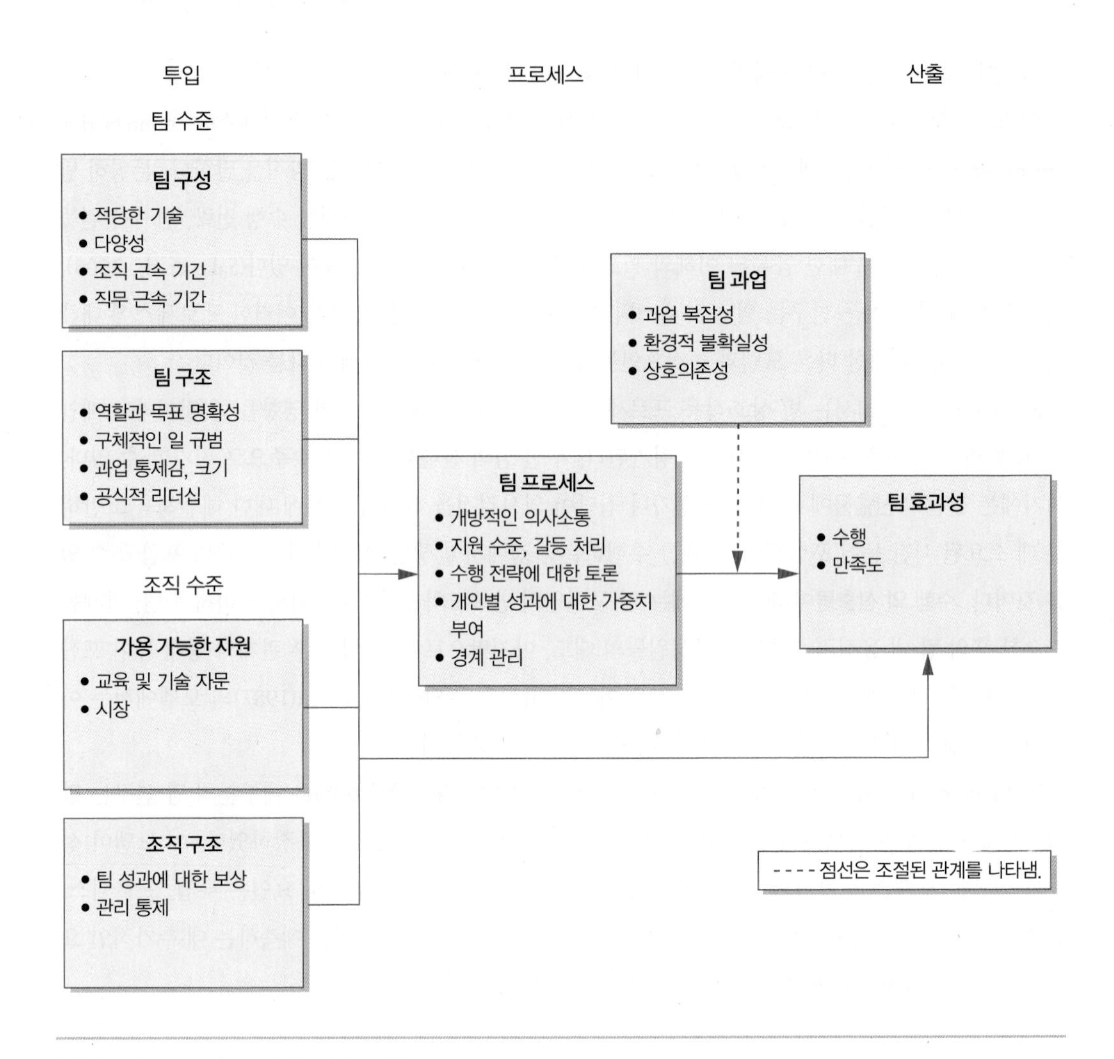

그림 11.3 Gladstein의 팀 효과성 모델

출처 : Gladstein(1984).

한 가중치 부여, 그리고 팀이 조직 내외의 다른 수행 단위들과 접촉하는 방식인 **경계 관리**(boundary management) 등이 포함된다. 그리고 McGrath의 모델에서와 마찬가지로 팀 프로세스는 팀 효과성(수행과 구성원들의 만족도)에 영향을 준다.

이 모델은 McGrath의 모델과 두 가지 중요한 측면에서 차이가 있다. 첫째, Gladstein은 투입이 팀 효과성에 대해 팀 프로세스를 매개로 한 간접적인 영향뿐 아니라 직접적인 영향도 미친다고 주장하고 있다. 예를 들면, 고도의 기술 수준을 보유한 팀은 팀 프로세스의 질에 상관없이 효과적일 수 있다. 둘째, Gladstein은 팀의 과업에 따라 팀 프로세스와 팀 효과성 간의 관계가 조절될 수 있다고 주장했다.

예를 들어, 매우 유기적이고 자유분방한 방식의 상호작용은 신제품을 개발하는 팀에서는 유용할 수 있지만, 지시대로 정확하게 작업해야 하는 팀에는 적절하지 않을 수 있다. 이는 팀이 수행하는 과업의 복잡성, 불확실성, 상호의존성에 따라 특정한 형태의 팀 프로세스가 더 효과적일 수도, 덜 효과적일 수도 있다는 의미이다. McGrath(1964)가 과업 특성이 투입요소의 하나로서 직접적으로 팀 프로세스에 그리고 이어서 효과성에 영향을 미친다고 제안한 점을 상기해보라.

Gladstein(1984)은 자신의 팀 효과성 모델을 검증하기 위해 통신 산업에 속한 특정 기업의 마케팅 부문 영업팀들을 연구 표본으로 사용하였는데, 종속변인에 따라 모델이 부분적으로 지지되었다. 그의 모델은 팀 구성원들의 지각된 효과성을 예측하는 데 있어서는 강한 지지를 받았지만, 실제의 영업수입을 예측하는 데 있어서는 훨씬 약한 지지만을 얻었다. 따라서 이 모델은 어쩌면 실제의 팀 효과성보다는 팀 효과성의 결정요인에 대해 개개인이 가지고 있는 '암묵적 이론(implicit theory)'을 더 많이 반영하고 있는지도 모른다. 이 연구에서 얻은 또 하나의 중요한 발견은 과업 특성이 팀 프로세스와 효과성(지각된 효과성 및 실제 영업수입) 간의 관계를 조절하지 않았다는 것이다. 그러나 이 연구가 횡단적 분석이라는 점과 팀이 수행한 과업의 성격이 그리 크게 차이가 나지 않았다는 점에서 이 결과는 해석이 쉽지 않다.

Hackman(1987)의 모델

일반적인 투입-프로세스-산출의 기본 틀을 바탕으로 Hackman(1987)은 소위 팀 효과성에 대한 **규범적**(normative) 모델을 개발했다. **규범적**이라는 용어가 사용된 까닭은 조직이 팀 효과성을 향상하기 위해 사용할 수 있는 가장 중요한 **수행 수단**(performance levers)이 무엇인지를 명시적으로 밝히는 모델을 개발하려고 했기 때문이었다. 달리 말하면, Hackman이 이 모델을 개발한 목적은 왜 어떤 집단은 실패하는지를 이해하는 데 도움을 주기보다는 어떻게 하면 팀 수행을 향상할 수 있는지에 대한 지침을 주기 위해서였다.

〈그림 11.4〉에서 볼 수 있듯이, 모델에 제시된 두 가지 '투입' 요소는 조직 맥락과 팀 설계이다. Hackman은 조직 맥락에 있어 가장 중요한 요소로 보상 체계를 제안하였다. 팀과 관련된 조직의 보상 체계에서 중요한 한 가지 측면은 도전적이고 명확한 수행 목표가 존재하는지 여부이다. 그러한 수행 목표를 제시하지 못하면 개인 차원의 보상 체계에도 문제가 생기지만, 특히 팀에 있어서 더욱 심각한 문제가 된다. 그 이유는 바로 일반적인 조직의 수행 관리 체계는 집단이 아니라 개인에 초점을 두고 설계되었기 때문이다.

조직의 보상 체계에서 중요한 두 번째 측면은 팀의 탁월한 수행에 대해 긍정적 보상을 받을 수 있도록 설계되어야 한다는 것이다. 개인의 긍정적 행동을 불러일으키는 가치 있는 강화 수단은 잘 알려져 있다(예 : Luthans & Kreitner, 1985; Weiss, 1990). Hackman(1987)에 따르면, 이와 동일한 원칙이 팀

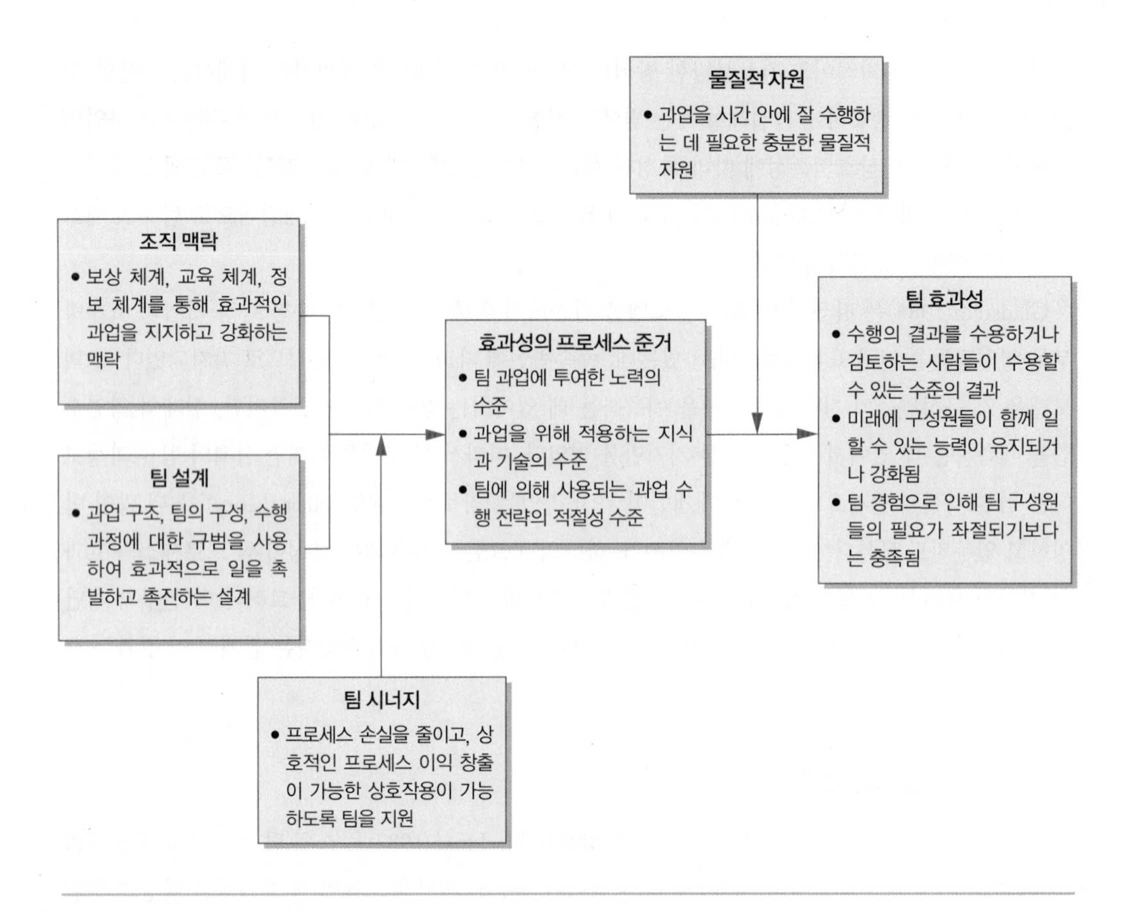

그림 11.4 Hackman의 팀 효과성에 대한 규범적 모델

출처 : Hackman(1987).

에서도 적용되는데, 다만 이때 개별 팀 구성원들은 팀의 수행과 그에 따라 집단이 얻을 수 있는 잠재적 보상 사이의 연관성을 궁극적으로 알 수 있어야 한다. 만약 탁월한 팀 수행에 대해 보상이 거의 없다면 팀의 동기부여에 역효과를 초래할 것이다.

조직의 보상 체계에 있어 중요한 세 번째 측면은 보상과 목표가 개인이 아니라 팀의 행동에 초점을 맞춰야 한다는 점이다. 조직 맥락에서 이렇게 하기는 사실 쉽지 않다. 왜냐하면 대개 조직의 보상 체계는 개인 단위로 설계되어 있고, 또한 많은 구성원이 자신의 개인적 수행에 근거하여 보상받는 것을 더 선호하기 때문이다. 또한 때로는 개인 차원의 보상 체계와 팀 차원의 보상 체계가 의도하지 않았지만 서로 어긋나게 작용하는 경우도 있다. 예를 들어, 프로 스포츠팀들이 선수와 계약할 때 순전히 개인적 수행에 근거한 인센티브 조항을 넣는 것이 점점 일반화되고 있다. 불행히도 이러한 인센티브 조항에 의해 강화된 행동이 때로는 팀 수행에는 도움이 되지 않을 수도 있다.

조직 맥락에서 팀 효과성에 도움이 되는 또 다른 두 가지 요소는 조직이 갖추고 있는 교육과 정보 체계이다. 사람들은 팀의 일원으로 일하는 방법을 자동적으로 알 수 있는 것이 아니다. 즉 팀은 교육과 훈련이 필요하다. 이 장 뒤에서는 팀 구성원을 훈련하는 팀 개발 개입의 최근 흐름에 대해 논의할 예정이다(Shuffler et al., 2018). 또한 팀은 적합한 의사결정을 내리고 과업을 유능하게 수행해 나가기 위해 타당한 정보를 필요로 한다. 따라서 이 두 가지 요소가 결여되어 있거나 질적 수준이 낮다면 팀 효과성은 그만큼 저하될 것이다.

팀 설계는 대체로 작업팀의 구조적 특징과 관련이 있다. 그중 가장 중요한 것은 팀이 수행하는 과업의 구조이다. Hackman(1987)에 따르면 팀이 수행하는 과업의 설계는 동기부여에 있어서도 중요한 함의가 있지만(예 : Hackman & Oldham, 1980), 그 외에도 몇 가지 이유로 매우 중요하다. 어떤 과업들은 처음부터 팀 작업에는 맞지 않을 수 있다(예 : 고도의 기술적 문제를 해결하는 일). 따라서 조직은 주어진 어떤 과업은 팀에는 적합하지 않다는 사실을 직시해야 할 수도 있다.

팀 설계의 다른 요소들은 팀의 구성 및 팀의 수행과 관련된 규범이다. 팀은 당연히 작업을 수행하는 데 필요한 기술과 능력을 보유한 개인을 필요로 한다. 또한 팀 구성원들 간에는 성격과 기질 측면에서 최소한의 조화가 있어야 한다. 규범은 팀 내 행동에 강력한 영향을 미칠 수 있으므로, 규범과 관련하여 가장 중요한 점은 팀이 높은 수준의 수행과 노력으로 특징지어지는지 여부이다.

〈그림 11.4〉에서 볼 수 있듯이 이 모델에서는 조직 맥락과 팀 설계 모두가 효과성에 대한 프로세스 준거(process criteria of effectiveness)라는 것에 영향을 미친다. 이러한 준거는 팀 구성원들이 발휘하는 노력의 수준, 그들이 과업에 투여하는 지식과 기술의 총량, 과업 수행전략의 적절성을 나타낸다. Hackman(1987)은 본질적으로 다른 모델에서는 팀 프로세스인 것을 효과성에 대한 중간 혹은 근접 준거로 바꾸었다. 예를 들어, 팀 구성원들이 과업을 열심히 수행한다는 사실은 그들의 성공 여부에 대한 중간 지표가 된다.

하지만 조직 맥락과 팀 설계가 효과성에 대한 프로세스 준거에 미치는 영향은 모두 팀 시너지에 달려 있다는 점에 주목해야 한다. Hackman(1987)에 따르면 팀 시너지는 팀이 프로세스 손실(예 : 시간을 낭비하거나 잘못 사용하기)을 피할 수 있는 정도나 팀이 혁신적인 전략을 주도적으로 만들어 내는지의 여부와 관계가 있다. 특히 팀은 구성원 각자의 아이디어를 기반으로 시너지를 통한 프로세스 이익을 창출할 수도 있다. 이러한 요소를 추가함으로써 Hackman(1987)은 팀들이 과업 수행에 유리한 상황을 성과 없이 허비할 수도, 반대로 평범한 상황에서 대단한 일을 해낼 수도 있음을 일깨워 준다.

이 모델의 다음 단계는 효과성에 대한 프로세스 준거로부터 앞서 정의된 바 있는 실제 팀 효과성으로 넘어가는 단계이다. 이는 앞의 두 모델에도 포함되어 있는 팀 프로세스와 팀 효과성 간의 익숙한 연결고리를 나타낸다. 그러나 Hackman(1987)은 다소 다른 아이디어를 첨부하여, 물적 자원이 효과성에 대한 프로세스 준거와 팀 효과성의 관계를 조절한다고 제안한다. 어떤 팀은 아주 유리한 조직 맥락과 설계 특성을 가지고 이러한 조건들을 긍정적 팀 프로세스로 전환하면서도, 궁극적으로는 성공하지 못할 수도 있다. 예를 들어, 만약 어떤 생산팀이 요구되는 제품을 만드는 데 필요한 도구가 없다면 이 팀은 성공할 수가 없을 것이다. 조직 제약에 관한 내용은 개인의 수행에 부정적인 영향을 미치는 요인으로도 제7장에 소개되었다(Peters & O'Conner, 1988도 참조).

Shea와 Guzzo(1987)의 모델

Shea와 Guzzo(1987)는 앞서 설명한 모델들보다는 훨씬 덜 포괄적이지만, 그럼에도 불구하고 팀 효과성의 몇몇 중요한 결정 요인을 강조하는 모델을 제시하고 있다. 이들의 모델에 따르면, 팀 효과성은 (1) 결과물 상호의존성(outcome interdependence), (2) 과업 상호의존성(task interdependence), (3) 유능감(potency)이라는 세 가지 핵심 요인에 달려 있다. 결과물 상호의존성은 팀 구성원들이 공동 운명을 공유하는 정도를 반영한다. 결과물 상호의존성이 높은 경우의 예는, 모든 팀 구성원이 팀 수행이 좋았을 때에만 보너스를 받는 경우이다. 이런 점에서 결과물 상호의존성은 조직의 보상 방식에 의해 상당히 영향을 받을 것으로 예측할 수 있다. Shea와 Guzzo(1987)에 따르면 결과물 상호의존성이 높으면 팀이 효과적이기 위해 필요한 많은 행동, 예를 들어 협력, 업무량의 분담 등과 같은 행동이 촉진된다. 반면 팀 구성원들의 결과물이 대체로 독립적이라면 이는 집단 구성원들이 협조적으로 행동할 가능성을 감소시켜서 팀 효과성을 약화시킬 것이다.

과업 상호의존성은 팀 구성원들이 과업을 수행하기 위해 서로에게 의존해야 하는 정도와 관련이 있다. 상호의존성은 팀을 정의하는 주요 특성 중 하나이다. 따라서 과업 상호의존성은 그 자체로 효과성의 직접적인 결정요인이라기보다는 팀의 적절성에 대한 검증이라고도 볼 수 있다. 예상할 수 있다시피, 팀이 수행하는 과업이 일정 수준 이상의 상호의존성을 요구할 때 팀이 보다 효과적이다. 반면, 어떤 과업에 상호의존성이 거의 없다면 그 일에는 팀이 적합하지 않거나, 과업이 재설계될 필요가 있음을 시사한다('참고 11.2' 참조).

유능감은 효과적인 팀이 될 수 있다는 팀 구성원들 간의 공동 신념을 나타낸다(Guzzo et al., 1993). 이는 개인 수준의 자기효능감이라는 구성 개념과 유사한데, 자기효능감은 자신이 다양한 과정을 통해 일련의 행동을 실행할 수 있다는 개인의 신념을 나타낸다(Bandura, 1997). Shea와 Guzzo(1987)에 따르면, 유능감은 팀 효과성에 대한 가장 근접한 결정인자이며, 어느 정도 경험적 지지를 얻고 있다(예 : Riggs & Knight, 1994). 유능감은 끈기를 갖도록 하고 팀 구성원들 간의 협조와 응집을 강화하기에 팀 효과성에 긍정적인 영향을 미칠 수 있다(Jex & Bliese, 1999 참조). 메타분석에서는 집합적 효능감과 팀 수행 간에 상대적으로 강한 관계가 있음이 밝혀졌다(Gully et al., 2002). 즉 자신들의 임무 수행 능력에 대한 집합적 신념을 가진 팀 구성원들은 팀 수행 과정에서 서로 더 잘 조정하고 원활하게 의사소통한다.

Shea와 Guzzo(1987)는 팀 유능감에 기여하는 세 가지 변인을 (1) 자원, (2) 보상, (3) 목표로 제시하

참고 11.2

팀에 부여할 과업인가 아닌가? : 중대한 질문

일반적으로 조직은 합리적이긴 하지만, 가끔 일시적 유행에 좌우되곤 한다. 조직에서의 의사결정도 결국은 **사람**이 내리는 것이기에 어느 정도 유행이나 시류에 경도되어 판단과 선택을 하는 경우가 있는 것이다. (새로운 바비 영화의 개봉과 함께 핑크 의류가 유행하기 시작했다는 것을 다른 것으로 어떻게 설명하겠는가?)

지난 20년간 조직에서 팀의 활용은 말 그대로 폭발적으로 증가하였는데, 이런 흐름은 반전될 조짐이 없다. 이러한 흐름의 긍정적 측면은 많은 과업을 수행하는 데 팀이 대단히 적합하다는 점이다. 다시 말해 오늘날의 조직에서 수행되는 대부분의 작업은 고도의 협동과 상호의존성을 필요로 한다. 더구나 빠른 속도로 변화하는 경쟁환경에서 한 사람이 모든 것에 뒤처지지 않고 따라간다는 것은 거의 불가능하므로, 팀 구성원 간의 지식 공유는 필수적이다.

팀의 이러한 많은 긍정적 측면에도 불구하고 팀이 모든 과업에 있어 적합한 것도, 모든 조직의 문화에 잘 어울리는 것도 아니다. 일반적으로 과업이 고도로 독립적인 작업을 요구할 때나 조직이 구성원들 서로 간의 참여를 장려하거나 중시하지 않는 경우에 팀은 그다지 효과적이지 않을 수 있다. 필자는 조직의 구성원으로서나 외부 컨설턴트로서, 팀을 구성하는 것이 적합한지에 대한 충분한 검토 없이 팀이 구성된 사례를 많이 목격해 왔다. 경영자들은 아무 생각 없이 거의 '반사적 행동'처럼 팀을 구성하는 경우가 있는데, 이것은 과업 특성에 대한 진지한 검토에 근거하여 결정한 것이라기보다는 단순히 일시적 유행("누구나 다 팀을 활용하잖아?")이나 관습적으로 그렇게 하는 경우이다. 그러한 경우 팀이 문제를 해결하기보다는 더 많은 문제를 초래할 수도 있다.

그렇다면 조직은 팀을 사용하지 말아야 할 것인가? 전혀 그렇지 않다. 단지 팀을 만들어 과업을 수행하도록 하기 전에 반드시 과업에서 요구되는 바를 조심스럽게 검토하고, 자신들의 조직 문화에 대해 현실적으로 판단을 내릴 필요가 있다는 것이다.

고 있다. 만약 어떤 팀이 필요로 하는 자원을 충분히 이용할 수 있다면, 팀 구성원들이 어떤 과업이든 수행할 수 있고 어떤 도전에도 대응할 수 있다는 팀 구성원들의 생각이 강화될 것임은 쉽게 예측할 수 있다. 보상이 유능감의 결정 요소로 중요한 이유는 그간의 팀의 성과가 의미 있음을 보여주는 신호로 작용하기 때문이며, 이러한 신호는 팀으로 하여금 좋은 성과를 내는 데 필요한 능력을 개발하고자 하는 동기를 유발한다. 팀의 목표가 도전적이고 명확할수록 구성원들의 노력과 끈기뿐만 아니라 실행 전략의 개발을 촉진하며, 이런 요인들은 모두 유능감을 강화한다. 후속 연구가 더 필요하긴 하지만 자원, 보상, 목표가 유능감을 향상시키고 궁극적으로 효과성을 향상시킨다는 것은 경험적으로 지지되고 있다(Guzzo & Campbell, 1990).

Campion의 통합 팀 효과성 모델

Campion 등(1993)은 팀 효과성에 대한 광범위한 문헌 연구를 제시하였으며, 이에 기초하여 지금까지 논의된 모델과 다른 모델들을 통합한 팀 효과성 모델을 제시하였다. 따라서 이 절에서 설명하는 모델은 팀 효과성에 대한 새로운 모델이 아니라 다른 많은 모델들의 공통된 특성을 강조하는 팀 효과성에

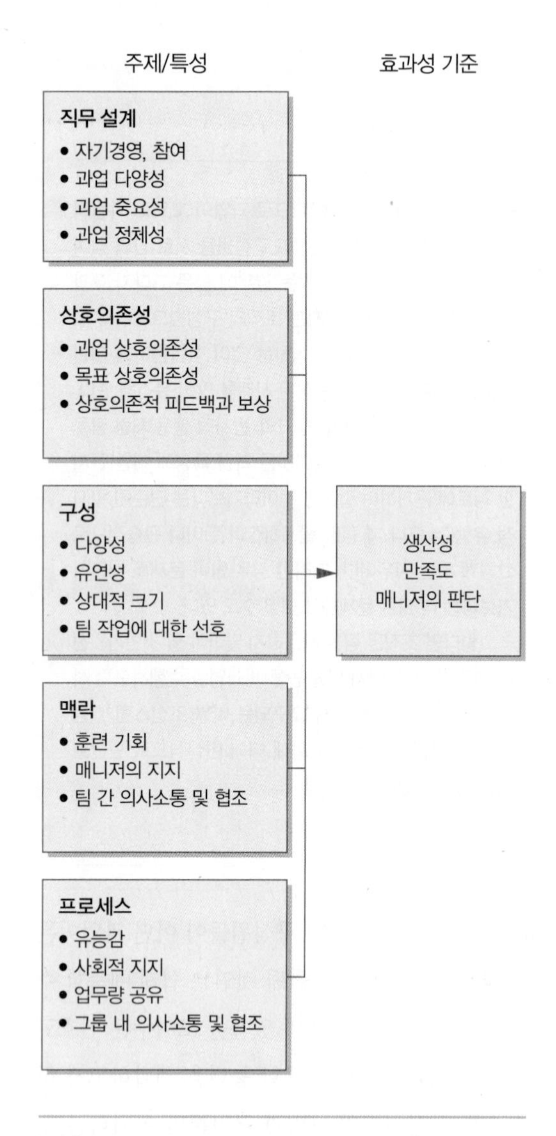

그림 11.5 Campion의 통합 팀 효과성 모델

출처 : Campion et al.(1993) / John Wiley & Sons.

대한 통합 모델이라 할 수 있다.

그들의 통합 팀 효과성 모델은 〈그림 11.5〉에 제시되어 있다. 이 모델은 앞서 제시한 세 모델에 비해 훨씬 단순하다는 점을 주목하라. 팀 효과성에 직접적인 영향을 미치는 요인들만이 제시되었으며, 앞서 소개한 모델들이 포함하고 있는 많은 중간 연결고리와 조절변인은 제외되었다. '주제/특성(themes/characteristics)' 부분을 보면 팀 효과성의 직접적 결정요인은 궁극적으로 다섯 가지 항목으로 나뉜다. 이 중 첫 번째인 직무 설계는 팀이 수행하는 과업의 성격에 대한 것이다. Campion 등(1993)에 따르면, 팀의 과업환경에서 핵심적인 측면은 과업 자체의 특성인 과업 다양성, 중요성, 정체성, 그리고 피드백의 기회뿐 아니라 구성원들에 의한 자기경영 정도와 구성원들의 참여 정도 등이 포함된다. 효과성이 높다는 것은 물론 제각기 이유는 다르지만 이러한 모든 요인이 높다는 것과 관계된다. 자기경영과 참여는 팀의 직무에 대한 주인 의식을 향상하며, 과업 특성은 내재적 동기를 강화함으로써 효과성에 영향을 미친다.

효과성의 두 번째 결정요인은 **상호의존성**(interdependence)이다. 이는 팀 구성원들이 수행하는 과업, 팀이 채택한 목표, 그들이 받는 피드백, 얻으려는 보상에 있어서 얼마나 상호의존적인가를 나타낸다. Shea와 Guzzo(1987)의 모델에서와 같이 Campion 등(1993)도 이런 영역들에서의 상호의존성이 높으면 효과성이 향상될 것이라고 제안하고 있는데, 가장 주요한 이유는 높은 수준의 상호의존성은 상호 협력을 촉진하며, 각 구성원들의 활동이 팀 내에서 서로 잘 조화되도록 노력할 것이기 때문이다.

세 번째 결정요인은 **구성**(composition)인데, 대체로 팀 구성원의 특성과 관련된 것들이다. 여기서 핵심적인 측면 중 하나는 팀이 어느 정도 이질적인 기술을 보유한 사람들로 구성되었는지 그리고 필요할 때 서로를 보완할 수 있을 정도로 유연한지에 대한 것이다. 또 다른 중요한 요소로는 팀의 상대적 크기가 있다. '옳은' 집단 크기라 할 수 있는 마법의 숫자란 없겠지만, 일반적인 경험 법칙에 따르면 팀은 과업을 완수할 수 있을 만큼 크되 지나치게 커서는 안 된다(즉 많다고 다 좋은 것은 아니다). 마지막으로 팀 작업에 대한 선호는 앞서의 모델들에 포함되지 않은 독특한 변인으로, 어떤 사람은 팀으로 일하는 것을 좋아하고 어떤 사람은 싫어한다는 것이다.

맥락(context)이라 명명된 네 번째 주제는 팀이 소속된 조직의 환경에 관한 요인들로 구성되어 있다. 여기에는 팀이 활용할 수 있는 훈련기회, 경영자들이 팀을 지지하는 정도, 서로 다른 팀들 간의 협조와 의사소통 정도 등이 포함된다. 따라서 팀이 효과적이기 위해서는 조직 맥락 측면에서 충분한 훈련기회를 제공하고, 관리자들이 팀을 지지해야 하며, 팀들 간에 높은 수준의 협조와 의사소통이 이루어져야 한다.

이 모델에서 제시된 집단 효과성의 마지막 결정요인은 **프로세스**(process)이다. 여기에는 유능감, 즉 팀 구성원들의 팀의 능력에 대한 집합적 지각뿐만 아니라 사회적 지지의 수준, 업무량의 공유, 팀 내의 의사소통/협조 등이 포함된다. 팀 효과성에 대한 다른 모델들과 마찬가지로, Campion 등(1993)도 긍정적 팀 프로세스는 직접적으로 팀 효과성을 촉진한다고 제안하고 있다. 다시 말해 유능감이 높고(즉 구성원들이 팀의 능력에 대해 신뢰하고), 사회적 지지와 업무량의 공유 수준이 높으며, 구성원 간의 의사소통 및 협동의 수준이 높을 때 팀이 보다 성공적이라는 것을 의미한다.

Campion 등(1993)의 모델에서 마지막으로 주목할 점은 **효과성 준거**(effectiveness criteria)이다. 이 준거는 대체로 Hackman(1987)의 팀 효과성에 대한 정의에 기초를 둔 것이지만 Hackman의 정의에 포함되어 있던 지속가능성, 즉 팀 구성원들이 차후에도 함께 일할 가능성이 빠져 있음에 주목할 필요가 있다.

Campion 등(1993)의 모델은 팀 효과성에 영향을 미치는 주요 요인들에 대한 광범위한 설명을 제공하며 실증적 지지를 받아 왔다. 특히 Campion 등(1993; 1995)은 대형 보험회사의 사례를 통해 팀 효과성과 관련이 있는 것으로 제안된 많은 특성이 구성원들의 효과성 준거와 관련이 있음을 밝혔다. 따라서 Gladstein(1984)과 마찬가지로 Campion 등(1993)도 모델 개발과 경험적 검증 결과를 동시에 제시하였다. 그러나 Campion 등의 모델에 있어 가장 두드러진 약점은 주제/특성과 효과성 준거 사이의 직접적 관련성만을 제안했다는 점이다.

팀 효과성 모델에 대한 요약

이 절에서는 가장 널리 인용되는 4개의 팀 효과성 모델과 이들을 통합하려는 최근의 시도에 대해 검토했다. 이 모든 모델의 공통적 특징은 이들이 매우 친숙한 투입-프로세스-산출의 순서를 따르고 있다는 점이다. 즉 이들은 조직 맥락의 측면(예 : 보상, 상호의존성, 과업 설계 등)이 팀이 일하는 방식에 직접적으로 영향을 미치며, 이것이 효과성에 영향을 미친다고 가정한다. 이러한 모델들은 팀의 수행에 영향을 미치는 많은 조직 요인과 팀 요인들을 강조하고 있다는 점에서 가치가 있다. 더구나 이러한 맥락적 요인들이 무엇인지에 대해서는 상당한 정도로 의견이 일치하고 있는 것처럼 보인다. 예를 들어, 대개의 모델들은 팀의 구성, 팀에 제시된 보상 체계, 팀이 수행하는 과업의 설계, 팀이 활용 가능한 자원, 팀에게 주어진(혹은 스스로 설정한) 목표, 그리고 응집력, 의사소통, 갈등 관리와 같은 내적 프로세스에 초점을 맞추고 있다. 조직은 이 모든 변인을 일정 수준 통제할 수 있으며, 이에 따라 팀 효과성을 향상하기 위해 이들을 변화시킬 수 있을 것이다. 이 변인들의 중요성을 감안하여 다음 절에서는 각각의 변인들을 조금 더 상세히 검토할 것이다.

투입-프로세스-산출(I-P-O)에 근거한 모델들이 팀 연구자들로부터 수년 동안 지지를 받고 있지만, 최근 연구자들은 이 모델들에 몇 가지 제한점이 있음을 파악하였다. Ilgen 등(2005)은 투입과 산출 간의 관계에 영향을 준다고 밝혀진 팀 수준의 많은 변인이 반드시 프로세스인 것이 아니라 집합적 효능감과 같은 출현적 상태(emergent states)일 수 있다고 지적하였다. 또한 이들은 "I-P-O의 개념 틀은 투입에서부터 산출물로 이어지는 단 하나의 선형적 경로만을 시사하기에 다양한 시각의 연구를 제한한다"(p. 520)고 언급한 바 있다. 이러한 종류의 다소 경직된 개념 틀로 인해 연구자들은 다양한 산출물(예 : 수행)이 역으로 팀의 특성이나 프로세스에는 어떤 영향을 주는지를 보지 못했던 것이다.

Kozlowski와 Bell(2013)도 산출이 다음 팀 수행 사이클에서의 투입에 영향을 미칠 수 있는 순환적인 과정을 반영하기 위해 모델의 마지막 부분에 '투입'이 추가될 수 있다고 제안하였다(투입-프로세스-산출-투입). 또, Marks 등(2001)은 기존의 투입-프로세스-산출 모델은 팀이 어떻게 작용하는지에 대한 시간적 요소의 중요성을 고려하지 못했다고 지적하였다(또한 Kozlowski & Bell, 2013 참조). 이 저자들에 따르면 팀은 일을 하면서 각기 다른 단계를 거쳐 가는데(수행에 대한 계획, 목표 지향적 활동의 실행), 이러한 단계들이 팀 효과성 모델에 통합될 필요가 있다. 그래서 팀 효과성의 미래 모델에서는 투입-프로세스-산출 모델의 구성요소들과 팀 수행의 시간적 단계들의 중요성 간의 양방향적 영향을 고려해야 할 필요가 있다.

마지막으로 최근의 팀 효과성 모델들은 서로 다른 팀 구성원들이 각자 하는 역할의 중심성을 조사하고 특정한 중심적인 역할을 맡고 있는지에 따른 팀 구성원들의 기술과 전문성을 차별적으로 강조하는 것이 중요하다고 강조한다. Humphrey 등(2009)은 29년 동안의 메이저 리그 야구 결과들을 분석하여 중심 역할에 대한 전문성의 영향을 조사하였다. 이들의 연구에 의하면, 주요 역할들(예 : 투수, 포수)에서의 전문성에 투자하고 강화한 팀들은 그렇지 않았던 팀들보다 더 높은 수행을 보였다. 이러한 결과는 미래의 팀 효과성 모델에서는 서로 다른 역할을 맡고 있는 팀 구성원들의 전문성과 기술을 고려해야 한다는 것을 제안한다.

팀 효과성의 결정요인

팀 효과성에 기여하는 중요한 변인들을 찾아내고 그것들이 영향을 미치는 프로세스를 기술하는 데 있어 팀 효과성 모델이 유용하긴 하나 상세한 설명은 생략된 경우가 빈번하다. 이 절에서는 팀 효과성의 가장 일반적인 결정요소 몇 가지를 자세히 살펴본다.

팀 구성

Bell 등(2018)은 팀 구성의 주요 요인이 전반적인 팀 효과성과 어떻게 관련되는지에 대한 통합적 문헌 고찰을 진행하였다. 이 저자들은 팀 구성원들이 가진 특성을 **표면적 특성**(surface-level attributes)과 **심층적 특성**(deep-level attributes)으로 나눌 수 있다고 설명한다. 표면적 특성은 성별, 나이, 인종과 같이 즉각적으로 관찰 가능한 팀 구성원의 특징을 의미한다. 반면에 심층적 특성은 팀 상호작용을 통해 서서히 드러나는 능력, 성격 특성, 가치 등과 같은 팀 구성원의 특성을 말한다. Bell 등 (2018)은 팀의 다른 특성에 대한 구성은 궁극적으로 팀 구성원 간의 정서적, 행동적, 인지적 과정을 통해 팀의 효율성에 영향을 미친다고 주장한다. 이러한 과정들은 다음 절에서 더 자세히 다룰 예정이다.

팀 구성원들이 다양한 특성에서 어디에 속하는지에 따라 팀 구성을 정의하는 것 외에도, 팀 구성의 효과에 대한 예측은 상황 또는 맥락, 그리고 팀 구성 측정 방식에 따라 다를 수 있음을 인식하는 것이 중요하다. 예를 들어, 팀의 성실성이 팀 성과와 관련이 있는지 여부를 조사할 때, 일반적으로 각 팀의 성실성 평균을 산출한 후 팀 성과를 예측한다. 하지만 연구자들은 팀 성실성 평균뿐만 아니라 팀 구성원 간 성실성의 분산이나 특정 역할을 맡은 팀원의 성실성에도 관심을 가질 수 있다(Mathieu et al., 2014). 팀 구성을 팀 효율성의 예측 변인으로 삼은 연구들은 이러한 질문들을 많이 다루어 왔다.

팀 효과성 연구에서 밝혀진 가장 확고한 결과 중 하나는 아마도 구성원들의 기술 수준이 높은 팀이 낮은 팀보다 더 효과적이라는 점이다(Guzzo & Shea, 1992; Hackman, 1987). 팀의 평균적인 인지능력은 전차 부대 승무원(Tziner & Eden, 1985)을 포함한 다양한 유형의 팀에서 수행 수준을 예측할 수 있게 해 주는 지표가 된다는 점이 밝혀졌다. 이러한 결과는 개인 수준의 수행에서 인지능력과 수행 간의 매우 견고한 상관관계를 보인 연구 결과(Schmidt & Hunter, 1998)와 일치한다. Devine과 Phillips(2000)는 인지능력과 팀 수행 사이의 관련성에 대한 메타분석을 통해, 팀이 익숙하지 않은 과업을 수행하는 경우에 이러한 관련성은 가장 강해진다는 점을 발견했다. Grand 등(2016)이 진행한 더 최근 연구에서도 팀 지식의 발현을 시뮬레이션했을 때, 정보 처리가 빠른 개인으로 구성된 팀이 팀 내 공유된 지식을 궁극적으로 더 빨리 생성했다.

팀 구성원들의 기술, 능력과 팀 효과성 간에 정적인 관계가 있다고 할 때, 이것은 조직이 팀을 효과적으로 만들기 위해 능력 있는 사람들을 고용하기만 하면 된다는 것을 의미하는 것일까? 아마도 그렇지 않을 것이다. 이 분야의 연구에서 비교적 일관적으로 밝혀진 또 다른 결과는, 비록 팀에 있어 기술, 능력의 절대적 수준이 중요하긴 하지만, 조직은 팀 내 가용한 기술, 능력의 조합(mix)을 고려해야 한다는 점이다(Campion et al., 1995). 예를 들어, 어떤 농구팀이 효과적이기 위해서는 분명 많은 득점을 올릴 수 있는 선수를 보유해야 한다. 그러나 다른 한편으로는 리바운드를 잘하는 선수나 수비 전문 선수를 보유하는 것도 중요하다. 득점을 올리는 선수들만으로 구성된 팀은 아마도 그리 잘하지 못할 것이다. 실제로 여러 연구를 통해 집단이 보유한 기술의 다양성이 집단 수행과 정적인 관계가 있다는 것이 입증된 바 있다(Guzzo & Shea, 1992).

팀 구성원들의 기술, 능력의 중요성에도 불구하고, 능력이 매우 뛰어난 사람들로만 구성된 팀이 효과적이지 못한 경우도 있다. 인지능력과 더불어 팀 성격도 팀 수행을 예측한다는 것이 밝혀졌다. 성격과 관련된 가장 신뢰할 수 있는 예측변인은 팀 성실성으로, 이는 개인 수준에서 믿을 수 있고, 규정을 잘 따르며, 다양한 유형의 과업을 끝까지 해내는 사람을 비유한 것이다(Barrick & Mount, 2005; Driskell et al., 2017). Van Vianen과 De Dreu(2001)는 팀 수준에서의 친화성과 성실성 모두가 팀 수행과 연관되어 있다는 점을 발견하였다. 이에 더하여 한 메타분석에 따르면 발표된 많은 연구에서 팀의 친화성과 성실성 모두가 탁월한 팀 수행과 관련이 있었다(Peeters et al., 2006). 이 메타분석에서 또 하나의 흥미로운 결과는 팀 구성원들 사이의 친화성과 성실성에서의 변동성은 팀 수행과 부적 관계가 있다는 점이다. 다시 말해 친화성 또는 성실성의 전체적인 수준을 통제했을 경우, 구성원들 간 친화성 또는 성실성의 수준의 차이가 클수록 수행 수준이 낮아지는 경향이 있었다. Cole 등(2013)은 팀 구성원들의 가치와 관련하여 유사한 결과를 얻었다. 그들은 권력 거리(리더와 부하 사이에는 분명한 지위상의 차이가 있어야 한다는 믿음)의 가치를 믿는 정도에 있어 팀 구성원들의 생각이 서로 다를수록 팀의 수행 수준이 낮았다. 다국적 팀에서 두 가지 서로 다른 문화의 가치 구조를 이해하는 이중문화(bicultural) 구성원들이 팀의 성공에 특히 중요할 수 있다는 것도 이와 관련이 있다('참고 11.3' 참조).

또한 연구자들은 성격과 팀 수행 간의 관계가 팀이 수행하는 과제의 유형에 따라 달라지는지도 검증하였다. LePine 등(2000)에 따르면 팀에 제시된 의사결정 규칙이 적응력을 요구하는 것일 경우, 성실성은 팀의 의사결정 효과성과 부적인 관계를 보였다. 성실한 사람들은 질서에 대한 욕구가 높기 때문에 빠르게 변화하는 환경에 적응하는 것이 이들에게는 다소 힘든 일일 수 있다. 성격이 팀의 분위기에 영향을 미친다는 점은 조직 전체의 분위기가 개별 구성원들의 성격에 영향을 받는다는 점에 비추어볼 때 놀랄 일이 아니다(Schneider, 1987).

팀 구성원의 성격이 효과성에 미치는 직접적 영향 및 팀의 분위기에 미치는 영향과 더불어, 팀 내의 특정한 성격들의 조합도 팀 효과성에 중요한 영향을 미칠 수 있다. 팀 상황에서 개별 팀 구성원들이 '서로 부딪히는' 성격을 보유하여 부정적인 갈등을 초래할 수 있다. 또한 매우 부정적인 성격 특성을 가진 팀원 한 명으로 인해서 팀 내부의 프로세스에 나쁜 영향을 미치고 결국 수행에도 부정적인 영향

참고 11.3

비교문화적 연구 결과 : 이중문화 역량 및 팀 효과성

국제적인 조직이 많아지면서 다중문화팀(multicultural team)이 점차 증가하고 있다. 최근 Hong(2010)은 이중문화 역량(bicultural competence)이 다중문화팀의 효과성에 어떻게 기여하는지를 조사하였다. 이중문화 역량은 서로 다른 두 문화의 문화적 스키마를 깊이 이해하고 있을 때 나타난다. 문화적 스키마란 특정 문화에서 중요하게 여기는 가치, 규범, 신념들에 대한 일련의 지식을 의미한다. Hong(2010)은 '이중문화 역량 소유자(biculturals)'는 잠재적인 갈등을 다루는 데 필요한 지식을 갖고 있기에 다중문화팀에서 발생하는 문제들을 해결하는 데 유리한 위치에 있다고 하였다. 그는 이중문화 역량 소유자들이 다중문화팀에 더 잘 적응할 수 있을 뿐만 아니라 오해 때문에 생기는 이슈들을 효과적으로 다루는 데 문화적 스키마들을 적절히 활용하는 잠재력이 있음을 보여주는 증거들을 개관하였다.

팀 효과성에 있어 경계 관리 전략의 중요성을 논의하면서 Hong(2010)은 이중문화 역량 소유자들이 다른 팀들로부터 필요한 정보를 수집하고, 팀 간 활동에 있어 대표자의 역할을 하고, 긍정적인 집단 활동을 만들어 내기 위해 팀원들 사이에 관계를 강화하는 등의 경계 탐색(boundary spanning)에서 특히 효과적일 수 있다고 지적하였다. 그는 팀 효과성에서 이중문화 역량의 역할을 더 파악하기 위한 다양한 향후 연구 방향에 대해서도 기술하였다.

출처 : Hong(2010).

을 미칠 수 있다. 예를 들어, Barrick 등(1998)의 연구에서 매우 낮은 수준의 정서적 안정성을 보인 구성원이 적어도 한 명 이상 있는 팀은 그렇지 않은 팀보다 사회적 응집력, 유연성, 의사소통, 업무 부담의 공유 측면에서 낮은 수준을 보였으며, 갈등 수준은 더 높았다. 그런데 흥미롭게도 정서적 안정성이 낮은 구성원이 적어도 한 명 있는 것은 팀의 수행에 부정적인 영향을 미치지 않았다.

표면적 다양성과 팀 효과성을 조사하는 연구와 관련하여, Wu와 Konrad(2022)는 최근 중국의 여러 지역을 대표하는 71개 정부 리더십 그룹이라는 흥미로운 표본을 대상으로 연령 다양성과 팀 효과성 간의 관계를 연구했다. 연구자들은 리더십 그룹의 연령 다양성을 기록 보관 자료를 통해 얻고, 팀 구성원들에게 팀의 효과성을 평가하도록 했다. 또한 연구자들은 객관적인 성과 정보를 얻기 위해 경제 및 사회 발전의 다양한 지표를 고려한 현지 성과 평가 위원회로부터 수행 평가 결과를 얻었다. 연구 결과, 팀 내 연령 다양성이 높을수록 팀의 효과성 평가 점수가 더 높았으며, 이는 평가자들에 의해 평가된 높은 팀 수행 수준과 관계되었다.

팀 구성에 있어서 팀 효과성에 영향을 미치는 또 다른 측면은 팀 구성원들의 태도이다. 팀 구성원들의 태도가 미치는 영향은 다음 둘 중 하나의 방식으로 파악할 수 있다. 가장 직접적인 방법은 Campion 등(1993)이 제안한 '팀 작업에 대한 선호(preference for team work)'(p. 828)에 의해서이다. 이는 사람들이 팀 환경에서 작업하는 것을 좋아하는 정도를 반영하는 개념이다. 조직에서 팀이 급증하고 있음에도 불구하고, 여전히 모든 사람이 다 팀 환경에서 작업하기를 좋아하는 것은 아닐 것이다. 공동 작업에서 종종 동료애 같은 긍정적 측면이 나타나기도 하지만, 팀 작업은 사회적 태만, 갈등, 그리고 여러 어려움 때문에 실망스러운 결과가 초래되기도 한다. Campion 등(1993)은 팀 작업에 대한 평균적 선호 수준이 낮은 팀은 몇 가지 수행 평가 기준에서 더 낮은 수준을 보인다는 점을 발견했다(또한 Driskell et al., 2006 참조).

태도가 영향을 미치는 또 다른 방식은 팀 구성원들 태도 간의 유사성과 관계가 있다. 사회심리학 연구에 따르면, 사람들은 자신과 비슷하다고 지각되는 사람들을 좋아하는 경향이 있음이 분명하다(Byrne et al., 1971). 따라서 리더의 효과성이나 조직의 지원과 같은 팀의 주요한 측면에 대한 구성원의 태도에 있어 적어도 중간 정도의 유사성을 가질 때 그 팀은 더 효과적으로 기능하는 경향이 있다(Bliese & Britt, 2001). 의견 일치가 이러한 잠재적 가치를 가지고 있음에도 불구하고, 의견 일치 수준이 너무 높을 수도 있다. 팀 구성원들이 모든 일에 의견이 일치한다면, 이는 꼭 필요한 논쟁조차 못하게 되거나, 팀이 변화에 대해 극도로 저항하게 되는 원인이 될 수도 있다. Janis(1982)는 이러한 역동을 집단사고(groupthink)라 명명하고, "사람들이 응집력 높은 배타적 내집단(in-group)에 깊이 관여되어 있고, 구성원 간의 만장일치를 추구하려는 동기가 일련의 여러 대안을 현실적으로 평가하려는 동기를 압도하게 될 때 나타나는 사고양식"으로 정의하였다. "집단사고란 내집단 압력으로 인해 초래되는 정신적 효율성, 현실 검증 및 도덕적 판단력의 감퇴이다"(p. 9; 또한 Whyte, 1998 참조).

팀 구성이 수행 및 효과성에 미치는 영향을 검토할 때 마지막으로 고려해야 할 중요한 요인은 팀 수행 활동의 시간 측면이다. Mathieu 등(2014)은 팀 프로젝트 또는 팀 발달의 여러 단계에서 구성원들의 어떤 특성이 특히 더 필요한지 개관하였다. 그들은 팀이 목표를 설정하고 활동 계획을 세울 때 이와 관련된 기술들이 팀 성공과 연관될 것이고, 프로젝트 성공을 위해 과업을 실제 실행하는 동안에는 프로젝트와 연관된 기본 능력이나 기술이 중요할 것이라고 제안하였다. 또한 Mathieu 등(2014)은 시간 경과에 따라 팀 수행에 영향을 미치는 팀 구성요인들을 더 잘 이해하기 위해 필요한 미래의 연구 분야들에 주목하였다. 그와 관련하여, Humphrey 등(2009)도 모든 팀 구성원이 동등하게 영향을 미친다고 보기보다는 팀 내에서 아주 중요한 역할을 하는 팀 구성원들의 속성을 고려하는 것이 매우 중요하다고 보았다.

과업 설계

앞서 검토된 모델들에서 또 한 가지 일관된 주제는 팀이 수행하는 과업의 설계가 팀 효과성에 영향을 미치는 핵심적 변인이라는 점이다. 그러나 과업 설계(task design)가 팀 효과성에 영향을 미치는 정확한 방식은 모델에 따라 상당한 차이를 보이고 있다. 가장 기본적인 수준에서 과업 설계가 중요한 이유는 팀이 수행하고 있는 과업을 과연 팀으로 해결하는 것이 적합한가에 대한 문제를 다루기 때문이다. 일반적으로 말해서, 고도의 상호의존성을 수반하는 과업은 팀이 수행하기에 최적이라 할 수 있다. 반대로, 본질적으로 독립적인 작업을 요하는 과업은 개인이 수행하는 것이 더 적절하다. 조직이 팀을 활용하는 데 너무 몰두한 나머지 어떤 과업은 팀보다는 개인이 더 잘 수행할 수 있다는 사실을 깨닫지 못할 수도 있다.

일단 특정 팀이 수행하고 있는 과업이 팀에 적합하다고 가정한다면, 과업 설계가 어떤 방식으로 팀 효과성에 영향을 미치는 것일까? 한 가지 방법은 동기부여 효과를 통해서이다. 즉 자율성, 피드백, 기술 다양성, 과업 중요성, 과업 정체성 등과 같은 특징을 강화하는 방향으로 직무를 재설계할 때 개인의 동기가 향상될 수 있다(Hackman & Oldham, 1980). 이와 동일한 기본 논리가 팀에 대해서도 적용된다. 즉 도전적이고, 흥미롭고, 매력적인 과업을 수행하는 팀의 구성원들이 보다 평범한 과업을 수행하는 팀의 구성원들보다 동기부여 수준이 높을 가능성이 있다.

구체적으로 팀의 자율성 역시 조직 연구자들에 의해 많이 연구되었다. Ryu 등(2022)은 팀의 자율성과 팀 효과성의 관계를 6,035팀이 포함된 69개 연구를 기반으로 메타분석을 진행하였다. 이 저자들은 팀 효과성을 과업과 관계 측면의 팀 기능을 통해 살펴보았다. 그 결과 팀 자율성과 과업 기반 기능은 전반적으로 .44의 교정상관을 보였으며, 팀 자율성과 관계 기반 기능은 .46의 교정상관을 보였다. 흥미롭게도, 팀 상호의존성은 해당 관계에 미치는 영향이 유의하지 않았다.

팀의 과업 설계 역시 중요하다. 팀에 매우 적합한 과업일지라도 여러 가지 방법으로 접근할 수 있으므로, 과업에 따라 특정 전략이 다른 전략보다 더 효과적일 수 있다. 따라서 팀 효과성의 중요한 결정요인 중 하나는 전략과 접근방법이 주어진 과업에 적합한 정도이다. 일반적으로 팀은 (1) 과업 관련 전략을 토론하는 데 많은 시간을 할애하지 않는 경향이 있으며(Hackman & Morris, 1975), (2) 충분한 시간을 할애하는 것이, 특히 복잡한 과업을 수행할 때는 더 효과적임이 밝혀진 바 있다(Hackman et al., 1976).

효과성에 중요한 영향을 미치는 것 이외에도, 팀이 수행하는 과업의 성격은 종종 팀의 상호작용과 프로세스를 이해하는 열쇠가 된다. 팀 내에서 발생하는 많은 행동적 역동은 팀이 수행하는 작업 맥락 내에서만 이해될 수 있다. 예를 들어, Denison과 Sutton(1990)은 수술실에서 일어나는 많은 역동(예 : 시끄러운 음악과 농담 등)을 묘사하고 있는데, 대체로 이러한 행동들은 자신들의 작업 결과에 따라 생사가 뒤바뀔 수 있는 상황에서 긴장을 감소시키기 위한 팀 구성원들의 기제이다. 더 나아가 Drach-Zahavy 및 Freund(2007)는 팀 과업을 둘러싼 스트레스 유발 조건들이 팀 효과성에 어떻게 영향을 미치는지 논의하였다. 그들은 일차 진료팀들이 복잡성과 관련된 스트레스 요인들을 경험하는 경우 과업이 분명하고 기계적인 방식으로 설계되어 있을 때 수행 수준이 더 높았다. 반면에 업무 부담과 관련된 스트레스 요인들이 있는 조건에서는 팀 활동을 어떻게 구조화할지에 대한 선택권이 많을수록 수행 수준이 더 높았다. 마지막으로 Tasheva와 Hillman(2019)은 팀 효과성에 영향을 미치는 인구통계학적 다양성과 인적 · 사회적 자본의 다양성을 이해할 때, 팀 과업에 요구되는 상호의존성을 고려하는 것이 중요하다고 강조했다. 저자들은 직원 개인 내의 다양성(개인 범위라고 지칭함)이 팀 수준의 다양성과 어떻게 상호작용하여 팀 관련 결과를 예측하는지 검토하는 것이 중요하다고 언급했다.

조직의 자원과 맥락

개인이 좋은 성과를 내기 위해 조직의 자원을 필요로 하는 것과 마찬가지로 팀도 자원을 필요로 한다. 이러한 조직 자원의 필요성이 인정된다면, 중요한 질문은 바로 "팀이 효과적이기 위해서는 조직의 어떤 구체적인 자원을 필요로 하는가?"이다. 팀이 필요로 하는 자원은 개인이 필요로 하는 것과 어느 정도는 동일하다. 예를 들어, Peters와 O'Connor(1988)의 개인 수행을 제약하는 조직 상황 분류를 검토해보자. 이 조건들 중 많은 것이 팀에도 적용된다. 예컨대, 팀들은 주어진 과업을 완수하기 위해 대개 장비, 정보, 예산, 시간 등을 필요로 한다.

한편 팀은 개인과는 다른 중요하고도 독특한 자원을 필요로 하는데, 대표적인 것이 하나의 팀으로서 일하는 방법에 대한 교육과 자문이다. 팀 구성원들은 다른 사람들과 협동하면서 일하는 방법을 학습하는 데 있어, 그리고 자신의 노력을 다른 팀원들과 조정하는 법을 파악하는 데 있어 어느 정도 교육과 지원이 필요하며, 마지막으로 과업과 관련된 갈등을 해결하는 법에 대한 교육도 필요하다(Driskell et al., 2001; Shuffler et al., 2018). 필자의 경험에 의하면 많은 조직이 작업팀을 구성하고 팀 구성원들이 과업의 세부적인 사항들까지 철저히 완수하도록 요구할 뿐, 새롭게 형성된 팀의 내부 역동과 관련된 문제를 무시한다. 그 이유는 구성원들이 팀 상황에 자연스럽게 적응할 것이며, 팀워크도 자연스럽게 이루어질 것이라는 다소 순진한 가정을 하기 때문이다. 그러나 심지어 매우 지적이고 합리적인 사람들이 모였지만, 팀으로서는 대단히 초라한 성과를 낼 수도 있다.

팀이 필요로 하는 독특한 또 하나의 자원은 회의 공간과 시간이다. 팀이 성공적이기 위해서는 구성원들이 각자 혼자서 작업하는 개인들의 집합 이상이 되어야만 한다. 집합적 존재가 되기 위해 팀은(물리적으로 혹은 가상적으로) 모여야만 하며, 과업에 관한 문제에 대해 서로 의사소통을 해야 하고, 일정 수준의 단합을 이루어야 한다. 만약 어떤 조직이 회의 장소를 전혀 제공하지 않거나 매우 제한된 시간만을 허용한다면, 팀은 결코 원숙한 수행 단위로 완전한 성장을 이룰 수 없다.

마지막으로 고려할 두 가지 자원은 조직에서 가용한 지원 주체들이다. 첫째는 리더십이다. 개인이 성공하기 위해 리더에 의지하는 것과 마찬가지로 팀도 효과적이기 위해 리더십을 필요로 한다. 하지만 팀의 리더는 너무 거리를 두어 만나기조차 힘든 상태와 가까이서 너무 세세하게 지시하는 양극단 사이의 섬세한 균형을 이루어야 한다. 특히 자기경영적인(self-managed) 혹은 자율적인 작업팀의 경우에는 더욱 그러해야 한다. Hackman(1992)은 리더들이 어떻게 이러한 미묘한 균형을 맞추는지를 보여주기 위해 팀의 리더십을 평균대 위에 서 있는 것에 비유하였다. 그렇다면 적절한 균형은 무엇인가? 이는 전적으로 그 사람이 이끌고 있는 팀과 팀이 속한 조직의 성격에 달려 있다. Hackman(1992)이 제안하는 바에 의하면, 상당히 자율적인 팀의 경우, 리더는 팀의 방향에 대해 구성원들이 열정을 갖도록 하고 필요시 과업과 관련된 자문이나 지원을 제공해야 하며, 팀에게 필요한 자원을 조직 내에서 획득하는 일을 맡아야 한다. 이런 역할은 누구에게라도 많은 노력을 요하는 일이며, 전통적인 형태의 관리 감독과는 상당히 다른 것이다.

게다가 팀의 구성에 따라 필요한 독특한 팀 리더 행동이 있을 수 있다. Homan 등(2020)은 최근 다양한 팀을 효과적으로 관리하는 팀 리더십의 중요성을 강조한 바 있다. 여기에는 다양한 팀 구성원의 요구를 충족시키는 팀 리더의 행동과 팀 내 다양성과 관련된 문제를 선제적으로 그리고 반응적으로 해결하는 데 필요한 과제 및 관계적 정보를 제공하는 것이 포함된다. 조직에서 다양성, 형평성, 포용성의 중요성을 감안할 때(제4장 참조), 저자들이 개발한 다양성 리더십 모델이 다양한 팀의 효과성을 극대화하기 위한 팀 리더십의 중요성에 대한 새로운 연구를 촉발할 가능성이 크다.

팀의 효과성에 있어 리더십의 중요성 외에도, 연구자들은 팀 구성원들 사이에 나타나는 흥미로운 현상인 공유 리더십에 대해서도 연구했다. 공유 리더십은 팀 구성원들이 팀 과제를 수행하는 과정에서 리더십 과업을 분배하는 것을 의미한다(Zhu et al., 2018). 공유 리더십은 팀에는 종종 공식적으로 지정된 리더가 없기 때문에 큰 조직보다는 팀에서 더 나타나는 경향이 있었다. D'Innocenzo 등(2016)은 3,000개가 넘는 팀이 포함된 연구들을 바탕으로 공유 리더십과 팀 결과물의 관계에 대한 메타분석 연구를 진행하였다. 공유 리더십은 팀 내에서 리더가 분산된 형태로 나타날 때(밀도 접근법) 또는 한 명 이상의 팀원이 리더로 등장할 때(중앙집권 접근법), 공유 리더십을 팀 전체가 리더십을 공유하는 것으로 정의할 때(집합 접근법)보다 팀 성과를 더 강하게 예측하는 것으로 나타났다. 이는 팀의 모든 구성원이 리더로서 활동하는 것보다는 특정 리더가 등장하거나 지정되는 것이 더 효과적임을 시사한다. 또 다른 메타분석에서, Wu 등(2020)은 3,000개 이상의 팀을 대상으로 공유 리더십과 팀 성과 간의 정적 관계를 재검증했으며, 팀 내 신뢰가 더 높고 팀 구성원들이 더 상호의존적일 때 이 관계가 더 강하다는 사실도 발견했다.

최근 몇 년간 공유 리더십에 대한 많은 연구가 이루어짐에 따라, 조직 연구자들은 공유 리더십의 시간적 역학과 공유 리더십과 성과 간의 비선형적 관계가 존재하는지에 대한 조사를 시작했다. Klasmeier와 Rowold(2022)는 팀 내에서 매일의 공유 리더십 수준과 팀 성과 간의 관계를 조사했으며, 공유 리더십이 높은 날에는 팀의 응집력, 몰입도, 목표 달성 가능성이 공유 리더십이 낮은 날보다 높다는 결과를 발견했다. 공유 리더십과 팀 성과 간의 비선형적 관계와 관련하여, Mitchell과 Boyle(2021)은 의료팀을 대상으로 공유 리더십과 팀 혁신 간의 곡선형 관계가 존재할 것이라는 가설을 세웠다. 즉 공유 리더십이 낮거나 중간 수준일 때는 팀 혁신과 정적인 관계가 있지만, 공유 리더십이 높을 때는 그 관계가 부적으로 바뀔 것이라고 예상했다. 또한 저자들은 이 곡선형 관계가 팀이 자신의 직업 정체성의 한 부분으로 강조하지 않을 때 더 강할 것이라고 가설을 세웠다. 연구 결과, 직업 중요성이 낮은 팀에서는 예상했던 대로 역 U자형 관계가 나타났으며, 흥미롭게도 직업 중요성이 높은 팀에서는 공유 리더십이 높을수록 팀 혁신도 더 높게 나타났다.

보상

개인 수준의 수행과 관련하여 가장 일관적으로 확인되고 있는 사실 중 하나는 보상이 구성원들을 더 많이 노력하도록 만들고, 그 결과 수행 수준이 높아진다는 것이다(Luthans & Kreitner, 1985). 보상은 팀 수행에서도 중요한 결정인자의 역할을 하는데, 팀 수준의 보상 체계를 설계하는 데 있어 제기되는 문제들은 개인의 보상 체계를 설계할 때의 문제들과는 상당히 다르다. 많은 조직이 '팀워크'를 강조하면서도 정작 구성원들의 개인 실적만을 근거로 보상을 지급하는 우를 범하고 있다. 그러한 조건하에서 팀이 매우 효과적으로 기능할 가능성은 낮다. 이러한 점을 인식하여 점차 더 많은 조직이 팀 기반의 보상 방안을 개발하고 있으며(Lawler et al., 1995), 팀 기반의 보상이 팀 효과성과 관련이 있음을 시사하는 여러 경험적 증거들이 발견되고 있다(Hertel et al., 2004).

팀에 대한 보상 체계를 설계함에 있어 조직이 부딪히게 되는 가장 근본적인 문제 중 하나는 팀이 하는 작업이 정확히 어느 정도까지 상호의존적인가 하는 점이다. 만약 팀이 하는 작업이 정말로 상호의존적이라면, 개인이 아니라 팀에 보상을 주는 것이 적절하다(Wageman & Baker, 1997). 그러나 만약 팀이 수행하는 과업이 그다지 상호의존적이지 않다면 어떻게 해야 할까? 그런 경우 팀 수준의 보상 체계는 다소 부적절하거나 평등하지 않을 수 있다. 예를 들어, 서로 독립적으로 일하는 다섯 사람으로 구성된 팀이 있고, 보상이 팀 수행을 근거로 지급되는 경우를 생각해보자. 마침 팀 수행이 좋았다면, 능력이 떨어지는 팀 구성원은 운 좋게도 뛰어난 구성원들과 한 팀에 속했다는 이유로 보상을 받게 된다. 반면, 팀 수행이 변변치 못했다면, 매우 유능한 사람이 자신보다 훨씬 역량이 뒤떨어지는 동료들과 한 팀에 속한 탓에 처벌을 받은 꼴이 된다.

팀 수준의 보상 체계를 설계함에 있어 조직이 반드시 고려해야 할 또 하나의 주요한 문제는 개인 수준 보상과 팀 수준 보상 사이의 상호작용이다. 구성원들에게 팀 수준의 수행만을 유일한 근거로 보상을 주는 조직은 좀처럼 찾기 힘들다. 팀 수준의 보상 체계를 갖추고 있는 대부분의 조직에는 거의 예외 없이 개인 수준의 보상 체계가 함께 존재한다(DeMatteo et al., 1998). 게다가, 대개의 경우 개인 수준의 보상 체계가 팀 수행에 기반한 보상 체계보다 더 잘 확립되어 있다. 저자의 의견으로는 심지어 팀의 수행에 크게 의존하고 있는 조직에서조차도 개인 수준의 보상 체계가 완전히 배제되어 있지 않은 경우가 많은 것 같다.

개인 수준과 팀 수준의 보상 체계가 공존한다는 것을 고려하면, 개인 수준의 보상 체계와 팀 수준의 보상 체계가 서로 상충되지 않도록 하는 것이 매우 중요하다. 팀 수준의 보상 체계가 효과적이기 위해서는 개인 수준의 보상 체계에 의해 조성되는 행동들이 팀 수행을 손상하지 않도록 하는 것이 중요하며, 그 반대도 마찬가지이다. 이것이 너무나 당연한 소리로 들릴지도 모르지만, 실제로는 조직에서 매우 흔하게 벌어지는 일이다. 예를 들어, 대개 영업조직에서는 각 개인의 판매 실적의 현금 가치에 기반해 보상을 받는다. 따라서 개인은 가능한 한 많이 판매하고자 강하게 동기부여되고, 그에 맞추어 자신의 시간을 배분할 것이다.

그러나 영업팀의 수행 측면에서는 각 개인이 자신의 판매실적을 극대화하려는 노력이 반드시 팀의 노력을 극대화하는 것은 아니다. 장기적으로 볼 때, 개별 영업직원들이 적어도 자신의 시간 중 일부를 투자하여 기존 고객들에게 애프터서비스를 제공하거나, 경험이 부족한 영업직원들을 훈련하거나 지도하며 신제품들을 숙지하도록 하는 것 등이 팀에 더 도움이 될 수 있다. 그러나 개별 팀원들이 팀 수준에서 보지 못하고 자신의 판매 수수료만을 챙기려는 '좁은 시야'를 가지게 됨으로써 결과적으로 팀 성과에 해를 끼칠 수도 있다. 더구나 조직은 구성원들이 자신의 보상을 극대화하는 것과 팀이나 조직 전체의 성과에 기여하는 것이 서로 상충될 수 있다는 것을 잘 모르는 경우가 종종 있다.

팀 수준의 보상 체계를 설계함에 있어 고려해야 할 세 번째 문제는 팀이 스스로의 수행을 얼마나 통제할 수 있는지다. 이것은 개인 수준의 보상 체계를 설계할 때도 문제가 되지만, 특히 팀 수준의 보상 체계에서 두드러지는 문제이다. 왜냐하면 팀의 수행은 팀이 사용하는 기술의 효율성과 신뢰성에 크게 의존하거나(Goodman, 1986), 조직 내 가용한 자원의 제약 때문에 제한될 수도 있기 때문이다(Shea & Guzzo, 1987). 팀에 대해 높은 수행기준을 적용하면서도 결함이 있는 기술이나 매우 한정된 자원만을 제공한다면, 이는 매우 부당하고 생산적이지 못한 일이다. 팀은 그러한 수행상의 장애요소를 극복하는 것이 가능할 수도 있지만(Tesluk & Mathieu, 1999), 장기적으로는 팀 구성원들의 동기에 부정적인 영향을 미치며 궁극적으로는 팀의 지속가능성을 감소시킬 것이다(Hackman, 1987).

팀 보상 체계의 영향을 검토함에 있어 마지막으로 고려할 사항은 팀 기반 보상에 대한 구성원들의 태도이다. Haines와 Taggar(2006)는 팀 보상 체계에 대한 긍정적 태도의 예측 변인을 조사한 연구에서, 팀 보상 제도에 긍정적 태도를 예측하는 가장 직접적인 변인은 팀워크의 가치에 대한 신념과 구성원의 직무 수행 수준이었다. 흥미롭게도, 팀워크의 가치를 믿는 것은 팀 기반 보상 체계에 대한 호의적인 태도와 정적으로 관련된 반면, 개인 수행 수준은 그러한 태도와 부적인 관계를 보였다. 개인으로서 높은 성과를 내는 사람들은 팀 기반 보상 체계를 바라지 않는 것으로 드러났는데, 이는 관리자들이 자신의 개인적 노력을 제대로 인정해 주지 못할지도 모른다는 우려를 반영하는 것일 수 있다.

팀의 목표

목표가 팀 수행에 미치는 영향은 개인 수준의 수행에 미치는 영향과 여러 가지 측면에서 유사하다. 예를 들어, O'Leary-Kelly 등(1994)은 팀 목표 설정 연구에 대한 메타분석 연구를 진행했고, 목표가 팀 수행에 영향을 미친다는 가설이 강하게 지지된다는 것을 밝혔다. 이 연구에 뒤이어 수행된 개별 연구들도 이러한 발견을 뒷받침하였다(예 : Whitney, 1994). 이러한 결과들을 고려할 때, 팀 목표 설정과 개인 목표 설정은 거의 일치한다는 결론을 내리기 쉽다.

그러나 개인 및 팀 수준의 목표 설정과 연관된 역동에는 몇 가지 중요한 차이가 있다. 예를 들어, 팀의 목표를 설정할 때 중요하게 고려해야 할 점은 개인 수준 목표와의 상호작용이다. 이것은 팀 수준의 보상 체계를 개발할 때 조직이 직면하는 딜레마와 유사하다. 예를 들어, 개인별 목표가 없거나, 있더라도 그것이 팀 목표와 양립할 때는 팀 수준의 목표가 훨씬 더 효과적이라는 사실이 밝혀졌다(Mitchell & Silver, 1990). 따라서 조직은 팀의 수행과 관련된 목표를 개발하고자 할 때 전반적인 목표 구조에 대해 잘 알고 있어야 한다(DeShon et al., 2004).

개인과 팀 목표 설정 문헌 간의 또 다른 중요한 괴리는 목표와 수행 간의 개입 기제와 관련이 있다. 목표가 미치는 영향은 너무 명확하게 확립된 사실이어서, 목표 설정 연구자들의 최근 관심은 주로 왜 목표 설정이 효과가 있는지에 집중되어 왔다(제9장 참조). 목표 설정의 효과에 대한 대부분의 설명은 목표가 자기조절(self-regulation)의 중요한 초점 역할을 한다는 것과(Klein, 1989), 목표에의 몰입이 목표와 수행 사이를 연결하는 주요 매개 단계라는 사실에 기반하고 있다(Ambrose & Kulik, 1999).

팀 목표 설정 효과를 발생시키는 프로세스에 대한 연구가 비교적 적긴 하지만, 이러한 효과를 일으키는 기제들이 개인 수준의 그것과는 상당히 다르다는 증거들이 있다. 예를 들어, **집합적 효능감**(collective efficacy)이 팀 목표와 수행 간의 중요한 매개 기제일 수 있다는 다소의 증거가 있다. Whitney(1994)는 어려운 목표를 부여받은 팀들이 보다 쉽거나 '최선을 다하라'는 목표를 부여받은 팀들과 비교할 때 더 높은 수준의 집합적 효능감을 보인다는 것을 발견했다. 따라서 어려운 목표를 부여받은 팀들은 조직이 다른 팀들보다 그들을 더 유능하다고 생각한다는 신호(예 : "우리 목표가 더 어렵다. 고로, 우리가 더 유능함이 틀림없다.")로 받아들일 수 있다. 이러한 고양된 유능감은 이후 목표가 개인 수준의 수행을 향상하는 것과 동일한 기제(예 : 노력의 증대, 몰입, 전략 개발 등)를 통해 보다 높은 수준의 수행에 이르게 할 수 있다. 유사한 발견이 Hu와 Liden(2011)에 의해 보고되었는데, 그들은 팀 목표의 내용과 과정과 관련된 명확성이 팀 유능감과 관련이 있었고, 이것은 다시 상위 경영자가 팀 수행과 팀 OCB로 평정한 팀 효과성을 예측하였다.

개인과 팀 수준 목표 프로세스 간의 또 다른 중요한 차이점은, 어려운 목표가 구성원들의 팀에 대한 매력 또는 팀 응집력을 높일 수 있다는 점이다(Whitney, 1994). 즉 어려운 목표는 팀에 대한 애착을 증가시켜 '팀 구성원이 서로 하나가 되도록' 만들며, 결과적으로 수행을 향상할 수 있다. 이런 생각을 뒷받침하듯 Aube와 Rousseau(2005)는 여러 캐나다 조직들의 실제 팀을 대상으로 팀 목표에 대한 몰입과 팀 효과성의 여러 지표(예 : 팀 수행, 팀 지속가능성) 간의 관계를 고찰하였다. 그들은 팀 목표에 대한 몰입과 효과성 지표들 간에는 정적인 관계가 있음을 발견하였으며, 또한 이러한 관계가 지지적 팀 행동(supportive team behavior)에 따라 다르다는 것을 발견하였다. 즉 공동 목표 달성에 몰입된 팀은 필요로 할 때 서로 적극적으로 도우며, 그로 인해 더 높은 수준의 팀 수행을 가져왔다. 그러나 이렇게 향상된 응집력과 상호 매력이 팀 수행을 촉진하기 위해서는 반드시 높은 수준의 수행을 지지하는 규범을 가져야 한다는 사실도 기억해야 한다(Seashore, 1954).

팀 내 프로세스

조직 연구자들은 투입이 효과성 지표들과 연결되는 중간 과정인 팀 프로세스를 규명하는 데 많은 노력을 기울여 왔다. 그러나 팀 프로세스가 팀 효과성을 이해하는 데 핵심적이긴 하지만, Kozlowski와 Bell(2003)은 "…프로세스의 핵심 요소들에 대해서는 거의 의견 수렴이 되지 않았다"(p. 346)고 언급하고 있으며, 여러 연구자가 다양한 분류의 팀 프로세스들을 제안하고 있다(Dickinson & McIntyre, 1997; Hallam & Campbell, 1997; Kozlowski & Bell, 2013; Mathieu & Day, 1997; Salas et al., 2005). 팀 수행에 영향을 주는 주요 프로세스들에 대해 완전한 동의가 이루어지지 않았음에도 불구하고, 실험실이나 실제 조직에서 팀 수행을 예측한다고 경험적으로 밝혀진 몇 가지 분류 프로세스가 있다. 이 절에서는 팀 프로세스의 요소들 중 보다 중요하다고 간주되는 몇 가지 요소에 초점을 맞춰 살펴보고자 한다.

가장 일반적인 의미로 팀 프로세스란 팀이 맡고 있는 과업을 완수해 내는 방식을 가리킨다. 팀 프로세스는 팀이 무엇을 만들어 내는지가 아니라 팀이 어떻게 일을 하는지와 관련되어 있다. 이러한 일반적인 정의를 받아들일 때 팀 프로세스의 매우 다양한 요소가 팀 효과성에 영향을 미칠 수 있다. 이 장에서는 〈표 11.1〉에 제시된 팀 프로세스들을 강조한다. 〈표 11.1〉에서는 팀 프로세스를 행동적 프로세스와 인지/정서적 프로세스로 구분하고 있다.

행동적 프로세스

대부분의 행동적 프로세스는 별도의 설명 없이도 직관적으로 이해가 된다. 먼저, 팀 구성원들 간의 의사소통(communication)은 효과적인 팀 수행을 위해 필수적인 요소임이 여러 연구를 통해 지지되었다(Ancona & Caldwell, 1992a, b). 팀 내 의사소통은 정보 흐름의 양과 정보가 확산되는 방식에 영향을 미친다. 정보를 거의 공유하지 않거나 매우 드물게 의사소통하는 팀은 구성원들이 자유롭게 물 흐르듯 의사소통하는 팀에 비해 낮은 수행 수준을 보인다(Hackman, 1987). 그러나 팀이 수행하는 과업의 본질에 따라 그 차이는 달라진다. 매우 상호의존적이고 복잡한 과업은 단순하거나 상호의존성이 낮은 과업에 비해 더 많은 양의 정보가 요구되기 때문이다. 또한 연구자들은 과업 관련 의사소통과 과업 비관련 의사소통을 구분했으며, 후자인 과업과 관련되지 않은 의사소통은 낮은 수준의 팀 수행과 관련

표 11.1 동적, 인지적, 정서적 팀 프로세스

분류	묘사
행동적	
커뮤니케이션	두 명 이상의 팀 구성원 간 정보의 교환(Dickinson & McIntyre, 1997, p. 25)
조정	팀 구성원이 시간 안에 통합적인 방법으로 활동을 실행하는 것. 타인에 의해 영향을 받는 팀 구성원의 수행(Dickinson & McIntyre, 1997)
협력	상호의존적인 과업을 수행하기 위해 팀 구성원들끼리 서로 돕는 것(Wagner, 1995). 갈등의 반대 개념으로 간주됨(Kozlowski & Bell, 2003)
인지적/정서적 팀 응집성	
과업	팀의 과업 및 목표에 대한 팀의 공유된 몰입 및 매력(Kozlowski & Bell, 2003, p. 349)
대인관계적	팀 구성원이 서로를 좋아하고 서로에게 매력을 느끼는 정도(Siebold, 2006)
팀 효능감	팀이 특정 과업을 성공적으로 수행할 수 있다고 믿는 것(Gully et al., 2002, p. 820)
팀 임파워먼트	조직의 과업에 대한 팀 구성원들의 집합적인 긍정적인 평가에 기인한 과업 동기(Kirkman et al., 2004)
팀 인지	팀의 기능에 중요한 지식이 팀 내에서 정신적으로 조직되고 표상되며 분배되는 방법과 팀 구성원이 기대하게 하고 행동하게 하는 방법이 발현된 상태(DeChurch & Mesmer-Magnus, 2010b, p. 33)
팀 갈등	팀 내 과업 및 정서적인 문제에 대한 갈등(Jehn, 1994)

이 있었다(Toquam et al., 1997).

앞 장에서 논의된 바 있는 의사소통의 또 다른 측면은 팀의 의사소통 양식이 얼마나 고도로 집권화되어 있는지 혹은 분권화되어 있는지 정도이다. 집권화된 의사소통 양식은 팀이 수행하는 과업이 상대적으로 단순하고 구성원들 간의 상호 조정이 덜 필요한 경우 효과적인 것으로 밝혀졌음을 상기하라. 반면, 분권화된 의사소통은 팀의 과업이 매우 복잡하거나 조정을 많이 필요로 할 때 수행을 촉진하는 경향이 있다.

필자가 팀 개발 활동을 하면서 수년 동안 관찰한 바에 의하면, 이러한 집권화 대 분권화 문제는 한 팀의 모든 구성원이 의사소통이나 결정에 참여하는 정도와 관련이 있다. 수행 수준이 높은 팀들이 가장 일반적으로 보이는 속성 중 하나는 구성원 모두가 참여하며 자신의 의견을 적극적으로 표명하는 경향이 있다는 점이다. 반면, 다소 문제가 있는 팀에서는 팀 구성원들의 참여 정도가 매우 고르지 못함을 흔히 발견할 수 있다. 대개 목소리가 매우 큰 한두 명의 팀원이 팀 회의의 대부분을 장악한다. 그 결과 팀이 제대로 기능하지 못하는 원인이 된다. 왜냐하면 가장 목소리가 큰 사람이 항상 가장 좋은 아이디어를 내는 것은 아니기 때문이며(사실, 그 반대인 경우도 자주 있다), 상당히 괜찮은 아이디어들이 그 과정에서 빛을 보지 못하기도 한다. Wang 등(2013)은 팀 구성원들 간의 공유된 리더십이 팀 효과성의 지표들과 관련이 있는지 조사하는 메타분석을 실시하였다. 그 결과, 제10장에서 소개한 변혁적 그리고 카리스마적 리더십의 핵심 특성들 중에서 공유된 리더십이 더 높은 수준의 팀 수행과 연관이 있었는데, 특히 팀이 복잡한 활동을 하고 있을 때 더욱 그러하다는 것을 발견하였다. 예를 들어, 전자 의사소통(예 : 이메일)은 사실에 대한 정보를 전달하는 데 대단히 효과적이긴 하지만(Carey & Kacmar, 1997), 팀의 과업이 고도로 상호의존적이거나 의사소통되는 정보가 정서적인 성격을 가진 경우에는 상대적으로 덜 효과적이다(Straus & McGrath, 1994). 또한 전자 의사소통 사용자들은 대면 접촉 시에는 가능하지 않은 일정 수준의 익명성을 느낄 수 있기 때문에 전자 의사소통은 좀 더 사무적이고 직설적일 수도 있다(Dubrovsky et al., 1991). '과학 번역하기 11.1'에서 이메일 무례함의 부정적인 결과에 대한 연구를 소개하였다.

팀 내 전자 의사소통 분야에 대한 연구가 증가하고 있으며, 일관적으로 드러나는 사실들도 있다. 예

과학 번역하기 11.1

무례한 이메일의 결과들

이메일을 주고받는 것은 일터에서 가장 흔한 소통의 방식 중 하나이다. 이메일을 통한 의사결정은 편리함, 시간 절약, 정보 전달의 신속함을 제공한다. 그러나 이메일은 내용에 따라 부정적인 결과를 초래하기도 한다. 기술을 통한 의사 소통이 증가함에 따라 이메일을 통한 직장 내 무례함도 증가했다. 직장 내 무례함은 일터에서 가장 흔한 형태의 부당 대우 중 하나로, 타인에 대한 존중의 부족을 보여주는 무례한 행동과 태도로 정의될 수 있다. 직장 내 무례함의 일반적인 결과로 직무 만족과 정신 건강의 저하, 심지어 공격적인 행동이 증가되기도 한다.

이메일과 메신저와 같은 의사소통 기술은 직장 내 무례함을 더욱 촉진하는 것으로 밝혀졌다. 그 이유 중 일부는 이러한 플랫폼이 대면 대화에서 나타날 수 있는 맥락적인 단서를 전달하지 못하고, 대면 상호작용에서는 볼 수 없는 '온라인 억제 해제 효과'(online disinhibition effect)로 알려진 스크린 보호 때문이다. 한 연구에서는 이메일로 전해지는 무례함의 영향을 실험을 통해 살펴보았다. 그 실험에서는 수학 문제를 풀면서 상사로부터 받은 정중한 이메일과 무례한 이메일이 서로 다른 결과를 만드는지 살펴보았다. 연구 결과, 과제를 수행하는 동안 상사의 이메일을 통해 무례함을 경험한 사람들은 과제 후 정신적, 정서적, 사회적 에너지가 더 낮아졌다. 또 무례함은 우울 및 불안과 관련된 부정 정서와는 정적으로 관계되었다. 더 나아가, 무례함은 과제 수행과 몰입의 저하를 불러일으켰다.

이러한 결과는 짧은 과제 중에도 무례함을 경험하는 것이 성과와 자신감을 무너뜨릴 수 있음을 보여준다. 이메일은 극도로 흔한 소통의 수단이지만, 무례한 이메일은 중요한 직원들의 결과물에 지대한 영향을 미칠 수 있다.

제공 : 클렘슨대학교 Caroline George

출처 : Giumetti et al.(2013).

를 들어, 팀 구성원들은 과업과 관련된 중요한 정보를 전달해야 하는 경우에는 대체로 전자 의사소통 매체를 잘 활용하지 않는 경향이 있다(Straus & McGrath, 1994). 그 이유는 전자 의사소통이 상당히 제한적인 의사소통 매체이기 때문이다. 전자 의사소통에서는 몸짓이나 그 밖의 비언어적 의사소통을 사용할 수 없기 때문에 논점을 정확하게 전달하는 데 더 오래 걸릴 수 있다(McGrath, 1990).

이러한 다소 부정적인 평가에도 불구하고, 어떤 경우에는 전자 의사소통이 대면 의사소통보다 더 우월할 수도 있다. 예를 들어, 의사소통 목적이 단순히 정보를 유포하는 것이라면, 전자 의사소통은 대면 회의보다 훨씬 더 효율적이다. 독자들 중에는 아마 다른 방법(예 : 전자 정보 전달 등)을 통할 수 있었음에도 단순히 '정보 전달'만을 위한 회의에 참석해 본 경험이 있을 것이다.

전자 의사소통이 효과적일 수 있는 또 다른 예는 팀이 **브레인스토밍**(brainstorming)을 하는 경우이다. 브레인스토밍은 팀이 창의적이거나 기발한 아이디어를 생각해 내려고 할 때 주로 사용된다. 브레인스토밍의 기본 원칙은 참가자들이 가능한 한 많은 아이디어를 제안해야 하고(질보다 양이 더 중요하다), 제안된 아이디어를 평가해서는 안 되며, 되도록 다른 사람들의 아이디어를 더 발전시키려고 노력해야 한다는 것 등이다. 적절한 조건하에서 브레인스토밍은 면대면 미팅을 통해 잘 이루어진다. 그러나 많은 경우 참가자들은 평가 우려(evaluation apprehension)를 경험하거나 혹은 남들 앞에서 새로운 아이디어를 공유하는 것을 꺼릴 수도 있다. 전자 의사소통에 의한 브레인스토밍에서는 참가자들이 이러한 우려를 극복할 수 있음이 밝혀졌는데(Gallupe et al., 1992), 그것은 전자 의사소통에서의 익명성 때문에 가능한 것이었다.

전자 의사소통에 대한 연구는 증가하고 있으며, 점점 더 많은 팀에서 가상적인 요인을 도입하고 있다. 가상 팀은 이 장의 뒷부분에서 설명할 것이다. 지금으로서는 구성원들이 지리적으로 서로 흩어져 있는 팀[즉 '가상(virtual)' 팀; Kirkman & Mathieu, 2005; Kozlowski & Bell, 2013]을 활용함에 따라 관련 한계를 이해하는 것이 중요해질 것임을 기억해야 한다.

다른 행동적 프로세스와 관련해서 조정(coordination)은 "팀의 작업 흐름(work flow)과 관련된 상호의존성을 다루기 위해 필요한 활동"이라고 정의된다(p. 352; Kozlowski & Bell, 2003). 그리고 이것은 과업이 완수되는 동안 팀 구성원들의 상호작용을 관찰자가 평정하거나, 팀 구성원들 간에 이루어지는 실제적인 교환의 관찰을 통해 측정된다(Brannick et al., 1993; Stout et al., 1994). 또한 **지원 행동**(backup-behavior)이라 하는 **협력**(cooperation)은 과업을 완수하는 데 있어 구성원들이 서로 돕고 서로가 필요로 하는 정보를 제공해 주는 정도를 일컫는다(Wagner, 1995). 협력은 팀 구성원들을 대상으로 설문하거나(Hallam & Campbell, 1997) 팀 구성원들 간에 이루어지는 상호교환의 양을 통해 측정된다(Seers et al., 1995). 의사소통, 조정 그리고 협력은 모두 효과적인 팀 수행을 가져오는 팀 프로세스들이다.

정서적/인지적 프로세스

〈표 11.1〉에 제시되어 있는 팀 프로세스의 나머지 부분은 팀 구성원들이 주어진 과업이나 다른 팀원들에 대해서 어떻게 생각하는지와 관련된 인지적(cognitive) 문제나 한 팀으로 그들이 하고 있는 일과 다른 팀원들에 대해서 어떻게 느끼는지와 관련된 정서적(affective) 변인에 대해 다룬다. 팀 응집력(team cohesiveness)은 대부분의 팀 효과성 모델에서 측정하는 변인 중 하나지만, 모든 모델이 팀 응집력을 팀 프로세스의 한 측면으로 고려하는 것은 아니다. 다양한 정의가 제시되었지만, 대부분의 팀 연구자들은 응집력을 팀 구성원들이 얼마만큼 팀에 매력을 느끼는지, 얼마만큼 팀 멤버십에 높은 가치를 두는지의 정도로 정의한다(Mudrack, 1989). 일상 용어로 응집력은 팀 내에 존재하는 '팀 의식(team spirit)'이나 '단체 정신(esprit de corps)' 정도로 묘사되곤 한다.

조직 내에 높은 수행 규범(high performance norm)이 존재할 때 응집력이 높은 팀일수록 더욱 효과적이라는 것이 입증된 바 있다(Seashore, 1954). 그러나 팀이 지나치게 응집력이 높으면 문제가 될 수도 있는데, 앞서 언급한 바와 같이 Janis(1982)는 팀이 지나치게 응집력이 높아서 자신의 역량과 능력을 현실적으로 평가할 능력을 상실했을 때 '집단사고'가 발생할 가능성이 높다고 하였다. 팀 프로세스의 측면에서 지나친 응집력 때문에 다수와 다른 의견을 내기가 어려워지고, 환경을 부정확하게 평가할 가능성이 높아진다.

보다 최근 연구들은 팀 응집력이 다차원적이며, 이것이 팀 효과성에 영향을 미칠 수 있음을 보여주고 있다. Hackman(1992)에 따르면, **대인관계 기반 응집력**(interpersonal-based cohesiveness)과 **과업 기반 응집력**(task-based cohesiveness)을 구분할 수 있다(또한 Mullen & Cooper, 1994; Siebold, 2006 참조). 응집력이 대인관계 기반이라면, 구성원들이 팀에 매력을 느끼는 것은 그들이 다른 팀 구성원들을 좋아하고 그들과의 교제를 즐기기 때문이다. 대학교 남학생들의 사교클럽 구성원들은 대체로 이러한 대인관계상의 이유로 응집력이 높아질 수 있다. 또한 친목 모임과 같은 비공식적인 집단도 이와 같은 이유로 응집력이 높다. 응집력이 과업 기반이라면, 구성원들이 팀에 매력을 느끼는 이유는 팀이 수행하는 과업 때문이다(표 11.1 참조). 대통령 선거운동본부의 구성원들은 그들이 밀고 있는 후보에 대한 상호 지지 때문에 매우 강한 응집성을 보일 수 있다. 프로 스포츠팀의 구성원들도 우승 트로피를 갖기 위해 서로 노력하는 과정에서 응집력이 높아진다.

응집력이 대인관계 기반인가 아니면 과업 기반인가에 따라 팀 효과성에 다르게 영향을 미칠 수 있다. Mullen과 Cooper(1994)는 팀 응집력 연구에 대한 메타분석을 실시하여, 과업 기반 응집력이 대인관계 기반 응집력보다 팀 수행의 더욱 강력한 예측변인이라는 결론을 내렸다(또한 Siebold, 2006 참조). 이는 단지 사람들이 서로를 좋아하고 함께 잘 지낸다고 해서 반드시 효과적인 팀이 되는 것은 아니라는 것을 시사한다. 실제로 구성원들 간의 인간관계가 너무 좋으면 오히려 생산성이 낮을 수 있다는 점은 쉽게 이해된다. 팀 구성원들끼리 너무 잘 지내는 나머지 과업 수행에는 거의 관심을 기울이지 않을 수 있기 때문이다.

Hackman(1992)에 의하면 이러한 응집력 형태의 구분은 팀의 과업 설계의 중요성을 더욱 부각시킨다. 만일 과업이 흥미롭고 도전적이며 심리적으로 몰입될 수 있도록 설계된다면 팀 구성원들이 높은 수준의 과업 기반 응집력을 갖게 되며 결과적으로 팀의 수행이 향상될 가능성이 높아진다. 반면에 과업이 별로 재미없고 흥미를 끌지 못한다면 높은 수준의 과업 기반 응집력이 생길 가능성은 낮다. 이런 경우 팀 구성원들은 자신들이 하는 일에 대해 미적지근한 자세를 보일 것이며 이것이 팀 수행에도 반영될 수 있다. 앞으로 응집력의 다차원성과 그것이 주는 함의에 대해 보다 많은 연구가 요구된다.

팀 응집력과 더불어 이 장의 앞부분에서 **집합적 효능감**(collective efficacy)이라 하는 팀 효능감의 중요성에 대해 논의했다. 〈표 11.1〉에서 제시한 것과 같이 집합적 효능감은 '특정한 상황적 요구에 대해 구성원들이 서로 협력하여 여러 자원을 할당, 조정, 통합하여 성공적으로 반응할 때 구성원들 간에 공유되는 집합적인 역량감(competence)'을 말한다(Zaccaro et al., 1995, p. 309). 집합적 효능감은 다양한 상황에서 팀의 목표를 완수할 수 있다는 팀 구성원들의 신념으로 볼 수 있다. 따라서 다양한 과제에서 집합적 효능감이 높을수록 더 높은 수준의 팀 수행을 보이는 것으로 밝혀지고 있다(Gully et al., 2002). 임무를 수행하는 자신들의 능력에 대한 집합적 신념을 가진 팀 구성원들은 팀 수행과 관련된 일련의 활동을 할 때 그들의 행동을 더욱 조정하며 보다 원활하게 의사소통할 것이다. 연구자들은 팀 효능감과 앞서 논의한 팀 유능감(potency)을 구분하고 있다. Collins와 Parker(2010)는 팀 유능감은 일반적인 수준에서 팀이 자신의 능력에 대해 가지는 신념을 나타내지만, 팀 효능감은 구체적인 목적(목표)을 달성하는 데 있어서의 팀의 능력에 대한 신념을 나타낸다고 보았다.

집합적 효능감과 관련된 변인으로 **팀 임파워먼트**(team empowerment)가 있다. Kirkman 등(2004)은 팀 임파워먼트를 조직에서 주어진 과제에 대한 팀 구성원들의 집합적인 긍정적 평가에 기인한 고양된 과업 동기라고 정의했다. 집합적 효능감이 팀 과업을 수행하는 능력에 대한 팀 구성원들의 믿음에 초점을 둔 것인 반면, 팀 임파워먼트는 자신들이 수행하는 과업의 의미감에 대한 팀 구성원들의 믿음이다. Kirkman 등(2004)에 따르면, 팀 임파워먼트는 팀의 유능감, 팀 과업의 의미 지각, 팀으로서 수행할 수 있다는 자율감, 팀이 보다 상위의 조직 목표에 긍정적 영향을 준다는 느낌 등에 의해 결정된다. 이러한 네 가지 변인은 가산적(additive)이며, 시간에 따라 변화 가능하다. Kirkman 등(2004)은 팀 임파워먼트가 가상 팀의 고객 만족 향상 및 과제 처리에 걸리는 시간 단축으로 측정된 수행 수준을 예측함을 발견하였다. 특히 팀의 면대면 회의를 적게 할 때 팀 임파워먼트와 프로세스 향상의 관계는 더욱 강하였다. 이 연구는 팀 임파워먼트가 팀 구성원들 간의 상호작용과 의사소통의 기회가 제한되는 상황에서 특히 중요할 수도 있음을 시사한다.

〈표 11.1〉에 제시된 인지적/정서적 프로세스 중 다음으로 고려할 것은 팀 인지(team cognition)인데, 이것에는 공유된 정신 모델과 교류활성 기억이라는 개념을 포함한다(DeChurch & Mesmer-

Magnus, 2010a). **공유된 정신 모델**(shared mental model)은 팀 구성원들이 팀 목표, 구성원들의 과업 그리고 구성원들 간 상호조정 방법 등과 관련된 정보를 조직화할 수 있도록 해 준다. Salas 등(2005)은 **팀 관련**(team-related)과 **과업 관련**(task-related)이라는 두 가지 형태의 정신 모델이 있다고 주장하였다. 팀 관련 정신 모델은 팀이 어떻게 기능하는지를 다루며, 과업 관련 모델은 필요로 하는 재료나 특정 설비들이 어떻게 사용되는지에 관한 정보를 다룬다. 이러한 공유된 정신 모델들은 팀이 보다 효과적이고 효율적으로 일하도록 해 준다고 가정된다. Mathieu 등(2000)은 팀 관련 정신 모델은 팀 수행과 유의하게 관련되어 있으며, 과업 관련 모델은 팀 프로세스를 통해 팀 수행과 간접적으로 관련되어 있음을 보여주었다.

교류활성 기억(transactive memory)은 팀의 개별 구성원이 보유하는 독특한 지식을 나타내며, 팀이 누가 어떤 독특한 영역의 지식을 가지고 있는지를 인식하는 것을 의미한다(Moreland, 1999). DeChurch와 Mesmer-Magnus(2010b)는 교류활성 기억은 팀 구성원들 사이에 각자 지식의 전문화가 이루어진 정도 그리고 팀 구성원들 각자가 독특한 지식을 보유하고 있는 것에 대한 자신감으로 평가된다고 하였다. 일반적으로 교류활성 기억이 강한 팀일수록 수행 수준이 더 높다(Austin, 2003).

DeChurch와 Mesmer-Magnus(2010b)는 팀 인지 관련 요소들이 팀 프로세스와 효과성에 어떻게 관련되는지에 대한 메타분석을 실시하였다. 결과에 의하면, 팀 인지의 질적 수준은 팀 내 행동적, 동기적 프로세스들을 통제하고서도 팀 수행의 강한 예측변인이었다. Salas 등(2005)의 연구와 비슷하게, Mathieu 등(2010)은 **팀** 수준 대비 **과업** 수준에서 측정된 공유된 정신 모델을 구분해야 한다고 주장하였다. 그들은 과업 공유된 정신 모델은 어떻게 주요한 과업들이 수행되어야 하는지에 대한 팀 구성원들 간의 공유된 표상을 나타내지만, 팀 공유된 정신 모델은 작업 장면에서 팀 구성원들이 어떻게 상호작용할지에 대한 공유된 표상을 나타낸다고 하였다. 이전 연구들은 이 두 가지 공유된 정신 모델 모두 팀 수행을 예측한다는 결과를 보여주었다(Edwards et al., 2006; Mathieu et al., 2000).

팀 효과성에 영향을 미칠 수 있는 프로세스의 마지막 중요한 구성요소는 팀이 갈등을 다루는 방식이다. 사람들이 모여서 집단적으로 어떤 과업을 수행하려 할 때 항상 어느 정도의 갈등은 피할 수가 없다. 누가 팀 리더의 역할을 맡아야 할지 또는 과업을 어떤 방식으로 수행해야 할지 등과 관련된 여러 문제에서 팀원들 간에 의견이 갈릴 수 있다. 어떤 사람들은 근본적인 성격이나 가치관의 차이 때문에 다른 사람들을 싫어할 수도 있다. 갈등의 원인뿐만 아니라 갈등의 수준도 가볍고 건전한 의견불일치에서부터 신체적인 공격에 이르기까지 다양할 수 있다. Shaw 등(2011)은 과업 갈등과 관계 갈등을 구분하였는데, 전자는 주요한 직무 과업들을 완수하는 것과 관련된 갈등에 초점을 두고, 후자는 대인 간 갈등에 초점을 맞추고 있다. 그들은 높은 관계 갈등이 과업 기반 갈등이 수행에 미치는 영향을 더 악화한다는 것을 발견하였다.

비록 갈등이 팀 구성원들의 태도와 일관적으로 부적 관계에 있긴 하지만, 항상 낮은 수준의 팀 수행과 연관되는 것은 아니다. Shaw 등(2011)의 결과와 유사하게, Jehn(1994)에 의하면 팀 내부의 갈등은 과업 관련(task-related) 갈등과 정서 관련(emotion-related) 갈등으로 구분할 수 있다. 갈등이 과업에 관련된 것이라면, 팀 구성원들이 과업과 관련된 문제에서 서로 다른 견해를 가진 것이다. 예를 들어, 작업의 우선순위를 정하는 방식에 있어서나, 어떤 작업방식이 가장 적절한지, 팀 구성원에게 어떻게 업무를 배분해야 하는지 등에서 이견이 있을 수 있다. Jehn에 따르면 과업 관련 갈등은 팀 효과성을 손상하지 않으며, 오히려 많은 경우 팀 효과성을 향상할 수 있다. 팀 구성원들 간의 의견 차이가 과업과 연관된 문제에서 나타난다면, 그러한 문제들에 대한 의사소통을 촉진해 결과적으로 효과성을 향상할 수 있는 혁신적 아이디어를 생산하게 될 수도 있다.

반면, 갈등이 정서에 관련된 것이라면 팀 구성원들은 보다 개인적인 문제에 있어 의견 차이를 보이는 것이다. 심지어 매우 합리적인 사람들조차도 근본적인 가치관의 차이, 즉 '세상을 다르게 보는' 탓에 다른 사람과 잘 지내지 못할 수 있다. Jehn(1994)에 의하면 정서와 관련된 갈등은 팀 수행에 부정적인 영향을 미칠 수 있다. 사실, 그러한 갈등이 매우 높은 수준으로 확대되도록 내버려 두면 궁극적으로 팀이 해체되는 결과가 초래될 수도 있다. 왜 그러한 형태의 갈등이 그토록 파괴적일까? 한 가지 이유는 그러한 갈등은 단순히 모든 팀 구성원을 불편하게 만들기 때문이다. 당사자로서 다른 사람과의 갈등 상황에 처하는 것도 불편할 뿐 아니라, 그러한 갈등이 벌어지는 것을 지켜보는 것 또한 불편한 일이다. 따라서 많은 경우에 팀 구성원들은 그저 그런 불쾌한 상황으로부터 벗어나려고 노력하는 것이다.

아마도 정서와 연관된 갈등이 효과성을 감소시키는 보다 중요한 이유는 그러한 갈등 때문에 팀 구성원들이 과업과 관련된 중요한 문제에 주의를 집중하기 어렵기 때문이다. 팀 내 두 사람이 적대적인 적이 된다면, 어떻게든 서로 상대방보다 앞서는 데만 집중한 나머지 과업 수행에는 별로 관심을 기울이지 못할 수가 있다.

연구에서도 과업 수행이 팀 수행과 긍정적인 관계를 갖게 만드는 요인들을 확인하였다. Bradley 등(2013)은 경험에 대한 개방성과 정서적 안정성이라는 성격 특성이 높은 구성원들로 구성될 때 팀 갈등이 팀 수행과 정적으로 관련이 있음을 발견하였다. 반면, 그러한 성격 특성이 낮은 구성원들로 팀이 구성되면 팀 갈등은 낮은 수행으로 이어졌다. 이러한 결과는 팀 내 긍정적인 성격 특성들이 팀 갈등이 보다 높은 수준의 수행으로 전환되도록 할 수 있음을 시사한다.

최근 연구에서는 새로운 팀원의 합류가 정서적 팀 과정에 미치는 영향을 살펴보았다. Liu 등(2023)은 팀에 새로 합류한 팀원과 기존 팀원 간의 관계적 특성(예 : 호감도)의 유사성 및 과제 관련 특성(예 : 교육 배경)에 따라, 신입 팀원에 대한 정서적 반응이 달라질 것이라는 이론을 제시했다. 저자들은 관계적 특성에서의 비유사성은 더 부정적인 정서적 반응과 관련이 있을 것이며, 과제 관련 특성에서의 비유사성은 더 긍정적인 정서적 반응과 관련이 있을 것이라는 가설을 세웠고, 이를 지지하는 결과를 발견했다. 이들의 연구 결과는 신입 팀원에 대한 정서적 반응이 복잡할 수 있으며, 기존 팀원들의 특성에 따라 달라질 수 있다는 것을 보여준다.

〈표 11.1〉에 제시된 프로세스에 대한 설명을 마치기 전에, 점점 더 많은 최근 연구들이 다양한 팀 요인이 팀 효과성과 어떻게 관련되는지를 연구하고 있다는 것을 강조하고자 한다. 예를 들어, Gonzalez-Mulé 등(2020)은 팀의 근속 기간과 팀 효과성의 관계와 해당 관계의 매개변인으로 다양한 팀 프로세스의 역할에 대한 메타분석을 진행하였다. 팀 근무 연한은 각각의 팀 구성원들이 팀에 얼마나 오래있었는가를 뜻한다. 팀 근속 기간은 다양한 방식으로 측정될 수 있는데, 단순히 팀원 개개인의 근속 기간을 더할 수도 있고(가산적 팀 근속 기간), 팀 전체가 팀으로서 얼마나 같이 일했는지(집합적 팀 근속 기간) 여부로 측정할 수도 있고, 팀원들이 팀이나 조직에서 근무한 기간의 변산(팀 근속 변산)으로 측정할 수도 있다.

이 저자들은 각기 다른 개념의 근속 기간과 팀 효과성의 관계를 살펴보고 이러한 관계에서 중요한 팀 프로세스를 살펴보았다. 연구 결과, 세 가지 유형의 근속 기간 모두 팀 성과와 관련이 있었으며, 가산적 팀 근속 기간이 성과의 가장 강력한 예측 변인이었다. 또한 인지적 프로세스는 가산적 팀 근속 기간과 팀 성과의 관계를 매개했으며, 정서적 프로세스는 집합적 팀 근속 기간과 팀 성과의 관계를 매개하였고, 행동적 프로세스는 팀 근속 변산과 팀 성과의 관계를 매개했다. 이러한 연구 결과는 팀 성과를 연구할 때 다양한 범주의 팀 프로세스를 고려하는 것이 중요하다는 점을 강조한다.

팀 내 프로세스를 범주화하는 다른 접근

LePine 등(2008)의 메타분석은 〈표 11.1〉에 언급된 다양한 팀 프로세스가 성과와 환경을 **모니터링**(monitoring)하는 행동 프로세스, 협력 또는 갈등 관리와 관련된 관계적 · 감정적 과정을 다루는 **대인 프로세스**(interpersonal process), 또는 임무 분석과 목표 설정을 다루는 **전환**(transition) 프로세스인지에 따라 정의될 수 있음을 제안한다. 다양한 유형의 팀을 대상으로 한 최근 연구에서는 이러한 프로세스가 팀 성과와 어떻게 관련이 있는지를 조사했다(Thiel et al., 2019). 예를 들어, Larson 등(2020)은 학생팀이 13주 동안 최종 비즈니스 제안서를 작성하는 과정을 여러 번 측정했다. 이 저자들은 팀의 진행 상황 모니터링, 갈등 관리, 전략 및 계획 수립과 같은 팀 프로세스를 측정했고, 최종 비즈니스 제안서의 품질을 팀 성과의 지표로 평가했다. 연구의 주요 발견 중 하나는 시간에 따라 세 가지 프로세스에서 더 가파른 증가를 보인 팀이 더 긍정적인 평가를 받았다는 점이다. 이 연구 결과는 팀 프로세스의 역동적인 특성을 보여주며, 프로세스의 기능성 증가는 팀 성과에 긍정적일 수 있음을 시사한다.

이 세 종류의 프로세스를 연구한 또 다른 사례로, Maynard 등(2021)은 외과 팀을 대상으로 팀 리더 코칭 개입의 효과를 조사하였다. 이 연구에서 외과 의사는 팀을 효과적으로 이끄는 방법에 대한 코칭을 받았다. 저자들은 대조군과 비교하여 코칭 개입이 팀 프로세스와 외과 팀이 수행한 수술 중 발생한 지연 및 방해 같은 팀 결과에 미치는 영향을 조사했다. 수술 중 행동 프로세스와 전환 프로세스도 분석

되었다. 저자들은 코칭 개입이 두 가지 팀 결과물에 긍정적인 영향을 미친 것을 확인했다. 또한, 코칭 개입이 수술 중 발생한 전환 프로세스를 통해 팀 결과에 영향을 미쳤다는 사실도 발견했다.

이제까지 확립된 팀 프로세스 및 특징에 더해서, 연구자들은 추가적인 팀 프로세스도 팀 성과의 주요 예측 변인이라는 것을 확인하고 있다. 예를 들어, Hannah 등(2011)은 팀 리더의 진정성과 팀 성과의 관계에서 팀 진정성의 매개 역할을 조사했다. 팀 진정성은 수정된 진정성 리더십 측정치를 통해 평가되었으며, 팀원들이 서로에게 자기 스스로에게 진실할 것을 격려하거나 상반된 의견을 수용하는 정도를 평가했다. 이 연구에서 팀 진정성이 팀 리더의 진정성과 팀 성과 간의 관계를 매개한다는 사실을 밝혔다. De Jong과 Elfring(2010)은 또한 팀의 신뢰가 팀 성과를 예측하며, 신뢰가 높은 팀일수록 더 많은 노력을 기울이고 서로의 성과를 모니터링한다는 것을 발견했다. Breuer 등(2016)은 팀 신뢰와 팀 효과성 간의 관계를 조사한 54개의 표본에서 총 1,850명의 직원을 대상으로 메타분석을 수행했으며, 전체적으로 두 변인 간 관계가 중간 정도라는 것을 밝혔다. 더 나아가, 이 장 후반에서 더 자세히 논의한 것처럼, 신뢰는 대면 팀에 비해 가상 팀에서 효과성을 더 강하게 예측하는 변인인 것으로 나타났다.

팀 간 프로세스

팀 수행에 관한 문헌에서 프로세스에 대한 대부분의 연구는 팀 내 역동에 주로 관심을 가져 왔으나, 몇몇 연구에서는 조직 수준 수행의 예측 변인으로 팀 간 발생하는 프로세스를 연구해야 한다고 강조했다(Marks et al., 2005; Mathieu & Day, 1997). Mathieu와 Day(1997)는 조직의 성공은 효과적인 팀 간 의사소통, 조정, 협력에 의해 영향을 받으며, 조직 효과성 연구자들은 조직 내 팀들 간 주요한 인터페이스를 설계하고 팀들 간의 상호작용의 질을 측정할 필요가 있다고 지적하였다. 그들은 핵발전소 내의 여러 팀들 간에 발생하는 다섯 가지 주요 프로세스를 확인하였다. 먼저, **공식화**(formalization)는 팀 구성원들이 자신의 활동을 조정하는 데 규칙이나 절차 또는 표준화된 방법이 존재하는 정도로 정의된다. **조정**(coordination)은 공동의 목표를 달성하기 위해 부서들 간 다양한 활동에 대해 순서와 간격을 정하는 것을 나타낸다. **협력**(cooperation)은 서로 다른 부서의 구성원들과 긍정적 대인관계를 유지하는 정도를 일컫는다. **목표 우선순위**(goal priority)는 서로 다른 부서의 구성원들 간에 조직 목표의 우선순위에 대해 일치하는 정도를 의미한다. 마지막으로 **상호의존성**(interdependence)은 한 부서의 행위가 다른 부서의 운영에 영향을 미치는 정도를 말한다.

Mathieu와 Day(1997)는 원자력 발전소에서의 팀 간 상호작용을 조사하였으며, 어떤 팀들은 다른 팀들과 높은 수준의 상호의존성을 공유하고 있는 반면(예 : 운영실, 방사성 물질 관제실), 다른 팀들은 상대적으로 서로 고립되어 작업하고 있음을 발견하였다. 보다 중요한 점은 발전소 내의 팀들이 팀 프로세스 평가에서 높은 점수를 받은 경우도 있고 낮은 점수를 받은 경우도 있는 등 편차가 있었다는 점이다. 어떤 팀들은 조정과 협력에서 높은 점수를 받은 반면, 다른 팀들은 목표 우선순위에서 높은 점수를 보였다. Mathieu와 Day(1997)는 이러한 정보를 개별 팀별로 특화된 개선 포인트를 제안하는 데 활용하였다. 현대의 조직이 필요로 하는 팀 간 상호작용의 양으로 보아 팀 간 프로세스에 대한 연구는 앞으로 더 증가할 것으로 보인다.

Faraj와 Yan(2009)은 조직 장면에 내포되어 있는 팀들이 조직 내 다른 팀들과 공유하고 있는 경계를 어떻게 관리하는지에 주목하였다. 팀 간의 경계를 효과적으로 관리하기 위해서는 협력이나 조정과 같은 앞서 기술한 많은 프로세스가 필요하다. 그들은 팀이 자원이나 방향 설정을 위해 다른 팀에 접근하여 연계하는 것을 **경계 탐색**(boundary spanning), 다른 팀이 부당하게 자신의 핵심 기능에 영향을 미치지 못하게 하는 것을 **경계 완충**(boundary buffering), 팀이 자신들이 누구이며, 조직 내 다른 팀들과 어떻게 다른지를 명확하게 정의하는 행동을 하는 것을 **경계 강화**(boundary reinforcement)라고 하였다. 그들은 이 세 가지 활동을 통해 효과적으로 팀의 경계를 관리하는 팀은 그렇지 않은 팀보다 수행 수준이 더 높고, 구성원들이 심리적 안전을 더 많이 느낀다는 것을 밝혔다.

최근, Shuffler와 Carter(2018)는 대부분의 팀이 고립된 상태로 존재하지 않고 다중 팀 시스템(multi-team systems, MTS)을 형성한다는 점을 고려하여 팀 간 과정의 중요성을 논의했다. MTS는 의료업, 군대, NASA 우주 임무 등 다양한 조직에서 발견될 수 있다. 저자들은 MTS에 관한 200편 이상의 논문을 검토하면서, 그로부터 얻은 교훈과 향후 연구 방향을 강조했다. 주요 교훈 중 하나는 팀 내 협업의 성격이 팀 간 협업과 크게 다르다는 것이며, 개별 팀이 지나치게 결속력이 높아지면 협업과 정보 공유가 감소하여 MTS 성과에 해를 끼칠 수 있다는 것이다. 또 다른 교훈은 팀 훈련이 팀 내 과정뿐만 아니라 팀 간의 중요한 과정에 대해서도 진행되어야 한다는 것이다. 마지막으로, 저자들은 MTS 내에서 리더십의 중요성을 강조했으며, 팀 내 및 팀 간 조정의 중요성을 강조하는 리더들이 전체 MTS의 성과에 긍정적인 영향을 미친다고 지적했다.

MTS에 대한 향후 연구 방향은 MTS가 운영되는 독특한 맥락(예 : 의료 및 원자력 발전소)을 조사하고, 효과적인 MTS 성과에 필요한 핵심 역량을 식별하며, MTS 역학과 과정의 측정 방법을 개선하고, 조직심리학자뿐만 아니라 공학과 컴퓨터 과학 연구자들까지 포함하는 학제 간 연구에 집중해야 한다는 것이 있다. MTS가 운영되는 수많은 배경을 고려할 때, 이 분야에 대한 연구는 앞으로 더욱 활발해질 가능성이 크다. 이 장의 '연구자 소개'에서는 Marissa Shuffler 박사가 MTS를 포함한 다양한 팀 성과 연구에 대해 논의하였다.

연구자 소개

MARISSA SHUFFLER 박사

"적대적인 행동 기반 훈련에서는 계획이 있고, 모든 것을 총괄하는 경찰 기관이 있지만, 실제 긴급 상황에서 한 명이 911에 전화를 걸면 구급차와 소방서도 동원된다. 훈련 밖의 상황에서 이를 어떻게 조율할 것인지에 대한 탄탄한 기초 지식이나 경험이 없다. 우리는 이러한 상황을 누가 총괄할지도 모른다. 우리 각각은 개별적으로 일을 잘 처리하지만 이렇게 많은 응급 요원과 기관을 함께 조율하는 훈련은 해본 적 없다." 이 말은 나의 경력 초반기에 한 원자력 발전소 엔지니어에게서 들었던 것으로 오늘날의 훈련 및 개발의 중요한 문제점을 보여주는 것이다. 훈련은 풍부하지만, 개인, 리더, 팀을 어떻게 훈련시킬지에 대한 과학이 실제로 이를 필요로 하는 팀과 시스템에 효과적으로 전달되지 않는 경우가 많다. 원자력 발전소 엔지니어가 비상 상황에 대한 표준 절차를 따르도록 훈련받았다고 해도, 상황이 엔지니어의 예상과 맞지 않으면 어떻게 될까? 시간, 자원, 심지어 생명까지 잃을 수 있다.

이러한 생각은 복잡한 환경에서 활동하는 리더와 팀의 주요 훈련 및 개발 요구사항을 예측하는 연구를 하게 된 동기가 되었다. 나는 조지메이슨대학교에서 Stephen Zaccaro 박사의 지도 아래 석사 과정을 밟을 때 팀 기능을 개선하는 것에 관심을 갖게 되었다. Zaccaro 박사와 변동성이 큰 군대 상황에서 리더십과 팀 적응성에 대한 프로젝트를 진행하였고 이를 통해 이 연구 분야에 대한 관심이 커지게 되었다. 이후 육군 연구소의 리더 개발 연구부에서 Jay Goodwin 박사의 지도 아래 컨소시엄 펠로우로서 더 많은 경험을 쌓게 되었다. Jay Goodwin 박사는 센트럴플로리다대학교(UCF)에서 Eduardo Salas 박사 밑에서 박사 학위를 받도록 권유하였다. 나는 UCF에서 Salas 박사와 함께 일하며 팀과 리더를 위한 훈련을 설계하고 개발하며 실행하고 평가하는 것에 대한 관심을 발전시켰고 Shawn Burke 박사, Leslie DeChurch 박사와의 협업을 통해 다중팀 시스템에 대해서도 관심을 갖게 되었다.

처음에는 실제 팀에 영향을 미치기 위해 컨설팅 업계에서 경력을 쌓는 것이 나에게 가장 적합한 경력이라고 생각했지만, Eduardo는 학문을 더 깊게 탐구해보라고 권유했다. 그는 학계에서 내가 연구하는 것에 대해 통제권을 가지면서도 조직과 함께 응용 연구를 할 수 있는 것이 더 나은 선택이 될 수 있다고 조언했다. 또한 그는 이 길이 미래의 팀원 및 리더가 될 학생들을 효과적으로 교육함으로써 실제 팀에 영향을 미칠 수 있다는 시각을 심어주기도 했다.

나는 2013년 클렘슨대학교의 심리학과 교수가 되어, DIGITAL(*D*eriving *I*nnovative & ri*G*orous sc*I*ence for *T*eaming *A*nd *L*eading) 연구소를 만들

었다. 우리 연구실에서는 팀 내 그리고 팀 간 기능과 웰빙을 향상하고, 유지하고, 최대화하는 과학에 기반한, 현실적인 개입을 고안하는 연구에 초점을 두고 있다. 나는 의료, 군대, 제조업, 우주비행, 인공지능과 로봇공학 같은 기술과 협력하는 팀들을 포함한 고위험 및 복잡한 환경과 관련된 주제에 관한 연구를 하고 있다. 이러한 노력의 전반적인 목표는 현실 세계의 요구사항을 파악하고, 복잡하고 도전적인 환경에서 높은 질의 자료를 수집하고, 이를 분석하며, 팀워크, 다중팀 시스템, 리더십 분야의 중요한 실무적 기여를 하고, 주요 연구에 질문에 답할 수 있는 결과를 논문으로 게재하는 것이다.

이러한 높은 스트레스 환경을 탐구하면서 경험한 주요한 도전 과제 중 하나는 이상적으로 연구를 설계하고 싶은 방법과 제약과 제한이 존재하는 환경에서 좋은 연구를 하는 것 사이에 균형을 맞추는 것이다. 우리는 실험 설계와 자료 분석에서 좋은 원칙과 실천 방식을 알고 있지만, 현업에 있는 전문가들이 긴 설문 조사를 작성하는 것은 쉬운 일이 아니다. 만약 단 5분밖에 시간이 없다면 그 시간 안에 무엇을 할 수 있겠는가? 항상 쉬운 답이 있는 것은 아니지만, 이러한 도전이 내 연구를 흥미롭게 만드는 요소 중 하나라고 생각한다.

내가 연구에서 가장 좋아하는 부분은 실제 팀을 연구하면서 "아하!" 하는 순간들이 일어나는 것이다. 팀이 함께 일하는 모습을 관찰할 때 실시간으로 교류활성 기억 시스템과 같은 개념이 실제로 구현되는 것을 보는 것은 매우 흥미롭다. 내가 연구자로서 가장 좋았던 하루 중 하나는 아침에 신경외과 팀을 관찰하면서 효과적인 팀 행동을 연구하고, 오후에는 우주비행 지상 팀과 국제우주정거장 팀 간의 팀워크 중요성에 대해 항공우주 엔지니어들과 대화한 날이었다. 높은 스트레스, 높은 요구 상황에 포함되는 이 두 팀이 매우 다르다는 것과 동시에 효과적인 팀이 되기 위한 많은 방법은 공통적이라는 것을 관찰하는 것은 매우 흥미로운 일이었다.

마지막으로, 나는 내 분야 밖의 연구자들과 교류할 수 있는 기회를 매우 즐겼다. 그룹과 팀에 대한 연구는 본질적으로 매우 학제간이며, 나는 INGroup(Interdisciplinary Network for Group Researchers)을 통해 다른 연구자들을 만날 수 있는 기회를 가질 수 있어서 운이 좋았다고 생각한다. INGroup은 2006년에 첫 회의를 개최했으며, 다양한 분야의 그룹 및 팀 학자들을 하나로 모으는 것을 목표로 하고 있다. 사실, 내가 처음 출간한 학술 논문은 Stacey Connaughton 박사와 함께 작성한 것으로, 이 첫 회의에서 발표한 초기 아이디어에서 나온 것이다. 나는 그 이후로 INGroup에서 활발하게 활동하고 있으며, 팀에 관심이 있는 사람이라면 누구나 이 회의에 참석할 것을 강력히 추천한다!

Shuffler 박사는 클렘슨대학교의 산업 및 조직 심리학 부교수이자 클렘슨대학교의 DIGITAL (Deriving Innovative & riGorous scIence for Teaming And Leading) 연구실의 소장이다. 그녀의 연구는 팀 내, 팀 간 기능, 웰빙을 향상, 유지, 극대화하기 위해 과학에 근간한 혁신적인 개입을 연구하는 데 중점을 두고 있다. 또한 그녀의 연구는 의료, 건설, 군대, 우주비행 등 고위험 및 복잡한 환경에서의 리더십 개발과 이런 상황에서 리더 역할을 하는 것의 어려움에 대해서 다루고 있다. Shuffler 박사는 다양한 대규모 프로젝트의 리더 역할을 했으며, 그중 하나는 관계 지향적 리더십 행동과 팀 분위기가 돌봄 조정, 환자의 경험, 의료진의 웰빙에 미치는 다층적 효과에 대한 종

(계속)

단 연구이다. 또, 장기 우주비행에 영향을 미치는 주요 팀 간 및 팀 내 과정과 관계 역학을 밝히는 NASA가 지원하는 프로젝트의 공동 책임자이며, 미 육군 연구소를 위한 팀 구성 및 팀 역학을 조사하는 대학 간 협력 연구의 공동 연구책임자이기도 하다.

팀 효과성 증진방안

조직이 팀에 적합한 과업을 확인했다고 가정한다면, 조직은 팀이 보다 효과적으로 일할 수 있도록 하기 위해 어떤 구체적인 조치를 취할 수 있을까? Kozlowski와 Bell(2013)은 팀 효과성을 증진하기 위한 훈련이나 프로그램이 이전보다 더 많이 연구되었지만, 아직도 더 연구되어야 할 부분이 많다고 지적하였다. 이 절에서는 팀 효과성을 증진하기 위해 조직이 취할 수 있는 세 가지 일반적 접근방식을 검토한다. 그것들은 조직의 인사 관련 부서에서 전형적으로 행하는 활동들과 일치한다. 이는 의도적으로 이렇게 한 것인데, 이런 활동들이 단순히 일반적인 개념이 아니라, 구체적이며 '실행 가능한' 조치라는 점을 강조하기 위해서이다.

선발

Barrick 등(1998)의 연구에 근거하면, 팀 효과성을 향상하는 한 가지 방법은 단순히 개인 수행의 확고한 예측변인이라 밝혀진 요인들을 똑같이 활용하는 것이다(Barrick & Mount, 1991; Schmidt & Hunter, 1998). 구체적으로 그들은 팀 내 일반 정신능력(general mental ability)의 평균 수준이 수행과 정적인 관계가 있으며, 더 나아가 성실성의 평균 수준과도 정적 관계가 있음을 확인했다. 따라서 조직은 선발을 활용하여 개인 수행을 향상하는 것과 동일한 방식으로 어느 정도 팀 수행을 향상할 수 있다.

개인 수행에 비해 팀 수행에 관한 연구는 아직 많이 축적되지 않았지만, 일반 정신능력이나 성격과 같은 개인적 특성은 개인 수행에 비해 팀 수행에서의 분산을 훨씬 적게 설명해 주는 것으로 보인다. 예를 들어, Schmidt와 Hunter(1998)는 일반 정신능력이 개인 수행의 분산을 대략 31% 정도 설명해 준다고 하였다. 이에 비해, Barrick 등(1998)은 일반 정신능력이 팀 수행의 분산을 약 5% 정도만 설명해 준다는 것을 발견했다. 따라서 이러한 차이는 팀 작업을 위해 사람들을 선발할 때는 팀 구성과 관련하여 고려해야 할 또 다른 요소가 있음을 시사한다.

Campion 등(1993)이 팀 작업에 대한 선호(preference for teamwork)와 몇 가지 팀 수준의 수행준거 사이에 정적 관계가 있음을 제안하고 경험적 증거를 제시했다는 점을 상기하라. 따라서 팀을 위해 사람을 선발할 때는 팀 환경에서 작업하기를 선호하는지를 확인하는 것이 필요하다. Campion 등(1993)의 연구에 의하면, 실제로 사람들은 팀 작업 상황에서 일하는 것을 즐기는 정도, 즉 팀 작업에 대한 선호에서 상당한 개인차가 있었다. 그러나 이런 척도를 활용할 때 발생할 수 있는 잠재적 문제는 자신의 선호를 사실대로 진실하게 보고하지 않을 수 있다는 점이다. 즉 특정 직무에 지원한 사람이 그 직무가 팀 작업을 요한다는 것을 안다면, 그는 (심지어 실제로는 그렇지 않다고 해도) 팀에서 작업하는 것을 좋아한다고 보고함으로써 고용 가능성을 높이려 할 것이다. 이 문제에 관심을 보인 연구가 아직 별로 없지만, Nagel(1999)은 모의 실험을 통해 이런 유형의 왜곡이 있다는 증거를 발견하였다. 이 문제를 해결하는 한 방법은 개인 이력과 같은 다른 선발 방법을 사용하여 팀 환경에서 작업하는 데 대한 지원자의 호감도를 측정하는 것이다.

선발 과정에서 팀 작업에 개인의 선호를 검토하는 대신에 팀에서 일하기 위해 요구되는 지식, 기술, 능력(KSAs)을 평가하는 쪽으로 노력을 집중할 수도 있다. Stevens와 Campion(1999)은 이런 방향으로 접근하여 **팀워크 검사**(Teamwork Test)라 하는 선발 도구를 개발하였다. 이 도구에서 측정되는 구체적인 지식, 기술, 능력(KSAs)은 〈표 11.2〉에 있다. 표에서 볼 수 있듯이, 이들은 대인관계의 KSAs와 자기관리의 KSAs라는 2개의 일반적 범주로 분류되어 있다. 대인관계 범주의 KSAs에서 가장 중요하다고 간주된 것들은 갈등 해결, 협력을 통한 문제 해결, 의사소통 등과 관계된 것들이다. 자기관리의 KSAs는 목표 설정/성과 관리와 계획 수립/과업 조정에 관한 것들이다.

또한 Stevens와 Campion(1999)은 두 조직의 사례에서 이 도구가 예측 타당도가 있다는 증거를 제시하였다. 전반적으로, 이 도구가 예측 타당도가 있다는 점은 팀원들의 일반 정신능력이 팀 수행을 설명하는 부분 이상의 분산을 설명하였다는 점에서 확인되었다. 따라서 이 검사는 좀 더 개선될 여지는 있지만, 조직에서 유용하게 사용될 수 있는 도구라고 볼 수 있다. 또한 팀으로 일하는 데는 전통적인 선발 도구에서는 평가될 수 없는 다소 독특한 기술과 능력이 요구된다는 점을 시사한다는 점에서도 그들의 연구가 흥미롭다.

Hirschfeld 등(2006)은 효과적 팀워크의 예측 변인으로 팀워크 원칙에 대한 지식을 연구하였다. 그들은 여러 가지 팀워크 개념에 대한 지식을 측정하기 위해 설계된 시험을 통해 팀원들을 평가하였다. 이러한 객관적인 시험에서의 평균 팀 점수는 팀 구성원들이 한 팀으로 효과적으로 일하는 정도에 대한 전문가의 평가와 관련이 있었다. 이 연구는 팀워크 원칙에 대한 지식을 얼마나 갖추고 있는지가 선발의 또 다른 준거가 될 수 있음을 시사해 준다.

조직의 보상 체계

이 장에서 다룬 거의 모든 팀 효과성 모델에서 보상을 팀 효과성에 기여하는 중요한 요소로 언급하고 있다. 간단히 말해, 팀은 조직이 노력에 대해 보상을 제공할 때 더 효과적이 된다. 불행히도 팀을 활용하는 많은 조직에서 보상은 거의 전적으로 개인 수준의 보상에 초점이 맞춰져 있다. 팀 수준의 보상을

표 11.2 Stevens와 Campion(1999)의 팀워크 검사 구성 차원

1. 대인관계적 KSA
   A. 갈등 해결 KSA
      1. 팀 갈등에서 바람직한 갈등은 인식하고 장려하며, 바람직하지 않은 갈등은 억제하는 KSA
      2. 팀이 직면한 갈등의 유형과 원인을 인식하고 적절한 해결 전략을 실행하는 KSA
      3. 전통적인 분배적(승-패) 전략보다는 통합적(윈-윈) 협상 전략을 실행하는 KSA
   B. 협력을 통한 문제 해결
      4. 참여적 문제 해결이 필요한 상황을 파악하고 적절한 참여 수준과 유형을 활용하는 KSA
      5. 협력적 그룹 문제 해결의 장애물을 인식하고 적절한 교정 행동을 취하는 KSA
   C. 의사소통 KSA
      6. 의사소통 네트워크를 이해하고 가능한 경우 의사소통을 향상하기 위해 비중앙화된 네트워크를 활용하는 KSA
      7. 개방적이고 지지적인 의사소통을 하는 KSA. 즉 (a) 행동 또는 사건 중심의, (b) 일관성 있는, (c) 타당한, (d) 결합적인, (e) 책임감 있는 메시지를 전달하는 KSA
      8. 평가적이지 않게 경청하고, 적절하게 적극적인 경청 기술을 사용하는 KSA
      9. 비언어적 메시지와 언어적 메시지 사이의 일치성을 최대화하고, 타인의 비언어적 메시지를 인식하고 해석하는 KSA
      10. 소소한 대화와 의례적 인사를 중요하게 여기고 이를 수행하는 KSA

2. 자기관리 KSA
   D. 목표 설정과 성과 관리 KSA
      11. 구체적이고 도전적이며 수용된 팀 목표를 설정하는 KSA
      12. 팀 전체의 성과와 개별 팀원 성과를 모니터링하고, 평가하고, 피드백을 제공하는 KSA
   E. 계획 수립과 과업 조정 KSA
      13. 팀원 간의 활동, 정보, 과업을 조정하고 동기화하는 KSA
      14. 개별 팀원의 작업과 업무를 할당하는 것을 돕고 업무량의 적절한 균형을 보장하는 KSA

출처 : Stevens and Campion(1999)/Elsevier.

실행하는 조직에서조차 예외 없이 개인 수준의 보상 체계와 병존하고 있다. 그렇다면 어떻게 하면 개인 수준의 보상과 팀 수준의 보상 체계가 상호보완적이 되도록 만들 수 있을까?

Wageman과 Baker(1997)에 의하면, 팀 수준의 보상 체계를 설계할 때 중요한 두 가지 고려사항은 과업 상호의존성과 결과물 상호의존성이다. 앞서 정의한 바와 같이 과업 상호의존성은 팀 구성원들이 과업을 수행하기 위해 서로 협력해야 하는 정도를 나타낸다. 결과물 상호의존성은 팀 구성원들이 서로 '공동 운명'을 공유하는 정도, 즉 팀의 수행이 좋거나 나쁠 때 모두가 동일하게 긍정적 혹은 부정적 결과물을 받는 정도를 나타낸다. 팀 수준의 보상 체계가 잘 기능하려면 과업 상호의존성과 결과물 상호의존성이 서로 부합해야 한다. 팀 수준의 보상 체계는 과업 상호의존성과 결과물 상호의존성 모두가 높을 때 가장 효과적이다. 만약 과업 수행에 있어 높은 수준의 상호의존성이 요구된다면, 팀원들이 받게 되는 결과물도 서로 유사해야 합리적인 보상 체계가 된다.

그러나 Wageman(1996)이 지적하고 있듯이 두 가지 상호의존성이 서로 어긋난 경우에 팀 보상 체계는 매우 비효과적인 제도가 된다. 예를 들어, 팀원들이 수행하는 작업은 고도로 상호의존적이지만 그들이 받는 보상은 그렇지 않은 경우를 생각해보자. 이러한 상황에서는 팀원들이 서로 협조적으로 일하도록 만드는 유인이 없다. 또한 보상을 많이 받는 사람은 과다한 보상을 받은 것으로 간주될 것이다. 이와 반대로 과업 상호의존성이 거의 없는데도 결과물 상호의존성이 대단히 높으면 어떨까? 이런 경우에는 뛰어난 성과를 내는 사람들이 그보다 훨씬 뒤떨어지는 성과를 내는 사람들과 공동으로 보상받는 것에 대해 분노할 것이다. 여기서 가장 중요한 핵심은 조직이 팀에 대해 보상할 때 자주 이런 두 가지 형태의 상호의존성을 고려하지 못하여 사람들이 팀으로 일하고자 하는 의욕을 저하할 수 있다는 점이다.

팀 개발 개입

조직이 팀 효과성을 향상할 수 있는 마지막 방법은 훈련이나 팀 개발 활동을 통해서이다. 팀 개발은 제13장에서 다시 자세히 논의할 것이므로 여기서는 간략한 개요만을 제시하겠다. Dyer(1987)에 의하면 팀 개발이란 팀 기능 중 매우 중요한 하나 또는 그 이상의 측면을 강화하기 위해 실시되는 다양한 형태의 팀 기반 훈련 개입(team-based training intervention)을 의미한다. 예를 들어, 팀 개발 활동들은 팀 내 역할을 명료화하거나, 목표와 우선 순위를 정하거나 혹은 보다 민감한 대인관계 문제를 다루는 것을 목적으로 할 수 있다(Beer, 1976).

팀 개발의 구체적인 형태는 상황에 따라 상당히 다를 수 있지만, 대부분의 팀 개발에 공통적인 단계가 있다. 예를 들어, 일반적으로 팀 개발에 참여할 때 팀은 외부의 조언자나 촉진자의 도움을 받는다. 여기서 외부라 함은 팀의 외부(이는 조직 외부의 누군가일 수도 있고, 조직 내부 구성원일 수도 있다)를 의미한다. 팀 구성원에 비해 팀 외부의 사람은 팀이나 팀의 프로세스에 대해 훨씬 더 객관적일 수 있다.

대부분의 팀 개발 활동에서 공통적인 또 다른 특징은 자료를 근거로 한다는 점이다. 즉 실제적인 개입이 이루어지기 전에 팀의 기능에 대한 사전 정보가 수집된다는 것이다. 이런 경우 사전 정보는 기록물 자료나 관찰과 같은 방법을 통해서도 가능하지만 주로 팀 구성원들에 대한 설문 조사나 면접을 통해 수집된다. 자료가 수집되고 요약되면, 그것을 근거로 구체적인 팀 개발 개입 방법을 선택한다. 예를 들어, 자료에 의해 팀 구성원 간의 역할 배분이 명확하지 않다는 점이 드러났다면 팀 개발은 각 팀원들의 역할 명료화에 초점을 두게 될 것이다(예 : Schaubroeck et al., 1993 참조).

팀 개발이 팀 효과성에 미치는 영향에 대해서는 그리 많이 연구되지 않았지만, 팀 효과성을 향상할 수 있다는 일부 연구 결과가 있다. 예를 들어, 작업팀 문헌에 대한 개관을 통해 Sundstrom 등(1990)은 팀 개발 활동, 특히 과업 관련 문제에 초점을 둔 활동은 팀 수행에 긍정적인 영향을 미친다는 것을 밝혔다. 이와 대조적으로, 팀 개발 활동이 대인관계 문제에 초점을 두는 경우에는 다소 덜 긍정적인 결과가 나왔다. 이는 어쩌면 팀 내 대인관계 문제의 근본적인 원인(예 : 성격이나 가치관의 차이)이 과업 관련 문제의 원인과 비교하면 훨씬 더 변화시키기 어렵기 때문일지도 모른다.

Eddy 등(2013)은 팀 수행을 향상하는 데 있어 체계적 팀 보고(guided team debriefing)의 효과성을 조사하였다. 이는 팀 구성원들이 최근의 수행으로부터 학습한 교훈들을 다시 상기하고 미래의 수행을 개선하기 위한 방법을 생각해보는 것이다. 저자들은 체계적 팀 보고 조건에 할당된 팀들이 비구조화된 조건에 할당된 팀들보다 이후의 과업을 더 잘 수행한다는 것을 확인했다. 더 나아가 체계적 팀 보고가 가지는 이득은 효과적인 계획 수립, 수행 점검, 긍정적인 대인 간 분위기와 관련이 있는 핵심 팀 프로세스에서의 개선에 의한 것이었다. 팀 보고는 팀 효과성 향상을 위해 가장 지지받는 팀 훈련으로 부상하고 있다(Lacerenza et al., 2018).

Shuffler 등(2018)은 팀 기반 개입에 대한 통합된 분석을 제공했으며, 개입이 팀 효율성의 입력(예 : 팀 구성), 팀 프로세스(예 : 조정 및 참여), 또는 성과(예 : 팀의 성과 궤적)를 목표로 하는지, 그리고 팀이 목표를 달성하는 과정에서의 시간 경과를 기준으로 분석했다. 팀 훈련은 팀이 과제를 수행할 때 필요한 입력 요소를 목표로 한 개입이며, 팀 모니터링 훈련은 팀 수행 동안 팀 프로세스에 긍정적인 영향을 미치는 것을 목표로 했다. 또한, 팀 보고는 수행 이후 팀 학습을 강화하는 것을 목표로 한다. Shuffler 등(2018)은 팀의 특정한 요구와 팀이 운영되는 환경에 따라 팀 훈련 개입을 선택하고 목표를 설정하는 것이 중요하다고 주장한다. 이 장의 '실무자 소개'에서는 Kara Orvis 박사가 팀 훈련의 효과적인 설계와 평가의 중요성에 대해 논의하였다.

팀 연구의 새로운 주제들 : 가상 팀과 극한 환경에서의 팀

이제까지 설명된 팀의 기능과 개입에 대한 이론과 연구에 더해서, 최근 팀 연구에서 부상하는 2개의 연구 분야가 있다. 첫 번째 분야는 가상 팀에 대한 연구이다. 가상 팀은 팀원들이 물리적으로 떨어져 있어 전자 및 비디오 채널을 통해 의사소통해야 하는 팀을 뜻한다. 코로나19 팬데믹 이전에도, 비디오 회의 기술이 더욱 정교해지면서 어느 정도의 '가상성'을 가진 팀들의 수가 급격히 증가했다(Mak & Kozlowski, 2019). 이 절에서는 가상 팀에 대한 연구의 주요 내용을 검토한다. 두 번째로 부상하는 연구 영역은 극한 환경에서의 팀을 연구하는 것이다. 인류가 외부 행성을 탐사하려고 함에 따라, NASA와 함께 일하는 조직 연구자들은 고립된, 극한의, 갇힌 환경에서 작동하기 위한 팀의 특성을 연구하고

실무자 소개

KARA ORVIS 박사

내 소셜 미디어 계정 소개글 중 하나는 '행운의 여인'이라고만 적혀 있다. 나는 가족과 경력을 가진 것에 대해 정말로 축복받았다고 느낀다. 여기에서 내 이야기를 나눌 수 있는 기회를 가질 수 있어서 기쁘고, 다른 누군가가 경력을 고민할 때 나의 경력이 도움이 된다면 기쁠 것 같다. 나는 산업 및 조직심리학 교육을 받았고, 현재 Aptima, Inc.에서 임원으로 일하고 있다. 내 경력은 주로 군사 연구와 기술 개발에 중점을 두고 있다.

내가 무슨 일을 하는지 이야기하기 전에, 내 성장 배경을 이해하는 것이 필요할 것 같다. 나는 캘리포니아 북부의 작은 마을에서 자랐고, 우리 가족 중 처음으로 4년제 학위를 취득했다. 나의 삶과 경력을 되돌아보면, 나는 사람들에게 엄마 뱃속에서부터 사회심리학자였던 것 같다고 말하곤 한다. 기억이 있는 한, 나는 항상 인간 행동의 사회적 측면에 관심이 있었고, 이는 30명 이상의 사촌들과 놀고, 학교에서 친구들과 어울리며, 팀 스포츠나 연극 같은 그룹 활동에 참여하면서 어렸을 때부터 탐구하던 부분이다. 고등학교 때 심리학 수업을 들었는데, 그 순간 나는 그 분야에서 일하고 싶다는 것을 확신했다. 나는 특히 성격, 동기, 리더십에 관한 수업 내용에 매료되었다. 오하이오웨슬리언대학교에서 심리학을 전공하면서 조직행동 수업을 듣게 되었고, 그때 산업 및 조직심리학에 대해 처음 알게 되었다. 그곳에서 나는 기숙사 내 인구 밀도가 학생 성과에 미치는 영향을 조사하는 프로젝트를 이끌었고, 두 번째 연구 프로젝트로는 학교 이탈률의 원인을 조사하는 연구를 지원하는 역할을 했다. 학부 졸업 후에는 조지메이슨대학교의 산업 및 조직심리학 석사 과정에 들어갔고, 즉시 박사 과정에 지원했다.

전문적인 나의 경력은 1990년대 후반과 2000년대 초반에 조지메이슨대학교에서 본격적으로 시작되었다. 박사 과정을 마치는 동안 심리학과와 경영대학의 여러 교수님과 함께 연구를 진행하고 강의할 기회를 가질 수 있었다. 많은 훌륭한 교수님들, 동료 학생들과 함께 일할 수 있었지만, 특히 내 지도 교수인 Steve Zaccaro박사님께 감사의 말씀을 드리고 싶다. 그는 나에게 풍부한 발전 기회를 제공해 주었다. 당시 인터넷 붐이 일어났기 때문에 나는 팀, 리더십, 훈련, 그리고 이것들이 기술에 의해 어떻게 영향을 받는지에 대한 관심을 갖게 되었다. 나는 여러 대학교가 참여한 공군 연구 프로젝트에 참여할 기회를 얻었고, 여기서 분산된 환경에서 다중 팀의 역할을 조사했으며, 학위 논문에서는 이런 환경에서 리더십의 영향에 대해 연구했다. 이것이 내가 방위 연구에 처음 발을 들이게 된 계기였으며, 이를 통해 이후 육군 연구소에서 협력 학생이자 박사 후 연구원

(계속)

으로 일할 수 있는 기회를 얻게 되었다. 육군 연구소에서 근무한 5년 동안, 나는 컴퓨터 협력 학습, 팀 개발, 게임 기반 훈련, 리더십 훈련과 같은 군사 연구를 수행하고 출간할 수 있었다. 또, SCORM(전자 학습을 위한 기술 표준 세트)을 개발하던 Advanced Distributed Learning Co-lab이라는 연구소에서 근무를 할 수 있었다.

육군 연구소에서 박사 후 과정을 마친 후, 현재 내가 근무하는 Aptima Inc.에 합류하게 되었다. Aptima는 다학문적 연구 기관으로, 주로 국방부에서 자금을 지원받아 연구 개발 프로젝트를 수행한다. 이 회사에서는 내가 열정을 갖고 연구했던 분야의 관심사를 적용할 수 있기 때문에 아주 잘 맞는 회사였다. 우리 회사에서는 종종 가능성이 낮은 일을 시도할 수 있고, 실패도 용인되며, 성공을 축하하기도 한다. 우리는 지적 재산을 활용해 상업 시장에서 활동하는 소규모 기업들을 설립하기도 한다. 지난 18년간, 나는 두 가지 서로 다른 경력 경로에서 산업 및 조직심리학 교육을 적용해 왔다.

첫 번째 경력 경로는 과학자로서의 역할이다. 나는 연구를 수행하고 프로토타입 기술을 개발하고 있다. 수석 과학자로서 훈련, 팀워크, 리더십 분야에서 지속적으로 일해 왔다. 많은 프로젝트에서 나는 수석 연구원으로서 프로젝트를 주도하고 있으며, 이는 자금을 후원한 기관의 대표와 소통하고 연구 질문을 식별하며, 연구 방법을 설계하고, 소프트웨어 및 하드웨어 솔루션을 개발하고, 기술 프로토타입의 영향을 검증하는 일을 포함한다. 우리의 일은 다학문적 특성을 가지므로, 데이터 과학자, 하드웨어 및 소프트웨어 엔지니어, UX/UI 디자이너, 기타 사회과학자들과 같은 다양한 배경을 가진 사람들과 함께 일하는 경우가 많다. 내가 담당한 프로젝트들은 매우 흥미로웠고, 군에 가치를 제공하며 과학을 발전시키는 데 기여하고 있다. 나는 게임 기반 훈련에 대한 연구를 수행했고 훈련 상황, 개인 차, 게임 디자인이 학습에 미치는 영향을 조사했다. 또한 나는 팀을 위한 소셜 센싱 및 커뮤니케이션 기반의 측정에 대한 군대 관련 연구를 이끌고 있다. 최근에는 인공지능과 인재 관리의 교차점에 대해 탐구하고 있다. 나는 팀을 직무에 매칭하는 프로토타입 도구, 군 조직 내 의사소통 및 팀워크를 모니터링하는 대시보드, 대규모 조직의 직원 건강과 웰빙을 모니터링하는 알고리즘을 개발했다.

두 번째 경력 경로는 기업 리더십이다. 나는 팀장에서 시작해 현재는 과학 및 기술(Science and Technology, S&T) 부문 부사장으로 승진했다. 현재 직책에서는 우리 회사의 S&T 전략을 개발하고 소통하며, 이를 국방부의 S&T 전략과 일관성을 갖게 조정하는 작업을 한다. 또한, 내부 연구개발 예산을 관리하고 기술 작업의 품질을 평가한다. 현재 임원 직책을 맡기 전에, 나는 Aptima에서 6년 동안 연구 개발 수석 부사장으로 근무했다. 그 역할에서 나는 22개 주에 분포된 다학문적 연구자 및 엔지니어 팀으로 구성된 3개의 부서를 관리하며, 100개의 프로젝트를 감독했다. 나의 주요 역할은 부서 책임자들과 함께 매일의 그룹 운영을 감독하는 것이었다. 나는 인재 관리 주기에 관한 모든 측면에서 인적 자원 부서와 협력하며, 증거 기반의 개입을 종종 사용하면서 복잡하고 혁신적인 조직을 운영하는 데 산업 및 조직심리학의 지식을 많이 활용했다.

Aptima에서의 업무 외에도, 나는 연구 커뮤니티에 기여하는 것이 중요하다고 오랫동안 믿어왔다. 내 경력 기간 동안 SIOP Human Factors와 관련된 여러 학술 출판물과 기술 회의에서 심사위원으로 활동했다. 나는 지난 12년 동안

Interservice/Industry Training, Simulation, and Education(I/ITSEC) 회의를 후원하며, 특별 행사 위원장 및 훈련 분과 위원장 등 다양한 직책을 맡았다. 최근에는 National Defense Industrial Association(NDIA) 인적 시스템 부서의 회장직(2년 임기)을 역임했다. 이러한 활동들은 내 네트워크 내에서 관계를 구축하고 최신의 R&D 활동을 파악하는 데도 매우 유익했다.

내 경력의 대부분은 태도, 호기심, 의미 있는 관계 구축을 통해 발전해 왔다. 비슷한 경력 경로에 관심이 있는 사람들에게 하고 싶은 조언은, 열정을 가지고 있는 일을 하며 자신이 하는 일을 다른 사람들에게 소통하라는 것이다. 나는 내가 하는 일을 발표하고 출간하고 그 활동을 다른 사람과 공유하는 것에 정말 주의를 기울였다. 두 번째 조언은 동료들과 좋은 협력 관계를 구축하고 그들을 소중히 여기라는 것이다. 나는 25년 동안 관계를 유지해 온 경우도 있다. 또한 기회가 찾아올 때 그것을 수락할 것을 추천한다. 어떤 경험이 어디로 이끌지, 또는 어떻게 유용할지 알 수 없다. 심리학 대학원생이었을 때, 자연어 처리와 팀 구성과 관련된 특허 작업에 참여하게 될 것이라고는 상상하지 못했다. 마지막으로, 불편한 영역이 있다면 새로운 것을 배우려고 노력하길 바란다. Aptima에서의 경력 동안, 나는 마치 다른 여러 학문에서 석박사 학위를 따는 것 같은 느낌이 들었다. 익숙하지 않은 학문과 영역에서 일하는 것은 불편함을 줄 수 있지만, 바로 그러한 교차 학문, 교차 영역 작업이 가장 혁신적이고 흥미로운 경우가 많았다.

Kara는 조지메이슨대학교에서 산업 및 조직심리학 박사와 석사 학위를, 오하이오웨슬리언대학교에서 심리학 학사 학위를 취득했다. 그녀는 미국심리학회(APA), 경영학회(AOM), 산업 및 조직심리학회(SIOP) 회원이다. Kara는 15년 이상의 군사 연구 개발 경험을 갖고 있으며, 그중 대부분이 육군과 관련된 경험이다. 그녀는 5개의 현장 부대를 대상으로 한 12개의 육군 연구소 프로젝트를 진행했으며, 그중 대부분을 수석 연구원 또는 프로젝트 관리자로 활동했다. Orvis 박사의 연구는 육군 훈련에 중점을 두고 있으며, 분석, 설계, 개발, 제작, 실행 및 평가를 포함한다. 그녀는 분대에서 사단 본부에 이르기까지 모든 계층의 육군과 협력해 왔다. 또 교실 교육, 웹 기반 교육, 직무 지원 도구, CD 기반 교육, 핸드헬드(hand-held) 훈련 앱, 즉석 훈련 및 훈련 게임을 포함한 다양한 훈련 프로그램 및 제품을 개발했다. 절차적 군사 의사결정 과정에서 윤리적 문화 구축과 같은 복잡한 리더십 기술에 이르기까지 다양한 훈련 지식과 기술을 다루는 훈련 프로그램을 만들었다.

있다. 이 흥미로운 분야에 대해서도 다음 절에서 설명하겠다.

가상 팀

가상 팀 연구와 관련된 주요 연구 질문 중 하나는 가상 팀이 대면 팀만큼 효과적인지 여부이다. Mak과 Kozlowski(2019)는 가상성이 완전한 대면에서 완전한 가상까지 이어지는 연속체로 고려되어야 한다고 주장하지만, 많은 연구가 대부분 가상으로 운영되는 팀과 전통적으로 대면으로 운영되는 팀의 효과성을 비교해왔다. 또한 연구자들은 실제 조직환경에서의 가상 팀과 학생들을 연구 참가자로 사용하는 실험실 환경에서 임시로 구성된 팀을 대상으로 가상 팀의 기능을 조사했다. Purvanova와 Kenda(2022)는 최근 182개의 표본에서 10,000개 이상의 팀을 대상으로 한 연구를 기반으로 가상성과 팀 효과성 관계에 대한 메타분석을 실시했다. 중요한 점은, 저자들이 실제 조직에서 운영되는 팀과 비조직적 환경(대개 실험실에서 구성된 팀)을 연구한 결과를 구분했다는 것이다. 전체적으로, 저자들은 조직환경에서 가상성과 팀 효과성 간에 관계가 없다는 것을 발견했다. 그러나 비조직적 환경에서는 가상성과 효과성 간에 부정적인 관계가 있었다. 연구자들은 또한 실험실 환경과 팀의 짧은 지속 기간이 비조직적 환경에서 팀 간의 부정적인 관계에 영향을 준다는 것을 밝혔다. 이러한 연구 결과는 실제 조직 내에서 실제 팀을 사용하여 가상성의 영향을 연구하는 것이 중요함을 강조한다.

앞서 이 장에서 언급한 바와 같이, Breuer 등(2016)의 메타분석 결과에 따르면 팀 신뢰는 비가상 팀보다 가상 팀에서 팀 효과성을 예측하는 더 강력한 요인으로 나타났다. 팀 신뢰의 핵심 요소는 팀원들 간의 상호 취약성과 감시가 없어도 팀의 이익을 위해 행동할 것이라는 기대에 달려 있다. 팀원들이 물리적으로 떨어져 있고 그들의 행동을 밀접하게 관찰할 수 없는 상황에서는 팀 신뢰가 특히 중요할 수 있음을 쉽게 이해할 수 있다. Dinh 등(2021) 또한 가상 팀에서 신뢰를 강화하려면 인지적 신뢰와 정서적 신뢰를 구분하는 것이 중요하다고 언급했다. 인지적 신뢰는 팀원이 팀 기능에 필요한 과업을 완료할 것이라는 신뢰와 관련이 있다. 정서적 신뢰는 더 상호적인 것으로, 지지와 안전에 대한 기대와 관련된다. 저자들은 가상 팀 내의 인지적 · 정서적 신뢰를 강화하기 위한 여러 권고 사항을 제시했으며, 그중에는 팀 규범을 설정하기 위한 가상 채팅, 팀원들이 중요한 팀 발전 상황을 잘 파악할 수 있도록 하는 것, 그리고 업무 외 시간에 가상으로 소통할 기회를 제공하는 것이 포함된다.

조직 연구자들은 또한 가상 팀의 기능에 중요한 추가 요소들을 확인했다. 가상 팀이 목표를 달성하는 과정에서 어려움을 겪을 가능성이 높다는 점을 인식한 Kirkman과 Stoverink(2021)는 그들의 팀 회복력 모델을 기반으로 가상 팀 회복탄력성 모델을 개발했다. 저자들은 가상 팀이 기술적 어려움, 팀 구성원을 잃는 것, 코로나19 같은 팬데믹 상황과 같은 어려움을 겪을 때 효과적으로 대응하기 위해 네 가지 주요 자원이 필요하다고 주장한다. 네 가지 자원은 (1) 팀 유능감이나 팀의 효과성에 대한 공유된 믿음, (2) 팀원들의 역할과 전문성에 대한 공유된 지식을 뜻하는 팀워크에 대한 정신 모델, (3) 위협에 직면했을 때 기존 자원을 다른 목적으로 활용할 수 있는 팀의 즉흥적인 능력, (4) 팀원들이 서로에 대해 위험을 감수해도 처벌받지 않을 것이라는 신뢰를 바탕으로 편안함을 느끼는 팀의 심리적 안전감이다. 이 네 가지 자원은 가상 팀이 직면한 역경을 극복하는 데 필요한 자산을 제공한다.

코로나19 팬데믹이 가상 팀의 확산에 미친 영향(Newman & Ford, 2021)과 여러 국가에 걸쳐 팀이 증가한다는 것(Gibson & Grushina, 2021)을 고려할 때, 조직 연구자들이 이러한 팀의 효율성을 높이는 요인을 계속해서 다루는 것이 중요할 것이다(제1장의 '과학 번역하기 1.1' 참조). 이 절에서 논의한 바와 같이, 이러한 요인에는 중요한 팀 자원과 프로세스, 그리고 가상 팀을 효과적으로 이끄는 방법이 포함된다. 특히 중요한 점은 관리자들은 줌과 같은 플랫폼에서 가상 회의를 가능한 한 효율적으로 활용할 수 있는 위치에 있어야 한다는 것이다. '관리자를 위한 시사점 11.1'에는 줌 회의 사용 시 권고 사항이 포함되어 있다.

극한 환경에서의 팀

팀 연구에서 떠오르는 또 다른 경향은 고립된, 제한된, 극한의(isolated, confined, and extreme, ICE) 환

관리자를 위한 시사점 11.1

가상 회의를 이끌고 효과적으로 의사소통하기

줌(Zoom), 마이크로소프트 팀즈(Microsoft Teams), 구글 미트(Google Meet)와 같은 플랫폼을 통한 가상 회의는 직장에서 토론을 원활하게 진행하는 매우 일반적이고 편리한 방법이다. 가상 회의는 또한 먼 거리와 다른 시간대에 있는 사람들과도 협업할 수 있게 해준다. 그러나 세계화가 진행되고, 특히 코로나19 팬데믹으로 인해 원격 근무가 크게 증가하면서 이러한 유형의 회의는 피로와 생산성 저하와 관계되기도 한다. 회의의 목표를 효과적으로 달성하기 위해 가상 회의가 성공적으로 진행되도록 하는 것이 중요하다. 아래는 관리자가 가상 회의를 주도하고 직원들과 성공적으로 소통할 수 있는 몇 가지 방법이다.

- **의제 설정하기 :** 회의에 초대할 때 회의 의제를 공유하면 참석자들이 회의의 목적을 이해하고 회의 전 필요한 작업이나 조사를 우선적으로 준비할 수 있다. 이는 또한 회의의 주요 목표를 명확하게 이해할 수 있게 해준다. 회의 의제는 회의 시간을 효율적으로 관리하고 논의 주제를 유지하는 데 도움이 되는 유용한 도구이다.
- **이름 사용하기 :** 사람을 지칭하거나 그들의 아이디어 및 회의에 기여한 점을 언급할 때 이름을 사용하면 참석자 간의 연결이 강화되고 누가 어떤 말을 했는지 기억하는 데 도움이 된다. 이는 논의를 원활하게 진행하고 참석자들의 주의를 회의 주제로 집중시키는 데 도움이 된다.
- **협업 장려하기 :** 가능한 한 회의 진행자는 회의 동안 참석자 모두가 화면을 공유하고 회의 채팅 기능을 사용할 수 있도록 설정해야 한다. 이는 팀원들 간 의사소통을 활성화하고 신규 구성원들의 네트워킹을 촉진할 수 있다.
- **피드백 요청하기 :** 참석자들에게 적극적으로 의견을 구하는 것은 모든 참석자가 회의에 기여할 기회를 제공한다. 이를 위해 매번 새로운 진행자를 지정하거나 특정 참석자들에게 직접 의견을 묻는 시간을 가질 수 있다. 이는 일부 사람들이 대화를 독점하는 것을 방지하는 데 도움이 된다.
- **참석은 중요하다 :** 고위급 구성원이 회의에 초대되었으나 참석하지 않으면 다른 사람들은 그 회의를 중요하지 않게 여길 수 있다. 따라서 주요 이해관계자나 리더가 회의에 초대된 경우, 회의 시간 설정 전에 그들이 참석 가능한지 확인하는 것이 좋다.

제공 : 클렘슨대학교 Caroline George

출처 : White(2014), Mittleman et al.(2000).

경에서의 팀 기능에 관한 관심이다. 대중 매체에서는 NASA와 다른 기관들이 우주비행사 팀을 화성에 보내고자 하는 열망을 보고하고 있으며, 이러한 임무에 참여하는 팀은 행성으로 가는 동안 오랜 기간 제한된 환경에 있어야 한다는 점은 알려진 사실이다. 따라서 연구자들은 우주비행사 팀이 임무 중 직면할 유사한 환경에서 팀이 어떻게 기능하는지를 시뮬레이션 조건에서 연구하는 데 관심을 기울여 왔다. NASA는 하와이에 있는 인간 탐사 연구 아날로그(Human Exploration Research Analog, HERA)와 NASA 극한 환경 임무 작전(Extreme Environment Mission Operations , NEEMO)이라는 2개의 구조물을 개발했다(Driskell et al., 2018). 일반적으로 이러한 시설에서는 한 연구팀이 장기간 동안 연구하게 된다. 연구자들은 또한 허리케인, 토네이도, 산불, 대규모 총격 사건과 같은 자연재해 및 인재에 대응해야 하는 팀들도 연구했다(Waring et al., 2020).

극한 환경에서 팀에 대한 연구의 예로는 Yi 등(2014)의 연구가 있다. 이 연구에서는 520일 동안 화성 임무를 시뮬레이션한 상황에서 6명으로 구성된 팀이 연결된 모듈 안에 격리된 상태에서 받는 스트레스 영향을 조사했다. 연구 참가자들은 520일 동안 반복적으로 자기보고 측정치와 생리학적 측정치를 통해 평가받았다. 연구 결과 중 하나는 다양한 요구에 대한 자기보고 측정치는 임무 기간 동안 증가하지 않았지만, 스트레스 지표인 코르티솔 수치는 모든 팀원이 임무 360일째에 증가했다는 점이다.

Golden 등(2018)은 북극 연구 기지, 잠수함 임무, 화성과 다른 행성에서의 임무에서 직면할 가능성이 있는 조건을 시뮬레이션한 구조물 등 ICE 환경에서 팀 효율성을 연구한 연구들을 체계적으로 검토했다. 저자들은 ICE 환경에서의 팀 효율성 연구를 이 장의 초반에 언급한 IPO와 유사한 입력-매개-출력 모델에 따라 정리했고 팀 프로세스를 매개변인으로 조사하였다. 팀 효과성에 대한 이 문헌 연구의 주요한 결과는 공격성은 타인과 함께 일하는 것에 대한 높은 스트레스 수준과 관련되며, 팀 내 소그룹 간 의사소통보다는 팀 전체의 의사소통이 더 나은 팀 기능을 가져왔고, 팀 내 부정 정서는 낮은 팀 성과와 연결되었는데, 이는 시간이 지남에 따라 팀원들이 서로를 회피하려는 경향이 증가했기 때문이다.

또한 Driskell 등(2018)은 ICE 환경에서 팀이 겪는 다양한 요구가 서로 다른 팀 발현 상태와 관련이 있을 수 있으며, 이는 팀 효율성에 영향을 미칠 수 있다고 지적했다. 예를 들어, 격리 요구는 팀에서 특정 결과를 유발할 가능성을 높일 수 있는데, 팀 구성원 간 반응의 차이는 팀 기능과 팀이 겪는 어려움을 극복하는 능력에 부정적인 영향을 미쳤다. 이 분야의 향후 연구는 NASA와 SpaceX를 포함한 다양한 기관이 팀을 행성 간 임무에 보내려고 함에 따라 더욱 활발해질 것으로 보인다. 게다가 기후 변화의 영향으로 인해 팀이 매우 어려운 조건에서 효과적으로 대응해야 하는 자연 재해의 발생 가능성이 증가할 것으로 예상된다. '참고 11.4'에 화성 임무를 모방하기 위해 설계된 환경에서 생활한 개인들의 선발에 대한 내용을 담았다.

참고 11.4

NASA, 화성 아날로그 임무 팀 선발

극한 환경에서 일하는 팀의 예시를 생각할 때, 북극 탐험가, 에베레스트 등반, 심해 탐험과 같은 상황이 떠오른다. 그러나 가장 극한 상황 중 하나는 아마도 화성과 같은 깊은 우주 탐사 임무에 참여하는 우주비행사 팀일 것이다. 이 임무가 도전적인 이유는 몇 가지 특징 때문이다. 임무의 전체 기간, 즉 화성까지 가는 데 6개월, 그리고 화성에서 지구로 귀환하는 데 추가로 6개월이 걸린다는 점과 임무 기간 동안 개인들이 생활해야 하는 곳은 작은 크기의 우주선이기 때문일 것이다.

이 화성 임무에 참여할 팀을 구성하는 개인들의 특성을 파악하기 위해서 NASA는 세 가지 서로 다른 '아날로그' 임무를 계획했다. 아날로그 임무는 미국에서 진행되지만 거주 공간의 크기, 우주비행사와 지상 통제 간의 통신 지연, 다양한 장비 고장 등과 같이 화성 임무의 주요 특징을 모방하여 설계하였다. NASA는 1년간의 화성 모의 임무에 참여할 4명의 팀원을 최근 발표했으며, 이들의 수행과 신체적 · 심리적 건강을 지속적으로 측정할 예정이다.

이 모의 임무와 두 가지 다른 아날로그 임무의 결과는 조직 과학자들과 다른 연구자들이 실제 화성 임무에서 성공 가능성을 극대화할 수 있는 개인 및 팀 특성의 최적 조합을 결정하는 데 도움을 줄 것이다.

출처 : https://www.nasa.gov/feature/nasa-selects-participants-for-one-year-mars-analog-mission

조직에서 팀의 미래

팀을 설계하고 관리하는 일과 연관된 수많은 어려움을 생각하면 팀 또한 시간이 흘러가면 지나가 버릴 유행이라는 결론을 내리고 싶을지도 모른다. 그러나 저자의 의견을 묻는다면 그럴 것 같지 않다. 팀은 이제 조직의 일상에 있어 영구적인 요소이며 가까운 미래에도 계속 그러할 것이다. 이러한 한 가지 이유는 조직에서 수행되는 점점 더 많은 작업이 보다 복잡해지고 지적 능력을 요구하는 '지식 노동(knowledge work)'으로 변화하고 있기 때문이다. 팀은 종종 이러한 복잡한 과업을 다루는 데 더 효과적일 수 있는데, 이는 팀 구성원들이 각자 다양한 기술과 지식을 제공하기 때문이다.

팀이 미래의 조직에서 계속해서 번성할 또 다른 이유는 변화하고 있는 고용인-피고용인 관계의 성격과 잘 들어맞기 때문이다. 조직은 점차 군살을 빼고 가벼워지고 있다. 점점 공식적인 직무기술서에 덜 의존하고 있으며 임시 직원들에게 더 많이 의존하고 있다. 이러한 유형의 환경에서 아주 작은 규모의 **핵심 직원**(core staff)만을 정규 직원으로 채용하고 필요에 따라 임시 직원들을 활용하는 방식은 조직에게 매우 유리하다. 임시 직원들을 필요에 따라 활용할 수 있으면, 조직은 다양한 새로운 과업을 수행하기 위해 적기에 프로젝트 팀을 구성하기가 상당히 쉬워진다.

이러한 추세를 고려하면, 조직에 있어 미래의 당면 과제는 다양한 팀을 구성하여 그들이 단기간 내에 효과적으로 기능하도록 만들어 내는 능력이다. 여기에는 이 장에서 논한 많은 요소가 포함될 수도 있지만, 그중 미래에 가장 중요하리라고 생각되는 것은 팀을 구성하는 개인의 특성이다. 보다 구체적으로, 미래에는 개개인이 팀 효과성을 높이는 일반적 지식, 기술, 능력 등을 갖추는 것이 매우 중요할 것이다(Driskell et al., 2018; Waring et al., 2020). 문제는 개인들이 어디에서 이러한 팀과 관련된 KSAs를 습득하는가이다. 조직이 직접 구성원들을 교육시킬 수도 있다. 그러나 임시직 직원들을 활용한다면 이 방법은 적절치 않을 것이다. 어쩌면 미래의 학교에서는 **팀워크**(teamwork) 교육이 읽기, 쓰기, 수학만큼이나 흔한 것이 될지도 모르겠다.

마지막으로 가상 팀에 대한 연구가 최근 증가하였는데, 이는 구성원들이 함께 있지 않으면서 가상의 수단을 통해 함께 일해야 하는 조직 내 팀의 수가 증가한 데 기인한다. Schweitzer와 Duxbury(2010)는 최근에 팀의 가상성을 개념화하였는데, 가상 팀 구성원들이 서로 떨어져 일하는 시간, 전체 일 중에서 가상적으로 일하는 비율, 그리고 구성원들 간 지리적 분리의 정도로 개념화하였다. 그들은 가상 팀들 간에 이 세 가지 차원에서 서로 차이가 있음을 밝혔고, 차원들에서의 점수가 높을수록 팀 효과성 지각이 낮은 것으로 나타났다. 분명히 가상 팀들은 효과적인 수행을 위해 상호 조정하는 데 상당한 어려움을 겪고 있는 것으로 보인다.

요약

이 장에서는 조직 상황에서 팀에 초점을 맞추었다. 우선 팀 개발과 관련된 주요 이론 두 가지를 설명하고 이후 팀 효과성을 논의하였다. 팀 효과성에 대한 많은 정의가 여러 학자에 의해 제안되었지만, Hackman(1987)의 정의가 가장 널리 받아들여지고 있다. 그는 **팀 효과성**(team effectiveness)을 과업 수행, 팀의 지속가능성 그리고 팀 구성원 만족의 관점에서 정의한다. 또한 Kozlowski와 Bell(2003)이 제안한 팀에 대한 보다 상세한 정의도 제시하였다.

이와 더불어 팀 효과성에 대한 수많은 모델 중 몇 가지가 이 장에서 개관되었다. McGrath의 모델(1964)에서 시작하여, 마지막으로 Campion의 모델까지 여러 팀 효과성 모델들을 통합하려고 시도하였다. 소개된 모델들이 세부적인 사항에서는 서로 차이를 보이지만, 대부분 모델에서의 공통적인 특징은 팀 프로세스를 핵심적인 매개변인으로 보는 점이다. 그럼에도 불구하고 팀 프로세스의 중요성은 아직까지 실증적으로 잘 지지되지 못하고 있는데, 이것은 친숙한 투입-프로세스-산출 모델 이외의 다른 인과 관계적 순서가 팀 효과성을 좀 더 잘 설명할 수도 있다는 점을 시사해 준다.

이 장에서 소개한 팀 효과성 모델에 포함된 팀 구성, 과업 설계, 보상 체계, 팀 프로세스와 같은 팀 효과성의 주요 결정요인들을 추가적으로 검토하였다. 개인 수준의 수행과 마찬가지로 팀 또한 성공적이기 위해서는 적절한 능력/기술을 갖춘 구성원을 필요로 한다. 그러나 연구 결과 구성원의 능력/기술의 알맞은 조합을 갖추는 것뿐만 아니라 성격 및 태도 또한 중요하다는 것이 밝혀졌다.

과업 설계는 몇 가지 이유로 인해 팀 효과성의 중요한 결정 요인이 된다. 간혹 적합하지 않은 과업을 수행함으로써 팀이 효과적이지 못한 경우가 있는데, 조직이 팀을 활용하는 데만 집중하여 이러한 사실을 간과하는 경우가 흔하다. 과업 설계는 팀이 사용할 가장 중요한 전략을 결정하는 데 중요하며 또한 팀 구성원들의 동기 부여에도 상당히 영향을 미칠 수 있다.

개인 수준의 수행과 마찬가지로 보상은 팀 수행의 대단히 중요한 결정요인이다. 즉 팀이 좋은 성과를 내기를 바란다면 반드시 팀의 성과에 대해 보상하는 체계가 설계되어야 한다. 그러나 팀 보상 체계를 설계할 때, 조직은 반드시 과업 상호의존성 및 결과물 상호의존성의 정도를 고려해야 한다. 개인과 팀의 보상 체계가 서로 상충되지 않도록 하는 것 역시 매우 중요하다.

팀 프로세스들은 거의 모든 팀 효과성 연구에서 언급된다. 그러나 놀랍게도 팀 프로세스의 가장 중요한 요소들이 실제로 무엇인지에 대해서는 아직 연구자들 사이에 일치된 견해가 없다. 이 장에서 그 문제를 해결하려는 시도를 하지는 않았지만, 대신 팀 효과성과 관련 있는 행동적 프로세스와 인지적 · 정서적 프로세스에 대해 논의하였다. 여기에는 의사소통, 조정, 협력, 응집력, 팀 효능감, 팀 임파워먼트, 갈등 등이 포함된다.

팀 효과성의 결정요인에 기초하여, 팀 효과성을 향상하는 세 가지 일반적인 접근 방법이 제시되었으며, 그것들은 (1) 선발, (2) 보상 체계 운영, (3) 팀 개발 활동이다. 개인 수행에서와 마찬가지로, 조직은 고도로 숙련된 사람들을 선발함으로써 팀 수행을 향상할 수 있다. 그러나 팀 작업을 위한 선발에는 개인의 선호와 팀과 관련된 특정한 기술이 고려될 필요가 있다. 보상 운영에 있어 가장 근본적인 문제는 수행에 대해 반드시 팀이 보상을 받도록 하는 문제이다. 조직은 팀 수준의 보상 체계가 팀이 수행하는 과제에 적합하고 개인 수준의 보상 체계와 일관성이 있도록 해야 한다.

이 장에서 팀 효과성을 향상하는 마지막 방법으로 제시된 것은 팀 개발이다. 팀 개발 활동은 팀 기능의 다양한 측면(예 : 역할의 정의, 목표 설정)을 향상하기 위해 고안된 훈련을 말한다. 대개의 팀 개발 활동은 외부 조언자/촉진자의 도움을 활용하며, 대체로 자료에 기초하여 이루어진다. 연구에 따르면 팀 개발 활동이 팀 효과성을 향상할 수 있음이 밝혀졌다. 그러나 이 경우 과업과 관련된 문제에 초점을 두는 것이 대인관계 문제에 초점을 두는 것보다 더 성공적인 것으로 보인다.

이 장은 팀 연구에서 부상하고 있는 두 영역인 가상 팀과 극한 환경에서의 팀에 대한 연구를 논의하며 마무리하였다. 논의한 바와 같이 코로나19 팬데믹의 결과로 가상 팀이 증가한 상황을 고려하면 가상 팀에 대한 연구는 많아질 수밖에 없다. 또한, 극한 환경에서 수행하는 팀에 대한 연구는 행성 간 탐사의 목표와 다양한 재난에 대응할 필요성을 고려했을 때 중요한 것이다.

참고문헌

Ambrose, M. L., & Kulik, C. T. (1999). Old friends, new faces: Motivation research in the 1990s. *Journal of Management, 25*, 142–175, 231–292.

Ancona, D. G., & Caldwell, D. F. (1992a). Bridging the boundary: External activity and performance in organizational teams. *Administrative Science Quarterly, 37*(4), 634–665.

Ancona, D. G., & Caldwell, D. F. (1992b). Demography and design: Predictors of new product team performance. *Organization Science, 3*(3), 321–341.

Aube, C., & Rousseau, V. (2005). Team goal commitment and team effectiveness: The role of task interdependence and supportive behaviors. *Group Dynamics: Theory, Research, and Practice, 9*, 189–204.

Austin, J. R. (2003). Transactive memory in organizational groups: The effects of content, consensus, specialization, and accuracy on group performance. *Journal of Applied Psychology, 88*(5), 866–878.

Bales, R. F. (1965). The equilibrium problem in small groups. Cited in A. P. Hare, E. F. Balthazard, P. A. Cooke, & R. E. Potter. (2006). Dysfunctional culture, dysfunctional organization: Capturing the behavioral norms that form organizational culture and drive performance. *Journal of Managerial Psychology, 21*(8), 709–732.

Bandura, A. (1997). *Self-efficacy: The exercise of control.* New York, NY: Freeman.

Barrick, M. R., & Mount, M. K. (1991). The big five personality dimensions and job performance: A meta-analysis. *Personnel Psychology, 44*, 1–26.

Barrick, M. R., & Mount, M. K. (2005). Yes, personality matters: Moving on to more important matters. *Human Performance, 18*, 359–372.

Barrick, M. R., Stewart, S. L., Neubert, M. J., & Mount, M. K. (1998). Relating member ability and personality to work-team processes and team effectiveness. *Journal of Applied Psychology, 83*, 377–391.

Beer, M. (1976). The technology of organization development. In M. D. Dunnette (Ed.), *Handbook of industrial and organizational psychology* (pp. 937–993). Chicago, IL: Rand McNally.

Bell, S. T., Brown, S. G., Colaneri, A., & Outland, N. (2018). Team composition and the ABCs of teamwork. *American Psychologist, 73*(4), 349–362. doi:10.1037/amp0000305

Bliese, P. D., & Britt, T. W. (2001). Social support, group consensus, and stressor-strain relationships: Social context matters. *Journal of Organizational Behavior, 22*, 425–436.

Bonebright, D. A. (2010). 40 years of storming: A historical review of Tuck-man's model of small group development. *Human Resource Development International, 13*(1), 111–120. doi:https://doi.org/10.1080/136788610 03589099

Bradley, B. H., Klotz, A. C., Postlethwaite, B. E., & Brown, K. G. (2013). Ready to rumble: How team personality composition and task conflict interact to improve performance. *Journal of Applied Psychology, 98*(2), 385–392. doi:https://doi.org/10.1037/a0029845

Brannick, M. T., Roach, R. M., & Salas, E. (1993). Understanding team performance: A multimethod study. *Human Performance, 6*(4), 287–308.

Breuer, C., Hüffmeier, J., & Hertel, G. (2016). Does trust matter more in virtual teams? A meta-analysis of trust and team effectiveness considering virtuality and documentation as moderators. *Journal of Applied Psychology, 101*(8), 1151–1177. https://doi-org.libprox y. clemson.edu/10.1037/apl0000113

Byrne, D., Gouaux, C., Griffitt, W., Lamberth, J., Murakawa, N., Prasad, M., & Ramirez, M. (1971). The ubiquitous relationship: Attitude similarity and attraction: A cross-cultural study. *Human Relations, 24*(3), 201–207.

Campion, M. A., Medsker, G. J., & Higgs, A. C. (1993). Relations between work group characteristics and effectiveness:

Implications for designing effective work groups. *Personnel Psychology, 46*, 823–850.

Campion, M. A., Papper, E. M., & Medsker, G. J. (1995). Relations between work team characteristics and effectiveness: Replication and extension. *Personnel Psychology, 49*, 429–452.

Carey, J. M., & Kacmar, C. J. (1997). The impact of communication mode and task complexity on small group performance and member satisfaction. *Computers in Human Behavior, 13*, 23–49.

Cole, M. S., Carter, M. Z., & Zhang, Z. (2013). Leader-team congruence in power distance values and team effectiveness: The mediating role of procedural justice climate. *Journal of Applied Psychology*, 98(6), 962–973. doi:https://doi.org/10.1037/a0034269

Collins, C. G., & Parker, S. K. (2010). Team capability beliefs over time: Distinguishing between team potency, team outcome efficacy, and team process efficacy. *Journal of Occupational and Organizational Psychology*, 83(4), 1003–1023. doi:https://doi.org/10.1348/ 096317909X484271

D'Innocenzo, L., Mathieu, J. E., & Kukenberger, M. R. (2016). A meta-analysis of different forms of shared leadership–team performance relations. *Journal of Management, 42*(7), 1964–1991. https://doi-org.libproxy.clemson.edu/10.1177/0149206314525205

De Jong, B., & Elfring, T. (2010). How does trust affect the performance of ongoing teams? The mediating role of reflexivity, monitoring, and effort. *Academy of Management Journal*, 53(3), 535–549. doi:https://doi.org/10.5465/AMJ.2010.51468649

DeChurch, L. A., & Mesmer-Magnus, J. R. (2010a). Measuring shared team mental models: A meta-analysis. *Group Dynamics: Theory, Research, and Practice*, 14(1), 1–14. doi:https://doi.org/10.1037/a0017455

DeChurch, L. A., & Mesmer-Magnus, J. R. (2010b). The cognitive underpinnings of effective teamwork: A meta-analysis. *Journal of Applied Psychology*, 95(1), 32–53. doi:https://doi.org/10.1037/a0017328

DeMatteo, J. S., Eby, L. T., & Sundstrom, E. (1998). Team-based rewards: Current empirical evidence and directions for future research. *Research in Organizational Behavior*, 20, 141–183.

Denison, D. R., & Sutton, R. I. (1990). Operating room nurses. In J. R. Hackman (Ed.), *Groups that work (and those that don't)* (pp. 293–308). San Francisco, CA: Jossey-Bass.

DeShon, R. P., Kozlowski, S. W. J., Schmidt, A. M., Milner, K. R., & Wiechmann, D. (2004). A multiple-goal, multilevel model of feedback on the regulation of individual and team performance in training. *Journal of Applied Psychology, 89*, 1035–1056.

Devine, D. J., & Phillips, J. L. (2000, April). *Do smarter teams do better? A meta-analysis of team-level cognitive ability and team performance*. Paper presented at the 15th annual conference of the Society for IndustrialOrganizational Psychology, New Orleans, LA.

Dickinson, T. L. & McIntyre, R. M. (1997). A conceptual framework for teamwork measurement. In M. T. Brannick, E. Salas, & C. Prince (Eds.), *Team performance assessment and measurement* (pp. 19–43). Mahwah, NJ: Erlbaum.

Dinh, J. V., Reyes, D. L., Kayga, L., Lindgren, C., Feitosa, J., & Salas, E. (2021). Developing team trust: Leader insights for virtual settings. *Organizational Dynamics, 50*(1). https://doiorg.libprox y. clemson.edu/10.1016/j.orgdyn.2021.100846

Drach-Zahavy, A., & Freund, A. (2007). Team effectiveness under stress: A structural contingency approach. *Journal of Organizational Behavior*, 28(4), 423–450. doi:10. 1002/job,430

Driskell, J. E., & Salas, E. (1991). Group decision making under stress. *Journal of Applied Psychology, 76*, 473–478.

Driskell, J. E., Salas, E., & Johnston, J. (1999). Does stress lead to a loss of team perspective? *Group Dynamics: Theory, Research, and Practice*, 3(4), 291–302.

Driskell, J. E., Salas, E., & Johnston, J. (2001). Stress management: Individual and team training. In E. Salas, C. A. Bowers, & E. Edens (Eds.), *Improving teamwork in organizations: Applications of resource management training* (pp. 55–72). Mahwah, NJ: Erlbaum.

Driskell, J. E., Goodwin, G. F., Salas, E., & O'Shea, P. G. (2006). What makes a good team player? Personality and team effectiveness. *Group Dynamics: Theory, Research, and Practice, 10*(4), 249–271.

Driskell, T., Driskell, J. E., Burke, C. S., & Salas, E. (2017). Team roles: A review and integration. *Small Group Research, 48*(4), 482–511. https://doi-org.libproxy.clemson.edu/10.1177/1046496417711529

Driskell, T., Salas, E., & Driskell, J. E. (2018). Teams in extreme environments: Alterations in team development and teamwork. *Human Resource Management Review, 28*(4), 434–449. https://doi-org.libproxy.clemson.edu/10.1016/j.hrmr.2017.01.002

Dubrovsky, V. J., Keisler, S., & Sethna, B. N. (1991). The equalization phenomenon: Status effects in computer-mediated and face-to-face decision making groups. *Human-Computer Interaction, 6*, 119–146.

Dyer, W. G. (1987). *Team building: Issues and alternatives* (2nd ed.). Reading, MA: Addison-Wesley.

Eddy, E. R., Tannenbaum, S. I., & Mathieu, J. E. (2013). Helping teams to help themselves: Comparing two team-led debriefing methods. *Personnel Psychology*, 66(4), 975–1008.

Edwards, B. D., Day, E., Arthur, W. R., & Bell, S. T. (2006). Relationships among team ability composition, team mental models, and team performance. *Journal of Applied Psychology*, 91(3), 727–736.

Faraj, S., & Yan, A. (2009). Boundary work in knowledge teams. *Journal of Applied Psychology, 94*(3), 604–617. doi:https://doi.org/10.1037/a0014367

Forsyth, D. R. (2006). *Group dynamics* (4th ed.). Belmont, CA: Wadsworth/Thompson. Gallupe, R. B., Dennis, A. R., Cooper, W. H., Valacich, J. S., Bastianutti, L. M., & Nunamaker, J. F., Jr. (1992). Electronic brainstorming and group size. *Academy of Management Journal, 35*, 350–369.

Gersick, C. J. (1988). Time and transition in work teams: Toward a new model of group development. *Academy of Management Journal, 31*(1), 9–41.

Gersick, C. J. G. (1989). Marking time: Predictable transitions in task groups. *Academy of Management Journal, 32*, 274–309.

Gibson, C. B., & Grushina, S. V. (2021). A tale of two teams: Next generation strategies for increasing the effectiveness of global virtual teams. *Organizational Dynamics, 50*(1). https://doi.org/10.1016/j.orgdyn.2020.100823

Giumetti, G. W., Hatfield, A. L., Scisco, J. L., Schroeder, A. N., Muth, E. R., & Kowalski, R. M. (2013). What a rude e-mail! Examining the differential effects of incivility versus support on mood, energy, engagement, and performance in an online context. *Journal of Occupational Health Psychology, 18*(3), 297. doi:10.1037/a0032851

Gladstein, D. (1984). Groups in context: A model of task group effectiveness. *Administrative Science Quarterly, 29*, 499–517.

Golden, S. J., Chang, C. (Daisy), & Kozlowski, S. W. J. (2018). Teams in isolated, confined, and extreme (ICE) environments: Review and integration. *Journal of Organizational Behavior, 39*(6), 701–715. https://doi.org/10.1002/job.2288

Gonzalez-Mule, E. S., Cockburn, B. W., McCormick, B., & Zhao, P. (2020). Team tenure and team performance: A metaanalysis and process model. *Personnel Psychology, 73*(1), 151–198. https://doi-org.libproxy.clemson.edu/10.1111/peps.12319

Goodman, P. S. (1986). The impact of task and technology on group performance. In P. S. Goodman (Ed.), *Designing effective work groups* (pp. 120–167). San Francisco, CA: Jossey-Bass.

Grand, J. A., Braun, M. T., Kuljanin, G., Kozlowski, S. W. J., & Chao, G. T. (2016). The dynamics of team cognition: A processoriented theory of knowledge emergence in teams. *Journal of Applied Psychology, 101*(10), 1353-1385. https://doi-org.libprox y. clemson.edu/10.1037/apl0000136.supp (Supplemental)

Graziano, W. G., Jensen-Campbell, L. A., & Hair, E. C. (1996). Perceiving interpersonal conflict and reacting to it: The case for agreeableness. *Journal of Personality and Social Psychology, 70*, 820-835.

Gully, S. M., Incalcaterra, K. A., Joshi, A., & Beaubien, J. (2002). A meta-analysis of team-efficacy, potency, and performance: Interdependence and level of analysis as moderators of observed relationships. *Journal of Applied Psychology, 87*(5), 819-832.

Guzzo, R. A., & Campbell, R. J. (1990, August). *Conditions for team effectiveness in management.* Paper presented at the annual meeting of the Academy of Management, San Francisco.

Guzzo, R. A., & Shea, G. P. (1992). Group performance and intergroup relations in organizations. In M. D. Dunnette & L. M. Hough (Eds.), *Handbook of industrial and organizational psychology* (2nd ed., Vol. 3, pp. 269-313). Palo Alto, CA: Consulting Psychologists Press.

Guzzo, R. A., Yost, P. R., Campbell, R. J., & Shea, G. P. (1993). Potency in groups: Articulating a construct. *British Journal of Social Psychology, 32*, 87-106.

Hackman, J. R. (1987). The design of work teams. In J. W. Lorsch (Ed.), *Handbook of organizational behavior* (pp. 315-342). Englewood Cliffs, NJ: Prentice-Hall.

Hackman, J. R. (1992). Group influences on individuals in organizations. In M. D. Dunnette & L. M. Hough (Eds.), *Handbook of industrial and organizational psychology* (2nd ed., Vol. 3, pp. 199-267). Palo Alto, CA: Consulting Psychologists Press.

Hackman, J. R., & Morris, C. G. (1975). Group tasks, group interaction process, and group performance effectiveness: A review and proposed integration. In L. Berkowitz (Ed.), *Advances in experimental social psychology* (Vol. 9, pp. 47-87). New York, NY: Academic Press.

Hackman, J. R., & Oldham, G. R. (1976). Motivation through the design of work: Test of a theory. *Organizational Behavior and Human Performance, 16*, 250-279.

Hackman, J. R., & Oldham, G. R. (1980). *Work redesign.* Reading, MA: Addison-Wesley.

Haines, V. Y., & Taggar, S. (2006). Antecedents of team reward attitude. *Group Dynamics: Theory, Research, and Practice, 10*, 194-205.

Hallam, G., & Campbell, D. (1997). The measurement of team performance with a standardized survey. In M. T. Brannick, E. Salas, & C. Prince (Eds.), *Team performance assessment and measurement* (pp. 155-171). Mahwah, NJ: Erlbaum.

Hannah, S. T., Walumbwa, F. O., & Fry, L.W. (2011). Leadership in action teams: Team leader and members' authenticity, authenticity strength, and team outcomes. *Personnel Psychology, 64*(3), 771-802.

Hertel, G., Konradt, U., & Orlikowski, B. (2004). Managing distance by interdependence: Goal setting, task interdependence, and team-based rewards in virtual teams. *European Journal of Work and Organizational Psychology, 13*, 1-28.

Hirschfeld, R. R., Jordan, M. H., Field, H. S., Giles, W. F., & Armenakis, A. A. (2006). Becoming team players: Team members' mastery of teamwork knowledge as a predictor of team task proficiency and observed teamwork effectiveness. *Journal of Applied Psychology, 91*, 467-474.

Homan, A. C., Gündemir, S., Buengeler, C., & van Kleef, G. A. (2020). Leading diversity: Towards a theory of functional leadership in diverse teams. *Journal of Applied Psychology, 105*(10), 1101-1128. https://doi-org.lib-proxy.clemson.

edu/10.1037/apl0000482

Hong, H. (2010). Bicultural competence and its impact on team effectiveness. *International Journal of Cross-Cultural Management, 10*, 93–120. doi:10.1177/1470595809359582

Hu, J., & Liden, R. C. (2011). Antecedents of team potency and team effectiveness: An examination of goal and process clarity and servant leadership. *Journal of Applied Psychology, 96*(4), 851–862. doi:https://doi.org/10.1037/a0022465

Humphrey, S. E., Morgeson, F. P., & Mannor, M. J. (2009). Developing a theory of the strategic core of teams: A role composition model of team performance. *Journal of Applied Psychology, 94*(1), 48–61. doi:https://doi.org/10.1037/a0012997

Ilgen, D. R., Hollenbeck, J. R., Johnson, M., & Jundt, D. (2005). Teams in organizations: From input-process-output models to IMOI models. *Annual Review of Psychology, 56*, 517–543.

Janis, I. L. (1972). *Victims of groupthink: A psychological study of foreign-policy decisions and fiascoes*. Houghton Mifflin.

Janis, I. L. (1982). *Groupthink: Psychological studies of policy decisions and fiascos* (2nd ed.). Boston, MA: Houghton Mifflin.

Jehn, K. A. (1994). Enhancing effectiveness: An investigation of advantages and disadvantages of value-based intragroup conflict. *International Journal of Conflict Management, 5*, 223–238.

Jex, S. M., & Bliese, P. D. (1999). Efficacy beliefs as a moderator of the impact of work-related stressors: A multilevel study. *Journal of Applied Psychology, 84*, 349–361.

Kirkman, B. L., & Mathieu, J. E. (2005). The dimensions and antecedents of team virtuality. *Journal of Management, 31*(5), 700–718.

Kirkman, B. L., & Stoverink, A. C. (2021). Building resilient virtual teams. *Organizational Dynamics, 50*(1). https://doi-org.libproxy.clemson.edu/10.1016/j.orgdyn.2020.100825

Kirkman, B. L., Rosen, B., Tesluk, P. E., & Gibson, C. B. (2004). The impact of team empowerment on virtual team performance: The moderating role of face-to-face interaction. *Academy of Management Journal, 47*(2), 175–192.

Klasmeier, K. N., & Rowold, J. (2022). A diary study on shared leadership, team work engagement, and goal attainment. *Journal of Occupational and Organizational Psychology, 95*(1), 36–59. https://doi.org/10.1111/joop.12371

Klein, H. J. (1989). An integrated control theory model of work motivation. *Academy of Management Review, 14*, 150–172.

Kozlowski, S. W. J., & Bell, B. S. (2003). Work groups and teams in organization. In W. C. Borman, D. R. Ilgen, & R. J. Klimoski (Eds.), *Handbook of psychology: Vol. 12. Industrial and organizational psychology* (pp. 333–375). Hoboken, NJ: Wiley.

Kozlowski, S. W. J., & Bell, B. S. (2013). Work groups and teams in organizations. In N. W. Schmidt, S. Highhouse, & I. Weiner (Eds.), *Handbook of psychology, industrial and organizational psychology* (2nd ed., pp. 412– 469). Hoboken, NJ: Wiley.

Lacerenza, C. N., Marlow, S. L., Tannenbaum, S. I., & Salas, E. (2018). Team development interventions: Evidence-based approaches for improving teamwork. *American Psychologist, 73*(4), 517–531. https://doi.org/10.1037/amp0000295

Latane, B., Williams, K., & Harkins, S. (1979). Many hands make light the work: The causes and consequences of social loafing. *Journal of Personality and Social Psychology, 37*, 822–832.

Lawler, E. E., Mohrman, S., & Ledford, G. (1995). *Creating high performance organizations: Practices and results of, employee involvement and TQM in Fortune 1000 companies*. San Francisco, CA: Jossey-Bass.

LePine, J. A., Colquitt, J. A., & Erez, A. (2000). Adaptability to changing task contexts: Effects of general cognitive ability, conscientiousness, and openness to experience. *Personnel Psychology, 53*, 563–593.

LePine, J. A., Piccolo, R. F., Jackson, C. L., Mathieu, J. E., & Saul, J. R. (2008). A meta-analysis of teamwork processes: Tests of a multidimensional model and relationships with team effectiveness criteria. *Personnel Psychology, 61*(2), 273–307. doi: https://doi.org/10.1111/j.1744-6570.2008.00114.x

Liu, Y., Song, Y., Trainer, H., Carter, D., Zhou, L., Wang, Z., & Chiang, J. T.-J. (2023). Feeling negative or positive about fresh blood? Understanding veterans' affective reactions toward newcomer entry in teams from an affective events perspective. *Journal of Applied Psychology, 108*(5), 728–749. https://doi-org.libproxy.clemson.edu/10.1037/apl0001044.supp(Supplemental)

Luthans, F., & Kreitner, R. (1985). *Organizational behavior modification and beyond: An operant and social learning approach* (2nd ed.). Glenview, IL: Scott, Foresman.

Mak, S., & Kozlowski, S. W. J. (2019). Virtual teams: Conceptualization, integrative review, and research recommendations. In R. N. Landers (Ed.), *The Cambridge handbook of technology and employee behavior* (pp. 441–479). Cambridge University Press. https://doi.org/10.1017/9781108649636.018

Maloney, M. M., Shah, P. P., Zellmer-Bruhn, M., & Jones, S. L. (2019). The lasting benefits of teams: Tie vitality after teams disband. *Organization Science, 30*(2), 260–279. https://doiorg.libprox y. clemson.edu/10.1287/orsc.2018.1254

Marks, M. A., Mathieu, J. E., & Zaccaro, S. J. (2001). A temporally based framework and taxonomy of team processes. *Academy of Management Review, 26*, 356–376.

Marks, M. A., DeChurch, L. A., Mathieu, J. E., Panzer, F. J., & Alonso, A. (2005). Teamwork in multi-team systems. *Journal of Applied Psychology, 90*(5), 964–971.

Mathieu, J. E., & Day, D. V. (1997). Assessing processes within and between organizational teams: A nuclear power plant example. In M. T. Brannick, E. Salas, & C. Prince (Eds.), *Team performance assessment and measurement: Theory, methods, and applications* (pp. 173–195). Mahwah, NJ: Erlbaum.

Mathieu, J. E., Heffner, T. S., Goodwin, G. F., Salas, E., & Cannon-Bowers, J. A. (2000). The influence of shared mental models on team process and performance. *Journal of Applied Psychology, 85*(2), 273.

Mathieu, J. E., Rapp, T. L., Maynard, M., & Mangos, P. M. (2010). Interactive effects of team and task shared mental models as related to air traffic controllers' collective efficacy and effectiveness. *Human Performance, 23*(1), 22–40. doi:https://doi.org/10.1080/089592809034 00150

Mathieu, J. E., Tannenbaum, S. I., Donsbach, J. S., & Alliger, G. M. (2014). A review and integration of team composition models: Moving toward a dynamic and temporal framework. *Journal of Management, 40*(1), 130–160.

Maynard, M. T., Mathieu, J. E., Rapp, T. L., Gilson, L. L., & Kleiner, C. (2021). Team leader coaching intervention: An investigation of the impact on team processes and performance within a surgical context. *Journal of Applied Psychology, 106*(7), 1080–1092. https://doi-org.libproxy.clemson.edu/10.1037/apl0000814

McGrath, J. E. (1964). *Social psychology: A brief introduction*. New York, NY: Holt.

McGrath, J. E. (1990). Time matters in groups. In J. Galegher, R. E. Kraut, & C. Egido (Eds.), *Intellectual teamwork: Social and technological foundations of cooperative work* (pp. 23–61). Hillsdale, NJ: Erlbaum.

Mesmer-Magnus, J. R., Carter, D. R., Asencio, R., & DeChurch, L. A. (2016). Space exploration illuminates the next frontier for teams research. *Group & Organization Management, 41*(5), 595–628. https://doi-org.libproxy.clemson.edu/10.1177/1059601116668763

Mitchell, R., & Boyle, B. (2021). Too many cooks in the kitchen? The contingent curvilinear effect of shared leadership on multidisciplinary healthcare team innovation. *Human Resource Management Journal, 31*(1), 358–374. https://doi.org/10.1111/1748-8583.12309

Mitchell, T. R., & Silver, W. R. (1990). Individual and group goals when workers are interdependent: Effects on task strategy and performance. *Journal of Applied Psychology*, *75*, 185-193.

Mittleman, D. D., Briggs, R. O., & Nunamaker, J. F. (2000). Best practices in facilitating virtual meetings: Some notes from initial experience. *Group Facilitation: A Research and Applications Journal*, *2*(2), 5-14.

Moreland, R. L. (1999). Transactive memory: Learning who knows what in work groups and organizations. In L. L. Thompson, J. M. Levine, & D. M. Messick (Eds.), *Shared cognition in organizations: The management of knowledge* (pp. 3-31). Mahwah, NJ: Erlbaum.

Mudrack, P. E. (1989). Defining group cohesiveness: A legacy of confusion. *Small Group Behavior*, *20*, 37-49.

Mullen, B., & Cooper, C. (1994). The relation between group cohesion and performance: An integration. *Psychological Bulletin*, *115*, 210-227.

Nagel, C. M. (1999). *The perception of fit within the interview process*. Unpublished master's thesis, University of Wisconsin, Oshkosh.

Newman, S. A., & Ford, R. C. (2021). Five steps to leading your team in the virtual COVID-19 workplace. *Organizational Dynamics*, *50*(1). https://doi-org.libproxy. clemson.edu/10.1016/j.orgdyn.2020.100802

O'Leary-Kelly, A. M., Martocchio, J. J., & Frink, D. D. (1994). A review of the influence of group goals on group performance. *Academy of Management Journal*, *37*, 1285-1301.

Peeters, M. A. G., Van Tuijl, H. F. J. M., Rutte, C. G., & Reymen, I. M. M. J. (2006). Personality and team performance: A metaanalysis. *European Journal of Personality*, *20*, 377-396.

Peters, L. H., & O'Connor, E.J. (1988). Measuring work obstacles: Procedures, issues, and implications. In F. D. Schoorman & B. Schneider (Eds.), *Facilitating work group effectiveness* (pp. 105-123). Lexington, MA: Lexington Books.

Purvanova, R. K., & Kenda, R. (2022). The impact of virtuality on team effectiveness in organizational and non-organizational teams: A meta-analysis. *Applied Psychology: An International Review*, *71*(3), 1082-1131. doi:10.1111/apps.12348

Riggs, M. L., & Knight, P. A. (1994). The impact of perceived group success-failure on motivational beliefs and attitudes: A causal model. *Journal of Applied Psychology*, *79*, 755-766.

Ryu, J. W., Neubert, E. M., & Gonzalez, M. E. (2022). Putting the team in the driver's seat: A meta-analysis on the what, why, and when of team autonomy's impact on team effectiveness. *Personnel Psychology*, *75*(2), 411-439. https://doi-org.libprox y. clemson.edu/10.1111/peps.12468

Salas, E., Sims, D. E., & Burke, C. S. (2005). Is there a "big five" in teamwork? *Small Group Research*, 36(5), 555-599.

Schaubroeck, J., Ganster, D. C., Sime, W. E., & Ditman, D. (1993). A field experiment testing supervisory role clarification. *Personnel Psychology*, *46*, 1-25.

Schmidt, F. L., & Hunter, J. E. (1998). The validity and utility of selection methods in personnel psychology: Practical and theoretical implications of 85 years of research findings. *Psychological Bulletin*, *124*, 262-274.

Schneider, B. (1987). The people make the place. *Personnel Psychology*, *40*, 437-454.

Schweitzer, L., &Duxbury, L. (2010). Conceptualizing and measuring the virtuality of teams. *Information Systems Journal*, *20*(3), 267-295. doi:https://doi.org/10.1111/j.1365-2575.2009.00326.x

Seashore, S. E. (1954). *Group cohesiveness in the industrial work group*. Ann Arbor: University of Michigan Press.

Seers, A., Petty, M. M., & Cashman, J. F. (1995). Team-member exchange under team and traditional management: A naturally occurring quasi-experiment. *Group and Organization Management*, *20*, 18-38.

Shaw, J. D., Zhu, J., Duffy, M. K., Scott, K. L., Shih, H., & Susanto, E. (2011). A contingency model of conflict and team effectiveness. *Journal of Applied Psychology, 96*(2), 391–400. doi:https://doi.org/10.1037/a0021340

Shea, G. P., & Guzzo, R. A. (1987). Groups as human resources. In K. M. Rowland & G. R. Ferris (Eds.), *Research in personnel and human resources management* (Vol. 5, pp. 323–356). Greenwich, CT: JAI Press.

Shuffler, M. L., & Carter, D. R. (2018). Teamwork situated in multiteam systems: Key lessons learned and future opportunities. *American Psychologist, 73*(4), 390–406. doi:10.1037/amp0000322

Shuffler, M. L., Diazgranados, D., Maynard, M. T., & Salas, E. (2018). Developing, sustaining, and maximizing team effectiveness: An integrative, dynamic perspective of team development interventions. *The Academy of Management Annals, 12*(2), 688–724. https://doiorg.libprox y. clemson.edu/10.5465/annals.2016.0045

Siebold, G. (2006). Military group cohesion. In T. W. Britt, C. A. Castro, & A. B. Adler (Eds.), *Military life: The psychology of serving in peace and combat. Vol. 1: Military performance* (pp. 185–201). Westport, CT: Praeger.

Steiner, I. D. (1972). *Group process and productivity*. New York, NY: Academic Press.

Stevens, M. J., & Campion, M. A. (1999). Staffing work teams: Development and validation of a selection test for teamwork settings. *Journal of Management, 25*, 207–228. doi:10.1016/S0149-2063(99)80010-5

Stout, R. J., Salas, E., & Carson, R. (1994). Individual task proficiency and team process behavior: What's important for team functioning? *Military Psychology, 6*(3), 177–192.

Straus, S. G., & McGrath, J. E. (1994). Does the medium matter? The interaction of task type and technology on group performance and member reactions. *Journal of Applied Psychology, 79*, 87–97.

Sundstrom, E., DeMeuse, K. P., & Futrell, D. (1990). Work teams: Applications and effectiveness. *American Psychologist, 45*, 120–133.

Tasheva, S., & Hillman, A. J. (2019). Integrating diversity at different levels: Multilevel human capital, social capital, and demographic diversity and their implications for team effectiveness. *The Academy of Management Review, 44*(4), 746–765. doi:10.5465/amr.2015.0396

Tesluk, P. E., & Mathieu, J. E. (1999). Overcoming roadblocks to effectiveness: Incorporating management of performance barriers into models of work group effectiveness. *Journal of Applied Psychology, 84*, 200–217.

Thiel, C. E., Harvey, J., Courtright, S., & Bradley, B. (2019). What doesn't kill you makes you stronger: How teams rebound from early-stage relationship conflict. *Journal of Management, 45*(4), 1623–1659. https://doiorg.libproxy. clemson.edu/10.1177/0149206317729026

Toquam, J. L., Macaulay, J. L., Westra, C. D., Fujita, Y., & Murphy, S. E. (1997). Assessment of nuclear power plant crew performance variability. In M. T. Brannick, E. Salas, & C. Prince (Eds.), *Team performance assessment and measurement* (pp. 253–287). Mahwah, NJ: Erlbaum.

Tuckman, B. W. (1965). Developmental sequences in small groups. *Psychological Bulletin, 63*, 384–399.

Tuckman, B. W., & Jensen, M. A. C. (1977). Stages of small group development revisited. *Group and Organization Studies, 2*, 419–427.

Tziner, A., & Eden, D. (1985). Effects of crew composition on crew performance: Does the whole equal the sum of its parts? *Journal of Applied Psychology, 70*(1), 85–93.

Van Vianen, A. E. M., & De Dreu, C. K. W. (2001). Personality in teams: Its relationship to social cohesion, task cohesion, and team performance. *European Journal of Work and Organizational Psychology*, 10(2), 97–120.

Wageman, R. (1996). Interdependence and group effectiveness. *Administrative Science Quarterly, 40*, 145–180.

Wageman, R., & Baker, G. (1997). Incentives and cooperation: The joint effects of task and reward interdependence on group performance. *Journal of Organizational Behavior, 18*, 139–158.

Wagner, J. A. (1994). Participation's effect on performance and satisfaction: A reconsideration of research evidence.

Academy of Management Review, 19, 312–330.

Wagner, J. A. (1995). Studies of individualism-collectivism: Effects on cooperation in groups. *Academy of Management Journal, 38*, 152–172.

Wang, D., Waldman, D. A., & Zhang, Z. (2013). A meta–analysis of shared leadership and team effectiveness. *Journal of Applied Psychology.* doi:https://doi.org/10. 1037/a0034531

Waring, S., Moran, J., & Page, R. (2020). Decision-making in multiagency multiteam systems operating in extreme environments. *Journal of Occupational and Organizational Psychology, 93*(3), 629–653. https://doi-org.libproxy.clemson.edu/10.1111/joop.12309

Weiss, H. M. (1990). Learning theory and industrial and organizational psychology. In M. D. Dunnette & L. M. Hough (Eds.), *Handbook of industrial and organizational psychology* (2nd ed., Vol.1, pp. 171–222). Palo Alto, CA: Consulting Psychologists Press.

White, M. (2014). The management of virtual teams and virtual meetings. *Business Information Review, 31*(2), 111–117. doi:10.1177/0266382114540979

Whitney, K. (1994). Improving group task performance: The role of group goals and group efficacy. *Human Performance, 7*, 55–78.

Whyte, G. (1998). Recasting Janis's Groupthink Model: The key role of collective efficacy in decision making fiascoes. *Organizational Behavior and Human Decision Processes, 73*, 185–209.

Wu, X., & Konrad, A. M. (2022). Does age diversity benefit team outcomes, if so, when and how? A moderated mediation model. *Current Psychology: A Journal for Diverse Perspectives on Diverse Psychological Issues.* https://doi-org.libproxy.clemson.edu/10.1007/s12144-022-03527-8

Wu, Q., Cormican, K., & Chen, G. (2020). A meta-analysis of shared leadership: Antecedents, consequences, and moderators. *Journal of Leadership & Organizational Studies, 27*(1), 49–64. https://doi-org.libproxy.clemson.edu/10.1177/1548051818820862

Yi, B., Rykova, M., Feuerecker, M., Jäger, B., Ladinig, C., Basner, M., Hörl, M., Matzel, S., Kaufmann, I., Strewe, C., Nichiporuk, I., Vassilieva, G., Rinas, K., Baatout, S., Schelling, G., Thiel, M., Dinges, D. F., Morukov, B., & Choukèr, A. (2014). 520-d Isolation and confinement simulating a flight to Mars reveals heightened immune responses and alterations of leukocyte phenotype. *Brain, Behavior, and Immunity, 40*, 203–210. https://doi-org.libproxy.clemson. edu/10.1016/j.bbi.2014.03.018

Zaccaro, S. J., Blair, V., Peterson, C., & Zazanis, M. (1995). Collective efficacy. In J. E. Maddux (Ed.), *Self-efficacy, adaptation, and adjustment: Theory, research, and application* (pp. 305–328). New York, NY: Plenum Press.

Zhu, J., Liao, Z., Yam, K. C., & Johnson, R. E. (2018). Shared leadership: A state-of-the-art review and future research agenda. *Journal of Organizational Behavior, 39*(7), 834–852. https://doi-org.libproxy.clemson.edu/10. 1002/job.2296

제 12 장

조직 문화와 풍토

아마도 신입 종업원이나 고객으로서 익숙하지 않은 조직에 처음으로 들어가는 장면을 상상하는 것이 조직 문화와 풍토를 알기 위한 가장 최상의 방법일 것이다. 어떤 면에서 이 경험은 외국을 여행하는 것과 비슷하다. 예를 들어, 그 조직의 구성원들은 이해하기 어려운 언어와 구문들을 사용할 것이다. 그들은 외부인에게는 별다른 의미가 없는 행동에 꽤 심각하게 참여할 것이다. 그리고 그들만 이해할 수 있는 농담과 이야기를 나눌 것이다. 이 새로운 환경에 대해 분명한 '느낌'이 있고, 그 조직에 같은 시기에 들어온 다른 사람들도 비슷한 느낌을 가질 것이다. 완벽한 조직 구성원이 될 만큼 혹은 조직 구성원들과 충분히 상호작용할 만큼 조직에 오래 머물게 된다면, 초반에 우리가 관찰했던 부분들이 좀 더 의미를 갖게 될 것이다. 또한 조직 내부에서 경험이 쌓이고, 구성원들과 상호작용하는 기회를 가짐으로써 당신이 처음에 경험한 '느낌'은 달라질 수 있다.

앞의 예시를 통해 말하고자 하는 것은 바로 조직 문화(organizational culture)와 조직 풍토(organizational climate)다. 조직 문화는 조직이 현재 운영되는 근간을 형성한 기본 가정과 가치를 나타낸다. 반면에 조직 풍토란 조직에 대해 가진 느낌에 대한 공유된 심리적 인식을 의미한다. 문화와 풍토는 매우 비슷한 주제이므로 이 장에서 같이 다룬다. 대부분의 학자들(예 : Chatman & O'Reily, 2016; Schneider et al., 2013, 2017)에 따르면, 문화는 일반적으로 풍토에 앞선다. 즉 풍토는 조직 내 견고한 문화의 영향을 받는다. 이 때문에 조직 문화를 먼저 다루고, 그 후에 조직 풍토에 대해 이야기할 것이다.

조직 문화 : 정의 및 기본 구조

문화에 대한 연구는 인류학과 사회학에서 전통적으로 이루어져 왔지만, 조직 문화 연구는 비교적 새로운 주제다. 대부분 이 주제의 시작을 1970년대 후반으로 추정한다(Pettigrew, 1979). 그러나 심리학자들이 근래에 들어서야 조직 문화를 연구했다는 이유로 이 주제의 중요성이 감소하는 것은 아니다. 문화는 조직의 많은 행동 방식을 이해하는 핵심이다. 실제로 조직의 모든 행동은 문화적 맥락에서 나타난다. 이는 왜 어떤 것(예 : 인센티브 급여)이 한 조직에서는 성공하는 반면, 다른 조직에서는 실패하는지를 설명할 수 있다. 문화는 또한 왜 어떤 조직은 성공적이지만 다른 조직은 실패하는지를 이해하도록 돕는다(예 : Gillespie et al, 2008).

조직 문화의 정의

조직심리학 문헌을 살펴보면 조직 문화에 대한 여러 정의가 있다(예 : Ehrhart et al., 2014; Louis, 1983; Martin, 2002). 그러나 다행스럽게도 다양한 정의 간에 상당한 공통점이 있다. 이러한 다양한 정의를 통합하여 Schein(2010)은 문화란 "집단이 외부 적응과 내부 통합의 문제를 해결하는 데 타당한 것으로 확증되고 학습된 일련의 기본 가정으로, 새로운 구성원들에게 그러한 문제들을 같은 방식으로 지각하고 사고하며 느낄 수 있도록 가르칠 수 있는 것"(p. 18)이라고 정의했다. 이 정의에는 두 가지 중요한 점이 있다. 첫째, 이 정의는 문화란 조직 구성원들이 공유하는 '세상에 대한 관점(view of the world)'이라는 것이다. '세상에 대한 관점'이란 문화가 조직 구성원이 환경을 해석하는 방식을 학습하는 데 필요한 '렌즈'임을 의미하는 것이다. 둘째, 아마도 가장 중요한 것으로, 이 정의에서는 문화가 무작위로 발전하지 않으며, 오히려 특정한 목적을 갖고 있다는 것을 내포한다. 문화는 조직이 외부환경에 적응하도록 도와주며, 이를 통해 생존을 촉진한다. 또한 문화는 직원들이 제각기 다른 방향으로 흩어지는 것이 아니라 공통의 목표를 향해 함께 나아가도록 하는 힘을 나타낸다.

조직 문화에 대한 또 다른 관점, 즉 보다 최근의 관점은 문화가 조직 내에서 행동을 지배하는 일련의 기본적인 규범적 기준을 제공한다는 것이다(Chatman & O'Reilly, 2016). 규범은 어떤 사회적 상황, 조직을 포함하여, 기대되는 행동을 규정하는 기준에 불과하다. Chatman과 O'Reilly(2016)에 따르면 조직 내 규범적 기준은 두 가지 일반적인 사회적 영향의 형태를 통해 직원들에게 전달된다(Deutsch & Gerard, 1955). **정보적 사회 영향**(informational social influence)은 현실을 해석하는 방법에 대한 정보를 다른 사람들에게 제공하는 것을 의미한다. 선 판단 과제를 사용한 Ash(1955)의 고전적인 연구가 그 예시인데, 그는 선의 길이를 해석하기 위해 피실험자들이 연구에 참여한 동조자들을 바라보는 것을 보여주었다. 조직 문화에 적용하면, 신입 사원들은 다양한 자극을 해석하기 위해 조직 구성원들과의 상호작용, 조직의 규칙 및 규정, 그들에게 향하는 다른 행동 등을 통해 다른 이들을 바라본다. 달리 말하자면, 문화는 조직에 새로 온 이들이 매우 혼란스러운 경험을 해석하는 데 있어 로드맵을 제공한다.

반면, **규범적 사회 영향**(normative social influence)은 적절한 행동에 대한 기준을 나타낸다. 사회심리학에서는 규범적 상황 압력의 힘을 보여주는 가장 극적인 예가 Milgram(1963)의 고전적 연구로, 여기서 '교사'들은 실험자의 지시에 따라 '학습자'에게 위험한 높은 수준의 전기 충격을 가했다고 믿었다. 일반적으로 Milgram의 연구만큼 극적이지는 않지만, 조직 문화는 조직 내 직원들에게 수용 가능한 행동과 피해야 할 행동에 대한 암묵적인 지침을 제공한다. 예를 들어, 만약 한 조직에 대인 간의 조화를 중시하는 문화가 있다면, 노골적인 적대감 표현은 공식적으로 처벌받지 않더라도 강하게 억제될 가능성이 높다. 반면, 직접적인 대립을 강조하는 조직은 그러한 행동을 용인할 뿐 아니라 심지어 보상하기도 할 것이다.

조직 문화의 기본 구조

Schein(1992, 2010)에 따르면 조직 문화는 3개의 층으로 구성되고, 하단으로 갈수록 외부 사람이 더 이해하기 어렵다. 조직 문화에서 가장 가시적인 수준은 **인공물**(artifact), **테크놀로지**(technology), **행동**

방식(behavior pattern)에 반영되어 있다. 인공물은 이후에 더 자세히 다루겠지만, 문화적 의미를 전달하는 물리적 환경의 측면이다. 테크노롤지는 조직이 외부환경으로부터의 투입물을 변환하는 수단을 의미한다. 물론 행동 방식은 단순히 조직 구성원이 행하는 행동을 나타내지만, 그보다 조금 더 복잡한 의미를 가진다. 다음 절에서 설명하겠지만, 문화는 조직 외부인이 완전히 이해하기 어려운 규칙적이고 일상적인 행동 방식에 반영되는 경우가 많다.

Schein(1992, 2010)에 따르면 문화의 다음 수준은 조직 내의 공유된 가치(shared values)이다. 가치란 간단히 말해서 개인이 다른 것과 비교하여 어떤 것을 선호하는 폭넓은 경향 혹은 상태를 뜻한다(Hofstede, 1980). 조직 내에서 핵심 가치는 다양할 수 있다. 예를 들어 충성, 고객만족, 동료애, 자기보존 등이 있다. Schein(1992, 2010)에 따르면 가치란 외부인에게 행동 방식보다 더 접근하기 어렵고, 특히 상징적 수단을 통해 외부인에 의해 추론되는 것이다. 예를 들어, 만약 어떤 조직이 서열에 따라 종업원의 보상과 승진을 결정한다면, 사람들은 그 조직이 충성과 근속에 높은 가치를 부여하는 것이라고 추론할 수 있다.

Schein(1992, 2010)에 따르면 조직 문화의 최하층에는 조직의 구성원들이 갖는 기본 신념과 가정이 자리 잡고 있다. 이 기본 신념과 가정은 매우 깊이 자리 잡고 있어 개인이 당연하다고 받아들이는 것이다. 그러나 그것은 매우 중요하고, 보다 가시적인 문화의 측면에 영향을 미친다(Denison & Mishra, 1995).

조직 장면에서 사람들이 갖고 있는 기본 신념과 가정은 무엇일까? 이것은 매우 어려운 질문인데, 그것은 여러 조직과 그 안의 구성원들이 서로 매우 다르기 때문이다. 그러나 이에 대해 깊게 생각해보면 상황에 관계없이 두드러질 수 있는 신념과 가정도 있다. 예를 들어, 조직의 구성원들은 조직이 믿을 만한지, 조직이 그들을 지원할 것인지, 심리적 환경이 위협적인지 혹은 지원적인지 혹은 열심히 일하고 헌신하면 그에 대한 보답이 있는지 등에 대한 기본 신념과 가정을 가지고 있다. 특정 조직 장면에서 매우 구체적인 다른 기본 가정들도 분명히 있다. 예를 들어, 어떤 회계법인의 구성원들은 그들이 고객을 위해 절세할 방도를 찾는 것과 관련된 윤리에 대한 기본 가정을 가질 수 있고, 초등학교 교사들은 아동의 교육에서 부모의 관여가 주는 이점에 대한 기본 가정을 공통적으로 가질 수 있다.

앞에서 논의한 다른 두 문화 수준과 달리 기본 신념과 가정은 그것이 너무 깊은 곳에 자리하고 있어서 연구하기가 어렵다. 사실 Schein(1992, 2010)은 이것이 의식 수준에 있는 것이 아니라고 주장한다. 이런 이유로 순진한 조직의 외부인이 이러한 기본 신념과 가정이 무엇인지 판단하는 것은 지극히 어려운 일이다. 마찬가지로 조직의 구성원들, 특히 한 조직에 오랫동안 근무한 사람들도 자신이 속한 조직의 기본 신념과 가정을 이해하는 것이 매우 어려운데, 그것이 자신에게 너무 뿌리 깊게 스며들어 있기 때문이다. 기본 신념과 가정의 탐구는 일반적으로 현장 관찰, 정보 제공자의 활용, 그리고 조직 자료에 대한 면밀한 분석 등과 같은 신중하고 정교한 연구 과정을 통해 진행된다. 조직 문화의 연구에 관한 내용은 이 장 후반부에서 더 다룰 것이다.

조직 문화를 정의하고 그것의 다양한 수준을 기술할 때 비록 대부분의 조직이 '조직 전반'의 문화라는 것을 가지고 있더라도 그 안에 다양한 하위문화(subculture)가 존재한다는 문제를 고려하는 것이 중요하다(Martin, 2002). 대부분의 조직에는 6개의 하위문화가 존재하지만(Jansen, 1994), 일반적으로 위계, 전문성 수준, 기능 분야, 혹은 지리학적인 위치에 기초한다. 조직 내 하위문화에 차이가 있는 것은 반드시 부정적인 것은 아니다. 그 좋은 예로서 대학은 오랫동안 지속된 학과별 차이에 기반을 두고 분명히 다른 하위문화가 있음에도 잘 기능하고 있다('참고 12.1' 참조).

하위문화들이 조직의 전반적인 문화와 동시에 존재한다면, 이들 중 어떤 것이 구성원들에게 가장 강력한 영향을 미치는가라는 질문은 당연한 것이다. Adkins와 Caldwell(2004)은 담당하는 서비스에 따라 네 가지 하위문화(전략적 자문, 기술 자문, 프로세스 리엔지니어링, 변화 관리 자문)를 구축하고 있

참고 12.1

대학교 학부의 문화 및 하위문화

대학은 다양한 학부로 구성되어 있어 흥미로운 조직이다. 각 학부는 종종 매우 다른 문화를 가지고 있으며, 같은 학부 내에서도 하위문화가 존재할 수 있다. 많은 독자들이 학부 시절 교양 과목을 수강하거나 전공에 집중하면서 이 점을 확실히 느꼈을 것이다. 물론 학과 내에서도 어느 정도 차이가 있겠지만, 예술과 인문학부는 경영, 공학, 자연과학부의 문화에 비해 훨씬 여유롭고 '느긋한' 문화를 갖고 있다.

심리학부는 하위문화가 강력하므로 매우 흥미로운 문화를 갖고 있다. 특히 여러 박사학위 프로그램이 있는 대형 심리학부에서는 각 세부 전공별로 꽤 다른 하위문화를 갖고 있다. 예를 들어, 임상심리학 교수진의 규범과 행동은 사회심리학, 산업 및 조직심리학, 신경과학 교수진의 규범 및 행동과 매우 다를 것이다. 신경과학 교수진이 다른 학과(일반적으로 생물학)에 공동으로 임명되는 경우가 많다는 점을 감안하면 그들의 규범과 행동은 종종 해당 학과 교수진과 유사할 수 있다.

경영대학은 다른 대규모 학문 단위와 비교할 때 독특한 면이 있다. 예를 들어, 경영대학에서는 교수들이 MBA 수업을 가르칠 때 형식을 갖춘 복장을 요구하는 경우가 드물지 않으며, 경영대학 건물도 종종 회사의 사무실과 매우 유사한 모습을 띠고 있다. 대부분의 경영대학 교수진들이 경영대학에서 훈련을 받았고, 그들의 주요 임무가 학생들에게 경영과 관련된 경력을 쌓기 위해 교육하는 것이기 때문에, 그들의 규범과 행동이 비즈니스 세계의 규범과 행동을 반영하는 것을 이해할 수 있다.

심리학과와 마찬가지로, 경영대학 내에도 하위문화가 존재할 가능성이 크다. 예를 들어, 회계학과 교수들의 규범과 행동은 경영, 정보 시스템, 재무, 마케팅 등의 다른 학과 교수들과 다를 수 있다. 특히 일부 경영학과 교수는 조직행동을 전공하며, 따라서 심리학과에서 교육을 받았을 가능성이 있으므로 그들의 하위문화는 산업 및 조직 심리학 프로그램과 유사할 수 있다.

기회가 되면 나중에 어떤 학부에 방문할 때 그 학부의 문화에 대한 단서를 찾을 수 있는지 살펴보라. 이는 물리적 환경이나 교수들의 행동 패턴, 혹은 주변에 누가 있는지 여부일 수도 있다. 더 나아가, 둘 이상의 서로 다른 학부를 방문하여 차이점을 비교해보면 더 좋을 것이다. 당신은 놀랍고 흥미로운 발견을 할 수도 있을 것이다.

는 대규모 컨설팅 회사를 대상으로 이 문제를 검토하였다. 이 연구자들은 자신이 속한 하위문화와 조직 전반의 문화가 합치(fit)하는 정도와 직무 만족도 간에 정적인 관계가 있다는 결과를 관찰하였다. 또한 팀 내에서도 뚜렷한 하위문화가 형성되는 경우가 많으며(Shin et al., 2016), 이러한 하위문화가 팀 수행에 영향을 미치는 것으로 나타났다. 따라서 구성원에게 하위문화가 중요하지만, 그들이 조직의 전반적 문화의 중요성을 간과하지는 않는다는 것을 시사한다.

조직 문화의 모델

조직 문화의 정의를 다루었으므로 이제 조직 문화가 기술되는 공통의 차원에 대해 논의할 것이다. 몇 개의 조직에서 근무해본 경험이 있는 사람들이면 서로 다른 두 조직이 완전히 유사한 경우는 없다는 것을 알 것이다. 따라서 모든 조직 문화의 유형이나 차원을 포괄하는 유형론을 개발하는 것은 유용할 것이다. 근래에 연구자들은 그들이 고려해 왔던 것들이 대부분의 조직에 공통적인 문화적 특성의 군집들로 간주될 수 있다는 것을 발견하였다. 그리고 이러한 속성을 바탕으로 조직 문화의 모델을 개발하였다. 이 절에서는 조직 문화의 네 가지 잘 알려진 모델에 대해 다룰 것이다.

경쟁 가치 모델

역사적인 관점에서 경쟁 가치 모델(Competitive Value Framework, CVF; Quinn & Rohrbaugh, 1981)은 1980년대에 도입되었을 때 조직 문화에 관한 최초의 이론적 모델로 소개되었다. 조직 문화에 대한 연구는 1970년대 후반으로 거슬러 올라간다(Pettigrew, 1979). 이 모델은 조직 문화 평가 도구(Organizational Culture Assessment Instrument, OCAI)의 기반이 되었으며, 이는 이후 측정에 관한 절에서 논의될 것이다. CVF의 개념은 비교적 간단하다. 구체적으로, 조직의 문화는 두 가지 상반되는 가치에 기반하여 설명될 수 있다. 첫 번째는 **유연성 대 통제성**이고, 두 번째는 **내부 지향 및 통합 대 외부 지향 및 통합**이다.

Quinn과 Rohrbaugh(1981)는 이러한 두 가지 상반되는 가치가 결합될 때 네 가지 유형의 조직이 탄생한다고 제안했다. 〈그림 12.1〉에 제시된 바와 같이 **공동체형**(clan) 문화는 유연성과 내부 지향 및 통합이 높은 조직 문화를 나타낸다. 이러한 조직은 거의 가족과 같은 방식으로 운영될 수 있다. 반면에, **혁신 지향형**(adhocracy) 문화는 유연성과 외부 지향이 높은 조직 문화를 나타낸다. 이 유형의 조직은 외부 요인에 따라 빠르게 변화하며 일반적으로 지속성이 부족하다. 따라서 '임시적(adhoc)'이라는 이름이 붙은 것이다.

〈그림 12.1〉에 제시된 다음 유형의 조직 문화는 **위계형**(hierarchy) 문화로, 통제와 내부 지향이 모두

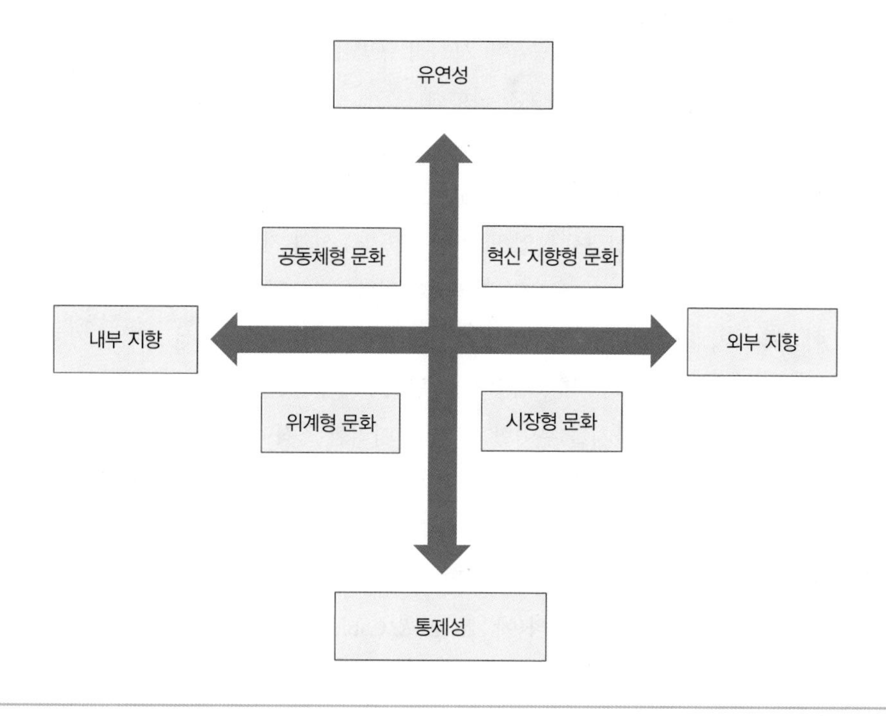

그림 12.1 경쟁 가치 모델

높은 조직 문화를 나타낸다. 이러한 유형의 조직은 독자가 생각하는 전형적인 관료적 조직, 즉 매우 형식적이고 관리 계층이 많으며 규칙과 절차가 많은 조직을 연상시킨다. 마지막으로, **시장형**(market) 조직 문화는 통제와 외부 지향이 모두 높게 나타난다. 이 유형의 조직은 고객의 요구와 선호에 민감하게 반응하며, 그 요구와 선호가 고려되고 실행되도록 잘 개발된 통제 시스템을 갖추고 있다.

CVF의 기초가 된 초기 연구는 조직 문화 유형의 분류 체계를 개발하기보다는 조직 효과성의 특징을 규명하는 데 더 중점을 두었다는 점은 흥미롭다(Chatman & O'Reilly, 2016). 몇 년이 지나서야 경쟁 가치 모델은 조직 문화 유형의 전형으로 간주되었고(예 : Cameron & Freeman, 1991), 그 이후로 대부분의 조직 문화 연구자들은 조직 문화 유형을 이 모델에 기반하여 분류하고 있다.

O'Reilly, Chatman, Caldwell 모델

조직 문화의 차원을 설명하는 또 다른 초기 시도는 O'Reilly 등(1991)에 의해 수행되었다. 그들은 조직 문화 프로파일(Organizational Culture Profile, OCP)이라는 자기보고식 조직 문화 척도를 개발했다. 이 척도의 구체적인 내용은 이 장의 다음 부분에서 다루겠지만, OCP에 기저하는 실질적인 모델은 여기서 간단히 다룰 것이다. OCP의 이론적 기초는 앞서 설명한 Schein의 조직 문화 개념화(1985, 1992)를 기반으로 하며, 조직 문화는 본질적으로 공유된 사회적 규범에 의해 실행되는 사회적 통제의 한 형태라는 생각에서 출발한다(예 : 규범적인 사회적 영향력).

O'Reilly 등(1991)에 따르면, 대부분의 조직 문화는 7개의 기본 가치에 따라 구별할 수 있지만, 보다 최근 연구(예 : Chatman et al., 2014; O'Reilly et al., 2014)에서는 6개 가치에 초점을 맞춰왔다. 이 가치에는 (1) 적응성/혁신, (2) 진실성, (3) 협업 또는 팀워크, (4) 성과 지향, (5) 고객 지향, (6) 세부 지향이 포함된다. 이러한 가치는 〈표 12.1〉에 요약 정의되어 있다. 이 모델에서는 각 기업 문화를 독특하게 만드는 것은 이 6개 가치로 그려지는 '프로파일'이라고 한다. 예를 들어, 최신 모델에 기초하면 어떤 조직 문화에서는 적응성/혁신, 성과 지향, 협업 또는 팀워크에 높은 가치를 부여할 수 있지만, 세부 지향, 고객 지향, 진실성에는 낮은 가치를 부여할 수 있다. 이러한 조직이 장기적으로 큰 성공을 거둘 것이라고 기대하기는 어려울 것이다. 이와 대조적으로, 여섯 차원 모두에서 높은 가치를 두는 조직은 더 성공적일 뿐만 아니라 최고의 인재를 유치할 가능성도 크다고 가정할 수 있다. 조직 문화 차원과 조직 수행 간의 관계를 다룬 조직 문화의 다른 모델과 달리, O'Reilly 등(1991)의 연구는 조직의 문화와 구성원 개인의 성격 간 합치에 초점을 두었다(예 : Judge & Cable, 1997; Kristof-Brown et al., 2005). 하지만 최근 연구에서는 OCP로 평가된 문화가 조직 수행과 관련이 있다는 점이 입증되었다('과학 번역하기 12.1' 참조).

Denison 모델

조직 문화의 두 번째 모델은 문화를 측정하는 기초로 사용된 것으로 Daniel Denison과 동료들(Denison, 1990; Denison & Mishra, 1995)이 제안한 것이다. 〈그림 12.2〉에 제시된 이 모델은 O'Reilly

표 12.1 O'Reilly, Chatman, Caldwell의 수정된 조직 문화 차원

가치	정의
적응성/혁신	적응, 실험 및 위험 감수에 대한 강조
진실성	공정성, 정직성, 높은 윤리적 기준에 대한 강조
협업/팀워크	협력하고, 갈등을 피하고, 팀으로 일하는 것에 대한 강조
성과 지향	결과를 입증하고, 높은 성과 기준을 강조
세부 지향	정확성과 분석에 대한 강조
고객 지향	시장 중심, 추진력, 고객의 의견에 귀를 기울이는 것에 대한 강조

출처 : O'Reilly et al.(2014).

과학 번역하기 12.1

조직 문화 프로파일을 사용하여 조직 성과를 예측하기

대부분의 OCP를 사용한 초기 연구는 지원자와 조직 간 적합성 평가에 중점을 두었지만, OCP의 차원이 조직의 성공과도 관련이 있을 것이라고 추정하는 것이 합리적이다. 즉 성공한 조직은 성공하지 못한 조직과 다르게 보일 것이라는 가정이다.

이 개념은 캘리포니아대학교 버클리캠퍼스, 산타클라라대학교, 스탠퍼드대학교의 Jennifer Chatman과 동료들이 수행한 연구에서 입증되었다. 이 연구자들은 OCP의 한 차원인 적응성/혁신에 초점을 맞추고, 이 문화적 차원이 미국에 위치한 39개의 고기술 부문 상장 기업의 재무 성과를 어떻게 예측하는지 조사했다. 이들은 경영대학 졸업생으로서 해당 기업의 직원인 주요 정보 제공자들을 통해 각 기업의 적응성/혁신 수준을 측정했으며, 문화적 규범에 대한 **합의도**(OCP의 6개 차원 전반에서 정보 제공자들 간의 합의 정도)를 측정했다. 또한 적응성/혁신 차원의 중요성(다른 OCP 문화 차원과 비교하여 얼마나 중요하게 평가되는지)도 측정했다.

연구 결과, '강한' 문화(OCP의 6개 차원에 대한 합의도가 높은 경우)를 가진 기업과 적응성/혁신 문화 차원에 높은 가치를 두는 기업이 3년간 더 높은 재무적 성공을 거둔 것으로 나타났다. 반면, 합의도가 낮은 기업(또는 '약한' 문화를 가진 기업), 적응성/혁신에 낮은 중요성을 부여한 기업, 또는 약한 문화를 가지고 적응성/혁신에 낮은 중요성을 부여한 기업은 상대적으로 재무 성과가 저조했다.

이 연구의 결과는 조직 문화와 기업 성과 간의 관계가 매우 복잡하고 세밀하다는 것을 시사하며, 몇 가지 중요한 실질적 시사점을 제공한다. 예를 들어, 조직은 직원들에게 명확한 문화적 메시지를 전달하여 높은 수준의 합의를 도출해야 한다. 이는 '강한' 문화의 정의적 특징이다. 또한 조직은 모든 것을 아우르려는 시도를 하지 말고, 특정 문화적 차원을 다른 차원보다 강조해야 한다는 것을 시사한다. Chatman과 동료들이 고기술 부문의 기업을 대상으로 연구했기 때문에 적응성/혁신 차원의 중요성이 기업 성과와 관련이 있다는 점은 합리적으로 보인다. 만약 그들이 호스피탈리티 산업의 조직을 대상으로 연구했다면, 고객 지향성 차원을 강조한 기업들이 가장 성공적이었을 가능성이 높다.

등(1991)이 제안한 것보다 훨씬 더 복잡하다. 조직 문화는 적응성, 임무, 몰입, 일관성이라는 네 가지 일반적 차원에 따라 묘사될 수 있다는 것이 기본 생각이다. 이러한 일반적 차원은 각각 세 가지 하위 차원으로 구분된다. 예를 들어, 임무라는 일반 차원은 전략적 방향과 의도, 목표와 목적, 비전으로 나뉜다. 적응성은 변화의 창출, 고객 중심, 조직학습으로 나뉘며, 몰입은 권한위임, 팀 지향, 역량개발로 나뉜다. 마지막으로 일관성은 핵심가치, 합의, 조정 및 통합으로 나뉜다. 이 모델은 또한 조직 문화가 각 하위 차원의 점수에 따라 두 가지 더 포괄적인 차원(외부 대 내부, 유연성 대 안정성)으로 묘사될 수 있다는 것을 독자들도 알 수 있을 것이다.

Denison의 모델은 비교적 새로운 것임에도 상당한 경험적인 검증이 이루어졌고 조직의 문화적 문제를 진단하기 위해 여러 조직에서 사용되어 왔다(Denison et al., 2004, 2014; Gillespie et al., 2008). Denison 모델은 높은 인기에도 불구하고 일부 비판도 받았다. 예를 들어, Chatman과 O'Reilly(2016)는 이것이 본질적으로 조직 문화 모델이라기보다는 조직 효과성의 일반적인 모델이라고 주장한다. 모

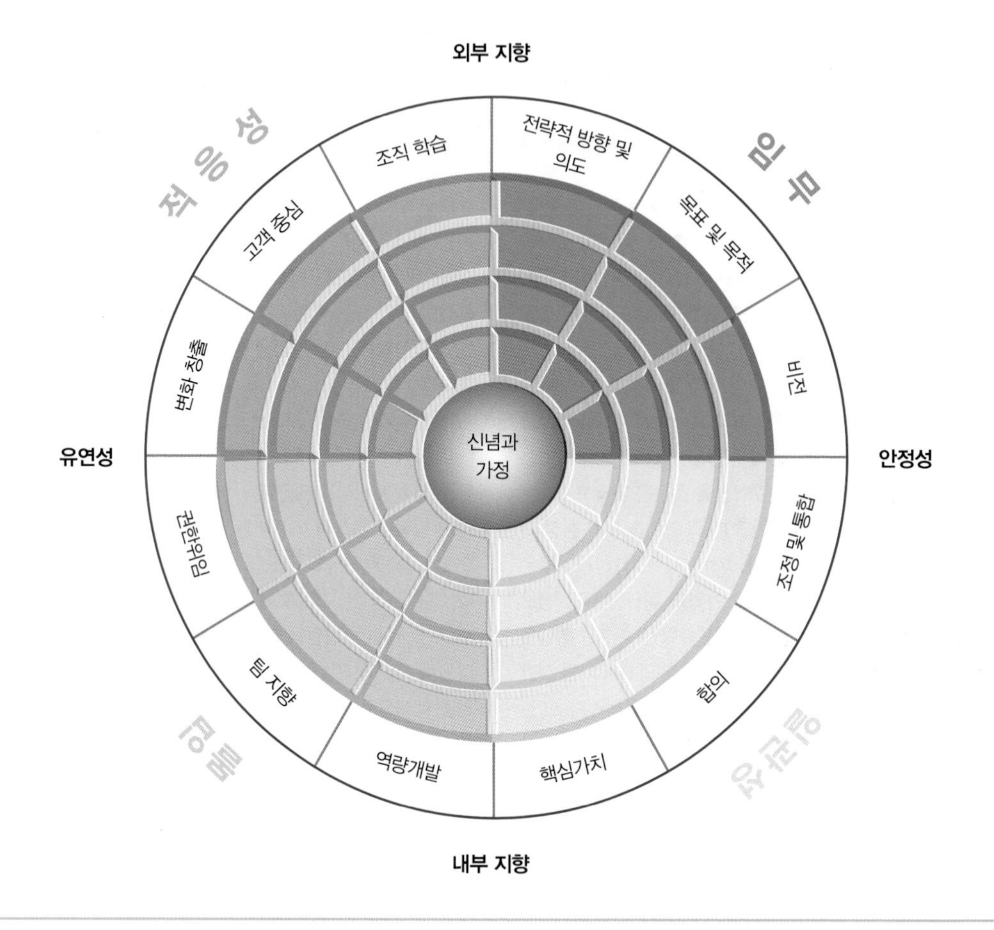

그림 12.2 Denison의 조직 문화 모델

델의 차원을 고려해보면 그들이 왜 이렇게 주장하는지 쉽게 이해할 수 있다. 즉 모든 문화 차원에서 높게 평가받는 조직은 성공할 가능성이 높다는 것이다. 하지만 설령 이 모델이 엄밀히 말해 문화 모델이 아닐지라도(Daniel Denison이 아마 이 점에 이의 제기를 할 수 있다) 조직의 성공과 연관된 프로필을 모방하는 데는 여전히 가치가 있다.

휴먼 시너지스틱스 모델

네 번째이자 마지막 모델은 컨설팅 회사 휴먼시너지스틱스(Human Synergistics)의 연구진들에 의해 개발됐다. Denison 모델과 함께 이 모델은 컨설팅 회사의 실무에서 사용되는 OCI 측정값(뒷부분에서 설명할 예정)을 개발하는 데 기초가 됐다. 이 모델에서는 조직 내 존재하는 규범에 대한 종업원들의 인식이 초점의 대상이다. 조직 문화에 대한 최근의 개념화, 즉 문화는 행동에 대한 규범적 표준을 반영한다는 점을 바탕으로 이 모델은 현대 이론과 더 일치한다. 그만큼 휴먼 시너지스틱스 모델은 어떤 조직이든 간에 일반적으로 세 가지 규범 양식, 즉 **건설적, 수동적/방어적, 공격적/방어적** 규범 양식으로 특징지을 수 있다고 제안한다.

건설적(constructive) 규범 양식의 특징을 지닌 조직은 성취적, 자기실현적, 인본주의적, 연계적이다. 이러한 형태의 조직은 일하기 좋으며 일반적으로 긍정적인 결과를 얻는 경향이 있다고 가정된다. 실제 연구에서 이 예측들은 지지되었다(Cooke & Szumal, 2000). **수동적/방어적**(passive/defensive) 조직은 인정, 전통성, 의존성, 회피성을 강조한다. Cooke과 Szumal(2000, 2013)은 이러한 규범 양식이 건설적 양식에 비해 부정적인 결과와 더 관련 있지만, 그 관련성은 미미하다고 밝혀냈다. 마지막으로 **공격적/방어적**(aggressive/defensive) 규범 양식은 세 가지 중 가장 부정적이며, 대립적, 권력에 대한 강조, 경쟁적이며 완벽주의적인 것으로 설명할 수 있다. Cooke과 Szumal(2000)은 특정한 조건하에서는 이 조직이 성공적일지 몰라도, 이러한 규범 양식을 갖춘 조직에서는 사람들 간의 관계가 원만하지 못하다는 것을 발견했다. 예를 들어, 조직은 좋지 못한 대인 관계를 보완할 수 있는 뛰어난 인재를 보유할 수 있다.

이 조직 문화 모델에 대한 연구는 찾기 어려운데, 그것은 측정방법이 컨설팅 회사의 특허사항이기 때문이다. 위에서 제안된 규범 양식의 차이와 그로 인한 결과를 어느 정도 지지하는 연구들이 다소 있기는 하지만(Balthazard et al., 2006), 이 모델에 대해 더 많은 연구가 필요하다.

조직 문화의 표현

조직 문화가 공통되는 일련의 차원으로 묘사될 수 있다면, 이러한 문화 차원이 조직의 외부인이나 구성원에게 가시적으로 보일 수 있게 만드는 것은 무엇인가? 달리 말해서, 서로 다른 조직들로부터 서로 다른 '느낌'을 갖게 만드는 것은 무엇인가? 만약 문화에 대해 소통할 수 있는 다양한 방식을 이해하지 못한다면 문화를 연구하고, 진단하고, 경우에 따라 변화시킬 수 없기 때문에 이러한 질문은 매우 중요하다.

상징과 인공물

Cohen(1974)에 따르면 상징(symbols)이란 "애매하면서 다양한 의미를 내포하고, 정서를 촉발하며, 사람들이 행동을 하도록 자극하는 대상, 활동, 관계 혹은 언어적 구성체이다"(p. 23). 대부분의 조직에서 상징은 우리에게 문화의 본질에 대한 정보를 제공한다. 어떤 조직에서 가장 잘 드러나는 상징 중 하나는 구성원들이 일하는 물리적 배치이다. 어떤 조직에서는 구성원의 사무실이 하나의 큰 개방된 공간에 위치하지만, 다른 조직에서는 그들의 공간을 서로 멀리 떨어지게 배치함으로써 사생활을 충분히 보장하고 있다. 전자의 배치는 그 조직이 사교성과 소통의 개방성에 높은 가치를 부여한다는 것을 상징하는 것일 수 있다. 반면 후자의 배치는 그 조직이 비밀주의 수준이 높거나 사생활을 지극히 존중하는 특징을 가지고 있다는 것을 상징하는 것일 수 있다. 이러한 문화의 구성원들은 '자신이 담당한 정보만 알고 전체 정보를 모르는 원칙'에 따라 정보를 서로 교환하는 경향이 있다.

Schein(2010)에 따르면 인공물(artifact)은 상징과 비슷하다. 인공물은 문화적 의미를 보다 직접적으로 전달하는 반면 상징은 더 간접적이라는 것만 다르다. 상징처럼 인공물은 조직의 물리적 환경에서 쉽게 발견된다. 조직에서 가장 대표적인 인공물 중 하나는 그 조직에서 사용되고 있는 테크놀로지가 물리적으로 표현되어 있는 것이다. 예를 들어, 교육 장면에서 교실은 하나의 인공물인데, 이것은 학생들이 그들에게 전달되는 지식을 순수하게 받아들이는 곳이라는 의미를 갖는다. 군대에서 제복은 권위에 대한 복종과 지휘 계통에 대한 존중을 전달하도록 설계된 강력한 인공물이다.

의례와 의식

의례(rites)란 "문화 표현의 다양한 형태를 하나의 이벤트로 압축해 놓은 것으로, 일반적으로 참가자들의 이득을 위해 사회적 상호작용을 통해 수행되며, 상대적으로 정교화되어 있고, 극적이며, 계획적인 일련의 행동이다"(Trice & Beyer, 1984, p. 655). 조직에서 시행되는 일반적인 의례를 〈표 12.2〉에 제시하였다. 표에 나타난 바와 같이 통과의례는 조직 밖의 사람들이 완전한 조직의 구성원이 되기까지의 사회화 과정을 상징하는 것으로 주로 사용되어 왔다. 신병 훈련은 군대에서나 볼 수 있는 가장 극적인 조직의 의례라 할 수 있지만, 다른 조직에서도 이와 같은 의례가 있다. 예를 들어, 연구 장면에서의 통과의례는 석사 혹은 박사논문에 대한 구두 심사 같은 것이다.

표 12.2 조직 의례 요약

의례의 유형	예시
통과의례	미국 육군의 신병 훈련 및 기초 훈련
명예실추 의례	최고 경영자의 해고 및 교체
명예고양 의례	전문 협회의 연례 회의
개혁 의례	조직 개발 활동
갈등 감소 의례	단체 교섭
통합 의례	사무실의 송년회

출처 : Trice & Beyer(1984).

어떤 경우에는 의례가 제재의 수단으로도 활용되는데, 일반적으로는 구성원들에게 부정적인 정보를 제공한다. 명예실추(degradation) 의례는 조직에 문제가 있거나 인력의 변화가 필요할 때 나타난다. 조직 내에서 누군가가 하위 직급으로 강등될 때, 이를 알리는 공개적인 행사는 없지만 사무실의 크기와 위치의 변화, 그리고 강등에 따른 직무 변화로 인해 그 사실이 드러날 수 있다.

이와 대조적으로 명예고양(enhancement) 의례는 긍정적인 정보를 제공한다(Trice & Beyer, 1984). 이것은 조직에 대한 긍정적인 정보거나 월등한 수행을 한 개인을 공개적으로 인정하는 것일 수 있다. 저자 중 한 명이 재직하고 있던 학과에서는 가을학기가 시작될 때마다 학생들의 뛰어난 업적을 인정하고 학과의 역사를 기념하는 연례 행사를 열었다. '참고 12.2'에서 논의한 바와 같이, 전문 조직의 연례 회의에서 열리는 많은 활동은 개인의 성과를 인정받고 해당 분야를 기념하기 때문에 명예고양 의례로 볼 수 있다.

대부분의 조직은 문제를 해결해야 하거나, 구성원들이 조직 내에서 추구할 목적을 새로이 할 때가 있다. 개혁(renewal) 의례는 이러한 목적을 위한 것이다. Trice와 Beyer(1984)는 조직개발의 개입이 조직 개혁 의례의 핵심적인 예라고 주장하였다(제13장에서 더 논의될 것임). 예를 들어, 조직개발 개입의 일종인 팀 빌딩과 조사 피드백 같은 개입은 궁극적으로 구성원의 목표의식을 혁신하기 위한 의례적 활동으로 간주될 수 있다. Trice와 Beyer(1984)가 제안한 조직개발에 대한 이러한 관점은 대부분의 조직개발자가 동의하지 않는 도발적인 것이다. 실제로 조직개발 개입이 조직의 긍정적인 변화를 촉진할 수 있다는 경험적 증거가 있고(예 : Austin & Bartunek, 2003), '기분 좋게 만드는' 의례를 위해 지불하는 비용 이상의 무엇이 있다. 반면, 조직개발이 다소 의례적인 방식으로 흐르는 경우도 있다 ― 구성원을 대상으로 의견조사가 시행되고, 보고서가 작성되며 보관된다. 이 과정으로 모든 사람의 기분은 좋아지겠지만, 이 과정이 끝난 후에 조직 내의 어떤 문제들도 해결된 것이 없고 다루어진 것마저 없는 것이 실상이다.

갈등 감소(conflict reduction) 의례는 조직 내에 잠재하고 있는 소모적인 갈등이 줄어들기를 원할 때 취해진다. 노조가 있는 조직에서 이 의례의 대표적인 사례는 아마 집단 간 협상과정일 것이다. Trice와 Beyer(1984)에 따르면 이 활동은 대부분의 경우 당사자들이 최종적인 합의를 당연히 예상하고 있기 때문에 일종의 의례인 것이다. 그러나 합의에 도달하기 위해서 당사자들은 자신의 역할에 맞도록 '게임을 해야 하는' 것이다. 예를 들어, 회사 측 대표자는 자신이 조직의 자원을 잘 관리하는 집사라는 인상을 주기 위해 수용하기 어려운 협상안을 초기에 제시해야 한다. 상대적으로 노조의 대표자는 그 제안을 거부해야 하고, 자신이 노조원의 이득을 보호하고 있다는 것을 보여주기 위해 회사 측이 수용할 수 없는 협상 요구안을 제시해야 한다.

Trice와 Beyer(1984)가 기술한 의례의 마지막 유형은 **통합**(integration) 의례이다. 통합 의례의 이면에 있는 주된 목적은 조직 구성원을 하나로 묶어 공동체 의식을 격려하고 되살아나게 만드는 것이다. 대

참고 12.2

개혁 의례 : 전문가 회의

많은 조직 연구자와 실무자들이 매년 하는 활동 중 하나는 전문 협회가 주최하는 학회에 참석하는 것이다. 산업 및 조직심리학 교육을 받은 사람들은 주로 산업 및 조직심리학 협회(SIOP)의 연례 학회에 참석하며, 경영학 교육을 받은 사람들은 경영학회(AOM)의 연례 학회에 참석하는 경향이 있다. 많은 사람이 두 학회 모두에 참석하기도 한다. 또한, 교육 배경에 상관없이 조직 연구자들은 미국심리학회(APA), 국립직업안전보건연구소(NIOSH), 직업건강심리학회(SOHP)가 공동 주최하는 'Work, Stress, and Health'와 같은 더 특화된 학회에 참석하는 경우도 흔하다.

이러한 전문 학회는 어떤 목적이 있을까? 첫 번째는 연구자와 실무자가 최신 연구 및 실무 발전을 따라잡을 수 있는 기회를 제공하는 것이다. 학회 프로그램에는 심포지엄, 포스터 세션, 패널 토론이 포함되어 있어 조직 연구자와 실무자들이 최신 연구 결과를 공유하고 논의할 수 있다. 일부 학회에는 '연구 인큐베이터'도 있어, 참가자들이 충분히 연구되지 않은 주제에 대한 연구 아이디어를 모아 논의할 수 있다. 또한, 전문 학회는 오랜 친구와 옛 제자를 다시 만나거나, 새로운 협력 관계를 형성하고 새로운 취업 기회를 찾을 수 있는 기회를 제공한다.

또 하나의 중요한 (그리고 아마도 덜 알려진) 학회의 기능은 전문 직업인들이 자신들의 직업을 축하할 수 있는 장을 제공한다는 점이다. 앞서 언급한 학회들에서는 연구, 교육, 실무 등 다양한 분야에서의 업적에 대해 여러 상이 수여된다. 또한 장기적인 업적과 직업에 대한 봉사에 대해 회원들이 인정받기도 한다.

3~4일간의 학회 참석이 피곤할 수 있고 비용도 많이 들 수 있지만, 대부분의 참석자는 학회에 참석한 것을 기쁘게 생각한다. 그 이유는 무엇일까? **학회는 중요한 재충전의 기능을 제공하기 때문이다.** 우리의 경험에 따르면, 학회에 참석한 사람들 사이에서 공통적으로 나타나는 감정은, 집으로 돌아갈 때 자신의 직업에 대해 새로운 열정과 흥분을 느낀다는 것이다. 이는 특히 처음으로 학회에 참석하는 대학원생들이 더 많이 느끼는 감정이지만, 자신이 선택한 직업을 다시 상기시킬 필요가 있는 경력 후반부에 있는 사람들에게도 해당될 수 있다.

부분의 조직에서 송년회를 갖는데 이것은 의례의 전형적인 모습 중 하나라고 말할 수 있을 것이다. 근로자의 휴일 모임에서 일상의 규칙은 무시하고 간단하게 서로 교제하며 즐기게 된다. 비록 오후나 저녁이라는 일시적인 시간일지라도 함께 즐기는 이러한 경험은 조직 구성원들의 사회 결속을 형성하는 데 도움이 된다. 코로나19 팬데믹 기간 동안 많은 조직의 직원들은 사회적 통합의 부족으로 인해 어려움을 겪었다. 안타깝게도, '참고 12.3'에서 볼 수 있듯이, 조직들이 직원들을 대면 근무로 복귀시키려 했을 때 이 점을 인식하지 못하는 경우가 종종 있었다.

의식(rituals)은 의례와 밀접하게 관련되어 있는데, 그 이유는 이 둘이 행동 방식을 통해 실행되기 때문이다. Trice와 Beyer(1984)는 의식을 "불안을 관리하는 표준적이고 구체적인 기술과 행동들의 집합이지만, 실질적으로 의도적이고 기술적인 결과를 별로 도출해 내지 못하는 것"(p. 655)이라고 정의한다. 많은 사람들은 아침에 커피를 마시거나, 온라인으로 뉴스를 읽거나, 매일 특정 시간에 운동하는 등의 일상적인 의식을 갖고 있다. 이러한 의식은 사람들이 요구 사항에 더 잘 대처할 수 있도록 하여

참고 12.3

대면 근무로의 복귀 : 중요한 건 혜택이 아닌 사람

2022년에 코로나19 팬데믹이 진정되기 시작하면서, 많은 기업이 직원들을 사무실로 복귀시키는 과정을 시작했다. 실제로 Microsoft Workplace Index 연구팀이 비즈니스 리더들을 대상으로 수집한 데이터에 따르면, 대다수가 직원들을 대면 근무로 복귀시키는 것에 대해 우려를 표명했다. 하지만 직원들을 다시 복귀시키는 것은 많은 조직에서 어려운 과제였다. 많은 직원이 재택근무의 유연성에 익숙해졌기 때문이다. 특히 일-생활의 경계를 관리하고 출퇴근의 번거로움을 피할 수 있는 점에서 재택근무의 장점을 느낀 직원들이 많았다.

일부 조직은 직원들에게 단순히 출근을 명령하는 방식으로 접근했다. 그러나 이 방식은 성공적이지 않았다. 많은 직원이 재택근무를 허용하는 다른 조직으로 이직했기 때문이다. 다른 일부 조직은 직원들을 유인하기 위해 무료 식사, 사내 마사지 서비스, 퇴근 후 사교 행사 등의 혜택을 제공하여 대면 근무를 더 매력적으로 만드는 방식을 사용했다. 그러나 이 방법도 제한적인 성공을 거두었다. 이는 비용이 많이 들고, 직원들이 금세 익숙해지기 때문이다.

그렇다면, 명령이나 유인책이 효과가 없다면, 어떻게 직원들을 복귀시킬 수 있을까? Microsoft 연구팀이 실시한 직원들을 대상으로 한 다른 설문 조사에서는 아주 간단한 답을 제시해 준다-사람에 초점을 맞추라는 것이다(Caposella, 2022). 연구 결과에 따르면, 대부분의 직원들은 팀원들과의 유대감을 다시 형성하고, 동료들과 교류하며, 다른 '직장 동료'와 시간을 보낼 수 있다면 기꺼이 대면 근무로 돌아갈 의향이 있다고 보고했다. 특히 다른 직원들 역시 출근할 것이라는 사실을 알게 된다면 더욱 그렇다.

이러한 연구 결과와 다른 접근 방식들의 제한된 성공을 고려할 때, 직원들을 대면 근무로 복귀시키고자 하는 조직 리더들은 직원들에게 교류할 기회를 제공하는 것이 현명한 선택일 것이다. 물론 이것은 말처럼 쉬운 일은 아니다. 직원들이 회의, 이메일 응답, 기타 바쁜 업무에 할애하는 시간이 많기 때문이다. 회의를 조금만 줄여도 직원들에게 중요한 자율 시간을 제공할 수 있다. 무엇보다 중요한 것은, 조직들이 직원들의 교류를 비생산적인 것으로 보는 시각에서 벗어나야 한다는 점이다. 사실, 이는 매우 중요한 요소라고 할 수 있다.

스트레스를 줄여주는 역할을 한다. 그러나 조직의 의례는 조직 문화에 대한 정보를 전달한다. 예를 들어 많은 조직에서 직원들은 휴식시간과 점심시간 중에 의식적 행동을 한다. 종업원들은 매일 같은 장소에 모일 수도 있고, 정확하게 같은 시간에 같은 식당에서 식사를 할 수도 있다. 하지만 어떤 조직에서는 각자가 이 시간에 자신의 책상에서 식사를 하거나 책을 읽을 수도 있다. 전자의 경우 이러한 의식은 조직 내의 강한 유대가 형성되어 있다는 것을 의미하지만, 후자의 경우 이러한 의식은 개인의 사생활과 고독을 중시하는 문화를 암시할지 모른다.

조직 문화를 엿볼 수 있는 또 다른 의식은 근무시간 이후의 친목 형태이다. 일부 직장에서는 금요일 오후에 근처 식당이나 술집에서 친목 활동을 하는 것이 흔한 의식이다. 반면에 어떤 조직의 직원들은 근무시간 이외의 친목 시간은 거의 갖지 않는다. 전자의 경우에 이러한 의식은 그 부서의 구성원들이 서로에게 동료 이상의 감정을 가지고 있다는 것을 보여주며, 직장의 범위를 넘어 사회적 유대가 확장되기를 바란다는 것을 의미한다. 하지만 직장 밖에서 친목이 없다는 사실은 서로에게 동료로서의 매력을 찾지 못함을 의미할 수 있다. 실제 연구에 따르면 사람들이 일-생활의 경계를 관리하는 방식에 상당한 차이가 있다는 것이 밝혀졌다(Park et al., 2011).

스토리, 전설, 드라마

스토리텔링(storytelling)과 전설(legend)을 언급하는 것이 특정 문화에 대한 정보를 전달하는 매우 좋은 방법이라는 사실은 문화인류학(예 : Geertz, 1973)이나 의사소통 이론(Pacanowsky & O'Donnell-Trujillo, 1983)과 같은 분야에서 이미 밝혀진 사실이다. 조직의 현장에서 스토리는 "종종 진실과 허구가 섞인 실제 사건에 기초한 이야기"(Trice & Beyer, 1984, p. 655)로 정의된다. 조직에서 직원들은 많은 스토리를 전달하며, 그중 어떤 것은 문화의 전달과는 완전히 무관한 것들이다. 스토리가 문화 전달을 위한 수단으로 사용되는 경우는 대부분 조직이 신입사원들에게 조직의 문화를 반영한 일화를 의도적으로 전달할 때이다. 이에 대한 예로는 조직의 한 직원이 중요한 고객에게 특별한 서비스를 제공하기 위해 큰 노력을 기울인 사례에 대한 이야기를 신입 사원에게 들려주는 것이 있다. 이러한 이야기는 분명히 그 직원에 대해 말해주지만, 더 중요한 것은 조직이 고객 서비스에 높은 가치를 두고 있다는 것을 신입 사원에게 전달한다는 점이다.

전설은 "역사에 기반을 둔 그러나 허구적인 세부사항들이 덧붙여진, 어떤 굉장한 사건에 대해 전해 내려오는 설화"(Trice & Beyer, 1984, p. 655)라고 정의된다. 전설은 또한 조직에서 중요한 문화적 사항을 전달하는 데 사용된다. 일반적으로 전해 내려오는 특정한 전설은 조직의 설립, 중요한 조직의 위기 또는 조직에 큰 충격을 주었던 사건 및 혁신과 같은 중요한 사건들을 다룬다. 3M의 포스트잇 메모지와 같은 혁신적 제품을 둘러싼 일화들은 전설적인 상황을 묘사하고 있으며, 혁신의 주역들은 실제 삶보다 더 위대한 삶을 산 것처럼 그려진다(Gundling, 2000). 3M은 이러한 전설을 신입사원에게 전달함으로써 혁신과 창조성이 문화의 중요한 부분이라는 사실을 인식시킨다.

문화 전달을 위한 마지막 기법은 Pettigrew(1979)가 **조직의 드라마**라고 명명한 과정을 통해서이다. 조직의 드라마는 간단하게 조직의 역사에서 중요시되고 의미를 찾을 수 있는 사건을 말한다. 조직 드라마는 조직 문화를 바라볼 수 있는 창을 제공한다. 새로운 조직 구성원에게 이러한 드라마는 조직의 문화를 전달하는 방법으로 유용하다. Pettigrew에 따르면 조직 리더들의 등장과 퇴장, 조직구조의 변화 그리고 성공과 실패의 사례 등이 조직 드라마의 전형적인 예라고 할 수 있다. 스포츠 세계에서 조직 문화를 반영한 조직 드라마의 최근 사례로는 2021 시즌 이후 그린베이 패커스(Green Bay Packers)의 쿼터백 아론 로저스(Aaron Rodgers)를 둘러싼 추측이었다. 로저스가 다른 팀으로 트레이드되거나 은퇴할 것이라는 소문이 돌았지만, 그는 결국 2022 시즌에 패커스로 복귀했다. 2022 시즌 이후에도 유사한 소문이 있었고, 결국 그는 뉴욕 제츠(New York Jets)로 트레이드됐다. 이 드라마는 로저스에 대해 많은 것을 말해줄 수 있지만, 동시에 패커스가 매우 전통적인 조직이며 젊은 선수로 전환하는 것을 매우 꺼린다는 것을 전달했다.

언어와 의사소통

언어는 인간이 다른 종과 구별되는 핵심적인 특징 중 하나이다. 또한 조직의 문화가 조직의 종업원 언어에 반영될 것은 당연하다. 실제로 각 조직은 일반적으로 조직 고유의 말투 및 대화방법이 존재한다. 유사하게, 조직의 종업원들이 다른 이들과 의사소통하는 방식 및 규칙은 조직의 문화가 어떠한지에 대한 정보를 제공한다. 상세한 내용은 아래에서 논의한다.

조직의 특이한 용어는 사람들이 대화하는 과정에서 상당 부분 드러나게 된다. 이것의 좋은 예는 디즈니랜드가 공원의 방문객을 단순한 고객이 아니라 초대받은 '손님'으로 여기도록 훈련하는 것이다(Van Maanen, 1991). 디즈니 테마파크에 사람이 입장하면 직원들은 그 고객을 자신의 집에 초대한 손님처럼 여기는 것이다. 또 다른 예는, Chick-fil-A라는 패스트푸드점에서 식사를 해본 사람들은 직원들이 대화를 마칠 때마다 "기쁩니다(My pleasure…)"라는 표현을 사용하는 것을 눈치챘을 것이다. 이는 분명히 공손함을 표시하기 위한 것이지만 동시에 직원들이 고객들을 위해 더 많은 노력을 기울일 의향이 있다는 것을 전달한다.

조직에서 사용하는 의사소통 방법은 조직 문화에 대한 통찰을 제공한다. 일부 조직에서는 직원들이 메시지, 음성 메일 혹은 이메일과 같은 개인의 감정이 담겨 있지 않은 단방향 의사소통 방법을 선호한다. 이러한 방식을 선호한다는 사실은 조직 문화가 어떻다는 것을 의미하는가? 그것은 단순히 사람들은 시간을 절약하고 싶다는 것을 의미할 수도 있지만, 사람들이 정말로 다른 직원들과 상호적인 의사소통을 원하지 않는다는 사실을 의미할 수도 있다. 이메일과 같은 개인의 감정이 담겨 있지 않은 의사소통 방법은 매우 능률적일지라도, 동료 간에 '일방적인 지시' 혹은 '일방적인 선언'을 더 자주 사용하게 만든다. 결과적으로 이것은 조직 내 신뢰가 쌓이지 못하고 갈등이 증폭되는 조직 문화를 양산하게 된다.

반대로, 어떤 조직에서는 선호하는 의사소통 방법이 많이 다를 수 있다. 직원들은 이메일이나 문서와 같은 공적인 방법보다 매우 사적인 대면 의사소통을 선호할지도 모른다. 이러한 유형의 조직들은 가상 커뮤니케이션에 의존했기 때문에 팬데믹 기간 동안 어려움을 겪었을 가능성이 있으며, 이는 일부 조직이 직원들의 대면 근무 복귀를 강력히 주장한 이유를 설명한다. 조직 문화의 관점에서 살펴보면 이러한 현상은 '대인관계의 조화' 및 '결정을 내릴 때 다른 사람들의 감정을 고려해야 한다는 점' 등이 많이 강조되는 문화라는 사실을 보여주고, 의사결정을 하기 전에 많은 조율이 필요한 참여도가 높은 문화임을 시사한다.

조직 문화의 발달

Schein(1992, 2010)에 따르면 조직 문화의 주요 기능으로 **외부 적응**(external adaptation)과 **내부 통합**(internal integration)을 들 수 있다. 조직 문화에서 외부 적응은 인류학적 관점에서뿐 아니라 진화론적인 부분을 반영해서 접근할 수 있다. 문화인류학자에게 문화는 한 집단의 사람들이 보다 성공적으로 자신의 환경에 적응할 수 있게 했던 행동과 신념 중 오랜 시간에 걸쳐 존속된 것을 반영한다. 환경에의 적응이야말로 진화 과정의 핵심이듯이 문화의 형성 역시 진화의 결과라고 말할 수 있다.

외부 적응 개념을 도입하게 되면 조직 문화는 발전, 유지의 과정을 거치게 된다는 명제를 도출하게 되는데, 이는 조직 문화가 조직이 존속하고 번창하도록 돕는 기능을 가지고 있기 때문이다. 만약 바람직하다고 판단되는 문화적 속성을 지닌 조직을 들여다본다면 이 개념은 쉽게 실증될 수 있다. 예를 들어, 혁신을 강조하는 문화를 개발한 덕분에 3M은 파산하지 않았고 세계에서 가장 성공한 회사 중 하나가 되었다. 마찬가지로, 고객 서비스와 편안함을 최우선으로 생각하는 문화를 개발했기 때문에 리츠 칼튼은 가장 성공적인 고급 호텔 브랜드 중 하나가 되었다.

일부 조직이 부정적으로 판단되는 문화를 개발하는 이유에 대해서도 외부 적응의 기능으로 답할 수 있다. Mason(2004)에 따르면 NASA는 원래 안정성과 기술의 탁월성을 중시하는 문화였지만, 후에 비용의 효율성을 따지고 일정을 맞추는 것을 중시하는 문화로 바뀌었다. 물론 NASA가 수년 동안 겪어야 했던 중압감(의회 자금 부족, 발사일에 대한 압력)을 생각해본다면 이러한 변화는 충분히 이해할 만하지만, Mason이 지적했듯이 효율성에 주안점을 두다 보니 안전문제에 대한 경계를 늦추어 결국 챌린저호와 컬럼비아호 우주왕복선 사고와 같은 실패를 초래하는 데 일조하게 된 것이다. 이러한 실패 이후, NASA는 다른 관점과 아이디어를 도입하기 위해 SpaceX와 같은 민간 기업과 협력하는 방식으로 대응했다.

Schein(2010)은 조직 문화가 외부 적응뿐 아니라 **내부 통합**을 촉진한다고 제안한다. 만약 한 조직에 하나의 동일한 문화가 없다면 조직이 어떻게 운영될지 한번 생각해보자. 그 조직의 새로운 조직원은 조직에 제대로 융화되지도 못할 뿐 아니라 조직 내에서 자신의 역할이 무엇인지조차 이해하지 못할 것이다. 이와 같이 조직 문화는 조직이라는 사회적 구조를 연결하는 '접착제'의 역할을 한다. 조직은 원초적으로 사회적 구성체이며 사회적 통합 없이 조직은 더 이상 존재하기 힘들다(Katz & Kahn 1978). 그러나 Schneider와 동료들(2017)이 언급했듯이, 조직 문화(그리고 풍토)의 공감대 부족이 미치는 영향에 대한 연구가 적은 상태다. 따라서 위와 같은 결론을 내리는 것은 아직 성급하다고 할 수 있다.

조직의 통합 기능은 한 조직 내에 다양한 수준의 문화 사이에서도 발휘되며, 이를 통해 조직의 하위문화가 어떻게 발전되는지를 알 수 있다. 더군다나 어떤 하위문화는 공통적인 경험이나 비슷한 학교 교육을 공유한 특정 부서의 구성원들에 의해 형성된다. 이런 이유로 조직 내 다양한 기능 영역(예 : 영업, 인사, 엔지니어링 등)은 매우 다른 하위문화를 형성할 수 있다. 그러나 그렇다고 해서 하위문화가 있으면 전체적인 조직 문화가 없다는 의미는 아니다. 자신이 일하는 기능 분야에 상관없이 모든 직원은 공통된 공유 경험을 갖고 있으며 이러한 경험은 문화에 기여한다.

조직 문화를 구성하는 마지막 요소는 그 조직의 설립자 혹은 최고경영자다. 영향력 있는 설립자와 고위관리들은 조직의 문화에 어떻게 자신을 '각인'시킬까? 이런 의문이 입증되기는 힘들지만 몇 가지 방법론을 통해서 증명이 가능하다. 이들은 조직 구성원, 특히 고위관리에 대해 대단한 영향력을 가지고 있다. 이것은 사람들이 일반적으로 자신과 비슷한 사람들이 근무하는 기업에서 일하고 싶어 하는 것과 같은 것이며(Byrne, 1971), 또한 창립자나 최고경영자에 의해 선발된 직원들이 서로 비슷한 가치관을 지니고 있는 것과 같다. 그렇기 때문에 일부 조직원은 자신의 가치관이 회사와 상이해서 타협을 거부하거나 심지어는 퇴사하기도 하는데(Schneider, 1987), 이때 회사에 남은 사람들은 자신의 성향대로 조직의 문화를 조성한다.

창업자와 최고경영자는 또한 조직의 전략 수립에 큰 영향을 미친다(Devers et al., 2007). 결국 어떤 전략을 채택하느냐에 따라 조직에서 형성되는 문화에 영향을 미칠 수 있다. 매우 제한된 수의 고도로 전문화된 제품을 제공하는 전략을 추구하는 조직은, 경쟁우위의 주요 원천이 고품질의 고객 서비스인 조직과 매우 다른 문화를 발달시킬 것이다. 전자의 경우, 기술적 전문성을 중시하는 문화가 형성될 수 있다. 반대로, 후자의 경우에는 사회적 기술과 갈등 해소를 훨씬 더 중시하는 문화가 발전할 가능성이 있다.

특히 창립자의 경우 고려해야 할 마지막 사항은 그들이 더 이상 조직에 소속되어 있지 않을 때에도(은퇴나 사망) 조직 문화에 영향을 미칠 수 있을까 하는 점이다. 이에 대한 경험적 연구가 많이 이루어지지는 않았지만, 우리가 문화에 대해서 알고 있는 한도 내에서 봤을 때 조직 창립자의 영향력이 얼마간은 지속되는 것으로 보인다. 이러한 사실은 문화가 일반적으로 문화전승(관습, 이야기)의 과정을 통해 지속되고 그 문화의 창립자 역시 살아남게 되기 때문이다. 특히 최초의 조직 문화가 조직을 성공으로 이끌고 적응력이 있는 것으로 평가된다면 더욱 그렇다. 월마트는 창립자 Sam Walton(1992년 사망)의 유산을 보존하기 위해 열심히 노력해 왔으며, 이를 매우 성공적으로 해낸 사례이다.

조직 문화의 측정

조직 문화의 효과를 과학적으로 증명하려면 이를 정밀하게 측정해야 한다. 조직 연구에서 많은 변인들과 마찬가지로 조직 문화는 매우 복잡하며, 따라서 측정하기도 매우 어렵다. 이 절에서는 조직 문화를 측정하는 두 가지 접근 방법을 살펴보기로 하겠다. 조직 문화 연구는 문화인류학에 뿌리를 두고 있으므로, 인류학자들은 질적 자료 수집 방법[민족지학적 방법(ethnographic method)이라고도 함]을 강하게 선호한다. 따라서, 먼저 조직 문화를 평가하는 민족지학적 방법을 논의한 후 자기보고식 측정 방법, 그리고 최근에 개발된 방법을 다루고자 한다.

조직 문화의 민족지학적 방법

민족지학(ethnography)은 질적인 방법론을 사용하여 행동을 관찰하여 측정하는 것이다. 조직 문화에 대한 민족지학적 평가를 수행하는 연구자들[이하 민족지학자(ethnographer)]은 일반적으로 장기간 조직의 행동을 관찰하고 기록한다(Zickar & Carter, 2010). 간혹 민족지학자들은 자신을 외부의 연구자라고 소개한다. 그러나 다른 경우에는 그들이 실제로 자신이 연구하려는 조직의 일원이 되기도 한다. 이러한 종류의 조직 문화 연구에서 가장 주목할 만한 예는 Van Maanen의 경찰 조직 문화 분석이다(Van Maanen, 1975). 이 조직을 연구하기 위해서 Van Maanen은 실제로 경찰관 양성 기관에 입학하였고 그의 관찰내용을 기록했다.

민족지학자들은 직접적인 관찰 외에 면담(interview) 방식을 사용하기도 한다(Johnson, 1990). 정보제공자는 민족지학자가 정보를 얻고자 하는 조직의 구성원이다. 많은 경우에 정보 제공자는 민족지학 연구자들이 자신이 속한 조직에 대해 관찰하는 것을 이해하도록 돕는다. Johnson(1990)에 따르면, 어떤 민족지학 연구에서도 이상적인 정보는 없다. 그럼에도 불구하고 이러한 정보는 연구 대상이 되는 조직에 관한 세부적인 지식을 포함하고 있어야 한다.

조직의 정보 제공자들을 선택할 때, 민족지학자는 가능하면 오랜 시간 재직한 직원을 찾는다. 이 사람들이 실제로 연구에 도움이 많이 되는데, 그것은 조직에서 일어난 많은 일에 대한 역사적 배경을 제공하기 때문이다. 그러나 오랜 시간 재직한 직원들이 가지고 있는 결점 중 하나는 그들은 조직의 문화 속에 깊이 빠져들어 있기 때문에 오히려 조직의 문화에 대해 정확하게 묘사하기 힘들 수 있다는 점이다. 오래 재직한 직원들에 비해 신입사원들이 느낀 '첫인상'이 궁극적으로 조직 문화에 대한 많은 통찰력을 제공할 수 있다. 그런 이유로 민족지학자들에게 가장 좋은 방법은 다양한 기간을 재직한 조직의 정보 제공자들을 찾는 것이다.

조직 문화의 민족지학적 방법이 가지는 가장 큰 장점은 연구자들이 직원들에게 조직 문화에 대해 직접적으로 묻지 않는다는 점이다. 만약 조직 문화가 직원들이 공유하는 기본 가정을 나타낸다는 개념을 받아들인다면, 기본 가정은 직원들이 쉽게 접근하기 어려운 수준의 의식 단계에 있으므로, 이러한 기본 가정을 측정하기 위해서는 자기보고식 방법보다 질적인 방법이 더 적합할 수 있다. 이와 같이 조직 문화에 대한 정보는 직접적으로 직원들에게 직접 질문하는 것보다 구성원들의 행동을 관찰하여 더 많이 얻을 수 있다.

그러나 불행하게도 민족지학적 방법은 많은 노력과 시간이 소요된다. 대부분의 경우 모든 관찰 과정을 체계화하기 위해서 조직을 관찰할 수 있는 충분한 시간적 여유가 주어지지 않는다. 또한 민족지학 연구에서는 관찰자 편향이 발생할 가능성이 존재한다. 이러한 문제를 해결하기 위해 연구를 보고할 때 사용할 수 있는 많은 방법(정보 제공자를 통하거나 다양한 관찰자를 통해서)이 있으나, 관찰은 궁극적으로 주관성을 배제할 수 없다.

조직 문화의 자기보고식 진단

조직 문화를 측정할 수 있는 가장 정확한 방법은 자기보고식 측정 도구를 마련하여 조직원들에게 응답하도록 하고, 그 결과를 분석하여 숫자로 된 지표를 만들어내는 것이다. 지난 몇 년 동안 가장 일반적으로 사용된 자기보고식 진단 도구는 조직 문화 프로파일(Organizational Culture Profile, OCP)로 이는 O'Reilly 등(1991)이 제안하고 O'Reilly 등(2014)이 수정한 조직 문화 모델에 기초한다. OCP를 사용한 진단은 조직 내에서 지배적인 가치관에 대해 조직원들이 인식하고 있는 정도를 측정하는 것으로 〈표 12.1〉에 요약하였다. OCP는 개인이 아닌 조직 수준에서 진단하는 것이기 때문에 각각의 가치에 대한 점수는 조직 구성원 개인들이 응답한 점수를 평균 낸 값이다.

조직 문화를 측정하는 다른 자기보고식 측정 방법으로는 **데니슨 조직 문화 조사**(Denison Organizational Culture Survey; Denison et al., 2000)와 **조직 문화 질문지**(Organizational Culture Inventory, OCI; Cooke & Rousseau, 2000; Cooke & Szumal, 2000, 2013)다. 자기보고식 조직 문화 측정 도구는 비교적 관리하기가 용이하고 연구자들이 조직 문화를 묘사하고 비교할 수 있는 양적인 지표를 제공한다. 데니슨 조직 문화 조사는 앞 장에서 소개한 Denison 모델의 열두 가지 차원의 가치를 측정하기 위해 60개 문항으로 구성된다(그림 12.2 참조). 반면 OCI는 휴먼 시너지스틱스 모델의 차원을 측정하는 78개 문항으로 구성된다. 두 측정 방법은 OCP나 Hofstede의 지표에 비해서 상대적으로 새로운 방법이지만, 조직에서 문화를 측정하는 유용한 도구라고 할 수 있다(Cooke & Szumal, 2000, 2013; Gillespie et al., 2008).

그러나, 조직 문화 진단에서 자기보고식 방법은 몇 가지 심각한 한계가 있다. 조직 문화의 기초는 조직원들이 공유하는 기본 가정을 전제로 한다는 것을 기억해야 한다. 문제는 이러한 기본 가정은 대부분의 조직 구성원이 의식하지 못한 채 습득하게 된다는 것이다. 따라서 어떤 조직의 문화에 흡수된 구성원들은 자기보고식 척도로 평가되는 가치관과 같이 그 문화의 표면에 부각되는 양상에 대해서만 보고하게 된다.

빅데이터와 텍스트 분석의 사용

최근 빅데이터(Oswald et al., 2020 참조)와 텍스트 분석(Kobayashi et al., 2018)의 발전으로 인해, 조직 연구자들은 민족지학이나 앞서 설명한 조직 문화의 자기보고식 측정 방법에만 의존할 필요가 없다.

조직과 그 조직 내의 직원들은 막대한 양의 데이터를 생성하며, 이 데이터는 조직 문화에 대해 상당한 통찰을 제공할 수 있다. 빅데이터 방법은 이러한 데이터를 분석하여 조직 문화를 평가하는 독창적인 방법을 제공할 수 있다. 예를 들어, 호텔에서는 직원과 고객 간 상호작용에 대한 거의 실시간 데이터를 수집하는데, 이러한 데이터를 사용하여 조직 문화가 고객 서비스에 중점을 두고 있는지를 측정할 수 있다. 이는 직원이나 주요 정보원에게 조직 문화에 대해 질문하는 것보다 더 정확할 수 있다.

조직은 방대한 데이터를 생성할 뿐만 아니라 연례 보고서와 같은 공공 문서들을 다수 생산하고, 인쇄 및 전자 매체에서 다양한 보도를 받는다. 이러한 문서와 미디어 자료들은 정교한 텍스트 분석 방법을 사용하여 조직 문화에 대한 중요한 통찰을 얻기 위해 분석될 수 있다. 텍스트 분석의 장점은 민족지학이나 자기보고식 측정 방법과 비교했을 때 개인적 편향이나 응답 왜곡이 발생할 가능성이 적다는 점이다(제2장 부록 A 참조). 그럼에도 불구하고, 빅데이터와 텍스트 분석 방법은 궁극적으로 간접적인 조직 문화 평가 방법에 해당하므로 여전히 편향이 발생할 가능성이 있다. 예를 들어, 연구자가 CEO가 주주에게 보내는 편지를 텍스트 분석하여 조직 문화를 평가한다면, 이는 실제 조직 문화보다는 CEO가 원하는 문화를 반영할 가능성이 크다. 또한, 서비스 경험에 대한 고객 리뷰는 서비스에 만족한 고객이 리뷰를 작성할 동기가 높지 않기 때문에 부정적으로 편향될 수 있다. 따라서 빅데이터와 텍스트 분석은 앞서 설명한 방법들의 대안이라기보다는 가치 있는 보완 수단으로 간주된다.

조직 문화의 변화

지금까지 조직 문화를 정의하는 과정에서, 조직 내에서 많은 시간이 흐르고 세대가 변해도 여전히 지속되는 가치와 기본 가정이 존재하며, 그것이 결과적으로 조직 내 구성원들에게 공유된다는 사실을 계속적으로 강조해 왔다. 지금까지 다룬 논제의 주요 요점 중 하나는 조직 문화는 유행에 따라 무작위로 발전하는 것이 아니라는 것이다. 조직 문화가 오랜 시간 존속 가능한 것은 그것이 경쟁적인 경영환경에 조직이 적응하도록 돕는 역할을 하고 있기 때문이다. 그러나 그러한 경쟁적 경영환경이 변화하게 되면 어떻게 될 것인가? 조직이 비기능적인 상태가 되어 구성원들이 단기간만 근무하게 된다면 어떻게 될 것인가? 이전에 형성된 조직 문화는 새로운 환경에 적응하는 데 아무런 도움을 주지 못할 것이며 심지어 새로운 경쟁환경에 역효과를 내게 할 수도 있다. 그러므로 조직은 살아남기 위해서 그들의 문화를 경쟁환경에 맞추어 변화해야 한다. 이 장의 '실무자 소개'에서는 대형 병원의 문화 평가 및 변화를 책임지고 있는 산업 및 조직심리학자 David Howard 박사를 소개한다.

제13장에서 기술할 많은 조직개발 기법은 궁극적으로 조직 문화 변화에 초점을 맞추고 있다. 따라서 이 주제는 여기서 깊게 다루지는 않을 것이다. 여기서는 조직 문화의 변화에 대한 중요한 두 가지를

실무자 소개

DAVID HOWARD 박사

조직 문화의 중요성과 그것이 내 일과 동료들에게 미친 영향에 대해 처음으로 생각하게 된 계기는 2000년대 초 버라이즌에서 일할 때였다. 나는 시스템 엔지니어로 버라이즌에서 일했지만, 내 기술 경력은 GTE의 콜센터 헬프 데스크 기술자로 시작되었다. 벨 애틀랜틱이 GTE를 인수할 것이라는 소문이 돌았고, 2000년에 내가 다니던 회사의 이름이 바뀌었다. 변화는 새로운 이름과 로고 이상의 것이었다. 벨 애틀랜틱 직원들은 노조에 가입되어 있었고, GTE 직원들은 그렇지 않았다. '인력 감축(reduction-in-force, RIF)'이라는 멋진 명칭의 해고가 다가오고 있었고, 그것은 내가 다니는 회사가 어떻게 될지 처음으로 고민하게 된 계기였다. 그 당시에는 몰랐지만, 다가오는 RIF가 우리 팀에 주는 스트레스는 나중에 내가 조직심리학자로서 경력을 쌓는 데 중요한 역할을 했다. 나는 이메일로 처음 받은 '퇴직' 패키지 제안을 받아들이기로 했다. 내 생각에는 그 제안이 더 좋아질 리 없었고, 앞으로 어떤 일이 일어날지 보고 싶지 않다고 느꼈기 때문이다. 동료들이 어떻게, 혹은 서로 잘 협력할 수 있을지에 대한 불확실성과 나의 직업과 조직이 어떻게 변할지에 대한 불확실성 때문에 나는 회사를 떠나기로 했다.

그 후 몇 년이 지나 산업 및 조직심리학 프로그램에 입학하면서 그 당시 느꼈던 감정을 잊지 않았다. 실제로, 그것은 조직심리학을 직업으로 선택하는 데 중요한 역할을 했다. 직무 스트레스가 직원들에게 미치는 영향에 대한 관심으로 인해 나는 사우스플로리다대학교(USF)를 선택하고 직업 건강 심리학을 전공했다. 거의 10년 동안 나는 경영학 교수가 되기 위해 노력했지만, 박사 과정 말기에 내 경력과 인생을 바꾼 한 번의 만남이 있었다. USF 프로그램에 있을 때, 무마(Muma) 경영대학과 일하고 싶다는 내 열망을 지도 교수님께서 지지해 주신 덕분에 운이 좋게도 탬파베이에서 가능한 많은 기회를 접할 수 있었다. 무마 경영대학의 경영학 박사 프로그램에서 통계 컨설턴트로 일하던 중, 탬파종합병원의 사장 겸 CEO인 John Couris와 만나 그의 박사 논문 주제인 진정한 리더십이 조직 성과에 미치는 영향에 대해 논의할 기회를 가졌다. 우리의 만남은 조직 풍토와 조직 문화의 차이에 대한 논의로 끝났다. 이는 내가 대학원 시절에 읽었던 가장 좋아하는 논문 중 하나인 Denison(1996)의 주제이기도 하다.

그 후 얼마 지나지 않아, 나는 탬파종합병원에서 시니어 조직행동 과학자로서 조직 문화를 발전시키는 일을 하기로 진로를 바꾸기로 결정했다. 만약 내가 사장 겸 CEO와 이야기하지 않았다면 이 결정을 내리지는 않았을 것이다. 사실, 우리 대화 중에 나는 실무 세계에서 일하는 것을 망설이고 있음을 언급했다. 그것은 나의 업무가 고위

(계속)

리더들에게 인정받지 못할 것이라는 우려 때문이었으며, 투자 수익이 즉시 측정되지 않는다면 나는 쉽게 대체될 수 있을 것이라는 걱정이었다. 문화는 빠르게 변화하지 않으며, 그것을 측정하기도 매우 어렵다. 다행히 우리 CEO는 산업 및 조직심리학에 대한 배경 지식이 있었고, 조직 문화 변화의 어려움을 개인적인 경험을 통해 이해하고 있었다. 고위 리더의 지지와 탬파베이 지역사회 환자들을 돕는 사람들과 일할 수 있는 가능성 덕분에 쉽게 탬파종합병원에서 일하기로 결정했다.

내가 탬파종합병원에 온 이후, 내 작업의 중심점은 조직 문화를 측정하고 발전시키는 것이었다. 종종 관리자들과 직원들로부터 조직의 전반적인 문화는 좋지만 개선이 필요한 부분이 있다는 이야기를 듣는다. 나의 역할은 조직 문화가 어떤 상태인지 평가하고, 조직이 원하는 문화로 변화를 이끌기 위해 어떻게 도울 수 있을지를 파악하는 것이다. 또한, 이러한 '부분'이 실제로 존재하는지 파악하는 것도 나의 역할이다. 즉 개인의 일화에 불과한 것인지, 아니면 실제로 문화적 문제가 있는 것인지를 평가하는 것이다. 조직 문화 평가는 힘든 작업일 수 있다. 나는 수많은 시간을 인터뷰하고, 포커스 그룹에 참여하고, 팀들을 관찰하는 데 사용했다. 우리 팀은 또한 설문조사를 통해 양적, 질적 데이터를 수집하고, 설문에 응한 사람들에게 설문 피드백을 제공한다. 이러한 피드백은 때로 내부 컨설턴트가 전달하는 보고서와 유사하게 전달되며, 다른 경우에는 나와 내 팀이 주관하는 오프사이트 문화 워크숍에서 제공된다.

탬파종합병원의 핵심 가치는 책임감, 용기, 연민, 정직, 탁월성이다. 시각적인 관점에서 볼 때 이러한 가치는 조직 전반에 걸쳐 퍼져 있다. 마케팅 및 커뮤니케이션 부서는 조직 문화를 형성하는 데 있어 자신들의 역할을 잘 이해하고 있다. 조직심리학자로서 다양한 부서, 즉 마케팅, 커뮤니케이션, 전략 부서가 조직 문화 형성에 어떻게 중요한 역할을 하는지 아는 것이 매우 유용한 일이다. 나는 문화가 우선순위로 여겨지는 환경에서 일하는 행운을 얻었다. 나는 종종 인용되는 피터 드러커의 "문화는 전략을 아침 식사로 먹는다"는 문구가 자주 오해된다고 생각한다. 건강한 문화는 조직 전략의 일부가 되어야 한다. 우리는 모두 함께 이 일을 해나가고 있으며, 나 또한 전략 및 서비스 라인 부서와 협력하여 우리의 문화를 우리가 원하는 방향으로 발전시키고 있다.

마지막으로 나는 진정성, 친절, 투명성, 취약성이 어떻게 임상적, 운영적, 전략적 성공으로 이어지는지 우리 팀에게 가르친다. 우리 조직에게 성공이란 환자들에게 가장 안전하고 최고 품질의 치료를 제공하고, 최고의 환자 경험과 건강 결과를 이끌어내는 것이다. 생사가 매우 현실적인 시나리오로 존재하는 조직 문화 형성에 기여할 수 있다는 것은 내가 상상할 수 있는 가장 보람 있는 일 중 하나이다. 우리의 의료진이 최상의 치료를 제공하여 건강한 개인과 건강한 지역 사회를 만드는 데 중요한 역할을 할 수 있다는 것은 벨 애틀랜틱이 GTE를 인수했을 때처럼 내 인생이 어떻게 될지 궁금해했던 그 시절에는 상상조차 할 수 없었던 일이다.

David Howard 박사는 탬파종합병원(Tampa General Hospital)의 조직행동 과학 관리자로, 현재 조직 문화 평가와 긍정적인 문화 변화 촉진에 주로 초점을 맞추고 있다. 현재 직책 이전에는 사우스플로리다대학교 Muma 경영대학에서 통계 컨설턴트로 일했다. 그는 2021년에 사우스플로리다대학교에서 산업 및 조직심리학 박사 학위를 취득하였다.

다룬다.

1. 조직 문화 변화는 왜 그렇게 어려운가?
2. 조직 문화의 변화에서 공통된 기제는 무엇인가?

조직 문화 변화가 어려운 이유

조직 문화에 대한 연구에서 대부분이 동의하는 결론은, 일단 조직 문화가 형성되면 변화되기 어렵다는 것이다(Chatman & O'Reilly, 2016; Ehrhart et al., 2014; Schein, 1992, 2010). 이것은 조직 문화가 극단적으로 다루기 힘든 대상이라는 점을 의미하는 것은 아니다. 조직 문화는 다음 절에서 다룰 다양한 요인으로 인해 긴 시간에 걸쳐 진화하고 변화한다. 하지만 조직이 **의도적으로** 문화를 바꾸고, 그러한 변화를 빠르게 실행하는 것은 어려운 일이다. 어떤 관리자가 일주일 정도 걸리는 일을 주말인 금요일에 지시하여 당일에 마치도록 부하에게 지시하듯이 다룰 수 있는 것은 아니다(순진하게 이것이 가능하다고 생각하는 일부 조직도 있다).

문화 변화가 어려운 이유는 문화의 기초인 '기본 가정'에 종업원들이 순조롭게 접근하지 못하기 때문이다. 실제로 많은 학자들은 이것이 의식적 인식 아래에 있는 것이라고 주장한다(Schein, 2010). 이런 이유로 '기본 가정'은 변화에 대해 저항하고 변하지 않으려는 속성이 있다. 더구나 기본 가정이 변화라는 도전에 직면하게 되면, 그 도전은 조직 구성원들의 기본 가정에 대한 믿음을 더욱 강화한다. 예를 들어, 몇몇 신입 조직 구성원들이 기본 가정을 받아들이는 것을 거부하면, 기존 조직 구성원들은 새 구성원들에게 기본 가정을 받아들이도록 압력을 행사한다. 이런 과정에서 기본 가정에 저항하던 구성원이 순응하든 저항을 계속하든 혹은 조직을 떠나든 상관없이 기본 가정의 가치는 더욱 강력해진다. 비록 대부분의 조직 문화 전문가들이 기본 가정이란 변화에 가장 심하게 저항하는 원인이라고 말하지만, '참고 12.4'에서 제시된 것처럼 문화 변화에 영향을 미치는 다른 요인들이 있을 수 있음을 알고 있어야 한다.

조직 문화가 변화하기 어려운 또 하나의 이유는 조직 문화를 그대로 유지함으로써 이득을 보는 사람이 있기 때문이다. 마찬가지로 만약 조직 문화가 변화하면 손해 보는 사람들이 있다는 것이다. 이것은 조직 문화를 형성하는 가장 보편적인 가정 중 하나인 구성원들이 어떻게 보상받아야 하는가라는 가정을 통해 효과적으로 설명할 수 있다. 예를 들어, 가장 기본적인 가정은 연공서열에 의한 보상방법이고, 새로 영입된 최고경영자가 성과에 따른 보상방법으로 조직 문화를 바꾼 것을 가정할 수도 있다. 이 시나리오 상황에서는, 조직의 보상 정책이 정확하게 조직 문화를 반영한다고 할 때 당연히 현재의 조직 문화는 그 조직에서 오래 근무한 사람들에게 유리하게 작용할 것이다. 만약 조직 문화가 변화하여 성과에 의해 보상을 하게 된다면 누가 손해를 볼 것인가? 오래 근무한 모든 사람이 이 변화로 피해

참고 12.4

조직 문화는 실제로 변하기 어려운가?

거의 모든 조직 문화 연구에서 일반적인 주장 중 하나는 바로 조직 문화가 한 번 형성되면 바뀌기 매우 어렵다는 것이다(Ostroff et al., 2013; Schein, 2010). 조직 문화는 한 번도 의심된 적 없는 기본 가정과 신념이며, 심지어 이는 의식되지도 않는다. 그러므로 사람들에게 기본 가정에 의문을 품게 만들고, 그 결과 문화를 바꾸기 위해서는 많은 노력이 필요하다.

이것이 조직 문화에 대한 우세한 관점이지만, 실제로 조직 변화 과정에 대해 다룬 연구는 매우 부족하다(Ostroff et al., 2013). 게다가 사람들이 생각하는 만큼 조직 문화를 바꾸는 것이 어렵지 않다고 보는 몇몇 근거도 있다. 그 예시로 Wilkins와 Ouchi(1983)는 몇 해 전에 조직 문화가 바뀌기 어렵다는 생각은 대개 문화인류학에서 기인한다고 주장했다. 많은 독자들이 알고 있듯이, 문화인류학자는 사회 문화에 가장 관심을 갖는다. 사회 문화는 상당히 변하기 어렵다. 대부분의 사람들이 그 사회 문화에 완전히 녹아들어 있기 때문이다. 그러나 조직 문화의 경우, '문화적응(enculturation)' 수준이 매우 다양하다. 어떤 종업원은 조직의 가치관과 가정을 충실히 옹호한다. 반면, 조직의 가치관과 가정에 매우 반대하는 종업원도 있다. 대부분의 종업원은 이 두 가지 극단 사이에 위치할 것이다. 이러한 문화적응의 다양성을 고려할 때, 전체 사회에 비해 조직의 문화를 변화시키는 것은 좀 더 쉬울 수 있다.

조직 문화의 변화를 쉽게 만드는 다른 요인으로 최근 조직 구성원의 변화를 들 수 있다. 오늘날 종업원들은 조직에 짧은 기간 머무르며, 계약직이나 임시직으로 고용되는 경우가 많다. 또한, 코로나19 팬데믹 기간 동안 원격 근무가 급증하면서 종업원 간 상호작용이 줄어들었고, 그 결과 문화 전파 기회가 줄어들었다(가상 해피 아워를 시도해본 적이 있는가?!). 이러한 변화로 볼 때, 오늘날 조직이 '더 약한' 문화를 갖고 있고, 따라서 좀 더 쉽게 문화를 바꿀 수 있게 된 것이다. 그러나 궁극적으로 이러한 조직 문화 변화의 과정에 대해 더 많은 연구가 수행되어야 할 것이다.

를 입는 것은 아니다. 왜냐하면 일부는 조직의 최고 성과자일 수도 있기 때문이다. 하지만 근무 성과가 낮은 직원들은 근속 연수에 관계없이 이러한 문화 변화로 가장 큰 손해를 입을 것이다.

따라서, 오랜 기간 일하고 성과가 저조한 직원들은 이러한 조직 문화 변화에 격렬하게 저항할 것이고, 변화된 정책을 따르지 못할 수 있다. 이런 조직원들은 연공서열에 따른 보상을 포기해야 할 뿐만 아니라 변화된 조직 문화 때문에 그들의 저조한 성과에 낮은 보상을 받는 고통까지 감수해야 한다. 요점은, 현재의 조직 문화가 아무리 비합리적이거나 비효율적으로 보일지라도, 그 조직 문화가 그대로 남아 있어 덕을 보는 사람이 존재하고, 그 조직 문화가 변화함으로 손해 보는 사람이 있는 것이다. 조직 문화를 변화시키려는 많은 시도가 실패하는 이유는 조직 문화의 변화를 시도하려는 사람들이 이러한 현상을 인지하지 못하고 계획을 세우지 않았기 때문이다.

조직 문화 변화의 본질

Schein(1992, 2010)에 따르면 조직은 사람과 마찬가지로 각각의 '생애(life)' 단계를 거치게 된다. 이러한 단계들은 시간이 흐를수록 조직이 어떻게 변화하고 진화하는지를 이해하는 데 도움이 되기 때문에 중요하다고 할 수 있다. 조직의 **탄생 및 초기 성장기**(birth and early growth) 동안에 조직은 설립되고 그 조직만의 차별화된 문화를 구축하기 시작한다. 이 기간 동안 조직은 조직의 설립자나 설립자의 가족에 의해 크게 영향을 받을 것이라고 짐작할 수 있다. 이들은 그야말로 자기 마음대로 고용과 해고를 할 수 있고, 조직원들에게 상당한 충성도를 요구하는 위치에 있게 된다. 게다가 이 단계에 있는 조직이 살아남기 위해서는 조직 구성원들에게 상당한 몰입을 요구하기도 한다. 또한 조직의 존폐가 최고조로 위태로운 때라면 외부 상황들이 조직에 엄청난 영향을 미치는 잠재적인 요인이 될 수 있기 때문에 실제로 그러한 외부 상황들이 조직 문화의 한 부분으로 작용할 수도 있게 된다.

그다음에 두 번째 단계인 **조직 중반기**(organizational midlife)에 이르게 되는데, 이때 조직은 구조적으로 거대화된다. 이 시기는 성장과 확대의 시기가 될 수 있기 때문에 조직은 새로운 시장을 개척하고 새로운 제품군을 개발하고자 한다. 조직 문화와 관련해서 생각해보면, 조직은 상당히 복잡해지고 조직 내에 다수의 '하위문화'가 생성된다. 이러한 하위문화들은 여러 가지 요인에 의해 형성된다고 할 수 있는데, 이를테면 지리적 위치, 생산 라인이나 부서 또는 심지어 기능적 특성이 그 요인이 될 수 있다. 이 단계에서 눈에 띄는 위험은 하위문화가 지나치게 개별화됨으로써 조직이 좀 더 일반적이면서도 중요한 문화를 잃어버리기 시작한다는 것이다.

세 번째와 네 번째 단계에서 조직 문화 모델은 **조직 성숙기**(organizational maturity)에 이르게 된다. 이때는 조직이 생애에서 '기로'에 놓이는 시점이기 때문에 상당히 중요한 때라고 할 수 있다. 이런 점에서 조직은 새롭게 변화하거나(이를테면 무한한 영속성을 가지게 되는), 정체되다가 결국에 소멸되는 것을 택해야 하는 상황에 종종 직면하게 된다. 사람의 생명은 유한하지만 조직의 생명은 영원할 수 있다는 점에서 조직은 일반 개인들에 비해서 좀 더 이점이 있다. 조직이 새롭게 변화할 것인지 아니면 정체될 것인지를 선택하는 데 조직 문화가 핵심적인 요인이다. 조직 문화의 어떤 측면도 변화시키지 못한다면 그 조직은 소멸될 수밖에 없을 것이다. 반면에 영원히 존재하려는 조직들은 시간이 흐를수록 반드시 그들의 문화에서 변화시켜야 할 부분과 지속시켜야 할 부분을 선택해야만 한다.

Schein(1992, 2010)은 이러한 조직의 생애 단계 맥락에서 시간의 경과에 따른 조직 문화 변화의 몇 가지 기제를 제안하였다. 이 기제들이 〈표 12.3〉에 요약되어 있다. 조직의 탄생과 초기 성장 단계에서 조직 문화는 네 가지 주요 기제에 의해 변화한다고 할 수 있다. 자연 진화는 조직 문화가 환경에 적응하며 그에 맞게 스스로의 모습을 갖추어 나가는 과정을 말한다. 일반적인 관점에서 이는 조직 문화가 조직의 생존에 어떻게 기여하는지를 단적으로 보여준다. 예를 들어, 조직의 초기 단계 동안 조직은 점차 더 복잡하고 다각화된 구조를 발전시키고, 더 명확한 정책과 절차를 수립하게 된다. 이 시점에서는 창립자나 창립 그룹의 영향력이 감소하기 시작할 수 있으며, 많은 조직이 이 단계에서 민간 기업에서 공공 기업으로 전환하게 된다.

반면, 특정 진화는 조직의 특정 부분이 고유한 환경에 적응하는 과정을 나타낸다. Schein(2010)이 지적했듯이, 이는 조직 내의 다양한 기능 그룹이 종종 뚜렷하게 다른 하위 문화를 개발하고 결과적으로 세상을 매우 다르게 볼 수 있는 지점이다. 예를 들어, 연구 개발 부서에 근무하는 직원은 장기적인 관점을 채택하고 제품이 출시되기 전에 대량의 데이터를 수집하는 것이 유익할 수 있다. 이와 대조적으로 마케팅 부서의 직원은 보다 단기적인 관점을 채택하고 가능한 한 빨리 소비자에게 제품을 제공하려고 노력할 수 있다. 서로 다른 관점은 종종 이러한 기능 사이에 자연스러운 긴장을 조성하지만 그럼에도 불구하고 각각에 대한 적응적 가치 때문에 용인된다.

조직의 초기 단계에서 문화 변화를 이끄는 기제는 **통찰을 통한 자기주도적인 진화**라고 불린다. 즉 조직이 자신의 문화를 집단적으로 검토하고, 특정한 문화적 속성에 대한 통찰을 개발하며, 필요하다면 문화의 일부를 변화시키려는 의도적인 시도를 하는 것을 의미한다. 예를 들어, 조직의 최고경영진이 하루 동안의 워크숍을 개최하여 조직 문화를 되돌아보고 변화가 필요한 부분에 대해 논의하는 경우를 들 수 있다. Schein(2010)이 지적했듯이, 이러한 자발적 문화 변화의 동기는 매우 단순한 경우가 많다. 변화가 일어나지 않으면 조직이 생존할 수 없다는 것이다. 그러나 통찰력을 개발하는 것은 조직의 리더와 직원들이 자신들이 만든 문화가 생각만큼 이상적이지 않다는 사실을 받아들여야 하기 때문에 어려운 과정이 될 수 있다.

문화 변화에 사용되는 세 번째 기제는 Schein이 언급한 **문화 내에서 '하이브리드(hybrids)' 인재의 승진**이다. 이 경우 조직 문화 변화는 앞서 기술한 기제와는 상당히 다르지만 이 또한 의도적으로 추진되는 기법이다. 조직 내부의 주요 요직에 '하이브리드'를 임명하는 것으로 조직의 변화를 꾀하는 것이다. '하이브리드'란 현재의 조직 문화에서 성장해 왔지만 동시에 조직 문화에 근간이 되는 근본 전제를 받아들이지 않는 사람이다. 예를 들어, 이 사람은 조직 초기에 고용되었다가 다른 조직에서 잠시 근무한 후 다시 돌아온 경우일 수 있다. 이러한 사람들은 새로운 관점과 귀중한 통찰을 가져올 수 있지만, 여전히 조직의 지배적인 문화에 민감하게 반응한다. 이 사람들을 요직에 임명함으로써 조직 문화를 급진적으로 변화시키지 않고 점진적으로 변화시켜 궁극적으로 조직에 좀 더 적합하게 만드는 것이다.

조직이 중반기에 접어들면 조직 문화가 비교적 잘 자리 잡게 되어 변화를 촉진하기 위해서는 다른 기제들을 필요로 하게 된다. 이러한 기제들 중 첫 번째는 〈표 12.3〉에서 언급한 **선택된 하위문화에서 체계적인 승진**이라고 한다. Schein(2010)에 따르면, 중반기 조직의 강점 중 하나는 하위문화들의 다양성이다. 이러한 다양성을 고려할 때, 리더들은 조직의 전반적인 문화가 자신들이 원하는 방향과 일치하는 하위문화에서 직원을 승진시켜 문화 변화를 촉진할 수 있다. 이 전략은 종종 '교육 중심'에서 '연구 중심'으로 전환하는 대학에서 사용된다. 연구 성과와 연구 자금 확보에서 높은 성과를 내는 부서의 교수진이 학장이나 학무 부총장과 같은 중요한 직책으로 승진함으로써, 대학 전체에서 연구와 자금 확보를 더욱 가치 있게 평가하는 문화를 형성하는 데 도움을 준다.

표 12.3 조직 수명 주기의 단계별 문화 변화 기제

단계	변화 기제
1. 탄생 및 초기 성장기	1. 일반 진화와 특수 진화를 통한 점진적 변화 2. 통찰을 통한 자기주도적인 진화 3. 문화 내에서 '하이브리드' 인재의 승진
2. 조직 중반기	4. 선택된 하위문화에서 체계적인 승진 5. 기술의 유혹 6. 외부인의 유입
3. 조직 성숙기	7. 스캔들과 신화의 붕괴 8. 전환 9. 합병 및 인수 10. 파괴와 재탄생

출처 : Schein(2010).

두 번째 변화 기제는 **기술의 유혹**(technological seduction)이라고 한다. 이는 조직 문화 변화를 위한 지렛대로 기술을 사용하는 것을 의미하며, 두 가지 방식으로 나타날 수 있다. 기술은 조직 내부에서 새로운 기술이 등장함에 따라 조직 변화를 주도할 수 있다. 예를 들어 컴퓨터 소프트웨어 회사에서는 필요한 인재 유형으로 인해 '첨단 기술(high-tech)' 문화가 형성될 수 있다. 또한 조직은 새로운 기술과 작업 방식을 도입함으로써 문화 변화를 유도할 수 있다. 사회적 환경을 형성하는 데 기술이 중요한 역할을 한다는 점은 잘 알려져 있으며, 이는 사회기술적시스템 관점과 석탄 채굴에 관한 Tavistock 연구(Trist & Bamforth, 1951)까지 거슬러 올라간다. 이 연구에서 연구자들은 석탄 채굴 방법이 소규모 집단이 안정적인 자율 단위로 작업하는 방식에서 광부들이 광산의 넓은 구역을 교대로 모니터링하는 방식으로 변경했을 때의 효과를 조사했다. 후자의 방법이 더 효율적이었지만, 그 결과 사회적 유대감이 감소하여 사기 저하, 갈등 증가, 궁극적으로 근로자의 저항을 초래했다.

조직의 중년기에 발생하는 세 번째 문화 변화 기제는 **외부인의 유입을 통한 변화**이다. Schein(1992, 2010)에 따르면, 이는 조직 내 주도적인 집단과 연합의 구성을 변화시키는 것을 포함한다. 새로운 직원들은 종종 새로운 아이디어와 신선한 관점을 가져와, 더 이상 조직에 적응적 가치가 없는 기본적인 문화적 가정에 도전할 수 있다. 조직 외부인을 영입해 핵심 직책을 맡길 수 있지만, 이 전략을 실행하는 가장 강력한 방법은 이사회가 조직 외부에서 새로운 CEO를 영입하는 것이다. 이러한 경우 신임 CEO의 주요 목표가 조직 문화를 근본적으로 변화시키고 이를 통해 조직을 더 성공적으로 만드는 것은 우연이 아니다.

마지막 단계인 조직의 성숙기에서 조직은 정체/쇠퇴하거나, 갱신을 촉진할 수 있는 방식으로 변화하는 선택에 직면하는 경우가 많다. 따라서 이 시점에서 조직 문화 변화는 매우 중요한 문제가 될 수 있다. 이 시점에서 변화를 이루는 한 가지 방법은 Schein(1992, 2010)이 **스캔들**(scandal)과 **신화의 붕괴**(explosion of myths)에 의한 것이다. 예를 들어, 조직에 관련된 스캔들은 조직원들에게 그동안 의문시하지 않았던 근본 전제에 대해 의문을 갖게 하여 결과적으로 조직 문화를 변화시키는 것이다. 예를 들어, 어떤 조직의 카리스마 넘치는 리더가 스캔들에 연루되어 체포된 사례를 들 수 있다. 사회적 관점에서 보았을 때 1970년대 초에 발생한 워터게이트 사건이 사람들에게 정부 관료에 관한 기본 가정에 대해 다시금 생각하게 해 주었다고 말할 수 있다. 그런데 궁극적으로 이 사건은 사람들에게 엄청난 불신과 회의를 주었다.

신화의 붕괴는 일반적으로 받아들여지는 조직에 대한 신화 중 하나가 공개적으로 거짓임이 입증될 때 발생한다. 예를 들어, 많은 조직에서 일반적으로 갖고 있는 통념은 직업이 안전하다는 것이다. 해고가 발생하면 이러한 신화가 붕괴되고 결과적으로 조직의 문화가 바뀔 수 있다. 코로나19 팬데믹 기간 동안 발생한 대량 해고는 고용 안정성에 대한 직원들의 신화를 산산이 부숴버렸다. 사회적 차원에서, 미국인들 사이에서 여러 세대 동안 지속된 신화는 그들의 본토가 공격받지 않을 것이라는 믿음이었지만, 2001년 9월 11일에 발생한 사건은 그 신화를 확실하게 종식시켰다.

Schein(1992, 2010)이 설명한 두 번째 변화 기제는 **전환**(turnarounds)이다. 전환은 앞에서 설명한 많은 변화 기제를 포함한다. 전환기에 있는 조직은 조직 문화의 변화 필요성을 인식하며 일어날 수 있는 변화에 필요한 단계를 밟게 된다. 많은 경우에 조직개발 방법(제13장 참조)을 적용하여 마무리하게 되지만, 구성원에 대한 인사상의 변화가 동시에 진행될 수 있다. 따라서 Schein(1992, 2010)이 지적했듯이 전환에 성공하기 위해서는 종합적인 노력과 동시에 모든 조직 구성원의 참여가 꼭 필요하다.

세 번째 변화 기제는 **합병 및 인수**(merger and acquisition)이다. 제7장에서 다루었듯이, 합병 및 인수는 종종 직원들에게 스트레스와 불확실성을 유발한다. 또한, 합병 및 인수는 강력한 조직 문화 변화의 형태로 작용할 수 있는데, 두 조직이 합병하거나 한 조직이 다른 조직을 인수할 때, 사실상 새로운 조직이 창조되기 때문이다. 인수의 경우, 피인수 조직의 문화가 인수 조직의 문화와 일치하는 방향으로 점진적으로 변화하는 것이 일반적이다. 그러나 합병의 경우, 새롭게 형성되는 문화는 합병된 조직들의 혼합물을 더 많이 반영한다. Schein(1992, 2010)은 조직의 리더들이 이러한 문화의 혼합을 적극적으로 관리할 수도 있고, 또는 이 과정이 자연스럽게 진화하도록 둘 수도 있다고 지적한다.

조직 성숙기의 마지막 변화 기제는 **파괴**(destruction)와 **재탄생**(rebirth)으로 일컬어진다. 이것은 아마도 조직 문화 변화의 가장 극단적인 형태일 것이다. 왜냐하면 그것은 필수적으로 현재 문화를 파괴하고 새로운 문화를 도입하는 것을 의미하기 때문이다. 이러한 변화 기제의 예는 미국 대통령이 다음 선거에서 재선되었을 때 연방 정부에서 볼 수 있다. 1기 행정부의 내각과 참모진들은 퇴직하거나 새로운 사람들로 대체된다. 이러한 변화의 영향으로 행정부를 둘러싼 문화가 변화되고 그 유효성은 강화될 것이다.

조직 문화의 영향

지금까지 조직 문화의 정의, 측정 방법, 변화 등 조직 문화와 관련된 다양한 문제에 대해 살펴보았고, 서로 다른 조직 문화를 비교하는 데 기초가 되는 네 가지 모델을 설명하였다. 이 절에서는 조직 문화의 영향에 대한 실증 연구를 살펴볼 것이다. 조직 문화에 관한 많은 연구가 수년간 진행되어 왔지만, 이 절에서는 방대한 문헌에서 다루어진 네 가지 중요한 질문에 초점을 맞추고자 한다. 즉 조직 문화는 조직의 주요 성과에 영향을 끼치는가? 조직 문화에 특별한 특징이 있는 조직은 더 나은 자질의 구성원을 유인, 고용, 보유하는 경향이 있는가? 그러한 조직의 구성원은 그렇지 않은 조직의 구성원보다 더 만족스럽고 더 높은 수준의 건강과 복지를 갖는 경향이 있는가? 이 절에서는 이러한 질문들에 대한 연구 결과를 간단히 요약할 것이다.

조직 성과

수년에 걸쳐 조직 연구자들은 조직 문화를 조직 성과와 연결시키려고 시도하였다(예 : Chatman et al., 2014; Denison, 1984; Denison & Mishra, 1995; Peters & Waterman, 1982; Wilkins & Ouchi, 1983). 이에 대한 최초의 시도로서 Peters와 Waterman은 1982년 베스트셀러 도서로 선정된 **우월성의 추구**(In Search of Excellence)를 통해 성공한 기업과 성공하지 못한 기업을 질적으로 비교하는 것에 초점을 맞추었다. 이러한 접근은 유용한 통찰력을 주지만 방법론적인 관점에서 한계를 지닌다(Chatman & O'Reilly, 2016). 이에 따라 최근의 연구는 조직 문화의 여러 차원과 조직 성과와의 상관관계를 밝히는 것에 초점을 두고 있다.

조직 문화 문헌에서 널리 인용된 연구 중 하나인 Kotter와 Hesketh(1992)는 미국 25개 분야의 산업 중 207개 기업을 대상으로 600명의 경쟁 기업 관리자의 인식을 통해 여러 차원에서 조직 문화의 강도를 측정하였다. 또한 조직 문화가 기업의 매출, 주가, 종업원 수의 증가, 순이익 등 다양한 성과지표와 어떤 연관성이 있는지 검토하였다. 이 연구 결과에 따르면 조직 문화는 핵심적인 조직 성과에 영향을 준다. 한 예로, 저자가 **적응적**이라고 분류한 문화를 가진 조직은 **부적응적**이라고 분류한 문화를 가진 조직에 비해 더 나은 성과를 냈다. 적응적인 조직 문화에서 관리자들은 다양한 조직 이해관계자들을 배려했고, 이들에게 깊은 관심을 내비쳤으며, 필요한 경우에 변화를 시행하기도 하였다. 반면, 부적응적 문화에서의 관리자는 자신이 직접 관리하는 가까운 업무 집단에 대해서만 배려했으며, 모험을 감수하지 않으며, 정치적으로 행동하고, 경영환경의 변화에 적응하려는 노력도 시도하지 않았다. 이러한 차이로 미루어, 적응적인 조직 문화를 갖는 것은 조직 성공을 촉진한다는 점을 시사한다. 그러나 이 연구의 주요 한계는 문화 평가가 조직 내부가 아닌 외부 관리자로부터 이루어졌기 때문에 그것이 조직 문화를 정확하게 반영한 정도는 불분명하다는 것이다(Chatman & O'Reilly, 2016).

Denison과 동료들은 문화와 조직 성과의 상관관계를 보여준 Kotter와 Hesketh(1992)의 연구와 매우 유사한 조사를 시행하였다. 그러나 Kotter와 Hesketh와 달리, Denison의 연구에서 문화 평가는 조직 내부자들에 의해 이루어졌다. 예를 들어, Denison 등(2004)은 전 세계 3개 지역(북아메리카, 아시아, 유럽)의 230개 조직 내 36,820명의 응답을 조사하였다. 이 저자들은 모든 문화 영역은 분명히 조직의 효과성과 정적인 상관관계가 있음을 발견하였지만, 그 상관관계의 정도에는 차이가 있었다. 예를 들면, 북아메리카 지역의 조직에서의 세 가지 가장 강한 예측변인은 역량개발, 조정과 통합, 권한위임이었다. 가장 약한 변인은 고객 지향성과 변화창조로 나타났다. 아시아 지역의 조직에서 가장 중요한 예측변인은 변화창조, 조직학습, 팀 지향이며 가장 미약한 부분은 고객 지향성과 역량개발이었다. 마지막으로 유럽 지역의 조직에서 가장 강한 조직 성과를 예측하는 변인은 전략적 방향과 몰두, 조정과 통합, 합의였다. 가장 약한 부분은 역량개발과 조직학습이었다. Denison과 동료들은 최근 연구에서 문화 차원을 네 가지로 줄였다 : 몰입(Involvement), 일관성(Consistency), 적응성(Adaptability), 임무(Mission). 이 문화 차원들은 조직의 경제적인 성과와 정적 상관이 나타났을 뿐만 아니라(Smerek & Denison, 2007), 고객 서비스 평정과도 정적 상관이 있었다(Gillespie et al., 2008). 이후의 연구들은 Denison의 측정에서의 문화 차원과 다양한 객관적인 조직 성과 지표 간의 관계를 대체로 지지하였다(요약은 Denison et al., 2014 참조).

최근에 연구자들은 빅데이터 방법과 텍스트 분석(이 장의 이전 절과 부록 A에서 언급함)의 발전을 활용하여 문화와 조직 성과 간의 관계를 훨씬 더 큰 데이터 세트를 통해 조사해 왔다. 예를 들어, Popodak(2015)은 10년 동안 180만 명의 직원이 제공한 4,600개 회사의 온라인 리뷰를 활용하여 분석한 결과, 고객 서비스 문화가 낮은 조직의 기업 가치가 1.4% 하락한 것으로 나타났다. 비슷한 연구에서, Moniz(2015)는 Glassdoor.com이라는 널리 사용되는 채용 웹 사이트에서 2008년부터 2013년까지 2,300개의 기업에 대한 417,000천개의 직원 리뷰를 텍스트 분석을 사용하여 분석했다. 그 결과, 조직 문화가 전략적 목표와 일치할 때 기업 가치가 증가한다는 사실을 발견하였다. 이러한 유형의 연구들은 한계가 있지만, 조직 문화가 조직의 성공에 기여한다는 점을 시사한다.

이 분야의 연구에서 향후 연구될 만한 가장 중요한 문제는 아마도 조직 문화와 조직 성과 사이를 매개하는 구성개념을 설명하는 것과 문화의 강도가 성과에 미치는 영향을 밝히려는 시도일 것이다. 예를 들면, 조직 문화가 조직원의 창의성 수준(Tesluk et al., 1997)이나 조직원 동기부여(Weiner & Vardi, 1990) 혹은 비윤리적 행동의 보고(Ellis & Arieli, 1999) 등에 영향을 줄 수 있다는 연구가 있다. 문화의

'강점'은 특히 조직 문화의 속성에 종업원들이 동의하는 정도를 측정할 수 있다는 것이다(Schneider et al., 2017). 강한 문화가 있는 조직이 약한 문화를 가진 조직보다 더 성공적이라는 점은 직관적으로 가정할 수 있다. 그러나 이 문제와 관련하여 경험적인 연구들이 더 진행되어야 한다.

유인, 채용, 유지

조직 문화와 성과에 관한 연구를 비교했을 때 조직 문화가 직원을 유인하고, 충원하고, 유지하는 데 미치는 영향에 대한 경험적 연구는 훨씬 더 많다(이에 대해서는 제3장에서 상세히 설명했기 때문에 여기서는 다루지 않겠다). 여러 경험적 연구에서 공통적으로 발견되는 사실은 구직자가 조직 문화와 자신의 성격이나 가치관이 일치한다고 인식할 때 유인 및 채용이 훨씬 더 성공적이라는 것이다(Kristoff-Brown et al., 2005; Schneider, 1987).

이러한 적합성이 현 직장에 머무를 것인지를 결정하는 중요한 요소라 볼 수 있지만, 이에 대한 이론적 · 경험적 연구는 유인 과정에 비해 많지 않다. 이것은 이직에 대한 이론적 모델(예 : Mobley, 1977)이 문화와 같은 조직 수준의 변수보다는 일반적으로 직무 수준의 특징에 초점을 맞추고 있기 때문이다. 더구나 이직에 대한 결정은 복잡한 과정을 거치며 직무나 조직 자체와는 무관한 다양한 변수(예 : 경제사정, 가정사)로부터 영향을 받는다(예 : Carsten & Spector, 1987; Lee & Mitchell, 1994). 그러나 직원들이 조직 문화가 자신의 가치관이나 성격과 맞지 않다고 인식할 경우, 이는 새로운 직장을 찾는 계기가 될 수 있다. 높은 이직률은 조직의 문화와 조직 성과 간 매개변인 중 하나일 것이다(Kotter & Hesketh, 1992). 이에 대해 보다 많은 연구가 필요하다.

종업원의 만족감과 안녕감

놀랍게도, 이 문제에 대한 경험적 연구는 활발히 이루어지지 않고 있다. 이것은 아마도 이 가설을 증명하기 위해서는 조직 수준의 연구를 수행해야 하는 어려움이 있기 때문일 것이다. 그러나 적은 연구를 통해서라도 조직 문화가 종업원의 직장생활의 질에 차이를 가져온다는 시사점을 얻을 수 있다(Jex et al., 2014). 예를 들어, Hatton과 동료들(1999)은 직원이 생각하는 이상적 조직 문화와 실제 조직 문화가 일치하지 않을 때 여러 부정적인 결과가 유발된다는 것을 발견했다. 조직 문화에 대한 이상과 실제 조직 문화가 일치하지 않을 때, 직원들은 직무에 대한 만족도가 낮고, 직무 스트레인과 일반 스트레스가 높으며, 이직 의도가 강했다. 이 결과는 보편적으로 적절한 조직 문화는 없다는 점을 시사한다. 오히려 문화가 구성원의 기대를 충족하는지 여부가 더 핵심이 된다.

조직 문화가 직원의 삶의 질에 미치는 영향을 설명하기 위해 Peterson과 Wilson(1998)은 〈그림 12.3〉과 같은 모델을 제시하였다. 조직 문화와 구성원의 건강 간 관계를 결정짓는 중요한 요소는 사업 및 경영 체계임을 알 수 있다. 조직 문화는 직접적으로 사업 및 경영 체계에 영향을 미치며 이는 결과

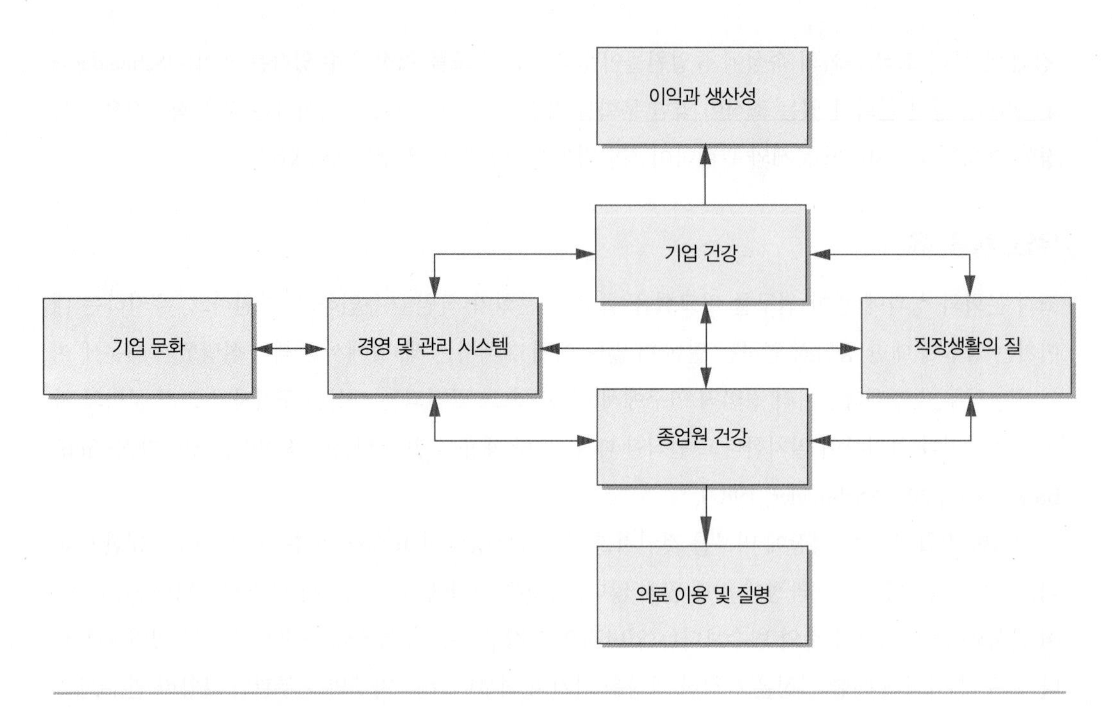

그림 12.3 문화, 일, 건강의 관계 모델

출처 : Peterson & Wilson(1998).

적으로 직원의 건강에 영향을 미친다. 예를 들면, 매우 통제적인 조직 문화 속의 인사관리 제도는 직원이 근무시간에 대해 매우 주의를 기울이게 만든다. 실제로 조직의 인사관리 제도를 결정하는 데 조직 문화가 영향을 미친다는 연구가 있다(Aycan et al., 1999). 이와 같이 심한 통제는 결과적으로 삶의 질을 떨어뜨리고 궁극적으로 직원의 건강을 손상시킬 수 있다.

보다 더 많은 연구가 필요하겠지만 조직 문화와 직원의 행복 간 상관관계가 있다는 사실은 학자들 사이에서 인정되고 있다(예 : Huhtala et al., 2014; Jex et al., 2014; Monroy et al., 1998; Murphy, 1996; Rosool et al., 2021). 특히 경제적으로 성공을 거두고 있고, 건강한 직원들을 보유하고 있는 '건강한 조직'의 특징에 대한 연구의 중요성이 증가하고 있다(Jex et al., 2013). 건강한 조직의 폭넓은 모델들이 개발되어야 하겠지만 이를 결정짓는 중요한 요소 중 하나는 조직의 문화이다. 앞으로 직원의 건강에 대한 문헌들의 초점은 조직 문화와 같은 거시적인 변수와 직원의 건강 및 안녕감 간의 관계에 맞춰질 것이다(예 : Jex et al., 2014).

조직 문화와 국가 문화

이 장의 초점을 조직 풍토로 옮기기에 앞서 이 장에서 살펴볼 중요한 마지막 연구 이슈는 바로 조직 문화와 국가 문화 간의 관계다. 조직은 국가 문화의 맥락 내에서 작동하므로 국가 문화가 잠재적으로 조직 문화에 영향을 줄 수 있기 때문에 이 주제는 중요하다(Gerhart, 2009 참조). 또한 대부분의 대규모 조직은 다국적 기업이므로 조직의 문화 측면을 여러 국가의 문화에 맞게 조정해야 하는 경우가 있을 수 있다.

지금까지 가장 포괄적으로 국가 문화를 다룬 연구는 GLOBE 연구다. 연구자들은 62개 사회에서의 리더십과 문화 간 관련성을 탐구하였다(House et al., 2004). GLOBE 연구의 전체 내용은 이 장의 내용을 벗어나는 것이지만(프로젝트에 대한 논의는 제10장 참조), 사회 문화가 조직 문화에 영향을 줄 수 있다는 중요한 점을 발견하였다. 그러므로 조직이 그들이 속해 있는 국가와 큰 차이가 있는 문화를 구축하면 아마도 이는 문제를 일으킬 소지가 있다.

조직 문화가 특정 조직 문제와 관련하여 국가 문화와 충돌할 가능성도 있다. 예를 들어, Beauregard 등(2018)은 국가 문화가 일-가정 양립 지원 정책과 일-가정 양립 지원 조직 문화의 도입에 미치는 영향을 다룬 문헌을 검토하고, 국가 문화와 관련된 몇 가지 가설을 제시했다. 예를 들어, 이 저자들은 인간 지향성과 성 평등주의가 높은 국가 문화는 일-가정 양립 지원 정책과 일-가정 양립 지원 조직 문화를 제공할 가능성이 더 높을 것이라고 제안했다. 반면, 이러한 문화 차원이 낮은 국가에서는 그 가능성이 낮을 것이라고 주장했다. 이 예를 바탕으로, 인간 지향성과 성 평등주의가 낮은 국가에서 운영되는 조직이 일-가정 양립 지원 정책을 도입하고, 일-가정 양립 지원 조직 문화를 구축하려고 할 경우 어려움을 겪을 수 있다는 점을 상상할 수 있다.

Beauregard 등(2018)의 검토는 국가 문화와 특정 조직 정책 및 조직 문화 차원을 연결하려는 몇 안 되는 시도 중 하나지만, 이 문제에 대한 더 많은 이론과 연구가 앞으로 나올 것으로 예상된다.

조직 풍토 : 공유된 심리적 경험

이 장 도입부에 언급했듯이, 조직 풍토는 그들이 일하고 있는 조직에서의 **심리적 경험**(psychological experience) 방식을 의미한다. 조직 풍토를 정의하는 또 다른 중요한 특징은 이러한 심리적 경험이 **구성원들 사이에서 공유된다**는 것이다. 풍토가 문화에 의해 영향을 받고, 문화가 조직 내에서 비교적 안정적이라는 점에서, 이 장에서는 조직 문화에 대해 좀 더 많은 내용을 다룬다. 그럼에도 불구하고 조직 풍토는 여전히 중요하다. 예를 들어, 풍토는 종업원들이 자신들이 일하는 조직에 대해 심리적으로 어떻게 느끼는지를 나타내기 때문에 사람들이 처음 들어온 조직에서 계속 일할지 혹은 결국 떠날지 같은 의사결정에서 중요하다. 또한 최근 경향은 조직 전체적인 풍토, 즉 **전반적 풍토**(molar climate)보다 조직 기능의 중요한 부분과 관련한 풍토, 즉 결과 풍토(outcome climate)와 과정 풍토(process climate)에 관심을 갖는다(Schneider et al., 2017). 이 장 뒷부분에서 보다 구체적인 풍토에 대해 자세히 검토할 것이다.

조직 풍토에 대해 생각하는 가장 좋은 방법은 여러 대학을 고려하던 입시 때로 돌아가보는 것이다. 당신이 원하는 전공이 있고 경제적으로 학업을 감당할 만한 여러 대학을 찾아 방문하면, 대학마다 '느낌'이 달랐을 것이다. 달리 말하자면, 당신이 방문한 각 대학으로부터 얻은 심리적 경험은 다소 독특하고 차이가 있었을 것이다. 이 경험은 완전히 당신에게만 독특한 것이 아니라 다른 사람들도 그 대학에 대해 공유한 심리적인 것이다.

앞서 언급했듯이, 조직 풍토는 자신이 속한 조직에 대해 구성원 간에 공유된 심리적 경험 혹은 '느낌'이다. 조직 풍토 연구자들은 다양한 방식으로 구성개념을 정의했지만, Ostroff와 동료들(2013)은 조직 풍토가 특정 조직에서 일하면서 느낀 심리적 경험에 대해 종업원들 간에 공유한 인식이라는 점을 강조한다. 조직 풍토에 대한 초기 연구와 이론(예 : Litwin & Stringer, 1968; James & Jones, 1974)은 조직의 전반적 풍토에 초점을 맞추었으며, 더 구체적으로는 이 풍토가 직원의 만족도와 복지에 도움이 되는지 또는 방해가 되는지에 대해 연구했다.

이것은 분명히 일반적인 정의지만, 조직 운영의 특정 측면이 이러한 일반적인 풍토 인식의 초점이 될 수 있다. 다시 말하지만, 조직 기능의 측면에 대해 연구자들 간 완전히 일치된 의견은 없으나, 종업원의 풍토 인식은 조직 정책과 절차, 종업원의 일상 업무, 그리고 종업원 성과가 보상되는 방식으로 형성된다(Litwin & Stringer, 1968; Schneider et al., 2011, 2017).

조직 내 풍토를 결정하는 주된 동력 중 하나가 조직의 정책과 절차이며 대부분의 경우 이는 전략적 인사 결정에서 비롯된다. 예를 들어, 한 조직의 보상 및 성과 평가 시스템이 종업원들끼리 경쟁하도록 만든다면, 이는 매우 경쟁적인 조직 풍토를 조성할 가능성이 크다. 제9장에서 임금 차이(pay dispersion)에 대해 논의했던 것을 떠올려보자(Shaw, 2014). 만약 조직 내 임금 변동성이 크다면, 이는 '스타' 성과자를 배출할 가능성이 있지만, 동시에 더 경쟁적인 조직 풍토를 만들 수 있다.

조직 풍토의 두 번째 주요 요인은 조직에 들어와 남아 있는 사람들의 유형이다. 제3장에서 논의한 매력-선택-퇴출(ASA) 모델(Schneider, 1987)을 떠올려보자. 이 모델은 특정 유형의 사람들이 특정 유형의 조직에 매력을 느끼고 남아있게 된다고 주장한다. ASA 과정의 결과로, 조직은 궁극적으로 협력 수준, 경쟁 수준, 혁신을 추구하거나 위험을 회피하려는 성향, 고객 서비스에 대한 욕구 등과 같은 중요한 풍토 차원에서 어느 정도 동질화된다. ASA 모델의 주요 원리는 구직자가 자신의 성격과 일치하는 속성을 가진 조직에 끌린다는 것이므로, 조직은 비슷한 성향의 사람들을 유인하기 위해 특정 풍토를 갖추어야 한다. 그러나 ASA 과정은 주어진 풍토를 더 강하고 고착화되게 만든다.

조직 풍토를 결정하는 세 번째 주요 요인은 종업원들 간 의사소통과 그들의 환경을 이해하려는 필요성이다(Beus et al., 2018). 조직 풍토가 종업원들 간 '공유된 인식'을 반영한다는 점을 상기해보자. 종업원들은 그 인식을 공유하기 위해 어떤 형태로든 의사소통을 해야 한다(대면 또는 가상 커뮤니케이션). 사회심리학자들은 사람들이 자신의 인식을 어떤 기준에 맞춰 검증하려는 필요성을 자주 느낀다는 것을 반복적으로 보여주었으며(Festinger, 1954; Sherif, 1936), 자신의 인식을 다른 종업원들과 비교하는 것이 일반적으로 그러한 기준을 제공한다.

조직 결과 풍토

앞서 언급한 바와 같이, 조직 풍토의 초기 연구는 조직 **전반적** 풍토에 초점을 맞췄다. 전반적 풍토의 개념은 종업원의 여러 수행 성과를 예측하는 것으로 입증됐지만(예 : Carr et al., 2003), 조직 연구자들은 전반적 풍토에서 벗어나 Schneider 등(2017)이 선호하는 **결과 풍토**와 **과정 풍토**로 옮겨가고 있다(Schneider et al., 2017). **결과 풍토**는 조직 운영, 때로는 생존에 중요한 결과에 관한 공유된 인식을 나타낸다. 수년에 걸쳐 여러 결과 풍토가 연구됐지만(Jex et al., 2014), 여기서는 대부분 연구 주제의 초점이었던 세 가지 결과 풍토인 서비스 풍토, 안전 풍토, 혁신 풍토를 살펴볼 것이다.

서비스 풍토

Schneider 등(1998)에 의하면, 서비스 풍토(service climate)는 고객 서비스에 대한 강조와 중요성과 관련하여 종업원들이 공유한 인식을 나타낸다. Schneider와 동료들(2011)은 이 인식이 조직적 관행, 일상적 업무, 배달 서비스에 따른 보상에 초점을 두고 있다고 지적한다. 우수한 고객 서비스에 대한 종업원 보상, 고객 서비스 노력의 모니터링 · 측정 · 제공에 필요한 자원 제공, 우수한 고객 서비스 품질을 위한 최고경영진의 지원 등이 조직이 긍정적인 서비스 풍토를 갖고 있음을 나타내는 지표다. Schneider와 동료들(2011)은 여러 해에 걸쳐 많은 연구를 진행하였는데, 서비스 풍토에 대한 개념적 타당성뿐 아니라, 서비스 풍토가 조직의 손익 지표에 미치는 효과도 관찰하였다(Schneider et al., 2009).

서비스 풍토의 중요성을 고려할 때, 조직이 어떻게 하면 더 긍정적인 서비스 풍토를 조성하고 그 혜택을 얻을 수 있는지는 중요한 질문이다. 연구에 따르면, 관리자가 조직에서 긍정적인 서비스 풍토를 조성하는 데 중요한 역할을 한다. 예를 들어, Salvaggio 등(2007)은 조직의 서비스 풍토에 가장 직접적인 예측 요인이 강한 서비스 지향성을 가진 관리자라는 사실을 발견했다. 또한 이 연구자들은 긍정적인 핵심자기평가(CSE)를 가진 관리자들이 더 강한 서비스 지향성을 가지고 있다는 사실도 발견했다. CSE는 내적 통제감, 높은 자존감, 높은 자기효능감, 높은 정서적 안정성으로 구성된 성격 구성요소이다(Judge et al., 1997). 이 연구 결과는 심리적으로 잘 조정된 관리자가 일반적으로 더 강한 서비스 지향성을 가지며, 이는 결국 더 긍정적인 서비스 풍토로 이어진다는 것을 시사한다. 따라서 높은 CSE를 가진 관리자를 선발하는 것이 긍정적인 서비스 풍토를 조성하려는 조직에 유익할 수 있다는 점은 분명한 결론이다. 최근 연구에서도 리더십과 서비스 풍토 간의 연관성을 뒷받침하고 있다(Jiang et al., 2015).

안전 풍토

제7장에서 간략하게 설명했듯이 안전 풍토(safety climate) 개념은 Dov Zohar(2000, 2010)의 연구에서 탄생한 개념이다. 안전 풍토는 서비스 풍토와 비슷한 방식이다 — 이는 안전에 대한 중요성과 관련하여 종업원들이 공유한 인식이다. 안전 풍토는 기술적으로 조직 수준 개념이므로 당연히 그 수준에서 측정되어야 하지만, 대부분 안전 풍토 연구는 업무 작업 집단이나 팀 수준에서 진행됐다(Zohar & Luria, 2005). 왜냐하면 조직 내에서 이러한 형태의 풍토가 수준에 따라 매우 다르기 때문이다. 안전 풍토의 가장 중요한 요소 중 하나는 경쟁이 우선순위일 때도 안전이 강조되는 정도다. 예를 들어, 안전을 중요시하면 불편함에도 불구하고 조직은 안전을 강조할 것인가 하는 것이다. 수년간 연구에 따르면, 안전 풍토는 안전에 대한 종업원들의 태도(Beus et al., 2010), 안전 행동(Christian et al., 2009)과 관련이 있으며, 특히 상해 및 사고(Clarke, 2006; Clarke & Robertson, 2008)와 중요한 관련이 있다.

서비스 풍토와 마찬가지로, 조직 리더는 안전 풍토에 큰 영향을 미친다. 예를 들어, Barling 등(2002)은 안전과 관련된 변혁적 리더십이 직원들의 긍정적인 안전 풍토 인식과 관련이 있음을 발견했다. 변혁적 리더십은 거래적 리더십에 비해 더 적극적이고 동기부여적이며 영감을 주는 리더십 형태를 나타낸다(제10장 참조). 안전의 맥락에서, 변혁적 리더는 소극적인 규칙 준수에 그치지 않고, 직장에서 안전을 적극적으로 장려한다. 후속 연구에서도 변혁적 안전 리더십이 안전 풍토뿐만 아니라 실제 안전 행동과도 관련이 있다는 것이 밝혀졌다(Inness et al., 2010; Lyubykh et al., 2022).

안전 풍토 연구자들 사이에서 자주 논의된 문제 중 하나는 일반적인 안전 풍토 측정이 적절한지, 아니면 특정 직업이나 산업에 맞는 구체적인 안전 풍토 측정이 필요한지에 관한 것이다(Zohar, 2010 참조). 이는 중요한 문제인데, 왜냐하면 보건 부문에서의 안전 관련 이슈는 트럭 운송 및 항공 산업에서의 이슈와는 명백히 다르기 때문이다. 이러한 이유로, 일부 연구자들은 매우 구체화된 안전 풍토 측정 도구의 개발을 권장했으며, 실제로 여러 도구가 수년에 걸쳐 개발되었다(예 : Zohar, 2010). 그러나 매우 구체화된 안전 풍토 측정 도구의 단점은 그것을 개발하는 데 많은 시간과 노력이 소요된다는 점이다.

이 딜레마에 대한 한 가지 접근법은 일반적이면서도 구체화된 측정 도구를 개발하는 것이다. 예를 들어, Lee와 동료들(2014)은 혼자 일하는 트럭 운전, 전기 공익사업, 케이블 TV 산업 종사자들을 위한 안전 풍토 측정 도구를 개발하고 검증했다. 이러한 유형의 측정 도구는 유사한 산업의 유사한 직무의 미묘한 차이를 포착하면서도, 모든 조직 환경에서 각 직무에 맞는 별도의 안전 풍토 측정 도구를 개발해야 하는 번거로움을 줄여준다. 궁극적으로, 구체적이거나 일반적인 안전 풍토 측정 도구 모두 가치가 있으며, 두 가지 모두 계속해서 사용될 가능성이 높다.

혁신 풍토

조직이 오랜 기간 지속 가능하기 위해서는 새로운 제품과 서비스를 개발하거나 기존 제품과 서비스를 개선해야 하는 경우가 많다. 이 두 과정은 종종 구성원들의 혁신을 필요로 한다. 구성원의 창의성이 조직 혁신의 중요한 동력이라는 것은 분명하지만(Zhou & Hoever, 2014), 조직 풍토 역시 중요한 역할을 한다는 것도 잘 알려져 있다. 혁신 풍토(innovation climate)는 여러 가지로 정의되어 왔으나(Newman et al., 2020 참조), 가장 널리 받아들여지는 정의는 Anderson과 West(1998)의 정의로, 팀(또는 조직) 차원에서 팀(또는 조직) 프로세스가 혁신을 어느 정도 장려하고 촉진하는지에 대한 공유된 인식을 의미한다.

이러한 혁신 풍토의 정의가 일반적이라는 점을 고려할 때, 팀이나 전체 조직 내에서 긍정적인 혁신 풍토를 형성하는 데 무엇이 기여하는가에 대한 질문은 합리적이고 중요하다. 다른 결과 풍토에서 논의된 바와 같이, 리더십이 여기에서도 중요한 역할을 한다. 예를 들어, 많은 연구에서 변혁적 리더십(조직 차원)이 긍정적인 조직 혁신 풍토와 긍정적인 상관관계를 가지고 있다는 결과가 도출되었다(예 : Kang et al., 2015). 팀 차원에서는 더 복잡한 과제 구조와 높은 성찰성(팀의 내부 프로세스를 검토할 수 있는 능력)이 더 혁신적인 풍토와 연관이 있다는 것이 밝혀졌다(Newman et al., 2020).

혁신 풍토에 대해 가장 중요한 질문은, 어느 수준에서든 그것이 실제로 더 높은 수준의 혁신과 관련이 있는지다. Newman 등(2020)에 의하면, 혁신 풍토의 효과에 대한 대부분의 연구는 개인 및 팀 차원에서 이루어졌으며, 조직 차원에서는 상대적으로 적은 연구가 존재한다. 개인 차원에서 혁신 풍토는 긍정적인 직무 태도와 다른 여러 결과(이직 의도 감소, 복지 수준 향상)와 연관이 있으며, 이는 긍정적인 혁신 풍토를 가진 조직이 일반적으로 더 일하기 좋은 곳으로 인식된다는 것을 시사한다. 또한 연구에 따르면, 혁신 풍토는 직원들의 창의적 행동과 위험 감수와도 긍정적인 연관성이 있다는 결과가 일관되게 나타났다(Newman et al., 2020).

팀 차원에서도 혁신 풍토는 일관된 결과를 보여주었다. 예를 들어, 연구개발 팀에 대한 연구에서 혁신 풍토는 더 혁신적인 아이디어와 제품과 긍정적인 연관성을 가진다는 것이 밝혀졌다(Hulsheger et al., 2009). 긍정적인 혁신 풍토를 가진 팀은 긍정적인 팀 프로세스를 가지며, 궁극적으로 이러한 긍정적인 결과에 기여한다. 앞서 언급했듯이, 조직 차원에서 혁신 풍토의 효과를 조사한 연구는 상대적으로 적지만, 그것이 긍정적인 결과에 기여한다는 일부 증거가 있다. 예를 들어, Shanker 등(2017)은 조직 차원에서 혁신 풍토와 조직 혁신 사이에 긍정적인 상관관계가 있음을 발견했으며, 이 관계는 직원들의 혁신적 행동이 증대됨으로써 완전히 매개된다는 점에서 앞서 언급된 결과와 일치한다.

조직 과정 풍토

과정 풍토는 내부 조직 프로세스와 직원들에게 영향을 미치는 이슈에 대한 공유된 인식을 나타낸다(Schneider et al., 2017). 결과 풍토가 조직의 성과에 중점을 둔다면, 과정 풍토는 **그 성과를 달성하는 방식**에 중점을 둔다. 수년에 걸쳐 많은 과정 풍토가 연구되었지만(Jex et al., 2014), 이 절에서는 조직 운영의 여러 측면에 영향을 미치며 조직 연구의 초점이 되어온 두 가지 풍토인 **공정성 풍토**(justice climate)와 **시민의식 풍토**(civility climate)에 대해 살펴볼 것이다. 또한, 최근 제안되었으나 조직에 중요한 함의를 가질 수 있는 **조절 초점 풍토**(regulatory focus climate)도 함께 살펴본다.

공정성 풍토 : 제9장에서 논의했듯이, 개인이 조직에서 느끼는 정의와 공정성에 대한 인식은 조직 내 강력한 동기부여 요인일 뿐만 아니라(예 : Colquitt et al., 2013), 성과 평가 및 보상 결정과 같은 중요한 과정에도 영향을 미친다. Naumann과 Bennett(2000)에 따르면, **공정성 풍토**는 "작업 그룹 전체가 어떻게 대우받는지에 대한 그룹 차원의 인식"(p. 882)으로 정의된다. Li와 Cropanzano(2009)는 공정성 풍토가 팀 리더나 단위 리더의 성격에 큰 영향을 받는다고 주장하였다. 예를 들어, Mayer 등(2007)은 리더의 친화성이 대인관계 및 정보 공정성과 긍정적인 관계가 있으며, 성실성은 절차 공정성과 긍정적인 관계가 있음을 발견했다. 같은 연구에서, 리더의 신경증적 성향은 절차, 정보, 대인관계 공정성 풍토와 부정적인 연관성이 있는 것으로 나타났다. 이러한 연구 결과들은 조직 리더가 조직 내 다양한 풍토를 형성하는 데 중요한 역할을 한다는 것을 보여주는 이전 연구들과 일치한다.

공정성 풍토의 선행 요인을 검토한 것 외에도, Li와 Cropanzano(2009)는 공정성 풍토가 예측하는 여러 결과에 대해 설명한다. 가장 일관된 연구 결과는 팀 내 긍정적인 절차 공정성 풍토가 팀 구성원 간의 도움 행동을 증가시킨다는 것이다(예 : Lin et al., 2007). 이러한 풍토는 팀 내에서 긍정적인 사회적 교환 관계를 촉진하므로, 긍정적인 절차 공정성 풍토는 직원 복지, 직무 태도, 조직에 남고자 하는 의지와 같은 다른 긍정적인 결과와도 관련이 있을 가능성이 크다. 공정성 풍토는 개인 차원의 결과에 영향을 미칠 뿐만 아니라 팀 차원에서도 영향을 미치는 것으로 나타났으며, 여기에는 고객 서비스 평가(Simons & Roberson, 2003) 및 직장 내 공격성(Dietz et al., 2003)이 포함된다.

시민의식 풍토 : 조직 내에서 가장 중요한 프로세스 중 하나는 단순히 직원들이 서로 어떻게 상호작용하는지일 수 있다. 불행히도 제7장에서 논의했듯이, 조직 내에서 많은 상호작용이 무례하게 이루어지고 있다(Dhanani et al., 2021). 따라서 조직 내 직원들 간에 허용되거나 허용되지 않는 상호작용 방식에 대한 공유된 인식이 형성되는 것은 놀랍지 않다. Ottinot(2010)은 **시민의식 풍토**를 조직이 예의 바른 직장을 유지하기 위해 사용하는 정책, 절차, 관행으로 정의했다. 이 정의는 매우 일반적이므로, 이는 무례한 행동을 용납하지 않는 '무관용' 정책, 직원 간 예의 바른 상호작용을 촉진하는 교육, 또는 무례한 행동을 하지 않을 가능성이 높은 사람을 선발하는 것과 같은 다양한 조치를 포함할 수 있다.

앞서 논의한 결과 풍토 및 과정 풍토와 마찬가지로, 모든 수준의 조직 리더들은 시민의식 풍토를 촉진하는 데 중요한 역할을 한다. 예를 들어, Ottinot(2010)는 조직의 상위 계층에서 직장 내 무례함을 해결하기 위한 공식적인 정책과 절차가 마련되어야 한다고 제안했다. 즉 직원이 부당대우를 받을 때 해결책을 제공해야 한다는 것이다. 그는 또한 관리자들이 자신들의 작업 집단 내에서 예의 바르고 공손한 상호작용을 강조하고, 부하 직원들에게 이러한 행동을 본보기로 보여줄 것을 권장한다. 이러한 모든 요소가 분명히 중요하지만, 궁극적으로 관리자들이 타인에게 예의를 보여주는 모습을 모범으로 보이는 것이 가장 중요한 기여 요인일 가능성이 크다('관리자를 위한 시사점 12.1' 참조).

시민의식 풍토는 개인, 팀, 조직 차원에서 중요한 영향을 미친다. 예를 들어, Ottinot(2010)는 222개 학교를 대상으로 한 연구에서, 학교 수준의 예의 풍토가 동료 및 상사 간의 무례함과 부정적인 관계가 있으며, 직무 만족 및 정서적 조직 몰입과는 긍정적인 관계가 있음을 발견했다. 이러한 관계는 학교 수준에서도 재현되었다. 팀 차원에서는 Walsh 등(2012)이 시민의식 풍토가 개인 및 상사의 무례함과 관련이 있으며, 팀원들의 직무 만족 및 정서적 조직 몰입과도 관련이 있다는 것을 발견했다.

조절 초점 풍토 : 제9장에서 조절 초점 이론(Regulatory Focus Theory)(Higgins, 1997)이 목표 추구의 차이를 설명하기 위해 도입되었다는 것을 기억할 것이다. 이 이론에 따르면, 목표는 두 가지 방식으로 추구될 수 있다. **향상 초점**(Promotion focus)은 목표 달성을 위해 높은 수준의 노력을 기울이는 것을 의미한다. 조직환경에서 향상 초점은 긍정적인 결과에 대한 민감성과 기회를 포착하여 목표 달성 가능성을 높이는 성향으로 특징지어진다. 이러한 직원들은 '기회를 추구하는 사람' 또는 '위험을 감수하는 사람'으로 묘사될 수 있다. 반대로, **예방 초점**(Prevention focus)은 목표 달성 과정에서 발생할 수 있는 부정적인 결과에 대한 민감성과 규칙과 절차를 엄격히 준수하는 성향을 나타낸다. 조직환경에서 예방 초점을 가진 직원은 '규칙을 따르는 사람' 또는 '위험 회피자'로 묘사될 수 있다. Higgins(1997)는 두 가지 조절 초점 모두 목표를 달성할 수 있는 방법이며, 상호 배타적인 개념이 아님을 지적했다.

조절 초점 이론은 원래 개인 차원의 목표 추구를 설명하기 위해 제안되었지만, Beus 등(2020)은 이 이론이 팀과 조직 차원에서도 **조절 초점 풍토**의 형태로 적용될 수 있다고 제안했다. 이들은 조절 초점

관리자를 위한 시사점 12.1

긍정적인 시민의식 풍토의 조성 및 유지

조직 내, 심지어 비업무환경에서도 무례함(incivility)의 수준이 높다는 점을 감안할 때, 조직은 이를 감소시키는 것이 중요하다. 제7장에서는 **개인들**이 더 예의 있는 직장 환경을 조성하기 위해 할 수 있는 여러 가지 방법을 논의했다. 그러나 관리자들은 그들의 행동과 정책이 작업 팀과 전체 조직의 예의 바른 풍토에 영향을 미칠 수 있기 때문에 특별한 위치에 있다.

그렇다면 관리자가 작업 팀과 조직에서 더 긍정적인 시민의식 풍토를 조성하고 유지하기 위해 할 수 있는 일들은 무엇일까? 다음은 이에 대한 네 가지 제안이다.

1. **예의 바른 행동을 모범으로 보여라.** 만약 관리자가 부하직원들에게 예의 바른 행동이 중요하다고 말하면서도 다른 사람을 무례하게 대한다면, 이는 직원들에게 매우 혼란스러운 메시지를 보내는 것이다. 따라서 예의 바른 행동에 있어서는 관리자가 단지 '말로만 하는 것'이 아니라 실제로 '행동으로 보여주는 것'이 중요하다.
2. **무례한 행동을 조장하지 마라.** 조직 내에는 무례함과 다른 유형의 부당대우가 성과로 이어지는 경우가 있다. 예를 들어, 직원들이 무례하고 상호작용하기 어려운 것으로 알려지면, 다른 사람들이 그들에게 겁을 먹고 결국 그들의 요구에 굴복할 수 있다. 관리자는 이러한 상황을 인지하고, 작업 팀과 전체 조직에서 더 긍정적인 방식으로 영향력을 발휘하는 것을 강화해야 한다.
3. **겸손한 리더가 되어라.** 연구에 따르면 리더의 겸손은 긍정적인 시민의식 풍토와 관련이 있다(Achmadi et al., 2022). 따라서 긍정적인 시민의식 풍토를 조성하고 유지하고자 하는 리더는 겸손을 보여주고, 일이 잘 진행될 때 공로를 팀원들과 공유하는 것이 좋다.
4. **직원들의 스트레스를 줄이려 노력하라.** 무례함의 영향에 대한 연구가 많이 이루어졌지만, 우리는 직장에서 높은 수준의 스트레스를 경험하는 직원들(예 : 역할 갈등, 역할 모호성, 높은 업무량, 조직적 제약 등; 다른 예는 제7장 참조)이 다른 사람들에게 더 무례한 경향이 있다는 것을 알고 있다. 따라서 관리자들은 직원들의 스트레스 요인을 인지하고, 이를 줄이기 위한 조치를 취해야 한다. 예를 들어, 관리자는 역할 책임을 명확히 하여 역할 스트레스 요인을 잠재적으로 줄일 수 있다. 물론 스트레스가 불가피한 직무(예 : 응급 간호사)도 있겠지만, 많은 경우 관리자가 스트레스를 줄이기 위한 조치를 취할 수 있다.

풍토를 팀 또는 조직이 집단 목표 달성을 위해 향상 초점 또는 예방 초점에 전략적으로 집단적인 경향을 보이는 것으로 정의했다. 50명에서 600명 규모의 107개 제조업체를 대상으로 한 연구에서 두 가지 향상 풍토와 예방 풍토가 존재한다는 증거를 발견했다. 그러나 가장 중요한 발견은 향상 풍토와 예방 풍토 **모두** 높은 점수를 받은 조직들이 가장 낮은 수준의 조직 몰입을 보였으며, 조직 생산성도 가장 낮았다는 점이다. 이 결과는 조직이 상충하는 메시지(예 : 위험을 감수하되 매우 신중해야 한다)를 직원들에게 전달하는 과정 풍토를 개발할 때, 그 결과가 부정적일 가능성이 높다는 것을 시사한다. 이러한 결과의 더 넓은 시사점은 결과 풍토와 과정 풍토가 독립적으로 작동하지 않는다는 점이다. 따라서 미래 연구에서는 다양한 풍토 간의 역동적인 상호작용을 더 많이 탐구할 것으로 기대된다. Jeremy Beus 박사는 이 비교적 새로운 분야의 선도적인 연구자로, 이 장의 '연구자 소개'에서 소개하고 있다.

연구자 소개

JEREMY BEUS 박사

나의 원래 진로목표는 스포츠 심리학자가 되는 것이었다. 나는 항상 스포츠를 사랑했고 심리학에 매료되어 있었기 때문에, 그것이 완벽한 결합이라고 생각했다. 그러나 브리검영대학교(아이다호)(BYU-I)에서 첫 상담 수업을 듣고, 이것이 스포츠 심리학자들이 주로 하는 일이라는 것을 알게 되면서 진로 목표를 재평가하게 되었다. 그 수업에서 나는 산업 및 조직심리학이라는 분야에 대해 같은 반 친구로부터 알게 되었고, 이 분야가 심리학을 직장에 적용한다는 것을 알았다. 나는 흥미를 느꼈다. 지도 교수인 Samuel Clay 박사와 대화를 나눈 후, 그는 BYU-I에서 최초의 산업 및 조직심리학 수업을 개발하기로 동의했다. 나는 이미 경영학 부전공을 하고 있었고, Clay 박사의 산업 및 조직심리학 수업을 들은 후 나는 그 매력에 푹 빠졌다. 나는 여러 박사 과정 산업 및 조직심리학 프로그램에 지원했지만, 결국 텍사스 A&M 대학교에만 합격했다(실제로 그 대학에서도 거절 편지를 받았지만). 아마도 아이다호국립연구소소(Idaho National Laboratory)의 인간 성과 집단에서 현장 안전 조사의 정성적 설문 데이터를 분석한 인턴십이 나를 안전 풍토 조교직에 필요한 사람으로 만들었을 것이다. 주로 Stephanie Payne 박사(내 지도 교수), Mindy Bergman 박사, Winfred Arthur Jr. 박사와 함께 일하며, 원래 안전 풍토 연구를 하던 것이 직장 안전과 조직 풍토에 대한 더 광범위한 연구 관심으로 발전하게 되었다.

대학원을 졸업한 후 첫 직장은 센트럴플로리다 대학교에서 산업 및 조직심리학 조교수로 일하는 것이었지만, 1년 후 루이지애나주립대학교 Ourso 경영대학의 Rucks 경영학과에서 예상치 못하게 자리를 잡게 되었다. 조직 풍토와 문화에 대한 박사 세미나를 통해 조직 풍토에 대해 모르는 것이 얼마나 많은지 깨달았고, 그 후 연구 초점을 세미나 도중과 그 후에 제기된 질문들을 해결하는 데로 돌렸다. 이러한 질문들에는 풍토가 어떻게 형성되고 조직 내 행동에 영향을 미치는지에 대한 이론적 이해, 조직 전반에서 풍토를 일관되게 개념화할 수 있는 방법에 대한 궁금증, 그리고 조직 내 동시에 존재하는 여러 풍토가 조직 성과에 어떻게 영향을 미치는지에 대한 의문이 포함되었다. 이러한 질문들은 여러 논문을 탄생시켰다. 그 중 하나에서 학생 공동 저자와 나는 조직 풍토가 항상 더 넓은 사회적 또는 산업적 맥락과 일치하지는 않는다는 것을 발견했다(예 : 자유와 자율성을 중시하는 문화에서 엄격한 내부 통제를 위한 풍토). 이러한 불일치는 풍토가 해당 맥락에서 집단 행동을 이끄는 능력을 약화할 수 있다. 다른 연구에서 공동 저자와 나는 상충되는 가치를 동시에 우선시하는 풍토(예 : 위험을 감수하면서도 신

(계속)

중한 행동을 요구하는 풍토)를 육성하는 것이 직원들의 조직에 대한 집단적 헌신을 낮추고, 회사의 재무 성과를 감소시킨다는 것을 발견했다.

현재 나는 워싱턴주립대학교 Carson 경영대학에서 부교수로 일하며 조직 풍토에 대한 이해를 증진하기 위한 새로운 방법을 모색하는 연구를 계속하고 있다. 진행 중인 프로젝트와 계획된 연구는 조직 내 직원 간 상호작용 패턴이 풍토를 어떻게 형성하는지, 조직 내 풍토 집합(또는 프로파일)이 부서 성공과 어떻게 연결되는지, 그리고 풍토 현상이 조직 문화나 조직 정체성과 같은 다른 관련 개념들과 어떻게 겹치고 상호작용하는지를 탐구하는 데 초점을 맞추고 있다.

그리고 다시 원점으로 돌아와, 나는 스포츠에 대한 지속적인 애정으로 스포츠 데이터를 사용해 조직 연구 질문에 답하는 기회를 찾고 있다(비록 조직 풍토 분야 외의 것이더라도). 지금까지 프로 농구, 하키, 축구 데이터를 활용했으며, 현재 대학 미식축구 데이터를 사용하는 새로운 프로젝트를 진행 중이다. 나는 팀 내 신입 구성원의 적응, 돈에 대한 집착이 팀 내 이기심을 조장하는지, 팀의 스타 선수들 임금 격차의 효과, 그리고 팀 내 지나친 적극성이 존재할 수 있는지 등의 주제를 연구해 왔다.

Jeremy Beus 박사는 워싱턴주립대학교 Carson 경영대학의 경영학 부교수로, 그의 연구는 조직 풍토와 직장 안전에 초점을 맞추고 있으며, 특히 안전 풍토에 대한 관심이 크다. 또한 그는 스포츠 데이터를 사용해 의미 있는 조직 연구 질문에 답하는 데 관심이 있다. 그는 2012년 텍사스 A&M 대학교에서 산업 및 조직심리학 박사 학위를 받았다.

조직 풍토의 측정

조직 내 다양한 풍토를 고려할 때, 풍토를 측정하는 도구도 매우 많다. 따라서 특정한 풍토 측정 도구를 검토하는 것은 이 장의 범위를 벗어난다. 대신, 이 절에서는 풍토 연구가 시작된 이후로 문헌에서 주로 사용된 풍토 측정 접근법을 간략하게 논의하고자 한다.

Schneider 등(2017)에 따르면, 조직 풍토를 측정하는 주된 방법은 개별 구성원들의 풍토 인식을 조사한 후, 이를 팀 또는 조직과 같은 더 높은 분석 단위로 집계하는 방식이다. 조직 풍토는 구성원들 간의 공유된 인식을 나타내기 때문에 이러한 접근 방식은 매우 합리적이라고 볼 수 있다. 집계에 대해서는 제2장 부록에서 이미 다루었으므로 여기서는 이에 대한 심층적인 내용은 다루지 않는다. 그러나 풍토 평가를 제공하는 사람들 간에 어느 정도의 합의가 있어야 풍토가 존재한다고 할 수 있다는 점은 언급할 가치가 있다. 만약 합의가 없다면, 풍토가 존재하지 않는다는 것이다.

그러나 조직 풍토 연구자들이 자기보고식 측정 도구를 집계할 때 알아야 할 두 가지 사항이 있다 : (1) 풍토에 대한 자기보고식 측정은 많은 편향과 왜곡을 포함할 수 있으며, 이는 집계된 풍토 측정의 기초가 된다. (2) 개별 인식 측정을 집계하는 것은 조직 풍토를 측정하는 여러 방법 중 하나에 불과하다. 첫 번째 요점과 관련해서는, 제2장에서 자기보고식 측정의 장점과 단점에 관한 풍부한 문헌을 요약했다(예 : Spector & Eatough, 2013). 이 문헌에서 얻을 수 있는 주요 결론 중 하나는, 자기보고식 측정이 조직 연구에서 많은 변수를 측정하는 데 유효하지만, 일반적으로 사람의 특성(예 : 성격, 태도, 신념 등)을 측정하는 데 더 유효하다는 점이다. 반면 작업환경의 객관적 특성(예 : 직무 특성 및 직무 스트레스 요인)을 측정하는 데는 상대적으로 유효하지 않다. 조직 풍토는 분명 객관적인 것이 아니지만, 작업환경의 특성이기 때문에, 조직 연구자들은 자기보고식 조직 풍토 측정을 해석할 때 어느 정도 주의를 기울이는 것이 필요하다.

두 번째 요점과 관련해서, 조직 풍토 연구자들은 자기보고식 설문 조사 외의 대안을 탐구하는 것을 주저해 왔지만, 조직 문화에 대한 이전 장에서 살펴본 바와 같이, 다른 대안들이 있을 수 있다. 예를 들어, 조직 연구자는 고객 서비스 평가에 대한 텍스트 분석을 적용하여 조직의 고객 서비스 풍토에 대한 통찰을 얻거나, 민족지학자들이 자주 사용하는 방법인 주요 정보 제공자(key informants)를 활용하여 팀 내 시민의식 풍토를 평가할 수 있다. 이는 직원들에게 조직 풍토에 대한 자기보고식 평가를 요청하는 것이 결함이 있거나 가치가 없다는 것을 의미하는 것은 아니지만, 오히려 보다 다양한 측정 방법을 사용하는 것이 향후 연구에 분명히 가치가 있을 것이라는 의미이다.

조직 풍토의 변화

조직 풍토 연구에 대한 오랜 역사에도 불구하고, 조직 풍토를 어떻게 변화시킬 수 있는지에 대한 연구와 이론은 놀라울 정도로 거의 없었다. 반면에, 앞서 언급했듯이 조직 문화 변화에 대해서는 훨씬 더 많은 관심이 집중되었지만, 모든 연구가 철저한 연구에 기반한 것은 아니다. 우리의 견해로는 이것이 조직 풍토 문헌에서 심각한 공백이라고 할 수 있는데, 이는 조직의 풍토 변화가 절실히 필요한 상황이 있을 수 있기 때문이다. 예를 들어, 한 조직의 수익이 급감하고 있다면, 고객 서비스 풍토나 혁신 풍토를 변화시킬 필요가 있을 수 있다. 조직 내에서 직원들이 많은 사고에 연루된다면, 조직은 안전 풍토를 변경하는 것을 고려해야 한다.

조직 풍토의 원인에 대해 모든 수준에서(전반적, 결과, 과정 풍토) 알려진 바를 고려할 때, 조직의 풍토를 변화시키려 한다면 가장 합리적인 시작점은 조직 정책일 것이다. 예를 들어, 긍정적인 공정성 풍토를 촉진하려는 조직은 인사 평가, 급여 인상, 교육 기회, 다양성 및 포용성 계획과 관련된 인사 정책을 검토하고자 할 것이다. 제4장에서 논의했듯이, 만약 정책이 특정 그룹의 직원들에게만 유리하거나 잘 전달되지 않는다면, 그러한 정책을 변경하거나 더 명확하게 전달하는 것이 조직 내 긍정적인 공정성 풍토를 조성하는 데 크게 기여할 것이다.

정책 외에도, 특히 인사 문제와 관련하여 조직 리더들은 조직 풍토를 형성하는 데 중요한 역할을 하므로 풍토 변화에도 중요한 역할을 할 수 있다. 예를 들어, Zohar와 Polachek(2014)은 현장 실험을 통해 감독자가 안전과 관련된 피드백을 더 많이 제공하는 조건에서 작업 집단 내 안전 풍토가 개선된 것을 발견했다. 이러한 결과를 고려할 때, 관리자가 특정 결과나 프로세스에 더 많은 관심을 기울이고 더 많은 피드백을 제공함으로써 어떤 유형의 풍토든 변화시킬 수 있다는 점은 어렵지 않게 상상할 수 있다.

이전의 연구 결과를 바탕으로, 특정 성격 특성을 가진 관리자를 선발하는 것도 조직 풍토를 변화시키는 방법이 될 수 있다. 좋은 예로, Mayer 등(2007)의 연구는 관리자의 성격이 다양한 유형의 공정성 풍토와 연관이 있음을 보여주었다. 예를 들어, 강력한 절차 공정성 풍토를 조성하려는 조직은 성실성이 높은 관리자를 고용해야 한다. 이러한 사람들은 정책을 철저히 준수할 가능성이 높기 때문이다. 마지막으로, 관리자들이 작업 집단에 모범을 보이는 행동을 기반으로 풍토를 변화시킬 수도 있다. 예를 들어, Achmadi 등(2022)은 부하직원들에게 겸손을 보여주는 리더들이 보다 긍정적인 시민의식 풍토를 가지고 있음을 증명했다.

조직 풍토 연구의 미래 이슈

조직 풍토에 관한 연구가 상대적으로 긴 역사를 가졌음에도 불구하고, 조직 풍토 연구자들 사이에서 논쟁이 되는 미해결의 중요한 주제가 많다. 모든 것을 다루지는 못하지만(개관은 Schneider et al., 2017 참조), 향후 수행해야 할 연구로 흥미로운 세 가지 주제가 있다 : (1) 다양한 결과 풍토와 과정 풍토는 조직 성과에 대해 어떻게 상호작용하는가? (2) 조직이나 업무 집단의 구성원들이 풍토의 특성에 동의하지 않는다는 것은 어떤 의미를 갖는가? (3) 구성 개념의 확산을 방지하는 방법에는 어떤 것이 있는가? 이들 각각에 대해 간략히 살펴볼 것이다.

결과 풍토와 과정 풍토 간의 상호작용

과정 풍토에 대한 절에서 향상 풍토와 예방 풍토가 직원들의 집단적 조직 몰입 및 조직 성과에 미치는 영향을 조사한 연구에 대해 설명했다(Beus et al., 2020). 이 연구의 결과는 매우 흥미롭고, 미래의 조직 풍토 연구는 결과 풍토와 과정 풍토를 독립적으로 연구해서는 안 된다는 것을 시사한다. 예를 들어, 서비스 풍토와 시민의식 풍토 간 상호작용을 연구할 수 있을 것이다. 고객에게 뛰어난 서비스를 제공하지만 직원들이 서로에게 무례하게 행동하는 조직에서는 종업원들이 높은 수준의 서비스를 유지하기 위해 상당한 노력을 기울여야 할 수 있다. 이는 분명히 하나의 예시일 뿐이지만, 다양한 결과 풍토와 과정 풍토가 어떻게 서로 일치하는지, 그리고 그들이 일치하지 않을 때 조직이 이를 더 일관되게 만들기 위해 어떤 조치를 취할 수 있는지에 대한 미래 연구가 분명히 필요하다.

의견 불일치의 의미

조직 풍토의 정의 중 하나가 '공유된 인식'이기 때문에 조직이나 업무 집단의 구성원들이 풍토 인식에 대해 어느 정도 합의하는 것은 중요하다. 그러나 합의가 부족하거나 아예 없다면 어떤 일이 일어날까? 이는 흥미로운 주제지만, 이에 대한 연구는 거의 이루어지지 않았다. 합의 부족이라는 상황은 풍토 인식이 개인마다 완전히 다르다는 것을 의미할 수 있다. 또 다른 가능성은 합의가 부족하다는 것은 조직 내에 하위 풍토가 있다는 것을 의미할 수 있다. 예를 들어, 여성 및 소수 민족 종업원은 백인 남성에 비해 시민의식 풍토에 대해 매우 다른 인식을 가질 수 있으며 이러한 인식은 직원의 만족도, 복지 및 유지에 영향을 미칠 수 있다. 오늘 날 조직 내에서 다양성이 증가하고 있음을 고려할 때(제4장 참조) 이는 향후 연구하기 적합한 주제이다.

구성 개념의 확산

이 장에서 우리는 세 가지 결과 풍토와 세 가지 과정 풍토를 살펴보았다. 그러나 최근 풍토의 수가 상당히 늘어났는데, 예를 들어, 진정성 감정 표현 풍토(Grandey et al., 2012)와 보건환경에서 증거 기반 실천을 구현하는 풍토(Ehrhart et al., 2021) 등에 대한 연구들이 진행되었다. 이와 같이 새로운 풍토들의 등장은 흥미로우며 잠재적으로 풍토 연구자들에게 관심을 불러일으키는 새 연구 주제들을 제공한다(Jex et al., 2014). 그러나 새로운 결과 및 과정 풍토의 급격한 증가가 **구성 개념의 확산**(construct proliferation)으로 이어질 수 있다. 즉 이미 존재하는 개념들과 중복되는 새로운 개념을 만들어내는 것이다. Ostroff와 동료들(2013)은 새로운 풍토들은 단순히 통계적인 근거만으로 정당화될 수 없으며, **이론적 근거**도 필요하다고 지적한다. 단순히 종업원들의 응답에서 통계적 합의가 나타난다고 해서 그 '풍토'가 존재한다고 볼 수는 없다. 따라서 새로운 풍토가 단순히 통계적으로 만들어진 것이 아님을 확인할 필요가 있다.

요약

이 장에서는 조직 문화와 조직 풍토라는 중요한 주제에 대해 다루었다. 비록 문화에 대한 정의는 다방면에서 이루어져 왔지만 문화의 본질은 조직 구성원들이 가지는 근본적 가정과 가치에 근거한다. 이러한 정의는 조직 연구자들 사이에서 널리 받아들여졌으며, 문화인류학과 사회학이 조직 문화 연구에 미친 영향을 반영한다. 그러나 최근에는 조직 문화에 대한 이러한 관점이 의문시되고 있으며, 조직 연구자들은 공유된 사회적 규범에 맞추어 조직 문화를 정의하는 것이 권장되고 있다.

조직 문화는 조직에 따라 다소 독특한 특징이 있지만 조직 문화의 '모델'을 개발하려는 노력은 지속되어 왔다. 초기 모델 중 하나는 경쟁 가치 모델이었으며, 이후 O'Reilly 등(1991, 2014)의 모델, 휴먼 시너지스틱스, 그리고 최근에는 Denison과 동료들(Denison, 1990; Denison & Mishra, 1995; Denison et al., 2014)의 모델이 개발되었다.

조직 문화는 다양한 형태로 나타난다. 외부인들이 쉽게 파악할 수 있는 형태도 있지만 파악하기 어려운 형태도 있다. 상징물이나 인공물은 문화를 물리적으로 표현한다. 관습이나 예절은 문화를 행동 양식으로 표현한다. 언어나 이야기 역시 직접적이고 상징적인 측면에서 문화를 이해하는 중요한 창이다. 결과적으로 조직 문화는 파악하기 어렵고 외부인들이 이를 이해하기 위해서는 오랜 시간이 필요하다.

조직 문화는 여러 가지 요소에 의해 형성된다. 대부분의 조직에서는 조직의 창립자가 조직을 창립하는 초기 단계에 조직 문화를 결정하는 중요한 역할을 하지만 시간이 갈수록 문화는 적응하고 생존하는 과정에서 다듬어진다. 문화는 조직에 적응적인 가치를 제공하기 때문에 시간이 지남에 따라 발전하고 궁극적으로 지속되는 경향이 있다.

조직 문화를 연구하는 것은 도전적인 작업이다. 조직 문화를 연구하는 가장 일반적인 방법은 민족지학적 연구이다. 문화에 대한 질적 평가를 활용하여 연구하는 것은 그 문화를 구성하는 구성원이 기본적인 가정을 잘 보고하지 못한다는 개념과 일치하며, 이는 인류학의 출발과도 일맥상통한다. 최근 들어 자기보고식 조직 문화 측정이 인기를 얻고 있으며, 이 장에서는 세 가지 널리 사용되는 방법을 설명했다. 데이터 분석의 발전, 특히 텍스트 분석의 발전 덕분에 조직 연구자들은 조직 문화를 평가하는 새로운 방법을 사용할 수 있게 되었다.

문화는 기본적인 가정들을 반영하기 때문에 한 조직의 문화를 바꾸는 것은 쉽지 않은 일이다. 그럼에도 불구하고 조직 문화는 시간이 흐르면서 변하는데, 대부분의 경우 변화를 일으키는 기제는 조직의 생애 단계에 따라 달라진다. 그렇지만 조직의 변화는 하루아침에 쉽게 이루어지지는 않는다. 진정한 조직 문화의 변화는 대부분 극단적인 환경 조건에 대한 반응으로 일어난다.

조직 문화를 연구하는 데 있어 마지막 요소는 조직 문화가 그 조직의 결과에 미치는 중요한 영향이다. 조직 수준의 연구가 필요하기에 조직 문화가 미치는 영향력에 대한 경험적인 연구는 많이 이루어지지 않았지만, 일부 경험적 연구에서 조직 문화는 성과, 직원의 채용과 고용 유지, 직장에 대한 만족도 및 안녕감에 중요한 영향을 미친다는 것을 보여주고 있다. 그러나 조직 연구자들은 일부 조직 문화 측정의 구성 타당성 부족 문제를 이유로 이러한 연구 결과들에 의문을 제기해 왔다.

마지막으로, 국가 문화가 조직 문화에 영향을 미친다는 증거는 제한적이지만, 이는 대부분의 대규모 조직이 다국적 기업이기 때문에 중요한 문제이다. 앞으로의 조직 문화 연구에서는 이 문제에 대해 더 주목할 필요가 있다. 조직 연구자들은 특히 국가 문화와 조직 문화 간의 일치와 그 불일치로 인한 잠재적 결과에 초점을 맞추어야 한다.

조직 풍토는 종업원들이 자신이 속해 있는 조직에 대해 심리적으로 경험하는 방식을 의미한다. 풍토는 여러 이유로 인해 생겨나지만 조직 문화, 조직 내 정책과 절차, 종업원들 간 의사소통이 핵심 요인인 것 같다. 초창기 조직 풍토 연구가 조직 전반의 풍토에 초점을 맞췄으나, 최근 연구는 중요한 조직 결과 및 조직 과정과 관련한 풍토에 초점을 두고 있다. 조직 결과 풍토와 관련해서는 서비스 풍토와 안전 풍토에 대한 상당한 연구가 진행되었으며, 최근에는 혁신 풍토에 대한 연구가 이루어졌다. 중요한 조직 과정 풍토로는 정의와 시민의식을 반영하는 풍토가 있으며 최근에는 조절 초점 풍토에 대한 연구도 진행되고 있다.

조직 문화 연구자들이 질적 방법과 설문 조사 방법을 모두 사용한 것과 달리, 조직 풍토 연구에서는 주로 설문 조사 방법이 사용되었다. 여기에는 논리적인 이유가 있지만, 자기보고식 설문 조사에는 몇 가지 한계가 있다. 따라서, 우리는 조직 연구자들이 더 다양한 측정 방법을 채택하고, 이를 설문 조사 방법과 함께 사용하는 것이 필요하다고 생각한다. 또한, 조직 문화 연구에 비해 조직 풍토를 변화시키는 방법을 다룬 연구와 이론은 상대적으로 적다. 그러나 조직 풍토의 특성을 고려할 때, 가장 중요한 변화 요소는 리더의 행동과 조직 정책일 것이다.

마지막으로, 조직 풍토는 조직 연구자들이 미래에 연구할 기회가 많은 영역이다. 가장 중요한 향후 연구 방향으로는 다양한 조직 결과 및 과정 풍토 간의 상호작용을 조사하고, 종업원들이 풍토 인식에서 불일치하는 상황을 조사하는 것이 언급되었다. 그러나 조직 연구자들은 새로운 풍토를 제안할 때 주의해야 한다. 새로운 풍토 연구는 통계적 근거뿐만 아니라, 탄탄한 이론적 기반 위에서 진행되어야 한다.

더 읽을거리

Beus, J. M., Lucianetti, L., & Arthus, W., Jr. (2020). Clash of the climates: Examining the paradoxical effects of climates for promotion and prevention. *Personnel Psychology*, *73*, 241–269. doi:10.1111/peps.12338

Chatman, J. A., & O'Reilly, C. A. (2016). Paradigm lost: Reinvigorating the study of organizational culture. *Research in Organizational Behavior*, *36*, 199–224. doi:10.1016/j.riob.2016.11.004

Ehrhart, M. G., Schneider, B., & Macy, W. H. (2014). *Organizational climate and culture: An introduction to theory, research, and practice*. NY: Routledge.

Newman, A., Round, H., Wang, S., & Mount, M. (2020). Innovation climate: A systematic review of the literature and agenda for future research. *Journal of Occupational and Organizational Psychology*, *93*, 73–109. doi:10.1111/

joop12283

Schneider, B., Gonzalez-Roma, V., Ostroff, C & West, M. A. (2017). Organizational climate and culture: Reflections on the history of the constructs in the Journal of Applied Psychology *Journal of Applied Psychology, 102*(3), 466–482. doi:10.1037/apl10000090

참고문헌

Achmadi, A., Hendryadi, H., Siregar, A. O., & Hadmar, A. S. (2022). How can a leader's humility enhance civility climate and employee voice in a competitive environment. *Journal of Management Development, 41*(4), 257–275. doi:10.1108/JMD-11-2021-0297

Adkins, B., & Caldwell, D. (2004). Firm or subgroup culture: Where does fitting matter most? *Journal of Organizational Behavior, 25*, 969–978.

Anderson, N. R., & West, M. A. (1998). The team climate inventory and its application in teambuilding for innovativeness. *European Journal of Work and Organizational Psychology, 5*, 53–66. doi:10.1080/13594329608414840

Asch, S. E. (1955). Opinions and social pressure. *Scientific American, 193*(5), 31–35.

Austin, J. R., & Bartunek, J. M. (2003). Theories and practices of organizational development. In I. B. Weiner (Series Ed.) & W. Borman, D. Ilgen, & R. Klimoski (Vol. Eds.), *Handbook of psychology: Vol. 12. Industrial and organizational psychology* (pp. 309–332). Hoboken, NJ: Wiley.

Aycan, Z., Kanungo, R. N., & Sinha, J. B. (1999). Organizational culture and human resource management practices: The model of culture fit. *Journal of Cross-Cultural Psychology, 30*, 501–526.

Balthazard, P. A., Cooke, R. E., & Potter, R. A. (2006). Dysfunctional culture, dysfunctional organization: Capturing the behavioral norms that form organizational culture and drive organizational performance. *Journal of Managerial Psychology, 21*, 709–732.

Barling, J., Loughlin, C. A., & Kelloway, E. K. (2002). Development and test of a model linking safety-specific transformational leadership and occupational safety. *Journal of Applied Psychology, 87*(3), 488–496. doi:10.1037/0021-9010.87.3.488

Beauregard, T. A., Basile, K. A., & Thompson, C. A. (2018). Organizational culture in the context of national culture. In R. Johnson, W. Shen, K. M. Shockley (Eds.), *The Cambridge handbook of work-family interface* (pp. 555–569). Cambridge: Cambridge University Press.

Beus, J. M., Payne, S. C., Bergman, M. E., & Arthur, W., Jr. (2010). Safety climate and injuries: An examination of theoretical and empirical relationships. *Journal of Applied Psychology, 95*(4), 713–727. doi:10.1037/ a0019164

Beus, J. M., Smith, J. H., & Taylor, E. C. (2018). A theory of climate: Explaining the formation and function of organizational climates. In G. Atinc (Ed.), *Proceedings of the Seventy-eighth Annual Meeting of the Academy of Management*. Online ISSN: 2151-6561.

Beus, J. M., Lucianetti, L., & Arthus, W., Jr. (2020). Clash of the climates: Examining the paradoxical effects of climates for promotion and prevention. *Personnel Psychology, 73*, 241–269. doi:10.1111/peps.12338

Byrne, D. (1971). *The attraction paradigm*. New York, NY: Academic Press.

Cameron, K. A., & Freeman, S. J. (1991). Culture congruence, strength, and type: Relationships to effectiveness. In R. W. Woodman, & W. A Passmore (Eds.), *Research in organizational change and development* (pp. 23–58). Greenwich, CT: JAI Press.

Caposella, C. (2022). To get people back in the office, make it social. Harvard Business Review. https://hbr.org/2022/09/to-getpeople-back-in-the-office-make-it-social.

Carr, J. Z., Schmidt, A. M., Ford, J. K., & DeShon, R. P. (2003). Climate perceptions matter: A meta-analytic path analysis relating molar climate, cognitive and affective states, and individual level work outcomes. *Journal of Applied Psychology, 88*(4), 605-619.

Carsten, J. M., & Spector, P. E. (1987). Unemployment, job satisfaction, and employee turnover: A meta-analytic test of the Muchinsky model. *Journal of Applied Psychology, 72*, 374-381.

Chatman, J. A., & O'Reilly, C. A. (2016). Paradigm lost: Reinvigorating the study of organizational culture. *Research in Organizational Behavior, 36*, 199-224. doi:10.1016/j.riob.2016.11.004

Chatman, J. A., Caldwell, D. F., O'Reilly, C. A., & Doerr, B. (2014). Parsing organizational culture: How the norm for adaptability influences the relationship between culture consensus and financial performance in high-technology firms. *Journal of Organizational Behavior, 35*(6), 785-808. doi:10.1002/job.1928

Christian, M. S., Bradley, J. C., Wallace, J. C., & Burke, M. J. (2009). Workplace safety: A meta-analysis of the roles of person and situation factors. *Journal of Applied Psychology, 94*(5), 1103-1127.

Clarke, S. (2006). Workplace harassment from the victim's perspective: A theoretical model and meta-analysis. *Journal of Occupational Health Psychology*, 11, 315-327.

Clarke, S., & Robertson, I. (2008). An examination of the role of personality in work accidents using meta-analysis. *Applied Psychology: An International Review*, 57(1), 94-108.

Cohen, A. (1974). *Two dimensional man: An essay on the anthropology of power and symbolism in complex society*. London, England: Routledge and Kegan Paul.

Colquitt, J. A., Scott, B. A., Rodell, J. B., Long, D. M., Zapata, C. P., Conlon, D. E., & Wesson, M. J. (2013). Justice at the millennium, a decade later: a meta-analytic test of social exchange and affect-based perspectives. *Journal of Applied Psychology, 98*(2), 199-236.

Cooke, R. A., & Rousseau, D. M. (2000). Behavioral norms and expectations: A quantitative approach to the assessment of organizational culture. *Group and Organization Studies, 13*, 245-273.

Cooke, R. A., & Szumal, J. L. (2000). Using the Organizational Culture Inventory to understand the operating cultures of organizations. In N. M. Ashkanasy, C. P. M. Wilderom, & M. F. Peterson (Eds.), *Handbook of organizational culture and climate* (pp. 147-162). Thousand Oaks, CA: Sage.

Cooke, R. A., & Szumal, J. L. (2013). *Using the Organizational Culture Inventory to understand the operating cultures of organizations*. Plymouth, MI: Human Synergistics International.

Denison, D. R. (1984). Bringing corporate culture to the bottom line. *Organizational Dynamics, 13*, 5-22.

Denison, D. R. (1990). *Corporate culture and organizational effectiveness*. New York, NY: Wiley.

Denison, D. R. (1996). What is the difference between organizational culture and organizational climate? A native's point of view of a decade of paradigm wars. *Academy of Management Review, 21*(3), 619-654.

Denison, D. R., & Mishra, A. K. (1995). Toward a theory of organizational culture and effectiveness. *Organization Science, 6*, 204-223.

Denison, D. R., Cho, H. J., & Young, J. (2000). *Diagnosing organizational culture: Validating a model and method*. Working paper. Lausanne, Switzerland: International Institute for Management Development.

Denison, D. R., Haaland, S., & Goelzer, P. (2004). Corporate culture and organizational effectiveness: Is Asia different from the rest of the world? *Organizational Dynamics, 33*(1), 98-109.

Denison, D., Nieman, L., & Kotraba, L. (2014). Diagnosing organizational cultures: A conceptual and empirical review of culture effectiveness surveys. *Journal of Work and Organizational Psychology, 23*(1), 145–161.

Deutsch, M., & Gerard, H. B. (1955). A study of normative and informational social influences upon individual judgement. *The Journal of Abnormal and Social Psychology, 51*(3), 629–636. doi:10.1037/h0046408

Devers, C. E., Cannella, A. A., Jr., Reilly, G. P., & Yoder, M. E. (2007). Executive compensation: A multidisciplinary review of recent developments. *Journal of Management, 33*(6), 1016–1072. doi:10.1177/0149206307308588

Dhanani, L. Y., LaPalme, M. L., & Joseph, D. L. (2021). How prevalent is workplace mistreatment? A meta-analytic investigation. *Journal of Organizational Behavior, 42*(8), 1082–1098. doi: https://doi.org/10.1002/job/2534.

Dietz, J., Robinson, S. L., Folger, R., Baron, R. A., & Schultz, M. (2003). The impact of community violence and an organization's justice climate on workplace aggression. *Academy of Management Journal, 46*(3), 317–326. doi:10.2307/30040625.

Ehrhart, M. G., Schneider, B., & Macy, W. H. (2014). *Organizational climate and culture: An introduction to theory, research, and practice*. NY: Routledge.

Ehrhart, M. G., Shurman, C. J., Torres, E. M., Kath, L. M., Prentiss, A., Butler, E., & Aarons, G. A. (2021). Validation of the Implementation Climate scale in Nursing. *Worldviews on Evidence-Based Nursing, 18*(2), 85–92. doi:10.1111/wvn.12500

Ellis, S., & Arieli, S. (1999). Predicting intentions to report administrative and disciplinary infractions: Applying the reasoned action model. *Human Relations, 52*, 947–967.

Festinger, L. (1954). A theory of social comparison processes. *Human Relations, 7(2)*, 117–140.

Geertz, C. (1973). *The interpretation of cultures*. New York, NY: Basic Books.

Gerhart, B. (2009). How much does national culture constrain organizational culture? *Management and Organization Review, 5*(2), 241–259.

Gillespie, M. A., Denison, D. R., Haaland, S., Smerek, R., & Neale, W. S. (2008). Linking organizational culture and customer satisfaction: Results from two companies in different industries. *European Journal of Work and Organizational Psychology, 17*, 112–132.

Grandey, A., Foo, F. C., Growth, M., & Goodwin, R. E. (2012). Free to be you and me: A climate of authenticity alleviates burnout from emotional labor. *Journal of Occupational Health Psychology, 17*(1), 1–14. doi:10.1037/a0025102

Gundling, E. (2000). *The 3M way to innovation: Balancing people and profit*. New York, NY: Kodansha International.

Hatton, C., Rivers, M., Mason, H., Mason, L., Emerson, E., Kiernan, C., . . . Alborz, A. (1999). Organizational culture and staff outcomes in services for people with intellectual disabilities. *Journal of Intellectual Disability Research, 43*, 206–218.

Higgins, E. T. (1997). Beyond pleasure and pain. *American Psychologist, 52*(12), 1280–1300.

Hofstede, G. (1980). *Culture's consequences: International differences in work-related values*. Beverly Hills, CA: Sage.

House, R. J., Hanges, P. J., Javidan, M., Dorfman, P. W., & Gupta, V. (Eds.). (2004). *Culture, leadership, and organizations: The GLOBE study of 62 societies*. Thousand Oaks, CA: Sage.

Huhtala, J. P., Siconen, A., Frosen, J., Jaakola, M., & Tikkanen, H. (2014). Marker orientation, innovation capability and business performance: Insights from the global financial crisis. *Baltic Journal of Management, 9*(2), 134–152. doi:10.1108/ BJM-03-2013-044

Hulsheger, U. R., Anderson, N., & Salgado, J. F. (2009). Team-level predictors of innovation at work: A Comprehensive meta-analysis spanning three decades. *Journal of Applied Psychology, 94*(5), 1128–1145. doi:10.1037/a0015978

Inness, M., Turner, N., Barling, J., & Stride, C. B. (2010). Transformational leadership and employee safety performance:

A withinperson, between-jobs design. *Journal of Occupational Health Psychology, 15*(3), 279-290. 10.1037/a0019380

James, L. R., & Jones, A. P. (1974). Organizational climate: A review of theory and research. *Psychological Bulletin, 81*(12), 1096-1112. doi:10.1037/h0037511

Jansen, N. (1994). *Safety culture: A study of permanent way staff at British rail.* Amsterdam, The Netherlands: Vrije Universiteit.

Jex, S. M., Swanson, N., & Grubb, P. (2013). Healthy workplaces. In N. Schmitt, S. Highhouse, & I. Weiner (Eds.), *Handbook of psychology: Industrial and organizational psychology* (pp. 615-642). Hoboken: John Wiley & Sons Inc.

Jex, S. M., Sliter, M. T., & Britton, A. R. (2014). Employee stress and well-being. In B. Schneider & K. M. Barbera (Eds.), *Oxford handbook of organizational climate and culture.* (pp. 177-196). New York, NY: Oxford University Press.

Jiang, K., Chuang, C.-H., & Chiao, Y.-C. (2015). Developing collective customer knowledge and service climate: The interaction between service-oriented high-performance work systems and service leadership. *Journal of Applied Psychology, 100*(4), 1089-1106. doi:10.1037/apl10000005

Johnson, J. G. (1990). *Selecting ethnographic informants.* Newbury Park, CA: Sage.

Judge, T. A., & Cable, D. M. (1997). Applicant personality, organizational culture, and organizational attraction. *Personnel Psychology, 50*, 359-394.

Judge, T. A., Locke, E. A., & Durham, C. C. (1997). The dispositional causes of job satisfaction: A core evaluations approach. *Research in Organizational Behavior, 19*, 151-188.

Kang, J. H., Soloman, G. T., & Choi, D. Y. (2015). CEO's leadership styles and manager's innovative behavior: Investigation of intervening effects in an entrepreneurial context. *Journal of Management Studies, 52*, 531-554. doi:10.1111/joms.12125

Katz, D., & Kahn, R. L. (1978). *The social psychology of organizations* (2nd ed.). New York, NY: Wiley.

Kobayashi, V. B., Mol, S. T., Berkers, H. A., Kismihók, G., & Den Hartog, D. N. (2018). Text mining in organizational research. *Organizational Research Methods, 21*(3), 733-765. doi:https://doi.org/10.1177/1094428117722619.

Kotter, J. P., & Hesketh, J. L. (1992). *Corporate culture and performance.* New York, NY: Free Press.

Kristoff-Brown, A. L., Zimmerman, R. D., & Johnson, E. C. (2005). Consequences of individuals' fit at work: A meta-analysis of person-job, person-organization, and person-supervisor fit. *Personnel Psychology, 58*, 281-342.

Lee, T. W., & Mitchell, T. R. (1994). An alternative approach: The unfolding model of voluntary employee turnover. *Academy of Management Review, 19*, 51-89.

Lee, J., Huang, Y.-H., Robertson, M. M., Murphy, L. A., Garabat, A., & Chang, W.-R. (2014). External validity of a generic safety climate scale for lone workers across different industries and companies. *Accident Analysis and Prevention, 63*(Feb), 138-145. doi:10.1016/j.aap.2013.10.013

Li, A., & Cropanzano, R. (2009). Fairness at the group level: Justice climate and intraunit justice climate. *Journal of Management, 35*(3), 564-599. doi:10.1177/0149206308330557

Lin, S.-P., Tang, T.-W., Li, C.-W., Wu, C.-M., & Lin, H.-H. (2007). Mediating effect of cooperation norm in predicting organizational citizenship behaviors from procedural justice climate. *Psychological Reports, 101*, 67-78.

Litwin, G.H. and Stringer, R.A. (1968). *Motivation and organizational climate.* Boston: Harvard Business School.

Louis, M. R. (1983). Organizations as culture-bearing milieux. In L. R. Pondy, P. J. Frost, G. Morgan, & T. Dandridge (Eds.), *Organizational symbolism* (pp. 39-54). Greenwich, CT: JAI Press.

Lyubykh, Z., Gulseren, D., Turner, N., Barling, J., & Seifert, M. (2022). Shared transformational leadership and safety behaviors of employees, leaders, and teams: A multilevel investigation. *Journal of Occupational and Organizational*

Psychology, 95, 431–458. doi:10.1111/joop.12381

Martin, J. (2002). *Organizational culture: Mapping the terrain*. Thousand Oaks, CA: Sage.

Mason, R. O. (2004). Lesson in organizational ethics from the Columbia disaster: Can a culture be lethal? *Organizational Dynamics, 33*, 128–142.

Mayer, D., Niishi, L., Schneider, B., & Goldstein, H. (2007). The precursors and products of justice climate: Group leader antecedents and employee attitudinal consequences. *Personnel Psychology, 60*(4), 929–963. doi:10.1111/j1744-6570.2007.00096.x

Milgram, S. (1963). Behavioral Study of obedience. *The Journal of Abnormal and Social Psychology, 67*(4), 371–378. doi:10.1037/h0040525

Mobley, W. H. (1977). Intermediate linkages in the relationship between job satisfaction and employee turnover. *Journal of Applied Psychology, 62*, 237–240.

Moniz, A. (2015). Inferring employees' social media perceptions of goal setting corporate cultures and the link to firm value. SSRN paper. Retrieved from http://ssrn.com/abstract=2768091

Monroy, J., Jonas, H., Mathey, J., & Murphy, L. (1998). Holistic stress management at Corning, incorporated. In M. K. Gowing, J. D. Kraft, & J. C. Quick (Eds.), *The new organizational reality: Downsizing, restructuring, and revitalization* (pp. 239– 255). Washington, DC: American Psychological Association.

Murphy, L. R. (1996). *Future directions for job stress research and practice: Expanding the focus from worker health to organizational health*. Opening keynote speech at the 2nd National Occupational Stress Conference, 1996, Brisbane, Queensland, Australia.

Naumann, S. E., & Bennett, N. (2000). A case for procedural justice climate: Development and test of a multi-level model. *Academy of Management Journal, 43*(5), 881–889. doi:10.5465/1556416

Newman, A., Round, H., Wang, S., & Mount, M. (2020). Innovation climate: A systematic review of the literature and agenda for future research. *Journal of Occupational and Organizational Psychology, 93*, 73–109. doi:10.1111/joop12283

O'Reilly, C. A., Chatman, J., & Caldwell, D. (1991). People and organizational culture: A profile comparison approach to assessing person-organization fit. *Academy of Management Journal, 34*(3), 487–516.

O'Reilly, C. A., Caldwell, D. E., Chatman, J. A., & Doerr, B. (2014). The promise and problems of organizational culture: CEO personality, culture, and firm performance. *Group & Organization Management, 39*(6), 595–625. doi:10.1177/1059601114550713

Ostroff, C., Kinicki, A. J., & Muhammud, R. S. (2013). Organizational culture and climate. In N. Schmitt & S. Highhouse (Eds.), *Handbook of psychology* (Vol. 12, pp. 643–676). Hoboken, NJ: Wiley.

Oswald, F. L., Behrend, T. S., Putka, D. J., & Sinar, E. (2020). Big data in industrialorganizational psychology and human resource management: Forward progress for organizational research and practice. *Annual Review of Organizational Psychology and Organizational Behavior, 7*, 505–533. doi:https://doi.or g/10.1146/annurev-orgpsych-032117-104553.

Ottinot, R. C. (2010). *A multi-level study investigating the impact of workplace civility climate on incivility and employee well-being* Unpublished doctoral dissertation. Tampa, FL: University of South Florida.

Pacanowsky, M. E., & O'Donnell–Trujillo, N. (1983). Organizational communication as cultural performance. *Communication Monographs, 50*, 126–147.

Park, Y., Fritz, C., & Jex, S. M. (2011). Relationships between work-home segmentation and psychological detachment from work: The role of communication technology use at home. *Journal of Occupational Health Psychology, 16*(4),

457–467. doi:10.1037/a0023594

Peters, T. J., & Waterman, R. (1982). *In search of excellence*. New York, NY: Harper & Row.

Peterson, M., & Wilson, J. (1998). A culture-work-health model: A theoretical conceptualization. *American Journal of Health Behavior, 22*, 378–390.

Pettigrew, A. M. (1979). On studying organizational cultures. *Administrative Science Quarterly, 24*, 570–581.

Popodak, J. (2015). *A corporate culture channel: How increased shareholder governance increases shareholder value*. SSRN working paper. Retrieved from http://papers.ssrn.com/sol3/papers.cfm?abstract_id=2345384

Quinn, R. E., & Rohrbaugh, J. (1981). A competing values approach to organizational effectiveness. *Public Productivity Review, 5*, 122–144.

Rosool, S. F., Wang, M., Tang, M., Saeed, A., & Iqbal. J. (2021). How toxic work environment effects the employee engagement: The mediating role of organizational support and employee well-being. *Journal of Environmental Research and Public Health, 18*(5), 1–17. doi:10.10390/ijerph.18052994

Salvaggio, A. N., Schneider, B., Nishii, L. H., Mayer, D. M., Ramesh, A., & Lyon, J. S. (2007). Manager personality, manager service quality orientation, and service climate: Test of a model. *Journal of Applied Psychology, 92*(6), 1741–1750. doi:10.1037/0021-9010.92.6.1741

Schein, E. H. (1985). *Organizational culture and leadership: A dynamic view*. San Francisco, CA: Jossey-Bass.

Schein, E. H. (1992). *Organizational culture and leadership: A dynamic view* (2nd ed.). San Francisco, CA: Jossey-Bass.

Schein, E. H. (2010). *Organizational culture and leadership: A dynamic view* (4th ed.). San Francisco, CA: Jossey–Bass.

Schneider, B. (1987). The people make the place. *Personnel Psychology, 40*, 437–454.

Schneider, B., White, S. S., & Paul, M. C. (1998). Linking service climate and perceptions of service quality: Test of a causal model. *Journal of Applied Psychology, 83*, 150–163.

Schneider, B., Macy, W. H., Lee, W., & Young, S. A. (2009). Organizational service climate drivers of the American Customer Satisfaction Index (ACSI) and financial and market performance. *Journal of Service Research, 12*, 3–14.

Schneider, B., Ehrhart, M. G., & Macy, W. H. (2011). Perspectives on organizational climate and culture. In S. Zedeck (Ed.), *Handbook of industrial and organizational psychology* (pp. 373–414). Washington, DC: American Psychological Association.

Schneider, B., Ehrhart, M. G., & Macey, W. H. (2013). Organizational climate and culture. *Annual Review of Psychology, 64*, 361–388.

Schneider, B., González-Romá, V., Ostroff, C., & West, M. A. (2017). Organizational climate and culture: Reflections on the history of the constructs in the *Journal of Applied Psychology*. *Journal of Applied Psychology, 102*(3), 468–482. doi:10.1037/ apl0000090

Shanker, R., Bhanugopan, R., van der Heijden, B. I. J. M., & Farrell, M. (2017). Organizational climate for innovation and organizational performance: The mediating effect of innovative work behavior. *Journal of Vocational Behavior, 100*(6), 67–77. doi:10.1016/j.jvb.2017.02.004

Shaw, J. D. (2014). Pay dispersion. *Annual Review of Organizational Psychology and Organizational Behavior, 1*(1), 521–544.

Sherif, M. (1936). *The psychology of social norms*. New York, NY: Harper.

Shin, Y., Kim, M., Choi, J. N., & Lee, S.-H. (2016). Does team culture matter? Roles of team culture and collective regulatory focus in team task and creative performance. *Journal of Management, 41*(2), 232–265. doi:10.1177/1059601115584998

Simons, T., & Roberson, Q. (2003). "Why managers should care about fairness" The effects of aggregate justice perceptions on organizational outcomes. *Journal of Applied Psychology, 88*(3), 432–443. doi:10.1037/0021-9010.88.3.432

Smerek, R. E., & Denison, D. R. (2007, August). Social capital in organizations: Understanding the link to firm performance. *In Academy of Management Annual Meeting Proceedings, 1–6.*

Spector, P. E., & Eatough, A. M. (2013). Quantitative self-reports in occupational health psychology research. In R. Sinclair, M. Wang, & L. E. Tetrick (Eds.), *Research methods in occupational health psychology* (pp. 248–267). New York, NY: Routledge.

Tesluk, P. E., Farr, J. L., & Klein, S. R. (1997). Influences of organizational culture and climate on individual creativity. *Journal of Creative Behavior, 31*, 27–41.

Trice, H. M., & Beyer, J. M. (1984). Studying organizational culture through rites and ceremonials. *Academy of Management Review, 9*, 653–669.

Trist, E. L., & Bamforth, K. W. (1951). Some social and psychological consequences of the long-wall method of coal-getting. *Human Relations, 4*, 3–38.

Van Maanen, J. (1975). Police socialization: A longitudinal examination of job attitudes in an urban police department. *Administrative Science Quarterly, 20*, 207–228.

Van Maanen, J. (1991). The smile factory: Work at Disneyland. In P. J. Frost, L. F. Moore, M. R. Louis, C. C. Lundberg, & J. Martin (Eds.), *Reframing organizational culture* (pp. 58–76). Newbury Park, CA: Sage.

Walsh, B. M., Magley, V. J., Reeves, D. W., Davis-Schrils, K. A., Marmet, M. D., & Gallus, J. A. (2012). Assessing work group norms for civility: The development of the Civility Norms Questionnaire-Brief. *Journal of Business and Psychology, 27*, 407–420. doi:10.1007/s10869-011-9251-4

Weiner, Y., & Vardi, Y. (1990). Relationships between organizational culture and individual motivation–A conceptual integration. *Psychological Reports, 67*, 295–306.

Wilkins, A. L., & Ouchi, W. G. (1983). Efficient cultures: Exploring the relationship between culture and organizational performance. *Administrative Science Quarterly, 28*, 468–481.

Zhou, J., & Hoever, I. J. (2014). Research on workplace creativity: A review and redirection. *Annual Review of Organizational Psychology and Organizational Behavior, 1*, 222–259. doi:10.1146/annurev-orgpsych-031413-091226

Zickar, M. J., & Carter, N. T. (2010). Reconnecting with the spirit of workplace demography: A historical review. *Organizational Research Methods, 13*, 304–319.

Zohar, D. (2000). A group-level model of safety climate: Testing the effect of group climate on micro accidents in manufacturing jobs. *Journal of Applied Psychology, 85*(4), 587–596.

Zohar, D., (2010). Thirty years of safety climate research: Reflections and future directions. *Accident Analysis and Prevention, 42*(5), 1517–1522. doi:10.1016/j.aap.2009.12.019

Zohar, D., & Luria, G. (2005). A multilevel model of safety climate: Cross-level relationships between organization and group-level climates. *Journal of Applied Psychology, 90*(4), 616–628. doi:10.1037/0021-9010.4.606

Zohar, D., & Polachek, T. (2014). Discourse-based intervention for modifying supervisory communication as leverage for safety climate and performance improvement: A randomized field study. *Journal of Applied Psychology, 99*(1), 113–124. doi:10.1037/ a0034096

제 13 장

조직의 변화와 개발

Organizational Psychology and Organizational Behavior: Evidence-based Lessons for Creating Sustainable Organizations,
Fourth Edition. Steve M. Jex, Thomas W. Britt, and Cynthia A. Thompson.

Companion website : www.wiley.com/go/organizationalpsychology4e

변화는 오늘날의 조직에서 항상 고려되어야 할 중요 변인 중 하나다. 이 표현은 특히 코로나19 시대에 직원들이 대규모로 원격 근무로 전환된 것으로 입증되었으며, 코로나19가 진정된 후에도 변화는 대부분의 조직과 산업의 지속적인 특징이 되었다. 기술의 발전, 인력 다양성의 증가, 정부 규제의 변화, 강화된 글로벌 경쟁은 조직이 경쟁력을 유지하기 위해 변화가 필수적임을 나타낸다. 많은 경우, 조직이 존속하기 위해서도 변화가 필요하다.

이 장에서는 조직이 조직개발에 근거하여 변화를 시도하는 다양한 방법론을 다룰 것이다. 조직개발(organizational development)은 조직의 효율성을 향상하는 변화를 촉진하기 위해 조직이 행동과학의 이론과 기술을 응용하는 하나의 과정이다. 조직개발은 이전 장에서 다루고 있는 다양한 이론과 연구 결과에 근거하고 있으므로, 마지막 장에서 조직개발을 보다 집중적으로 다루는 것이 적합할 것이다.

이 장은 조직개발에 대해 정의하고, 왜 조직이 변화를 추구하는지에 대해 집중적으로 다룰 예정이다. 그런 다음 조직개발 분야의 실무자에게 안내지침이 될 수 있는 가장 보편적이고 효율적인 이론적 모델과 조직개발 개입 기법을 논의한다. 조직심리학의 영역은 너무 이론적이지 않고 실무자 중심이라고 비판받아 왔지만(Austin & Bartunek, 2013), 최근의 연구를 개관해보면 이 영역의 이론적 기반이 원래 매우 풍부했음을 알 수 있다(Stouten et al., 2018). 가장 널리 알려진 조직개발 개입에 대한 설명 또한 제시된다.

먼저 조직개발 기법에 대해 설명할 것이며, 그다음에 조직개발 절차의 일반적인 사항들을 논의할 예정이다. 아마도 이러한 문제 중 가장 중요한 것은 조직개발의 방법을 저해하는 조건들과 더불어 의미 있는 조직개발을 지속시키는 데 필요한 조건들이라 할 수 있다. 이어서 조직개발 기법에 대한 평가—조직 변화와 관련된 아주 중요한 문제인 비용의 문제를 다룰 것이다. 끝으로 조직 변화 전문가들이 직면한 가장 보편적인 윤리적인 문제를 살펴보는 것으로 이 장을 마무리할 예정이다.

조직개발이란 무엇이며 왜 필요한가?

조직개발은 여러 저자가 다양하게 정의해 왔기 때문에 합의된 정의를 도출하는 것이 매우 어렵다(Bartunek & Woodman, 2015; Ford & Foster-Fishman, 2012; Porras & Robertson, 1992). Porras와 Robertson은 조직개발과 관련된 수많은 정의를 통합하여 다음과 같이 정의하였다. “조직개발은 조직 구성원의 직무행동 변화를 통해 개인의 성장과 조직의 수행을 향상하기 위해 사용되는 행동과학 이론, 가치, 전략, 기술의 집합이다”(p. 722).

이러한 정의는 몇 가지 측면에서 주목할 만하다. 첫째, 조직개발의 핵심은 조직의 수행과 개인의 개발을 동시에 추구하는 조직 변화의 촉진에 있다. 본 정의는 조직의 수행을 향상하는 것과 개인의 역량을 개발하는 것을 별도로 구분하고 있다. 둘째, 조직개발은 행동과학의 이론과 방법론에 그 뿌리를 두고 있다. 따라서 조직개발은 단순히 생산기술 또는 정보 체계의 변화를 통한 조직 변화와 엄연히 구분되는 접근방식을 취하고 있다. 그러나 조직개발은 생산 혹은 정보기술 관점의 조직 변화에 도움을 줄 수 있다(예 : Barrett et al., 2005). 결국 조직 구성원의 행동 변화가 조직 변화의 핵심적인 요소라는 점을 이 정의에서 분명히 하고 있다.

조직개발에 대한 정의를 내렸으니, 왜 조직 변화가 필요한가에 관해 탐구해보자. 조직개발 프로그램의 근거가 되는 가장 보편적이고 설득력 있는 이유 중 하나는 **생존**(survival)이라는 개념이다. 조직이 처한 환경이 매우 빨리 변하고 경쟁적이므로, 조직은 그 변화를 따라가고 경쟁력을 유지하기 위해 신속하게 대처하고 적응해야 한다는 것이다(Lawler & Worley, 2006). 변화는 삶의 방식이자 생존 기제라고 할 수 있다. 예를 들어, 코로나19 중과 이후 많은 산업에서 최근 직원 부족이 미친 영향을 생각해보라. 많은 조직은 직원 수가 줄어들면서도 유사한 서비스 수준을 유지하기 위해 최선을 다해 적응해야 했다.

조직 변화의 또 다른 이유로는 조직의 낮은 생산성을 들 수 있다. 만약 한 조직이 장기간 수익을 내지 못하고 지속적으로 시장 지배력을 잠식당하게 된다면, 조직은 변화를 추구할 수밖에 없다. 이러한 현상의 예로 최근 몇 년간 대학들은 '전통적인' 대학생의 수가 감소하는 경향에 직면해 왔으며, 실제로 일부는 이러한 이유로 폐교를 결정한 경우도 있다(Busta, 2019). 이 변화에 대처하기 위해 많은 대학은 사이버강의나 평생교육과정 등 취업 근로자들이 대학에 쉽게 참여할 수 있는 프로그램과 서비스를 제공하고 있다.

앞서 언급된 예시들은 조직 변화의 다소 **반응적인** 이유들을 나타내지만, 조직이 더 **적극적인** 이유로 변화하는 경우도 있다. 예를 들어, 효과적인 조직이 단지 전략적인 이유로 변화를 추구하기도 한다(예 : Buller, 1988). 만약 소비자 제품 사업에 뛰어들고자 하는 제조업체가 있다면, 전략을 보다 효율적으로 구사하기 위해 합병과 같은 다양한 조직적 변화를 시도할 것이다. 제품의 품질에서 경쟁력을 찾고 있는 기업이라면 고객서비스 향상에 보다 깊은 노력을 기울일 것이다. 다시 한번 강조하지만, 조직의 변화는 그 전략이 성공하기 위해서는 필수불가결한 사항이다.

어떤 조직들은 외부환경 변화를 간단히 예측하고 주도적으로 그 변화에 대처하기도 한다. 예를 들어, 많은 패스트푸드 음식점이 인구통계학적 변화를 예측하였고, 이를 활용하여 퇴직자들을 직원으로 채용하였다. 퇴직자를 감독하는 것은 분명히 10대 직원을 감독하는 것과 많이 다르기 때문에, 레스토랑 매니저들이 이러한 나이 많은 직원을 감독할 수 있도록 준비하는 데 조직개발 개입이 필요할 수 있다.

조직개발 프로그램을 도입하는 마지막 이유는 외부의 압력 때문이 아니라 순전히 자기개발 때문이라고 할 수 있다. 이러한 경우에는 변화를 해야 한다는 정형화된 이유는 찾을 수 없고, 조직 스스로 조직을 향상하려는 바람 때문이다. 예를 들어, 프로 풋볼팀이 슈퍼볼에서 우승한 후 비시즌에 새로운 선수를 영입하고 코치진을 변경하는 활동을 매우 활발히 진행하는 것이다. 프로 스포츠의 경쟁적 환경을 고려할 때, 팀들은 종종 높은 수준의 성과를 달성하더라도 여전히 해결해야 할 약점이 있는 것을 인식한다. 항상 더 나아지려고 애쓰는 조직들은 현실에 안주하는 조직보다 훨씬 더 오랫동안 경쟁력을 유지한다(Ferrier et al., 1999).

조직개발 : 역사와 최근 경향

조직개발(organizational development)이라는 용어를 처음으로 도입한 사람은 명확하지 않지만, 그것이 가장 먼저 사용된 시기는 1940년대 후반으로 보인다. 이 용어는 인간관계 관점에서 기인한 여러 개입을 설명하는 데 사용되었다(Ford & Foster-Fishman, 2012). 이 분야의 기초를 제공한 사람으로는 Kurt Lewin이 가장 잘 알려져 있으며, 그는 조직심리학과 조직행동 분야에 이바지하였다(제1장에서 설명함). 조직개발 영역에서 Lewin은 여러 가지 공헌을 했지만, 그중에서도 두 가지가 가장 눈에 띈다. 첫째로 Lewin은 조직개발 분야의 이론적 토대를 제공한 첫 번째 심리학자였다. 그의 변화와 실행 연구의 3단계 모델(Three-Step Model of Change and Action Research Model)은 조직개발 실무자에게 중요한 가이드 역할을 하고 있다.

둘째로 Lewin은 매사추세츠공과대학교(MIT)의 집단역학연구센터(Center for the study of Group Dynamics)와 메인주 베델에 위치한 미국 국립훈련연구소(National Training Laboratories, NTL)를 설립하는 데 핵심적인 역할을 수행했다. 집단역학연구센터는 조직에서 발생하는 많은 집단과정을 연구하기에 알맞은 장소였다. 이 센터는 또한 조직개발 분야를 형성하고 정립하는 데 중요한 역할을 수행한 많은 개인들에게 필요한 교육환경을 제공해 주었다(French & Bell, 1995). Lewin은 미국 국립훈련연구소이 설립되기 전에 세상을 떠났지만 그 조직이 발전하는 데 중요한 공헌을 하였다. 참고 13.1에서는 NTL의 간단한 역사를 소개하며, 이 조직은 초기 T-그룹 훈련을 제공했다.

미국 국립훈련연구소의 주요 목적은 관리자와 교육자들에게 실험실 또는 T-그룹 훈련을 제공하는 것이었다. T-그룹은 본질적으로 정형화되지 않은 집단으로 참가자들이 서로의 상호작용과 집단역학을 통해 학습한다. 수년간 T-그룹에 대한 상당한 비판이 있었음에도 불구하고(예 : Highhouse, 2002), T-그룹 훈련의 목표인 대인관계기술과 집단역학에 대한 인식의 향상에서 확실히 효과가 있다고 알려졌다. 1950년대 초에는 T-그룹이 조직개발과 동일시되었고, 거의 대부분의 조직개발 실무자들은 실험실 훈련가이거나 적어도 T-그룹 훈련을 경험한 사람들이었다.

Lewin과 T-그룹의 발달과 더불어 조직개발의 역사에서 또 다른 중요한 요소는 조직에서 조사 연구 방법의 활용이었다. 이것은 1946년 미시간대학교의 Rensis Likert의 지도 아래 조사연구센터(Survey Research Center, SRC)가 설립됐을 때 시작되었다. Likert는 사회심리학자인 Floyd Mann 등과 함께 조사연구방법론의 발전과 개선에 상당한 관심을 쏟았다. 이 방법론은 1947년 Likert가 디트로이트 에디

참고 13.1

Kurt Lewin의 유산 : 미국 국립훈련연구소

조직개발의 역사를 고려할 때, 미국 국립훈련연구소(NTL)보다 더 중요한 역할을 한 조직은 없다. NTL의 기원은 1946년 해군연구청(Office of Naval Research)과 국립교육협회(National Educational Association)가 재정 지원한 프로젝트 그룹인 'National Training Laboratory for Group Development'에서 시작되었다(나중에 NTL로 줄여짐). 이 프로젝트 그룹의 이름은 후에 'NTL 응용행동과학연구소(NTL Institute for Applied Behavioral Science)'로 변경되었다. 이 계획 그룹의 목적은 사회심리학자 Kurt Lewin에 의해 개척된 경험적 인간 관계 훈련을 탐구하는 것이었다.

이러한 시작을 통해 NTL은 공식적으로 1947년 메인주 베델에 설립되었고, '조직개발을 위한 미국 국립훈련연구소'로 알려지게 되었다. NTL을 베델에 설립하기로 한 결정은 의도적이었다. Lewin은 메인의 원격 지역인 베델과 같은 장소가 실험실 훈련 참가자들이 NTL에서 제공하는 교육 프로그램을 실제로 이용할 수 있게 하는 필수적인 요소라고 믿었다. 물론 이는 아이폰과 노트북 컴퓨터가 없던 시절이기 때문에, 베델과 같은 장소는 Lewin이 찾고자 했던 이상적인 '문화적 섬'이었다.

안타깝게도 Lewin은 1947년에 사망하여 NTL에서 일하거나 조직의 방향에 영향을 미칠 기회가 없었다. Lewin의 사망으로 생긴 공백을 채우기 위해, Leland Bradford(국립교육협회), Kenneth Benne(컬럼비아대학교 교육대학), Ronald Lippitt(미시간대학교)은 NTL이 T-그룹을 넘어서 확장된 교육 프로그램을 제공하는 초창기에 리더십을 제공했다.

그 초창기 이후로 NTL은 조직으로서 상당한 성장을 경험하고 있으며 프로그램을 계속 확장하고 있다. 그중 가장 인기 있는 것은 미국, 영국 및 인도에서 제공되는 NTL의 조직개발 인증 프로그램(Organizational Development Certificate Program, ODCP)이다. NTL은 또한 다양한 조직의 필요에 맞춘 맞춤형 훈련 프로그램도 제공한다.

많은 사람은 NTL을 주로 교육기관으로 보지만, 1965년에 발표된 *Journal of Applied Behavioral Science*의 창간을 통해 조직 변화와 발전에 관한 연구와 학문적 기여도 하고 있다. 이 저널은 여전히 조직 변화와 발전에 관한 응용 연구의 주요 발표처로 자리 잡고 있으며, Lewin의 비전을 이어가 행동과학을 통해 의미 있는 조직과 사회 변화를 추구하고 있다.

출처 : https://www.ntl.org/about-us/ntl-legacy

슨사(Detroit Edison)로 하여금 직원 태도, 인식, 반응과 행동에 대한 조사를 수행하는 데 관심을 갖게 함으로써 조직개발 분야의 일부가 되었다.

디트로이트 에디슨에서의 이 프로젝트가 독특했던 것은 조사연구센터의 직원이 조사하고 결과를 얻은 것 때문만이 아니다. 조사 결과를 디트로이트 에디슨의 직원들에게 피드백하는 과정에 도움을 주었기 때문이다. 오늘날 보편적인 조사연구센터의 피드백 방식은 **연계사슬 회의**(interlocking chain of conferences)라 하는 것이다. 대부분의 경우 최고경영팀이 조사 결과를 최초로 피드백받는다. 최고경영팀은 이것으로 끝나지 않고 컨설턴트의 도움을 받아 자신보다 바로 아래에 있는 직속부하들에게 진단 결과를 다시 피드백한다. 이 과정은 조사 결과가 조직의 모든 수준에 속한 구성원에게 전달될 때까지 반복된다. 조직개발이 형성되는 초기부터, 조사 결과에 대한 피드백은 가장 일반적이고 효과적인 조직개발 개입 중 하나가 되었으나 그 효과에 대한 평가는 혼재해 있다(Huebner & Zachner, 2021).

세 번째 중요한 조직개발의 역사적 토대는 실행연구방법(action research method)의 발전과 사용이다. 실행연구란 앞서 언급한 것처럼 Lewin이 제안한 것이고, 조직 변화의 일반적인 과정을 묘사하는 것으로 사용된다. 실행연구는 응용적인 측면이 있는데, 1940년대 중반과 1950년대 초에 많은 실행연구는 기업 조직뿐만 아니라 교육기관과 지역사회에서도 수행되었다. 실행연구의 일반 과정 외에 또 다른 중요한 원리 중 하나는 연구란 연구원과 조직 구성원들이 서로 협동하여 노력하는 것이라는 착상이다. 실제로 현재의 조직개발 전문가들은 조직개발 과정에서 고객 조직의 구성원이 조직개발 활동에 참여하는 것의 중요성을 강조하고 있다(Halbesleben et al., 2006).

조직개발의 역사적 토대의 마지막은 영국에서 발생한 사회기술 체계(sociotechnical system)와 사회임상 활동(socioclinical work)이다. 이 활동의 중심은 심리요법을 제공하고 제1차 세계대전의 전투 노이로제를 치료하기 위해 1920년에 설립된 타비스톡연구소(Tavistock Clinic)이다. 타비스톡에서의 활동 중 조직개발 분야에 대한 가장 큰 공헌은 Trist와 Bamforth(1951)의 채탄광부의 직무 재설계에 관한 일련의 연구들이었다. 연구자들은 광산에서 직무의 설계와 사회적 구조 그리고 집단역학 사이에 강한 관련성을 발견했다. 이 연구는 작업 재설계에 대한 중요한 통찰을 제공하는 데 그치지 않고, 미국에서 진행 중인 팀 역학에 관한 연구를 실제 산업환경에서의 최초 응용 중 하나로 기능했다.

이 장에서 분명히 볼 수 있겠지만, 조직개발에서의 많은 개입과 접근을 앞서 논의했던 조직개발 역사의 관점에서 살펴볼 수 있다. 그러나 여느 분야와 마찬가지로, 조직개발은 정적이지 않을 뿐만 아니라 이 분야의 최근 추세들이 미래에 영향을 줄 것이다. 최근 조직개발에서의 명백한 추세 중 하나는 바로 팀의 기능을 향상하는 데 목적을 둔 개입에 관한 관심의 증가이다. 오늘날의 많은 조직은 작은 팀으로 분화되어 있으며, 전체 조직의 성공은 개별적인 팀의 성공에 비중 있게 의존한다. 이런 맥락에서 팀 빌딩이 가장 유명한 조직개발 개입의 하나가 된 것은 놀라운 일이 아니다.

두 번째 추세는 대규모 혹은 폭넓은 관점에 기반을 둔 조직 변화 개입의 사용이 증가하고 있다는 것이다(Mirvis, 2005; Steil & Gibbons-Carr, 2005). 이러한 대규모 변화를 지향하는 추세는 몇 가지 이유 때문이라고 할 수 있다. 첫째, 많은 조직이 직면하고 있는 환경이 매우 경쟁적이고 변화가 심하기 때문에 매우 광범위하면서도 빠른 변화가 요구된다. 따라서 조직의 폭넓은 변화를 유도하기 위해 개인 혹은 팀 단위에 초점을 맞춘 개입을 기다릴 수 없게 된다. 또한 Austin과 Bartunek(2013)이 지적했듯이, 최근 조직개발의 초점이 인본주의적 이상의 실행에서 조직의 체계적 목표 달성을 돕는 것으로 변화되었다. 이 관점에서 보면 대규모 개입이 훨씬 효과적이다. 이러한 추세는 또한 조직개발 분야의 성숙에도 반영되어 있다. 조직개발의 기법을 연구하는 사람과 실천하는 사람들로부터 얻은 지혜에 따르면 조직에서 실질적인 변화가 발생하려면 조직 체계가 전반적으로 변해야 한다(예 : Beckhard, 1967). 조직 전체가 하나의 개입 방법에 중점을 두는 것보다 조직의 모든 체계가 참여할 수 있는 더 좋은 방법은 무엇일까?

또 다른 조직개발 추세는 적용 범위가 널리 확장됐다는 것이다. 조직개발은 학교(Spillane, 2002)와 건강 관리 장면(Humphries et al., 2000) 등 다양한 조직에서 이용되며 국제적인 관점에서 통용되고 있다(예 : Perlaki, 1994; Rao & Vijayalakshmi, 2000). 아마도 조직개발의 성장에 걸림돌이 되는 유일한 요인은 윤리에 대한 보편적인 인식과 전문적인 표준을 만드는 것이 어렵다는 것이다. 그러나 최근 몇 년간 조직 발전 전문가의 직업은 과학적이고 실무적인 분야로서 계속해서 독특하게 부각되고 있으며, 이 과정에서 전문 실무의 확립된 규범을 확립했다. 또한 현재 많은 취업 기회가 있는 분야이다('참고 13.2' 참조).

참고 13.2

조직개발자로서의 직업

조직개발은 직업으로서 오랜 역사를 거쳐왔다. 1940년대 초기 시작부터 이 분야는 본질적으로 조직 설정에서 적용되던 기술에서 인정받는 과학적이고 실천적인 분야로 변화해 왔다. 조직개발 분야는 조직심리학, 조직행동학 및 기타 분야와는 구별되는 독특한 정체성을 갖추었다. 많은 조직개발 실무자들은 자신들의 교육을 받은 분야로, 전문가 협회에 속해 있다. 예를 들어, 많은 조직개발 실무자들은 현재 전문적인 협회에 속해 있으며, 이는 이 분야의 이해를 증진하고 실천에 윤리적 지침을 제공하기 위해 설립되었다. 두 가지 주요 협회로는 조직개발 네트워크(OD Network, https://www.odnetwork.org/)와 Academy of Management의 조직발전 및 변화 부문(Organizational Development and Change Division, https://odc.aom.org/home)이 있다. 많은 조직개발 실무자들은 또한 산업 및 조직심리학 협회(Society for Industrial and Organizational Psychology, https://www.siop.org/)에 속해 있으며, 이 협회도 자체적인 윤리적 지침을 가지고 있다.

조직개발 네트워크의 최신 추정에 따르면, 현재 조직발전 분야에는 독립적인 석사 및 박사 프로그램이 많이 있다. 여기에 추가로 다양한 자격증 및 임원 교육 프로그램들이 있어, 조직개발에 관심 있는 사람들이 이 분야에서 첨단과 구체적인 교육을 받을 가능성이 열렸다. 오랜 시간 동안 조직개발에 관심 있는 사람들은 관련 분야(예 : 심리학, 사회학, 커뮤니케이션 등)에서 학문적 훈련을 받고, 조직개발의 구체적인 사항들을 주로 실무 경험을 통해 배워왔다.

조직발전 전문가들을 대표하는 전문 협회의 출현과 조직개발에 집중된 학사 프로그램의 증가는 세 가지 이유로 긍정적인 발전을 나타낸다. 첫째, 전문 협회의 강화는 높은 전문 기준을 유지할 수 있도록 하며, 이는 결국 더 나은 실천으로 이어질 것이다. 둘째, 조직개발 분야의 모든 형태의 학술 프로그램이 증가하면서 반드시 더 많은 경험적 연구와 이론화가 이루어질 것이다. 이는 조직발전이 실무 및 과학적 분야로서 계속 성장하는 데 중요한 요소이다.

마지막으로, 이러한 발전들은 조직개발 실무자들에게 강력한 취업 시장을 시사한다. 예를 들어, 2023년 6월 4일에 진행한 인디드 구직 사이트 검색 결과, 'Organizational Development'라는 키워드를 사용했을 때 1만 개 이상의 채용 공고가 있음을 보여주었다. 일반적으로 이들은 조직의 내부 조직개발 직무거나, 즉 조직 변화와 발전 계획을 관리하기 위해 조직이 고용한 상시 직원들이거나, 조직 컨설팅 회사에서 조직이 이러한 노력을 지원하는 직무들이다. 많은 고급 전문직과 시간제 조직 컨설팅 기회가 인디드와 같은 사이트에는 광고되지 않는 점을 고려하면, 조직개발 실무자들을 위한 취업 시장이 매우 강력하다는 것을 시사한다.

조직개발의 기반 이론

대부분의 포괄적인 리뷰에서는, 저자들이 종종 조직개발이 강력한 이론적 기초가 부족한 분야라는 사실을 한탄한다(예 : Austin & Bartunek, 2013; Bartunek & Woodman, 2015; Ford & Foster-Fishman, 2012). 최근 몇 년간 상황은 어느 정도 개선되었지만 (Stouten et al., 2018), 여전히 많은 조직이 조직개발 프로그램을 대중 출판물에서 나온 책을 기반으로 하며, 다수의 컨설턴트가 직관에 더 의존하거나 심지어 시행착오에 의존하여 조직개발 개입을 적용하기도 한다. 잘 개발된 이론이나 방법론적으로 엄격한 연구 결과에 기반을 두지 않는 경우도 있다.이로 인해 조직개발 실무자들은 그들이 현장에서 만든 안내 지침을 이론적 배경으로 활용하게 되었고, 이런 관점이 분명 파격적이지만 장점일 수 있다. 이 절에서는 이러한 이론적 기반을 살펴본다.

변화에 대한 일반적인 이론

Lewin의 3단계 모델 : 가장 오래된 조직 변화 과정의 이론으로 Lewin의 3단계 모델(Lewin's Three-Step Model; Lewin, 1947)을 들 수 있다. 그는 물리적 은유(physical metaphor)를 사용하여 사회 체계의 변화를 설명하였다. 은유는 흔히 조직연구자들이 이론 개발에 사용하며(예 : McKenna & Wright, 1992), 조직 변화 과정을 설명하는 데도 매우 유용하다는 것이 입증되었다. 조직설계와 마찬가지로 조직 변화 역시 매우 추상적인 과정으로 쉽게 흉내 내거나 연구 소재로 모델화하기 어려우며, 이에 은유가 도움이 될 수 있다. Lewin의 3단계 모델은 〈그림 13.1〉에 제시되었다.

변화 과정의 첫 단계는 해빙(unfreezing)으로, 변화의 필요성을 조직이 인식하기 시작하는 것이다. 이는 변화 과정에서 매우 중요한 단계라고 Lewin(1947)은 주장한다. 그 이유는 변화의 필요를 인식하지 않고서는 변화할 수 없기 때문이다. 앞서 언급했던 많은 조직 변화의 동기부여 요소(예 : 이익의 감소, 주요 환경의 변화)는 해빙 현상으로 간주할 수 있다. 만약 조직이 수익을 창출하지 못하거나 경영환경의 엄청난 변화에 직면하게 되면, 이로 인해 종업원들이 변화의 필요성을 느끼게 만들 수 있기 때문이다. '만들 수 있기'라고 표현한 이유는 조직으로 하여금 변화를 인식하게 할 수는 있지만, 이것이 반드시 조직 변화의 필요성과 연관되지는 않기 때문이다. Mirvis(2005)는 품질관리의 중요성을 강조한 네

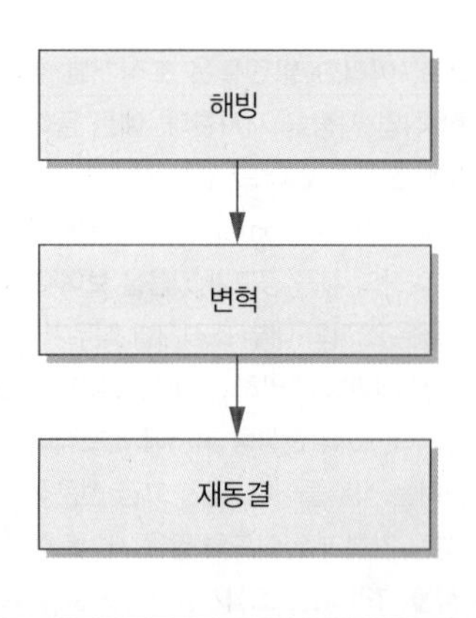

그림 13.1 Lewin의 변화의 3단계 모델

덜란드 식품회사의 경우를 예로 들었다. 변화 과정을 시작하기 위해서 네덜란드 식품회사는 모든 종업원을 훼손된 제품으로 가득 찬 창고로 데려가서 훼손된 제품이 파기되는 것을 지켜보게 했다. 이같은 극적인 방법을 통해서 회사는 모든 종업원에게 높은 품질의 중요성을 인식시킬 수 있었다.

적정 수준의 조직 해빙이 일어나면 그다음은 Lewin 모델의 두 번째 단계인 **변화**(change) 혹은 **변혁**(transformation)의 단계에 접어든다. 이 단계는 조직 운영상의 실질적인 변화가 일어나기 때문에 매우 중요하다. 예를 들어 조직을 팀 구조로 바꾸거나, 고객 만족을 높이는 방향으로 작업을 재설계하거나, 원격 근무 정책의 도입, 지속가능성에 초점을 둔 전략의 도입 등의 변화를 시도하는 것 등을 들 수 있다. 이 단계를 실질적으로 실행하는 것은 매우 어렵다. 이 시점에서 도입되는 변화는 과거와는 매우 다르게 직원들이 일해야 할 수 있으므로 조직 내에서 변화에 대한 준비가 필요하다(Al-Hadded & Kotnour, 2015). 또한 변화를 지원하기 위한 자원(예 : 직원이나 관리자를 위한 교육)이 제공되어야 한다. 일부 직원에게는 변화가 활기를 불어넣는 것으로 보일 수 있지만, 많은 직원들에게는 과거의 방식을 바꾸는 것이 어려운 과정일 수 있다.

조직이 어떤 식으로든 변화 혹은 변혁하게 된다면 그다음 단계는 **재동결**(refreezing)이다. 이 모델의 두 번째 단계에서 발생한 변화들은 비교적 영구적인 일련의 조직행동 과정이 된다. 재동결 역시 종업원들이 조직 변화에 저항할 수 있다는 측면에서 어려운 단계라 할 수 있다. 그 예로 근로자들이 조직 변화 도입에 대한 의지가 초기에는 일반적으로 매우 강하다. 하지만 근로자들의 초기 열정이 식기 시작하면 예전 방식으로 돌아가려 할지도 모른다. 진정한 재동결이 이루어지면, 종업원들도 변형 단계에서 발생한 조직 변화를 지속시키는 것이 그들에게도 가장 이롭다는 사실을 깨닫게 될 것이다. 예를 들어, 직원들의 일-삶 균형 요구에 더 유연하고 지원적인 접근을 요구하는 조직 변화는 전통적인 관리자들에 의해 저항받을 수 있다. 이들 관리자는 직원의 업무 역할을 넘어가는 것으로 인식되는 모든 것을 무시하려는 경향이 있다. '직원의 일-삶 균형 지원'을 관리자의 성과 평가 항목으로 만들면, 조직은 일-삶 균형 지원을 중요시하고 보상할 것임을 강력하게 전달한다. 이는 결과적으로 메시지가 더 잘 이행되도록 돕게 된다.

Lewin의 3단계 모델의 가장 큰 장점은 바로 단순함이다. 이 모델은 이해하기 쉽고, 사실상 조직 변화를 이끄는 데 유용한 지침을 제공한다. 예를 들어, 조직은 구성원들에게 사전에 변화를 도입하기(예 : 해빙) 전에 그것의 필요성을 인식하도록 해야 하고, 이러한 변화가 영구적인 문화의 일부분으로 자리 잡기(예 : 재동결) 전에 저항이 발생하리라는 예측을 할 수 있다는 점을 들 수 있다. 이러한 요소들에 주의를 기울이지 않는 조직은 성공적인 변화를 거두기 어렵다.

Lewin 모델의 또 다른 강점은 그 일반화 가능성이다. 이 모델에서 제안된 해빙-변화-재동결의 순서는 어떤 조직에도 적용할 수 있으며, 어떤 종류의 조직적 변화가 필요한지 설명할 수 있다. 사실 이 모델은 조직적 범위를 넘어서 적용될 수 있을 정도로 일반적이다. 예를 들어, 개인이 자신의 몸무게가

원하는 수준을 초과했다는 것을 깨닫게 되면(해빙), 지역 헬스장에 가입하고 매주 네 번 운동을 시작할 수 있다(변화). 그 결과 체중이 줄어들면서 증가하는 만족감과 자신감은 이 운동 루틴을 주간 일정의 영구적인 부분으로 만드는 강력한 동기로 작용한다(재동결).

Lewin 모델은 상당한 수준의 비판을 받기도 했다. 예를 들어, 이 모델은 변화 과정을 지나치게 단순화했다는 지적을 받아 왔다(Purser & Petranker, 2005). 이 모델의 더 큰 문제는 주로 기술적인 접근이라는 점이다. 이 모델은 변화 과정을 잘 설명하긴 하지만, 조직에게 실제로 어떻게 이를 수행할 지에 대한 많은 지침을 제공하지 않는다. 다시 말해 어떻게 해빙 경험을 만들 수 있는지, 재동결을 촉진하는 주요 요인은 무엇인지 등의 의문이 남는다. 전반적으로, Lewin의 모델은 조직 변화를 잘 설명해 주며, 관리자가 이해하기 쉽다는 이점이 있다. 그러나 상세한 내용이 부족하여 조직 변화 과정에 대한 포괄적인 모델로서는 한계가 있다.

실행 연구 모델 : 두 번째 일반적인 변화 과정의 이론적 모델은 실행 연구 모델이다. 이 모델은 이전 절에서 간략히 언급한 바 있으며, Lewin이 기여한 바도 있지만, 미시간대학교 사회연구연구소에서 수행된 설문 조사 연구 결과에서 영향을 받았다. 실행 연구의 원칙은 조직 개발이 순환적인 연구 과정임을 강조한다. 실행 연구는 또한 연구 과정의 모든 단계에서 연구자와 클라이언트 시스템 구성원들 간의 적극적인 협력이 필요하다고 강조한다(Lewin, 1946). 이 원칙은 많은 후속 조직개발 개입에서 명확히 나타나며, 오늘날에도 이 분야의 일반적인 지침 원칙이다(Austin & Bartunek, 2013; Bartunek & Woodman, 2015). 실행 연구 과정의 여러 버전이 존재하며(Dickens & Watkins, 1999 참조), 이 모델의 대부분 버전에서의 단계 요약은 〈그림 13.2〉에 제시되어 있다.

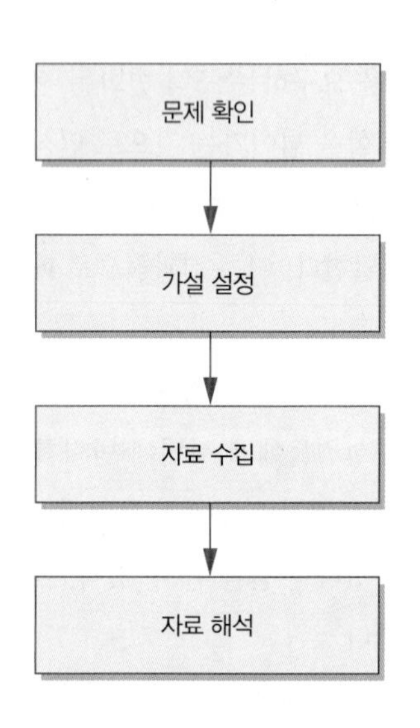

그림 13.2 실행 연구 실시 과정

〈그림 13.2〉에 제시된 바와 같이 실행 연구 과정의 가장 첫 번째 단계는 **문제 확인**(problem identification)이다. 어떤 연구를 실행하거나 어떤 변화를 가져오려면 먼저 그것의 문제점에 대한 재인식이 요구된다. 어느 시대에나 일반적으로 현재 상태의 업무와 바람직한 미래 상태의 업무 사이에 괴리가 있다는 문제점이 있다. 예를 들어, 한 조직의 이익은 목표한 것보다 훨씬 더 적을 수 있고, 종업원의 이직률은 조직이 바라는 것보다 훨씬 더 높을 수 있다. 혹은 보상에 대해

불만을 제기한 구성원 수가 조직에서 생각하는 것보다 더 많을 수 있다.

실행 연구 모델의 두 번째 단계는 **가설의 개발**(development of hypotheses)이다. 어떤 문제점이든 거기에는 분명히 다양한 원인이 있을 수 있다. 다행히도 과거의 이론과 조직 구성원의 경험에 따라 어떤 원인에 대해서는 깊은 관심을 가질 수 있고, 다른 원인에 대해서는 주의를 덜 기울일 가능성이 있다. 예를 들어, 만약 식별된 문제 영역이 직원 이직률이라면, 이직률에 관한 연구에서 직원의 직무 태도와 경제적 여건과 같은 요소들이 중요한 기여 요인임이 입증되었다(Carsten & Spector, 1987; Harrison & Newman, 2013). 이를 알고 나면, 조직연구자는 직원 태도를 분석하고 조직 내 이직률에 영향을 미치는 요인에 대한 가설을 개발하기 위해 외부 취업 시장을 조사할 수 있다.

가설을 구체화한 후, 실행 연구에서의 다음 단계는 **자료 수집**(data collection)이다. 이 단계는 실행 연구가 과학적 연구방법과 구별되는 단계이기 때문에 매우 중요하다. 예를 들어, 앞서 설명한 가설들은 전문가들에게 직접 물어보거나 상식에 의존하여 검증될 수 있다. 그러나 실행 연구 모델은 가설이 **실증적 데이터**(empirical data)를 통해 검증되어야 한다고 요구한다. 이 단계에서 수집된 데이터는 주로 조직 설문에서 나오지만, 관찰, 인터뷰, 조직 기록 등 다른 형태의 데이터 수집도 사용될 수 있다.

경험적인 자료를 모은 다음 단계는 **자료 해석**(data interpretation)이다. 이 시점에서 실행 연구자가 궁극적으로 해결하려는 중요한 질문은 다음과 같다 : 실증적 데이터가 제안된 가설을 지지하거나 지지하지 않는가? 이러한 점에서 연구자들에게 가장 큰 딜레마는 기본적으로 자료가 가설을 뒷받침하는 것인지 아닌지 '판단하는 방법을 결정하는 것'이다. 다행스럽게, 추론 통계방법들은 그러한 결정을 하는 데 실행 연구자들을 도와줄 수 있다(부록 A 참조). 그러나 대부분은 조직 내 실제 변화에 관한 결정은 조직연구자나 컨설턴트가 아닌 조직 리더에게 달려 있다. 따라서 조직 연구자들이 이 시점에서 수집된 데이터를 조직 리더가 완전히 이해할 수 있도록 최신 데이터 시각화 방법(Sinar, 2018)을 사용하는 것이 매우 중요하다.

자료를 해석하여 가설의 기각 여부를 판단하면 실행 연구는 완료되는가? 실행 연구자는 아마도 그 문제에 대해 이제 흥미를 잃을 가능성이 있다. 하지만 일반적으로 실행 연구의 주기는 스스로 반복된다. 예를 들어, 만일 연구자들이 자료를 수집하여 직무 만족이 이직률과 부적으로 관련된다는 점을 밝혀낸다면, 이로부터 또 다른 중요한 질문을 제기하게 된다. 어떻게 구성원의 직무만족 수준을 끌어올릴 수 있고, 이직을 줄일 수 있는가? 직무 만족의 어떤 측면이 다른 측면에 비해 이직을 결정하는 데 더 중요한가? 이러한 질문들은 확실히 향후의 연구 프로젝트를 통해서 검증될 수 있는 경험적인 질문들이다. 실행 연구는 이러한 질문에 답하기 위해 다시 한번 반복될 수 있다.

즉 실행 연구 모델에 따르면 조직 변화란 가설 개발, 자료 수집, 자료 평가, 그리고 궁극적으로 개입하는 것의 연속적인 순환 과정으로 특징지을 수 있다. 실행 연구 모델의 또 다른 중요한 측면은 이미 언급한 바 있는데, 실행 연구는 연구자와 고객 조직의 구성원 간에 상호 노력의 과정이라는 것이다.

전통적인 연구 프로젝트에서는 연구자와 연구 '참여자' 사이에 지위나 권력에서 차이가 있다. 비록 연구자와 참여자 간의 협력은 때때로 윤리적 딜레마를 야기할 수 있지만(Grant & Wall, 2009 참조), 고객 조직이 조직 변화 과정에서 주인의식을 갖게 하는 것이 더 긍정적인 효과가 있다. 이것이 조직의 변화를 지속적으로 유지하는 중요한 요소이다.

실행 연구 모델과 Lewin의 3단계 모델의 장점과 단점은 서로 어느 정도 비슷하다. 즉 실행 연구는 조직의 변화를 이해하기 위한 아주 유용한 지침을 제공한다. 더군다나 실행 연구가 조직의 문제점을 풀어나가는 데 유용한 접근방법이라는 경험적인 증거가 있다(예 : Halbesleben et al., 2006). 그러나 3단계 모델처럼, 변화 과정에 관여하는 가장 중요한 요인들을 직접 설명하지 못한다. 예를 들면, 다음과 같은 질문이다. 변화는 조직의 리더로부터 시작하는가, 아니면 말단 구성원들로부터 시작하는가? 어떤 요인들이 변화의 저항을 초래하는가? 어떻게 오랫동안 조직의 변화를 유지할 수 있는가? Lewin에 대해 있는 그대로 평가하자면, 실행 연구 모델은 결코 조직 변화에 대한 하나의 이론이 될 수 없다. 오히려 조직 변화의 이론이라기보다는 일반적인 '개입의 이론'으로 더 적절한 것 같다.

일반 체계 이론 : 여러 조직개발 기법이 기반을 두고 있는 세 번째 일반적 이론은 일반 체계 이론이다. 제13장에서 간략하게 다루었던 일반 체계 이론은 1950년에 von Bertalanffy가 제안했고, 1966년에 Katz와 Kahn(1966)의 노력으로 그들의 책, **조직의 사회심리학**(The Social Psychology of Organizations)을 통해 조직심리학계에 소개되었다. 일반 체계의 기본 개념을 조직에 적용하면, 환경으로부터 재료가 조직에 투입되면 투입물을 변형하여, 궁극적으로 그 변형된 내용을 산출물로 환경에 다시 돌려주는 것이다. 그 결과 조직들은 꾸준히 외부환경과 활발한 상호작용을 한다. 일반적으로 조직의 변화는 외부환경의 변화를 예감하고 그것에 반응하는 것이다. 만일 조직이 '폐쇄 체계'에서 외부환경을 무시할 수 있었다면, 조직의 변화와 개발 활동은 별로 필요성이 없었을 것이다.

조직개발 분야에 대단한 영향을 끼쳐 온 일반 체계 이론의 또 다른 면은 어떠한 체계든 연속적인 더 작은 '하위 체계'로 구성되어 있다는 생각이다. 비유하면 인간의 몸은 순환계나 소화계 등과 같은 기능을 관리하는 여러 '하위 체계'로 이루어져 있다. Katz와 Kahn(1966)은 조직이 환경으로부터 재료들을 수집하고(예 : 구매), 그러한 재료들을 변형하며(예 : 생산), 변형된 재료들을 외부환경에 되돌려주는(예 : 마케팅) 기능을 담당하는 수많은 하위 체계로 구성되며 이들은 서로 밀접하게 관련되어 있다고 지적하였다.

상호 연관된 하위 체계라는 아이디어는 조직개발에 중요성을 가진다. 왜냐하면, 조직의 어떤 부분에 변화를 시도하면, 그러한 변화를 관리하는 사람들은 그 변화가 '조직 전반에 걸친' 변화로 확산해 가는지를 세심히 살펴보아야 하기 때문이다. 그러나 일반 체계 이론의 많은 부분이 조직개발에 미치는 영향은 실제적인 수준보다는 '비유적인' 수준이라고 여겨져 왔다(Kozlowski & Klein, 2000). 즉 이 이론이 조직에 대해 어느 정도 유용한 통찰을 가져왔으나 조직을 바꾸기 위해서 어떻게 개입해야 하는지 구체적인 지침은 제공하지 않는다. 다음 단락에서 조직의 변화 과정에 좀 더 초점을 맞춘 이론들을 설명할 것이다.

조직 변화의 일반적인 이론

이전까지 다루어진 이론들은 분명 유용하며 조직 변화 과정에 포함된 내용에 대한 일반적인 지침을 제공한다. 하지만 이는 조직 상황에서 변화를 가져오는 요소에 관해서는 설명하고 있지 않다. 다행히도, 지난 몇 년간 조직개발 학자들은 조직환경에서 변화를 촉진하는 요소들을 설명하는 여러 이론을 개발해 왔다(Stouten et al., 2018 참조). 이러한 이론들은 이전 절에서 설명한 이론들보다 조직 변화 과정을 구체적으로 이끄는 특정 요소들에 더 중점을 둔다. 이 절에서는 이러한 유형 중 가장 영향력 있는 세 가지 이론을 간단히 살펴본다.

변화에 대한 변증법적 모델 : 이 모델에 따르면, 조직 변화는 현재의 진행 방식과 새로운 아이디어 및 가치관 사이에 내재한 긴장에 의해 일어난다((Putnam et al., 2016). 이 모델에 따르면, 조직의 현재 상황이 새로운 아이디어와 가치관에 도전받게 되면 조직은 여러 가지 선택지를 갖게 된다. 첫 번째 선택은 새로운 아이디어와 가치를 억압하거나 무시하는 것이다. 실제로 많은 조직이 이를 선택하며 종종 이를 위한 대가를 지급한다. 예를 들어, 제품이나 서비스 변경에 대한 소비자 수요를 무시할 경우 매출 감소와 시장점유율 감소의 결과를 초래할 수 있다.

두 번째 선택은 기존의 방식을 버리고 새로운 아이디어와 가치관을 택하는 것이다. 이러한 형태의 변화는, 예를 들어 조직에 새로 부임한 CEO가 이전의 최고경영진을 교체함으로써 '집을 청소'하는 것이라고 할 수 있다. 이와 같은 변화 방식은 새 CEO들과 그들의 최고경영진에게 높은 수준의 편안함을 줄 것이다. 그러나 여기에는 단점도 있다. 구체적으로 말하자면, 실제로는 그렇지 않은데도 불구하고 현재 상태가 잘못됐다고 가정한다는 것이다. 이런 형태의 변화의 좋은 예는 대학 또는 프로 리그에서 코치가 고용될 때다. 일반적으로 이들은 이전의 모든 코치진을 대체하며, 팀을 더 성공적으로 만들기 위한 희망을 품고 있다.

변증법적 모델의 세 번째 선택은 반대되는 힘 간의 절충안을 만드는 것이다. 즉 일종의 통합을 이루는 것이다. 예를 들어, 어떤 조직이 관료주의 경향이 높고 이에 반대되는 힘으로 좀 더 유기체적 혹은 인본주의적 조직구조를 채택하길 바라는 요구가 있다. 이에 대한 해답으로 두 가지 특징을 모두 지닌 '하이브리드' 형태의 조직구조를 만들어 낼 수 있다. 이는 '관계적 관료주의(Relational Bureaucracy)'가 형성되는 과정이다(Gittell & Douglass, 2012).

마지막 선택은 현재 상태와 새로운 아이디어와 가치관이 혼재할 수 있는 상황을 만드는 것이다. 조직은 서로 상충하는 관점을 모두 포용하도록 배운다. 이 전략의 논리는 현재 상태와 새로운 아이디어와 가치관은 그 자체로 있을 때 장점을 발휘하므로 둘을 희석하기보다는 두 가지를 그대로 유지하는 것이 좋다는 것이다(Bartunek et al., 2000). 많은 메이저리그 야구 조직은 이 유형의 변화 전략을 채택하여 선수 채용 기능에 새로운 방법을 통합한다. 머니볼(Moneyball)(Lewis, 2004)의 도래 이후로, 아마추어 선수를 선택하기에 앞서 객관적인 통계 방법으로 선수를 평가할 것을 강조한다. 그리고 대부분의 팀은 적어도 이 과정의 일부분이라도 적용한다. 동시에, 이전에 사용하던 것과 동일하게 '보이지 않는' 준거를 사용하여 선수를 뽑기도 한다.

변화의 목적론적 모델 : 이 모델에 따르면, 조직 변화는 목표지향적이다(Van de Ven & Sun, 2011). 현재의 일처리 방식이 조직이 목표를 달성하는 데 방해가 되고 있다고 인식되면, 어떤 형태의 변화가 시작된다. 일반적으로 목적 있는 변화를 촉진하는 것은 조직 전략의 변화다(Rajagopalan & Spreitzer, 1996). 예를 들어 '녹색' 제품으로 시장에 첫발을 내딛기 위한 전략을 채택하기로 결정한 조직은 제품 제작 방식도 변경해야 할 수도 있다.

이 모델의 또 다른 중요한 부분은 **인지적 재조망**(cognitive reframing; Doz & Kosonen, 2010)이다. 다른 말로 하면, 변화가 생기기 위해서 조직의 리더들은 전략 이슈를 바라보는 관점을 바꾸고 이에 대해 조직의 다른 구성원들과 의사소통해야 한다. 종종 변화는 조직에 닥친 도전이나 이슈에 대해 어떻게 조망하느냐에 달려 있다고 보는 것이다. 따라서 목적론적 변화의 주요 원동력 중 하나는 최고경영자들이 조직이 직면한 문제를 보는 방식의 변화다. 전통적으로 종업원 건강과 안전 수칙을 부담으로 느꼈던 조직을 예로 들 수 있다. 기존의 관점 대신에 개인의 건강과 안전에 대한 조직의 지원이 종업원들에게 더 양질의 삶을 제공한다는 관점으로 대체될 수 있다.

조직 변화에 대한 Burke와 Litwin의 이론 : 이전 두 절에서 설명한 두 가지 모델은 확실히 유용하지만, 여전히 상당히 일반적이며 조직 내 변화 과정을 주도하는 **구체적인 변수**에 대한 구체적인 내용을 제공하지 않는다. Burke와 Litwin (1992)은 조직 변형 과정에 대한 포괄적인 이론적 모델을 개발했다. 이 모델은 대부분의 조직에 적용 가능한 일반성을 가지고 있으며, 여전히 상당히 세부적이어서 변화 과정을 겪고 있는 조직에 매우 유용하다. 모델 자체는 꽤 복잡하며, 거래적(transactional) 변화 과정과 변형적(transformational) 변화 과정을 모두 포함하고 있다. 거래적 변화 과정은 조직 내에서 시작되는 변화 과정이다(목적론적 모델과 유사), 반면 변혁적 변화는 조직 외부 요인에 의해 주도된다. 변혁적 변화가 가장 일반적이기 때문에(Burke & Litwin, 1992), 우리는 이 이론적 모델의 이 부분만 논의하며, 〈그림 13.3〉에 제시되어 있다.

〈그림 13.3〉에서 볼 수 있듯이, 조직의 변화는 서로 밀접한 관계가 있는 요인들의 결과물이라고 제안하고 있다. 조직 변화 과정에서 외부환경 요인은 변화의 시작을 위한 중요한 요인이 될 수 있다. 왜냐

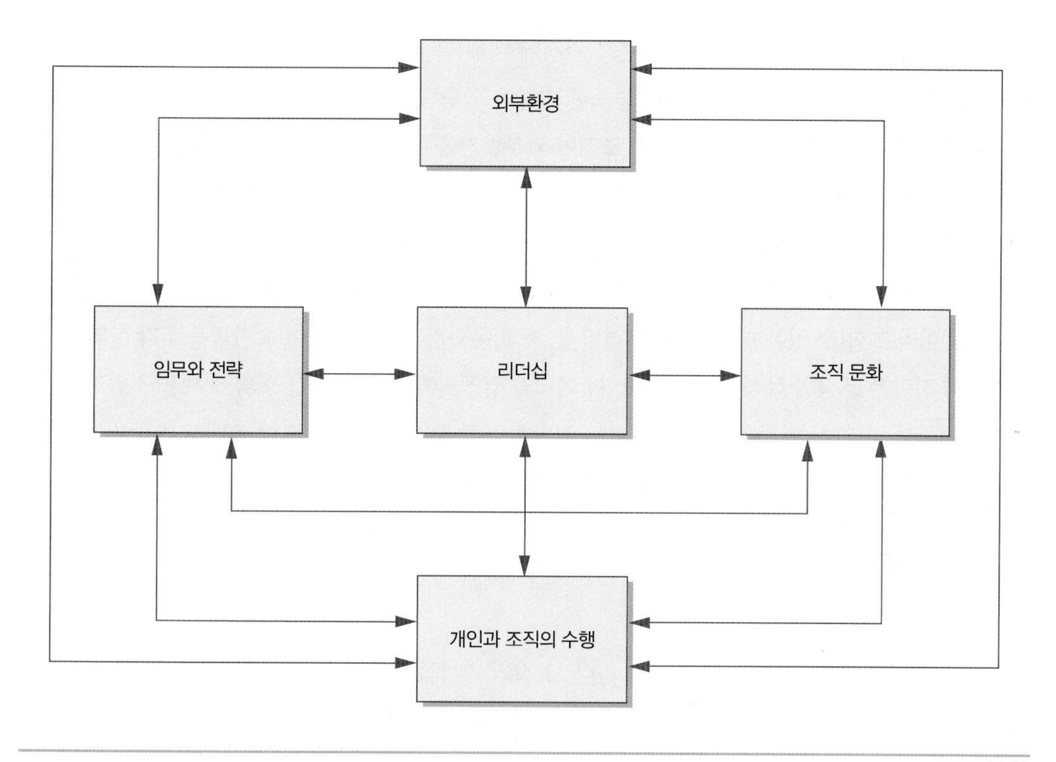

그림 13.3 변화모델

출처 : Burke & Litwin(1992).

하면, 변화는 생존에 대한 욕구 혹은 새로운 기회를 잡으려는 욕구로부터 촉발되기 때문이다. 변화는 종종 생존을 위한 동기 또는 새로운 기회를 활용하기 위한 욕구에 의해 주도된다. 이 모델은 외부환경이 임무 및 전략, 리더십, 조직의 문화에 직접적인 영향을 준다고 제안하고 있다. 그러나 이 세 가지 요소가 서로 영향을 끼친다는 점에 주의를 기울일 필요가 있다. 예를 들어, 외부환경이 리더십에 영향을 주었지만, 리더십은 또한 외부환경에 영향을 줄 수 있다. 임무 및 전략과 조직 문화도 마찬가지이다. 이 세 가지 조직 요소가 서로 밀접한 관련이 있음을 기억해야 한다.

이 모델은 더 나아가 임무 및 전략, 리더십, 조직 문화가 개인의 수행과 조직의 수행에 직접적인 영향을 끼친다고 제안하고 있다. 이것 역시 모델의 첫 번째 부분처럼, 모든 관계가 상호적임을 주의해야 한다. 즉 임무 및 전략, 리더십, 조직 문화는 또한 개인과 조직의 수행에 의해서 이들이 역으로 영향을 받기도 한다. 이 모델에서 주의해서 살펴보아야 할 점은 개인 및 조직의 수행과 외부환경 사이에 활발한 피드백 고리가 있다는 것이다. 이것은 외부환경이 개인과 조직의 수행에 대해 직접 영향을 끼칠 수 있다는 것을 의미한다. 반대로 개인과 조직의 수행이 외부환경에 영향을 끼칠 수도 있다.

Burke와 Litwin(1992)의 모델은 조직 변화 과정에 대해 몇 가지 중요한 점을 지적해 준다. 첫째, 이 모델은 조직 변화 과정에서 외부환경이 중요한 역할을 담당하고 있음을 분명하게 보여준다. 이 모델은 또한 일반 체계 이론과 관련이 있는데, 조직이 외부환경을 무시할 수 없다는 점을 다시 한번 강조하고 있다. 이 모델은 또한 조직이 의미 있는 변화를 장기적으로 유지하고자 할 때 활용할 수 있는 세 가지 주요한 '변화의 지렛대(levers of change)'가 있다고 제시한다. 조직이 의미 있는 변화 과정을 수행하고자 할 때, 조직이 사용할 수 있는 주요 변화 수단 세 가지를 제시하고 있다. 이 수단에는 상호관련성이 있는 요인이라고 할 수 있는 미션과 전략, 리더십, 조직 문화가 있다. 이제 이 요인들을 각각 살펴보자.

임무와 전략은 조직의 목적이 무엇이며, 이 목적을 달성하기 위한 계획을 어떻게 세울 것인지 그 방향을 제시한다. 따라서 임무와 전략의 변화는 전반적인 조직의 변화에 강력한 촉매제 역할을 할 것이다. 더 나아가 구성원 개인의 수준에서도 임무와 전략은 중요하다. 그것은 각 개인에게 목적의식과 결속력을 제공하는 데 도움을 주기 때문이다. 그러므로 임무와 전략이 변화하면, 이것은 구성원 개인에게 자신들의 행동을 이에 맞추어 어떤 식으로 변화시켜야 할 것인지에 대한 강력한 메시지의 구실을 할 것이다.

조직에서 리더십은 다양한 이유로 중요하다. 조직의 리더들에게는 문화를 조성하는 것뿐만 아니라 조직의 임무와 전략을 개발해야 하는 중요한 역할이 있다. 리더들은 조직 내의 정책과 절차의 개발뿐만 아니라 외부에 조직의 대표로서 주요 공헌을 하고 있다. 따라서 조직 변화를 성공적으로 실행하는 데 조직의 리더들과 최고경영자의 관여 여부가 주요 요인이라는 것은 전혀 놀라운 일이 아니다.

앞 장에서 논의한 조직 문화는 한 조직의 근본적인 가치와 기본 전제를 반영한다. 문화는 구성원 개인과 전체 조직의 수행에 긍정적 혹은 부정적인 효과를 미칠 수 있다. 더 나아가 문화가 조직 변화에서도 중요한 역할을 한다. 이것은 매우 직접적으로 일어날 수 있어, 조직의 변화는 곧 문화의 변화로 간주될 수 있다.

문화는 또한 조직 변화에서 간접적인 역할을 수행한다. 만일 적어도 변화가 일반적인 현재의 조직 문화와 조화되는 것이라면, 그 변화는 더 잘 지속될 수 있다. 예를 들어, 매우 권위적인 문화를 유지하고 있는 조직이 직원들의 자율성을 강화하기 위해 직무를 재설계하려 한다면, 아마도 조직의 문화를 그대로 지속하고 있는 한 그 변화는 성공하기 어려울 것이다. 이러한 경우에 조직은 상대적으로 강도가 약한 변화를 시도하거나, 직무 재설계를 도입하기 전에 이전보다 더 참여적인 문화로 변화를 시도할 필요가 있다.

Burke와 Litwin(1992)의 모델은 확실히 다른 이론들에 비해 보다 자세하고 잠재적으로 유용할 수 있지만, 이 모델에는 제한 사항이 있다. 이 중 가장 중요한 점은 이 이론을 경험적으로 검증하기 매우 어렵다는 점이다. 경험적 검증은 일반적으로 어떤 이론을 평가할 때 가장 중요한 기준이다. 그럼에도 불구하고, 일반적인 변화 이론에 비해 Burke와 Litwin 모델은 조직이 조직 변화 과정을 탐색하는 데 더 많은 지침을 제공한다. 이 모델은 또한 조직 변화 과정에 관한 많은 연구를 촉진하였으며, W. Warner Burke 박사의 많은 기여 중 하나다. 이 장의 '연구자 소개'에서 Burke 박사는 자신의 삶과 조직개발 연구자 및 컨설턴트로서의 저명한 경력에 대해 논의한다.

조직 변화의 규범적 모델

지금까지 다룬 모든 이론은 한 가지 주요한 단점이 있다 — 조직에게 조직 변화를 실행하는 매우 구체적인 로드맵을 제공하지 않는다는 점이다. 비유를 들자면, 누군가가 시계를 차고 있는 사람을 보고 그 사람에게 몇 시인지 묻는 경우, 그들은 시계가 어떻게 만들어졌는지나 시간 인식에 대한 구체적인 이론을

연구자 소개

W. WARNER BURKE 박사

나는 1935년 5월 12일에 앨라배마 북동부의 시골 가게 뒤편에서 태어났다. 가게는 아버지가 운영하는 곳이었고, 나는 거기서 자랐으며 이글 스카우트 상을 받았다. 1953년에 Gadsden 고등학교를 졸업했다. 여름 동안 육가공 공장에서 일한 후 퍼먼대학교에 입학했다. 난 심리학을 좋아했고, 주전공이었으며 연극, 음악을 부전공했다. 삶에서 '성공한 사람'이라고 생각했던 것은 대학교수였다. 그래서 내 목표는 그것이었다. 그러나 그 당시에는 군대 소집이 있었다. 학군사관(ROTC)에 입대했고, 대학교 4년 동안 병사로 활동했다. 대학원은 나중에 생각하기로 했다.

미군에 입대를 기다리는 동안 나는 고등학교에서 교편을 잡았다. 가을 학기 동안 정규 교사들이 피하는 모든 과목, 이를테면 '실용화학' 등을 가르쳤다. 그리고 1958년 2월 2일에 중위로서 본격적인 군 복무를 시작했다. 먼저 오클라호마주의 필 사일에서 포병 학교를 다녀왔고, 그 후 2년 동안 남은 복무를 텍사스주 후드 포트에서 마무리했다. 이 기간은 1960년 2월 1일까지였다. 다음 날, 나는 텍사스대학교 오스틴 캠퍼스에서 사회심리학을 전공하고 사회학을 부전공으로 하는 대학원에 입학했다. 물론 연구방법과 통계학에 대한 심도 있는 학습이 포함되었다. 박사 학위를 위해 외국어 요구사항도 있었는데, 최소한의 독해 능력이 필요했다. 나는 프랑스어와 피아제를 선택했다. 군 장교로서의 규율이 나에게 도움이 되어, 3년 반 만에 석사와 박사 학위를 모두 취득할 수 있었다. 마지막 두 학기 동안에는 대학에서 초급 심리학 과목을 가르치는 3/4 직위 강사로 고용되었다. 학기당 약 350명의 학부생을 가르쳤다(돈이 필

(계속)

요했다!).

1963년 6월에 졸업한 직후, 내 방법론과 통계학 주임교수였던 Bob Young 교수에게 흥미진진한 연구 프로젝트로 여름을 퍼듀대학교에서 보낼 기회가 생겼다. 그래서 그는 자신이 퍼듀로 갈 수 있도록 나에게 여름학기 학부 통계학 강의를 맡아 달라고 부탁했다. 나는 "교수님, 통계는 제게 어려웠어요. 쉽지 않았습니다."라고 말했다. 그는 "너 지금 박사 학위를 가지고 있잖아, 맞지?"라고 말했다. 나는 두려워하며 "네."라고 대답했다. 그는 "그럼 너는 뭐든 가르칠 수 있어!"라고 말했다. 나는 여전히 의심스러웠다. Young 교수는 "천 달러를 준다."라고 말했다. 그 순간에 나는 "할게요!"라고 했다("돈이 필요했다!"). 그래서 내가 정말로 언제 통계를 배웠을까? 답 : 그 여름에 각 수업을 준비하면서 배웠다.

1963년 가을, 대학교수가 되는 꿈을 이루기 위해 버지니아주 주도에 있는 리치먼드대학교 심리학과에 합류했다. 나는 통계를 포함한 다양한 과목을 가르쳤으며, 석사과정 학생들을 지도하고 대학의 상담 센터에서 성심성의껏 일했다. 학과장은 산업 및 조직심리학자로서, 특히 은행을 포함한 지역 산업에 선발 서비스를 제공하는 컨설팅 회사를 운영했다.

그는 나를 파트타임으로 고용하여 회사 고객을 위한 후보자를 선별하도록 했다. 결과적으로 나는 심리 테스트와 면접에 대해 많이 배우게 되었고, 선발 결정에 중요한 요소들을 알게 되었다. 다시 말해, 내 심리학의 '실무'가 상당히 발전했다.

텍사스대학교에서 나와 가까운 친구이자 동료 대학원생이었던 Jerry Harvey는 나처럼 학계에 호의적이지 않았고, 국립교육협회(NEA)의 성인교육 부문인 국립훈련실험실(NTL)에 참여했다. NTL은 작은 그룹에서 성인들을 위해 감수성 훈련(또는 T 그룹)을 실시하는 곳으로, 워싱턴 DC에 위치했다. Jerry는 NTL의 전문 직원이었고, 나에게 1947년 이후의 비교적 새로운 학습 방법에 관심을 갖게 했다. 이 방법은 소규모 그룹에서의 사회적 능력 향상과 소그룹 리더십 기술을 키우기 위한 집단역학/집단과정을 교육하는 것이었다.

리치먼드대학교 심리학과 부교수로서 2년의 경험을 통해 교수 생활이 내가 상상한 것만큼 만족스럽지 않다고 결론을 내렸다. 한편, Jerry는 1965년 여름 동안 메인주 베델에서 T 그룹 트레이너가 되기 위한 집중적인 학습 인턴십을 수행할 수 있도록 8주간의 장학금을 제공해 주었다. 리치먼드에서 3년 반 정도를 지난 시점에, NTL에서 정규직 자리를 제안받게 되었다. 따라서 1966년 여름까지의 시간 동안 나는 엄격한 학습과 훈련이 가득한 풍부한 삶을 시작하게 되었다.

NTL에서 8년째 근무하던 시점에 NTL을 파괴할 잠재적 소송 문제에 심각하게 연루되었다. 이 문제를 해결하기 위해 NTL 이사인 Chris Argyris가 개인적으로 나에게 연락을 취했다. Chris가 워싱턴으로 와 호텔에서 만났다. 나는 NTL의 회장인 나의 상사가 '아무것도 안 한다'는 행동으로 우리 조직을 위협하고 있다고 설명했다. 그러자 Chris는 나에게 그가 들었던 것을 이사회에 반복해서 전해야 한다고 했다. 다시 말해, 나는 Chris에게 말했던 내용을 이사회의 여덟 명에게 반복함으로써 통보자가 되었다. 이 문제에 대한 조치, 회장 해임 가능성을 포함하여 이사회는 4대4로 분열되었다. 이후 2주 만에 NTL 회장은 나를 해고했다. 아이러니하게도 이 기간 동안 이사회 의장 Alfred Marrow는 나에게 NTL의 다음 회장이 될 가능성에 대해 이야기했다. 나는 "아니요"라고 대답하며 내가 충분히 준비되지 않았다고 말했다. 그 후 2년 동안 프리랜서 컨설턴트로 생계를 유지하면서 부분적으로 강사로 일했다. 또한 이 기간에 13개월 동안 클리블랜드의 게슈탈트연구소 8주 치료 프로그램에 참여하여 이 교육과 치료 형식을 배웠다. 이 강력한 프로그램은 내게 매우 도움이 되었다(자세한 내용은 Burke, 2015 참조).

1976년 봄에 매사추세츠주 우스터의 클라크대학교에서 학사 및 석사 과정을 제공하는 경영학과 학과장 자리 제안을 받게 되었다. 가능성을 탐색하는 과정에서 이 부서의 두 프로그램이 심각하게 성과를 저하시켰고 개선이 필요하다는 것을 알게 되었다. 양쪽 모두에 대한 철저한 검토 끝에 제안을 수락하고 1976년 가을 학기에 일을 시작했다. 그로부터 채 3년도 되지 않아 그 두 프로그램은 졸업생 수를 두 배로 증가시켰으며, 새로운 5년제 학사/석사 프로그램이 시작되었고, 대학 총장은 나에게 새로운 경영대학의 학장으로서 계획 초안을 작성할 것을 요구했다. 한편, NTL 초창기부터 함께한 절친한 친구 Harvey Hornstein이 '뉴욕시로 올 때'라고 말해주었다. 1979년 가을부터 컬럼비아대학교 티처스칼리지 심리학과 인사심리학 분야에 약 40명 규모의 쇠퇴한 석사 프로그램을 재건하는 자리가 생길 예정이었다. 어디서 많이 들어본 이야기 같지 않은가? 상당한 자율성을 가지고 프로그램을 재건할 수 있는 자리였고, 나에게는 다시 한 번 심리학자로서, 늘 스스로를 생각해온 대로 조직심리학자로서 일할 수 있는 기회였다. 그 결과, 1979년 여름에 나와 내 가족은 뉴욕시민이 되었으며, 클라크대학교의 대학 총장은 화가 나서 내가 단순히 '컬럼비아로의 발판'으로 클라크대학교를 이용했다고 항의했다.

40여 년이 지난 지금, 컬럼비아대학교 TC의 조직심리학 프로그램은 다음과 같이 다섯 가지 부분으로 요약할 수 있다.

1. MA 프로그램 : 필수 과목 4개와 나머지는 선택 과목으로 구성된다.
2. Ph.D. 프로그램 : 조직심리학 전문가 과정
3. 미국 육군과의 프로그램
   - Eisenhower Leadership Development Program(ELDP) : 웨스트포인트를 위한 조직심리학 맞춤 MA 프로그램
   - Carlisle의 워 칼리지(The War College of Carlisle) : 두 명의 대령을 '펠로우'로 보내 교수진과 함께 1년 동안 수업을 청강하고 논문을 쓰게 된다.
4. Group Relations Conference : 타비스톡 모델에 따른 그룹 역동성 경험 중심의 연장 주말 프로그램
5. Executive Master of Arts(XMA) 과정 : 12개월 동안의 집중 조직심리학 과정

나는 2022년 12월 31일에 명예 교수가 되어 완전히 은퇴했다. 현재 XMA 프로그램과 연결을 유지하고 있으며, 그 외에도 언제나 읽고 싶었던 책과 기사들을 많이 읽고 있다.

W. Warner Burke 박사는 컬럼비아대학교 TC의 명예 교수이다. 그의 연구는 주로 조직 변화에 집중되었지만 다중평가 피드백, 리더십, 학습 민첩성 등도 연구했다. 그는 비즈니스, 교육, 정부, 종교, 의료 시스템 및 전문 서비스 기관을 포함한 여러 기관과 상담을 진행했다. 그는 산업 및 조직심리학회, 경영학회, 심리과학협회의 펠로우다. 2016년에는 미 육군 웨스트포인트군사학교와의 협력을 인정받아 미 육군에서 뛰어난 민간인 서비스 메달을 수상했다. 그는 1963년 텍사스대학교 오스틴 캠퍼스에서 사회-조직심리학 박사 학위를 취득했다.

듣고 싶어 하지 않는다 — 그들은 그냥 중요한 약속에 늦지 않기 위해 혹은 아이를 어린이집에서 제때에 데리러 가기 위해서 몇 시인지 알고 싶어 할 뿐이다.

비슷하게, 조직이 조직 변화를 촉진하길 원할 때, 종종 그 변화를 일어나게 하는 구체적인 지침을 찾고 있다. Stouten 등(2018)에 따르면, 조직 변화의 규범적 모델은 조직이 조직 변화를 촉진하는 데 필요한 구체적인 단계들을 제공한다. 이러한 모델들은 종종 임원들과 변화 관리 컨설턴트들 사이에서 인기가 있지만, 때때로 질적 비평 이외에는 거의 실증적 검토를 받지 않았다. 아래에서 두 가지 인기 있는 규범적 모델에 대해 간략히 논의하겠다.

Kotter의 8단계 변화 모델 : 하버드 경영대학원에서 오랫동안 리더십을 가르쳐온 John Kotter 박사는 현재 가장 인기 있는 규정적 변화 모델 중 하나를 개발했다. Kotter(1996)에 따르면, 의미 있는 변화를 촉진하길 원하는 조직은 아래 설명된 8단계를 거쳐야 한다.

변화 과정은 (1) 긴급성을 인식시켜 직원들이 변화의 필요성을 인식하게 하는 단계로 시작된다. 직원들이 변화의 필요성을 인식하게 되면, (2) 조직 내에서 변화를 이끌어 나갈 연합을 구성하는 것이 중요하다. 이 연합의 주요 임무는 (3) 변화 비전을 개발하는 것이다. 즉 변화가 무엇인지 결정하고, (4) 이 변화 비전을 조직 내 직원들에게 명확하게 전달하는 것이다.

이 비전이 전달되면, 다음 단계는 (5) 보다 구체적인 변화 계획을 개발하는 것이다. 이는 연합과 조직 내 다른 직원들의 협력을 통해 이루어진다. 이러한 변화 계획이 실행되기 시작하면, (6) 변화 계획이 성공적인 영역이나 단기적인 성과를 강조하여 변화 실행을 강화하는 것이 중요하다. 변화 계획이 실행되는 동안, 종종 초기에는 실행되지 않았지만 필요한 추가 조직적 변화를 만들어 내는 (7) '통합'이 필요할 수 있다. 이는 실행 중인 변화 비전과 더 잘 맞물릴 수 있도록 하는 것이다. 이 모델의 최종 단계는 (8) 변화를 제도화하는 것이다. 이는 조직의 기존 구조와 시스템과 통합시켜 변화를 지속 가능하게 하는 것을 의미한다.

Kotter의 모델은 직관적으로 이해하기 쉽고 많은 컨설턴트와 관리자들에게 받아들여졌지만, 엄격한 실증 검증을 받은 적이 없다. 따라서 모델에 제안된 모든 단계가 필수적인지, 혹은 모델이 제안하는 순서대로 실행되어야 하는지에 대해 명확하지 않다. 또한, 이 모델이 권장하는 조직 변화 과정이 다른 모델에 기반한 변화 노력보다 더 성공적인지도 명확하지 않다. 흥미롭게도, 이 모델은 이전에 소개된 Kurt Lewin의 세 단계 변화 모델에서 기원을 찾는다. 이는 Lewin의 모델이 얼마나 영향력이 크고 오래 지속되었는지를 강조한다.

Hiatt의 ADKAR 모델 : 두 번째로 인기 있는 규정적 모델은 John Hiatt이 개발한 모델로 Kotter(1996) 모델과 유사하다. Hiatt(2006)은 조직 변화 과정이 ADKAR이라는 약어로 나타낼 수 있는 네 단계로 구성된다고 제안했다.

ADKAR 모델에 따르면, 직원들이 변화가 필요하다는 인식(Awareness)을 개발하고, 조직이 구현하려는 변화 비전을 이해하는 것 없이는 어떤 변화도 이루어질 수 없다. 이 인식이 개발된 후, 조직은 변화 비전을 실행해야 한다. 이를 위해 직원들은 변화 비전의 실행에 적극적으로 참여하고자 하는 욕구(Desire)를 가지거나 자율성을 가져야 한다. 물론 많은 경우 욕망만으로는 변화 비전을 실행하는 데 충분하지 않을 수 있으므로, 직원들은 지식과 특정 능력(Knowledge/Abilities)을 향상하는 것이 필요할 수 있다. 이는 변화 과정에서 완전한 파트너가 될 수 있도록 한다. 마지막 단계는 구현된 변화가 강화(Reinforcement)되는 것이다. 다시 말해, 이 변화들은 조직의 기존 프로세스와 구조에 통합되어야 한다.

ADKAR 모델은 분명히 Kotter의 모델과 닮았지만, 직원들이 조직 변화를 실행하는 데 있어서 더 많은 강조를 두는 점에서 차이가 있다. 그러나 Kotter의 모델과 마찬가지로, ADKAR 모델도 엄격한 실증 검증을 받은 적이 없으며, 직관적으로 이해되는 면이 있다. 이 모델이 Lewin의 세 단계 변화 모델에서 뿌리를 두고 있는 점도 쉽게 알 수 있다.

조직 변화의 개입

조직개발의 기저에 있는 이론들에 대해 살펴보았으니, 이제 개입에 대해 살펴보자. 조직 변화의 개입은 (1) 목표로 삼는 조직의 수준, (2) 영향을 주기 위해 설계된 과정이라는 두 가지 관점에 따라 구별된다. 조직개발 개입은 일반적으로 개인, 집단/팀 또는 조직 전체를 겨냥한다. 이들 중 가장 일반적인 개입의 수준은 집단 수준이다. 왜냐하면 대부분 조직이 성공을 위해 집단의 중요성을 깨달아 왔기 때문이다. 집단 수준의 변화 개입이 인기가 있음에도 불구하고, 조직 변화의 또 다른 추세로서 전반적 체계에 영향을 주는 개입이 나타나고 있다(Austin & Bartunek, 2013; Mirvis, 2005). 개인 수준의 개입도 자주 사용되고 있는데, 많은 조직이 이 개입을 조직개발이 아닌 훈련 프로그램으로 사용하고 있다(Kraiger & Ford, 2021).

영향력 있는 개입의 과정이라는 관점에서 보면, 개인과 조직 전체의 수행에 영향을 줄 수 있는 것이라면 무엇이든지 조직개발 개입의 대상이 될 수 있다. 예를 들어, 조직개발 개입이 일반적으로 초점을 두는 과정으로는 구성원에게 요구되는 역할, 구성원 개인과 조직 전체를 움직이게 하는 목표, 집단 의사결정 과정, 조직의 구조, 조직의 전략이 있다.

개인 수준의 개입

조직개발 역사를 되돌아보면, 최초의 조직개발 개입 중 하나는 T-그룹 훈련(T-group training)이라고도 하는 감수성 훈련(sensitivity training)이다. 비록 T-그룹 훈련은 집단 형태로 시행되지만, 개인에 초점을 두는 개입이다. 왜냐하면 T-그룹의 주요 목표가 대인 간 기술과 역량의 증진, 타인에게 영향을 미치는 개인의 행동에 대한 인식 제고, 그리고 집단역학에 대한 보다 나은 일반적 이해에 있기 때문이다(Forsyth, 2010).

T-그룹 훈련이 한때 조직개발에서 가장 대중적인 개입이었지만, 오늘날 조직개발 전문가들은 이것을 거의 사용하지 않는다. 아마도 T-그룹의 효과가 의심스럽기 때문일 것이다(Campbell & Dunnette, 1968). T-그룹에서 배웠던 것을 일터에서 다시 적용하기 어려운 점도 또 다른 이유일 것이다. T-그룹 활동의 특징인 완전한 정직성과 진실성은 대부분의 실질적인 작업환경에서 잘 기능하기 어렵다. 또한, T-그룹의 사용을 둘러싼 몇몇 윤리적인 의문점이 있는데, 직원들에게 강제로 참여를 요구하는 것이다.

비록 T-그룹이 현재 조직개발 개입에서 거의 사용되지 않는다고 하더라도, 이 개입이 조직개발 영역에 끼친 영향을 과소평가할 수는 없다. 오늘날 대중적으로 사용되는 많은 조직개발 개입들(예 : 과정 자문, 팀 빌딩)은 T-그룹 운동에 뿌리를 두고 있다. 비록 팀 빌딩(team-building) 활동은 대인 간 주제에 초점을 맞추고 있지 않지만, 팀 빌딩 활동을 제어하는 대부분의 원칙은 T-그룹 활동의 원칙과 아주 유사하다. 예를 들면, 참가자의 솔직함이 장려되고, 이러한 노력은 '심리적 안정감'이 유지되도록 만든다(Newman et al., 2017).

또 다른 일반적인 개인 수준 개입은 직무 재설계이다(Grant, 2007; Hackman & Oldham, 1980; Parker et al., 2017). 직무 재설계는 제9장에서 논의했으므로 여기서는 자세하게 다루지 않겠다. 구성원들은 일반적으로 직장에서 다른 활동보다 자신들의 업무를 수행하는 데 더 많은 시간을 보내기 때문에 직무 재설계는 강력한 개인 수준의 조직개발 개입이라고 할 수 있다. 따라서 직무 재설계는 매우 강력하고 효과적으로 개인의 행동을 변화시키는 방법이다. 직무 재설계의 한계점은 업무환경에서 좀 더 '거시적인' 주제들을 다루지 않는다는 것이다. 예를 들어, 조직 내의 직무를 성공적으로 재설계하더라도, 그것으로 조직의 불신과 적대감 문화까지 해결할 수는 없다는 것이다. 직무 재설계의 또 다른 문제점은 많은 비용이 든다는 것이다. 문제점을 진단하고 직무를 변화시키는 데 필요한 비용은 몇몇 조직에서는 엄두를 못 낼 정도로 비싸고, 따라서 직무 재설계로 조직 전체의 효과를 높이는 것은 먼 이야기일 수 있다.

구성원 개인에 초점을 맞춘 또 다른 조직개발 개입은 목표관리(Management by Objectives, MBO)이다(Carroll & Tosi, 1973). 비록 MBO 프로그램의 구체적 특성은 조직에 따라 매우 다양한 형태를 띠고 있지만, 어떤 특징들은 대부분의 조직에서 공통적이다. 예를 들면, 목표 설정 과정에서 직원과 그들의 상사가 함께 참여하여 공동의 목표를 설정한다는 점이다. 대부분의 MBO 프로그램들에서 직원 개개인의 수행은 이러한 목표의 성취 정도에 따라 평가된다. MBO 프로그램이 직원의 수행에 긍정적인 효과가 있다는 경험적인 연구들이 있다(Rodgers & Hunter, 1991). 특히 이러한 프로그램들이 최고

경영층에게 지지를 받았을 때 그 효과가 크다. 반면 MBO의 효과는 목표가 명확하게 언급되지 않을 때는 부정적이라는 증거가 있다(Dahlsten et al., 2005).

집단 수준의 개입

앞서 언급했듯이 조직개발 개입이 초점을 맞추는 가장 일반적인 수준은 집단이나 팀이다. 그것은 점점 더 많은 조직이 팀에 기반을 둔 구조를 채택하고 있기 때문이다(Bell et al., 2017). 이는 또한 T-그룹이 조직 변화의 역사에서 중요한 역할을 했음을 반영한다. 아직까지 가장 일반적인 집단 수준의 조직 변화 개입은 팀 빌딩이다(팀 개발이라고도 불린다; 제11장 참조)(Kraiger & Ford, 2021).

Liebowitz와 DeMeuse(1982)에 따르면, **팀 빌딩**(team building)은 "실제로 근무하는 작업팀이 장기적이고 자료를 기반으로 진행되는 체험 학습 개입으로, 효과적인 팀워크에 필요한 기술을 향상하기 위해 그 팀의 구조, 목적, 기준, 가치 그리고 개인 간 상호 역동을 파악하는 활동으로 이루어진다. 이는 집단이 **조사, 진단 및 자체적인 문제 해결**에 능숙해지는 것을 돕기 위한 직접적인 시도이며, 일반적으로 행동과학 분야의 컨설턴트로부터 도움을 받는다"(p. 2). 이것은 매우 일반적인 정의이며, 실제로는 조직 내에서 팀 빌딩이 시행되는 방법은 매우 다양하다(Offermann & Spiros, 2001). 위에 제시되는 정의 — **조사, 진단, 자체적인 문제 해결** — 는 팀 빌딩 과정의 본질이다. 팀 빌딩 개입을 도입한다고 해서 작업집단의 문제가 저절로 해결되는 것이 아니다. 그것보다 집단은 일이 잘 안 될 때 문제를 인식할 수 있고, 문제의 근본 원인을 진단할 수 있으며, 문제를 해결하기 위한 단계를 밟아 나갈 수 있는 능력을 습득하게 된다.

비록 팀 빌딩 개입이 조직에 따라 매우 다양하게 이루어지지만, Liebowitz와 DeMeuse(1982)는 그것을 일반적인 8가지 단계로 정리하였다. 이 단계들을 〈그림 13.4〉에 제시하였다. 팀 빌딩 과정의 첫 번째 단계는 **스카우팅**(scouting)이다. 스카우팅은 컨설턴트와 잠재적인 고객 조직 사이의 정보를 교환하는 예비 단계이다. 컨설턴트는 일반적으로 자신의 전문성, 가치, 활동 유형을 설명한다. 그리고 조직은 보통 문제의 본질과 함께 그 문제의 잠재적인 원인에 대한 자신들의 의견을 제시한다. 만약 팀 빌딩이 적절한 개입이라고 결정되면 다음 단계로 넘어가고, 만약 팀 빌딩이 부적절하다면 컨설턴트가 다른 필요한 서비스를 제공하지 않는 한 컨설팅 관계는 종료된다.

팀 빌딩이 적절하다고 가정한다면, 다음 단계인 **참가**(entry)로 이동한다. 이 부분에서 고객과 컨설턴트의 관계가 형성되기 시작한다. 비록 이 단계가 일반적으로 문서상의 계약으로 이루어지기는 하지만, 컨설팅 계약이 이루어지는 방법은 상당히 다양하다. 어떤 컨설턴트는 이루어질 컨설팅의 활동에 대한 매우 자세한 계약을 선호하고, 다른 컨설턴트는 좀 더 포괄적인 계약을 선호하기도 한다(예 : Schein, 1987, 1998). 실제 계약이 어떻게 이루어지든 상관없이, 여기서 중요한 것은 컨설턴트와 고객이 컨설팅 관계의 주요 차원에 대해 서로 이해하게 된다는 점이다(예 : 컨설턴트의 활동, 비용, 컨설팅

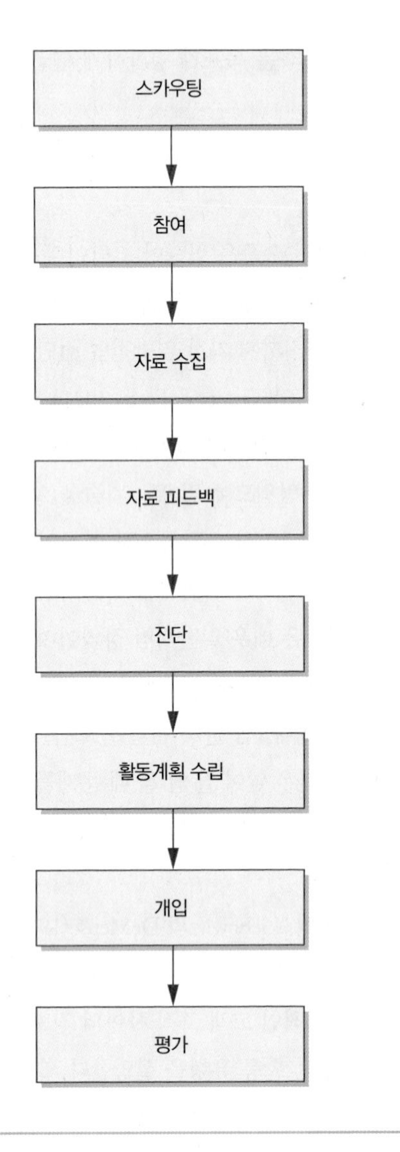

그림 13.4 팀 빌딩 단계

시간의 형태 및 구조, 지급 방법). 또한 이 시점에서 중요한 것은 컨설턴트가 고객 조직과 신뢰를 쌓아야 하고, 이 프로젝트를 지속하기 위한 관리적 지원을 해야 한다는 것이다.

스카우팅과 참가의 준비 단계가 완료되면, 컨설턴트는 **자료 수집**(data collection)을 시작한다. 이 과정은 다양한 출처로부터 조직 내에서 고객 집단의 현재 기능에 관한 정보를 수집하는 것이다. 비록 컨설턴트가 설문, 관찰, 문서상의 기록(미팅 시간, 활동 기록)을 통해 정보를 얻기는 하지만 조직 구성원들에게 개인적 면담도 함께 실시한다. 설문은 팀 기능에 대해서 측정할 수 있는 도구가 다양하다는 점에서 아마도 자료 수집의 가장 일반적인 형태일 것이다(Wageman et al., 2005 참조). 사용된 자료 수집 방법과는 상관없이, 여기서 주요 목표는 집단의 기능에 대한 큰 그림을 가능한 완벽하게 얻는 것이므로 많은 도구와 정보가 사용될수록 더 좋다.

집단의 기능에 대한 자료 수집이 끝나면 다음 단계는 수집된 **자료를 요약하여 자료를 피드백**(data feedback)하는 것이다. 이 단계에서는 일반적으로 각 고객 조직의 작업집단과 미팅을 하여 수집된 정보를 발표한다. 부록 A에서 언급한 대로, 이 과정을 촉진하는 매우 유용한 데이터 시각화 방법이 많이 있다. 언뜻 보기에 이것은 단순히 '그들이 이미 알고 있는 것'을 보여주는 것처럼 보이겠지만 항상 그렇지만은 않다. 예를 들어, 어떤 집단의 구성원들은 자신이 속한 집단의 기능에 대해 자료에 나타난 것보다 훨씬 더 긍정적인 이미지를 가지고 있다. 이러한 불일치는 집단의 구성원들에게 '해빙의 경험'을 제공하여, 구성원들이 팀의 현재 기능에 대해 좀 더 엄밀한 검토가 필요하다고 느끼게 될 것이다. 팀 구성원들이 데이터의 정확성을 의심하거나 발표 과정에서 컨설턴트에 대해 적대적인 태도를 보이면서 이러한 불일치를 부정할 수도 있다. 변화에 대한 저항에 관한 후속 절에서 이에 대해 더 자세히 논의하겠다.

자료 피드백을 하는 동안 관심거리가 될 만한 주제나 영역이 부각되곤 한다. 예를 들어, 집단 구성원들이 의사소통 수준이나 의사결정 방식에 대해 만족하지 못할 수 있다. 불행하게도 자료는 단순히 숫자에 불과하므로 일반적으로 왜 그 집단에 특정 문제들이 계속해서 발생하는지 말해 주지 않는다. 따라서 이 시점에서 **진단**(diagnosis) 단계에 접어들게 되는데, 진단 단계에서는 자료가 그런 식으로 나온 이유에 대해 집단이 설명을 시도하는 것이다. 이 단계는 팀 빌딩 과정에서 매우 중요하다. 많은 집단에게 그들의 작업방식과 내적인 과정을 처음으로 진지하게 고려해보는 시간이 될 것이기 때문이다(Hackman & Morris, 1975).

궁극적으로 진단 단계에서 집단은 그들이 가진 능력을 최대한 수행할 수 없도록 방해하는 것들을 확인한다. 이는 수행의 장애 요인(barriers to performance)이라고 생각할 수 있다. 장애 요인 목록을 작성하는 것이 가장 중요한 첫 번째 단계이다. 목록이 만들어지면 집단은 다음 단계인 **활동계획 수립**(action planning) 단계에서 이러한 장애 요인들을 다룰 수 있기 때문이다. 이 단계에서 각각의 중요한 문제들 또는 확인된 행동의 장애물을 다루기 위한 하나 혹은 그 이상의 활동계획이 개발된다. 예를 들어, 만약 진단 단계에서 확인된 문제 중 하나가 '집단 구성원 간의 서투른 의사소통'이라면, 이에 상응하는 활동계획은 '집단 미팅의 횟수를 한 달에 한 번에서 2주에 한 번으로 증가시키기'가 될 것이다. 코로나19기간 동안 의사소통은 많은 팀에게서 장애물로 작용했다('참고 13.3' 참조).

활동계획은 팀 빌딩 미팅의 가장 명백한 결과물, 특히 집단이 더 효과적으로 기능하기 위해 몰입해야 할 활동의 내용을 문장으로 기술한 것이므로 매우 중요하다. 그러나 한 가지 중요하게 지적해야 할 점은 모든 활동계획이 동일한 가치를 가지고 있는 것이 아니라는 점이다. 활동계획은 구체적이고 측정 가능할 때, 이와 관련된 일정계획이 있을 때, 그리고 그 계획을 책임지는 사람들이 분명하게 정해져 있을 때 훨씬 더 유용하다. 일반적으로 이러한 사항 중 하나 또는 그 이상이 빠지게 되면, 그 활동계획은 팀 빌딩 미팅이 중단되면 곧바로 잊힐 것이다.

팀 빌딩 미팅이 끝난 후 그 집단은 평범한 일상으로 돌아가 다음 단계인 **활동 개입**(action implementation)으로 들어선다. 이것은 팀 빌딩 미팅에서 합의된 활동계획의 실행을 의미한다. 활동 개입은 팀 빌딩 과정의 가장 핵심적인 부분인데, 그것은 조직의 활동계획이 매우 구체적이고 측정 가능하게 설정되어 있다 할지라도, 활동 개입은 구성원들에게 오래된 습관을 포기하고 새로운 행동에 몰두하도록 요구하기 때문이다. 예를 들어, 리더가 직원들에게 권한을 더 많이 위임하라고 말하기는 쉽지만, 실제로 자신의 의사결정 권한을 포기하기는 어렵다.

팀 빌딩 과정의 마지막 단계는 **평가**(evaluation)로 보통 팀 빌딩 미팅 이후 일정 기간이 지난 후에 이루어진다. 평가는 활동계획을 집단이 개입 과정을 통해 얼마나 잘 이행했는지를 평가하는 것이다. 이 단계는 활동계획에 대한 개입의 책임을 조직이 갖도록 한다는 점에서 중요하다. 만약 사후점검이 없다면, 집단은 활동계획에 대한 개입에 실패하거나 개입을 하더라도 흥미를 잃을 가능성이 있다. 팀 빌

참고 13.3

코로나19 기간 동안 팀 의사소통의 어려움

코로나19 팬데믹으로 인해 조직의 여러 측면이 부정적으로 영향을 받았으며, 이 책 전반에 걸쳐 이러한 영향이 강조되었다. 그중에서도 얼굴을 마주하고 일해온 팀들이 완전히 가상 모드로 운영되어야 했던 의사소통이 아마도 가장 크게 영향을 받은 영역이었을 것이다. 11장에서는 팀에 대해 보다 상세하게 다루었지만, 여기서는 팀 구축 과정에서 주로 다루는 의사소통에 집중한다.

코로나19 기간 동안 가상 운영으로 전환한 팀에 관한 연구는 의사소통이 주요 도전 과제였음을 보여주었다 (Mauerer et al., 2022). 집에서의 의사소통기술의 가용성, 집에서의 별도 작업 공간, 팀원들의 기술 능력, 그리고 가상 팀 성과를 지원하는 요소들이 가상 팀의 의사소통과 성과를 향상하는 데 중요하다는 것이 밝혀졌다. 이러한 요소들이 없을 경우, 가상 모델로 전환한 팀은 종종 의사소통이 부족하고 결과적으로 효과적이지 못할 수 있다.

연구는 강제 가상 의사소통이 팀 내에서 '균열'을 발생시킬 수 있다는 것을 보여준다(균열에 대한 자세한 내용은 제4장을 참조하라). 이는 팀 내에서 구별된 연합이나 무리(clique)가 형성되어 의사소통이 더욱 저해될 수 있다는 것을 의미한다. 이로 인해 균열의 형성이 팀 내 개인 간 관계에 부정적인 영향을 미칠 수 있으며, 궁극적으로 팀의 효과성에도 부정적인 영향을 미칠 수 있다.

강제 가상 의사소통의 어려움을 극복하기 위해 조직은 당연히 팀원들에게 효과적인 의사소통을 위한 기술과 교육을 제공해야 한다. 의사소통 결함의 영향을 극복하기 위해서는 팀이 높은 유대감을 유지하고 팀에 대한 강력한 정체감을 가져야 하며, 팀원들의 균열이 팀 성과에 부정적인 영향을 미치지 않도록 하기 위해 '브로커' 역할을 맡을 준비가 되어 있어야 한다. 이는 구체적으로 말하면 팀원 중 한 명이 균열이 발생한 다른 연합 간의 의사소통을 원활히 조정하는 책임을 맡는 것을 의미한다.

딩 과정의 평가 부분은 컨설턴트의 자문을 받아 초기 팀 빌딩 미팅에서 만들어진 활동계획의 이행 과정을 재검토하여 사후점검 미팅의 형식으로 진행된다. 이상적인 것은 이 미팅에서 집단이 과거에 문서로 작성한 활동계획대로 개입이 실행된 것으로 드러나는 것이다. 어떤 경우에는 활동계획이 다시 수립될 필요가 있거나 수립된 대로 개입할 수 없게 만든 외부요소가 있다는 것이 밝혀질 수 있다.

많은 조직개발 개입 기법들과는 달리 팀 빌딩 개입의 효과성에 대한 꽤 많은 경험적 연구가 있다. 비록 몇몇 경험적 자료는 팀 빌딩의 효과성을 지지하는 데 실패했지만(예 : Eden, 1985), 최근 대부분의 팀 빌딩 연구에서(예 : G. Klein et al., 2009; Lacerenza et al., 2018) 팀 빌딩 개입이 적어도 팀 기능에 어느 정도 긍정적인 영향을 미친다고 제안한다. 더욱이 G. Klein과 그의 동료들(2009)은 팀 빌딩이 정서 및 절차에서 가장 강력한 효과를 지닌다고 밝혔다. 또한, Lacerenza과 동료들(2018)의 최근 리뷰는 이러한 발견들을 지지한다. 이들 저자들은 팀 빌딩과 다른 팀 개발 개입이 팀 구성원들의 중요한 능력을 향상시켜 팀 효과성을 높인다고 결론내렸다. 이는 팀 구성원들의 의사결정, 커뮤니케이션, 결속력, 팀워크에 대한 헌신, 충돌 해결 능력 등 중요 능력을 향상한다는 것을 시사한다. 이는 팀 빌딩이 단지 팀 구성원의 능력을 향상시키는 데 그치지 않고, 그들이 자신의 일을 더 즐기도록 하는 것을 의미한다. 그러나 팀 빌딩에 대한 연구는 주로 서양 문화에서 수행되었으며, 비서양 문화에서 팀 프로세스가 다를 수 있다는 증거도 일부 있기는 하다('참고 13.4' 참조).

두 번째 조직개발 개입은 과정 자문(Schein, 1987, 1998)으로, 이 개입 역시 집단/팀 수준에 초점을 두고 있다. 과정 자문은 실제로 자문의 철학이면서 동시에 조직개발 개입이기도 하다. 자문의 철학으로서 과정 자문은 조직이 자신의 문제와 해결책이 무엇인지 스스로 찾을 수 있도록 도와주는 컨설턴트의 역할을 강조한다. 이렇게 함으로써 실제로 행해진 것이 '무엇인지'보다 '어떻게' 일이 처리되는가(즉 과정의 문제들)를 더 강조한다. 이 글을 읽는 독자들이 자문의 철학으로서 과정 자문에 대해 더 많이 배우고자 한다면, 이에 대한 Edgar Schein의 다양한 저술을 읽어 보길 권한다(Schein, 1987, 1998).

과정 자문은 또한 컨설턴트가 활용할 수 있는 일련의 일반적인 개입을 제시하고 있다. 이러한 개입들이 반드시 집단환경에만 적용되어야 하는 것은 아니지만, 주로 집단의 맥락에서 사용된다. Schein(1987)은 개입이 고객에게 얼마나 직면적인가의 차원에서 개입을 분류하였다. 컨설턴트가 이용할 수 있는 직면이 가장 낮은 개입 방법은 **탐색적 조사**(exploratory inquiry)이다. 예를 들어, 과정 컨설

참고 13.4

비서구 문화권에서의 팀 빌딩

이 장에서 제시했듯이, 대부분의 팀 빌딩 연구는 미국과 같은 서구 문화권에서 진행됐다(Lacerenza et al., 2018). 예를 들어, Dov Eden은 이스라엘 국방군에서 팀 빌딩 개입을 평가한 매우 유명한 연구를 실시했다(Eden, 1985). 전반적으로 보면, 팀 빌딩과 기타 조직 발전 개입이 비서구 국가에서 효과적인지에 대한 팀 빌딩 문헌에는 큰 공백이 있다.

Ng과 동료들(2012)은 중국 조직에서의 팀 빌딩 과정에 대한 흥미롭고 통찰력 있는 논의를 제공한다. 그들은 팀 빌딩이 문화 특수적인 것이라고 제안한다. 예를 들어, 서구 문화권에서 팀 빌딩은 업무 설계, 목표 설정과 같이 과업 관련 문제에 초점을 맞춘다. 반면에 대인관계적 이슈는 그다지 강조되지 않는다. 그러나 중국 조직의 팀 내에서는 신뢰와 대인 유대감이 수행의 핵심 요인이라고 짚고 있다. 그러므로 서구권 조직과 비교했을 때 중국과 동아시아 국가들에서 실시하는 팀 빌딩은 대인관계 이슈에 좀 더 초점을 맞출 것으로 예측된다.

이 연구에서 강조된 또 다른 차이점은 신념과 가치관의 다양성이 중국 팀 내에서는 수행과 부적으로 관련 있다는 점이다. 반면 서구권 조직에서 이는 전형적인 강점으로 생각된다. 이러한 차이는 또 한 번 중국 팀에서는 강하고 긍정적인 대인관계가 중요함을 시사한다. 결과적으로, 이 부분이 팀 빌딩 개입의 초점이 될 것이다.

요약하자면, 팀 빌딩은 매우 유용한 조직개발 개입 기법이며, 다양한 문화 맥락에서 긍정적인 효과를 보여준다. 그러나 문화적 차이가 팀 빌딩 개입의 초점을 어디에 두느냐에 큰 영향을 미칠 것이다. 다수의 조직이 현재 다국적 기업이기 때문에, 팀 빌딩의 효과에 대한 교차문화적 연구가 더욱 필요함이 명백하다.

출처 : Eden(1985), Lacerenza et al.(2018), Ng et al.(2012).

턴트는 집단에게 "지난 몇 달 동안 일이 어떻게 진행되어 왔습니까?" 혹은 "집단의 성공을 위해 중요하다고 여기는 것을 몇 가지만 말해 주시겠습니까?"라고 질문할 수 있다. 탐색적 조사는 종종 프로세스 컨설턴트에게 매우 유용한데, 이는 조직이나 팀이 직면할 수 있는 문제에 대한 필수 정보를 제공해 주기 때문이다. 컨설턴트는 이러한 문제에 대해 거의 알지 못할 수 있다. 또한 이는 조직이나 팀이 조직적 또는 팀의 성공에 방해 요소로 작용할 수 있는 것들을 되새기고 회상하도록 한다.

Schein(1987, 1998)이 제시한 두 번째 일반적인 개입 유형은 **진단적 개입**(diagnostic intervention)이다. 비록 과정 컨설턴트가 탐색적 조사 단계보다 더욱 초점을 맞춘 질문하더라도 과정 컨설턴트는 고객에게 무엇을 해야 할 것인지에 대해 말해 주지 않는다. 만약 집단의 주된 문제가 집단 구성원 간의 비효율적 의사소통이라고 집단이 스스로 판단한다면, 과정 컨설턴트는 아마도 "당신이 속한 집단의 비효율적인 의사소통은 어디에서 비롯되었다고 생각합니까?" 혹은 "의사소통을 향상하기 위해 내가 도울 수 있는 것이 무엇일까요?"라는 질문을 하는 정도일 것이다. 이 집단의 구성원들은 이 질문을 모두 직면적인 것으로 받아들일 수도 있다. 반대로 집단 구성원들은 집단의 문제를 확인하고 그 문제를 해결하기 위해 전문가의 도움을 받을 것인지를 결정하기 위해 집단의 구체적인 측면들에 집중할 것이다.

Schein(1987, 1998)에 의해 제안된 세 번째 개입은 **활동 대안 개입**(action alternative intervention)이다. 이 개입 유형은 고객에게 무엇을 하도록 지시하지는 않지만, 과정 컨설턴트가 집단에게 다음과 같은 질문을 하기 때문에 앞의 두 가지 개입보다 더 직면적인 것이다. "당신은 그 문제에 어떻게 대응했습니까?" 만약 예를 들어, 집단이 그것은 내부의 의사소통 문제이고, 그들의 직무 역할이 이 문제에 영향을 미치는 요소라고 느끼고 있다면, 과정 컨설턴트는 아마도 활동 대안 개입의 입장에서 이렇게 말할지도 모른다. "그 상황을 개선하기 위해 무엇을 해 왔습니까?" 혹은 "만약 역할이 문제라면, 의사소통이 활성화될 수 있는 방향으로 집단 구성원들의 역할을 바꾸어 본 적이 있습니까?" Schein(1987, 1998)이 이러한 질문을 상당히 직면을 유발하는 것이라고 여기는 이유가 무엇인가? 이 질문에 대한 대답의 핵심은 내담자와 컨설턴트의 역할 차이에 있다. Schein에 따르면 자문은 실제로 도와주는 것이 전부이므로, 컨설턴트는 전문적인 도우미이다. 만약 이 개념을 받아들이면, 내담자 조직은 스스로 문제를 해결할 수 있는 능력이 없으므로, 내담자 조직이 도움을 구하는 입장에 있다고 논리적으로 귀결된다. 조직이 도움을 필요로 한다는 생각은 컨설턴트에 비해 조직이 더 의존적이고 낮은 위치에 있다고 간주된 것이다. 따라서 과정 컨설턴트가 "당신은 그 문제에 어떻게 대응했습니까?"라고 물어볼 때, 내담자의 조직은 잘못했거나, 더욱 안 좋아졌거나 혹은 그 문제를 풀기 위해 아무것도 하지 않았다고 말하면서 당혹스러워한다.

개입의 마지막 유형은 Schein(1987, 1998)이 **직면 개입**(confrontive intervention)이라고 하는 것이다. 이 유형의 개입에서 과정 컨설턴트는 문제를 해결하는 방법을 추천하거나 조언한다. 예를 들어, 과정 컨설턴트는 "문제를 해결하기 위해 당신은 왜 ○○을 시도하지 않는가?" 혹은 "나는 당신이 ○○을 시도해 보길 바란다."라고 말할 수도 있다. 이러한 말들은 이전의 세 가지 유형보다 분명히 더 지시적이다. 이런 표현들은 또한 고객들이 자신이 시도했던 기존의 방법들이 틀렸을 수도 있기 때문에 더욱 직면하는 것이다. 이 방법으로 개입하는 것은 앞에서 언급한 내담자와 과정 컨설턴트 간 지위의 차이를 더 크게 만드는 경향이 있다.

Schein(1987, 1998)에 따르면 과정 자문에서 핵심 사안은 탐색적 조사에서 직면 개입까지 유연하고 재빠르게 방법을 달리하여 사용하는 것이다. 많은 컨설턴트가 직면 개입으로 시작하여 그 방향으로 계속 나아간다. 그것은 내담자들이 그렇게 기대하고 심지어 요구하기 때문이다. 많은 조직은 컨설턴트에게 맡기면 자기 조직의 문제에서 손을 떼도 된다고 생각할 만큼 컨설턴트를 현명한 전문가로 여긴다. 불행하게도 매우 뛰어난 컨설턴트라도 어떤 조직에 구체적인 조언을 즉각적으로 할 수 있을 만큼 충분한 정보를 가지고 있기 어렵기 때문에, 문제에서 손을 떼는 것은 종종 역효과를 낳는다. 조직에서의 많은 문제들은 너무 복잡하고 외부의 컨설턴트들이 완벽히 이해할 수 없는 조직의 문화적인 맥락 속에 깊이 박혀 있다.

내담자 조직이 문제에서 손을 떼는 또 다른 이유는 단순히 이것이 컨설턴트를 강화하기 때문이다. 이 책의 두 저자는 조직 구성원들이 그들을 전문가로 여기고, 그들의 조언을 진지하게 받아들일 때 좋은 기분을 느꼈다. 조직 구성원이 조언을 요청하면 컨설턴트는 "당신은 그 문제를 어떻게 생각하십니까?" 같은 말보다 더 구체적인 무언가를 제공하려고 종종 압박을 받는다. 아이러니하게도 컨설턴트가 탐색과 진단 단계부터 과정 자문의 개입 방법을 적용하면, 궁극적으로 내담자 조직에 훨씬 더 많은 도움을 줄 수 있다는 것이다. 그렇게 함으로써 결과적으로 컨설턴트는 즉시적인 직면을 통해 얻는 것보다 그 조직과 조직의 문제에 관한 더 많은 정보를 얻을 수 있다. 따라서 컨설턴트가 조직의 미래에 관해 조언하게 된다면, 이러한 과정 자문 개입 방법을 사용했을 때 훨씬 더 많고 확실한 정보에 기반을 둔 조언을 할 수 있다.

컨설턴트가 탐색과 진단 수준에서 머무르는 것은 내담자 조직의 구성원들이 깊이 생각할 수 있도록 한다는 이점이 있다. 결과적으로 이러한 유형의 개입은 구성원들의 분석과 진단기술을 날카롭게 만들어 궁극적으로 그들의 문제 해결 능력을 개발한다. 비록 고객 조직의 구성원들이 과정 컨설턴트로부터 도움을 받고 있다 하더라도, 그들에게 본질적으로 어떠한 문제가 있든지 간에 그 해결책을 찾아낼 기회가 증가한다. 이것은 내담자 조직의 구성원들이 조직에서 어떤 것은 잘 적용되지만 어떤 것은 그렇지 않다는 것을 컨설턴트보다 더 정확히 알 수 있는 위치에 있기 때문이다.

Schein(1987, 1998)은 일반적인 개입의 유형 분류뿐만 아니라 이에 잘 부합하는 여러 가지 구체적인 개입을 제안했다. 이 구체적인 개입은 〈표 13.1〉에 제시되어 있다. 앞에서 언급한 핵심을 반복하면, 이러한 개입은 집단에 적용하기 위해 구체적으로 설계된 것은 아니지만, 이 개입은 종종 집단의 기능을 향상하기 위해 사용된다. 이러한 개입의 상당수가 매우 단순하고 상당히 빈번하게 사용되지

표 13.1 컨설팅 개입의 과정

개입	구분
1. 적극적 경청	탐색적
2. 역사적 재구조화하기	진단적
3. 구체화하기	진단적
4. 과정 강조하기	진단적
5. 진단적 질문과 조사	진단적, 실행 중심
6. 과정 관리와 의제 설정	직면적
7. 피드백	직면적
8. 내용 제안과 조언	직면적
9. 구조 관리	직면적
10. 개념 투입	잠재적으로 직면적

출처 : Schein(1987).

만, 실제로 이 개입을 조직개발 개입으로 여기지 않는다는 것을 명심하자. **적극적 경청**(active interested listening), **역사적 재구조화하기**(forcing historical reconstruction), **구체화하기**(forcing concretization), **과정 강조하기**(forcing process emphasis), **진단적 질문과 조사**(diagnostic questions and probes)와 같은 용어들은 사람들이 그들의 문제가 무엇인지를 이해할 수 있도록 돕는 방법으로 아주 자주 사용된다.

〈표 13.1〉의 6번에서 10번까지의 항목은 집단 장면에 더 적합한 것으로 설명이 다소 필요하다. **과정 관리 및 의제 설정**(process management and agenda setting)에서 과정 컨설턴트는 어떻게 집단 미팅이 수행되어야 하는가 혹은 어떻게 의제가 구성되어야 하는가에 관한 의견을 제시할 수도 있다. 이러한 개입은 상당히 직면적임에도 불구하고 많은 도움이 된다. 예컨대, 저자 중 한 명이 수년 동안 집단 미팅에서 관찰한 문제 중 한 가지는 집단의 시간 관리가 서투르다는 것이다. 즉 그 집단은 미팅이 진행되는 동안 단지 1~2개의 의제만을 통과시키는 것 같다. 이러한 문제를 다루는 한 가지 방법은 미팅의 의제를 설정하고 각 의제에 일련의 시간을 할당하는 과정이 매우 체계화되어야 한다는 것이다.

피드백을 제공하는 것 또한 어쩌면 직면을 불러일으키는 개입이지만, 이것 역시 집단에 상당히 유용할 수도 있다. 집단의 미팅을 참관하는 과정 컨설턴트는 집단이 어떻게 기능하고 있는지에 대해 많은 것을 볼 수 있다. 아마도 가장 눈에 띄는 것은 집단의 의사소통 방식일 것이다. 의사소통이 매우 형식적인가, 아니면 집단의 구성원들은 발언 도중 누가 불쑥 끼어들어도 불편함을 느끼지 않는가? 집단의 모든 회원이 의사소통하는가, 아니면 한두 명의 집단 구성원이 토론을 지배하고 있는가? 만약 집단의 토론이 목소리가 큰 몇 명의 구성원에 의해 지배된다면, 컨설턴트가 이것을 지적하는 것은 상당한 직면을 가져오는 것이다. 만약 이러한 행동 양상이 집단의 다른 문제들을 시사하는 것이라면 이러한 직면을 더욱 경험할 것이다. 이러한 유형의 피드백은 직면을 발생시키지만, 집단은 이것을 해프닝으로 인식할 수도 있으므로 아마도 상당히 유용할 수 있다.

컨설턴트가 **내용 제안 및 조언**(content suggestions and recommendations)을 제시할 때, 더 지시적이고 직면을 유발한다. 예를 들어, 과정 컨설턴트는 작업집단에게 미팅이 거의 끝날 무렵 집단의 구성원들이 집단이 기능하는 방식에 관해 자신들이 가지고 있는 우려나 관심사를 토론하도록 시간을 할당하라고 권고할 수도 있고 또한 팀 미팅의 빈도에 대한 권고도 있을 수 있다. 과정 컨설턴트는 한 달에 한 번 미팅하는 집단에게 한 달에 두 번 미팅하라고 제안할 수 있다. 이 유형의 개입은 잠재적으로 직면을 유발하는 것인데, 비록 과정 컨설턴트가 그것들이 잘못 행해져 왔다고 명백하게 말한 것은 아니더라도, 그 집단에 제시한 권고는 이러한 의견을 함축하고 있을 가능성이 있기 때문이다. 회의 빈도를 늘리도록 권장하는 것은 과거에는 잘못하고 있었다는 점을 시사하기 때문이다.

구조 관리(structure management)에서 과정 컨설턴트는 집단의 직무 설계와 집단이 직무를 수행하는 방식에 대해 조언할 수 있다. 예컨대, 집단 구성원 개개인들이 상당히 특수화된 업무를 수행하면, 컨설턴트는 업무의 의미감을 증가시키기 위해 업무를 결합하도록 권고할 수도 있다. 이것은 또다시 잠재적인 직면이다. 왜냐하면 과정 컨설턴트는 내담자가 제안한 문제가 아니라 컨설턴트 자신이 제안한 문제에 대한 해결책을 내담자에게 수용하도록 지시하기 때문이다.

〈표 13.1〉에 열거된 마지막 개입은 **개념 투입**(conceptual inputs)이다. 이것은 과정 컨설턴트들이 집단 관련 개입을 하는 동안 이에 적절한 개념 재료를 제공하는 방법이다. 예를 들어, 한 집단의 효율성 향상을 도와주고 있는 컨설턴트는 그 집단에게 집단 효율성의 모델(예 : Kozlowski & Bell, 2013)이 담겨 있는 20분짜리 '강의'를 제공할 수 있다. 그러나 개념 투입이 매우 유용할지라도 만약 이것을 과잉 사용한다면 오히려 역효과를 낳을 수 있다. Schein(1987, 1998)은 개념 투입이 집단 과정의 약점을 드러내는 것이면 집단 구성원에게 직면을 경험하게 한다고 하였다. 예를 들어, 집단이 의사결정을 할 때 열린 의사소통과 수준 높은 토론이 허용되지 않는다면, 비록 과정 컨설턴트가 집단사고(groupthink; Janis, 1982)에 대한 간략한 조언만 하더라도 그 집단은 상당한 불편함을 느끼게 될 것이다. 열린 토론과 의사소통이 결여되면 집단사고의 중요한 두 가지 문제를 겪게 된다고 언급한 제11장을 회상해보라.

과정 자문이 효율적이라는 경험적인 증거는 거의 없다. 그러나 전통적인 자문의 형식과 대조적인 이 방법은 많은 장점이 있다. Schein(1987, 1998)은 다음과 같이 지적했다. 조직은 어떤 것이 '옳지 않다'는 것을 알지만, 그 문제가 발생한 원인이 무엇인지 확신하지 못한다. 그러므로 조직과 작업집단에게 그러한 문제가 무엇인지, 그 문제를 어떻게 하면 잘 해결할 수 있는지에 대한 도움과 조언이 필요하다. 과정 자문은 이러한 상황에 이상적이다. 왜냐하면 이 모델에 숨겨진 주요한 철학은 내담자에게 문제가 있고, 문제의 해결책을 가장 잘 아는 사람이 바로 내담자라고 가정하기 때문이다.

조직 전반에 대한 통합적 개입

조직 전체를 대상으로 하는 개입은 여러 가지 이유로 점차 대중화되고 있다. 예를 들면, 전체 조직이 변화에 대한 노력에 참여할 때 조직 변화가 가장 잘 일어나고 유지된다(Austin & Bartunek, 2003, 2013). 또한, 오늘날 경영환경에서 변화가 빠르게 이루어지므로 많은 조직은 집단과 개인을 위한 다양한 개입을 원하지 않고, 전체적인 조직의 변화를 용이하게 하는 개입을 기다린다.

가장 널리 사용되는 조직 전반의 개입은 조사 피드백이다. 전형적인 조사 피드백 프로그램에서는 모든 구성원에게 설문조사를 시행한다. 설문지에서는 태도, 조직 분위기에 대한 의견, 관리에 대한 의견, 조직의 효율성 수준에 대한 의견 등과 같은 문제들을 물을 것이다. 설문이 시행되고 회수된 후, 도표로 결과를 정리하여 작업집단 내의 직원들에게 보낸다. 많은 조직개발 전문가들 혹은 서비스의 일부로 컨설팅을 제공하는 전문가들이 설문 피드백을 활용한다.

대부분의 조직 변화 개입처럼 조사 피드백 개입이 수행되는 방식은 조직과 컨설턴트에 따라 다양하다. 컨설턴트가 직원들을 무선으로 표집한 후, 개인 면접과 초점 집단 면접을 수행하는 것이 일반적이다. 이 면접으로부터 드러난 주제에 대해 설문 항목들이 개발된다(예 : Church & Oliver, 2006). 다른 컨설턴트들은 그들만의 표준화된 도구를 가지고 있을 수도 있다. 표준화된 도구를 사용하는 것은 유사 직종이나 유사 지역에 있는 다른 조직들과 조사대상인 조직의 결과를 비교할 수 있는 것이 장점이다. 이러한 유형의 설문 도구는 설문 항목들이 특정한 조직에는 적절하지 못하여 구성원들에게 중요한 많은 문제를 놓칠 수 있다.

비록 설문 개발이 중요할지라도, 피드백 과정은 조사 피드백의 핵심 부분이므로 이는 조직 변화를 가져온다(Burke, 2006). 그러므로 이에 대해 좀 더 구체적인 논의가 필요하다. 조사 피드백에서는 **양동이에서 물이 흐르는 절차**(trickle-down procedure)에 따라 결과가 조직의 모든 구성원에게 피드백된다. 우선 조직의 최고경영층이 조사 결과를 처음으로 피드백 받는다. 이어서 최고경영층은 그들의 직속 부하와 함께 자료를 공유한다. 이 과정은 조직의 모든 구성원에게 조사 결과가 공유될 때까지 반복된다. 이러한 피드백 과정 때문에 조사 피드백은 전반적 조직 개입이 되며, 조사 피드백이 조직 장면에서 수행된 수많은 의견 조사와 구별되는 점이다. 예를 들면, 컨설턴트가 조직 구성원에게 설문을 수행하고 최고경영층을 위해 요약된 보고서를 준비하는 것으로 마친다면 이것은 진정한 조사 피드백이 아니다.

조사 피드백이 효과적인 조직 변화 개입이라는 연구가 있으며(예 : Neuman et al., 1989; Wiley & Campbell, 2006), 몇 가지 조직 변화 개입을 비교했을 때 조사 피드백이 가장 효과적이다(Bowers,

1973). 조사 피드백이 효과적이라는 또 다른 증거도 있다. 피드백 과정에 영향을 미치는 좀 더 구체적인 요소들을 조사한 연구도 있다. 예를 들면, S. Klein과 동료들(1971)은 다음과 같은 사실을 발견했다. 구성원들은 피드백이 그들의 관리자에게서 오고 그것이 그들의 실제 작업집단과 가장 관련이 있다고 인식할 때 피드백에 민감한 반응을 보였다. 이로 인해 많은 조사 피드백 개입에서 결과가 두 가지 유형으로 구성원에게 피드백된다 : (1) 전체 조직의 의견을 보여주는 자료, (2) 소속 집단의 의견을 보여주는 자료. 그러나 조직 내 대다수 직원이 설문조사를 완료해야만 수집된 데이터가 유용하다는 점을 명심해야 한다. 따라서 설문이 사용될 때 비응답에 대한 평가도 중요하다(Rogelberg & Stanton, 2007).

조직 전반의 개입의 두 번째 방법은 조직의 구조를 변화시키는 것이다. 조직은 조직의 구조에 관한 한 많은 선택권을 가지고 있으며(McKenna & Wright, 1992), 구조 변화의 배후 근거는 상당히 단순하다. 만약 조직 내의 모든 부서가 재구조화된다면, 직원들은 선택의 여지 없이 최소한 몇 가지 변화에 참여할 수밖에 없다. 그러나 불행하게도 구조적 변화 때문에 유발되는 변화는 궁극적으로 '진짜처럼 보이는(pseudo)' 변화일 뿐이다. 만일 구조에서의 변화가 직원들의 행동 변화를 유발하지 않는다면, 이것은 비효율적인 조직개발 방법일 수밖에 없다. 예컨대, 만일 조직이 팀 기반 구조로 변화한다 하더라도, 직원 개개인이 계속해서 주로 자신들의 이해에 따르는 행동을 한다면, 이것은 의미 있는 조직 변화로 이어지지 않을 것이다.

광범위한 조직 변화를 촉진하는 또 다른 일반적인 방법으로 적극적으로 미래나 업무를 새로 설계하거나 조직 내 모든 업무에 반영하는 대규모 집단 방법이 있다(Bartunek et al., 2011). 미래를 적극적으로 창조하는 방법의 예시로 **미래 연구**(Future Search)가 있다. 이는 3일에 걸친 회의로 진행되며, 전체 조직 체계의 대표들이 미래에 대한 비전을 수립하는 것을 돕게끔 설계된다. 이 일반적인 모델은 또한 **참여 설계**(Participative Design)라는 업무 설계를 촉진하기 위해서도 사용된다. 이는 미래 연구와 매우 비슷한 형태를 띠지만 종업원들이 설계 과정에서 민주적으로 참여하며, 스스로 업무에 대한 통제력을 지니는 데 강조점을 둔다. 끝으로 대규모 참여를 촉진하기 위해 설계된 개입의 예시로는 개방적 공간 기술(Open Space Technology)이 있다(Owen, 2007). 이 개입은 특히 조직의 모든 구성원을 포함하며, 일부 경우에는 서로 다른 기능 분야의 대표들로 구성된다. 이 과정은 기본적으로 조직 구성원들에게 중요한 이슈를 토론할 기회를 제공하고, 조직의 다른 구성원들로부터 그들의 중요한 이슈가 무엇인지 듣는다. 이 개입의 기본 아이디어는 이러한 토론이 더 깊이 있는 토론과 궁극적으로는 변화에 대한 자극이 될 것이라는 점이다.

가장 통합적인 조직 변화 방법은 아마도 **학습형 조직**(Learning Organization)일 것이다. 이 개입은 **학습하는 조직**(The Fifth Discipline)이라는 베스트셀러의 저자이자 경영 컨설턴트인 Peter Senge(1990)의 저술에 기초한다. 이 개입의 기본 아이디어는 조직 변화를 이끄는 첫 번째는 학습이라고 보는 것이다. 즉 만약 조직이 학습 능력을 키운다면, 이는 조직의 적응과 변화 능력도 높일 것이다. Senge는 학습은

표 13.2 Senge의 5개 규율

Senge의 5개 규율	
규율	**정의**
1. 시스템적 사고	세상에 대한 상호의존성과 패턴을 잘 이해하기 위해 학습
2. 개인적 숙련도	개인의 비전을 명확히 하고 평생학습과 지속적 도전에 대한 헌신
3. 멘탈 모델	자신이 가진 세상에 대한 표면적이거나 깊이 뿌린내린 가정에 대해 성찰하고 질문할 수 있는 기술을 개발
4. 공유된 비전	우리가 도달하고자 하는 미래의 공동 비전을 창출하고 도달하기 위한 원칙을 개발
5. 팀 학습	대화와 숙련된 토론을 통해 개인의 통찰력을 극대화하고, 팀 내 상호작용 패턴을 인식하여 학습을 저해하는 요소를 파악

〈표 13.2〉에 설명한 것과 같이 다섯 가지 '규율'을 통해 촉진되며, 많은 개입 방법이 이 규율을 달성하기 위한 목표를 갖고 있다고 제안한다.

Senge의 책이 거의 35년 전에 출판되었음에도 불구하고, 그의 아이디어는 직관적으로 매우 매력적이며 여전히 조직 변화를 원하는 조직들 사이에서 큰 영향력이 있다(Hsu & Lamb, 2020 참조). 그러나 이 철학을 받아들이지 않은 조직이 특히 학습 조직으로의 전환을 시도하는 것은 매우 어렵다. 게다가, Senge의 아이디어는 매우 적은 경험적 검증을 받았다(Pedler & Burgoyne, 2017).

조직 변화의 성공을 위한 필수조건

지금까지 조직개발의 정의와 이 분야의 이론적 배경을 다루었고 더 흔히 사용되는 조직개발 개입에 대하여 설명하였다. 이 절에서는 조직개발 과정에 초점을 맞추어보겠다. 좀 더 구체적으로, 조직 변화나 개발 개입에 성공적으로 영향을 미치거나 혹은 미치지 않을 수도 있는 4가지 조직 요인에 대해 알아보겠다. 여기에는 최고경영진의 지원, 조직개발 과정을 안내하는 컨설턴트, 변화에 대한 저항, 그리고 이러한 변화와 개발과정에 대한 조직의 주인의식이 있다.

최고경영진의 지원

조직 현장에서 조직개발이 성공하기 위한 가장 결정적인 요인은 최고경영진의 지원이다. 다시 말해 최고경영진의 지원이 없으면 그것은 바로 실패를 보장하는 것이다. 따라서 조직개발 프로그램이 성공적인지 아닌지를 구분하는 데 최고경영진의 지원 여부가 핵심 요인이라는 점은 놀랍지 않다. 이 절에서는 최고경영진의 지원이 조직 변화를 성공시키는 데 이토록 중요한 이유가 무엇인지 살펴보자.

최고경영진의 지원이 중요하다는 것을 뒷받침하는 아주 실제적인 한 가지 이유는 최고경영자가 조직의 자원을 전체적으로 통제하기 때문이다. 조직 변화와 개발 프로그램에는 비용이 많이 들기 때문에 이 점은 매우 중요하다. 외부 자문업체에 의뢰하면 그 비용을 지불해야 하는 부담이 있을 뿐만 아니라, 조직 변화와 개발 프로그램을 위해 직원들이 많은 업무시간을 할애해야 한다. 직원들의 업무시간은 한정된 자원이므로, 조직개발 활동을 위해 참여하는 시간에는 직원들이 제품을 생산하거나 고객을 응대하거나 또는 조직의 미션을 수행하기 위한 다른 일들을 하지 못하게 된다. 만약 최고경영진이 조직개발을 위해 업무시간을 할애하는 것을 감수하지 않는다면 그 개발 활동은 실패하고 말 것이다.

최고경영진의 지원이 중요한 또 다른 이유는 대부분 조직에서 최고경영진이 조직의 전략적 방향을 결정하기 때문이다. 조직은 아무렇게나 변화하지 않고 논리적인 이유가 있어서 변하는 것이 보편적이다. 최고경영진의 참여와 지원을 통해 조직의 변화에 방향성이 부여된다. 이러한 참여 없이 조직의 변화를 위해 노력한다면, 변화가 진행되기는 하겠으나 아마도 비생산적인 결과를 초래할 가능성이 있다.

최고경영진의 지원이 중요한 마지막 이유는 상징적 가치 때문이다. 조직 구성원들은 최고경영진과 강한 개인적 유대감을 느끼지 않을지라도 그들을 모범으로 삼는다. 최고경영진이 조직개발 노력을 소홀히 하면, 구성원들에게 조직개발 프로그램이 중요하지 않은 것으로 비춰질 수 있다. 반대로, 최고경영진이 열정적으로 조직개발에 참여하면, 이 모습은 구성원들에게 조직의 노력이 중요하며 그들도 이에 동조해야 한다는 메시지를 간접적으로 전달하는 것이 된다.

컨설턴트의 과정 조율

많은 학생이 조직개발 컨설팅 업무에 대해 높은 연봉과 흥미로운 직무, 잦은 해외 출장의 기회가 있는 멋진 직업이라는 환상을 갖고 있다. 물론 일부는 사실이지만 조직개발 컨설팅은 매우 힘든 직업 중 하나이다. 온종일 수도 없이 회의에 참석해야 하며, 필요한 고객과 만나기 위해 출장을 가고, 면담 내용을 요약하고, 설문조사 결과를 정리해야 한다. 이 모든 일을 수행하자면 신체적, 정신적으로 진이 빠진다. 또한, 컨설턴트는 끊임없이 그들의 행동에 윤리적 문제가 없는지 주의해야 한다.

조직개발 컨설턴트는 조직 변화 프로그램의 성공 여부에 강한 영향을 끼친다. 조직개발에 관련된 전문적 기술을 가진 컨설턴트는 고객이 초기에 조직개발의 효과가 있을지에 대해 확신을 갖지 못하더라도, 이를 성공으로 이끌 확률을 확실하게 높일 수 있다. 반대로 조직개발에 대한 훈련을 충분히 받지 못한, 기술이 부족한 컨설턴트는 조직개발 프로그램이 실패할 확률을 오히려 더 높일 수 있다.

조직개발 컨설턴트의 중요성을 알고 나면 자연스레 다음과 같은 질문이 생긴다. 그럼 "효과적인 조직개발을 이끄는 컨설턴트의 비결은 무엇인가?" 대답하기 어려운 질문이나 컨설턴트의 성공은 그의 기술과 성향이 고객 조직의 특징과 잘 조화되느냐에 달려 있다. 컨설턴트가 어떤 조직에서는 큰 성공을 거두었지만 다른 조직에서는 씁쓸한 참패를 맛보게 되는 것이 바로 이 때문이다. 이처럼 상황에 따라 결과가 달라지기도 하지만, 성공적인 컨설턴트에게 나타나는 일련의 특징을 정리할 수 있다.

그 특징 중 하나는 이 책의 독자들도 당연하다고 여길 수 있는 것인데, 컨설턴트는 조직개발, 특히 조직행동에 대해 잘 정리된 지식기반을 갖추고 있어야 한다는 점이다. 이것이 중요한 이유는 컨설턴트는 조직의 행동 과정을 관찰해야 하고, 이 관찰에 기초하여 조직개발 개입에 대해 자문을 하기 때문이다. 이러한 지식은 종종 산업 및 조직심리학 과정이나 조직개발 혹은 관련 분야(예 : 조직행동, 인적자원관리)의 대학원 수업 과정을 통해 얻는다. 또한, 컨설턴트는 대학 교육 이후에도 수년 동안 연수원이나 인력개발부서의 근무를 통해 혹은 평생교육을 통해 이에 관한 지식을 습득한다. 이 장의 실무자 소개에서는 Sandy Fiaschetti 박사를 소개한다. 그녀는 산업 및 조직심리학을 전공하고 조직과의 협력을 통해 다양한 교육과 경험을 쌓았다.

실무자 소개

SANDY FIASCHETTI 박사

나는 일반적으로 산업 및 조직심리학에 우연히 뛰어들게 된 전형적인 사례다. 미시간대학교 디어본 캠퍼스에서 학부생으로 공부하던 중(그 유명한 학교에도 통학 캠퍼스가 있다. 그리고 15살에 대학을 시작하게 되면 부모님은 이곳에 가라고 말씀하신다!), 여름에 심리학 수업이 필요했고, 새벽에 일찍 시작하는 걸 원치 않아서, '오전 11시에 시작하는 I-O 심리학 소개'라는 매우 흥미로운 과목에 등록했다. 이 과목이 대체 무엇인지 궁금했다. 그 학기에 나는 졸업 후 법대가 아니라 I-O 심리학 석사 과정에 진학하기로 결정했다. 그리고 그렇게 경력이 시작되었다.

웨인주립대학교에서 일반적인 교육과정을 공부했지만, 특히 선발, 통계(다른 사람들이 그렇듯이 통계를 사랑할 수 있는 만큼), 그리고 성과 평가를 좋아했다. 내 동료인 밥과 나는 자격시험을 준비할 때 "내가 I 부분을 너를, 네가 O 부분을 나를 도와주는 거야"라는 약속을 했다. 내 인턴십과 첫 직장은 주로 선발 시스템 개발과 성과 관리 시스템 그리고 면접관과 평가자 교육에 집중했다. 그래서 크라이슬러의 고객이 내부 직무를 고려해보라고 전화를 주셨을 때, 나는 "글쎄요, 아마도 다른 사람을 의미하신 걸까요? 저는 그런 일은 하지 않아요."라고 정말로 말했다. 그는 현명하게도 나를 특정 분야에 국한하지 말라고 했고, 특히 나의 경력 초반에 이 직무를 고려해보라고 조언했다.

그다음으로 알게 된 것은 크라이슬러의 조직 발전 부서에서, 감사조사와 Peter Block의 방법론, Peter Senge 등에 관해 이야기하고 배우는 일이었다. 사람들이 자신의 관점을 공유하기 위해 말하는 돌을 전달하곤 했다. 이 모든 것이 나에게는 낯설고 솔직히 말해서 감정적이었다. 그러나 결국에는 내 업무가 직원 참여 설문 및 실행 계획, 경영진 코칭, 그리고 팀 효과성으로 변화되었다. 그 이후로는 뒤돌아보지 않고 리더십, 조직 문화, 팀을 중심으로 한 나머지 경력을 쌓아왔으며, 여기에는 선발 시스템 설계와 교육도 포함되었다. 즉 내 'I'와 'O'의 중요도가 변화한 것이다.

나의 경력 중반은 산업 및 조직심리학 컨설팅 기업에서, 그리고 자동차 산업 및 그 이후에는 사모 투자 기업에서 보냈다. 이 분야가 낯선 사람들에게 말하자면, 모든 사모 투자 기업이 기업 탈취자는 아니다. 대부분은 사유화된 기업에 자본을 주입하여 그들이 성장할 수 있도록 돕는 데 중점을 둔다. 그리고 그들이 성장하는 데 중요한 부분은 사람들과 시스템의 능력을 향상시키는 것이다. 다시 말해, 재미있는 I-O 작업을 하는 것이다!

사모펀드에서 일할 때 컨설팅을 그리워했고, 사모 투자 기업 및 그들의 중소기업이 내가 속한 회사처럼 I-O 심리학 분야의 내부 전문 지식을 갖추지 못했다는 점을 알아보았다. 이러한 다른 회사들과 기업들이 I-O 서비스에서 혜택을 받을 수 있을 것이다. 그래서 내 현재 회사인 Lodestone People Consulting은 특히 사모 투자 기업과 그들의 포트폴리오 회사를 위해 설립되었다.

Lodestone에서는 여섯 가지 주요 서비스를 제공한다 : 경영진 평가(선발 또는 개발을 위한), 리더십 개발(개인 및 그룹), 팀 효과성(경영진 워크숍, 다른 사람들과 어떻게 잘 지낼 것인가 등), 문화 및 참여(설문조사, 타운홀 디자인 등), 인적 자본 프로세스 최적화(대부분 선발 시스템 작성). 그래서 우리는 'I'와 'O'를 혼합하여 제공하지만 조직 발전 업무에 더 많은 중점을 둔다.

나의 조직 발전 분야에서의 첫 역할로부터 배운 가장 큰 두 가지 교훈은, 첫째로 내 분야를 한두 가지로 국한하지 말아야 한다는 것이고, 둘째로 심리 측정 및 다른 학문적 교육이 중요하지만, 엄격한 학문적 훈련을 모든 점에 걸쳐 강요하지 말아야 한다는 것이다. 비즈니스 세계는 우리가 엄격하게 학문적 교육을 강조할 때 문자 그대로 기다려주지 않는다.

Sandy Fiaschetti 박사는 Lodestone People Consulting의 창립자이자 매니징 파트너다. 그녀의 컨설팅 경험에는 평가, 선발, 인재 개발과 관리, 경영진 코칭, 팀 개발, 기업 설문조사, 그리고 보상 및 혜택이 포함된다. 그녀는 여러 사모 투자 이벤트에서 발표를 하였으며, 특히 I-O 심리학자들이 사모 투자 기업에서 할 수 있는 일에 관심을 가지고 있다. 그녀는 1997년 웨인주립대학교에서 박사 학위를 받았다.

지식 외에 고객 조직과 성공적인 컨설팅 관계를 구축하는 데 필수적인 여러 가지 기술이 있다. 아마도 컨설턴트에게 요구되는 가장 기본적인 기술은 경청(active listening)일 것이다. 특히 조직과 처음 접촉할 때 가능한 많은 정보를 수집하여 참고하는 것이 중요하다. 적극적으로 경청하는 것만으로도 왜 그들이 조직 변화 프로그램에 투자하고자 하는지 알 수 있다. 조직의 구성원들이 그들의 역사와 문화를 설명할 때 잘 들어 둠으로써 역사적 혹은 문화적 맥락에서 문제점과 해결책을 찾을 수도 있다.

잘 갖추어진 의사소통능력이 컨설턴트에게 또한 중요한데, 의뢰 고객의 구성원들과 언어적 의사소통을 통해 대부분의 자문 활동이 이루어지기 때문이다. 물론 가끔은 다른 방식의 의사소통 능력이 필요하기도 하다(예 : 문장이나 비언어적 소통). 컨설턴트는 고도의 기술을 가진 의사소통자가 되어야 하는데, 이는 고객과의 의사소통 중 대부분이 문제와 과정 문제에 대한 피드백을 주고받는 형식을 취하기 때문이다. 만약 조직이 성공적으로 변화하려면 컨설턴트의 피드백이 구성원들에게 자주 제시되어야 하며 그들에게 쉽게 이해될 수 있어야 한다.

조직개발 컨설턴트는 또한 연구방법론과 자료 처리 기법이 익숙해야 한다. 조직개발 컨설팅은 거의 항상 고객에 대한 경험적 자료를 수집하여 그것을 분석하며 고객 조직이 쉽게 이해할 수 있도록 그것을 요약해야 한다. 컨설턴트가 자료를 수집하고 분석하는 최소한의 기술도 없다면, 이에 능통한 컨설턴트에 비해 상당히 불리하다. 자료 분석 기술이 부족한 컨설턴트는 정확하지 않고 엄격하지 않은 방법으로 자료를 모을 것이고, 궁극적으로 조직을 변화시키려는 노력의 질도 떨어질 수 있다.

지식과 기술 이외에도 조직개발 컨설턴트가 갖추어야 할 중요한 자질이 있는데 이것은 다소 무형의 특성들이다. 예를 들면, 어떤 유형의 컨설턴트든지 매우 강한 윤리의식이 요구된다. 컨설턴트는 자신의 자문 내용에 확신이 적더라도 불가피하게 자신감 있게 발언할 수도 있고, 때에 따라서는 자신의 자문 내용이 조직 구성원에 의해 정치적으로 악용되는 것을 눈치챌 수도 있다. 이러한 상황은 높은 수준의 윤리기준을 요구하는 어려운 상황이다. 또한, 컨설팅 과제를 받아들이기 전에 컨설턴트가 고객에게 이러한 기준을 분명하게 미리 말하는 것 역시 중요하다.

조직개발 컨설팅에 중요한 다른 무형의 특성은 융통성이다. 효과적인 컨설턴트는 조직과 그 조직의 문제를 특정 이론이나 선호하는 개입 방식이 아니라 있는 그대로의 모습으로 바라볼 줄 아는 융통성이 있다. 이러한 융통성은 컨설턴트로 하여금 어떤 조직의 문제가 자신의 기술과 전문성에 합치되지 않는다고 결론짓게 만들 수 있고, 결과적으로 그런 고객의 자문 요청을 수락할 수 없게 되어 자신의 수입이 줄어드는 결과를 초래할 수도 있다. 그러나 장기적으로 볼 때 이런 경우는 컨설턴트로서의 신용을 얻는 것이다. 융통성은 하나의 문제를 여러 가지 측면에서 조망하여 가끔은 자신이 틀렸다는 것을 인정하게 만든다. 만약 컨설턴트가 진단한 문제의 원인이나 자문의 내용이 결과적으로 옳지 않았다고 판단되면, 컨설턴트는 그 실수를 인정하고 이로부터 학습하는 융통성이 있어야 한다.

조직개발 컨설팅에 필수적인 마지막 무형의 요소는 신용이다. 컨설턴트가 어떻게 조직으로부터 신용을 얻고 유지해 나갈까? 조직이 컨설턴트와 계약을 체결할 때, 조직은 종종 컨설턴트의 학위증명서나 경력증명서, 그들이 집필한 영향력 있는 저서 등을 확인한다. 이런 경우 조직은 분명 컨설턴트에 대해 긍정적인 시각을 갖고, 컨설턴트의 능력에 대해서도 긍정적인 기대를 가지지만, 이것으로 컨설턴트가 신용을 얻는 것은 아니다. 왜냐하면, 신용이란 것은 자신의 경력 기록에 존재하는 것이 아니라 작업 이후에 얻는 것이기 때문이다. 신용은 조직과 컨설턴트가 오랫동안 상호작용을 한 후 얻어진다.

아마도 신용을 결정하는 가장 중요한 요인은 컨설턴트가 그들이 한 약속을 잘 이행했는가에 달려 있을 것이다. 컨설턴트가 직원에게 이야기할 때 자신 있게 말하는가? 그 정보에 대해서 정말 확신을 갖고 자신 있게 말하는가? 컨설턴트가 조직에 보고할 때, 종업원 태도 조사 결과를 요약한 보고서는 일정을 지켰는가? 그 보고서는 제 날짜에 또는 그보다 일찍 전달되었는가? 고객 조직에 일정액의 프로젝트 비용을 제시하고, 컨설턴트는 그 금액만큼 청구했는가? 이런 질문들은 그냥 추측해 본 예일 뿐이지만, 신용을 깎을 수도 있다. 컨설턴트는 자신이 고객 조직의 기대에 부응하고 있는지를 수시로 점검할 필요가 있다(효과적인 컨설턴트 되기에 대한 더 많은 정보는 Hensen et al., 2023 참조).

변화에 대한 일반적인 저항

인간은 기본적으로 습관의 동물이며 반복되는 일상 속에서 친숙함과 편안함을 추구한다. 결과적으로 변화를 모색하는 것은 큰 우려와 불안을 가져다준다. 직장에서도 이러한 일반적 원칙이 분명 적용된다. 제12장에서 다루었듯이 조직 내부의 사람들은 반복되는 패턴을 형성하고 행동을 습관화하며 이것은 조직의 문화에 깊숙이 배어든다. 행동이 한 번 뿌리박히면 그것을 바꾸기 어렵다. 그 변화가 긍정적인 것이라고 해도 바꾸는 것은 어렵다. 변화에 대한 두려움은 변화로 인해 부정적 결과를 초래할 것이라는 믿음과 예측할 수 없는 결과에 대한 막연한 두려움에서 생긴다. 달리 말하면, 조직 변화는 종종 직원들에게 스트레스 요인으로 인식되며(제7장 참조), 그 결과 변화가 직원들의 건강과 복지에 해로운 요소로 인식된다.

조직은 그동안 변화에 대한 저항을 완전하게 제거하지 못했다. 조직이 할 수 있었던 것은 잠재적인 저항을 줄임으로써 조직의 변화를 시도하는 것이었다. 저항을 줄이는 한 가지 방법은 조직이 변화를 실행할 때 구성원들에게 참여의 기회를 제공하는 것이다. 지난 70년간 Coch와 French(1948)가 보여주었듯이 구성원들은 조직의 변화에 참여할 기회가 있을 때 변화를 훨씬 더 잘 수용하였다. 조직 변화를 독재적으로 유도하는 방법은 참여를 유도하는 방법보다 쉽고 빠르게 진행된다고 생각할 수 있으나, 장기적으로 변화가 구성원들에게 요구되었을 때 조직은 구성원들의 저항을 더 많이 경험하게 된다. 몇 년간에 걸친 조사를 통해 구성원들을 조직의 변화에 참여시키는 것의 가치를 확인할 수 있다(예 : Grant & Parker, 2009; Piderit, 2000).

만약 변화 과정에서 조직이 구성원들과 높은 수준의 의사소통을 유지한다면 구성원들은 그 변화로부터 위협을 더 적게 느끼는데(Nakahara, 2023), 이것은 두 가지 이유로 중요하다. 먼저, 높은 수준의 의사소통은 직원들이 조직 변화의 과정을 절차적으로 더 정의롭게 여기게 한다. 더 구체적으로는 구성원들은 모든 사람에게 공정한 방법으로 조직 변화가 적용될 것이라고 느낄 것이다. 또한, 변화에 투자되는 예산과 변화의 결과로 얻을 이득을 구성원들에게 공개하여 이에 대해 합리적인 인식을 하게 만드는 의사소통 또한 중요하다. 변화를 위해 투입되는 예산보다 그로부터 발생하는 이득이 더 크다는 사실을 안다면 구성원들이 조직 변화에 덜 저항할 것이라는 조사 결과도 있으므로(Giangreco & Peccei, 2005), 구성원들에게 이러한 정보를 제공할 필요가 있다. '과학 번역하기 13.1'에서는 코로나19 팬데믹 기간 동안 수행된 연구를 통해 변화 시기에 의사소통의 중요성을 보여준다.

변화에 대한 저항을 다루는 다른 방법은 개입 실행에 앞서 우선 종업원들이 변화에 대해 준비가 되어 있는지 확인하는 것이다. 변화에 대한 준비성은 다양하게 정의되어 왔지만(예 : Choi & Ruona, 2011), 이는 기본적으로 종업원들이 변화가 필요하다고 믿는지 그리고 조직이 변화를 실행할 수 있다고 믿는지 아닌지를 포함한다. 변화 개입을 시작하기 전에 위 두 가지 문제를 적절하게 다룬다면, 개

과학 번역하기 13.1

조직개발 동안 의사소통의 중요성

조직 변화 기간에는 조직이 자주 의사소통하는 것이 당연한 것처럼 보이지만, 유감스럽게도 많은 조직이 조직 변화 기간에 직원들을 소외시키고 있다. 이는 때때로 조직의 관리자들이 변화가 이루어질 때 직원들에게 전달할 정보가 없기 때문일 수 있다. 그러나 때로는 조직이 정보를 가지고 있지만 어떤 이유로 인해 직원들에게 알리지 않는 경우도 있다.

그래서 조직 변화 기간에 의사소통이 부족한 것이 어떤 영향을 미치는가? Wheeler Nakahara 박사가 수행한 연구 결과를 보면 이 질문에 대한 답이 명확하다. Nakahara 박사는 호텔 산업에서 일하는 110명의 근로자를 대상으로 조사를 실시했다(이 중 56%가 식음료 서비스에서 일했다). 이들에게 최근 조직 내 변화를 회상하도록 하고, 그들에게 변화 기간 동안 조직이 얼마나 의사소통을 하였는지, 변화가 얼마나 위협적으로 인식되었는지, 그리고 그들이 직무 만족도를 어떻게 평가했는지, 정서적으로 피로감을 느꼈는지에 대한 질문을 하였다(연구에서 측정된 모든 변수 목록과 다른 결과에 대해서는 Nakahara, 2023 참조). 그 결과, 조직이 변화 기간 동안 많은 의사소통을 제공한 직원들은 이러한 변화를 덜 위협적으로 인식하며, 더 높은 직무 만족도를 보고 감정적으로 피로감을 덜 느꼈다. 이는 의사소통 수준이 낮은 조직에 비해 더 나은 결과를 보여주는 것이다. 특히 이 연구는 호텔 산업이 큰 불확실성을 경험하고 있는 코로나19 이후 수행된 것으로, 어떤 경우에는 이들 조직이 단순히 직원들에게 자신들도 잘 알지 못한다고 말했을 수 있지만, 그들은 적어도 무언가를 전달했다.

이 연구 결과의 보다 광범위한 함의도 명확하다. 조직이 변화를 시행할 때, 직원들과 자주 의사소통하는 것이 매우 중요하다. 정보를 직원들에게 제공하지 않는 조직들은, 이것이 의도적인 경우일지라도, 직원들이 변화를 위협적으로 인식할 가능성이 있다. 이는 불만족과 웰빙 감소로 이어질 수 있으며, 직원들이 이러한 변화에 저항할 수도 있다.

관리자를 위한 시사점 13.1

조직개발에 대한 저항이 언제나 나쁜가?

> 때로 덜 다니는 길에는 이유가 있다 – Jerry Seinfeld

어린 독자들을 위해 설명하자면, 제리 세인펠드는 조직 연구자가 아니라 1989년부터 1998년까지 인기 있는 TV 쇼에 출연한 코미디언이다(해당 쇼는 '아무것도 없는 것'을 주제로 하였다). 이 인용구는 웃음을 주기 위한 장난으로 사용되었다.

그러나 변화에 대한 저항 문제를 고려할 때, 이 인용구에서 어느 정도의 지혜를 얻을 수 있다. 조직 발전 문헌에서 직원들의 변화에 대한 저항을 '극복'하거나 '관리'해야 한다고 보는 오랜 전통이 있다(Coch & French, 1948). 많은 경우, 이는 타당한 가정이다. 조직이 진단을 철저히 수행하고 직원들의 적극적인 참여를 통해 변화가 필요하다고 결론지었을 때, 그 결과로 나오는 변화는 일반적으로 조직이 더욱 효과적으로 되도록 돕는다. 이런 경우에도 직원들은 변화로 인해 불확실성이 증가하면서 저항감을 표출할 수 있다. 조직 변화 리더들은 직원들에게 변화가 조직의 생존을 돕는다는 점을 잘 설명하고 안정감을 주는 조치를 취하더라도, 직원들의 저항은 때때로 조직이 계획된 변화를 재고해야 할 신호일 수 있다. 가장 성공적인 조직에서도 리더들은 가끔 잘못된 결정을 할 수 있으므로, 직원들이 변화에 적극적으로 저항하는 것은 그들이 변화가 필요하지 않다고 믿거나 부정적인 결과를 초래할 것으로 생각하기 때문일 수 있다. 불행하게도, 직원들이 변화를 저항하는 이유가 단순히 불확실성을 두려워하기 때문인지, 아니면 변화가 좋지 않은 아이디어라고 믿기 때문인지를 명확히 판단하는 방법은 없다.

이러한 점에서, 우리는 관리자들에게 변화를 계획 중일 때 직원들의 우려를 자동으로 무시하지 말 것을 권장한다. 계획된 변화 전에 직원들의 우려를 들으면 이러한 우려가 단순히 불확실성에 대한 일반적인 두려움에서 비롯된 것인지, 아니면 변화의 실제 내용에서 비롯된 것인지를 알 수 있다. 만약 그것이 사실이라면, 관리자들은 직원들이 안심할 수 있는 조치를 취해야 한다. 반면에, 직원들의 이야기를 듣는 것은 관리자들이 고려하지 않았던 변화의 부정적인 측면을 발견할 수도 있다. 이는 변화를 수정하거나, 아니면 폐기할 기회를 제공할 수 있으며, 이는 결국 직원들이 미래의 변화에 덜 저항하게 만들 수 있다.

입 과정 동안 발생하는 종업원의 변화 저항을 다루기 위해 사용하는 조직의 시간과 비용을 절약할 수 있을 것이다.

마지막으로 고려해 볼 사항은 구성원들이 변화에 대해 강력하게 저항하면, 그것이 조직에서 추진되고 있는 변화를 제고할 필요가 있다는 신호일 수 있다는 것이다. 변화에 따르는 저항은 연구자들에게 반드시 '극복'해야 할 점으로 여겨져 왔지만(Piderit, 2000), 변화에 대한 구성원들의 저항은 현재 추진 중인 변화의 '현실성을 검토할 기회(reality check)'가 되기도 한다. 조직 변화 프로그램을 실행하기에 앞서 조직 구성원들에게 참여의 기회를 적게 준 조직일수록 더욱 그렇다('관리자를 위한 시사점 13.1' 참조).

변화와 개발 과정에 대한 조직의 주인의식

조직은 조직의 변화와 개발 프로그램의 책임을 외부 컨설턴트에게 위임하고 싶을 때가 종종 있다. 그 주된 이유는 생각보다 간단한데, 그것은 조직 변화의 업무가 어렵기 때문이다. 조직의 새로운 비전을 개발하고, 구성원들을 팀 빌딩 활동에 참여시키고, 조사 피드백 미팅을 가지는 것과 같은 활동은 정신적으로나 신체적으로 진이 빠지는 고된 일이다. 이 모든 힘든 과정을 컨설턴트에게 위임하면 조직의 구성원들은 자리에 가만히 앉아 업무보고만 받으면 된다. 그러다 보면 결과적으로 내부의 구성원이 아닌 컨설턴트에게서 나온 해결책이 조직의 문화와 현실적으로 잘 들어맞지 않을 수도 있으므로(Schein, 1987, 1998), 구성원들은 컨설턴트가 권고한 변화의 실행에 대해 열의가 별로 없을 수 있다.

조직개발 자체가 매우 위협적일 수도 있으므로 조직은 주인의식을 느끼지 않으려 할 수 있다. 조직개발 프로그램이 진행되는 동안 구성원들은 종종 어려운 현실과 부딪히게 된다. 예를 들면, 구성원들은 그들의 조직이 최적의 근무지라 믿었던 것과 달리 생각보다 효과적이지 않으며, 이상적인 근무지가 아니라고 생각하는 계기가 될 수도 있다. 구성원들에게 더 위협적인 것은 조직의 문제가 드러났을 때 이 문제의 책임이 그들에게 있을 수 있다는 점이다. 구성원들은 조직개발 프로그램을 '컨설턴트가 하는 일'로 간주함으로써, 조직이 직면한 문제점과 같은 부담으로부터 자신은 벗어나려는 것이다.

조직개발 과정의 도입부에서 컨설턴트가 구성원들의 주인의식을 증가시킬 수 있는 한 방법은 주인의식의 중요성을 강조하는 것이다. 조직과의 컨설팅 계약을 확보하기 위해 컨설턴트들은 종종 조직개발 과정에서 조직의 역할을 매우 최소화된 것으로 묘사하는 유혹에 빠질 수 있다(예 : 컨설턴트가 다 알아서 함). 그러나 장기적 안목에서 볼 때 이 모델은 종종 역효과를 낸다. 왜냐하면, 변화 과정은 고객 조직 구성원의 참여 없이는 제대로 수행되기 어렵기 때문이다.

컨설턴트는 변화 과정에서 고객을 동등한 파트너로 존중함으로써 그들에게 주인의식을 증가시킬 수 있다. 컨설턴트는 매우 지시적이고 상의하달 방식으로 조직에 조언하려는 경향이 있는데, 조직에 비생산적인 요인이 분명하게 밝혀질수록 그런 경향이 강해진다. 그러나 만약 컨설턴트가 이러한 유혹을 억제하고 그러한 비생산적인 관행을 조직 구성원과 협력적인 방식으로 다루면, 이런 방식은 조직에게 궁극적으로 더 큰 도움이 될 수 있다. 그리고 이렇게 하는 것이 고객에게 훨씬 더 권한을 위임하는 것인데, 미래에 이와 유사한 문제가 발생하더라도 그때는 조직이 스스로 그 문제를 해결할 수 있기 때문이다.

조직개발 프로그램에 대한 평가

이쯤에서 이 장을 읽은 독자들은 조직개발 과정과 조직개발 컨설턴트들이 사용하는 다양한 개입이 상당히 흥미롭다고 생각할 것이다. 그러나 약간 회의적인 독자의 경우 "이런 방법이 정말 효과가 있나?"라고 궁금증을 가질 것이다. 조직개발 프로그램을 실행하기 위해서는 방대한 양의 자료가 요구되기 때문에 이러한 의구심을 갖는 질문은 분명히 중요하다. 이는 조직 연구자들에게도 중요한 질문이다. 왜냐하면, 직원들의 많은 조직 발전 개입에 대한 반응이 이 책에서 다룬 많은 주제에 대한 통찰을 제공하기 때문이다. 예를 들어, 직무 재설계가 직원 동기부여를 증가시키고 스트레스를 감소시키는가? 팀 빌딩이 팀의 의사결정 과정을 개선하고 결과적으로 팀 효과성을 증가시키는가?

이 절에서는 조직개발이 실제로 효과가 있는가, 그리고 왜 효과를 보이는가라는 어려운 질문을 다루려고 한다. 우선 '평가 준거'를 검토할 것이다. 평가에서 중요한 하나의 문제는 효과성 판단에 사용할 수 있는 준거를 열거하는 데 모호함을 느낀다는 것이다. 그런 다음 조직개발 프로그램의 평가에 사용되는 가장 일반적인 연구 설계와 변화를 측정하는 것의 어려움을 토론하고, 마지막으로 다양한 조직개발 개입의 효과성을 주제로 발표된 연구들을 간략히 개관할 것이다.

평가 준거의 문제

산업 및 조직심리학의 넓은 분야에서 '준거의 문제'는 전통적으로 인사 선발과 연관되어 있다(예 : Austin & Villanova, 1992; Cortina & Luchman, 2013). 조직이 선발 절차에 대한 타당성을 체계적으로 검토하기 위해 적절한 준거를 선택하는 것이 가장 어려운 일이다. 어떤 구성원이 효과적인지 아닌지를 나타내는 지표는 무엇인가? 어떤 구성원이 조직의 성공에 기여한 정도를 어떻게 평가할 수 있는가? 이 두 가지 질문은 종업원 선발 절차의 가치를 평가해보고자 한다면 당연히 답해야 한다.

조직개발 프로그램을 평가할 때에도 준거의 문제가 중요하다. 조직개발 프로그램을 전반적으로 검토하고자 할 때(예 : 진단, 개입, 추적) 준거의 문제는 특히 민감해진다. 왜냐하면, 대부분의 조직개발 프로그램이 조직의 효과성 증진과 종업원 복지라는 동일한 목표를 추구하기 때문이다(Kohler & Munz, 2006; Porras & Robertson, 1992). 그러면 조직의 효과성과 구성원의 복지가 조직개발 프로그램 수행 이후에 증진되었다는 것을 어떻게 증명할 수 있는가? 주가, 매출액, 수익률, 시장점유율, 의료보험 지출 혹은 그 밖에 비용 산출 과정으로 개발되는 측정치들 같은 표준적인 재무지표를 통해 증명하는 것이 하나의 방법이다(예 : Flamholtz & Hua, 2002).

재무지표는 매우 객관적으로 보이므로 매력이 있어 보인다. 조직개발 프로그램의 수행으로 조직이 재정적 측면에서 성과를 올리거나 직원의 의료보험 지출이 줄어들면, 이러한 결과가 방법론적 산물 때문이라고 주장하기 어렵다. 앞에서 언급한 재무지표의 단점은 그것이 조직 효율성과 종업원 복지에 대한 아주 좁은 관점만을 나타낼 뿐이라는 것이다. 예를 들어, 전 직원 중 30%를 해고하여 그 결과 주가가 올랐다면 그 조직을 효율적이라고 할 수 있는가? 직원들의 의료보험 사용이 20% 감소했지만, 이직률이 동종 산업에서 가장 높은 조직 중 하나라면 종업원의 복지는 좋아진 것인가?

역시 좁은 관점이긴 하나 조직의 효과성과 종업원의 복지를 평가하는 다른 방법은 구성원의 행동과 태도의 측면에서 살펴보는 것이다. 예를 들어 조직은 종업원 의견 조사 결과, 이직률, 고충과 불만 수를 검토하여 조직이 얼마나 잘 기능하고 있는지를 판단할 수 있다. 이런 효과성 준거들은 재무지표 하나만 놓고 보는 것보다는 조직개발 프로그램의 목표를 평가하기에 훨씬 더 적절하다. 그러나 안타깝게도 이러한 준거 역시 앞에서 언급한 재무지표만큼 좁은 관점이다. 3년에 걸쳐 회사의 주식 가격이 꾸준히 내려갔는데도, 만약 직원들이 자신의 업무에 매우 만족하면 그것으로 조직이 효과적이라고 할 수 있는가? 경쟁사보다 시장점유율이 계속 떨어지는데도 직원들의 스트레스 지수가 낮으면 조직이 효과적인가?

조직의 전반적인 효과성과 직원의 복지를 가장 잘 측정하는 접근방법은 복합 준거 측정치를 사용하는 것이다. 이 지표는 조직 효과성의 그림을 가장 제대로 보여줄 것이며, 조직개발 프로그램의 효과를 보여주는 가장 포괄적인 관점이다. 또한 이러한 자료가 오랜 기간 수집한 것이라면 그것은 특히 더 정확한 정보를 보여주는 것이다. 예를 들어, 전통적인 재무지표에서 조직개발 프로그램의 초기 효과는 부정적이지만(예 : Griffin, 1991), 시간이 지나고 나서 결과적으로 긍정적 효과를 가질 수 있다. 반대로 구성원의 태도와 복지에 대한 측정치 그리고 구성원들의 조직개발 프로그램에 대한 첫 반응은 아주 긍정적이었지만, 시간이 지나 조직개발 프로그램의 신기함이 사라지면 평가지표도 다시 초기 상태로 되돌아올 수 있다.

평가의 초점을 구체적인 조직개발 개입에 두면 조직 변화의 일반적인 프로그램과 달리 적절한 준거 측정치를 선택하기는 더 쉽다. 예를 들어, 조직 변화 프로그램으로 팀 빌딩을 실행한 경우에는 집단이나 팀의 효과성을 평가의 준거로 사용하는 것이 논리적으로 맞다. 집단 효과성에 관한 문헌을 살펴보면 집단 효과성을 정의하는 준거에 대해 잘 소개되어 있다(예 : Kozlowski & Bell, 2013). 그러나 그러한 지침이 있더라도 준거 측정치를 실제로 얻는 것은 말처럼 쉽지 않다. 또한 모든 평가 형태가 매우 정치적인 과정이 될 수 있음을 고려할 때('참고 13.5' 참조), 평가 기준이 가능한 한 객관적이고 그들이 평가하려는 개입과 강하게 관련되어 있어야 한다.

평가 연구의 설계

연구설계는 간단히 말해 자료 수집계획이다(Shadish et al., 2002; Stone-Romero, 2011). 어떤 조직 개입을 평가하려면 그 개입의 효과를 평가하는 데 적절한 자료를 수집해야 하므로 거기에 맞는 연구설계가 필요하다. 실험실보다 조직 장면에서 연구자들은 자료 수집을 엄격하게 통제하지 않는다. 결과적으로 평가 연구를 수행할 때, 개입의 효과성을 보여줄 수 있는 어떠한 자료라도 얻기 위해 상당한 방법론적 '타협'이 이루어진다. 예를 들어, 조직이라는 상황 안에서 각 조건에 연구 참여자를 무작위로 배정하기 어렵고, 연구자도 개입의 실행이나 개입에 영향을 주는 오염 변인들을 통제하기 어렵다. 조

참고 13.5

조직 내 정치와 평가

지금 다루는 내용을 포함하여 대부분의 평가에 대한 논의에서는 엄청나게 많은 자료가 평가의 준거나 연구설계와 같은 기술적 문제를 다루고 있다. 나아가 이러한 기술적 문제는 조직의 개입을 적절하게 평가하기 위해 중요하다. 그러나 불행하게도 평가의 기술적 측면에 집중하느라고 평가과정에서 나타나는 정치적 과정을 못 보고 넘어가는 경우가 종종 있다.

왜 평가가 정치적 과정이기도 하는가? 이 질문에 대한 답을 찾기 위해서는 먼저 '조직 내 정치'를 정의해야 한다. Hochwarter 등(2020)에 따르면, 조직 내 정치의 본질은 직원들이 자기 맞춤형 영향 전술을 사용하는 것이다. 예를 들어, 한 관리자가 자기 팀에 새로운 인력 채용 승인을 요구하며, 승인해 주지 않으면 자신이 그만두겠다고 위협할 수 있다. 여기서 주목할 점은 만약 이 시도가 성공한다면 그녀만 이익을 얻는 것은 아닐 수 있다. 그녀의 팀은 업무를 더 균등하게 분배할 수 있게 된다. 하지만, 조직의 자원이 한정되어 있으므로 다른 팀은 여전히 인력 부족 상태에 처할 수 있다.

그래서 조직 내 정치가 평가 과정에 어떻게 영향을 미치는가? 이 질문에 대답하기 위해서는 평가가 진행될 때 무슨 일이 일어나고 있는지를 먼저 이해해야 한다. 우리가 무엇인가를 평가할 때, 우리는 그 가치를 결정하는 것이다. 예를 들어, 팀 빌딩 프로그램을 평가하려면, 이 프로그램이 조직에 어떤 가치를 제공했는가를 엄격하게 따질 것이다. 그러나 이러한 개입이 가치를 더하는지 아닌지를 결정하는 것은 위험하며, 이는 조직 구성원들이 종종 자신들의 영향력을 사용하여 컨설턴트들이 엄격한 평가를 피하도록 유도하는 이유 중 하나이다. 만약 조직 발전 개입이 평가되어 매우 효과적임이 입증된다면, 일반적으로 조직 내 모든 사람이 만족할 것이다.

그러나 개입의 효과를 평가하여 그것이 비효과적이라고 판단되면 어떤 일이 일어날까? 이 경우에는 모두가 불행하다. 특히 조직이 조직개발에 많은 자원을 투자했을수록 더 그렇다. 이런 경우에는 관리자들이 종종 평가 결과를 실제보다 더 긍정적으로 만들려고 시도할 수 있다. 평가를 수행한 컨설턴트의 능력을 의심하거나, 단순히 평가 결과를 무시할 수도 있다.

또한 특정 개인(예 : 조직개발 책임자)이 조직개발 개입을 촉진할 수 있는 예도 있다. 이런 경우 해당 개인은 그 개입의 성공 또는 실패에 크게 의존하게 되는데, 즉 그 개인이 그 개입을 실질적으로 '소유'하고 있다고 볼 수 있다. 이런 경우에는 이상적으로는 개인의 윤리적 기준이 엄격한 평가를 지원하도록 이끌어야 한다. 그러나 조직이 일이 잘못될 때 엄하게 대응하고 책임을 물을 때, 평가를 긍정적인 방향으로 유도하려는 유혹이 생길 수 있다.

요약하자면, 평가는 컨설턴트가 방법론적 · 통계적 기술을 가지고 있어야 하는 것은 분명하지만, 이는 또한 매우 인간적인 프로세스이기 때문에 평가를 둘러싼 조직 내 정치에 대해 컨설턴트들이 인식해야 한다.

직 연구자들이 실험 설계를 사용하여 연구할 수도 있지만(Eden, 2017 참조), 이 분야에서는 흔치 않은 일이다.

조직개발 실무자가 자료 수집의 어려움을 극복하는 가장 전형적인 방법은 어떤 형태의 체계적인 평가도 전혀 행하지 않는 것이다(Porras & Robertson, 1992). 가끔 조직개발 개입이 도움이 되는 것처럼 보이지만, 이것은 고위 관리자에게나 도움이 된다. 행동과학 분야에서 훈련을 받는 사람들에게 조직개발 프로그램에 대한 엄격한 평가를 도외시하는 것은 고통스러운 일이다. 그러나 그 평가가 매우 관계적이고 정치적인 절차라고 간주하면, 평가를 등한시하는 것이 오히려 상당히 합리적일 수도 있다.

평가 연구에서 가장 일반적으로 사용되는, 그래서 불행하게도 가장 강력하지 못한 연구설계 중 하나가 단일 집단, 사후 설계(one group, posttest-only design)이다. 이 유형의 설계에서 조직개발 개입의 참여자들은 그들이 참여한 개입이 유용하고 효과적이라고 느끼는지 여부를 단순히 응답한다. 이것은 분명히 아주 쉽게 실행할 수 있는 설계이다. 그러나 이 설계의 가장 큰 단점은 개입의 효과를 평가할 기저선이 없다는 것이다. 또한 통제집단이 없기 때문에 조직개발 개입을 실행하지 않았을 때와 비교할 수 없고, 따라서 준거 측정치 상에서 긍정적인 변화가 있는지를 알 길이 없다. 이러한 약점 때문에 Shadish와 동료들(2002)은 이 설계를 해석 불가능한 것이라고 지적하였다.

자주 이용되는 또 다른 설계는 단일 집단, 사전-사후 설계(one group, pretest-posttest design)이다. 이 설계에서는 조직개발 프로그램이 실시되기 전과 후에 기저선의 측정치가 수집된다. 예를 들어, 집단 과정의 지표들이 팀 빌딩이 실시되기 전과 실시된 지 3개월이 지난 후에 측정된다. 이 설계의 장점은 기저선의 측정치가 있다는 것이다. 그러나 여기에는 여전히 통제집단이 없기 때문에 관찰된 효과가 그 개입이 없더라도 여전히 관찰될 수 있는 것인지 아닌지에 대해 답할 수 없다. 팀 빌딩의 예를 든다면, 집단 구성원들이 서로 친숙해질수록 그들의 상호작용과 집단 과정은 팀 빌딩 개입이 끝난 후에도 여전히 개선될 수 있다.

이러한 문제를 다루기 위해 연구자는 사실 다양한 대안을 가지고 있다. 하나는 통제집단을 추가하여 사전-사후 통제집단 설계(pretest-posttest with control group design)를 만드는 것이다. 이렇게 함으로써 개입의 효과는 개입을 실행하지 않은 집단과 비교될 수 있고, 연구자는 개입의 효과성을 판단하는 데 확신을 가질 수 있다. 불행하게도 대부분의 조직 장면에서 통제집단을 구하기 어려운데, 그것은 구성원의 수가 제한되어 있고, 효과가 있어 보이는 조직개발 개입을 그 집단에게는 실시하지 않는 것을 경영진이 꺼리기 때문이다.

통제집단을 구하기 어려우면 연구자들은 사전-사후 다중 종속 측정치 설계(pretest-posttest with multiple dependent measures design)를 사용할 수 있다. 이 설계는 앞에서 소개한 단일 집단, 사전-사후 설계와 비슷한데, 연구자가 두 세트의 종속 측정치를 측정한다는 것만 다르다. 두 종속 측정치 중 하나는 실행한 개입으로부터 영향을 받아야 하고 다른 하나는 영향을 받지 않아야 한다. 예를 들어, 만약 팀 빌딩 개입이 집단 과정 측정치에 긍정적인 효과를 가지는 반면 부가급부(fringe benefit)에 대한 참여자들의 만족도에는 영향을 주지 않아야 이 개입이 효과적이라고 해석할 수 있다.

두 번째 대안은 단일 집단, 비연속 시간 계열 설계(one group, interrupted time series design)이다. 이것은 개입 전후에 하나의 종속 측정치를 여러 번 측정한다는 것을 제외하면 단일 집단, 사전-사후 설계와 비슷하다. 이러한 다중 측정치를 얻음으로써 연구자는 시간의 흐름에 따라 종속 측정치의 행동이 변하는 모델, 특히 개입이 측정치에 영향을 미치는지 여부를 판단할 수 있다.

이 절에서 간단히 기술한 연구설계들은 조직개발 개입이나 전반적 프로그램을 평가할 수 있는 가용한 설계 중 일부에 불과하다. 연구설계에 대해 더 관심이 있는 독자들은 Cook과 동료들(1990)의 연구 혹은 Shadish와 동료들(2002)을 참고하기 바란다. 평가 연구에 대한 보다 자세한 정보는 Shaw와 동료들(2006) 그리고 Daponte (2008)에서 찾을 수 있다. 다양한 연구설계 방법가 존재하기 때문에 가장 어려운 조직 환경에서도 조직개발 프로그램을 엄격하게 평가하는 것이 가능해졌다.

변화 측정의 어려움

평가 연구의 주요 목표는 변화를 측정하기 위함이다. 비록 변화의 측정과 관련된 통계학적 문제에 대해 많이 다루었지만(예 : Cronbach & Furby, 1970; Taylor et al., 2017), 변화의 의미와 관련된 개념적 문제들은 조직개발 프로그램의 평가에 영향을 미친다. 이 절에서는 조직개발 연구에서 변화의 개념적 의미에 대해 다룰 것이다.

Golembiewski와 동료들(1976)은 조직개발 개입과 프로그램에 따른 변화는 알파(alpha), 베타(beta), 감마(gamma) 변화의 세 가지로 나눌 수 있다고 제안하였다. 알파 변화는 우리가 일반적으로 **진짜** 변화라고 여기는 것이다. 즉 조직개발 개입 이후에 조직에서 어떤 방식으로든 진실한 개선이 일어나는 것이다. 종속 측정치에 대한 의미와 이에 대한 참여자의 지각이 조직개발 개입 전후에 변화되지 않고 그대로 유지된다. 예를 들어, 어떤 조직이 조사 피드백 프로그램을 시행하고 난 후, 이 프로그램의 결과로 구성원의 직무 만족 수준이 진정으로 높아진 것을 관찰할 수 있다.

베타 변화는 연구에 사용된 종속 측정치에 대한 참여자의 참조 틀(frame of reference)이 변화한 것을 의미한다. 즉 베타 변화는 변화의 진짜 형태라기보다는 방법론의 인위적 산물로 여길 수 있다. 예를 들어, 어떤 조직이 작업집단의 의사소통을 향상하기 위해 팀 빌딩 개입을 실행했다고 가정하자. 이 개입을 평가하기 위해, 개입을 도입하기 전후에 집단 구성원들에게 의사소통에 대한 지각을 측정한다. 이 경우 연구자들은 의사소통의 점수가 개입 이후 의사소통이 향상된 것을 나타내는 것이라고 해석할 것이다. 그러나 이것은 다른 방식으로도 해석될 수 있는데, 개입이 실행된 결과 집단의 구성원들은 집단에서 이루어질 수 있는 의사소통의 다양한 방식을 이해하게 된 것이라고 해석할 수 있다. 즉 구성원들이 개입 전에 자신이 속한 집단의 의사소통 수준이 '낮다'라고 생각하였지만, 개입이 실행된 후에는 그 수준이 '평균 이상'이라고 다시 이해할 수 있다. 이 예에서 실질적인 의사소통의 수준은 전혀 변화하지 않았고, 오히려 의사소통을 척도에 있는 여러 수치에 대해 참여자가 다르게 정의하게 된 것이다.

감마 변화는 참여자들이 주요 종속 측정치나 성과 변인에 대해 재정의하거나 재개념화하는 것이다. 베타 변화처럼 이 변화 역시 방법론의 인위적 산물로 여길 수 있다. 그러나 Golembiewski와 동료들(1976)은 조직개발의 목표 중 하나가 직원들의 인식을 바꾸는 것이기 때문에 이것은 실질적으로 정통적인 변화의 한 형태라고 주장했다. 감마 변화의 예로서, 어떤 조직이 조직의 의사결정에 구성원의 참여를 증진하도록 설계된 개입을 실행한 예를 들 수 있다. 이 개입의 효과를 평가하기 위하여 프로그램 전후에 참여 수준을 측정할 수 있다. 개입이 실행되기 전에 구성원들은 참여를 다소 좁은 의미나 자신의 역할에 포함되지 않는 것으로 개념화할 수 있고, 결과적으로 그들은 참여의 수준이 매우 낮다고 평가할 수 있다. 그러나 개입이 실행된 후 그들은 참여를 훨씬 더 넓은 개념으로 이해하게 되어, 그것을 직무의 일부로 여기게 되고 그 결과 개입의 실행 전보다 훨씬 더 높게 평가할 수도 있다. 이 예에서도 참여의 실제 수준은 변하지 않았다는 것에 주목하자. 오히려 구성원들이 참여를 정의하는 방법을 변화시킨 것이다.

조직 변화 프로그램을 평가할 때 연구자들은 어떻게 알파, 베타, 감마 변화를 구별하는가? 한 가지 방법은 자기보고식 준거 측정치에 대한 의존도를 낮추거나 또는 여기에 다른 준거 측정치에 대한 보고를 보충하는 것이다(예 : Liu et al., 2005; Spector & Jex, 1991). 베타와 감마 변화의 효과는 인지적 과정의 산물이다. 즉 이러한 인공적 효과는 적어도 평가 과정에서 자기보고 측정치가 아닌 다른 측정치를 활용함으로써 피할 수 있다. 예를 들어, 조직개발 개입의 효과를 평가할 때 수행에 관한 기록 자료를 종업원의 태도 조사 측정치와 함께 사용할 수 있다.

감마 변화가 일어났는지를 평가하기 위해 사전-사후 검사에서 측정된 핵심 종속변인의 차원성을 비교하는 방법이 있다(Armenakis et al., 1983; Armenakis & Zmud, 1979, Schmitt, 1982). 감마 변화는 응답자의 핵심 종속변인에 대한 개념의 변화를 나타낸다는 점을 상기해보자. 개념의 변화가 일어났다면, 척도의 차원성이 사전 검사와 사후 검사에서 다를 가능성이 있다. 이 점은 적어도 통계적 관점에서 보면 분명히 논리적이지만, 실무에서 이것을 적용하기는 쉽지 않다. 평가 연구들의 사례 수가 적어 그러한 분석의 유용성을 심각하게 제한하거나(Schmitt, 1982), 척도에 포함되는 개별적인 문항들은 상당한 측정 오류를 포함하기 때문이다(Nunnally & Bernstein, 1994).

조직개발의 효과성에 대한 증거

앞에서 언급했던 것처럼, 많은 조직개발 프로그램은 공식적인 평가 절차를 거치지 않고 수행되었다. 다행히도 지난 수년 동안 조직개발 프로그램에 대한 경험적 평가가 충분히 진행되었고, 양적 및 질적 방법을 사용한 다양한 보고가 있다. 여러 조직개발 개입의 효과성에 대한 질적인 개관 중 가장 많이 인용된 것은 Bowers(1973)가 작성한 것이다. 이 개관을 통해 얻은 가장 중요한 발견은 여러 가지 조직개발 개입을 비교했을 때 조사 피드백이 가장 효과적이라는 것이다.

조직개발 연구에 대한 질적 개관 중 자주 인용되는 또 다른 것은 Terpstra(1981)에 의해 수행되었는데, 그는 출판된 조직개발 연구 52개를 정리하였다. Bowers(1973)의 개관과 비교할 때 Terpstra(1981)의 개관이 더 체계적이라고 할 수 있는데, 그는 조직개발 프로그램의 효과를 긍정, 중립, 부정으로 분류하여 각각의 연구를 코드화하였기 때문이다. 이러한 분류에 기초하여 그는 조직개발의 효과는 전반적으로 긍정적이라고 결론을 내렸다. 그러나 이러한 효과는 방법론적 엄격함이 빠져 있다. 즉 긍정적인 효과가 발견된 연구는 대부분 방법론적 엄격함이 결여된 것이었다. 그러나 후속 연구에서 조직개발의 평가에서 '긍정적 결과'의 편향이 보편적이라는 Terpstra의 주장은 지지되지 않았다(예 : Bullock & Svyantek, 1983; Woodman & Wayne, 1985).

Terpstra(1981)의 시도 이후에 조직개발 개입을 평가하는 데 메타분석 방법을 적용했다. 예를 들어, 메타분석을 사용한 개관은 MBO의 효과성을 지지할 뿐만 아니라(Rodgers & Hunter, 1991) 여러 가지 조직개발 개입의 효과성도 지지하였다(예 : Guzzo et al., 1985; Neuman et al., 1989; Salas et al., 1999). 이러한 양적 개관들은 많은 조직개발 개입이 직원들의 태도나 행동에 긍정적 영향을 끼치고 있음을 시사한다. 그러나 대부분의 메타분석에서 표집 오류, 낮은 신뢰도, 범위 축소 등과 같은 통계적인 오차를 제거하고도 일정 부분의 변량이 여전히 설명되지 않고 있다. 또한 메타분석은 출간된 연구만 다루는데, 이때 조직개발 개입이 실패한 연구는 출간된 논문에 포함되지 않는다. Burke(2011)이 주장했듯이 조직개발 프로그램의 실패율이 약 70%일 경우, 메타분석은 조직개발 프로그램의 효과성에 대해 지나치게 긍정적인 관점을 제공하게 된다. 긍정적 효과를 관찰한 연구들이 아무런 효과를 관찰하지 못했거나 오히려 부정적 결과를 관찰한 연구들보다 학술지에 게재될 가능성이 훨씬 더 크기 때문이다(Dahlsten et al., 2005 참조).

고객과 컨설턴트 관계에서의 특별한 문제

지금까지 조직개발과 관련된 내용을 비교적 포괄적으로 검토하였다. 그러나 조직개발 과정의 한 측면인 조직개발 컨설턴트와 고객 조직 간의 관계를 아직 다루지 않았다. 독자 중 일부는 자신의 경력의 일환으로 조직개발 컨설턴트의 역할을 수행할 수 있기 때문에 이 주제는 중요하다. 따라서 마지막 절에서는 컨설턴트가 조직개발 프로그램을 촉진하는 과정에서 부딪히는 중요한 문제 중 일부를 간단히 짚어볼 것이다.

여러 고객의 요구사항 들어주기

조직에 컨설팅 서비스를 제공할 때, 조직개발 컨설턴트가 만나는 첫 번째 고객은 일반적으로 최고경영진 중 한 명이거나 어떤 경우는 인사담당 임원이다. 이 정도로 직책이 높은 사람들이 조직개발 활동을 주도하는데, 이들이 조직의 효과성과 변화와 같은 '큰 그림'의 문제를 다루기 때문이다. 또한, 이 정도의 고위급이어야 컨설팅에 들어가는 예산에 관해 결정할 수 있는 권한이 있기 때문이다.

일단 컨설턴트가 조직에서 일하게 되면, 컨설턴트의 고객 리스트가 아주 빠르게 길어진다. 예를 들어, 조직의 규모에 따라 다르기는 하겠지만 컨설턴트는 부서장으로부터 시간제 근무자에 이르기까지 접촉을 시작하게 된다. 컨설턴트가 직면하는 어려움 중 하나는, 특히 직위가 낮은 직원을 대할 때 더 심한데, 컨설턴트가 오로지 고위경영진의 이해에 부합하는 서비스만 할 것이라는 인식이다. 컨설턴트는 일반적으로 고위경영진으로부터 조직에 초빙되기 때문에 특히 더 어려운 점이다.

여러 고객의 요구사항을 잘 조율하는 가장 효과적인 방법은 컨설팅 관계를 맺는 시작점에서 이 문제를 다루는 것이다. 컨설턴트가 조직에 처음 들어가 처음 미팅을 가질 때, 조직 내부에 다수의 상반된 이해를 가진 구성원들이 있을 것이라는 점을 고객에게 인식시켜 주어야 한다. 고객이 이것을 이해하고 나면, 컨설턴트가 그러한 대립적인 이해를 어떻게 다룰 것인지를 고객과 함께 직면하는 것이다.

필자의 생각으로는 컨설턴트들이 이러한 상황에 직면했을 때 중립적 자세를 취해야 한다고 생각한다. 만약 컨설턴트가 너무 경영진에게만 친화적인 태도로 일관하면 조직 내의 일반 직원들로부터 신뢰를 잃을 수가 있고 조직개발 프로그램을 진행하는 데도 협조를 얻기 힘들 수 있다. 반대로 너무 하위급 직원 편에만 서면 컨설턴트는 자신을 영입한 경영진의 입장에 반하는 위치에 설 수도 있다. 결론적으로 컨설턴트는 조직 내에서 이해의 갈등이 발생할 수 있으며, 컨설턴트가 모든 이해 당사자에게 이러한 상황을 분명히 하여 어느 한쪽 편을 들지 않는 것이 컨설턴트의 역할을 최선으로 수행하는 것이다.

기밀 유지

만약 누군가가 컨설턴트에게 제공한 정보가 기밀이라고 말하였고 컨설턴트가 이를 지키겠다고 약속했다면, 컨설턴트는 반드시 이를 지키는 것이 기밀을 유지하는 가장 일반적인 원칙이다. 그럼에도 불구하고 기밀 유지는 자문관계에서 심각한 윤리적 딜레마에 빠지는 매우 복잡한 문제가 될 수 있다. 한 가지 이유는 컨설턴트가 이 기밀 유지라는 법칙을 종종 어기도록 유혹받을 수 있기 때문이다. 예를 들어, 최고경영진들은 초점 집단 면접에서 어떤 부사장이 자신의 리더십 유형에 대해서 어떻게 이야기했는지를 궁금해할 것이고, 비정규직 직원들은 루머가 돌고 있는 합병과 관련해서 고위경영진이 어떻게 계획하고 있는지를 알고 싶어 할 것이다. 이 두 가지 가상의 사례에서 기밀의 누설은 그 정보를 받는 쪽에서 즐거운 것일 뿐만 아니라 그것을 주는 컨설턴트에게도 일종의 강화로 작용하여 컨설턴트는 기밀을 말하도록 유혹받을 수 있다.

또한, 기밀은 컨설턴트와 컨설턴트를 위해 일하는 집단의 부주의 때문에 서로 타협을 할 수 있다(예 : Gavin, 1984). 예를 들면, 어떤 컨설턴트는 아마 최고경영진에게 문장으로 기술한 조사 내용을 보고할 때, 그것을 작성한 사람들의 이름을 지우는 것을 잊고 전해줄 수 있다. 또한 어떤 컨설턴트는 누구나 볼 수 있는 장소에 직원들과의 면접 노트를 깜박 잊고 두고 갈 수도 있다. 분명 이 두 가지 상황은 의도한 것은 아니지만 기밀을 유지하지 못한 것이다. 그러나 의지와 상관없이 그러한 착오는 컨설턴트를 당혹스럽게 만들 뿐만 아니라 자문관계에 심각한 피해를 준다.

Gavin(1984)에 따르면 아마도 기밀 정보를 노출하도록 컨설턴트를 압박하는 가장 큰 이유는 기밀 유지의 한계에 대한 잘못된 이해에 따른 것이다. 예를 들면, 고위층들은 직원들이 작성한 질문지를 작성한 그대로 볼 수 있다고 생각하지만, 컨설턴트는 요약된 자료만을 제공하려 한다. 또한 경영진들은 팀 빌딩 미팅에서의 집단 구성원들 개인들과 면접한 내용을 알아내려고 하지만, 컨설턴트는 단지 면접에서 드러난 일반적인 주제들을 요약하여 보고하려 한다. 이 두 가지 상황에서 컨설턴트가 수집하는 정보의 기밀에 관한 사항이 명확하지 않다는 것이 문제이다.

컨설턴트가 그러한 오해를 피하는 최고의 방법은 컨설팅 관계에 들어가기 전에 기밀과 관련된 모든 사항을 분명히 하는 것이다. 가끔 컨설턴트는 조직과 일을 할 때 뜬금없는 유혹이 있을 수 있고, 기밀과 같은 문제들을 단순하게 처리한다. 컨설턴트와 조직은 프로젝트를 시작할 시기에 먼저 기밀과 관련된 사항을 철저하게 다룰 시간을 가짐으로써 상호 간에 의무를 다할 수 있을 것이다.

컨설팅 관계의 종결

컨설팅 업무는 기간이 짧은 것이 일반적이다. 그래서 처음 시작과 끝나는 시기가 분명하다. 그러나 컨설턴트는 고객과의 관계를 장기적으로 발전시켜 나가고, 제공하는 서비스의 범위를 꼭 제한해 두지 않는다. 컨설턴트는 반드시 조직을 위한 봉사자가 되어야 하고, 조직을 위해 다양한 분야에서 이바지하여야 한다. 컨설턴트는 시간이 지남에 따라 조직에 대한 다양한 지식과 문제점들을 알게 되는데, 이것은 조직에 도움이 되는 것이다. 고객 조직과의 장기적 관계는 컨설턴트에게도 이득이 된다. 이러한 관계는 매우 좋은 돈벌이가 되기도 하고, 조직 구성원들과 매우 만족스러운 관계를 발전시키기는 결과를 가져오기도 한다. 만약 이 관계가 안 좋아지게 되면 무슨 일이 일어나는가?

컨설팅 관계를 종료할 시점을 결정하는 것은 컨설턴트에게 매우 어려운 문제이고 쉬운 해결책이 있는 것은 아니다. 컨설턴트가 이것을 결정하기 위해 사용하는 한 가지 일반적 기준은 컨설팅 관계가 전문가의 관점에서 만족스러운지의 여부이다. 특히 시간제 컨설턴트는 재정적 이득보다는 활동에 관한 관심 때문에 컨설팅을 한다. 따라서 어떤 컨설턴트는 컨설팅 활동이 더 이상 관심의 대상이 아닐 때 컨설팅 관계를 종료하기로 결정한다.

컨설턴트가 컨설팅의 종료에 관한 결정을 내릴 때 사용하는 또 다른 기준은 자신이 고객 회사에 도움을 주고 있는지 여부이다. 컨설팅이란 본질적으로 전문적인 도움의 한 형태라고 지적했던 과정 자문(Schein, 1987, 1998)의 주장을 회상해보라. 이 정의에 따르면 컨설턴트는 자신이 도움을 주려고 노력한다고 해도 제공하는 서비스가 실제로 고객 조직에 아무런 도움을 주지 않았는지를 주시해야 한다. 이런 경우는 고객 조직이 다른 서비스가 필요하거나 혹은 조직이 어느 수준 이상 개선되었기 때문에 더 이상의 개선을 기대하지 않을 때 생긴다.

마지막으로, 컨설턴트는 고객 조직과 철학이나 가치의 차이 때문에 컨설팅 관계를 끝맺기로 결정할 수 있다. 고객 조직이 여성 구성원들에 대한 성희롱을 묵과하거나, 다른 비윤리적 행동을 외면할 때 관계를 종결할 수 있다. 만족스러운 컨설팅 관계를 이러한 이유로 종결해야 하는 것은 정말 어려운 일이다. 그러나 길게 보았을 때 컨설턴트는 이러한 관계를 종결하고 그러한 갈등이 없는 조직과 함께 일하는 것이 더 좋을 것이다.

요약

이 장에서는 조직의 변화와 개발의 중요한 영역을 검토하였다. 조직개발을 정의하고 조직이 계획적 변화 프로그램을 도입하는 전형적인 이유를 설명하는 것으로 시작하였다. 그 후에 조직개발의 역사적 뿌리에 대한 논의로 주제를 옮겼다. 살펴본 바와 같이, 이 분야는 풍부한 역사를 가지고 있고 많은 조직심리학자의 업적으로부터 혜택을 받았다.

이 장의 도입부에서 조직개발의 이론적 기반에 대해 논의하였다. 일부 이론은 조직의 변화에 관한 일반적인 현상에 초점을 두었고, 다른 이론들은 구체적인 개입의 기반을 제공하였다. 이러한 이론들이 조직개발 프로그램의 실행에 유용한 도움을 주었지만, 조직개발 실무자들은 지나치게 이론에 기대지 않도록 주의해야 한다.

이 장의 다음 절에서는 조직개발의 개입에 초점을 두었다. 여러 개입이 다루어졌지만, 전반적인 내용을 포괄하려는 것은 아니었다. 그보다는 독자들에게 가장 범용으로 사용되는 조직개발 기법들을 소개하려 하였다. 일반적으로 개입은 개인, 집단 혹은 전반적인 조직에 초점을 둔다. 이 세 가지 중에서 비록 최근에는 전반적 조직개발 개입이 더 자주 사용되고 있지만, 집단 수준의 개입이 아직까지 가장 보편적이다. 이 세 가지 수준에 상관없이 개입이 이루어지기도 하지만, 조직의 효과성을 증진하려면 이러한 개입을 통해 개인의 행동 변화가 일어나야 한다.

조직개발 프로그램의 성공에 영향을 주는 다양한 요인을 논의하였다. 변화의 과정에 대한 최고경영진의 지원, 컨설턴트의 역량, 변화 과정에 대한 조직의 주인의식을 다루었다. 최고경영진은 일반적으로 조직 변화를 위해 필요한 자원을 지원할 수 있는 권한을 갖고 있고, 구성원들은 최고경영진들이 무엇이 중요하고 중요하지 않은지에 관해 어떻게 결정하는지 주시하고 있다. 컨설턴트의 역량 수준은 아주 효과적인 조직개발 개입도 잘못 적용되면 비효과적인 결과를 초래할 수 있으므로 매우 중요한 요인이다. 마지막으로 조직이 조직의 변화 과정에 대해 주인의식을 갖지 않는다면, 변화의 노력은 변화의 촉매제가 되기보다 일시적인 유행으로 전락하고 말 것이다.

여러 가지 이유로 조직개발 프로그램의 평가는 도전에 직면하고 있다. 특히 적합한 측정의 준거를 찾기가 힘들고, 적합한 연구설계를 위해 창의성이 요구되며, 변화가 조직개발 개입의 효과인지 아니면 인공적인 결과인지 판단하기 힘들다. 이러한 어려움에도 불구하고 조직개발 분야에서 상당히 많은 평가 연구가 진행되었다. 조직개발은 조직에 따라 차이는 있지만, 전반적으로 효과적인 것으로 보인다.

이 장에서 마지막으로 논의한 주제는 고객과 컨설턴트의 관계에 관한 것이었다. 조직 내 여러 이해집단의 요구를 조화롭게 다루기, 기밀 유지하기, 컨설팅 관계를 종료할 시점 결정하기 등을 다루었다. 다른 어려운 문제들과 마찬가지로, 이에 대한 해결 공식이 있거나 쉬운 해결책이 있는 것은 아니다. 대부분은, 컨설팅을 시작하기 전에 이 문제에 대해 시간을 내어 충분히 다루는 것이 장래에 이것 때문에 심각해지지 않는 제일 나은 방법이다.

참고문헌

Al-Hadded, S., & Kotnour, T. (2015). Integrating the organizational change literature: A model for successful change. *Journal of Organizational Change Management*, *28*(2), 234-262. doi: https://doi.org/10.1108/JCOM-11-2013-0215.

Armenakis, A., & Zmud, R. W. (1979). Interpreting the measurement of change in organizational research. *Personnel Psychology*, *32*, 709-723.

Armenakis, A., Bedeian, A. G., & Pond, S. (1983). Research issues in OD evaluation: Past, present, and future. *Academy of Management Review*, *8*, 320-328.

Austin, J. R., & Bartunek, J. M. (2003). Theories and practices of organizational development. In I. B. Weiner (Series Ed.) & W. Borman, D. Ilgen, & R. Klimoski (Vol. Eds.), *Handbook of psychology: Vol. 12. Industrial and organizational psychology* (pp. 309-332). Hoboken, NJ: Wiley.

Austin, J. R., & Bartunek, J. M. (2013). Organization change and development: In practice and in theory. In I. B. Weiner (Series Ed.) & N. Schmitt & S. Highhouse (Vol. Eds.), *Handbook of psychology: Vol. 12. Industrial and organizational psychology* (2nd ed., pp. 390-411). Hoboken, NJ: Wiley.

Austin, J. T., & Villanova, P. (1992). The criterion problem: 1917-1992. *Journal of Applied Psychology*, *77*(6), 836-874.

Barrett, M., Grant, D., & Wailes, N. (2005). ICT and organizational change: Introduction to the special issue. *Journal of Applied Behavior Science*, *42*(1), 6-22.

Bartunek, J. M., & Woodman, R. W. (2015). Beyond Lewin: Toward a temporal approximation of organization development and change. *Annual Review of Organizational Psychology and Organizational Behavior*, *2*, 157-182. doi:10.1146/annurev-orgpsych-032414-111353

Bartunek, J. M., Walsh, K., & Lacey, C. A. (2000). Dynamics and dilemmas of women leading women. *Organization Science*, *11*(6), 589-610.

Bartunek, J. M., Balogun, J., & Do, B. (2011). Considering planned change anew: Stretching large group interventions strategically, emotionally, and meaningfully. *Academy of Management Annals*, *5*(1), 1-52.

Beckhard, R. (1967). The confrontation meeting. *Harvard Business Review*, *45*, 149-153.

Bell, B.S., Tannenbaum, S.I., Ford, J.K., Noe, R.A., & Kraiger, K. (2017). 100 years of training and development research: What we know and where we should go. *Journal of Applied Psychology*, *102*(3), 305-323. doi: https://doi.org/10.1037/apl0000142.

Bowers, D. G. (1973). OD techniques and their results in 23 organizations: The Michigan ICL study. *Journal of Applied Behavioral Science, 9*, 21–43.

Buller, P. F. (1988). For successful strategic organizational change: Blend OD practices with strategic management. *Organizational Dynamics, 16*, 42–55.

Bullock, R. J., & Svyantek, D. J. (1983). Positive-findings bias in positive-findings bias research: An unsuccessful replication. *Academy of Management Proceedings*, 221–224.

Burke, W. W. (2006). Organizational surveys as lever for organizational development and change. In A. Kraut (Ed.), *Getting action from organizational surveys: New concepts, technologies and applications* (pp. 131–149). San Francisco, CA: Jossey-Bass.

Burke, W. W. (2011). A perspective on the field of organization development and change: The Zeigarnik effect. *Journal of Applied Behavioral Science, 47*, 143–167.

Burke, W. W. (2015). Choice points: The making of a scholar-practitioner, in Wooman, R., Pasmore, W. &, Shani, A. B. (Eds.), *Research in organizational change and development* (Vol. 23, pp.1–38). Emerald Publishing Limited. doi:10.1108/ S0897-301620150000023001

Burke, W.W., & Litwin, G.H. (1992). A causal model of organizational performance and change. *Journal of Management, 18*(2), 523–544.

Busta, H. (2019). How many colleges and universities have closed since 2016. *Educational Dive.*

Campbell, J. P., & Dunnette, M. D. (1968). Effectiveness of t-group experiences in managerial training. *Psychological Bulletin, 70*, 73–104.

Carroll, S. J., & Tosi, H. L. (1973). *Management by objectives*. New York, NY: Macmillan.

Carsten, J. M., & Spector, P. E. (1987). Unemployment, job satisfaction, and employee turnover: A meta-analytic test of the Muchinsky model. *Journal of Applied Psychology, 72*, 374–381.

Choi, M., & Ruona, W. E. (2011). Individual readiness for organizational change and its implications for human resource and organization development. *Human Resource Development Review*, 10(1), 46–73.

Church, A.H., & Oliver, D.H. (2006). The importance of taking action, not just sharing survey feedback. In A. Kraut (Ed.). *Getting action from organizational surveys: New concepts, technologies, and applications* (pp. 102–130). San Francisco: Jossey-Bass.

Coch, L., & French, J. R., Jr. (1948). Overcoming resistance to change. *Human Relations, 1*(4), 512–523

Cook, T. D., Campbell, D. T., & Peracchio, L. (1990). Quasi-experimentation. In M. D. Dunnette & L. M. Hough (Eds.), *Handbook of industrial and organizational psychology* (2nd ed., Vol. 1, pp. 491–576). Palo Alto, CA: Consulting Psychologists Press.

Cortina, J. M., & Luchman, J. N. (2013). Personnel selection and employee performance. In I. B. Weiner (Series Ed.) & N. Schmitt & S. Highhouse (Vol. Eds.), *Handbook of psychology: Vol. 12. Industrial and organizational psychology* (2nd ed., pp. 143–183). Hoboken, NJ: Wiley.

Cronbach, L. J., & Furby, L. (1970). How should we measure "change"—or should we? *Psychological Bulletin, 74*, 68–80.

Dahlsten, F., Styhre, A., & Willander, M. (2005). The unintended consequences of management by objectives: The volume growth target at Volvo cars. *Leadership & Organization Development Journal, 26*(7), 529–541.

Daponte, B. O.2008). *Evaluation essentials: Methods for conducting sound research* (Vol. 23). John Wiley & Sons.

Dickens, L., & Watkins, K. (1999). Action research: Rethinking Lewin. *Management Learning, 30*(2), 127–140.

Doz, Y. L., & Kosonen, M. (2010). Embedding strategic agility: A leadership agenda for accelerating business model renewal. *Long Range Planning*, 43(2), 370–382.

Eden, D. (1985). Team development: A true field experiment at three levels of rigor. *Journal of Applied* Psychology, *70*(1), 94–100. doi:10.1037/0021-9010.70.1.94

Eden, D. (2017). Field experiments in organizations. *Annual Review of Organizational Psychology and Organizational Behavior, 4*, 91–122. doi: https://doi.org/10.1146/annurev-orgpsych-041015-062400

Ferrier, W., Smith, K., & Grimm, C. (1999). The role of competitive action in market share erosion and industry dethronement: A study of industry leaders and challengers. *Academy of Management Journal, 42*, 372–388.

Flamholtz, E., & Hua, W. (2002). Strategic organizational development and the bottom line: Further empirical evidence. *European Management Journal*, No. 1, 72–81. doi: https://doi.org/10.1016/S0263-2373(01)00115-3.

Ford, J. K., & Foster-Fishman, P. (2012). Organizational development and change: Linking research from the profit, nonprofit, and public sectors. In S. W. J. Kozlowski (Ed.), *The Oxford handbook of organizational psychology* (pp. 956–992). New York, NY: Oxford University Press.

Forsyth, D. R. (2010). *Group dynamics* (5th ed). Stamford, CT: Cengage Learning.

French, W. L., & Bell, C. (1995). *Organization development: Behavioral science interventions for organization improvement.* Saddle River, NJ: Pearson Education.

Gavin, J. F. (1984). Survey feedback: The perspectives of science and practice. *Group and Organization Studies, 9*, 29–70.

Giangreco, A., & Peccei, R. (2005). The nature and antecedents of middle manager resistance to change: Evidence from an Italian context. *The International Journal of Human Resource Management, 16*(10), 1812–1829.

Gittell, J. H., & Douglass, A. (2012). Relational bureaucracy: Structuring reciprocal relationships into roles. *Academy of Management Review, 37*, 709–733.

Golembiewski, R. T., Billingsley, K., & Yeager, S. (1976). Measuring change and persistence in human affairs: Types of change generated by OD designs. *Journal of Applied Behavioral Science, 23*, 295–313.

Grant, A. M. (2007). Relational job design and the motivation to make a prosocial difference. *Academy of Management Review, 32*(2), 393–417.

Grant, A. M., & Parker, S. K. (2009). 7 redesigning work design theories: The rise of relational and proactive perspectives. *Academy of Management Annals, 3*(1), 317–375.

Grant, A. M., & Wall, T. D. (2009). The neglected science and art of quasi-experimentation: Why-to, when-to, and how-to advice for organizational researchers. *Organizational Research Methods, 12*(4), 653–686.

Griffin, R. W. (1991). Effects of work redesign on employee perceptions, attitudes, and behavior: A long-term investigation. *Academy of Management Journal, 34*, 425–435.

Guzzo, R. A., Jette, R. D., & Katzell, R. A. (1985). The effects of psychologically based intervention programs on worker productivity: A meta-analysis. *Personnel Psychology, 38*, 275–291.

Hackman, J. R., & Morris, C. G. (1975). Group tasks, group interaction process, and group performance effectiveness: A review and proposed integration. In L. Berkowitz (Ed.), *Advances in experimental social psychology* (Vol. 9, pp. 47–87). New York, NY: Academic Press.

Hackman, J. R., & Oldham, G. R. (1980). *Work redesign*. Reading, MA: AddisonWesley.

Halbesleben, J. R. B., Osburn, H. K., & Mumford, M. D. (2006). Action research as a burnout intervention: reducing burnout in the federal fire service. *Journal of Applied Behavioral Science, 42*(2), 244–266.

Harrison, D. A., & Newman, D. A. (2013). Absence, lateness, turnover, and retirement: Narrow and broad understandings of withdrawal and behavioral engagement. In I. B. Weiner (Series Ed.) & N. Schmitt & S. Highhouse (Vol. Eds.), *Handbook of psychology: Vol. 12. Industrial and organizational psychology* (2nd ed., pp. 262–291). Hoboken, NJ: Wiley.

Hensen, C., Fulkerson, J., Caliguri, P., & Shealy, C. (2023). Consultation: Who needs psychological expertise around the world and why? In C. Shealy, M. Bullock, & S. Kapadia (Eds.), *How psychologists can meet a world of need* (pp. 59-74). American Psychological Association. doi:10.1037/000 311-004

Hiatt, J.M. (2006). *ADKR: A model for business, government, and our community: How to implement successful change in our personal lives and professional careers*. Loveland, CO: Prosci Research.

Highhouse, S. (2002). A history of the T-group and its early applications in management development. *Group Dynamics: Theory, Research, and Practice, 6*(4), 277-290.

Hochwarter, W. A., Rosen, C. C., Jordan, S. L., Ferris, G. R., Ejaz, A., & Maher, L. P. (2020). Perceptions of organizational politics research: Past, present, and future. *Journal of Management, 46*(6), 879-907. https://doi.org/10.101177/0149206319898506

Hsu, S. W., & Lamb, P. (2020). Still in search of learning organization? "Towards a radical account of The Fifth Discipline" The art and practice of the Learning Organization. *The Learning Organization*, 27(1), 31-41. doi:https://doi.org/10.3389/fpsyg.2021.801073.

Huebner, L.A., & Zachner, H. (2021). Follow up on employee surveys: A conceptual framework and systematic review. *Frontiers in Psychology, 12*, 1-20. doi:https://doi.org/10.3389/fpsyg.2021.801073.

Hughes, A. A., Gregory, M. E., Joseph, D. L., Sonesh, S. C., Marlow, S. L., Lacerenza, C. N., Benishek, L. E., King, H. B., & Salas, E. (2016). Saving lives: A meta-analysis of team training in healthcare. *Journal of Applied Psychology, 101*(9), 1266-1304. doi: https://doi.org/10.1037/apl0000120.

Humphries, D., Littlejohns, P., Victor, C., O'Halloran, P., Peacock, J. (2000). Implementing evidence-based practice: Factors that influence the use of research evidence by occupational therapists. *British Journal of Occupational Therapy, 63*(11), 516-522.

Janis, I. L. (1982). *Groupthink: Psychological studies of policy decisions and fiascos* (2nd ed.). Boston, MA: Houghton Mifflin.

Katz, D., & Kahn, R. L. (1966). *The social psychology of organizations*. New York, NY: Wiley.

Klein, S. M., Kraut, A. I., & Wolfson, A. (1971). Employee reactions to attitude survey feedback: A study of the impact of structure and process. *Administrative Science Quarterly, 16*, 497-514.

Klein, G., Diaz-Granados, D., Salas, E., Le, H., Burke, C. S., Lyons, R., & Goodwin, G. F. (2009). Does team building work? *Small Group Research, 40*, 181-222.

Kohler, J. M., & Munz, D. C. (2006). Combining individual and organizational stress interventions: An organizational development approach. *Consulting Psychology Journal: Research and Practice, 58*(1), 1-12.

Kotter, J. P. (1996). *Leading change*. Harvard, MA: Harvard University Press.

Kozlowski, S. W. J., & Bell, B. S. (2013). Work groups and teams in organizations. In I. B. Weiner, N. W. Schmitt, & S. Highhouse (Eds.), *Handbook of psychology: Industrial and organizational psychology* (Vol. 12, 2nd ed., pp. 412-469). Hoboken, NJ: Wiley.

Kozlowski, S. W., & Klein, K. J. (2000). A multilevel approach to theory and research in organizations: Contextual, temporal, and emergent processes. In K. J. Klein & S. W. J. Kozlowski (Eds.), *Multilevel theory, research, and methods in organizations: Foundations, extensions, and new directions* (pp. 3-90). San Francisco, CA: Jossey-Bass.

Kraiger, K., & Ford, J. K. (2021). The science of workplace instruction: Learning and development applied to work. *Annual Review of Organizational Psychology and Organizational Behavior, 8*(1), 45-72. doi:10.1146.annurev-orgpsych-012420-06019.

Lacerenza, C. N., Marlow, S. L., Tannenbaun, S. I., & Salas, E. (2018). Team development interventions: Evidence-based approaches for improving teamwork. *American Psychologist, 73*(4), 517-531. doi:10.1037/ amp0000295

Lawler, E. E., & Worley, C. G. (2006). *Built to change: How to achieve sustained organizational effectiveness.* San Francisco, CA: Jossey-Bass.

Lewin, K. (1946). Action research and minority problems. *Journal of Social Issues, 2*(4), 34-46.

Lewin, K. (1947). Frontiers in group dynamics. *Human Relations, 1*, 26-41.

Lewis, M. (2004). *Moneyball: The art of winning an unfair game.* New York, NY: Norton.

Liebowitz, S. J., & DeMeuse, K. P. (1982). The application of team building. *Human Relations, 35*, 1-18.

Liu, C., Spector, P. E., & Jex, S. M. (2005). The relation of job control with job strains: A comparison of multiple data sources. *Journal of Occupational and Organizational Psychology, 78*(3), 325-336.

McKenna, D. D., & Wright, P. M. (1992). Alternative metaphors for organizational design. In M. D. Dunnette & L. M. Hough (Eds.), *Handbook of industrial and organizational psychology* (2nd ed., Vol. 3, pp. 901-960). Palo Alto, CA: Consulting Psychologists Press.

Mirvis, P. H. (2005). Large group interventions: Change as theater. *Journal of Applied Behavioral Science, 41*, 122-138.

Nakahara, W. H. (2023). *Stress appraisals of organizational change: The role of adaptability and communication.* Unpublished doctoral dissertation. University of Central Florida, Orlando, FL.

Neuman, G. A., Edwards, J. E., & Raju, N. S. (1989). Organizational development interventions: A meta-analysis of their effects on satisfaction and other attitudes. *Personnel Psychology, 42*, 461-483.

Newman, A., Donohue, R., & Eva, N. (2017). Psychological safety: Systematic review of the literature. *Human Resources Management Review, 27*(3). doi:https://doi.org/10.1016/j.hrmr.2017.01.001.

Ng, I., Lee, Y., & Cardano, P. (2012). Building teams in Chinese organizations. In X. Huang & M. H. Bond (Eds.), *Handbook of Chinese organizational behavior* (pp. 236- 257). Cheltenham, England: Elgar.

Nunnally, J. C., & Bernstein, I. H. (1994). *Psychometric theory* (3rd ed.). New York, NY: McGraw-Hill.

Offermann, L. R., & Spiros, R. K. (2001). The science and practice of team development: Improving the link. *Academy of Management Journal, 44*, 376-392.

Owen, H. (2007). Open space technology. In P. Holman, T. Devane, & S. Cady (Eds.), *The change handbook: The definitive resource for engaging whole systems* (pp. 135-148). San Francisco, CA: Berrett-Koehler.

Parker, S. K., Morgeson, F. P., & Johns, G. (2017). One hundred years of work design research: Looking back and looking forward. *Journal of Applied Psychology, 102*(3), 403-420. doi:https://doi.org/10.1037/apl0000106.

Pedler, M., & Burgoyne, J.G. (2017). Is the learning organization still alive? *The Learning Organization, 24*(2), 119-126. doi:https://doi.org/10.1108/TLO-12-2016-0087.

Perlaki, I. (1994). Organizational development in Eastern Europe: Learning to build culture-specific OD theories. *Journal of Applied Behavioral Science, 30*, 297-312.

Piderit, S. K. (2000). Rethinking resistance and recognizing ambivalence: A multidimensional view of attitudes toward an organizational change. *Academy of Management Review, 25*(4), 783-794.

Porras, J. I., & Robertson, P. J. (1992). Organizational development: Theory, practice, and research. In M. D. Dunnette & L. M. Hough (Eds.), *The handbook of industrial and organizational psychology* (Vol. 3, pp. 719-822). Palo Alto, CA: Consulting Psychologists Press.

Purser, R. E., & Petranker, J. (2005). Unfreezing the future: Exploring the dynamic of time in organizational change. *Journal of Applied Behavioral Science, 41* , 182-203.

Putnam, L. L., Fairhurst, G. T., & Banghart, S. (2016). Contradictions, dialectics, and paradoxes in organizations: A constitutive approach. *Academy of Management Annals, 10*(1), 65-171. doi:https://doi.org/10.5465/19416520.2016

.1162421.

Rajagopalan, N., & Spreitzer, G. M. (1996). Towards a theory of strategic change: A multi-lens perspective and integrative framework. In *Academy of Management Proceedings, 1*, 51−55. Academy of Management.

Rao, T. V., & Vijayalakshmi, M. (2000). Organization development in India. *Organization Development Journal, 18*, 51−63.

Rodgers, R., & Hunter, J. E. (1991). Impact of management by objectives on organizational productivity. *Journal of Applied Psychology*, 76, 322−336.

Rogelberg, S.G., & Stanton, J.M. (2007). Introduction: Understanding and dealing with organizational survey nonresponse. *Organizational Research Methods, 10*(2), 195−209. doi: https://doi.org/10.1177/1094428106294693.

Salas, E., Rozell, D., Mullen, B., & Driskell, J. E. (1999). The effect of team building on performance and integration. *Small Group Research*, 30(3), 309−329.

Schein, E. H. (1987). *Process consultation: Lessons for managers and consultants* (Vol. II). Reading, MA: Addison-Wesley.

Schein, E. H. (1998). *Process consultation revisited: Building the helping relationship*. Upper Saddle River, NJ: Prentice Hall.

Schmitt, N. (1982). The use of covariance structures to assess beta and gamma change. *Multivariate Research, 17*(3), 343−358.

Senge, P. (1990). *The fifth discipline: The art and practice of the learning organization*. New York, NY: Doubleday.

Shadish, W. R., Cook, T. D., & Campbell, D. T. (2002). *Experimental and quasi-experimental design for generalized causal inference*. Boston: Houghton Mifflin.

Shaw, I., Greene, J. C., & Mark, M. M. (2006). *The SAGE handbook of evaluation*. Thousand Oaks, CA: Sage.

Sinar, E. F. (2018). *Data Visualization: Get Visual to Drive HR's Impact and Influence*. Society for Human Resource Management (SHRM)-Society for Industrial Organizational Psychology (SIOP) Science of HR White Paper Series. https://www.hrm.org/hr-today/trends-and-forecasting/special-reports-and-expert-views/Documents/2018%2003_SHRM-SIOP%20White%20Paper_Data%20Visualization.pdf.

Spector, P. E., & Jex, S. M. (1991). Relations of job characteristics from multiple data sources with employee affect, absence, turnover intentions, and health. *Journal of Applied Psychology*, 76, 46−53.

Spillane, J. P. (2002). Local theories of teacher change: The pedagogy of district policies and programs. *Teachers College Record, 104*, 377−420.

Steil, G., & Gibbons−Carr, M. (2005). Large group scenario planning: Scenario planning with the whole system in the room. *Journal of Applied Behavioral Science*, 41(1), 15−29.

Stone−Romero, E. F. (2011). Research strategies in industrial and organizational psychology: Nonexperimental, quasi-experimental, and randomized experimental research in special purpose and nonspecial purpose settings. In S. Zedeck (Ed.), *APA handbook of industrial and organizational psychology: Vol. 1. Building and developing the organization* (pp. 37−72). Washington, DC: American Psychological Association.

Stouten, J., Rousseau, D. M., & De Creamer, D. (2018). Successful organizational change: Integrating the management practice and scholarly literatures. *Academy of Management Annals, 12*(2), 752−788. doi:10.5465/annals.2016.0095

Taylor, S. G., Bedian, A. G., Cole, M. S., & Zhang, Z. (2017). Developing and testing a dynamic model of workplace incivility change. *Journal of Management, 43*(3), 645−670. doi:101177/0140206324535432.

Terpstra, D. E. (1981). Relationship between methodological rigor and reported outcomes in organization development evaluation research. *Journal of Applied Psychology, 66*, 541−543.

Trist, E. L., & Bamforth, K. W. (1951). Some social and psychological consequences of the long-wall method of coal-getting. *Human Relations*, *4*, 3-38.

Van de Ven, A.H., & Sun, K. (2011). Breakdowns in implementing models of organizational change. *Academy of Management Perspectives*, *25*(3), 58-74. doi:10/5465/ amp.25.3.zol58.

Wageman, R., Hackman, J. R., Lehman, E. (2005). Team diagnostic survey: Development of an instrument. *Journal of Applied Behavioral Science*, *41*, 373-378C.

Wiley, J. W., & Campbell, B. H. (2006). Using linkage research to drive high performance: A case study in organization development. In A. Kraut (Ed.), *Getting action from organizational surveys: New concepts, technologies and applications* (pp. 150-182). San Francisco, CA: Jossey-Bass.

Woodman, R. W., & Wayne, S. J. (1985). An investigation of positive findings bias in evaluation of organization development interventions. *Academy of Management Journal*, *28*, 889-913.

제 14 장

온난화되는 세상에서 지속 가능한 조직 만들기

Organizational Psychology and Organizational Behavior: Evidence-based Lessons for Creating Sustainable Organizations,
Fourth Edition. Steve M. Jex, Thomas W. Britt, and Cynthia A. Thompson.

Companion website : www.wiley.com/go/organizationalpsychology4e

기후 변화에 관한 정부 간 협의체(IPCC)의 최신 보고서는 "모든 국가, 모든 부문, 모든 시간대에 걸쳐 기후 변화에 대한 노력을 대대적으로 신속하게 추진할 것을 촉구한다. 한마디로, 우리 세계는 기후 대응이 필요하다. 모든 것을, 모든 곳에서, 한꺼번에."

안토니우 구테흐스 유엔 사무총장

"친구여, 답은 바람 속에 있다…"

밥 딜런의 노래

기후 변화의 징후는 우리 주변에서 쉽게 찾아볼 수 있다. 거의 모든 대륙에서 기록적인 더위가 기승을 부리고, 바다가 따뜻해지고, 해수면이 상승하고, 극단적인 기상 이변이 일어나고, 폭우가 쏟아지고, 산불이 번지고, 산호초가 죽어가고, 생물이 멸종하고 있다. 그렇다. 암울한 소식이다. 그러나 기후 변화를 연구하는 과학자들에 따르면 미래 기후 변화의 영향을 줄일 시간이 아직 남아 있다(IPCC, 2023). 이 장에서 우리는 과학자들이 낙관하는 이유, 그리고 학생, 시민, 조직 구성원으로서 우리가 미래의 피해를 최소화하기 위해 무엇을 할 수 있는지 논의할 것이다. 우선 지구의 현재 상태와 기후 변화가 사람들의 신체적 · 정신적 건강에 미치는 영향, 그리고 지구의 미래에 대한 예측을 간략하게 살펴볼 것이다. 또한 기후 변화를 완화하기 위해 개별 조직 구성원이 할 수 있는 일에 초점을 맞춘 조직심리학 및 조직행동 연구도 살펴볼 것이다. 이러한 직원의 행동은 구성원 '녹색 행동(green behavior)', 종업원 친환경적 행동(pro-environmental behavior)이라고도 한다. 기후 변화의 현실을 지각하고, 완화하고, 적응하는 데 방해가 되는 다양한 종류의 심리적 · 인지적 편향을 이해하는 것이 중요하므로 우리는 이러한 편향과 이를 극복하기 위한 효과적인 방법에 대한 연구를 기술할 것이다.

마지막으로, 긍정적인 측면에 초점을 맞출 것이다! 개별 직원, 관리자 및 리더가 보다 지속 가능성에 중점을 두도록 자신의 행동을 어떻게 바꿀 수 있는지에 대한 증거 기반 연구를 설명하고, 그들이 조직을 더 친환경적이고 지속 가능한 미래로 나아가게 하기 위해 할 수 있는 일들을 논의할 것이다.

지속 가능성의 정의

먼저, 우리가 '지속 가능성'이라는 말을 사용할 때 이는 어떤 의미인가? 이 용어는 자주 사용되며, 사람마다 다르게 받아들일 수 있다. Scott과 동료들(2021, p. 11)이 제안한 것처럼, 지속 가능성의 의미는 실제로 꽤 간단하다고 생각한다. "지속 가능한 관행, 생활방식 또는 시스템은 유지될 수 있는 것, 즉 무기한으로 계속될 수 있는 것을 의미한다." 그들은 많은 다른 사람들과 마찬가지로 현재의 관행들이 지속 가능하지 않다고 주장한다. 예를 들어, 우리는 유한한 화석 연료인 석유와 가스에 의존하고 있으며, 환경에 재흡수되지 않는 폐기물을 만들어내고, 많은 이산화탄소를 흡수하는 나무를 벌목한다. 우리의 지속 불가능한 방식은 우리 모두에게 부정적인 영향을 미치지만, 특히 빈곤층 지역과 개발도상국에 더욱 큰 영향을 미친다. 우리의 지속 불가능한 방식은 커다란 북극곰과 호주 코알라와 같은 멸종 위기에 처한 비인간 종들에게도 영향을 미친다. 우리는 다음 절에서 이 영향을 더 자세히 설명할 것이다.

지속 가능성과 관련된 개념으로 **지속 가능한 개발**(sustainable development)이 있다. 이는 '미래 세대가 자신의 필요를 충족할 능력을 저해하지 않으면서 현재 세대의 필요를 충족하는 개발'로 정의된다(WCED, 1987, p. 43). 이 널리 사용되는 정의는 1987년 세계환경개발위원회(WCED)가 발행한 보고서 **우리 공동의 미래**(Our Common Future)에서 나왔다. 이 위원회는 노르웨이 최초의 여성 총리인 그로 할렘 브룬틀란(Gro Harlem Brundtland) 박사가 의장을 맡았으며, 이 보고서는 브룬틀란 박사가 국제 사회에서 지속 가능한 개발을 촉진한 공로로 '브룬틀란 보고서'로 불린다. 지속 가능한 개발에 대한 아이디어와 약속은 2015년에 유엔 회원국이 지속 가능한 개발 목표(Sustainable Development Goals, SDGs)를 채택하면서 본격적으로 시작되었다. 이 목표는 3년간 전 세계 70개국의 대표들로 구성된 공개 실무 집단과 수천 명의 이해 관계자들과의 논의를 통해 수립되었으며, 세계에서 가장 시급한 문제를 해결하기 위한 17개의 목표를 포함하고 있다. 이 목표들에는 기후 변화의 위협 제한, 불평등 축소, 건강과 웰빙 증진, 빈곤 퇴치, 기아 종식 등이 포함된다. 17개 지속 가능한 개발 목표의 전체 목록은 〈그림 14.1〉에서 확인 가능하다.

그림 14.1 지속 가능한 개발 목표. "지속 가능한 개발 목표 가이드 라인에 따라, 지속 가능한 개발 목표 브랜딩은 정보공유 목적에 한해 허가 없이 사용할 수 있다."

지속 가능한 개발에 대한 비판자들은 세계가 더 많은 개발, 특히 경제 개발이 필요하지 않다고 주장한다. 왜냐하면 너무 많은 개발이 지역 사회에 부정적인 영향을 미치기 때문이다. 예를 들어, 독성 화학 물질이 지역 강으로 유출되고, 대기 중 오염 물질이 증가하며, 깨진 배관에서 기름이 유출되어 지하수로 스며드는 것 등이 있다. 그러나 지속 가능한 개발은 새로운 기술 혁신을 포함할 수 있다. 예를 들어, 새로운 열 내성과 홍수 내성을 갖춘 작물, 더 효율적이고 저렴한 냉난방 시스템, 그리고 오염을 덜 발생시키는 공급망을 창출하는 것 등이 포함된다. 지속 가능한 개발은 모든 제품의 제조 과정에서 사용할 수 있는 지속 가능한 자재를 개발하거나, 전기차용 '더 깨끗한' 배터리 개발을 포함할 수 있다. 요약하자면, 지속 가능한 개발을 모순된 개념으로 치부하는 것이 아니라, 개발이 실제로 지속 가능하며 사람과 지구의 복지에 기여하도록 논의를 재구성하는 것이 중요하다. 지속 가능한 개발의 더 많은 예시는 The Borgen Project 웹사이트(https://borgenproject.org/5-examples-sustainable-development/)에서 확인할 수 있다.

우리 지구의 상태 : 기후 변화와 그 영향에 대한 간략한 소개

기후 변화는 지구 온난화, 기후 이상, 기후 위기, 혹은 최근에는 다가오는 기후 재앙이라고도 하며, 이는 변화하는 기상 시스템과 지구 기후의 불안정성이 점점 커지는 현상을 의미한다. 이러한 변화는 산업 혁명 이후 대기 중에 증가한 온실가스(Greenhouse gases, GHG)에 기인한 것으로 여겨진다. 이러한 온실가스에는 이산화탄소, 아산화질소, 메탄 등이 포함되며, 이들 가스는 대기 중에 열을 가둔다(Henderson et al., 2020; Kearns, 2024).[1]

가둬진 열은 결국 대기, 해양, 육지를 따뜻하게 만든다(IPCC, 2021). 온실가스 배출의 주요 원인은 화석 연료(석탄, 가스, 석유)의 연소, 산림 파괴, 농업이며, 이는 기후 변화가 인간 활동에 의해 발생했음을 보여준다. 실제로, 2021년 기후변화에 관한 정부간 협의체의 평가 보고서(IPCC, 2021)와 2023년 종합 보고서(IPCC, 2023)에 따르면, 과학자들은 대기, 육지, 해양에서 관찰된 온난화의 주요 원인이 인간의 영향이라는 사실을 명확히 확인하였다. 기후 변화 회의론자들의 반대 주장에도 불구하고, 전 세계 기후 과학자들의 99% 이상이 인간 활동이 기후 변화를 일으키고 있다는 것에 동의한다(Lynas et al., 2021). 기후 과학, 그리고 기후 변화에 관한 정부간 협의체의 역사에 대한 간략한 개요는 '참고 14.1'을 보라.

다음은 기후 변화를 완화하기 위한 조치를 취하지 않고 '현 상태를 유지'할 경우 예상되는 영향을

1 기후 변화에 대한 과학적 배경에 대해 더 알아보려면, 이 장의 마지막에 있는 '더 읽을거리'를 참조하라.

참고 14.1

기후 과학, 그리고 기후 변화에 관한 정부간 협의체의 역사

온실가스 효과가 처음으로 설명된 것은 1856년, 미국 과학자 Eunice Newton Foote가 더 높은 수준의 이산화탄소가 더 따뜻한 지구 기후를 만들 것이라는 과학 논문을 작성했을 때였다. 40년 후, 스웨덴 과학자 Svante Arrhenius는 화석 연료 연소가 대기의 이산화탄소 농도를 증가시켜 더 온난화 된 세상을 만들 것이라는 메커니즘을 처음으로 제시했다. 당시 이 과학자들은 별다른 경각심을 느끼지 않았고, Arrhenius는 심지어 이것이 스웨덴에 좋은 일일 수 있다고 생각했다. 사람들이 걱정하기 시작한 것은 1957년이 되어서였다. 미국 과학자 Roger Revelle은 온실가스의 잠재적인 영향에 대해 미국 의회 위원회에서 발언했으며, 1988년 NASA 과학자 James Hansen은 지구 온난화가 실제로 일어나고 있으며 이미 영향을 미치고 있다는 의회 증언을 했다. Hansen의 증언은 기후 인식에서 전환점으로 자주 묘사되며, 그는 기후 과학의 대부로 여겨진다(Goodell, 2023). 이처럼 기후 변화에 대한 인식, 관심, 우려가 증대되면서 기후 과학자들의 연구가 급격히 증가했다. 이 연구는 기상학, 기후학, 해양학, 지리학, 수문학, 지질학, 빙하학, 식물 생태학, 고생물학, 지구물리학, 컴퓨터 모델링, 그리고 대기과학을 포함한 다양한 분야의 과학자들이 참여하였다.

기후 과학자들은 수년간 지구가 따뜻해지고 있으며, 화석 연료 사용을 중단하지 않으면 계속 따뜻해질 것이라는 예측을 해왔다. 기후 변화에 대한 합의를 도출하기 위해 협력한 기후 과학자들의 연구는 기후 변화에 관한 정부간 협의체(IPCC)의 보고서로 이어졌다. 1988년에 유엔과 세계 기상 기구가 결성한 기후 변화에 관한 정부 간 협의체는 전 세계의 과학자들을 한데 모아 기후 상태를 평가하고, 기후 변화의 경제적, 사회적 영향을 분석하며, 정부에 권고 사항을 제시하였다(IPCC, 2023). Weart(2013)에 따르면, "각 분야의 전문가들이 수많은 아이디어와 자료를 교환하며 과학적 질문에 대한 확신 있는 답변을 얻기 위해 치열한 토론을 벌였다"(p. 3663). 결과적으로, 최근 기후 변화에 관한 정부간 협의체 보고서는 2023년 요약 보고서를 포함하여, 지식의 질을 향상시키고, 지구 기후 상태에 대한 대중과의 소통의 질을 높였다. 이제 전 세계 사람들이 기후 변화의 심각성과 이에 대응해야 할 필요성을 그 어느 때보다도 더 잘 이해하고 있다.

출처 : IPCC(2023), IPCC(2024), and Weart(2013).

간략히 정리한 것이다. 기후 변화 과학에 대한 더 자세한 내용을 알고 싶은 학생들은 Joseph Romm의 책 *Climate Change : What Everyone Needs to Know*(2016) 또는 그레타 툰베리(Greta Thunberg)가 편집한 *The Climate Book(2023)*을 읽어보길 바란다.

지구 온난화

현재 전 세계 평균 기온은 1880년 이후 이미 1.1°C(약 2°F) 상승했으며, 1981년 이전보다 2배 빠른 속도로 온난화가 진행되고 있다(Lindsey & Dahlman, 2023). 기록된 가장 더운 10년 중 10년은 2010년 이후 발생하였다. 이 단락을 쓰는 도중, 내 스마트폰에 Bill McKibben의 Substack 뉴스레터 헤드라인이 떴다 : "어느 누구도 이보다 더 더운 날씨를 본 적이 없다"(McKibben, 2023년 7월 5일). 그는 "7월 3일은 지구상에서 기록된 가장 더운 날이었다"라고 썼다. 그리고 빙핵과 나이테 같은 간접 기록을 사용하여 "기후 과학자들의 최선의 추정에 따르면 그 월요일은 125,000년 전 마지막 간빙기 이후로 가장 더운 날이었다"라고 밝혔다. 그리고 7월 4일 화요일은 그보다 더 더웠다. 그리고 그다음 날도. 휴스턴, 문제가 생겼다.

지구 온난화의 영향은 전 세계 신문 헤드라인에서 거의 매일 볼 수 있다. 다음은 그중 일부이다. "텍사스가 기록적인 폭염 3주 차로 접어들며 남부 미국에 폭풍이 몰아친다"(Axios, 2023년 6월 26일), "아시아 일부 지역을 휩쓴 불타는 폭염으로 인간의 '생존 가능성' 한계에 근접하고 있다"(CNN, 2023년 6월 26일), "멕시코에서 가장 더운 도시 중 한 곳에서의 120°F는 어떤 모습인가"(뉴욕타임스, 2023년 7월 6일), "전문가들은 텍사스에서 12명이 사망한 후 미국의 폭염이 더 자주, 더 오래 지속될 것이라고 말한다"(Fox, 2023년 6월 30일). 높은 온도와 높은 습도가 결합되면, 인간은 효율적으로 몸을 식히지 못해 열사병, 심혈관 질환, 조산, 신부전, 궁극적으로는 사망에 이를 수 있다. 과학자들은 열과 관련된 사망의 37%가 인간이 유발한 기후 변화로 인한 것이라고 추정하였다(Vicedo-Cabrera et al., 2021).

열의 영향은 전 세계 산업과 경제에도 영향을 미친다. 캐나다에서만 기후 변화 때문에 악화한 산불로 소방 비용과 주택 및 사업체 피해액이 수백만 달러에 이른다(DePillis, 2023). 보험 회사들은 산불과 허리케인이 자주 발생하는 시장에서 철수하고 있다. 예를 들어, 2017년 플로리다를 강타한 4등급 허리케인인 어마(Irma)는 2018년 허리케인 마이클(Michael), 2022년 허리케인 이언(Ian)에 이어 발생하여, 2017년 허리케인 피해 보상금 지급으로 고갈된 준비금을 채울 시간이 없었던 민간 보험사들이 큰 어려움을 겪게 하였다. 일부 민간 보험사는 사업을 접었고, 파머스보험(Farmers Insurance)을 포함한 몇몇 보험사는 플로리다 시장에서 철수하고 있다(McDaniell, 2023). 전 세계적으로 기후 변화는 농업, 임업, 어업, 에너지, 산업계, 관광업에 부정적인 영향을 미치고 있으며, 특히 온도가 점점 높아지는 지역에서 그 영향이 두드러진다(IPCC, 2023). 그리고 지구가 계속해서 더워지면서, 녹는 빙하가 이전에 동결되어 있던 영구 동토층을 녹이거나 지하수 샘을 노출시켜 메탄을 대기 중으로 방출하게 하였고, 이는 더 많은 온난화를 초래한다(Larsen, 2023).

해수면 상승

지구 온난화로 인해 바다의 해수면은 지난 3,000년 중 어느 세기보다도 빠르게 상승하고 있다(IPCC, 2023). 1880년 이후 전 세계 평균 해수면은 8인치 이상 상승했으며, 그중 3인치는 지난 25년 동안 상승한 것이다. 해수면 상승은 녹아내리는 빙상과 빙하, 그리고 따뜻해지면서 팽창하는 바닷물로 인해 발생한다(Lindsey, 2022). 전 세계적으로 수백만 명이 해안 근처에 거주하고 있으며, 미국 인구의 약 40%도 포함된다. 마이애미, 휴스턴, 뉴어크, 뉴욕시, 뉴올리언스와 같은 도시는 가속화되는 해수면 상승에 직면해 있다. 많은 도시가 폭풍 예보 없는 날에도 고조 또는 '맑은 날 홍수'라고 불리는 홍수를 겪고 있다. 방글라데시, 필리핀, 인도네시아, 네덜란드, 중국과 인도의 일부 저지대 지역들은 홍수의 위험에 처해 있으며, 몰디브, 키리바시, 피지와 같은 일부 작은 섬나라들은 이미 마을을 더 높은 지대로 옮기고 있다.

폭풍과 가뭄

해수면 상승, 감소하는 열 반사율, 변화하는 강우 패턴은 일부 지역에서는 수증기를 증가시키고, 다른 지역에서는 사막화를 가속화하여 더 빈번한 가뭄과 더 극단적인 폭풍을 초래하고 있다. 기후 과학자 Katherine Hayhoe 박사는 이를 잘 설명한다. "기후 변화는 우리의 기상 현상을 더욱 강력하고 길게, 그리고 더 큰 피해를 주는 방향으로 확대하고 있다"(Hayhoe, 2021, p. 99). 이러한 극단적인 기상 현상에는 홍수가 발생하는 폭우가 포함되며, 이는 종종 거리, 고속도로, 가정 및 사업체의 침수를 초래한다. 이러한 집중적인 폭우, 즉 하루 동안의 극심한 강우는 더욱 자주 발생하고 있다. 미국 환경보호국에 따르면, 극심한 하루 강우가 가장 많이 발생한 10년 중 아홉 번이 1996년 이후 발생했다(EPA, 2021). 심지어 기후 변화의 영향을 피할 수 있는 최적의 장소 중 하나로 여겨지는 버몬트에서도 최근 폭우로 인해 주도인 몽펠리어가 침수되었다.

가뭄은 물 부족을 초래하는 비정상적으로 건조한 날씨로, 예전부터 존재해왔다. 그러나 기온 상승, 강우 패턴의 변화, 산림 파괴로 인해 전 세계적으로 가뭄의 빈도와 심각성이 증가하고 있다. 미국만 해도 2011년에서 2020년 사이에 아홉 번의 가뭄을 경험하였으며, 이로 인해 10억 달러 이상의 피해가 발생했다(NOAA, 2023). 유엔의 추산에 따르면, 전 세계적으로 가뭄은 15억 명의 사람들에게 영향을 미쳤으며, 최소 1,240억 달러의 경제적 손실을 초래하였다(UN Office for Disaster Risk Reduction, 2021). 가뭄의 영향을 가장 심각하게 받은 국가들 중에는 남수단, 마다가스카르, 파키스탄, 소말리아가 포함된다. 심각한 가뭄은 물 공급을 줄여 물 배급제를 도입하게 하고, 가축과 농작물을 포함한 농축산업 생산량을 감소시켜 식량 불안을 초래하며, 강을 통한 무역 및 도로 파손으로 인해 교통을 방해하고, 가정과 사업체를 냉방하기 위한 에너지 수요를 증가시켜 전력망에 부담을 줄 수 있으며, 공공 건강에도 위협을 준다. 또한 가뭄으로 인한 산불은 나무와 식물이 없앨 수 있는 이산화탄소량을 줄이기 때문에, 대기 중으로 방출될 이산화탄소를 흡수하는 중요한 역할을 방해한다(Moseman, 2022).

신체 건강 위험

세계보건기구(WHO)에 따르면, 전 세계적으로 10명 중 9명은 매일 오염된 공기를 마신다. 미세 오염물질, 특히 PM2.5 같은 미세 입자 물질은 사람 머리카락 굵기의 30분의 1 크기이며, 쉽게 흡입되어 폐, 심장, 뇌 깊숙이 들어가 심각한 건강 문제를 일으킬 수 있다. 여기에는 암, 뇌졸중, 심장병, 폐 질환 등이 포함된다. 실제로 WHO는 대기 오염을 인간 건강에 대한 가장 큰 환경적 위험 요소로 간주하며,

매년 전 세계에서 700만 명 이상이 대기 오염으로 인해 사망한다고 추정한다. 또한 WHO는 기후 변화가 2030년에서 2050년 사이에 매년 25만 명의 추가 사망을 초래할 것이라고 예측하고 있다(WHO, 2019). 대기 오염과 기후 변화는 밀접하게 연관되어 있는데, 대기 오염의 주요 원인은 화석 연료의 연소이기 때문이다. 또한 앞서 언급한 온도 상승은 더욱 빈번하고 광범위한 화재 시즌을 초래하여, 화재 지역을 넘어선 곳까지 오염된 공기가 확산하게 한다.

캐나다 산불로 인해 발생한 연기 속의 크라이슬러 빌딩

https://www.gettyimages.com/detail/news-photo/smoky-haze-from-wildfires-in-canada-diminishes-the-news-photo/1258515166?adppopup=true

출처 : David Dee Delgado/Getty Images

실제로 2023년 여름, 캐나다와 미국 대부분 지역은 캐나다에서 발생한 산불로 인해 연기로 뒤덮였다. 대기 오염 지수는 0에서 500까지 범위를 가지는데, 뉴욕시, 시카고, 피츠버그, 토론토 등 북미 주요 도시에서는 400을 넘는 '위험' 수준에 도달했다. 기후 변화가 산불의 유일한 원인은 아니지만, 중요한 기여 요인 중 하나이다(EPA, 2022). 뉴욕시 크라이슬러 빌딩이 나온 왼쪽 사진은 공동 저자인 Cynthia Thompson의 바루크칼리지 사무실에서 촬영한 것으로, 캐나다 산불로 인해 도시를 뒤덮은 짙은 연기를 보여준다.

정신 건강에 미치는 영향

기후 변화의 신체적 영향 외에도, 극단적인 기상 현상은 정신 건강과 웰빙에도 눈에 띄는 영향을 미칠 수 있다. 허리케인 카트리나와 같은 자연 재해 발생 이후의 결과에 대한 연구에서는 재난을 경험한 사람들 사이에서 불안, 우울, 약물 남용, 외상 후 스트레스 장애(post-traumatic stress disorder, PTSD)의 수준이 증가했음을 기록하고 있다(Morganstein & Ursano, 2020). 앞 절에서 설명한 바와 같이 극단적인 기상 현상의 빈번한 발생은 전 세계적으로 점점 더 많은 사람들에게 영향을 미칠 것이며, 기후 변화의 직접적인 영향을 경험하지 않은 사람들 중에서도 많은 이들이 기후 불안으로 인한 정신 건강 문제를 겪고 있다는 증거가 늘어나고 있다(Clayton, 2020). 2019년 미국에서 2,017명의 성인을 대상으로 한 조사에서, 성인의 3분의 2 이상(68%)이 기후 변화와 그 영향에 대해 불안과 걱정을 느끼고 있으며, 18~34세 사이의 젊은 성인 중 47%는 기후 변화에 대한 스트레스가 일상생활에 영향을 미친다고 답했다. 16~25세 사이의 10,000명 이상의 젊은이를 대상으로 10개국에서 진행된 더 최근의 연구에서는 59%가 매우 또는 극도로 걱정하고 있으며, 또 다른 25%는 기후 변화에 대해 중간 정도로 걱정하고 있다고 답했다(Hickman et al., 2021). 필리핀의 젊은이들이 가장 걱정하고 있었으며(84%), 미국의 젊은이들이 가장 적게 걱정하고 있었다(46%).

예일대학교 기후 변화 커뮤니케이션 프로그램의 연구자들은 2009년부터 미국인의 기후 변화에 대한 의견과 우려의 변화를 조사해 왔다(Leiserowitz et al., 2023). 이들은 환경에 대한 우려를 기반으로 미국인을 6개의 고유한 하위 집단으로 분류했다 : 위기 의식이 높은 집단(Alarmed), 우려하는 집단(Concerned), 조심하는 집단(Cautious), 무관심한 집단(Disengaged), 의심하는 집단(Doubtful), 무시하는 집단(Dismissive). 위기 의식이 높은 집단은 2012년 이후 2배 이상 증가하였으며, 미국 인구의 12%에서 2022년에는 26%로 성장하였다. 우려하는 집단의 비율은 27%로 거의 변하지 않았으며, 의심하는 집단의 비율은 감소하였다(그림 14.2 참조).

최근 예일대학교 연구 참여자들의 인구통계적 차이에 대한 분석에서, Ballew와 동료들(2023)은 우려하는 집단 구성에서, Z세대와 밀레니얼 세대(60%)가 X세대(53%)나 베이비붐 세대(53%)에 비해서 더 많은 비율을 차지한다고 밝혔다. 히스패닉/라틴계 성인(64%)과 흑인 성인(61%)이 백인 성인(50%)에 비해 더 높은 비율로 위기 의식이 높은 집단 또는 우려하는 집단을 차지하였다. 여성(59%)이 남

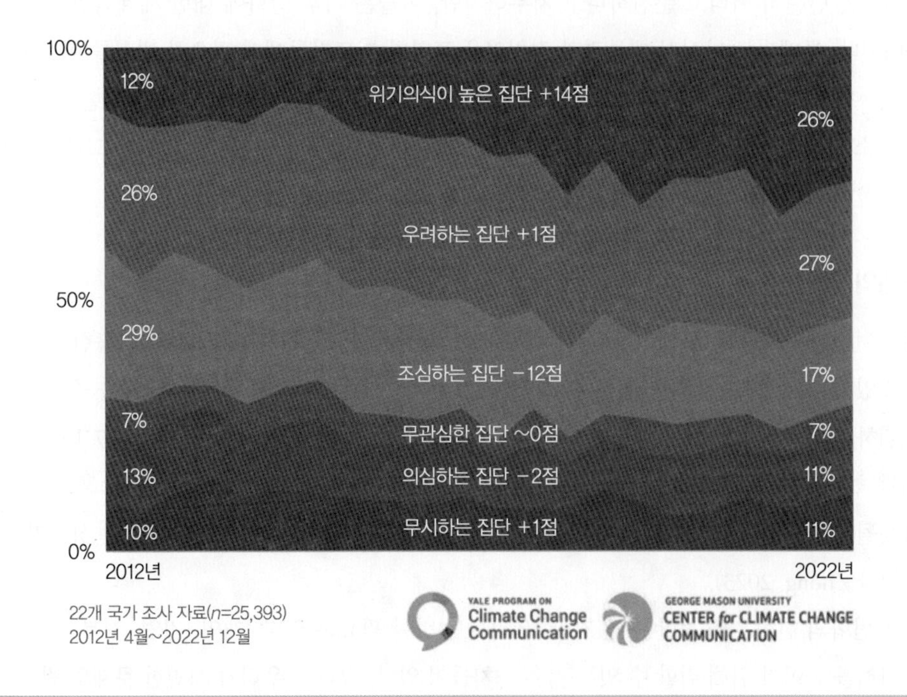

그림 14.2 지난 10년 동안 미주 6개 지역에서의 지구 온난화

출처 : https://climatecommunication.yale.edu/about/projects/global-warmings-six-americas/

성(52%)보다 위기 의식이 높은 집단 또는 우려하는 집단을 높은 비율로 구성하였다. 교차성의 관점에서 데이터를 살펴보면(이는 제4장에서 논의되었다), 유색 인종의 Z세대 및 밀레니얼 세대 여성들이 지구 온난화에 대해 가장 위기 의식을 느끼거나 우려하고 있음을 알 수 있다(68%). 이 결과는 기후 정책과 해결책 개발에 있어 다양한 목소리를 포함시키는 것이 얼마나 중요한지 강조하며, 환경 정의(environmental justice) 문제에 초점을 맞추는 것의 중요성도 부각한다. 기후 변화가 유색 인종 커뮤니티에 미치는 불균형한 영향에 대한 더 깊은 논의는 '참고 14.2'를 참조하라.

우리는 복잡하고 명확한 해결책이 없는 기후 위기 속에 있으며, 이는 사람들이 압도당하는 강렬한 감정을 불러일으킨다. 실제로, Hickman 등(2021)의 조사에 참여한 많은 젊은이가 기후 변화에 대해 슬픔, 무력감, 두려움, 불안, 분노를 느낀다고 보고했다. 이러한 감정들은 무관심과 우울로 이어질 수 있지만, 동시에 기후 변화를 완화하기 위해 무엇인가를 '해야 한다'는 강한 필요성으로 이어질 수도 있다. 스웨덴의 한 청소년이 자신의 불안과 분노를 어른들이 행동하지 않는 것에 대한 항의로 전환한 사례를 보자면, 그레타 툰베리(Greta Thunberg)는 지구를 구하기 위한 세계적 변화를 요구하는 젊은이들의 운동을 만들었다. 그녀가 스웨덴 의회 앞에서 시작한 시위는 이제 Fridays for Future라는 이름의 전 세계 고등학생들이 참여하는 운동으로 성장하였다. 일부는 거리로 나와 시위에 참여한 수백만 명의 젊은이들을 단순히 어리고 순진하다고 치부하지만, 이들은 기후 변화에 대한 세계적인 인식 변화를 만들어냈다. 툰베리는 나서서 대통령과 정치인을 포함한 지도자들에게 필요한 변화를 이끌도록 설득해 왔다. 예를 들어, 그녀가 영국 의회에서 연설하고 영국 환경 단체들과 함께 시위를 한 후, 영국은 국가의 탄소 발자국 제거를 요구하는 법안을 통과시켰다(Alter et al., 2019). 2019년에 그레타 툰베리는 타임지 올해의 인물로 선정되었다.

미래에의 영향

위에서 설명한 변화들은 산업화 이전 수준에 비해 평균적으로 단 1.1°C(1.98°F) 상승한 지구에서 일어나고 있다. 기후 변화에 관한 정부 간 협의체(IPCC, 2023)는 지금 당장 탄소 배출을 줄이기 위한 조치를 취하지 않으면 온난화는 계속될 것이며, 앞으로 20년 안에 온도 상승이 1.5°C(2.7°F)에 도달하거나 이를 초과할 가능성이 크다고 예측하고 있다. 또한 해수면 상승은 앞으로 수백 년, 혹은 수천 년 동안 계속될 것이며, 빠르면 2030년대에 북극은 적어도 한여름에는 사실상 해빙이 없는 상태가 될 것으로 보인다(Zhong, 2023).

기후 변화의 현실은 부정할 수 없지만, 우리는 절망할 필요는 없다. 개인, 기업, 정부, 공동체가 최악의 피해를 줄이기 위해 취할 수 있는 많은 조치들이 있다. 그리고 우리가 직면한 문제의 범위와 규모에 대해 '명확한 시각을 갖는 것'이 중요하지만(Goodell, 2023), 동시에 우리 각자가 기후 변화의 영향을 완화하기 위한 해결책과 혁신을 개발하는 데 어떻게 기여할 수 있을지를 고민하는 것 또한 중요하

참고 14.2

환경적 정의

환경적 불평등은 소수 집단 및 저소득층 커뮤니티가 다른 커뮤니티에 비해 환경적 피해와 위험에 불균형적으로 노출되는 것을 의미하며, 그 위험이 인간 건강에 미치는 부정적 영향을 말한다. 이러한 해로운 결과는 환경 규제와 법률의 불평등한 집행에 의해 더욱 악화한다.

미시간주 플린트(Flint) – 제너럴모터스가 처음 들어선 곳 – 의 주민들은 오염된 수자원에 의해 건강에 피해를 입었다. 이 문제는 18개월 동안 정부가 오염된 물에 대한 주민들의 불만을 충분히 해결하지 못하면서 더 심각해졌다. 오염은 비용 절감을 위한 도시의 수원 결정에서 비롯되었는데, 원래는 식용 가능하였던 호수를 수원으로 사용하였으나 공업 폐수와 하수가 유입되는 유해한 강으로 바꾸기로 결정하였다. 이 오염된 물을 마신 주민들은 납 중독, 생식 문제, 고혈압 등의 피해를 경험했다. 최소 10명이 레지오넬라 병으로 사망하였으며, 많은 아이들이 납 중독으로 인한 발달 지연을 겪었다. 주정부가 주로 저소득 흑인 미국인들의 우려를 무시한 결과, 이 사건은 미국에서 빈곤층의 고통을 전 세계에 알린 국가적 스캔들이 되었다.

정부 개입의 부족은 환경적 불공정의 주요 원인 중 하나지만, 산업계의 관행 역시 오염의 근본 원인인 경우가 많다. 예를 들어, 환경 규정은 플린트강에 독성 화학 물질을 버리는 것을 불법으로 만들었지만, 많은 회사(예 : 자동차 공장 및 제지 공장)가 오랫동안 이를 지키지 않았다. 상류 지역에서의 비료 사용 또한 오염에 기여했다.

엑슨모빌(ExxonMobil)은 세계 최대의 석유 회사 중 하나로, 환경적 인종차별과 관련하여 S&P 500 기업 중 최하위를 기록했다(Winters, 2021). 이 석유 회사는 오랫동안 비백인 커뮤니티에 해를 끼치는 비즈니스 활동을 했다는 비난을 받아 왔다. 흑인이 주민의 대다수인 텍사스 지역사회의 한 정유소는 계속해서 청정 대기법을 무시해 왔다.

환경 정의는 무엇보다도 건강 및 인권 문제이다. 환경 정의를 위해 싸우는 사람들은 빈곤층과 소외된 커뮤니티가 환경과 기후의 영향에 불균형적으로 노출되는 것의 문제를 해결하려고 노력한다. 환경 정의와 인종차별의 주요 문제는 깨끗한 물과 공기, 건강한 음식, 그리고 안전한 주택과 일터에 대한 접근성 부족을 강조한다. 2018년의 한 연구에 따르면, 빈곤선(poverty line) 이하에 사는 커뮤니티는 전체 인구보다 대기 오염 물질에 35% 더 많이 노출되었다(Willis, 2018). 유색인종은 또한 유해 화학 공장과 배출 시설 근처에 살 가능성이 더 높다(Tabuchi & Popovich, 2021). 이러한 환경적 노출은 인종, 민족, 사회경제적 지위에 따라 건강 격차를 심화한다. 영향을 받는 커뮤니티는 천식, 비만, 심혈관 질환, 당뇨병, 정신 건강 및 신경 발달 문제를 포함한 더 높은 비율의 건강 문제를 경험한다(National Institute of Environmental Health Sciences, 2023). 미국공중보건협회는 이러한 복합적인 영향으로 인해 환경 정의를 구조적 공중 보건 문제로 간주해야 한다고 제안한다(American Public Health Association, 2023).

As You Sow의 인종 정의 이니셔티브를 이끄는 Olivia Knight는 환경 정의의 중요성을 간결하게 표현했다 : "환경 정의를 인정하고 해결하지 않고서는 인종 다양성 차원의 정의를 이룰 수 없다"(Winters, 2021).

제공 : 바루크칼리지 Arlinda Hasandjekaj

출처 : American Public Health Association(2023), Hill(2021), National Institute of Environmental Health Sciences(2023), Tabuchi and Popovich(2021), Willis(2018), Winters(2021).

다. 기후 변화라는 커가는 위기를 해결하기 위해 정부, 산업계, 개인이 함께 해결하는 세 갈래 접근이 필요하지만, 이 장에서는 조직심리학과 조직행동과 관련된 두 가지 접근법, 즉 기후 변화에 대응하기 위한 개인 및 조직 수준 전략에 초점을 맞출 것이다. 개인 차원에서는 직원들의 '녹색 행동'에 중점을 두고, 직장에서 변화를 일으킬 수 있는 권한위임이 가능하도록 직원들에게 주체성과 긴급성을 부여하는 데 도움이 되는 연구를 기술할 것이다. 조직 수준에서는 조직이 지속 가능성의 연속선상에서 어디에 위치해 있는지를 이해하고, 특히 조직의 탄소 발자국을 줄임으로써 더 높은 수준의 지속 가능성으로 나아가기 위한 전략에 중점을 둘 것이다. 그러나 먼저 조직 구성원, 리더, 조직이 환경 친화적인 행동, 정책, 관행을 채택하는 데 있어서 어떤 역할을 해야 하는지에 대한 전문가들의 의견을 논의할 것이다.

조직심리 및 조직행동 전문가들의 의견

점점 더 많은 산업 및 조직심리학자, 조직행동 연구자, 인적자원관리 실무자들이 기후 변화와 환경 지속 가능성에 관심을 갖고 있다. 산업 및 조직심리학 분야에서 이러한 관심이 본격적으로 시작된 것은 2010년 애틀랜타에서 열린 산업조직심리학회였고, 2012년 뉴올리언스에서 열린 산업 및 조직심리학회 환경 지속 가능성 리딩 에지 컨소시엄에서 이어졌으며, 현재까지도 직원들의 '친환경 행동'과 관리자 및 인적자원 전문가들이 환경 이니셔티브와 조직 문화 변화를 촉진하는 역할에 관한 연구와 발표가 계속되고 있다. 2012년에 Deniz Ones 박사와 Stephan Dilchert 박사는 산업 및 조직심리학자들에게 '환경이 세계 경제와 조직에 미치는 영향을 최소화, 완화, 중립화'하기 위해 그들의 지식과 전문성을 통해 기여하라는 행동 촉구를 하였고(Ones & Dilchert, 2012, p. 444), 많은 산업 및 조직심리학 연구자들과 실무자들이 그 부름에 응답하였다(예 : DuBois & DuBois, 2012; Zacher et al., 2023).

이와 유사하게, 조직행동 및 경영관리 분야의 연구자와 실무자들도 수년간 조직의 '친환경화' 필요성에 대해 논의해 왔다(Harris & Crane, 2002; Shrivastava, 1995). 학자들은 연구자, 관리자, 인적자원관리 실무자들이 환경적으로 책임감 있는 가치, 신념, 행동을 수용하고(Shrivastava, 1995), 조직과 협력하여 '친환경 문화 변화'를 일으킬 것을 권장해 왔다(Post & Altma, 1994). 경영관리학회(Academy of Management)의 조직 및 자연 환경분과[Organizations and the Natural Environment(ONE) Division]는 기후 변화, 생물 다양성 상실, 폐기물 관리 등 조직과 환경의 주요 과제 간 교차점을 탐구하는 연구자 및 교육자들로 이루어진 그룹이다. 그들은 자신의 연구 결과를 다양한 비즈니스 및 경영 저널에 발표하고, 이러한 결과를 바탕으로 조직의 환경적 지속 가능성을 증진하기 위해 비즈니스 리더들에게 영향력을 미치고자 한다. 인적자원관리협회(The Society for Human Resource Management, SHRM)는 인적자원관리 전문가들과 연구자들이 지속 가능성 전략과 실천을 개발하고 실행하는 데 있어 선도적인 역할을 할 것을 장려하고 있다(Cohen et al., 2012). 지속 가능한 인적자원관리에 관한 최초의 서적 중 하나는 2009년에 Ina Ehnert 박사가 출판했으며, 그녀는 이 신생 분야에 연구와 실천을 위한 이론적 기반을 제공하였다.

지속 가능성 연구 및 교육이 진전되었음에도 불구하고, 훨씬 많은 것들이 시급히 필요하다. 일부 조직 연구자는 경영대학원에서 기후 변화를 연구하고 교육하는 것이 부족하다는 점을 안타까워하며, 악화하는 기후 문제를 무시함으로써 경영학 분야가 '현 상태 유지'를 정당화한다고 주장한다(Hoffman, 2023; Nyberg & Wright, 2020). 실제로 대부분의 경영대학원은 여전히 환경, 지역사회, 그리고 미래 세대가 사용할 자원에 대한 영향을 고려하지 않고 경제 성장과 이윤을 강조하고 있다. 이러한 이윤 중심의 사고는 밀턴 프리드먼이 그의 유명한 에세이에서 주장한 바에 따라 찬양되었는데, 프리드먼은 비즈니스의 유일한 사회적 책임은 이윤을 증가시키는 것이라고 주장하였다(Friedman, 1970). 미시간 대학교 로스경영대학원의 지속 가능한 기업 교수인 Andrew Hoffman 박사는 경영대학원 연구자들에게 기후 변화를 해결하기 위한 '비즈니스 사례'를 만드는 것에서 벗어나, 기후 변화를 초래하는 시스템을 고치는 데 초점을 맞추도록 권장하고 있다. 그는 기업이 환경을 고려하지 않는 방식으로 이윤과 경제성장 추구를 우선시해야 하는 것으로 학생들을 교육하는 것은, 그들이 일하는 조직과 지구 자체에 심각한 해를 끼친다고 주장한다.

앞으로 나아가기 : 지속 가능성에 대한 집중 가속화

다음 두 절에서는 산업 및 조직심리학, 조직행동, 인적자원관리, 일반 경영 분야에서 직원들의 '녹색 행동'을 증진하고 조직 내 환경적 이니셔티브를 발전시키기 위해 지금까지 배운 것들을 다룰 것이다. 먼저, Deniz Ones 박사와 그녀의 공동 저자들이 조직의 지속 가능성 핵심이라고 여기는 직원 친환경 행동(employee green behavior, EGB)에 중점을 둘 것이다. 직원 친환경 행동의 분류 체계를 검토한 후 인지적, 심리적 편향이 더 큰 지속 가능성을 어떻게 방해할 수 있는지 논의할 것이다. 그다음으로는 조직의 환경적 지속 가능성 접근법을 논의하며, 조직이 더 큰 지속 가능성을 위해, 또 사람 및 환경에 대한 부정적인 영향을 줄이는 방향으로 나아가는 과정에서 거치는 '단계 모델'을 소개할 것이다.

앞으로 나아가기 : 직원 중심

"우리는 모두 조약돌이지만, 조약돌 하나로 눈사태가 일어날 수 있다."

레베카 헨더슨(Rebecca Henderson) 박사,

불타는 세상에서 자본주의를 재구상하다(*Reimaging Capitalism in a World on Fire*)의 저자

조직이 환경 성과를 개선하려면 개별 직원들부터 시작해야 한다. 왜냐하면 환경에 해가 되거나 도움

이 되는 방식으로 행동하는 것은 결국 개인이기 때문이다(Wiernik et al., 2019). 개별 직원들이 조직의 환경 성과에 어떻게 기여하는지 이해하기 위해, 연구자들은 직원 녹색 행동(EGB)에 주목해 왔다. 직원 녹색 행동은 '직원들이 참여하는 측정 가능한 행동으로, 이는 환경 지속 가능성과 연결되며 그것에 기여하거나 또는 저해하는 행동'으로 정의된다(Ones & Dilchert, 2012, p. 87). 이 정의에는 몇 가지 중요한 특징이 있다. 정의의 주요 초점은 환경과 관련된 개별 직원 성과에 맞추어져 있다. 왜냐하면 팀 및 조직 수준의 환경 성과를 변화시키기 위해서는 개별 수준의 친환경 행동이 필요하다고 주장하기 때문이다. 또 다른 중요한 특징은 결과가 아닌 직원 행동에 중점을 둔다는 점이다. 왜냐하면 일부 결과는 직원의 통제 범위를 벗어나기 때문이다. 또한 직원 녹색 행동은 측정 가능하며, 이는 직원 행동이 긍정적 또는 부정적인 영향을 미치는지 평가할 수 있음을 의미한다. 마지막으로, 정의에는 긍정적인 행동(예 : 지속 가능한 신제품 개발)과 부정적인 행동(예 : 유독한 제조 부산물을 하수에 버리기) 모두가 포함되어 있다. 이는 두 가지 유형의 행동이 환경에 영향을 미칠 수 있음을 인정하는 것이다. 이 마지막 점은 직원 녹색 행동 개념의 '어두운 면'을 인정하는 것이다(Ones & Dilchert, 2012; Ones et al., 2018).

직원 녹색 행동은 조직 환경 지속 가능성의 핵심이다. 왜냐하면 직원들이 지속 가능한 방식으로 행동하지 않으면 조직은 지속 가능성 목표를 달성할 수 없기 때문이다(Ones et al., 2018; Zacher et al., 2023). 직원 녹색 행동은 더 넓은 개념인 **친환경 행동**(pro-environmental behavior)과 구분된다. 친환경 행동은 환경 운동(예 : 환경 단체에 참여하거나 친환경 시위에 참여하는 것), 공적 영역의 비운동적 행동(예 : 환경 관련 기부), 사적 영역의 환경주의(예 : 가정용 친환경 제품 구매), 그리고 '기타' 환경적으로 중요한 행동(예 : 고용주에게 지속 가능한 관행을 촉진하도록 영향을 미치는 것) 등을 포함한다(Stern, 2000; Zacher et al., 2023). 친환경 행동의 더 넓은 개념과 직원 녹색 행동의 보다 구체적인 개념에 대한 연구는 조직에서 '친환경' 행동을 개선하는 방법을 이해하는 데 유용하다. 다음 절에서는 이러한 연구 중 일부를 검토할 것이다.

직원 녹색 행동 분류 : 더 그린 파이브(The Green Five) : 조직과 관련된 환경 행동을 포괄적으로 설명하기 위해, Ones와 Dilchert는 3년간의 연구를 통해 친환경 행동의 분류 체계를 개발하였다(Ones & Dilchert, 2012). 이들은 중요한 사건 기법(Flanagan, 1954)을 사용하여 20개 산업에 속한 157개 조직에서 189가지 다른 직무를 가진 274명의 직원들과의 인터뷰를 통해 1,299개의 중요한 사건(즉 직원들이 동료가 환경에 영향을 미치는 행동을 하는 것을 관찰한 사례)을 수집했다. 이러한 자료를 바탕으로 초기 친환경 행동 범주 분류 체계를 만들었고, 이후 16개 산업에 속한 92개 조직에서 97가지 다른 직무를 가진 직원들과의 133개 인터뷰를 통해 773개의 새로운 중요한 사건을 추가로 분석하여 범주를 확인하였다. 이 과정을 통해 도출된 범주의 일반화 가능성과 문화 간 관련성을 검증하기 위해, 이들은

14개 유럽 국가의 직원들로부터 추가적인 중요한 사건을 수집했다. 〈그림 14.3〉에 나와 있는 그린 파이브 분류 체계는 이 포괄적인 연구를 통해 개발되었다.

간략히 말해, 그린 파이브의 주요 카테고리에는 해를 피하기(Avoiding Harm), 자원 절약하기(Conserving), 지속 가능한 방식으로 일하기(Working Sustainably), 다른 사람에게 영향 미치기(Influencing Others), 주도적으로 행동하기(Taking Initiative)가 포함된다. **해를 피하기**는 배송업 운전자가 물건을 배달할 때 트럭을 공회전하지 않거나, 레스토랑 직원이 기름을 적절하게 폐기하는 것처럼 환경에 부정적인 영향을 미치는 행동을 줄이거나 억제하는 것을 의미한다. **자원 절약하기**는 물, 에너지, 가스 등 자원을 낭비하지 않고 보존하는 행동을 의미하며, '줄이기, 재사용하기, 재활용하기'라는 고전적인 구호에 재목적화(repurposing)를 추가한다(예 : 제품의 원래 용도를 넘어서 여러 목적으로 동일한 자원이나 재료를 사용하는 것). 디지털 아티스트 Sarah Lazarovic는 이러한 개념을 더 발전시킨 매슬로 욕구위계와 같은 구조를 만들어 '소비자 욕구위계(Buyerarchy of Needs)'라고 명명했으며, 그 내용에는 '있는 것을 사용하기', '빌리기', '교환하기', '중고품 사기', '만들기', '필요할 때만 사기'가

그림 14.3 그린 파이브 분류 체계

출처 : Ones and Dilchert(2012).

그림 14.4 소비자 욕구위계

출처 : Sarah Lazarovic.

포함된다. 〈그림 14.4〉에서 Lazarovic의 소비자 욕구위계를 확인할 수 있다. 세 번째 범주인 **지속 가능한 방식으로 일하기**는 최근에 '변화시키기(Transforming)'로도 불리며(Zacher et al., 2023), 작업 과정이나 제품을 환경에 미치는 부정적인 영향을 최소화하도록 조정하는 것을 의미한다(예 : 자외선 차단제를 위한 친환경적, 무독성 재료를 찾거나, 매달 여행이 필요한 클라이언트 미팅을 줌 회의로 대체하는 것). **다른 사람에게 영향 미치기**는 다른 직원들에게 환경적 지속 가능성 행동을 가르치거나 멘토링, 리더십 발휘, 격려, 지원 등을 통해 퍼뜨리는 것을 의미한다. 예를 들어, 이 책의 저자 중 한 명은 지속 가능성 내용을 강의에 반영할 수 있도록 비즈니스 스쿨 교수진을 지원하는 여름 세미나를 개최하였다. 그린 파이브의 이 범주는 지식과 열정을 가진 누구나, 공식적인 리더가 아니라도, 다른 사람에게 지속 가능한 행동을 하도록 영향을 미칠 수 있다고 제안한다. 다섯 번째 범주인 **주도적으로 행동하기**는 선제적이고, 기업가 정신적이며, 개인적인 위험이나 희생을 감수할 수 있는 행동을 의미한다. 예를 들어, 고위 경영진에게 연금 자금이 어떻게 투자되는지에 대한 투명성을 높이자고 주장하거나, 지역 환경을 오염시키는 회사들을 고객으로 거부하는 정책을 만드는 노력을 하는 것이 해당된다.

원래의 그린 파이브에 추가하여, Dilchert(2018)는 환경에 더 심각한 해를 끼치는 직원 행동을 위한 범주를 추가했으며, 이를 '반생산적 지속 가능성 행동(counterproductive sustainability behaviors, CSBs)'이라고 불렀다. 반생산적 지속 가능성 행동은 제6장에서 논의한 반생산적 업무행동의 한 형태로 간주될 수 있다. Dilchert에 따르면, 환경에 해를 끼치는 직원 행동은 조직이 더 지속 가능해지려는 목표에 반하는 행동이므로 명시적으로 측정되어야 한다고 주장했다. 이는 그린 파이브 범주에서 다루는 행동들과는 대조적이다. 비록 이들 행동이 긍정적이거나 부정적일 수 있지만(예 : 재활용하거나 재활용을 하지 않는 것), 주로 환경에 대한 긍정적인 책임 있는 행동에 초점을 맞추며, 환경에 해를 끼치는 보다 적극적인 사례를 포착하지 못하는 경향이 있다. 예를 들어, 한 자동차 기술자가 사용된 자동차 오일을 환경 보호를 약속하는 정비소 지침이 있음에도 불구하고 정비소 뒤편의 새는 용기에 버리는 경우, 이는 반생산적이고 지속 가능하지 않은 행동이 될 것이다. 또 다른 예로, 직원이 사무실에서 환경에 유해하다는 사실을 알면서도 값싼 세제 제품을 구매하는 경우도 이에 해당한다.

직장에서의 녹색 행동 예측 요인 : 조직 연구자들은 직원 녹색 행동의 여러 예측 요인을 확인했다(Katz et al., 2022; Klöckner, 2013; Wiernik et al., 2019). 환경 문제에 대한 인식은 중요한 예측 요인 중 하나이며, 이어서 환경적 해결책에 기여하는 행동에 대한 지식도 중요한 요인이다. 하지만 인식과 지식만으로는 충분하지 않다. 대신 친환경적 태도, 친사회적 동기(예 : 다른 사람들, 미래 세대, 그리고 지구에 도움을 주려는 욕구), 그리고 개인의 의식적인 행동 의도는 직원이 녹색 행동을 할 것인지 여부에 영향을 미치는 요인들이다(Katz et al., 2022; Wiernik et al., 2019). 추가로, 한 메타분석 결과에 따르면, 습관(즉 특정 행동을 자동적으로 수행하는 것)과 행동 의도가 친환경 행동의 가장 강력한 예측 요인으로 나타났다(Klöckner, 2013). 예를 들어, 습관적인 행동으로는 하루를 마친 후 컴퓨터를 자동적으로 끄는 것, 또는 업무 이벤트를 계획할 때 유기농 재료와 퇴비화 가능한 접시를 제공하는 케이터링 업체를 습관적으로 찾는 것이 있다.

더 최근의 메타분석 결과에 따르면, 직원들의 친환경적 태도, 규범, 지각된 행동 통제(즉 자기효능감)는 그들의 친환경적 의도와 긍정적인 상관관계를 가지며, 이는 그들의 친환경 행동에 약하지만 긍정적인 영향을 미친다(Katz et al., 2022). 이러한 관계는 〈그림 14.5〉에 제시된 모델에 나타나 있고, 이는 Ajzen의 계획된 행동 이론(1991)을 기반으로 하고 있으며(해당 이론에 대한 간략한 기술은 제8장 참조), Katz 등(2022)에 의해 수정되었다. 구체적으로, 이 모델은 태도(예 : 친환경적 태도), 지각된 규범(예 : 직장에서 친환경적으로 행동하는 것에 대한 규범), 지각된 행동 통제(즉 녹색 행동을 실행할 수 있다는 기대나 믿음)가 지속 가능하거나 녹색 행동을 하려는 의도에 영향을 미치며, 이는 다시 실제 직원 녹색 행동에 영향을 미친다고 가정한다.

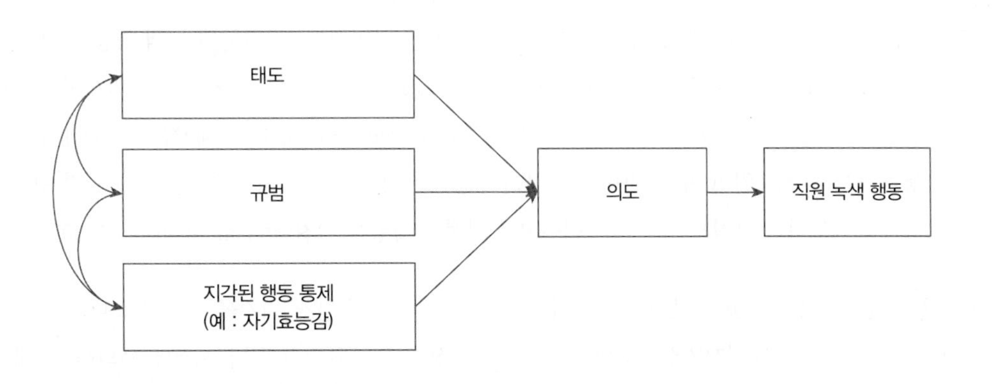

그림 14.5 계획된 행동 이론과 직원 녹색 행동에 대한 모형

출처 : Katz et al.(2022). 이 논문은 Creative Commons Attribution License 조항에 따라 오픈 액세스가 주어졌다.

Katz 등(2022)은 135개의 독립된 표본(47,442명의 직원)에서 메타분석을 통해 직원 녹색 행동의 추가적인 개인 수준 선행 요인들(인구통계적 특성, 성격 특성, 업무 태도, 직무 지각)을 분석했다. 그들은 인구통계적 특성(예 : 연령, 교육 수준, 근속 연수)과 직원 녹색 행동 간의 약한 관계를 발견했다. 흥미롭게도, 연령이 높은 근로자가 연령이 낮은 근로자보다 약간 더 직원 녹색 행동에 참여할 가능성이 높았으며, 이는 나이 든 사람들이 환경에 관심이 없다는 고정관념과 반대되는 결과이다. 또 하나 놀라운 발견은, 이전 연구에서는 여성이 남성보다 직원 녹색 행동에 더 많이 참여할 가능성이 있다고 제안했지만, 그들의 메타분석에서는 성별과 직원 녹색 행동 간에 관련성이 없다는 점이었다. 성격 특성 측면에서 그들은 성실성과 경험에 대한 개방성이 직원 녹색 행동과 관련이 있었지만, 외향성, 우호성, 신경증적 성향과는 관련이 없다는 것을 발견했다. 도덕적 성찰성과 자기효능감도 직원 녹색 행동과 관련이 있었다. 마지막으로, 그들은 직무 맥락의 여러 측면에 대한 지각이 직원 녹색 행동과 관련이 있음을 발견했다. 구체적으로, 친환경 인적자원관리(Green HRM)에 대한 지각, 기업의 사회적 책임(corporate social responsibility, CSR)에 대한 지각, 친환경 심리적 풍토에 대한 지각, 그리고 조직의 지각된 지지에 대한 지각이 관련이 있었다. 또한, 직원들이 리더십을 어떻게 지각하는지가 직원 녹색 행동 참여 가능성을 예측했다. 구체적으로, 녹색 변혁적 리더십(green transformational leadership)에 대한 지각, 친환경 서번트 리더십에 대한 지각, 상사의 지원에 대한 지각이 직원 녹색 행동과 관련이 있었다.

직장에서의 녹색 행동을 예측하는 태도적 · 성격적 요인 외에도, 사람들이 지속 가능한 방식으로 행동하게 하거나 그렇지 않게 만드는 다양한 동기를 고려하는 것도 중요하다. Klein(2015)은 직원 녹색 행동에 대한 여러 동기 개념 범주를 확인하였다. **친사회적 동기**(prosocial motive)는 환경에 혜택을 제공하기 위해 친환경적으로 행동하려는 욕구를 포함한다. **외재적 동기**(extrinsic motive)는 보상, 예를 들어 급여 인상이나 더 높은 수준의 '녹색' 직무로의 승진을 기대하며 친환경 행동에 참여하려는 동기이다. **이미지 동기**(image motive)는 자신의 평판을 높이거나 자신이 조직의 규범이나 친환경 행동 기대에 헌신하고 있다는 이미지를 만들기 위해 친환경 행동에 참여하는 동기를 의미한다. 직원들의 녹색 행동 수행을 촉진하는 조건을 의미하는 가능 역량(enabling capability)과 결합했을 때, 친사회적 동기는 외재적 동기나 이미지 동기보다 직원 녹색 행동과 더 강한 관계를 보였다(Klein, 2015). 이는 제9장에서 동기에 대해 읽은 학생들에게 놀라운 일이 아닐 것이다. 친사회적 동기는 내재적으로 도출되었을 때 친환경 행동에 대한 외재적 동기보다 일반적으로 더 효과적이고 장기적인 영향을 미친다(Grant & Shandell, 2022).

심리적 편향, 인지적 편향, 변화의 장애물 : 심리적 및 인지적 편향이 환경 위기를 감지하고 대응하는 데 방해가 되는 이유는 무엇일까? 심리학에서는 태도("세상이 온난화되고 있다는 것에 동의하며, 내가 조치를 취해야 한다는 것에도 동의한다")와 행동("…하지만 나는 그렇게 행동하고 있지 않다") 간의 간극을 초래하는 구조적 · 심리적 장애물에 관한 많은 연구가 있다(Gifford, 2011; Swim et al., 2009).

예를 들어, 한 직원이 세상이 온난화되고 있다는 것에 동의하고 이에 대해 무언가를 하고 싶어 할 수 있지만, 상사에게 다른 도시의 고객을 방문할 때 비행 횟수를 줄이자고 요청하는 것이 너무 위험하다고 생각할 수 있다. **구조적 장애물**(structural barrier)은 개인의 영향력에 대한 또는 변화에 대한 영향력을 행사할 수 있는가에 대해 느끼는 장애물이다. 예를 들어, 직장에서 편리한 재활용 쓰레기통이 없거나, 회사 차량을 전기차로 교체할 때 편안히 사용할 수 있는 전기차 충전 인프라가 부족한 경우가 이에 해당한다. 구조적 장애물에는 또한 저렴한 비환경적인 구매 옵션을 선택하도록 하는 금전적 인센티브가 포함되고, 제도적인 측면, 예컨대 장거리 여행이 필요한 고객과의 대면 미팅을 요구하는 조직 지침, 또는 판매자로부터 합리적인 최저가를 선택해야 하는 구매 요구 사항 등이 포함될 수 있다.

구조적 장애물은 점차 줄어들고 있지만(예 : 고객과의 줌 미팅 활용 증가, 전기차 충전소 보급 확대, 일부 기업에서 의사결정이 환경에 미치는 영향을 평가하는 요구사항), **심리적 장애물**(psychological barrier)은 여전히 만연하며 극복하기 어렵다. 미국심리학회 기후 변화 태스크포스(Swim et al., 2009)의 연구에 따르면, 이러한 장애물에는 무지(기후 변화에 대한 지식 부족), 과학자나 정부 관료에 대한 불신(누구를 믿어야 할지 확신하지 못함), 부정('기후 변화는 거짓이다'), 평가 절하(미래나 먼 곳의 위험을 과소평가함), 장소 애착(개인적으로 의미를 가지지 않는 장소에는 관심이 적음), 습관(짧은 거리를 걸어가는 대신 운전하는 행동), 지각된 행동 통제(결과에 대해 통제할 수 없다는 느낌), 행동 변화로 인한 지각된 위험(예 : 대형 픽업트럭 대신 전기차를 몰면 사회적으로 소외될 것이라는 위험) 등이 포함된다. 이러한 편향 유형 외에도, 심리학 문헌에는 사회적 비교, 규범, 동조, 지각된 형평성의 힘과 그것이 일반적인 행동과 '녹색 행동'에 미치는 영향에 초점을 맞춘 방대한 연구가 있다. 이러한 문헌에 대한 검토를 위해서는 Swim 등(2009)과 Gifford(2011)를 참조할 수 있다.

심리적 편향 외에도, **인지적 편향**(cognitive bias) 역시 개인의 지각과 기업 의사결정에 영향을 미친다. Mazutis와 Eckardt(2017)는 조직 리더들이 '합리적인' 의사결정 모델에 의존하기 때문에 기후 관련 문제에 대한 조치를 피한다고 주장한다. 즉 그들은 내부 및 외부 환경을 분석하여 문제를 식별하고, 여러 가지 행동 방안을 생성한 후, 선택한 기준에 따라 각 행동 방안을 평가하고, 그중 하나를 선택한 다음 결정을 실행한다. 언뜻 보면 좋은 전략처럼 보일 수 있다. 이 과정이 (주장하기에 따르면) 합리적이기 때문에, 의사결정 과정에서 정서(비합리성)는 배제된다. 하지만 1955년에 Herbert Simon이 유명하게 주장했듯이, 인간은 완전히 합리적일 수 없다. 그는 인간이 의사결정에서 인지적, 시간적 한계를 가지고 있다는 **제한된 합리성**(bounded rationality) 개념을 제안했다(Simon, 1955). 제한된 합리성은 기후 변화 완화에서 우리가 더 많은 진전을 이루지 못하는 이유를 이해하는 데 도움이 된다.[2] Mazutis

2 또한 기후 변화 완화에서 진전을 이루지 못하는 이유 중 하나로 밀턴 프리드먼에 의해 대중화된 신자유주의 경제의 영향을 고려하는 것이 중요하다. 신자유주의 경제는 직원, 지역사회, 환경을 포함한 다른 이해관계자들을 희생해 주주 가치를 증대하는 데 중점을 둔다. 신자유주의 경제에서는 자연 자원을 '무료'로 간주하며, 이로 인해 수익성 계산에 포함되지 않는다.

와 Eckardt(2017)는 대부분의 조직 의사결정자들이 비용/편익 분석(즉 경제적 분석)에 중점을 두는 '합리적인' 접근 방식을 사용하려고 하며, 그 결과 도덕적으로 잘못되었거나 의도치 않은 결과를 초래하는 결정을 내리게 된다고 제안한다(예 : 의류 제조 비용을 절감하기 위해 협상하면서, 유독성 염료가 노동자들과 지역 지하수에 미치는 영향을 간과함). 이들 저자와 다른 연구자들은 우리의 의사결정이 미치는 도덕적 영향을 고려해야 한다고 주장했다. 다행히 최근 연구에서는 도덕적 언어가 사회적 문제를 경영진에게 설득하는 데 매우 유용하다는 것을 보여주었다(Mayer et al., 2019). 불행히도, 기후 변화와 같은 문제의 **도덕적 강도**(moral intensity)를 약화하는 많은 유형의 인지적 편향이 있다. 이러한 인지적 편향은 인식 편향, 낙관 편향, 관련성 편향, 의지 편향으로 분류될 수 있다(Mazutis & Eckardt, 2017). 예를 들어, 인간은 현재에 집중하고 미래를 평가절하하는 경향이 있기 때문에, 기후 변화가 종종 먼 미래의 문제로 여겨지는 한 경영 리더들이 기후 변화의 영향을 염려하는 것을 미루기가 상대적으로 쉽다(예 : "세기가 바뀔 때쯤, 해수면이 최대 7피트까지 상승할 수 있다!"). 〈표 14.1〉은 이러한 편향에 대한 설명과 예시를 보여준다. '과학 번역하기 14.1'은 미래를 상상하는 것이 더 지속 가능한 방식으로 행동하려는 의도에 어떻게 영향을 미치는지를 보여주는 연구이다.

직원 행동을 더욱 지속 가능하게 변화시키기 : 다양한 편향의 원인을 극복하는 것은 어려울 수 있지만, 직원 행동을 변화시키는 첫 번째 단계는 직원들에게 기후 변화의 사실과 그것이 지구 생존 가능성에 미치는 영향을 인식시키는 것이다. 기후 변화의 영향에 대한 과학적 정보를 제공하는 커뮤니케이션은 지식을 향상하고 잘못된 정보를 바로잡는 데 도움이 되는 것으로 나타났다(Rode et al., 2021). 기후 변화에 대해 강력히 존재하는 **과학적 합의**(scientific consensus)와 인간이 기후 변화의 원인임을 알리는 정보 공유는 보수 성향을 가진 사람들에게도 긍정적인 영향을 미칠 수 있다(van der Linden et al., 2019). 또한 **규범적 정보**(normative information)(즉 특정 상황에서 적절한 행동으로 간주되는 것이 무엇인지 전달하는 정보)를 공유하는 것은 인간이 사회적 규범에 동조하려는 경향을 활용하며, 지속 가능한 행동에 영향을 미치는 것으로 나타났다(Osbaldiston & Schott, 2012). 예를 들어, 한 연구에서는 동료들의 에너지 절약 행동에 대한 규범적 피드백을 제공하는 개입이 연구 대상 직원들의 에너지 절약 의도와 행동을 강화했다(Carrico & Riemer, 2011). Robert Cialdini 박사의 사회적 영향력과 설득에 관한 기념비적인 연구는 친환경 행동을 형성하는 데 있어 규범적 정보의 힘을 보여주었으며, 사람들이 지속 가능한 행동을 채택하도록 동기부여하는 개입에 대한 많은 연구에 영향을 미쳤다. 그의 연구에 대해 더 알고 싶다면, 개정 및 확장된 고전 저서 **설득의 심리학**(Influence : The Psychology of Persuasion, 2021)을 추천한다.

두 번째 단계는 직원들이 자신의 행동이 환경 문제에 어떻게 기여하는지에 대한 **개인적 인식**(personal awareness)을 높이는 것이다. 이를 위한 한 가지 방법은 신규 직원 오리엔테이션이나 관리직

표 14.1 기후 변화 관성(Inertia)을 조직에서 발생시키는 인지적 편향의 예시

편향의 종류	조직 예시
지각 편향	
• 이슈 프레이밍 : 메시지가 언어적으로 전달되는 방식(예 : 설문 응답 대안의 순서, 손실 또는 이익의 강조, 문제의 복잡성, 시간과 공간상 거리 등)에 따라 발생하는 편향.	기후 변화를 일상적으로 경험하는 사업적 위험이 아니라 매우 복잡한 '공학적 문제'로 프레이밍하는 것은 문제의 도덕적 강도를 낮추어 조직 의사결정자들이 그것을 다루는 것을 회피해도 괜찮은 것처럼 만든다. '기후 변화'로서 지구 온난화를 프레이밍할 때, '기후 변화'라는 용어는 정서적 반응을 덜 불러일으키므로 도덕적 강도가 낮아지게 된다.
그러나	
• 손실 회피 : 이슈 프레이밍의 한 유형으로, 사람들이 동등한 크기의 이익을 얻는 것보다 그만큼의 손실을 피하는 것을 선호하는 것.	이익/손실 프레이밍에 대한 연구는 의사결정자들이 손실 프레이밍(예 : 기후 변화 솔루션을 도입하면 돈을 잃을 것이다 vs. 기후 변화 솔루션을 도입하면 금전적 이익을 얻을 것이다)에 더 영향을 받는다는 것을 보여준다.
• 가용성 편향 : 상황 평가 또는 의사결정 시 머릿속에 쉽게 떠오르는 정보에 의존하는 편향.	사람들의 기후 변화에 대한 지각은, 최근의 날씨 사건이나 개인적인 경험에 의해 조정될 수 있다. 위협이 물리적 또는 심리적으로 더 가까워진다고 느낄 때 정보가 더 생생하게 지각된다. 기후 변화의 전망이 덜 생생하거나 덜 명확하게 인식될 때, 의사결정자들은 이를 의사결정 과정에서 덜 고려하게 된다.
• 정서 휴리스틱 : 특히 문제에 대해서 깊이 생각하기를 원치 않는 상황에서, 사실에 기반하기보다 정서에 기반해 빠르게 결정을 내리는 경향.	의사결정자들은 그들이 좋아하는 것에 대한 위험을 과소평가하고 혜택을 과대평가하며, 그들이 싫어하는 것에 대해서는 반대로 반응하는 경향이 있다. 예를 들어, 사람들은 기후 변화에 대해 알고 있을 수 있지만, 원치 않는 변화와 관련된 부정적인 정서 때문에 변화를 거부할 수 있다.
• 확증 편향 : 자신의 신념을 확인하거나 강화하는 정보를 선호하고, 마음이나 행동을 바꾸어야 하는 방향을 제시하는 정보를 거부하는 경향에서 비롯된 편향.	사람들은 종종 자신들의 기존 신념과 행동에 대한 강한 선호를 가지고 있으며, 이는 과학적 데이터를 잘못 해석하거나 무시하게 만들 수 있다. 기후 변화와 관련해, 신봉자와 회의론자 모두 단기적인 온도 상승 또는 하락을 과도하게 해석하여 지구 온난화에 대한 증거로 사용하며, 이는 사람들이 자신의 특정 신념을 지지하는 사건에 더 많은 주의를 기울이게 만든다.
낙관주의 편향	
• 과신/과도한 낙관주의 : 사람들이 긍정적인 사건의 가능성을 과대평가하고, 미래에 자신에게 일어날 부정적인 사건의 가능성을 과소평가하는 편향.	낙관주의 편향의 예시로 기술 발전과 혁신이 미래에 기후 변화의 양상을 되돌릴 수 있을 것이라는 가정을 들 수 있다. 이러한 가정을 통해 책임이 현재 시점에 부과되지 않게 되고, 지금 행동할 이유가 없어지게 된다. 예를 들어, 엑슨 모빌의 전임 최고경영자인 Rex Tillerson은 기후 변화를 해결 가능한 공학적 문제로 보았다. 이러한 프레이밍은 시급성을 최소화하고 의사결정자들이 미래의 해결책에 대해 지나치게 낙관적으로 생각하게 하여 지금 행동하는 것을 지연시키는 결과를 낳았다.

(계속)

표 14.1 기후 변화 관성(Inertia)을 조직에서 발생시키는 인지적 편향의 예시(계속)

편향의 종류	조직 예시
• 자기 이익 편향 : 공공의 이익을 희생하면서 자신에게 유리한 결과를 추구하려는 인간의 경향에서 비롯된 편향. 사람들이 자기 자존감을 유지하거나 높이기 위해 정보를 해석. 고전적 예시 : 공유지의 비극	기업들은 환경을 포함한 다른 이해관계자보다 자신의 이익과 비즈니스 성공을 우선시한다. '사업은 사업이다'라는 개념에 대한 강력한 사회적 합의가 존재하며, 이는 기후 변화에 대한 도덕적 의무감을 약화한다. 심지어 극단적인 날씨나 해수면 상승으로 인해 비즈니스가 영향을 받을 가능성이 매우 높은 상황에서도 이러한 경향이 존재한다.
관련성 편향	
• 앵커링 : 우리가 알고 있는 것 또는 알고 있다고 생각하는 것에 의해서 앵커(예 : 기온의 정도, 사망 고래 수, 시간 프레임과 같은 수치적 진술)가 존재할 수 있는데, 이러한 앵커는 어떤 문제의 중요성이나 심각성에 대한 우리의 주관적 이해에 무의식적인 영향을 미쳐 편향을 야기함.	이 편향이 실제로 작동하는 예시로, 우리 모두 이번 세기 동안 기온이 1.5~5°C 사이로 상승할 것이라는 사실을 알고 있지만, 주관적으로 그러한 기온 상승은 작게 느껴지고 따라서 중요하지 않게 여겨진다. 특히 화씨(Fahrenheit) 체계를 사용하는 미국인들에게 더욱 그렇다. 1.5°C가 2.7°F로 변환되지만, 사람들은 그러한 숫자를 일상적인 날씨 경험을 기준으로 해석하기 때문에, 평소에 10°F의 온도 변화조차 작은 것으로 느껴지므로 기후 위기의 심각성을 낮게 느끼게 된다. 그 결과, 기후 변화의 결과는 필요에 비해 우리의 마음속에서 덜 중요하게 여겨지며, 기후 위기에 대한 도덕적 강도가 낮아지게 된다. 마찬가지로, 기후 변화가 30년 후에 발생할 것이라고 설명하면 시간적 거리를 증가시켜 도덕적 강도가 감소한다.
• 시간적 할인 : 현재를 먼 미래보다 더 가치 있는 것으로 과대평가하는 인간의 경향.	기후 변화 완화 노력은 조직들에게 매력적으로 보이지 않을 수 있는데, 이는 완화를 위해 전략, 프로세스 및 공급망의 즉각적인 변화가 요구되며 이는 곧 수익성을 희생시킬 수 있기 때문이다. 기업들은 지속 가능한 행동을 위한 장기적 결정을 무시할 수 있는데, 이는 회수 기간이 너무 먼 것으로 느껴지거나 기후 변화의 영향이 먼 미래의 일로 여겨지기 때문이다.
의지 편향	
• 책임 분산 : 이는 특정 자원 부족을 다른 사람들이 초래했다고 믿고, 그런 생각에 따라 본인의 자원 사용을 증가시키는 현상. 본인의 독립적 책임을 무시하고, 다른 사람들(예 : 정부)이 책임질 것이라고 가정하는 경향.	기업들은 기후 변화를 '내 문제가 아닌' 이슈로 보고, 해결책은 정부 개입에 달려 있다고 여기는 경향이 있다. 책임과 의무를 회피하는 것은 조직이 기후 변화의 근접성과 시간적 긴급성을 무시하게 한다.
• 권위에 대한 복종 : 문제를 스스로 해결하기보다는 권력자들이 문제를 해결하기 위해 조치를 취할 것이라는 의존성을 의미함.	기업들이 환경을 위해 더 많은 일을 자발적으로 하려 하기보다는 법적 준수에 중점을 두는 주된 이유는 산업 표준과 환경 규제이다. 기본적 준수를 유도하는 기존 규정에 의존함으로써, 추가적인 변화를 추구하는 것은 비즈니스 목표에 맞지 않는 것으로 여겨질 수 있다.

표 14.1 기후 변화 관성(Inertia)을 조직에서 발생시키는 인지적 편향의 예시(계속)

편향의 종류	조직 예시
• 전문 편향 : 이 편향은 관리자의 시야를 좁게 만들어 직업적 관례에 초점을 맞추는 관점을 말하며, 종종 재정적 목표를 사회적 · 환경적 문제보다 우선시하게 만드는 것을 의미함. 특정 규제나 비즈니스 관례는 주주 이익 극대화라는 규범을 생성함. 일부 전문가는 상장기업에서 일하며, 분기별 지침 규정을 따라야 하기 때문에 '단기주의' 사고방식을 갖게 됨.	기업들은 이러한 편향을 유지하고 법적 요구사항을 넘어서는 보다 적극적인 기후 변화 대응을 채택하는 것을 회피할 수 있다. 이는 적극적인 기후 변화 대응이 경쟁적 불이익을 초래할 수 있다는 믿음 때문이다. 이러한 편향은 비즈니스, 사회, 환경이 상호 배타적이라는 생각을 영속시킬 수 있다.

출처 : Mazutis and Eckardt(2017). 추가적인 편향에 대해서는 Palmucci and Ferraris(2023)를 참조하라.

과학 번역하기 14.1

미래의 자신을 상상하기

미래의 자신을 상상할 수 있는가? 기후 변화의 영향이 계속되면 세상은 어떻게 될 것인가? 많은 사람들에게 현재와 멀게 느껴지는 미래까지의 심리적 거리가 기후 변화의 현실을 받아들이기 어렵게 만든다. 기후 변화에 대해 걱정하지 않는 사람들은 완화 및 적응 정책을 지원하기 위한 행동을 취할 가능성이 낮으며, 현재의 행동을 바꾸지 않을 가능성이 높다.

이 장에서 설명했듯이, 기후 변화는 긴박한 세계적 과제이다. 종종 미래 세대의 문제로 여겨지지만, 기후 변화는 이미 현재 일어나고 있으며 인간의 건강과 복지에 매우 실질적인 영향을 미치고 있다는 충분한 증거가 있다. 기후 변화에 관한 정부 간 협의체의 여섯 번째 평가 보고서에서는 2010년부터 2019년까지 화석 연료의 연소, 산림 벌채 및 농업 관행에서 비롯된 온실가스 배출량이 계속 증가했다고 밝혔다(IPCC, 2023). 미래 영향의 심각성은 오늘날 자원을 더 신중하게 관리할 수 있는 우리의 능력에 달려 있다. 많은 사람이 기후 변화 완화를 위한 행동의 책임은 에너지, 교통과 같은 대규모 시스템에 대한 더 큰 권한을 가진 정부에 있다고 주장하지만, 개인도 소비 및 에너지 사용 결정을 통해 배출량을 줄이는 데 역할을 할 수 있다.

Mindy Engle-Friedman 박사와 그녀의 동료들은 미래의 자신을 상상하는 것이 환경적으로 지속 가능한 행동을 수행하려는 의도에 영향을 미칠 수 있는지 평가하는 실험을 수행하였다. 뉴욕시의 한 공립대학에서 심리학 또는 경영학 과목을 수강 중인 학부생들이 실험에 참가하였고, 다음 중 하나에 대해 상상하도록 요청받았다 : 현재의 자신, 미래의 자신, 또는 현재 아는 사람 중 한 명. 이 활동은 그림과 글쓰기를 포함했는데, 참가자들은 애니메이션 게임과 같은 경험인 낚시 시뮬레이션을 완료했다. 시뮬레이션에서 참가자들은 여러 '시즌'에 걸쳐 자원 관리에 대한 선택을 했다. 참가자들은 물고기 개체군 변화에 대한 정보를 받았는데, 그 정보는 자신의 행동과 다른 플레이어(컴퓨터 봇)의 행동에 따라 달라졌고, 다음 시즌 전에 행동을 조정할 수 있었다. 만약 모든 플레이어가 지속적으로 재생산될 수 있는 양보다 더 많은 물고기를 잡는다면 '공유지의 비극'을 불러일으켜, 전체 개체군이 고갈되는 것이었다.

이 연구는 미래의 자신을 상상한 사람들이 현재의 자신이나 현재 그들이 아는 다른 누군가를 상상한 조건의

(계속)

사람들보다 더 지속 가능하게 행동하는 경향이 있다는 것을 발견하였다. 구체적으로, 미래의 자신을 상상한 조건의 참가자들은 시뮬레이션에서 더 많은 물고기를 남겨 두었고, 그로 인해 남은 물고기는 이후 재생산을 통해 물고기 개체수를 보충할 수 있었다. 또 다른 흥미로운 발견은 상상력 훈련 전과 후에 참가자의 환경에 대한 태도나 우려 수준, 그리고 미래 지향성은 크게 다르지 않았다는 것이다. 할당된 실험 조건에 관계없이 참가자들은 매우 높은 수준의 우려를 보고하는 경향이 있었고, 이는 기후 변화 커뮤니케이션에 관한 예일 프로그램 연구의 발견과 일관적인, 미국 젊은이들에게 나타나는 경향이다 (Ballew et al., 2023).

이 연구는 의도된 행동, 특히 실제 잃을 것이 크지 않은 상황에서의 행동(인구가 생존하는 데 필요한 실제 식량을 낚는 것이 아닌 게임에서의 행동)을 측정하는 실험실에서 수행되었지만 미래에 대한 프레임과 생각이 현재의 지속 가능한 행동을 어떻게 강화할 수 있는지에 대한 통찰을 제공한다. 반대로, 현재 중심의 사고방식을 장려하는 것은 낮은 수준의 지속 가능한 행동으로 이어질 수 있음을 시사한다.

제공 : Jenna F. Tipaldo(CUNY 공중 보건 및 보건 정책 대학원 박사 과정 학생, CUNY 인구 통계 연구소 연구원, 헌터칼리지 겸임 강사)

출처 : Engle-Friedman et al.(2022), Ballew et al.(2023).

훈련 프로그램 중에 직원들에게 탄소 발자국 분석을 수행하게 하는 것이다. 이는 개인적 인식을 형성하는 과정을 시작하는 데 도움이 되며, 이는 결국 태도 및 행동 변화를 이끌어낼 수 있다. (스스로 본인의 탄소 발자국을 살펴보는 방법은 '참고 14.3'을 참조하라.) Young 등(2015)의 연구에 따르면, 친환경적인 태도로의 변화보다 개인적 인식을 높이는 것과 조직의 환경 정책과 행동에 대한 지식을 가지는 것이 더 중요하다. 그러나 직원들의 지식과 개인적 인식을 높이는 것은 변화의 시작일 뿐이다. 직원 녹색 행동을 강화하고 지원하는 직장 개입 역시 중요하다. 개입에는 사무실 프린터를 양면 인쇄를 기본 옵션으로 설정하는 것과 같은 **기본 전략**(default strategies)이나, 재활용 쓰레기통을 사무실 내 통행량이 많은 지역에 배치하는 **전략적 배치**(strategic positioning)와 같은 방법이 포함될 수 있다. 스웨덴 연구자들은 전략적 배치(soft pushes 또는 nudges라고도 함)의 효과를 입증했다(Kurz, 2018). 직장 식당 메뉴에서 채식 음식의 가시성을 높인 후에 일일 판매 데이터를 확인했을 때, 해당 개입은 채식 점심 판매량을 6% 증가시켰으며, 그 효과는 시간이 지남에 따라 증가했다. Yuriev 등(2018)과 Michalek 등(2019)의 리뷰는 녹색 행동 증진을 위한 직장 개입에 대해 다룬다.

앞으로 나아가기 : 조직 중심

> "지속 가능한 미래는 기후 변화나 사회적 불평등과 같은 시급한, 그러나 현 시대 이후까지 영향을 미칠 문제를 해결하기 위해, 우리가 비즈니스 리더로서 야심 찬 공동 행동을 취할 수 있는 능력에 달려 있습니다."
>
> 일함 카드리(Ilham Kadri), Solvay(소재, 화학 및 솔루션 회사) 최고경영자

참고 14.3

당신의 탄소 발자국은?

우리는 지구에 미치는 영향을 줄이기 위해 여러 가지 일을 하려고 노력한다. 재활용을 하고, 일회용 물병을 사지 않으며, 가능하면 자전거를 타고 출근하거나 학교에 간다. 방을 나갈 때 불을 끄고, 샤워 시간을 줄이는 것도 포함된다. 하지만 탄소 발자국을 줄이기 위해 매일 어떤 것을 더 할 수 있을까? 우리의 물 발자국은 얼마나 심각할까? 매일 고기를 먹는 것이 얼마나 나쁜 걸까? 지구 자원에 미치는 영향을 이해하기 위해 다음의 세 가지 온라인 활동을 완료해보자. 그 결과는 당신을 놀라게 할지도 모른다!

1. 개인의 생태 발자국 계산기 : http://www.footprintnetwork.org/en/index.php/GFN/page/personal_footprint/
2. 개인의 물 발자국 계산기 : https://www.watercalculator.org/
3. 개인의 탄소 발자국 계산기 : http://www.nature.org/greenliving/carboncalculator/index.htm

이 계산기들이 당신의 생활방식에 대해 무엇을 알려주는가? 평균적인 미국인과 비교했을 때 당신은 어떤가? 다른 나라 사람들와 비교했을 때는 어떤가? 어떤 행동이 가장 큰 영향을 미치는가? 영향을 줄이기 위해 이러한 행동을 어떻게 수정할 수 있을까? 당신이 개인적으로 더 많은 통제력을 가질 수 있는 발자국 종류가 있는가?

행동으로 옮기기!

관리자(또는 미래의 관리자)로서, 당신은 아마도 조직 목표를 달성하기 위해 다른 사람들에게 행동 변화를 요구하게 될 것이다. 행동 변화를 일으키는 어려움을 이해하기 위해서는 먼저 자신이 변화를 경험해보는 것이 중요하다. 지속 가능하지 않거나, 사람과 지구에 해로운 행동을 골라 그 행동을 변화시키겠다고 결심해보자. 개인 일기에 그 행동이 무엇인지, 그리고 그것을 어떻게 변화시킬 것인지를 기록하라. 변화를 공적으로 약속하는 것도 변화를 강화하는 좋은 방법이다. 친구나 가족에게 변화 목표를 공유할 수도 있다. 예를 들어, 매주 7일 동안 먹던 붉은 고기 섭취를 3일로 줄이겠다고 친구에게 말하는 것이다. 또한 SMART(Specific, Measurable, Attainable, Relevant, Time-bound) 목표를 설정하여 성공 가능성을 높일 수 있다. 행운을 빈다!

조직은 점점 더 환경을 훼손하지 않고 환경적 지속 가능성을 촉진하는 방식으로 운영하는 것에 관심을 갖고 있다(Dilchert et al., 2017; Wiernik et al., 2019). 특히 세계 최대 규모의 기업들은 비즈니스 전략, 운영, 관행을 통해 대규모 변화를 일으킬 수 있는 위치에 있다(Ones et al., 2018). 실제로 많은 기업이 변화를 시도하고 있는데, 이는 기업 가치(예 : "우리는 세상을 더 나은 곳으로 만들려고 노력합니다")가 관행과 일치하도록 보장하기 위함이거나, 때로는 소비자, 직원, 지역사회의 압력을 느끼기 때문일 수 있다. 유니레버, 나이키, IBM, 어도비, 벤앤제리스, 파타고니아, 뉴벨지움브루잉(New Belgium Brewing)과 같은 회사들은 지속 가능성을 비즈니스 모델과 전략의 핵심 부분으로 삼고 있다. 지속 가능한 방식으로 행동하는 뛰어난 회사들의 예시는 〈표 14.2〉에서 확인할 수 있다.

모든 조직이 지속 가능성 목표에 똑같이 동참하는 것은 아니다. 조직이 지속 가능성 여정에서 어디

표 14.2 지속 가능한 방식으로 행동하는 모범적 기업 예시

기업	핵심 기업 가치와 임팩트	이니셔티브와 목표
벤앤제리스	미션 : "우리는 모든 일과 사업의 모든 차원에 있어서 인간의 권리와 존엄성을 증진하고, 역사적으로 소외된 커뮤니티를 위한 사회적, 경제적 정의를 지지하며, 지구의 자연 생태계를 보호하고 복원하기 위해 노력합니다. 즉 우리는 아이스크림을 사용하여 세상을 바꿉니다." 벤앤제리스(Ben & Jerry's)는 공정 무역 인증 재료를 사용하는 최초의 아이스크림 제조업체로 제품, 경제, 사회적 미션 진술문을 중심으로 한 3단계 접근 방식을 통해 지속 가능한 기업 개념을 발전시킨다. 비당파적인 사회적 임무를 추구하기 위해 지역, 국가, 국제 사회 전반에서 인간의 기본 욕구를 충족하고 불평등을 해결하는 데 중점을 둔다. 기업 핵심 가치는 인권과 자유를 존중하며, 사회적 · 경제적 정의를 달성하고, 환경을 보호하고 재생하는 데 있다.	• 벤앤제리스재단을 설립하여 사회 정의 프로그램에 자금을 지원하고 직원들이 지역사회를 지원하도록 장려. • 환경 친화적인 농업 관행, 공정 노동 기준, 지역사회에 대한 투자 시행. • 농부들의 공정한 가격에 더하여 공정무역 프리미엄이라 하는 추가 지불을 통해 해당 영향 증대.
닥터브로너스	미션 : "창립자 E. H. Bronner의 비전을 존중하여 사회적 · 환경적으로 책임 있는 고품질 제품을 만들어 더 나은 세상을 만드는 데 우리의 이익을 헌신합니다." 닥터브로너스(Dr. Bronner)는 유기농 개인 관리 제품 산업의 선두주자로, 모든 임팩트 분야에서 인증된 기업 상위 10%에 속한다. 회사의 핵심 원칙은 직원, 지구, 지역사회, 공급업체, 고객을 지원하는 데 중점을 두고 있으며, 진보적이고 윤리적인 이니셔티브를 통해 이를 실현한다.	• 농부와 전 세계 노동자들을 공정하고 정당하게 대우하기 위한 교육 프로그램과 공정무역 프로젝트 제공. • 농업 파트너들에게 탄소 격리 농법 및 재생 농업 기술을 구현하는 교육 제공. • 100% 생분해성 제품을 100% 재활용 가능한 포장재로 생산하며, 이익의 33%를 사회적 · 생태적 프로젝트에 지원.
리바이스	미션 : "세계적인 의류 회사로서 책임 있는 상업적 성공을 유지하는 것." 리바이스(Levi Strauss)의 핵심 가치는 공감, 독창성, 진실성, 용기이다. 2011년 이후 리바이스는 Water<Less 프로그램을 통해 약 1,300만 리터의 물을 절약하였다. 이 프로그램은 2025년까지 모든 공급업체가 Water<	• 전 세계 26개국의 독립 계약 제조업체에서 제품을 조달하며, 특정 국가가 전체 생산량의 20%를 초과하지 않도록 함. • 고객에게 의류 보관 및 기부 방법에 대한 정보를 공유하기 위해 '우리 지구를 위한 케어 태그(Care Tag for Our Planet)' 라벨을 제공.

표 14.2 지속 가능한 방식으로 행동하는 모범적 기업 예시(계속)

기업	핵심 기업 가치와 임팩트	이니셔티브와 목표
리바이스	Less 시설로 인정받아 전 세계적인 물 스트레스를 줄일 수 있도록 하고 있다. 리바이스는 또한 연간 수익의 일부를 물과 기후 이니셔티브, 사회적 · 경제적 평등, 총기 폭력 예방을 지원하는 데 재투자하고 있다.	• 탄소 발자국 감소를 위해 Cotton Inc.의 'Blue Jeans Go Green' 프로그램과 협력하여 재활용 의류를 수집하고, 중고 및 복원 의류를 판매. • 미국과 캐나다의 모든 소매점은 100% 재활용 폐기물 인쇄 재료를 사용. • 리바이스트라우스재단(Levi Strauss Foundation)은 민주주의, 분배적 정의, 이민자 및 노동자 권리, 전반적 복지를 위해 운동하는 지도자와 조직을 지원.
파타고니아	미션 : "우리는 지구를 구하기 위해 사업을 합니다." 파타고니아(Patagonia)는 점점 확대되고 있는 소비주의의 축소에 앞장서는 기업이다. 기업의 핵심 가치로서 품질, 진실성, 환경주의, 정의, '관습에 얽매이지 않는 것'에 중점을 둔다. B-Corp 인증을 받은 이 회사는 이익보다는 목적을 강조하며, 의류 업계에서 큰 영향을 미쳐 노스페이스와 같은 경쟁사들이 윤리적이고 지속 가능한 의류 생산을 따르도록 영향을 주었다.	• 회사 자산 30억 달러를 활용하여 기후 변화와 미개발지 보호에 중점을 둔 비영리 조직 설립. • 공급망에 대한 정보를 소비자들과 공유하고, 덜 유리한 위치에 있는 국가의 공급업체들을 위한 공정 무역 관행을 개발하기 위해 파트너들과 협력. • 원웨어(Worn Wear) 프로그램을 운영하여, 과소비와 의류 과잉 생산을 줄이기 위해 중고 의류 거래 및 구매를 통해 의류 재사용을 촉진.
퓨어리 엘리자베스	미션 : "우리는 음식을 통해 치유할 수 있다고 믿습니다." 퓨어리 엘리자베스(Purely Elizabeth)는 지구와 사람들을 위한 영양가 있는 스낵을 제공하고자 한다. 퓨어리 엘리자베스는 B-Corp 인증을 받았으며, 재생 농업과 책임 있는 소대외구매에 헌신한다. 지속 가능하고 다양화된 식물 기반 재료 사용을 우선시하여, 선을 위한 비즈니스를 하는 동시에 직원과 지역사회를 대상으로 그에 대한 교육효과를 가져오고자 한다.	• 인도네시아의 여성경영자 소유 코코넛 설탕 공급업체 및 B-Corp 인증을 받은 그래놀라 제조업체와 협력하여 사회적, 생태적 지속 가능성을 위한 협업을 제공. • 사무실 운영에 녹색 기준 요구(예 : 물과 에너지 사용을 줄이고 퇴비화를 촉진). • 원격 근무 중인 직원들이 지속 가능한 관행을 유지할 수 있도록 지역 자원 공유. • 책임성과 투명성 유지를 위해 3년 주기 감사를 시행하여, 그 미션과 성과를 재평가.
와비파커	미션 : "비전, 목적과 스타일을 통해 세상에 영감을 제공하고 영향력을 미치는 것." 와비파커(Warby Parker)는 한 개를 구매하고 한 개를 기부하기(Buy a Pair, Give a Pair) 프로그램을 시행하여, 전 세계 시각장애인을 지원하기 위해 1,300만 개 이상의 안경을 배	• 비영리 파트너들에게 매달 기부하는 방식으로, 개발도상국에서 처방 안경을 제공하는 활동을 지원. • 학생들에게 무료 시력 검사, 안과 진료 및 안경을 제공하는 학생 창조 프로젝트(Created Pupils Project)를 운영.

(계속)

표 14.2 지속 가능한 방식으로 행동하는 모범적 기업 예시(계속)

기업	핵심 기업 가치와 임팩트	이니셔티브와 목표
와비파커	포하였다. 와비파커는 B-Corp 인증을 받았으며, 전 세계 파트너들과 협력하여 사람들이 저렴한 가격에 안경을 구매할 수 있도록 돕고, 시력 관리와 안경을 직접 제공하는 방식을 통해 시력 문제 해결에 기여한다. 와비파커의 핵심 가치에 따라 고객, 직원, 지역사회, 환경은 주요 이해관계자로 여겨지며, 회사의 모든 의사결정에 그들을 고려하고자 한다. 또한 와비파커는 세계 유일의 탄소 중립 안경 브랜드 중 하나이다.	• 와비파커임팩트재단(Warby Parker Impact Foundation)은 양질의 시력 관리를 받지 못하는 사람들이 경험하는 장벽의 제거에 기여. • 양질의 시력 관리에 대한 접근성 확장을 위해 지역, 국가 및 글로벌 수준에서 법적 변화 옹호 활동 수행.

제공 : 바루크칼리지 Arlinda Hasandjekaj

에 있는지 이해하기 위해, Benn 등(2018)은 조직의 지속 가능성 진행 상황을 진단할 수 있는 지속 가능성 단계 모델(sustainability phase model)을 개발하였다. 이 모델은 〈그림 14.6〉에 나와 있으며, 지속 가능성에 대한 조직의 6단계로 거부(rejection), 무대응(non-responsiveness), 준수(compliance), 효율성(efficiency), 전략적 선제(strategic proactivity), 지속 가능 기업(sustaining corporation)이 포함된다. 1단계는 거부로, 이 단계에서 조직의 관리자와 리더는 이익 추구 외의 문제에 관심을 가져야 한다는 생각을 거부한다. 그들은 조직이 환경에 미칠 수 있는 파괴적인 영향을 무시하며, 정부나 외부 이해관계

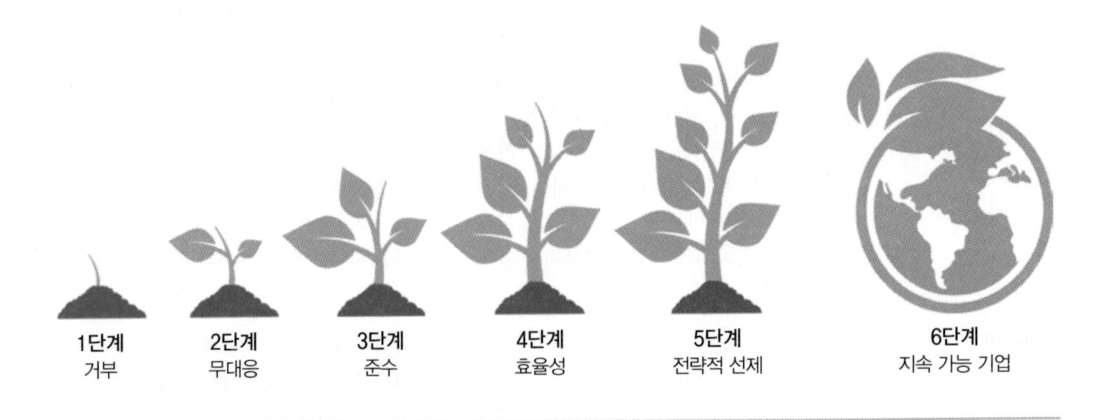

그림 14.6 조직 지속 가능성의 단계 모델

출처 : Benn et al.(2018) Graphic created by Tony Gamino.

자가 그들의 활동을 제한하려는 시도를 적극적으로 반대한다. 1단계의 주제는 단기 이익을 위해 자원을 착취하는 것이다. 2단계는 **무대응**으로, 이는 환경 문제에 대한 인식 부족이나, 자신들의 회사가 사업의 부정적인 결과에 미치는 역할을 무시하는 것을 포함한다. 2단계의 주제는 **현상 유지**(business as usual)이다. 3단계는 **준수**로, 이는 환경법을 준수하고 법적, 지역사회 및 사회적으로 요구되는 최소 기준을 충족하지 못해 받게 되는 제재를 피하는 것을 의미한다. 조직은 평판 손상이나 벌금을 피하기 위해 최소 기준을 준수한다. 예를 들어, 토요타는 미국 대기청정법(U.S. Clean Air Act regulations)을 준수하지 않아 2021년에 1억 8,000만 달러의 벌금을 지불하였다. 2017년 폴크스바겐 그룹은 디젤 엔진 차량의 배출 제어 장치를 조작하여 정부 배출 테스트 동안에만 작동하도록 설정한 '디젤 속임수'로 28억 달러의 벌금을 부과 받았다. 해당 속임수는 자동차가 주행할 때 최대 40배 더 많은 오염물(특히 아산화질소)을 방출하도록 했다. 3단계의 주제는 '위험 회피', 특히 재정적, 평판상의 위험을 회피하는 것이다.

4단계인 **효율성**에서, 관리자와 리더는 지속 가능한 관행과 비즈니스 전략을 도입함으로써 얻을 수 있는 이점이 있음을 인식하기 시작한다. 예를 들어 한 레스토랑은 전기 요금을 줄이기 위해 태양광 패널을 설치하거나, 기존의 일반 창문을 에너지 효율이 높은 삼중 유리창으로 교체할 수 있다. 일부 양조장은 폐기물(즉 사용된 곡물)을 농장에 판매하기도 하며, 뉴벨지움브루잉이나 메인비어컴퍼니 같은 일부 양조장은 사용된 곡물을 지역 농부들에게 무료로 제공하기도 한다. 4단계의 주제는 '적은 비용으로 더 많이 하기'이다.

지속 가능성 모델의 다섯 번째 단계는 **전략적 선제**이다. 이 단계에서는 지속 가능성을 사람들과 지구를 포함한 이해관계자에게 가치를 창출할 수 있는 경쟁 우위의 잠재적 원천으로 본다. 여기서는 지속 가능한 제품, 지속 가능한 공급망, 지속 가능한 운영을 창출하기 위한 혁신을 지원하는 데 중점을 둔다. 예를 들어, 샤넬은 최근 N°1 DE CHANEL이라는 새로운 친환경 뷰티 제품 라인을 출시했다. 이 제품은 최대 97% 자연 유래 성분으로 이루어져 있으며, 포장재와 홍보 자료는 폐기물을 최소화하고 재활용 자원을 최대한 활용하도록 설계되었다. 5단계의 주제는 '혁신을 주도하고 가치를 더하라'이다.

마지막으로, 6단계는 **지속 가능 기업**으로 불린다. 이 단계에서는 최고 경영자, 관리자, 일반 직원들이 모두 지속 가능한 세상을 위해 일해야 할 필요성을 내면화한다. 조직은 전통적인 비즈니스 목표에만 집중하는 것이 아니라, 업계와 더 넓은 사회에서 환경 지속 가능성 가치를 홍보하는 데 중점을 둔다. 그들은 지속 가능한 행동과 모범 관행을 선도하는 리더가 되며, 공급망 내 다른 조직들과 협력하여 전체 생산 과정이 더 지속 가능하게 되도록 돕는다. Benn과 동료들이 설명했듯이, 지속 가능성은 조직의 문화적 DNA의 일부가 된다. 또한 그들은 더 넓은 경제와 사회 전체에 변혁적 변화를 일으키려는 사명을 가지고 있다. 지속 가능 기업의 주제는 '스스로 변화를 이끌어 지속 가능한 세상을 창조하라'이다.

Benn 등에 따르면, 조직은 적극적인 적대감을 시작으로 무관심을 거쳐 지속 가능성 가치에 대한 강한 헌신으로 나아간다. 일부 조직은 지속 가능성을 핵심 가치로 삼으면서 초기부터 적대감이나 거부 단계를 건너뛸 수 있다. 예를 들어, 파타고니아는 항상 '지구를 구하라'는 사명을 가지고 있었다. 조직은 단계를 건너뛰거나 이전 단계로 퇴보할 수 있다. 이러한 변화는 새로운 법률, 이해관계자의 항의, 경제 변동, 주요 기후 사건, 또는 새로 임명된 최고경영자에 의해 촉발될 수 있다(Benn et al., 2018). 예를 들어, Paul Polman이 유니레버의 새로운 최고경영자로 임명된 날, 그는 즉시 파이낸셜 타임스 스톡 익스체인지(FTSE)에 분기별 실적 보고서를 발행하지 않겠다고 선언했다. 이는 미국에서는 공개 상장된 기업에 필수적이지만, 파이낸셜 타임스 스톡 익스체인지가 기반을 둔 영국에서는 필수가 아니었다. 폴먼 등은 분기별 수익을 극대화하라는 압박이 회사의 장기적 비전을 방해하고 기후 변화와 같은 문제에 대한 혁신적 해결책을 만드는 데 어려움을 준다고 주장했다. 당시 폴먼의 결정은 투자 세계를 놀라게 했지만, 그는 나중에 그의 대담한 결정을 설명하며 "첫날에 해고될 수는 없다고 생각했다"고 말했다(Walker, 2018).

변화의 촉매가 조직이 지속 가능성으로 나아가는 데 확실히 도움이 될 수 있지만, 헌신적인 직원들과 관리자 그룹도 변화를 추진할 수 있다. 제13장에서 설명한 조직 변화와 개발에서는, 조직에서 변화를 실현하기 위한 여러 조직 변화 모델을 소개하였다. Kotter의 8단계 모델은 영리 및 비영리 조직 모두에서 지속 가능성 문제를 해결하는 데 실용적인 지침을 제공한다 : (1) 긴박감 조성, (2) 강력한 지침 연합 구축, (3) 변화에 대한 비전과 이를 실행하기 위한 전략 수립, (4) 그 비전을 소통, (5) 다른 사람들이 그 비전을 실천하도록 협력하고 장애물을 제거하도록 함, (6) 단기적 성과 계획 및 창출, 그리고 '멈추지 않기', (7) 달성한 변화를 기반으로 더 많은 변화를 만들어 비전을 완수하도록 성공하고, (8) 변경 사항을 제도화하여 변화를 지속시키기(예 : 조직의 기존 구조 및 시스템 내에 변경 사항을 통합하고 조직 문화 내 변화를 정착시키기). Kotter의 8단계 모델에 대해 더 알고 싶다면 그와 공동 저자 Holger Rathgeber가 함께 쓴 펭귄에 관한 재미있는 우화, **우리의 빙산이 녹고 있다**(Our Iceberg is Melting)(2005)를 참조하면 된다. 이 우화는 전 세계 여러 조직에서 조직 변화에 수반되는 도전성을 설명하기 위해 사용되어 왔다. '관리자를 위한 시사점 14.1'은 조직이 지속 가능성을 향해 나아가도록 독려할 수 있는 추가적인 아이디어를 다룬다. 또한 바루크칼리지와 뉴욕시립대학교에서 지속 가능성 변화를 이끌며 영감을 주는 인물인 Mindy Engle-Friedman 박사에 대한 이야기를 확인할 수 있다. 마지막으로, '실무자 소개'에서 다루는 PG 컨설팅(PG Consulting) 대표 Patrick Gaston은 기업이 책임 있는 지속 가능한 비즈니스 관행을 만들도록 조언하고 있다.

관리자를 위한 시사점 14.1

직장에서 기후 행동을 장려하기

학생이나 새로운 조직 구성원으로서, 기후 행동을 직장에서 촉진하는 방법에 대해 궁금할 수 있다. Chelsea Hicks-Webster[전 비즈니스 지속 가능성 네트워크(Network for Business Sustainability, NBS) 운영 관리자]는 환경 문제에 대한 사람들의 반응에 영향을 미치는 의사결정 과정을 연구하는 프린스턴대학교의 행동 과학자 Elke Weber 박사와 인터뷰를 진행하였다. Weber에 따르면 첫 번째로 시작할 수 있는 것은 다른 사람들도 당신의 우려를 공유한다는 사실을 이해하는 것이다. 그녀의 연구 중 하나에 따르면, 미국인의 70~80% 이상이 기후 변화를 걱정하고 기후 정책을 지지하지만, 다른 사람의 30~40%만이 같은 생각을 가지고 있다고 생각하는 경향이 있다. 첫 번째 단계는 침묵의 벽을 허물고 동료들과 당신의 우려에 대해 이야기하는 것이다. 다음 단계는 용기를 내어 고위 경영진과 대화하는 것이다. 회사에 지속 가능성 담당자가 있다면 해당 담당자에게 연락하거나, 환경 문제에 관심이 있고 의사결정권이 있는 다른 사람을 찾아보라. 다른 유사한 조직들이 어떤 변화를 이루었는지에 대한 정보를 공유하고, 당신의 아이디어가 어떻게 지속 가능성 목표를 발전시키고 공동 이익을 제공할 수 있는지 보여줄 수 있다. Weber는 또한 회사의 인적자원관리 담당자에게 기후 행동을 주요 성과 지표(KPI)에 포함시키도록 설득할 것을 권장한다. 이는 기후 행동이 가치 있는 것으로 간주되고 보상받을 것이라는 메시지를 전달할 것이다. 변화를 만드는 것이 어렵고, 오래된 습관은 쉽게 사라지지 않는다는 점을 인식하라. 저항을 예상하고, 그 저항의 원인을 깊이 파헤쳐라. 만약 모든 것이 실패한다면, 당신의 가치와 더 일치하는 회사로 이직하는 것을 고려하라.

출처 : Hicks-Webster(2023).

연구자 소개

MINDY ENGLE-FRIEDMAN 박사

기후 변화와 지속 가능성에 대한 나의 연구 관심은 두 가지 초점에서 발전하였다. 1988년에 James Hansen이 의회 청문회에서 대기 중 이산화탄소와 기타 가스의 축적이 지구 온난화의 원인이라고 증언한 내용을 다룬 뉴욕타임스 기사를 읽으면서 처음으로 기후 변화에 대해 인식하게 되었다. 우리가 행동하지 않으면 심각한 위험에 처할 수 있다는 경고를 접하였고, 나는 개인적으로 행동하려고 노력하였다. 재활용을 하고, 장을 볼 때 천 가방을 사용하고, 퇴비를 만들고, 내 집에 나무를 심고, 시위에 참가하며 환경 문제에 관심 있는 대표를 지지하고 투표하며 환경 단체에 기부하였다. 이는 모두 좋은 일이었지만, 그것만으로는 충

(계속)

분하지 않다고 느꼈다. 그래서 나는 '환경심리학'이라는 학부 강좌를 개설하였다. 내 목표는 학생들에게 환경과의 인간적 연결에 대한 연구를 공유하는 것이었다. 또한 연구실의 연구 초점을 기후 변화 인식, 환경 보호 참여를 증진하는 전략, 예상되는 기후 변화가 자녀 출산과 같은 개인의 의사결정에 미치는 영향을 포함하도록 전환하였다.

강의 외에도 기후 변화, 그 영향 및 회복력 문제를 대학의 학생, 교수, 직원들에게 알릴 필요가 있다고 느꼈다. 대학 교육의 큰 혜택 중 하나는 다양한 주제에 대한 노출이며, 이는 학자와 연구 전문가들이 제공하는 광범위한 학문 분야의 기초와 이론에 대한 이해를 발전시킨다. 이러한 풍부한 학문적 배경 속에서, 학생들이 기후 변화의 학제적 성격, 기후 변화가 그들의 삶에 미치는 영향, 그들이 어떻게 그 영향을 완화할 수 있는지, 기후 회복력에 영향을 미칠 수 있는 리더로 준비하는 방법을 배우는 것이 매우 중요하다고 생각하였다.

학기 중 커리큘럼에서 다뤄야 할 내용이 많아 교수들이 기후 변화를 추가로 가르치도록 요구하는 것은 비현실적이었고, 교수들의 학문적 자유로 인해 그들의 커리큘럼에 기후 변화를 포함하도록 강요할 수 없었다. 그래서 나는 학문 공동체에 기후 변화를 알리기 위한 다른 방법을 찾았다. 2008년에 나는 바루크칼리지의 지속 가능성 태스크포스 의장이 되었고, 2011년에는 예술과 과학, 경영, 공공 및 국제 관계 단과대학의 태스크포스 동료 교수 7명을 모아 교실 밖에서 학생들에게 기후 변화 교육을 제공할 방법을 논의하였다. 이 그룹은 현재 바루크기후행동협력(BCAC)으로 불리며, 3개 단과대학에서 26명의 교수가 활동하고 있다. 바루크기후행동협력은 '우리는 기후 행동입니다'라는 강연 시리즈를 개발하고, 기후 변화를 대학의 전략 계획 목표에 포함하도록 옹호하며, 새로운 기후 변화 강좌를 공동으로 개발하고 연구 협력자가 되었다.

2020년에 우리는 9개월간 진행되는 CUNY 기후 학자 프로그램을 만들었으며, 현재 네 번째 코호트를 시작하려 한다. 이 프로그램은 저소득층 및 역사적으로 소외된 학생들을 선정하여 매주 세미나와 3개월의 연구실 경험을 포함하고 있으며, 연구 결과는 연말의 대학 창의적 탐구 엑스포에서 발표된다. 기후 학자들은 또한 기후 관련 단체, NGO, 기업에서 3개월간의 인턴십을 수행한다. 추가로, 각 코호트는 2,500명 이상의 1학년 학생들과 80명 이상의 중·고등학생들과 만나 뉴욕시의 기후 영향, 회복력, 경력에 대해 논의한다.

바루크기후행동협력은 또한 우리 도시에서 가장 더위에 취약한 지역사회의 의사소통 네트워크에 중점을 둔 도시 열섬 회복력(Urban Heat Island Resiliency) 프로젝트를 유지하고 있다. 학생들은 지역사회 단체, 종교 기관, 의료 시설, 경찰 및 소방서, 학교, 데이케어 센터, NGO 및 커뮤니티 지원 서비스와 협력하여 극한 더위에 대한 대비 및 대응을 조사한다.

이러한 기후 중심의 작업을 통해, 나는 학생들이 기후 변화를 어떻게 인식하는지, 그것을 위협으로 느끼는지 여부와 방식, 그리고 그들의 기후 변화 인식이 미래 의사결정, 특히 자녀 계획에 어떤 영향을 미치는지 이해할 필요가 있다고 느꼈다. 나의 또 다른 연구 주제는 수면 부족이 객관적 및 노력 기반 성과에 미치는 영향인데, 이것도 기후 변화 연구에 영향을 미치고 있다. 우리는 한정된 환경 자원뿐만 아니라 한정된 개인적, 생물학적, 재정적 자원을 가지고 있다. 기후 변화는 우리의 자원을 더욱 제한할 것이며, 이러한 제한이 우리의 노력에 미치는 영향이 현재 내 연구의 초점이다.

Mindy Engle-Friedman 박사는 Weisman School of Arts and Sciences의 심리학 교수이다. 또한 바루크칼리지 지속 가능성 태스크포스의 의장으로, 대학에서 기후 변화 이니셔티브를 주도하고 있다. 박사는 바루크칼리지의 옴부즈퍼슨(Ombudsperson)이기도 하다. Engle-Friedman 박사는 노스웨스턴대학교에서 임상심리학 박사 및 석사 학위를, 뉴욕주립대학교 빙엄턴캠퍼스에서 학사 학위를 취득하였다. 또한 브라운대학교에서 박사후 연구원 및 임상 인턴 과정을 마쳤다.

실무자 소개

PATRICK GASTON

내 이름은 Patrick Gaston이다. 나는 PG 컨설팅의 사장 겸 최고경영자이다. PG 컨설팅은 기업 리더, 기업, NGO들이 CSR(Corporate Social Responsibility)과 ESG(Environment, Social and Governance) 전략을 구축하여 지속 가능한 비즈니스 관행을 촉진하도록 멘토링하고 지원하는 경영 컨설팅 회사이다. PG 컨설팅은 전략적 계획 수립과 리더십 멘토링 및 개발에 대한 전문 지식을 바탕으로, 혁신적인 민관 파트너십과 자선 솔루션을 발전시킨다. 나는 이전에 Bed Bath & Beyond, Inc.의 이사회 의장을 역임하였고, 2020년에 그 직책에서 은퇴하였다. 현재 나는 Laird Superfood의 이사회에서 활동 중이다. 이전에는 클린턴 부시 아이티 기금의 수석 고문이었고, 버라이즌 재단의 회장을 역임하였다.

나는 20개 이상의 NGO 이사회에서 자발적으로 봉사해 왔다. 현재 나는 KidSpirit, Eden Reforestation Project, SCOPE, 미국 과학진흥협회(AAAS) 자문위원회에서 활동 중이며, 미국 상공회의소의 기업시민의식센터와 NAACP 재단 자문위원회에서 명예 회원으로 활동하고 있다.

나의 배경은 국제적이며 다방면에 걸쳐 있다. 아이티, 몬트리올, 캐나다, 매사추세츠주 보스턴에서 자랐다. 매사추세츠대학교에서 경영학 학사 학위를, 노스이스턴대학교에서 MBA 학위를 받았다. 또한 프랑스 랭스의 ESC(Ecole Superieure de Commerce)에서 국제 비즈니스 자격증을 취득하였다. 나는 프랑스어와 영어에 능통하고, 스페인어 회화도 가능하다.

지속 가능성에 대한 나의 헌신이 나의 경력으로 발전될 수 있었다는 점에서 나는 운이 좋았다. 나는 긍정적인 사회적, 경제적 영향이 시민 사회의 다양한 부문(비즈니스, 학계, 공공기관 및

(계속)

NGO)과의 협력을 통해 이루어질 수 있다는 신념을 가지고 있다.

나는 언론 분야 인턴으로 비즈니스 경력을 시작하였다. 당시 나는 보스턴글로브(Boston Glob)의 편집장 비서로 일하며 사무 보조 업무를 담당하였다. 대학 졸업 후, 나는 파리에서 여행 및 관광 산업에 종사했고, 이후 다시 보스턴으로 돌아왔다. 이러한 경험을 통해 나는 중요한 인생 교훈을 배웠다. 세상이 나를 중심으로 돌아가는 것이 아님을 깨달았고, 스스로의 행동에 책임을 져야 한다는 점을 배웠다. 또한, 명시적이든 암묵적이든 따라야 할 규칙이 있다는 것을 깨달았다. 나 자신뿐만 아니라 타인을 존중하는 것의 중요성도 배웠다. 무엇보다, 저널리즘은 전 세계 커뮤니티를 연결하는 글로벌 커뮤니케이션의 가치에 대해 눈을 뜨게 해주었다. 대학을 졸업한 후, 나는 지역 통신 회사에 입사했다. 그 회사는 결국 버라이즌으로 성장하게 되었다. 당시 나는 그 회사가 통신 산업뿐만 아니라 내 인생에도 얼마나 크고 다양한 변화를 가져올지 전혀 예상하지 못했다.

처음에 나는 경영 연수생으로서 여러 운영 및 마케팅 부서에서 다양한 도전적인 업무를 맡았다. 나는 통신 산업의 복잡성에 흥미를 느껴 더 많은 지식과 이해를 쌓으려 노력했다. 산업의 역학을 점점 더 이해하게 되면서 내 자신감과 경력 발전에 대한 열망이 커졌다. 그러나 장애물도 있었다. 회사에는 나와 비슷한 배경을 가진 사람이 거의 없었고, 다양한 배경을 가진 사람들을 위한 프로그램이나 경력 개발 경로도 마련되지 않았다.

그럼에도 불구하고, 소수 민족 배경을 가진 리더들이 소규모 집단을 이루어 그 문제를 해결하기 위해 회사 내부에서 노력하고 있었다. 그들은 회사의 리더십에 도전하면서 리더들이 인종 및 성평등과 포용성 문제를 더 잘 이해하도록 하였다. 그들은 불평만 하지 않았고, 직원들과 고객층에 이익을 주면서도 회사에 가치를 더할 수 있는 해결책을 제시했다.

회사에 다양성 전략이 부족함으로 인해 발생하는 불평등에 대한 인식이 높아지면서, 고위 관리자들은 소수 직원들의 우려에 반응하기 시작했다. 이러한 협의와 그에 따른 정책 변화로 인해 나는 인사부에서 일할 기회를 얻었고, 진화하는 경영자 교육 프로그램에 참여하면서 리더십 기술을 배울 수 있었다.

그 경험은 내가 회사의 다양한 측면을 탐구하고자 하는 열망을 불러일으켰다. 회사는 단지 엔지니어나 공장 관리자가 이끄는 것이 아니었다. 이전에는 내게 보이지 않았던, 인간 사이의 관계를 중시하는 부서의 사람들이 있다는 것을 깨달았다. 더 깊이 탐구하면서 나는 이러한 비즈니스의 측면에 더 몰입하게 되었고, 그것이 내가 열정을 쏟을 수 있는 분야라는 것을 깨달았다. 다음으로 배정된 직무는 언론 홍보 부서였고, 그곳에서 나는 이전에 경험해보지 못한 과업을 수행하는 동료들과 같은 마음을 나누는 경험을 할 수 있었다. 나는 회사가 단순히 자사의 입장을 담은 보도 자료를 발표하는 것만으로는 대중과 소통할 수 없다는 것을 알게 되었다. 현대 기업에서 효과적인 커뮤니케이션은 회사와 다양한 이해관계자들 간의 진정한 대화를 요구한다. 내가 담당하게 된 이 기능을 이해관계자 관리(stakeholder management)라고 부른다.

그 당시, 우리 중 소수만이 외부 이해관계자들과 함께 일할 기회를 가졌다. 즉 투자자, 직원, 고객, 옹호 단체 및 그들의 커뮤니티와 같은 사람들이 각 회사가 운영해야 하는 맥락을 정의하는 이들이다. 이해관계자 관리의 목표는 회사가 그들의 요구와 기대를 잘 파악하여 그것을 더 잘 충족시키도록 하는 것이다. 이해관계자가 누구인지 잘 알려고 노력하면서 우리는 그들의 관심사를 더 잘 이해하게 되고, 대화를 통해 서로 배울 수 있는 기회를 창출한다. 다행히 우리 고위 리더십 팀은 이 이니셔티브의 중요성을 이해하고, 이를 실행으로 옮기기 위해 필요한 지원과 자원을 아끼지 않았다.

이 노력의 중요한 결과 중 하나는 직원의 열의가 높아진 것이다. 우리 직원들, 즉 최고경영자에서부터 일선 근로자까지 모두가 회사의 핵심 자산이며, 이들은 회사의 윤리적 성과와 커뮤니티 참여에도 중요한 이해관계를 가지고 있다. 직원들은 우리 회사가 훌륭한 직장인지, 그리고 공정한 대우를 받을 수 있는 곳인지 알고 싶어 한다. 또한 직원들은 승진 기회가 있는지, 회사 내외에서 교육 및 훈련을 받을 수 있는지에 대해 관심을 가진다. 마지막으로, 회사의 문화와 리더십이 모든 사람으로 하여금 책임감 있고 윤리적으로 행동하도록 장려하는지에 대해서도 알고 싶어 한다.

나는 직원, 주주 및 기타 이해관계자의 기대를 충족하는 방법이 정보에 입각한 책임감 있고 결과 지향적인 리더십이라고 확신한다. 이를 위해 기업의 리더들은 기업 전략 개발 과정에 지속 가능성을 확고하게 통합해야 한다. 지속 가능성은 직원, 주주, 고객, 그리고 다른 커뮤니티들이 깊이 관심을 가지는 문제들을 포괄한다. 여기에는 기후 변화와 환경 문제, 공정성, 정의, 프라이버시와 보안, 기회 접근성, 기타 전 세계적 문제들이 포함된다.

나는 경력 과정 동안 최고경영자와 고위 경영진들이 목표 지향적이어야 하고 선두에서 이끌어야 한다는 것을 깨달았다. 이는 현재와 앞으로 발생할 복잡성과 모호성에 대해 책임감 있고 겸손하며 실행 가능한 방식으로 대응해야 한다는 의미이다.

인공지능과 빠르게 발전하는 디지털 부산물들이 존재하는 인터넷 시대에는 조용한 수동성 대신 고급 리더십 기술이 필요하다. 비즈니스는 기업 경영자, 정부 관계자, NGO 및 기타 조직된 커뮤니티들을 모아 공통의 기반을 정의하기 위한 목적 지향적 협상을 이끌어낼 수 있는 촉매 역할을 할 수 있다. 다양한 이해관계자 커뮤니티들의 요구에 민감하게 반응함으로써, 관리자들은 이들의 이익을 시장 현실과 균형 있게 조정하여, 우리 시대와 미래의 중요한 문제들을 해결하기 위해 협력할 수 있다.

그 결과 우리 행성과 인류에게 혜택이 돌아올 것이며, 기업들은 번영할 것이다. 이 과정의 최종 결과로 지속 가능한 지속 가능성을 달성하게 될 것이다.

이사회 활동 덕분에 나는 이러한 원칙을 실천하고 헌신하며 더욱 발전시킬 수 있었다. 나는 이러한 공통 목표를 위해 열심히 일하는 많은 사람들에게서 에너지를 얻고 영감을 받는다. 우리 각자가 이 목표를 조금씩 다르게 설명할 수 있겠지만, 우리는 모두 소외된 사람들의 삶을 개선하고, 우리 행성이 사람들이 번영할 수 있는 적절한 장소로 남을 수 있도록 보장하며, 우리의 자녀들과 미래 세대들을 위한 풍요롭고 충만한 미래를 창조하고자 하는 사명을 가지고 있다.

때때로 나는 내 경력과 인생의 방향이 왜 이렇게 흘러왔는지 궁금해지기도 한다. 나는 헌신적인 부모님과 내가 살아온 커뮤니티들로부터 얻은 정신적 가치에 뿌리를 두고 있다. 또한 아내와 두 아들과의 사랑, 그리고 동반자 관계를 맺으면서 깊은 충족감을 얻고 있다. 더불어 부모님이 내게 설정해 주신 높은 기대 덕분에 끊임없는 영감을 받는다. 나는 운이 좋게도 내가 살아온 모든 곳에

(계속)

서 훌륭한 친구들, 동료들, 멘토들, 그리고 확장된 가족을 만나게 되었다. 내가 살아온 삶에 있어서 깊은 감사함을 전능하신 하나님께 돌린다. 그러나 내 인생에서 가장 확실한 길잡이는 영원한 사랑으로 나를 품어 주신 어머니였다.

Patrick Gaston은 PG 컨설팅의 사장 겸 최고경영자이며, 경영 컨설팅을 통해 기업 리더, 기업, NGO들이 기업의 CSR과 ESG 전략을 구축할 수 있도록 지원하고 있다. 그는 Bed Bath & Beyond, Inc.의 전임 이사회 의장을 역임했다.

모든 것을, 모든 곳에서, 한꺼번에 : 우리는 할 수 있다!

피츠버그대학교 지속 가능 비즈니스센터와 해리스폴이 실시한 최근 조사에 따르면 1,056명의 미국 직원 중 오직 1/3만이 자신들의 고용주가 지속 가능성에 있어 큰 진전을 이루었다고 답했다(Bhattacharya & Jekielek, 2023). 많은 응답자들은 회사가 단기 재무 목표에만 집중하고, 투자자의 관심 부족, 그리고 무관심하거나 무시하는 리더십을 지속 가능성 증진에 있어서의 어려운 부분으로 언급했다. 이는 다른 최근 글로벌 조사에서 3,000명의 최고경영자 중 51%가 지속 가능성을 최우선 과제로 꼽았다는 결과와 대조가 된다. 이 비율은 2021년 32%에서 증가한 것이다(Urso, 2022). 실제로, 점점 더 많은 기업이 **탄소 중립 목표**(net zero climate targets)(즉 대기 중 온실가스의 배출과 제거의 균형을 달성하는 것)에 헌신하고 있으며, 적어도 일부 기업들이 탄소 발자국을 줄이는 데 집중하기 시작했음을 시사한다. 예를 들어, 세계 최대의 컨테이너 해운 회사인 덴마크의 머스크(Maersk)는 대체 연료와 선박에 투자하여 2030년까지 배출량을 최소 90% 줄이겠다고 약속했다. 애플은 2030년까지 탄소 중립을 달성할 계획이며, H&M 그룹은 2040년까지를 목표로 하고 있다. 하지만 모든 회사가 야심 찬 목표를 실제로 실행하거나, 진행 상황(또는 진행이 없는 상황)에 대해 투명하지는 않으며, 일부는 진전 상황을 과장하는 **그린워싱**(greenwashing) 혐의를 받고 있다. 비영리 단체 As You Sow(https://asyousow.org)나 Clean Energy Wire(https://www.cleanenergywire.org)의 웹사이트를 확인하면 어떤 회사들이 잘하고 있는지 알 수 있다.

이 장은 유엔 사무총장 안토니우 구테흐스의 '모든 것을, 모든 곳에서, 한꺼번에' 행동을 취해야 한다는 요청으로 시작되었다. 인적자원관리 실무자와 조직 연구자, 컨설턴트로서 우리는 채용, 선발, 온보딩, 교육, 직원 평가에서 지속 가능성을 내재화함으로써 그 요청에 응답할 수 있다(Bhattacharya & Jekielek, 2023; Cohen et al., 2012; Dubois & Dubois, 2012; Zacher et al., 2023). 인적자원관리 기능은 조직이 지속 가능성 목표를 달성하는 데 핵심적인 역할을 해야 하며, 기술, 연구 개발, 재무, 다양성 · 형평성 · 포용성, 엔지니어링, 정보 시스템, 리스크 관리 등의 부서 리더들과 긴밀히 협력해야 한다.

최고 지속 가능 책임자(Chief Sustainability Officer, CSO) 직책을 신설하고 인원을 배치하는 것은 조직 전체에 지속 가능성이 중요하다는 메시지를 전달하는 중요한 방법이다. (최고경영자의 역할에 대해서는 '참고 14.4'를 참조하라.) 또한 모든 직원이 자신의 업무가 환경 지속 가능성에 어떻게 기여할 수 있을지 고민하는 것이 중요하다(Ones et al., 2018). 직원들의 참여 없이는 조직이 지속 가능성 목표를 완전히 실현하기 어렵다. 새롭게 떠오르는 '녹색 직업'에 대한 논의는 '참고 14.5'를 보라. 마지막으로, 조직의 미션 진술문과 전략에 지속 가능성을 포함하고, 지속 가능성 지표를 추적하는 것이 조직을 더 지속 가능한 방향으로 발전시키는 중요한 요구사항이다. 〈그림 14.7〉은 조직을 '녹색화'하기 위한 20가지 증거 기반 권장 사항을 보여준다.

무엇보다도, 지속 가능성 사고방식은 영리 및 비영리 조직의 모든 직원, 관리자, 리더의 마음과 정신에 심어져야 한다. 모든 직원의 업무와 사고방식에 지속 가능성을 내재화하는 것은 최고 리더십에서 시작하는 변혁적 리더십에서 비롯된다. 최고 리더십의 도움을 받아 지속 가능성은 조직의 문화에 깊이 스며들어야 한다. 실제로 지속 가능성은 직원, 관리자, 리더가 내리는 모든 결정의 중심에 있어야 한다. 세계적인 모듈러 카펫 제조업체 인터페이스(Interface Inc.)의 창립자이자 전 최고경영자인 레이 앤더슨(Ray Anderson)은 '현상 유지'에서 벗어나 지구를 위한 선한 비즈니스로 변화시킨 성공적인 비즈니스 리더에 대한 영감을 주는 예다. 앤더슨은 폴 호킨스(Paul Hawken)의 *The Ecology of Commerce* 라는 책을 읽고, 환경에 대한 산업화의 영향을 다룬 내용을 보고 '창이 가슴을 찌르는 듯한' 계시를 받았다. 그는 자신의 카펫 제조 사업이 석유 집약적인 산업으로서 환경을 파괴하고 있음을 깨달았다. 그는 이미 진행되는 것들이 있는 상황에서 회사의 방향을 바꾸어, 환경에 부정적인 영향을 미치지 않는 카펫을 생산하도록 회사를 변화시키기로 결심했다. 그는 '미션 제로(Mission Zero)'라는 비전 아래 모든 직원과 관리자를 모아 폐기물과 유해 배출을 줄이거나 없애고, 재생 가능한 자원과 에너지원 사용을 늘리겠다는 회사의 약속을 지켰다. 과정에는 일부 임원의 저항 등 여러 어려움이 있었지만, 초기에 작은 성공을 거두고, 직원들에게 영감을 주는 메시지를 전달하며, '달을 향해 쏘라'는 목표와 도전 중인 내용과 성공을 투명하게 공개한 덕분에 인터페이스는 2020년 목표보다 1년 앞서 2019년에 목표를 달성할 수 있었다. 레이 앤더슨의 영감 넘치는 이야기와 그가 안팎에 미친 파급효과는 그의 자서전 *Business Lessons from a Radical Industrialist*(2009)에 잘 나와 있다.

레이 앤더슨, 그레타 툰베리, 폴 폴먼… 이들 모두는 지구를 위한 더 친환경적이고 지속 가능한 미래를 추구하는 데서 열정을 찾은 사람들이다. 하버드 지속 가능성 교수이자 **불타는 세상에서 자본주의 대전환**(Reimaging Capitalism in a World on Fire)의 저자인 Rebecca Henderson 박사가 말했듯이, 우리는 모두 조약돌이다. 그러나 조약돌 하나로도 눈사태가 시작될 수 있다. 이제 우리 모두, 학생, 교수진, 직원, 관리자, 리더가 우리의 역할을 결정하고, 우리 조직이 지속 가능성을 위한 변혁적 변화를 선택하도록 돕기 위해 나설 때다. 함께 우리는 우리와 미래 세대의 필요를 모두 충족할 수 있는 더 친환

참고 14.4

최고 지속 가능 책임자는 어떤 일을 하는가?

최고 지속 가능 책임자(Chief Sustainability Officer, CSO)는 조직과 산업 전반에서 중요한 C레벨 직위로 자리 잡았다. 지속 가능성은 발전 중인 분야이므로 최고 지속 가능 책임자의 역할은 끊임없이 변화하며 명확히 정의하기 어렵다(Farri et al., 2023). 간단히 말해, 최고 지속 가능 책임자는 회사의 환경 영향을 평가하고, 지속 가능한 관행을 어떻게 강화할지 결정하는 역할을 한다.

최고 지속 가능 책임자의 주된 역할은 기업 지속 가능성 전략을 감독하는 것이다. 최고 지속 가능 책임자는 지속 가능성 프로그램의 효과를 모니터링하고 평가하며, 경영진, 주주, 고객, 직원들과 협력하여 개선해야 할 부분을 해결한다. 지속 가능성 리더는 공급망, 제품 개발, 에너지 사용 등 조직의 모든 부분에서 탄소 배출을 줄일 수 있는 방법을 찾아 회사의 생태적 발자국을 줄이려고 시도한다. 또한 최고 지속 가능 책임자는 에너지 절약, 물 보존, 폐기물 감소, 안전 개선을 촉진하는 절차와 정책을 개발한다(The Impact Job, 2022). 이 직책은 또한 조직이 지역 및 연방 규정을 모두 준수하는지 확인하는 역할을 포함한다.

Occupational Information Network(O*NET)에 따르면, 최고 지속 가능 책임자는 리더십, 주도성, 협력, 끈기, 도덕성을 포함하는 업무 스타일을 갖추어야 한다(O*NET, 2023). 지속 가능한 변화의 필요성과 그 핵심을 효과적으로 전달하는 커뮤니케이션 능력은 최고 지속 가능 책임자의 성공에 매우 중요하다. 최고 지속 가능 책임자의 자격 요건에는 보통 공중보건, 생물학, 환경공학 또는 환경과학, 정책 관련 분야의 학문적 경험이 포함된다. 일부 회사는 환경 MBA나 국제 지속 가능성 전문가 협회(International Society of Sustainability Professionals, ISSP) 또는 영국 건축연구기관 환경평가법(Building Research Establishment Environmental Assessment Method, BREEAM)에서 발급한 인증과 같은 더 세부적인 자격을 요구하기도 한다.

최고 지속 가능 책임자의 업무는 조직의 지속 가능성 진행 단계에 따라 다르다. Kathleen Miller와 George Serafeim에 따르면, 기업의 지속 가능성은 일련의 순차적인 단계로 이루어지며, 기업이 이러한 단계를 거치면서 이해관계자들과의 상호작용을 증가시키고, 더 복잡한 책임을 맡으며, 비즈니스 모델을 지속 가능성 목표와 일치시키려고 노력한다고 한다(Miller & Serafeim, 2014, p. 4). 이러한 단계를 거치는 과정에서 최고 지속 가능 책임자는 최고 경영자, 이사회, 고위 임원들과 같은 주요 의사결정자들과 협력하여 변화를 효과적으로 관리해야 한다. 성공적인 변화 관리에는 최고 경영진과의 직접적인 소통이 필수적이지만, 최고 지속 가능 책임자 중 35%만이 최고 경영자에게 직접 보고하고 있다(Farri et al., 2023).

조직에 따라 최고 지속 가능 책임자의 직함은 다를 수 있다. 예를 들면 Corporate Sustainability Director, Corporate Social Responsibility(CSR), Sustainability Vice President, 또는 Chief Green Officer와 같은 다양한 직함이 존재한다. 지속 가능성 관리자, 환경공학자, ESG 관련 직책들은 최고 지속 가능 책임자에게 보고할 수 있다. CSR과 ESG는 유사한 점이 있지만, 그 차이로 인해 조직 내에서 두 가지 전문성이 모두 필요하다고 할 수 있다. 예를 들어, CSR 역할은 기업의 목표와 사회적 영향력 이니셔티브에 대한 인식을 높이는 데 중점을 두며, 직원 기부 매칭 프로그램, 자원봉사 기회, 자선 활동 등을 강조한다. 반면 ESG 관련 역할은 주로 투자자 관계 및 대중을 위한 ESG 보고서와 같은 정량적 지표에 더 집중하는 경향이 있다.

제공 : 바루크칼리지 Arlinda Hasandjekaj

출처 : Farri et al.(2023), Miller & Serafeim(2014), Occupational Information Network(2023), The Impact Job(2022).

참고 14.5

녹색 일자리와 녹색 조직

녹색 일자리를 찾고 있는가? 좋은 소식은 이제 많은 기업이 녹색 전문성을 가진 직원을 고용하려 한다는 것이다. 산업계는 지속 가능한 운영으로의 전환을 점점 더 많이 받아들이고 있으며, 그 결과 녹색 일자리가 그 어느 때보다 빠르게 확대되고 있다. 세계경제포럼은 2015년부터 2021년까지 녹색 일자리를 찾는 사람들의 수가 평균 11% 증가하였으며, 이는 다른 산업에 비해 더 큰 증가폭이라고 추정하였다(World Economic Forum, 2022).

녹색 일자리 시장이 새롭게 떠오르는 영역이지만, 녹색, 지속 가능성 및 환경에 중점을 둔 직업을 찾을 수 있는 전용 구인 게시판이 있다. 녹색 지향 전문가를 위한 최고의 녹색 구인 게시판 목록을 확인하려면 Gemes(n.d.)를 참조하라.

경쟁에서 앞서 나가기 위해, 기업들은 녹색 기술을 보유한 직원을 찾고 있다. 예를 들어, 많은 기업이 보다 친환경적인 경영 관행을 확립하는 데 도움을 줄 ESG 역할을 수행할 직원을 모집 중이다. *하버드 비즈니스 리뷰*의 블로그 글에서 Nahia Orduna는 경력 관심사와 열정을 녹색 마인드 중심으로 재구성하려는 경우, 현재 보유하고 있는 기술과 관심사를 먼저 확인하라고 권장한다. 이를 통해 기존의 경험과 아이디어를 향상할 수 있는 새로운 기술을 학습하여, 현재 조직 안에서 더 지속 가능한 역할을 맡는 방법에 대해서 생각해볼 수 있다(Orduña, 2022).

당신이 사용할 수 있는 도구를 늘리기 위해 추가적인 교육에 투자하는 것도 고려할 수 있다. 가장 수요가 많은 기술을 제공하는 교육 프로그램을 찾아보라. 예를 들어, 환경 및 지속 가능한 엔지니어링이나 녹색 시설 관리와 같은 과학 및 테크 지향적인 기술이 있다. 이러한 기술에는 친환경 건물 설계와 건설 및 평가, 운영 모니터링, 재생 가능 에너지 설계 및 에너지 절약 연구 개발에 중점을 둔 하드 스킬이 포함될 수 있다. 하지만 모든 녹색 일자리가 엔지니어링 기술을 요구하는 것은 아니다. 예컨대 일부는 조직의 ESG 활동을 평가하는 데 사용되는 지표나 환경 입법의 정책 분석에 대한 전문 지식을 요구한다. 또한 비판적 사고, 계획 및 정책 작성, 문제 해결, 관리 및 회복력과 같은 소프트 스킬도 중요하다.

이러한 유형의 기술이 요구되는 녹색 일자리의 몇 가지 예는 다음과 같다.

- **지속 가능성 관리자 :** 조직의 환경 행동, 프레임워크, 정책 및 관행을 감독.
- **환경 컨설턴트 :** 위험 평가와 환경 영향을 바탕으로 공공 및 민간 부문 고객에게 비즈니스 전략과 탄소 발자국 감소 방안을 조언.
- **환경 및 토목 엔지니어 :** 공공 및 민간 건설 프로젝트와 환경 친화적인 인프라를 감독하고 설계.
- **컴플라이언스 담당자 :** 산업 및 조직이 환경 법규와 규정을 준수하도록 함.
- **환경 정책 분석가 :** 조직 또는 정부 관점에서 트렌드를 분석하고 정책을 개발함.

유용한 자료로는 O*NET 프로그램(https://www.onetonline.org/)이 있으며, 이 프로그램은 필요한 기술과 교육, 급여 범위, 일반적인 직무 활동 및 직무 맥락을 포함한 유용한 직업 정보를 제공한다. 또한 Career One Stop에서 녹색 경력을 탐색할 수 있다.

제공 : 바루크칼리지 Arlinda Hasandjekaj

출처 : Gemes(n.d.), Orduña(2022. 2. 1).

직원 녹색 행동 촉진하기

조직 내 직원 녹색 행동을 촉진하기 위한 20가지 권장 사항

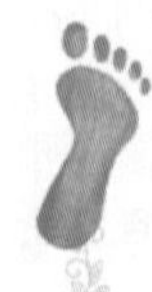

직원

1. 직원 녹색 행동 기회를 제공하는 조직, 팀, 직무를 찾는다.
2. 직원 녹색 행동과 관련된 지식, 기술, 동기를 향상한다.
3. 환경 지속 가능성 목표를 설정하고 이에 맞는 습관과 루틴을 개발한다.
4. 환경 지속 가능성에 대한 아이디어를 동료 및 리더와 공유한다.
5. 업무 과제의 크래프팅을 통해 직원 녹색 행동을 위한 기회를 창출하고 제약을 줄인다.

리더

6. 직원 녹색 행동에 대한 롤 모델 역할을 하며, 생산성을 저해하는 지속 가능성 행동은 피한다.
7. 설득력 있는 소통을 통해 직원들에게 직원 녹색 행동의 이점을 전달한다.
8. 직원 녹색 행동을 물리적으로 지원한다(예 : 재활용함 설치).
9. 녹색 인사 관리 방안을 도입 및 실행한다.
10. 직원 녹색 행동을 증진하기 위한 영향력 기법을 사용한다(예 : 비교 피드백).

조직

11. 환경 지속 가능성 목표를 비즈니스 전략에 통합한다.
12. 친환경적 가치와 신념을 강조하여 친환경 조직 문화를 조성한다.
13. 조직의 다양한 수준에서 환경 지속 가능성 이니셔티브를 지원한다.
14. 채용 담당자에게 조직의 친환경 가치와 이니셔티브를 강조하도록 교육한다.
15. 친환경적 지식, 기술, 동기를 바탕으로 신입 직원을 선발한다.
16. 직원 온보딩, 교육, 인재 개발 기회에 친환경 요소를 포함한다.
17. 성과 평가 및 관리에 직원 녹색 행동을 포함한다.
18. 직원 녹색 행동에 대한 보상을 분배하고, 지속 가능성을 저해하는 행동에 대해서는 페널티를 부과한다.
19. 직원 녹색 행동 촉진 요소를 작업 환경에 반영한다(예 : 직무기술서에 친환경 작업 과제 포함).
20. 목표집단에 대한 개입을 통해 피드백을 제공하고 환경 인식을 높인다.

그림 14.6 '녹색' 조직을 만들기 위한 20가지 증거 기반 권장 사항

출처 : Zacher et al. (2023).

경적이고 지속 가능한 세상을 향한 눈사태를 시작할 수 있다.

마지막으로, 우리는 시애틀 추장의 지혜를 되새길 필요가 있다.

"우리는 조상들로부터 지구를 물려받는 것이 아니라, 우리 아이들로부터 빌리는 것이다."

요약

이 장은 '지속 가능성'이라는 단어의 의미와, 관련 개념인 지속 가능한 개발에 대한 설명으로 시작했다. 지속 가능성은 유지될 수 있는, 또는 무기한으로 계속될 수 있는 관행, 생활 방식, 시스템을 의미한다. 지속 가능한 개발은 오늘날 사람들의 필요를 충족하면서도 미래 세대가 그들의 필요를 충족할 수 있는 능력을 훼손하지 않는 개발을 말한다(WCED, 1987). 확장된 지속 가능성의 정의는 사람뿐만 아니라 지구 전체 생태계의 웰빙에 중점을 둔다. 이러한 정의를 살펴본 이후, 지구의 현재 상태, 즉 상승하는 해수면, 높아지는 지구 온도, 가뭄, 산불, 그리고 이러한 변화가 사람들의 신체적 · 정신적 건강에 미치는 영향, 나아가 우리의 생태계를 구성하는 식물, 동물, 기타 유기체에 미치는 영향을 설명하였다.

그다음 절에서는 직원 녹색 행동에 관해 확장되고 있는 연구의 내용을 다루었다. 이를 위해 Ones와 Dilchert의 그린 파이브 분류 체계를 사용하여 지속 가능한 조직을 만드는 것에 관한 직원 행동을 개념화하였다. 다섯 가지 범주는 해를 피하기, 자원 절약하기, 지속 가능한 방식으로 일하기, 다른 사람에게 영향 미치기, 주도적으로 행동하기였다. Dilchert(2018)는 환경과 조직의 지속 가능성 목표에 부정적인 영향을 미치는 더 심각한 해로운 행동을 포착하기 위해 반생산적 지속 가능성 행동이라는 범주를 추가했다. 이후 직원 녹색 행동의 예측 요인, 직원 행동을 더 지속 가능하게 변화시키는 방법, 그리고 변화에 있어서의 장애물을 논의하였다. 이러한 장애물에 포함되는 여러 형태의 심리적 및 인지적 편향도 살펴보았는데, 그 예로는 불확실성, 거리감, 부정, 환경 위협에 대한 지각된 통제 부족, 제한된 합리성 등이 있다.

마지막 절에서는 조직에 초점을 맞추었다. 특히 조직의 탄소 발자국 감소와 지속 가능성 증진을 평가하는 데 사용할 수 있는 지속 가능성 단계 모델(Benn et al., 2018)을 설명하였다. 이 모델은 거부, 무대응, 준수, 효율성, 전략적 선제, 지속 가능 기업의 여섯 단계를 포함한다. 또한 조직을 더 강하고 장기적인 환경적 지속 가능성으로 이끄는 데 유용한 조직 변화 모델을 검토했다. 마지막으로, 점점 온난화되는 세상에서 더욱 지속 가능하도록 조직을 변혁하는 데 있어서 조직 구성원, 관리자, 리더가 중요한 역할을 할 수 있다는 점을 논의하면서 이 장을 마무리하였다.

더 읽을거리

André, R. (2020). *Lead for the planet: Five practices for confronting climate change*. Aevo: University of Toronto Press.
Benn, S., Edwards, M., & Williams, T., (2018). *Organizational change for corporate sustainability* (4th ed.). Routledge.
Berger, J. J. (2014). *Climate peril: The intelligent reader's guide to understanding the climate crisis*. Northbrae Books.
Figueres, C., & Rivett-Carnac, T. (2020). *The future we choose: Surviving the climate crisis*. Vintage Books.
Romm, J. (2016). *Climate change: What eve-ryone needs to know*. Oxford University Press.

참고문헌

Ajzen, I. (1991). The theory of planned behavior. *Organizational Behavior and Human Decision Processes*, *50*(2), 179-211. doi:10.1080/08870446.2011.613995
Alter, C., Haynes, S., & Worland, J. (2019, December 4). *Time Magazine* Person of the Year. Retrieved from https://time.com/person-of-the-year-2019-greta-thunberg/
American Public Health Association (2023). Environmental Justice. Retrieved from https://www.apha.org/Topics-and-Issues/Environmental-Health/Environmental-Justice#:~:text=Environmental%20exposures%20 have%20been%20linked,exacerbates%20these%20environmental%20health%20risks
Axios (2023, June 26). Texas' record heat wave enters 3rd week as storms slam southern U.S. https://www.axios.com/2023/06/26/heat-wave-storms-tornadoes-southern-us
Ballew, M., Verner, M., Carman, J., Rosenthal, S., Maibach, E., Kotcher, J., & Leiserowitz, A. (2023). *Global Warming's Six Americas across age, race/ethnicity, and gender*. Yale University and George Mason University. New Haven, CT: Yale Program on Climate Change Communication.
Benn, S., Edwards, M., & Williams, T. (2018). *Organizational change for corporate sustainability* (4th ed.). Routledge.
Bhattacharya, C.B., & Jekielek, R. (2023). Sustainability progress is stalled at most companies. *MIT Sloan Management Review*, *64*(4), 1-4.
C2ES (2023). Drought and climate change. Retrieved from https://www.c2es.org/content/drought-and-climate-change/
Carrico, A. R., & Riemer, M. (2011). Motivating energy conservation in the workplace: An evaluation of the use of group-level feedback and peer education. *Journal of Environmental Psychology, 31(1)*, 1-13.
Clayton, S. (2020). Climate anxiety: Psychological responses to climate change. *Journal of Anxiety Disorders*, *74*, 102263, doi:10.1016/j.janxdis.2020.102263
CNN (2023, June 26). Humans approaching limits of 'survivability' as sweltering heat waves engulf parts of Asia. https://www.cnn.com/2023/06/26/india/india-heatwave-extreme-weather-rain-intl-hnk/index.html
Cohen, E., Taylor, S., & Muller-Camen, M. (2012). *HRM's role in corporate social and environmental sustainability*. SHRM Foundation.
DePillis, L. (2023, July 3). Canada Offers Lesson in the Economic Toll of Climate Change. *New York Times*. https://www.nytimes.com/2023/07/03/business/economy/canada-wildfires-economy.html
Dilchert, S. (2018). Counterproductive sustainability behaviors and their relationship to personality traits. *International Journal of Selection and Assessment*, 26(1), 49-56.
Dilchert, S., Wiernik, B. M., & Ones, D. S. 2017. Sustainability: Implications for organizations. In S. G. Rogelberg (ed.), The SAGE Encyclopedia of Industrial and Organizational Psychology (2nd ed., iv, pp. 1570-1574). Thousand Oaks, CA: SAGE.

DuBois, C. L. Z., & DuBois, D. A. (2012). Strategic human resource management for environmental sustainability in organizations. *Human Resource Management, 51*(6), 799–826.

Engle-Friedman, M., Tipaldo, J., Piskorski, N., Young, S. G., & Rong, C. (2022).

Enhancing environmental resource sustainability by imagining oneself in the future. *Journal of Environmental Psychology, 79*, 101746. doi:10.1016/j.jenvp.2021.101746

EPA (2021, April). https://www.epa.gov/climate-indicators/climate-change-indicators-heavy-precipitation

EPA (2022, July). U.S. Environmental Protection Agency. Retrieved from https://www. epa.gov/climate-indicators/climate-change-indicators-wildfires

Farri, E., Cervini P., & Rosani G. (2023, May 2). The 8 responsibilities of chief sustainability officers. *Harvard Business Review*. Retrievedfromhttps://hbr.org/2023/03/the-8-responsibilities-of-chief-sustainability-officers

Flanagan, J. C. (1954). The critical incident technique. *Psychological Bulletin, 51*(4), 327–358. doi:10.1037/h0061470

Fox (2023, June 30). Experts say America's heat waves will become more frequent and enduring after a dozen died in Texas. https://www. foxnews.com/weather/experts-americas-heat-waves-become-frequent-enduring-dozen-died-texas

Friedman, M. (1970, September 13). The social responsibility of business is to increase its profits. *New York Times Magazine*.

Gemes, N. (n.d.) 7 Best Green Job Boards of 2022 (for Job Seekers and Recruiters). *GreenCitizen.* Retrieved from https://green-citizen.com/blog/green-job-board/

Gifford, R. (2011). The dragons of inaction: Psychological barriers that limit climate change mitigation and adaptation. *American Psychologist, 66*(4), 290–302. doi:10.1037/ a0023566

Goodell, J. (2023, July 9). A glimpse of our very hot future. *New York Times*. Retrieved from https://www.nytimes.com/2023/07/08/opinion/heat-texas-climate.html

Grant, A. M., & Shandell, M. S. (2022). Social motivation at work: The organizational psychology of effort for, against, and with others. *Annual Review of Psychology, 73*(1), 301–326.

Harris, L. C., & Crane, A. (2002). The greening of organizational culture: Management views on the depth, degree and diffusion of change. *Journal of Organizational Change Management, 15*(3), 214–234. doi:10.1108/09534810210429273

Hayhoe, K. (2021) *Saving us: A climate scientist's case for hope and healing in a divided world.* One Signal Publishers.

Henderson, R., Reinert, S. A., & Oseguera, M. (2020). Climate change in 2020: Implications for business. *Harvard Business School Background Note 317-032.*

Hickman, C., Marks, E., Pihkala, P., Clayton, S., Lewandowski, R. E., Mayall, E. E., Wray, B., Mellor, C., & van Susteren, L. (2021). Climate anxiety in children and young people and their beliefs about government responses to climate change: A global survey. *Lancet Planet Health, 5*, e863–e873.Q4.

Hicks-Webster, C. (2023). How to encourage climate action at work. Retrieved from https://nbs.net/how-to-encourage-climate-action-at-work/

Hill, B. E. (2021, June 14). *Human rights, environmental justice, and climate change: Flint, Michigan American Bar Association.* Retrieved from https://www.americanbar.org/groups/crsj/publications/human_rights_magazine_home/the-truth-about-science/human-rights-environmental-justice-and-climate-change/

Hoffman, A. (2023, April 14). The big change coming to business school research & teaching. *Poets & Quants*. https://poetsandquantsforexecs.com/schools/the-big-change-coming-to-business-school-research-teaching/

IPCC (2021). Summary for Policymakers. In V. Masson-Delmotte, P. Zhai, A. Pirani, S. L. Connors, C. Péan, S.

Berger, N. Caud, Y. Chen, L. Goldfarb, M. I. Gomis, M. Huang, K. Leitzell, E. Lonnoy, J. B. R. Matthews, T. K. Maycock, T. Waterfield, O. Yelekçi, R. Yu, & B. Zhou (Eds.), *Climate Change 2021: The Physical Science Basis. Contribution of Working Group I to the Sixth Assessment Report of the Intergovernmental Panel on Climate Change* (pp. 3–32). Cambridge, United Kingdom and New York, NY, USA: Cambridge University Press. https://doi.org/10.1017/9781009157896.001

IPCC (2023). *Climate Change 2023: Synthesis Report. Contribution of Working Groups I, II and III to the Sixth Assessment Report of the Intergovernmental Panel on Climate Change* [Core Writing Team, H. Lee and J. Romero (eds.)] (pp. 35–115). Geneva, Switzerland: IPCC. doi: 10.59327/IPCC/AR6-9789291691647. History of the IPCC. Retrieved from https:// www.ipcc.ch/about/history/I will add IPCC (2024) as a source for Comment 14.1

Katz, I. M., Rauvola, R. S., Rudolph, C. W., & Zacher, H. (2022). Employee green behavior: A meta-analysis. *Corporate Social Responsibility and Environmental Management 29*(5), 1146–1157.

Kearns, L. (2024). Climate Change. In W. Bauman, R. Bohannon, & K. O'Brien (Eds.), *Grounding religion: A field guide to the study of religion and ecology* (3rd ed., pp. 163–179). Routledge.

Klein, R. M. (2015). *Employee motives for engaging in environmentally sustainable behaviors: A multi-study analysis.* Retrieved from the University of Minnesota Digital Conservancy, https://hdl.handle.net/11299/191323.

Klöckner, C. A. (2013). A comprehensive model of the psychology of environmental behaviour: A meta-analysis. *Global Environmental Change, 23*(5), 1028–38.

Kurz, V. (2018). Nudging to reduce meat consumption: Immediate and persistent effects of an intervention at a university restaurant. *Journal of Environmental Economics and Management, 90*, 317–341.

Larsen, L. (2023, July 6). The melting glaciers of Svalbard offer an ominous glimpse of more warming to come. *Inside Climate News*. https://insideclimatenews.org/news/06072023/svalbard-melting-glaciers-climate-change/

Leiserowitz, A., Maibach, E., Rosenthal, S., Kotcher, J., Ballew, M., Marlon, J., Carman, J., Verner, M., Lee, S., Myers, T., & Goldberg, M. (2023). *Global Warming's Six Americas, December 2022*. Yale University and George Mason University. New Haven, CT: Yale Program on Climate Change Communication.

van der Linden, S., Leiserowitz, A., & Maibach, E. (2019). The gateway belief model: A large-scale replication. *Journal of Environmental Psychology, 62*, 49–58. doi:10.1016/j.jenvp.2019.01.009

Lindsey, R. (2022). Climate change: Global sea level. Climate.gov. https://www.climate.gov/news-features/understanding-climate/climate-change-global-sea-level

Lindsey, R., & Dahlman, L. (2023). Climate change: Global temperature. Climate.gov. https://www.climate.gov/news-features/understanding-climate/climate-change-global-temperature

Lynas, M., Houlton, B., & Simon, P. (2021) Greater than 99% consensus on human caused climate change in the peer-reviewed scientific literature. *Environmental Research Letters, 16*(11), 114005. doi:10.1088/1748-9326/ac2966

Mayer, D. M., Ong, M., Sonenshein, S., & Ashford, S. J. (2019). The money or the morals? When moral language is more effective for selling social issues. *Journal of Applied Psychology, 104*(8), 1058–1076. doi:10.1037/apl0000388

Mazutis, D., & Eckardt, A. (2017). Sleep-walking into catastrophe: Cognitive bias and corporate climate change inertia. *California Management Review, 59*(3), 74–108.

McDaniell, J. (2023, July 12). Citing climate change risks, Farmers is latest insurer to exit Florida. *The Washington Post*. https://www. washingtonpost.com/climate-environment/2023/07/12/farmers-insurance-leaves-florida/

McKibben, B. (2023, July 5). No human has ever seen it hotter. https://billmckibben.substack.com/p/no-human-has-ever-seen-it-hotter

Michalek, G., Thronicker, I., Yildiz, O., & Schwarze, R. (2019). Habitually green: Integrating the concept of habit into the design of pro-environmental interventions at the workplace. *Nachhaltigkeits ManagementForum, 27*, 113–124.

Miller, K., & Serafeim, G. (2014, March 20). Chief Sustainability Officers: Who Are They and What Do They Do? *In* R. Henderson, R. Gulati, & M. Tushman *(Eds.), Leading Sustainable Change (pp. 196–221)*. Oxford University Press. Retrieved from https://ssrn.com/abstract=2411976

Morganstein, J. C., & Ursano, R. J. (2020). Ecological disasters and mental health: Causes, consequences, and interventions. *Frontiers in Psychiatry, 11,* Article 1. https://doi.org/10.3389/fpsyt.2020.00001

Moseman, A. (2022). How many new trees would we need to offset our carbon emissions? https://climate.mit.edu/ask-mit/how-many-new-trees-would-we-need-offset-our-carbon-emissions

National Institute of Environmental Health Sciences (2023) Environmental Health Disparities and Environmental Justice. Retrieved from https://www.niehs.nih.gov/research/supported/translational/justice/index.cfm

NOAA National Centers for Environmental Information (NCEI) U.S. Billion-Dollar Weather and Climate Disasters (2023). https://www.ncei.noaa.gov/access/billions/.doi:10.25921/stkw-7w73

Nyberg D., & Wright C. (2020). Climate-proofing management research. *Academy of Management Perspectives*. 36 Advance online publication. doi:10.5465/amp.2018.0183

NYT (2023, July 6). Heat wave in Mexico: Hermosillo above 120 degrees. https://www.nytimes.com/2023/07/06/world/americas/hermosillo-mexico-heat.html

Occupational Information Network (2023). *Chief Sustainability Officers*. Retrieved from https://www.onetonline.org/link/summary/11-1011.03

Ones, D. S., & Dilchert, S. (2012). Employee green behavior. In S. E. Jackson, D. S. Ones, & S. Dilchert (Eds.), *Managing human resources for environmental sustainability* (pp. 85–116). Jossey-Bass.

Ones et al. (2018). Environmental sustainability at work. In D. S. Ones, N. Anderson, C. Viswesvaran, & H. Sinangil (Eds.), *The SAGE handbook of industrial, work and organizational psychology: Vol. 3. Managerial psychology and organizational approaches* (2nd ed., pp. 351–373).

Orduña, N. (2022, February 1). How to Build a Career in Sustainability. *Harvard Business Review.* Retrieved from https://hbr.org/2022/02/how-to-build-a-career-in-sustainability

Osbaldiston, R., & Schott, J. P. (2012). Environmental sustainability and behavioral science: Meta-analysis of proenvironmental behavior experiments. *Environmental Behavior*, *44*(2), 257–299. doi:10.1177/0013916511402673

Palmucci, D. N., & Ferraris, A. (2023). Climate change inaction: Cognitive bias influencing managers' decision making on environmental sustainability choices. The role of empathy and morality with the need of an integrated and comprehensive perspective. *Frontiers in Psychology, 14,* 1130059.doi:10.3389/fpsyg.2023.1130059

Post, J. E., & Altma B. W. (1994). Managing the environmental change process: Barriers and opportunities, *Journal of Organizational Change Management*, *7*(4), 64–81.

Rode, J. B., Dent, A. L., Benedict, C. N., Brosnahan, D. B., Martinez, R. L., & Ditto, P.H. (2021). Influencing climate change attitudes in the United States: A systematic review and meta-analysis. *Journal of Environmental Psychology, 76,* 101623. https://doi.org/10.1016/j.jenvp.2021.101623.

Romm, J. (2016). *Climate change: What everyone needs to know*. Oxford University Press.

Scott, B. A., Amel, E. L., Koger, S. M., & Manning, C. M. (2021). *Psychology for sustainability* (5th ed.). Routledge.

Shrivastava, P. (1995). The role of corporations in achieving ecological sustainability. *Academy of Management Review, 20,* 936–960.

Simon, H. A. (1955). A behavioral model of rational choice. *The Quarterly Journal of Economics*, *69*(1), 99–118.

doi:10.2307/1884852

Stern, P. C. (2000). Toward a coherent theory of environmentally significant behavior. *Journal of Social Issues*, *56*(3), 407–24.

Swim, J. K., Clayton, S., Doherty, T. J., Gifford, R., Howard, G., Reser, J. P., Stern, P., & Weber, E.U. (2009). *Psychology and global climate change: Addressing a multi-faceted phenomenon and set of challenges*. American Psychological Association.

Tabuchi, H., & Popovich, N. (2021, September 7). People of color breathe more hazardous air. The sources are everywhere. *New York Times*. Retrieved from https://www.nytimes.com/2021/04/28/climate/air-pollution-minorities.html

The Impact Job (2022, November 17). The different types of social impact roles at companies. Retrieved from https://www.theimpactjob.com/blog/the-different-types-of-social-impact-roles-at-companies

Thunberg, G. (2023) The climate book. Penguin Press.

United Nations (1987). *Our common future: Report of the World Commission on Environment and Development*. Oxford University Press. http://www.un-documents.net/our-common-future.pdf

United Nations Office for Disaster Risk Reduction (2021). *GAR Special Report on Drought 2021*. Geneva.

Urso, F. (Reuters, 2022, May 10) More CEOs consider sustainability to be a top challenge, study says. Retrieved from https://www.reuters.com/business/sustainable-business/more-ceos-reckon-sustainability-top-challenge-study-2022-05-10/

Vicedo-Cabrera, A. M., Scovronick, N., Sera, F., Roye, D., Schneider, R., Tobias, A. Gasparrini, A. (2021). The burden of heat-related mortality attributable to recent human-induced climate change. *Nature Climate Change*, *11*(6), 492–500. doi: https://doi.org/10.1038/s41558-021-01058-x.

Walker, O. (2018, July 1). The long and short of the quarterly reports controversy. *Financial Times*. https://www.ft.com/content/e61046bc-7a2e-11e8-8e67-1e1a0846c475

Weart, S. (2013). Rise of interdisciplinary research on climate. *Proceedings of the National Academy of Sciences of the United States of America*, 110 Suppl 1(Suppl 1), 3657–3664. doi:10.1073/pnas.1107482109; https://www.ncbi.nlm.nih.gov/pmc/articles/PMC3586608/

Wiernik, B. M., Ones, D. S., Dilchert, S., & Klein, R. M. (2019). Responsible business and individual differences: Employee externally-directed citizenship and green behaviors. In A. McWilliams, D. E. Rupp, D. S. Siegel, G. K. Stahl, & D. A. Waldman (Eds.), *The Oxford Handbook of Corporate Social Responsibility: Psychological and Organizational Perspectives*. Oxford University Press. doi:10.1093/oxfordhb/ 9780198802280.013.6

Willis, B. (2018, February 22). New study shows environmental racism and economic injustice in health burdens of particulate pollution in U.S. Sierra Club. Retrieved from https://www.sierraclub.org/press-releases/2019/08/new-study-shows-environmental-racism-and-economic-injustice-health-burdens

Winters, J. (2021, August 23). A new score-card ranked companies on environmental racism. *Grist*. Retrieved from https://grist. org/climate/as-you-sow-racial-justice-scorecard-exxonmobil/

World Health Organization (2019, March 21). Ten threats to global health in 2019. https://www.who.int/vietnam/news/feature-stories/detail/ten-threats-to-global-health-in-2019

Young, W., Davis, M., McNeill, I. M., Malhotra, B., Russell, S., Kerrie Unsworth, K., & Clegg, C. W. (2015). Changing behav-iour: Successful environmental programmes in the workplace. *Business Strategy and the Environment*, *24*(8), 689–703. https://doi.org/10.1002/bse.1836

Yuriev, A., Boiral, O., Francoeur, V., & Paillé, P. (2018) Overcoming the barriers to pro-environmental behaviors in the workplace: A systematic review. *Journal of Clean Production, 182*, 379–394.

Zacher, H., Rudolph, C. W., & Katz, I. M. (2023). Employee green behavior as the core of environmentally sustainable organizations. *Annual Review of Organizational Psychology & Organizational Behavior, 10*(1), 465–494. doi:10.1146/annurev-orgpsych-120920-050421

Zhong, R. (2023, June 6). Arctic summer could be practically sea-ice-free by the 2030s. *New York Times*. https://www.nytimes.com/2023/06/06/climate/arctic-sea-ice-melting.html

찾아보기

ㄱ

ㄴ

ㄷ

ㅈ

ㅊ

ㅋ

ㅌ

ㅍ

ㅎ

기타

지은이

Steve M. Jex, Ph.D.

미국 센트럴플로리다대학교 심리학 교수이다. 그는 개인차가 직장 내 스트레스 요인에 대한 직원들의 반응에 미치는 영향과 최근에는 직원들이 만성질환과 업무 요구 간의 균형을 맞추는 방법에 중점을 두고 연구하고 있다. 100편이 넘는 저널 기사와 책의 공동 저자이며, 세 권의 책을 저술한 작가이다.

Thomas W. Britt, Ph.D.

미국 클렘슨대학교 심리학 교수이다. 그는 100편 이상의 학술 논문, 두 권의 책을 출판했다. 그의 현재 연구는 스트레스가 많은 직종에 종사하는 직원들의 회복탄력성을 촉진하는 요인을 다루고 있으며, 국방부 및 NASA의 보조금으로 자금을 지원받고 있다.

Cynthia A. Thompson, Ph.D.

미국 뉴욕시립대학교 바루크칼리지 지클린경영대학원 경영학 교수이다. 그녀의 일과 삶의 접점에 대한 연구는 응용심리학 저널, 직업행동 저널, 직업건강심리학 저널 등 주요 저널과 여러 책에 게재되었다.

옮긴이(가나다순)

김가원

서울대학교 심리학 학사

서울대학교 심리학 석사(조직심리 전공)

런던경영대학원 박사(조직행동 전공)

현재 서울대학교 심리학과 조교수

박지영

연세대학교 영문학 학사

연세대학교 교육학 석사(인적자원개발 전공)

연세대학교 심리학 박사(산업 및 조직심리학 전공)

현재 덕성여자대학교 심리학과 조교수

이선희

연세대학교 심리학 학사

연세대학교 심리학 석사(산업 및 조직심리학 전공)

오하이오주립대학교 심리학 박사(산업 및 조직심리학 전공)

현재 충남대학교 심리학과 교수

이승미

연세대학교 영문학 학사

연세대학교 심리학 석사(임상심리학 전공)

연세대학교 심리학 박사(산업 및 조직심리학 전공)

현재 한국상담대학원대학교 코칭 · 기업상담심리학과 조교수

정예슬

서울여자대학교 경영학 학사

연세대학교 심리학 석사(산업 및 조직심리학 전공)

연세대학교 심리학 박사(산업 및 조직심리학 전공)

현재 단국대학교 심리치료학과 조교수